나의 가족 제니퍼, 아브라함, 새뮤얼과 벤자민을 위해

–데이비드 머니 해리스

로직에 반항하는 아이반과 오칸을 위해

–사라 L. 해리스

디지털 논리 설계와 컴퓨터 구조

Digital Design and Computer Architecture

2nd Edition

ISBN : 9780123944245
Translated Edition ISBN : 978-89-98338-86-2 93000
Publication Date in Korea : 30 December 2015

Translated by CHAOS Book.
Printed in Korea

디지털 논리 설계와 컴퓨터 구조

데이비드 머니 해리스
사라 L. 해리스
지음

강영흥
박춘명
지석근
황지원
옮김

2nd Edition

Digital Design and Computer Architecture

ELSEVIER

카오스북
CHAOS BOOK

옮긴이 소개

강영흥 | 군산대학교 컴퓨터정보통신공학부
박춘명 | 한국교통대학교 컴퓨터공학과
지석근 | 군산대학교 IT정보제어공학부
황지원 | 전북대학교 IT정보공학과

2nd Edition

디지털 논리 설계와 컴퓨터 구조
Digital Design and Computer Architecture

발행일 2016년 03월 05일
지은이 데이비드 머니 해리스, 사라 L. 해리스
옮긴이 강영흥, 박춘명, 지석근, 황지원
발행인 오성준
발행처 카오스북
주 소 서울 서대문구 연희로 77-12, 505호(연희동, 영화빌딩)
전 화 02-3144-3871~2
팩 스 02-3144-3870

등록번호 제25100-2015-000038호

디자인 Moon & Park
인 쇄 이산문화사
지 류 성진페이퍼

웹사이트 www.chaosbook.co.kr
이메일 info@chaosbook.co.kr
ISBN 978-89-98338-86-2 93000

정가 35,000원

역자 서문

컴퓨터 시스템 성능에서의 최근의 비약적인 향상은 전기 · 전자 · 정보통신기술의 발전을 주도하고 있으며, 특히 대용량 정보처리와 빅데이터 관련 산업에 중요한 요소가 되고 있다. 이러한 컴퓨터 성능 향상은 무엇보다도 집적회로 기술과 함께 마이크로프로세서 설계 기술의 발전에 힘입은 바가 크다고 할 수 있으며, 그만큼 논리회로 설계 및 마이크로프로세서 설계 기술에 대한 지식이 요구된다고 할 수 있다. 이와 같은 요구에 가장 부합하는 책이라는 판단에서 Harris & Harris의 『Digital Design and Computer Architecture』 3판을 우리말로 옮기게 되었다.

일반적으로 전기 · 전자 · 컴퓨터 · 정보통신공학 및 유사 전공 학과에서는 디지털 논리회로 설계, 컴퓨터 아키텍처, 마이크로프로세서의 단계별 학습을 거쳐 최종적으로 마이크로프로세서의 설계 및 구현 능력을 키워나가게 된다. 이 책의 특징은 디지털 논리설계와 컴퓨터 아키텍처를 결합함으로써 1과 0의 논리 개념에서 출발하여 밉스(MIPS) 마이크로프로세서의 설계를 통한 컴퓨터 아키텍처 관점에서 디지털 논리설계를 다루고 있다는 점이다.

디지털 논리 게이트의 트랜지스터 회로 구성에서 시작하여 조합회로 및 순차회로 설계로 나가면서 기본적인 빌딩 블록을 구축하고, 나아가 실제적인 밉스 프로세서의 설계 과정에서 이러한 빌딩 블록을 기초로 사용하고 있다. 특히 상용화 및 간소화에 의해 이해와 구현이 비교적 쉬운 밉스 아키텍처와 마이크로 아키텍처를 포함하고 있다는 점이 이 책의 더욱 큰 장점이다. 더욱이 이러한 아키텍처가 두 가지 중요한 하드웨어 기술 언어인 SystemVerilog와 VHDL로 어떻게 구성되는지, FPGA 상에서 어떻게 구현되는지 실제 체험할 수 있는 훌륭한 예제와 실습 프로젝트를 제공하였다. 이를 통해 이 책을 배우고 나면 여러분은 자신의 마이크로프로세서를 구현할 수 있을 뿐만 아니라 그 동작 원리까지도 자세히 이해할 수 있을 것이다. 또한 멀티 코어 프로세서 등을 개략적으로 다룸으로써 현대의 고성능 마이크로프로세서 설계 및 구현으로 확장될 수 있음을 보여준다. 이 책은 디지털 논리회로에서 시작하여 마이크로프로세서의 원리와 설계 및 구현을 체계적으로 배우고자 하는 공학도뿐만 아니라 경험 있는 현장 엔지니어에게도 참고용으로 충분히 사용될 수 있다.

역자들은 번역 과정에서 가능한 원저자의 집필 의도를 충실히 따르되 자연스러운 번역이 되도록 최대한 노력을 하였다. 이 책이 마이크로프로세서 설계 기술을 습득하고 새로운 마이크로프로세서를 설계하고자 하는 모든 독자에게 도움이 될 수 있기를 기대한다.

끝으로 이 책이 출판되기까지 세심한 기획, 편집, 교정 등 여러 가지로 많은 격려와 지원을 아낌없이 해주신 카오스북 관계자 여러분께 깊이 감사드린다.

2016년 2월

역자 일동

저자 서문

디지털 설계와 컴퓨터 구조를 한 권으로 이해한다

왜 아직까지 디지털 설계와 컴퓨터 구조를 결합한 책이 출간되지 않는가? 디지털 설계에 관한 좋은 책은 꽤 많이 있으며, 특히 헤네시와 패터슨의 훌륭한 책을 포함하여 컴퓨터 구조에 관한 좋은 책 또한 몇 권이 있다.

이 책은 처음 1과 0에서 출발하여 MIPS 마이크로프로세서 설계를 통해 학생들에게 컴퓨터 구조의 관점에서 디지털 논리 설계를 설명하는 독특한 방식을 취한다.

우리는 하비 머드 칼리지에서 몇 년간 패터슨과 헤네시의 『컴퓨터 구조와 설계』의 개정판을 사용해왔다. MIPS가 상업적으로 성공한 마이크로프로세서 구조이며 입문 수업에서 명확한 설명과 구축에 더할 나위 없이 간편하기 때문에, 특히 MIPS 구조와 마이크로아키텍처를 포괄하고 있음으로 기꺼이 교재로 사용했다.

우리 수업에는 선수과목이 없기에 학기의 처음 절반을 컴퓨터 구조와 설계에 포함되어 있지 않은 디지털 설계를 설명하는 데 투자한다. 이 책은 우리의 강의내용을 정리하고 여러 대학에서 디지털 설계와 컴퓨터 구조를 결합한 책의 필요성이 대두되어 집필에 착수하였다.

우리는 마이크로프로세서를 구축하는 것이야말로 컴퓨터 관련 전공 학생들을 위한 특별한 통과의례라는 것을 믿는다. 어떤 프로세서의 내부 동작은 초보자에게는 거의 마법처럼 보이지만 주의 깊게 설명하면 제대로 이해할 수 있다. 디지털 설계는 그 자체로서 강력하고 흥미로운 주제이며, 어셈블리 프로그래밍은 프로세서가 말하고자 하는 내부 언어의 베일을 벗겨준다. 또한 마이크로아키텍처는 모든 것을 가져다주는 연결고리이다.

이 책은 빠른 속도로 디지털 설계와 컴퓨터 구조를 소개하는 한 학기 과정이지만 실험실에서 재료와 실습을 소화할 수 있는 시간이 주어진 경우 두 학기 과정에 적합하다. 이 과정은 선수과목 없이 수업 가능하다. 일반적으로 학부 2학년 내지 3학년 과정에서 배우게 되는데 총명한 1학년 학생이라면 충분히 접근 가능하다.

책의 특징

이 책의 특징은 다음과 같다.

SystemVerilog와 VHDL의 나란한 배치

HDL은 현대 디지털 설계 실습의 중심에 있다. 불행히도 설계자들은 SystemVerilog와 VHDL 사이에 양분되어 있다. 이 책은 조합논리와 순차논리를 다룬 후 바로 이어 4장에서 HDL을 소개한다. HDL은 5장과 7장에서 보다 큰 빌딩블록을 완전한 프로세서를 설계하는 데 적용한다. 그럼에도 불구하고 4장은 건너뛰어도 무방하고 이후의 장에서 HDL을 다루지 않는 과정으로 접근 가능하다.

이 책은 독자가 두 가지 언어를 배울 수 있도록 SystemVerilog와 VHDL을 나란히 보여준다는 점에서 독특하다. 4장은 두 가지 HDL에 적용되는 원리를 기술하고 나서 특수한 구문과 예제를 인접하는 열에 제공한다. 이러한 배치 방법은 강의자에게는 HDL의 선택을 쉽게 할 수 있도록 하고 독자에게는 수업에서건 실무에서건 하나의 언어를 다른 언어로 쉽게 변환할 수 있게 해준다.

고전적인 MIPS 아키텍처와 마이크로아키텍처

6장과 7장은 패터슨과 헤네시의 MIPS 아키텍처에 초점을 둔다. MIPS는 해마다 수백만 개의 제품에 탑재되는 실제 아키텍처이며 배우기 쉽고 간편하다. 게다가 전 세계 수백 개의 대학에서 MIPS 아키텍처에 대한 교육법 및 실험, 툴 들이 개발되어 왔다.

실제적 관점

6, 7, 8장은 구조, 마이크로아키텍처 및 인텔 x86 프로세서의 메모리 계층을 설명한다. 8장은 또한 마이크로칩사의 PIC32 마이크로콘트롤러의 맥락에서 주변 장치를 기술한다. 이러한 실제적 관점의 장들은 각 장의 개념이 많은 개인용 컴퓨터와 소비자 전자 제품에서 찾을 수 있는 칩들과의 연관성을 보여준다.

고급 마이크로아키텍처의 접근 가능한 개요

7장은 분기 예측, 슈퍼 스칼라, 비정상 동작, 멀티스레드 및 멀티코어 프로세서를 포함하는 현대 고성능 마이크로아키텍처의 특징적인 개요들을 포함한다. 이러한 내용은 처음 배우는 학생들의 접근을 용이하게 하며, 이 책에 설명된 마이크로아키텍처들이 현대의 상용 프로세서로 확장될 수 있음을 보여준다.

장 끝의 연습문제와 인터뷰 질문

디지털 설계를 배우는 최선의 방법은 그것을 직접 해보는 것이다. 각 장 말미에 실습을 위한 많은 양의 연습문제를 제공한다. 연습문제에 이어 디지털 설계 분야에 지원하는 학생들에게 면접관들이 실제로 던졌던 인터뷰 질문들을 추가했다. 이 질문들은 구직 응시자로 하여금 면접 과정에서 부딪칠 수 있는 전형적인 문제의 유형을 한 눈에 볼 수 있도록 해준다.

강의 보조 자료

이 책을 교재로 사용하는 강의자에게는 다음과 같은 보조 자료를 제공한다.

- 한국어판의 영문판 원서
- 연습문제의 해답
- Altera와 Synplicity의 CAD 툴에 대한 링크
- MIPS 시뮬레이터 QtSpin에 대한 링크
- MIPS 프로세서에 대한 HDL 코드
- Altera Quartus Ⅱ의 유익한 도움말
- 마이크로칩사의 MPLAB IDE 도움말
- 강의 슬라이드 PPT(이미지 자료 포함)
- 샘플 교육 과정 및 실습 자료

저자 소개

데이비드 머니 해리스

하베이 머드(Havey Mudd) 칼리지의 교수로 재직 중이다. MIT 전기 및 컴퓨터과학으로 공학석사, 스탠포드에서 전기공학박사를 취득하였다. 스탠포드에서 수학하기 전에 그는 인텔에서 Itanium과 Pentium Ⅱ 프로세서 설계자로 근무하였다. 이후 선 마이크로시스템과 휴렛패커드, 에반스 엔 서덜랜드 등 여러 기업의 설계를 컨설팅하였다.

교육, 칩 구축 및 야외 활동에 열정적인 그는 업무가 없는 시간이면 하이킹, 등산 또는 암벽 등반을 즐긴다. 특히 세 명의 아들과 함께 하이킹을 즐긴다. 12개의 특허와 온칩 설계에 대한 각각의 세 권의 저서뿐만 아니라 네 권의 남 캘리포니아 산악 가이드북을 저술하였다.

사라 L. 해리스

하베이 머드 칼리지의 부교수로 재직 중이다. 스탠포드에서 전기공학 석 · 박사 학위를 취득하였다. 스탠포드에서 수학하기 전에 브리검영대학에서 전기 및 컴퓨터공학을 전공하였다. 사라 또한 휴렛패커드와 샌디에고 슈퍼컴퓨터센터 및 Nvidia에서 근무하였다.

사라는 교육과 연구실에서의 실험을 좋아한다. 일을 하지 않거나 두 아들을 따라 달리기를 하지 않는 날이면 친구와 함께 음악을 즐기거나 하이킹 및 카약, 여행을 즐긴다.

차례

CHAPTER 1 0에서 1까지

CHAPTER 2 조합 논리회로

CHAPTER 3 순차 논리회로

CHAPTER 4 하드웨어 기술 언어

CHAPTER 5 디지털 빌딩 블록

CHAPTER 6 구조

CHAPTER 7 마이크로아키텍처

CHAPTER 8 메모리와 입출력 시스템

APPENDIX A 디지털시스템 구현

APPENDIX B MIPS 명령어

Top
V_{OH}
V_{1H}
Forbidden ZONE
V_{1L}
V_{OL}
Bottom
0

1 0에서 1까지

1.1 전략

마이크로프로세서(microprocessor)는 지난 30년 동안 우리가 사는 세상을 크게 변화시켜왔다. 오늘날의 휴대용 컴퓨터는 과거 방 하나 정도 크기의 메인프레임(mainframe)보다 훨씬 많은 능력을 가지고 있으며, 고급 자동차 한 대에는 약 50개 정도의 마이크로프로세서가 장착되어 있다. 마이크로프로세서의 발달은 휴대폰과 인터넷을 가능하게 했으며, 의료분야를 광범위하게 개선시켰고, 전쟁의 양상까지도 바꿔 놓았다. 세계 반도체 산업의 매출은 1985년에 210억 달러에서 2011년 3,000억 달러로 성장하였으며, 마이크로프로세서가 주를 이룬다. 마이크로프로세서는 기술, 경제, 그리고 사회적으로도 중요할 뿐만 아니라, 본질적으로 매혹적인 인류의 발명품이다. 이 책을 다 마치면, 스스로 마이크로프로세서를 설계하고 만들 수 있으며, 이렇게 배운 기술들은 다른 여러 디지털 시스템을 설계할 수 있도록 해줄 것이다.

이 책은 전기에 어느 정도 익숙하고, 과거에 프로그래밍 경험이 있으며, 컴퓨터 본체 안에서 무엇이 어떻게 동작하는지에 대한 진정한 흥미를 가지고 있는 독자를 위한 책이며, 1과 0으로 동작하는 디지털 시스템 설계를 주된 내용으로 한다. 1과 0을 입력으로 받아서 1과 0을 출력하는 디지털 논리 게이트로부터 시작하여 이 게이트들을 결합한 가산기와 메모리 등과 같은 보다 복잡한 모듈을 얻기 위한 방법을 탐구한다. 이어서 마이크로프로세서의 모국어에 해당하는 어셈블리언어 프로그래밍으로 관심을 옮겨 공부하고, 마지막으로 게이트들을 서로 모아 어셈블리언어로 작성된 프로그램을 실행하는 마이크로프로세서를 만들어 낼 수 있도록 한다.

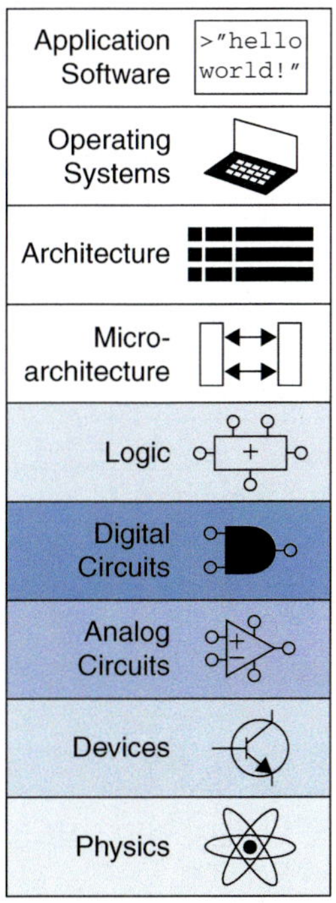

디지털 시스템의 커다란 이점은 구성 요소(building block)가 매우 단순

(단지 0과 1)하여, 복잡한 수학이나 물리학에 대한 방대한 지식이 필요 없다는 것이다. 대신에, 회로 설계자의 도전 과제는 이렇게 단순한 블록들을 조합하여 복잡한 시스템으로 만들어가는 것이다. 마이크로프로세서는 너무 복잡한 나머지 한 번에 이해하기 어려운, 여러분이 구축하는 첫 번째 시스템일 수도 있다. 이 책의 주요 내용 중 하나가 이러한 복잡성을 다루는 방법이다.

1.2 복잡성을 다루는 기술

기술자 또는 컴퓨터 과학자를 비전문가와 구분하는 특징 중의 하나가 복잡성을 다루는 데 있어서의 시스템적 접근 방식이다. 현대의 디지털 시스템은 수백만, 수십억 개의 트랜지스터로 제작된다. 그 누구도 수식을 통해 이러한 시스템을 이해할 수 없다. 방정식을 사용해 각 트랜지스터 내에서의 전자의 움직임을 설명할 수 없으며, 동시에 모든 방정식을 풀 수도 없다. 지나친 섬세함의 늪에 빠져 허우적거림 없이 마이크로프로세서를 구현해 가는 방법을 이해하기 위해서는 복잡성을 다루는 방법을 배울 필요가 있다.

1.2.1 추상화

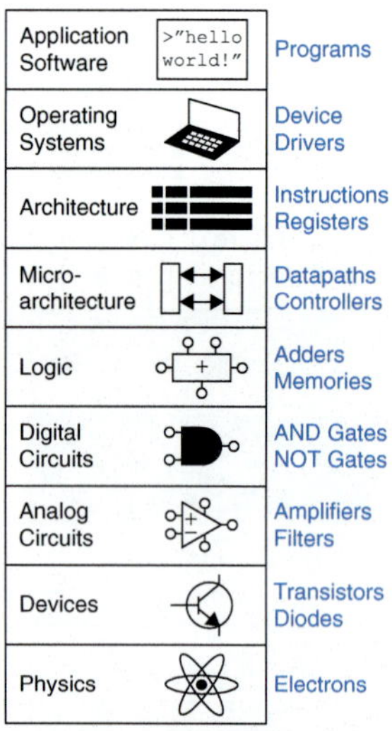

그림 1.1 전자 컴퓨터 시스템의 추상화 단계

복잡성을 다루기 위한 핵심 기법이 바로 중요하지 않은 세부사항을 감춰버리는 추상화(abstraction)이다. 하나의 시스템은 여러 개의 다양한 단계의 추상화로 볼 수 있다. 예컨대 미국 정치인들은 세계를 도시, 카운티, 주 그리고 국가로 추상화한다. 국가는 다수의 도시를 포함하고 주는 많은 카운티를 포함한다. 정치인이 대통령에 출마할 때 가장 관심을 가지게 되는 것은 '각각의 카운티들이 어떻게 투표를 하느냐'보다는 '전체의 주가 어떻게 투표를 할 것인가' 하는 것이다. 그러므로 주가 가장 효율적인 추상화 단계인 반면에, 인구 조사국에서는 도시의 모든 인구를 측정해야 하기 때문에 더 낮은 추상화 단계의 세부사항을 고려해야만 한다.

그림1.1은 전자 컴퓨터 시스템의 각 추상화 단계를 전형적인 구성 요소와 함께 보인 그림이다. 가장 낮은 단계의 추상화는 전자 운동을 나타내는 물리학이며, 이러한 전자의 움직임은 양자역학과 맥스웰 방정식에 의해 설명된다. 디지털 시스템은 트랜지스터와 같은(예전에는 진공관) 전자

소자(device)로 이루어져 있으며, 이런 소자들은 **단자**(terminal)라는 명확한 연결 포인트를 가지며 전압과 각 단자 사이에서 측정된 전류와의 관계로 모델링될 수 있다. 이 소자를 추상화하면 전자 개개의 움직임은 무시할 수 있다. 다음 단계의 추상화는 증폭기와 같은 장치를 만들기 위해 소자들을 조립한 **아날로그 회로**이다. 아날로그 회로는 연속적인 범위의 전압을 입출력하며, 논리 게이트와 같은 **디지털 회로**는 0과 1을 나타내기 위해 이산적인 범위의 전압으로 제한한다. 논리 설계에서는 가산기와 메모리와 같은 보다 복잡한 구조를 디지털 회로로부터 제작하게 된다.

마이크로아키텍처(microarchitecture)는 논리 추상화 단계와 아키텍처 단계를 연결시켜 준다. 아키텍처 단계의 추상화는 프로그래머의 관점에서 컴퓨터를 바라볼 수 있도록 해준다. 예를 들어, 대부분의 **개인용 컴퓨터**(PC)의 마이크로프로세서로 사용되는 intel x86 아키텍처는 프로그래머들에게 허용된 일련의 명령어 집합과 레지스터(register, 일시적으로 변수를 저장하는 메모리)로 정의된다. 마이크로아키텍처는 논리 소자들을 결합하여 아키텍처에 의해 정의된 명령어들을 실행하는 것을 포함한다. 특별한 아키텍처는 가격/성능/전력 소모와 성능 등의 절충 정도에 따라 다양한 마이크로아키텍처들 중 하나로 구현될 수 있다. 예를 들어, Intel Core i7, Intel 80486 그리고 AMD 에슬론(Athlon)은 서로 다른 마이크로아키텍처를 가진 x86 아키텍처이다.

소프트웨어의 영역으로 옮겨보자. 운영체제(operating system)는 하드드라이브에 접근하거나 메모리를 관리하는 것과 같은 낮은 단계의 세부사항을 다룬다. 결국, 응용 소프트웨어는 사용자들의 문제를 해결하기 위해 운영체제로부터 제공되는 이러한 기능들을 이용한다. 추상화의 능력 덕에 누구나 전자의 양자 진동이나 컴퓨터의 메모리 구성에 상관없이 인터넷을 서핑할 수 있는 것이다.

이 책은 디지털 회로부터 컴퓨터 아키텍처까지의 추상화 단계에 초점을 맞춘다. 추상화의 한 단계를 공부할 때, 동시에 그 단계의 바로 위나 아래 단계에 대해 알아두면 좋을 것이다. 예를 들면, 컴퓨터 과학자는 프로그램이 기록되는 컴퓨터 구조에 대한 이해 없이 코드를 완벽하게 최적화(optimize) 할 수 없으며, 소자 공학자는 트랜지스터가 이용될 회로에 대한 이해 없이 트랜지스터에 대한 현명한 선택을 할 수 없다. 이 책을 모두 읽고 난 시점에 주어진 문제를 풀기 위해 적절한 추상화 단계를 가려낼 수 있고, 다른 추상화 단계가 선택된 설계 방식에 어떠한 영향을 끼칠 것인지 평가할 수 있기를 바란다.

1.2.2 규약

규약(discipline)은 설계 시 선택할 수 있는 사양을 의도적으로 제한함으로써, 높은 추상화 단계에서 생산적으로 작업을 수행할 수 있도록 하는 행위로, 서로 호환성이 있는 부품을 사용하는 것은 규약의 좋은 응용 예이다. 가장 대표적인 예시 중 하나가 화승총(flintlock rifle) 제조업이었다. 19세기까지 소총은 개인의 수작업을 통해 제작되었으며, 서로 다른 수많은 기능공들로부터 구입된 부품들을 숙련된 총포 제조업자가 신중히 처리하여 조립하였다. 호환 부품에 대한 규약은 총포 산업의 일대 혁신을 일으켰다. 명확한 허용오차를 가진 일련의 표준화된 부품들로 제한함으로써 보다 적은 기술로 훨씬 빠르게 소총을 조립하고 고칠 수 있게 되었으며, 총포 제조업자들은 더 이상 총열, 개머리판과 같은 낮은 추상화 단계를 염려하지 않아도 되었다.

이 책 전체에서 디지털 규약은 매우 중요하게 다루어질 것이다. 아날로그 회로는 연속적인 전압을 사용하는 반면 디지털 회로는 이산(discrete) 전압을 사용하므로, 디지털 회로는 아날로그 회로의 부분집합이며 어떤 의미로는 보다 넓은 범위의 아날로그 회로보다 반드시 적은 능력을 가지지만, 디지털 회로의 설계가 훨씬 쉽다. 이렇듯 회로를 디지털 회로로 제한한다면, 이러한 부품들을 결합하여 복잡한 시스템으로 쉽게 만들어낼 수 있다. 궁극적으로는 다양한 적용 예에서 보듯이 아날로그 부품들로 제작된 것보다 더 우수한 성능을 지니게 된다. 예를 들어, 디지털 TV, CD, 그리고 핸드폰은 해당 구형 기기들을 대체해 가고 있다.

1.2.3 3-Y

회로 설계자들은 복잡성을 처리하기 위해 추상화 및 규약과 더불어 계층성(hierarchy), 모듈성(modularity) 그리고 규칙성(regularity)과 같은 3-Y를 이용하며, 이러한 원칙들은 다음과 같은 소프트웨어와 하드웨어 시스템에 모두 적용된다.

- 계층성(hierarchy)은 하나의 시스템을 여러 모듈로 나누고 또 나누어 그 조각들을 이해하기 쉬워질 때까지 반복하는 것을 말한다.
- 모듈성(modularity)은 모듈들은 명확하게 정의된 기능과 인터페이스(interface)를 보유하고 있으므로, 예상치 못한 부작용 없이 서로 쉽게 연결할 수 있음을 의미한다.
- 규칙성(regularity)은 모듈들 사이의 획일성을 찾아내 공통으로 사용할 수 있는 모듈들은 여러 번 재사용하고, 반드시 새로 설계해야만 되는 별개의 모듈 수를 줄여가는 것이다.

이상과 같은 3-Y를 설명하기 위해 소총 제작의 예로 돌아가 보자. 화승총은 19세기 초 상용되던 가장 복잡한 물건 중 하나였다. 계층성의 원리를 이용하면 그림 1.2와 같이 안전장치(lock), 개머리판(stock), 총신(barrel) 같은 부품들로 나눌 수 있다.

루이스와 클라크 원정대(Lewis and Clark Expedition)의 대장 메리웨더 루이스(Meriwether Lewis)는 소총용 호환 가능한 부속품의 초창기 옹호자 중 한 사람이었다. 1806년, 루이스는 다음과 같이 그 이유를 설명했다.

병장 드류이어와 프라이어의 총이 모두 고장 났다. 첫 번째 총은 못쓰게 된 낡은 격발장치를 신품으로 교환하여 수리하였고, 두 번째 총은 공이 나사가 부러졌지만 그 총의 제작사 하퍼스 페리에서 여벌로 준비해 둔 부속품으로 교체하였다. 존 쉴즈의 정교한 기술에 더해, 예방책으로 이런 여분의 격발 장치와 부속품을 가져오지 않았더라면 이 순간 우리가 가져온 거의 모든 총들은 무용지물이 되었을 것이다. 하지만 다행스럽게 이 총들은 모두 양호하다는 것을 여기에 기록한다.

– 엘리어트 쿠에스, 〈루이스와 클라크 원정대의 역사〉, vol. 4, New York: Harper, 1893 참조.

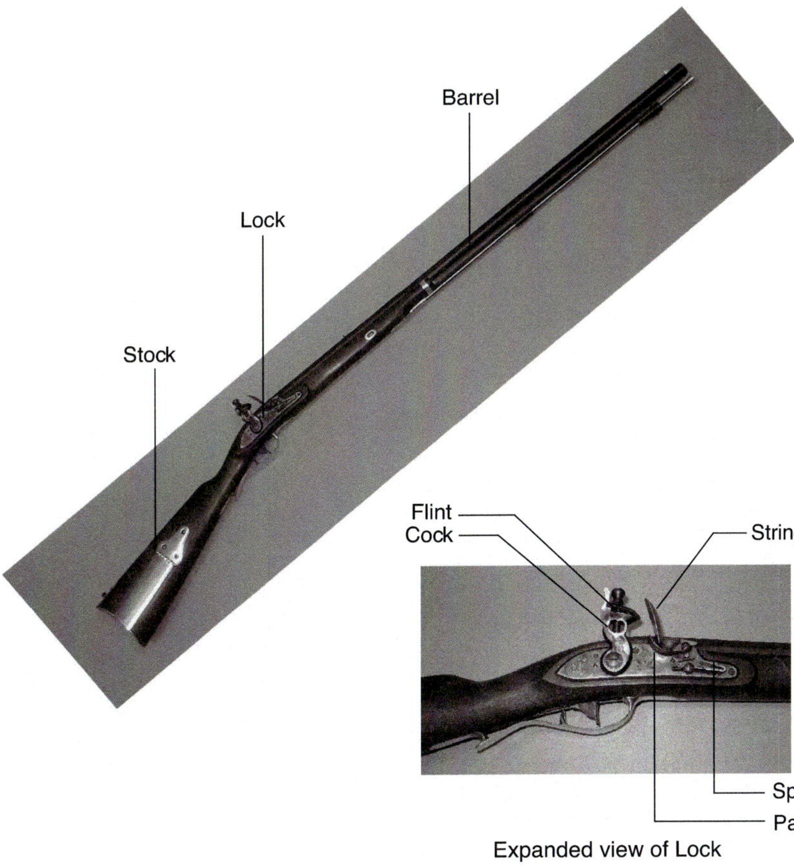

그림 1.2 화승총과 격발 장치

Image by Euroarms Italia. www.euroarms.net © 2006.

총신은 발사된 총알이 지나가는 긴 금속 튜브이며, 안전장치는 격발 장치이고, 개머리판은 목재로 된 몸체로서 각 부품들을 고정시키고 사용자에게 안정적인 그립을 제공한다. 결국 격발 장치는 방아쇠, 공이, 부싯돌, 점화경첩(frizzen), 약실(pan)을 포함하며, 개개의 각 부품들은 계층적으로 더욱더 자세히 묘사될 수 있다.

모듈성은 각각의 부품들이 명확한 기능과 인터페이스를 갖추고 있어야만 한다는 것을 알려준다. 개머리판의 기능은 총신과 격발 장치를 받쳐주는 것이며, 개머리판의 인터페이스는 개머리판의 길이와 고정 핀의 위치다. 모듈 방식으로 설계된 소총은 서로 다른 제조업자들이 만든 개머리판일지라도 개머리판과 총신이 정확한 길이와 적절한 탑재 방식을 가지고 있다면 어떤 총신과도 함께 사용될 수 있다. 총신의 기능은 총알에 회전을 주어 정확하게 날아가게 하는 것이다. 모듈성이란 개머리판 설계 시 총신의 기능을 방해하는 것과 같은 부작용이 없도록 따라야 하는 규칙이다.

규칙성이라는 말은 서로 호환 가능한 것이 좋은 방법이라는 것을 시사해준다. 규칙성을 적용하면 손상된 총신을 동일 부품으로 교체할 수 있으며, 힘든 수작업 대신 조립라인에서 효율적으로 생산할 수 있다.

계층성, 모듈성 그리고 규칙성의 원칙들은 이 책 전반에 걸쳐 반복적으로 살펴볼 것이다.

찰스 베비지
(Charles Babbage),
1791~1871
캠브리지 대학에서 공부했으며 1814년에 조지아나 위트모어와 결혼했다. 세계 최초의 기계식 컴퓨터인 해석기(Analytical Engine)를 발명하였다. 선로의 장애물 제거를 위한 기구와 보편적인 우편 요금제도를 고안했다. 자물쇠 따는 데에 흥미를 가졌으나 거리의 악사들을 혐오했다.

1.3 디지털 시스템의 추상화

예컨대 전선의 전압, 진동하는 신호의 주파수, 또는 질량의 위치 등이 연속적인 양을 가지고 있는 것처럼 물리적인 변수는 대부분 연속적인 반면, 디지털 시스템은 유한개의 분명한 값을 가지는 변수, 즉 **이산 값을 가지는 변수**(discrete-valued variable)로 정보를 표현한다.

10개의 이산 값을 가지는 변수를 사용한 초창기 디지털 시스템은 찰스 베비지(Charles Babbage)의 해석기였다. 베비지는 1834년부터 1871년까지 이 기계식 컴퓨터를 고안하고 만들기 위해 노력을 기울였다. 이 해석 엔진(engine)은 자동차의 주행기록계와 매우 흡사하게 0부터 9까지 10개의 위치를 표시한 기어(gear)를 사용했다. 그림 1.3은 각 행이 하나의 수를 처리하는 이 엔진의 원형을 보여준다. 베비지는 25열의 기어를 채택하였으므로 이 기계는 25 자리의 정밀도를 가진다.

베비지 기계와 달리 대부분의 전자 컴퓨터에서는, 서로 다른 10개의 전압보다 두 개의 전압을 구별하는 것이 더 쉬우므로, 높은 전압은 '1'을 가리키게 하고, 낮은 전압은 '0'을 가리키도록 하는 이진(binary) 표현 방법을 사용한다.

서로 구별되는 *N*개의 상태를 가지는 이산 변수의 **정보량** *D*는 다음과 같이 bit 단위로 측정된다.

$$D = \log_2 N \text{ bits} \tag{1.1}$$

2진 변수 하나는 0 또는 1의 두 가지 상태를 가지므로 $\log_2 2 = 1$bit 정보를 담을 수 있다. bit는 사실 binary digit(2진수)를 축약한 단어이다. 베비지 기계의 각 기어들은 $2^{3.322} = 10$개의 고유한 자리 중에 하나가 될 수 있으므로, $\log_2 10 = 3.322$bit의 정보를 담을 수 있다. 연속 신호는 무한한 수의 값들로 이루어져 있으므로 이론적으로 무한한 정보를 포함하고 있지만, 실제로는 노이즈와 측정 오차로 인하여 대부분의 연속 신호에 대한 정보량은 겨우 10~16bit 정도로 제한되며, 측정이 빠르게 이루어져야 한다면 정보량은 더욱 적어진다(예를 들면, 8bit).

그림 1.3 1871년 사망 당시 제작 중이던 베비지의 해석기
image courtesy of Science Museum/Science and Society Picture Library

이 책은 0과 1의 값을 가지는 2진 변수를 사용하는 디지털 회로를 중점적으로 다룬다. 조지 부울(George Boole)은 **부울 논리**라고 하는 2진 변수에 대한 논리 연산 체계를 개발하였다. 부울 변수는 TRUE일 수도 FALSE일 수도 있다. 전자 컴퓨터는 '1'을 표현하기 위해 양의 값을 가지는 전압을, '0'을 표현하기 위해 0volt의 전압을 보통 사용하는데, 이 책에서는 '1', TRUE, HIGH 등의 용어를 동의로 사용하며, '0', FALSE, LOW도 서로 같은 의미로 사용한다.

조지 부울(George Boole), 1815~1864
노동자 계급의 부모로부터 태어나 정식 교육을 받을 형편이 되지 못했으나, 수학을 독학하여 아일랜드 공화국의 퀸스대학의 교수가 되었다. 이진 변수와 세 가지 기본 논리 연산 AND, OR, NOT를 그의 저서 〈사고의 법칙에 대한 연구(*Investigation of the law of Thought*, 1854)〉를 통해 소개했다.

디지털 추상화의 묘미는 부울 변수가 어떠한 종류의 값(특정 전압, 기어의 회전 수 등)을 표현하든지 간에, 디지털회로 설계자는 이들을 무시하고 오로지 0과 1에 집중할 수 있으며, 컴퓨터 프로그래머는 컴퓨터 하드웨어의 세세한 부분을 알 필요 없이 작업을 수행할 수 있다는 것이다. 하지만 프로그래머가 하드웨어를 자세히 이해하고 있다면 이 특정 컴퓨터에 소프트웨어를 보다 개선된 방법으로 최적화시킬 수 있을 것이다.

개별 bit로는 많은 정보를 표현할 수 없다. 다음 절에서는 많은 정보의 포함이 가능한 수를 표현하기 위한 bit 그룹의 사용 방법에 대해서 공부하고, 이후의 장에서도 문자와 프로그램을 표현하기 위해서 역시 bit 그룹을 사용할 것이다.

1.4 수 체계

사람들은 10진수에 익숙하지만, 디지털 시스템은 1과 0으로 구성되어 있으므로 2진 혹은 16진수가 보다 편리할 때가 있다. 이번 절에서는 이 책의 나머지 부분 전체를 통해서 사용될 다양한 수 체계를 선보인다.

1.4.1 10진수

초등학교 때는 10진수(decimal) 연산과 셈을 배웠다. 열 손가락처럼 10개의 10진수(0, 1, 2, …, 9)가 있고, 이러한 10진수를 서로 결합하면 보다 긴 10진수가 된다. 10진수 각 자리는 아래 자리의 10배이며, 각 자리 값의 크기는 오른쪽에서 왼쪽으로 1, 10, 100, 1000, … 이다. 10진수의 기저(base)는 10이며, 두 종류 이상의 기저와 함께 그 수를 표시할 때 혼돈을 피하기 위해서 숫자 뒤에 아래 첨자로 표시한다. 예를 들어 그림 1.4는 10진수 9742_{10}가 각 자리의 숫자와 해당하는 자리 값과의 곱의 합으로 표현됨을 보여준다.

N개의 자리 수를 가지는 10진수는 10^N개의 가능한 수(1, 2, 3, …, 10^N-1) 중 하나를 나타내며, 이를 수의 **범위**(range)라 한다. 예를 들면 3자리 수 10진수는 0부터 999 범위의 1,000개의 가능한 수 중 하나를 나타낸다.

1.4.2 2진수

비트(bit)는 1이나 0 중 하나의 값을 가지며, 이들이 서로 결합하여 2진수를 이룬다. 2진수의 각 자리는 아래 자리의 2배이며, 기저는 2로서 오른쪽에서 왼쪽으로 각 자리 값의 크기는 1, 2, 4, 8, 16, 32, 64, 128, 256, 512,

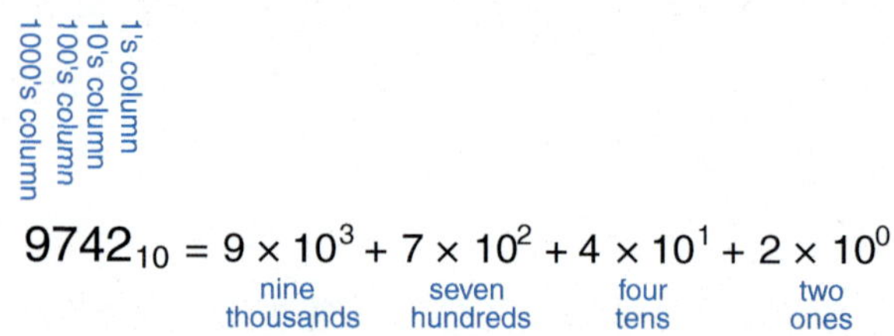

그림 1.4 10진수의 표현

표 1.1 2진수와 대응하는 10진수

1-Bit Binary Numbers	2-Bit Binary Numbers	3-Bit Binary Numbers	4-Bit Binary Numbers	Decimal Equivalents
0	00	000	0000	0
1	01	001	0001	1
	10	010	0010	2
	11	011	0011	3
		100	0100	4
		101	0101	5
		110	0110	6
		111	0111	7
			1000	8
			1001	9
			1010	10
			1011	11
			1100	12
			1101	13
			1110	14
			1111	15

1024, 2048, 4096, 8192, 16384, 32768, 65536, ⋯ 이다. 2진수를 자주 사용하는 사람인 경우 2^{16}까지 2의 거듭제곱을 외워두면 시간을 절약할 수 있다.

N bit 이진수는 2^N개의 가능한 수(0, 1, 2, 3, ⋯, 2^N-1) 중 하나를 나타내며, 표 1.1은 1~4bit까지의 수를 10진수로 표현한 것이다.

예제 1.1 2진수의 10진수 변환

2진수 10110_2를 10진수로 변환하라.

풀이 그림 1.5는 변환 결과이다.

16's column 8's column 4's column 2's column 1's column

$$10110_2 = 1 \times 2^4 + 0 \times 2^3 + 1 \times 2^2 + 1 \times 2^1 + 0 \times 2^0 = 22_{10}$$

one sixteen　no eight　one four　one two　no one

그림 1.5 2진수의 10진수 변환

예제 1.2 **10진수의 2진수 변환**

10진수 84_{10}를 2진수로 변환하라.

풀이 맨 왼쪽 자리에서 시작하든지 또는 오른쪽 자리부터 시작하든지 간에, 2진수로 변환되는 결과의 각 자리를 1로 할지 아니면 0으로 할지 결정한다.

왼쪽 자리부터 변환한다면, 변환될 수보다 작거나 같은 2의 거듭제곱 중 가장 큰 수(이 경우는 64)부터 시작한다. $84 \geq 64$이므로 64의 자리는 1이고, 남는 수는 $84-64=20$이 된다. $20<32$이므로 32의 자리는 0이 되며, $20 \geq 16$이므로 16의 자리는 1이 되고 남은 수는 $20-16=4$가 된다. $4<8$이므로 8의 자리는 0이 되며, $4 \geq 4$이므로 4의 자리는 1이고, 남은 수는 $4-4=0$이 되어 2의 자리와 1의 자리는 0이 된다. 모든 자리 수를 모두 모으면 $84_{10}=1010100_2$이다.

오른쪽 자리부터 변환한다면, 변환될 수를 2로 나누기를 반복하면서, 남은 나머지가 각 자리의 값으로 들어간다. $84/2=42$가 되므로 1의 자리에 0이 들어가고, $42/2=21$이 되며 2의 자리 또한 0이 들어간다. $21/2=10$이지만 나머지가 1이므로 4의 자리는 1이 들어간다. $10/2=5$이므로 8의 자리는 0이 들어가며, $5/2=2$이고 나머지가 1이므로 16의 자리에는 1이 들어간다. $2/2=1$이므로 32의 자리에는 0이 들어가고, 마지막으로 $1/2=0$이며 나머지가 1이므로 64의 자리에 1이 들어가므로 앞선 풀이와 같은 $84_{10}=1010100_2$이다.

1.4.3 16진수

'16진(Hexadecimal)'이라는 용어는 1963년에 IBM사에서 만들었으며, 그리스어 hexi(six)와 라틴어 decem(ten)으로부터 나온 것이다. 보다 적당한 용어는 라틴어 sexa(six)를 사용하는 것이지만 sexadecimal은 너무 야하게 들린다.

긴 2진수를 쓴다는 것은 지루하기도 하거니와 오류 발생 가능성도 많다. 4bit의 수를 그룹으로 묶으면 $2^4=16$가지 가능한 수 중 하나를 표현할 수 있으므로, 16진수(hexadecimal)라 불리는 기저 16인 수로 작업하는 것이 보다 편리할 때가 있다. 표 1.2에 보인 바와 같이 16진수는 0에서부터 9까지의 수에 A부터 F까지의 문자를 덧붙여 사용하며, 기저가 16인 각 자리의 값은 1, 16, 16^2(또는 256), 16^3(또는 4096), … 이다.

표 1.2 16진수 시스템

Hexadecimal Digit	Decimal Equivalent	Binary Equivalent
0	0	0000
1	1	0001
2	2	0010
3	3	0011
4	4	0100
5	5	0101
6	6	0110
7	7	0111
8	8	1000
9	9	1001
A	10	1010
B	11	1011
C	12	1100
D	13	1101
E	14	1110
F	15	1111

예제 1.3 **16진수의 2진수와 10진수로의 변환**

16진수 $2ED_{16}$를 2진수와 10진수로 변환하라.

풀이 16진수의 숫자는 4자리 2진수와 일치하므로 16진수와 2진수 사이의 변환은 쉽다. $2_{16}=0010_2$, $E_{16}=1110_2$, $D_{16}=1101_2$이므로 $2ED_{16}=001011101101_2$이 된다. 10진수로의 변환은 그림 1.6에 나타낸 연산이 필요하다.

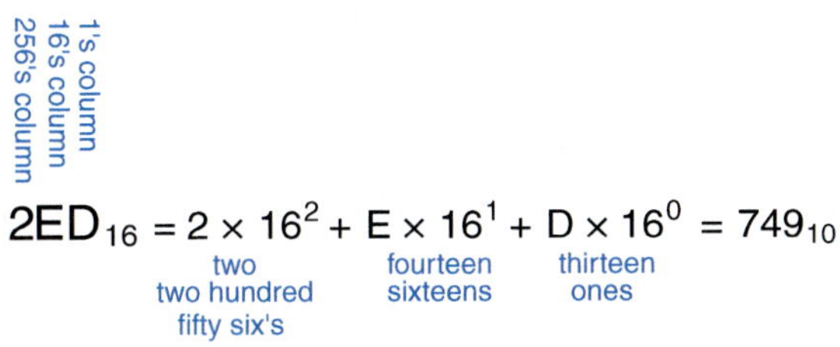

그림 1.6 16진수의 10진수 변환

예제 1.4 **2진수의 16진수로 변환**

2진수의 수 1111010_2를 16진수로 변환하라.

풀이 이 또한 쉽다. 오른쪽 최하위부터 4bit씩 읽어가며 변환하면, $1010_2=A_{16}$이 되고, 다음 bit 열은 $111_2=7_{16}$이므로 $1111010_2=7A_{16}$이다.

예제 1.5 **10진수의 16진수와 2진수로의 변환**

10진수의 수 333_{10}을 16진수와 2진수로 변환하라.

풀이 10진수의 2진수 변환과 같이 10진수의 16진수 변환은 왼쪽 또는 오른쪽부터 행해도 된다.

왼쪽 자리부터 변환한다면, 변환될 수보다 작거나 같은 16의 거듭제곱 중 가장 큰 수(이 경우는 256)부터 시작한다. 256은 333에 한 번 들어가므로 256의 자리는 1이고, 남는 수는 $333-256=77$이다. 16은 77에 4번 들어가므로 16자리는 4가 되며, 남은 수는 $77-16\times4=13$이다. $13_{10}=D_{16}$이므로 1의 자리는 D가 된다. 정리하면 $333_{10}=14D_{16}$이 된다. 16진수를 2진수로 변환하는 것은 예제 1.3처럼 쉽게 할 수 있다. $14D_{16}=101001101_2$이다.

오른쪽 자리부터 변환한다면, 변환될 수를 16으로 나누기를 반복하면서, 남은 나머지가 각 자리의 값으로 들어간다. $333/16=20$으로 나머지 $13_{10}=D_{16}$가 1의 자리에 들어가고, $20/16=1$이 되어 나머지 4가 16의 자리에 들어간다. $1/16=0$으로 나머지 1은 256 자리에 들어간다. 앞선 풀이의 결과와 같이 $14D_{16}$이 된다.

1.4.4 바이트, 니블 등

8bit 묶음 하나를 바이트(byte)라 한다. 이는 2^8=256개의 가능한 수 중 하나를 나타내며, 컴퓨터의 기억장치에 저장되는 데이터 크기의 측정 단위는 관례상 bit보다 byte를 사용한다.

4bit 묶음 하나, 또는 1/2byte를 니블(nibble)이라 하는데, 이는 2^4=16개의 가능한 수 중 하나를 나타낸다. 16진 숫자 하나는 하나의 니블에 저장되고 16진 숫자 두 개는 바이트 전체에 저장된다. 니블은 더 이상 널리 사용되는 단위는 아니지만, 용어가 참 매력적이다.

마이크로프로세서는 워드(word) 단위로 데이터를 처리하는데, 워드의 크기는 마이크로프로세서의 종류에 따라 다르다. 이 책이 집필되는 시점인 2012년도의 많은 컴퓨터들은 64비트 프로세서를 가졌는데, 이는 64비트 워드 단위로 동작함을 말한다. 당시에는 32비트 워드로 동작하는 구형

> **마이크로프로세서**는 하나의 칩 위에 구현한 프로세서이다. 1970년대까지는 프로세서가 너무 복잡한 나머지 하나의 칩 위에 집어넣을 수 없었으므로, 메인 프레임용 프로세서는 많은 칩들이 들어있는 보드들로 구현되었다. 1971년에 인텔은 4004라는 4비트 마이크로프로세서를 처음으로 소개하였으며, 지금은 가장 복잡한 초고성능 컴퓨터조차도 마이크로프로세서로 만들어진다. 이 책에서는 마이크로프로세서와 프로세서라는 용어를 같은 의미로 사용한다.

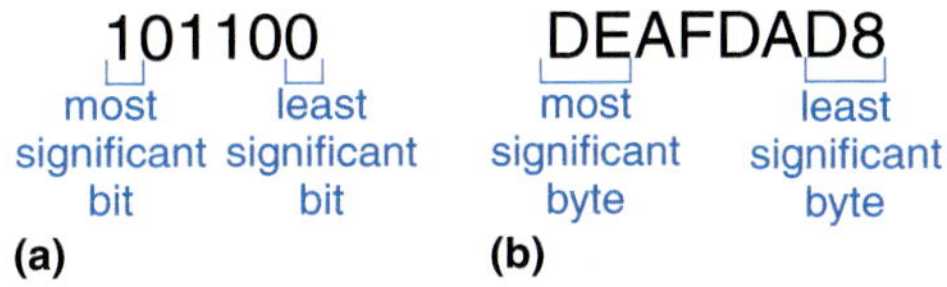

그림 1.7 최하위와 최상위 비트와 바이트

컴퓨터도 역시 널리 사용되던 시기였다. 토스터와 같은 소형 가전제품용 단순한 프로세서는 8비트나 16비트 워드를 사용하였다.

그림 1.7(a)에 보인 6비트 2진수 같이, 일련의 비트 그룹 내의 1의 자리에 있는 비트를 **최하위 비트**(Least Significant bit, lsb)라 하며, 다른 쪽 끝의 비트를 **최상위 비트**(Most Significant Bit, msb)라 한다. 마찬가지로 한 워드 내의 일련의 바이트들도 **최하위 바이트**(Least Significant Byte, LSB)와 **최상위 바이트**(Most Significant Byte, MSB)로 각각 표현한다. 그림 1.7(b)는 4-byte 수를 8자리 16진수로 표현한 것이다.

$2^{10}=1024\approx10^3$이므로 2^{10}을 킬로(K)로 정의한다. 예를 들면 2^{10}byte는 1KB이며, 비슷하게 메가(M)는 $2^{20}\approx10^6$, 기가(G)는 $2^{30}\approx10^9$를 각각 가리킨다. 2^{10}, 2^{20}, 2^{30}의 대략적인 값이 각각 천, 백만, 십억이라는 것을 알고 2^9까지 2의 누승 값을 기억한다면 2의 거듭제곱의 어떤 수든 암산으로 쉽게 추산할 수 있을 것이다.

예제 1.6 **2의 거듭제곱 계산**

계산기를 사용하지 않고 2^{24}의 근사치를 계산하라.

풀이 지수를 10의 배수와 나머지로 분리한다.

$2^{24}=2^{20}\times2^4$이고, 2^{20}은 약 백만이며, $2^4=16$이므로, $2^{24}\approx1,600$만이다. 엄밀히 따지면, 2^{24}은 16,777,216이지만, 마케팅 목적이라면 1,600만이라는 값은 충분히 근사한 값이다.

1024byte는 1KB, 1024bit는 1Kb라 하며, 마찬가지 방법으로 MB, Mb, GB와 Gb 등은 각각 백만, 10억 byte 및 bit를 나타낸다. 메모리 용량의 단위는 보통 byte를 사용하며, 통신 속도의 단위는 보통 bits/sec(초당 전송되는 비트 수)를 사용한다. 예를 들어, 전화기용 모뎀의 최대 속도는 보통 56kbits/sec이다.

1.4.5 2진 덧셈

```
11 ← carries → 11
  4277          1011
+ 5499        + 0011
  9776          1110
(a)           (b)
```

그림 1.8 자리 올림수(carry)를 보이는 덧셈 예제: (a) 10진수 (b) 2진수

2진수 덧셈은 10진수의 덧셈과 많이 유사하지만, 그림 1.8에 보인 바와 같이 더욱 쉽다. 10진수 덧셈에서와 같이 두 수의 합이 한 자리의 수로 표현할 수 있는 것보다 크다면, 1을 다음 자리로 한 자리 올린다(carry). 그림 1.8은 10진수와 2진수의 덧셈을 비교한 그림이다. 그림(a)의 오른쪽 맨 끝자리는 7+9=16으로 9보다 커서 한 자리 수로 나타낼 수 없으므로, 1의 자리에는 숫자 6을, 10의 자리 위에 자리올림수 1을 기록한다. 2진 덧셈에서도 마찬가지로 두 수의 합이 1보다 크면 다음 2의 자리 위에 자리올림수를 기록한다. 그림 1.8(b)의 오른쪽 맨 끝자리의 합 $1+1=2_{10}=10_2$은 2진 숫자 하나로 표현할 수 없으므로, 1의 자리에 (0)을 기입하고, 이 덧셈 결과의 자리올림수 (1)을 2의 자리인 다음 자리로 올린다. 두 번째 자리에서 합은 $1+1+1=3_{10}=11_2$이 되며, 다시 1의 자리에 (1)을 기입하고, 자리올림수 (1)을 2의 자리인 다음 자리로 올린다. 이와 같이 명백한 이유로 이웃하는 자리 위로 옮겨지는 bit를 **캐리 비트(carry bit)**라 한다.

예제 1.7 2진 덧셈

0111_2+0101_2를 계산하라.

```
  111
  0111
+ 0101
  1100
```

그림 1.9 2진수 덧셈 예제

풀이 그림 1.9는 이 계산 결과가 1100_2임을 보여주며, 자리올림수들은 파란색으로 나타내었다. 10진수로 계산해 보면 이 계산 결과를 검산할 수 있다. $0111_2=7_{10}$, $0101_2=5_{10}$이므로, 두 수의 합은 $12_{10}=1100_2$이므로 맞다.

디지털 시스템은 일반적으로 유한개의 숫자들로 연산을 수행하며, 결과 값이 너무 커서 주어진 자리 수에 그 결과 값을 표현할 수 없으면 **오버플로(overflow)**라 한다. 예를 들면, 4비트 수는 [0, 15] 범위를 가지는데, 덧셈 결과가 15를 초과하면 오버플로가 발생되어 5번째 수는 버려지므로 바르지 않은 결과가 4비트에 남게 된다. 오버플로는 최상위 자리에서 자리올림이 발생했는지 조사함으로써 검출할 수 있다.

예제 1.8 오버플로가 발생하는 덧셈 연산

1101_2+0101_2를 계산하라. 오버플로가 발생하는가?

```
  11 1
  1101
+ 0101
 10010
```

그림 1.10 오버플로가 발생하는 2진수 덧셈

풀이 그림 1.10은 합의 결과가 10010_2임을 보여준다. 이 결과는 4비트 2진수의 범위를 벗어나 오버플로가 발생하여 최상위 비트(msb)가 버려지고, 바르지 않은

결과 값 0010_2만 남게 된다. 5비트 이상의 수로 계산했다면 바른 결과 값 10010_2을 얻을 수 있을 것이다.

1.4.6 부호 있는 2진수

지금까지 양의 값만을 표현하는 **부호 없는**(unsigned) 2진수에 대해서만 살펴봤지만, 양수와 음수 모두를 표현해야 될 때가 자주 있으므로, 음수를 나타내는 또 다른 2진수 체계의 표현 방법이 필요하게 된다. **부호 있는**(signed) 2진수를 표현하는 방법은 몇 가지가 있으나, 가장 널리 쓰이는 두 가지 방법은 부호와 절대치(sign/magnitude) 방법과 2의 보수(2's complement) 방법이다.

1996년 6월 4일, 70억 달러에 달하는 아리안 5(Arians 5) 로켓이 발사된 후 40초 만에 항로를 이탈하면서 해체, 폭발해버렸다. 사고의 원인은 컴퓨터가 로켓을 제어할 때 16비트 범위를 벗어나는 오버플로가 발생하여 오동작을 일으킨 것이었다. 이 코드는 아리안 4호에서 광범위하게 테스트되었던 코드이지만, 아리안 5호는 보다 큰 값을 생성하는 제어용 컴퓨터를 위해 더 빠른 엔진을 탑재한 바람에 오버플로를 일으킨 것이다.
Photograph courtesy of ESA/CNES/ARIANESPACEService Optique CS6.

부호와 절대치 방법

부호와 절대치 방법은 '−' 부호와 절댓값으로 나타내는 일반적인 음수 표현 방법과 같으므로 직관적으로 알 수 있다. N비트 부호와 절대치로 표현된 수는 최상위 비트에 부호를 표시하고 나머지 $N-1$비트에는 크기(절대치)를 표시한다. 부호 비트가 0이면 양수를 가리키며 1이면 음수를 나타낸다.

예제 1.9 부호와 절대치 수

5와 −5를 부호와 절대치 방법으로 나타내라.

풀이 두 수 모두 절대치가 $5_{10}=101_2$이므로, $5_{10}=0101_2$이며, $-5_{10}=1101_2$이다.

불행히도 일반 2진 덧셈은 부호와 절대치 방법으로는 덧셈을 수행하지 못하는데, 예를 들어 일반적인 덧셈 방법으로 부호와 절대치로 표현된 $-5_{10}+5_{10}$를 수행하면, $0101_2+1101_2=10010_2$과 같은 터무니없는 결과가 나오게 되기 때문이다.

N비트 부호와 절대치로 나타낸 수는 $[-2^{N-1}+1,\ 2^{N-1}-1]$ 범위에 걸쳐 있으며, +0과 −0이 존재하지만 둘 다 0을 가리킨다. 예상하다시피, 같은 수에 대해 서로 다른 두 개의 표현을 갖는다는 것은 골칫거리가 아닐 수 없다.

2의 보수

2의 보수(two's complement)는 최상위 비트 자리 값이 2^{N-1} 대신 -2^{N-1}이라는 것을 제외하면 부호 없는 2진수와 똑같고, 0을 표현하는 방법이 한 가지이며 일반적인 방식으로 덧셈을 수행할 수 있으므로 부호와 절대치로 표현된 수의 결점을 극복할 수 있다.

2의 보수 표현에서 0은 $00\cdots000_2$으로 표현되며, 가장 큰 양수는 가장 높은 자리가 0이고, 나머지 자리는 $01\cdots111_2=2^{N-1}-1$과 같이 1로 채워진다. 가장 작은 음수는 가장 높은 자리가 1이고, 나머지 자리는 $10\cdots000_2=-2^{N-1}$과 같이 0으로 채워지며, −1은 모든 자리가 1인 $11\cdots111_2$로 표현된다.

양수는 가장 높은 자리가 0이고 음수는 1이므로 최상위 비트를 부호 비트로 볼 수 있지만, 나머지 비트들은 2의 보수로 표현된 수와 부호와 절대치로 표현된 수가 서로 다르게 해석된다는 점을 유념해야 한다.

2의 보수로 표현된 수의 부호는 **2의 보수를 취하는** 일련의 과정으로 결정된다. 이 과정은 변환될 수의 모든 비트들을 반전시킨 결과의 최하위 비트에 1을 더하는 과정을 의미하는데, 음수를 표현하거나 음수의 크기를 결정하는 데 요긴하게 쓰인다.

예제 1.10 **음수의 2의 보수 표현**

-2_{10}를 4비트 2의 보수로 표현하라.

풀이 -2_{10}를 구하기 위해 먼저 $+2_{10}=0010_2$을 구하고, 반전시킨 다음 1을 더한다. 0010_2을 반전시키면 1101_2, $1101_2+1=1110_2$이 되므로, -2_{10}에 대한 2의 보수 표현은 1110_2이다.

예제 1.11 **2의 보수로 표현된 음수의 값**

2의 보수로 표현된 수 1001_2의 10진수 값을 구하라.

풀이 1001_2의 맨 앞자리가 1이므로 음수이다. 이 수의 크기를 구하기 위해 반전시킨 다음 1을 더한다. 1001_2을 반전시켜 0110_2을 구하고, $0110_2+1=0111_2=7_{10}$이 되므로, 결국 $1001_2=-7_{10}$이 된다.

2의 보수는 양수와 음수에 대하여 올바르게 덧셈을 수행할 수 있는 큰 장점을 지니고 있으나, *N*비트 수를 더할 때는 *N*번째 비트에서 발생한 자리올림수(즉, N+1번째 bit)가 폐기됨을 잊지 말아야 한다.

예제 1.12 **2의 보수의 덧셈**

2의 보수를 이용하여 (a) $-2_{10}+1_{10}$과 (b) $-7_{10}+7_{10}$을 계산하라.

풀이 (a) $-2_{10}+1_{10}=1110_2+0001_2=1111_2=-1_{10}$, (b) $-7_{10}+7_{10}=1001_2+0111_2$ $=1111_2=10000_2$이지만, 5번째 비트는 버리므로 4비트로 된 바른 결과 값은 0000_2이다.

빨셈은 두 번째 수에 대한 2의 보수를 구한 다음 이를 더하면 된다.

예제 1.13 **2의 보수의 뺄셈**

4비트 2의 보수를 이용하여 (a) $5_{10}-3_{10}$과 (b) $3_{10}-5_{10}$를 계산하라.

풀이 (a) $3_{10}=0011_2$이고, 이 수의 2의 보수를 취하여 $-3_{10}=1101_2$을 구한다. 이제 이들을 더하면 $5_{10}+(-3_{10})=0101_2+1101_2=0010_2=2_{10}$가 된다. 결과 값은 네 개의 비트에 저장되므로 가장 높은 자리에서 발생된 자리올림수는 폐기되었다. (b) 5_{10}에 대한 2의 보수를 취하여 $-5_{10}=1011_2$을 구한다. 결국 $3_{10}+(-5_{10})=0011_2+1011_2=1110_2=-2_{10}$가 된다.

0에 대한 2의 보수는 0으로 된 모든 비트를 반전시킨(11⋯111로) 다음 1을 더하여 모든 비트를 0으로 만들고, 최상위 비트 자리에 생성된 자리올림수를 버림으로써 구할 수 있으므로, 모든 비트가 0으로 채워진 형태이다. 부호와 절대치 방법과 달리 2의 보수 방법은 -0이 없으며, 부호 비트가 0이므로 양수로 간주한다.

부호 없는 수와 같이 N비트 2의 보수로 표현된 수는 2^N개의 가능한 값 중 하나를 나타내지만, 양수와 음수로 나뉜다. 예를 들어, 4비트의 부호 없는 수는 0부터 15까지 16개의 값을 나타내지만, 4비트 2의 보수는 -8에서 7까지 16개의 값을 나타낸다. 일반적으로 N비트 2의 보수의 범위는 $[-2^{N-1}, 2^{N-1}-1]$이며, 2의 보수에는 -0이 없으므로 음수가 양수보다 하나 더 많다는 것을 알아야 한다. 값이 가장 작은 음수 $10\cdots000_2=-2^{N-1}$을 때로는 **기묘한 수**(weird number)라 하는데, 이 수의 보수($01\cdots111_2$)를 구한 다음 1을 더해서 이 기묘한 수의 2의 보수를 구하면 $10\cdots000_2$이 되어 다시 기묘한 수가 되므로, 이 수는 대응 관계가 있는 양수를 가지지 않는다.

두 개의 N비트 양수 또는 음수를 더할 때 덧셈 결과가 $2^{N-1}-1$보다 크거나 -2^{N-1}보다 작으면 오버플로가 발생할 수도 있으나, 양수를 음수에 더할 때는 오버플로가 발생할 수 없다. 부호 없는 수의 덧셈과 달리 가장 높은 자리에서 발생한 자리올림수는 오버플로를 의미하지 않지만, 더해지는 두 수가 같은 부호이고 계산 결과가 서로 다른 부호가 된다면 오버플로가 발생한다.

예제 1.14 **오버플로가 발생하는 2의 보수 덧셈**

4비트 2의 보수를 이용하여 $4_{10} + 5_{10}$을 계산하라. 오버플로가 발생하는가?

풀이 $4_{10} + 5_{10} = 0100_2 + 0101_2 = 1001_2 = -7_{10}$. 이 계산 결과는 4비트 2의 보수 방식으로 표현할 수 있는 양수의 범위를 벗어나, 잘못된 음수의 결과 값이 되므로 오버플로가 발생한다. 만일 5비트 이상으로 계산하였다면, 계산 결과는 01001_2이 되어 바른 결과를 얻을 수 있을 것이다.

2의 보수로 표현된 수가 더 많은 비트로 확장될 때는 부호 비트를 최상위 비트 자리까지 채워 넣어야 하는데, 이를 **부호 확장**(sign extension)이라 한다. 예를 들어, 숫자 3과 −3의 4비트 2의 보수로 표현된 수 0011과 1101은 각각의 수 상위 3자리에 부호 비트를 채워 넣음으로써 0000011과 1111101 형태의 7비트로 부호 확장된다.

수 체계의 비교

가장 보편화된 세 가지 2진수 체계는 부호 없는 수, 2의 보수, 부호와 절대치 등이며, 이 세 가지에 대한 N비트 수의 범위를 표 1.3에 비교해 놓았다. 2의 보수는 음의 정수와 양의 정수 모두를 표현할 수 있고 모든 수에 대해 일반적인 덧셈 방식을 그대로 사용할 수 있으므로 편리하다. 뺄셈의 경우에는 두 번째 수를 음수로 만들어(즉, 2의 보수를 취하여) 더하면 된다. 특별한 언급이 없는 한, 부호가 붙는 모든 이진수는 2의 보수를 사용

표 1.3 N비트 수의 범위

System	Range
Unsigned	$[0, 2^N - 1]$
Sign/Magnitude	$[-2^{N-1} + 1, 2^{N-1} - 1]$
Two's Complement	$[-2^{N-1}, 2^{N-1} - 1]$

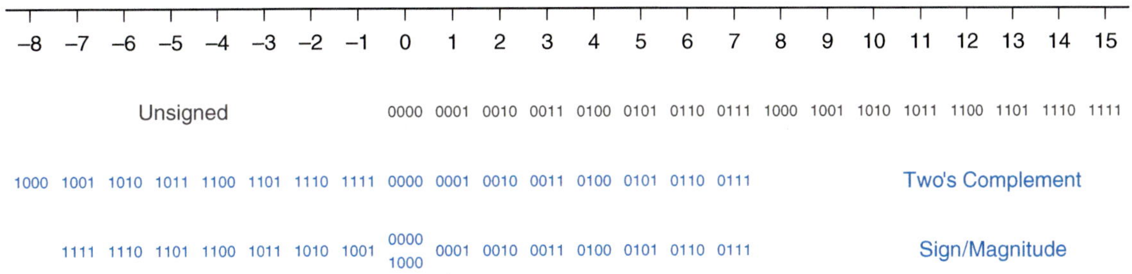

그림 1.11 수를 나타낸 직선과 4비트 2진수 인코딩

한다고 가정한다.

그림 1.11은 각각의 수 체계(number system)에 대한 4비트 값을 하나의 선(line)상에 보여주는 그림이다. 부호 없는 수는 2진수의 순서대로 [0, 15] 범위에, 2의 보수는 [−8, 7] 범위에 걸쳐 있으며, [0, 7] 범위의 음수를 제외한 수는 부호 없는 수와 겹쳐 있다. [−8, −1] 범위의 음수는 값이 커질수록 0에 더 가까워진다는 것을 보여준다. 1000처럼 기묘한 수는 −8을 나타내지만 이에 상응하는 양수가 존재하지 않음을 알아야 한다. 부호와 절대치로 표현한 수는 [−7, 7] 범위에 걸쳐 있고 최상위 비트는 부호 비트이며, [1, 7] 범위의 양수는 부호 없는 수와 겹쳐 있고, 이에 상응하는 (대칭적인) 부호 비트가 1인 음수가 존재한다. 0은 0000과 1000 두 가지로 표현되므로, N비트 부호와 절대치로 나타낸 수는 2^N-1까지의 정수만 표현할 수 있다.

1.5 논리 게이트

정보의 표현을 위한 2진 변수의 사용법을 알았으므로 이러한 2진 변수로 연산을 수행하는 디지털 시스템에 대해 알아보자. 논리 게이트(logic gate)는 하나 이상의 2진 입력을 취하여 2진 출력 하나를 생성하는 단순한 디지털 회로이다. 논리 게이트는 입력(들)과 출력이 보이는 기호로 그리며, 입력은 보통 왼쪽(또는 위쪽)에, 출력은 오른쪽(또는 아래쪽)에 그린다. 디지털 설계자는 전형적으로 앞부분의 몇몇 알파벳을 게이트의 입력으로, 출력은 Y를 주로 사용한다. 입출력 관계는 진리표나 부울 식으로 기술할 수 있고, 진리표는 왼쪽에는 입력을, 오른쪽에는 이 입력에 해당하는 출력을 표시한다. 진리표는 입력들의 가능한 각 조합에 대한 하나의 행을 가진다. 부울 식이란 2진 변수를 이용하여 수학적으로 표현한 식을 말한다.

1.5.1 NOT 게이트

NOT

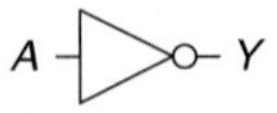

$Y=\overline{A}$

A	Y
0	1
1	0

그림 1.12 NOT 게이트

NOT 게이트는 그림 1.12에 보인 바와 같이 하나의 입력 A와 하나의 출력 Y를 갖는다. 이 게이트의 출력은 입력의 역(inverse)이 된다. 만일 A가 FALSE이면, Y는 TRUE이고, A가 TRUE라면, Y는 FALSE가 된다. 이러한 관계가 그림에 진리표와 부울 식으로 요약되어 있다. 이 부울 식에서 A 위에 있는 바(bar)를 NOT(논리 부정)이라 발음하며, $Y=\overline{A}$를 "Y는 NOT A이다"라고 읽는다. NOT 게이트를 인버터(inverter)라고 부르기도 한다.

다른 책들에서는 NOT을 $Y=A'$를 포함하여, $Y=\neg A$, $Y=!A$, 또는 $Y=\sim A$ 등과 같이 다양한 표기법으로 사용한다. 이 책에서는 $Y=\overline{A}$만을 사용하므로 어디서든 다른 표기법을 만나더라도 어리둥절해 하지 말아야 한다.

1.5.2 버퍼

BUF

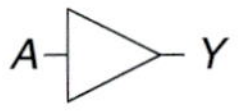

$Y=A$

A	Y
0	0
1	1

그림 1.13 버퍼

그림 1.13에서와 같이 버퍼(buffer)라 부르는 또 다른 1-입력 논리 게이트가 있는데, 단순히 입력을 출력으로 복사한다.

논리적으로 버퍼는 하나의 선과 다를 바 없으므로 불필요해 보일 수도 있지만, 아날로그 관점에서는 모터로 많은 양의 전류를 흘려보낼 수 있는 능력, 또는 버퍼의 출력을 많은 수의 게이트로 빠르게 보낼 수 있는 능력과 같은 가치 있는 특성을 가지고 있을 수 있다. 디지털 추상화는 버퍼의 진짜 목적을 숨기고 있으므로, 이것이 바로 하나의 시스템을 완전히 이해하기 위해서는 다단계 추상화를 고려할 필요성을 갖는 일례라 할 수 있다.

삼각형 표시는 버퍼를 가리키며, 그림 1.12의 NOT 게이트에서 보인 것과 같이 출력 측에 있는 동그라미는 버블(bubble)이라고 하는데 반전을 의미한다.

AND

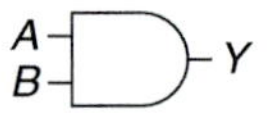

$Y=AB$

A	B	Y
0	0	0
0	1	0
1	0	0
1	1	1

그림 1.14 AND 게이트

> Perl 프로그래밍 언어를 발명한 레리 월(Larry Wall)의 말에 따르면, "프로그래머의 세 가지 주된 덕목은 태만, 성급함, 그리고 자만심이다."

1.5.3 AND 게이트

2-입력 논리 게이트는 더욱 흥미로운데, 그림 1.14에 보인 AND 게이트는 오로지 A와 B 모두가 TRUE일 때에만 출력 Y를 TRUE로 만들며, 그 외에는 FALSE가 된다. 관례상 입력은 이진수를 세는 것처럼 00, 01, 10, 11 순으로 표시한다. AND 게이트를 부울 식으로 나타내는 데는 $Y=A \bullet B$, $Y=AB$ 또는 $Y=A \cap B$와 같이 여러 가지 방법이 있다. 기호 $\cap$는 교집

합(intersection)으로 논리학자들이 선호하는 방법이지만, 이 책에서는 $Y=AB$로 쓰고, "Y는 A and B"라고 읽는다.

OR

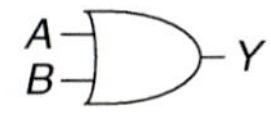

$Y=A+B$

A	B	Y
0	0	0
0	1	1
1	0	1
1	1	1

그림 1.15 OR 게이트

1.5.4 OR 게이트

그림 1.15의 OR 게이트는 A 또는 B(또는 둘 모두)가 TRUE이면 TRUE 값의 출력 Y를 만들어낸다. OR 게이트에 대한 부울 식은 $Y=A+B$ 또는 $Y=A \cup B$와 같이 쓴다. 기호 ∪는 논리합(union)으로, 논리학자들이 선호하는 방법이지만, 디지털 설계자들은 보통 + 기호를 사용하여, $Y=A+B$로 표기하고 "Y는 A or B"라고 읽는다.

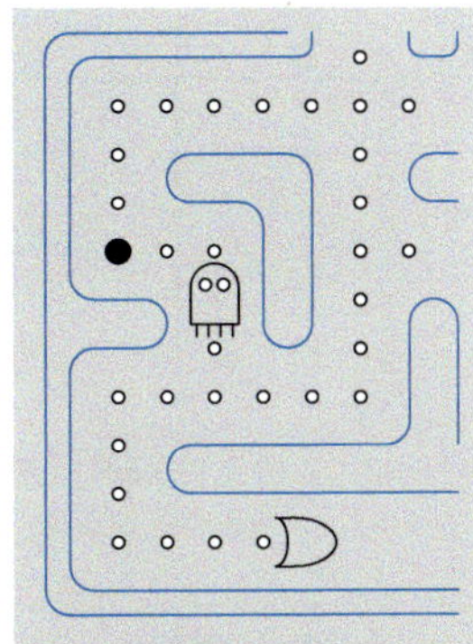

OR 심벌을 기억하기 위한 손쉬운 방법은 입력 측이 쿠키를 주워 먹는 게임 캐릭터 팩맨(Pacman)의 입 모양과 비슷하므로, 이 배고픈 게이트가 TRUE를 발견하는 즉시 먹어치운다는 것으로 연상하라.

1.5.5 기타 2-입력 게이트

그림 1.16은 흔히 사용되는 2-입력 논리 게이트들이다. XOR(배타적 논리합, 'ex-OR'로 발음한다)는 A 또는 B가 TRUE일 때(둘 모두 TRUE일 때는 제외) TRUE가 된다. 어떠한 게이트도 그 게이트의 연산을 반전시키는 버블을 붙일 수 있다. NAND 게이트의 경우는 AND의 논리 부정(NOT)을 수행하며, 두 입력 모두가 TRUE가 아닌 한 출력은 TRUE가 된다. NOR 게이트는 OR의 논리 부정(NOT)을 수행하며, A도 B도 TRUE가 아니면 출력은 TRUE가 된다. N-입력 XOR 게이트를 때로는 패리티(parity) 게이트라고도 하는데 홀수 개의 입력이 TRUE이면 출력이 TRUE가 되는 게이트로, 2-입력 게이트처럼 진리표의 입력 조합은 수를 세는 순서로 표시한다.

예제 1.15 XNOR 게이트

그림 1.17은 XOR를 반전시키는 2-입력 XNOR 게이트의 기호와 부울 식을 나타낸다. 이 진리표를 완성하라.

XOR **NAND** **NOR**

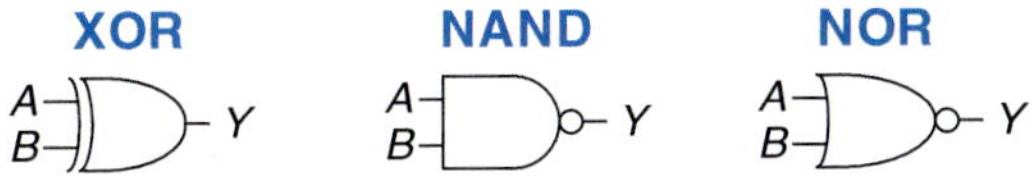

XOR: $Y=A \oplus B$

A	B	Y
0	0	0
0	1	1
1	0	1
1	1	0

NAND: $Y=\overline{AB}$

A	B	Y
0	0	1
0	1	1
1	0	1
1	1	0

NOR: $Y=\overline{A+B}$

A	B	Y
0	0	1
0	1	0
1	0	0
1	1	0

그림 1.16 2-입력 논리 게이트

XNOR

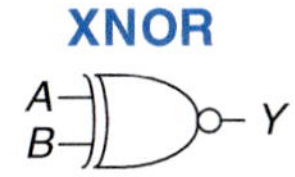

$Y=\overline{A \oplus B}$

A	B	Y
0	0	
0	1	
1	0	
1	1	

그림 1.17 XNOR 게이트

A	*B*	*Y*
0	0	1
0	1	0
1	0	0
1	1	1

그림 1.18 XNOR 진리표

풀이 그림 1.18은 진리표를 나타내며, XNOR의 출력은 두 입력이 모두 TRUE이거나 또는 모두 FALSE일 때 TRUE이다. 2-입력 XNOR 게이트는 입력 값이 같을 때 출력이 TRUE가 되므로 **동등**(equality) 게이트라고도 한다.

1.5.6 N-입력 게이트

3개 또는 그 이상의 입력을 가지는 부울 함수가 많이 존재하는데 그중에 가장 흔한 것들이 AND, OR, XOR, NOR와 XNOR 등이다. *N*-입력 AND 게이트는 N개의 입력 모두가 TRUE일 때 TRUE 값을 출력하고, *N*-입력 OR 게이트는 최소 한 개의 입력이 TRUE일 때 TRUE 값을 출력한다.

NOR3

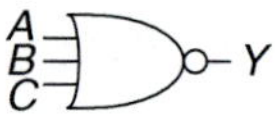

$Y = \overline{A+B+C}$

A	*B*	*C*	*Y*
0	0	0	
0	0	1	
0	1	0	
0	1	1	
1	0	0	
1	0	1	
1	1	0	
1	1	1	

그림 1.19 3-입력 NOR 게이트

예제 1.16 3-입력 NOR 게이트

그림 1.19는 3-입력 NOR 게이트에 대한 심벌과 부울 식을 보이고 있다. 이에 대한 진리표를 작성하라.

풀이 그림 1.20은 진리표를 보여준다. 어떠한 입력도 TRUE가 아닌 경우에만 출력이 TRUE임을 보여준다.

A	*B*	*C*	*Y*
0	0	0	1
0	0	1	0
0	1	0	0
0	1	1	0
1	0	0	0
1	0	1	0
1	1	0	0
1	1	1	0

그림 1.20 3-입력 NOR 게이트 진리표

예제 1.17 4-입력 AND 게이트

그림 1.21은 4-입력 AND 게이트에 대한 심벌과 부울 식을 보인다. 이에 대한 진리표를 작성하라.

풀이 그림 1.22가 진리표이고, 모든 입력이 TRUE인 경우에만 출력이 TRUE임을 보여준다.

AND4

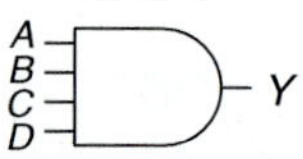

$Y = ABCD$

그림 1.21 4-입력 AND 게이트

1.6 디지털 추상화 단계의 하부

디지털 시스템은 이산적인 값을 가지는 변수를 취급하지만, 변수는 도선의 전압, 기어의 위치 또는 실린더 안에 있는 유체의 높이 등과 같이 연속적인 물리량으로 표현되므로, 설계자는 연속적인 값을 이산 값으로 관계지을 수 있는 방법을 선택해야 한다.

예를 들어, 이진 신호 A를 도선에 전압으로 표현하는 방법을 고려해보자. 0볼트(V)는 A=0으로, 5V는 A=1을 가리키도록 하자. 어떤 실제 시스템도 약간의 노이즈는 허용해야 하므로, 4.97V는 아마도 A=1로 해석해야만 한다. 그렇다면 4.3V, 2.8V 또는 2.500000V 등은 어떻게 해석해야 하는가?

A	C	B	D	Y
0	0	0	0	0
0	0	0	1	0
0	0	1	0	0
0	0	1	1	0
0	1	0	0	0
0	1	0	1	0
0	1	1	0	0
0	1	1	1	0
1	0	0	0	0
1	0	0	1	0
1	0	1	0	0
1	0	1	1	0
1	1	0	0	0
1	1	0	1	0
1	1	1	0	0
1	1	1	1	1

그림 1.22 4-입력 AND 진리표

1.6.1 전압 인가

시스템에서 사용되는 가장 낮은 전압은 **접지**(ground) 또는 GND로 불리는 0V이고, 가장 높은 전압은 전원장치(power supply)로부터 공급되며 보통은 V_{DD}라 한다. 1970~80년대 V_{DD}는 보통 5V였다. 칩이 보다 작은 트랜지스터로 소형화됨에 따라 V_{DD}는 전력소모를 줄이고 트랜지스터에 과부하를 피하기 위해 3.3V, 2.5V, 1.8V, 1.5V, 1.2V 또는 그 이하로 떨어지게 되었다.

1.6.2 논리 레벨

연속적인 값을 가지는 변수를 이진 변수로 맵핑시키는 것은 그림 1.23과 같이 **논리 레벨**을 정의하면 된다. 첫 번째 게이트를 **드라이버**(driver), 두 번째 게이트를 **리시버**(receiver)라 부르는데, 드라이버의 출력은 리시버의 입력에 연결되어 있다. 드라이버는 0~V_{OL} 영역에서는 LOW(0), V_{OH}~V_{DD} 영역에서는 HIGH(1)를 생성한다. 만일 리시버가 0~V_{IL} 범위의 입력을 받으면 LOW로 간주하고, V_{IH}~V_{DD} 범위의 입력을 받으면 HIGH로 간주한다. 만일 노이즈나 부품의 결함 등과 같은 이유로 리시버의 입력이 V_{IL}~V_{IH} 사이의 금지구역 내로 빠지게 되면 게이트의 동작은 예측할 수 없다. V_{OH}, V_{OL}, V_{IH}와 V_{IL} 등은 출력과 입력의 HIGH와 LOW 논리 레벨이라 부른다.

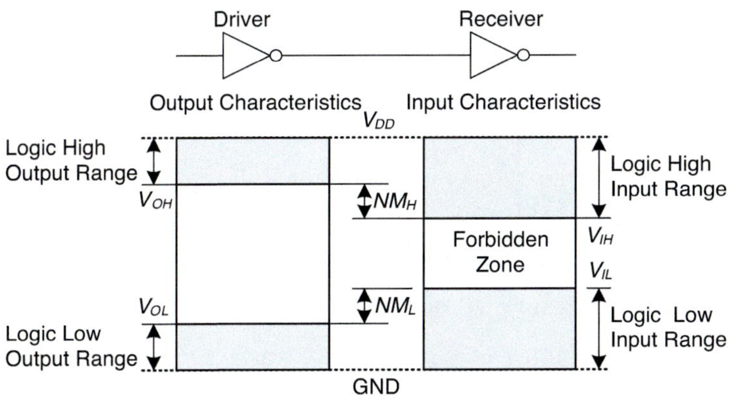

그림 1.23 논리 레벨과 노이즈 마진

1.6.3 노이즈 마진

드라이버의 출력이 리시버의 입력에서 바르게 해석되려면, $V_{OL} < V_{IL}$이고, $V_{OH} > V_{IH}$가 되도록 선택해야 한다. 그러면 드라이버의 출력이 어떤 노이즈에 오염되더라도 리시버의 입력은 올바른 논리 레벨을 검출할 수 있을 것이다. '노이즈 마진(noise margin)'은 최악의 드라이버 출력 값에 더해져도 리시버에서 여전히 유효한 입력으로 받아들일 수 있는 노이즈의 양을 말한다. 그림 1.23에 보인 바와 같이 LOW와 HIGH의 노이즈 마진은 다음과 같다.

$$NM_L = V_{IL} - V_{OL} \tag{1.2}$$

$$NM_H = V_{OH} - V_{IH} \tag{1.3}$$

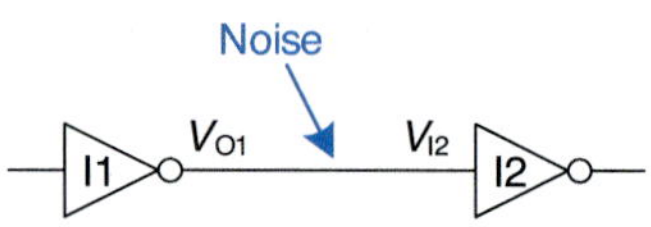

그림 1.24 인버터 회로

예제 1.18 노이즈 마진 계산하기

그림 1.24의 인버터 회로를 고려하자. V_{O1}은 인버터 I1의 출력 전압, V_{I2}는 인버터 I2의 입력 전압을 나타낸다. 이 두 인버터는 $V_{DD}=5V$, $V_{IL}=1.35V$, $V_{IH}=3.15V$, $V_{OL}=0.33V$, $V_{OH}=3.84V$의 특성을 가지고 있다. 이 인버터의 LOW와 HIGH에 대한 노이즈 마진을 구하고, 이 회로가 V_{O1}과 V_{I2} 사이에서 1V의 노이즈를 견딜 수 있는지를 설명하라.

풀이 인버터의 LOW와 HIGH에 대한 노이즈 마진은 $NM_L = V_{IL} - V_{OL} = (1.35V - 0.33V) = 1.02V$, $NM_H = V_{OH} - V_{IH} = (3.84V - 3.15V) = 0.69V$이므로, 출력이 LOW일 때($NM_L = 1.02V$)는 1V의 노이즈를 견딜 수 있지만 HIGH일 때($NM_H = 0.69V$)는 견딜 수 없다. 예를 들어, 드라이버 I1이 최악의 HIGH 값, $V_{O1} = V_{OH} = 3.84V$라 가정해보자. 만일 노이즈로 인해 리시버에 도달 전에 전압이 1V 떨어진다면, $V_{I2} = (3.84V - 1V) = 2.84V$가 된다. 이는 입력으로 받아들일 수 있는 HIGH 값, $V_{IH} = 3.15V$보다 적으므로 리시버는 올바른 HIGH 입력으로 감지하지 못할 수 있다.

> V_{DD}는 거의 모든 칩에 사용되는 MOS 트랜지스터의 **드레인**(drain)에 인가되는 전압을 나타낸다. 전원장치의 전압을 또한 V_{CC}라고 하는데, 쌍극성 접합 트랜지스터(BJT)의 **콜렉터**(collector) 전압을 나타낸다. 접지(ground)는 MOS 트랜지스터의 **소스**(source)에 인가되는 전압이므로 V_{SS}라고 부르기도 한다. 트랜지스터에 대한 보다 자세한 정보는 1.7절에 나와 있다.

1.6.4 직류 전달 특성

디지털 추상화의 범위를 이해하기 위해서는 게이트의 아날로그 동작을 철저하게 조사해 볼 필요가 있다. 게이트의 **직류 전달 특성**(DC transfer characteristics)은 출력이 따라올 수 있을 정도로 입력이 서서히 변할 때 출력 전압을 입력 전압의 함수로 표현한 것으로, 입력과 출력 전압 사이의 관계를 기술하고 있으므로 전달 특성이라 한다.

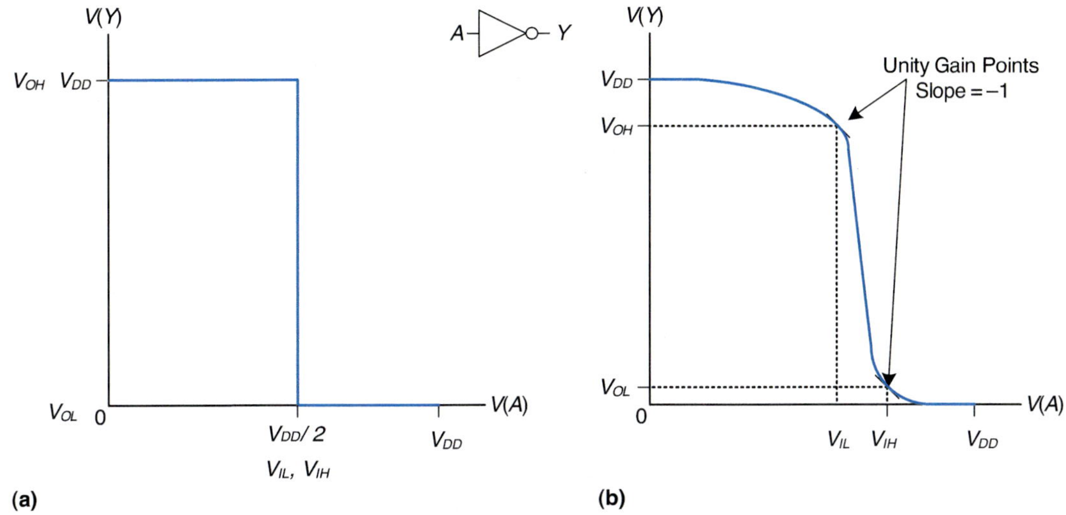

그림 1.25 직류 전달 특성과 논리 레벨

이상적인 인버터는 그림 1.25(a)에 보인 바와 같이, $V_{DD}/2$에서 급격히 바뀌는 임계전압(threshold)을 가진다. $V(A) < V_{DD}/2$인 구간에서 $V(Y)=V_{DD}$이고, $V(A) > V_{DD}/2$인 구간에서는 $V(Y)=0$이며, 이러한 경우에 $V_{IH}=V_{IL}=V_{DD}/2$, $V_{OH}=V_{DD}$, $V_{OH}=V_{DD}$, $V_{OL}=0$이 된다.

실제 인버터는 그림 1.25(b)에 보인 바와 같이 극단 값 사이에서 보다 완만하게 변하며, 입력 전압 $V(A)$가 0일 때 출력 전압은 $V(Y)=V_{DD}$이고, $V(A)=V_{DD}$이면 $V(Y)=0$이 되지만, 이 끝점들 사이에서의 변화가 매끄러워 정확히 $V_{DD}/2$에 그 중심이 놓이지 않을 수 있으므로 논리 레벨을 어떻게 정의할지 의문이 생기게 된다.

논리 레벨로 선택할 수 있는 타당한 지점은 전달 특성의 기울기 $dV(Y)/dV(A)$가 −1인 곳인데, 이 두 지점을 **단위 이득 점**(unity gain point)이라 한다. 단위 이득 점에서 논리 레벨을 선택하면 보통 노이즈 마진은 최대가 된다. V_{IL}이 감소하면 V_{OH}는 아주 적은 양만큼 증가하나, V_{IL}이 증가하면 V_{OH}는 급하게 떨어질 것이다.

*DC*는 입력 전압이 일정하게 유지되거나 시스템의 상태가 바뀌지 않을 정도로 서서히 변할 때의 동작 상태를 가리킨다. 이 용어의 어원은 일정 전압으로 전선을 통하여 전력을 전송하는 방법인 **직류**(direct current)에서 왔다. 반면에 회로의 **과도 응답**(transient response)은 입력 전압이 급속도로 변할 때 회로의 동작 상태이다. 과도 응답은 2.9절에서 좀 더 다룬다.

1.6.5 정적 규칙

입력이 금지 구역으로 떨어지는 것을 방지하기 위해 디지털 논리 게이트들은 **정적 규칙**을 준수하도록 만들어진다. 이러한 정적 규칙은 논리적으로 유효한 주어진 입력들에 대해 모든 회로 소자가 논리적으로 바른 출력을

표 1.4 5V와 3.3V 논리 계열의 논리 레벨

Logic Family	V_{DD}	V_{IL}	V_{IH}	V_{OL}	V_{OH}
TTL	5 (4.75–5.25)	0.8	2.0	0.4	2.4
CMOS	5 (4.5–6)	1.35	3.15	0.33	3.84
LVTTL	3.3 (3–3.6)	0.8	2.0	0.4	2.4
LVCMOS	3.3 (3–3.6)	0.9	1.8	0.36	2.7

생산하도록 한다.

정적 규칙을 따름으로써 디지털 회로 설계자들은 단순하고 강력한 디지털 회로를 얻는 대신 아날로그 회로 소자를 사용하는 자유를 희생하지만, 아날로그에서 디지털로 추상화 단계를 한 수준 높이고, 불필요한 상세한 내용들은 숨김으로써 설계에 대한 생산성을 증대시킨다.

임의로 V_{DD}와 논리 레벨을 선택할 수 있으나, 통신하는 모든 게이트들은 서로 호환성 있는 논리 레벨을 가져야 하므로, 게이트들은 **논리 계열**(logic families)로 그룹화되어 있으며 하나의 논리 계열 내에 있는 모든 게이트들은 그 계열의 다른 게이트와 함께 사용될 때 정적 규칙을 준수해야 한다. 같은 논리 계열의 논리 게이트들은 일관된 전원 전압과 논리 레벨을 사용하므로 레고처럼 서로 결합할 수 있다.

1970~1990년대를 풍미했던 네 개의 주된 논리 계열은 TTL(Transistor-Transistor Logic), CMOS(Complement Metal-Oxide-Semiconductor Logic), LVTTL(Low Voltage TTL), LVCMOS(Low Voltage CMOS Logic)이며, 표 1.4는 이들에 대한 논리 레벨을 비교한 것이다. 1990년대 이후 훨씬 낮은 전원 전압이 확산되어 논리 계열은 더욱 세분화되었다. 일반적으로 많이 사용되는 논리 계열의 보다 자세한 내용은 부록 A.6에 있다.

예제 1.19 논리 계열의 호환성

표 1.4에 나타나 있는 어느 논리 계열이 서로 확실하게 통신할 수 있는가?

풀이 표 1.5는 어떠한 논리 계열이 호환되는 논리 레벨을 가지고 있는지를 나열한 것이다. 주목할 점은 TTL이나 CMOS와 같은 5V 논리 계열은 HIGH 값으로 5V에 이르는 출력 전압을 만들어 내는 것이다. 만일 이러한 5V 신호가 LVTTL이나 LVCMOS와 같은 3.3V 논리 계열의 입력에 인가된다면, '5V 호환 가능'으로 특별히 설계되지 않은 수신기는 손상될 수도 있다.

표 1.5 논리 계열의 호환성

		Receiver TTL	CMOS	LVTTL	LVCMOS
Driver	TTL	OK	NO: $V_{OH} < V_{IH}$	MAYBE[a]	MAYBE[a]
	CMOS	OK	OK	MAYBE[a]	MAYBE[a]
	LVTTL	OK	NO: $V_{OH} < V_{IH}$	OK	OK
	LVCMOS	OK	NO: $V_{OH} < V_{IH}$	OK	OK

[a] 5V의 HIGH 레벨 전압이 입력 수신기에 손상을 가하지 않는 경우에 한 함.

1.7 CMOS 트랜지스터*

*로 표시된 이번 절과 다음 절은 선택적이며 이 책의 주된 내용을 이해하는 데 있어서 꼭 필요하지는 않다.

배비지의 해석기관은 기어들로 이루어졌으며, 초창기 전기 컴퓨터는 계전기(relay, 릴레이)나 진공관을 사용하였지만, 현대의 컴퓨터는 저렴하고 작으며, 신뢰할 수 있는 트랜지스터를 사용한다. 트랜지스터는 제어단자에 전압이나 전류가 인가되면 켜지거나 꺼지는 전기로 제어되는 스위치이다. 트랜지스터의 두 가지 주된 형태는 **쌍극성 접합 트랜지스터**(bipolar junction transistors, BJT)와 **산화철 반도체 전계효과 트랜지스터**(metal oxide semiconductor field effect transistors, MOSFET)이다.

1958년, 텍사스 인스트루먼트(Texas Instruments)사의 잭 킬비(Jack Kilby)가 두 개의 트랜지스터가 들어 있는 집적회로(Integrated Circuit)를 처음으로 만들었고, 1959년에는 페어차일드 반도체(FairChild Semiconductor)의 로버트 노이스(Robert Noyce)가 하나의 실리콘 조각(chip) 위에 여러 개의 트랜지스터를 결선하는 방법으로 특허를 취득했다. 그 당시 트랜지스터의 가격은 개당 10달러 정도였다.

30년 이상의 전례 없는 제조기술의 발전 덕으로, 이제는 $1cm^3$의 실리콘 칩 위에 어림잡아 10억 개 정도의 MOSFET를 집적시킬 수 있게 되었으며, 트랜지스터의 가격은 하나당 10^{-6} 센트 이하로 떨어지게 되었다. 용량과 가격은 8년마다 대략 10배 정도의 개선이 꾸준히 이루어지고 있다. 이제 MOSFET는 거의 모든 디지털 시스템의 빌딩 블록을 이루고 있다. 이번 절에서는 논리 게이트가 MOSFET로부터 어떻게 구성되어지는지 살펴보기 위해 디지털 추상화의 하부를 자세히 알아보도록 한다.

로버트 노이스(Robert Noyce), 1927~1990
아이오아주 버링턴에서 태어났으며, 그린넬 컬리지에서 물리학을 전공하였고, MIT에서 물리학 박사를 받았다. 산업에 끼친 엄청난 영향력 때문에 '실리콘 벨리의 시장'이라는 별명을 가졌다. 1957년에 설립된 페어차일드 반도체(Fairchild Semiconductor)와 1964년에 설립된 인텔(Intel)사의 공동 창업자이며, 집적회로(IC)를 공동으로 개발하였다. 그의 팀이었던 많은 엔지니어들이 영향력 있는 반도체 회사를 계속 설립했다.

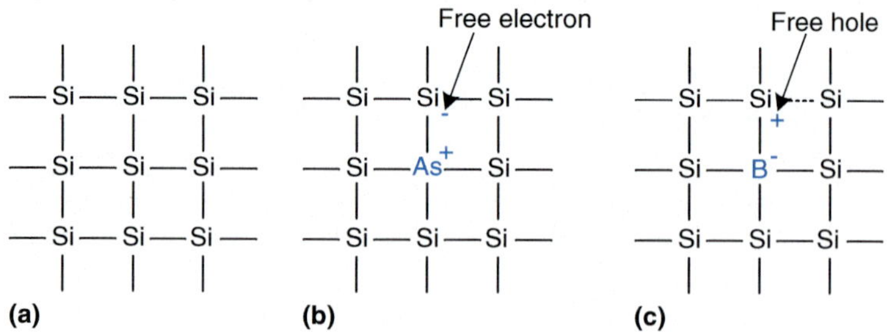

그림 1.26 실리콘 격자와 불순물 원자

1.7.1 반도체

MOS 트랜지스터는 돌과 모래의 주 원자인 실리콘으로 만들어진다. 실리콘(Si)은 Ⅳ족 원자이므로, 가전자 각(valence shell, 최외각)에 네 개의 전자를 가지고 있으며, 네 개의 이웃하는 원자들과 결합하여 **결정격자**(crystal lattice)를 형성한다. 그림 1.26(a)는 격자를 그리기 쉽도록 2차원으로 표현하였지만, 이 격자는 실제로 등축 결정(cubic crystal)을 이루고 있음을 기억해야 한다. 그림에서 선들은 공유결합을 나타내며, 모든 전자가 공유결합으로 묶여 있으므로 실리콘 자체는 약한 전도체(거의 부도체)이지만, **불순물 원자**(dopant atom)라 불리는 소량의 불순물을 조심스럽게 첨가하면 보다 나은 도체가 된다. 만일 비소(As)와 같은 Ⅴ족 불순물을 주입하면 불순물 원자는 공유결합에 포함되지 않은 여분의 전자 하나를 가지게 된다. 이 전자는 격자 사이를 쉽게 이동할 수 있으며, 그림 1.26(b)에 보인 바와 같이 이온화된 불순물 원자(As^+)로 남게 된다. 전자는 음전하를 운반하므로 비소를 ***n*-형** 불순물이라 부른다. 반면에, 붕소(B)와 같은 Ⅲ족 불순물을 주입하게 되면 불순물 원자는 그림 1.26(c)에 보인 바와 같이 전자 하나가 부족하게 되는데, 이렇게 전자가 비어 있는 것을 **정공**(hole)이라 부른다. 실리콘 원자 주위의 전자 하나가 옮겨와 결합의 비어 있는 곳을 채워 이온화된 불순물 원자(B^-)를 형성하고, 옮겨온 실리콘 전자에 정공을 남기게 되며, 비슷한 방식으로 정공은 격자 주위를 이동할 수 있게 된다. 정공은 음전하의 부족으로 생기는 것이므로 양으로 대전된 입자처럼 동작하므로, 붕소를 ***p*-형** 불순물이라 부른다. 불순물의 농도에 따라 실리콘의 전도성의 정도가 많이 변하므로, 실리콘을 **반도체**(semiconductor)라 부른다.

1.7.2 다이오드

p-형과 n-형 실리콘을 서로 접합한 것을 **다이오드**(diode)라 한다. 그림 1.27에 보인 것처럼 p-형 영역을 **양극**(anode), n-형 영역을 **음극**(cathode)이라 한다. 양극의 전압이 음극의 전압 이상으로 상승하면, 다이오드는 **순방향 바이어스**(forward biased)되었다고 하며, 양극으로부터 음극을 통하여 전류가 흐르지만, 양극의 전압이 음극의 전압보다 낮으면 다이오드는 **역방향 바이어스**(reverse biased)되어 전류가 흐르지 않게 된다. 다이오드의 기호는 직관적으로 한 방향으로만 전류가 흐를 수 있음을 보여준다.

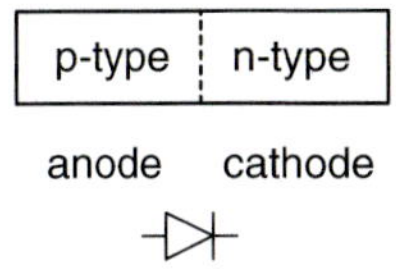

그림 1.27 p–n 접합 다이오드 구조와 심벌

1.7.3 축전기

축전기(capacitor, condenser)는 절연체로 분리된 두 개의 도체로 구성되며, 한쪽의 도체에 전압 V를 인가하면, 그 도체에 전하 Q가 축적되고 다른 도체에는 음전하 −Q가 축적된다. 축전기의 정전용량(capacitance) C는 전압에 대한 전하의 비 C=Q/V로서, 마주 보는 도체의 면적에 비례하고 두 도체 사이의 거리에 반비례한다. 축전기의 기호는 그림 1.28과 같다.

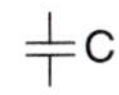

그림 1.28 축전기 심벌

정전용량은 축전기가 충전이나 방전할 때 걸리는 시간과 에너지로 인해 중요한 요소이다. 정전용량이 크다는 의미는 회로의 동작 속도가 느리고 보다 많은 에너지가 필요하다는 것을 의미한다. 속도와 에너지는 이 책 전반에 걸쳐 논의될 것이다.

1.7.4 nMOS와 pMOS 트랜지스터

MOSFET는 샌드위치처럼 여러 층의 도체와 절연 물질로 이루어져 있으며, 지름이 10~15cm 정도의 얇고 납작한 실리콘 **웨이퍼**(wafer) 위에 형성된다. 제조 과정은 빈 웨이퍼에서 시작하여 실리콘에 불순물 주입, 이산화 실리콘과 실리콘의 얇은 막 증착, 금속의 용착 등과 같은 일련의 단계들을 포함한다. 각 단계의 사이사이에 원하는 곳에만 이러한 물질이 나타나도록 웨이퍼에 **패턴을 새긴다**(patterned). 트랜지스터의 길이는 미크론[1] 정도이고 전체 웨이퍼가 한 번에 처리되므로, 수십억 개의 트랜지스터를

1 1μm=1micron=10^{-6}m.

인텔사의 청정실에서 근무하는 기술자들은 머리카락, 피부, 옷 등에 있는 미립자들로부터 실리콘 웨이퍼상의 미세한 트랜지스터의 오염을 방지하기 위해 토끼 모양의 고어텍스 작업복을 입는다.

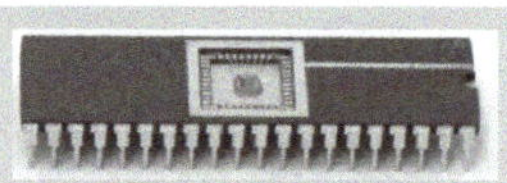

40-핀 DIP는 가운데에 작은 (거의 식별할 수 없는) 칩이 있으며, 이 칩은 머리카락 한 가닥보다 더 가느다란 금으로 만들어진 전선이 한쪽에 20개씩 40개의 금속으로 만든 핀에 연결되어 있다.

소스와 드레인 단자는 물리적으로 대칭이지만 우리는 "전하가 소스로부터 드레인으로 흐른다"고 말한다. nMOS 트랜지스터에서의 전하는 음전압에서 양의 전압 쪽으로 흘러가는 전자에 의해서 운반되며, pMOS 트랜지스터에서의 전하는 양의 전압에서 음전압 쪽으로 흘러가는 정공에 의해서 운반된다. 만약 개략도에서 가장 높은 전압을 맨 위에, 가장 낮은 전압을 맨 밑에 그린다면, nMOS 트랜지스터의 (음)전하의 소스는 맨 아래쪽 단자가 되고, pMOS 트랜지스터의 (양)전하의 소스는 맨 위의 단자가 된다.

한 번에 제조하게 되어 가격이 저렴해질 수 있다. 일단 이러한 과정이 끝나면 웨이퍼는 수천, 수백만 개 심지어는 수십억 개의 트랜지스터가 포함된 **칩**(chip) 또는 **다이스**(dice)라 불리는 사각형으로 절단된다. 이러한 칩은 검사를 거쳐 회로 기판에 칩 연결용 금속 핀이 있는 플라스틱이나 세라믹으로 된 **패키지**(package)에 설치된다.

MOSFET는 **기판**(substrate)이라 불리는 실리콘 웨이퍼에 **이산화실리콘**(SiO_2)으로 된 절연 층과 그 위의 **게이트**(gate)라 불리는 전도 층으로 구성된다. 과거에는 게이트를 금속으로 만들었으므로 산화철 반도체(metal-oxide-semiconductor)라고 명명하였으나, 현대 제조공정에서는 이후의 고온 처리 과정 동안 녹지 않는 다결정 실리콘을 사용하게 되었다. 이산화실리콘은 일반적으로 유리라고 많이 알려져 있으며, 반도체 산업에서는 단순히 **산화물**(oxide)이라고 부르기도 한다. 산화철 반도체 샌드위치는 금속과 반도체 면 사이에 **유전체**(dielectric)라 불리는 얇은 산화물 절연체 층으로 분리되어 있어서 축전기로 동작한다.

MOSFET는 nMOS와 pMOS의 두 종류가 있으며, 그림 1.29는 웨이퍼를 잘라 옆에서 바라본 각각의 단면도를 보여준다. *nMOS*로 불리는 n형 트랜지스터는 게이트와 인접한 곳에 **소스**(source)와 **드레인**(drain)이라 불리는 n형 불순물 영역을 가지고 있으며 p형 반도체 기판 위에 만들어진다. 이와 반대로 *pMOS* 트랜지스터는 n형 기판에 p형 소스와 드레인 영역으로 구성된다.

MOSFET는 전압으로 제어되는 스위치처럼 동작하며, 게이트 전압은

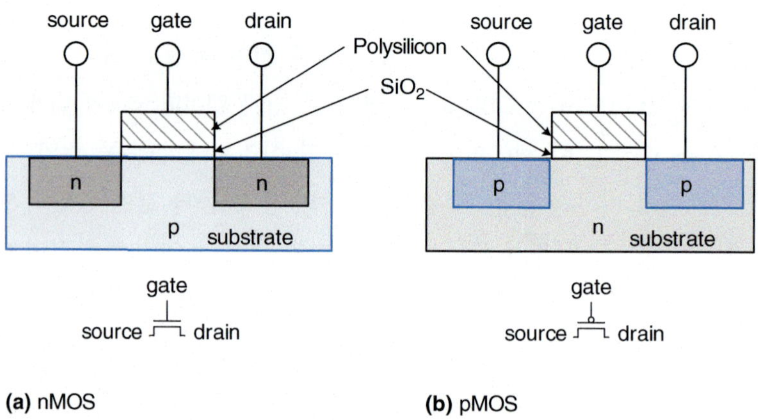

그림 1.29 nMOS와 pMOS 트랜지스터

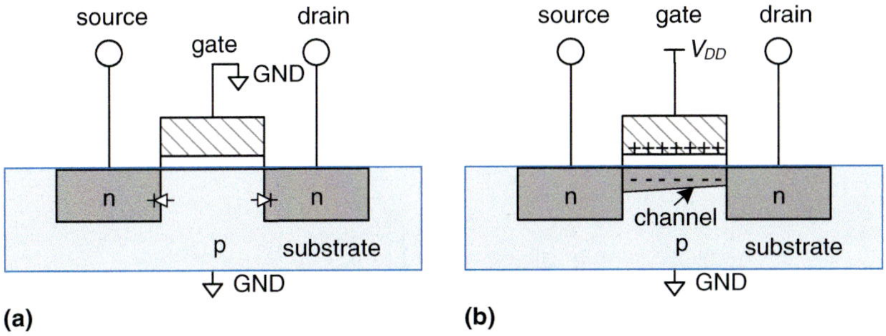

그림 1.30 nMOS 트랜지스터의 동작

한 기술자가 수백 개의 마이크로프로세서가 담긴 12-inch 웨이퍼를 들어 보이고 있다.

소스와 드레인 사이를 켜거나 끌 수 있는 전기장을 생성한다. **전계효과 트랜지스터**라는 용어는 이러한 동작 원리에 기인한다. nMOS 트랜지스터의 동작부터 살펴보자.

nMOS 트랜지스터의 기판은 보통 시스템의 가장 낮은 전압인 GND에 연결되어 있다. 먼저, 그림 1.30(a)에 보인 바와 같이 게이트 전압 역시 0V인 상황을 고려해보자. 소스나 드레인과 기판 사이에 있는 다이오드(diode)는 소스나 드레인 전압이 음의 값이 아니므로 역 바이어스되어 있어서, 전류가 흐를 수 있는 경로가 존재하지 않으므로 트랜지스터는 꺼진다. 이제, 그림 1.30(b)와 같이 게이트 전압이 V_{DD}로 상승될 때를 고려하자. 축전기의 위쪽 면에 양의 전압을 인가하면 위쪽 면은 양전하를, 아래쪽 면은 음전하를 끌어모으는 전기장이 형성된다. 만일 이 전압이 충분히 크다면 많은 양의 음전하가 게이트 아랫부분으로 끌리게 되고, 그 결과 이 영역은 p형에서 사실상 n형으로 되어 **반전**된다. 이 반전된 영역을 **채널**(channel)이라 부른다. 이제 n형 소스로부터 n형 채널을 지나 n형 드레인까지 연속된 경로를 가지게 되므로, 트랜지스터는 켜지고 소스에서 드레인으로 전자가 흐를 수 있게 된다. 트랜지스터를 켜는 데 필요한 게이트 전압을 **임계전압**(threshold voltage) V_t라 부르며, 보통 0.3~0.7V이다.

pMOS 트랜지스터는 그림 1.31에 보인 바와 같이 이들 심벌에 붙어 있는 버블로 미루어 nMOS와는 정반대로 동작하리라 짐작할 수 있다. 기판은 V_{DD}에 연결되어 있으며, 게이트 전압도 V_{DD}이면 pMOS 트랜지스터는 꺼지고, 게이트가 GND로 되면 채널은 p형으로 반전되어 켜지게 된다. 안타깝게도 MOSFET는 완벽하게 동작하는 스위치가 아니며, 특히 nMOS 트랜지스터는 0인 신호를 잘 통과시키지만, 1인 신호는 잘 통과시키지 못

고든 무어(Gordon Moore), 1929~

샌프란시스코에서 태어났으며, UC버클리에서 화학사 학위를 받고, 칼텍에서 화학과 물리학박사 학위를 취득했다. 1968년에 로버트 노이스와 인텔사를 공동 창업하였으며, 1975년에 하나의 컴퓨터 칩상의 트랜지스터 수가 매년 두 배로 증가한다는 것을 발표하였다. 이러한 추세는 **무어의 법칙**으로 알려지게 되었다. 무어의 법칙에 따라 매 18~24개월마다 마이크로프로세서의 성능은 두 배가 되고, 반도체 판매량 또한 기하급수적으로 증가해왔지만, 불행하게도 전력소모 또한 기하급수적으로 증가해왔다.

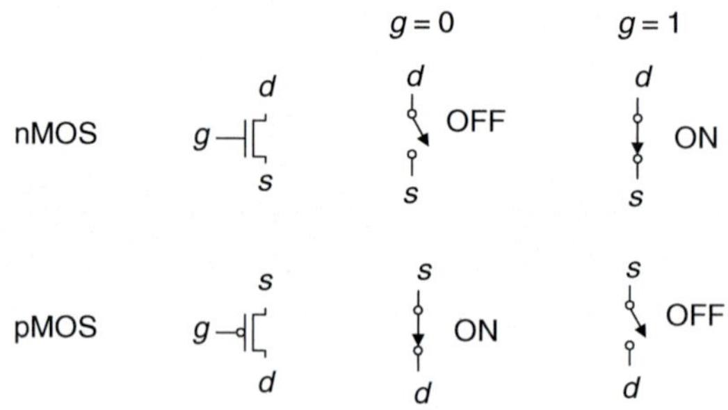

그림 1.31 MOSFET의 스위치 모델

한다. 구체적으로 말하면, nMOS 트랜지스터의 게이트 전압이 V_{DD}일 때 드레인 전압은 0V와 $V_{DD}-V_t$ 사이 값만을 가지며, 마찬가지로 pMOS 트랜지스터는 1인 신호는 잘 통과시키지만 0인 신호는 잘 통과시키지 못한다. 그렇다 해도 이러한 각 트랜지스터의 이로운 면만을 사용하여 논리 게이트를 만드는 것이 가능하다는 것을 알게 될 것이다.

nMOS 트랜지스터는 p형 기판, pMOS 트랜지스터는 n형 기판이 필요하며, 이 두 종류의 트랜지스터를 동일한 칩상에 구성하기 위한 제조과정은 보통 p형 웨이퍼로부터 시작하여, pMOS 트랜지스터가 들어갈 자리에 웰(well)이라고 하는 n형 영역을 주입한다. 두 종류의 트랜지스터를 제공하는 이러한 처리를 상보형(complementary) MOS 또는 CMOS라 한다. CMOS 처리 방법은 오늘날 대부분의 모든 트랜지스터의 생산에 사용된다.

요약하면 CMOS 처리 방법은 그림 1.31에 보인 바와 같이 전기로 제어되는 두 종류 스위치를 제공해준다. 게이트(g) 전압은 소스(s)와 드레인(d) 사이의 전류를 조정하며, nMOS는 게이트가 0일 때 꺼지고 1일 때는 켜진다. pMOS는 반대로 게이트가 0일 때 켜지고 1일 때는 꺼진다.

1.7.5 CMOS NOT 게이트

그림 1.32는 CMOS 트랜지스터로 만든 NOT 게이트의 개략도를 보여준다. 삼각형은 GND를, 평탄하고 짧은 선은 V_{DD}를 가리킨다. 이러한 표식(GND, V_{DD})은 이후의 개략도부터 생략한다. nMOS 트랜지스터 N1은 GND와 출력 Y 사이에 연결되어 있으며, pMOS 트랜지스터 P1은 V_{DD}와 출력 Y 사이에 연결되어 있고, 이 두 개의 트랜지스터 게이트들은 입력 A

에 의해서 제어된다.

만일 A=0이면 N1은 OFF, P1은 ON 된다. Y는 GND에 연결되어 있지 않고 V_{DD}에 연결되어 있으므로 논리 1로 풀업(pull up)된다(P1은 1을 잘 통과시킨다). 만일 A=1이면 N1은 ON, P1은 OFF 되며, Y는 논리 0으로 풀다운(pull down)된다(N1은 0을 잘 통과시킨다). 그림 1.12에 있는 진리표를 들여다보면 이 회로는 실제 NOT 게이트임을 알 수 있다.

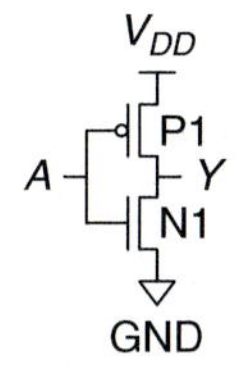

그림 1.32 NOT 게이트 개략도

1.7.6 기타 CMOS 논리 게이트

그림 1.33은 2-입력 NAND 게이트의 개략도이다. 이 그림에서 선들은 항상 3-방향 접속 지점에 연결되고, 접점이 4-방향으로 연결될 때만 점으로 표시한다. nMOS 트랜지스터 N1과 N2는 직렬로 연결되었으며, 출력을 GND로 풀다운시키려면 이 두 트랜지스터는 모두 ON이어야 한다. pMOS 트랜지스터 P1과 P2는 병렬로 연결되어 있으며, 출력을 V_{DD}로 풀업시키려면 이 두 트랜지스터 중 적어도 하나 이상은 ON이어야 한다. 표 1.6은 풀다운과 풀업 회로의 동작과 출력 상태에 대한 목록으로 이 게이트가 NAND 기능을 수행함을 보여준다. 예를 들면, A=1이고 B=0일 때 N1은 ON 되지만 N2는 OFF 되어 Y에서 GND까지의 경로가 차단되고, P1은 OFF 되지만 P2는 ON 되므로 V_{DD}에서 Y까지의 경로가 열리게 된다. 즉, Y는 1로 풀업된다.

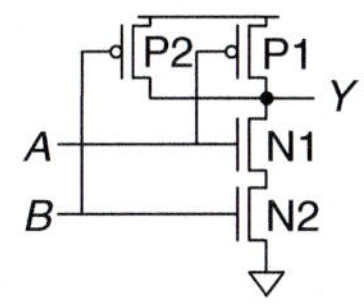

그림 1.33 2-입력 NAND 게이트 개략도

그림 1.34는 NOT, NAND 또는 NOR 등과 같은 반전 논리 게이트를 구성하기 위해 사용되는 일반 형태를 보여주고 있다. nMOS 트랜지스터는 0을 잘 통과시키므로 출력을 0으로 풀다운시키기 위해 출력과 GND 사이에 nMOS 풀다운 회로를 배치하고, pMOS 트랜지스터는 1을 잘 통과시키므로 출력을 1로 풀업시키기 위해 출력과 V_{DD} 사이에 pMOS 풀업 회로를 배치한다. 이 회로는 직렬 또는 병렬로 연결된 트랜지스터로 구성되며,

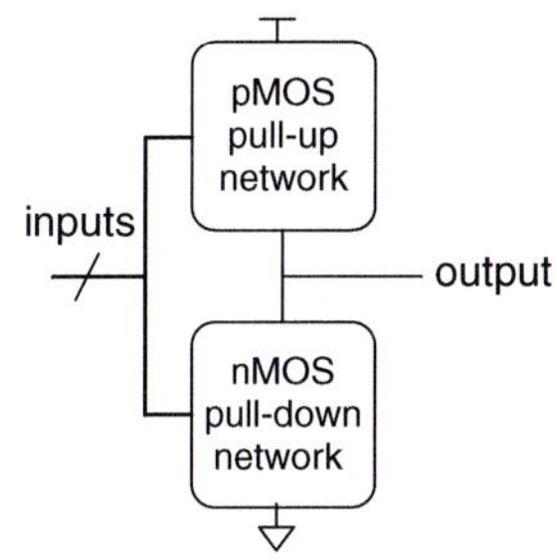

그림 1.34 반전 논리 게이트의 일반적 형태

표 1.6 NAND 게이트 연산

A	B	Pull-Down Network	Pull-Up Network	Y
0	0	OFF	ON	1
0	1	OFF	ON	1
1	0	OFF	ON	1
1	1	ON	OFF	0

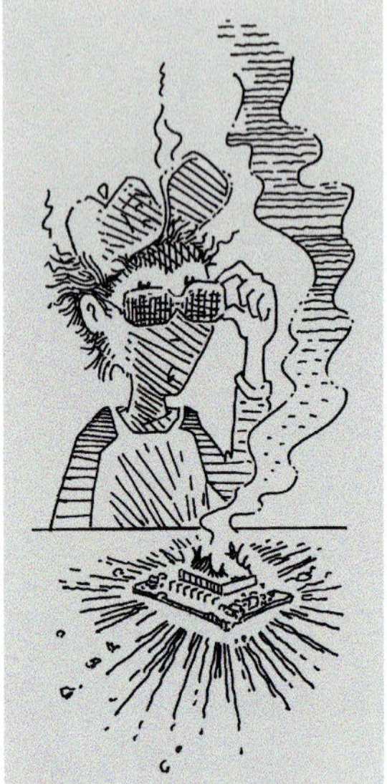

경험이 풍부한 디자이너는 전자기기 안에 **마법의 연기**가 있기 때문에 동작한다고 주장한다. 그들은 마법의 연기가 빠져 나오면 기기가 더 이상 작동하지 않는다는 것을 봤기 때문에 이 이론이 확실하다고 믿는다.

병렬로 연결된 경우에 하나의 트랜지스터만이라도 ON 되면 회로는 ON 되고, 직렬로 연결된 경우에는 두 개의 트랜지스터 모두가 ON 되는 경우에만 회로는 ON 된다. 입력 단에 있는 '/'는 게이트가 여러 개의 입력을 받아들일 수 있음을 나타낸다. 만일 풀업과 풀다운 두 회로 모두가 동시에 ON 된다면 V_{DD}와 GND 사이가 단락(short circuit)되어 게이트의 출력이 금지 구역으로 빠질 수 있고, 트랜지스터가 소손될 수 있는 충분히 많은 양의 전력을 소모하게 될 것이다.

반면에 만일 풀업과 풀다운 두 회로 모두 동시에 OFF 된다면 출력은 V_{DD}나 GND 어디에도 연결되지 않을 것이다. 이를 **부동**(float) 값이라 하는데, 정해지지 않은 값을 말한다. 부동 출력은 일반적으로 바람직하지 않은 결과이지만, 가끔씩 설계자의 편의를 위해 어떻게 사용되는지 2.6절에서 보게 될 것이다.

제대로 작동되는 논리 게이트라면 어떤 회로가 ON 되면 다른 하나는 항상 OFF 되어야 하므로, 출력은 HIGH나 LOW 값을 가질 뿐, 단락되거나 부동 값을 갖지 않게 되며, nMOS 트랜지스터가 직렬일 때는 pMOS 트랜지스터는 병렬이어야 하고, nMOS 트랜지스터가 병렬일 때는 pMOS 트랜지스터는 직렬이어야 한다는 **전도의 상보성**(conduction complements) 법칙이 이를 보장한다.

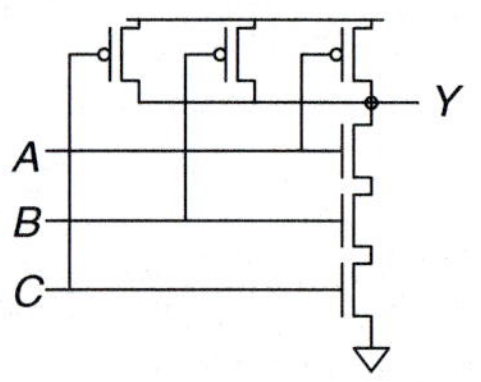

그림 1.35 3-입력 NAND 게이트 개략도

예제 1.20 **3-입력 NAND 개략도**

CMOS 트랜지스터를 이용하여 3-입력 NAND 게이트의 개략도를 작성하라.

풀이 NAND 게이트의 출력은 세 개의 입력 모두가 0일 때만 1이 되므로 풀다운 회로는 세 개의 nMOS 트랜지스터가 직렬로 연결되어야 하며, 전도의 상보성 법칙에 의해 pMOS 트랜지스터들은 병렬로 연결되어야 한다. 그림 1.35는 이와 같은 게이트를 보이며, 이 게이트가 올바른 진리표를 가지고 있는지 검사해 봄으로써 그 기능을 확인할 수 있다.

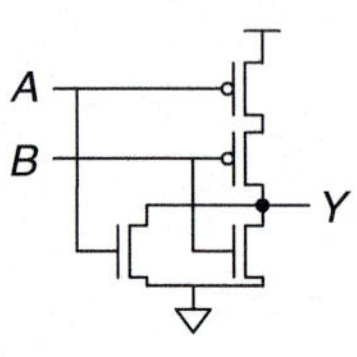

그림 1.36 2-입력 NOR 게이트 개략도

예제 1.21 **2-입력 NOR 개략도**

CMOS 트랜지스터를 이용하여 2-입력 NOR 게이트의 개략도를 작성하라.

풀이 NOR 게이트의 출력은 입력이 하나라도 1이면 0이 되므로 풀다운 회로는 두 개의 nMOS 트랜지스터가 병렬로 연결되어야 하며, 전도의 상보성 법칙에 의해 pMOS 트랜지스터들은 직렬로 연결되어야 한다. 그림 1.36은 이와 같은 게이트를 보여준다.

예제 1.22 **2-입력 AND 개략도**

2-입력 AND 게이트의 개략도를 작성하라.

풀이 하나의 CMOS 게이트로 AND 게이트를 만드는 것은 불가하지만, NAND와 NOT 게이트를 만드는 것은 쉬우므로, 그림 1.37에 보인 바와 같이 CMOS 트랜지스터를 이용하여 AND 게이트를 만들기 위한 최선의 방법은 NAND 게이트 다음에 NOT 게이트를 연결하는 것이다.

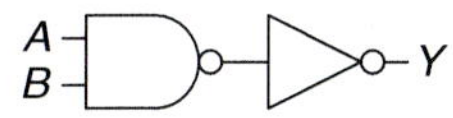

그림 1.37 2-입력 AND 게이트 개략도

1.7.7 전송 게이트

가끔씩 설계자들은 0과 1 모두를 잘 통과시키는 이상적인 스위치를 사용하는 것이 편리하다고 느낄 때가 종종 있다. nMOS 트랜지스터는 0을, pMOS 트랜지스터는 1을 잘 통과시킨다는 것을 상기해보면, 이 둘의 병렬 조합은 0과 1로 된 값을 모두 잘 통과시킬 것이다. 그림 1.38은 이 같은 회로를 보이는데, **전송(transmission) 게이트** 또는 **전달(pass) 게이트**라 부른다. 입력이나 출력 측의 구분이 따로 없으므로 이 스위치의 양 측을 *A*와 *B*로 표기한다. 제어 신호를 **선택 단자(enable)** *EN*과 $\overline{EN}$이라고 하는데, *EN*=0이고 $\overline{EN}$=1이면 두 개의 트랜지스터는 OFF 되므로 전송 게이트는 OFF 되거나 선택되지 않아서 *A*와 *B*는 서로 연결되지 못하고, *EN*=1이고 $\overline{EN}$=0이면 전송 게이트는 ON 되거나 선택되어 *A*와 *B* 사이에 어떠한 논리 값도 흐를 수 있다.

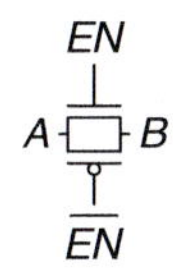

그림 1.38 전송 게이트

1.7.8 의사-nMOS 논리

N-입력 CMOS NOR 게이트는 병렬로 연결된 N개의 nMOS 트랜지스터와 직렬로 연결된 N개의 pMOS 트랜지스터를 사용한다. 직렬로 연결된 저항이 병렬로 연결된 저항보다 큰 저항 값을 가지는 것처럼, 직렬로 연결된 트랜지스터는 병렬로 연결된 트랜지스터보다 속도가 느리다. 게다가 정공은 전자만큼 실리콘 격자 주위를 빨리 이동할 수 없으므로 pMOS 트랜지스터는 nMOS 트랜지스터보다 느리다. 그러므로 병렬 nMOS 트랜지스터는 빠르고 직렬 pMOS는 느리며, 여러 개가 직렬로 연결된 경우는 특히 그러하다.

의사-nMOS(pseudo-nMOS) 논리는 그림 1.39에 보인 바와 같이 pMOS 트랜지스터로 이루어진 느린 부분을 언제나 ON 상태인 약한 pMOS 트

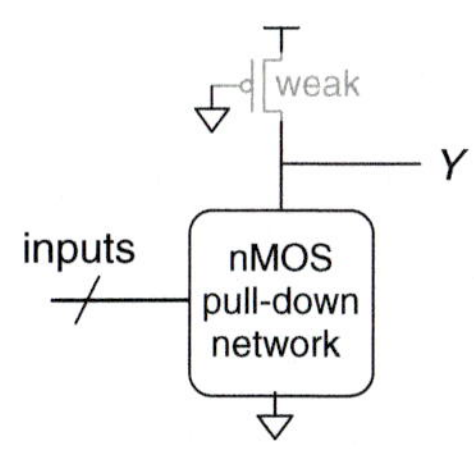

그림 1.39 일반적인 의사-nMOS 게이트

랜지스터 하나로 대체한 것이다. 이러한 pMOS 트랜지스터를 **약한 풀업**(weak pull-up)이라고도 한다. pMOS 트랜지스터의 물리적 크기는 이 pMOS 트랜지스터가 출력 Y를 약하게(모든 nMOS 트랜지스터가 OFF일 때만) HIGH로 풀업되도록 선택된다. 하지만 어떤 nMOS 트랜지스터 하나라도 ON 된다면 약한 풀업을 이겨내고 Y를 GND에 가까운 값으로 풀다운시켜 논리 0인 값을 만들어 낸다.

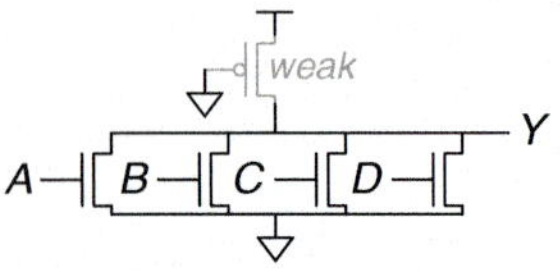

그림 1.40 의사–nMOS 4–입력 NOR 게이트

의사–nMOS 논리의 이점은 많은 입력을 가진 빠른 NOR 게이트를 구현하는 데 사용할 수 있다는 것이다. 예를 들어, 그림 1.40은 4–입력 NOR 게이트에 사용된 의사–nMOS를 보여준다. 의사–nMOS 게이트는 5장에서 논의될 메모리와 논리 배열에 유용하다. 약점으로는 약한 pMOS와 nMOS 트랜지스터 둘 다 ON되어 출력이 LOW가 되면 V_{DD}와 GND 사이에 단락회로가 형성되어 전력소모가 계속되므로 의사–nMOS 논리는 조금만 사용해야 한다.

의사–nMOS 게이트의 이름은 nMOS 트랜지스터 제조공정만 있었던 1970년대부터 사용되었으며, pMOS 트랜지스터가 없었으므로 출력을 HIGH로 풀업시키기 위해 사용되었다.

1.8 소비 전력*

소비 전력(power consumption)은 단위 시간당 사용되는 에너지의 양으로 디지털 시스템에서 매우 중요하게 다룬다. 핸드폰과 노트북 컴퓨터 등과 같은 휴대용 기기에 사용되는 배터리의 수명은 소비전력 양에 의해 결정된다. 플러그를 직접 꽂아서 쓰는 기기에서도 전기요금 문제도 있을 뿐만 아니라, 전력을 너무 많이 끌어다 쓰게 되면 기기가 과열되어 위험하므로 전력은 중요하다.

디지털 시스템은 **동적**(dynamic), **정적**(static)으로 전력을 소비한다. 동적 전력(dynamic power)은 신호가 0에서 1로 변할 때 커패시턴스(capacitance) 만큼 충전하는 데 사용되는 전력이고, 정적 전력(static power)은 신호는 변하지 않고 시스템이 휴지 상태(idle)인 때에도 소비되는 전력이다.

서로 연결된 논리 게이트와 선들은 커패시턴스를 가지며, 커패시턴스 C를 전압 V_{DD}로 충전하기 위해 전원장치로부터 끌어다 쓰는 에너지는 CV_{DD}^2이 된다. 주파수 f(즉, 초당 f회)로 커패시터의 전압이 바뀌면 초당 $f/2$회 충전시키고, $f/2$회 방전된다. 방전될 때는 전원장치로부터 에너지를 끌어다 쓰지 않으므로 동전력 소모는 다음과 같다.

$$P_{\text{dynamic}} = \frac{1}{2} C V_{DD}{}^2 f \tag{1.4}$$

전기기기는 휴지 기간 동안조차도 약간의 전류를 끌어다 쓰며, 트랜지스터가 OFF 되었을 때 약간의 누설 전류가 흐른다. 1.7.8절에서 살펴본 의사-nMOS 트랜지스터와 같은 회로는 V_{DD}로부터 GND로의 경로를 통하여 이러한 전류가 연속적으로 흐르게 된다. 정적 전류의 총합 I_{DD}를 V_{DD}와 GND 사이에 흐르는 **누설전류(leakage current)** 또는 **대기 공급 전류(quiescent supply current)**라 부르기도 한다. 정적 소비 전력은 이러한 정적 전류에 비례한다.

$$P_{\text{static}} = I_{DD} V_{DD} \tag{1.5}$$

예제 1.23 **소비 전력**

6와트시(Wh) 배터리를 가지며 1.2V에서 동작하는 어떤 특별한 핸드폰이 사용 중일 때는 300MHz에서 동작하고 스위칭 칩의 평균 커패시턴스는 10nF(10^{-8}패럿)이라 가정하자. 사용 중일 때는 이 핸드폰의 안테나를 통하여 3W의 전력으로 신호를 송출하지만, 사용하지 않을 때는 신호를 처리하는 기능이 꺼지므로 동적 전력은 거의 0으로 떨어지지만, 이 핸드폰은 사용 중이거나 사용하지 않는 경우에도 40mW의 대기 전류(quiescent current)가 흐른다. (a) 핸드폰이 사용 중이 아닐 경우와 (b) 연속적으로 사용 중일 경우에 대한 배터리의 수명을 결정하라.

풀이 정적 전력 $P_{\text{static}} = (0.040\text{A})(1.2\text{V}) = 48\text{mW}$이며, (a) 만일 이 전화기가 사용 중이 아닌 경우라면 소비 전력은 이와 같은 정적 전력뿐이므로 배터리의 수명은 $(6\text{Wh})/(0.048\text{W}) = 125$시간(약 5일)이 되며, (b) 사용 중인 경우에 동전력은 $P_{\text{dynamic}} = (0.5)(10^{-8}\text{F})(1.2\text{V})^2(3 \times 10^8\text{Hz}) = 2.16\text{W}$가 된다. 정적 전력과 송출 전력을 모두 합친 유효전력은 $2.16\text{W} + 0.048\text{W} + 3\text{W} = 5.2\text{W}$가 되므로 이 배터리 수명은 $6\text{Wh}/5.2\text{W} = 1.15$시간이 된다. 이 예는 핸드폰의 실제 동작을 다소 과장하여 단순화했지만 소비 전력의 주된 아이디어를 잘 보여주고 있다.

1.9 이 장의 요약 및 다음 장 미리보기

"세상에는 10종류의 사람이 있는데 2진법으로 셈을 할 수 있는 사람들과 못하는 사람들이 바로 그들이다."

이번 장은 복잡한 시스템의 이해와 설계를 위한 소개의 장이었다. 실세계는 아날로그 세상이지만 디지털 시스템 설계자들은 가능한 신호의 사용을 자제하여 이산적인 부분 집합만을 사용하기로 하였다. 특히 이진 변수는 두 가지 상태 0과 1(FALSE와 TRUE 또는 LOW와 HIGH라고도 한다) 값만을 가진다. 논리 게이트는 하나 이상의 2진 입력을 받아 2진 출력을 계산해 내며, 일반적인 논리 게이트는 다음과 같다.

- NOT: 입력이 FALSE일 때 출력은 TRUE
- AND: 모든 입력이 TRUE일 때만 출력은 TRUE
- OR: 입력 중 하나라도 TRUE이면 출력은 TRUE
- XOR: 홀수 개의 입력이 TRUE일 때만 출력은 TRUE

논리 게이트는 보통 CMOS 트랜지스터로 만들어지며 전기로 제어되는 스위치처럼 동작한다. nMOS 트랜지스터는 게이트가 1일 때 켜지지만, pMOS 트랜지스터는 게이트가 0일 때 켜진다.

2장에서 5장까지 디지털 논리에 대해 계속 공부하는데, 2장에서는 현재 입력에 의해서만 출력이 결정되는 **조합 논리**(combinational logic)에 대해서 짚어본다. 이미 소개한 논리 게이트들은 조합 논리의 예로, 앞으로 진리표나 부울 식으로 명시된 입력과 출력 사이의 관계를 구현하기 위해 많은 게이트를 포함하는 회로의 설계 방법에 대해 배운다. 3장에서는 현재와 과거의 입력 모두에 의해서 출력이 결정되는 **순차 논리**(combinational logic)에 대해서 짚어본다. **레지스터**는 대표적인 순차 논리 소자로서 과거의 입력을 기억하는 소자이며, 레지스터와 조합 논리 회로로 구성되는 **유한 상태 머신**(finite state machine)은 복잡한 시스템을 체계적으로 만들어 낼 수 있는 강력한 도구이다. 아울러 시스템의 동작 속도를 분석하기 위한 디지털 시스템의 타이밍(timing)에 대해서도 공부한다. 4장에서는 하드웨어 기술 언어(HDL)에 대하여 살펴본다. HDL(Hardware Description Language)은 일반적 프로그래밍 언어와 관련이 있지만 일반적인 소프트웨어로서보다는 하드웨어를 설계하고 시뮬레이션하는 데 사용된다. 오늘날 대부분의 디지털 시스템은 HDL로 설계된다. SystemVerilog와 VHDL 두 종류가 일반적으로 사용되는 언어로서 이 책에서는 서로 나란히 배치하였다. 5장에서는 가산기, 곱셈기, 메모리 등과 같은 기타 조합 논리회로와 순차 논리회로의 빌딩 블록에 대해서 공부한다.

6장에서는 컴퓨터 구조로 주제를 옮겨 가전제품, 실리콘그래픽스(Silicon Graphics)사의 몇몇 워크스테이션, 그리고 TV, 네트워크 장비, 무선 링크와 같은 통신장비에 사용되는 산업계 표준 마이크로프로세서인 MIPS에 대하여 설명한다. MIPS 아키텍처는 레지스터와 어셈블리언어로 이루어진 명령어 집합으로 정의되며, MIPS 프로세서 고유 언어로 서로 통신할 수 있도록 MIPS 어셈블리 프로그램 작성 방법을 배우게 된다.

7장과 8장은 디지털 논리회로와 컴퓨터 구조 사이의 간격을 연결하며, 마이크로아키텍처와 프로세서를 구성하는 데 필요한 가산기와 레지스터 등과 같은 디지털 빌딩 블록들의 배치를 탐구하고, 스스로 MIPS 프로세서를 설계하는 방법을 배우게 되며, 실제로 성능과 가격을 절충한 세 종류의 마이크로프로세서를 배운다. 프로세서의 성능은 기하급수적으로 증가해왔으나, 데이터에 대한 만족할 줄 모르는 요구를 충족시키기 위해 더욱더 복잡한 메모리 시스템을 요구한다. 8장에서는 이러한 메모리 시스템 구조를 철저히 조사하고 어떻게 컴퓨터가 키보드, 프린터 같은 주변기기와 통신하는지에 대해서도 설명한다.

연습문제

문제 1.1 다음의 과학자들에 의해 사용되는 추상화를 최소 3단계로 구분하여 한 단락으로 설명하라.

(a) 세포의 동작을 연구하는 생물학자

(b) 물질의 구성을 연구하는 화학자

문제 1.2 다음 (a), (b)에 계층성, 모듈성, 규칙성 기술이 어떻게 적용될 수 있는지 한 단락으로 설명하라.

(a) 자동차 설계자

(b) 기업 운영 관리 업무

문제 1.3 벤이 집을 짓고 있다. 집을 짓는 동안 시간과 비용을 절약하기 위해 계층성, 모듈성, 규칙성의 원칙을 어떻게 적용할 수 있는지 설명하라.

문제 1.4 어떤 아날로그 전압이 0~5V 범위 안에 있다. 이 전압이 ±5mV 정밀도로 측정될 수 있다면, 이 아날로그 전압으로 최대 몇 bit의 정보를 전달할 수 있을까?

문제 1.5 분침이 떨어져 나간 시계가 교실 벽에 걸려 있다.

(a) 시침을 통해 15분 단위로 읽을 수 있다면, 이 시계는 시간을 몇 비트의 정보로 전달하는가?

(b) 오전, 오후를 구분할 수 있다면, 현재 시간을 알기 위해 추가되는 비트는 얼마나 될까?

문제 1.6 약 4,000년 전에 바빌로니아 사람들은 60진수(기저 60) 체계를 만들어 사용했다. 60진수 하나로 몇 비트의 정보를 전달할 수 있는가? 10진수 4,000을 60진수로 변환하라.

문제 1.7 16비트로 서로 다른 몇 가지의 수를 표현할 수 있는가?

문제 1.8 32비트 2진수로 표현된 부호 없는 수 중에서 가장 큰 수는 무엇인가?

문제 1.9 다음과 같은 방법으로 16비트 2진수를 표현할 때 가장 큰 수는 무엇인가?

(a) 부호 없는 수

(b) 2의 보수

(c) 부호와 절대치로 표현된 수

문제 1.10 다음과 같은 방법으로 32비트 2진수를 표현할 때 가장 큰 수는 무엇인가?

(a) 부호 없는 수

(b) 2의 보수

(c) 부호와 절대치로 표현된 수

문제 1.11 다음과 같은 방법으로 16비트 2진수를 표현할 때 가장 작은 수(음수 포함)는 무엇인가?

(a) 부호 없는 수

(b) 2의 보수

(c) 부호와 절대치로 표현된 수

문제 1.12 다음과 같은 방법으로 32비트 2진수를 표현할 때 가장 작은 수(음수 포함)는 무엇인가?

(a) 부호 없는 수

(b) 2의 보수

(c) 부호와 절대치로 표현된 수

문제 1.13 다음과 같은 부호 없는 2진수를 10진수로 변환하라. 변환 과정도 함께 나타내라.

(a) 1010_2

(b) 110110_2

(c) 11110000_2

(d) 0001000101001111_2

문제 1.14 다음과 같은 부호 없는 2진수를 10진수로 변환하라. 변환 과정도 함께 나타내라.

(a) 1110_2

(b) 100100_2

(c) 11010111_2

(d) 0111010101001100_2

문제 1.15 연습문제 1.13을 10진수 대신 16진수로 바꾸어 반복하라.

문제 1.16 연습문제 1.14를 10진수 대신 16진수로 바꾸어 반복하라.

문제 1.17 다음의 16진수를 10진수로 변환하라. 변환 과정도 함께 나타내라.

(a) $A5_{16}$

(b) $3B_{16}$

(c) $FFFF_{16}$

(d) $D0000000_{16}$

문제 1.18 다음의 16진수를 10진수로 변환하라. 변환 과정도 함께 나타내라.

(a) $4E_{16}$

(b) $7C_{16}$

(c) $ED3A_{16}$

(d) $403FB001_{16}$

문제 1.19 연습문제 1.17을 10진수 대신 부호 없는 2진수로 바꾸어 반복하라.

문제 1.20 연습문제 1.18을 10진수 대신 부호 없는 2진수로 바꾸어 반복하라.

문제 1.21 다음과 같이 2의 보수로 표현된 2진수를 10진수로 변환하라.

(a) 1010_2

(b) 110110_2

(c) 01110000_2

(d) 10011111_2

문제 1.22 다음과 같이 2의 보수로 표현된 2진수를 10진수로 변환하라.

(a) 1110_2

(b) 100011_2

(c) 01001110_2

(d) 10110101_2

문제 1.23 2진수가 2의 보수로 표현된 수가 아니라 부호와 절대치 방법으로 표현된 수라는 가정하에 연습문제 1.21을 반복하라.

문제 1.24 연습문제 2진수가 2의 보수로 표현된 수가 아니라 부호와 절대치 방법으로 표현된 수라는 가정하에 연습문제 1.22를 반복하라.

문제 1.25 다음의 10진수를 부호 없는 2진수로 변환하라.

(a) 42_{10}

(b) 63_{10}

(c) 229_{10}

(d) 845_{10}

문제 1.26 다음의 10진수를 부호 없는 2진수로 변환하라.

(a) 14_{10}

(b) 52_{10}

(c) 339_{10}

(d) 711_{10}

문제 1.27 연습문제 1.25를 부호 없는 2진수 대신 16진수로 바꾸어 반복하라.

문제 1.28 연습문제 1.26을 부호 없는 2진수 대신 16진수로 바꾸어 반복하라.

문제 1.29 다음의 10진수를 8-비트 2의 보수로 변환하거나 이 10진수가 8-비트 범위를 벗어나 오버플로가 발생하는지 보여라.

(a) 42_{10}

(b) -63_{10}

(c) 124_{10}

(d) -128_{10}

(e) 133_{10}

문제 1.30 다음의 10진수를 8-비트 2의 보수로 변환하거나 이 10진수가 8-비트 범위를 벗어나 오버플로가 발생되는지 보여라.

(a) 24_{10}

(b) -59_{10}

(c) 128_{10}

(d) -150_{10}

(e) 127_{10}

문제 1.31 연습문제 1.29를 8-비트 2의 보수 대신 8-비트 부호와 절대치 방법으로 바꾸어 반복하라.

문제 1.32 연습문제 1.30을 8-비트 2의 보수 대신 8-비트 부호와 절대치 방법으로 바꾸어 반복하라.

문제 1.33 다음의 4-비트 2의 보수로 표현된 수를 8-비트 2의 보수로 표현된 수로 변환하라.

(a) 0101_2

(b) 1010_2

문제 1.34 다음과 같이 4-비트 2의 보수로 표현된 수를 8-비트 2의 보수로 표현된 수로 변환하라.

(a) 0111_2

(b) 1001_2

문제 1.35 연습문제 1.33의 수가 2의 보수가 아니라 부호와 절대치 방법으로 표현된 수라 가정하고 이 문제를 반복하라.

문제 1.36 연습문제 1.34의 수가 2의 보수가 아니라 부호와 절대치 방법으로 표현된 수라 가정하고 이 문제를 다시 반복하라.

문제 1.37 기저가 8이라는 것은 8진수임을 나타낸다. 연습문제 1.25의 수를 8진수로 변환하라.

문제 1.38 기저가 8이라는 것은 8진수임을 나타낸다. 연습문제 1.26의 수를 8진수로 변환하라.

문제 1.39 다음과 같은 8진수를 부호 없는 2진수, 16진수, 10진수로 변환하라.

(a) 42_8

(b) 63_8

(c) 255_8

(d) 3047_8

문제 1.40 다음과 같은 8진수를 부호 없는 2진수, 16진수, 10진수로 변환하라.

(a) 23_8

(b) 45_8

(c) 371_8

(d) 2560_8

문제 1.41 0보다 큰 5-비트 2의 보수는 몇 개인가? 0보다 작은 수는 몇 개인가? 부호와 절대치로 표현된 수와의 차이점을 어떻게 설명할 수 있는가?

문제 1.42 0보다 큰 7-비트 2의 보수는 몇 개인가? 0보다 작은 수는 몇 개인가? 부호와 절대치로 표현된 수와의 차이점을 어떻게 설명할 수 있는가?

문제 1.43 32-비트 한 개의 워드에는 몇 바이트가 있는가? 니블(nibble)은 몇 개나 들어 있는가?

문제 1.44 64-비트 1워드는 몇 바이트인가?

문제 1.45 768kbit/sec의 속도로 동작하는 어떤 DSL 모뎀이 있다. 1초 동안에 몇 byte를 수신할 수 있는가?

문제 1.46 USB 3.0은 5Gbit/sec의 속도로 데이터를 보낼 수 있다. 1초 동안에 몇 바이트를 송신할 수 있는가?

문제 1.47 하드디스크 제작사는 10^6바이트를 '메가바이트', 10^9바이트를 '기가바이트'라는 용어로 사용한다. 50GB 하드디스크에 실제로 저장할 수 있는 음악은 몇 GB인가?

문제 1.48 계산기 없이 2^{31}을 추산해보라.

문제 1.49 pentium Ⅱ 마이크로프로세서의 메모리는 2^8개의 행과 2^9개의 열로 이루어진 사각 배열로 구성된다. 계산기 없이 이 메모리의 용량을 비트 단위로 추산해보라.

문제 1.50 3-비트로 이루어진 부호 없는 수, 2의 보수, 부호와 절대치로 표현된 수들을 그림 1.11과 유사한 방법을 이용하여 하나의 직선상에 나타내라.

문제 1.51 2-비트로 이루어진 부호 없는 수, 2의 보수, 부호와 절대치로 표현된 수들을 그림 1.11과 유사한 방법을 이용하여 하나의 직선상에 나타내라.

문제 1.52 다음과 같은 부호 없는 2진수의 덧셈을 수행하고, 그 결과가 4-비트 범위를 벗어나 오버플로가 발생되는지 확인하라.

(a) $1001_2 + 0100_2$

(b) $1101_2 + 1011_2$

문제 1.53 다음과 같은 부호 없는 2진수의 덧셈을 수행하고, 그 결과가 8-비트 범위를 벗어나 오버플로가 발생되는지 확인하라.

(a) $10011001_2 + 01000100_2$

(b) $11010010_2 + 10110110_2$

문제 1.54 연습문제 1.52의 2진수를 2의 보수로 표현된 수로 가정하여, 이 문제를 반복하라.

문제 1.55 연습문제 1.53의 2진수를 2의 보수로 표현된 수로 가정하여, 이 문제를 반복하라.

문제 1.56 다음 10진수들을 6-비트 2의 보수로 표현된 2진수로 변환하여 덧셈을 수행하고, 그 결과가 6-비트 범위를 벗어나 오버플로가 발생되는지 확인하라.

(a) $16_{10} + 9_{10}$

(b) $27_{10} + 31_{10}$

(c) $-4_{10} + 19_{10}$

(d) $3_{10} + -32_{10}$

(e) $-16_{10} + -9_{10}$

(f) $-27_{10} + -31_{10}$

문제 1.57 다음의 수들로 연습문제 1.56을 반복하라.

(a) $7_{10} + 13_{10}$

(b) $17_{10} + 25_{10}$

(c) $-26_{10} + 8_{10}$

(d) $31_{10} + -14_{10}$

(e) $-19_{10} + -22_{10}$

(f) $-2_{10} + -29_{10}$

문제 1.58 다음과 같은 부호 없는 16진수의 덧셈을 수행하고, 그 결과가 8-비트(16진수 2자리) 범위를 벗어나 오버플로가 발생하는지 확인하라.

(a) $7_{16} + 9_{16}$

(b) $1316 + 28_{16}$

(c) $AB_{16} + 3E_{16}$

(d) $8F_{16} + AD_{16}$

문제 1.59 다음과 같은 부호 없는 16진수의 덧셈을 수행하고, 그 결과가 8-비트(16진수 2자리) 범위를 벗어나 오버플로가 발생하는지 확인하라.

(a) $22_{16} + 8_{16}$

(b) $73_{16} + 2C_{16}$

(c) $7F_{16} + 7F_{16}$

(d) $C2_{16} + A4_{16}$

문제 1.60 다음 10진수들을 5-비트 2의 보수로 표현된 2진수로 변환하여 뺄셈을 수행하고, 그 결과가 5-비트 범위를 벗어나 오버플로가 발생하는지 확인하라.

(a) $9_{10} - 7_{10}$

(b) $12_{10} - 15_{10}$

(c) $-6_{10} - 11_{10}$

(d) $4_{10} - -8_{10}$

문제 1.61 다음 10진수들을 6-비트 2의 보수로 표현된 2진수로 변환하여 뺄셈을 수행하고, 그 결과가 6-비트 범위를 벗어나 오버플로가 발생하는지 확인하라.

(a) $18_{10} - 12_{10}$

(b) $30_{10} - 9_{10}$

(c) $-28_{10} - 3_{10}$

(d) $-16_{10} - 21_{10}$

문제 1.62 바이어스 값 B로 바이어스된 N-비트 2진수 체계에서 음수와 양수는 이 수들의 값에 바이어스 값 B를 더하여 나타낸다. 예를 들어, 바이어스 값 15로 바이어스된 5-비트 수 0은 01111로, 1은 10000 등등으로 표현된다. 바이어스된 수 체계는 5장에서 논의되는 부동소수점 계산에 자주 사용된다. 바이스 값 127_{10}로 바이어스된 8-비트 2진수 체계를 고려하여, 다음 물음에 답하라.

(a) 어떤 10진수 값이 2진수 10000010_2로 표현되는가?

(b) 0을 표현하는 2진수는 무엇인가?

(c) 가장 작은 음수의 표현 방법과 그 값을 보이라.

(d) 가장 큰 양수의 표현 방법과 그 값을 보이라.

문제 1.63 바이어스 값 3으로 바이어스된 3-비트 수를 그림 1.11과 유사한 방법을 이용하여 하나의 직선상에 그려보라(연습문제 1.62의 바이어스의 정의 참조).

문제 1.64 4 비트로 이루어진 BCD 코드는 10진수 0~9를 표현하는 데 사용된다.

(a) 289_{10}을 BCD 코드로 나타내라.

(b) BCD 코드 100101010001을 10진수로 변환하라.

(c) BCD 코드 01101001을 2진수로 변환하라.

(d) 10진수를 표현하는 데 있어 BCD 코드가 유용한 이유를 설명하라.

문제 1.65 BCD 코드와 관계된 다음 물음에 답하라(연습문제 1.64의 BCD 정의 참조).

(a) 371_{10}을 BCD 코드로 나타내라.

(b) BCD 코드 000110000111을 10진수로 변환하라.

(c) BCD 코드 10010101을 2진수로 변환하라.

(d) 2진수로 표현된 수를 비교할 때 BCD 코드가 불리한 이유를 설명하라.

문제 1.66 네브라스카 옥수수 밭에 비행접시 한 대가 추락했다. FBI는 이 비행체의 잔해들을 조사하여 화성인 수 체계로 되어 있는 325+42=411이라는 수식을 포함한 기술 매뉴얼을 발견했다. 이 수식이 정확하다면, 화성인의 손가락은 몇 개일 거라고 예상할 수 있는가?

문제 1.67 벤과 엘리사가 논쟁을 벌이고 있다. 벤이 "0보다 크고 정확히 6으로 나누어 떨어지는 모든 정수는 2진수로 표현된 수 안에 정확히 두 개의 1을 가지고 있어"라고 주장했다. 엘리사는 이에 동의하지 않고, 이렇게 말했다. "아니야, 이러한 모든 수는 2진수로 표현된 수 안에 짝수 개의 1을 가진단 말이야." 벤의 주장에 동의하는지, 엘리사의 주장에 동의하는지, 아니면 둘의 의견에 모두 동의하거나 둘의 주장 모두 동의하지 않는지 설명하라.

문제 1.68 벤과 엘리사가 이번에는 다른 문제로 논쟁을 벌이고 있다. 벤이 "나는 어떤 수에서 1을 뺀 다음에, 모든 비트를 반전시켜 2의 보수를 구할 수 있어"라고 주장하자, 엘리사는 이렇게 말했다. "아니야, 나는 최하위 비트부터 시작해서 각 비트를 하나씩 따져가면서 할 수 있단 말이야. 맨 처음 1을 발견하면 그 다음에 나오는 각 비트를 반전시키면 돼." 벤의 주장에 동의하는지, 엘리사의 주장에 동의하는지, 아니면 둘의 의견에 모두 동의하거나 둘의 주장 모두 동의하지 않는지 설명하라.

문제 1.69 2진수를 10진수로 변환하는 프로그램을 선호하는 언어(예를 들면, C, Java, Perl 등)로 작성해보라. 단, 부호 없는 2진수를 입력 받아 10진수 결과를 출력해야 한다.

문제 1.70 연습문제 1.69를 반복하되, 다만 사용자가 입력한 임의의 기저 b_1에서 다른 기저 b_2로 변환하는 프로그램으로 작성하라. 단, 기저는 최대 16까지 지원하며, 9보다 큰 숫자는 알파벳을 사용한다. 사용자가 입력할 형식의 예는 'b_1, b_2, 변환될 기저가 b_1인 수'이며, 출력 결과는 기저 b_2로 변환된 수이어야 한다.

문제 1.71 다음 (a), (b), (c)에 대한 심벌과 부울 식, 그리고 진리표를 작성하라.

(a) 3-입력 OR 게이트

(b) 3-입력 XOR 게이트

(c) 4-입력 XNOR 게이트

문제 1.72 다음 (a), (b), (c)에 대한 심벌과 부울 식, 그리고 진리표를 작성하라.

(a) 4-입력 OR 게이트

(b) 3-입력 XNOR 게이트

(c) 5-입력 NAND 게이트

문제 1.73 다수결 게이트(majority gate)는 입력의 과반수 이상이 TRUE일 때만 출력이 TRUE가 된다. 그림 1.41에 보인 다수결 게이트의 진리표를 완성하라.

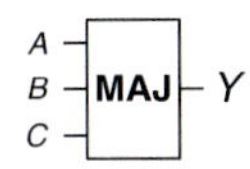

그림 1.41 3-입력 다수결 게이트

문제 1.74 그림 1.42에 보인 3-입력 AND-OR(AO) 게이트는 *A*와 *B*가 TRUE일 때, 또는 *C*가 TRUE일 때 출력이 TRUE가 된다. 이 게이트에 대한 진리표를 완성하라.

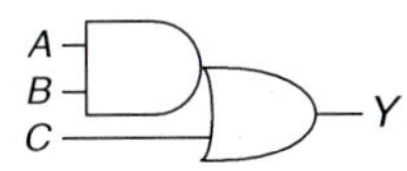

그림 1.42 3-입력 AND-OR 게이트

문제 1.75 그림 1.43에 보인 3-입력 OR-AND-INVERT(AOI) 게이트는 C가 TRUE이고 A 또는 B가 TRUE일 때 출력이 FALSE가 된다. 이외의 다른 경우는 TRUE를 출력한다. 이 게이트에 대한 진리표를 완성하라.

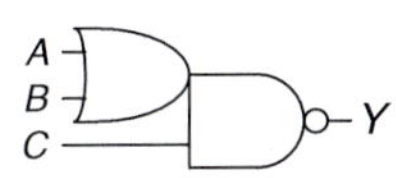

그림 1.43 3-입력 OR-AND INVERT 게이트

문제 1.76 두 개의 변수로 이루어진 부울 함수에 대한 서로 다른 진리표는 16개가 있다. 각 진리표를 나열하고, 각 진리표를 표현할 수 있는 짧은 이름(OR, NAND 등과 같은)을 붙여보라.

문제 1.77 N개의 변수로 이루어진 부울 함수에 대한 서로 다른 진리표는 몇 개나 존재하는가?

문제 1.78 그림 1.44에 보인 전달 특성을 가지는 어떤 장치가 인버터(inverter)로서의 역할을 수행할 수 있도록 논리 레벨을 할당하는 것이 가능한가? 만약 가능하다면, 입출력에 대한 높은 전압과 낮은 전압 레벨(V_{IL}, V_{OL}, V_{IH}, VOH)과 노이즈 마진(NM_L, NM_H)은 무엇인지 답하고, 만일 가능하지 않다면, 그 이유를 설명하라.

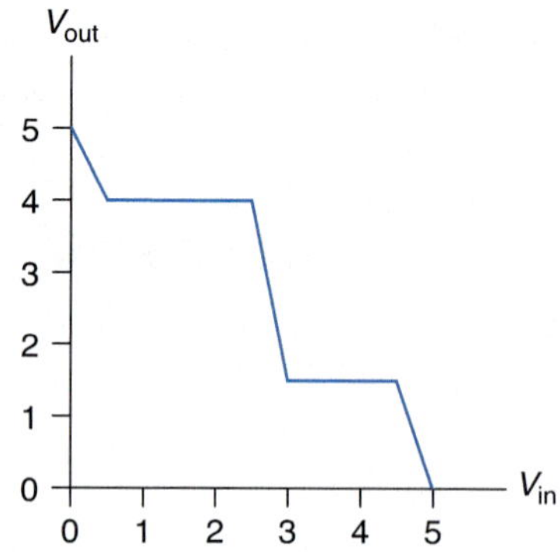

그림 1.44 직류 전달 특성

문제 1.79 그림 1.45에 보인 전달 특성에 대하여 연습문제 1.78을 반복하라.

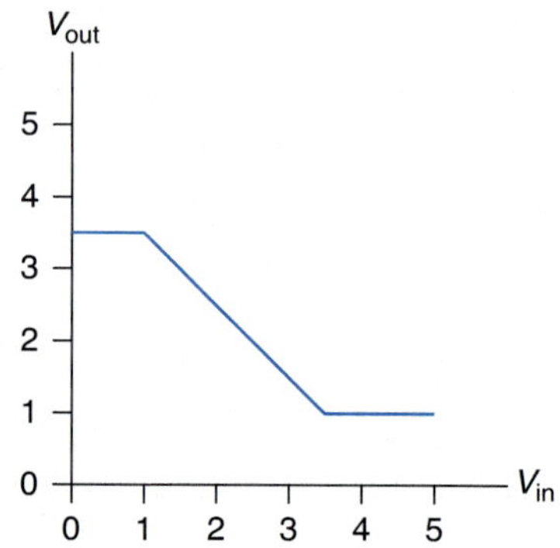

그림 1.45 직류 전달 특성

문제 1.80 그림 1.46에 보인 전달 특성을 가지는 어떤 장치가 버퍼의 역할을 수행할 수 있도록 논리 레벨을 할당하는 것이 가능한가? 만약 가능하다면, 입출력에 대한 높은 전압과 낮은 전압 레벨(V_{IL}, V_{OL}, V_{IH}, V_{OH})과 노이즈 마진(NM_L, NM_H)은 무엇인지 답하고, 만일 가능하지 않다면, 그 이유를 설명하라.

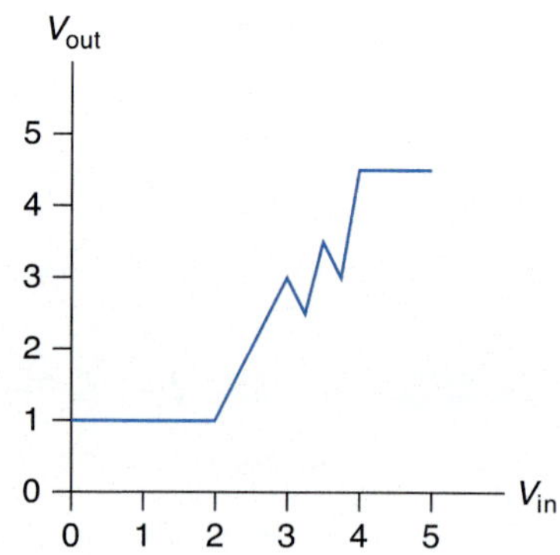

그림 1.46 직류 전달 특성

문제 1.81 벤은 버퍼로 사용하려고 그림 1.47에 보인 전달 특성을 가지는 어떤 회로를 만들었다. 이 회로는 제대로 동작할까? 답에 대한 이유를 설명하라. 또한 벤은 이 회로가 LVCMOS 및 LVTTL과 호환성이 있다고 광고하려 하는데, 벤의 버퍼가 과연 이와 같은 논리 계열로부터 입력을 정확하게 수신할 수 있을까? 또한 이 회로가 이런 논리 계열을 제대로 구동할 수 있을까? 설명하라.

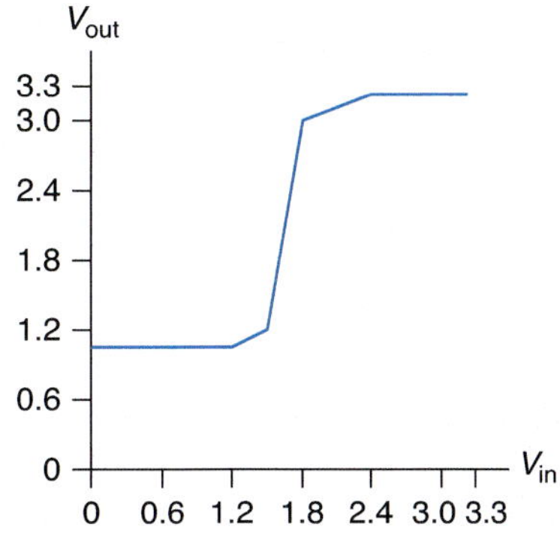

그림 1.47 벤의 버퍼 직류 전달 특성

문제 1.82 어두운 골목길을 걷고 있던 벤은 그림 1.48에 보인 전달 특성을 가지는 2-입력 게이트를 만났다. 입력은 A와 B이고, 출력은 Y이다.

(a) 그가 발견한 논리 게이트는 어떤 종류일까?

(b) LOW 및 HIGH 레벨의 근사치는 얼마나 될까?

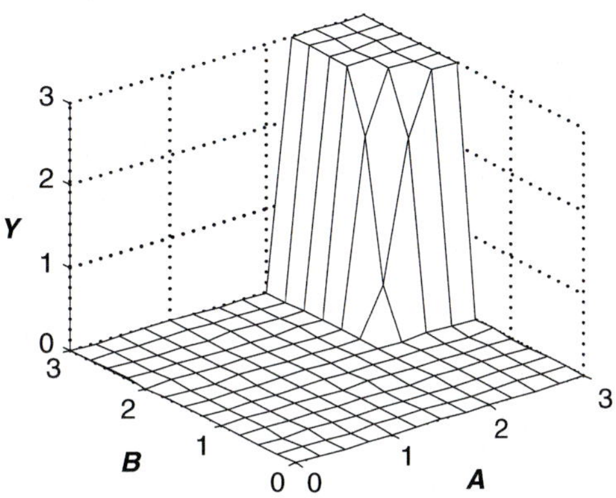

그림 1.48 2-입력 직류 전달 특성

문제 1.83 그림 1.49에 대하여 연습문제 1.82를 반복하라.

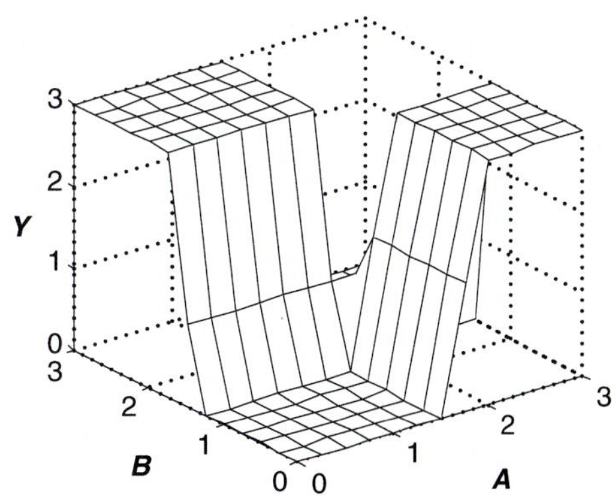

그림 1.49 2-입력 직류 전달 특성

문제 1.84 다음의 CMOS 게이트에 대한 트랜지스터-레벨 회로를 작성하라. 단, 최소한의 트랜지스터를 사용한다.

(a) 4-입력 NAND 게이트

(b) 3-입력 OR-AND-INVERT 게이트(연습문제 1.75 참조)

(c) 3-입력 AND-OR 게이트(연습문제 1.74 참조)

문제 1.85 다음의 CMOS 게이트에 대한 트랜지스터-레벨 회로를 작성하라. 단, 최소한의 트랜지스터를 사용한다.

(a) 3-입력 NOR 게이트

(b) 3-입력 AND 게이트

(c) 2-입력 OR 게이트

문제 1.86 소수결 게이트(minority gate)는 입력의 절반 미만이 TRUE일 때만 출력이 TRUE가 되고, 그렇지 않으면 출력은 FALSE가 된다. 3-입력 CMOS 소수결 게이트에 대한 트랜지스터-레벨 회로를 작성하라. 단, 최소한의 트랜지스터를 사용한다.

문제 1.87 그림 1.50의 게이트로 수행되는 함수에 대한 진리표를 작성하라. 이 진리표는 두 개의 입력 *A* 및 *B*를 가지게 된다. 이 함수의 이름은 무엇인가?

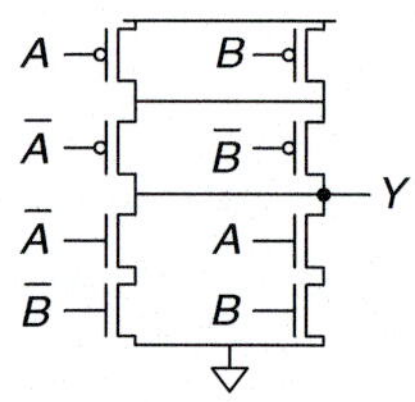

그림 1.50 미지의 게이트 개략도

문제 1.88 그림 1.51의 게이트로 수행되는 함수에 대한 진리표를 작성하라. 이 진리표는 세 개의 입력 *A*, *B*와 *C*를 가지게 된다.

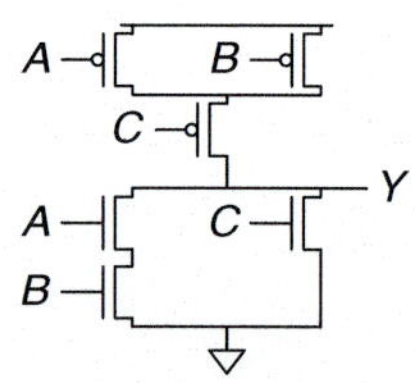

그림 1.51 미지의 게이트 개략도

문제 1.89 다음의 3-입력 게이트를 오직 의사-nMOS 논리 게이트만을 사용하여 구현하라. 이 게이트들은 세 개의 입력 A, B, C를 받아들인다. 단, 최소한의 트랜지스터를 사용한다.

(a) 3-입력 NOR 게이트

(b) 3-입력 NAND 게이트

(c) 3-입력 AND 게이트

문제 1.90 RTL(Resistor-Transistor Logic)에서는 게이트 출력을 LOW로 끌어내리는(pull-down) 용도로 nMOS 트랜지스터를 사용하고, 접지가 될 수 있도록 어떠한 경로도 활성화되지 않았다면 출력을 HIGH로 끌어올리기(pull-up) 위해 약한 저항을 사용한다. RTL을 사용하여 만든 NOT 게이트를 그림 1.52에 보였다. 3-입력 RTL NOR 게이트를 작성하라. 단, 최소한의 트랜지스터를 사용한다.

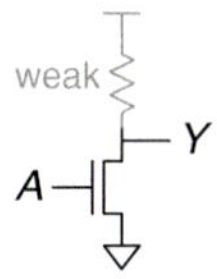

그림 1.52 RTL NOT 게이트

인터뷰 질문

다음 문제들은 디지털 설계 분야의 취업 면접 질문으로 제시되었던 질문이다.

질문 1.1 CMOS 4-입력 NOR 게이트에 대한 트랜지스터-레벨 회로를 작성하라.

질문 1.2 옛날에 어느 임금님이 64개의 금화를 세금으로 받았다. 그런데 그 금화 중 1개는 위조품이라는 믿을 만한 소문이 있었다. 임금님은 위조된 동전을 찾아내라고 명했으나, 사용할 수 있었던 도구는 천칭저울이 고작이었다. 이 천칭저울을 사용하여 가짜 금화가 어떤 것인지 알아내는 데 최소 몇 번의 저울질이 필요했을까?

질문 1.3 교수, 조교, 디지털 설계 수강생, 그리고 육상선수인 신입생이 어두운 밤에 곧 무너져 내릴 것 같은 다리를 건너야 했다. 다리는 너무 흔들려서 동시에 두 사람밖에 건널 수 없다. 손전등은 하나밖에 없고 다리의 길이는 너무 멀어서 손전등을 던져서 넘겨줄 수도 없었으므로 누군가는 돌아와 다른 사람에게 손전등을 돌려주어야 했다. 육상선수는 1분 동안에 다리를 건널 수 있지만 디지털 설계 수강생은 2분, 조교는 5분이 걸린다. 더구나 항상 산만한 교수는 다리를 건너는 데 10분이 걸린다. 모든 사람이 다리를 건너는 데 걸린 가장 빠른 시간은 얼마일까?

조합 논리회로

2

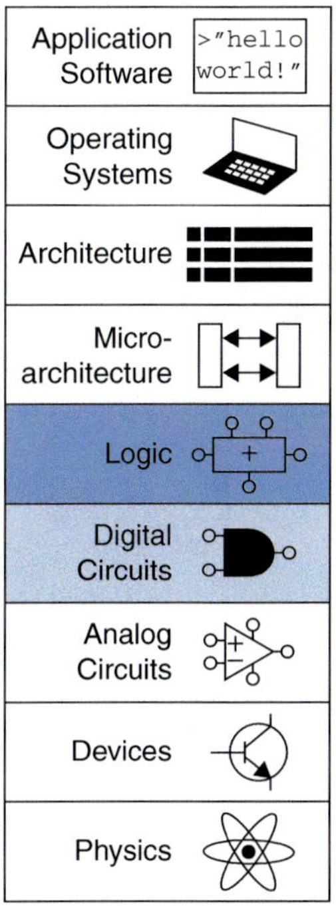

2.1 소개

디지털 전자공학에서 **회로**는 이산 값을 가지는(discrete-valued) 변수를 처리하는 일종의 회로망이다. 회로는 그림 2.1에 보인 것처럼 일종의 블랙박스로 표현할 수 있으며 다음과 같은 것들을 가진다.

- 하나 이상의 이산 값을 가지는 **입력 단자**(input terminal)
- 하나 이상의 이산 값을 가지는 **출력 단자**(output terminal)
- 입출력 사이의 관계를 나타내는 **기능적 사양**(functional specification)
- 입력 값의 변화와 이에 따른 출력 값의 응답시간 사이의 지연을 나타내는 **타이밍 사양**(timing specification)

블랙박스의 내부를 보면 회로는 노드와 요소들로 구성되어 있음을 볼 수 있다. **요소**(element)란 회로 그 자체로서 입력, 출력 그리고 사양(스펙)을 가지고 있다. **노드**(node)는 해당 전압이 어떤 이산 값을 가지는 변수(신호)를 전달하는 전선이다. 이러한 노드들은 **입력**, **출력** 또는 요소와 요소를 연결해주는 **내부 노드**로 분류하며, 입력은 외부로부터 값을 받아들이고, 출력은 외부로 값을 전달한다. 입력이나 출력이 아닌 전선을 내부 노드라 한다. 그림 2.2는 세 개의 요소 E1, E2, E3와 6개의 노드를 가지는 회로를 보여주고 있다. 여기서 노드 *A*, *B* 그리고 *C*는 입력이며, *Y*와 *Z*는

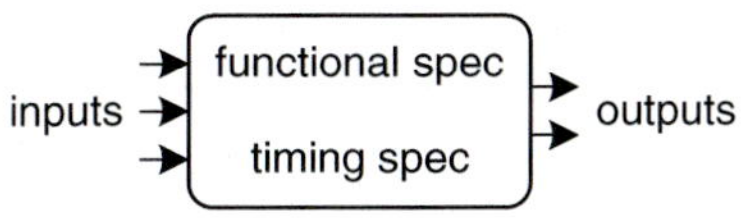

그림 2.1 입력, 출력 그리고 사양(스펙)을 갖는 블랙박스로서의 회로

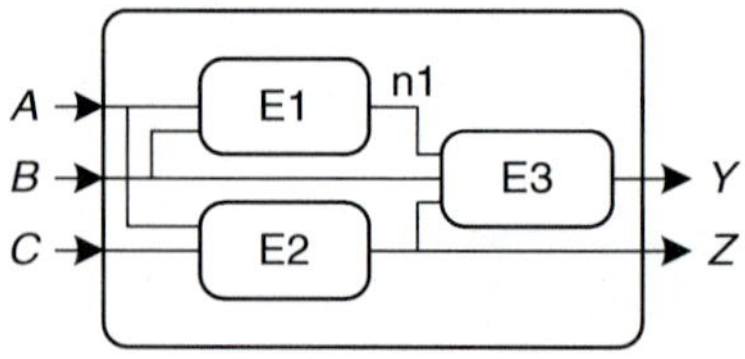

그림 2.2 요소와 노드

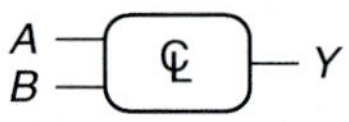

$Y = F(A, B) = A + B$

그림 2.3 조합 논리회로

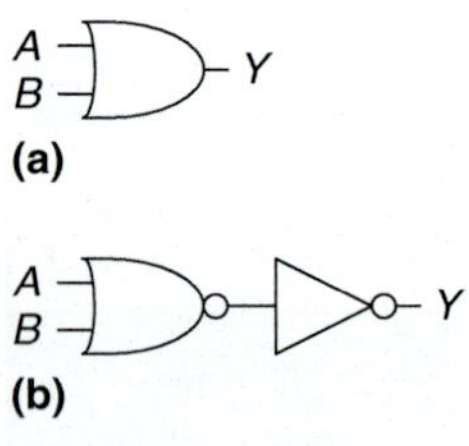

그림 2.4 두 개의 OR 구현

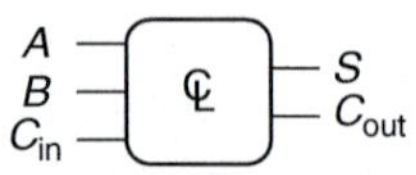

$S = A \oplus B \oplus C_{in}$
$C_{out} = AB + AC_{in} + BC_{in}$

그림 2.5 다중 출력 조합회로

출력, 그리고 n1은 E1과 E3 사이의 내부 노드이다.

디지털회로는 조합(combinational)회로와 순차(sequential)회로로 분류된다. 조합회로는 현재의 입력 값에 의해서만 출력 값이 결정되는 회로를 말하며, 논리 게이트를 예로 들 수 있다. 순차회로는 현재의 입력 값과 바로 전의 입력 값에 의해 출력 값이 결정되는 회로로서 입력의 순서에 의존하는 회로이다. 조합회로는 메모리가 없지만, 순차회로는 메모리를 가진다. 이번 장에서는 조합회로에 초점을 맞추고 순차회로는 3장에서 검토한다.

조합회로의 기능적 사양(스팩)은 현재의 입력 값에 따른 출력 값을 표현하고, 타이밍 사양은 입력으로부터 출력까지의 지연시간(최소, 최댓값)으로 구성된다. 우리는 먼저 기능적인 사양에 집중하여 살피고, 이 단원의 마지막 부분에서 타이밍 사양에 대하여 다시 살펴본다.

그림 2.3은 두 개의 입력과 1개의 출력을 가지는 조합회로를 보여주고 있다. 그림의 왼쪽 부분은 입력 A, B이고 오른쪽은 출력 Y를 나타낸다. 박스 안의 심벌은 오직 조합논리만을 수행하는 회로임을 나타낸다. 이 예에서 함수 F는 OR, 즉 $Y = F(A, B) = (A + B)$를 나타낸다. 말로 표현하면 출력 Y는 입력 두 개의 입력 A와 B의 함수이며 "Y=A OR B"라고 한다.

그림 2.4는 그림 2.3의 조합 논리회로에 대한 가능한 두 가지 구현을 나타내고 있다. 이 책을 통하여 반복적으로 보게 되겠지만 하나의 함수에 대한 구현 방법은 많이 있을 수 있으며, 처리설계(해야) 할 빌딩 블록(building block)과 설계 제한 요소들이 주어지면 어떤 구현을 사용할지 결정하면 된다. 여기서 제한 요소는 종종 면적, 속도, 전력, 그리고 설계 시간 등을 포함한다.

그림 2.5는 다중 출력을 가지는 조합회로를 보여준다. 이 조합회로는 전가산기(full adder)라 부르는데 5.2.1절에서 자세히 다룬다. 두 개의 방정식은 입력 A, B 그리고 C_{in}에 따른 출력 S와 C_{out}의 함수로 나타낸다.

여러 개 신호의 묶음인 버스(bus)를 단순화시켜 표현하기 위해 때로는 하나의 선 위에 '/'기호와 숫자를 사용하는데, 숫자는 버스에 얼마나 많은 신호가 있는지를 나타낸다. 예를 들어 그림 2.6(a)는 세 개의 입력과 두 개의 출력을 가지는 조합논리 블록을 보여준다. 비트 수가 중요하지 않거나 의미상 그 값이 확연하다면 숫자 없이 '/'기호만 사용하기도 한다. 그림 2.6(b)는 입력을 제공하는 하나의 블록으로부터 두 번째 블록으로 임의의 개수의 출력이 연결되어 있는 두 개의 조합논리 블록을 나타낸다.

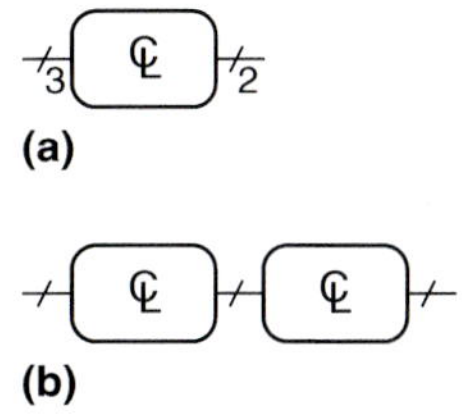

그림 2.6 다중 신호 표기법

조합회로의 작성 규칙은 보다 작은 조합회로의 요소로부터 큰 조합회로를 어떻게 만들 수 있는지를 보여준다. 어느 회로가 다음과 같이 회로의 요소들이 서로 연결되어 있다면 이는 조합회로이다.

> 조합회로의 작성 규칙은 충분조건이지 꼭 따라야 하는 필요조건은 아니며, 어떤 회로가 현재의 입력 값에 의해서만 출력이 결정되는 한, 이러한 규칙을 따르지 않아도 여전히 조합회로이다. 그렇지만 어떤 특별하고 이상한 회로가 조합회로인지 아닌지를 판단한다는 것은 더 어려우므로, 조합회로를 만드는 방법과 같이 조합회로의 합성으로 한정한다.

- 모든 회로 요소 자체가 조합회로이다.
- 회로의 모든 노드들이 그 회로의 입력으로 지정되어 있거나 정확히 하나의 출력 단자에만 연결되어 있다.
- 회로는 순환 경로를 포함하지 않는다. 즉, 회로를 통과하는 모든 경로는 회로의 각 노드를 최대 한 번만 지난다.

예제 2.1 **조합회로**

조합회로 작성 규칙에 따르면 그림 2.7의 회로 중 어떤 회로가 조합회로인가?

풀이 회로 (a)는 조합회로이다. 두 개의 조합회로 요소(인버터 I1과 I2)로 구성되었다. 세 개의 노드 n1, n2, n3를 가지며, n1은 회로 자체와 I1의 입력이고, n2는 내부 노드이며 I1의 출력과 I2로의 입력이다. 그리고 n3는 회로 자체와 I2의 출력이다. (b)는 조합회로가 아니다. 왜냐하면 순환 경로가 존재하기 때문이다. 즉, XOR 게이트의 출력이 이 게이트의 하나의 입력으로 피드백된다. 그러므로 n4에서 시작하는 순환 경로는 XOR 게이트를 통과해 n5에 다다르고 다시 n4로 되돌아

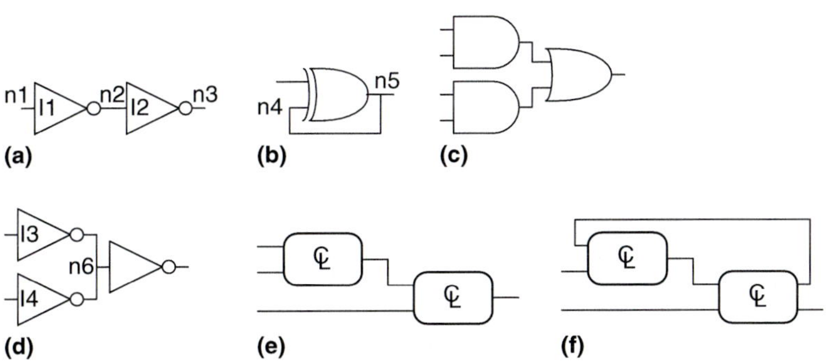

그림 2.7 예제 회로들

온다. (c)는 조합회로이고, (d)는 조합회로가 아니다. 이유는 n6 노드가 I3과 I4 두 개의 출력 단자에 연결되어 있기 때문이다. (e)는 조합회로이다. 두 개의 조합회로가 연결되어 보다 큰 조합회로의 형태를 보여준다. (f)는 조합회로 작성 규칙을 준수하지 않았다. 왜냐하면 두 개의 요소를 통과하는 순환 경로를 가지고 있기 때문이다. 요소의 기능에 따라 조합회로가 될 수도 또는 되지 않을 수도 있다.

마이크로프로세서와 같이 규모가 큰 회로들은 매우 복잡할 수 있기 때문에 복잡성을 관리하기 위해 1장에서 다룬 원리를 사용한다. 명확한 인터페이스와 기능을 가지는 블랙박스로 회로를 바라보는 것은 추상화와 모듈화를 이용한 것이고, 보다 작은 회로 요소로부터 회로를 꾸며 간다는 것은 계층구조를 적용한 것이다.

조합회로의 기능적 사양은 보통 진리표(truth table)나 부울 방정식(boolean equation)으로 표현된다. 다음 절에서는 진리표로부터 부울 방정식을 어떻게 유도하는지 그리고 방정식을 간략화하기 위해서 부울 대수와 카르노맵을 어떻게 사용하는지 알아본다. 이렇게 구한 방정식을 논리 게이트를 이용하여 회로로 구현하는 방법과, 이 회로의 속도를 해석하는 방법을 보여줄 것이다.

2.2 부울 방정식

부울 방정식은 참(TRUE) 또는 거짓(FALSE)을 가지는 변수를 다루므로, 이 부울 방정식은 디지털 논리를 기술하는 데 있어서 안성맞춤이다. 이번 절에서는 부울 방정식에서 일반적으로 사용되는 몇 가지 용어를 정의하고, 진리표로 주어진 논리 함수를 부울 방정식으로 표현하는 방법을 보여준다.

2.2.1 부울 방정식의 용어

어떤 변수 A의 **보수**는 A의 역(inverse) $\overline{A}$이다. 변수나 그의 역을 **리터럴**(literal)이라 부른다. 예를 들면 A, $\overline{A}$, B, $\overline{B}$ 등이 리터럴이다. 변수의 **참인 형태**를 A 그리고 **보수의 형태**를 $\overline{A}$라 부르지만, 참인 형태라고 해서 A가 꼭 참이라는 것을 의미하지는 않고, 다만 A 문자 위에 선(–)이 없다는 것을 의미한다.

하나 이상의 리터럴의 AND 연산을 **곱**(product) 또는 **항**(implicant)이라 하며, $\overline{A}B$, $A\overline{B}\overline{C}$, 그리고 B 등은 모두 세 개의 변수를 가지는 함수를 위한 항이다. **최소항**(minterm)은 함수에서 사용되는 모든 입력 리터럴(변수)을 포함하여 곱의 형태로 나타낸 항이다. 예를 들면 $A\overline{B}\overline{C}$는 세 개의 변수 A, B, C의 함수를 위한 최소항이지만, $\overline{A}B$는 C를 포함하고 있지 않기 때문에 최소항이 아니다. 이와 비슷하게 하나 이상의 리터럴의 OR 연산을 **합**(sum)이라 하는데, **최대항**(maxterm)은 함수에서 사용되는 모든 입력 리터럴(변수)을 포함하여 합의 형태로 나타낸 항이다. 예를 들면 $A+\overline{B}+C$는 3개의 변수 A, B, C의 함수를 위한 최대항이다.

부울 방정식의 해석에서 **연산 순서**는 매우 중요하다. $Y=A+BC$는 $Y=(A$ OR $B)$ AND C를 의하는 것일까, 아니면 $Y=A$ OR $(B$ AND $C)$를 의미하는 것일까? 부울 방정식에서 NOT 연산은 가장 높은 우선순위를 가지며, 그 다음이 AND 연산 그 다음 OR 연산이다. 보통의 방정식에서와 같이 곱은 합보다 먼저 실행된다. 그러므로 위 방정식은 $Y=A$ OR $(B$ AND $C)$로 읽는다. 식 2.1은 연산 순서의 다른 예를 보여준다.

$$\overline{A}B+BC\overline{D}=((\overline{A})B)+(BC(\overline{D})) \tag{2.1}$$

2.2.2 곱의 합 형태

입력이 N개인 진리표는 2^N개의 행을 가지며, 하나의 행은 입력의 각자 가능한 값을 가진다. 진리표의 각 행은 그 행에 대해서 참인 최소항과 관련되어 있다. 그림 2.8은 두 개의 입력 A와 B를 가지는 진리표로 각 행은 그에 해당하는 최소항을 나타낸다. 예를 들어 첫 번째 행에 대한 최소항은 $\overline{A}\overline{B}$이다. 왜냐하면 A가 0이고 B도 0일 때 $\overline{A}\overline{B}$는 참이기 때문이다. 최소항들은 0을 시작으로 번호를 매기는데, 맨 위의 열은 최소항 0과 m_0에 대응하고, 다음 행은 최소항 1과 m_1에 대응하는 식으로 쭉 번호를 매긴다.

A	B	Y	minterm	minterm name
0	0	0	$\overline{A}\ \overline{B}$	m_0
0	1	1	$\overline{A}\ B$	m_1
1	0	0	$A\ \overline{B}$	m_2
1	1	0	$A\ B$	m_3

그림 2.8 진리표와 최소항

어떤 진리표에 대해서도 출력 Y 값이 참인 모든 최소항을 더함으로써 부울 식을 세울 수 있다. 예를 들어 그림 2.8에서는 파란색 타원으로 표시한 것처럼 오직 하나의 행(최소항)만이 출력 Y가 참이므로, $Y=\overline{A}B$가 된다. 그림 2.9의 진리표는 출력이 참값인 행이 하나 이상인 경우를 보여준다. 타원으로 표시된 각 최소항들의 합을 취해서 $Y=\overline{A}B+AB$를 얻는다.

A	B	Y	minterm	minterm name
0	0	0	$\overline{A}\ \overline{B}$	m_0
0	1	1	$\overline{A}\ B$	m_1
1	0	0	$A\ \overline{B}$	m_2
1	1	1	$A\ B$	m_3

그림 2.9 다중 TRUE 최소항을 갖는 진리표

이것을 함수에 대한 **곱의 합**(product of sum) **정형**(canonical form)이라

정형(canonical form)이라는 말은 그저 표준형(standard form)에 대한 고급스러운 표현으로 친구에게는 감동을, 적대적인 사람에게는 두려움을 줄 수 있는 용어로 사용할 수 있다.

부른다. 이것을 가산 연산 심벌인 Σ 기호를 사용한 수식으로 표현할 수 있는데, 그림 2.9로부터 구해지는 함수는 다음과 같이 표현할 수 있다.

$$F(A,B)=\Sigma(m_1, m_3) \quad \text{또는} \quad F(A,B)=\Sigma(1,\ 3) \tag{2.2}$$

예제 2.2 **곱의 합 형태**

벤 비트디들(Ben Bitdiddle)이 피크닉을 가게 되었다. 만일 비가 오거나 개미가 있다면 즐겁지 못한 피크닉이 될 것이다. 피크닉에서 벤이 오직 즐거울 경우에만 TRUE를 출력하는 회로를 설계하라.

풀이 먼저 입력과 출력을 정한다. 입력은 A와 R로 정하여 개미가 있는지 비가 올 것인지를 나타낸다. 개미가 있으면 A는 TRUE이고 개미가 없으면 FALSE이다. 같은 방법으로, 비가 오면 R은 TRUE이고 태양이 벤을 보고 미소 지으면 FALSE이다. 출력은 E로써, 벤이 피크닉을 즐길 수 있을지를 나타낸다. E가 TRUE이면 벤은 피크닉을 즐길 수 있고, 고생만 하게 되면 FALSE이다. 그림 2.10은 벤의 피크닉 경험에 대한 진리표이다.

곱의 합 형태를 사용하면, $E=\overline{A}\,\overline{R}$ 또는 $E=\Sigma(0)$이라는 식으로 쓸 수 있으며, 이 식은 그림 2.11(a)와 같이 두 개의 인버터와 2-입력 AND 게이트로 구성할 수 있다. 이 식은 1.5.5절의 식 $E=A$ NOR $R=\overline{A+R}$로부터 NOR 함수임을 알 수 있다. 그림 2.11(b)는 NOR 형태로 구현된 회로를 보여준다. 2.3절에서는 두 식이 $\overline{A}\,\overline{R}$ and $\overline{A+R}$ 임을 보여줄 것이다.

곱의 합 형태는 변수의 개수에 무관한 어떠한 진리표도 항상 부울 식을 제공한다. 그림 2.12는 임의의 3-입력 진리표를 보여준다. 이 논리함수의 합의 곱 형태는 다음과 같다.

$$Y=\overline{A}\,\overline{B}\,\overline{C}+A\overline{B}\,\overline{C}+A\overline{B}C \quad \text{또는} \quad Y=\Sigma(0,\ 4,\ 5) \tag{2.3}$$

A	R	E
0	0	1
0	1	0
1	0	0
1	1	0

그림 2.10 벤의 진리표

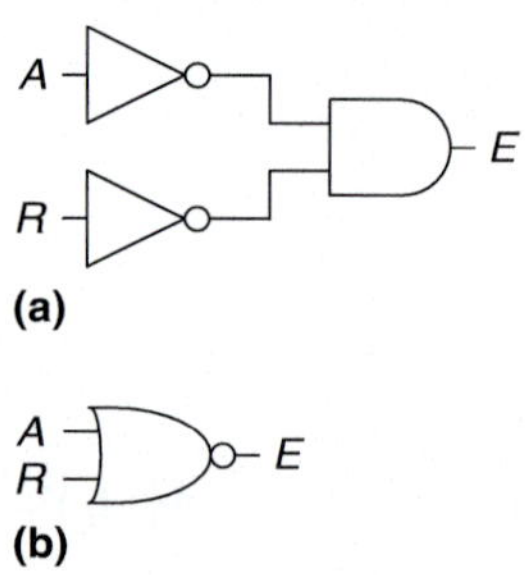

그림 2.11 벤의 회로

A	B	C	Y
0	0	0	1
0	0	1	0
0	1	0	0
0	1	1	0
1	0	0	1
1	0	1	1
1	1	0	0
1	1	1	0

그림 2.12 임의의 3-입력 진리표

불행하게도, 곱의 합 형태는 단순 방정식으로만 나타나지는 않는다. 2.3절에서는 보다 적은 항을 사용하는 동일 함수의 표현 방법을 보여줄 것이다.

2.2.3 합의 곱 형태

부울 함수를 표현한 또 다른 방법은 **합의 곱 형태**이다. 진리표의 각 행은 그 행이 FALSE인 최대항에 해당한다. 예를 들면, 2-입력 진리표의 맨 첫 번째 항에 대한 최대항은 $(A+B)$이다. 왜냐하면 $A=0$, $B=0$일 때 $(A+B)$는 FALSE이기 때문이다. 어떠한 회로도 진리표상의 출력이 FALSE인 각 최대항들을 AND 연산하여 부울 식으로 직접 쓸 수 있다. 합의 곱의 정형(canonical form)은 곱의 기호 Π를 사용한 pi **표기법**(pi notation)으로 표현할 수도 있다.

예제 2.3 합의 곱 형태

그림 2.13의 진리표에 대한 곱의 합 형태의 식을 작성하라.

풀이 이 진리표는 출력이 FALSE인 두 개의 행을 가지고 있으므로, 이 함수는 합의 곱 형태로 $Y=(A+B)(\overline{A}+B)$라 쓰거나, pi 표기법을 사용하여 $Y=\Pi(M_0,M_2)$ 또는 $Y=\Pi(0, 2)$라 쓸 수 있다. 첫 번째 최대 항 $(A+B)$는 입력 $A=0$, $B=0$에 대한 출력이 $Y=0$임을 나타낸다. 어떠한 값과 0의 AND 연산의 결과는 항상 0이기 때문이다. 마찬가지로 두 번째 최대항 $(\overline{A}+B)$는 입력 $A=1$, $B=0$에 대한 출력이 $Y=0$임을 나타낸다. 그림 2.13은 그림 2.9와 같은 진리표이며, 이는 같은 함수를 하나 이상의 방법으로 나타낼 수 있음을 보여준다.

A	B	Y	maxterm	maxterm name
0	0	0	$A+B$	M_0
0	1	1	$A+\overline{B}$	M_1
1	0	0	$\overline{A}+B$	M_2
1	1	1	$\overline{A}+\overline{B}$	M_3

그림 2.13 다중 FALSE 최대항을 갖는 진리표

마찬가지로 그림 2.10에 나와 있는 벤의 피크닉 부울 식은 $E=(A+\overline{R})(\overline{A}+R)(\overline{A}+\overline{R})$ 또는 $E=\Pi(1, 2, 3)$을 구하기 위해 출력 값이 0인 세 개의 항을 묶음으로써 합의 곱 형태로 표현할 수 있다. 이는 곱의 합 형태의 수식인 $E=\overline{A}\,\overline{R}$보다 좀 못생겼지만 두 식은 논리적으로 등가이다.

곱의 합에서는 진리표의 출력이 TRUE인 행이 적을 때, 합의 곱 형태는 FALSE인 행이 적을 때 보다 짧은 식이 산출된다.

2.3 부울 대수

앞 절에서 우리는 주어진 진리표를 부울 식으로 표현하는 방법을 배웠다. 그렇지만 이 표현은 논리 게이트들의 가장 간략한 형태를 나타내는 것이 아니다. 수식을 단순화하기 위해 대수학(algebra)을 사용하듯이 부울 식을 단순화하기 위해 **부울 대수**를 사용할 수 있다. 부울 대수의 법칙은 보통의 대수 연산과 많이 비슷하지만 어떤 면에서는 더욱 간단하다. 왜냐하면 변수들이 0 또는 1 두 개의 가능한 값만을 가지기 때문이다.

부울 대수는 우리가 옳다고 가정하는 일련의 공리(axiom)에 기초한다. 정의(definition)를 증명할 수 없듯이 공리도 증명할 수는 없다. 이러한 공리를 이용하여 부울 대수의 모든 정리(theorem)들을 증명한다. 보다 적은 비용으로 보다 작은 회로를 생산하기 위해 로직을 단순화하는 방법을 일러주기 때문에, 이러한 정리들은 매우 실용적인 의미를 가진다.

부울 대수의 공리와 정리는 **쌍대성**(duality)의 원리를 따른다. 만약 0과 1이라는 기호와 •(AND)와 +(OR)라는 연산자가 서로 교체된다면 그 문장은 여전히 바른 표현이 될 것이다. 이러한 문장의 **쌍대**를 나타내기 위해 ′(prime) 기호를 사용한다.

2.3.1 공리

표 2.1은 부울 대수의 공리(axioms)를 보여준다. 이 5개의 공리와 그들의 쌍대는 부울 변수와 NOT, AND, 그리고 OR의 의미를 정의한다. 공리 A1은 부울 변수 B가 1이 아니라면 B는 0임을 나타낸다. 이 공리의 쌍대인 A1′은 변수가 0이 아니면 1임을 표현한 것이다. A1과 A1′ 모두 우리가 부울 필드이거나 0과 1로 이루어진 이진 필드에서 작업하고 있음을 말해준다. 공

표 2.1 부울 대수의 공리

	Axiom		Dual	Name
A1	$B = 0$ if $B \neq 1$	A1′	$B = 1$ if $B \neq 0$	Binary field
A2	$\overline{0} = 1$	A2′	$\overline{1} = 0$	NOT
A3	$0 \bullet 0 = 0$	A3′	$1 + 1 = 1$	AND/OR
A4	$1 \bullet 1 = 1$	A4′	$0 + 0 = 0$	AND/OR
A5	$0 \bullet 1 = 1 \bullet 0 = 0$	A5′	$1 + 0 = 0 + 1 = 1$	AND/OR

표 2.2 부울 대수의 단변수 정리

	Theorem		Dual	Name
T1	$B \bullet 1 = B$	T1′	$B + 0 = B$	Identity
T2	$B \bullet 0 = 0$	T2′	$B + 1 = 1$	Null Element
T3	$B \bullet B = B$	T3′	$B + B = B$	Idempotency
T4		$\overline{\overline{B}} = B$		Involution
T5	$B \bullet \overline{B} = 0$	T5′	$B + \overline{B} = 1$	Complements

리 A2와 A2′은 NOT 연산을 정의한다. 공리 A3에서 A5까지는 AND를 정의하며, 그들의 쌍대인 A3′에서 A5′까지는 OR 연산을 정의한다.

2.3.2 단변수 정리

표 2.2의 정리 T1에서 T5까지는 하나의 변수(단변수)를 포함하는 식의 간략화 방법을 기술하고 있다.

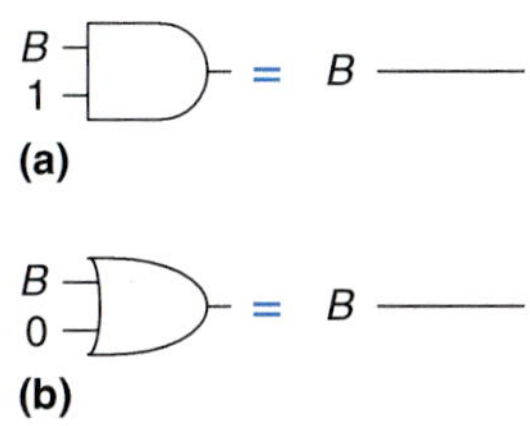

그림 2.14 하드웨어에서의 동등의 정리: (a) T1, (b)T1′

동등의 정리(identity theorem) T1은 임의의 부울 변수 B가 (B AND 1=B)임을 나타내며, 이것의 쌍대는 B OR 0=B임을 나타낸다. 그림 2.14에 보인 하드웨어에서, T1은 2-입력 AND 게이트의 한 입력이 항상 1이라면 AND 게이트를 제거하고 그 대신 선으로 대체하여 입력 변수 B에 연결할 수 있다는 것을 의미한다. 마찬가지로, T1′은 2-입력 OR 게이트의 한 입력이 항상 0이면 이 OR 게이트를 제거하고 선으로 대체하여 B에 연결할 수 있다는 의미이다. 일반적으로 게이트는 돈, 전력, 지연 등의 비용이 발생하므로, 게이트를 선으로 대체함이 이로울 것이다.

공백원소의 정리는 실제로는 참인데 이상한 결과를 초래한다. 이는 다음과 같이 광고사에서 활용할 경우 특히 위험하다. "당신은 백만 달러를 받거나 아니면 당신께 칫솔을 우송해드릴 것입니다." (여러분은 아마도 칫솔을 받게 될 것이다)

공백원소의 정리(null element theorem) T2는 B AND 0은 항상 0임을 의미한다. 따라서 0을 AND 연산에 대한 공백원소라고 한다. 왜냐하면 다른 어떠한 입력도 무효화시키는 효과가 있기 때문이다. 그것의 쌍대는 B OR 1이 항상 1과 같음을 나타낸다. 그러므로 1은 OR 연산에 대한 공백원소이다. 그림 2.15에서 보여준 하드웨어에서와 같이 AND 게이트의 한 입력이 0이면, AND 게이트를 LOW(0)에 연결된 선으로 교체할 수 있다. 마찬가지로 OR 게이트의 한 입력이 1이면, OR 게이트를 HIGH(1)에 연결된 선으로 교체할 수 있다.

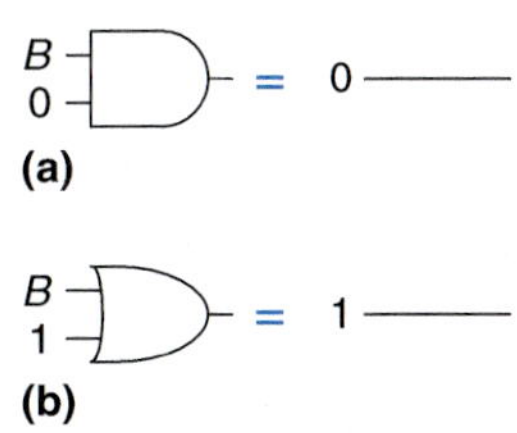

그림 2.15 하드웨어에서의 공백원소의 정리: (a) T2, (b)T2′

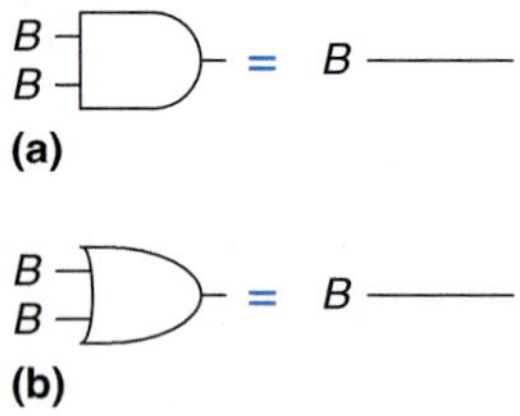

그림 2.16 하드웨어에서의 멱등의 정리: (a) T3, (b) T3′

멱등의 정리(idempotency theorem) T3에서는 어떤 변수와 자기 자신의 AND 연산의 결과는 바로 자기 자신과 같다는 것을 나타낸다. 마찬가지로 어떤 변수와 자기 자신의 OR 연산의 결과는 바로 자기 자신과 같다. 이 정리의 이름은 라틴어 *idem*(same)과 *potent*(power)로부터 유래한다. 이 연산은 입력된 내용이 그대로 출력된다. 그림 2.16은 게이트가 선으로 대체 가능함을 보여준다.

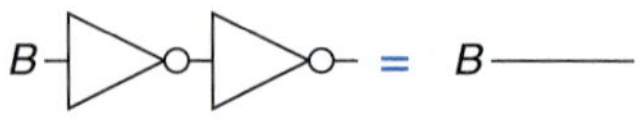

그림 2.17 하드웨어에서의 퇴행의 정리: T4

퇴행의 정리(involution theorem) T4는 어떤 변수의 보수를 두 번 취하면 결과는 원래 변수가 된다는 것이다. 그림 2.17에서 보여주는 것처럼 직렬로 연결된 두 개의 인버터는 논리적으로 서로의 출력을 상쇄시켜 하나의 선과 논리적으로 같게 된다. T4의 쌍대는 바로 그 자신이다.

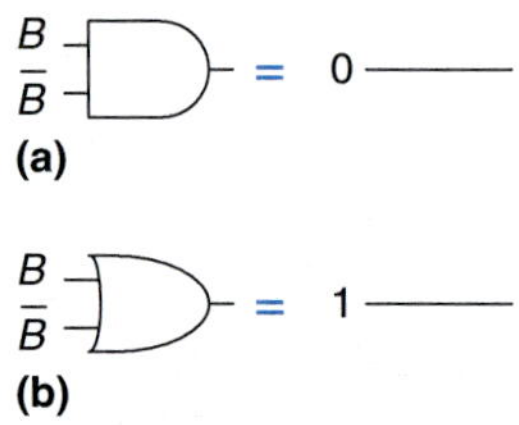

그림 2.18 하드웨서에서의 보수의 정리: (a) T5, (b) T5′

보수의 정리(complement theorem) T5는 어떤 변수와 자신의 보수의 연산 결과는 0(둘 중 하나는 0이므로)임을 보여준다(그림 2.18). 그리고 쌍대성에 의해서 어떤 변수와 그 자신의 보수와의 OR 연산은 1이다(둘 중 하나는 1이므로).

2.3.3 다변수 정리

표 2.3의 정리 T6부터 T12까지는 하나 이상의 부울 변수를 포함하는 방정식을 간략화하는 방법을 설명한다.

교환법칙(commutative)과 결합법칙(associative) T6과 T7은 전통적인 대수 법

표 2.3 다변수의 부울 정리

	Theorem		Dual	Name
T6	$B \bullet C = C \bullet B$	T6′	$B + C = C + B$	Commutativity
T7	$(B \bullet C) \bullet D = B \bullet (C \bullet D)$	T7′	$(B + C) + D = B + (C + D)$	Associativity
T8	$(B \bullet C) + (B \bullet D) = B \bullet (C + D)$	T8′	$(B + C) \bullet (B + D) = B + (C \bullet D)$	Distributivity
T9	$B \bullet (B + C) = B$	T9′	$B + (B \bullet C) = B$	Covering
T10	$(B \bullet C) + (B \bullet \overline{C}) = B$	T10′	$(B + C) \bullet (B + \overline{C}) = B$	Combining
T11	$(B \bullet C) + (\overline{B} \bullet D) + (C \bullet D)$ $= B \bullet C + \overline{B} \bullet D$	T11′	$(B + C) \bullet (\overline{B} + D) \bullet (C + D)$ $= (B + C) \bullet (\overline{B} + D)$	Consensus
T12	$\overline{B_0 \bullet B_1 \bullet B_2 \ldots}$ $= (\overline{B}_0 + \overline{B}_1 + \overline{B}_2 \ldots)$	T12′	$\overline{B_0 + B_1 + B_2 \ldots}$ $= (\overline{B}_0 \bullet \overline{B}_1 \bullet \overline{B}_2 \ldots)$	De Morgan's Theorem

칙과 같이 동작한다. 교환법칙에서 AND나 OR 함수에 대한 입력의 순서는 출력 값에 영향을 미치지 않으며, 결합법칙에 의해 입력의 특정한 그룹화는 출력 값에 영향을 미치지 않는다.

분배법칙(distributivity) 정리 T8은 전통적인 대수와 같지만 이의 쌍대 T8′은 그렇지 않다. T8에 의해 AND는 OR에 분배되고, T8′에 의해 OR는 AND에 분배된다. 전통적인 대수에서는 곱이 합에 분배되지만, 합은 곱에 분배되지 않는다. $(B+C)\times(B+D)\neq B+(C\times D)$

포함(covering), 결합(combining), 일치(consensus)의 정리 T9에서 T11은 중복되는(여분의) 변수들을 제거할 수 있도록 해준다.

드모르강 정리(De Morgan's Theorem) T12는 디지털 설계에 있어 특히 강력한 도구로 이 정리는 모든 항의 곱에 보수를 취한 것은 각 항의 보수의 합과 같다는 것을 설명한다. 마찬가지로 모든 항의 합에 보수를 취한 것은 각 항의 보수의 곱과 같다.

드모르강 정리에 따르면, NAND 게이트는 보수를 취한 입력들을 가지는 OR 게이트와 등가이다. 비슷하게, NOR 게이트는 보수를 취한 입력들을 가지는 AND 게이트와 등가이다. 그림 2.29는 NAND와 NOR 게이트들에 대한 이러한 **드모르강 등가 게이트**들을 보여준다. 이 두 기호는 각 함수가 쌍대임을 보여주며, 논리적으로 등가이고 서로 교환하여 사용할 수 있다.

논리 게이트의 입출력 단에 보이는 조그만 원을 **버블**(bubble)이라고 하며, 직관적으로 이 버블을 밀어 게이트를 통하여 반대쪽으로 나타나게 하면 AND 게이트에서 OR 게이트(또는 반대로 OR에서 AND)로 모양이 변하는 상상을 할 수 있을 것이다. 예를 들어, 그림 2.19의 NAND 게이트는

NAND

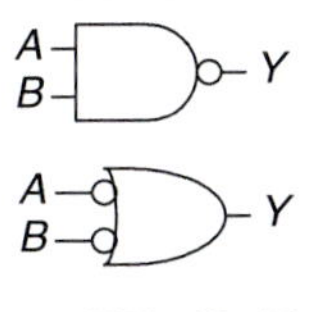

$Y=\overline{AB}=\overline{A}+\overline{B}$

A	B	Y
0	0	1
0	1	1
1	0	1
1	1	0

NOR

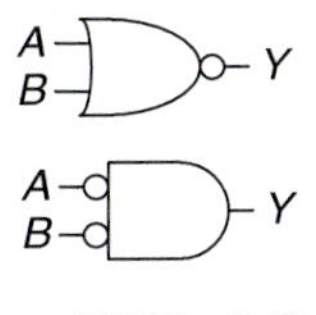

$Y=\overline{A+B}=\overline{A}\,\overline{B}$

A	B	Y
0	0	1
0	1	0
1	0	0
1	1	0

그림 2.19 드모르강 등가 게이트

어거스터스 드모르강, 1871년 사망

인도에서 태어난 영국 수학자. 한쪽 눈 실명. 그의 나이 10살 때 아버지를 여의었고, 16살 때 케임브리지의 트리니티 대학에 입학했으며, 22살에는 새로 설립된 런던대학교의 수학교수로 임명되었다. 논리, 대수학, 역설 등과 같은 분야를 포함하여 많은 수학적 주제에 대한 다양한 저서를 집필했다. 달 표면의 드모르강 분화구는 그의 이름을 따 붙인 것이다. 그는 자신의 출생년도에 대한 수수께끼를 냈는데, "나는 x^2년도에 x살이었습니다"였다.

출력에 버블이 있는 AND 게이트로 구성된다. 버블을 왼쪽으로 밀면 OR 게이트로 바뀌면서 입력에 버블이 생긴다. 버블 확장을 위한 기본 규칙은 다음과 같다.

- 버블을 뒤로 밀거나(출력으로부터) 앞으로 밀면(입력으로부터) AND 게이트로부터 OR 게이트로 또는 그 반대로 바뀐다.
- 출력으로부터 입력으로 버블을 뒤로 밀면 게이트의 모든 입력에 버블들이 붙는다.
- 게이트의 모든 입력에 붙어있는 버블을 출력 쪽으로 밀면 출력에 버블이 하나 생긴다.

2.5.2절은 회로 분석에 도움이 되도록 버블 밀기(bubble pushing)를 사용한다.

A	B	Y	$\overline{Y}$
0	0	0	1
0	1	0	1
1	0	1	0
1	1	1	0

그림 2.20 $\overline{Y}$와 그 보수 $\overline{Y}$에 대한 진리표

A	B	Y	$\overline{Y}$	minterm
0	0	0	**1**	$\overline{A}\ \overline{B}$
0	1	0	**1**	$\overline{A}\ B$
1	0	1	**0**	$A\ \overline{B}$
1	1	1	**0**	$A\ B$

그림 2.21 $\overline{Y}$에 포함된 최소항 진리표

예제 2.4 합의 곱 형태 유도

그림 2.20은 부울 함수 Y와 그 보수 $\overline{Y}$에 대한 진리표를 보여준다. 드모르강 정리를 이용하여 $\overline{Y}$의 곱의 합 형태로부터 Y의 합의 곱 형태를 유도하는 정형(canonical form)을 유도하라.

풀이 그림 2.21은 $\overline{Y}$에 포함된 최소항(원으로 표시)들을 보여주며, $\overline{Y}$의 곱의 합 정형은 다음과 같다.

$$Y=\overline{A}\,\overline{B}+\overline{A}\,B \tag{2.4}$$

양변에 보수를 취하고 드모르강 정리를 두 번 적용하면 다음과 같은 식을 얻는다.

$$\overline{\overline{Y}}=Y=\overline{\overline{A}\,\overline{B}+\overline{A}B}=(\overline{\overline{A}\,\overline{B}})(\overline{\overline{A}B})=(A+B)(A+\overline{B}) \tag{2.5}$$

2.3.4 위 정리들의 증명

호기심 많은 독자라면 어떠한 정리가 진실(참)이라는 것을 어떻게 증명해야 할지 궁금해 할 것이다. 부울 대수에서 유한개의 변수를 가진 정리의 증명은 쉽다. 이러한 유한개의 변수들의 모든 가능한 값에 대하여 정리가 성립함을 보이면 된다. 이러한 증명 방법을 귀납법이라고 하며, 진리표를 이용함으로써 증명할 수 있다.

B	C	D	$BC+\overline{B}D+CD$	$BC+\overline{B}D$
0	0	0	0	0
0	0	1	1	1
0	1	0	0	0
0	1	1	1	1
1	0	0	0	0
1	0	1	0	0
1	1	0	1	1
1	1	1	1	1

그림 2.22 T11을 제공하는 진리표

예제 2.5 **귀납법을 이용한 일치의 정리(consensus theorem) 증명**

표 2.3으로부터 일치의 정리 T11을 증명하라.

풀이 B, C 그리고 D의 가능한 모든 8가지 조합에 대한 두 개의 부울 식을 확인한다. 그림 2.22의 진리표는 이러한 조합을 나타내며, 모든 경우에 대하여 $BC+\overline{B}D+CD=BC+\overline{B}D$이므로 이 정리는 증명되었다.

2.3.5 부울 식의 간소화

부울 대수의 정리는 부울 식을 단순화하는 데 유용하다. 예를 들어, 그림 2.9의 진리표로부터 곱의 합으로 표현된 식 $Y=\overline{A}\,\overline{B}+A\overline{B}$를 고려해보면, T10 정리에 의해 $Y=\overline{B}$로 단순화된다. 이는 진리표를 살펴보면 명백해지며, 일반적으로 보다 복잡한 식을 단순화하기 위해서는 여러 단계가 필요하다.

곱의 합으로 표현된 식을 단순화하는 기본 원리는 $PA+P\overline{A}=P$(P는 임플리컨트(implicant))를 이용하여 항들을 묶는 것이다. 그렇다면 하나의 식을 얼마나 단순화할 수 있을까? 만약 이 식이 가능한 가장 적은 수의 곱의 항(implicant)으로 되어 있다면, 이식을 최소화시키기 위해 곱의 합 형태로 정의한다. 만일 같은 수의 곱의 항을 가지는 여러 방정식이 있다면, 최소화된 형태는 가장 적은 리터럴(literal)을 가지는 방정식이다.

보다 적은 수의 리터럴을 가지는 새로운 곱의 항 형태를 만들기 위해 이 곱의 항이 방정식 내의 다른 어떠한 곱의 항과도 결합할 수 없으면 이러한 곱의 항을 주항(prime implicant)이라 부른다. 단순화된 방정식 내의 곱의 항은 모두 다 주항이 되어야 하며, 그렇지 않으면 리터럴의 수를 줄이기 위해 결합될 수 있다.

표 2.4 부울 식의 최소화

Step	Equation	Justification
	$\overline{A}\,\overline{B}\,\overline{C}+A\overline{B}\,\overline{C}+A\overline{B}C$	
1	$\overline{B}\,\overline{C}(\overline{A}+A)+A\overline{B}C$	T8: Distributivity
2	$\overline{B}\,\overline{C}(1)+A\overline{B}C$	T5: Complements
3	$\overline{B}\,\overline{C}+A\overline{B}C$	T1: Identity

표 2.5 개선된 부울 식의 최소화

Step	Equation	Justification
	$\overline{A}\,\overline{B}\,\overline{C}+A\overline{B}\,\overline{C}+A\overline{B}C$	
1	$\overline{A}\,\overline{B}\,\overline{C}+A\overline{B}\,\overline{C}+A\overline{B}\,\overline{C}+A\overline{B}C$	T3: Idempotency
2	$\overline{B}\,\overline{C}(\overline{A}+A)+A\overline{B}(\overline{C}+C)$	T8: Distributivity
3	$\overline{B}\,\overline{C}(1)+A\overline{B}(1)$	T5: Complements
4	$\overline{B}\,\overline{C}+A\overline{B}$	T1: Identity

예제 2.6 **부울 식의 최소화**

식 2.3 $\overline{A}\,\overline{B}\,\overline{C}+A\overline{B}\,\overline{C}+A\overline{B}C$를 증명하라.

풀이 원래 식을 시작으로 표 2.4에서 나타난 것과 같이 단계적으로 부울 정리를 적용한다.

이렇게 해서 이 식이 완전히 단순한 형태로 되었는가? 조금 더 자세히 알아보자. 원래 식으로부터 최소항 $\overline{A}\,\overline{B}\,\overline{C}$와 $A\overline{B}\,\overline{C}$는 A만 다르므로 최소항을 $\overline{B}\,\overline{C}$로 결합하고, 마지막 두 개의 최소항 $A\overline{B}\,\overline{C}$와 $A\overline{B}C$ 역시 하나의 리터럴(C와 $\overline{C}$)만 다르므로, 같은 방법을 사용하여 이 두 개의 최소항을 $A\overline{B}$로 결합할 수 있다. 최소항 $\overline{B}\,\overline{C}$와 $A\overline{B}$는 최소항 $A\overline{B}\,\overline{C}$를 공유한다고 말한다.

하나의 최소항 쌍으로만 단순화하거나, 아니면 둘 다 단순화할 수 있을까? 멱등 정리를 사용함으로써 $B=B+B+B+B\cdots$와 같이 원하는 만큼의 항을 중복하여 사용할 수 있으므로, 이 법칙을 이용하여 표 2.5에서 보인 것처럼 이 식을 두 주항의 합인 $\overline{B}\,\overline{C}+A\overline{B}$로 단순화한다.

비록 약간 반직관적이지만, 곱의 항의 **확장**(예를 들어, AB를 $ABC+AB\overline{C}$로 확장)은 식을 단순화하는 데 유용하다. 이런 방법을 사용하면 확장된 최소항들 중 하나는 다른 최소항과 결합(공유)을 반복할 수 있다.

부울 대수 정리로 부울 식을 완전히 단순화하는 것은 시행착오가 발생할 수 있음을 알아야 한다. 2.7절은 이러한 과정을 보다 쉽게 행하는 카르노 맵(Karnaugh map)이라는 방법론적 기법에 대하여 기술한다.

논리적으로 동등한 결과가 된다면, 어찌하여 부울 식을 단순화하기 위해 신경을 쓰는가? 단순화 작업은 그 기능의 물리적 구현에 사용되는 게이트 수를 줄여주며, 그럼으로써 보다 작고, 값싸며 가능한 빠른 동작을 구현할 수 있게 한다. 다음 절에서는 논리 게이트를 사용하여 부울 식을 구현하는 방법에 대하여 기술한다.

2.4 논리로부터 게이트로

개략도(schematic)는 서로 연결된 요소와 선들을 보여주는 디지털 회로의 다이어그램이다. 예를 들어, 그림 2.23의 회로도는 우리가 살펴봤던 다음의 논리 함수 식 2.3에 대한 하드웨어 구현을 나타낸다.

$$Y=\overline{A}\,\overline{B}\,\overline{C}+A\overline{B}\,\overline{C}+A\overline{B}\,C$$

일관된 양식으로 회로도를 그림으로써 쉽게 읽을 수 있고 디버깅할 수 있다. 이를 위해 다음과 같은 지침을 따른다.

- 입력은 왼편 또는 위에 표시한다.
- 출력은 오른편 또는 아래에 표시한다.
- 가능한 한 게이트의 흐름은 왼편에서 오른편으로 한다.
- 구부러짐이 많은 선보다 곧은 직선을 사용한다(들쭉날쭉한 선은 회로의 동작에 대한 생각보다 선을 따라가는 데 정신적 노력을 허비하게 한

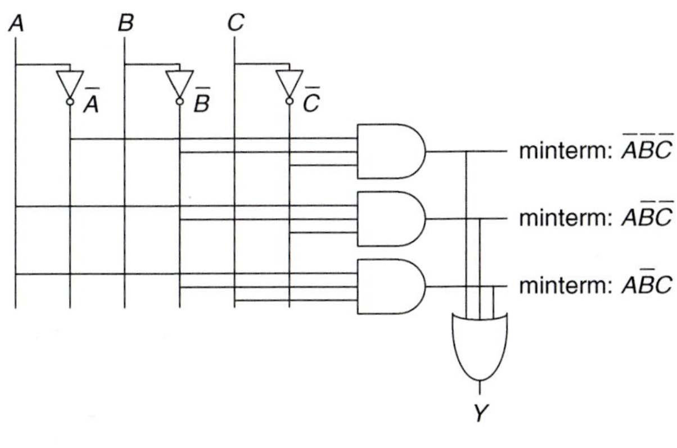

그림 2.23 $Y=\overline{A}\overline{B}\overline{C}+A\overline{B}\overline{C}+A\overline{B}C$의 개략도

다).

- 선은 항상 T 접합으로 표시한다.
- 선이 교차되는 점은 선과 선의 연결을 나타낸다.
- 점이 없이 교차되는 선은 연결되지 않음을 나타낸다.

위의 마지막 세 개의 지침을 그림 2.24에 나타내었다.

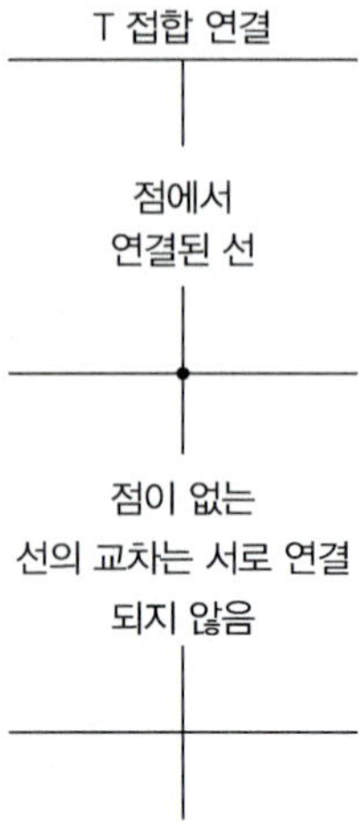

그림 2.24 선의 연결

곱의 합 꼴로 이루어진 어떠한 부울 식도 그림 2.23과 비슷한 체계적인 방법을 통한 개략도로 나타낼 수 있다. 먼저 입력용 열(column)을 그리고, 필요하다면 입력의 보수용 인버터를 인접한 열에 위치시킨다. 각 최소항을 위해 AND 게이트의 행(raw)을 그린다. 그 다음으로 각 출력과 관련된 최소항들을 OR 게이트에 연결한다. 이러한 유형을 **프로그램 가능한 논리 배열**(PLA, programmable logic array)이라 부르는데, 그 이유는 인버터, AND 게이트, OR 게이트들이 체계적인 방법으로 배열되어 있기 때문이다. PLA는 5.6절에서 자세히 다룬다.

그림 2.25는 예제 2.6에서 부울 대수를 이용하여 구한 단순화된 식의 구현을 보여준다. 이 단순화된 회로는 그림 2.23보다 훨씬 적은 하드웨어를 가지고 있음에 주목하라. 이 회로는 더 적은 수의 입력을 가진 게이트를 사용하므로 더 빠를 것이다.

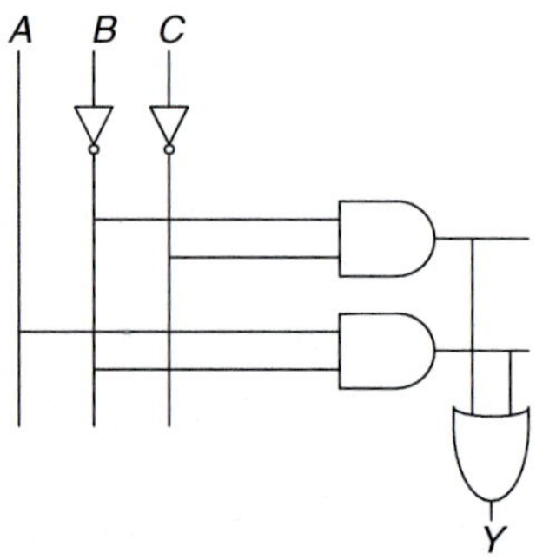

그림 2.25 $Y=\overline{B}\overline{C}+A\overline{B}$의 개략도

인버팅 게이트의 이점을 취함으로써 게이트 수(비록 하나의 인버터를 사용할지라도)를 더욱 많이 줄일 수 있다. $\overline{B}\,\overline{C}$는 반전된 입력을 AND한 것이다. 그림 2.26은 C의 인버터를 제거하기 위해 이러한 최적화 방법을 이용한 개략도를 보여준다. 드모르강 정리에 의해서 반전된 입력을 가진 AND 게이트는 OR 게이트와 등가임을 상기하자. 구현 기술에 따라 보다 적은 수의 게이트를 사용하거나 또는 선호하는 특정 타입의 게이트를 사용하는 것이 더 저렴할 수 있다. 예를 들어, CMOS 구현 기술에서는 AND와 OR보다는 NAND와 NOR가 선호된다.

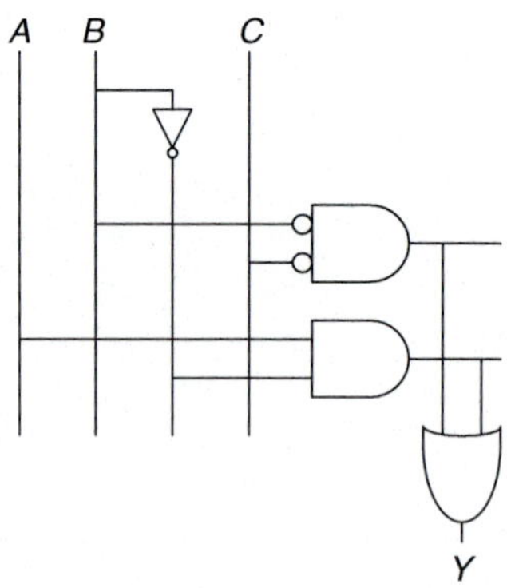

그림 2.26 보다 적은 수의 게이트를 이용한 개략도

많은 회로는 여러 개의 출력을 가지며, 각각의 출력들은 입력의 부울 함수를 분리해서 따로 계산한다. 각각의 출력에 대해 분리된 진리표를 작성할 수 있지만, 하나의 진리표상에 모든 출력을 작성하고 모든 출력을 가지는 하나의 개략도로 그리는 것이 편리할 때가 종종 있다.

예제 2.7 **여러 개의 출력을 가지는 회로**

학장, 학과장, 조교, 그리고 기숙사감이 때때로 강당을 사용한다. 불행히도 종종 강당을 동시에 사용하고자 하는 문제가 발생하는데, 한 예로 학장의 기금 모금 미팅과 기숙사의 BTB 파티가 동시에 열리는 경우이다. 강당의 예약 시스템을 설계하도록 엘리사 해커(Alyssa P. Hacker)가 호출되었다.

이 예약 시스템은 네 개의 입력 A_3, …, A_0과 네 개의 출력 Y_3, …, Y_0을 가진다. 이러한 신호들은 $A_{3:0}$과 $Y_{3:0}$으로도 쓸 수 있으며, 각 사용자가 다음날 강당을 사용하고자 한다면 시스템의 입력에 이를 알린다. 이 시스템은 최고의 우선순위를 가지는 오직 하나의 사용자에게 강당의 사용을 허락하는 출력 신호를 보낸다. 시스템에 비용을 대준 학장에게 최고의 우선순위(3)가 요구되며, 학과장, 조교, 그리고, 기숙사감 순으로 낮은 순위를 가진다.

이 시스템을 위한 진리표와 부울 식을 작성하고, 이러한 기능을 수행하는 회로를 작성하라.

풀이 이러한 기능을 가지는 회로를 4-입력 **우선순위 회로**라 하며, 심벌과 진리표는 그림 2.27에 나타내었다.

곱의 합 형태로 각 출력을 나타내며, 부울 대수로 이 식을 단순화할 수 있지만, 이 단순화한 식은 그 동작 서술(또는 진리표)을 통한 검증을 통해서 올바른 식인지 명백해진다. 즉, A_3에 입력이 있을 때는 언제나 Y_3는 참이 되므로, $Y_3=A_3$이며, A_2에 입력이 있고 A_3에 입력이 없다면 Y_2는 참이 되므로 $Y_3=A_3$이 된다. A_1에 입력이 있고 보다 높은 우선순위를 가지는 입력이 없다면 Y_1이 참이 되므로, $Y_1=\overline{A}_3\overline{A}_2A_1$이 된다. 만일 A_0에 입력이 있고 보다 높은 우선순위를 가지는 입력이 없다면 Y_0이 참이 되므로, $Y_0=\overline{A}_3\overline{A}_2\overline{A}_1A_0$이 된다. 이러한 개략도를 그림 2.28에 보여준다. 숙달된 설계자는 검증을 통하여 논리회로를 구현할 수 있으며, 주어진 스펙으로부터 말로 표현된 것을 식으로, 식을 게이트로 간단히 변환한다.

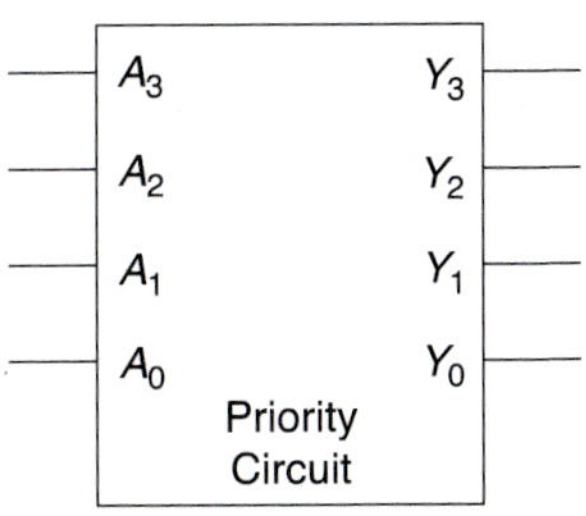

A_3	A_2	A_1	A_0	Y_3	Y_2	Y_1	Y_0
0	0	0	0	0	0	0	0
0	0	0	1	0	0	0	1
0	0	1	0	0	0	1	0
0	0	1	1	0	0	1	0
0	1	0	0	0	1	0	0
0	1	0	1	0	1	0	0
0	1	1	0	0	1	0	0
0	1	1	1	0	1	0	0
1	0	0	0	1	0	0	0
1	0	0	1	1	0	0	0
1	0	1	0	1	0	0	0
1	0	1	1	1	0	0	0
1	1	0	0	1	0	0	0
1	1	0	1	1	0	0	0
1	1	1	0	1	0	0	0
1	1	1	1	1	0	0	0

그림 2.27 우선순위 회로

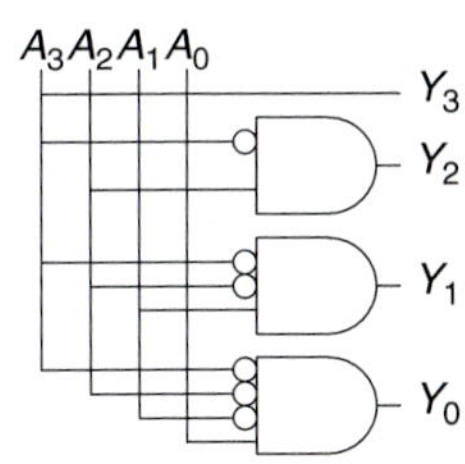

그림 2.28 우선순위 회로 개략도

X 표시는 진리표에서는 '무정의(don't care)' 기호를, 시뮬레이션에서는 '경쟁'이라는 기호(2.6.1 참조)를 나타낸다. 문맥을 고려하면 두 가지 의미를 혼동하지는 않을 것이다. 일부 저자는 이러한 애매함을 피하기 위해 '무정의(don't care)' 대신 D나 ?를 사용하기도 한다.

A_3	A_2	A_1	A_0	Y_3	Y_2	Y_1	Y_0
0	0	0	0	0	0	0	0
0	0	0	1	0	0	0	1
0	0	1	X	0	0	1	0
0	1	X	X	0	1	0	0
1	X	X	X	1	0	0	0

그림 2.29 무정의 항을 갖는 우선순위 진리표

우선순위 회로에서 A_3에 입력이 있다면, 출력은 다른 입력들의 값이 무엇이든 개의치 않으며(don't care), 기호로는 X로 표시한다. 그림 2.29는 4-입력 우선순위 회로의 진리표가 **무정의 항**(don't cares)을 사용하여 보다 작아짐을 보여준다. X로 표시된 입력을 무시함으로써 곱의 합 형태의 부울 식을 쉽게 파악할 수 있다. 무정의 항은 진리표의 출력에 있을 수도 있으며, 2.7.3절에서 다루게 된다.

2.5 다단계 조합논리

곱의 합 형태의 논리를 **2단계 논리**(two-level logic)라 부르는데, 그 이유는 리터럴이 AND 게이트들로 구성된 단계와 연결되어 있으며, 이 AND 단계는 OR 게이트로 구성된 단계와 연결되어 있기 때문이다. 설계자들은 회로를 설계할 때 2단계 이상의 논리 게이트를 사용하기도 한다. 이러한 다단계 조합 논리회로는 상대적으로 2단계 논리회로보다 적은 하드웨어를 사용할 수도 있다. 버블 밀기(bubble pushing)는 다단계 회로를 해석하고 설계하는 데 많은 도움을 준다.

2.5.1 하드웨어 정리

어떤 논리 함수는 2단계 논리로 회로를 구성할 때 엄청난 양의 하드웨어가 필요할 수도 있다. 주목할 만한 예는 여러 개의 변수를 가지는 XOR 함수로, 예를 들어 앞서 공부했던 2단계 기법을 사용한 3-입력 XOR 함수를 고려해보자.

N-입력 XOR는 홀수 개의 입력이 참일 때 참인 출력이 나온다는 것을 생각하자. 그림 2.30은 출력이 참이 되는 행을 원으로 표시한 3-입력 XOR에 대한 진리표를 보여준다. 진리표로부터 식 2.6과 같이 곱의 합 형태로 된 부울 식을 읽어 낼 수 있다. 불행하게도 이 식을 더 적은 곱의 항

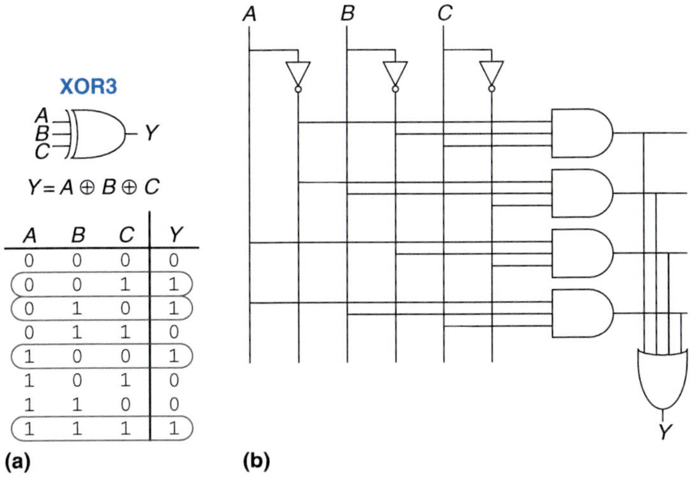

A	B	C	Y
0	0	0	0
0	0	1	1
0	1	0	1
0	1	1	0
1	0	0	1
1	0	1	0
1	1	0	0
1	1	1	1

그림 2.30 3-입력 XOR: (a) 기능적 사양, (b) 2단계 논리 구현

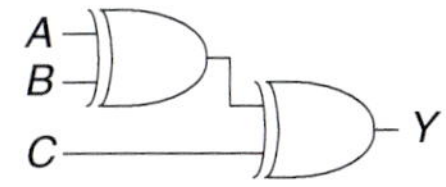

그림 2.31 2-입력 XOR를 사용한 3-입력 XOR

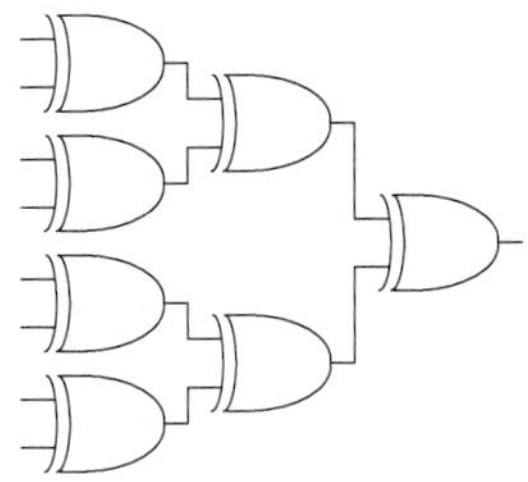

그림 2.32 7개의 2-입력 XOR를 사용한 8-입력 XOR

으로 단순화할 수 있는 방법은 없다.

$$Y=\overline{A}\,\overline{B}\,\overline{C}+\overline{A}\,B\overline{C}+A\overline{B}\,\overline{C}+ABC \tag{2.6}$$

한편으로 $A \oplus B \oplus C=(A \oplus B) \oplus C$이므로, 그림 2.31에 보인 것처럼 3-입력 XOR는 2-입력 XOR들을 직렬로 연결하여 구성할 수 있다.

비슷한 방법으로, 2단 곱의 합으로 8-입력 XOR를 구현하기 위해서는 128개의 8-입력 AND 게이트와 한 개의 128-입력 OR 게이트를 필요로 한다. 보다 좋은 방법은 그림 2.32에서 보인 것처럼, 2-입력 XOR 게이트의 트리를 이용하는 것이다.

특정 논리 함수에 대한 다단계 구현 방법에 있어서 최선의 선택은 간단한 과정이 아니다. 더욱이, '최선'이라는 말은 보다 적은 수의 게이트, 가장 빠르면서 가장 짧은 설계 시간, 최저가, 최소 전력 소비 등과 같은 많은 의미를 내포하고 있다. 5장에서는 하나의 기술에 대하여 '최선'인 회로가 다른 회로에서 '최선'이 아닐 수 있음을 보게 될 것이다. 예를 들면, 지금까지 AND와 OR를 주로 사용해왔지만, CMOS에서는 NAND와 NOR가 보다 효율적이다. 최상의 회로들을 살펴보는 경험들을 하게 되면 훌륭한 다단계 회로를 창작할 수 있다. 이 책의 나머지 부분을 통하여 회로 예제들을 공부함으로써 이러한 여러 경험들을 쌓아 갈 수 있을 것이다. 이렇게 공부함으로써 다양한 설계 옵션들을 탐구하고 절충에 관한 생각들을 해볼 수 있다.

2.5.2 버블 밀기

CMOS 회로에서는 AND와 OR보다는 NAND와 NOR를 더 선호한다고 1.7.6절에서 말하였다. 하지만, NAND와 NOR로 된 다단계 회로를 살펴서 그 식을 이해하기는 상당히 난해할 수 있다. 그림 2.33은 언뜻 보아서는 다단계 회로의 함수가 바로 명백하게 와 닿지 않음을 보여준다. 버블 밀기는 버블을 상쇄시켜서 이 함수가 보다 쉽게 이해될 수 있도록 회로를 재구성하는 유용한 방법이다. 2.3.3절로부터 버블 밀기의 가이드라인은 다음과 같다.

- 회로의 출력에서 시작하여 입력 쪽으로 적용한다.
- 출력 끝에 있는 버블을 입력 쪽으로 밀면 출력의 보수($\overline{Y}$) 대신 출력(Y)의 관점에서 읽을 수 있는 식이 된다.
- 버블 밀기를 거꾸로 적용해 가며, 버블이 소거되는 모양으로 각 게이트를 그려 나간다. 만일 현재 게이트의 입력에 버블이 있다면, 앞쪽 게이트의 출력에 버블이 있도록 앞쪽의 게이트를 수정하여 그린다. 만일 현재 게이트의 입력에 버블이 없다면, 앞쪽 게이트의 출력에 버블이 없는 게이트를 그린다.

그림 2.34는 버블 밀기 가이드라인에 따라 그림 2.33을 다시 그리는 방법을 보여준다. 출력 Y에서 시작하면, NAND 게이트는 우리가 제거하고자 하는 버블을 가지고 있으므로, 그림 2.34(a)에서 보인 바와 같이 출력

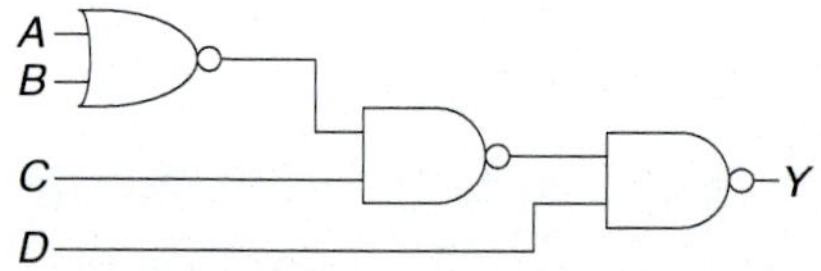

그림 2.33 NAND와 NOR를 사용한 다단계 회로

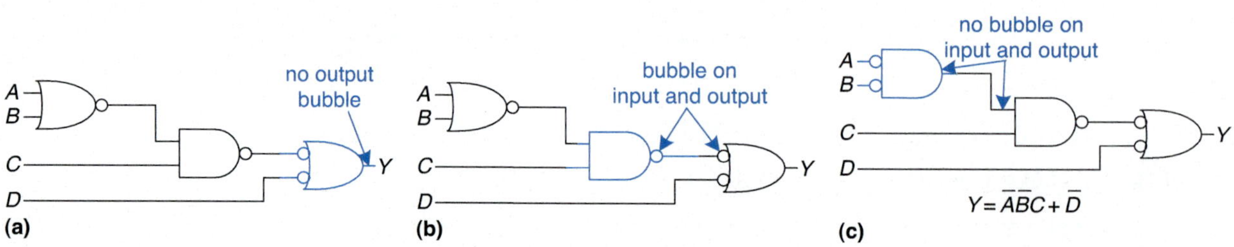

그림 2.34 버블 밀기한 회로

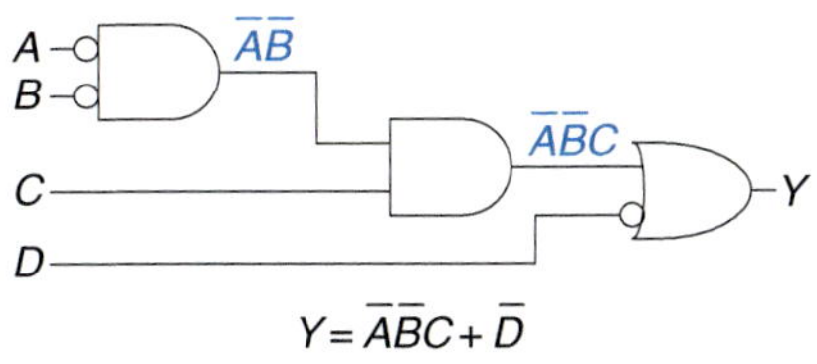

그림 2.35 버블 밀기한 논리적 등가 회로

측 버블을 뒤로 밀어 반전된 입력을 가지는 OR 게이트 형태를 만든다. 왼쪽 방향으로 적용하면, 맨 오른쪽 게이트는 입력 버블을 가지고 있고, 가운데 NAND 게이트의 출력 버블과 서로 상쇄되므로, 그림 2.34(b)에 보인 것처럼 아무런 변화도 필요치 않다. 그림 2.34(c)에 보인 것처럼 가운데 있는 게이트는 입력에 버블이 없으므로 맨 왼쪽 게이트를 출력 쪽에 버블이 없도록 변환한다. 이제 입력을 제외한 회로의 모든 버블이 제거되었으므로, 이 함수는 AND와 OR의 관점에서 살펴볼 수 있으므로 $Y=\overline{A}\,\overline{B}C+\overline{D}$와 같이 쉽게 파악할 수 있다.

이 마지막 부분을 강조하기 위해 그림 2.35를 보였는데, 이는 그림 2.34에 보인 회로와 논리적으로 등가이다. 내부 노드의 함수들은 파란색으로 표시하였다. 직렬로 연결된 버블들은 제거되기 때문에 그림 2.35와 논리적으로 등가인 회로를 만들기 위해 중간에 있는 게이트의 출력 버블과 맨 오른쪽에 있는 입력 버블들은 무시할 수 있다.

예제 2.8 CMOS 논리를 위한 버블 밀기

대부분 회로 설계자들은 AND와 OR의 관점에서 생각하지만, 그림 2.36의 회로를 NAND와 NOR 게이트를 사용하는 CMOS 논리로 구현하고 싶다고 하자. NAND, NOR 그리고 인버터로 이 회로를 변환하기 위해 버블 밀기를 사용하라.

풀이 막무가내로 해를 구하고자 한다면 그림 2.37처럼 모든 AND 게이트를 NAND 게이트와 인버터로, 모든 OR 게이트를 NOR와 인버터로 바로 바꾸는 것

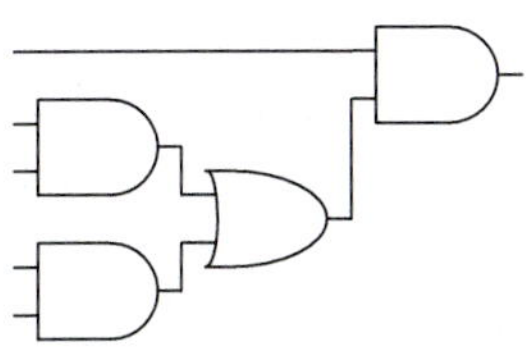

그림 2.36 AND 게이트와 OR 게이트를 이용한 회로

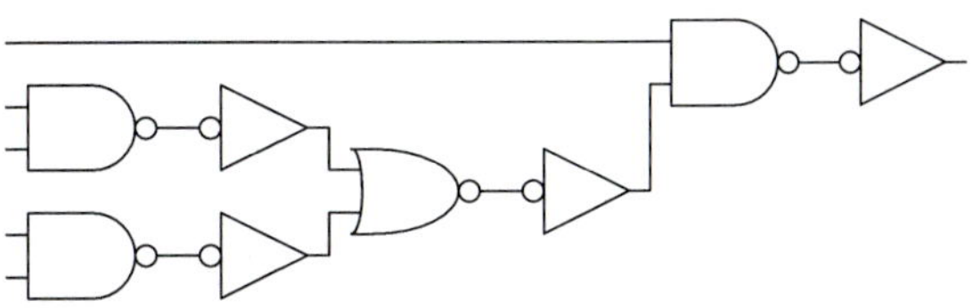

그림 2.37 NAND 게이트와 NOR 게이트를 이용한 평범한 회로

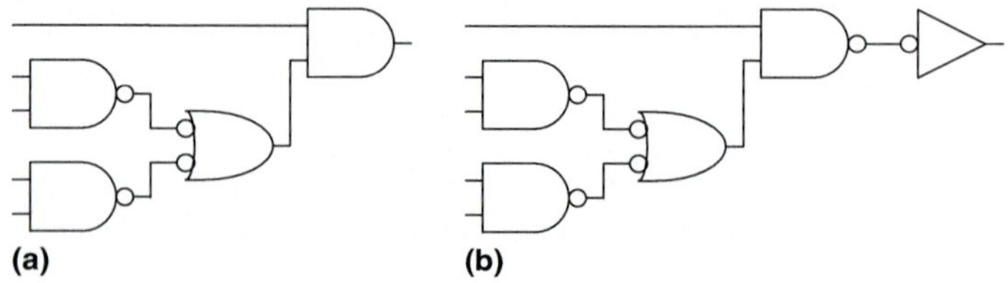

그림 2.38 NAND 게이트와 NOR 게이트를 이용한 보다 나은 회로

이다. 이 방법은 8개의 게이트가 필요하다. 버블이 앞쪽 게이트의 출력에 있는 버블과 어떻게 상쇄되는지를 강조하기 위해 인버터는 뒤쪽보다는 앞쪽에 버블이 있는 형태로 그려진다는 것에 주목해야 한다.

보다 나은 해는 그림 2.38(a)에 보인 바와 같이 기능은 바뀌지 않은 채 게이트의 출력과 다음 게이트의 입력에 버블을 추가할 수 있다는 것에 주목하면, 그림 2.38(b)에 보인 것처럼 마지막 AND와 인버터는 NAND로 바뀐다. 이 해는 오직 5개의 게이트만 필요로 한다.

2.6 X와 Z

부울 대수는 0과 1로 한정되지만, 실제 회로에서는 X와 Z라는 기호로 표시되는 금지(illegal)된 값과 부동(floating) 값을 가질 수도 있다.

2.6.1 금지된 값: X

X는 회로의 노드가 알려지지 않은 값이나 금지된 값을 가지고 있음을 가리킨다. 이러한 경우는 연산 결과가 동시에 0과 1이 될 때 자주 발생한다. 그림 2.39는 노드 *Y*가 HIGH 값과 LOW 값으로 동시에 구동되는 경우를 보이고 있다. **경합**(contention)이라고 불리는 이러한 상황은 오류로 간주되며 반드시 피해야 한다. 경합이 있는 노드의 실제 전압은 HIGH와 LOW로 결과를 만들려는 게이트의 상대적 강도에 의해 0과 V_{DD} 사이의 어떤 값이 된다. 항상은 아니지만, 가끔씩 이 값은 금지 구역의 값을 가지며, 서로 다투는 게이트들 사이에 엄청난 양의 전력 흐름을 발생시키는 원인이 될 수 있고, 그 결과 회로가 뜨거워져 소손될 수도 있다.

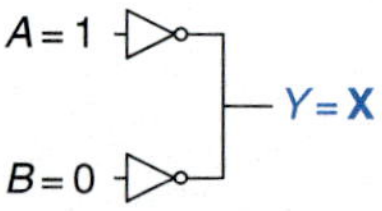

그림 2.39 경합을 갖는 회로

X 값은 때때로 초기화되지 않은 값들을 가리키기 위해서 회로 시뮬레이터에도 사용된다. 예를 들어, 만약 어떤 입력 값을 명시하는 것을 잊었다면, 시뮬레이터는 이 문제를 경고하기 위해 이러한 입력 값을 X로 가정

할 것이다. 2.4절에 언급한 바와 같이, 디지털 설계자는 진리표에 무정의 값을 가리키기 위해서도 기호 X를 사용한다. 두 가지 의미를 혼동하지 않도록 확실히 해야 한다. 어느 진리표에 X가 나타난다면, 이것은 그 변수 값이 중요하지 않음을 의미한다(1도 될 수 있고 0도 될 수 있으므로). 회로에서 X가 나타나면, 회로의 노드가 금지 값이나 알려지지 않은 값임을 의미한다.

2.6.2 부동 값 : Z

Z 표시는 어느 노드가 HIGH나 LOW로 되지 않음을 의미하는데, 이 노드를 **부동**(floating), **하이 임피던스**(high impedance) 또는 *high* Z라고 말한다. 전형적인 오인(misconception)은 부동이거나 작동되지 않은 노드가 논리 0의 동일한 값으로 간주되는 것이다. 실제로 부동 노드는 0일 수도 있고 1일 수도 있으며, 또는 시스템의 이전 동작 상태에 따라 둘 사이의 어떤 전압 값일 수도 있다. 부동 노드 값이 회로를 구동하기에 적절한 시점에 회로의 어떤 다른 요소가 이 부동 노드를 유효한 논리 수준으로 동작하게 한다면, 부동 노드는 회로에 오류가 있다는 것을 항상 의미하지는 않는다.

부동 노드를 생성하는 흔한 이유는 회로의 입력에 전압을 연결하는 것을 잊어버리거나, 또는 연결되지 않은 입력이 0의 값을 가진 입력과 같다고 가정해버리는 것이다. 이러한 실수는 부동 입력이 아무 때나 0에서 1로 변하는 것과 같이 회로가 이상하게 동작하는 원인이 될 수도 있다. 실제로 회로를 살짝 건드리는 것만으로도 몸의 정전기에 의한 변화를 일으키기에 충분할 수 있다. 학생이 손가락으로 칩을 누르고 있는 동안 정확하게 작동하는 회로를 보기도 했었다.

Tristate Buffer

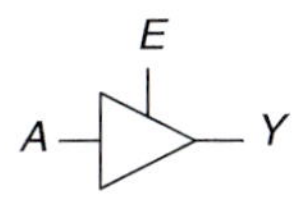

E	A	Y
0	0	Z
0	1	Z
1	0	0
1	1	1

그림 2.40 3상 버퍼

그림 2.40의 3상 버퍼는 HIGH(1), LOW(0), 부동(Z) 등과 같은 세 개의 가능한 출력 상태를 가지고 있다. 이 3상 버퍼는 하나의 입력 *A*, 출력 *Y*, 그리고 **선택**(enable) 단자 *E*를 가지며, 선택 단자가 참이면 이 3상 버퍼는 단순한 버퍼로서 동작하고, 입력 값을 출력에 전달한다. 선택 단자가 거짓일 때는 출력이 부동(Z) 상태가 된다.

그림 2.40의 3상 버퍼는 *active high* enable 값을 가진다. 즉, enable 값이 HIGH(1)일 때, 버퍼의 동작이 가능해진다. 그림 2.41은 *active low* enable 값을 가지는 3상 버퍼를 보여주며, 선택 단자의 값이 LOW(0)일 때 버퍼가 동작한다. 이 선택 단자의 입력 선에 버블을 붙이면 신호는 active low

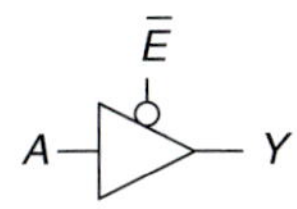

$\overline{E}$	A	Y
0	0	0
0	1	1
1	0	Z
1	1	Z

그림 2.41 active low enable을 갖는 3상 버퍼

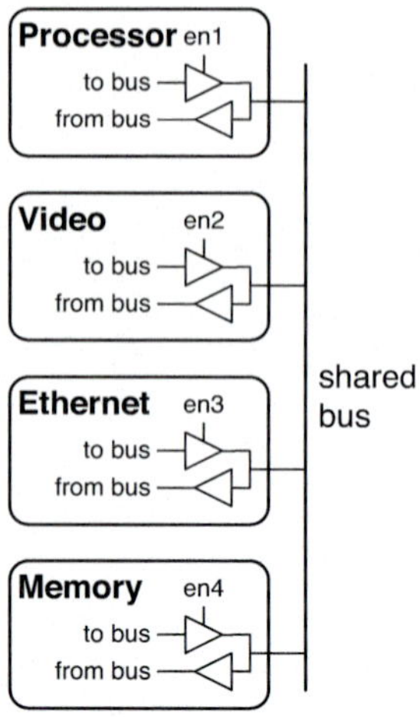

그림 2.42 여러 개의 칩이 연결된 3상 버스

상태가 된다. $\overline{E}$와 같이, 선택 단자 입력 이름 위에 바(−)를 표기하거나, *Eb*나 *Ebar*와 같이 이름 뒤에 'b' 또는 'bar'라고 표기함으로써 active low 입력을 나타낼 수 있다.

3상 버퍼는 보통 여러 개의 칩을 연결하는 **버스**(bus)로 사용된다. 예를 들면, 마이크로프로세서, 비디오 제어기, 그리고 이더넷 제어기가 모두 PC의 메모리 시스템과 통신할 필요가 있으므로, 그림 2.42에서와 같이, 각 칩은 3상 버퍼를 사용하여 공동 메모리 버스와 연결할 수 있다. 한 번에 오직 하나의 칩만 enable된 신호를 버스로 구동할 수 있도록 한다. 다른 칩들은 부동 출력을 만들어내야 하며, 그 결과 메모리와 통신하는 칩과 경합을 일으키지 않는다. 어떠한 칩도 공유 버스로부터 언제나 정보를 읽어 올 수 있다. 이러한 3상 버스가 한때 많이 쓰였으나, 현대 컴퓨터에서는 칩들이 공유 버스보다 서로 직접 연결되어 있는 **점간 연결**(point-to-point link)을 사용함으로써 보다 빠른 속도가 가능해졌다.

2.7 카르노맵

부울 대수를 이용하여 몇 개 정도의 부울 식의 최소화를 수행한 후, 부주의하게 작업을 수행하다 보면 때로는 단순화된 수식 대신 결국 완전히 다른 수식이 되는 것을 알게 될 것이다. **카르노 맵**(Karnaugh map, K−맵)은 부울 식을 단순화하기 위해 도표로 표현하는 방법이다. 1953년 벨연구소의 텔레커뮤니케이션 엔지니어인 카르노(Maurice Karnaugh)가 고안한 카르노 맵은 최대 네 개까지의 변수를 가지는 문제에서 잘 작동하는데, 보다 중요한 것은 부울 식을 조작할 수 있는 통찰력을 주는 것이다.

논리를 최소화한다는 것은 항들의 결합을 내포하고 있다는 의미임을 기억하자. 하나의 곱의 항 P와 어떤 변수 *A*의 참인 형태와 반전된 형태를 포함하는 두개의 항은 $PA+P\overline{A}=P$와 같이 *A*를 제거하기 위하여 결합한다. 카르노 맵은 이렇게 결합할 수 있는 항들을 이웃하는 격자 안에 놓아서 보다 쉽게 볼 수 있도록 만들어 준다.

그림 2.43은 세 개의 입력 함수에 대한 진리표와 카르노 맵을 보여 준다. 카르노 맵의 위쪽 행은 *A*와 *B* 입력에 대한 네 개의 가능한 값들이 주어지며, 맨 왼쪽 열은 *C* 입력을 위한 두 개의 가능한 값들이 주어진다. 카르노 맵에서 각 사각형은 진리표상의 행과 일치하고 그 행에 대한 출력 값 *Y*를 가진다. 예를 들면, 위의 왼쪽 사각형은 진리표상의 첫 번째 항과

모리스 카르노, 1924~
1948년도에 뉴욕시립대학을 물리학사 학위로 졸업하고, 1952년도에는 예일대학에서 물리학 박사를 취득했다. 1952~1993년까지 벨연구소와 IBM에서, 1980~1999년 기간에는 뉴욕대학교의 폴리텍에서 컴퓨터과학과 교수로 근무했다.

A	B	C	Y
0	0	0	1
0	0	1	1
0	1	0	0
0	1	1	0
1	0	0	0
1	0	1	0
1	1	0	0
1	1	1	0

(a)

Y: C \ AB	00	01	11	10
0	1	0	0	0
1	1	0	0	0

(b)

Y: C \ AB	00	01	11	10
0	$\overline{A}\,\overline{B}\,\overline{C}$	$\overline{A}B\overline{C}$	$AB\overline{C}$	$A\overline{B}\,\overline{C}$
1	$\overline{A}\,\overline{B}C$	$\overline{A}BC$	ABC	$A\overline{B}C$

(c)

그림 2.43 세 개의 입력 함수에 대한 (a) 진리표, (b) 카르노 맵, (c) 최소항을 표현하는 카르노 맵

일치하고 ABC=000일 때 출력 값이 Y=1임을 나타낸다. 진리표의 각 행과 같이, 카르노 맵의 각 사각형은 하나의 최소항을 표현하며, 이것들을 설명하기 위해 그림 2.43(c)는 카르노 맵상의 각 사각형과 일치하는 최소항을 보여주고 있다.

각 사각형, 또는 최소항은 인접한 사각형과는 하나의 변수만 다르다. 이것은 두 개의 인접한 사각형에서, 하나의 사각형에서는 참인 형태로 나타나고 나머지 사각형에서는 반전된 형태로 나타나는 하나의 리터럴을 제외하고 모두 같은 리터럴을 공유하고 있음을 의미한다. 예를 들면, 최소항 $\overline{A}\,\overline{B}\,\overline{C}$와 $\overline{A}\,\overline{B}C$를 나타내는 사각형은 서로 인접해 있으며 변수 C만 다르다. 위쪽 행에 있는 A와 B의 조합은 00, 01, 11, 10과 같은 독특한 순서임을 알아차렸을 것이다. 이 순서를 **그레이코드**(gray code)라 부르는데, 인접한 항에서 오로지 하나의 변수만이 다르다는 점에서 평범한 이진 순서(00, 01, 10, 11)와 구별된다. 예를 들면, 01:11에서는 A만 0에서 1로 변하고, 01:10에서는 A는 1에서 0으로, B는 0에서 1로 변한다. 그러므로 이진 순서로 된 조합을 카르노 맵에 기술하는 것은 인접한 사각형에서 하나의 변수만 다르게 하려는 의도에 어긋난다.

맨 오른 쪽에 있는 사각형은 오직 하나의 변수(A)만 다른 맨 왼쪽의 사각형과 실질적으로 인접해 있다. 달리 말하면, 맵을 실린더 모양으로 말아서 실린더의 양 끝을 연결하면, 원환체(torus, 도넛과 비슷한)를 만들 수 있으며, 인접한 사각형이 하나의 변수에서만 다르다는 것을 여전히 보장한다.

2.7.1 순환론적 사고

그림 2.43의 카르노 맵은 왼쪽 열이 1을 가지므로 두 개의 최소항만이 부

그레이코드는 1953년 벨연구소 연구원인 프랭크 그레이에 의해서 특허(U.S. 특허 2,632,058) 등록되었다. 이 그레이코드는 오직 하나의 비트라도 잘못 정렬되면 오류가 발생하므로 기계적인 부호기에 특히 유용하다. 그레이코드는 어떤 비트 수로 일반화되는데, 예를 들면 3비트 그레이코드의 순서는 다음과 같다.

```
000, 001, 011, 010,
110, 111, 101, 100
```

루이스 캐럴은 1879년 〈허영의 시장(Vanity Fair)〉에서 다음과 같은 퍼즐 문제를 하나 냈다.

"퍼즐의 규칙은 매우 단순하다. 길이가 같은 두 단어가 주어지면, 두 단어 사이에 다른 단어들을 삽입함으로써 서로를 연결하여 퍼즐을 구성해 나가는데, 각 단어는 다음 단어와 오직 하나의 철자만 달라야 한다. 즉, 주어진 단어와 철자 하나가 바뀐 단어 하나를 구하고, 이 단어와 철자 하나가 다른 단어를 같은 방법으로 구해서, 주어진 또 다른 단어에 도달할 때까지 계속한다."

예를 들어, SHIP에서 DOCK까지의 퍼즐은

```
SHIP, SLIP, SLOP,
SLOT, SOOT, LOOT,
LOOK, LOCK, DOCK.
```

이것보다 짧은 순서를 찾을 수 있을까?

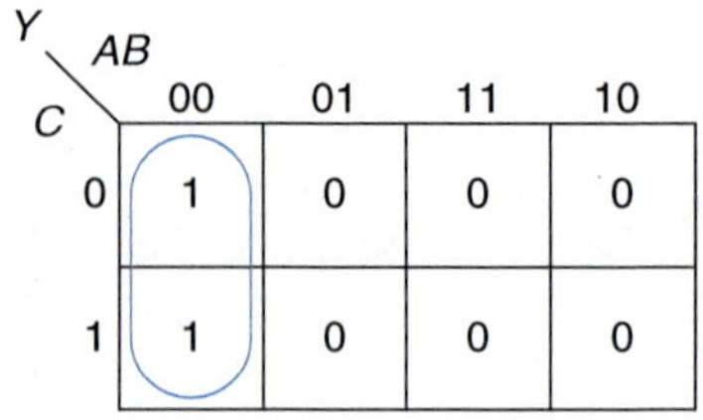

그림 2.44 카르노 맵 최소화

울 식에 $\overline{A}\,\overline{B}\,\overline{C}$와 $\overline{A}\,\overline{B}C$로 표현된다. 카르노 맵으로부터 최소항을 읽는 것은 진리표로부터 직접 곱의 합 형태로 식을 읽는 것과 정확히 같다. 앞에서 했던 것처럼, 곱의 합 형태의 방정식을 최소화하기 위해 부울 대수를 사용할 수 있다.

$$Y=\overline{A}\,\overline{B}\,\overline{C}+\overline{A}\,\overline{B}C=\overline{A}\,\overline{B}(\overline{C}+C)=\overline{A}\,\overline{B} \tag{2.7}$$

카르노 맵은 그림 2.44처럼 1로 표시된 이웃하는 사각형들을 원으로 표시하여 나타냄으로써 이러한 단순화 과정을 쉽게 해준다. 각 원에는 해당하는 곱의 항을 써넣는다. 각 원에 대해 상응하는 곱의 항을 써 넣는다. 2.2절을 되돌아보면, 하나의 곱의 항(implicant)은 하나 이상의 리터럴(literal)의 곱이었다. 이 원에 참과 반전된 모양을 둘 다 가지는 변수는 곱의 항에서 제외된다. 이 경우에서는, 변수 C가 원 안에 참인 모양(1)과 이의 반전된 모양(0) 모두를 가지므로, 이를 곱의 항에 포함시키지 않는다. 다시 말해서, C와는 상관없이 $A=B=0$일 때면 Y는 참이다. 따라서 곱의 항은 $\overline{A}\,\overline{B}$이다. 이 카르노 맵은 부울 대수를 이용해서 도달한 것과 같은 결과를 준다.

2.7.2 카르노 맵으로 논리 최소화하기

카르노 맵은 논리를 최소화하기 위한 쉬운 시각적인 방법을 제공한다. 가능한 적은 수의 원으로 맵상의 사각형이 1인 것들 모두를 그냥 묶는다. 이때, 원은 가능한 커야 한다. 이제 원으로 표시된 곱의 항을 읽어내면 된다.

공식적으로, 부울 식이 가장 적은 수의 주항(prime implicant)의 합으로 표현될 때 이 부울 식이 최소화된다는 것을 상기한다면, 카르노 맵상의 각 원은 하나의 곱의 항(implicant)이므로, 가능한 가장 큰 원은 주항이 된다.

예를 들면, 그림 2.44의 카르노 맵에서 $\overline{A}\,\overline{B}\,\overline{C}$와 $\overline{A}\,\overline{B}C$는 곱의 항이지만

주항은 아니며, $\overline{A}\overline{B}$만이 주항이다. 카르노 맵으로 최소화된 식을 구하기 위한 규칙은 다음과 같다.

- 모든 1을 다 포함하기 위해 필요한 원의 수를 최소화한다.
- 원 안의 모든 사각형은 반드시 1이어야 한다.
- 각 원은 반드시 가로나 세로 방향으로 2의 거듭제곱(1, 2, 또는 4) 개의 사각형을 가진 (직)사각형 블록이어야 한다.
- 각 원은 가능한 커야 한다.
- 하나의 원으로 카르노 맵 끝 부분을 서로 에워쌀 수도 있다.
- 만약 원의 수를 줄이는 데 사용될 수 있는 1이 있다면, 이 1을 여러 번 겹쳐서 묶을 수도 있다.

예제 2.9 **카르노 맵을 이용한 3-변수 함수의 최소화**

그림 2.45에 보인 카르노 맵을 가진 $Y=F(A, B, C)$함수가 있다고 가정하자. 카르노 맵을 이용하여 이 식을 최소화하라.

풀이 그림 2.46과 같이 가능한 적은 수의 원으로 카르노 맵상의 1들을 묶는다. 카르노 맵의 각 원은 주항을 나타내며, 각 원의 크기는 2의 거듭제곱(2×1, 2×2)이다. 그 원에 참 모양이나 반전된 모양으로만 나타나는 변수들을 써 넣음으로써 각 원에 대한 주항을 만들 수 있다.

예를 들면, 2×1 원에서, B의 참인 모양과 반전된 모양이 모두 원 안에 포함되어 있으므로, B를 주항에 포함시키지 않는다. 그러나 A의 참인 모양(A)과 C의 반전된 모양($\overline{C}$)만 이 원 안에 있다면, 이 변수들을 주항 $A\overline{C}$에 포함시킨다. 비슷하게, 2×2 원은 $B=0$인 모든 사각형을 포함하므로, 주항은 $\overline{B}$가 된다.

맨 위 오른쪽 사각형(최소항)이 가능한 큰 주항의 원을 만들기 위해 어떻게 두 번 포함되는지 주목한다. 부울 대수 연산 기술로 보면, 이것은 항의 크기를 줄이

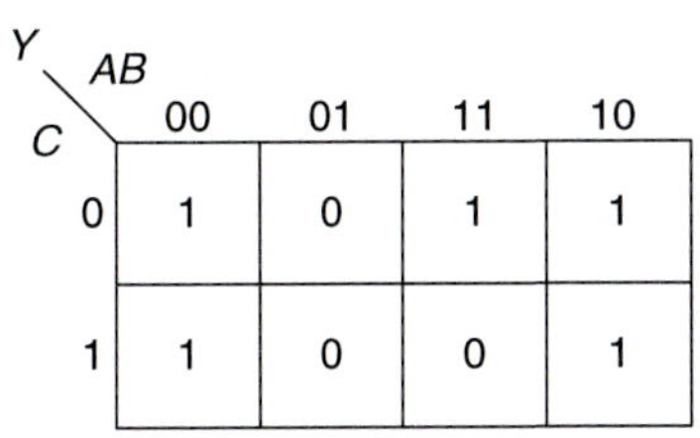

그림 2.45 예제 2.9의 카르노 맵

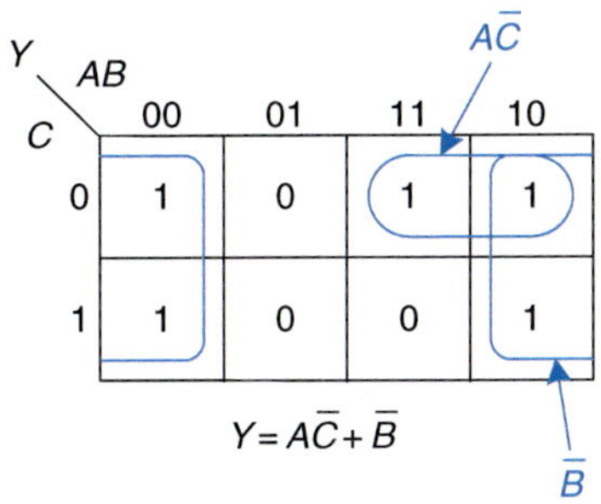

그림 2.46 예제 2.9의 풀이

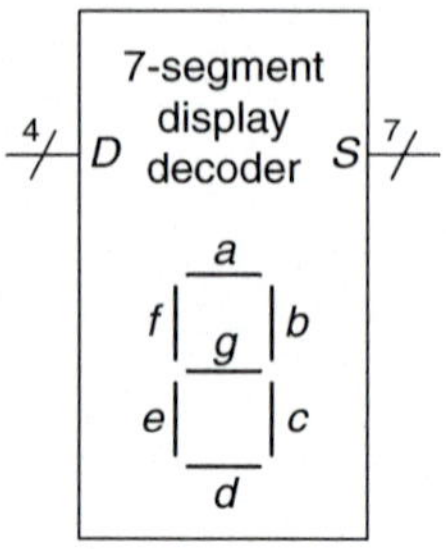

그림 2.47 7-세그먼트 표시 디코더 아이콘

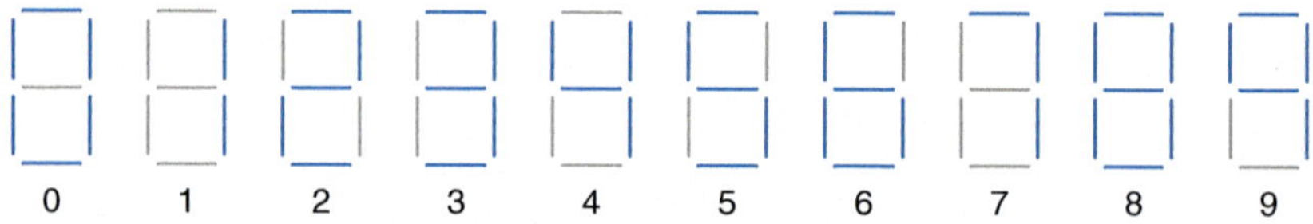

그림 2.48 7-세그먼트 표시 숫자

기 위해 최소항을 공유하는 것과 동일하다. 또한 카르노 맵 주변의 네 개의 사각형을 어떻게 원에 포함시키는지 아울러 주목한다.

예제 2.10 **7-세그먼트 디코더**

7-세그먼트 표시 디코더는 4비트 입력 데이터 $D_{3:0}$을 취해 0부터 9까지의 숫자를 표시하는 LED(light emitting diode)를 제어하기 위해 7개의 출력을 생성한다. 그림 2.47에서 정의한 것처럼 7개의 출력은 보통 세그먼트 a에서 g, 또는 $S_a - S_g$로 부르며, 이러한 숫자들을 그림 2.48에 나타내었다. 이 디코더의 출력을 위한 진리표를 작성하고, S_a와 S_g를 위한 부울 식을 카르노 맵을 사용하여 구하라. 금지된 입력 값(10~15)은 숫자가 없이 비어 있는 것으로 해독된다고 가정한다.

풀이 진리표는 표 2.6에 주어져 있으며, 0000은 S_g를 제외한 모든 세그먼트에 불이 켜져야 한다는 것을 나타낸다.

7개의 각 출력은 네 개의 입력 변수로 이루어진 독립적인 함수이다. 그림 2.49

표 2.6 7-세그먼트 표시 디코더 진리표

$D_{3:0}$	S_a	S_b	S_c	S_d	S_e	S_f	S_g
0000	1	1	1	1	1	1	0
0001	0	1	1	0	0	0	0
0010	1	1	0	1	1	0	1
0011	1	1	1	1	0	0	1
0100	0	1	1	0	0	1	1
0101	1	0	1	1	0	1	1
0110	1	0	1	1	1	1	1
0111	1	1	1	0	0	0	0
1000	1	1	1	1	1	1	1
1001	1	1	1	0	0	1	1
others	0	0	0	0	0	0	0

S_a

$D_{1:0}$ \ $D_{3:2}$	00	01	11	10
00	1	0	0	1
01	0	1	0	1
11	1	1	0	0
10	1	1	0	0

S_b

$D_{1:0}$ \ $D_{3:2}$	00	01	11	10
00	1	1	0	1
01	1	0	0	1
11	1	1	0	0
10	1	0	0	0

그림 2.49 S_a와 S_b의 카르노 맵

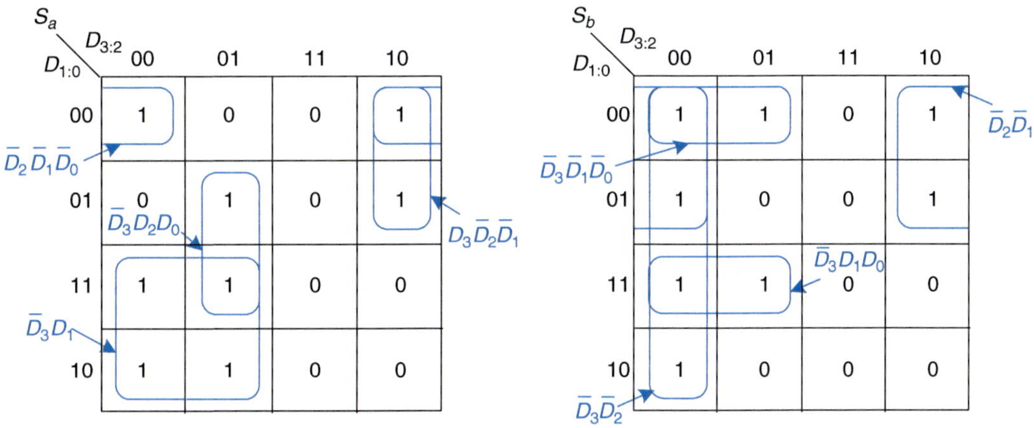

$S_a = \overline{D}_3D_1 + \overline{D}_3D_2D_0 + D_3\overline{D}_2\overline{D}_1 + \overline{D}_2\overline{D}_1\overline{D}_0$

$S_b = \overline{D}_3\overline{D}_2 + \overline{D}_2\overline{D}_1 + \overline{D}_3D_1D_0 + \overline{D}_3\overline{D}_1\overline{D}_0$

그림 2.50 예제 2.10의 카르노 맵 풀이

는 S_a와 S_g 출력을 위한 카르노 맵을 보여준다. 이웃한 사각형들은 하나의 변수만 달라진다는 것을 기억하고 있을 것이므로, 그레이코드 순 "00, 01, 11, 10"으로 행과 열에 이름을 부여할 수 있을 것이다. 출력 값들을 사각형에 기입할 때 이러한 순서도 주의해야 한다.

그런 다음 주항을 원으로 표시한다. 모든 1을 포함하는 데 필요한 원의 수를 최소한 적게 사용해야 한다. 원은 끝 부분(수직과 수평)을 서로 묶을 수 있고, 하나의 1은 한 번 이상 묶일 수 있다. 그림 2.50은 주항과 단순화된 부울 식을 보여준다.

주항의 최소 집합은 유일하지 않음을 주의해야 한다. 예를 들어, 카르노 맵의 S_a에서 0000은 최소항 $\overline{D}_2\overline{D}_1\overline{D}_0$을 생성하기 위해 1000과 함께 원으로 묶였다. 그림 2.51에서 파선으로 보인 최소항 $\overline{D}_3\overline{D}_2\overline{D}_0$을 생성하기 위해 0010을 대신 포함할 수

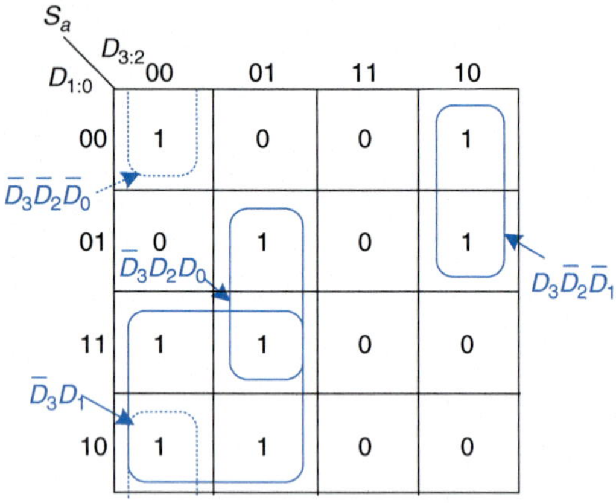

$S_a = \bar{D}_3D_1 + \bar{D}_3D_2D_0 + D_3\bar{D}_2\bar{D}_1 + \bar{D}_3\bar{D}_2\bar{D}_0$

그림 2.51 다른 주항 세트를 보인 S_a의 카르노 맵

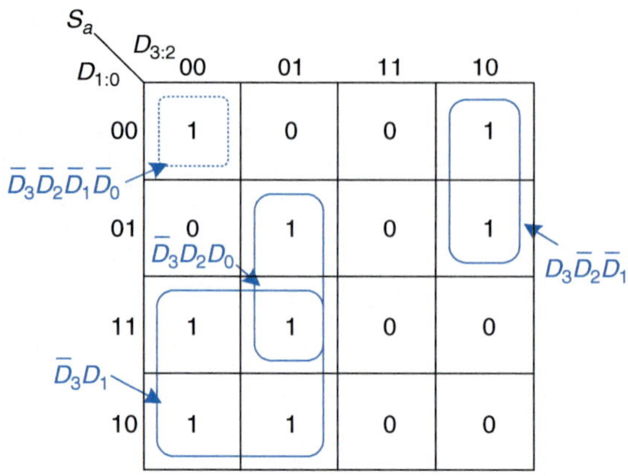

$S_a = \bar{D}_3D_1 + \bar{D}_3D_2D_0 + D_3\bar{D}_2\bar{D}_1 + \bar{D}_3\bar{D}_2\bar{D}_1\bar{D}_0$

그림 2.52 주항이 아닌 것을 잘못 선택한 카르노 맵

도 있을 것이다.

그림 2.52는 상단 왼쪽 모서리에 있는 1을 포함시켜 주항이 아닌 것을 선택한 흔한 실수를 보여주고 있다. 이 최소항 $\bar{D}_3\bar{D}_2\bar{D}_1\bar{D}_0$은 최소화되지 않은 곱의 합 식을 산출하며, 이전 두 그림에서 수행했던 것처럼, 이 최소항은 더 큰 원의 형태로 만들기 위해서 인접한 다른 것과도 결합할 수 있을 것이다.

2.7.3 무정의 항

어떠한 변수가 출력에 아무런 영향을 미치지 않을 때 진리표의 행의 수를 줄이기 위해 '무정의(don't care)' 항을 사용한다는 것을 2.4절에서 소개하였다. 이것은 X 표시로 0 또는 1이 될 수 있음을 의미한다. 무정의 항은 진리표에서 출력 값이 중요하지 않거나 일치하는 입력 조합이 결코 일어날 수 없는 출력을 나타낸다. 그러한 출력들은 설계자의 판단에 따라 0 또는 1로 취급될 수 있다.

카르노 맵에서 X는 더욱 많은 논리 최소화를 가능하게 한다. 보다 적은 수의 원이나 보다 큰 원으로 1들을 묶는 데 도움이 된다면 이러한 무정의 항을 원으로 표시할 수 있지만, 그렇지 않다면 묶을 필요가 없다.

예제 2.11 무정의 항을 사용한 7-세그먼트 표시 디코더

금지된 입력 값 10에서 15에 대한 출력 값을 무시했을 경우에 대하여 예제 2.10을 다시 수행하라.

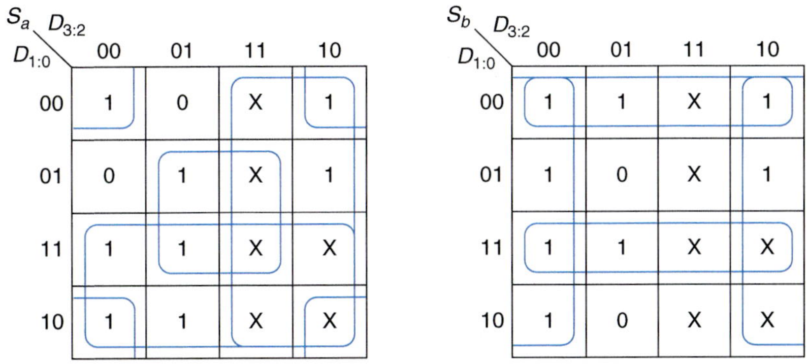

$S_a = D_3 + D_2D_0 + \bar{D}_2\bar{D}_0 + D_1$　　　$S_b = \bar{D}_2 + D_1D_0 + \bar{D}_1\bar{D}_0$

그림 2.53 무정의 항을 갖는 카르노 맵

풀이 그림 2.53은 무정의 항을 X로 표시한 카르노 맵이다. 무정의 항은 0 또는 1이 될 수 있기 때문에 만약 1로 채워진 부분을 묶는 데 필요한 전체 원의 수가 줄어들거나 원의 크기가 커진다면 이 무정의 항을 같은 원으로 묶을 수 있다. 무정의 항이 1로 취급된다면 같이 묶을 수 있고 반대로 0으로 취급된다면 같이 묶을 수 없다. 세그먼트 S_a를 위한 2×2 사각형이 네 개 모퉁이 주변에서 어떻게 묶일 수 있는지 살펴보아야 한다. 사실상 무정의 항을 사용하면 논리를 많이 단순화시킬 수 있다.

2.7.4 정리

부울 대수와 카르노 맵은 논리를 단순화하기 위한 두 가지 방법론이다. 궁극적으로, 그 목적은 어떤 특별한 논리 함수를 구현하고자 할 때 적은 비용이 드는 방법을 찾는 것이다.

실제 현대공학에서 **논리 합성기**(logic synchronizer)라는 컴퓨터 프로그램은 앞으로 4장에서 보게 될 논리 함수를 기술함으로써 단순화된 회로를 생성해준다. 큰 문제에 대해서는 논리 합성기가 우리 인간보다 더 효율적이지만, 작은 문제는 다소의 경험을 갖춘 사람이 꼼꼼히 들여다봄으로써 훌륭한 결과를 얻을 수 있다. 저자들은 실무에서 어떠한 특별한 문제를 해결하기 위해 카르노 맵을 사용하지는 않지만, 카르노 맵의 기본적인 원리로부터 얻은 통찰력은 가치 있는 것이다. 또한 카르노 맵은 취업 면접에 수시로 나오기도 한다.

2.8 조합 논리회로 블록

더욱 복잡한 시스템을 만들기 위해 조합 논리회로를 결합하여 더 큰 빌딩 블록을 만드는 것은 빌딩 블록의 기능을 강조하기 위하여 불필요한 게이트 수준의 세부 사항을 숨기는 추상화의 적용 예로, 이미 우리는 그러한 세 개의 빌딩 블록에 대하여 공부하였다. 2.2절의 전가산기, 2.4절의 우선순위 회로 2.7절의 7-세그먼트 표시 디코더가 바로 그것이다. 이번 절에서는 많이 사용하는 빌딩 블록 두 개를 더 소개하는데, 바로 멀티플렉서와 디코더이다. 5장에서는 다른 조합 논리회로 블록을 소개한다.

2.8.1 멀티플렉서

멀티플렉서는 가장 일반적으로 사용되는 조합회로 중 하나로, 선택 신호의 값에 따라 여러 개의 가능한 입력 중에 하나를 선택하여 출력에 내보내며, 때론 *MUX*라고 줄여 부르기도 한다.

2:1 멀티플렉서

그림 2.54는 두 개의 입력 데이터 D_0, D_1과 선택 입력 S, 그리고 하나의 출력 Y를 가지는 2:1 멀티플렉서의 진리표와 심벌을 보여준다. 이 멀티플렉서는 선택 신호에 따라 둘 중 하나의 입력을 선택한다. $S=0$이면 $Y=D_0$이며, $S=1$이면 $Y=D_1$이다. S는 멀티플렉서가 하는 일을 제어하기 때문에 제어 신호(control signal)라 한다.

2:1 멀티플렉서는 그림 2.55와 같이 곱의 합 논리로부터 구성될 수 있다. 멀티플렉서에 대한 부울 식은 카르노 맵을 통하여 유도하거나, 분석을 통해 확인할 수 있다(S가 0이면서(AND) D_0이 0이거나(OR) S가 1이면서(AND) D_1이 1이면 Y는 1이 된다).

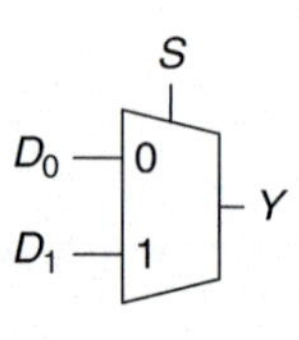

S	D_1	D_0	Y
0	0	0	0
0	0	1	1
0	1	0	0
0	1	1	1
1	0	0	0
1	0	1	0
1	1	0	1
1	1	1	1

그림 2.54 2:1 멀티플렉서 심벌과 진리표

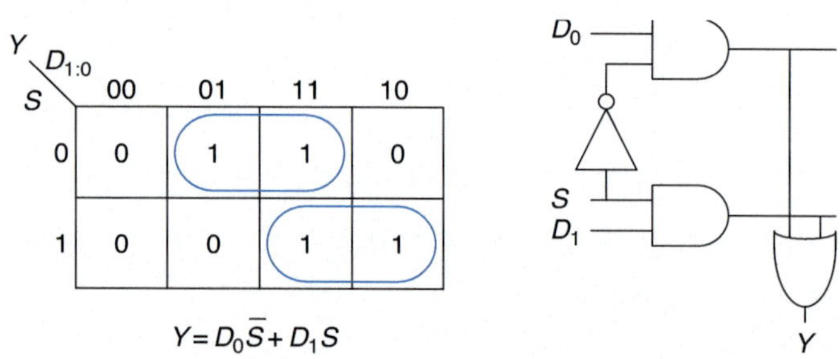

그림 2.55 2-단계 논리를 이용한 멀티플렉서 구현

다른 방법으로는 그림 2.56처럼 3상 버퍼를 이용하여 구성할 수도 있다. 3상 버퍼의 선택(enable) 단자는 언제나 정확하게 하나의 3상 버퍼만이 활성화되도록 정렬되어 있다. $S=0$일 때 3상 버퍼 T0이 선택되어 D_0이 Y로 흘러가지만, $S=1$이면 3상 버퍼 T1이 선택되어 D_1이 출력 Y로 흐르게 된다.

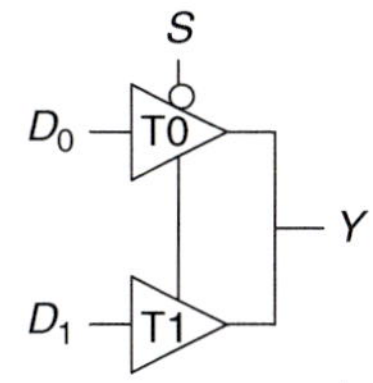

$$Y = D_0\overline{S} + D_1 S$$

그림 2.56 3상 버퍼를 이용한 멀티플렉서

보다 많은 입력을 가지는 멀티플렉서

4:1 멀티플렉서는 그림 2.57과 같이 네 개의 데이터 입력과 하나의 출력을 가진다. 두 개의 선택 단자는 네 개의 입력 중에 하나를 선택하기 위해 필요하며, 이러한 멀티플렉서는 그림 2.58과 같이 곱의 합 논리, 3상 버퍼, 또는 여러 개의 2:1 멀티플렉서를 이용하여 구성할 수 있다.

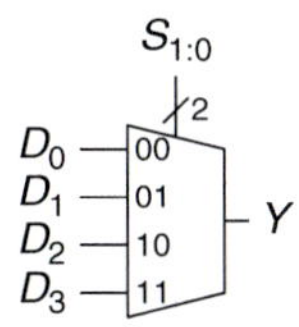

그림 2.57 4:1 멀티플렉서

3상태를 가능하게 하는 곱의 항은 AND 게이트와 인버터로 구성할 수 있으며, 또는 2.8.2절에서 소개할 디코더를 이용해서도 구성할 수 있다.

8:1이나 16:1 멀티플렉서와 같이 입력이 많은 보다 큰 멀티플렉서는 그림 2.58에 보인 방법으로 확장하여 구성할 수 있다. 일반적으로 N:1 멀티플렉서는 $\log_2 N$ 개의 선택 선이 필요하다. 최선의 구현 방법은 적용 기술에 달려있음을 강조한다.

여러 게이트의 출력을 서로 단락시키는 것은 2.1절에 주어진 조합회로의 규칙에 기술적으로 위배되지만, 언제나 정확하게 출력 중 하나만 작동되므로 이러한 예외는 허용된다.

멀티플렉서 로직

멀티플렉서는 룩업 테이블(lookup table, 순람표)로 사용할 수도 있다. 그림 2.59는 4:1 멀티플렉서가 2-입력 AND 게이트를 구현하는 데 사용됨을

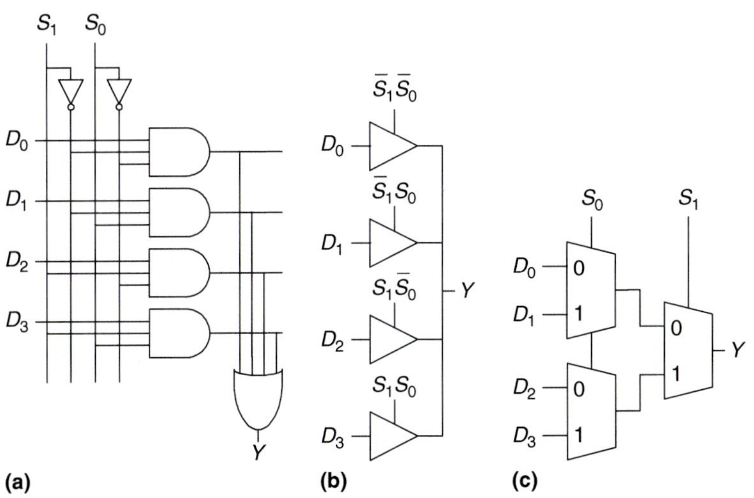

그림 2.58 4:1 멀티플렉서의 구현: (a) 2-단계 논리, (b) 3상태, (c) 계층적

A	B	Y
0	0	0
0	1	0
1	0	0
1	1	1

$Y = AB$

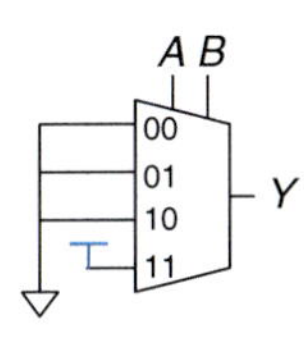

그림 2.59 2-입력 AND 게이트 기능의 4:1 멀티플렉서 구현

그림 2.60 변수 입력을 이용한 멀티플렉서 로직

보여준다. 입력 *A*와 *B*는 선택 단자용이며, 이 멀티플렉서의 데이터 입력은 진리표의 일치하는 행에 따라 0 또는 1로 연결된다. 일반적으로 2^N개의 입력을 가지는 멀티플렉서는 0과 1을 적절한 데이터 입력에 인가하여 어떠한 N개의 입력을 가지는 논리 함수를 실행하도록 설정될 수도 있다. 실제로, 멀티플렉서는 입력을 변화시켜서 다른 기능을 수행할 수 있도록 재구성될 수 있다.

약간의 솜씨를 보태면, 어떤 *N*개의 입력을 가진 논리 함수를 수행하기 위해 오직 2^{N-1}개의 입력을 가지는 멀티플렉서를 이용함으로써 멀티플렉서의 크기를 반으로 줄일 수 있다. 이 전략은 바로 0과 1과 같은 리터럴 중의 하나를 멀티플렉서의 데이터 입력에 인가하는 것이다.

그림 2.60은 2:1 멀티플렉서로 2-입력 AND와 XOR 함수가 구현됨을 보여준다. 먼저 진리표의 맨 오른쪽에 있는 입력 변수를 제거하기 위해 이 변수로 출력을 표현하여 행들의 쌍을 묶는다. 예를 들어, AND 게이트의 경우에 *A*=0, *Y*=0이면 *B*는 출력에 아무런 영향을 주지 못한다. *A*=1일 때, *B*=0이라면 *Y*=0이 되고 *B*=1이면 *Y*=1이 되므로 *Y*=*B*가 된다. 다음으로, 이렇게 만들어진 새롭고 더 작아진 진리표에 따라 멀티플렉서를 룩업 테이블(순람표)로 사용한다.

A	B	C	Y
0	0	0	1
0	0	1	0
0	1	0	0
0	1	1	1
1	0	0	1
1	0	1	1
1	1	0	0
1	1	1	0

$Y = A\overline{B} + \overline{B}\,\overline{C} + \overline{A}BC$

(a)

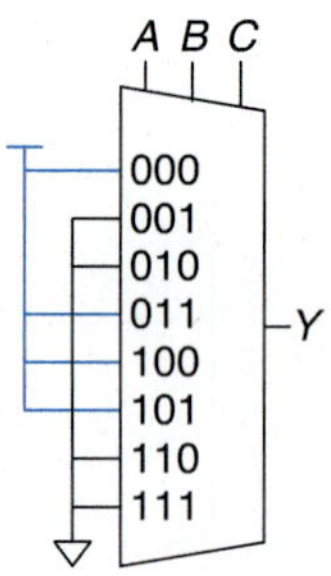

(b)

그림 2.61 엘리사의 회로: (a) 진리표, (b) 8:1 멀티플렉서의 구현

예제 2.12 **멀티플렉서를 이용한 논리회로**

엘리사는 그녀의 졸업 작품을 끝내기 위해 $Y=A\overline{B}+\overline{B}\,\overline{C}+\overline{A}BC$ 함수를 구현해야 하지만, 실험실에 남아 있는 부품이라고는 8:1 멀티플렉서가 전부였다. 엘리사는 어떻게 이 함수를 구현할 수 있을까?

풀이 그림 2.61은 하나의 8:1 멀티플렉서를 이용한 엘리사의 구현을 보여준다. 이 멀티플렉서는 진리표의 각 행이 멀티플렉서의 입력과 일치하는 룩업 테이블로 동작한다.

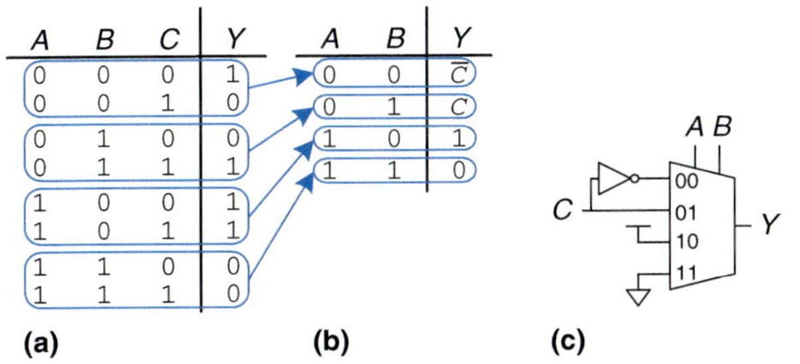

그림 2.62 엘리사의 새로운 회로

예제 2.13 **또 다른 멀티플렉서 로직**

엘리사는 최종 발표 전에 이 회로를 한 번 더 켰으나, 8:1 멀티플렉서를 그만 태워 버리고 말았다(밤을 꼬박 샌 후 실수로 5V 대신 20V 전원을 연결해버렸다). 친구들에게 여분의 부품을 부탁해서 4:1 멀티플렉서와 인버터를 구했다. 엘리사는 이러한 부품들만으로 회로를 만들 수 있을까?

풀이 엘리사는 *C*에 의해 출력이 결정되게 하여 진리표의 행을 네 개로 줄인다(*A*와 *B*에 의해 출력이 결정되도록 진리표의 행들을 재배열하기로 결정하였다). 그림 2.62는 새로 설계된 회로이다.

2.8.2 디코더

디코더는 *N*개의 입력과 2^N개의 출력을 가지며, 입력 조합에 따라 디코더의 출력 중 정확히 하나에만 참 값이 출력된다. 그림 2.63은 2:4 디코더로 $A_{1:0}=00$일 때 Y_0은 1이고, $A_{1:0}=01$일 때 Y_1은 1이 된다(이하 그림과 같다). 이러한 출력을 one-hot이라고 하는데, 이유는 한 번에 정확히 하나(one)만 '활성(hot(HIGH))'되기 때문이다.

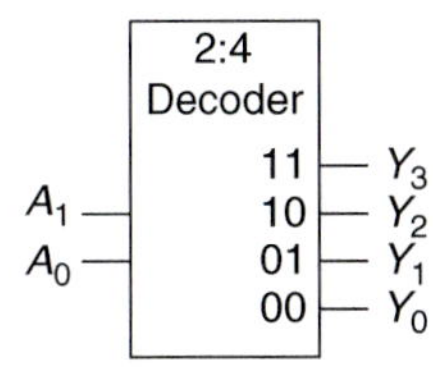

A_1	A_0	Y_3	Y_2	Y_1	Y_0
0	0	0	0	0	1
0	1	0	0	1	0
1	0	0	1	0	0
1	1	1	0	0	0

그림 2.63 2:4 디코더

예제 2.14 **디코더의 구현**

AND, OR, NOT 게이트를 가지고 2:4 디코더를 구현해보자.

풀이 그림 2.64는 AND 게이트 네 개로 2:4 디코더의 구현을 보여준다. 각각의 게이트는 각 입력의 값이 참 또는 거짓에 따라 달라진다. 일반적으로, N:2^N 디코더는 참이거나 거짓 입력 값의 다양한 조합을 받아들이는 2^N개의 *N*-입력 AND 게이트로 구성할 수 있다. 디코더의 각 출력은 하나의 최소항을 나타낸다. 예를 들어, Y_0은 최소항 $\overline{A}_1\overline{A}_0$을 나타낸다. 이러한 사실은 다른 디지털 빌딩 블록을 설계할 때 디코더를 사용하면 매우 편리할 것이다.

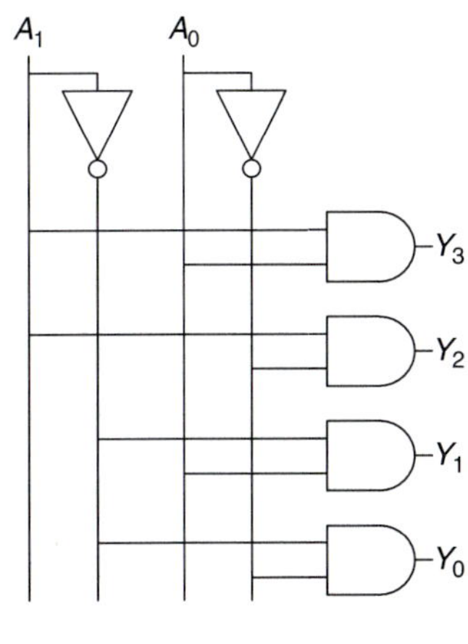

그림 2.64 2:4 디코더의 구현

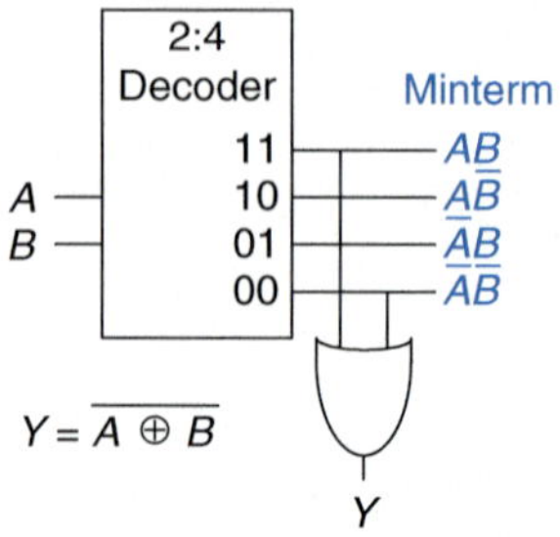

그림 2.65 디코더를 이용한 논리 함수

디코더 로직

디코더의 출력은 논리 함수를 만들기 위해 OR 게이트로 묶어서 사용할 수 있다. 그림 2.65는 하나의 OR 게이트와 2:4 디코더를 이용한 2-입력 XNOR의 함수를 보여준다. 디코더의 각 출력이 하나의 최소항을 나타내므로 이 함수는 모든 최소항들의 OR로 만들어진다. 그림 2.65는 $Y=\overline{A}\,\overline{B}+AB=\overline{A \oplus B}$이다.

디코더를 사용하여 논리를 생성할 때, 가장 쉬운 방법은 진리표나 곱의 합 형태의 정형으로 함수를 표현하는 것이다. 진리표의 출력에 M개의 1을 가지는 N-입력을 가지는 함수는 N:2^N 디코더와 진리표의 출력이 1인 모든 최소항이 연결된 M-입력 OR 게이트를 가지고 만들 수 있다. 이 개념은 5.5.6의 ROM의 구성에 적용될 것이다.

2.9 타이밍

앞에서는 가장 적은 수의 게이트를 사용한 회로가 작동하는지 안하는지에 대해서 우선적으로 고민했지만, 노련한 회로 설계자들은 회로 설계에 있어서 가장 도전적인 이슈 중의 하나가 바로 회로의 동작을 빠르게 만드는 타이밍(timing)이라고 말한다.

설계자가 회로의 **지연 시간**의 계산에 대해 말할 때, 문맥상 별도의 명확한 사항이 없는 한 최악의 경우의 값(전파 지연)을 말하는 것이다.

입력의 변화에 응답하여 출력이 변하기 위해서는 시간이 걸린다. 그림 2.66은 어떤 버퍼의 입력 변화에 따른 연속된 출력 변화 사이의 **지연**(delay)을 보여준다. 이 그림을 **타이밍 다이어그램**(timing diagram)이라고 부르는데, 입력이 변할 때 버퍼 회로의 **과도응답**(transient response)을 보여주고 있다. LOW에서 HIGH로의 변화는 **상승에지**(rising edge), HIGH에

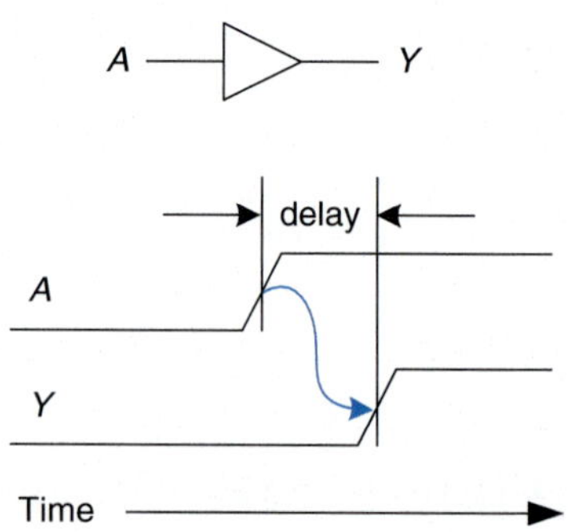

그림 2.66 회로 지연

서 LOW로의 변화(이 그림에서는 보이지 않음)를 하강에지(falling edge)라 부른다. 파란 화살표는 Y의 상승에지는 A의 상승에지에 의해서 일어남을 가리킨다. 입력 신호 A의 50% 지점에서부터 출력 신호 Y의 50% 지점까지의 지연을 측정한다. 50% 지점이라는 말은 신호의 값이 변화되는 LOW 값과 HIGH 값 사이의 절반(50%) 지점이라는 의미이다.

2.9.1 전파 지연과 혼합 지연

조합 논리회로는 **전파 지연**과 **혼합 지연**의 특징이 있다. 전파 지연 t_{pd}는 입력이 변한 때로부터 출력이 최종 값에 도달할 때까지 걸린 최대 시간이며, 혼합 지연 t_{cd}는 입력이 변한 때로부터 출력 중에 하나라도 그 값이 변화하기 시작할 때까지 걸리는 최소 시간이다.

그림 2.67은 파란색과 회색으로 버퍼의 전파 지연과 혼합 지연을 각각 그림으로 표시하였다. 이 그림은 입력 A가 HIGH 또는 LOW의 초기 값으로부터 변화하여 특정 시간에 다른 상태로 변화되는 것을 보이고 있다. 여기서 이것이 무슨 값을 가지고 있냐를 따지지 말고 이것이 변한다는 사실에만 주목하자. 시간이 조금 흐르면 Y가 변하게 된다. 그림의 곡선은 A가 변한 후 Y가 변화하기 시작하는 시간 t_{cd}와 t_{pd} 시간 안에 새로운 안정된 값에 도달함을 가리킨다.

회로에서 지연이 생기는 근본적인 원인으로 빛의 속도가 유한하다는 것과 회로 내에 존재하는 커패시턴스(capacitance) 회로의 충전에 필요한 시간 등을 포함한다. t_{pd}와 t_{cd}는 다음과 같은 내용을 포함한 많은 이유로 달라질 수도 있을 것이다.

회로 지연 시간은 보통의 경우 대략 피코세컨드(1ps=10^{-12}초)에서 나노세컨드(1ns=10^{-9}초)까지의 값을 가진다. 피코세컨드는 1조분의 1초를 말하며 이 문장을 보기도 전에 지나가 버린 엄청나게 짧은 시간이다.

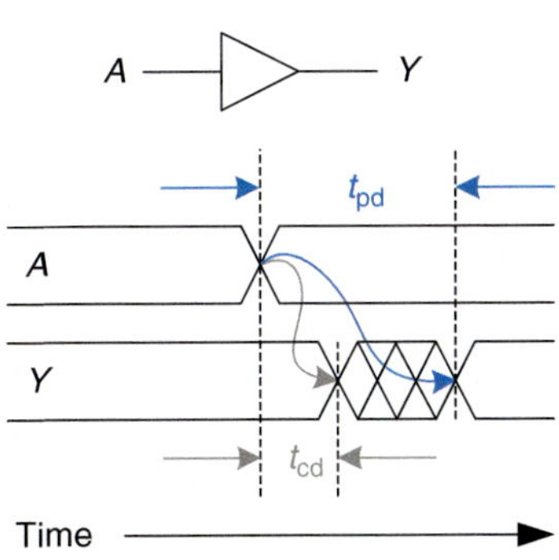

그림 2.67 전파 지연과 혼합 지연

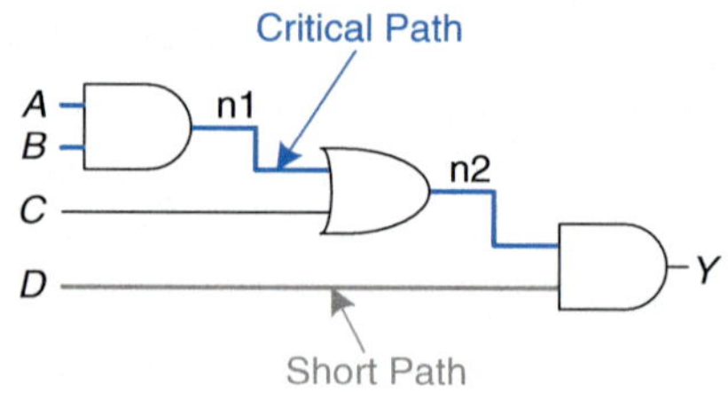

그림 2.68 짧은 경로와 임계 경로

- 서로 다른 상승 지연과 하강 지연
- 여러 개의 입출력 중의 일부가 다른 것보다 빠를 경우
- 회로는 뜨거울 때 동작 속도가 느려지며 차가울 때 빨라진다.

t_{pd}와 t_{cd}를 계산하는 것은 추상화의 보다 낮은 단계를 파헤쳐야 되므로 이 책의 범위를 벗어난다. 그러나 제조회사는 일반적으로 각 게이트의 이러한 지연 등을 명시한 데이터 시트(data sheet)를 제공한다.

이미 앞서 열거한 내용과 함께, 전파 지연과 혼합 지연은 입력에서 출력으로 신호를 흐르게 하는 **경로**(path)에 의해서도 결정된다. 그림 2.68은 4-입력 논리회로를 보여주며, 파란색으로 보인 **임계 경로**(critical path)는 입력 *A*나 *B*로부터 출력 *Y*까지의 경로이고, 입력이 세 개의 게이트를 통하여 출력으로 이동되기 때문에 가장 길면서도 느린 경로이다. 이 경로는 회로의 동작 속도를 제한하기 때문에 대단히 중요하다. 파란색으로 나타낸 회로를 통과하는 **짧은 경로**(short path)는 입력 *D*로부터 출력 *Y*까지의 경로이며, 입력이 하나의 게이트만을 통하여 출력으로 전달되므로 가장 짧으면서도 빠른 경로이다.

조합회로의 전파 지연은 임계 경로상의 각 소자를 통과하는 전파 지연의 합이며, 혼합 지연은 짧은 경로상의 각 소자를 통과하는 혼합 지연의 합이다. 이러한 지연들을 그림 2.69에 보였으며, 다음과 같은 식으로 표현된다.

> 이 분석에서는 도선의 지연시간을 무시하였지만, 요즘 디지털 회로의 동작 속도는 매우 빨라서 긴 도선에 의한 지연시간은 게이트의 동작 속도만큼 중요할 수 있다. 부록 A에 빛의 속도에 대한 지연시간을 다루었다.

$$t_{pd} = 2t_{pd\_\mathrm{AND}} + t_{pd\_\mathrm{OR}} \tag{2.8}$$

$$t_{cd} = t_{cd\_\mathrm{AND}} \tag{2.9}$$

예제 2.15 **지연 구하기**

벤은 그림 2.70 회로에서 전파 지연과 혼합 지연을 구해야 한다. 그가 가지고 있는 데이터 북에 따르면, 각 게이트는 100ps의 전파 지연과 60ps의 혼합 지연을 갖는다.

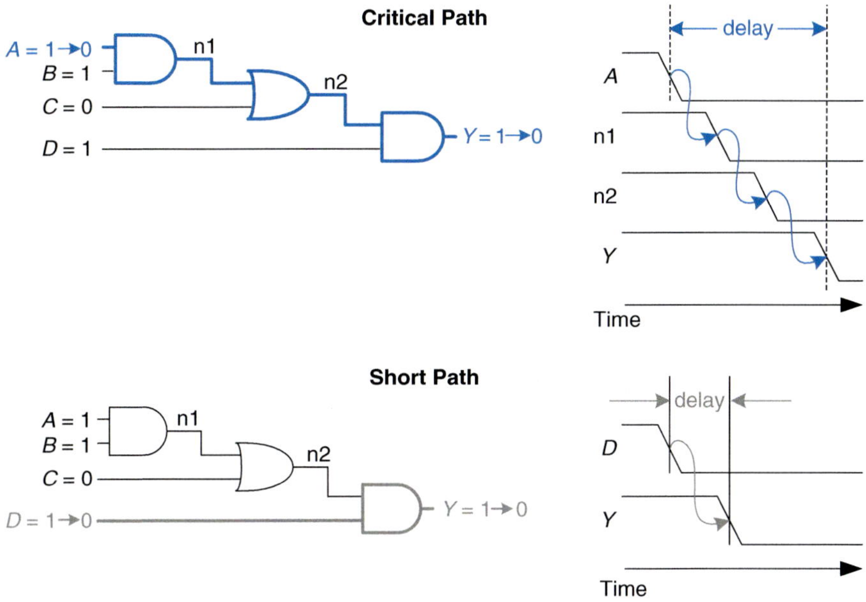

그림 2.69 임계 경로와 짧은 경로의 파형

풀이 벤은 회로를 통과하는 임계 경로와 짧은 경로를 찾아서 풀이를 시작한다. 그림 2.71의 파란색으로 강조된 임계 경로는 입력 *A*나 *B*로부터 세 개의 게이트를 통하여 출력 *Y*까지이므로, t_{pd}는 게이트 하나의 전파 지연의 3배, 또는 300ps이다.

그림 2.72에서 회색으로 보인 가장 짧은 경로는 입력 *C*, *D* 또는 *E*로부터 출력 *Y* 쪽으로 두 개의 게이트를 통과한다. 짧은 경로에는 두 개의 게이트만이 존재하므로, t_{cd}는 120ps이다.

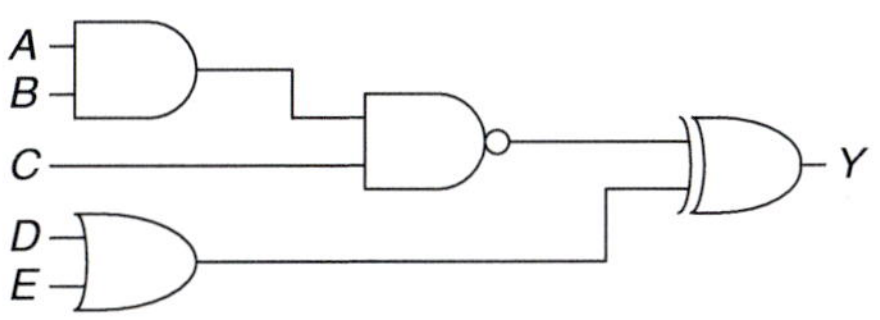

그림 2.70 벤의 회로

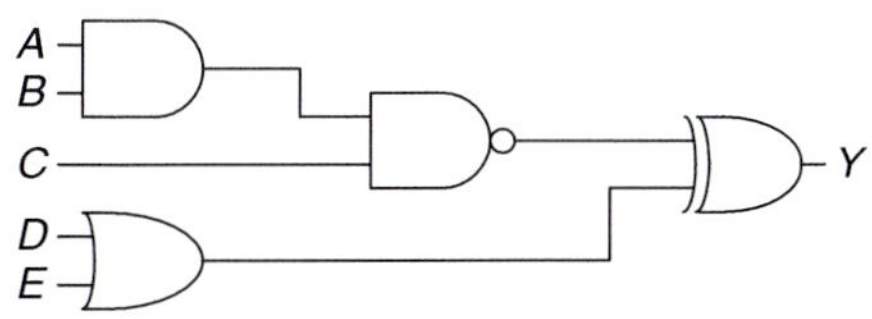

그림 2.71 벤의 임계 경로

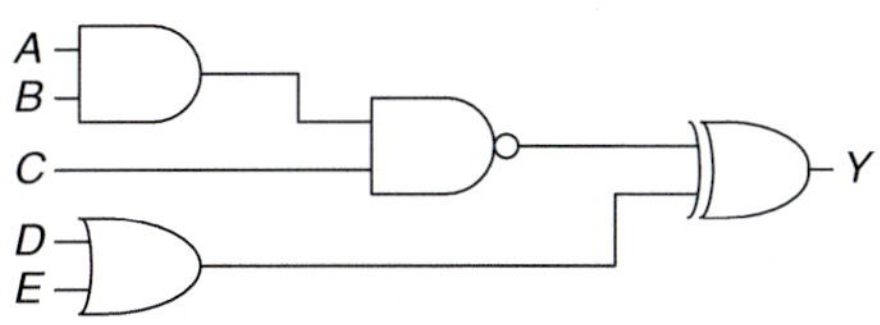

그림 2.72 벤의 짧은 경로

표 2.7 멀티플렉서 회로 소자를 위한 타이밍 명세

Gate	t_{pd} (ps)
NOT	30
2-input AND	60
3-input AND	80
4-input OR	90
tristate (*A* to *Y*)	50
tristate (enable to *Y*)	35

예제 2.16 멀티플렉서의 타이밍

2.8.1절의 그림 2.58에 보인 세 개의 4-입력 멀티플렉서 회로의 최악의 타이밍 경우를 비교하라. 표 2.7은 각 부품들의 전파 지연의 목록이다. 각 회로의 임계 경로는 무엇이며, 타이밍 분석을 통해서 설계 회로를 하나 선택하고, 다른 회로보다 우선해서 선택한 이유를 설명하라.

풀이 세 개의 설계 옵션에 대한 임계 경로 중의 하나는 그림 2.73과 그림 2.74에서 파란색으로 강조되었다. t_{pd_sy}는 입력 *S*로부터 출력 *Y*로의 전파 지연을 가리키며, t_{pd_dy}는 입력 *D*로부터 출력 *Y*로의 전파 지연을 가리키며, t_{pd}는 둘 중에 가장

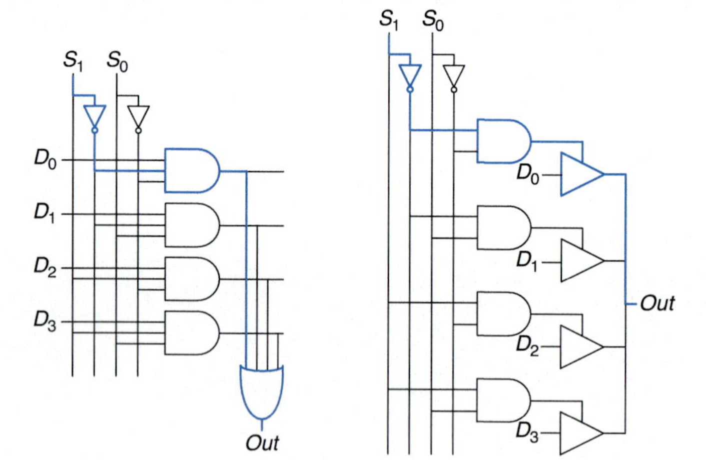

(a)
$t_{pd\_sy} = t_{pd\_INV} + t_{pd\_AND3} + t_{pd\_OR4}$
$= 30\text{ ps} + 80\text{ ps} + 90\text{ ps}$
$= \mathbf{200\text{ ps}}$
$t_{pd\_dy} = t_{pd\_AND3} + t_{pd\_OR4}$
$= \mathbf{170\text{ ps}}$

(b)
$t_{pd\_sy} = t_{pd\_INV} + t_{pd\_AND2} + t_{pd\_TRI\_sy}$
$= 30\text{ ps} + 60\text{ ps} + 35\text{ ps}$
$= \mathbf{125\text{ ps}}$
$t_{pd\_dy} = t_{pd\_TRI\_ay}$
$= \mathbf{50\text{ ps}}$

그림 2.73 4:1 멀티플렉서 전파 지연: (a) 2-단계 논리, (b) 3상 버퍼

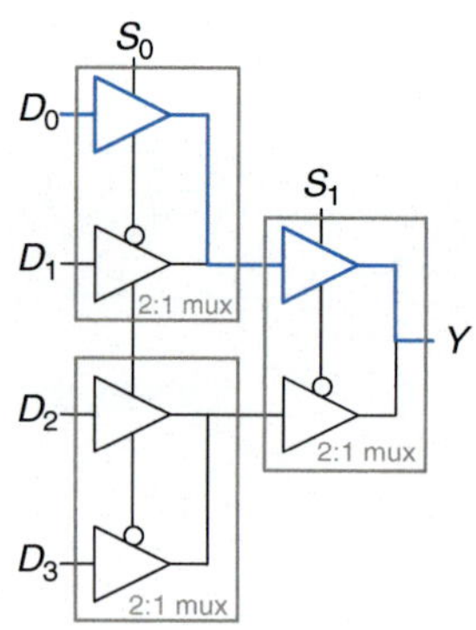

$t_{pd\_s0y} = t_{pd\_TRLSY} + t_{pd\_TRI\_AY} = \mathbf{85\text{ ns}}$
$t_{pd\_dy} = 2\ t_{pd\_TRI\_AY} = \mathbf{100\text{ ns}}$

그림 2.74 4:1 멀티플렉서 전파 지연: 2:1 멀티플렉서를 이용한 계층적 구현

최악의 것임을 나타낸다(최댓값(t_{pd_sy}, t_{pd_dy})).

그림 2.73에 있는 2-단계 논리와 3-상태 버퍼 구현의 임계 경로는 제어 신호 S 중 하나로부터 출력 Y까지이며, $t_{pd} = t_{pd_sy}$이다. 이러한 회로는 임계 경로가 제어 신호에서 출력까지이므로, **제어 임계**(control critical)라 한다. 제어 신호에서의 어떠한 부가적인 지연도 최악의 지연에 바로 영향을 줄 것이다. 그림 2.73(b)의 D로부터 Y로의 지연은 S로부터 Y로의 지연 125ps에 비교해보면 50ps밖에 되지 않는다.

그림 2.74는 2:1 멀티플렉서를 2단계로 사용한 4:1 멀티플렉서의 계층적인 구현을 보여준다. 임계 경로는 입력 D의 어떤 값으로부터 출력까지의 경로이며, 이러한 회로는 임계 경로가 데이터 입력으로부터 출력($t_{pd} = t_{pd\_dy}$)까지이므로, **데이터 임계**(data critical)라 한다.

만일 데이터 입력이 제어 입력보다 먼저 바르게 도착하면, 가장 짧은 control-to-output 지연을 가진 설계(그림 2.74 계층적 설계)를 선택할 것이다. 마찬가지로 제어 입력이 데이터 입력보다 먼저 바르게 도착하면 가장 짧은 data-to-output 지연을 가진 설계(그림 2.73(b) 3상 버퍼 설계)를 선택할 것이다.

가장 좋은 선택은 회로를 통과하는 임계 경로와 입력 도착 시간뿐만 아니라 전력, 가격, 그리고 부품의 효용성에 따른다.

2.9.2 글리치

해저드는 7장에 나오는 마이크로아키텍처의 해저드(위험요소)와 다른 의미이므로, 혼란을 피하기 위해 다수의 출력으로의 천이(출력의 과도현상)를 **글리치**(glitch)라는 용어로 한정한다.

지금까지는 하나의 입력 변환이 하나의 출력 변환의 원인이 되는 경우를 다루어 왔지만, 하나의 입력 변환이 **복합적인** 출력 변환의 원인이 될 수도 있다. 이것을 **글리치**(glitch), 또는 **해저드**(hazard, 장해)라 부른다. 이러한 글리치는 대개의 경우 문제의 원인이 되지는 않지만, 이러한 글리치의

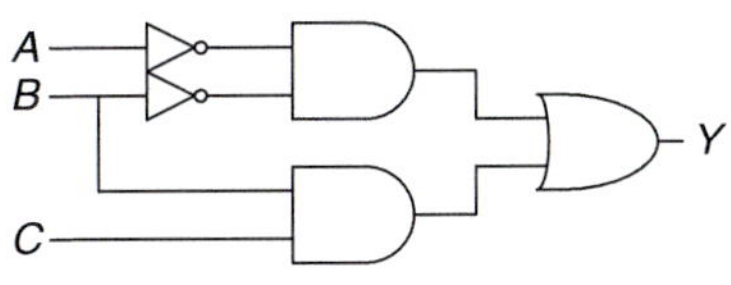

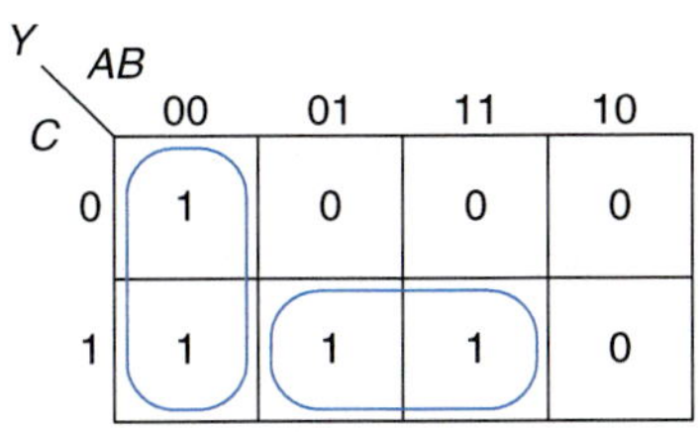

C \ AB	00	01	11	10
0	1	0	0	0
1	1	1	1	0

$Y = \overline{A}\overline{B} + BC$

그림 2.75 글리치를 갖는 회로

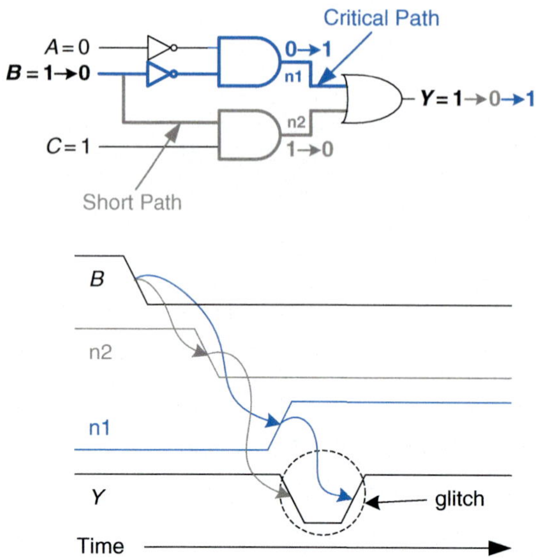

그림 2.76 글리치의 타이밍

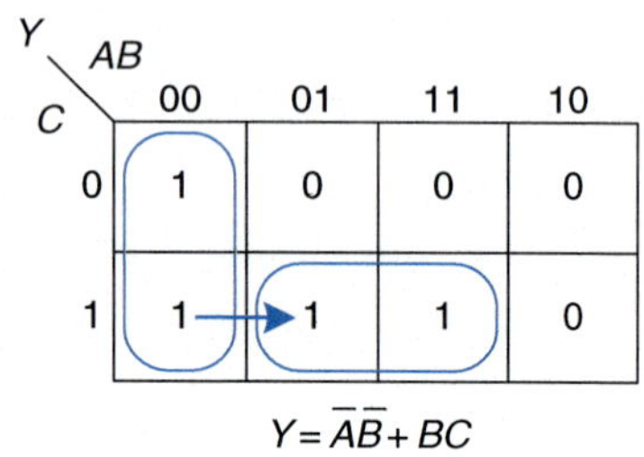

그림 2.77 항의 경계에 걸쳐 있는 입력 변화

존재를 인정하고, 타이밍 다이어그램을 볼 때 이를 인식하는 것은 중요하다. 그림 2.75는 글리치를 포함하는 회로와 카르노 맵을 보여준다.

부울 식은 바르게 최소화되었지만, A=0, C=1, 그리고 B가 1에서 0으로 변화될 때를 살펴보자. 그림 2.76은 이러한 시나리오를 도해로 보여준다. 회색으로 표시된 짧은 경로는 두 개의 게이트 AND와 OR를 통과하며, 파란색으로 보이는 임계 경로는 하나의 인버터와 두 개의 게이트 AND와 OR를 통과한다.

B가 1에서 0으로 변화되면, 임계 경로에 있는 n1이 0에서 1로 상승하기도 전에 짧은 경로에 있는 n2가 1에서 0으로 하강해버린다. 시간이 흐르면 결국 n1이 상승하게 되고, Y는 1로 돌아온다. 그림 2.76에 있는 타이밍 다이어그램을 보면, Y는 1로 시작해서 1로 끝나지만 잠시나마 0으로 글리치된다. 출력에 바른 값이 나올 때까지 걸리는 전파 지연 시간 동안 기다린다면, 출력은 결국 바른 값에 도달해 있으므로 글리치는 문제되지 않는다.

구현된 회로에 다른 게이트를 추가함으로써 이러한 글리치를 피할 수도 있다. 이 방법은 카르노 맵의 관점에서 이해하면 가장 쉬운데, 그림 2.77은 ABC=001로부터 ABC=011로 변화하는 B에서의 입력 변화가 어떻게 하나의 주항을 가리키는 원에서 다른 주항을 가리키는 원으로 이동되는지를 보여준다. 카르노 맵상의 두 주항의 경계에 걸쳐있는 이러한 변화는

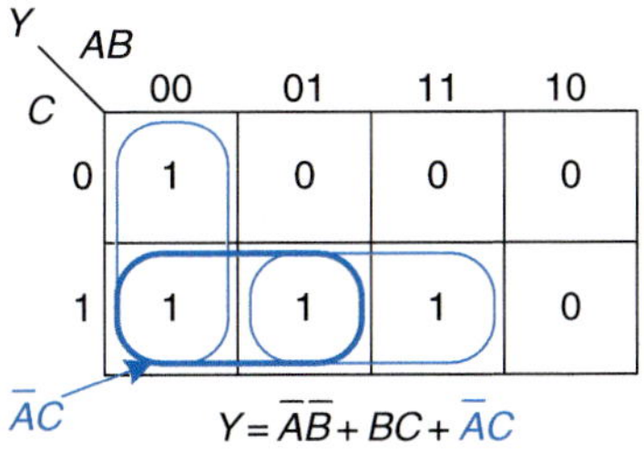

그림 2.78 글리치를 갖는 카르노 맵

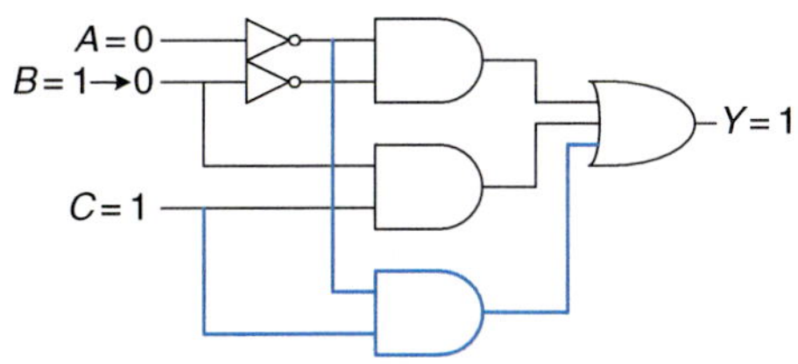

그림 2.79 글리치가 없는 회로

발생될 수 있는 글리치를 표시한다.

그림 2.76의 타이밍 다이어그램에서 보듯이, 이러한 주항 중의 하나로 전기회로를 구성한다면 다른 주항으로 구성된 회로가 꺼지기 전에 켜질 수도 있어서 글리치가 발생한다. 이러한 문제를 수정하기 위해, 그림 2.78에서 보인 것처럼, 문제가 발생한 주항의 경계를 커버하기 위해 그 주항을 묶을 수 있는 원을 추가한다. 기억하겠지만 이는 컨센서스 정리로서, 부가된 항 $\overline{A}C$는 컨센서스(consensus) 항 또는 중복(redundant) 항이다.

그림 2.79는 글리치를 해결한(反글리치) 회로이며, 부가된 AND 게이트는 파란색으로 강조되어 있다. 이제 파란색 AND 게이트는 신호가 전달되는 동안 1을 출력하기 때문에, A=0이고 C=1일 때도 B의 입력 변화는 출력 측에 글리치 원인이 되지 않는다.

일반적으로, 글리치는 카르노 맵상에서 두 주항 사이의 경계에 걸쳐있는 하나의 변수가 변화될 때 발생될 수 있다. 카르노 맵에 이러한 경계를 커버하기 위해 중복된 곱의 항(implicant)을 추가함으로서 글리치를 제거할 수 있다. 물론 이는 추가적인 하드웨어 비용을 들게 한다.

그렇지만 동시에 여러 개의 입력 변환 역시 글리치의 발생 원인이 될 수 있으며, 거대한 대부분의 실제 회로들은 여러 입력들이 동시에(또는 거의 동시에) 변화하므로, 이러한 글리치는 하드웨어를 추가해서 해결할 수 없다. 글리치는 대부분의 회로에서 피할 수 없는 현실이다. 비록 한 종류의 글리치 제거 방법을 보였지만, 글리치에 대한 관점은 이러한 글리치들을 제거하는 것이 아니라 그것들이 존재한다는 것을 깨닫는 것이다. 이는 특히 시뮬레이터(simulator)나 오실로스코프(ocilloscope)의 타이밍 다이어그램을 볼 때 중요하다.

2.10 요약

디지털 회로는 이산 값을 가지는 입력과 출력 그리고 타이밍과 함수를 기술하는 명세를 가지는 하나의 모듈이다. 이번 장은 출력이 오직 현재 값에만 의존하는 조합회로를 집중 조명하였다.

조합회로의 기능은 진리표나 부울 식으로 주어질 수 있다. 어떠한 진리표에 대해서도 곱의 합이나 합의 곱의 형태를 이용하여 조직적으로 부울 식을 구할 수 있다. 곱의 합 형태의 함수는 하나 또는 그 이상의 임플리컨트(implicant, 곱의 항)로 표현될 수 있으며, 여기서 곱의 항(implicant)이란 리터럴(literal)의 곱(AND)이며, 리터럴이란 입력 변수의 참 또는 반전된 값의 형태를 말한다(입력 변수가 A라면, 리터럴은 A 또는 $\overline{A}$ −옮긴이)

부울 식은 부울 대수의 법칙으로 단순화시킬 수 있다. 특히, $PA+P\overline{A}=P$인 관계를 이용하여 여러 개의 리터럴 중 하나의 리터럴이 참과 반전된 꼴로 서로 다른 곱의 항에 있다면 이들을 서로 묶음으로써 최소화된 곱의 합 형태로 단순화시킬 수 있다. 카르노 맵은 최대 네 개의 변수를 가진 함수를 최소화시킬 수 있는 시각적 도구이지만 실제 회로 설계자들은 수개 정도의 변수를 가지는 함수는 보통 직관적으로 간략화시킨다. 4장에서 논의될 방법과 도구들과 같이 보다 복잡한 기능을 위해서는 컴퓨터를 사용하는 도구들을 이용한다.

논리 게이트를 서로 연결하여 원하는 기능을 수행하는 조합회로를 만든다. 곱의 합 형태로 된 어떠한 함수도 2단계 논리를 이용하여 만들어 낼 수 있다. 즉, NOT 게이트는 입력의 반전된 꼴을 만들고, AND 게이트는 곱을 형성하며, OR 게이트는 합의 형태를 만들어낸다. 기능과 구할 수 있는 빌딩 블록에 따라, 다양한 종류의 게이트를 가진 다단계 논리의 구현이 더욱 효율적일지도 모른다. 예를 들어, CMOS 회로는 여분의 NOT 게이트 없이 CMOS 트랜지스터로부터 바로 만들 수 있는 NAND와 NOR 게이트를 더 많이 사용한다. NAND와 NOR 게이트를 사용할 때, 버블 밀기는 반전 신호를 추적하는 데 유용하다.

멀티플렉서, 디코더, 그리고 우선순위 회로 등과 같이 보다 큰 회로들은 논리 게이트들을 서로 연결하여 만든다. 멀티플렉서는 선택 입력 단자에 따라 여러 입력 중에 하나를 선택하며, 디코더는 입력 값에 따라 출력 중에 하나를 HIGH로 설정하고, 우선순위 회로는 가장 높은 우선순위 입력을 가리키는 출력을 만들어낸다. 이러한 회로들은 모두 조합 논리회로의 예이며, 5장에서는 산술 연산 회로를 포함한 보다 많은 회로들을 소개할 것이다. 이러한 회로들은 7장의 마이크로프로세서를 만드는 데 폭넓게 사용될 것이다.

조합회로의 타이밍 명세는 회로를 통과하는 전파 지연과 혼합 지연으로 구성되며, 입력 변화와 이에 따른 출력 변화 사이의 가장 긴 시간과 가장 짧은 시간을 나타낸다. 어느 회로의 전파 지연의 계산은 전체 회로의 임계 경로를 파악한 다음, 이 임계 경로를 따라가며 각 부품의 전파 지연을 더해 가는 과정을 포함한다. 복잡한 조합회로를 구현하기 위한 서로 다른 방법은 얼마든지 있으며, 속도와 단가 사이의 절충 정도에 따라 선택한다.

다음 장은 순차회로로 넘어가는데, 이와 같은 순차회로의 출력은 현재뿐만 아니라 이전의 입력에 따라 달라지는 회로이다. 말하자면, 순차회로는 과거의 상태를 저장한 메모리를 가지고 있다.

연습문제

문제 2.1 그림 2.80의 각 진리표에 대한 곱의 합 형태의 부울 식을 작성하라.

(a)

A	B	Y
0	0	1
0	1	0
1	0	1
1	1	1

(b)

A	B	C	Y
0	0	0	1
0	0	1	0
0	1	0	0
0	1	1	0
1	0	0	0
1	0	1	0
1	1	0	0
1	1	1	1

(c)

A	B	C	Y
0	0	0	1
0	0	1	0
0	1	0	1
0	1	1	0
1	0	0	1
1	0	1	1
1	1	0	0
1	1	1	1

(d)

A	B	C	D	Y
0	0	0	0	1
0	0	0	1	1
0	0	1	0	1
0	0	1	1	1
0	1	0	0	0
0	1	0	1	0
0	1	1	0	0
0	1	1	1	0
1	0	0	0	1
1	0	0	1	0
1	0	1	0	1
1	0	1	1	0
1	1	0	0	0
1	1	0	1	0
1	1	1	0	1
1	1	1	1	0

(e)

A	B	C	D	Y
0	0	0	0	1
0	0	0	1	0
0	0	1	0	0
0	0	1	1	1
0	1	0	0	0
0	1	0	1	1
0	1	1	0	1
0	1	1	1	0
1	0	0	0	0
1	0	0	1	1
1	0	1	0	1
1	0	1	1	0
1	1	0	0	1
1	1	0	1	0
1	1	1	0	0
1	1	1	1	1

그림 2.80 연습문제 2.1와 연습문제 2.3의 진리표

문제 2.2 그림 2.81의 각 진리표에 대한 곱의 합 형태의 부울 식을 작성하라.

(a)

A	B	Y
0	0	0
0	1	1
1	0	1
1	1	1

(b)

A	B	C	Y
0	0	0	0
0	0	1	1
0	1	0	1
0	1	1	1
1	0	0	1
1	0	1	0
1	1	0	1
1	1	1	0

(c)

A	B	C	Y
0	0	0	0
0	0	1	1
0	1	0	0
0	1	1	0
1	0	0	0
1	0	1	0
1	1	0	1
1	1	1	1

(d)

A	B	C	D	Y
0	0	0	0	1
0	0	0	1	0
0	0	1	0	1
0	0	1	1	1
0	1	0	0	0
0	1	0	1	0
0	1	1	0	1
0	1	1	1	1
1	0	0	0	1
1	0	0	1	0
1	0	1	0	1
1	0	1	1	0
1	1	0	0	0
1	1	0	1	0
1	1	1	0	0
1	1	1	1	0

(e)

A	B	C	D	Y
0	0	0	0	0
0	0	0	1	0
0	0	1	0	0
0	0	1	1	1
0	1	0	0	0
0	1	0	1	0
0	1	1	0	1
0	1	1	1	1
1	0	0	0	1
1	0	0	1	1
1	0	1	0	1
1	0	1	1	1
1	1	0	0	0
1	1	0	1	0
1	1	1	0	0
1	1	1	1	0

그림 2.81 연습문제 2.2와 연습문제 2.4의 진리표

문제 2.3 그림 2.80의 각 진리표에 대한 합의 곱 형태의 부울 식을 작성하라.

문제 2.4 그림 2.81의 각 진리표에 대한 합의 곱 형태의 부울 식을 작성하라.

문제 2.5 연습문제 2.1로부터 구한 각 부울 식을 최소화하라.

문제 2.6 연습문제 2.2로부터 구한 각 부울 식을 최소화하라.

문제 2.7 연습문제 2.5로부터 구한 각 함수를 수행하는 적정 수준의 간단한 조합회로를 작성하라. 적정 수준으로 간단하다는 말은 게이트를 낭비하지도 않으면서, 모든 구현 가능한 회로를 검사하는 데 많은 시간을 낭비하지도 않음을 의미한다.

문제 2.8 연습문제 2.6으로부터 구한 각 함수를 수행하는 적정 수준의 간단한 조합회로를 작성하라.

문제 2.9 NOT, AND, OR 게이트만을 사용하여 연습문제 2.7을 반복하라.

문제 2.10 NOT, AND, OR 게이트만을 사용하여 연습문제 2.8을 반복하라.

문제 2.11 NOT, NAND, NOR 게이트만을 사용하여 연습문제 2.7을 반복하라.

문제 2.12 NOT, NAND, NOR 게이트만을 사용하여 연습문제 2.8을 반복하라.

문제 2.13 부울 정리를 이용하여 다음 부울 식을 단순화하고, 진리표나 카르노 맵으로 검산하라.

(a) $Y=AC+\overline{A}\,\overline{B}C$

(b) $Y=\overline{A}\,\overline{B}+\overline{A}B\overline{C}+(\overline{A+\overline{C}})$

(c) $Y=\overline{A}\,\overline{B}\,\overline{C}\,\overline{D}+A\overline{B}\,\overline{C}+A\overline{B}C\overline{D}+ABD+\overline{A}\,\overline{B}C\overline{D}+B\overline{C}D+\overline{A}$

문제 2.14 부울 정리를 이용하여 다음 부울 식을 단순화하고, 진리표나 카르노 맵으로 검산하라.

(a) $Y=\overline{A}BC+\overline{A}B\overline{C}$

(b) $Y=\overline{ABC}+A\overline{B}$

(c) $Y=ABC\overline{D}+A\overline{BCD}+(\overline{A+B+C+D})$

문제 2.15 연습문제 2.13으로부터 구한 각 함수를 수행하는 적정 수준의 간단한 조합회로를 작성하라.

문제 2.16 연습문제 2.14로부터 구한 각 함수를 수행하는 적정 수준의 간단한 조합회로를 작성하라.

문제 2.17 다음 부울 식을 단순화하고, 이렇게 단순화된 부울 식을 수행할 수 있는 적정 수준의 간단한 조합회로를 작성하라.

(a) $Y=BC+\overline{A}\,\overline{B}\,\overline{C}+B\overline{C}$

(b) $Y=\overline{A+\overline{A}B+\overline{A}\,\overline{B}+A+\overline{B}}$

(c) $Y=ABC+ABD+ABE+ACD+ACE+(\overline{A+D+E})+\overline{B}\,\overline{C}D+\overline{B}\,\overline{C}E+\overline{B}\,\overline{D}\,\overline{E}+\overline{C}\,\overline{D}\,\overline{E}$

문제 2.18 다음 부울 식을 단순화하고, 이렇게 단순화된 부울 식을 수행할 수 있는 적정 수준의 간단한 조합회로를 작성하라.

(a) $Y=\overline{A}BC+\overline{B\overline{C}}+BC$

(b) $Y=(\overline{A+B+C})D+AD+B$

(c) $Y=ABCD+\overline{A}B\overline{C}D+(\overline{\overline{B}+D})E$

문제 2.19 40개 이하(최소 1개)의 2-입력 게이트로 구성될 수 있는 30억~50억 개의 행을 필요로 하는 진리표의 예를 제시하라.

문제 2.20 조합회로이지만 순환 경로를 가지는 회로의 예를 제시하라.

문제 2.21 엘리사는 어떠한 부울 함수라도 모든 주항(prime implicant)들을 합하면 최소화된 곱의 합 형태가 된다고 말하고, 벤은 최소화된 식이라도 모든 주항을 모두 포함하지 않는 함수들도 더러 있다고 말한다. 엘리사가 옳다면 그 이유를 설명하고, 그렇지 않다면 벤의 주장을 입증하는 예를 제시하라.

문제 2.22 완전귀납법(perfect induction)으로 다음 정리가 참임을 증명하라. 단, 쌍대는 증명할 필요 없다.

(a) 멱등법칙 정리(T3)

(b) 분배법칙 정리(T8)

(c) 결합법칙 정리(T8)

문제 2.23 세 변수 B_2, B_1, B_0에 대한 드모르강의 정리(T12)를 완전귀납법으로 증명하라.

문제 2.24 그림 2.82 회로에 대한 부울 식을 작성하라. 단, 방정식을 축소할 필요는 없다.

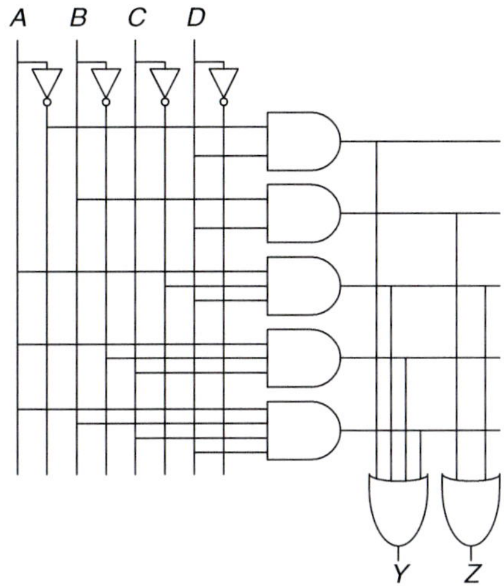

그림 2.82 회로 개략도

문제 2.25 연습문제 2.24의 부울 식을 최소화하고 같은 기능을 가진 개선된 회로를 작성하라.

문제 2.26 드모르강 등가 게이트와 버블 밀기 방법을 이용하여 그림 2.83 회로를 다시 그려서 확인해보면 부울 식을 찾을 수 있다. 이 부울 식을 작성하라.

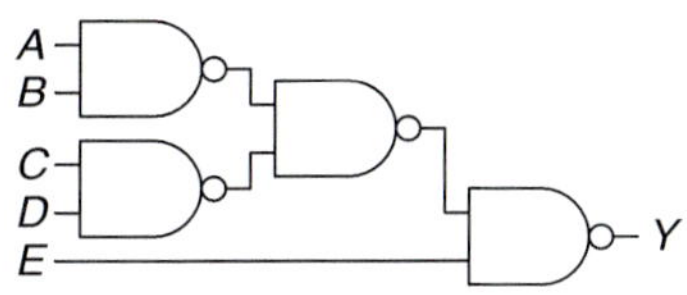

그림 2.83 회로 개략도

문제 2.27 그림 2.84의 회로에 대해 연습문제 2.26을 반복하라.

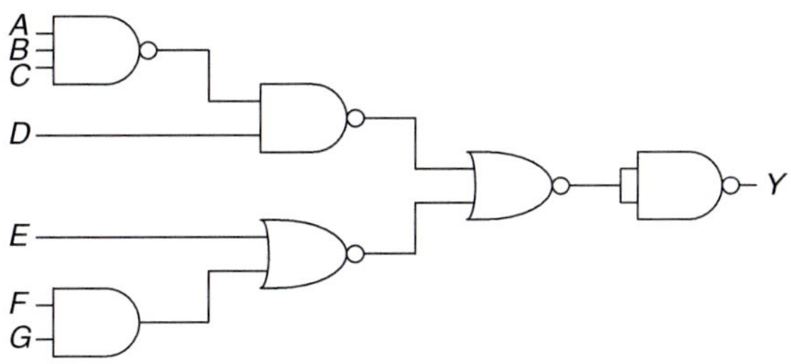

그림 2.84 회로 개략도

문제 2.28 그림 2.85 함수에 대한 최소 부울 식을 구하라. 단, 무정의 항(don't care)의 이점을 고려하라.

A	*B*	*C*	*D*	*Y*
0	0	0	0	X
0	0	0	1	X
0	0	1	0	X
0	0	1	1	0
0	1	0	0	0
0	1	0	1	X
0	1	1	0	0
0	1	1	1	X
1	0	0	0	1
1	0	0	1	0
1	0	1	0	X
1	0	1	1	1
1	1	0	0	1
1	1	0	1	1
1	1	1	0	X
1	1	1	1	1

그림 2.85 연습문제 2.28을 위한 진리표

문제 2.29 연습문제 2.28의 함수에 대한 회로를 작성하라.

문제 2.30 연습문제 2.29의 회로의 입력 중 하나의 값이 바뀐다면 글리치의 가능성이 있는가? 아니라면 이유를 설명하고, 글리치를 제거하기 위해 어떻게 회로를 수정해야 하는지 보이라.

문제 2.31 무정의 항을 이용하여 그림 2.86 함수의 최소화된 부울 식을 구하라.

A	*B*	*C*	*D*	*Y*
0	0	0	0	0
0	0	0	1	1
0	0	1	0	X
0	0	1	1	X
0	1	0	0	0
0	1	0	1	X
0	1	1	0	X
0	1	1	1	X
1	0	0	0	1
1	0	0	1	0
1	0	1	0	0
1	0	1	1	1
1	1	0	0	0
1	1	0	1	1
1	1	1	0	X
1	1	1	1	1

그림 2.86 연습문제 2.31을 위한 진리표

문제 2.32 연습문제 2.31 함수의 회로를 작성하라.

문제 2.33 벤은 개미가 없는 화창한 날의 소풍을 즐긴다. 벌새를 볼 수 있거나, 무당벌레와 개미가 있는 날에도 또한 소풍을 즐긴다. 그의 즐거움(E)을 태양(S), 개미(A), 벌새(H), 무당벌레(L)로 나타내는 부울 식을 작성하라.

문제 2.34 세그먼트 S_c부터 S_g까지의 7–세그먼트 디코더를 설계하라(예제 2.10 참고).

(a) 9보다 큰 입력은 공백(0)을 출력한다는 가정하에 S_c부터 S_g까지의 부울 식을 유도하라.

(b) 9보다 큰 입력은 무정의 항(don't care)이라는 가정하에 S_c부터 S_g까지의 부울 식을 유도하라.

(c) (b)부분을 적정한 수준으로 단순화한 게이트 수준의 회로를 작성하라. 필요하다면 여러 개의 출력이 게이트를 공유할 수 있다.

문제 2.35 네 개의 입력과 두 개의 출력을 가진 어떤 회로가 있다. 입력 $A_{3:0}$은 0부터 15까지의 숫자를 나타내며, 출력 P는 입력이 소수(prime number)일 때(0과 1은 소수가 아니지만 2, 3, 5,…는 소수)라면 반드시 TRUE이고, 출력 D는 숫자가 3으로 나누어떨어진다면 반드시 TRUE이다. 각각의 출력에 대한 간략한 부울 식을 제시하고 이 회로를 작성하라.

문제 2.36 어떤 우선순위 회로(priority encoder)는 2^N개의 입력을 가지며, 이 회로의 N–비트 이진 출력은 TRUE 값을 가지는 입력 비트 중 최상위 비트의 위치를 가리키지만, 만약 모든 입력 비트 중 TRUE 값이 하나도 없다면 출력은 0이 된다. 또한 출력 $NONE$은 어떠한 입력도 TRUE가 아니라면 TRUE가 된다고 할 때, 입력 $A_{7:0}$과 출력으로는 $Y_{2:0}$과 $NONE$을 가지는 8–입력 우선순위 회로를 설계하라. 예를 들어, 입력이 00100000이라면 출력 Y는 101이 되고 $NONE$은 0이 되어야 한다. 각 출력에 대한 간략화된 부울 식을 구하고 개략도를 작성하라.

문제 2.37 8–bit 입력 $A_{7:0}$을 받아서 3–bit 출력 $Y_{2:0}$와 $Z_{2:0}$을 내는 수정된 우선순위 회로(연습문제 2.36 참조)를 설계하라. 여기서 Y와 Z는 각각 입력이 참인 최상위 비트와 두 번째 위치의 비트를 가리키며, 입력 모두가 TRUE가 아니라면 Y는 0이 되어야 하고, Z는 입력 중 TRUE 값이 하나 이하이면 0이 되어야 한다. 각 출력에 대한 간략화된 부울 식을 작성하고, 개략도를 작성하라.

문제 2.38 숫자 k를 표시하기 위한 어떤 M−비트 온도계의 코드는 최하위 비트 자리부터 k개의 1로, 그 이상의 자리는 $(M-k)$개의 0으로 구성된다. 2진수를 온도계의 코드로 변환하는 컨버터는 N개의 입력과 2^N-1개의 출력을 가지며, 특정 입력에 대해 2^N-1비트의 온도계 코드를 만들어낸다. 예를 들어, 입력이 110이면 출력은 0111111이 된다. 각 출력에 대한 부울 식과 개략도를 작성하라.

문제 2.39 그림 2.87의 회로에서 수행되는 함수의 최소화된 부울 식을 작성하라.

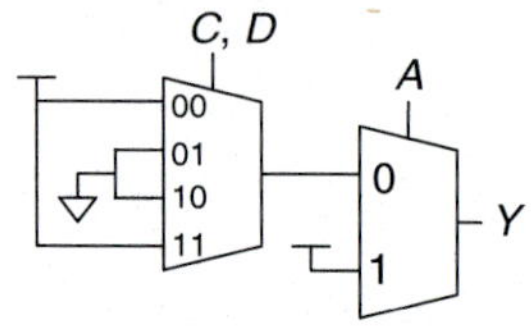

그림 2.87 멀티플렉스 회로

문제 2.40 그림 2.88의 회로에서 수행되는 함수의 최소화된 부울 식을 작성하라.

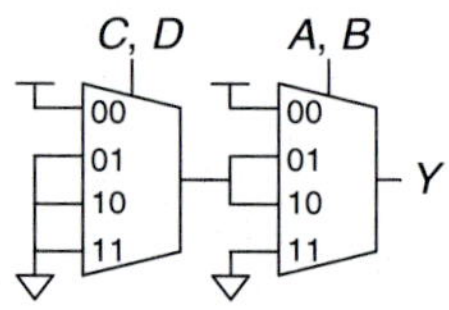

그림 2.88 멀티플렉스 회로

문제 2.41 다음을 이용하여 그림 2.80(b)의 함수를 작성하라.

(a) 8:1 멀티플렉서

(b) 4:1 멀티플렉서와 하나의 인버터

(c) 2:1 멀티플렉서와 서로 다른 두 개의 논리 게이트

문제 2.42 다음을 이용하여 연습문제 2.17(a)의 함수를 작성하라.

(a) 8:1 멀티플렉서

(b) 4:1 멀티플렉서(게이트 사용하지 않음)

(c) 2:1 멀티플렉서, 하나의 OR 게이트와 인버터

문제 2.43 그림 2.83 회로의 전파 지연과 혼합 지연을 구하라. 표 2.8에 주어진 게이트 지연을 이용하라.

표 2.8 연습문제 2.43~2.47을 위한 게이트 지연

Gate	t_{pd} (ps)	t_{cd} (ps)
NOT	15	10
2-input NAND	20	15
3-input NAND	30	25
2-input NOR	30	25
3-input NOR	45	35
2-input AND	30	25
3-input AND	40	30
2-input OR	40	30
3-input OR	55	45
2-input XOR	60	40

문제 2.44 그림 2.84 회로의 전파 지연과 혼합 지연을 구하라. 표 2.8에서 주어진 게이트 지연을 이용하라.

문제 2.45 고속 3:8 디코더를 위한 개략도를 작성하라. 게이트의 지연 시간은 표 2.8에 주어져 있다고 가정한다(이 표의 게이트만 유효). 가능한 가장 짧은 임계 경로를 가지도록 설계하고, 임계 경로를 표시하라. 임계 경로의 전파 지연과 혼합 지연은 무엇인가?

문제 2.46 표 2.8에서 주어진 게이트들만을 이용하여, 연습문제 2.35의 회로가 가능한 빠르게 동작할 수 있도록 다시 설계하라. 새로운 회로를 그리고 임계 경로를 표시하라. 임계 경로의 전파 지연과 혼합 지연은 무엇인가?

문제 2.47 연습문제 2.36의 우선순위 인코더(priority encoder)가 가능한 빠르게 동작할 수 있도록 다시 설계하라. 표 2.8에서 주어진 어느 게이트들도 다 이용할 수 있다. 새로운 회로를 그리고 임계 경로를 표시하라. 임계 경로의 전파 지연과 혼합 지연은 무엇인가?

문제 2.48 데이터 입력으로부터 데이터 출력까지 가능한 짧은 지연 시간을 가지는 8:1 멀티플렉서를 설계하라. 2장 본문 예제에 나와 있는 표 2.7의 어느 게이트들도 이용할 수 있다. 개략도를 그리고, 표에 나와 있는 게이트의 지연 시간들을 이용하여 지연시간을 결정하라.

인터뷰 질문

다음 질문은 디지털 설계 직종의 취업 면접에서 출제된 문제들이다.

질문 2.1 NAND 게이트만 사용하여 2-입력 XOR 함수의 개략도를 작성하라. 얼마나 적게 사용할 수 있는가?

질문 2.2 주어진 달이 31일인지 아닌지를 알려주는 회로를 설계하라. 달은 4-비트 입력 $A_{3:0}$으로 명시되어 있다. 예를 들어 입력이 0001이면 그 달은 1월이고, 1100이면 그 달은 12월이다. 이 회로의 출력 Y는 입력으로 명시된 달이 31일을 가질 때만 HIGH가 된다. 간략화된 부울 식을 쓰고, 최소한의 게이트로 이 회로도를 작성하라(힌트: 무정의 항(don't care)을 사용하라).

질문 2.3 3-상태 버퍼란 무엇인가? 어떻게 사용하며, 왜 사용하는가?

질문 2.4 어떤 게이트 또는 게이트들의 집합이 어떠한 부울 함수라도 모두 나타낼 수 있다면 보편적이라 한다. 예를 들어 게이트 집합 AND, OR, NOT은 보편적이다.

(a) AND 게이트 자체는 보편적인가? 그 이유는 무엇인가?

(b) 게이트 집합 OR, NOT은 보편적인가? 이유는 무엇인가?

(c) NAND 게이트 자체는 보편적인가? 그 이유는 무엇인가?

질문 2.5 한 회로에 있어서 혼합 지연이 전파 지연보다 (같지 않고)적은 이유를 설명하라.

WE CAN DO IT
FSM
FSM
FSM
FSM
FSM
FSM
FSM
FSM

순차 논리회로

3

3.1 소개

이전 장에서 조합 논리를 어떻게 분석하고 설계하는지에 대해 살펴보았다. 조합 논리의 출력은 현재의 입력 값에만 의존한다. 진리표나 부울 식 형태로 주어진 명세를 만족시키기 위해 최적화된 회로를 만들어낼 수 있다.

이번 장에서는 **순차 논리**(sequential logic)를 분석하고 설계해볼 것이다. 순차 논리의 출력은 현재와 이전의 입력 값에 모두 의존한다. 그러므로 순차 논리는 메모리를 가진다. 순차 논리는 특정한 이전 입력을 명시적으로 기억하거나 이전의 입력 값을 압축해서 시스템의 상태(state)를 호출하는 적은 양의 정보를 추출한다. 디지털 순차회로의 상태는 회로의 미래 동작을 설명하기 위해 과거의 필요한 모든 정보를 포함하는 **상태 변수**(state variables)를 호출하는 비트의 집합이다.

이 장은 상태의 한 비트를 저장하는 간단한 순차회로인 래치(latchs)와 플립플롭(flip-flops)에 대해 공부하는 것으로 시작한다. 일반적으로, 순차회로의 분석은 다소 복잡하다. 단순 설계를 위해, 회로의 상태를 포함하는 플립플롭의 뱅크와 조합 논리로 구성되는 동기 순차회로를 설계하는 연습을 한다. 이 장에서는 순차회로를 설계하는 쉬운 방법 중에 하나인 유한 상태 머신(finite state machines)을 설명한다. 마지막으로, 순차회로의 속도를 분석하고 클록 속도를 증가시키기 위한 방법으로 병렬 처리(paralleism)를 논의한다.

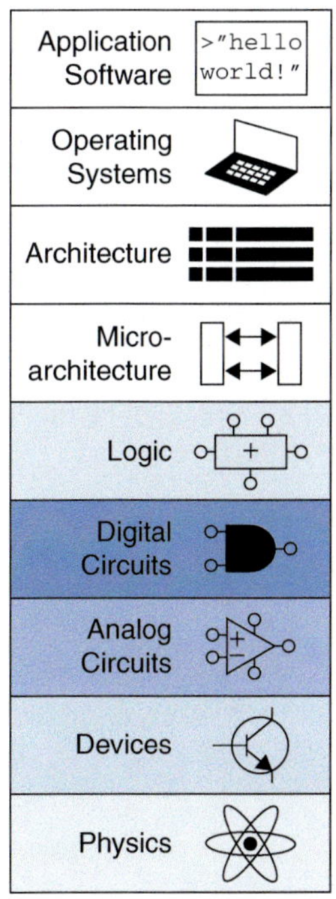

3.2 래치와 플립플롭

메모리의 기본 빌딩 블록은 두 개의 안정된 상태를 가진 **양안정**(bistable)

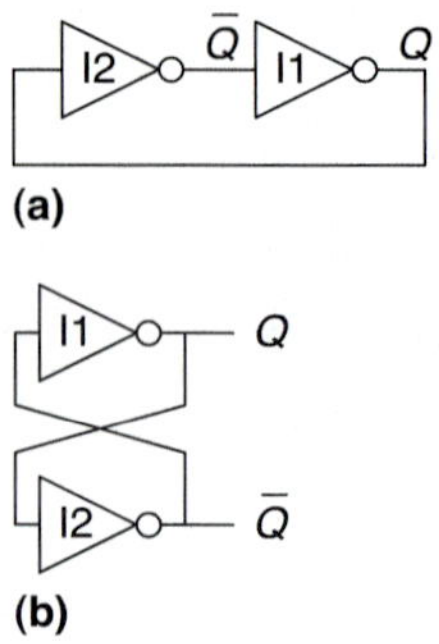

그림 3.1 상호 결합된 인버터 쌍

Y가 일반적으로 조합 논리회로의 출력에 사용되는 것처럼, Q는 통상적으로 순차논리의 출력에 사용된다.

요소이다. 그림 3.1(a)는 폐루프(loop)에 연결되어 있는 두 개의 인버터로 구성된 간단한 양안정 요소를 나타낸다. 그림 3.1(b)는 대칭성을 강조하기 위해 다시 그린 동일한 회로를 나타낸다. 인버터는 I1의 입력이 I2의 출력, I2의 입력이 I1의 출력임을 의미하는 **상호 결합**(corss-coupled)된 상태이다. 이 회로는 입력을 따로 가지지는 않지만 두 개의 출력 Q와 $\overline{Q}$를 가진다. 이 회로를 분석하는 것은 조합회로를 분석하는 것과는 다르다. 왜냐하면 이것은 순환하기 때문이다. Q는 $\overline{Q}$에 따르고, $\overline{Q}$는 Q에 따른다.

- 경우 1: $Q=0$일 때

  그림 3.2(a)에서 보이는 바와 같이, I2는 FALSE 입력 Q를 받고, 그것은 다시 $\overline{Q}$에 TRUE 출력을 만들어낸다. I1은 TRUE 입력 $\overline{Q}$를 받고, 그것은 다시 Q에 FALSE 출력을 만들어낸다. 이것은 $Q=0$인 원래의 가정과 일치한다. 그래서 이 경우를 **안정**(stable)하다고 말한다.

- 경우 2: $Q=1$일 때

  그림 3.2(b)에서 보이는 바와 같이, I2는 TRUE 입력을 받고 다시 $\overline{Q}$에 FALSE 출력을 만들어낸다. I1은 FALSE 입력을 받고 다시 Q에 TRUE 출력을 만들어낸다. 이것도 역시 안정하다.

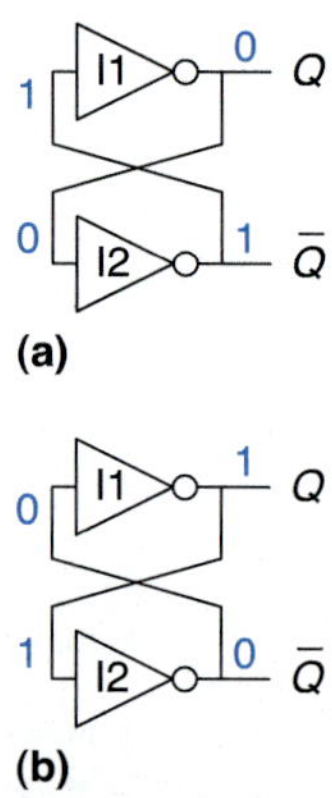

그림 3.2 상호 결합된 인버터의 양안정 작용

상호 결합된 인버터가 두 개의 안정된 상태 $Q=0$과 $Q=1$을 가지기 때문에, 이 회로는 양안정하다고 말한다. 애매한 점은 이 회로의 두 출력이 0과 1 사이 중간 값을 가진 제3의 상태가 가능하다는 것이다. 이것을 **준안정**(metastable) 상태라고 하는데 3.5.4절에서 논의한다.

N개의 안정된 상태를 가진 요소는 $\log_2 N$개의 비트로 이루어진 정보를 전달하므로, 하나의 양안정 요소는 하나의 비트를 저장한다. 상호 결합된 인버터의 상태는 하나의 이진 상태 변수 Q에 저장된다. Q의 값은 회로의 미래 동작을 설명하기 위해 필요한 과거에 관한 모든 것들을 말해준다. 특히, 만약 $Q=0$이면, 그것은 영원히 0으로 남아 있을 것이고, 만약 $Q=1$이면 그것은 영원히 1로 남아 있을 것이다. 회로는 다른 노드 $\overline{Q}$를 가지지만 $\overline{Q}$는 어떤 추가된 정보도 포함하지 않는다. 왜냐하면 Q를 알게 될 경우 $\overline{Q}$ 역시 알게 되기 때문이다. 한편, $\overline{Q}$를 상태 변수로 사용하는 것도 가능하다.

순차회로에 전력이 처음 공급될 때, 초기 상태는 모르는 값이거나 보통 예측할 수 없는 값이다. 이것은 회로가 켜질 때마다 다를 수도 있다.

비록 상호 결합된 인버터가 정보의 비트를 저장할 수 있을지라도 그것은 실용적이지 못하다. 왜냐하면 사용자가 상태를 조절하기 위한 입력을 가지고 있지 않기 때문이다. 그러나 다른 어떤 양안정 요소, 즉 래치나 플립플롭의 경우에는 상태 변수의 값을 조절하는 입력을 제공한다. 이번 절의 나머지 부분에서는 이러한 회로들에 대해 생각해본다.

3.2.1 SR 래치

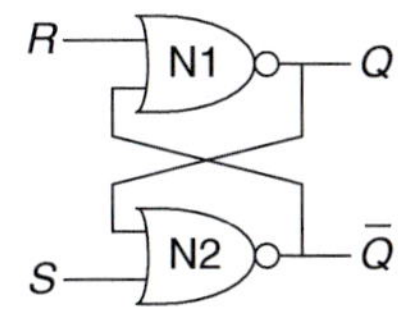

그림 3.3 SR 래치 개요

가장 간단한 순차회로 중에 하나는 그림 3.3에 보이는 바와 같이, 두 개의 상호 결합된 NOR 게이트로 구성된 SR 래치이다. 래치는 두 개의 입력 S와 R을 가지고, 두 개의 출력 Q와 $\overline{Q}$를 가진다. SR 래치는 상호 결합된 인버터와 비슷하지만, 그것의 상태는 출력 Q를 셋(set)하고 리셋(reset)하는 S와 R 입력을 통해 조절될 수 있다.

익숙하지 않은 회로를 이해하기 위한 좋은 방법은 그것의 진리표를 검증해 보는 것이다. 이것이 우리의 출발점이다. NOR 게이트는 하나 이상의 입력 값이 TRUE일 때 FALSE 출력 값을 만들어낸다는 것을 상기하라. R과 S에 관한 네 가지 가능한 조합들을 고려해 보자.

- 경우 1: $R=1$, $S=0$일 때

  N1은 적어도 하나의 TRUE 입력 값 R을 받는다. 그래서 그것은 Q에 FALSE 출력을 만들어낸다. N2는 Q와 S 모두에 FALSE 입력 값을 받고 $\overline{Q}$에 TRUE인 출력을 만들어낸다.

- 경우 2: $R=0$, $S=1$일 때

  N1은 0의 입력과 $\overline{Q}$를 받는다. 아직 $\overline{Q}$의 값을 알지 못하기 때문에 출력 Q를 결정할 수가 없다. N2는 적어도 하나의 TRUE 입력 값 S를 받고 그것은 다시 $\overline{Q}$에 FALSE 출력을 만들어낸다. 이제 N1로 되돌아가서 두 입력이 FALSE가 됨을 알 수 있다. 출력 Q는 TRUE 값을 가진다.

- 경우 3: $R=1$, $S=1$일 때

  N1과 N2 모두 적어도 하나의 TRUE 입력 값(R 또는 S)을 보이고 각각 FALSE 출력 값을 만들어낸다. 그러므로 Q와 $\overline{Q}$는 모두 FALSE 값을 가진다.

- 경우 4: R=0, S=0일 때

  N1은 0의 입력과 $\overline{Q}$를 받는다. 아직 $\overline{Q}$의 값을 알지 못하기 때문에 출력을 결정할 수 없다. N2는 0의 입력과 $\overline{Q}$를 받는다. 아직 Q의 값을 알지 못하기 때문에 출력을 결정할 수 없다. 이제 우리는 곤경에 빠진다. 이것은 상호 결합된 인버터들의 특성이다. 한편 우리는 Q가 0 또는 1의 값을 가져야만 한다는 것을 알고 있다. 따라서 이러한 각각의 경우에 무슨 일이 일어나는지 검사해 봄으로써 문제를 해결할 수가 있다.

- 경우 4–a: Q=0일 때

  S와 Q가 FALSE 값을 가지므로 N2는 그림 3.4(a)와 같이 $\overline{Q}$에 TRUE 출력 값을 만들어낸다. 이제 N1은 하나의 TRUE 입력 값 $\overline{Q}$를 받고, 원래 가정했던 것처럼 그것의 출력 Q는 FALSE가 된다.

- 경우 4–b: Q=1일 때

  Q가 TRUE 값을 가지므로 N2는 그림 3.4(b)와 같이 $\overline{Q}$에 FALSE 출력 값을 만들어낸다. 이제 N1은 두 개의 FALSE 입력 값 R과 $\overline{Q}$를 받고, 원래 가정했던 것처럼 그것의 출력 Q는 TRUE가 된다.

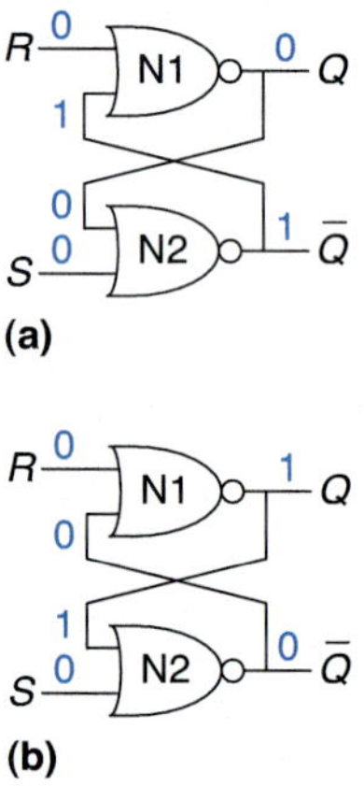

그림 3.4 SR 래치의 양안정 상태

위의 두 가지 경우를 참고하여 경우 4를 알아보기 위하여, Q를 미리 알고 있는 어떤 값 Q_{prev}라고 가정한다. Q_{prev}는 0과 1 중 하나의 값이고 시스템의 상태를 나타낸다. R과 S가 0일 때, Q는 이 예전 값 Q_{prev}를 기억할 것이고, $\overline{Q}$는 그것의 보수 값 $\overline{Q}_{prev}$가 될 것이다. 이 회로는 메모리를 가진다.

그림 3.5의 진리표는 위의 네 가지 경우를 요약하여 정리하였다. 입력 S와 R은 셋(set)과 리셋(reset)을 뜻한다. 비트를 셋한다는 것은 그것을 TRUE 값으로 만든다는 것을 의미한다.

Case	S	R	Q	$\overline{Q}$
IV	0	0	Q_{prev}	$\overline{Q}_{prev}$
I	0	1	0	1
II	1	0	1	0
III	1	1	0	0

그림 3.5 SR 래치 진리치표 상태

비트를 리셋한다는 것은 그것을 FALSE 값으로 만든다는 것을 의미한다. 출력 Q와 $\overline{Q}$는 보통 서로 보수적인 형태이다. R이 활성될 때, Q는 0으로 리셋되고 $\overline{Q}$는 반대로 행동한다. S가 활성화될 때에는 Q는 1로 셋되고 $\overline{Q}$는 반대가 된다. 어떠한 입력 값도 활성화되지 않는다면 Q는 그것의 예전 값 Q_{prev}를 기억한다. S와 R이 동시에 모두 활성화된다면 그것은 올바르지 않다. 왜냐하면 그것은 래치가 동시에 셋과 리셋될 수 있음을 의미하기 때문이다. 이것은 불가능하다. 이 혼란스러운 회로는 양 출력을 모두 0으로 만듦으로써 반응한다.

SR 래치는 그림 3.6의 심벌로 나타낸다. 이 심벌을 이용하는 것은 추상화와 모듈 방식의 적용이다. 서로 다른 논리 게이트들이나 트랜지스터 등을 사용하여 SR 래치를 만드는 다양한 방법들이 있다. 그렇지만 그림 3.5의 진리표와 그림 3.6의 심벌로 명세화된 관계를 가진 어떠한 회로 소자들도 SR 래치라고 할 수 있다.

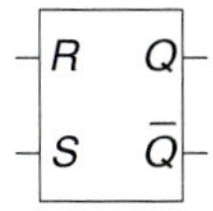

그림 3.6 SR 래치 심벌

상호 결합된 인버터와 같이 SR 래치는 Q에 한 비트의 상태가 저장된 양안정 요소이다. 그러나 이 상태는 S와 R 입력을 통해 조절될 수 있다. R이 활성화될 때, 상태는 0으로 리셋된다. S가 활성화될 때, 상태는 1로 셋된다. S와 R 모두 활성화되지 않을 때, 상태는 예전 값을 유지한다. 입력들의 과거 값이 하나의 상태 변수 Q에 의해 설명될 수 있다는 것을 주목하라. 과거에 일어났던 셋과 리셋 패턴과는 상관없이, 미래 동작을 결정하는 것은 SR 래치가 가장 최근에 셋되었는지, 리셋되었는지 하는 것이다.

3.2.2 D 래치

SR 래치는 다루기가 어렵다. 왜냐하면 그것은 S와 R이 모두 동시에 활성화되면 이상하게 작동하기 때문이다. 게다가 S와 R 입력에는 무엇(what)과 언제(when)의 개념이 섞여 있다. 하나의 입력이 활성화되면 상태가 무엇이 될지 뿐만 아니라 언제 그것이 변할지도 결정한다. 회로의 설계는 무엇과 언제의 이러한 질문들이 구분되었을 때 쉽게 될 수 있다. 그림 3.7(a)의 D 래치는 이러한 문제들을 해결한다. 이것은 두 개의 입력을 갖는다. 데이터 입력 D는 다음 상태가 무엇이 될지 조절한다. 클록(clock) 입력 CLK는 언제 상태가 변하는지를 조절한다.

다시 우리는 그림 3.7(b)에 주어져 있는 진리표를 작성함으로써 래치를 분석한다. 편의를 위해, 먼저 내부 노드 $\overline{D}$와 S 그리고 R을 생각한다. 만약에 CLK=0이면, S와 R은 D의 값에 상관없이 모두 FALSE이다. 만약 CLK=1이면, D 값에 따라 하나의 AND 게이트는 TRUE를, 나머지는

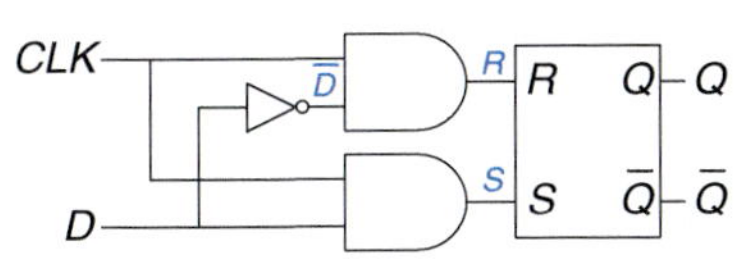

(a)

CLK	D	$\overline{D}$	S	R	Q	$\overline{Q}$
0	X	$\overline{X}$	0	0	Q_{prev}	$\overline{Q}_{prev}$
1	0	1	0	1	0	1
1	1	0	1	0	1	0

(b)

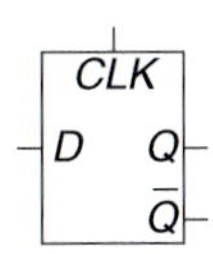

(c)

그림 3.7 D 래치: (a) 개요도, (b) 진리치표, (C) 심벌

어떤 사람들은 "래치가 투명하다거나 불투명하다"라고 하는 대신 "래치가 열리거나(open) 닫혔다(closed)"라고 한다. 그러나 우리가 생각하기에 이러한 용어들은 애매하다. 열린다는 것(open)이 문이 열리는 것과 같은 투명한 상태를 의미하는 것인지, 아니면 회로 연결이 끊어진(open) 것과 같이 불투명을 의미하는 것인지 혼돈을 준다.

FALSE 값을 만들어낼 것이다. 주어진 S와 R, Q와 $\overline{Q}$는 그림 3.5를 이용하여 결정된다. CLK=0일 때, Q는 그것의 예전 값 Q_{prev}를 기억한다는 것을 관찰하라. CLK=1일 때 Q=D이다. 이 모든 경우에 $\overline{Q}$는 논리적으로 알 수 있듯이 Q의 보수 값이다. D 래치는 동시에 활성화된 R과 S 입력의 이상한 경우를 회피한다.

이 모든 것들을 통해서, 클록이 언제 래치를 통해 데이터를 보낼지 조절한다는 것을 알 수 있다. CLK=1일 때, 래치는 **투명**(transparent)하다. D에 있는 데이터는 마치 래치가 버퍼인 것처럼 흘러서 Q로 전달된다. CLK=0일 때, 래치는 **불투명**(opaque)하다. 그것은 Q에 흘러 관통하는 새로운 데이터를 막는다. 그리고 Q는 예전 값을 유지한다. 그러므로 D 래치를 가끔 **투명 래치** 또는 **레벨 반응형**(level-sensitive) **래치**라고 한다. D 래치 심벌이 그림 3.7(c)에 주어졌다.

D 래치는 CLK=1인 동안 계속해서 그것의 상태를 경신한다. 이 장에서, 특정한 순간의 시간에서만 상태를 경신하는 것이 유용하다는 것을 차차 알게 될 것이다. 다음 절에서 D 플립플롭이 이 역할을 수행한다는 것을 설명한다.

3.2.3 D 플립플롭

D 플립플롭은 그림 3.8(a)에서 보이는 바와 같이, 서로 보수적인 형태의 클록들에 의해 조절되는 두 개의 연속적인 D 래치로부터 만들어질 수 있다. 첫 번째 래치 L1을 **마스터**(master)라고 한다. 두 번째 래치 L2는 **슬레이브**(slave)라고 한다. 이것들 사이의 노드를 N1이라 한다. D 플립플롭의 심벌이 그림3.8(b)에 주어졌다. 출력 $\overline{Q}$가 필요치 않을 때, 이 심벌은 그림 3.8(c)와 같이 간소하게 나타낸다.

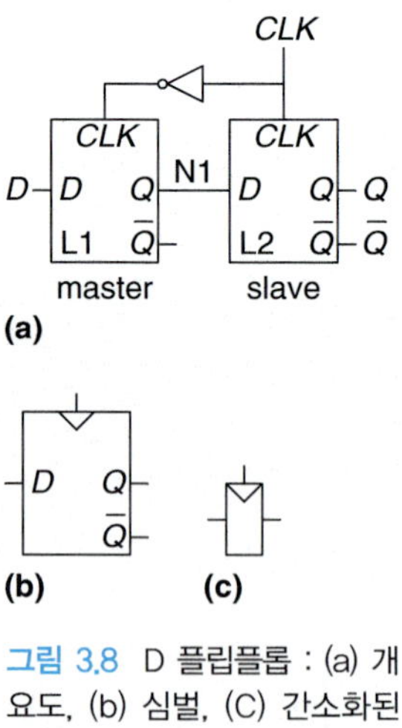

그림 3.8 D 플립플롭 : (a) 개요도, (b) 심벌, (C) 간소화된 심벌

CLK=0일 때, 마스터 래치는 투명하고 슬레이브 래치는 불투명하다. 그러므로 D에 있던 어떠한 값도 N1로 전달된다. CLK=1일 때, 마스터 래치는 불투명이 되고, 슬레이브 래치는 투명이 된다. N1에 있던 값은 Q로 전달된다. 그러나 N1은 D로부터 차단된다. 따라서 클록이 0에서 1로 변하기 직전에 D에 있던 어떠한 값들도 클록이 1로 된 후에는 Q로 전달된다. 항상 D와 Q 사이의 경로를 막고 있는 불투명한 래치가 있기 때문에, Q는 그것의 이전 값을 늘 유지한다.

달리 말하면 D 플립플롭은 클록의 상승 에지에서 D를 Q로 복사하고, 언제든는 그것의 상태를 기억한다. 이 정의를 기억할 때까지 되새겨야 한다. 초보 디지털 설계자들이 겪는 가장 흔한 문제들 중에 하나가 플립플롭이 하는 일들을 잊어버리는 것이다. 클록의 상승 에지를 간단히 **클록 에지**라 부르기도 한다. D 입력은 새로운 상태가 무엇이 될지 결정한다. 클록 에지는 언제 상태가 경신되어야 하는지를 나타낸다.

D 플립플롭은 또한 **마스터 슬레이브 플립플롭**, **에지트리거(edge-triggered) 플립플롭** 또는 **포지티브 에지트리거(positive edge-trggered) 플립플롭**이라고 알려져 있다. 심벌의 삼각형은 에지트리거 클록 입력을 표시한다. 출력 $\overline{Q}$는 그것이 필요치 않을 때 종종 생략된다.

플립플롭과 래치의 정확한 구분은 다소 명확하지 않고, 시간이 지나면서 변화하였다. 보통의 산업의 관례에 따르면 플립플롭은 에지트리거이다. 즉, 이것은 클록 입력을 가진 양안정 요소이다. 플립플롭의 상태는 클록이 0에서 1로 일어날 때와 같이 클록 에지가 있을 때에만 변한다. 에지트리거 클록이 없는 양안정 요소는 보통 래치라고 한다. 플립플롭이나 래치라는 용어 자체는 보통 각각 D 플립프롭이나 D 래치로 언급된다. 왜냐하면 이것들은 실제 생활에서 가장 널리 이용되는 유형이기 때문이다.

예제 3.1 **플립플롭 트랜지스터 계산**

이번 절에서 묘사된 D 플립플롭을 만들기 위해 얼마나 많은 트랜지스터를 필요로 하는가?

풀이 NAND 게이트와 NOR 게이트는 네 개의 트랜지스터를 사용한다. NOT 게이트는 두 개의 트랜지스터를 사용한다. AND 게이트는 NAND와 NOT 게이트로부터 만들어지기 때문에 6개의 트랜지스터를 사용한다. SR 래치는 두 개의 NOR 게이트나 8개의 트랜지스터를 사용한다. D 래치는 하나의 SR 래치와 두 개의 AND 게이트, 그리고 하나의 NOT 게이트를 사용하여 총 22개의 트랜지스터를 사용한다. 3.2.7절에서는 전송 게이트를 사용하여 더 효과적인 CMOS 구현을 설명한다.

3.2.4 레지스터

N비트 레지스터는 하나의 CLK 입력을 공유하는 N개의 플립플롭 묶음이다. 그래서 레지스터의 모든 비트들은 동시에 경신된다, 레지스터는 대부분 순차회로의 중요한 빌딩 블록이다. 그림 3.9는 레지스터의 개요도와 입력 $D_{3:0}$과 출력 $Q_{3:0}$을 가진 4비트 레지스터의 심벌을 보여준다. $D_{3:0}$과 $Q_{3:0}$는 4비트 버스이다.

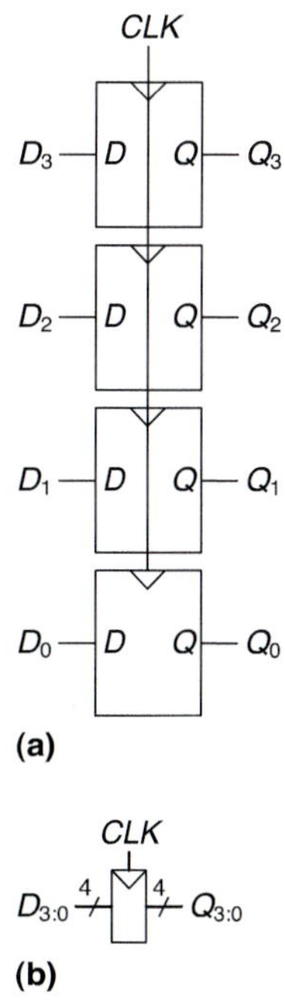

그림 3.9 4비트 레지스터: (a) 개요도, (b) 심벌

3.2.5 인에이블드 플립플롭

인에이블드(enabled) 플립플롭은 데이터가 클록 에지에 적재되는지 결정하기 위해 EN 또는 ENABLE을 호출하는 또 다른 입력 하나를 추가한다. EN이 TRUE일 때, 인에이블드 플립플롭은 보통의 D 플립플롭과 같이 동

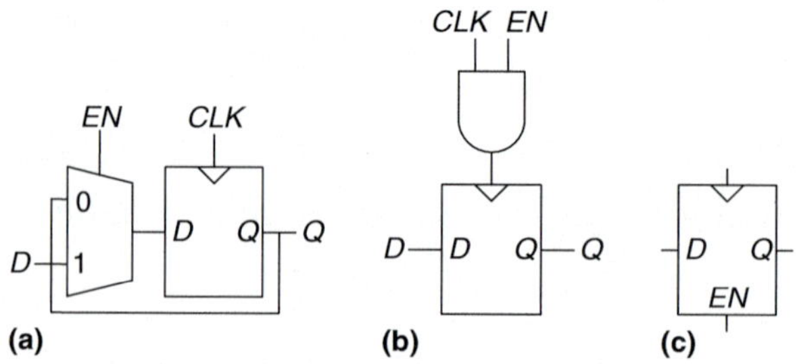

그림 3.10 인에이블드 플립플롭: (a, b) 개요도, (c) 심벌

작한다. *EN*이 FALSE일 때, 인에이블드 플립플롭은 클록을 무시하고, 그것의 상태를 유지한다. 인에이블드 플립플롭은 모든 클록 에지보다 어떤 시간에만 플립플롭으로 새로운 값을 적재하기를 원할 때 유용하다.

그림 3.10에 *D* 플립플롭과 다른 여분의 게이트로부터 인에이블드 플립플롭을 만들기 위한 두 가지 방법이 제시되어 있다. 그림 3.10(a)에서 입력 멀티플렉서는 *EN*이 TRUE일 때 *D*에 값을 통과시킬지, *EN*이 FALSE일 때 *Q*로부터 예전 상태로 되돌릴지 선택한다. 그림 3.10(b)에서 클록은 게이트로 제어한다. *EN*이 TRUE라면 플립플롭에 *CLK* 입력이 일반적으로 토글(toggles)된다. *EN*이 FALSE라면 *CLK* 입력 역시 FALSE가 되고 플립플롭은 그것의 예전 값을 유지한다. 플립플롭의 클록 입력에 글리치(부정확한 시간에 스위칭)가 발생하지 않도록 하기 위해서, *CLK*=1인 동안에 *EN*은 변하지 않아야 한다는 것에 주목하라. 일반적으로 클록에서의 논리 수행은 좋은 방법이 아니다. 클록을 게이트로 제어하는 것은 클록을 지연시키고 3.5.3절에서 보게 될 타이밍 오류의 원인이 된다. 그렇기 때문에 이러한 문제와 해결 방법을 확실히 알 때에만 하여야 한다. 인에이블드 플립플롭의 심벌은 그림 3.10(c)에 주어져 있다.

3.2.6 리셋 가능한 플립플롭

리셋 가능한 플립플롭은 *RESET*을 호출하는 또 다른 입력 하나를 추가한다. *RESET*이 FALSE일 때, 리셋 가능한 플립플롭은 보통의 D 플립플롭과 같이 동작한다. *RESET*이 TRUE일 때, 리셋 가능한 플립플롭은 *D*를 무시하고, 출력을 0으로 리셋한다. 리셋 가능한 플립플롭은 처음으로 전원을 켤 때, 시스템에 있는 모든 플립플롭을 하나의 상태(즉, 0)로 초기화할 때 유용하다.

이러한 플립플롭들은 동기식(synchronously) 또는 비동기식(asynchronously)으로 리셋 가능하다. 동기식 리셋 가능한 플립플롭은 *CLK*의 상승 에지에서만 그들을 리셋한다. 비동기식 리셋 가능한 플립플롭은 *CLK*와 상관 없이, *RESET* 값이 TRUE가 되자마자 그들을 리셋한다.

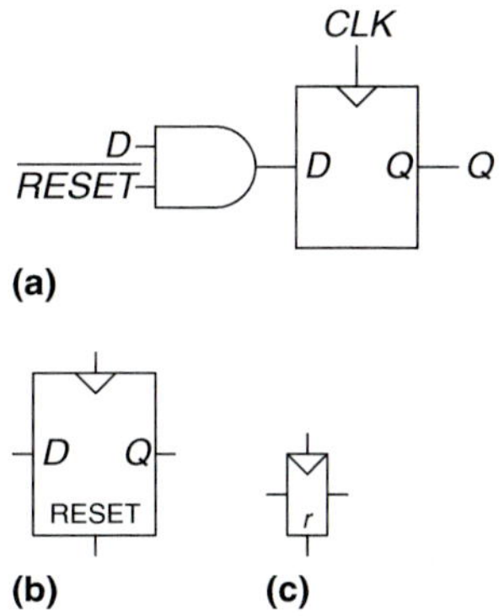

그림 3.11 동기식 리셋 가능한 플립플롭: (a) 개요도, (b, c) 심벌

그림 3.11(a)는 보통의 D 플립플롭과 AND 게이트로부터 어떻게 동기식 리셋 가능한 플립플롭이 만들어지는 보여준다. $\overline{RESET}$ 값이 FALSE일 때, AND 게이트는 플립플롭의 입력으로 0의 값을 전달한다. $\overline{RESET}$ 값이 TRUE일 때, AND 게이트는 플립플롭에 D를 통과시킨다. 이 예에서 $\overline{RESET}$은 active low 신호이며, 1이 아닌 0일 때 리셋 신호가 그 기능을 수행한다. 인버터를 추가함으로써 이 회로는 active high 리셋 신호를 대신 받아들일 수 있다. 그림 3.11(b)와 그림 3.11(c)는 active high 리셋을 가지는 리셋 가능한 플립플롭의 심벌을 보여준다.

비동기식 리셋 가능한 플립플롭은 플립플롭의 내부 구조를 수정할 것을 요구한다. 이것은 연습문제 3.13을 설계하기 위해 남겨두기로 하다. 그러나 이것들은 표준적인 구성 요소로서 설계자들에게 유용하게 사용된다.

여러분이 생각하는 대로, 셋 가능한 플립플롭 또한 경우에 따라 사용된다. 이것은 SET이 활성화할 때 플리플롭에 1을 적재한다. 이것도 역시 동기식 또는 비동기식이 가능하다. 리셋 가능하고 셋 가능한 플립플롭들은 또한 인에이블 입력을 가질 수 있고 *N*비트 레지스터로 만들 수 있다.

3.2.7 트랜지스터 단계 래치와 플립플롭 설계*

예제 3.1은 래치와 플립플롭이 논리 게이트로부터 만들어질 때 많은 수의 트랜지스터를 필요로 한다는 것을 말해준다. 그러나 래치의 기본적인 역할은 대체로 스위치와 같이 투명하거나 불투명해지는 것이다. 1.7.7절에서 전송 게이트가 CMOS 스위치를 만드는 효과적인 방법이었다는 것을 상기하라. 따라서 우리는 트랜지스터 수를 줄이기 위해 전송 게이트를 활용할 수 있다. 간단한 D 래치는 그림 3.12(a)에서처럼 하나의 전송 게이트로 만들어질 수 있다.

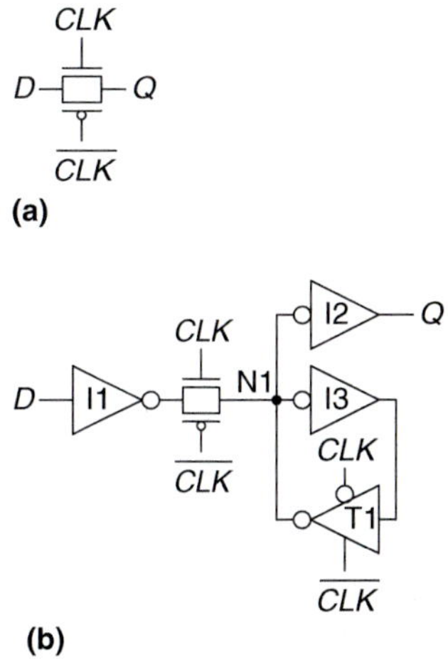

그림 3.12 D 래치 개요도

CLK=1이고 $\overline{CLK}$=0일 때, 전송 게이트는 ON 상태이며 *D*는 *Q*로 흐르고 래치는 투명하다. *CLK*=0이고 $\overline{CLK}$=1일 때, 전송 게이트는 OFF 상태이며 *Q*는 *D*로부터 고립되고 래치는 불투명하다. 이 래치는 다음과 같은

두 개의 중요한 제한을 갖는다.

- **부동 출력 노드**: 래치가 불투명할 때, Q는 어떤 게이트에 의해서도 그 값이 결정되지 않는다. 따라서 *Q*를 **부동**(floating) 또는 **동적**(dynamic) 노드라 부른다. 약간의 시간 후에 잡음과 방전에 의해서 *Q*의 값이 변할 수 있다.

- **버퍼 없음**: 버퍼의 결핍은 여러 가지 상업용 칩 불량의 원인이 된다. 순간적인 잡음으로 인해서 *D*가 음의 전압으로 떨어지면 nMOS 트랜지스터가 켜지고, 이로 인해 잡음이 발생하면 *CLK*=0일 때에도 pMOS 트랜지스터가 켜질 수 있다. 그리고 전송 게이트는 대칭을 이루고 있어서, 출력 *Q*의 잡음이 입력 *D*에 여향을 미칠 수 있다. 일반적인 규칙은 전송 게이트의 입력이나 순차회로의 상태 노드가 노이즈가 존재하는 외부 세계의 영향을 받지 않도록 하여야 한다.

그림 3.12(b)는 더 강건한 현대 상업용 칩을 사용하는 12-트랜지스터 D 래치를 보여준다. 이것은 여전히 클록에 의해서 제어되는 전송 게이트로 만들어지지만, 입력과 출력을 보호하기 위해 인버터 I1과 I2를 추가한다. 래치의 상태는 노드 N1로 계속 유지된다. 인버터 I3과 3상태 버퍼 T1은 피드백 신호를 보내서 N1을 **정적 노드**(static node)로 만든다. 만약 적은 양의 잡음이 *CLK*=0인 동안 N1에 발생한다면, T1은 N1이 유효한 논리 값으로 돌아가도록 조절한다.

이 회로는 *CLK*와 $\overline{CLK}$가 모두 이용된다는 것을 가정한다. 만약 그렇지 않다면, *CLK* 인버터를 위해 두 개의 더 많은 트랜지스터가 필요하게 된다.

그림 3.13은 *CLK*와 $\overline{CLK}$에 의해 조절되는 두 개의 정적인 래치로부터 만들어진 D 플립플롭을 보여준다. 중복되는 내부의 인버터들이 제거되었고, 따라서 이 플립플롭은 20개의 트랜지스터만 필요로 하게 된다.

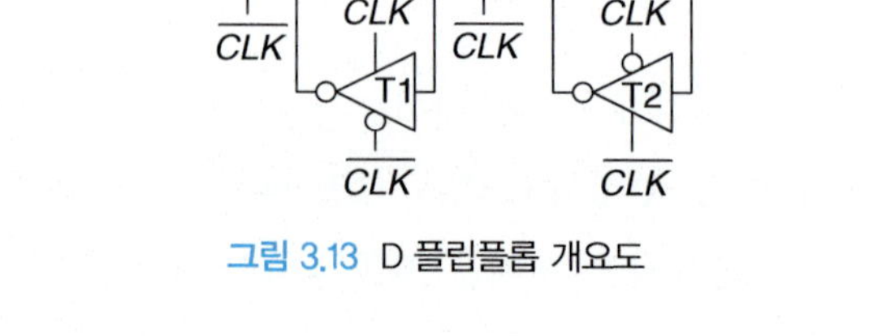

그림 3.13 D 플립플롭 개요도

3.2.8 종합

래치와 플립플롭은 순차회로의 기본적인 빌딩 블록들이다. D 래치가 레벨 반응형(level-sensitive)인 반면에 D 플립플롭은 에지트리거라는 점을 상기하라. D 래치는 입력 *D*가 출력 *Q*로 흐르는 것을 허용하는 *CLK*=1일 때 투명하다. D 플립플롭은 *CLK*의 상승 에지에서 *D*를 *Q*로 복사한다. 그 외에는 항상 래치와 플립플롭은 그들의 이전 상태를 유지한다. 레지스터는 하나의 *CLK* 신호를 공유하는 여러 개의 D 플립플롭들의 묶음이다.

예제 3.2 **플립플롭과 래치 비교**

벤은 D 래치와 D 플립플롭을 위해 그림 3.14에 보이는 *D*와 *CLK* 입력을 적용한다. 그가 각 장치의 출력 *Q*를 결정할 수 있도록 도와라.

풀이 그림 3.15는 입력의 변화에 반응하는 *Q*를 위한 작은 지연을 가정한 출력 파형을 보여준다. 화살표는 출력 변화의 원인을 가리킨다. *Q*의 초기 값은 알 수 없고, 수평 라인의 쌍에 의해 가리키는 바와 같이 0이나 1이 될 수 있다. 먼저 래치를 생각해 보자. *CLK*의 첫 번째 상승 에지에서 *D*=0이다. 따라서 *Q*는 확실히 0이 된다. *CLK*=1인 동안 *D*가 변화할 때마다 *Q*역시 따라 변화한다. *CLK*=0인 동안 *D*가 변화할 때, 그것은 무시한다. 이제 플립플롭을 생각해 보자. *CLK*의 각 상승 에지에서 *D*는 *Q*에 복사된다. 그 외에는 항상 *Q*는 자신의 상태를 유지한다.

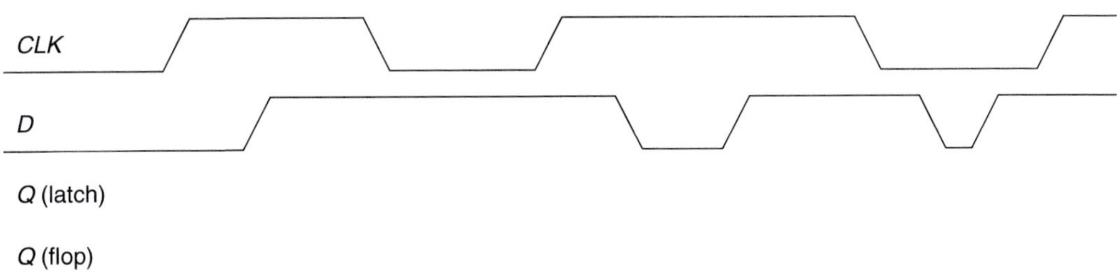

그림 3.14 예제 파형

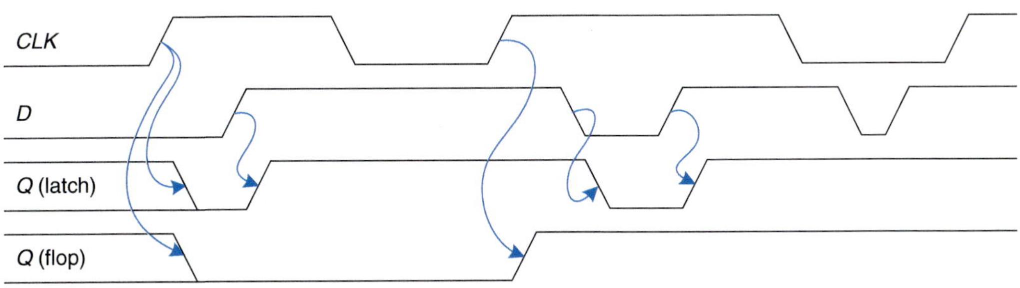

그림 3.15 해답 파형

3.3 동기식 논리 설계

일반적으로, 순차회로는 조합회로가 아닌 모든 회로를 포함한다. 즉, 이것의 출력은 단순히 현재의 입력을 보는 것으로써 결정될 수는 없다. 어떠한 순차회로는 그저 보통의 특이한 회로이다. 이번 절은 이러한 몇 개의 특이한 회로를 고찰함으로써 시작한다. 그런 다음, 동기식 순차회로의 개념과 동적인 규칙에 대하여 소개한다. 동기식 순차회로를 자주 접하는 연습을 통하여 순차회로를 설계하고 분석하는 체계적인 방법에 대해 쉽게 접근할 수 있다.

3.3.1 문제가 있는 회로

예제 3.3 **비안정(astable) 회로**

앨리사 해커(Alyssa P.Hacker)는 그림 3.16에 보이는 바와 같은 세 개의 인버터가 루프로 연결된 잘못된 회로를 마주하게 되었다. 세 번째 인버터의 출력은 첫 번째 인버터로 **피드백**된다. 각 인버터는 전파 지연 1ns를 가진다. 이 회로가 무엇을 하는지 결정하라.

풀이 노드 *X*가 처음에 0이었다고 가정하자. 그러면 *Y*=1, *Z*=0이 되고, 원래의 가정과는 일치하지 않는 *X*=1이 된다. 이 회로는 안정 상태를 갖지 않으므로 **불안정하다**(unstable or astable)고 말한다. 그림 3.17은 회로의 동작을 보여준다. *X*가 0ns에서 올라간다면, *Y*는 1ns에서 떨어질 것이고, *Z*는 2ns에서 올라갈 것이다. 그리고 *X*는 3ns에서 다시 떨어질 것이다. 차례대로 *Y*는 4ns에서 올라가고, *Z*는 5ns에서 떨어지며, *X*는 다시 6ns에서 떨어질 것이다. 그리고 이러한 패턴은 반복될 것이다. 이 회로를 **링 발진기**(ring oscillator)라고 한다.

링 발진기의 주기는 각 인버터의 전파 지연에 의존한다. 이 지연은 인버터가 어떻게 벌어졌는지, 전력공급기 전압은 어떠한지, 심지어는 온도 등에 의존한다. 그러므로 링 발진기의 주기를 정확하게 예견하기는 어렵다. 간단하게 말해서, 링 발진기는 출력과 입력이 없는 주기적으로 변하는 순차회로이다.

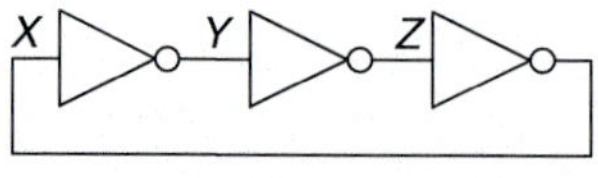

그림 3.16 세 개의 인버터로 구성된 폐루프

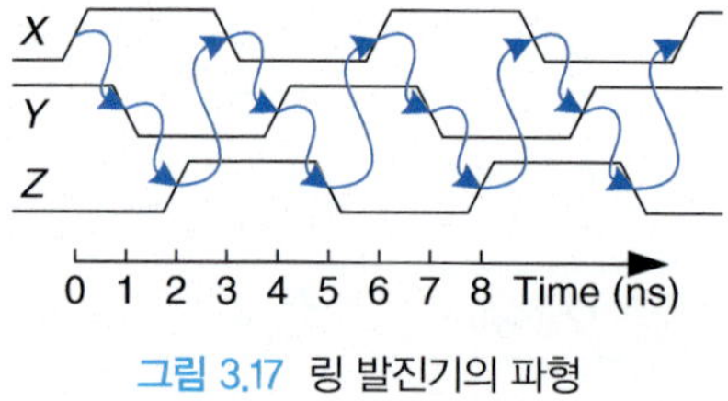

그림 3.17 링 발진기의 파형

CLK	D	Q_{prev}	Q
0	0	0	0
0	0	1	1
0	1	0	0
0	1	1	1
1	0	0	0
1	0	1	0
1	1	0	1
1	1	1	1

$$Q = CLK \cdot D + \overline{CLK} \cdot Q_{prev}$$

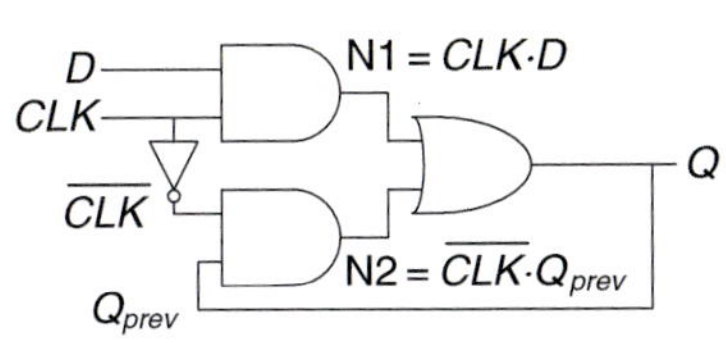

그림 3.18 개선된(?) D 래치

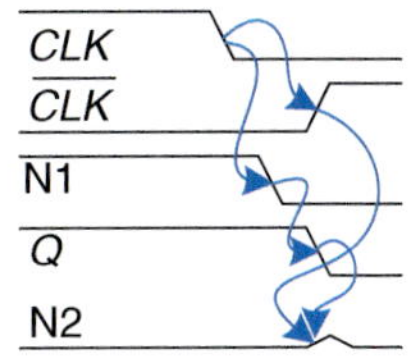

그림 3.19 경합 조건을 설명해 주는 래치 파형

예제 3.4 **경합 상태**

벤 비트디들(Ben Bitdiddle)은 더 적은 수의 게이트를 사용하여 그림 3.17보다 더 나은 새로운 D 래치를 설계하였다. 그는 주어진 두 개의 입력 D와 CLK, 출력 Q, 그리고 래치의 이전 상태인 Q_{prev}를 찾기 위해 진리표를 작성하였다. 그는 이 진리표에 기반을 둔 부울 식을 유도하였다. 출력 Q를 피드백함으로써 Q_{prev}를 얻었다. 그의 설계는 그림 3.18에 나와 있다. 그의 래치 설계가 각 게이트의 지연과 상관없이 올바로 동작하는가?

풀이 그림 3.19는 어떤 게이트가 다른 것보다 더 느릴 때, 실패의 원인이 되는 경합 조건을 이 회로가 가지고 있음을 보여준다. $CLK=D=1$이라고 가정하자. 이 래치는 투명하여, D를 Q로 통과시켜서 $Q=1$로 만든다. 이제, CLK는 떨어진다. 래치는 $Q=1$을 유지하며 그것의 이전 값을 기억해야 한다. 그러나 AND와 OR 게이트의 지연에 비해 CLK에서 $\overline{CLK}$까지의 인버터를 통한 지연이 더 길다고 가정하자. 그러면 N1과 Q는 모두 $\overline{CLK}$가 올라오기 전에 떨어질 수 있다. 이러한 경우에 N2는 결코 올라가지 않을 것이고 Q는 0에서 더 이상 움직이지 못하게 된다.

이것은 출력이 바로 입력으로 피드백되는 **비동기식** 회로 설계의 한 예이다. 비동기식 회로는 논리 게이트를 통한 두 개의 경로 중 어떤 것이 빠른지에 따라서 동작이 달라지는 경합 조건이 발생하므로 잘 사용하지 않는다. 한 회로는 잘 동작할 수 있는 반면에, 외관상으로 그 회로와 동일한 다른 하나는 약간 다른 지연을 가진 게이트로 만들어져서 동작하지 않는다. 또는 특정 온도나 전압에서만 지연 시간이 정확하게 되어서 회로가 동작하는 경우도 있다. 이러한 문제들은 찾아 해결하기가 대단히 어렵다.

3.3.2 동기식 순차회로

앞에서 본 두 가지 예는 출력이 바로 입력으로 피드백되는 **순환 경로**(cyclic paths)를 호출하는 루프를 포함한다. 이것은 조합회로라기보다는 순차회로이다. 조합 논리는 순환 경로를 가지지 않고 경합 조건을 가지지 않는다. 조합회로에 입력 신호를 가하면, 출력은 전파 지연 이내에 항상 정확한 값에 도달하게 된다. 그러나 순환 경로를 가진 순차회로는 원하지 않는 경합이나 불안정한 동작을 가질 수도 있다. 이러한 회로에 발생하는 문제의 분석에는 많은 시간이 걸리며, 많은 영리한 사람들이 실수를 범했었다.

이러한 문제들을 피하기 위해, 설계자들은 경로상의 어떤 지점에 레지스터를 삽입함으로써 순환 경로를 없애버렸다. 이것은 조합 논리와 레지스터들로 회로를 변형시킨다. 레지스터는 클록 에지에서만 변화하는 시스템의 상태를 포함한다. 그래서 이 상태를 클록으로 **동기화**된다고 말한다. 만약 클록이 충분히 느리다면, 다음 클록 에지 전에 모든 레지스터로 들어가는 입력이 안정화되어, 모든 경합 조건은 사라진다. 이처럼 피드백 경로에 항상 레지스터를 이용하면 동기식 순차회로가 된다.

t_{pcq}는 클록에서 Q까지 전파 시간을 의미한다. Q는 동기식 순차회로의 출력을 나타낸다. t_{ccq}는 클록에서 Q까지 혼합 시간을 의미한다. 이것들은 조합 논리에서의 t_{pd}, t_{cd}와 유사하다.

회로는 그것의 입력과 말단 출력, 그것의 기능과 타이밍 명세로써 정의된다는 것을 상기하라. 순차회로는 S_0, S_1, ⋯, S_{k-1}과 같은 이산적인 **상태들**의 유한한 집합을 가진다. **동기식 순차회로**는 상승 에지에 순서대로 상태가 변하는 클록 입력을 가진다. 우리는 **현재 상태**(current state)라는 용어와 다음 클록 에지에 들어갈 상태와 현재의 시스템 상태를 구분하기 위해 **다음 상태**(next state)라는 용어를 자주 사용한다. 기능적 명세는 가능한 입력 값과 현재 상태에 따른 출력 값과 다음 상태를 설명한다. 타이밍 명세는 입력이 클록의 상승 에지와 관련하여 언제 안정되어야 하는지를 나타내는 **준비 시간**(setup time) t_{setup}과 **대기 시간**(hold time) t_{hold}, 출력이 클록의 상승 에지로부터 언제 변하는지 나타내는 최댓값 t_{pcq}와 최솟값 t_{ccq}로 구성된다.

동기식 순차 논리에 대한 이 정의는 충분하지만, 필요 이상으로 제한적이다. 예를 들어 고성능 마이크로프로세서들에서 어떤 레지스터들은 성능이나 전력의 마지막 비트를 짜내기 위해 게이트된 클록을 수신할 수 있다. 유사하게 어떤 마이크로프로세서들은 레지스터들 대신에 래치를 사용한다. 아무튼, 이 정의는 이 책 전체와 상용 디지털 시스템에 적용되는 동기식 순차논리 회로에 대해 적절하다.

동기식 순차회로 구성 규칙에 따라, 만약 회로 소자들로 상호 연결되어 있으면서 다음과 같은 성질을 만족하면 이 회로는 순차회로이다.

- 모든 회로 소자가 레지스터이거나 조합회로이다.
- 적어도 하나의 회로 소자는 레지스터이다.
- 모든 레지스터는 똑같은 클록 신호를 받는다.
- 모든 순환 경로는 적어도 하나의 레지스터를 포함한다.

동기식이 아닌 순차회로를 **비동기식**이라 부른다.

플립플롭은 가장 간단한 동기식 순차회로이다. 이것은 하나의 입력 D와 하나의 클록 CLK, 하나의 출력 Q, 그리고 두 개의 상태 0,1을 가진다.

플립플롭을 위한 기능적 명세는 그림 3.20에서 보이는 바와 같이, 다음 상태가 D이고 출력 Q가 현재 상태이다.

현재 상태의 변수를 S라 부르고 다음 상태의 변수를 S'이라 부른다. 여기서 S 뒤의 프라임(′) 기호는 변환을 나타내는 것이 아니라 다음 상태를 나타내는 것이다. 순차회로의 타이밍은 3.5절에서 분석해볼 것이다.

동기식 순차회로의 두 가지 서로 다른 유형으로 유한 상태 머신(finite state machine)과 파이프라인(pipeline)이 있다. 이것들은 이 장의 끝부분에 다루어질 것이다.

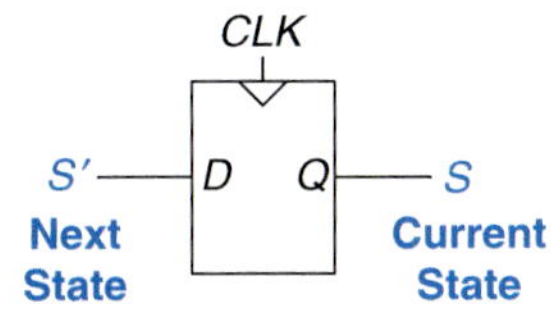

그림 3.20 플립플롭의 현재 상태와 다음 상태

예제 3.5 **동기식 순차회로**

그림 3.21의 회로들 중에서 어떤 회로가 동기식 순차회로인가?

풀이 회로 (a)는 순차회로가 아닌 조합회로이다. 왜냐하면 이 회로는 레지스터가 없기 때문이다. (b)는 피드백이 없는 간단한 순차회로이다. (c)는 순차회로도 조합회로도 아니다. 왜냐하면 이 회로는 레지스터도 조합회로도 아닌 래치를 가지기 때문이다. (d)와 (e)는 동기식 순차회로이다. 이것들은 3.4절에서 논의하게 될 유한 상태 머신의 두 가지 형태이다. (f)는 순차회로도 조합회로도 아니다. 왜냐하면 이것은 조합회로의 출력으로부터 같은 논리의 입력까지 순환 경로를 가지기 때문이다. 그러나 경로상에 레지스터는 없다. (g)는 3.6절에서 배우게 될 파이프라인의 형태로 동기식 순차회로이다. (h)는 엄밀히 말해서 동기식 순차회로가 아니다. 왜냐하면 두 번째 레지스터는 첫 번째 레지스터보다 두 개의 인버터 지연에 의해 지연된 다른 클록 신호를 받기 때문이다.

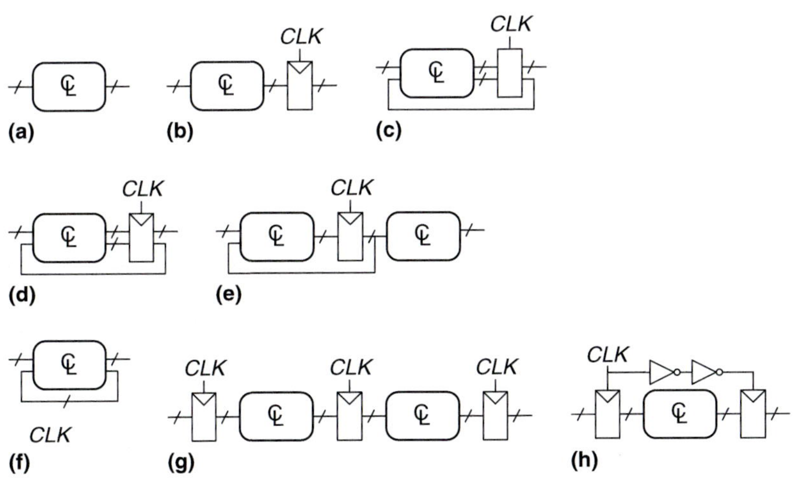

그림 3.21 예제 회로

3.3.3 동기식과 비동기식 회로

이론적으로 비동기식 설계는 동기식 설계보다 더 일반적이다. 왜냐하면 시스템의 타이밍이 클록에 의해서 제어되는 레지스터에 의해 제한되지 않기 때문이다. 어떠한 전압도 상용 가능하기 때문에 아날로그 회로가 디지털 회로보다 더 일반적인 것과 같이, 비동기식 회로는 동기식 회로보다 더 일반적이다. 비동기식 회로는 어떠한 종류의 피드백도 사용 가능하기 때문이다. 그러나 디지털 회로가 아날로그 회로보다 더 쉬운 것과 같이, 동기식 회로는 비동기식 회로보다 더 쉽게 설계되어 사용된다. 비동기식 회로에 대한 수십 년간의 연구에도 불구하고, 실제로 모든 디지털 시스템은 근본적으로 동기식이다.

물론, 서로 다른 클록을 가진 시스템 사이에서 통신을 한다든지 임의의 시간에 입력을 받을 때처럼 경우에 따라서 비동기식 회로도 필요하다. 마치 아날로그 회로가 연속되는 전압을 가진 실제 세계와 통신할 때 필요한 것과 같다. 게다가 비동기식 회로에 대한 연구는 계속적으로 좋은 결과를 낳고, 그중 일부는 동기식 회로를 개선하는 데 사용되기도 한다.

3.4 유한 상태 머신

동기식 순차회로는 그림 3.22에 나타난 형태로 그려질 수 있다. 이러한 형태들을 유한 상태 머신(FSM, Finite State Machine)이라고 한다. 이렇게 불리게 된 것은 k개의 레지스터를 가진 회로는 2^k의 서로 다른 상태들 중 하나의 상태에 반드시 존재하기 때문이다. FSM은 M개의 입력, N개의 출력,

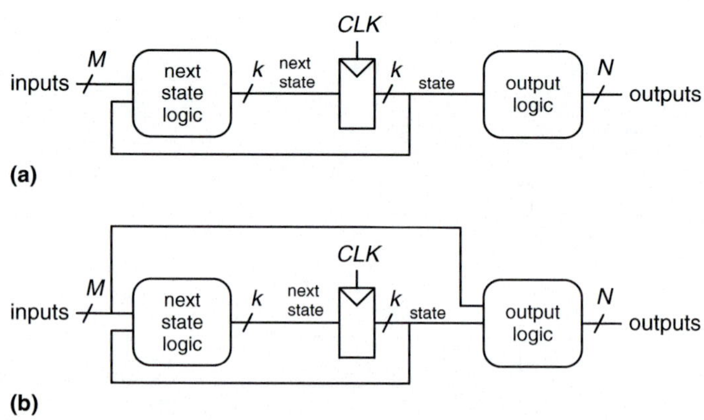

그림 3.22 유한 상태 머신: (a) 무어 머신, (b) 밀리 머신

그리고 *k*개의 비트를 가진다. 이것은 또한 클럭 신호를 받으며, 리셋 신호는 선택적으로 받는다. FSM은 두 개의 조합 논리 블록인 다음 상태 논리와 출력 논리, 그리고 상태를 저장하는 레지스터 등으로 구성된다. 각각의 클럭 에지에서 FSM은 현재 상태와 입력에 기반을 두고 계산된 다음 상태로 이동한다. **무어 머신**(Moore Machine)은 출력이 머신의 현재 상태에만 의존한다. **밀리 머신**(Mealy Machine)은 출력이 현재 상태와 현재의 입력 모두에 의존한다. 유한 상태 머신은 주어진 기능적 명세로 동기식 순차회로를 설계하기 위한 체계적인 방법을 제공한다. 이 방법은 다음 예제로 시작하여 이번 절의 나머지 부분에서 설명될 것이다.

무어와 밀리 머신은 벨연구소에서 상태 머신의 수학적인 토대를 마련한 **자동화이론**(automata theory)을 발전시킨 연구자이자 개발자로부터 명명되었다. 에드워드 무어(Edward F. Moore, 1925~2003)를 Intel의 설립자 고든 무어(Gordon Moore)와 혼동하면 안 된다. 그는 1956년 〈Experiments on Sequential machines〉이라는 독창적인 논문을 발표했다. 그 후에 그는 위스콘신대학의 수학 교수와 컴퓨터 과학자가 되었다. 조지 밀리(Geoge H. Mealy)는 1955년에 〈A Method of Synthesizing Sequential Circuits〉이라는 논문을 발표하였다. 그는 벨연구소에서는 처음으로 IBM 704 컴퓨터를 위한 운영체제를 만들어 냈으며 그 후 하버드대학에 재직했다.

3.4.1 FSM 설계 예제

FSM의 설계를 설명하기 위해, 교내의 분주한 교차로에 신호등 제어기를 설계하는 문제를 고려해 보자. 공대 학생들은 Academic로(Ave)에 있는 기숙사와 실험실 사이를 걷고 있다. 학생들은 그들이 좋아하는 교과서에 있는 FSM에 관해 공부하느라 정신이 팔려 그들이 가고 있는 곳을 보지 않고 있다. 축구 선수들은 Bravado가(Blvd)의 식당과 운동장 사이에서 매우 열성적으로 움직이고 있다. 그들은 이리저리 공을 차고 있었고, 그 공이 어디로 갔는지 못 봤다. 여러 가지 심각한 위험 요소들이 벌써 이 두 거리의 교차로에서 발생했다. 학장은 끔찍한 일이 벌어지기 전에 신호등을 설치해 달라고 벤 비트디들(Ben Bitdiddle)에게 요청했다.

벤은 FSM으로 이 문제를 해결하기로 결심한다. 그는 두 개의 교통량 감지기(traffic sensor) T_A와 T_B를 Academic로와 Bravado가에 각각 설치한다. 각각의 감지는 만약 학생들이 현재 이 거리에 있다면 TRUE 값을 나타내고, 없다면 FALSE 값을 나타낸다. 벤은 또한 교통량을 조절하기 위하여 두 개의 교통 신호(traffic light) L_A와 L_B를 설치한다. 각각의 신호등은 그것이 녹색이 될지 노란색이 될지, 또는 빨간색이 될지 명시해주는 디지털 입력을 받는다. 따라서 벤의 FSM은 두 개의 입력 T_A와 T_B, 두 개의 출력 L_A와 L_B를 가진다. 신호등과 감지기를 가진 이 교차로가 그림 3.23에 나와 있다. 벤은 5초의 주기로 클록을 제공한다. 각각의 클록 순간(상승 에지)에 이 신호등은 교통량 감지기에 기반을 두고 변화할 것이다. 벤은 또한 리셋 버튼을 제공한다. 그래서 기술자들은 제어기를 켤 때, 제어기를 미리 정한 초기 상태로 가도록 만들 수 있다. 그림 3.24는 상태 머신의

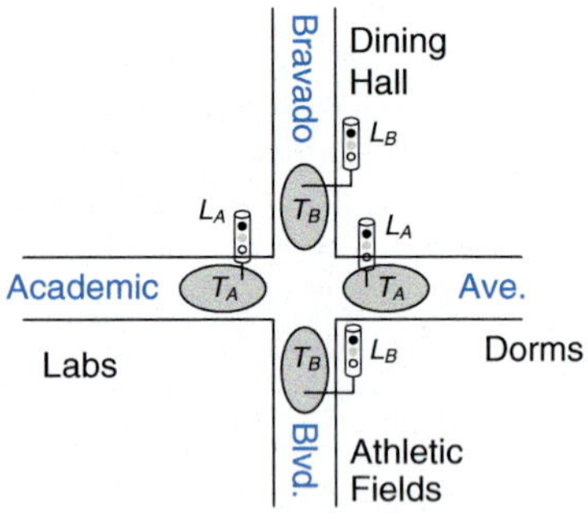

그림 3.23 교내 지도

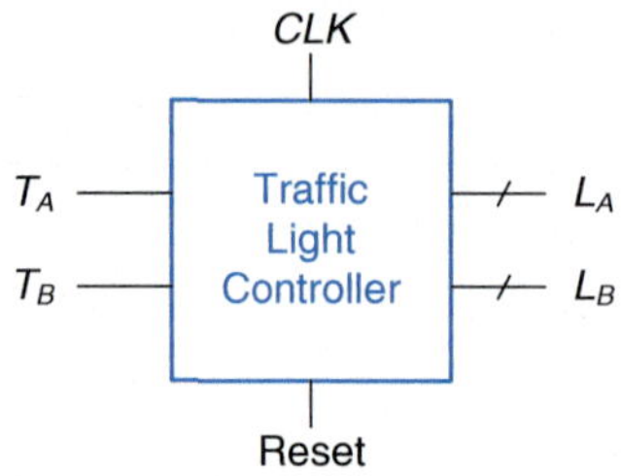

그림 3.24 유한 상태 머신의 블랙박스 모양

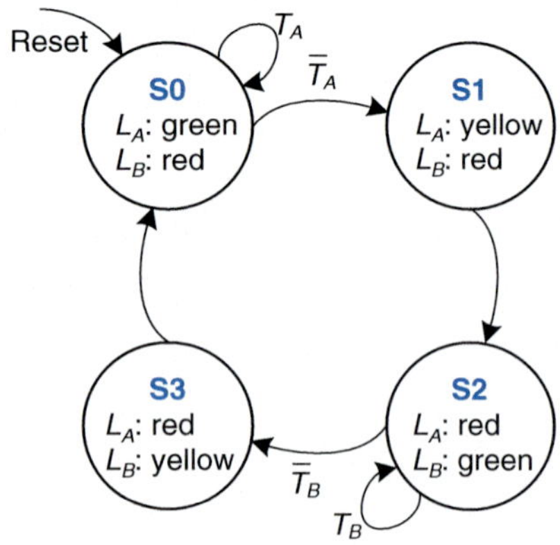

그림 3.25 상태 변이도

블랙박스 모양을 보여준다.

다음 단계로 벤은 시스템의 모든 가능한 상태와 이러한 상태들 간의 변화를 나타내기 위해 그림 3.25에 보인 **상태 변이도**(state transition diagram)를 그린다.

시스템이 리셋될 때, 신호등은 Academic로에서 녹색이 되고 Bravado가에서 빨간색이 된다. 매 5초마다 제어기는 교통 패턴을 조사하고 다음으로 무엇을 해야 할지 결정한다. 차량이 Academic로에 존재하는 한 신호등은 변하지 않는다. Academic로에 더 이상 차량이 존재하지 않을 때 Academic로의 신호등은 빨간색으로 켜지고, Bravado가의 신호등이 녹색으로 켜지기 전에 5초 동안 노란색으로 된다. 마찬가지로, Bravado가의 신호등은 그 거리에 차량이 존재하는 한 녹색으로 남아 있다. 그 다음에 노란색이 켜지고 마지막에는 빨간색이 켜지게 된다.

상태 변이도에서 원은 상태를 나타내고, 화살표는 상태들 사이의 변화를 나타낸다. 이 변화는 클록의 상승 에지에서 발생한다. 우리는 이 그림에서 클록을 보기 위해 애쓰지는 않는다. 왜냐하면 클록은 동기적 순차회로에서 항상 존재하기 때문이다. 게다가, 그림은 어떤 변화가 일어나는지 나타내주는 반면에, 클록은 언제 변화가 일어나야 하는지를 조절한다. 바깥 공간에서부터 S0까지를 가리키는 리셋 표시가 된 화살표는 이 시스템의 이전 상태가 무엇인지와는 상관없이 리셋에 의해서 S0 상태로 들어가야 한다는 것을 나타낸다. 만약 상태가 그것을 떠나가는 다수의 화살표를 가지고 있다면, 어떤 입력이 각 변화를 유발하는지 보여주기 위해 이 화살표에 명칭을 붙인다. 예를 들어, S0의 상태에 있을 때, 만약 T_A가 TRUE라면 S0의 상태로 남아 있을 것이고, T_A가 FALSE라면 S1의 상태로 이동할 것이다. 만약 상태가 그것을 떠나는 단 하나의 화살표를 가진다면, 그러한 변화는 입력에 상관없이 항상 일어난다. 예를 들어, S1의 상태일 때 이 시스템은 항상 S2로 이동될 것이다. 특정 상태에 있는 동안의 출력 값은 상태 안에 표시되어 있다. 예를 들어, S2의 상태에 있는 동안 L_A는 빨간색이고 L_B는 녹색이다.

벤은 상태 변이도를 **상태 변이표**(표 3.1)로 재작성한다. 이 표는 각각의 상태와 입력, 다음 상태 S'이 무엇이 되어야 하는지를 가르쳐준다. 표는 다음 상태가 특별한 입력에 의존하지 않을 때는 언제나 무정의 심벌(X)을 사용한다는 것에 주목하라. 또한 리셋이 표로부터 생략되었다는 것에도 주목하라. 대신에 입력에 상관없이 리셋에 의해서 항상 S0 상태로 가는 리셋 가능한 플리플롭을 사용한다.

{S0, S1, S2, S3}으로 레이블된 상태와 {빨간색, 노란색, 녹색}으로 레이블된 출력을 사용하는 상태 변이도는 추상적이다. 실제 회로를 만들기 위한 상태와 출력은 **이진 부호화**(binary encoding)를 할당받아야만 한다. 벤은 주어진 표 3.2와 표 3.3에서 간단한 부호화를 선택한다. 각 상태와 각 출력은 두 개의 비트로 부호화된다. 이것을 $S_{1:0}$, $L_{A1:0}$, $L_{B1:0}$으로 쓴다.

상태는 S0, S1 등으로 나타내고 있음을 주목하라. S_0, S_1 등의 첨자 버전은 상태 비트를 참조한다.

벤은 표 3.4에서 보이는 바와 같이, 이러한 이진 부호화를 사용하기 위해 상태 변이표를 경신한다. 개선된 상태 변이표는 다음 상태 논리를 명시한 진리표이다. 이것은 현재 상태 S와 입력을 사용하여 다음 상태 S'을 결정한다. 개선된 출력 표는 출력 논리를 명시한 진리표이다. 이것은 현

표 3.1 상태 변이표

Current State S	Inputs T_A	T_B	Next State S'
S0	0	X	S1
S0	1	X	S0
S1	X	X	S2
S2	X	0	S3
S2	X	1	S2
S3	X	X	S0

표 3.2 상태 부호화

State	Encoding $S_{1:0}$
S0	00
S1	01
S2	10
S3	11

표 3.3 출력 부호화

Output	Encoding $L_{1:0}$
green	00
yellow	01
red	10

표 3.4 이진 부호화를 가진 상태 변이표

Current State S_1	S_0	Inputs T_A	T_B	Next State S'_1	S'_0
0	0	0	X	0	1
0	0	1	X	0	0
0	1	X	X	1	0
1	0	X	0	1	1
1	0	X	1	1	0
1	1	X	X	0	0

재 상태 S를 사용하여 출력 L_A와 L_B를 결정한다.

이 표로부터 곱의 합 형태로 다음 상태를 위한 부울 식을 나타낼 수 있다.

$$S'_1 = \overline{S}_1 S_0 + S_1 \overline{S}_0 \overline{T}_B + S_1 \overline{S}_0 T_B \qquad (3.1)$$
$$S'_0 = \overline{S}_1 \overline{S}_0 \overline{T}_A + S_1 \overline{S}_0 \overline{T}_B$$

이 식은 카르노 맵을 사용하여 단순화할 수 있으나 때로는 검증을 통해 하는 것이 더 쉽다. 예를 들어, S'_1식에서 T_B와 $\overline{T}_B$ 항은 분명하게 중복된다. 그래서 S'_1은 XOR 동작으로 감소된다. 식 (3.2)에서 **다음 상태 방정식**(next state equation)이 주어진다.

$$S'_1 = S_1 \oplus S_0 \qquad (3.2)$$
$$S'_0 = \overline{S}_1 \overline{S}_0 \overline{T}_A + S_1 \overline{S}_0 \overline{T}_B$$

마찬가지로, 벤은 각 상태에 해당하는 출력이 무엇이 되어야 하는지를 나타내는 출력 표(표 3.5)를 작성한다. 이것은 다시 출력을 위한 부울 식으로 단순화할 수 있다. 예를 들어, S_1이 TRUE인 행에서만 L_{A1}도 TRUE라는 것을 주목하라.

$$L_{A1} = S_1 \qquad (3.3)$$
$$L_{A0} = \overline{S}_1 S_0$$
$$L_{B1} = \overline{S}_1$$
$$L_{B0} = S_1 S_0$$

표 3.5 출력 표

Current State S_1	S_0	Outputs L_{A1}	L_{A0}	L_{B1}	L_{B0}
0	0	0	0	1	0
0	1	0	1	1	0
1	0	1	0	0	0
1	1	1	0	0	1

마지막으로, 벤은 그림 3.22(a)의 형태로 그의 무어 FSM을 스케치한다. 먼저, 그림 3.26(a)에서 보이는 바와 같이, 2비트 상태 레지스터를 그린다. 각 클록 에지에서 상태 레지스터는 상태 $S_{1:0}$으로 되기 위해 다음 상태 $S'_{1:0}$을 복사한다. 이 상태 레지스터는 시작할 때 FSM을 초기화시키기 위하여 동기식 또는 비동기식 리셋을 받는다. 그리고 벤은 그림 3.26(b)에 보이는 현재 상태와 입력에 기초한 다음 상태 계산식 (3.2)를 바탕으로, 다음 상태 논리를 그린다. 마지막으로 그림 3.26(c)에 보이는 현재 입력에 기초한 출력 계산식 (3.3)을 바탕으로 출력 논리를 그린다.

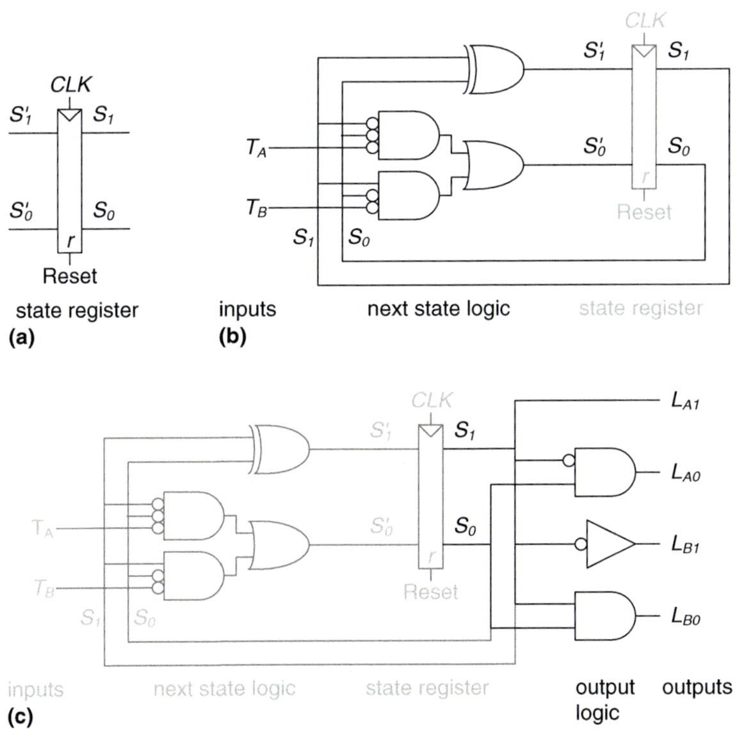

그림 3.26 교통 신호등 제어기를 위한 상태 머신 회로

이 개략도는 입력에 버블을 가진 몇 개의 AND 게이트들을 사용한다. 이것은 AND 게이트들과 입력 인버터, NOR 게이트들과 버블이 없는 입력을 위한 인버터로 만들어진다. 또는 몇 개의 다른 게이트들의 조합으로 만들어진다. 최적의 선택은 특별한 구현 기술에 달려 있다.

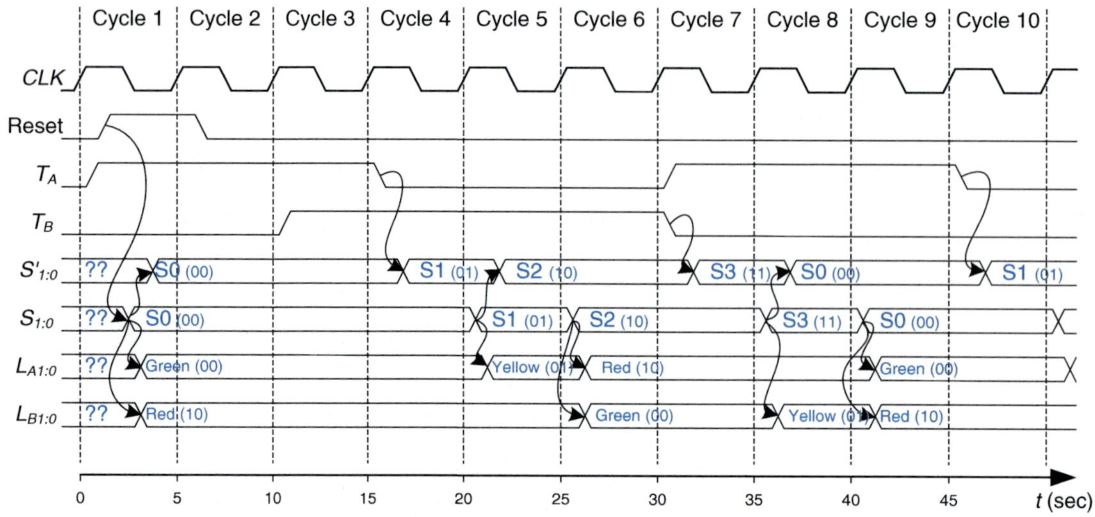

그림 3.27 교통 신호등 제어기를 위한 타이밍도

벤의 최선의 노력에도 불구하고, 학생들은 교통 신호에 주의를 기울이지 않아 충돌이 연이어 발생했다. 이 문제를 해결하기 위해서 학장은 그와 엘리사에게 투척기(catapult)의 설계를 요청하였다. 새로운 투척기는 기숙사 옥상에서 실험실 창문까지 학생들을 던져서 이동시키므로, 문제가 많은 교차로를 건너갈 필요가 없다. 그러나 이 문제는 다른 교과서의 주제이며 여기서는 다루지 않는다.

그림 3.27은 일련의 상태를 진행하는 교통 신호등 제어기를 설명하는 타이밍도를 보여준다. 이 그림은 *CLK*, 리셋, 입력 T_A와 T_B, 다음 상태 S', 상태 S, 그리고 출력 L_A와 L_B를 보여준다. 화살표는 인과성을 나타낸다. 예를 들어, 상태 변화는 출력 변화의 원인이 되고, 입력의 변화는 다음 상태 변화의 원인이 되는 것이다. 점선은 상태가 변할 때 *CLK*의 상승 에지를 나타낸다.

클록은 5초의 주기를 가진다. 그래서 교통 신호등은 매 5초마다 많아야 한 번 변한다. 유한 상태 머신이 처음으로 동작할 때, 상태가 무엇인지 알지 못하므로 물음표로 나타내었다. 그러므로 이 시스템은 알려진 상태로 만들기 위해 리셋된다. 이 타이밍도에서 비동기적으로 사용된 리셋 가능한 플립플롭으로 인해서 S는 S0으로 즉시 리셋된다. 그러므로 상태 S0에서 L_A는 녹색이고 L_B는 빨간색이다.

이 예제에서, Academic로에 차량이 바로 도착하면, 제어기는 S0으로 유지되고, 다른 차량이 Bravado가로 도착하더라도 L_A가 녹색으로 유지되어 대기하기 시작한다. 15초가 흐른 뒤, Academic로의 차량이 모두 통과하면, T_A는 떨어진다. 다음번 클록 에지에서 제어기는 S1 상태로 이동하여 L_A는 노란색으로 변한다. 다시 5초가 흐른 뒤에, 제어기는 L_A가 빨간색으로 변하고 L_B는 녹색으로 변하는 S2 상태로 이동한다. 제어기는 Bravado가의 모든 차량이 통과할 때까지 S2 상태로 대기한다. 그런 뒤에 S3 상태로 이동하여 L_B가 노란색이 된다. 5초 후, 제어기는 S0 상태로 들어가 L_B는 빨간색, L_A는 녹색이 된다. 이 과정을 반복한다.

3.4.2 상태 부호화

이전 예제에서, 상태와 출력 부호화는 임의로 선택되었다. 다른 선택은 다른 회로로 만들어질 것이다. 여기서 자연스런 질문은 가장 적은 수의 논리 게이트나 가장 짧은 전파 지연으로 회로를 만들어내는 부호화 작업을 어떻게 결정하느냐이다. 불행히도, 모든 가능성을 시도해보는 것 외에 최적의 부호화 방법을 찾아내는 다른 방법은 없다. 하지만 상태의 수가 많을 때는 실행 불가능한 방법이다. 그러나 관찰을 통해서 서로 관련있는 상태나 출력들이 비트들을 공유하도록 하여 좋은 부호화를 선택하는 것이 가능하다. CAD(Computer-Aided Design) 도구를 사용하여 가능한 부호화의 집합을 찾고 적당한 것을 선택하는 것도 가능하다.

상태 부호화에서 한 가지 중요한 결정은 이진 부호화와 one-hot 부호화 사이의 선택이다. 교통 신호등 제어기 예제에서 사용되었던 **이진 부호화**는 각 상태를 이진 숫자로 나타낸다. K개의 이진수들이 $\log_2 K$개의 비트로 나타낼 수 있기 때문에, K개의 상태를 가진 시스템은 오직 $\log_2 K$개의 상태 비트만을 필요로 한다.

one-hot 부호화에서는 각각의 상태를 위해 하나의 비트가 사용된다. 이것을 one-hot이라고 부르는 이유는 항상 오직 하나의 비트만이 'hot'하거나 TRUE이기 때문이다. 예를 들어, 세 개의 상태를 가진 one-hot 부호화된 FSM은 001, 010, 100으로 부호화된 상태를 가진다. 각 상태 비트는 플립플롭에 저장된다. 그래서 one-hot 부호화는 이진 부호화보다 더 많은 수의 플립플롭을 요구하게 된다. 그러나 one-hot 부호화를 가진 다음 상태와 출력 논리는 더 간단하기 때문에 적은 수의 게이트를 필요로 한다. 최적의 부호화 선택은 어떤 FSM을 사용하느냐에 달려 있다.

예제 3.6 **FSM 상태 부호화**

divide-by-N 카운터는 입력이 없는 하나의 출력을 갖는다. 출력 Y는 매 N 클록마다 하나의 클록 사이클 동안 HIGH 값이다. 즉, 출력은 클록의 주파수를 N으로 나눈다. 그림 3.28은 divide-by-3 카운터의 파형과 상태 변이도를 나타낸다. 이진 상태 부호화와 one-hot 상태 부호화를 사용하여 이러한 카운터를 위한 회로 설계를 스케치하라.

표 3.6 divide-by-3 카운터의 상태 변이표

Current State	Next State
S0	S1
S1	S2
S2	S0

표 3.7 divide-by-3 카운터의 출력 표

Current State	Output
S0	1
S1	0
S2	0

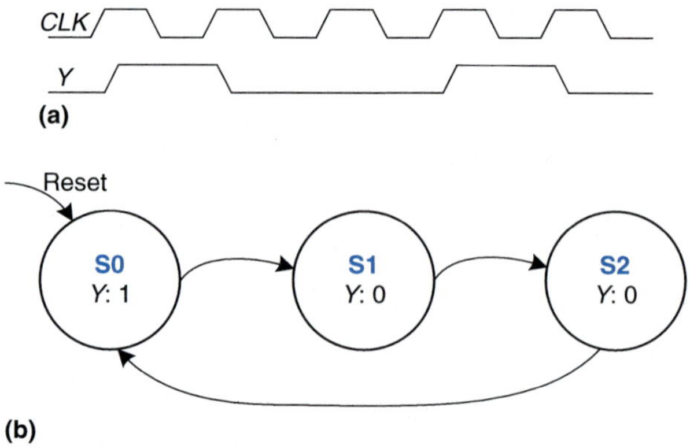

그림 3.28 divide-by-3 카운터의 (a) 파형, (b) 상태 변이표

풀이 표 3.6과 표 3.7은 추상적인 상태 변이와 부호화 전의 출력 표를 나타낸다. 표 3.8은 세 개의 상태를 위한 이진 부호화와 one-hot 부호화를 비교한다.

이진 부호화는 두 개의 상태 비트를 사용한다. 표 3.9에서 이 부호화를 사용한 상태 변이표를 보여준다. 여기에서는 입력이 없다는 것에 주목하라. 다음 상태는 오직 현재 상태에만 의존한다. 출력 표는 실습문제로 남겨 둔다. 다음 상태와 출력 방정식은 다음과 같다.

$$S'_1 = \overline{S_1} S_0 \qquad S'_0 = \overline{S_1}\,\overline{S_0} \tag{3.4}$$

$$Y = \overline{S_1}\,\overline{S_0} \tag{3.5}$$

표 3.8 divide-by-3 카운터를 위한 이진 부호화와 one-hot 부호화

State	One-Hot Encoding			Binary Encoding	
	S_2	S_1	S_0	S_1	S_0
S0	0	0	1	0	0
S1	0	1	0	0	1
S2	1	0	0	1	0

표 3.9 이진 부호화를 갖는 상태 변이표

Current State		Next State	
S_1	S_0	S'_1	S'_0
0	0	0	1
0	1	1	0
1	0	0	0

표 3.10 one-hot 부호화를 갖는 상태 변이표

Current State			Next State		
S_2	S_1	S_0	S'_2	S'_1	S'_0
0	0	1	0	1	0
0	1	0	1	0	0
1	0	0	0	0	1

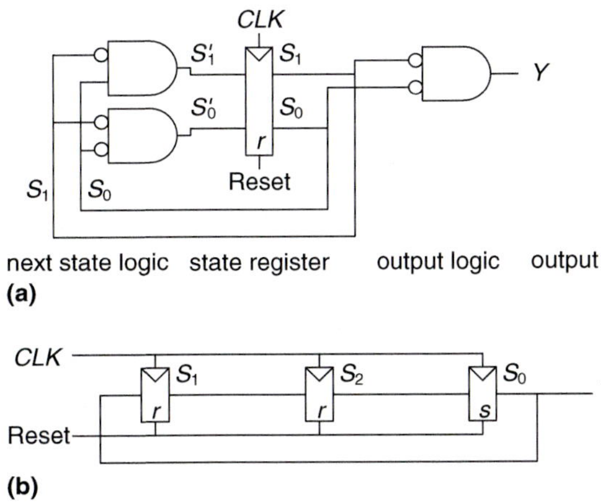

그림 3.29 (a) 이진 부호화, (b) one-hot 부호화를 위한 divide-by-3 카운터

one-hot 부호화는 세 개의 상태 비트를 사용한다. 표 3.10에서 이 부호화를 위한 상태 변이표를 보여준다. 그리고 출력 표는 실습문제로 남겨둔다. 다음 상태와 출력 방정식은 다음과 같다.

$$S'_2 = S_1$$
$$S'_1 = S_0 \qquad (3.6)$$
$$S'_0 = S_2$$

$$Y = S_0 \qquad (3.7)$$

그림 3.29는 이러한 설계 각각을 위한 도면을 보여준다. 이진 부호화 설계를 위한 하드웨어가 Y와 S'_0의 같은 게이트를 공유하기 위해 최적화될 수 있음을 주목하라. 또한 one-hot 부호화는 리셋으로 상태 머신을 S0으로 초기화하기 위해 셋 가능한(s) 플립플롭과 리셋 가능한(r) 플립플롭을 모두 필요로 한다는 것에도 주목하라. 최선의 구현 선택은 게이트와 플립플롭들의 상대적인 비용에 달려 있다. 그러나 이 특수한 예제를 위해서는 보통 one-hot 설계가 더 바람직하다.

이와 관련된 부호화로 K개의 상태가 K비트로 나타나고, 정확하게 하나가 FALSE인 one-cold 부호화가 있다.

3.4.3 무어와 밀리 머신

지금까지 우리는 출력이 시스템의 상태에만 의존하는 무어 머신에 대한 예제를 보았다. 그래서 무어 머신을 위한 상태 변이도에서 출력은 원 안에 레이블링하였다. 밀리 머신은 무어 머신과 매우 비슷하지만 출력이 현

두 개의 유한 상태 기계의 차이점을 쉽게 기억하는 방법은 주어진 문제에 대해서 무어(Moore) 머신이 더 많은(more) 상태를 가진다는 것을 연상하는 것이다.

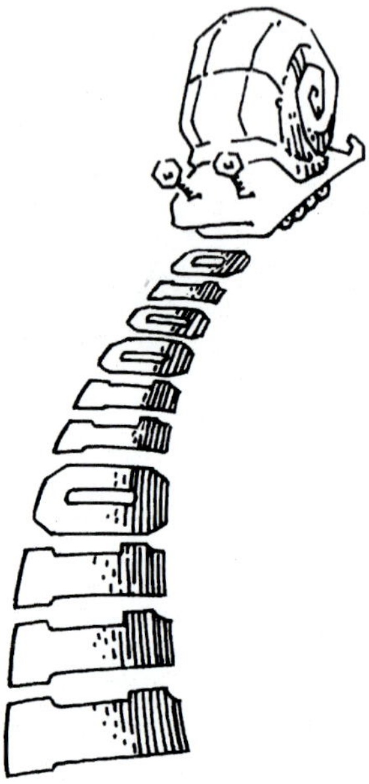

재 상태뿐만 아니라 입력에도 의존한다는 것을 상기하라. 그러므로 밀리 머신을 위한 상태 변이도에서 출력은 원 대신에 화살표에 레이블링하였다. 출력을 계산하는 조합 논리의 블록은 그림 3.22(b)에서 보이는 바와 같이 현재 상태와 입력을 사용한다.

예제 3.7 무어 머신 대 밀리 머신

엘리사 해커(Alyssa P. Hacker)는 FSM 두뇌를 가진 애완 로봇 달팽이를 소유하고 있다. 이 달팽이는 1과 0으로 채워진 종이테이프를 따라 왼쪽에서 오른쪽 방향으로 기어간다. 달팽이는 각 클록 사이클마다 다음 비트로 기어간다. 달팽이는 왼쪽에서 오른쪽으로 기어간 마지막 숫자가 1101일 때 웃는다. 달팽이가 웃을 때를 계산하기 위한 FSM을 설계하라. 입력 *A*는 달팽이 더듬이 밑의 비트이다. 출력 *Y*는 달팽이가 웃을 때 TRUE이다. 무어와 밀리 상태 머신 설계를 비교하라. 달팽이가 111011010의 순서로 기어감에 따라 각 머신의 입력, 상태, 출력을 보여주는 타이밍도를 스케치하라.

풀이 무어 머신은 그림 3.30(a)에 보이는 바와 같이, 5개의 상태를 필요로 한다. 상태 변이도가 맞는 이유를 확인하라. 특히, 입력이 1일 때 S4에서 S2로 가는 화살표가 왜 있는가?

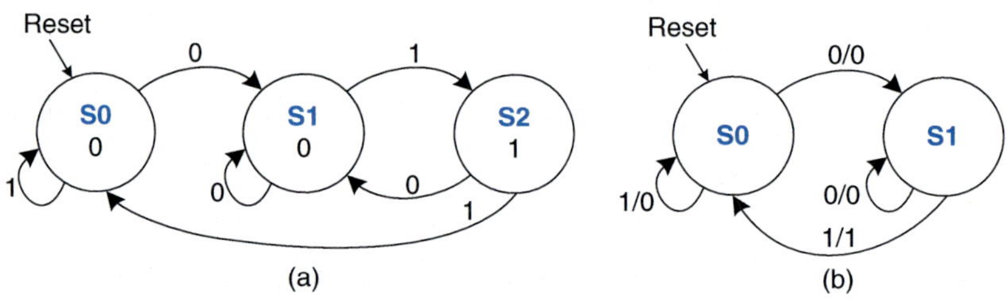

그림 3.30 FSM 상태 전변도: (a) 무어 머신, (b) 밀리 머신

표 3.11 무어 상태 변이표

Current State *S*	Input *A*	Next State *S′*
S0	0	S1
S0	1	S0
S1	0	S1
S1	1	S2
S2	0	S1
S2	1	S0

표 3.12 무어 출력 표

Current State *S*	Output *Y*
S0	0
S1	0
S2	1

표 3.13 상태 부호화를 갖는 무어 상태 변이표

Current State S_1	S_0	Input A	Next State S'_1	S'_0
0	0	0	0	1
0	0	1	0	0
0	1	0	0	1
0	1	1	1	0
1	0	0	0	1
1	0	1	0	0

표 3.14 상태 부호화를 갖는 무어 출력 표

Current State S_1	S_0	Output Y
0	0	0
0	1	0
1	0	1

비교하자면, 밀리 머신은 그림 3.30(b)에서 보는 바와 같이 네 개의 상태만을 필요로 한다. 각각의 화살표는 A/Y로 레이블링한다. A는 변화하는 원인이 되는 입력의 값을 말하고, Y는 거기에 해당하는 출력을 말한다.

표 3.11과 표 3.12는 상태 변이와 무어 머신을 위한 출력 표를 보여준다. 무어 머신은 적어도 세 개의 상태 비트를 필요로 한다. S0=00, S1=01, S2=10과 같은 이진 상태 부호화를 고려해 보자. 표 3.13과 표 3.14는 이러한 부호화로 상태 변이나 출력 표를 재작성한 표이다.

이러한 표로부터 검증에 의해 다음 상태와 출력 방정식을 찾아낸다. 이러한 방정식들이 상태 101, 110, 111이 존재하지 않는다는 사실을 이용하여 간략화될 수 있음에 주목하라. 그래서 존재하지 않는 상태를 위한 다음 상태와 출력은 모두 무정의 항이 된다(표에서는 나타나지 않는다). 우리는 식을 최소화하기 위하여 무정의 항을 사용한다.

$$S'_1 = S_0 A \qquad S'_0 = \overline{A} \tag{3.8}$$

$$Y = S_1 \tag{3.9}$$

표 3.15는 밀리 머신을 위한 상태 변이도와 출력 표를 결합한 것이다. 밀리 머신은 적어도 두 개의 상태 비트를 필요로 한다. S0=0, S1=1과 같은 이진 상태 부호화를 고려해 보자. 표 3.16은 이러한 부호화로 상태 변이나 출력 표를 재작성한 표이다. 이러한 표로부터 검증에 의해 다음 상태와 출력 방정식을 찾아낸다.

$$S'_0 = \overline{A} \tag{3.10}$$

$$Y = S_0 A \tag{3.11}$$

무어와 밀리 머신의 개략도를 각각 그림 3.31(a)와 그림 3.31(b)에 나타내었다. 무어와 밀리 머신을 위한 타이밍도는 그림 3.32에 나타내었다. 두 머신에서 상

표 3.15 밀리 상태 변이와 출력 표

Current State S	Input A	Next State S'	Output Y
S0	0	S1	0
S0	1	S0	0
S1	0	S1	0
S1	1	S0	1

표 3.16 상태 부호화를 갖는 밀리 상태 변이와 출력 표

Current State S_0	Input A	Next State S'_0	Output Y
0	0	1	0
0	1	0	0
1	0	1	0
1	1	0	1

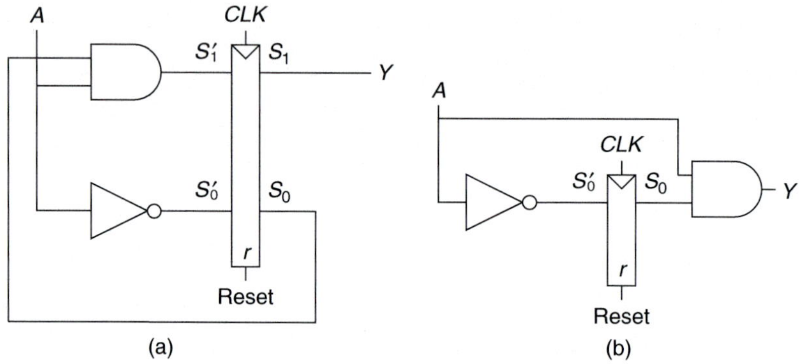

그림 3.31 무어와 밀리 머신의 개략도

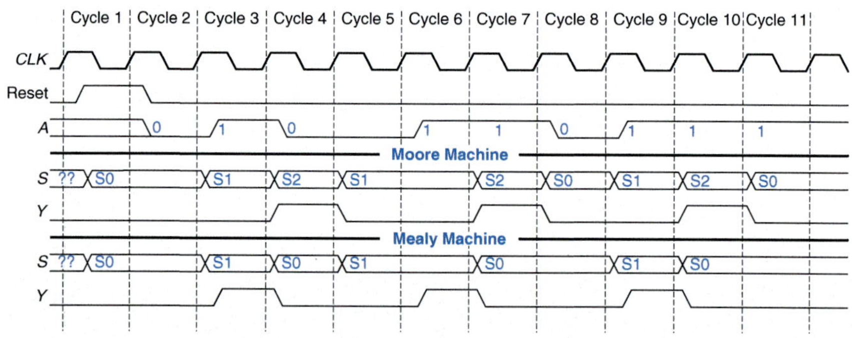

그림 3.32 무어와 밀리 머신을 위한 타이밍도

태들은 서로 다른 순서를 따라 변한다. 게다가 밀리 머신의 출력은 상태 변화를 기다리기보다 입력에 반응하기 때문에 더 빨리 사이클이 일어난다. 만약 밀리 머신의 출력이 플립플롭을 통해 지연된다면, 그것은 무어 머신의 출력과 일치할 것이다. FSM 설계 방법을 선택할 때, 언제 출력이 반응하기를 원하는지 고려하자.

3.4.4 상태 머신 인수분해

복잡한 FSM을 설계하는 경우, 만약 그것이 어떠한 머신의 출력이 다른 머신의 입력이 되는 다중 상호 작용하는 간단한 상태 머신으로 분류된다면 더 쉬워진다. 계층화와 모듈 방식의 이러한 적용을 상태 머신의 **인수분해(factoring)**라고 부른다.

예제 3.8 **인수분해된 상태 머신과 인수분해되지 않은 상태 머신**

구경꾼들과 밴드가 단체로 축구 경기를 보러 행진하는 동안 Bravado가를 녹색 불로 유지하는 행진 모드를 추가하기 위해 3.4.1절의 교통 신호등 제어기를 수정하라. 제어기는 두 개의 입력 *P*와 *R*을 더 받는다. *P*를 적어도 한 사이클 이상 활성화시키면 행진 모드로 들어간다. *R*을 적어도 한 사이클 이상 활성화시키면 행진 모드에서 빠져나온다. 행진 모드일 때, 제어기는 L_B가 녹색으로 켜질 때까지 보통의 순서를 통해 이동한다. 그래서 행진 모드가 끝날 때까지 L_B가 녹색 상태로 남아 있게 된다.

먼저, 그림 3.33(a)에 보인 바와 같이, 단일의 FSM을 위한 상태 변이도를 스케치하라. 그런 뒤에, 그림 3.33(b)에 보이는 두 FSM이 상호 작용하는 상태 변이도를 스케치하라. 모드 FSM은 행진 모드에 있을 때 출력 *M*을 활성화시킨다. 신호등 FSM은 *M*과 교통량 감지기 T_A, T_B에 기반을 둔 신호를 제어한다.

풀이 그림 3.34(a)는 단일 FSM 설계를 나타낸다. 상태 S0~S3은 정상 모드로 취급된다. 상태 S4와 S7은 행진 모드로 취급된다. 이 그림의 두 개의 반쪽은 거의 동일하다. 그러나 행진 모드에서 FSM은 Bravado가에 녹색 신호를 가진 S6에 머물러 있다. *P*와 *R* 입력은 두 개의 반쪽 사이의 움직임을 제어한다. 이 FSM은 성가시고

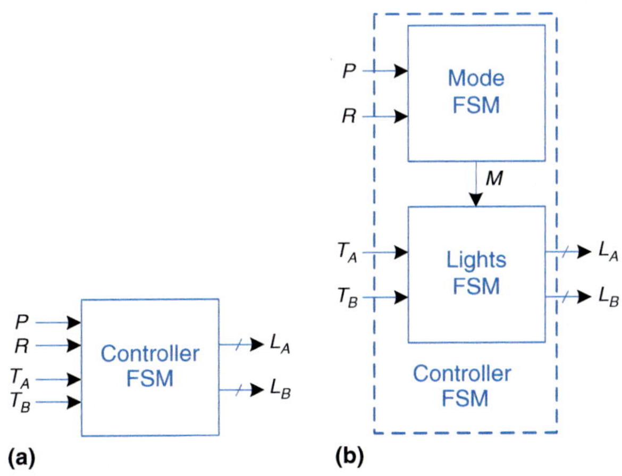

그림 3.33 개선된 교통 신호 제어 FSM을 위한 설계: (a) 단일, (b) 인수분해

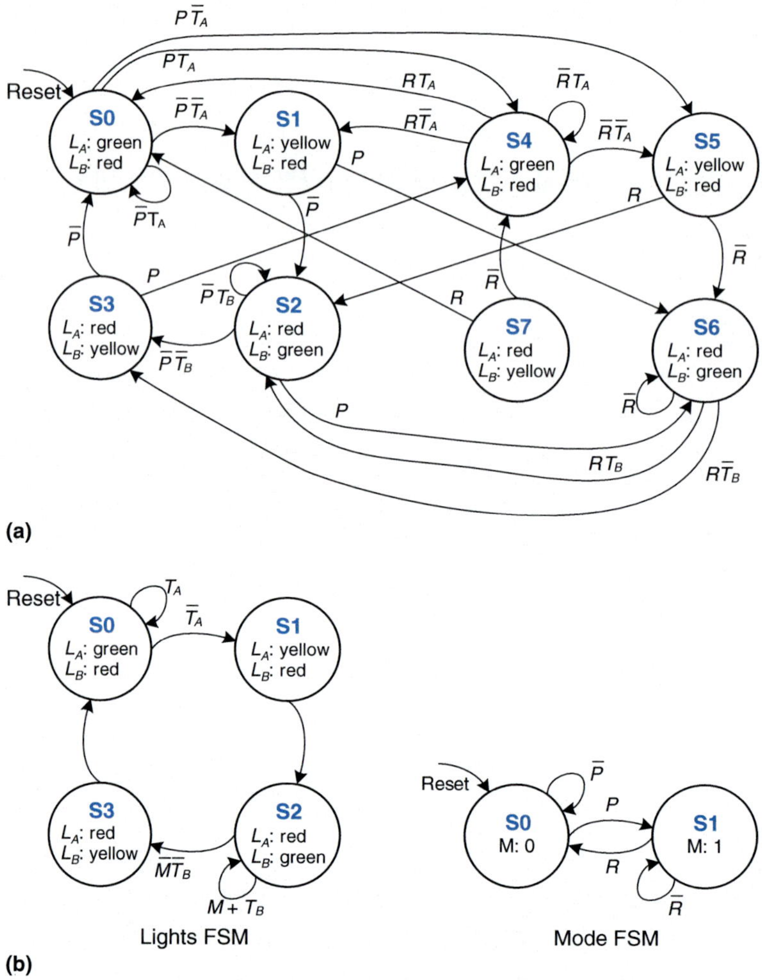

그림 3.34 (a) 인수분해 되지 않은 (b) 인수분해된 상태 변이도

지루하다. 그림 3.34(b)는 인수분해된 FSM 설계를 나타낸다. 모드 FSM은 신호가 정상 모드인지 행진 모드인지 구별하기 위한 두 개의 상태를 가진다. 신호등 FSM은 M이 TRUE인 동안 S2로 남아 있도록 수정되었다.

3.4.5 개략도로부터 FSM 도출

개략도로부터 상태 변이 다이어그램을 도출하는 것은 FSM 설계 과정의 반대(역)이다. 이 과정은 불완전하게 문서화된 프로젝트나 공학적인 시스템을 접할 때 필요하다.

- 회로, 시작 입력, 출력, 상태 비트를 조사한다.
- 다음 상태, 출력 방정식을 쓴다.
- 다음 상태와 출력 표를 생성한다.
- 의미가 없는 상태를 제거하기 위해 상태 표를 줄인다.
- 각각의 유효한 상태 비트를 조합하여 이름을 준다.
- 상태 이름으로 다음 상태와 출력 표를 다시 쓴다.
- 상태 변이 다이어그램을 그린다.
- FSM에서 한 것과 같이 말로 서술한다.

마지막 단계에서 FSM의 전반적인 목적과 기능을 간결하게 서술하는 것에 유의하라. 상태 변이 다이어그램의 각각의 천이를 간단하게 서술하는 것은 아니다.

예제 3.9 **회로로부터 FSM 도출**

엘리사 해커가 집에 도착하였지만, 그녀의 키패드는 잠겨 다시 배선되어 있었고 그녀의 이전 코드는 더 이상 동작하지 않았다. 테이프로 붙여진 회로도가 그림 3.35와 같이 있었다. 엘리사는 회로가 유한 상태 머신이라 생각하고, 만일 문을 열고 들어가는 데 도움이 될 수 있는지 확인하기 위해 상태 변이 다이어그램을 도출하기로 결정한다.

풀이 엘리사는 회로를 조사하는 것으로부터 시작한다. 입력 $A_{1:0}$과 출력은 잠겨 있지 않다. 상태 비트는 이미 그림 3.35에 레이블되어 있다. 이것은 출력은 오직 상태 비트에 의존하므로 무어 머신이다. 회로로부터 그녀는 다음 상태와 출력 방정식을 바로 쓸 수 있다.

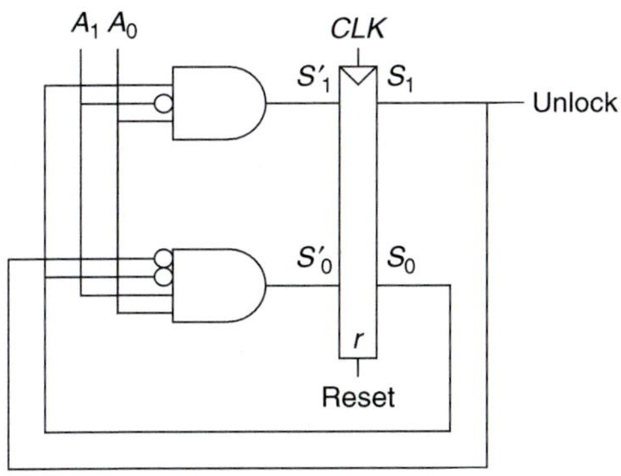

그림 3.35 예제 3.9를 위해 준비된 FSM의 회로

$$S'_1 = S_0 \overline{A_1} A_0$$
$$S'_0 = \overline{S_1}\,\overline{S_0} A_1 A_0 \qquad (3.12)$$
$$\text{Unlock} = S_1$$

다음에 그녀는 우선 식 (3.12)가 지시한 대로 표에 1을 채워 표 3.17과 표 3.18에 보인 다음 상태 표와 출력 표를 작성하였다.

엘리사는 사용하지 않는 상태와 무정의 항(don't care)을 사용하여 열을 조합하여 표를 단순화하였다. $S_{1:0}$=11 상태는 표 3.17에서 가능한 다음 상태로서 리스트에 나타나지 않았으므로 이 현재 상태를 갖는 열은 제거된다. 현재 상태 $S_{1:0}$=10에서, 다음 상태는 입력에 관계없이 항상 $S_{1:0}$=00이므로 무정의 항은 입력에 삽입한다. 단순화한 표는 표 3.19와 표 3.20에 나타내었다.

그녀는 각 상태 비트 조합을 S0는 $S_{1:0}$=00, S1은 $S_{1:0}$=01, S2는 $S_{1:0}$=10으로 이름을 부여하였다. 표 3.21과 표 3.22는 상태 이름을 갖는 다음 상태와 출력 표를 보

표 3.17 그림 3.35의 회로로부터 도출한 다음 상태 표

Current State		Input		Next State	
S_1	S_0	A_1	A_0	S'_1	S'_0
0	0	0	0	0	0
0	0	0	1	0	0
0	0	1	0	0	0
0	0	1	1	0	**1**
0	1	0	0	0	0
0	1	0	1	**1**	0
0	1	1	0	0	0
0	1	1	1	0	0
1	0	0	0	0	0
1	0	0	1	0	0
1	0	1	0	0	0
1	0	1	1	0	0
1	1	0	0	0	0
1	1	0	1	**1**	0
1	1	1	0	0	0
1	1	1	1	0	0

표 3.18 그림 3.35의 회로로부터 도출한 출력 표

Current State		Output
S_1	S_0	*Unlock*
0	0	0
0	1	0
1	0	**1**
1	1	**1**

인다.

엘리사는 표 3.21과 표 3.22를 사용하여 그림 3.36에서와 같이 상태 변이 다이어그램을 표현하였다. 그림을 살펴보면, 1개의 입력 값에 의해 따라오는 세 개의 $A_{1:0}$ 입력 값을 검출한 후에만 문을 열 수 있는 유한 상태 머신임을 알 수 있다. 그리고 문은 다시 닫힌다. 엘리사는 키패드에 이 코드를 입력함으로써 문을 열 수 있다.

표 3.19 단순화한 다음 상태 표

Current State S_1	S_0	Input A_1	A_0	Next State S'_1	S'_0
0	0	0	0	0	0
0	0	0	1	0	0
0	0	1	0	0	0
0	0	1	1	0	1
0	1	0	0	0	0
0	1	0	1	1	0
0	1	1	0	0	0
0	1	1	1	0	0
1	0	X	X	0	0

표 3.20 단순화한 출력 표

Current State S_1	S_0	Output *Unlock*
0	0	0
0	1	0
1	0	1

표 3.22 심벌화한 출력 표

Current State S	Output *Unlock*
S0	0
S1	0
S2	1

표 3.21 심벌화한 다음 상태 표

Current State S	Input A	Next State S'
S0	0	S0
S0	1	S0
S0	2	S0
S0	3	S1
S1	0	S0
S1	1	S2
S1	2	S0
S1	3	S0
S2	X	S0

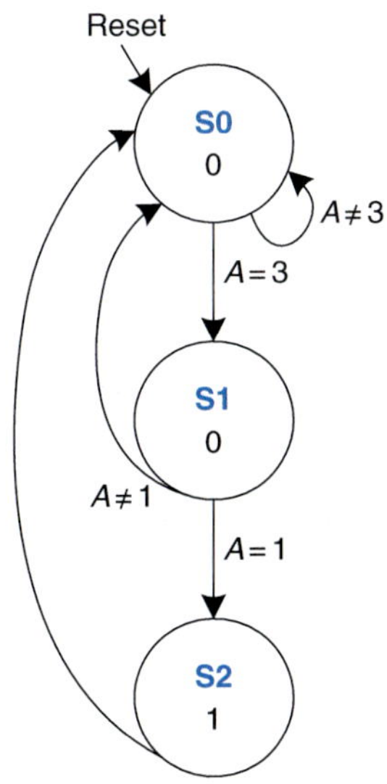

그림 3.36 예제 3.9로부터의 기본 FSM의 상태 변이 다이어그램

3.4.6 FSM 복습

유한 상태 머신들은 작성된 명세로부터 순차회로를 체계적으로 설계하는 강력한 방법이다. FSM을 설계하기 위해 다음과 같은 절차를 이용한다.

- 입력과 출력을 동일시한다.
- 상태 변이도를 스케치한다.
- 무어 머신에서는
  - 상태 변이표를 작성한다.
  - 출력 표를 작성한다.
- 밀리 머신에서는
  - 결합된 상태 변이와 출력 표를 작성한다.
- 상태 부호화를 선택한다.
  - 당신의 선택이 하드웨어 설계에 영향을 미친다.
- 다음 상태와 출력 논리를 위한 부울 식을 작성한다.
- 회로의 개요도를 스케치한다.

우리는 이 책을 통해 복잡한 디지털 시스템의 설계를 위하여 FSM을 반복적으로 사용할 것이다.

3.5 순차 논리의 타이밍

플립플롭이 클록의 상승 에지에서 출력 *Q*에 입력된 *D*를 복사한다는 것을 상기하라. 이 과정을 클록 에지에서 *D*를 **샘플링**(sampling)한다고 한다. 클록이 일어날 때 *D*가 0이나 1에 안정되어 있다면 이 동작은 명확히 정의된다. 그러나 만약 *D*가 클록이 일어나는 시간과 똑같은 시간에 변한다면 과연 무슨 일이 벌어질까?

이 문제는 카메라로 사진을 찍을 때 직면하는 문제와 유사하다. 물에 떠 있는 수련 잎에서 호수로 뛰어드는 개구리의 사진을 찍고 있다고 상상해 보자. 만약 개구리가 뛰기 전에 사진을 찍었다면, 수면의 잔물결을 보게 될 것이다. 그러나 만약 개구리가 뛰자마자 사진을 찍는다면, 수련 잎에서 호수로 몸을 뻗친 개구리의 희미한 이미지를 보게 될 것이다. 물체를 선명한 이미지로 찍기 위해서 카메라는 피사체가 유지되어야 하는 안정화 시간(aperture time)의해 특징 지워진다. 마찬가지로 순차회로 소자가

잘 정의된 출력을 만들어내기 위해서는 클록의 에지 주변에서 플립플롭의 입력이 안정된 상태로 있어야 하는 안정화 시간을 가진다.

순차적 요소의 안정화는 클록 에지 전후의 각각의 준비 시간과 대기 시간으로써 정의된다. 정적인 규칙이 금지된 영역 이상의 논리 수준을 사용하지 않도록 제한하는 것처럼, 동적인 규칙도 안정화 시간 이상으로 변하는 신호를 사용하지 않도록 제한하고 있다. 정적인 규칙에 따라서 신호의 크기를 1과 0의 이산 값으로 생각하는 것처럼, 동적인 규칙에 따르면 시간을 클록 사이클이라고 부르는 이산적인 단위로 생각할 수 있다. 신호는 글리치될 수도 있고, 얼마동안 진동할 수도 있다. 동적인 규칙에서는 신호가 안정화된 후 클록 사이클의 끝에 그것의 최종 값이 어떤지에만 관심이 있다. 그러므로 t가 실수인 어떤 순간에 t에서 A의 값인 $A(t)$보다는 간단하게 n이 정수인 n번째 클록 사이클의 끝에 신호 A의 값인 $A[n]$을 사용할 수 있다.

클록 주기는 모든 신호가 안정되기 위해 충분히 길어야 하는데, 이것은 시스템의 속도를 제한한다. 실제 시스템에서 클록은 정확히 똑같은 시간에 모든 플립플롭으로 도달하지 않는다. 시간에서의 이러한 편차를 **클록 시차**(clock skew)라고 한다. 클록 시차에 의해서 필요한 클록 주기는 더욱 증가하게 된다.

가끔 동적인 규칙을 충족시키는 것은 불가능하다. 특히 실제 세계와 직면할 때는 더 그렇다. 예를 들어, 버튼에서 오는 입력을 가진 회로를 생각해 보자. 어떤 원숭이가 클록이 일어나자마자 바로 버튼을 눌렀다. 이것은 준안정이라는 상태로 나타나는데, 여기서는 플립플롭이 0과 1 사이의 값을 캡처한 후, 안정된 값에 도달하기까지 얼마나 많은 시간이 걸릴지 알 수 없게 된다. 이러한 비동기식 입력을 위한 해결책은 잘못된 논리 값을 만들어낼 확률이 매우 적은(그러나 0은 아닌) 동기화기를 사용하는 것이다.

이번 절의 나머지 부분에서 이러한 모든 개념들을 확장해볼 것이다.

3.5.1 동적인 규칙

이전까지는 순차회로의 기능적 명세에 대하여 초점을 맞추어 왔다. 플립플롭이나 FSM과 같은 동기식 순차회로는 그림 3.37에 설명된 타이밍 명세를 가지고 있음을 상기하라. 클록이 일어날 때, 출력(또는 출력들)은

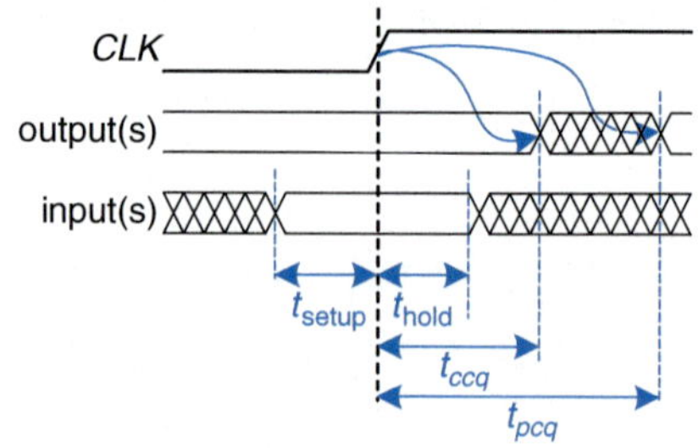

그림 3.37 동기식 순차회로의 타이밍 명세

clock–to–Q 혼합 지연 t_{ccq} 다음에 변화가 시작될 것이고, 틀림없이 clock–to–Q 전파 지연 t_{pcq} 내에서 최종 값이 결정되어야 한다. 이것들은 회로를 통한 가장 빠르고 가장 느린 지연을 각각 나타낸다. 입력을 정확하게 샘플링하는 회로를 위해서는 입력(또는 입력들)은 클록의 상승 에지 전에 적어도 안정화시키는 약간의 준비 시간 t_{setup}을 가져야 하며 클록의 상승 에지 후에 안정된 최소한의 대기 시간 t_{hold}를 유지해야 한다. 준비와 대기 시간의 합을 회로의 **안정화 시간**(aperture time)이라고 한다. 왜냐하면 그것은 입력이 안정된 상태를 유지해야만 하는 전체 시간이기 때문이다.

동적인 규칙은 동기식 순차회로의 입력이 클록 에지를 둘러싼 준비 시간과 대기 시간 동안 안정화되어야만 한다는 것을 말한다. 이 요구 사항을 충족시킴으로써 플립플롭이 변하지 않는 안정된 신호의 샘플링을 보장할 수 있다. 샘플링되는 시점에서의 최종 입력 값에 대해서만 고려함으로써, 논리 수준뿐만 아니라 시간의 이산 신호도 다룰 수 있다.

3.5.2 시스템 타이밍

클록 주기나 **사이클 시간** T_c는 클록 신호의 상승 에지가 반복되는 시간이다. 이것의 역수인 $f_c=1/T_c$는 **클록 주파수**이다. 다른 모든 것이 동일하다면, 클록 주파수의 증가는 디지털 시스템의 단위 시간당 실행 가능한 일이 증가하는 것을 의미한다. 주파수는 Hertz(Hz) 단위나 초당 사이클 수로 측정된다. 1MHz=10^6Hz이고, 1GHz=10^9Hz이다.

작가의 가족 중 한 명이 Apple II+ 컴퓨터를 샀을 때로부터 이 책을 쓰고 있는 시간까지의 30년 동안, 마이크로프로세서 클록 주파수들은 1MHz로부터 수 GHz까지 1,000배 이상 증가하였다. 이 증가 속도는 사회에서 컴퓨터가 만들어낸 혁신적인 변화를 부분적으로 설명해 준다.

그림 3.38(a)는 클록 주기를 계산하고자 하는 동기식 순차회로의 일반적인 경로를 설명한다. 클록의 상승 에지에서 레지스터 R1은 출력(또는 출력들) Q1을 만들어낸다. 이러한 신호들은 조합 논리의 블록으로 들어가서 D2를 만들고, R2 레지스터의 입력(또는 입력들)이 된다. 그림 3.38(b)

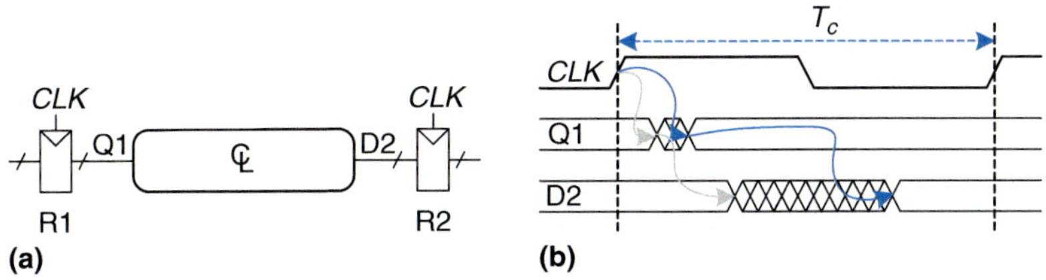

그림 3.38 레지스터들 사이의 경로와 타이밍도

의 타이밍도는 각 출력 신호는 입력이 변화된 후에 혼합 지연이 변화하기 시작하고, 입력이 안정된 후에 전파 지연 내에서 최종 값으로 안정되는 것을 보여준다. 회색 화살표는 R1과 조합 논리를 통한 혼합 지연을 나타내고, 진회색 화살표는 R1과 조합 논리를 통한 전파 지연을 나타낸다. 두 번째 레지스터 R2의 준비 시간과 대기 시간을 위한 타이밍 제한에 대해 분석해 보자.

준비 시간 제한

그림 3.39는 진회색 화살표가 가리키는 경로를 통한 최대 지연만을 보여주는 타이밍도이다. R2의 준비 시간을 만족시키기 위해서 D2는 다음 클록 에지 전에 늦어도 준비 시간까지는 안정화되어야 한다. 따라서 최소 클록 주기를 위한 식은 다음과 같이 찾을 수 있다.

$$T_c \geq t_{pcq} + t_{pd} + t_{\text{setup}} \tag{3.13}$$

상업용 설계에서의 클록 주기는 기술 설계 책임자 또는 마케팅 부문에 의해 결정된다(상품의 경쟁력 확보를 위해). 게다가 플립플롭 clock-to-

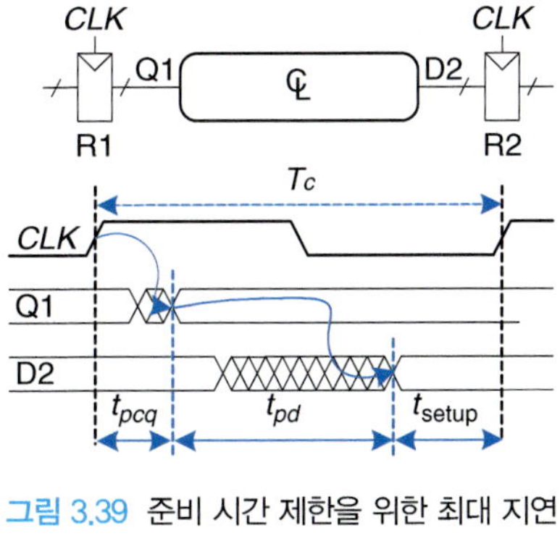

그림 3.39 준비 시간 제한을 위한 최대 지연

Q 전파지연 t_{pcq}와 준비 시간 t_{setup}은 제조업자에 의해 명시된다. 따라서 조합회로를 통한 최대 전파 지연을 얻기 위해 식 (3.13)을 재배열하면, 이 식은 일반적으로 개별 설계자의 제어 값 미만의 유일한 변수이다.

$$t_{pd} \le T_c(t_{pcq} + t_{setup}) \tag{3.14}$$

괄호 안의 $t_{pcq} + t_{setup}$ 항을 **순차 오버헤드**라고 한다. 이상적으로 전체 사이클 시간 T_c는 조합 논리의 t_{pd} 계산을 위해 이용할 수 있다. 그러나 플립플롭의 순차 오버헤드는 이 시간 이내로 들어온다. 식 (3.14)를 **준비 시간 제한**(setup time constraint)또는 **최대 지연 제한**(max-delay constraint)이라고 하는데 준비 시간에 영향을 받고, 조합 논리를 통한 최대 지연을 제한하기 때문이다.

조합 논리를 통한 전파 지연이 매우 크다면, R2가 D2를 샘플링할 때까지도 D2는 최종 값으로 안정화되지 못한다. 그러므로 R2는 금지된 영역의 잘못된 논리 수준이나 틀린 결과로 샘플링할 것이다. 이러한 경우에 회로는 오동작을 일으킨다. 이 문제는 클록 주기를 증가시키거나 짧은 전파 지연을 갖도록 조합 논리를 재설계함으로써 해결될 수 있다.

대기 시간 제한

그림 3.38(a)의 레지스터 R2 역시 **대기 시간 제한**(hold time constraint)을 가진다. 그것의 입력 D2는 클록의 상승 에지 후에 시간 t_{hold}까지 변하지 않아야 한다. 그림 3.40에 따르면 D2는 클록의 상승 에지 후에 $t_{ccq} + t_{cd}$가 지나자마자 바로 변할 것이다. 따라서 다음과 같은 식을 구할 수 있다.

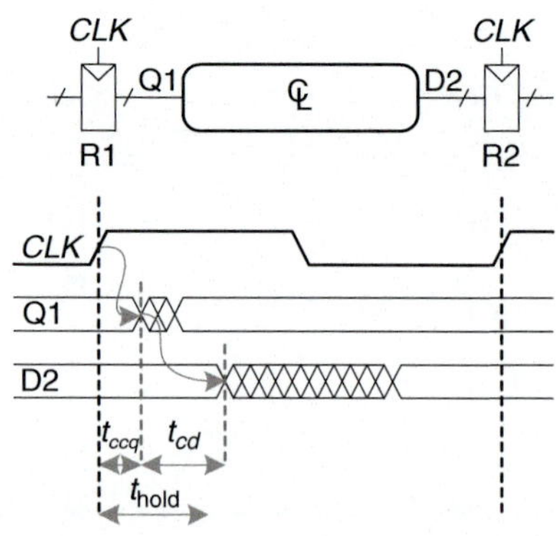

그림 3.40 대기 시간 제한을 위한 최소 지연

$$t_{ccq} + t_{cd} \geq t_{\text{hold}} \tag{3.15}$$

또한, t_{ccq}와 t_{hold}는 일반적으로 설계자의 제어 범위를 벗어나는 플립플롭의 지표이다. 재배열하여 조합 논리를 통한 최소 혼합 지연을 구할 수 있다.

$$t_{cd} \geq t_{\text{hold}} - t_{ccq} \tag{3.16}$$

식 (3.16)을 **최소 지연 제한**(min-delay constraint)이라고 하는데, 조합 논리를 통한 최소 지연을 제한하기 때문이다.

우리는 어떤 논리 소자라도 타이밍 문제 없이 상호 연결될 수 있다고 가정하였다. 특히 두 개의 플립플롭이 그림 3.41에서와 같이 대기 시간 문제를 일으키지 않고 바로 캐스케이드(cascade)될 수 있다고 예상할 수 있다.

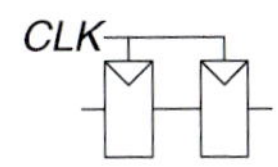

그림 3.41 back-to-back 플립플롭

이러한 경우에 t_{cd}=0이다. 왜냐하면 플립플롭 사이에 조합 논리가 없기 때문이다. 이 값을 식 (3.16)에 대입하면 다음과 같은 조건을 만들어낸다.

$$t_{\text{hold}} \leq t_{ccq} \tag{3.17}$$

달리 말해 신뢰할 수 있는 플립플롭은 그것의 혼합 지연보다 더 짧은 대기 시간을 가져야만 한다는 의미이다. 흔히, 플립플롭은 t_{hold}=0으로 설계한다. 그래서 식 (3.17)은 항상 만족된다. 별도의 언급이 없는 한, 이 책에서는 이러한 가정을 사용하고 대기 시간 제한을 무시한다.

그럼에도 불구하고 대기 시간 제한은 매우 중요하다. 만약 그것들이 지켜지지 않는다면, 유일한 해결책은 회로의 혼합 지연을 늘리는 것으로 이것은 회로의 재설계를 필요로 한다. 준비 시간 제한과는 달리 이 문제는 클록 주기를 조절함으로써 해결될 수 없다. 직접 회로를 재설계하여 수정된 설계를 제조하는 것은 오늘날의 선진 기술 환경에서도 수개월이 걸릴 수 있고, 많은 비용이 들 수 있다. 그러므로 대기 시간 위반은 매우 조심해서 다루어야 한다.

종합

순차회로는 플립플롭들 사이에서 조합 논리의 최대와 최소 지연을 알려주는 준비 시간 제한과 대기 시간 제한을 갖는다. 현대의 플립플롭은 보통 조합 논리를 통한 최소 지연이 0으로 설계된다. 즉, 플립플롭은 back-to-back으로 둘 수 있다. 최대 지연 제한은 고속 회로의 임계 경로상에서 연

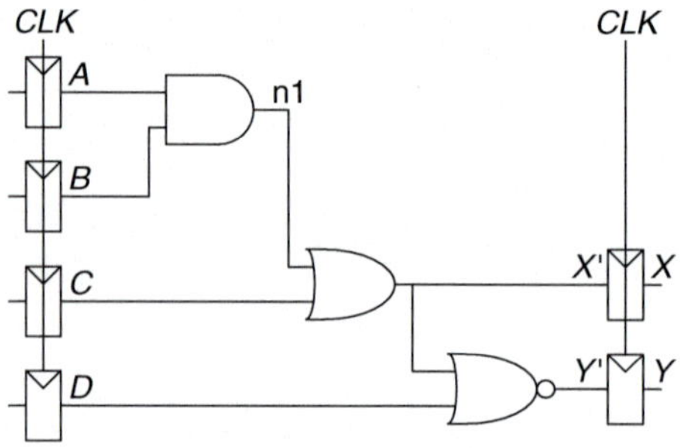

그림 3.42 타이밍 분석을 위한 회로 예

속되는 게이트의 수를 제한하는데, 클록의 주파수가 증가하면 주기가 짧아지기 때문이다.

예제 3.10 **타이밍 분석**

벤이 그림 3.42의 회로를 설계한다. 그가 사용하는 소자의 데이터 시트에 따르면, 플립플롭은 30ps의 clock-to-Q 혼합 지연과 80ps의 clock-to-Q 전파 지연을 가진다. 이것은 50ps의 준비 시간과 60ps의 대기 시간을 갖는다. 각 논리 게이트는 40ps의 전파 지연과 25ps의 혼합 지연을 가진다. 벤이 최대 클록 주파수와 어떤 대기 시간 위반이 발생할 것인지 결정할 수 있도록 하라. 이러한 과정을 **타이밍 분석**(timming analysis)이라고 부른다.

풀이 그림 3.43(a)는 신호가 변할 때를 나타내는 파형을 보여준다. 입력 *A*부터 *D*는 레지스터 출력으로 오로지 *CLK*가 상승된 바로 후에 변화한다.

그림 3.43(b)에서 보인 바와 같이 *B*=1, *C*=0, *D*=0이며 *A*가 0에서 1로 상승하고, n1과 *X′*을 상승, *Y′*을 하강하는 트리거에서 임계 경로가 발생한다. 이 경로는 세 개의 게이트 지연을 포함한다. 임계 경로를 위해, 우리는 모든 게이트가 전파 지연을 요구한다고 가정한다. *Y′*은 *CLK*의 다음 상승 에지 전에 준비되어야 한다. 따라서 최소 사이클 시간은 다음과 같다.

$$T_c \geq t_{pcq} + 3t_{pd} + t_{\text{setup}} = 80 + 3 \times 40 + 50 = 250\text{ps} \tag{3.18}$$

최대 클록 주파수 $f_c = 1/T_c = 4\text{GHz}$이다.

그림 3.43(c)에 보인 바와 같이 *A*=0이고 *C*가 상승하며, 이때 *X′*이 상승할 때 짧은 경로가 발생한다. 짧은 경로를 위해, 우리는 각 게이트가 오직 혼합 지연 뒤에서만 스위칭된다고 가정한다. 이 경로는 오직 하나의 게이트 지연만을 포함하고 있어서 $t_{ccq} + t_{cd} = 30 + 25 = 55\text{ps}$ 후에 생성된다. 그러나 플립플롭은 60ps의 대기 시간을 가지므로, *X′*은 *CLK*의 상승 에지 후에 60ps 동안 안정된 상태로 남아 있어야만 플립플롭이 그 값을 안정적으로 샘플링할 수 있다. 이 경우에 *CLK*의 첫 번째 상승 에지에서 *X′*=0이므로 플립플롭이 *X*=0을 캡처하기를 원한다. *X′*이 충분

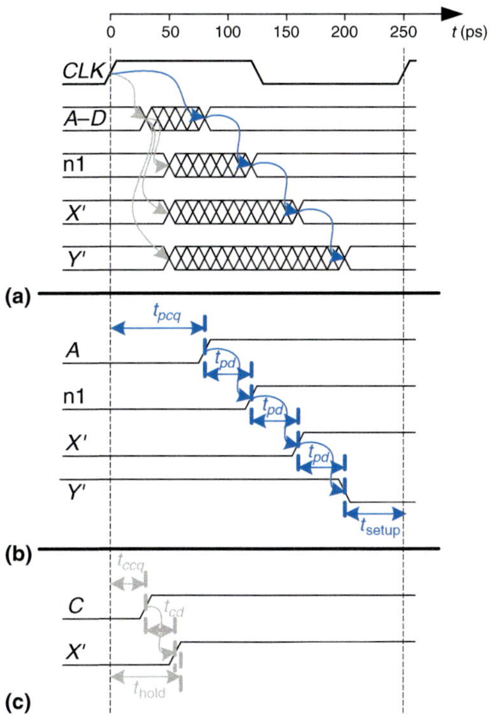

그림 3.43 타이밍도: (a) 일반적인 경우, (b) 임계 경로, (c) 짧은 경로

한 시간 동안 안정되어 있지 않기 때문에, X의 실제 값은 예측할 수 없다. 회로는 대기 시간 위반을 발생시키며, 어떠한 클록 주파수에서도 불규칙적으로 동작할 것이다.

예제 3.11 대기 시간 위반 고치기

앨리사 해커(Alyssa P. Hacker)는 그림 3.44에서처럼, 짧은 경로를 감속하기 위해 버퍼를 추가함으로써 벤의 회로를 고칠 것을 제안한다. 버퍼는 다른 게이트들과

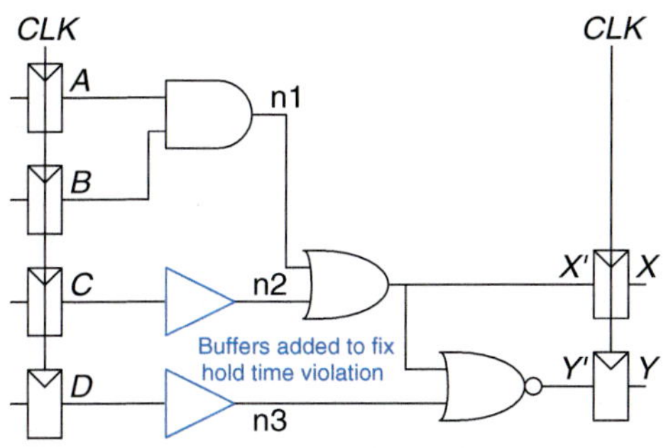

그림 3.44 대기 시간 문제를 해결하는 고쳐진 회로

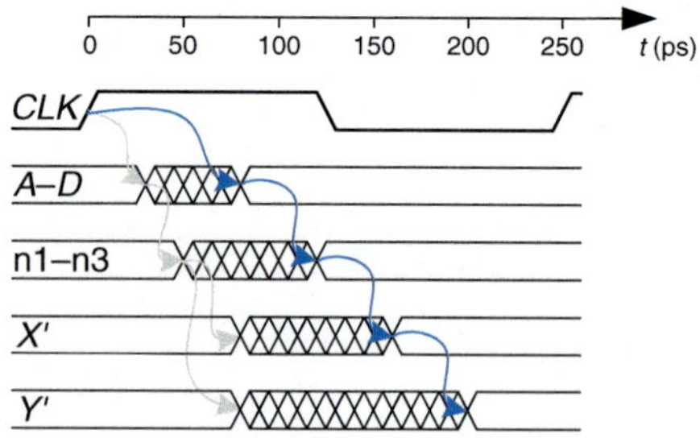

그림 3.45 대기 시간 문제를 해결하기 위한 버퍼를 가진 타이밍도

똑같은 지연을 가진다. 최대 클록 주파수와 어떠한 대기 시간 문제가 발생할 것인지 결정하라.

풀이 그림 3.45는 신호가 변할 때를 나타내는 파형을 보여준다. *A*부터 *Y*까지의 임계 경로는 영향을 받지 않는다. 왜냐하면 어떠한 버퍼도 통과하지 않기 때문이다. 그러므로 최대 클록 주파수는 여전히 4GHz이다. 그러나 짧은 경로는 버퍼의 혼합 지연에 의해 느려진다. 이제 *X'*은 $t_{ccq}+2t_{cd}=30+2\times25=80$ps까지 변하지 않을 것이다. 이것은 60ps의 대기 시간이 경과한 후이다. 이제 이 회로는 올바로 동작하게 된다.

이 예제는 대기 시간 문제의 요점을 설명하기 위해 일상적이지 않은 긴 대기 시간을 가졌다. 대부분의 플립플롭은 이러한 문제를 피하기 위해 $t_{hold}<t_{ccq}$의 관계로 설계된다. 그러나 펜티엄 4를 포함한 여러 고성능 마이크로프로세서는 플립플롭 대신 **펄스 래치**(pulse latch)라고 하는 소자를 사용한다. 펄스 래치는 플립플롭과 같이 동작하지만 짧은 clock–to–Q 지연과 긴 대기 시간을 가진다. 버퍼의 추가는 일반적으로(항상은 아니지만) 임계 경로의 감속 없이 대기 시간 문제를 해결할 수 있다.

3.5.3 클록 시차

이전의 분석에서 우리는 클록이 정확히 같은 시간에 모든 레지스터에 도달하는 것을 가정하였다. 실제로는 이 시간에 약간의 변동이 있다. 클록 에지 시간이 서로 다른 것을 **클록 시차**(clock skew)라고 한다. 예를 들어 그림 3.46에서 보이는 바와 같이 클록 발생기에서부터 서로 다른 레지스터들까지의 배선의 길이가 서로 다르며, 이로 인해서 지연도 서로 약간씩 달라진다. 노이즈에 의해서도 지연 시간이 달라질 수 있다. 3.2.5절에서 설명한 클록 게이팅은 클록을 더욱 지연시킨다. 어떤 클록은 게이트를 통과하였고, 어떤 클록은 통과하지 않았다면 통과한 클록과 통과하지 않은

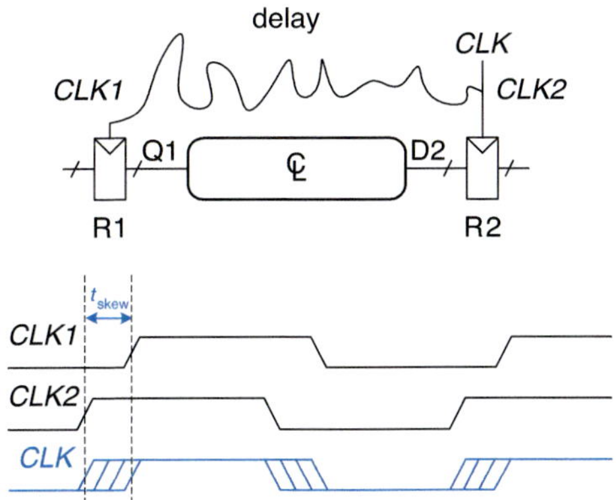

그림 3.46 선 지연에 의한 클록 시차

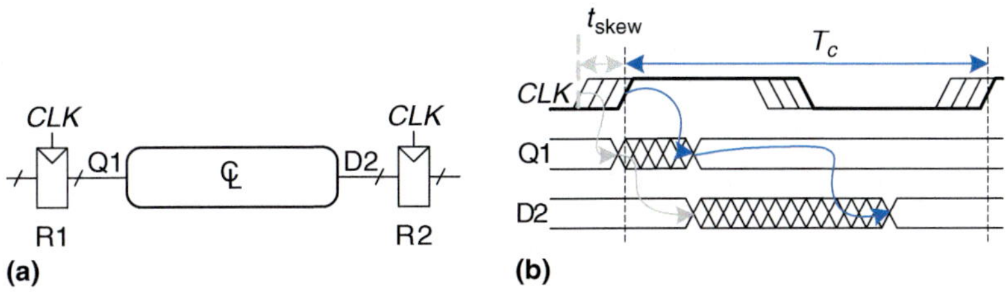

그림 3.47 클록 시차를 가진 타이밍도

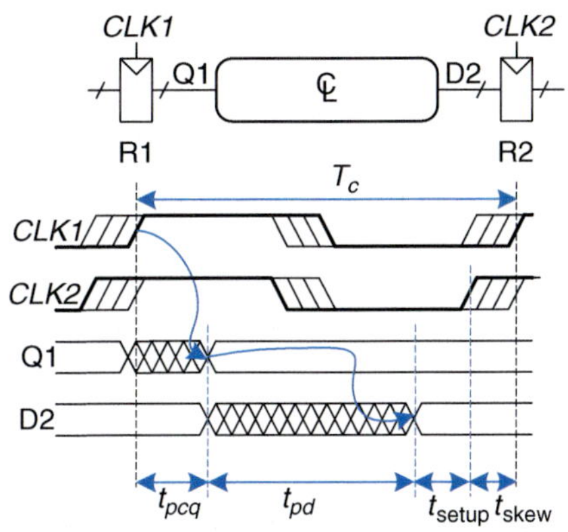

그림 3.48 클록 시차를 가진 준비 시간 제한

클록 사이에는 많은 시차가 생길 것이다. 그림 3.46에서는 *CLK*2가 *CLK*1보다 앞서 있다. 왜냐하면 두 레지스터들 사이의 클록 배선이 매우 긴 경로를 거쳐 가기 때문이다. 만약 클록을 다르게 연결하였다면 *CLK*1이 더 앞설 수도 있다. 타이밍 분석 시 최악의 시나리오를 고려함으로써 어떤 환경에서도 회로가 동작할 수 있도록 보장할 수 있다.

그림 3.47은 그림 3.38에서의 타이밍도에 시차를 추가하였다. 굵은 클

록 선은 클록 신호가 어떠한 레지스터에 도달했을 때의 최종 시간을 지시한다. 빗금 친 선들은 클록이 최대 t_{skew} 만큼 먼저 도착할 수 있다는 것을 나타낸다.

먼저, 그림 3.48의 준비 시간 제한을 생각해 보자. 최악의 경우 R1은 시차가 있는 클록의 가장 뒤의 값을 받고, R2는 시차가 있는 클록의 가장 앞선 값을 받는다. 이 경우 레지스터들 사이에 전달되는 데이터 전파 시간은 최소가 된다.

데이터는 레지스터와 조합 논리를 통해 전송되고 R2가 그것을 샘플링하기 전에 준비되어야 한다. 그러므로 다음과 같은 결과를 얻을 수 있다.

$$T_c \geq t_{pcq} + t_{pd} + t_{\text{setup}} + t_{skew} \tag{3.19}$$

$$tpd \leq T_c - (t_{pcq} + t_{\text{setup}} + t_{skew}) \tag{3.20}$$

다음으로 그림 3.49의 대기 시간 제한을 생각해 보자. 최악의 경우 R1은 시차가 있는 클록의 앞선 값 $CLK1$을 받고, R2는 시차가 있는 뒤의 값 $CLK2$를 받는다. 데이터는 레지스터와 조합 논리를 통과해서 지나가지만 늦은 클록 후 대기 시간이 끝날 때까지 도달하면 안 된다. 따라서 다음과 같은 결과를 얻는다.

$$t_{ccq} + t_{cd} \geq t_{\text{hold}} + t_{skew} \tag{3.21}$$

$$t_{cd} \geq t_{\text{hold}} + t_{skew} - t_{ccq} \tag{3.22}$$

요약하면, 클록 시차는 실질적으로 준비 시간과 대기 시간 모두를 증가

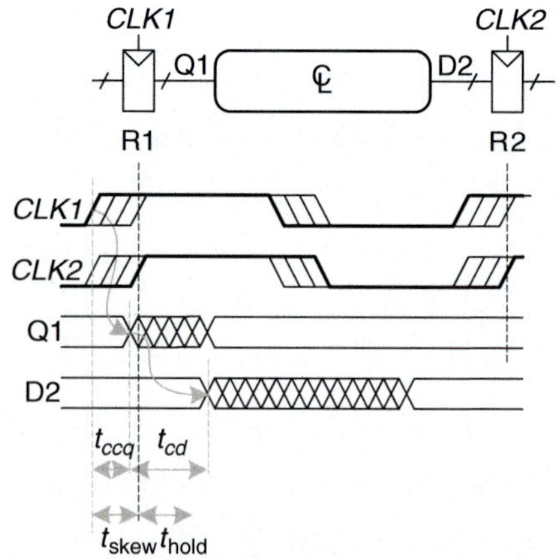

그림 3.49 클록 시차를 가진 대기 시간 제한

시킨다. 이것은 순차 오버헤드를 증가시키고, 조합 논리에서 유용한 동작을 하기 위해 이용 가능한 시간을 감소시킨다. 또, 조합 논리를 통과할 때 요구되는 최소 지연을 증가시킨다. 비록 $t_{\text{hold}}=0$이더라도 back-to-back 플립플롭 쌍이 $t_{skew}>t_{ccq}$ 라면 식 (3.22)를 만족시키지 못할 것이다. 심각한 대기 시간의 실패를 막기 위해 설계자들은 너무 많은 클록 시차를 허용하지 않아야 한다. 가끔씩 플립플롭은 클록 시차가 많을 때라도 대기 시간 문제를 막기 위해 의도적으로 느리게(즉, t_{ccq}가 크게) 설계된다.

예제 3.12 **클록 시차를 가진 타이밍 분석**

시스템이 50ps의 클록 시차를 가진다고 가정하고 예제 3.10을 다시 풀어라.

풀이 임계 경로는 똑같이 남아 있지만 준비 시간은 시차에 의해 증가된다. 그러므로 최소 사이클 시간은 다음과 같다.

$$T_c \geq t_{pcq}+3t_{pd}+t_{\text{setup}}+t_{skew}=80+3\times40+50+50=300\text{ps} \tag{3.23}$$

최대 클록 주파수는 $f_c=1/T_c=3.33\text{GHz}$이다.

짧은 경로는 55ps로 똑같이 남아 있다. 대기 시간은 55ps보다 큰 60+50=110ps로 시차에 의해 증가된다. 그러므로 회로는 대기 시간을 위반하게 되고 모든 주파수에서 오류를 겪게 된다. 회로는 시차 없이도 대기 시간 제한을 위반했다. 시스템 내의 시차는 더 나쁜 위반을 만들게 된다.

예제 3.13 **대기 시간 위반 고치기**

시스템 50ps의 클록 시차를 가진다고 가정하고 예제 3.11을 다시 풀어라.

풀이 임계 경로는 영향을 받지 않고, 최대 클록 주파수는 3.33GHz로 남게 된다. 짧은 경로는 80ps로 증가된다. 이것은 여전히 $t_{\text{hold}}+t_{skew}$=110ps보다 적은 값이고, 이 회로는 대기 시간 제한을 위반하게 된다.

이 문제를 해결하기 위해 더 많은 버퍼가 삽입될 수 있다. 버퍼들은 임계 경로 상에서 추가될 필요가 있어 클록 주파수를 감소시킨다. 대안으로, 더 짧은 대기 시간을 가진 좋은 플립플롭이 사용될 수 있다.

3.5.4 준안정 상태

앞서 언급했듯이, 특히 외부 세계로부터 입력이 도달할 때 순차회로의 입력이 안정화 시간 동안 안정화시키는 것이 항상 가능한 것은 아니다. 그림 3.50에 보이는 바와 같이 버튼이 플립플롭의 입력과 연결된 회로를 생

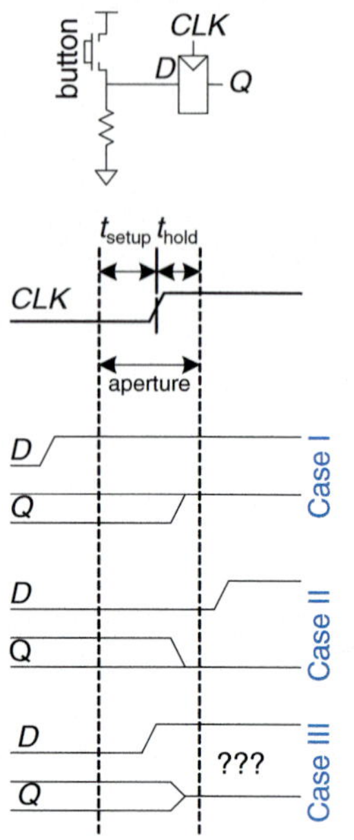

그림 3.50 입력의 전, 후, 전역 시간대역 동안의 변화

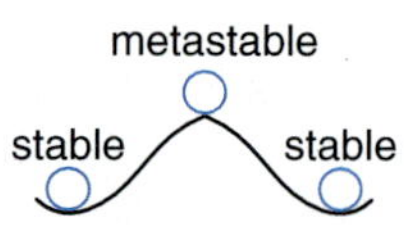

그림 3.51 안정과 준안정 상태

각해 보자. 버튼이 눌러지지 않으면 D=0이다. 버튼이 눌러지면 D=1이다. 한 원숭이가 CLK의 상승 에지를 기준으로 해서 임의의 시간에 무작위로 버튼을 눌렀다. 우리는 클록의 상승 에지 후의 출력 Q 값을 알고자 한다. Case I에서 버튼이 CLK 한참 전에 눌러졌을 때, Q=1이다. Case Ⅱ에서 버튼이 CLK 후에 한참 동안 눌러지지 않았을 때, Q=0이다. 그러나 Case Ⅲ에서는 버튼이 CLK 전의 t_{setup}과 CLK 후의 t_{hold} 사이의 어떠한 시간에서 눌러졌을 때, 입력은 동적인 규칙을 위반하게 되고 출력은 정의되지 않는다.

준안정 상태

실제로 플립플롭이 안정화 시간 동안 변하고 있는 입력을 샘플링할 때, 출력 Q는 0과 V_{DD} 사이의 금지된 구역에 있는 전압을 순간적으로 취하게 될 수도 있다. 이러한 상태를 **준안정**(metastable) 상태라고 부른다. 플립플롭의 출력은 언젠가는 0이나 1의 안정된 상태로 돌아가게 된다. 그러나 안정된 상태로 도달하는 데 걸리는 **분해능 시간**(resolution time)은 얼마나 오래 걸릴지 알 수 없다.

플립플롭의 준안정 상태는 그림 3.51에서 보는 바와 같이, 두 개의 골 사이의 언덕 꼭대기 위에 있는 공과 유사하다. 두 개의 골은 안정 상태이다. 왜냐하면, 골에 있는 공은 건드리지 않는 한 거기에 남아 있을 것이기 때문이다. 언덕 꼭대기를 준안정이라고 하는데, 그 공은 완벽하게 균형이 맞을 경우에 거기에 남아 있을 것이기 때문이다. 그러나 완벽이란 있을 수 없기 때문에 결국 그 공은 한쪽 면이나 또는 다른 쪽으로 구르게 된다. 이러한 변화가 일어나는 시간은 처음에 공이 얼마나 정확하게 균형을 맞추어 서 있느냐에 따라 달라진다. 모든 양안정(bistable) 장치는 두 개의 안정 상태들 사이의 준안정 상태를 가진다.

분해능 시간

만약 플립플롭 입력이 클록 사이클 동안의 랜덤 시간에 변한다면, 안정된 상태로 가는 데 요구되는 분해능 시간 t_{res} 또한 랜덤 변수이다. 만약 입력이 안정화 시간 밖에서 변한다면, $t_{res}=t_{pcq}$이다. 그러나 입력이 안정화 시간 내에서 변화가 일어난다면, t_{res}는 대체로 길어질 수 있다. 이론과 실험적인 분석(3.5.6절을 보라)은 분해능 시간 t_{res}가 어떤 임의의 시간 t를 초과할 확률이 t에 따라 지수적으로 감소한다는 것을 보여준다.

$$P(t_{res} > t) = \frac{T_0}{T_c} e^{-\frac{t}{\tau}} \tag{3.24}$$

여기에서 T_c는 클록 주기이고 T_0과 τ는 플립플롭의 지표를 말한다. 이 식은 t가 대체로 t_{pcq}보다 길 때에만 성립한다.

직관적으로 T_0/T_c는 입력이 부적절한 시간(즉, 안정화 시간 동안)에 변할 확률을 설명한다. 이 확률은 사이클 시간 T_c가 증가하면 감소한다. τ는 얼마나 빨리 플립플롭이 준안정 상태로부터 이동되는지를 나타내는 시간 상수이다. 이것은 플립플롭 안에서 상호 결합된 게이트를 통과하는 지연과 관련된다.

요약하면, 플립플롭과 같은 양안정 장치의 입력이 안정화 시간 동안 변한다면, 출력은 0이나 1의 안정된 상태로 결정되기 전의 어떠한 시간 동안 준안정 값을 취할 것이다. 안정된 값으로 결정되기 전까지 걸리는 총 소요 시간은 얼마나 걸릴지 알 수 없다. 왜냐하면 어떤 유한한 시간 t 동안, 플립플롭이 여전히 준안정 상태일 확률이 0이 아니기 때문이다. 그러나 이 확률은 t가 증가함에 따라 지수적으로 떨어진다. 그러므로 t_{pcq}보다 훨씬 오랫동안 충분히 기다린다면 플립플롭이 타당한 논리 수준에 도달할 확률은 매우 높아지게 된다.

3.5.5 동기화기

실제 세계에서 디지털 시스템의 비동기식 입력은 불가피하다. 예를 들어 인간 입력은 비동기식이다. 만약 부주의하게 다뤄진다면, 이러한 비동기식 입력은 찾거나 고치기 매우 어려운 시스템 장애를 일으키는 시스템 내의 준안정 전압을 발생시킬 수 있다. 디지털 시스템 설계자의 목표는 주어진 비동기식 입력이 준안정 전압에 직면하는 확률이 충분히 작다는 것을 보장하는 것이다. '충분히'의 의미는 상황에 따라 달라진다. 예컨대 휴대폰의 고장은 10년에 한 번 정도면 충분할 것이다. 휴대폰은 고장 나면 언제든 버리고 다시 구입할 수 있기 때문이다. 의료 기기는 우주의 기대 수명(10^{10}년) 동안 한 번의 고장을 일으키는 정도는 되어야 한다. 좋은 논리 수준을 보장하기 위해 모든 비동기식 입력은 **동기화기**를 거쳐야만 한다.

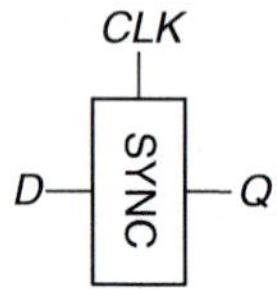

그림 3.52 동기화기 심벌

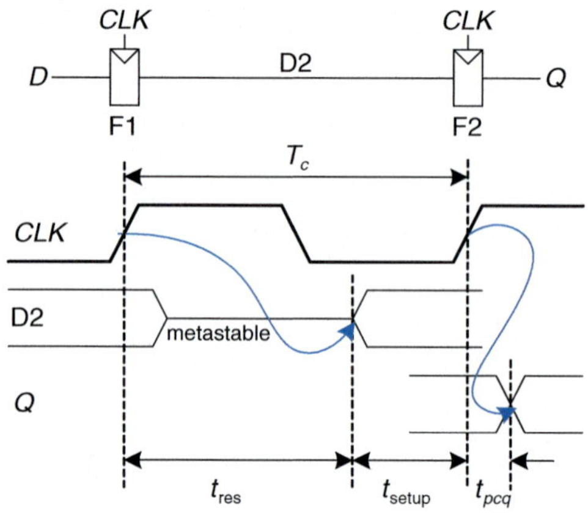

그림 3.53 간단한 동기화기 심벌

그림 3.52에 보이는 동기화는 비동기식 입력 *D*와 클록 *CLK*를 받는 장치이다. 이것은 제한된 소요 시간 내에 출력 *Q*를 만들어 낸다. 출력은 매우 높은 확률로 타당한 논리 수준을 가진다. 만약 *D*가 안정화 시간 동안 안정하다면 *Q*는 *D*와 같은 값을 취해야 한다. 만약 *D*가 안정화 시간 동안 변한다면 *Q*는 HIGH나 LOW 값 중 하나를 취할 것이지만 준안정이 되어서는 안 된다.

그림 3.53은 두 개의 플립플롭을 이용하여 동기화기를 만드는 간단한 방법을 보여준다. F1은 *CLK*의 상승 에지에서 *D*를 샘플링한다. 만약 *D*가 그 시간에 변화되고 있다면 출력 D2는 순간적으로 준안정이 될 수도 있다. 만약 클록 주기가 충분히 길다면, D2는 높은 확률로 주기의 끝에 이르기 전에 타당한 논리 수준으로 결정할 것이다. F2는 현재 안정되어 있는 D2를 샘플링하고 바른 출력 *Q*를 만든다.

만약 동기화기의 출력 *Q*가 준안정 상태가 되면 동기화기 장애(fails)라고 한다. D2가 F2에서 시간 이내에 준비되지 못하면, 즉 $t_{res} > T_c - t_{setup}$이면 장애가 발생한다. 식 (3.24)에 따르면, 랜덤 시간에 단일 입력 변화의 장애 확률은 다음과 같다.

$$P(\text{failure}) = \frac{T_0}{T_c} e^{-\frac{T_c - t_{setup}}{\tau}} \tag{3.25}$$

장애 확률 *P*(failure)는 입력 *D*가 한 번 변할 때 출력 *Q*가 준안정이 될 확률이다. 만약 *D*가 초당 한 번 변한다면 초당 장애 확률이 바로 *P*(failure)가

된다. 그러나 D가 초당 N번 변한다면 초당 장애 확률은 N배가 된다.

$$P(\text{failure})/\text{sec} = N\frac{T_0}{T_c}e^{-\frac{T_c - t_{\text{setup}}}{\tau}} \tag{3.26}$$

시스템 신뢰도는 보통 장애 간 평균 시간(Mean Time Between Failures, MTBF)으로 측정된다. 이름이 의미하는 것처럼, MTBF는 시스템의 장애들 간 평균 소요 시간이다. 이것은 이 시스템이 어떤 주어진 초 동안 장애를 일으키게 될 확률의 역수이다.

$$MTBF = \frac{1}{P(\text{failure})/\text{sec}} = \frac{T_c e^{\frac{T_c - t_{\text{setup}}}{\tau}}}{NT_0} \tag{3.27}$$

식 (3.27)은 동기화기가 오랜 T_c 시간 동안 기다림으로써 MTBF가 지수적으로 증가하는 것을 나타낸다. 대부분의 시스템에서 하나의 클록 사이클을 기다리는 동기화기는 안전한 MTBF를 제공한다. 예외적으로, 고속 시스템에서는 더 이상의 사이클 대기가 필요할 수도 있다.

예제 3.14 **FSM 입력을 위한 동기화기**

3.4.1절의 교통 신호등 제어기 FSM은 교통 감지기로부터 비동기식 입력을 받는다. 동기화기는 제어기에 안정된 입력을 보장하기 위해 사용된다고 가정하라. 차량은 평균 초당 0.2번 도착한다. 동기화기의 플립플롭은 다음과 같은 특징을 가진다.

$$\tau = 200\text{ps},\ T_0 = 150\text{ps},\ t_{\text{setup}} = 500\text{ps}$$

1년이 넘는 MTBF를 이루기 위해 동기화기의 클록 주기는 얼마가 되어야 하는가?

풀이 1년≈$\pi \times 10^7$초이다. 식 (3.27)로 계산하면,

$$\pi \times 10^7 = \frac{T_c e^{\frac{T_c - 500\times10^{-12}}{200\times10^{-12}}}}{(0{:}2)(150\times10^{-12})} \tag{3.28}$$

이 식의 닫힌 해(closed form solution)는 없다. 그러나 추측과 검증에 의한 해결은 가능하다. 계산표를 만들고 몇 가지 T_c 값을 대입해 1년의 MTBF를 주는 T_c 값을 발견하라. T_c=3.036ns이다.

3.5.6 결정 시간 유도 *

식 (3.24)는 회로이론과 미분방정식, 확률 등의 기본 지식을 사용하여 유도될 수 있다. 이번 절은 여러분이 유도 과정에 관심이 없거나 수학적인 문제에 친숙하지 않다면 그냥 넘어가도 좋다.

만약 플립플롭이 (준안정 조건을 일으키는)변하는 입력을 샘플링한 후 출력이 클록 에지 후의 임의의 시간 t내에 안정된 값으로 결정되지 못한다면, 플립플롭 출력은 시간 t 후에 준안정될 것이다. 상징적으로 이것을 다음과 같이 표현할 수 있다.

$$P(t_{res} > t) = P(\text{변하는 입력 샘플링}) \times P(\text{결정되지 못함}) \qquad (3.29)$$

각각의 확률 항을 개별적으로 생각해보자. 비동기식 입력 신호는 그림 3.54에 보인 것처럼 어떠한 시간 t_{switch} 내에서 0과 1 사이를 스위칭한다. 클록 에지 주변의 안정화 시간 동안 입력이 변하는 확률은 다음과 같다.

$$P(\text{변하는 입력 샘플링}) = \frac{t_{switch} + t_{setup} + t_{hold}}{T_c} \qquad (3.30)$$

만약 플립플롭이 P(변하는 입력 샘플링)의 확률로 준안정 상태로 들어가면, 준안정 상태에서 안정 상태로 도달하는 시간은 회로의 내부 동작에 달려 있게 된다. 이 분해능 시간은 플립플롭이 시간 t 후에도 안정된 논리 수준으로 결정되지 않은 확률 P(결정되지 못함)를 결정한다. 이번 절의 나머지 부분에서는 이 확률을 판단하기 위해 양안정(bistable) 장치의 간단한 모델에 대해서 분석한다.

양안정 장치는 양의 피드백(positive feedback)을 가지는 저장소를 사용한다. 그림 3.55(a)는 인버터들의 쌍으로 구현된 이 피드백을 보여준다. 이 회로의 동작은 대부분의 양안정 소자들의 표본이다. 인버터들의 쌍은

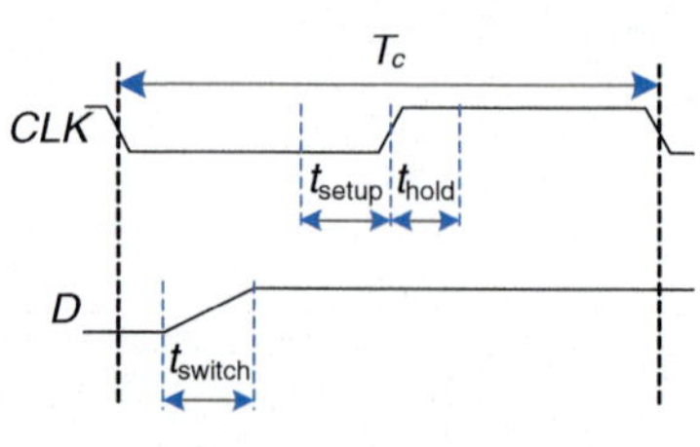

그림 3.54 입력 타이밍

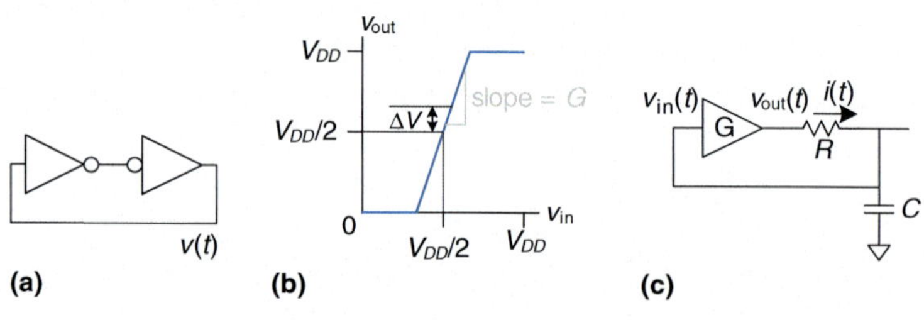

그림 3.55 쌍안정 소자의 회로 모델

버퍼와 같이 동작한다. 그림 3.55(b)와 같이 G의 기울기를 가지는 대칭적 DC 전송 특징을 가지는 모델로 만들어 보자. 버퍼는 유한한 양의 출력 전류만을 전달할 수 있다. 출력 저항(resistance) R로써 이것을 만들 수 있다. 또한 모든 실제 회로는 충전되어야 하는 커패시턴스(capacitance) C를 가진다. 저항을 통한 커패시터의 충전은 RC 지연을 일으켜 버퍼가 즉시 스위칭하지 못하도록 방해한다. 이렇게 해서 완성된 회로 모델이 그림 3.55(c)에 나타나 있는데, $v_{out}(t)$는 양안정 장치의 상태를 전달하는 우리의 관심을 끄는 전압이다.

이 회로의 준안정 점(metastable point)은 $v_{out}(t)=v_{in}(t)=V_{DD}/2$이다. 만약 회로가 정확히 그 지점에서 시작하고 노이즈가 없다면 영원히 거기에 남아 있을 것이다. 전압은 연속적인 변수이기 때문에, 회로가 정확히 준안정 점에서 시작될 가능성은 무시할 수 있을 만큼 작다. 그러나 회로는 시간 0에서 시작하며 작은 오프셋 ΔV에 의하여 $v_{out}(0)=V_{DD}/2+\Delta V$의 준안정 상태 가까이에 있다. 이러한 경우에 양의 피드백은 결국 $v_{out}(t)$를 $\Delta V>0$일 때에는 V_{DD}로, $\Delta V<0$일 때에는 0으로 구동할 것이다. V_{DD}나 0에 도달하기 위해 요구된 시간은 양안정 장치의 결정 시간이다.

DC 전송 특징은 선형이 아니지만, 우리가 관심을 가지는 영역인 준안정 점 가까이에서는 선형으로 나타난다. 명확하게, $v_{in}(t)=V_{DD}/2+\Delta V/G$라면 작은 ΔV에 대해서 $v_{out}(t)=V_{DD}/2+\Delta V$이다. 저항을 통해 흐르는 전류는 $i(t)=(v_{out}(t)-v_{in}(t))/R$이다. 커패시터는 $dv_{in}/dt=i(t)/C$의 비율로 충전된다. 이러한 사실들을 종합해 출력 전압을 결정하는 식을 찾아낼 수 있다.

$$\frac{dv_{out}(t)}{dt}=\frac{(G-1)}{RC}\left[v_{out}(t)-\frac{V_{DD}}{2}\right] \tag{3.31}$$

이것은 선형 1차 미분 방적식이다. 초기 조건 $v_{out}(0)=V_{DD}/2+\Delta V$를 대입하여 이 식을 풀면 다음과 같은 식이 주어진다.

$$v_{out}(t)=\frac{V_{DD}}{2}+\Delta Ve^{\frac{(G-1)t}{RC}} \tag{3.32}$$

그림 3.56은 주어진 여러 가지 출발점에서 $v_{out}(t)$를 나타내기 위해 그린 그래프이다. $v_{out}(t)$는 V_{DD}나 0으로 포화될 때까지 준안정 점 $V_{DD}/2$로부터 지수적으로 멀어진다. 출력 전압은 결국 1이나 0으로 결정된다. 여기에 걸리는 소요 시간은 준안정 점($V_{DD}/2$)으로부터 초기 전압이 얼마나 떨어

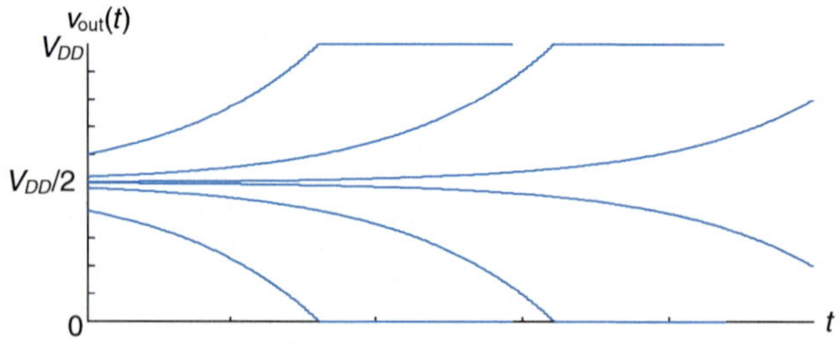

그림 3.56 분해능 궤도

져 있는지의 오프셋(ΔV)에 달려 있다.

$v_{out}(t_{res})$가 V_{DD}나 0에 도달하는 결정 시간 t_{res}를 구하기 위해 식 (3.32)를 풀면 다음과 같은 식이 주어진다.

$$|\Delta V|e^{\frac{(G-1)tres}{RC}} = \frac{V_{DD}}{2} \tag{3.33}$$

$$t_{res} = \frac{RC}{G-1}\ln\frac{V_{DD}}{2|\Delta V|} \tag{3.34}$$

요약하면, 만약 양안정 장치가 늦게 변화하는 출력의 원인이 되는 높은 저항이나 커패시턴스를 가지고 있다면 분해능 시간은 증가한다. 양안정 장치가 높은 이득(gain) G를 가진다면 분해능 시간은 감소한다. 또, 회로가 준안정 점 가까이서 출발할 때($V_{DD} \to 0$) 분해능 시간은 로그 함수적으로(logarithmically) 증가한다.

τ를 $\frac{RC}{G-1}$로 정의하자. ΔV를 찾기 위해 식 (3.34)를 풀면 특정한 분해능 시간 t_{res}를 결정하는 초기의 오프셋 ΔV_{res}를 찾을 수 있다.

$$\Delta V_{res} = \frac{V_{DD}}{2}e^{-t_{res}/\tau} \tag{3.35}$$

양안정 장치가 변하는 입력을 샘플링한다고 가정하라. 이것은 0과 V_{DD} 사이에서 균일하게 분포한다고 가정하는 전압 $v_{in}(0)$을 가져온다. 출력이 시간 t_{res} 후에 안정된 값으로 결정되지 못할 확률은 초기 오프셋이 충분히 작을 확률에 달려 있다. 특히, v_{out}상의 초기 오프셋은 $\Delta V_{res}/G$보다 작아야 한다. 그러면 양안정 장치가 충분히 작은 초기 오프셋을 입력으로 샘플링할 확률은 다음과 같다.

$$P(\text{unresolved}) = P\left(\left|v_{\text{in}}(0) - \frac{V_{DD}}{2}\right| < \frac{\Delta V_{res}}{G}\right) = \frac{2\Delta V_{res}}{GV_{DD}} \qquad (3.36)$$

종합해 보면, 결정 시간이 어떠한 시간 t를 초과할 확률은 다음과 같은 식에 의해 주어진다.

$$P(t_{res} > t) = \frac{(t_{\text{switch}} + t_{\text{setup}} + t_{\text{hold}})}{GT_c} e^{-\frac{t}{\tau}} \qquad (3.37)$$

식(3.37)이 $T_0 = (t_{\text{switch}} + t_{\text{setup}} + t_{\text{hold}})/G$와 $\tau = RC/(G-1)$을 대입시킨 식 (3.24)의 형태라는 것에 주목하라. 요약하면, 우리는 식 (3.24)를 유도하였고, T_0과 τ가 어떻게 양안정 장치의 물리적인 특성에 의존하는지를 보았다.

3.6 병렬 처리

시스템의 속도는 시스템을 통해 움직이는 정보의 처리량과 지연 속도(latency)로 특징지어진다. 출력 그룹을 생성하기 위해서 처리되는 입력 그룹을 **토큰**(token)이라고 정의한다. 이 개념은 회로도에 지하철 토큰을 놓고, 회로를 통해 움직이는 데이터를 시각화시키기 위해 토큰을 이동시키는 것을 연상하면 쉽다. 시스템의 지연 속도는 시작부터 끝까지 시스템을 통해서 흐르는 하나의 토큰을 위해 요구되는 시간을 말한다. **처리량**(throughput)은 단위 시간당 만들어질 수 있는 토큰의 개수를 말한다.

예제 3.15 **쿠키 처리량과 지연 속도**

벤 비트디들(Ben Bitdiddle)은 그의 교통 신호등 제어기 설치를 축하하기 위하여 우유와 쿠키 파티를 열고 있다. 쿠키를 빚고 쟁반에 담는 데까지 5분이 소요되었다. 쿠키를 오븐에 굽는 데 15분이 소요되었다. 일단 쿠키가 다 구워지면 그는 다른 쟁반에 새로운 쿠키를 준비한다. 쿠키 한 쟁반을 위한 벤의 처리량과 지연 속도는 얼마인가?

풀이 이 예제에서 쿠키를 담는 쟁반이 바로 토큰이다. 지연 속도는 쟁반 하나당 1/3시간(20분)이다. 처리량은 시간당 세 개의 쟁반이다.

상상할 수 있듯이, 여러 개의 토큰을 동시에 처리함으로써 처리량을 증가시킬 수 있다. 이것을 **병렬 처리**(parallelism)라고 하는데, 공간(spatial)과

시간(temporal)의 두 가지 형태가 있다. **공간 병렬 처리**에서는 하드웨어의 여러 복사본들이 제공됨으로써 여러 업무들을 동시에 처리할 수 있다. **시간 병렬 처리**는 제조 라인에서처럼 업무를 단계 단계로 끊어서 여러 업무들이 단계별로 펼쳐져 있다. 각각의 업무들은 모든 단계를 통과해야만 하지만, 어느 특정 시간에는 서로 다른 업무들이 각 단계에 있으므로 여러 작업들이 겹쳐져 있다. 시간 병렬 처리를 흔히 **파이프라이닝**(pipelining)이라고 한다. 때로는 공간 병렬 처리를 그냥 병렬 처리라고도 하는데, 이러한 명명은 애매하기 때문에 피하도록 한다.

예제 3.16 **쿠키 병렬 처리**

벤은 파티에 오는 친구들이 많아서 최대한 빨리 쿠키를 만들어야 한다. 그래서 공간 또는 시간 병렬 처리의 사용을 고려하고 있다.

공간 병렬 처리: 벤은 앨리사에게 도움을 요청한다. 그녀는 자기의 쿠키 쟁반과 오븐을 가지고 있다.

시간 병렬 처리: 벤은 두 번째 쿠키 쟁반을 얻었다. 그는 즉시 오븐에 하나의 쿠키 쟁반을 집어넣고, 첫 번째 쟁반이 다 구워지기를 기다리지 않고 다른 쟁반 위에 새로운 쿠키를 빚기 시작한다.

공각 병렬 처리를 이용한 처리량과 지연 속도는 얼마인가? 시간 병렬 처리를 이용한 처리량과 지연 속도는? 둘 다를 이용한 처리량과 지연 속도는?

풀이 지연 속도는 처음부터 끝까지 하나의 업무가 완성되는 데 요구되는 시간이다. 이 모든 경우에 지연 속도는 1/3시간(20분)이다. 만약 벤이 쿠키를 가지지 않고 시작한다면, 지연 속도는 첫 번째 쟁반 쿠키를 만들기 위해 필요한 시간이다.

처리량은 시간당 쿠키 쟁반의 개수이다. 공간 병렬 처리를 통해 벤과 앨리사는 각각 매 20분마다 하나의 쟁반을 완성한다. 그러므로 시간당 6개의 쟁반으로 처리량은 두 배가 된다. 시간 병렬 처리를 통해 벤은 매 15분마다 오븐에 새로운 쟁반을 집어넣으므로 시간당 네 개의 쟁반으로 처리량이 개선된다. 이것을 그림 3.57에서 설명하고 있다.

벤과 앨리사가 두 기술을 모두 사용할 경우, 그들은 시간당 8개의 쟁반을 완성할 수 있다.

지연 속도 L을 가진 업무를 고려하라. 병렬 처리가 없는 시스템에서는 처리량이 $1/L$이다. N개의 하드웨어 복사본을 가진 공간 병렬 처리 시스템에서의 처리량은 N/L이다. 시간 병렬 처리 시스템에서는 업무가 이상

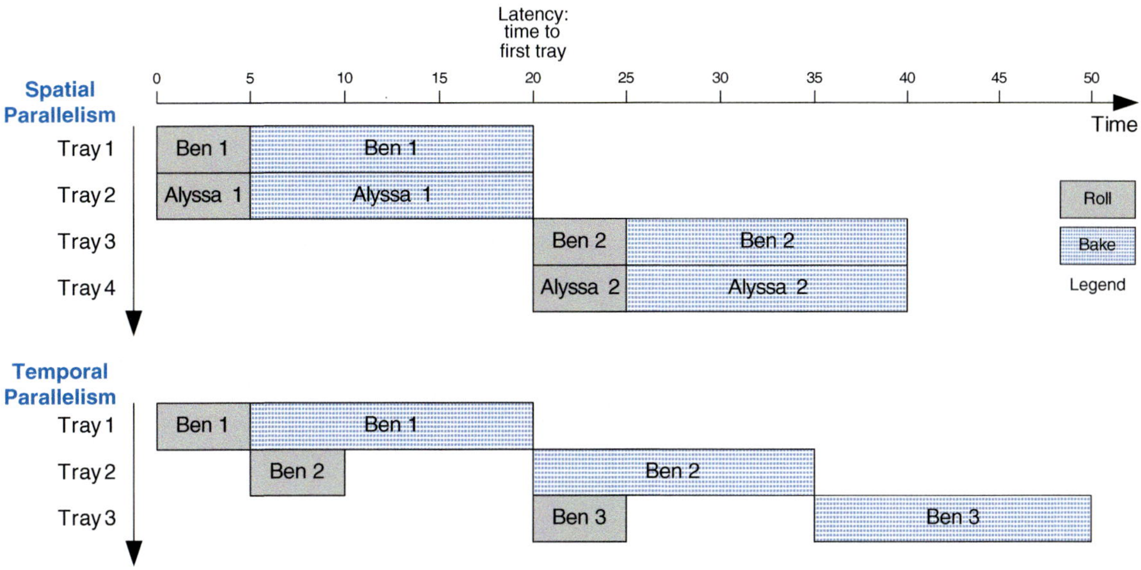

그림 3.57 쿠키를 만드는 부엌에서의 공간 병렬 처리와 시간 병렬 처리

적으로 같은 길이를 가진 *N*개의 단계로 끊긴다. 이러한 시스템에서도 처리량은 *N/L*이고, 하나의 하드웨어 복사본만이 요구된다. 그러나 쿠키 예제에서 봤던 것처럼, 같은 길이를 가진 *N*개의 단계를 찾는다는 것은 일반적으로 비실용적이다. 가장 긴 단계가 지연 속도 L_1을 가진다면 파이프라인된 처리량은 $1/L_1$이다.

파이프라이닝(시간 병렬 처리)은 하드웨어를 복사하지 않고 회로의 속도를 증가시키기 때문에 특히 매력적이다. 대신에, 빠른 클록으로 동작할 수 있는 짧은 단계로 논리를 배분하기 위해 조합 논리의 블록들 사이에 레지스터들이 놓여 있다. 레지스터들은 하나의 파이프라인 단계의 토큰이 다음 단계의 토큰에 영향을 미치지 않도록 한다.

그림 3.58은 파이프라인이 없는 회로의 예를 보여준다. 이것은 레지스터들 사이에 네 개의 논리 블록을 포함한다. 임계 경로는 블록 2, 3, 4를 통과한다. 레지스터가 0.3ns의 clock-to-Q 전파 지연과 0.2ns의 준비 시간을 가진다고 가정해 보자. 그러면 클록 시간 T_c=0.3+3+2+4+0.2=9.5ns이다. 이 회로는 9.5ns의 지연 속도와 1/9.5ns=105MHz의 처리량을 가진다.

그림 3.59는 블록 3과 4 사이에 레지스터를 추가함으로써 2단계 파이프라인으로 분할된 같은 회로를 보여준다. 첫 번째 단계는 0.3+3+2+0.2=5.5ns의 최소 클록 주기를 가진다. 두 번째 단계는 0.3+4+0.2=4.5ns의 최소 클

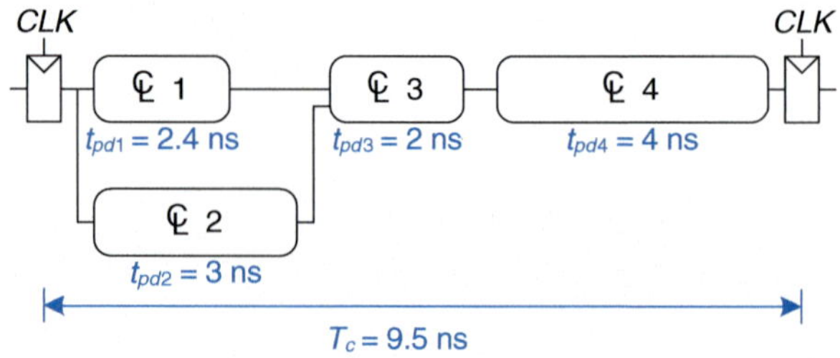

그림 3.58 파이프라인이 없는 회로

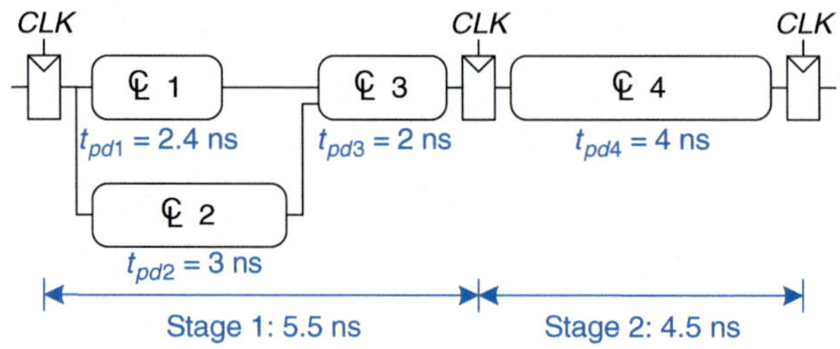

그림 3.59 2단계의 파이프라인을 가진 회로

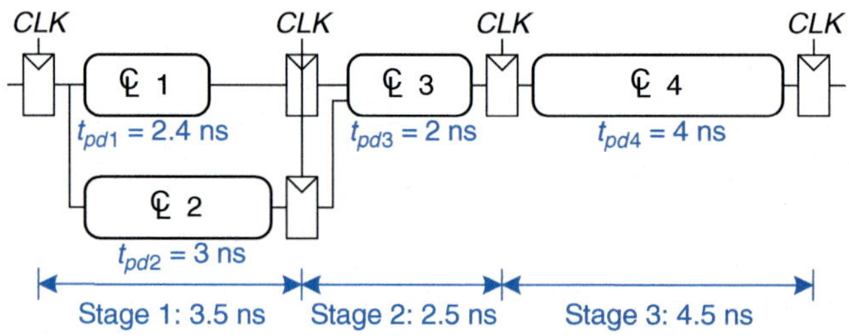

그림 3.60 3단계의 파이프라인을 가지 회로

록 주기를 가진다. 클록은 모든 단계에서 동작하기 위해 충분히 느려야만 한다. 그러므로 T_c=5.5ns이다. 지연 속도는 두 개의 클록 사이클 또는 11ns이다. 처리량은 1/5.5ns=182MHz이다. 이 예제는 실제 회로에서 두 단계를 가진 파이프라이닝을 통해서 처리량은 거의 두 배 증가하고 지연 속도는 약간 증가됨을 보여준다. 이에 비해 이상적인 파이프라이닝은 지연 속도의 손해 없이 정확하게 처리량이 두 배가 된다. 이러한 차이가 발생하는 이유는 회로가 정확히 똑같은 두 개의 반쪽으로 나뉠 수 없고, 레지스터의 순차 오버헤드가 증가하기 때문이다.

그림 3.60은 세 단계의 파이프라인으로 분할된 같은 회로를 보여준다. 첫 번째 파이프라인 단계의 끝에서 블록 1과 2의 결과를 저장하기 위해

두 개 더 많은 레지스터가 필요하다는 것에 주목하라. 이제 사이클 시간은 4.5ns로 세 번째 단계에 의해 제한된다. 지연 속도는 세 개의 클록 사이클 또는 13.5ns이다. 처리량은 1/4.5ns=222MHz이다. 마찬가지로, 파이프라인 단계를 추가하여 약간의 지연 속도를 희생해서 처리량을 개선시켰다.

비록 이러한 기술들이 강력하지만 모든 상황에 적용되는 것은 아니다. 병렬 처리 방법의 단점은 **종속성**이다. 만약 현재 작업이 현재 작업의 직전 과정이 아닌 앞선 작업의 결과에 의존한다면, 그 작업은 앞선 작업이 완성될 때까지 시작될 수 없다. 예컨대 벤이 두 번째 쟁반을 준비하기 전에 첫 번째 쟁반의 쿠키 맛보기를 원한다면, 그는 파이프라이닝이나 병렬 처리를 가로막는 종속성을 갖는다. 병렬 처리는 고성능 마이크로프로세서를 설계하기 위한 가장 중요한 기술 중 하나이다. 7장에서 더 많은 파이프라인을 논의하고 종속성을 다루는 예제를 살펴본다.

3.7 요약

이번 장은 순차 논리의 설계와 분석에 대해 설명하였다. 출력이 현재 입력에만 의존하는 조합 논리와는 반대로 순차 논리의 출력은 현재와 이전의 입력 값 모두에 의존한다. 달리 말하자면, 순차 논리는 이전 입력에 대한 정보를 기억한다. 이 메모리를 논리 상태라고 부른다.

만약 여러분이 미래 입력에 의존하는 출력을 가진 논리를 발명할 수 있다면 엄청난 부자가 될 수 있을 것이다!

순차회로는 분석이 어렵고, 부정확하게 설계하기 쉽다. 그래서 우리는 주의 깊게 설계된 몇 개의 빌딩 블록들만을 살펴보았다. 이러한 목적을 위한 가장 중요한 소자가 클록과 입력 *D*를 받고 출력 *Q*를 만들어내는 플립플롭이다. 플립플롭은 클록의 상승 에지에서 *D*를 *Q*로 복사하고, 그 외에는 *Q*의 예전 상태를 기억한다. 플립플롭의 그룹은 레지스터라고 하는 공통의 클록을 서로 공유한다. 플립플롭은 또한 리셋이나 enable 제어 신호를 받는다.

비록 순차 논리의 많은 형태가 존재한다 하더라도, 우리는 동기식 순차회로의 사용을 연습한다. 왜냐하면 동기식 순차회로는 설계하기 쉽기 때문이다. 동기식 순차회로는 클록을 가진 레지스터들에 의해 분리된 조합 논리의 블록들로 구성되어 있다. 회로의 상태는 레지스터에 저장되고 클록의 에지에서만 경신된다.

유한 상태 머신은 순차회로를 설계하기 위한 강력한 기술이다. FSM을 설계하기 위해 먼저 머신의 입력과 출력을 정의하고, 상태와 그 상태 사이의 변화를 나타내는 상태 변이도를 그린다. 상태를 위한 부호화를 선택하고, 현재 상태와 입력이 주어졌을 때의 다음 상태와 출력을 나타내는 상태 변이표와 출력 표를 사용하여 그림을 재작성한다, 이 표들로부터 다음 상태와 출력을 계산하기 위한 조합 논리를 설계하고 회로를 스케치한다.

동기식 순차회로는 clock-to-Q 전파 지연과 혼합 지연, 즉 t_{pcq}와 t_{ccp}를 가지고 준비 시간과 대기 시간, 즉 t_{setup}과 t_{hold}를 가진다. 올바른 동작을 위해서 클록의 상승 에지 전의 준비 시간부터, 에지 후의 대기 시간까지의 안정화 시간 동안, 동기식 회로의 입력들은 안정되어야 한다. 시스템의 최소 사이클 시간 T_c는 조합 논리를 통과하는 전파 지연 t_{pd}와 레지스터의 $t_{pcq}+t_{\text{setup}}$의 합과 같다. 올바른 동작을 위해 레지스터와 조합 논리를 통한 혼합 지연은 t_{hold}보다 커야만 한다. 흔히 오해하기 쉽지만, 대기 시간은 사이클 시간에 영향을 미치지 않는다.

전체 시스템의 성능은 지연 속도와 처리량으로 측정된다. 지연 속도는 토큰이 처음부터 끝까지 통과하기 위해 요구되는 시간을 말한다. 처리량은 시스템이 단위 시간당 처리할 수 있는 토큰의 개수를 말한다. 병렬 처리 작업은 시스템 처리량을 개선시킨다.

연습문제

문제 3.1 그림 3.61에 주어진 입력 파형으로 SR 래치의 출력 Q를 스케치하라.

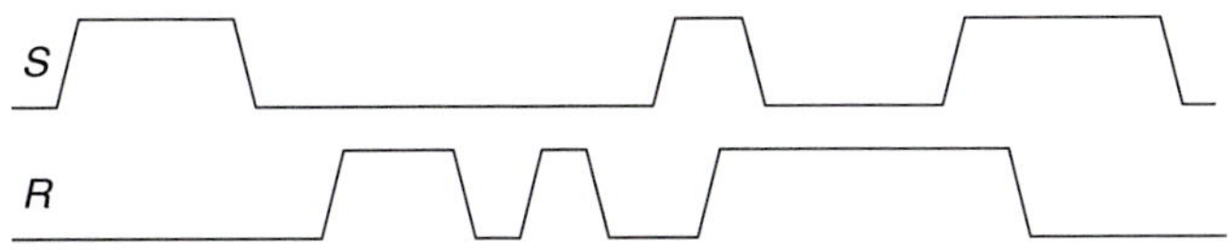

그림 3.61 연습문제 3.1을 위한 SR 래치의 입력 파형

문제 3.2 그림 3.62에 주어진 입력 파형으로 SR 래치의 출력 Q를 스케치하라.

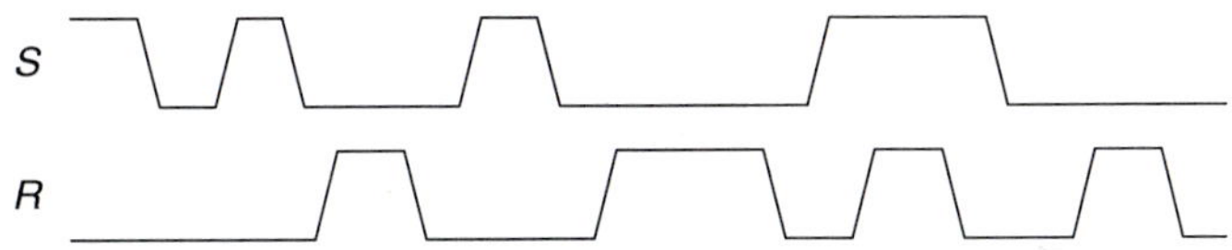

그림 3.62 연습문제 3.1을 위한 SR 래치의 입력 파형

문제 3.3 그림 3.63에 주어진 입력 파형으로 D 래치의 출력 Q를 스케치하라.

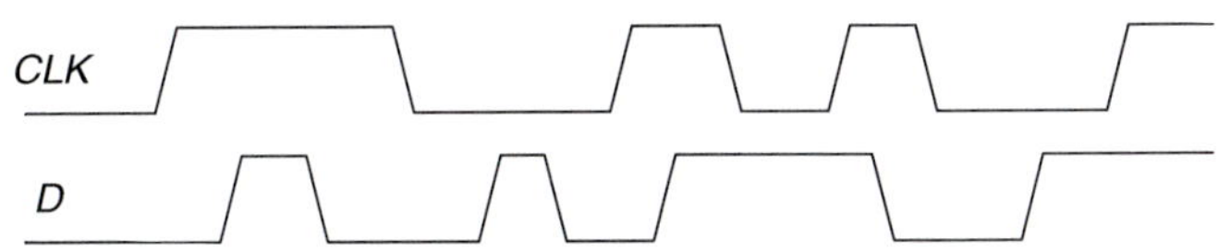

그림 3.63 연습문제 3.3과 3.5을 위한 D 래치 또는 플립플롭의 입력 파형

문제 3.4 그림 3.64에 주어진 입력 파형으로 D 래치의 출력 Q를 스케치하라.

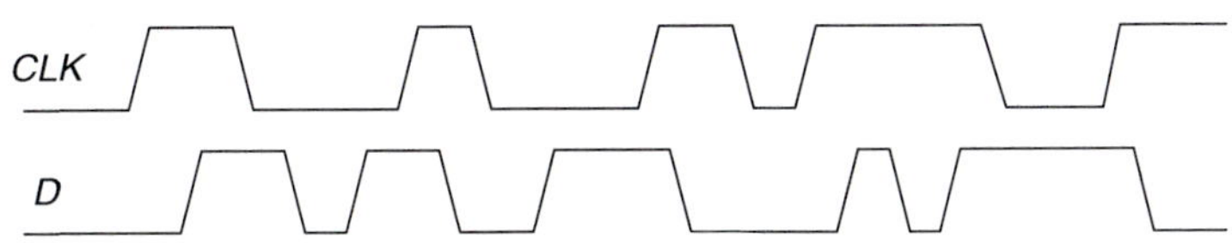

그림 3.64 연습문제 3.4과 3.6을 위한 D 래치 또는 플립플롭의 입력 파형

문제 3.5 그림 3.63에 주어진 입력 파형으로 D 플립플롭의 출력 Q를 스케치하라.

문제 3.6 그림 3.64에 주어진 입력 파형으로 D 플립플롭의 출력 Q를 스케치하라.

문제 3.7 그림 3.65의 회로는 조합 논리인가 아니면 순차 논리인가? 입력과 출력 사이의 관계가 무엇인지 간단한 방식으로 설명하라. 이 회로를 무엇이라고 부르겠는가?

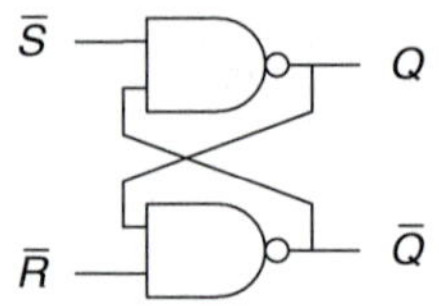

그림 3.65 문제 회로

문제 3.8 그림 3.66의 회로는 조합 논리인가 아니면 순차 논리인가? 입력과 출력 사이의 관계가 무엇인지 간단한 방식으로 설명하라. 이 회로를 무엇이라고 부르겠는가?

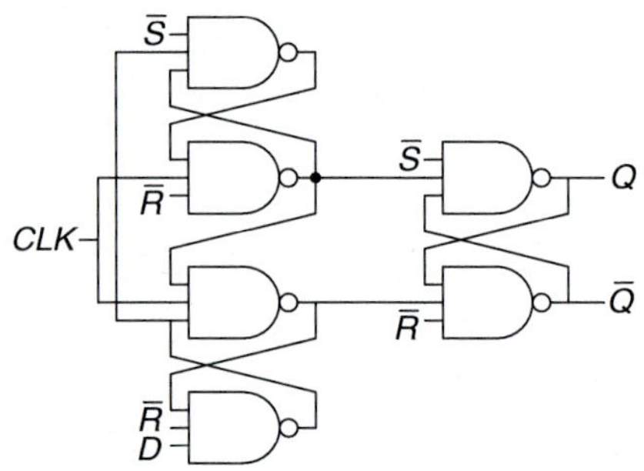

그림 3.66 문제 회로

문제 3.9 **토글(T) 플립플롭**은 하나의 입력, *CLK*, 그리고 출력 *Q*를 가진다. 각각의 *CLK* 상승 에지에서 *Q*는 이전 값의 보수 값으로 토글된다. D 플립플롭과 인버터를 이용하여 T 플립플롭을 위한 개략도를 그려라.

문제 3.10 **JK 플립플롭**은 클록과 두 개의 입력 *J*, *K*를 받는다. 클록의 상승 에지에서 출력 *Q*를 경신한다. 만약 *J*와 *K*가 모두 0이라면 *Q*는 예전 값을 유지한다. 만약 *J*만 1이라면 *Q*도 1이 된다. 만약 *K*만 1이라면 *Q*는 0이 된다. 그리고 *J*와 *K*가 모두 1이라면 *Q*는 현재 상태와 반대가 된다.

(a) D 플립플롭과 몇 개의 조합 논리를 이용하여 JK 플립플롭을 설계하라,

(b) JK 플립플롭과 몇 개의 조합 논리를 이용하여 D 플립플롭을 설계하라

(c) JK 플립플롭을 이용하여 T 플립플롭(연습문제 3.9 참조)을 설계하라.

문제 3.11 그림 3.67의 회로를 Muller C-element라고 한다. 입력과 출력 사이의 관계가 무엇인지 간단한 방식으로 설명하라.

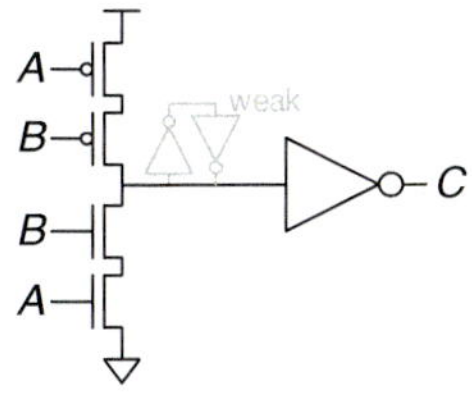

그림 3.67 Muller C-element

문제 3.12 논리 게이트를 이용하여 비동기식으로 리셋 가능한 D 래치를 설계하라.

문제 3.13 논리 게이트를 이용하여 비동기식으로 리셋 가능한 D 플립플롭을 설계하라.

문제 3.14 논리 게이트를 이용하여 동기식으로 셋 가능한 D 플립플롭을 설계하라.

문제 3.15 논리 게이트를 이용하여 비동기식으로 셋 가능한 D 플립플롭을 설계하라.

문제 3.16 링 발진기는 폐루프에 연결된 N개의 인버터로부터 만들어진다고 가정하자. 각 인버터는 t_{cd}의 최소 지연과 t_{pd}의 최대 지연을 가진다. 만약 N이 홀수라면 발진기가 동작할 수 있는 주파수의 범위를 결정하라.

문제 3.17 연습문제 3.16에서 왜 N이 홀수가 되어야만 하는가?

문제 3.18 그림 3.68의 회로 중에서 어떤 회로가 동기식 순차회로인가? 설명해 보라.

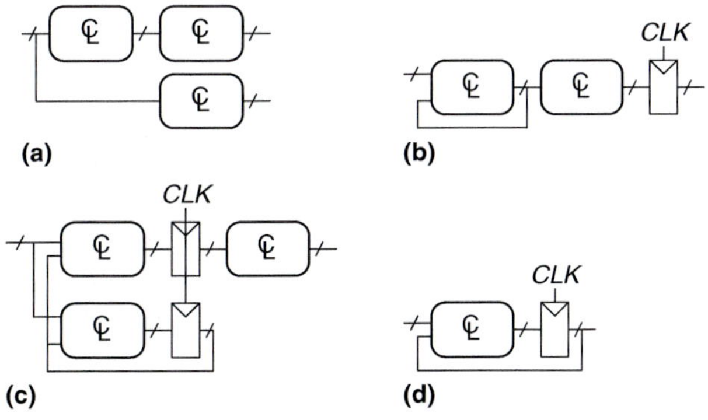

그림 3.68 회로들

문제 3.19 25층짜리 건물에 엘리베이터 제어기를 설계한다. 제어기는 두 개의 입력 UP과 DOWN을 가진다. 이것은 엘리베이터가 위치해 있는 층을 나타내는 출력을 만들어 낸다. 13층은 없다. 제어기에서 상태 비트 수는 얼마인가?

문제 3.20 디지털 설계 실험실에서 공부하는 학생 4명의 감정을 감지하기 위해 FSM을 설계한다. 각각의 학생들의 기분은 HAPPY(회로가 동작함), SAD(회로가 폭발함), BUSY(회로를 작업함), CLUELESS(회로에 문제가 발생), ASLEEP(회로 위에 얼굴을 파묻음)이 있다. FSM에는 얼마나 많은 상태가 있는가? 이러한 상태를 나타내는 데 필요한 최소 비트 수는 얼마인가?

문제 3.21 연습문제 3.20의 FSM을 여러 개의 간단한 머신들로 나눌 수 있을까? 각각의 간단한 머신들은 얼마나 많은 상태들을 가지는가? 이 인수 분해된 전체 설계에서 필요한 최소 비트 수는 얼마인가?

문제 3.22 그림 3.69의 상태 머신이 무엇을 하는지 설명하라. 이진 상태 부호화를 이용하여 FSM을 위한 상태 변이표와 출력 표를 완성하라. 다음 상태와 출력을 위한 부울식을 작성하고 FSM의 개요도를 스케치하라.

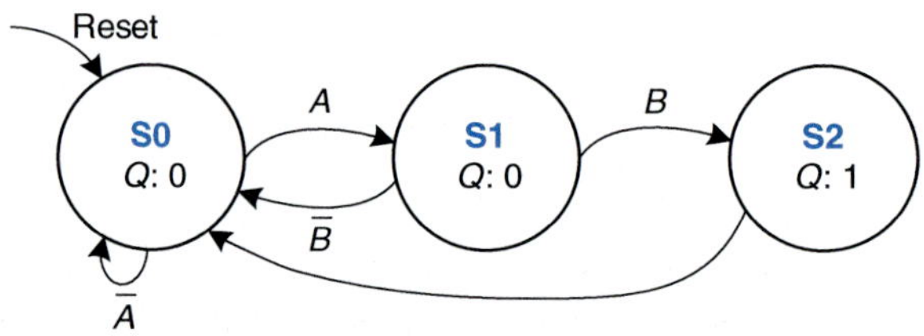

그림 3.69 상태 변이도

문제 3.23 그림 3.70의 상태 머신이 무엇을 하는지 설명하라. 이진 상태 부호화를 이용하여 FSM을 위한 상태 변이표와 출력 표를 완성하라. 다음 상태와 출력을 위한 부울식을 작성하고 FSM의 개요도를 스케치하라.

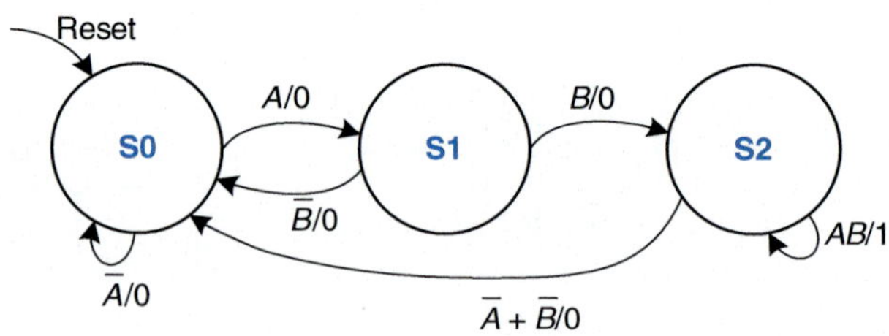

그림 3.70 상태 변이도

문제 3.24 Academic로(路)와 Bravado가(街)의 교차로에서 사고는 여전히 발생하고 있다. 축구팀은 신호등 B가 녹색으로 켜지는 순간, 교차로로 뛰기 시작한다. 그들은 신호등 A가 빨간색으로 바뀌기 직전에 교차로로 비틀거리며 들어오는 잠을 설친 컴퓨터공학과 학생과 충돌한다. 어느 한 쪽의 신호가 다시 녹색으로 바뀌기 전에 두 개의 신호등 모두 5초 동안 빨간색이 되도록 3.4.1절의 교통 신호등 제어기 문제를 확장하라. 개선된 무어 상태 변이도, 상태 부호화, 상태 변이표, 출력 표, 다음 상태와 출력 식, FSM 개요도를 스케치하라.

문제 3.25 3.4.3절의 앨리사(Alyssa P.Hacker)의 달팽이는 밀리 머신의 FSM 뇌를 가진 딸을 데리고 있다. 달팽이의 딸은 1101 패턴이나 1110 패턴 위에서 미끄러질 때마다 웃는다. 가능한 적은 수의 상태를 이용하여 이 달팽이의 행복을 위한 상태 변이도를 스케치하라. 상태 부호화를 선택하고, 그 부호화를 이용하여 결합된 상태 변이표와 출력 표를 작성하라. 다음 상태와 출력 식을 작성하고, FSM 개요도를 스케치하라.

문제 3.26 여러분은 로비에 설치할 음료수 자판기 설계를 위한 사업에 참여하게 되었다. 음료수 값은 IEEE의 학생 지부로부터 부분적으로 보조금을 지급받는데, 그 비용은 25센트에 불과하다. 이 자판기는 5센트(nickel), 10센트(dime), 25센트(quarter) 동전을 받아들인다. 큰돈이 투입되면 이 자판기는 음료수를 배출하고 잔돈을 돌려준다. 음료수 자판기를 위한 FSM 제어기를 설계하라. FSM 입력은 어떤 동전이 투입되었는지를 나타내는 Nickel, Dime, Quarter이다. 각 사이클에 정확히 하나의 동전이 투입된다고 가정한다. 출력은 Dispense, ReturnNickel, ReturnDime, ReturnTwoDimes이다. FSM이 25센트에 도달하면 Dispense는 활성화되고, 적절한 잔돈을 돌려주기 위해 필요한 적절한 Return 출력을 활성화시킨다. 그 후에 다른 음료수를 위해 동전을 받아들이기 시작할 준비를 한다.

문제 3.27 그레이 코드는 연속되는 수가 단지 하나의 비트 위치에서만 다른 유용한 특성을 지닌다. 표 3.23은 숫자 0~7을 나타내는 3비트 그레이 코드의 목록이다. 입력은 없고 세 개의 출력을 가지는 3비트 modulo 8 그레이 코드 카운터 FSM을 설계하라(modulo *N* 카운터는 0부터 N−1까지의 수를 카운팅하고 나서 다시 반복한다. 예를 들어, 손목시계는 0부터 59까지 초와 분을 카운팅하기 위해 modulo 60 카운터를 사용한다). 리셋 되었을 때, 출력은 000이 되어야 한다. 각각의 클록 에지에서 출력은 다음 그레이 코드로 넘어가야 한다. 100에 도달한 후에는 다시 000으로 되돌아간다.

표 3.23 3비트 그레이 코드

Number	Gray code		
0	0	0	0
1	0	0	1
2	0	1	1
3	0	1	0
4	1	1	0
5	1	1	1
6	1	0	1
7	1	0	0

문제 3.28 UP 입력을 추가하여 UP/DOWN 카운터로 만들기 위해 연습문제 3.27의 modulo 8 그레이 코드 카운터를 확장하라. *UP*=1이라면 카운터는 다음 숫자로 넘어갈 것이고, *UP*=0이라면 카운터는 이전 숫자로 돌아간다.

문제 3.29 여러분의 회사 Detect-o-rama는 두 개의 입력 *A*, *B*를 가지고 하나의 출력 *Z*를 발생시키는 FSM 설계를 하고 싶어 한다. 사이클 *n*에서의 출력 Z_n은 입력 B_n에 따라서 입력 A_n과 이전 입력 A_{n-1}의 부울 AND 또는 OR이다.

만약 $Bn=0$이면 $Zn=AnAn-1$

만약 $Bn=1$이면 $Zn=An+An-1$

(a) 그림 3.71에 주어진 입력으로 *Z*를 위한 파형을 스케치하라.

(b) 이 FSM은 무어 머신인가 밀리 머신인가?

(c) FSM을 설계하라. 상태 변이도를 보이고, 부호화된 상태 변이표, 다음 상태와 출력 식, 개요도를 보여라.

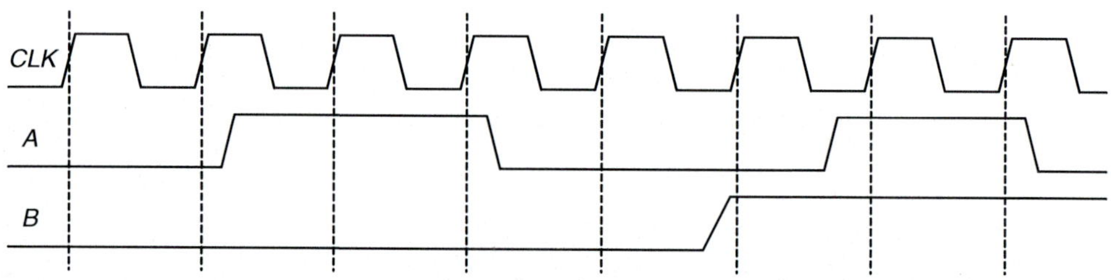

그림 3.71 FSM 입력 파형

문제 3.30 하나의 입력 *A*와 두 개의 출력 *X*, *Y*를 가지는 FSM을 설계하라. *A*가 적어도 세 사이클 동안 1이었다면, *X*는 1이어야 한다(반드시 연속적이지는 않은). *A*가 적어도 두 개의 연속된 사이클 동안 1이었다면, Y는 1이어야 한다. 상태 변이도와 부호화된 상태 변이표, 다음 상태, 출력 식, 그리고 개요도를 보여라.

문제 3.31 그림 3.72에 보이는 FSM을 분석하라. 상태 변이표와 출력 표를 작성하고, 상태 변이도를 스케치하라. FSM이 무엇을 하는지 말로 설명하라.

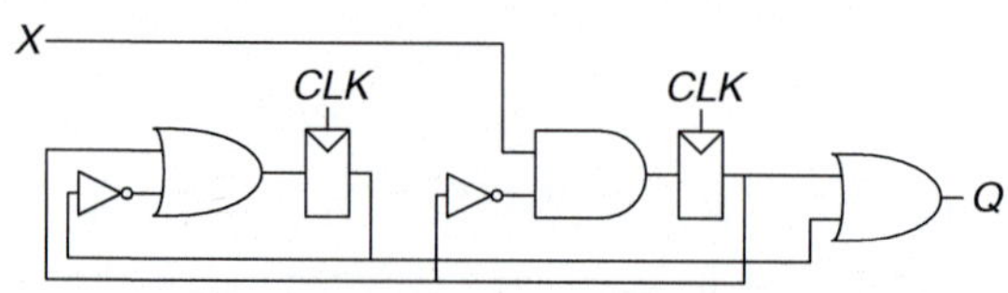

그림 3.72 FSM 개요도

문제 3.32 그림 3.73에 보이는 FSM을 위해 연습문제 3.31을 반복하라. *r*과 *s* 레지스터 입력이 각각 set과 리셋을 나타낸다는 것을 기억하라.

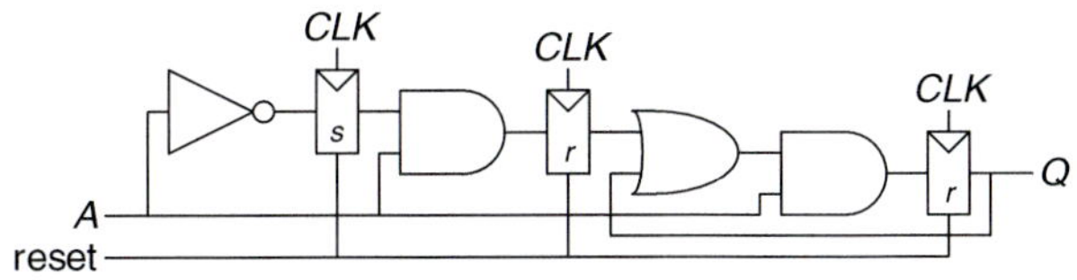

그림 3.73 FSM 개요도

문제 3.33 벤 비트디들(Ben Bitdiddle)은 레지스터된 4입력 XOR 함수를 계산하기 위해 그림 3.74의 회로를 설계하였다. 각각의 두 개 입력 XOR 게이트는 100ps의 전파 지연과 55ps의 혼합 지연을 가진다. 각각의 플립플롭은 60ps의 준비 시간과 20ps의 대기 시간, 70ps의 clock-to-Q 최대 지연, 50ps의 clock-to-Q 최소 지연을 가진다.

(a) 클록 시차가 없다면, 회로의 최대 동작 주파수는 무엇인가?

(b) 회로가 2GHz에서 동작해야 한다면 얼마나 큰 클록 시차를 견뎌낼 수 있는가?

(c) 회로가 대기 시간 위반을 경험하기 전까지 얼마나 큰 클록 시차를 견뎌낼 수 있는가?

(d) 앨리사는 레지스터들 사이의 조합회로가 더 빠르면서도 더 큰 클록 시차를 견딜 수 있도록 재설계할 수 있다고 한다. 그녀의 향상된 회로는 세 개의 두 입력 XOR를 여전히 사용하지만, 배치는 다르게 한다고 한다. 그녀의 회로는 어떤 것인가? 만약 클록 시차가 없다면 최대 주파수는 얼마인가? 대기 시간 위반이 발생하기 전까지 회로가 견딜 수 있는 최대 클록 시차는 얼마인가?

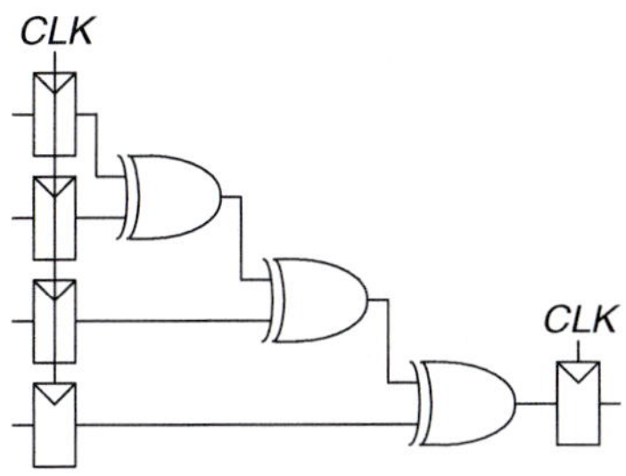

그림 3.74 레지스터된 4입력 XOR 회로

문제 3.34 엄청나게 빠른 2비트 리펜티엄 프로세서를 위한 가산기를 설계한다. 가산기는 그림 3.75에 보인 바와 같이, 첫 번째 가산기의 캐리 출력이 두 번째 가산기의 캐리 입력으로 가는 두 개의 전가산기(full adder)에 의해 만들어진다. 가산기는 입력 레지스터와 출력 레지스터를 가지고, 하나의 클록 사이클에 덧셈 연산을 완료하여야 한다. 각각의 전가산기는 다음과 같은 전파 지연을 가진다.

C_{in}에서 C_{out}까지 또는 $Sum(S)$: 20ps

A나 B에서 C_{out}까지: 25ps

A나 B에서 S까지: 30ps

가산기는 C_{in}에서 어느 한 쪽의 출력까지 15ps, A나 B에서 어느 한 쪽의 출력까지 22ps의 혼합 지연을 가진다. 각각의 플립플롭은 30ps의 준비 시간, 10ps의 대기 시간, 35ps의 clock-to-Q 전파 지연, 21ps의 clock-to-Q 혼합 지연을 가진다.

(a) 클록 시차가 없다면 회로의 최대 동작 주파수는 무엇인가?

(b) 회로가 8GHz에서 동작해야 한다면 얼마나 큰 클록 시차를 견뎌낼 수 있는가?

(c) 회로가 대기 시간 위반을 경험하기 전까지 얼마나 큰 클록 시차를 견뎌낼 수 있는가?

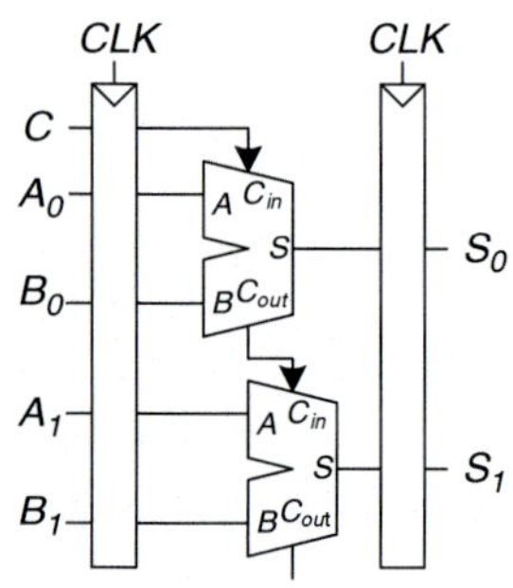

그림 3.75 2비트 가산기 개요도

문제 3.35 FPGA(Field Programmable Gate Array)는 조합 논리를 구현하기 위해 논리 게이트보다는 CLB(Configurable Logic Block)들을 사용한다. Xilinx Spartan 3 FPGA는 각각의 CLB를 위해 0.61ns의 전파 지연과 0.30ns의 혼합 지연을 가진다. 이것은 또한 각각 0.72ns와 0.50ns의 전파 지연과 혼합 지연, 0.53ns와 0ns의 준비 시간과 대기 시간을 가지는 플립플롭을 포함한다.

(a) 만약 40MHz에서 동작할 필요가 있는 시스템을 만들 때, 두 개의 플립플롭들 사이에서 얼마나 많은 연속된 CLB를 사용할 수 있는가? 클록 시차는 없고, CLB들 사이의 배선을 통한 지연도 없다고 가정한다.

(b) 플립플롭들 사이의 모든 경로가 적어도 하나의 CLB를 통해 통과된다고 가정하라. 대기 시간을 위반하지 않고 FPGA는 얼마나 큰 클록 시차를 견딜 수 있는가?

문제 3.36 동기화기는 t_{setup}=50ps, T_0=20ps, τ=30ps를 갖는 플립플롭 쌍으로부터 만들어진다. 이것은 초당 10^8번 변하는 비동기식 입력을 샘플링한다. 100년의 장애 간 평균 시간(MTBF)을 달성하기 위한 동기화기의 최소 클록 주기는 얼마인가?

문제 3.37 50년의 MTBF를 가진 비동기식 입력을 받는 동기화기를 만들고자 한다. 이 시스템은 1GH에서 작동하고, τ=100ps, T_0=110ps, t_{setup}=70ps로 샘플링하고 있는 플립플롭을 사용한다. 동기화기는 평균 초당 0.5번(매 2초당 한 번) 새로운 비동기식 입력을 받는다. 이 MTBF를 만족시키기 위해 요구되는 장애 확률은 얼마인가? 이러한 장애 확률을 얻기 위해서, 샘플링된 입력 신호를 읽기 전에 얼마나 많은 클록 사이클을 기다려야만 하는가?

문제 3.38 복도를 걷고 있을 때, 반대 방향에서 걸어오고 있던 실험실 동료를 우연히 만났다. 둘은 서로 한 걸음 옆으로 물러섰지만, 서로의 길을 막아선 채로 멈추었다. 이제는 상대방이 움직이기를 바라면서 가만히 있었다. 이 상황을 준안정으로 모형화하고, 동기화기와 플립플롭에 사용한 방법을 똑같이 적용할 수 있다. 당신과 당신의 실험실 동료를 위한 수학 모델을 만든다고 가정하자. 당신은 준안정 상태에 진입한다. t초 후에도 이 상태에 당신이 남을 확률은 $e^{-\frac{t}{\tau}}$이다. τ는 당신의 반응률을 나타낸다. 오늘, 당신은 수면 부족으로 인해 맥이 빠져서, τ=20초이다.

(a) 당신이 준안정 상태로부터 해결되었다는 확신을 99% 가질 때까지 얼마나 걸리겠는가(즉 서로 통과하는 경우)?

(b) 당신은 잠이 오고, 매우 배가 고프다. 사실, 당신은 3분 이내에 카페로 향하지 않으면 굶어 죽게 될 것이다. 당신의 실험실 동료가 시체 보관소로 당신을 끌고 가야 될 확률은 얼마인가?

문제 3.39 T_0=20ps와 τ=30ps를 가진 플립플롭을 사용하여 동기화기를 만든다. MTBF를 10배 증가시키고자 한다. 클록 주기를 얼마나 증가시킬 필요가 있는가?

문제 3.40 벤은 단일 사이클만에 준안정 상태를 없앴다고 주장하는 그림 3.76의 '새롭고 개선된' 동기화기를 발명하였다. 그는 박스 M에 들어 있는 회로는 만일 입력 전압이 V_{IL}과 V_{IH} 사이의 금지된 영역에서 있다면, HIGH 출력을 만들어내는 아날로그 '준안정 상태 탐지기'라고 설명한다. 준안정 상태 탐지기는 플립플롭이 $D2$에 준안정 출력을 만들어내는지 검사한다. 만약 그렇다면, 이것은 $D2$에 정확한 0을 만들어내기 위해 플립플롭을 비동기식으로 리셋한다. 그러면 두 번째 플립플롭은

*D*2를 샘플링하고, 항상 *Q*에 타당한 논리 수준을 만들어낸다. 앨리사는 벤에게 이 회로에 틀림없이 문제가 있다고 말한다. 왜냐하면, 준안정 상태를 없애는 것은 영구기관을 만드는 것처럼 불가능하기 때문이다. 누가 맞는가? 벤의 오류를 보이거나 왜 앨리사가 틀렸는지 설명하라.

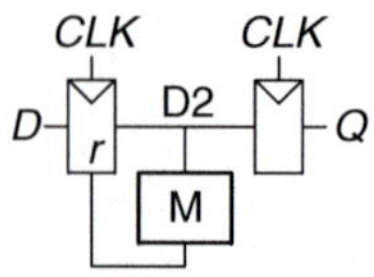

그림 3.76 '새롭고 개선된' 동기화기

인터뷰 질문

다음은 디지털 설계 직무 면접에 나왔던 인터뷰 질문들이다.

질문 3.1 일련의 입력 순서 01010을 수신할 때 탐지할 수 있는 상태 머신을 그려라.

질문 3.2 두 개의 입력 *Start*와 *A*, 그리고 하나의 출력 *Q*를 가지는 순차적인(한 번에 한 비트) 2의 보수 FSM을 설계하라. 임의의 길이를 가지는 이진수는 최하위 유효 비트부터 시작하여 입력 *A*로 제공된다. 입력에 따른 출력 비트가 같은 사이클에 *Q*에서 나타난다. *Start*는 최하위 유효 비트를 제공하기 전에 FSM을 초기화시키기 위해 하나의 사이클 동안 활성화된다.

질문 3.3 래치와 플립플롭의 차이점은 무엇인가? 각각은 어떠한 환경에서 더 선호되는가?

질문 3.4 5비트 카운터 유한 상태 머신을 설계하라.

질문 3.5 에지 탐지 회로를 설계하라. 입력이 0에서 1로의 변이를 만든 후에, 출력은 하나의 사이클 동안 HIGH 값으로 가야 한다.

질문 3.6 파이프라이닝의 개념과 왜 그것이 사용되는지 설명하라.

질문 3.7 음(negative)의 대기 시간을 가지는 플립플롭이 무엇을 의미하는지 설명하라.

질문 3.8 그림 3.77의 주어진 신호 *A*로, 신호 *B*를 만들어내는 회로를 설계하라.

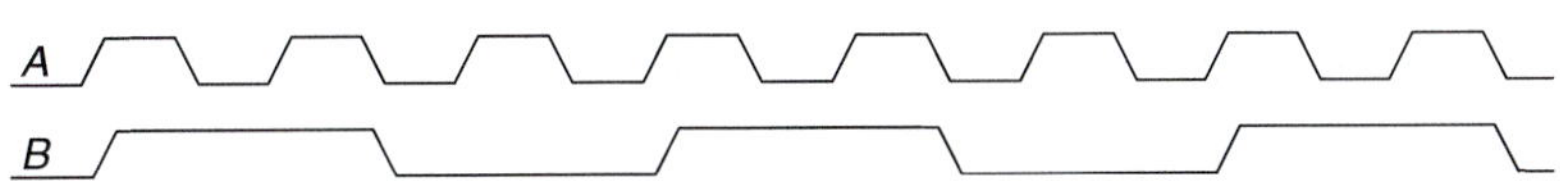

그림 3.77 신호 파형

질문 3.9 두 레지스터 사이의 논리 블록을 생각하라. 타이밍 제한을 설명하라. 만약 수신기(두 번째 플립플롭)의 클록 입력에 버퍼를 추가한다면, 준비 시간 제한은 더 나아지는가 아니면 나빠지는가?

FSM
HDL Dictionary
verilog
VHDL
a & b
a ^ b
~(a+b)
a and b
a xor b
a nor b
Hardware

하드웨어 기술 언어

4

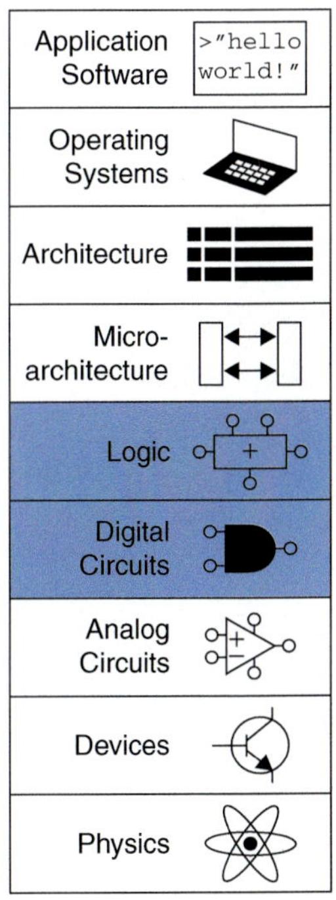

4.1 서론

앞 장에서는 개략도 수준에서의 조합, 순차 디지털 회로에 대해 다루었다. 주어진 기능을 수행하기 위한 효율적인 논리 게이트를 찾는 과정은 진리표 또는 부울 방정식 및 유한 상태 머신(FSM)들의 수동 변환이 요구되는 노동 집약적이고 오류 발생 가능성이 있는 작업이다. 1990년대 들어 설계자들은 논리 함수를 명시하고, 최적화된 게이트 생성을 위해 computer-aided design(CAD)를 이용함으로써 보다 높은 추상화 수준에서의 작업을 통해 훨씬 생산성을 향상시켰다. 논리 함수의 명세는 일반적으로 하드웨어 기술 언어(Hardware Description Language, HDL)로 주어진다. 두 가지 대표적인 하드웨어 기술 언어가 SystemVerilog와 VHDL이다. SystemVerilog와 VHDL은 간단한 원리로 만들어졌으나, 하드웨어를 기술하는 방법은 다르다. 이 장에서는 SystemVerilog와 VHDL을 설명하고 비교하기 위해 SystemVerilog는 왼쪽, VHDL은 오른쪽에 기술하여 설명한다. 이 책을 처음 읽는 독자는 둘 중 하나의 언어에 주력하라. 하나의 언어를 이미 알고 있다면 다른 언어는 더욱 빨리 익힐 수 있을 것이다. 이 장부터는 개략도와 HDL 형식 양 측면에서 하드웨어를 설명할 것이다. 만약 이 장을 읽지 않고, HDL 언어를 배우지 않는다면 컴퓨터 구조 원리를 여전히 개략도로써 익힐 수 있을 것이다. 하지만 근래는 대부분의 다양한 상용 시스템은 개략도보다는 HDL을 사용한다. 전문적으로 디지털 설계를 하고자 한다면 HDL 언어 중 하나라도 배우기를 권한다.

4.1.1 모듈

입력과 출력을 가진 하드웨어의 블록을 통상 **모듈**이라고 한다. AND 게이트, 곱셈기 등 모든 기본적인 회로들은 하드웨어 모듈의 일종이다. 모듈 기능을 기술하는 형식에는 일반적으로 **행위적 모델**과 **구조적 모델**의 두 가지 방법이 있다. 행위적 모델은 어떤 기능을 하는지 명기하는 것이며, 구조적 모델은 단순화한 조각들로 모듈을 구축하는 방법을 명기하는 것으로 계층적 응용이다. HDL 예제 4.1의 SystemVerilog와 VHDL 코드는 예제 2.6의 부울 함수 $y=\bar{a}\bar{b}\bar{c}+a\bar{b}\bar{c}+a\bar{b}c$를 계산하는 모듈의 행위적 기술을 나타낸다. 다음에 보는 바와 같이 두 가지의 언어를 이용하여 sillyfunction으로 명명하고 세 개의 입력 a, b, c와 한 개의 출력 y로 구성된 모듈이다.

코드 예제 4.1 조합 논리

SystemVerilog

```
module sillyfunction(input logic a, b, c,
                     output logic y);
  assign y = ~a & ~b & ~c |
              a & ~b & ~c |
              a & ~b & c;
endmodule
```

SystemVerilog 모듈은 모듈의 이름과 입력과 출력의 목록으로 시작한다. assign은 조합 논리를 기술하는 것으로 ~는 NOT을, &는 AND, |는 OR를 지시한다.

입력과 출력의 logic 시그널은 부울 값(0 또는 1)을 의미한다. 또한 부동소수와 정의되지 않은 값의 표현은 4.2.8절에서 다시 언급할 것이다.

logic 타입은 SystemVerilog에서 도입되었는데, Verilog에서 오랫동안 혼란을 야기했던 reg 타입을 대체하였다. logic은 다중 드라이버에서의 시그널을 제외한 모든 곳에서 사용될 수 있다. *net*라고 하는 다중 드라이버에서의 시그널에 대해서는 4.7절에서 설명한다.

VHDL

```
library IEEE; use IEEE.STD_LOGIC_1164.all;
entity sillyfunction is
  port(a, b, c: in  STD_LOGIC;
       y:       out STD_LOGIC);
end;
architecture synth of sillyfunction is
begin
  y <= (not a and not b and not c) or
       (a and not b and not c) or
       (a and not b and c);
end;
```

VHDL 코드는 library use 항, entity 선언, architecture 본문 등 세 개의 구성으로 이루어진다. 여기서 library use 항은 4.7.2절에서 다시 언급할 것이다. entity 선언은 모듈의 이름과 입출력에 대한 값을 명기한다. 그리고 architecture 본문은 모듈을 실행하는 기능에 대해 정의한다.

입출력 등의 VHDL 시그널은 형 선언(type declaration)이 필수적이다. 디지털 시그널은 STD_LOGIC 타입으로 선언해야 한다. STD_LOGIC 시그널은 1 또는 0의 값뿐만 아니라 4.2.8절에서 언급되는 부동소수와 정의되지 않는 값을 가질 수 있다. STD_LOGIC 타입은 IEEE.STD_LOGIC_1164에 라이브러리가 왜 사용되어야 하는지 정의되어 있다.

VHDL은 AND와 OR 연산 순서에 따라 상이한 결과를 도출하기 때문에 부울 방정식에서는 항상 괄호를 사용해야 한다.

모듈은 예상할 수 있듯이 모듈성의 좋은 응용이다. 잘 정의된 인터페이스를 가지며 입력과 출력으로 구성되어 특정 기능을 수행한다. 기능이 수행되기만 한다면 모듈을 사용하는 사람에게 있어 부호화하는 특정 기법은 중요하지 않다.

4.1.2 어원

대부분의 대학 과정에서는 HDL 언어 중 어느 하나를 선택해서 첫 코스로 가르치는 것이 보편적이다. 산업계에서는 SystemVerilog로 향하는 추세이지만, 여전히 많은 기업들에서는 VHDL을 사용하고 있으므로 많은 설계자들에게 두 언어 모두의 능숙한 사용이 요구된다.

SystemsVerilog

Verilog는 1984년 로직 시뮬레이션을 위해 특허 받은 언어로 Gateway Design Automation에 의해 설계되었다. Gateway가 1989년에 Cadence사에 의뢰를 받아 1990년 Open Verilog international의 기준에 따라 출시하여 1995년에 IEEE 표준[1]으로 제정되었다. 언어는 표현법을 간소화하고 모델링과 검증에 대한 개선된 지원을 통해 2005년에 확장되었다. 이러한 확장은 지금은 SystemVerilog라고 하는 하나의 표준에 통합되었다(IEEE STD 1800~2009). SystemVerilog 파일명은 일반적으로 .sv로 끝난다.

VHDL

VHDL은 *VHSIC Hardware Description Language*의 첫 글자를 따서 명명되었다. VHSIC은 미국 국방부의 *Very High Speed Integrated Circuit* 프로그램의 초성을 딴 약자이다.

VHDL은 하드웨어의 기능과 구조를 기술하기 위해 미 국방부에서 1981년에 만들어졌는데, 그 근원은 Ada 프로그래밍 언어에서 나왔다. 이 언어는 애초에는 문서로 구상되었으나 급속히 시뮬레이션과 합성에 채택되었다. IEEE는 VHDL을 1987년에 표준화하여 몇 번의 개정을 거쳤다. 이 장은 다양한 방법으로 언어를 간소화시킨 VHDL 표준(IEEE STD 1076–2008)의 2008 버전을 기반으로 한다. 이 책을 쓰는 시점에서 VHDL 2008의 기능은 모든 CAD 툴을 지원하지는 않는다. 이 장에서는 Synplicity, Altera Quartus와 ModelSim에 대한 이해를 위해서 사용한다. VHDL 파일명은 일반적으로 .vhd로 끝난다.

개발 주체를 통해 예견되듯이 SystemVerilog에 비해 VHDL은 더 자세하고 복잡하다. 두 언어 모두 어떠한 하드웨어 시스템에 대한 기술이 충

1 IEEE(The Institute of Electrical and Electronics Engineers)는 WiFi(802.11), 이더넷(802.3), 부동소수점(754) 등을 포함하는 많은 컴퓨터 표준을 책임지는 전문 협회이다.

분히 가능하면서, 또한 둘 다 일정한 단점을 안고 있다. 사용하기에 가장 적합한 언어는 이미 당신이 사용하고 있거나 고객이 요구하는 언어이다.

대부분의 CAD 툴은 오늘날 두 언어의 혼용을 허용하므로 서로 다른 모듈을 다른 언어로 기술할 수도 있다.

4.1.3 시뮬레이션과 합성

버그란 개념은 컴퓨터의 발명보다 앞선 용어이다. 토마스 에디슨은 1878년 '버그'를 '작은 에러와 어려움'이라고 이름 짓기도 하였다. 최초의 실제 컴퓨터 버그는 1947년 Harvard Mark II 컴퓨터의 릴레이 사이에서 잡힌 나방이었다. 이 나방과 함께 "버그가 발견된 첫 번째 사례"라는 언급을 기록한 그레이스 호퍼(Grace Hopper)에 의해 알려지게 되었다.
Source: Notebook entry courtesy Naval Historical Center, US Navy; photo No.NII 96566-KN)

HDL의 두 가지의 가장 중요한 목적은 논리 **시뮬레이션**(simulation)과 **합성**(synthesis)이다. 시뮬레이션 동안에 입력은 모듈에 적용되어야 하고 출력은 모듈의 정확한 기능을 수행하는지 확인해야 한다. 합성하는 동안에는 모듈의 텍스트로 기술된 기능이 논리 게이트로 변환되어야 한다.

시뮬레이션

사람들은 일상적으로 실수를 저지른다. 하드웨어 설계에서의 이러한 오류들을 **버그**(bug)라 한다. 디지털 시스템에서 특히 비용을 투자하는 고객이 정확한 작동에 의존해야 하는 작업을 하는 경우 버그의 제거는 매우 중요하다. 연구실에서의 시스템의 테스트는 시간이 많이 소비되는 일이다. 연구실에서 에러의 원인을 확인하는 작업은 매우 어려운 일인데, 오로지 칩 핀으로 연결되는 신호들만 관찰할 수 있기 때문이다. 칩 내부에서 어떤 일이 발생하는지 직접 확인할 수 있는 방법이 없다. 시스템 완성 후의 에러 정정에는 엄청난 비용이 소비된다. 예를 들어 최첨단 집적회로 내부의 에러 정정에는 수만 달러 이상의 비용이 소비되며, 수개월의 시간이 필요할 수도 있다. Intel 펜티엄 프로세서는 출시 후 알려지지 않은 FDIV(부동소수점 나눗셈) 때문에 총 475만 달러에 해당되는 칩들에 대해 리콜을 강요당했다. 로직 시뮬레이션은 제품 완성의 시스템 테스트를 필요로 한다.

그림 4.1은 `sillyfunction` 모듈이 오류 없이 동작하는지 확인하기 위

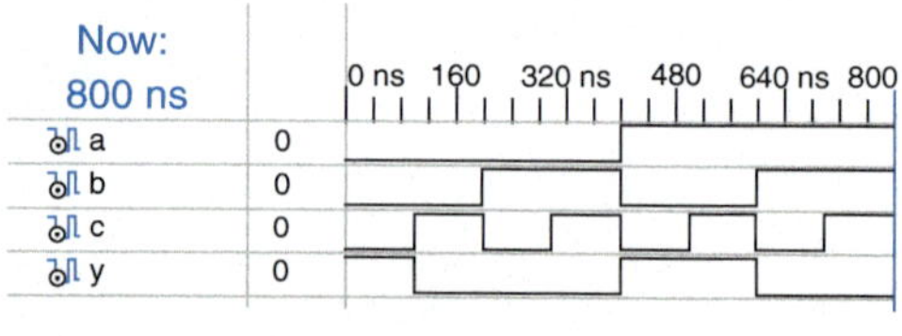

그림 4.1 시뮬레이션 파형

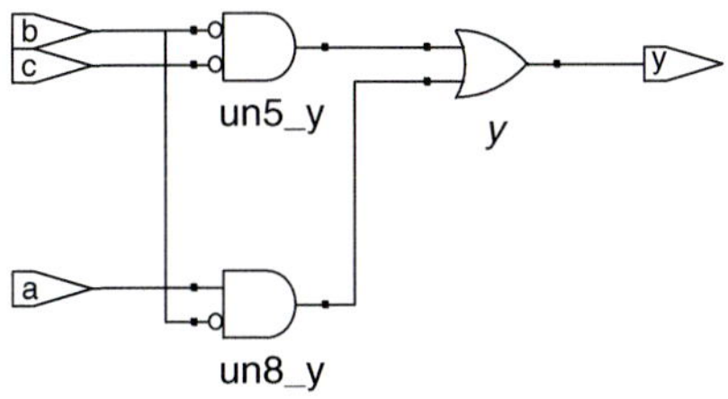

그림 4.2 합성된 회로

한 사전 시뮬레이션[2]을 이용한 파형을 보여준다. 부울 방정식에 따르면 a, b, c가 000, 100, 101일 때 y는 참이다.

합성

논리 합성은 HDL 코드를 하드웨어로 표현되는 넷 리스트(netlist)로 변환시켜 준다(예를 들어 논리 게이트와 그것들을 연결하는 배선들). 또한 하드웨어에 요구되는 사항들을 줄여 최적의 상태로 실행하는 데 도움을 준다. 넷 리스트는 회로를 가시화하기 위해 개략도나 텍스트 파일로 보여준다. 그림 4.2는 sillyfunction 모듈의 합성 결과를 보여준다[3]. 그리고 부울 대수를 이용한 '예제 2.6'을 참고하여 어떻게 세 개의 3입력 AND 게이트가 두 개의 2입력 AND게이트로 단순화되는지를 확인하여야 한다.

HDL에서 회로의 기술은 프로그래밍 언어와 유사하다. 하지만 이 코드는 하드웨어를 기술한다는 것을 명심해야 한다. SystemVerilog와 VHDL은 많은 명령어를 가지고 있는 언어이다. 하지만 모든 명령어들이 하드웨어로 합성되는 것은 아니다. 예를 들어 시뮬레이션 도중 화면상에 결과 값을 보여주는 명령어는 하드웨어로 전달되지 않는다. 우리의 우선적인 관심은 하드웨어를 구축하는 것이기에 여기서는 언어의 **합성 가능한 하위 부분**을 강조한다. 특히 HDL 코드를 **합성 가능 모듈**과 **테스트벤치**로 구분할 것이다. 합성 가능 모듈은 하드웨어를 기술한다. 테스트벤치는 모듈에 입력을 적용하기 위한 코드를 포함하며, 출력의 결과가 정확한지 검사하고, 기대치와 실제 값의 차이를 출력한다. 테스트벤치 코드는 시뮬레이션

2 시뮬레이션 Xiliawx ISE 8.2 소프트웨어의 부분으로 Xiliawx ISE 시뮬레이터에서 실현되었다. 상용으로 사용가능할 뿐만 아니라 대학에서 무료로 활용될 수 있기 때문이다.

3 합성은 Synplicity사의 Synplity Premier로 수행되었다. 이 툴은 FPGA에 HDL 합성을 위한 선도적 상용 툴로 대학에서 저렴하게 사용되기 때문에 선택했다.

에 대해서만 적용되고 합성되지는 않는다.

초보자들이 흔히 하는 실수 중 하나가 HDL을 디지털 하드웨어를 기술하기 위한 수단이 아니라 컴퓨터 프로그램이라고 생각하는 것이다. 만일 당신이 사용하는 HDL이 하드웨어를 합성시킨다는 것을 정확히 모른다면 당신이 원하는 것을 얻을 수 없을 것이다. 당신은 필요한 것보다 더 많은 하드웨어를 만들거나, 또는 정확하게 시뮬레이션하는 코드를 작성했을지라도 하드웨어의 구현에는 실패할 수 있다. 대신 조합 논리, 레지스터, 유한 상태 머신의 블록 측면에서 시스템에 적합한지를 생각하여, 종이에 블록을 디자인하고, 코드 작성 전에 블록들이 어떻게 연결될지를 예상해야 한다.

우리의 경험상 HDL을 배우는 최선의 방법은 예제를 풀어보는 것이다. HDL은 이디엄(idioms)이라고 하는 논리의 다양한 분류에 따른 기술 방법을 포함하고 있다. 이 장에서는 블록 형태에 따라 적절한 HDL 이디엄들을 어떻게 사용하는지 살펴보고, 또한 작업 시스템을 만드는 데 어떻게 블록을 삽입하는지에 대해서도 언급할 것이다.

이제 특별한 하드웨어의 형태를 사용하고자 한다면, 사용 의도에 따라 예제를 찾아보라. 이 장에서 HDL의 문법을 엄격히 정의하려고 하지는 않을 것이다. 왜냐하면 깊게 들어갈수록 초보자에게 지루함을 줄 수 있으며, 하드웨어 기술의 수단으로 생각하지 않고 HDL을 프로그래밍 언어라고 성급하게 판단해 버릴 수 있기 때문이다. IEEE SystemVerilog와 VHDL 명세, 그 밖에 지루하기는 하지만 모든 디테일들이 총망라되어 있는 다른 교재들을 참고하여 필요한 특정의 정보를 더 얻을 수 있을 것이다.

4.2 조합 논리

이 장을 배우기 전에 조합 논리와 레지스터들로 구성된 동기화된 순차 회로를 설계하기 위해서는 앞장에서 배운 내용을 다시 상기해야 한다. 조합 논리의 출력은 오직 현재의 입력에 의해 결정된다. 4.2절에서는 HDL을 이용한 행위 모델의 조합 논리를 작성하는 방법에 대해 살펴본다.

4.2.1 비트 단위 연산자

비트 단위 연산자는 싱글 비트 신호나 멀티 비트 버스에서 동작한다. 예를 들어 예제 4.2에서는 HDL 내에 inv 모듈이 4비트 버스들로 연결된 네 개의 인버터를 기술한다.

HDL 예제 4.2 인버터

SystemVerilog

```
module inv(input logic [3:0] a,
           output logic [3:0] y);

  assign y = ~a;
endmodule
```

a[3:0]은 4비트 버스를 표현한다. 최상위 비트에서 최하위 비트까지인 a[3], a[2], a[1], a[0]이다. 최하위 비트가 가장 작은 비트 수이기 때문에 이것을 리틀 엔디언 순서라고 한다. 버스 a[4:1]로 명명된 버스를 가질 수도 있다. 이 경우, a[4]가 최상위 비트가 된다. 한편 a[0,3]을 사용할 경우 최상위 비트에서 최하위 비트는 a[0], a[1], a[2], a[3]이 될 것이다. 이러한 경우를 빅 엔디언 순서라고 한다.

VHDL

```
library IEEE; use IEEE.STD_LOGIC_1164.all;

entity inv is
  port(a: in  STD_LOGIC_VECTOR(3 downto 0);
       y: out STD_LOGIC_VECTOR(3 downto 0));
end;

architecture synth of inv is
begin
  y <= not a;
end;
```

VHDL은 STD_LOGIC의 버스를 지시하기 위해 STD_LOGIC_VECTOR를 사용한다. 예컨대 STD_LOGIC_VECTOR(3 downto 0)은 4비트 버스를 표현한 것이다. 최상위 비트에서 최하위 비트는 a(3), a(2), a(1), a(0)이다. 최하위 비트가 가장 작은 비트 수이기 때문에 이것을 리틀 엔디언 순서라고 한다. STD_LOGIC_VECTOR(4 downto 1)를 선언할 수 있다. 이 경우 4가 최상위 비트가 된다. 한편 STD_LOGIC_VECTOR(0 to 3)으로 쓴다면 최상위에서 최하위 비트는 a(0), a(1), a(2), a(3)이다. 이것을 빅 엔디언 순서라고 한다.

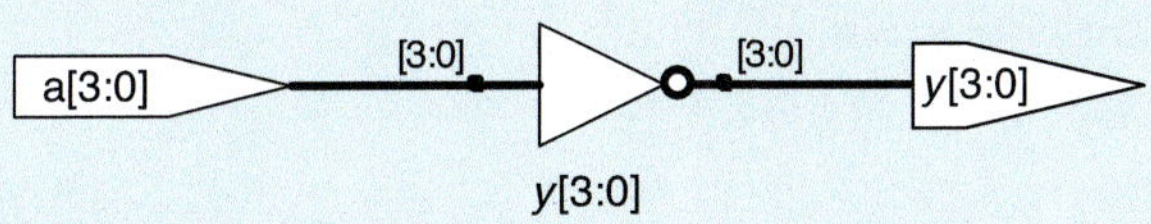

그림 4.3 inv 합성 회로

여기서 버스의 엔디언들은 임의로 사용한다(이 개념의 어원은 6.2.2절의 사이드 설명을 보라). 인버터의 뱅크는 비트의 순서를 정의하지 않기 때문에 엔디언은 이 예제와는 그야말로 무관하다. 엔디언은 한 칼럼의 합이 다음에 어디로 이송될지 지시하는 덧셈과 같은 연산자에서만 문제시되기 때문이다. 어떤 순서가 되었든 일관되게 사용하는 것이 바람직하다. 우리는 일관되게 *N*비트 버스의 선언으로 SystemVerilog에서는 [N-1:0], VHDL에서는 (N-1 down to 0)을 쓰는 리틀 엔디언 지시를 사용할 것이다.

이 장에서 언급하는 모든 코드의 예들은 Synplify Premier 합성 툴에 의해 만들어진 SystemVerilog 코드로부터 작성된 개략도이다. 그림 4.3은 y[3:0]이라고 레이블된 인버터 심벌에 의해 지시된 네 개의 인버터 뱅크로 합성된 inv 모듈을 보여 주고 있다. 인버터 뱅크는 4비트 입력과 출력 버스로 연결되어 있다. 마찬가지의 하드웨어가 VHDL 코드로도 생성 가능하다.

HDL 예제 4.3의 gates 모듈은 또 다른 기본적인 논리 함수를 수행하는 4비트 버스의 비트 단위 연산을 보여준다.

HDL 예제 4.3 논리 게이트

SystemVerilog

```
module gates(input  logic [3:0] a, b,
             output logic [3:0] y1, y2, y3,
                                 y4, y5);

  /*five different two-input logic
    gates acting on 4-bit busses */
  assign y1 = a & b;    // AND
  assign y2 = a |b;     // OR
  assign y3 = a ^ b;    // XOR
  assign y4 = ~(a & b);// NAND
  assign y5 = ~(a |b); // NOR
endmodule
```

~, ^, 그리고 |는 SystemVerilog 연산자들의 예제인 반면에 a, b 그리고 y1은 피연산자이다. 연산자와 피연산자의 조합 즉, a&b 또는 ~(a&b)을 식(expression)이라고 한다. assign y4=~(a&b)와 같은 완성된 명령어를 **문장**(statement)이라고 한다.

assign out=in1 op in2를 **연속 할당문**(continuous assignment statement)이라고 한다. 연속 할당문은 세미콜론으로 끝낸다. 언제든 연속 할당문에서 =의 우측에 있는 입력은 변하고, 왼쪽의 출력은 재계산된다. 따라서 연속 할당문은 조합 논리를 기술한다.

VHDL

```
library IEEE; use IEEE.STD_LOGIC_1164.all;

entity gates is
port(a, b: in STD_LOGIC_VECTOR(3 downto 0);
     y1, y2, y3, y4,
     y5:  out STD_LOGIC_VECTOR(3 downto 0));
end;

architecture synth of gates is
begin
  -- five different two-input logic gates
  -- acting on 4-bit busses
  y1 <= a and b;
  y2 <= a or b;
  y3 <= a xor b;
  y4 <= a nand b;
  y5 <= a nor b;
end;
```

not, xor, 그리고 or는 VHDL 연산자의 예들인 반면에 a, b, 그리고 y1은 **피연자**이다. a and b, 또는 a nor b와 같은 연산자와 피연산자의 조합을 **식**이라고 한다. y4 <= 1 nand b;와 같은 완성된 명령어를 **문장**이라고 한다.

out <= in1 op in2;를 **동시 신호 할당문**(concurrent signal assignment statement)이라고 한다. VHDL 할당문은 세미콜론으로 종료한다. 언제든 동시 신호 할당문 안의 <=의 우측에 있는 입력은 변하고, 좌측의 출력은 재계산된다. 따라서 동시 신호 할당문은 조합 논리를 기술한다.

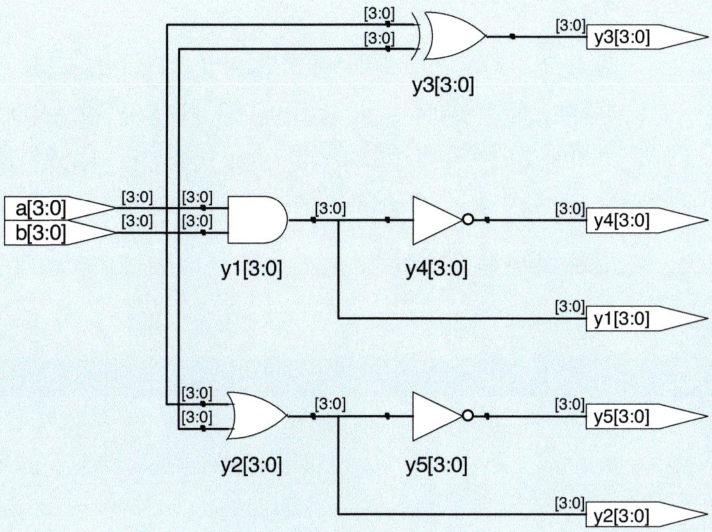

그림 4.4 게이트 합성 회로

4.2.2 주석과 공백

gates 예제는 주석(comments)을 표기하는 방법을 보여준다. SystemVerilog와 VHDL은 공백(예를 들어, 스페이스, 탭, 라인 브레이크 등)의 사용에 대해 제약적이지 않다. 들여쓰기와 공백의 사용은 설계를 읽기 편하게 해준다. 모듈과 시그널의 명칭에서 대문자 사용과 밑줄의 사용은 일관성이 있어야 하며 텍스트는 모두 소문자를 사용한다. 모듈과 시그널 명칭은 숫자로 시작해서는 안 된다.

SytemVerilog

SystemVerlog 주석은 C나 Java와 비슷하다. 주석은 /*로 시작해서 다음의 */까지 줄바꾸기가 가능하다. //로 시작하는 주석은 라인 끝까지 계속된다.

SystemVerilog는 대소문자를 구분한다. SystemVerilog에서 y1과 Y1은 다른 시그널이다. 그러나 서로 다른 복수의 신호로 사용되는 경우에만 혼동된다.

VHDL

/*로 시작하는 주석은 다음의 */까지 줄바꾸기가 가능하다. --로 시작하는 주석은 라인의 끝까지 계속된다.

VHDL은 대소문자의 구분이 없다. y1과 Y1은 VHDL에서는 같은 신호이다. 그러나 당신의 파일을 읽어 들이는 다른 툴에서는 대소문자를 구분할 수도 있는데, 분별없는 대소문자의 사용은 끔찍한 버그를 불러일으킬 수도 있다.

4.2.3 감소 연산자

감소 연산자는 싱글 버스에서의 다중 입력 게이트를 시사한다. HDL예제 4.4는 8개의 입력(a_7, a_6, . . ., a_0)을 가진 8입력 AND 게이트를 기술한다. 유사한 감소 연산자들이 OR, XOR, NAND, NOR 그리고 XNOR를 위해 존재한다. 홀수가 입력될 때 TRUE를 반환하는 패리티를 수행하는 다중 입력 XOR를 상기하라.

HDL 예제 4.4 8입력 AND

SystemVerilog

```
module and8(input  logic [7:0] a,
            output logic       y);

  assign y = &a;

  // &a is much easier to write than
  // assign y = a[7] & a[6] & a[5] & a[4] &
  //            a[3] & a[2] & a[1] & a[0];
endmodule
```

VHDL

```
library IEEE; use IEEE.STD_LOGIC_1164.all;

entity and8 is
  port(a: in STD_LOGIC_VECTOR(7 downto 0);
       y: out STD_LOGIC);
end;

architecture synth of and8 is
begin
  y <= and a;
  -- and a is much easier to write than
  -- y <= a(7) and a(6) and a(5) and a(4) and
  --      a(3) and a(2) and a(1) and a(0);
end;
```

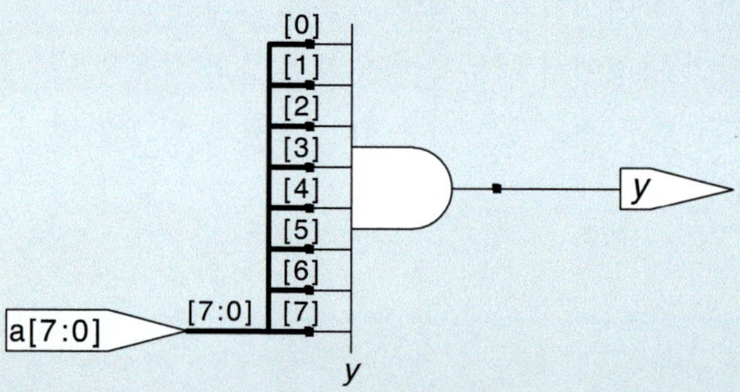

그림 4.5 and8 합성 회로

4.2.4 조건부 할당

조건부 할당은 조건을 호출하는 입력에 기초한 여러 대안들 중에서 출력을 선택한다. HDL 예제 4.5는 조건부 대입을 이용한 2:1 멀티플렉서를 나타낸다.

HDL 예제 4.5 **2:1 멀티플렉서**

SystemVerilog

조건부 연산자 '?:'은 두 번째와 세 번째 식 사이에서 첫 번째 식에 기반을 두고 선택한다. 첫 번째 식을 조건(condition)이라고 한다. 만일 조건이 1이면 연산자는 두 번째 식을 선택한다. 만일 조건이 0이면 연산자는 세 번째 식을 선택한다.

'?:'은 특히 멀티플렉서를 기술하는 데 유용하다. 왜냐하면 첫 번째 입력에 기반을 두고 2개의 다른 것들을 선택하기 때문이다. 다음의 코드는 조건부 연산자를 사용하여 4-비트 입력과 출력을 갖는 2:1 멀티플렉서에 대한 문장을 보여준다.

```
module mux2(input  logic [3:0] d0, d1,
            input  logic       s,
            output logic [3:0] y);

  assign y = s ? d1 : d0;
endmodule
```

만일, s가 1이면 y는 d1이고 아니면 y는 d0이다.

'?:'는 3개의 입력을 가지고 있으므로 3항 연산자(ternary operator)라고 한다.

VHDL

조건부 신호 할당은 어떤 조건에 의해 다른 연산을 수행한다. 이러한 것들은 특히 멀티플렉서를 기술하는 데 유용하다. 예를 들어 2:1 멀티플렉서는 2개의 4-비트 입력의 어느 한 개를 선택하는 조건부 신호 할당에 사용한다.

```
library IEEE; use IEEE.STD_LOGIC_1164.all;

entity mux2 is
  port(d0, d1: in  STD_LOGIC_VECTOR
                   (3 downto 0);
       s:      in  STD_LOGIC;
       y:      out STD_LOGIC_VECTOR
                   (3 downto 0));
end;

architecture synth of mux2 is
begin
  y <= d1 when s else d0;
end;
```

조건부 신호 할당은 만일 s가 1이면 y는 d1로 세트한다. 그렇지 않으면 y를 d0으로 세트한다. VHDL 2008 이전의 버전에서는 when s대신 when s='1'을 쓴다는 것에 유의하라.

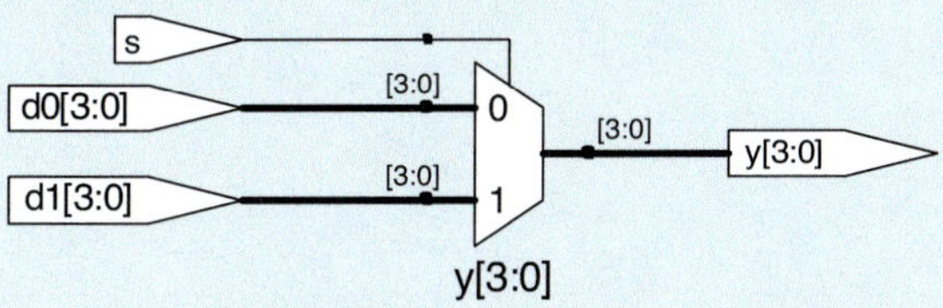

그림 4.6 mux2 합성 회로

HDL 예제 4.6은 HDL 예제 4.5의 2:1 멀티플렉서와 같은 원리에 기초한 4:1 멀티플렉서를 보여준다. 그림 4.7은 Synplify Premier에 의해 작성된 4:1 멀티플렉서의 개략도를 보여준다. 이 소프트웨어는 앞에서 보여준 것과는 다른 심벌을 사용한다. 이 멀티플렉서는 다중 데이터 (d)와 one-hot enable (e)의 입력을 갖는다. 여기서 one-hot enable 입력 중 어느 하나라도 실행된다면, 그와 관련된 데이터는 출력으로 전달될 것이다. 예를 들어 s[1]=s[0]=0일 때, 마지막 AND 게이트 un1_s_5에 데이터 1을 처리할 경우, 멀티플렉서의 마지막 단자가 실행되고 d0[3:0]을 선택할 것이다.

HDL 예제 4.6 **4:1 멀티플렉서**

SystemVerilog

4:1 멀티플렉서는 집합의 조건 연산자를 사용하여 4개의 입력 중 1개를 선택할 수 있다.

```
module mux4(input  logic [3:0] d0, d1, d2,
                               d3,
            input  logic [1:0] s,
            output logic [3:0] y);

  assign y = s[1] ? (s[0] ? d3 : d2)
                  : (s[0] ? d1 : d0);
endmodule
```

만일, s[1]이 1이면 멀티플렉서는 첫 번째 식인 (s[0] ? d3 : d2)를 선택한다. 이 식은 결국 s[0]에 기반을 두고 d3 또는 d2를 선택한다(즉, y는 만일 s[0]이 1이면 d3이고, s[0]이 0이면 d2이다).

VHDL

4:1 멀티플렉서는 조건부 신호 할당 절에서 다중의 else를 사용하여 4개의 입력 중 1개를 선택할 수 있다.

```
library IEEE; use IEEE.STD_LOGIC_1164.all;

entity mux4 is
  port(d0, d1,
       d2, d3: in  STD_LOGIC_VECTOR
                   (3 downto 0);
       s:      in  STD_LOGIC_VECTOR
                   (1 downto 0);
       y:      out STD_LOGIC_VECTOR
                   (3 downto 0));
end;

architecture synth1 of mux4 is
begin
  y <= d0 when s = "00" else
       d1 when s = "01" else
       d2 when s = "10" else
       d3;
end;
```

VHDL은 또한 여러 개의 가능한 것 중 하나를 선택할 때 선택된 신호 할당문을 제공하는 간단한 부분을 지원한다. 이는 몇몇 프로그래밍 언어에서 다중의 if/else 문장의 switch/case를 사용하는 것과 유사하다. 4:1 멀티플렉서는 다음과 같이 선택된 신호 할당을 다시 쓸 수 있다.

```
architecture synth2 of mux4 is
begin
  with s select y <=
    d0 when "00",
    d1 when "01",
    d2 when "10",
    d3 when others;
end;
```

4.2.5 내부 변수

설계할 때 복잡한 기능들을 중간 단계로 나누면 편리하다. 예를 들어 5.2.1에서 기술된 전가산기는 다음의 주어진 식에 의해 정의된 세 개의 입력과 두 개의 출력을 갖는 회로이다.

$$S = A \oplus B \oplus C_{in} \tag{4.1}$$

$$C_{out} = AB + AC_{in} + BC_{in}$$

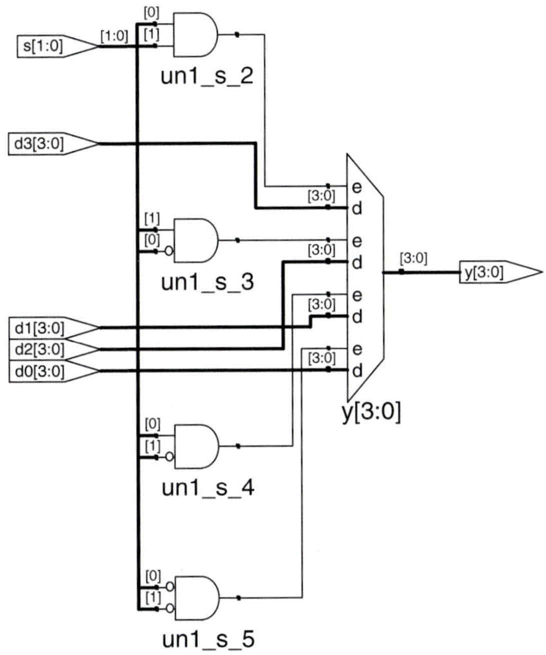

그림 4.7 mux4 합성 회로

이것을 중간 단계의 신호 P와 G로 정의하면,

$$P = A \oplus B \qquad (4.2)$$
$$G = AB$$

다음과 같이 전가산기를 재작성할 수 있다.

$$S = P \oplus C_{in} \qquad (4.3)$$
$$C_{out} = G + PC_{in}$$

이것이 정확한지 점검하기 위해서는 진리표를 채워 확인하라.

여기서 P와 G를 **내부 변수**라고 한다. 이 변수는 입력과 출력이 없기 때문에 오직 모듈 내에서만 사용이 가능하기 때문이다. 내부 변수는 프로그래밍 언어에서의 지역 변수와 비슷하다. HDL 예제 4.7은 HDL에서 내부 변수를 어떻게 사용하는지 보여준다. HDL 할당문(SystemVerilog에서의 `assign`, VHDL에서의 <=)은 동시에 발생한다. 이 기능이 C와 Java 같은 다른 프로그래밍 언어와의 차이점이다. 기존 언어에서의 프로그래밍은 문에서 순차적으로 실행되기 때문에 $P = A \oplus B$ 다음에 $S = P \oplus C_{in}$을 사용하는 것은 매우 중요하다. HDL에서는 그 순서와 상관없다. 하드웨어와

마찬가지로 HDL 할당문은 모듈 내에 할당문을 나타내는 순서와 상관없이 언제든 입력, 우변의 신호, 값의 변화를 평가한다.

HDL 예제 4.7 **전가산기**

SystemVerilog

SystemVerilog에서 내부 신호는 일반적으로 logic으로 선언된다.

```
module fulladder(input  logic a, b, cin,
                 output logic s, cout);

  logic p, g;

  assign p = a ^ b;
  assign g = a & b;

  assign s = p ^ cin;
  assign cout = g | (p & cin);
endmodule
```

VHDL

VHDL에서 신호는 p <= a xor b와 같은 동시 신호 할당문에 의해 정의되는 내부 변수로 사용된다.

```
library IEEE; use IEEE.STD_LOGIC_1164.all;

entity fulladder is
  port(a, b, cin: in  STD_LOGIC;
       s, cout:   out STD_LOGIC);
end;

architecture synth of fulladder is
  signal p, g: STD_LOGIC;
begin
  p <= a xor b;
  g <= a and b;
  s <= p xor cin;
  cout <= g or (p and cin);
end;
```

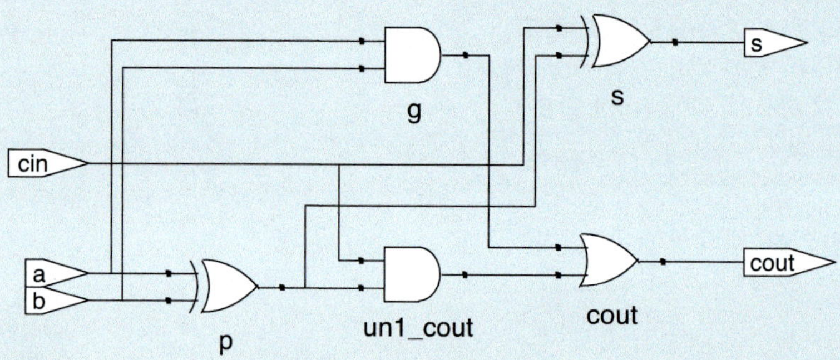

그림 4.8 fulladder 합성 회로

4.2.6 우선순위

HDL 예제 4.7의 cout 연산에서 $C_{out} = (G+P) \cdot C_{in}$이 아니라 $C_{out} = G+(P \cdot C_{in})$으로 연산의 순서를 정의하는 데 괄호를 사용한 것을 주목하라. 만약 괄호( )를 사용하지 않는다면, 언어에 의해 정의된 순서대로 동작하지 않을 것이다. HDL 예제 4.8은 각 HDL 언어에서 최고 수준에서 최저 수준까지 연산자 우선순위를 정리하였다. 표는 5장에서 정의될 산술

연산자, 이동 연산자, 비교 연산자에 대한 내용을 포함한다.

HDL 예제 4.8 **연산자 우선순위**

SystemVerilog

표 4.1 SystemVerilog 연산자 우선순위

	Op	Meaning
Highest	~	NOT
	*, /, %	MUL, DIV, MOD
	+, -	PLUS, MINUS
	<<, >>	Logical Left/Right Shift
	<<<, >>>	Arithmetic Left/Right Shift
	<, <=, >, >=	Relative Comparison
	==, !=	Equality Comparison
Lowest	&, ~&	AND, NAND
	^, ~^	XOR, XNOR
	|, ~|	OR, NOR
	?:	Conditional

SystemVerilog의 연산자 우선순위는 다른 프로그래밍 언어와 매우 유사하다. 특히 AND는 OR보다 우선한다. 괄호를 제거하기 위해 이 우선 순위를 사용할 수 있다.

```
assign cout = g |p & cin;
```

VHDL

표 4.2 VHDL 연산자 우선순위

	Op	Meaning
Highest	not	NOT
	*, /, mod, rem	MUL, DIV, MOD, REM
	+, -	PLUS, MINUS
	rol, ror, srl, sll	Rotate, Shift logical
	<, <=, >, >=	Relative Comparison
Lowest	=, /=	Equality Comparison
	and, or, nand, nor, xor, xnor	Logical Operations

VHDL에서도 곱셈은 덧셈보다 우선할 것이라고 생각할 수 있다. 그러나 SystemVerilog와는 달리 모든 논리 연산(and, or 등)은 부울 대수의 기대 값과 다른 동등한 순위를 갖는다. 따라서 괄호가 필요하다. 괄호가 없는 `cout <= g or p and cin`은 `cout <= (g or p) and cin`처럼 좌에서 우로 순차적으로 해석될 것이다.

4.2.7 수 체계

수는 (각각 2, 8, 10, 16을 고정된 기초로 하는)2진, 8진, 10진 또는 16진수로 분류된다. 그 크기, 즉 비트 수는 임의로 주어질 수 있으며 앞에 오는 0도 그 수의 크기에 포함된다. 수에서의 밑줄은 무시되며 긴 숫자들을 읽기 편하게 나누는 데 사용된다. HDL 예제 4.9는 각 언어에서 수를 작성하는 방법을 설명한다.

HDL 예제 4.9 **수 체계**

SystemVerilog

상수를 선언하기 위한 방식은 N'Bvalue이다. 여기서 N은 비트의 크기, B는 베이스, value는 값을 의미한다. 예를 들어 9'h25는 $25_{16}=37_{10}=000100101_2$의 값을 갖는 9개의 비트를 나타낸다. SystemVerilog는 2진수에 대해서는 'b로, 8진수에 대해서는 'o로, 10진수에 대해서는 'd로, 16진수에 대해서는 'h로 지원한다.

만일 베이스가 생략되었다면, 디폴트 10진수를 의미한다. 만일, 크기가 주어지지 않았다면, 사용할 수 있는 식만큼의 비트로 가정한다. 0은 자동으로 전체 크기만큼의 수 앞에 붙인다. 예를 들어 만일 w가 6-비트 버스라면, assign w='b11은 000011의 w 값을 갖는다.

표 4.3 SystemVerilog의 수 체계

Numbers	Bits	Base	Val	Stored
3'b101	3	2	5	101
'b11	?	2	3	000 … 0011
8'b11	8	2	3	00000011
8'b1010_1011	8	2	171	10101011
3'd6	3	10	6	110
6'o42	6	8	34	100010
8'hAB	8	16	171	10101011
42	?	10	42	00 … 0101010

VHDL

VHDL에서 STD_LOGIC 수는 2진으로 쓰고 단일 따옴표로 감싼다. '0'과 '1'은 논리 값 0과 1을 나타낸다. STD_LOGIC_VECTOR 상수를 선언하기 위한 방식은 NB"value"이다. 여기서 N은 비트의 크기, B는 베이스를 지시하는 문자, value는 값을 나타낸다. 예를 들어 9X"25"는 $25_{16}=37_{10}=000100101_2$의 값을 갖는 9-비트를 나타낸다. VHDL 2008은 2진수는 B로, 8진수는 O로, 10진수는 D로, 16진수는 X로 지원한다.

만일, 베이스가 생략되었다면, 디폴트 2진수를 나타낸다. 만일 크기가 주어지지 않았다면 그 값에 규정된 비트의 수에 일치하는 크기를 갖는다고 가정한다.

others=>'0'과 others=>'1'은 각각 모든 비트를 0과 1로 채우기 위한 VHDL 이디엄이다.

표 4.4 VHDL의 수 체계

Numbers	Bits	Base	Val	Stored
3B"101"	3	2	5	101
B"11"	2	2	3	11
8B"11"	8	2	3	00000011
8B"1010_1011"	8	2	171	10101011
3D"6"	3	10	6	110
6O"42"	6	8	34	100010
8X"AB"	8	16	171	10101011
"101"	3	2	5	101
B"101"	3	2	5	101
X"AB"	8	16	171	10101011

4.2.8 Z's와 X's

HDL에서는 부동소수 값의 지시를 위해 z를 사용한다. z는 인에이블(enable)이 0일 때 부동소수를 출력하는 3상 버퍼를 기술하는 데 유용하다. 2.6.2절에서 잠시 언급했던 것처럼 버스는 여러 3상 버퍼로 구동되며 그중에 하나는 항상 활성화되어야 하다. HDL 예제 4.10은 3상 버퍼를 위한 이디엄을 보여주고 있다. 만약 버퍼가 활성화된다면, 출력은 입력과 같아진다. 하지만 버퍼가 비활성화 상태이면 출력은 부동소수 값 z로 변경된다.

또한 HDL에서는 무효한 논리 레벨을 지시하기 위해 x를 허용한다. 만약 버스가 두 개의 활성화된 3상 버퍼(또는 다른 게이트)에 의해 0과 1이 동시에 발생한다면, 그 결과는 길항(contention)을 지시하는 x가 되고, 버스를 구동하는 모든 3상 버퍼가 동시에 OFF 되면 부동소수 값 z가 된다.

시뮬레이션을 시작하기에 앞서 플립플롭 출력과 같은 상태 노드는 불확정(unknown) 상태로 초기화시켜야 한다(SystemVerilog에서는 x, VHDL에서는 u). 이렇게 함으로써 플립플롭의 출력이 사용되기 전에 플립플롭을 리셋하지 않아서 발생하는 에러를 찾는 데 도움이 된다.

HDL 예제 4.10 3상 버퍼

SystemVerilog

```
module tristate(input  logic [3:0] a,
                input  logic       en,
                output tri   [3:0] y);

  assign y = en ? a : 4'bz;
endmodule
```

y는 logic대신에 tri로 선언된다. logic 신호는 오직 단일 드라이버를 갖는다. 3-상태 버스는 다중의 버스를 가질 수 있으므로 넷(net)으로 선언한다. SystemVerilog에서 넷의 2가지 형태는 tri 또는 trireg으로 호출된다. 일반적으로 정확하게 넷 상에서 한 개의 드라이버는 따로따로 동작하며 넷은 그 값을 취한다. 만일, 어떤 드라이버도 동작하지 않는다면 tri는 부동(z)이고, 반면에 trireg는 이전 값을 유지한다. 만일, 입력과 출력을 규정하지 않았다면 tri를 가정한다. 또한, 모듈로부터 tri 출력은 다른 모듈의 logic 입력으로서 사용될 수 있음을 주목하라. 4.7절에서 다중의 드라이버를 갖는 넷에 대해 살펴보자.

VHDL

```
library IEEE; use IEEE.STD_LOGIC_1164.all;

entity tristate is
  port(a:  in  STD_LOGIC_VECTOR(3 downto 0);
       en: in  STD_LOGIC;
       y:  out STD_LOGIC_VECTOR(3 downto 0));
end;

architecture synth of tristate is
begin
  y <= a when en else "ZZZZ";
end;
```

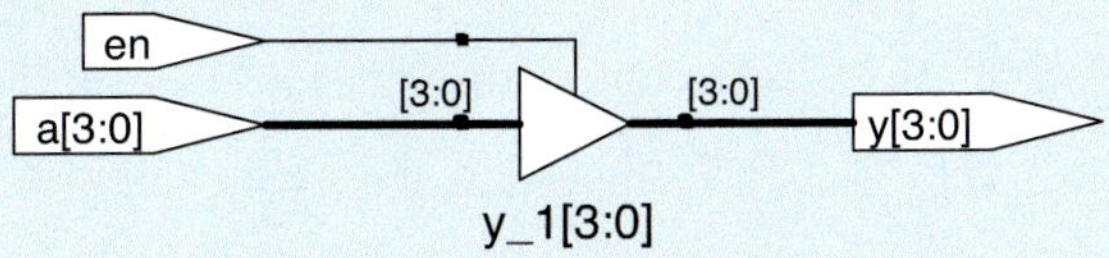

그림 4.9 tristate 합성 회로

만약 게이트가 부동소수 입력을 수신할 경우 정확한 출력 값이 결정되지 않으면 x라는 출력으로 처리될 것이다. 마찬가지로 적합하지 않거나 초기화되지 않은 입력을 수신한다면 이것 또한 x라는 출력으로 처리될 것이다. HDL 예제 4.11은 SystemVerilog와 VHDL이 논리 게이트에서 이렇게 다른 신호 값들을 어떻게 조합하는지 보여준다.

HDL 예제 4.11 정의되지 않고 부동소수 입력을 갖는 진리표

SystemVerilog

SystemVerilog 시그널 값은 0, 1, z, 그리고 x이다. SystemVerilog에서 z나 x로 시작되는 상수는 필요할 경우 자신의 전체 길이에 도달하기 위해 0 대신에 z나 x로 채워진다.

표4.5는 4가지 가능한 신호 값의 AND 게이트에 대한 진리표이다. 때로는 입력 값이 정의되지 않을 때 게이트에 출력 값이 결정될 수 있다는 점에 주목하라. 예를 들어 0 & z는 0을 반환하는데, AND 게이트의 출력은 만일 2개의 입력 중에 하나만이라도 0이면 항상 0이기 때문이다. 그렇지 않다면 부동이나 유효하지 않은 입력은 SystemVerilog에서 x로 표시되는 유효하지 않은 출력을 생성한다.

표 4.5 z와 x를 갖는 SystemVerilog AND 게이드 진리표

&		A			
		0	1	z	x
B	0	0	0	0	0
	1	0	1	x	x
	z	0	x	x	x
	x	0	x	x	x

VHDL

VHDL STD_LOGIC 시그널은 '0', '1', 'z', 'x' 그리고 'u'이다.

표 4.6은 모두 다섯 가지의 가능한 시그널 값을 이용한 AND 게이트에 대한 진리표이다. 때로는 입력 값이 정의되지 않을 때 게이트에 출력 값이 결정될 수 있다는 점에 주목하라. 예를 들어 '0'과 'z'는 0으로 반환되는데, AND 게이트의 출력은 만일 2개의 입력 중에 하나만이라도 0이면 항상 0이기 때문이다. 부동이거나 유효하지 않은 입력은 VHDL에서 x로 표시되는 유효하지 않은 출력을 생성한다.

표 4.6 z와 x, u를 갖는 VHDL AND 게이드 진리표

AND		A				
		0	1	z	x	u
B	0	0	0	0	0	0
	1	0	1	x	x	u
	z	0	x	x	x	u
	x	0	x	x	x	u
	u	0	u	u	u	u

시뮬레이션에서 버그나 잘못된 코드에 의한 실행은 거의 대부분 x나 u로 표현된다. 합성 회로에서 이것은 부동 게이트 입력, 초기화하지 않은 상태, 또는 길항(contention)에 해당한다. 또한 x나 u는 회로에서 예측할 수 없는 행동으로 이어져, 0 또는 1로 무작위로 해석될 여지가 있다.

4.2.9 비트 스위즐링

종종 버스의 일부분을 운용하거나, 버스를 형성하는 신호들의 연결이 필요하다. 이러한 동작들을 통칭하여 **비트 스위즐링**(bit swizzling)이라

고 한다. HDL 예제 4.12에서 y는 비트 스위즐링을 이용한 9비트의 값 ($c_2c_1d_0d_0d_0c_0$101)이 주어졌다.

HDL 예제 4.12 비트 스위즐링

SystemVerilog

```
assign y = c[2:1], 3d[0], c[0], 3'b101;
```

연산자는 연관된 버스들을 사용하기 위해 고안되었다. 3d[0]는 d[0]의 3번 반복을 의미한다.

b로 명명된 버스와 3비트 바이너리 상수 3'b101을 혼동해서는 안 된다. 이 상수에서 3비트의 길이를 규정하는 것이 중요하다는 것을 주목하라. 그렇지 않다면 y의 중간에 나타날 수 있는 0으로 시작되는 알 수 없는 수를 가졌을 수도 있다.

만약 y가 9비트보다 더 확장되면 zero는 최상위 비트(most significant bit)로 대체될 것이다.

VHDL

```
y <=(c(2 downto 1), d(0), d(0), d(0), c(0),
3B"101");
```

전체 연산자 ()는 버스를 결합하는 데 사용한다. y는 반드시 9비트 STD_LOGIC_VECTOR이어야 한다. 다른 예제는 VHDL 결합의 강력함을 보여준다. z가 8비트 STD_LOGIC_VECTOR라고 가정하면, z는 다음 명령어의 결합을 사용하여 10010110으로 주어진다.

```
z <= ("10", 4 => '1', 2 downto 1 =>
    '1', others => '0')
```

"10"은 비트 쌍을 이끈다. 1은 비트 4와 비트 2, 그리고 1에 위치하며 다른 비트들은 0이다.

4.2.10 지연

HDL 문에서는 다양한 부분이 가지고 있는 지연에 대해 명세화되어 있다. 이것들은 시뮬레이션하는 동안에 회로의 동작 속도를 예상하게 할 수 있다(여러분이 의미 있는 지연을 지정하는 경우). 또한 중대한 문제가 발생하였을 경우 디버깅(debugging)하는 데에도 사용된다(모든 신호가 시뮬레이션 결과에 따라 동시에 변한다면 잘못된 출력의 원인을 추론하기는 매우 까다롭다). 합성 동안에 발생하는 지연은 무시한다. 게이트 지연은 HDL 코드의 수에 의한 것이 아니라 합성기의 t_{pd}, t_{cd}에 의해 발생하는 것이기 때문이다. HDL 예제 4.13은 HDL 예제 4.1의 $y = \overline{a}\overline{b}\overline{c} + a\overline{b}\overline{c} + a\overline{b}c$ 함수에 지연을 추가하였다. 인버터의 지연시간은 1ns(나노초), 3입력 AND 게이트의 지연시간은 2ns, 3입력 OR 게이트의 지연시간은 4ns로 가정한다. 그림 4.10은 입력보다 7ns 지연된 y를 갖는 시뮬레이션 파형을 보여주고 있다. 이 그림에 시뮬레이션의 시작점은 모른다는 것에 주목하라.

HDL 예제 4.13 지연이 포함된 논리 게이트

SystemVerilog

```
'timescale 1ns/1ps

module example(input  logic a, b, c,
               output logic y);

  logic ab, bb, cb, n1, n2, n3;

  assign #1 ab, bb, cb = ~a, b, c;
  assign #2 n1 = ab & bb & cb;
  assign #2 n2 = a & bb & cb;
  assign #2 n3 = a & bb & c;
  assign #4 y = n1 |n2 | n3;
endmodule
```

SystemVerilog 파일은 각 시간 단위 값을 표현하기 위한 시간 단위 지시를 포함하고 있다. 위 코드는 timescale unit/precision에 대한 예를 보여주고 있다. 파일에서 각 단위는 1ns이며, 시뮬레이션은 1ps의 정밀도(precision) 값을 가진다. 만일 시간 지시 값이 없다면 고정 값을 사용할 것이다(일반적으로 각 1ns). 또한, SystemVerilog에서 # 심벌은 지연 시간의 단위 숫자를 나타낸다. 이것은 논블로킹 할당으로 표현이 가능하다. 자세한 내용은 4.5.4에서 언급할 것이다.

VHDL

```
library IEEE; use IEEE.STD_LOGIC_1164.all;

entity example is
  port(a, b, c: in  STD_LOGIC;
       y:       out STD_LOGIC);
end;

architecture synth of example is
  signal ab, bb, cb, n1, n2, n3: STD_LOGIC;
begin
  ab <= not a after 1 ns;
  bb <= not b after 1 ns;
  cb <= not c after 1 ns;
  n1 <= ab and bb and cb after 2 ns;
  n2 <= a and bb and cb after 2 ns;
  n3 <= a and bb and c after 2 ns;
  y  <= n1 or n2 or n3 after 4 ns;
end;
```

VHDL에서는 지연을 표현하기 위해 after를 사용한다. 위의 표현에서는 나노초(ns)를 예로 표현하였다.

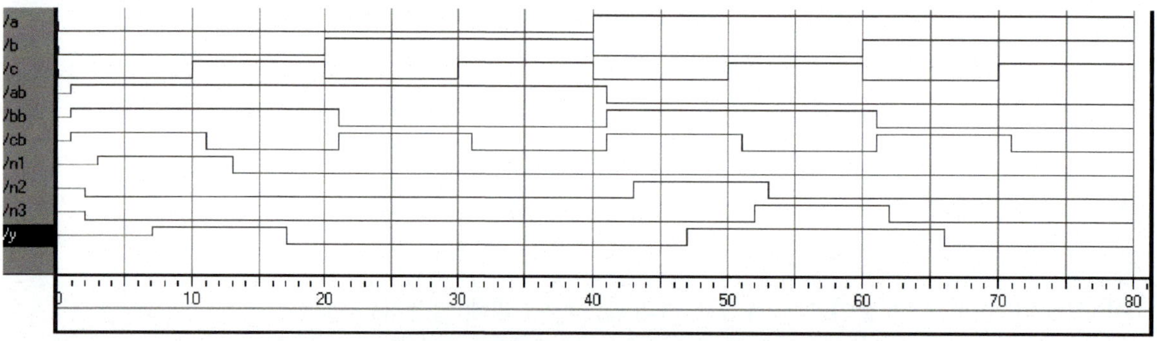

그림 4.10 지연이 포함된 예제 시뮬레이션 파형(Modelsim 시뮬레이터)

4.3 구조적 모델링

앞 절에서는 입력과 출력의 관계에서 모듈을 기술하는 행위적 모델링에 대해 설명하였다. 이 절에서는 어떻게 간단한 모듈들로 구성되는가 하는 관점에서 모듈을 기술하는 구조적 모델링(structural modeling)에 대해 설명한다. HDL예제 4.14는 세 개의 2:1 멀티플렉서를 이용하여 4:1

멀티플렉서를 만드는 방법을 보여준다. 각각의 2:1 멀티플렉서를 인스턴스(instance)라고 한다. 같은 모듈 내의 다중 인스턴스들은 lowmux, highmux, finalmux의 경우와 같이 이름을 할당하여 구분한다. 이 예제는 2:1 멀티플렉서가 여러번 재사용되는 규칙적인 예제이다.

HDL 예제 4.14 4:1 곱셈기의 구조적 모델링

SystemVeriog

```
module mux4(input  logic [3:0] d0, d1, d2,
d3,
            input  logic [1:0] s,
            output logic [3:0] y);

  logic [3:0] low, high;

  mux2 lowmux(d0, d1, s[0], low);
  mux2 highmux(d2, d3, s[0], high);
  mux2 finalmux(low, high, s[1], y);
endmodule
```

3개의 mux2의 경우는 lowmux, highmux, finalmux로 호출된다. mux2 모듈은 반드시 SystemVerilog 코드의 다른 곳에서 정의되어야 한다. HDL 예제 4.5, 4.15 또는 4.34를 참조하라.

VHDL

```
library IEEE; use IEEE.STD_LOGIC_1164.all;

entity mux4 is
  port(d0, d1,
       d2, d3: in  STD_LOGIC_VECTOR
                   (3 downto 0);
       s:      in  STD_LOGIC_VECTOR
                   (1 downto 0);
       y:      out STD_LOGIC_VECTOR
                   (3 downto 0));
end;

architecture struct of mux4 is
  component mux2
    port(d0,
         d1: in  STD_LOGIC_VECTOR(3 downto 0);
         s:  in  STD_LOGIC;
         y:  out STD_LOGIC_VECTOR
                 (3 downto 0));
  end component;
  signal low, high: STD_LOGIC_VECTOR
                    (3 downto 0);
begin
  lowmux:  mux2 port map(d0, d1, s(0), low);
  highmux:  mux2 port map(d2, d3, s(0),
                          high);
  finalmux: mux2 port map(low, high, s(1), y);
end;
```

이 아키텍처는 반드시 component 선언문을 사용하여 mux2 포트를 우선 선언해야 한다. 이것은 인스턴스(instance)가 아닌 엔티티를 변경함으로써 야기되는 에러를 예방하고, 사용하고자 하는 컴퍼넌트가 다른 엔티티 문에서 선언된 엔티티와 같은 포트를 갖는다는 것을 VHDL 툴이 검토할 수 있게 해준다. 어쨌든, component 선언은 VHDL 코드를 다소 번잡스럽게 만든다.

4.2절에서 행위적 기술을 갖는 모듈의 아키텍처를 synth라고 명명한 것에 비해 mux4의 아키텍처는 struct라고 명명되었다. VHDL은 같은 엔티티에 대해

서도 다중 아키텍처(실행)를 허용하는데, 그 아키텍처는 이름으로 구별된다. 이름 자체가 CAD 툴에서 의미를 갖는 것은 아니며 strut와 synth가 일반적이다. 합성 가능한 VHDL 코드는 일반적으로 각각의 엔티티에 대해 단지 한 개의 구조를 갖는다, 따라서 다중의 아키텍처가 정의될 때 어떤 아키텍처가 사용될지를 설정하는 VHDL 구문(syntax)에 대해서는 논의하지 않는다.

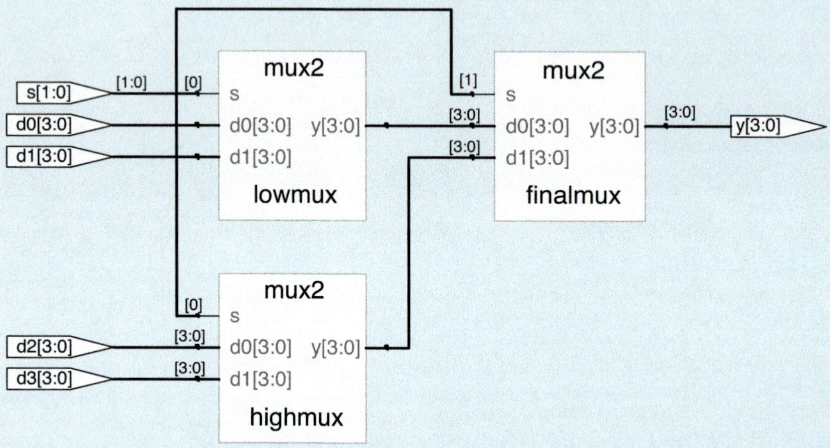

그림 4.11 mux4 합성 회로

HDL 예제 4.15는 한 쌍의 3상 버퍼를 이용한 2:1 멀티플렉서를 구성하는 구조적 모델링을 보여준다. 하지만 3상으로부터의 논리 구축은 권장하진 않는다.

HDL 예제 4.15 2:1곱셈기의 구조적 모델링

SystemVeriog

```
module mux2(input  logic [3:0] d0, d1,
            input  logic       s,
            output tri   [3:0] y);

  tristate t0(d0, ~s, y);
  tristate t1(d1, s, y);
endmodule
```

SytemVerilog에서, ~와 같은 수식은 포트 리스트 내에서 인스턴스에 대해 허용된다. 임의의 복잡한 수식도 허용되지만 읽기에 어려움을 주기 때문에 혼란스럽다.

VHDL

```
library IEEE; use IEEE.STD_LOGIC_1164.all;

entity mux2 is
  port(d0, d1: in  STD_LOGIC_VECTOR(3 downto
0);
       s:   in  STD_LOGIC;
       y:   out STD_LOGIC_VECTOR(3 downto 0));
end;

architecture struct of mux2 is
  component tristate
    port(a: in  STD_LOGIC_VECTOR(3 downto 0);
```

```
            en: in  STD_LOGIC;
             y: out STD_LOGIC_VECTOR(3 downto 0));
  end component;
  signal sbar: STD_LOGIC;
begin
  sbar <= not s;
  t0: tristate port map(d0, sbar, y);
  t1: tristate port map(d1, s, y);
end;
```

VHDL에서 수식은 포트 맵 내에서 인스턴스에 대해 허용되지 않는다. 따라서 sbar는 분리된 시그널로 반드시 정의되어야 한다.

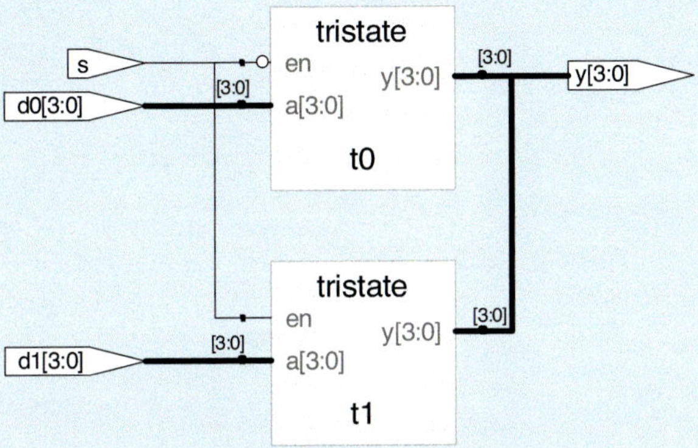

그림 4.12 mux2 합성 회로

HDL 예제 4.16은 모듈이 어떻게 버스에 접속할 수 있는지 보여준다. 이 코드들은 바이트의 높고 낮은 니블(nibble)의 기능을 수행하기 위해 이미 정의된 두 개의 4비트 2:1 멀티플렉서로 구성된 8비트 2:1 멀티플렉서이다.

일반적으로 복잡한 시스템들은 **계층적**으로 설계되며, 전체 시스템은 주요 구성요소의 인스턴스에 의해 구조적으로 기술된다. 각각의 주요 구성요소는 빌딩 블록 등으로부터 하나의 부분의 충분한 행위적 설명이 가능할 수 있게 단순화될 때까지 구조적으로 기술된다. 이것이 하나의 모듈에서 구조적 기술과 행위적 기술의 혼합을 피하는(또는 적어도 최소화하는) 좋은 방법이다.

HDL 예제 4.16 버스의 부분 액세스하기

SystemVerilog

```
module mux2_8(input  logic [7:0] d0, d1,
              input  logic       s,
              output logic [7:0] y);

  mux2 lsbmux(d0[3:0], d1[3:0], s, y[3:0]);
  mux2 msbmux(d0[7:4], d1[7:4], s, y[7:4]);
endmodule
```

VHDL

```
library IEEE; use IEEE.STD_LOGIC_1164.all;

entity mux2_8 is
  port(d0, d1: in  STD_LOGIC_VECTOR
                     (7 downto 0);
       s:      in  STD_LOGIC;
       y:      out STD_LOGIC_VECTOR
                     (7 downto 0));
end;

architecture struct of mux2_8 is
  component mux2
    port(d0, d1: in  STD_LOGIC_VECTOR
                       (3 downto 0);
         s:      in  STD_LOGIC;
         y:      out STD_LOGIC_VECTOR
                       (3 downto 0));
  end component;
begin
  lsbmux: mux2
    port map(d0(3 downto 0), d1(3 downto 0),
             s, y(3 downto 0));
  msbmux: mux2
    port map(d0(7 downto 4), d1(7 downto 4),
             s, y(7 downto 4));
end;
```

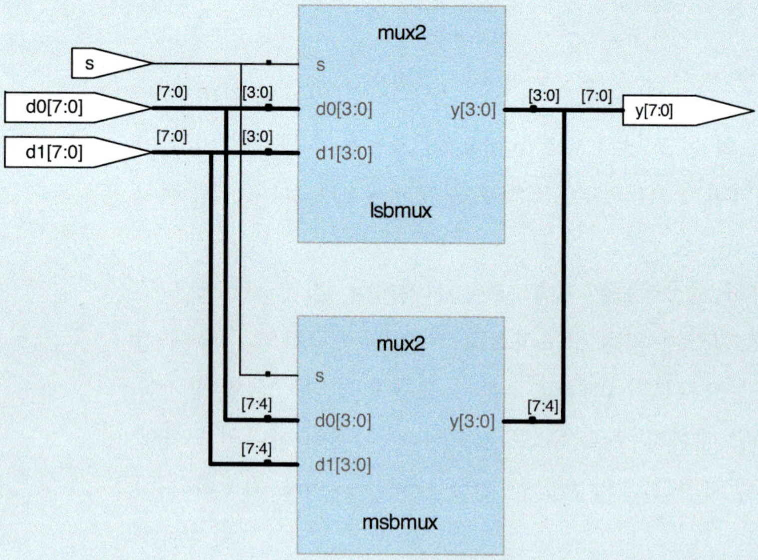

그림 4.13 mux2_8 합성 회로

4.4 순차 논리

HDL 합성기들은 특정 이디엄을 인식하여 순차 논리로 변환시킴으로써 다른 코딩 스타일에서는 정확하게 시뮬레이션되었음에도 불구하고 명백하거나 또는 미묘한 오류가 있는 회로의 합성을 가능하게 한다. 이 절에서는 레지스터와 래치를 기술하는 적절한 이디엄들에 대해 살펴본다.

4.4.1 레지스터

현대의 대부분의 시스템들은 상승 에지 트리거(positive edge-trigger)된 D 플리플롭을 이용하여 레지스터를 만든다. HDL 예제 4.17은 이러한 플립플롭을 위한 이디엄을 보여준다.

SystemVerilog에서의 always 문과 VHDL에서의 process 문은 신호가 명백한 원인에 의해 변경되는 이벤트가 발생하기까지 기존의 값을 유지하라는 것을 의미한다. 따라서 적절한 sensitivity list를 갖는 이러한 코드는 메모리를 갖는 순차회로를 만드는 데 사용될 수 있다. 예컨대, 플립플롭은 sensitivity list에 오직 clk를 포함한다. 비록 d가 중간에 변한다 하더라도 다음의 clk의 다음 상승 에지까지 기존의 q 값을 기억한다.

반대로 SystemVerilog에서의 연속 할당문(assign)과 VHDL에서의 동시 할당문(<=)은 우변의 입력 값의 변화에 따라 적절히 재평가된다. 그러므로 이러한 코드는 반드시 조합 논리가 기술된다.

HDL 예제 4.17 레지스터

SystemVerilog

```
module flop(input  logic       clk,
            input  logic [3:0] d,
            output logic [3:0] q);
  always_ff @(posedge clk)
    q <= d;
endmodule
```

일반적으로 SystemVerilog의 always 문은 다음과 같은 형식으로 작성된다.

```
always @(sensitivity list)
  statement;
```

statement는 이벤트가 sensitivity list에 명시된 이벤트가 발생하는 경우에만 실행된다. 이 예제에서 상

VHDL

```
library IEEE; use IEEE.STD_LOGIC_1164.all;

entity flop is
  port(clk: in  STD_LOGIC;
       d:   in  STD_LOGIC_VECTOR(3 downto 0);
       q:   out STD_LOGIC_VECTOR(3 downto 0));
end;

architecture synth of flop is
begin
  process(clk) begin
    if rising_edge(clk) then
      q <= d;
    end if;
  end process;
end;
```

태는 q <= d이다("q gets d"라고 읽는다). 따라서 플립플롭은 클록의 상승 에지에서 d를 q로 복사하고 그렇지 않으면 q의 이전 상태를 기억한다. sensitivity list는 또한 stimulus list로 언급됨을 유의하라.

<=는 논블록킹 할당으로 부른다. 지금은 일반적인 =로 생각하자. 좀 더 자세한 것은 4.5.4절에서 접하게 된다. <=는 always 문에서 assign 대신에 사용된다는 것을 유의하자.

이어지는 절에서 알 수 있는 바와 같이, always 문은 sensitivity list와 statement에 의존한 플립플롭, 래치 또는 조합 논리를 포함하는 데 사용될 수 있다. 이런 유연성 때문에, 무심코 잘못된 하드웨어를 생산하기 쉽다. SystemVerilog는 일반적인 실수의 위험을 줄이기 위해 always-ff, lways_latch, always_comb를 도입하였다. always_ff는 always와 비슷하지만 오직 플리플롭을 포함하고, 만일 다른 어떠한 것이 포함되고 있다면 툴이 경고를 생성할 수 있도록 사용된다.

VHDL에서 process는 다음과 같은 형식으로 작성된다.

```
process(sensitivity list) begin
  statement;
end process;
```

statement는 임의의 변수가 sensitivity list에 어떠한 변수가 변화될 때 실행된다. 예제에서 if 문은 clk의 상승 에지에서 변화가 있는지 확인한다. 만일 그렇다면 q <= d이다("q gets d"라고 읽는다). 따라서 플립플롭은 클록의 상승 에지에서 d를 q로 복사하고 그렇지 않다면 q 상태의 이전 상태를 기억한다.

플립 플롭을 위한 VHDL 이디엄은 다음과 같다.

```
process(clk) begin
  if clk'event and clk = '1' then
    q <= d;
  end if;
end process;
```

rising_edge(clk) is synonymous with clk'event and clk = '1'.

그림 4.14 flop 합성 회로

4.4.2 리셋 가능 레지스터

시뮬레이션을 시작하거나 전원을 회로에 막 인가하였을 때에는 플립플롭이나 레지스터의 출력 값을 확인하지 못한다. 이러한 경우, SystemVerilog에서는 x로 기술하고 VHDL에서는 u로 기술한다. 일반적으로 전원 인가 시에 인식된 상태에서 시스템을 동작시킬 수 있도록 리셋 가능 레지스터를 사용하는 것이 좋다. 리셋은 비동기 또는 동기화 둘 중의 하나이다. 동기화 리셋은 클록의 다음 상승 에지에서만 출력을 생성하는 반면, 비동기 리셋은 즉각적으로 생성된다는 점을 상기하라. HDL 예제 4.18에서는 비동기와 동기 리셋을 가진 플립플롭을 위한 이디엄을 보인다. 주목할 점은 개략도 내에서는 동기와 비동기 리셋의 구별이 어렵다는 것이다. Synplify Premier로 제공된 개략도는 플립플롭의 아래 부분에 비동기 리셋이 위치해 있으며, 동기 리셋은 좌측에 위치하고 있다.

HDL 예제 4.18 리셋 가능 레지스터

SystemVerilog

```
module flopr(input  logic       clk,
             input  logic       reset,
             input  logic [3:0] d,
             output logic [3:0] q);

  // asynchronous reset
  always_ff @(posedge clk, posedge reset)
    if (reset) q <= 4'b0;
    else       q <= d;
endmodule

module flopr(input  logic       clk,
             input  logic       reset,
             input  logic [3:0] d,
             output logic [3:0] q);

  // synchronous reset
  always_ff @(posedge clk)
    if (reset) q <= 4'b0;
    else       q <= d;
endmodule
```

always 문 sensitivity list에서의 다중 신호는 콤마 또는 or로 구분된다. posedge reset은 비동기 리셋 가능한 플롭의 sensitivity list이지만, 동기 리셋 가능 플롭에서는 아니다. 따라서 비동기 리셋 가능한 플롭은 즉각적으로 상승 에지에서의 reset에 응답하지만, 동기 리셋 가능한 플롭은 클럭의 상승 에지에서만 reset에 응답한다.

모듈은 flopr이라는 같은 이름을 가지기 때문에 설계할 때 오로지 한 번만 포함해야 한다.

VHDL

```
library IEEE; use IEEE.STD_LOGIC_1164.all;
entity flopr is
  port(clk, reset: in STD_LOGIC;
       d:          in  STD_LOGIC_VECTOR
                       (3 downto 0);
       q:          out STD_LOGIC_VECTOR
                       (3 downto 0));
end;

architecture asynchronous of flopr is begin
  process(clk, reset) begin
    if reset then
      q <= "0000";
    elsif rising_edge(clk) then
      q <= d;
    end if;
  end process;
end;

library IEEE; use IEEE.STD_LOGIC_1164.all;

entity flopr is
  port(clk, reset: in  STD_LOGIC;
       d:          in  STD_LOGIC_VECTOR
                       (3 downto 0);
       q:          out STD_LOGIC_VECTOR
                       (3 downto 0));
end;

architecture synchronous of flopr is begin
  process(clk) begin
    if rising_edge(clk) then
      if reset then q <= "0000";
      else q <= d;
      end if;
    end if;
  end process;
end;
```

Process sensitivity list 내의 다중 신호는 콤마로 분리한다. reset은 비동기 리셋 가능 플롭상의 sensitivity list이지만, 동기 리셋 가능 플롭은 아니다. 따라서 비동기 리셋 가능 플롭은 즉각적으로 reset의 상승 에지에 응답하지만, 비동기 리셋 가능 플롭은 오직 클록의 상승 에지에서만 reset에 대해 응답한다.

플롭의 상태는 VHDL 시뮬레이션 동안 시작 시 'u'로 초기화되는 것을 기억하라.

앞서 언급했었던 것처럼, 아키텍처의 이름(이 예제에서의 asynchronous 또는 synchronous)은 VHDL 툴에서는 무시되지만, 사용자가 읽는 데 도움이 된다. 두 아키텍처 모두 엔티티 flopr를 기술하기 때문에 설계에서는 오직 한 개만 포함할 수 있다.

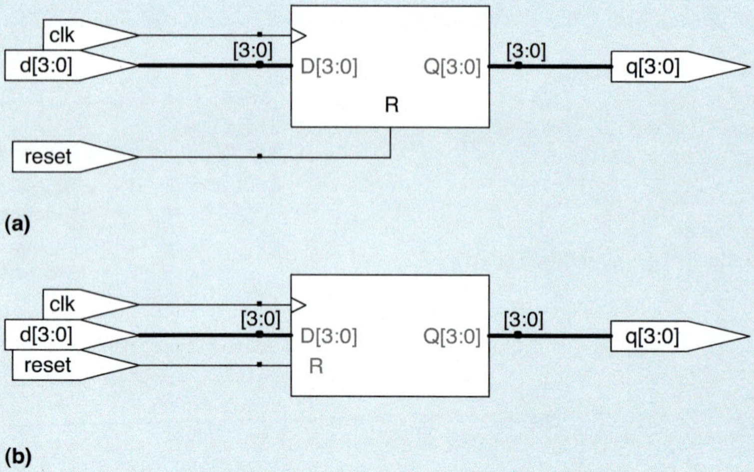

그림 4.15 flopr 합성 회로: (a) 비동기 리셋, (b) 동기 리셋

4.4.3 인에이블 레지스터

인에이블 레지스터(enabled registers)는 인에이블일 때만 클록에 응답한다. HDL 예제 4.19는 reset과 en이 FALSE일 경우 기존 값을 보관하는 비동기 리셋 가능한 인에이블 레지스터에 대해 보여주고 있다.

HDL 예제 4.19 리셋 가능한 인에이블 레지스터

SystemVeirlog

```
module flopenr(input  logic       clk,
               input  logic       reset,
               input  logic       en,
               input  logic [3:0] d,
               output logic [3:0] q);

  // asynchronous reset
  always_ff @(posedge clk, posedge reset)
    if      (reset) q <= 4'b0;
    else if (en)    q <= d;
endmodule
```

VHDL

```
library IEEE; use IEEE.STD_LOGIC_1164.all;

entity flopenr is
  port(clk,
       reset,
       en: in  STD_LOGIC;
       d:  in  STD_LOGIC_VECTOR(3 downto 0);
       q:  out STD_LOGIC_VECTOR(3 downto 0));
end;

architecture asynchronous of flopenr is
-- asynchronous reset
begin
  process(clk, reset) begin
    if reset then
      q <= "0000";
    elsif rising_edge(clk) then
      if en then
        q <= d;
      end if;
    end if;
  end process;
end;
```

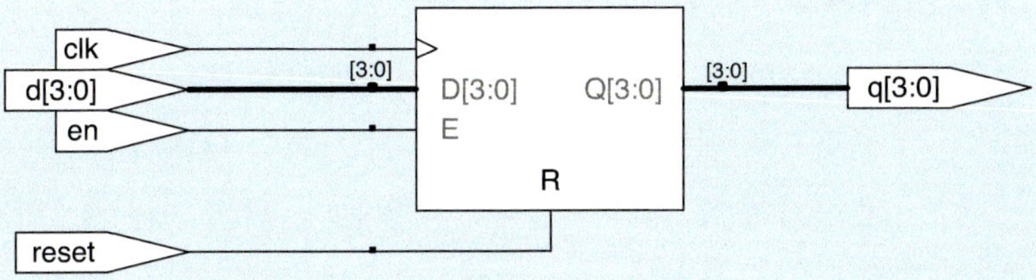

그림 4.16 flopenr 합성 회로

4.4.4 복합 레지스터

싱글 always/process 구문은 하드웨어의 여러 부분을 표현하고자 할 때 사용된다. 예를 들어 그림 4.17은 3.5.5절에서 언급된 두 개의 back-to-back 플립플롭으로 만들어진 싱크로나이저 회로(synchronizer circuit)이다. HDL 예제 4.20은 싱크로나이저를 기술한다. clk의 상승 에지에서 d는 n1로 복사되고, 동시에 n1은 q에 복사된다.

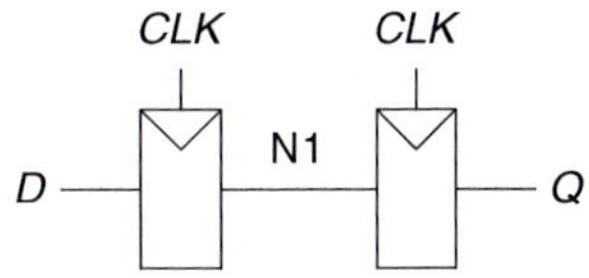

그림 4.17 싱크로나이저 회로

HDL 예제 4.20 싱크로나이저

SystemVerilog

```
module sync(input  logic clk,
            input  logic d,
            output logic q);

  logic n1;

  always_ff @(posedge clk)
    begin
      n1 <= d; // nonblocking
      q <= n1; // nonblocking
    end
endmodule
```

begin/end 구조는 always문에 복합문이 나타날 때 필요하다. 이것은 C 또는 자바의 { }과 유사하다. if/else가 단일 문장으로 카운트되기 때문에 begin/end는 flopr 예제에는 필요하지 않다.

VHDL

```
library IEEE; use IEEE.STD_LOGIC_1164.all;

entity sync is
  port(clk: in  STD_LOGIC;
       d:   in  STD_LOGIC;
       q:   out STD_LOGIC);
end;

architecture good of sync is
  signal n1: STD_LOGIC;
begin
  process(clk) begin
    if rising_edge(clk) then
      n1 <= d;
      q <= n1;
    end if;
  end process;
end;
```

n1은 모듈 내에서 사용되는 내부 시그널이기 때문에 반드시 signal로 선언되어야 한다.

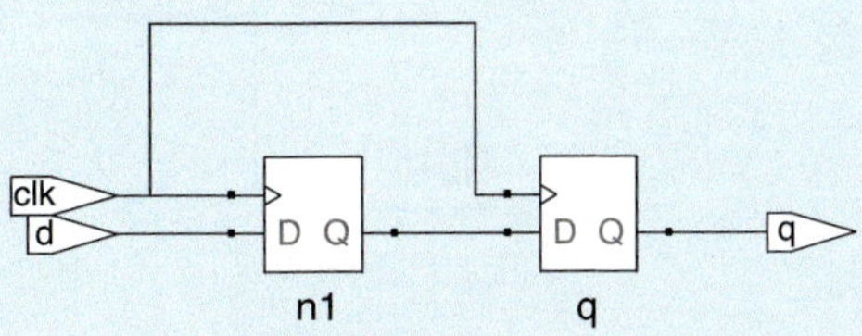

그림 4.18 sync 합성 회로

4.4.5 래치

3.2.2절에서 설명한 바와 같이 D 래치는 클록이 HIGH일 때만 입력에서 출력으로 데이터를 보낼 수 있다. 클록이 LOW일 때에는 기존의 값을 보관하기 위해 래치는 동작하지 않는다. HDL 예제 4.21은 D 래치에 대한 이디엄을 보인다.

모든 합성 툴에서 래치를 제공하는 것은 아니다. 만약 사용자가 자신의 툴이 제공하는 래치에 대한 사용법이나 제공 여부를 모른다면 사용하지 않는 것이 더 나을 것이다. 대신 에지 트리거된 플립플롭으로 사용하면 된다. 아울러 의도하지 않은 래치가 포함되지 않도록 주의를 기울여야 한다. 다른 합성 툴을 이용해 사용자가 래치를 만들고자 할 때 버그가 발생할 수 있다는 점을 인지해야 한다.

HDL 예제 4.21 D 래치

SystemVerilog

```
module latch(input  logic       clk,
             input  logic [3:0] d,
             output logic [3:0] q);

  always_latch
    if (clk) q <= d;
endmodule
```

always_latch는 always @(clk, d)와 같은 것으로 SystemVerilog에서 래치를 기술하는 이디엄이다. 이것은 임의의 시간 clk 또는 d의 변화를 평가한다. 만일 clk가 HIGH이면 d는 q로 흐르고, 따라서 이 코드는 positive level sensitive 래치를 설명한다. 그렇지 않으면 q는 기존 값을 유지한다. SystemVerilog는 만일 always_latch 블록이 래치를 포함하지 않는다면 경고를 발생한다.

VHDL

```
library IEEE; use IEEE.STD_LOGIC_1164.all;

entity latch is
  port(clk: in  STD_LOGIC;
       d:   in  STD_LOGIC_VECTOR(3 downto 0);
       q:   out STD_LOGIC_VECTOR(3 downto 0));
end;

architecture synth of latch is
begin
  process(clk, d) begin
    if clk = '1' then
      q <= d;
    end if;
  end process;
end;
```

sensitivity list는 clk와 d를 포함한다. 그래서 임의의 시간에 clk 또는 d의 변화를 평가한다. 만일 clk가 HIGH이면 d는 q로 흐른다.

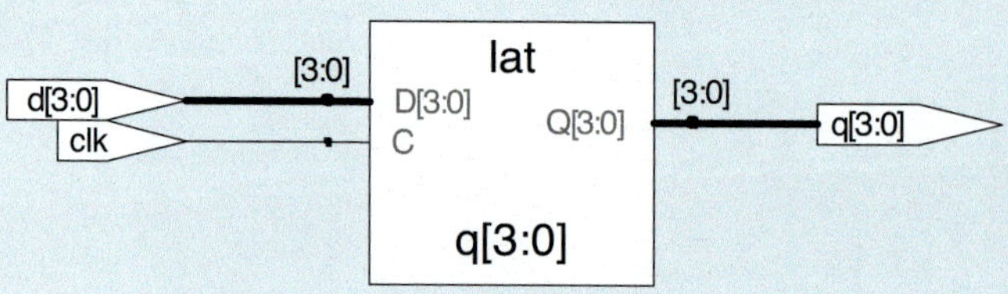

그림 4.19 latch 합성 회로

4.5 더 많은 조합 논리

4.2절에서 조합 논리를 행위적으로 기술하고자 할당문을 사용하였다. SystemVerilog의 always 문과 VHDL의 process 문은 새로운 상태가 규정되지 않으면 기존의 상태를 유지하기 때문에 순차회로의 기술에 사용된다. 그럼에도 불구하고, 때때로 always/process 문은, sensitivity list에 입력의 모든 변화에 대응하도록 작성되어 있고, 본문이 모든 가능한 입력 조합에 대한 출력 값을 규정한다면, 조합 논리를 행위적으로 기술하는 데 사용될 수 있다. HDL 예제 4.22는 네 개의 인버터로 구성된 하나의 뱅크를 기술하는 데 always/process 문을 사용한다(그림 4.3의 합성 회로 참조).

HDL은 always/process 문에서 블로킹(blocking)과 논블로킹(nonblocking) 할당 기능을 지원한다. 블로킹 할당 그룹은 프로그래밍 언어에서 권장하는 코드에 작성된 순서에 따라 평가된다. 논블로킹 할당 그룹도 블로킹 할당과 같이 동시에 평가되는데, 좌변에 있는 어떠한 신호들이 업데이트되기 전에 모든 구문이 평가되어야 한다.

HDL 예제 4.22 always/process를 이용한 인버터

SystemVerilog

```
module inv(input  logic [3:0] a,
           output logic[3:0] y);

  always_comb
    y = ~a;
endmodule
```

always_comb는 always문의 변화 중 임의의 시간에 <= 또는 =의 우측 임의의 시그널 상태를 always문 안에서 재평가한다. 이 경우에는 always @(a)와 등가이지만, always문에서의 시그널이 새로 명명되거나 부가되는 경우를 피할 수 있기 때문에 더 효율적이다. 만일, always 블록 내의 코드가 조합 논리가 아니라면, SystemVerilog는 경고를 내보낸다. always_comb는 always @(*)과 같지만, SystemVerilog에서 더 우선시된다.

<=가 논블로킹 할당이라고 하는 데 비해 always문에서의 =을 블로킹 할당이라고 한다. SystemVerilog에서 조합 논리에 대해서는 블로킹 할당을, 순차 논리에 대해서는 비블로킹 할당을 사용하는 것이 좋다. 이것은 4.5.4절에서 논의할 것이다.

VHDL

```
library IEEE; use IEEE.STD_LOGIC_1164.all;
entity inv is
  port(a: in  STD_LOGIC_VECTOR(3 downto 0);
       y: out STD_LOGIC_VECTOR(3 downto 0));
end;

architecture proc of inv is
begin
  process(all) begin
    y <= not a;
  end process;
end;
```

process(all)은 process의 변화 중 임의의 시간에 임의의 시그널의 상태를 process 내에서 재평가한다. 이것은 process(a)와 같지만 만일 process의 시그널이 새로 명명되거나 부가되는 경우의 실수를 피하기 때문에 보다 효율적이다.

begin과 end process문은 process가 비록 오직 하나의 할당을 가짐에도 불구하고 VHDL에서 필요하다.

HDL 예제 4.23에서는 s와 cout을 연산하기 위해 중간 신호 p와 g를 이용하는 전가산기를 정의하고 있다. 이 예제는 그림 4.8과 같은 회로를 생성하지만 할당문을 대체하여 always/process 문을 사용한다.

이 두 개의 예제는 HDL 예제 4.2와 4.7에서의 할당문을 갖는 같은 접근보다 더 많은 라인이 요구되므로 조합 논리의 모델링을 위한 always/process 문의 사용은 적절치 않다. 하지만 case 문과 if 문은 보다 복잡한 조합 논리의 모델링에 적합하다. case와 if 문은 always/process 문 내에서 기술되어야 하는데, 이에 대해서는 다음 절에 설명한다.

SystemVerilog

SystemVerilog의 always 문에서 =은 블로킹 할당을, <=은 논블로킹(또는 동시 할당)을 지시한다. assign 문을 사용하는 연속 할당과 혼동하지 않아야 한다. assign 문은 반드시 always 문의 밖에서 사용되어야 하고 동시에 평가된다.

VHDL

VHDL의 process 문에서 :=은 블로킹 할당을, <=은 논블로킹 할당(또는 동시 할당)을 지시한다. 이장의 처음 절에서 :=을 소개하였다.

논블로킹 할당은 출력과 시그널로 만들어진다. 블로킹 할당은 process 문에 선언된 변수로 만들어진다(예제 4.23을 참조하라). <=은 또한 동시에 평가되는 process 문의 밖에 나타낼 수 있다.

HDL 예제 4.23 always/process를 이용한 전가산기

SystemVerilog

```
module fulladder(input  logic a, b, cin,
                 output logic s, cout);
  logic p, g;

  always_comb
    begin
      p = a ^ b;              // blocking
      g = a & b;              // blocking
      s = p ^ cin;            // blocking
      cout = g | (p & cin);   // blocking
    end
endmodule
```

이 경우에 always @(a, b, cin)은 always_comb와 같다. 그럼에도 불구하고 sensitivity list에서의 오류 시그널에 대한 일반적인 실수를 피할 수 있으므로 always_comb가 더 효율적이다.

4.5.4절에서 논의될 이러한 이유로 인해 조합 논리에 대해서는 블로킹 할당을 사용하는 것이 최선이다. 이

VHDL

```
library IEEE; use IEEE.STD_LOGIC_1164.all;

entity fulladder is
  port(a, b, cin: in  STD_LOGIC;
       s, cout:   out STD_LOGIC);
end;

architecture synth of fulladder is
begin
  process(all)
    variable p, g: STD_LOGIC;
  begin
    p := a xor b; -- blocking
    g := a and b; -- blocking
    s <= p xor cin;
    cout <= g or (p and cin);
  end process;
end;
```

이 경우 process(a, b, cin)은 process(all)과 같다. 그럼에도 불구하고 process(all)은 sensitivity list

예제는 우선 p를 먼저 계산하고 나서 g, s 마지막으로 cout을 계산하는 블로킹 할당을 사용한다.

의 오류 신호에 대한 일반적인 실수를 피할 수 있기에 always_comb가 보다 효율적이다.

4.5.4절에서 논의될 이유로 인해 조합 논리에서의 중간 변수에 대해서 블로킹 할당을 사용하는 것이 최선이다. 이 예제는 s와 cout 연산을 수행하기 전의 새로운 값을 얻을 수 있도록 p와 q에 대해 블로킹 할당을 사용한다. p와 q는 process 문 안에서 블로킹 할당 (:=)의 좌측에 나타나기 때문에 signal보다는 variable로 선언되어야 한다. 변수 선언은 변수가 사용되는 프로세스에서 begin 전에 나와야 한다.

4.5.1 Case 문

조합 논리를 만들기 위해 always/process 문의 보다 효율적인 응용은 (always/process 문의 내부에 기술되어야 하는)case 문을 이용하는 7세그먼트 디스플레이 디코더이다.

예제 2.10의 7세그먼트 디스플레이 디코더를 통해 배운 바와 같이 조합 논리로 구성되는 큰 블록의 설계는 지루한 과정으로 에러 발생 가능성이 높다. HDL은 추상화의 높은 단계에서 함수를 지정하고, 게이트에서 자동적으로 그 함수들이 합성될 수 있도록 매우 향상된 기능을 제공한다. HDL 예제 4.24는 진리표를 바탕으로 7세그먼트 디스플레이 디코드를 기술하는 데 case 문을 이용한다. case 문은 입력의 값에 따라 다른 동작을 수행한다. case 문은 가능한 모든 입력 조합이 정의된 경우의 조합 논리를 의미한다. 이와 반대로, 정의되지 않은 경우는 이전의 값을 유지하기 때문에 순차 논리로 인식한다.

HDL 예제 4.24 7세그먼트 디스플레이 디코더

SystemVerilog

```
module sevenseg(input  logic [3:0] data,
                output logic [6:0] segments);
  always_comb
    case(data)
     //                       abc_defg
     0:       segments = 7'b111_1110;
     1:       segments = 7'b011_0000;
     2:       segments = 7'b110_1101;
     3:       segments = 7'b111_1001;
```

VHDL

```
library IEEE; use IEEE.STD_LOGIC_1164.all;

entity seven_seg_decoder is
  port(data:     in  STD_LOGIC_VECTOR
                     (3 downto 0);
       segments: out STD_LOGIC_VECTOR
                     (6 downto 0));
end;

architecture synth of seven_seg_decoder is
```

```
      4:        segments = 7'b011_0011;
      5:        segments = 7'b101_1011;
      6:        segments = 7'b101_1111;
      7:        segments = 7'b111_0000;
      8:        segments = 7'b111_1111;
      9:        segments = 7'b111_0011;
      default: segments = 7'b000_0000;
    endcase
endmodule
```

case 문은 데이터의 값을 확인한다. data가 0일 때, 문장은 콜론(:) 뒤에 1111110으로 세트된 segment를 수행한다. 마찬가지로 case 문은 9까지의 다른 데이터를 확인한다(베이스 10의 디폴트 베이스의 사용을 주목하라).

default절은 명시적으로 나열되지 않은 모든 경우의 출력을 정의할 수 있는 조합 논리를 보장하는 편리한 방법이다.

SystemVerilog에서, case 문은 always 문 안에 나타내야 한다.

```
begin
  process(all) begin
    case data is
      --                              abcdefg
      when X"0" =>    segments <= "1111110";
      when X"1" =>    segments <= "0110000";
      when X"2" =>    segments <= "1101101";
      when X"3" =>    segments <= "1111001";
      when X"4" =>    segments <= "0110011";
      when X"5" =>    segments <= "1011011";
      when X"6" =>    segments <= "1011111";
      when X"7" =>    segments <= "1110000";
      when X"8" =>    segments <= "1111111";
      when X"9" =>    segments <= "1110011";
      when others => segments <= "0000000";
    end case;
  end process;
end;
```

case 문은 data의 값을 확인하다. data의 값이 0일 때, 문장은 => 뒤의 1111110으로 세트된 segment를 수행한다. 마찬가지로 case 문은 9까지의 다른 데이터 값을 확인한다(16진수 X의 사용을 주목하라). others 절은 명시적으로 나열되지 않은 모든 경우의 출력을 정의할 수 있는 조합 논리를 보장하는 편리한 방법이다.

SystemVerilog와 달리, VHDL은 선택된 신호 할당문을 지원한다(HDL 예제 4.6 참조). 이것은 case 문과 매우 유사하지만 프로세스의 외부에 나타날 수 있다. 조합 논리를 기술하기 위한 프로세스를 사용하는 사소한 이유가 바로 여기에 있다.

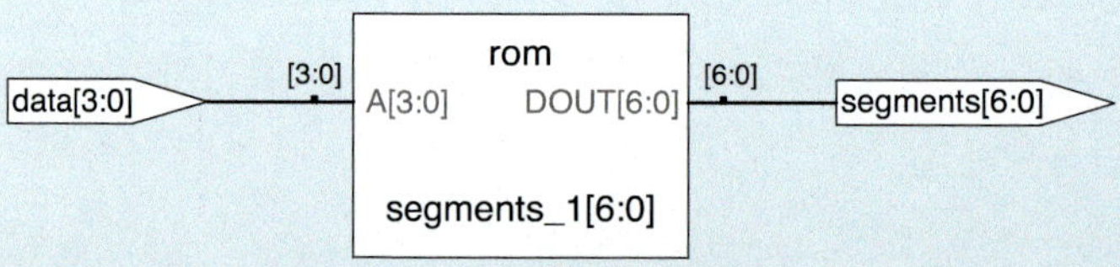

그림 4.20 sevenseg 합성 회로

Synplify Premier는 16개의 입력에 따른 7개의 출력을 포함하는 ROM(Read-Only Memory)으로 7세그먼트 디스플레이를 합성한다. ROM은 5.5.6절에서 다룬다.

만약 default나 others 절이 case 문에서 제외되어 있다면, 디코더는 언제든 10~15 범위 데이터의 이전 출력을 기억하고 있을 것이다. 이것은 하드웨어 동작에 문제를 유발한다.

대부분의 디코더는 또한 일반적으로 case 문으로 작성된다. HDL 예제 4.25는 3:8 디코더를 기술한다.

4.5.2 If 문

always/process 문은 또한 if 문을 포함할 수 있다. if 문은 else 문 다음에 사용할 수 있다. 또한 모든 가능한 입력 조합들이 처리되어 있다면, if 문은 조합 논리임을 의미한다. 그렇지 않으면 순차 논리를 생성한다(4.4.5절의 래치와 유사하다).

HDL 예제 4.26은 2.4절에 정의된 우선순위 회로의 기술을 위해 if 문을 사용한다. *N*입력 우선 회로는 TRUE인 최상위 입력에 대응하는 출력 TRUE를 설정한다는 것을 상기하자.

HDL 예제 4.25 3:8 디코더

SystemVerilog

```
module decoder3_8(input  logic [2:0] a,
                  output logic [7:0] y);
  always_comb
    case(a)
      3'b000:  y = 8'b00000001;
      3'b001:  y = 8'b00000010;
      3'b010:  y = 8'b00000100;
      3'b011:  y = 8'b00001000;
      3'b100:  y = 8'b00010000;
      3'b101:  y = 8'b00100000;
      3'b110:  y = 8'b01000000;
      3'b111:  y = 8'b10000000;
      default: y = 8'bxxxxxxxx;
    endcase
endmodule
```

default 문이 모든 가능한 입력 조합을 정의하기 때문에 이 경우의 논리 합성에 대해 엄격할 필요가 없지만 입력 중의 하나가 x나 z인 경우의 시뮬레이션에서는 신중해야 한다.

VHDL

```
library IEEE; use IEEE.STD_LOGIC_1164.all;
entity decoder3_8 is
  port(a: in  STD_LOGIC_VECTOR(2 downto 0);
       y: out STD_LOGIC_VECTOR(7 downto 0));
end;

architecture synth of decoder3_8 is
begin
  process(all) begin
    case a is
      when "000" =>  y <= "00000001";
      when "001" =>  y <= "00000010";
      when "010" =>  y <= "00000100";
      when "011" =>  y <= "00001000";
      when "100" =>  y <= "00010000";
      when "101" =>  y <= "00100000";
      when "110" =>  y <= "01000000";
      when "111" =>  y <= "10000000";
      when others => y <= "XXXXXXXX";
    end case;
  end process;
end;
```

others 절은 모든 가능한 입력 조항을 정의하기 때문에 이 경우의 논리 합성에 대해 엄격할 필요가 없지만 입력 중 하나가 x, z, 또는 u인 경우의 시뮬레이션에서는 신중해야 한다.

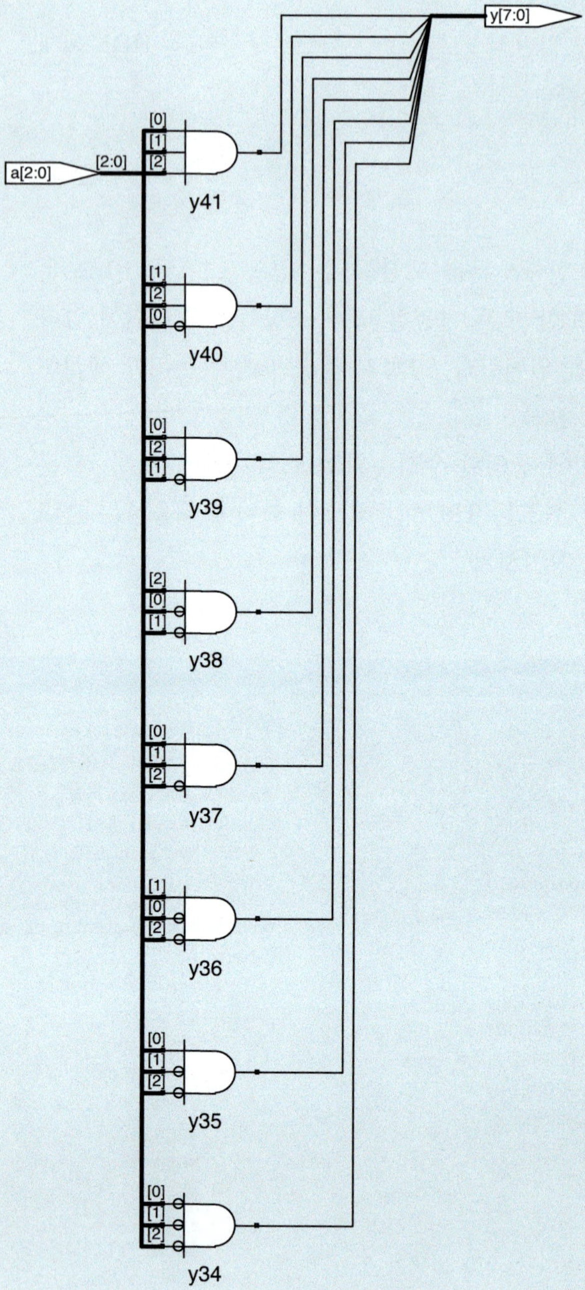

그림 4.21 decoder3_8 합성 회로

HDL 예제 4.26 우선순위 회로

SystemVerilog

```
module priorityckt(input  logic [3:0] a,
                   output logic [3:0] y);

  always_comb
    if      (a[3]) y<=4'b1000;
    else if (a[2]) y<=4'b0100;
    else if (a[1]) y<=4'b0010;
    else if (a[0]) y<=4'b0001;
    else           y<=4'b0000;
endmodule
```

SystemVerilog에서 if 문은 always 문에 포함되어야만 한다.

VHDL

```
library IEEE; use IEEE.STD_LOGIC_1164.all;

entity priorityckt is
  port(a: in  STD_LOGIC_VECTOR(3 downto 0);
       y: out STD_LOGIC_VECTOR(3 downto 0));
end;

architecture synth of priorityckt is
begin
  process(all) begin
    if   a(3) then y <= "1000";
    elsifa(2) then y <= "0100";
    elsifa(1) then y <= "0010";
    elsifa(0) then y <= "0001";
    else           y <= "0000";
    end if;
  end process;
end;
```

SystemVerilog와 달리, VHDL은 조건부 신호 할당문을 지원한다(HDL 예제 4.6 참조). 이것은 if 문과 매우 유사하지만 프로세스의 외부에 나타날 수 있다. 조합 논리를 기술하기 위한 프로세스를 사용하는 사소한 이유가 바로 여기에 있다.

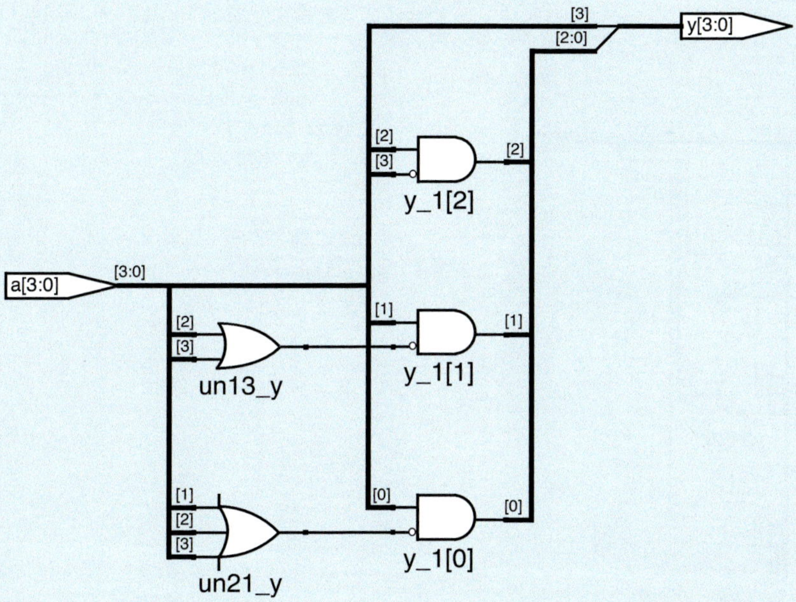

그림 4.22 priorityckt 합성 회로

4.5.3 무정의 항을 갖는 진리표

2.7.3절에서 설명하였듯이 진리표는 좀 더 논리 단순화를 위해 무정의 항(don't care)을 포함할 수 있다. HDL 예제 4.27은 무정의 항을 포함하는 우선순위 회로를 기술하는 방법을 보인다.

Synplify Premier는 그림 4.23에 보인 모듈과 같이 그림 4.22의 우선순위 회로와는 조금 다른 회로를 합성한다. 하지만 두 회로는 논리적으로는 같다.

HDL 예제 4.27 무정의 항을 이용한 우선순위 회로

SystemVerilog

```
module priority_casez(input  logic [3:0] a,
                      output logic [3:0] y);
  always_comb
    casez(a)
      4'b1???: y<=4'b1000;
      4'b01??: y<=4'b0100;
      4'b001?: y<=4'b0010;
      4'b0001: y<=4'b0001;
      default: y<=4'b0000;
    endcase
endmodule
```

casez 문은 ?를 무정의 항으로 인식하는 것 외에는 case 문과 같다.

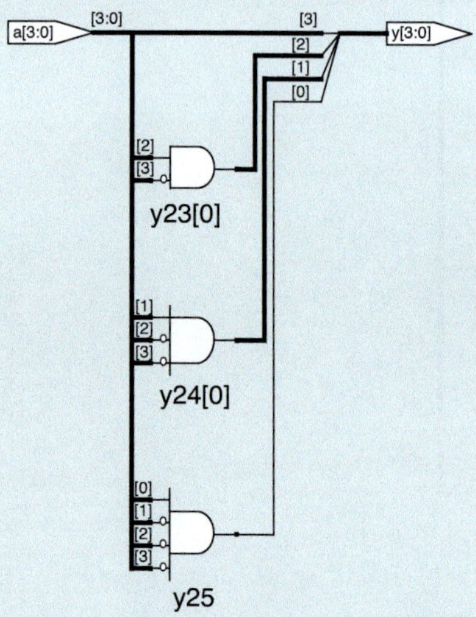

그림 4.23 priority_casez 합성 회로

VHDL

```
library IEEE; use IEEE.STD_LOGIC_1164.all;
entity priority_casez is
  port(a: in  STD_LOGIC_VECTOR(3 downto 0);
       y: out STD_LOGIC_VECTOR(3 downto 0));
end;

architecture dontcare of priority_casez is
begin
  process(all) begin
    case? a is
      when "1---" =>y <= "1000";
      when "01--" =>y <= "0100";
      when "001-"=>y <= "0010";
      when "0001"=>y <= "0001";
      when others=>y <= "0000";
    end case?;
  end process;
end;
```

case? 문은 -를 무정의 항으로 인식하는 것 외에는 case 문과 같다.

4.5.4 블로킹과 논블로킹 할당

다음의 가이드라인은 블로킹(blocking)과 논블로킹(nonblocking) 할당을 언제 어떻게 사용해야 하는지에 대한 설명이다. 하지만 꼭 가이드라인을 따르지 않더라도 시뮬레이션에 나타내고자 하는 코드의 작성은 가능하다. 하지만 하드웨어에 부적합한 코드를 만들 가능성이 있으므로 가이드라인의 준수를 권장한다. 이 장의 나머지는 가이드라인에 기술되지 않은 원리를 설명한다.

블로킹과 논블로킹 할당 가이드라인

SystemVerilog

1. always_ff @(posedge clk)와 논블로킹 할당은 항상 동기 순차 논리 모델링에 사용한다.

```
always_ff @(posedge clk)
  begin
    n1 <= d; // nonblocking
    q <= n1; // nonblocking
  end
```

2. 연속 할당은 단순 조합 논리의 모델링에 사용한다.

```
assign y = s ? d1 : d0;
```

3. always_comb와 블로킹 할당은 always 문이 유용한 좀 더 복잡한 조합 논리 모델링에 사용한다.

```
always_comb
  begin
    p = a ^ b; // blocking
    g = a & b; // blocking
    s = p ^ cin;
    cout = g | (p & cin);
  end
```

4. 둘 이상의 always 문 또는 연속 할당문을 동일한 신호에 할당하지 않는다.

VHDL

1. process(clk)와 논블로킹 할당문은 동기화 순차 논리에 사용한다.

```
process(clk) begin
  if rising_edge(clk) then
    n1 <= d; -- nonblocking
    q <= n1; -- nonblocking
  end if;
end process;
```

2. 동시 할당문은 process 문 밖에서 단순 조합 논리 모델링에 사용한다.

```
y <= d0 when s = '0' else d1;
```

3. process(all)은 process가 유용한 좀 더 복잡한 조합 논리 모델링에 사용한다. 블로킹 할당은 내부 변수에 대해 사용한다.

```
process(all)
  variable p, g: STD_LOGIC;
begin
  p := a xor b; -- blocking
  g := a and b; -- blocking
  s <= p xor cin;
  cout <= g or (p and cin);
end process;
```

4. 동일 변수에 둘 이상의 process 또는 동시 할당문을 사용하지 않는다.

조합 논리*

HDL 예제 4.23의 전가산기는 블로킹 할당을 이용하여 정확히 모델링된다. 이 장에서는 논블로킹 할당이 사용되었다면 어떻게 다른지, 그리고 어떻게 동작하는지 알아본다.

a, b, cin이 초기에 모두 0이라고 가정하자. 그러면 p, g, s 그리고 cout 또한 0일 것이다. 어느 시점에 always/process 문을 트리거하여 a가 1로 변하였다. 네 개의 블로킹 할당은 다음에서 보여주는 순서로 실행될 것이다(VHDL 코드에서 s와 cout은 동시에 할당된다). 블로킹 할당 때문에 s와 cout이 연산되기 전에 p와 g는 새로운 값을 가진다는 것을 주목하라.

1. $p \leftarrow 1 \oplus 0 = 1$
2. $g \leftarrow 1 \bullet 0 = 0$
3. $s \leftarrow 1 \oplus 0 = 1$
4. $cout \leftarrow 0 + 1 \bullet 0 = 0$

반대로, HDL 예제 4.28은 논블로킹 할당의 사용을 보인다.

HDL 예제 4.28 논블로킹 할당을 이용한 전가산기

SystemVerilog

```
// nonblocking assignments (not recommended)
module fulladder(input  logic a, b, cin,
                 output logic s, cout);
  logic p, g;

  always_comb
    begin
      p <= a ^ b; // nonblocking
      g <= a & b; // nonblocking
      s <= p ^ cin;
      cout <= g | (p & cin);
    end
endmodule
```

VHDL

```
-- nonblocking assignments (not recommended)
library IEEE; use IEEE.STD_LOGIC_1164.all;

entity fulladder is
  port(a, b, cin: in  STD_LOGIC;
       s, cout:   out STD_LOGIC);
end;

architecture nonblocking of fulladder is
  signal p, g: STD_LOGIC;
begin
  process(all) begin
    p <= a xor b; -- nonblocking
    g <= a and b; -- nonblocking
    s <= p xor cin;
    cout <= g or (p and cin);
  end process;
end;
```

p와 g는 process 문 안에서 논블로킹 할당의 왼쪽에 나타나므로 variable보다는 signal로 선언되어야 한다. signal 선언은 process가 아니라 architecture에서 begin 앞에 나와야 한다.

이제 b와 cin이 0인 동안에 a가 0에서 1로 상승하는 경우를 고려해 보자.

$$p \leftarrow 1 \oplus 0 = 1 \quad g \leftarrow 1 \cdot 0 = 0 \quad s \leftarrow 0 \oplus 0 = 0 \quad cont \leftarrow 0 + 0 \cdot 0 = 0$$

s는 p와 동시에 연산되고 난 후, 새로운 값이 아닌 이전의 p 값을 사용하는 것을 보라. 그러므로 s의 값은 1이 되지 않고 0으로 남아있다. 하지만 p는 0에서 1로 변경된다. 여기서 p의 변화는 다음과 같이 두 번째 평가를 위해 always/process 문을 트리거한다.

$$p \leftarrow 1 \oplus 0 = 1 \quad g \leftarrow 1 \cdot 0 = 0 \quad s \leftarrow 0 \oplus 0 = 0 \quad cont \leftarrow 0 + 0 \cdot 0 = 0$$

이때, p가 이미 1이므로 s 역시 1로 정확히 변한다. 논블로킹 할당은 결국 정답에 도달했지만 always/process 문은 두 번의 평가를 거쳤다. 이와 같은 방법은 비록 같은 하드웨어를 합성하지만, 시뮬레이션을 느리게 만든다.

조합 논리 모델링에서 비블로킹 할당이 갖는 또 다른 단점은 sensitivity list에 중간 단계의 변수를 포함하지 않는다면 HDL은 잘못된 결과 값을 생성한다는 것이다.

심지어 일부 합성 툴들은 어떤 불완전한 sensitivity list가 잘못된 시뮬레이션을 생성하는 경우에도 정확한 하드웨어를 합성하기도 한다. 이러한 상황은 시뮬레이션 결과와 하드웨어의 실제 수행 동작 사이의 불일치를 야기한다.

SystemVerilog

만약 HDL 예제 4.28에서 always 문의 sensitivity list가 always_comb 대신에 always @(a, b, cin)과 같이 작성되었다면, p 또는 q가 변하더라도 문장은 재평가하지 않을 것이다. 이 경우 s는 1이 아니라 0으로 틀리게 된다.

VHDL

만일, HDL 예제 4.28에서 process 문의 sensitivity list가 process(all) 대신에 process(a, b, cin)으로 작성되었다면, p 또는 q가 변할 때 문장은 재평가하지 않을 것이다. 이 경우 s는 1이 아니라 0으로 틀리게 된다.

순차 논리*

HDL 예제 4.20의 싱크로나이저는 논블로킹 할당을 이용한 정확한 모델링이다. 클록이 상승 에지일 때 d는 n1에 복사되고, 동시에 n1은 q에 복사됨으로써 이 코드는 두 개의 레지스터를 기술한다. 예를 들어 초기에 d=0, n1=1, q=0이라고 가정하자. 클록이 상승 에지일 때 동시에 발생하는 다음의 논블로킹 할당에 따라 클록 에지 후에 n1=0, q=1이 된다.

n1 ← d=0   q ← n1=1

HDL 예제 4.29는 블로킹 할당을 사용하여 만든 순차 논리의 같은 모듈을 기술하려고 한다. clk가 상승 에지일 때 d는 n1에 복사된다. 이때 n1과 q 양쪽에 부적절하게 나타난 d의 결과로 n1의 새로운 값이 q에 복사된다. 클록 에지 이후에 q=n1=0이 되도록 잇따라 할당을 수행한다.

1. n1 ← d=0
2. q ← n1=0

n1은 외부에서 볼 수 없으며 q의 동작에 영향을 주지 않기 때문에 그림 4.24에 보인 것처럼 합성기는 전적으로 최적화한다.

HDL 예제 4.29 블로킹 할당을 사용한 나쁜 싱크로나이저

SystemVerilog

```
// Bad implementation of a synchronizer
   using blocking
// assignments

module syncbad(input  logic clk,
               input  logic d,
               output logic q);

  logic n1;

  always_ff @(posedge clk)
    begin
      n1 = d; // blocking
      q = n1; // blocking
    end
endmodule
```

VHDL

```
-- Bad implementation of a synchronizer
   using blocking
-- assignment

library IEEE; use IEEE.STD_LOGIC_1164.all;

entity syncbad is
  port(clk: in  STD_LOGIC;
       d:   in  STD_LOGIC;
       q:   out STD_LOGIC);
end;

architecture bad of syncbad is
begin
  process(clk)
    variable n1: STD_LOGIC;
  begin
    if rising_edge(clk) then
      n1 :=d; -- blocking
      q <= n1;
    end if;
  end process;
end;
```

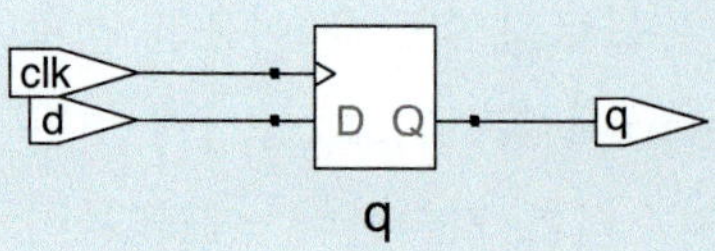

그림 4.24 syncbad 합성 회로

이 그림에서의 핵심은 순차 논리를 모델링할 때 always/process 문에서 오로지 논블로킹 할당을 배타적으로 사용한다는 것이다. 할당의 순서를 바꾼다든가 하는 교묘한 방법으로 블로킹 할당을 만들 수 있다 하더라도, 블로킹 할당의 이점을 활용할 수 없고 의도하지 않은 동작에 따른 위험을 초래할 수 있다. 특정 순차 회로는 순서와 상관없이 블로킹 할당에 따른 동작을 하지 않는다.

4.6 유한 상태 머신

유한 상태 머신(FSM)은 그림 3.22에 보인 바와 같이 기존의 입력과 출력의 변화 그리고 다음 상태(next state)를 연산하기 위해 두 개의 조합 논리와 한 개의 상태 레지스터로 구성된다. 상태 머신(state machine)의 HDL 표현은 상태 레지스터와 다음 상태 레지스터, 그리고 출력 로직 세 부분으로 대응하여 나뉜다. HDL 예제 4.30은 3.4.2절의 divide-by-3 FSM을 기술한다.

이것은 FSM을 초기화하기 위한 비동기 리셋을 제공한다. 상태 레지스터는 플립플롭을 위한 일반적인 이디엄을 사용한다. 다음 상태와 출력 로직 블록은 조합되어 있다.

합성 툴은 SystemVerilog에서 제안한 2비트 인코딩 대신에 3비트 인코딩(Q[2:0])을 사용한다는 것에 주의하라.

Synplify premier 합성 툴은 상태 머신을 위한 블록 다이어그램과 상태 변이도를 바로 생성하지만, 논리 게이트 또는 호(arcs)와 상태 위에서의 입력과 출력은 보이지 않는다. 그러므로 HDL 코드를 사용하여 FSM을 정확히 작성하고자 할 때에는 주의를 기울여야 한다. divide-by-3 FSM을 위한 그림 4.25의 상태 변이도는 그림 3.28(b)의 변이도와 유사하다. 그림

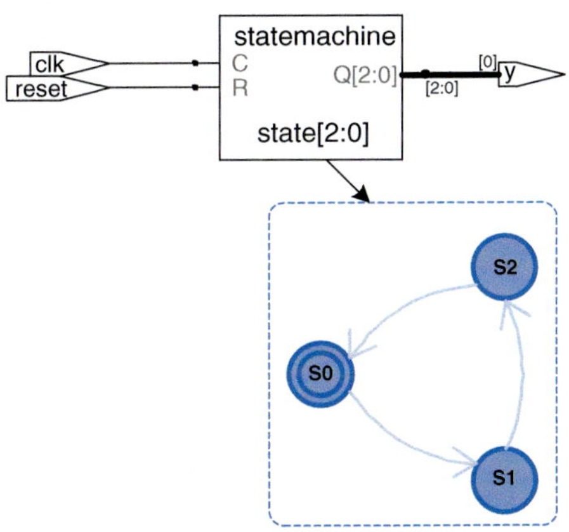

그림 4.25 divideby3fsm 합성 회로

HDL 예제 4.30 divide-by-3 상태 머신

SystemVerilog

```
module divideby3FSM(input  logic clk,
                    input  logic reset,
                    output logic y);
  typedef enum logic [1:0] S0, S1, S2
  statetype;
  statetype [1:0] state, nextstate;

  // state register
  always_ff @(posedge clk, posedge reset)
    if (reset) state <= S0;
    else       state <= nextstate;

  // next state logic
  always_comb
    case (state)
      S0:      nextstate<=S1;
      S1:      nextstate<=S2;
      S2:      nextstate<=S0;
      default: nextstate<=S0;
    endcase

  // output logic
  assign y = (state = = S0);
endmodule
```

typedf 문은 statetype을 S0, S1, S2의 세 가지 가능성을 갖는 2비트 logic 값으로 정의한다. state와 nextstate는 statetype 신호이다.

열거된 인코딩은 S0=00, S1=01 그리고 S2=10 순서로 디폴트되었다. 이 인코딩은 사용자에 의해 명시적으로 설정 가능하지만, 합성 툴에서는 필수 사항이 아니라 권고 사항으로 여긴다. 예컨대 다음 문장은 3비트 one-hot 값을 인코딩한다.

```
typedef enum logic [2:0] S0 = 3'b001,
S1 = 3'b010, S2 = 3'b100 statetype;
```

어떻게 case 문이 상태 변이표를 정의하는지 주목해야 한다. 다음 상태 논리는 반드시 조합이어야 하기 때문에 default는 결코 2'b11 상태가 발생하지 않더라도 필요하다.

출력 y는 S0 상태일 때 1이다. 등가 비교 연산 a==b는 만일 a와 b가 같으면 1이고 아니면 0으로 판정한다. 비등가 연산 a!=b는 만일 a가 b와 같지 않다면 1로 판정하는 것과 같이 그 역을 수행한다.

VHDL

```
library IEEE; use IEEE.STD_LOGIC_1164.all;

entity divideby3FSM is
  port(clk, reset: in  STD_LOGIC;
       y:          out STD_LOGIC);
end;

architecture synth of divideby3FSM is
  type statetype is (S0, S1, S2);
  signal state, nextstate: statetype;
begin
  -- state register
  process(clk, reset) begin
    if reset then state <= S0;
    elsif rising_edge(clk) then
      state <= nextstate;
    end if;
  end process;
  -- next state logic
  nextstate <= S1 when state = S0 else
               S2 when state = S1 else
               S0;

  -- output logic
  y <= '1' when state = S0 else '0';
end;
```

이 예제는 S0, S1, S2의 세 가지 가능성을 갖는 새로운 열거형 데이터 statetype을 정의한다. state와 nextstate는 statetype 신호이다. 상태 인코딩을 선택하는 대신 열거형을 사용함으로써 VHDL은 합성기가 최적의 값을 선택할 수 있도록 다양한 상태 인코딩의 탐색을 자유롭게 한다.

출력 y는 상태가 S0일 때 1이다. 비등가 비교 연산은 /=을 사용한다. 상태가 S0이 아닌 임의의 값일 때의 출력 1을 생성하기 위해 비교 연산 state /=S0을 변경한다.

4.25에서 이중 원은 S0이 리셋 상태라는 것을 지시한다. devide-by-3 FSM의 게이트 수준의 완성은 3.4.2절을 참고하라.

상태가 이진 값으로 참조되지 않고 열거 데이터 형으로 명명되었음을 주목하라. 이것은 코드를 좀 더 읽기 쉽고 변경을 용이하게 한다.

만일 몇몇 이유로 S0과 S1을 HIGH로 출력하고자 할 때에는 출력 로직을 다음과 같이 수정하면 된다.

SystemVerilog

```
// output logic
assign y = (state== S0 | state== S1);
```

VHDL

```
-- output logic
y <= '1' when (state = S0 or state = S1)
else '0';
```

다음의 두 예제(HDL 예제 4.31, 4.32)는 3.4.3절의 달팽이 패턴 인식 FSM을 기술한다. 이 코드에서는 현재 상태에 더해 입력에 따른 출력 로직과 다음 상태를 핸들링하기 위해 어떻게 case 문과 if 문이 사용되는지 보여준다. 우리는 앞에서 이미 Moore와 Melay 모듈을 살펴보았다. Moore 머신은 오로지 현재 상태에 따라 출력이 결정되는 반면에(HDL 예제 4.31), Melay 머신은 출력 논리가 현재 상태와 입력 모두에 의해 결정된다(HDL 예제 4.32).

HDL 예제 4.31 Moore FSM 패턴 인식기

SystemeVerilog

```
module patternMoore(input  logic clk,
                    input  logic reset,
                    input  logic a,
                    output logic y);

  typedef enum logic [1:0] S0, S1, S2
  statetype;
  statetype state, nextstate;

  // state register
  always_ff @(posedge clk, posedge reset)
    if (reset) state <= S0;
    else       state <= nextstate;
  // next state logic
  always_comb
    case (state)
      S0: if (a) nextstate = S0;
```

VHDL

```
library IEEE; use IEEE.STD_LOGIC_1164.all;

entity patternMoore is
  port(clk, reset: in  STD_LOGIC;
       a:          in  STD_LOGIC;
       y:          out STD_LOGIC);
end;

architecture synth of patternMoore is
  type statetype is (S0, S1, S2);
  signal state, nextstate: statetype;
begin
  -- state register
  process(clk, reset) begin
    if reset then          state <= S0;
    elsif rising_edge(clk) then state <=
nextstate;
```

```
        else   nextstate = S1;
    S1: if (a) nextstate = S2;
        else   nextstate = S1;
    S2: if (a) nextstate = S0;
        else   nextstate = S1;
    default:   nextstate = S0;
  endcase

 // output logic
 assign y = (state = =S2);
endmodule
```

논블로킹 할당(<=)은 순차 논리를 기술하기 위해 어떻게 상태 레지스터에서 사용되는지, 반면에 블로킹 할당(=)은 조합 논리를 기술하기 위해 어떻게 다음 상태 논리에서 사용되는지 주의해야 한다.

```
    end if;
  end process;

  -- next state logic
  process(all) begin
    case state is
      when S0 =>
        if a then nextstate <= S0;
        else      nextstate <= S1;
        end if;
      when S1 =>
        if a then nextstate <= S2;
        else      nextstate <= S1;
        end if;
      when S2 =>
        if a then nextstate <= S0;
        else      nextstate <= S1;
        end if;
      when others =>
                  nextstate <= S0;
    end case;
  end process;

  --output logic
  y <= '1' when state = S2 else '0';
end;
```

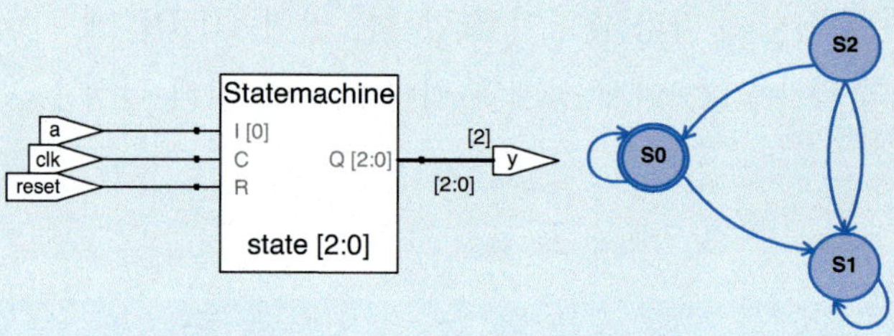

그림 4.26 patternMoore 합성 회로

HDL 예제 4.32 Mealy FSM 패턴 인식기

SystemeVerilog

```
module patternMealy(input  logic clk,
                    input  logic reset,
                    input  logic a,
                    output logic y);

  typedef enum logic S0, S1 statetype;
  statetype state, nextstate;

  // state register
  always_ff @(posedge clk, posedge reset)
    if (reset) state <= S0;
```

VHDL

```
library IEEE; use IEEE.STD_LOGIC_1164.all;

entity patternMealy is
  port(clk, reset: in  STD_LOGIC;
       a:          in  STD_LOGIC;
       y:          out STD_LOGIC);
end;

architecture synth of patternMealy is
  type statetype is (S0, S1);
  signal state, nextstate: statetype;
```

```
    else       state <= nextstate;

  // next state logic
  always_comb
    case (state)
      S0: if (a) nextstate = S0;
          else   nextstate = S1;
      S1: if (a) nextstate = S0;
          else   nextstate = S1;
      default:   nextstate = S0;
    endcase

  // output logic
  assign y = (a & state = =S1);
endmodule
```

```
begin
  -- state register
  process(clk, reset) begin
    if reset then                    state <= S0;
    elsif rising_edge(clk) then state
                                     <= nextstate;
    end if;
  end process;

  -- next state logic
  process(all) begin
    case state is
      when S0 =>
        if a then nextstate <= S0;
        else      nextstate <= S1;
        end if;
      when S1 =>
        if a then nextstate <= S0;
        else      nextstate <= S1;
        end if;
      when others =>
                  nextstate <= S0;
    end case;
  end process;

  -- output logic
  y <= '1' when (a = '1' and state = S1)
  else '0';
end;
```

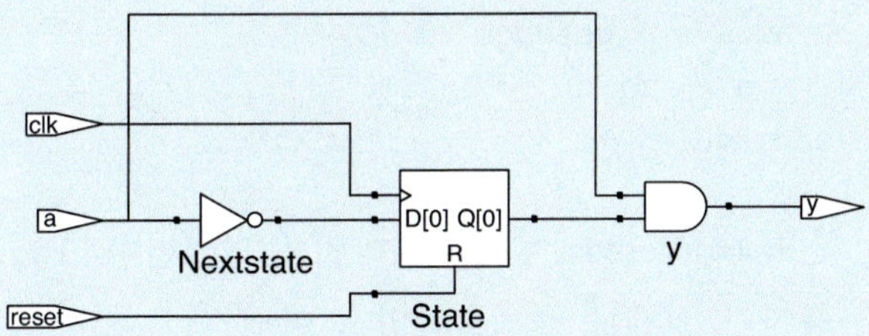

그림 4.27 patternMealy 합성 회로

4.7 데이터 형*

이 절에서는 보다 깊이 있는 SystemVerilog와 VHDL 유형에 대한 세부 요소를 살펴본다.

4.7.1 SystemVerilog

SystemVerilog에 앞서, Verilog는 주로 reg와 wire의 두 가지 타입을 사

용하였다. 그 이름에도 불구하고 reg 신호는 레지스터(register)와 연관되기도 하고 그렇지 않기도 했다. 이것이 이 언어를 배우는 데 있어 가장 큰 혼란의 원천이었다. SystemVerilog는 이러한 혼란을 제거하기 위해 logic 타입을 도입하였다. 따라서 이 책에서는 logic 타입을 강조한다. 이 절은 기존의 Verilog 코드 사용자를 위해 보다 자세히 reg와 wire 타입에 대해 설명한다.

Verilog에서는 만일 always 블록에서 <= 또는 =의 좌변에 어떤 신호가 나온다면, 그것은 reg로 선언되어야 한다. 그렇지 않다면, 그것은 wire로써 선언될 것이다. 따라서 reg 신호는 always 블록의 sensitivity list와 구문에 따르는 어떤 플립플롭, 래치, 또는 조합 논리의 출력이 될 것이다.

입력과 출력 포트는 reg에 의해 명시적으로 정의되지 않는 한 wire로 디폴트된다. 다음의 예는 플립플롭이 기존의 Verilog에서 어떻게 기술되는지 보여준다. always 블록에서 <=의 좌변에 q가 있기 때문에 q가 reg로 명시적으로 정의되는 동안에 clk와 d는 wire로 디폴트되었음에 주목하라.

```
module flop(input            clk,
            input      [3:0] d,
            output reg [3:0] q);

  always @(posedge clk)
    q <= d;
endmodule
```

SystemVerilog는 logic 타입을 도입한다. logic은 reg의 유사어로 사용자가 실제로 플립플롭인지 아닌지 오해하는 것을 피하게 한다. 게다가 SystemVerilog는 assign 문과 계층적 포트에에서의 인스턴스 생성 규정을 완화해 줌으로써 logic은 관례상 wire가 요구되었던 always 블록의 옆에 사용될 수 있다. 이와 같이 하여 거의 모든 SystemVerilog 신호는 logic이 될 수 있다. 그 예외가 HDL 예제 4.10에 기술한 바와 같이 넷(net)으로 선언되어야 하는 다중 드라이버(예, 3상 버스)를 갖는 신호이다. 이 규칙은 logic 신호가 다중 드라이버에 뜻하지 않게 연결될 때 어떤 x 값이 아니라 에러 메시지를 생성하게 한다.

넷의 가장 일반적인 타입이 wire 또는 tri이다. 이 두 가지 타입은 유사하지만 wire는 단일 드라이버에서 관례적으로 사용되고 tri는 다중 드라이버에서 사용된다. 따라서 logic이 단일 드라이버를 갖는 신호에 주

표 4.7 net 해결안

Net Type	No Driver	Conflicting Drivers
tri	z	x
trireg	previous value	x
triand	z	0 if there are any 0
trior	z	1 if there are any 1
tri0	0	x
tri1	1	x

로 사용됨으로 인해 SystemVerilog에서 wire가 더 이상 필요치 않게 되었다.

둘 이상의 드라이버에 의해 tri 넷이 단일 값으로 구동될 때는 그 값을 취한다. 구동되지 않을 때는 플롯(z), 다중 드라이버에 의해 다른 값(0, 1 또는 x)으로 구동될 때는 경합(x)에 들어간다.

구동되지 않거나 다중 소스에 의해 구동되는 경우에는 다른 해법을 갖는 각각의 넷 타입이 있다. 각각의 타입은 드물게 사용되지만 일반적으로 나타나는 tri 넷으로 어디서건 대체될 수 있다(예, 다중 드라이버를 갖는 신호). 각각의 tri 타입이 표 4.7에 설명되어 있다.

4.7.2 VHDL

SystemVerilog와 달리, VHDL은 몇몇 에러로부터 사용자를 보호하기 위해 고정 데이터 타입의 시스템을 적용하지만 이 또한 다루기 힘들 때가 종종 있다.

근본적인 중요성에도 불구하고 STD_LOGIC 타입은 VHDL에 내장되어 있지 않다. 대신에, IEEE.STD_LOGIC_1164 라이브러리의 부분에 있다. 따라서 모든 파일은 앞서의 예제에서 살펴 본 라이브러리 구문에 포함되어야 한다.

게다가, IEEE.STD_LOGIC_1164는 STD_LOGIC_VECTOR 데이터를 위한 정수의 추가, 비교, 이동 및 변환과 같은 기본적인 연산이 부족하다. 이것들이 IEEE.NUMERIC_STD_UNSIGNED 라이브러리의 VHDL 2008 표준에 최종 추가되었다.

VHDL은 또한 true와 false의 두 값에 대한 BOOLEAN 타입을 가진다. BOOLEAN 값은 비교(등가 비교, s='0'과 같이)되어 반환되고 when 및 if와 같은 조건문에서 사용된다. BOOLEAN true 값이 STD_LOGIC '1'과 같고, BOOLEAN false 값이 STD_LOGIC '0'을 의미함에도 불구하고, 이 타입들은 VHDL 2008에서 대체되지 않았다. 예를 들어, 기존 코드에서는 다음과 같이 써야만 했다.

```
y<=dl when (s='1') else d0;
```

VHDL 2008에서는 when 문이 STD_LOGIC을 BOOLEAN으로 s를 자동적으로 컨버트해서 다음과 같이 단순화할 수 있다.

```
y<=dl when s else do;
```

심지어, VHDL 2008에서는,

```
q<=(state=s2);
```

대신에 여전히,

```
q<='1' when (state=s2) else '0';
```

와 같이 작성하는데, 이것은 STD_LOGIC 신호 y에 직접 할당될 수 없는 BOOLEAN 결과를 (state=S2)가 반환하기 때문이다.

비록 BOOLEAN 연산을 위해 어떠한 신호도 선언하지 않더라도 자동적으로 비교에 수반되어 조건문에 사용된다. 마찬가지로 VHDL은 양의 정수와 음의 정수 모드를 표현하는 INTEGER 타입을 가진다. INTEGER 신호 타입은 최소 $-(2^{31}-1)$에서 $2^{31}-1$까지 포괄한다. 정수 값은 버스의 인덱스로 사용된다. 예를 들어, 다음의 문장에서

```
y<=a(3) and a(2) and a(1) and a(0);
```

0, 1, 2, 3은 신호의 비트를 선택하기 위한 인덱스로 제공된다. STD_LOGIC 또는 STD_LOGIC_VECTOR 신호를 갖는 버스는 직접 인덱스할 수 없다. 대신에 그 신호를 INTEGER로 변환해야 한다. 아래의 예제는 3비트 인덱스를 이용한 벡터로부터 1비트를 선택하는 8:1 멀티플렉서를 보여준다. TO_INTEGER 함수는 IEEE.NUMERIC_STD_UNSIGNED 라이브러리로 정의되며 STD_LOGIC_VECTOR로부터 양의(부호가 없는) 값을 위한 INTEGER로의 변환을 수행한다.

```
library IEEE;
use IEEE.STD_LOGIC_1164.all;
use IEEE.NUMERIC_STD_UNSIGNED.all;
entity mux8 is
  port(d: in STD_LOGIC_VECTOR(7 downto 0);
       s: in STD_LOGIC_VECTOR(2 downto 0);
       y: out STD_LOGIC);
end;
architecture synth of mux8 is
begin
  y <= d(TO_INTEGER(s));
end;
```

VHDL은 또한 출력만을 위해 배타적인 out 포트에 엄격하다. 예를 들어, 2 및 3-입력 AND 게이트를 위한 다음의 코드는 v가 출력이면서 또한 w 연산에 사용되었으므로 VHDL 문법 위반이다.

```
library IEEE; use IEEE.STD_LOGIC_1164.all;

entity and23 is
  port(a, b, c: in STD_LOGIC;
       v, w: out STD_LOGIC);
end;

architecture synth of and23 is
begin
  v <= a and b;
  w <= v and c;
end;
```

VHDL은 이 문제를 해결하기 위해 buffer라는 특수한 포트 타입을 정의한다. buffer 포트에 연결되는 신호는 출력으로 동작할 뿐 아니라 모듈 내에서 사용할 수도 있다. 정정된 엔티티의 정의는 다음과 같다. Verilog와 SystemVerilog는 이러한 제약을 갖지 않으며 버퍼 포트를 요구하지 않는다. VHDL 2008은 out 포트를 읽을 수 있도록 허용하여 이러한 제약을 제거하였지만, 이 책을 쓰는 시점에서 Synplfy CAD에는 이 변화

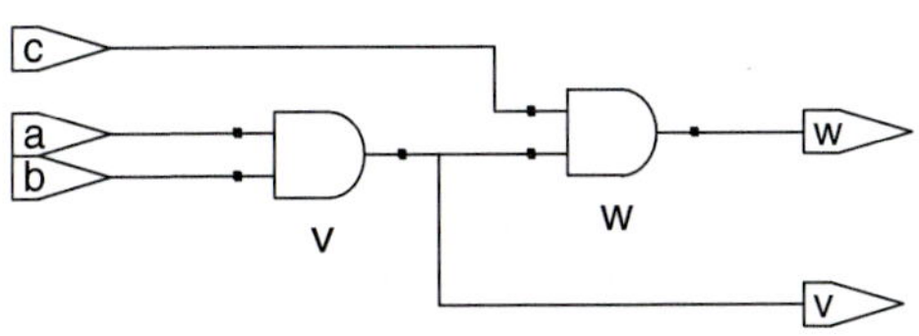

그림 4.28 and23 합성 회로

가 지원되지 않았다.

```
entity and23 is
  port(a, b, c: in STD_LOGIC;
       v: buffer   STD_LOGIC;
       w: out      STD_LOGIC);
end;
```

덧셈, 뺄셈, 부울 논리와 같은 대부분의 연산은 수가 부호화되었는지 부호화되지 않았는지를 의미한다. 하지만 비교, 곱셈 및 올바른 산술 연산은 부호화되지 않은 2진수와는 달리 부호화된 2의 보수로 수행된다. 이러한 연산은 5장에서 검토한다. HDL 예제 4.33은 신호가 부호화된 수로 어떻게 표현되는지에 대한 기술이다.

HDL 예제 4.33 (a) 부호화되지 않은 곱셈기 (b) 부호화된 곱셈기

SystemVerilog

```
// 4.33(a): unsigned multiplier
module multiplier(input  logic [3:0] a, b,
                  output logic [7:0] y);
  assign y = a *b;
endmodule

// 4.33(b): signed multiplier
module multiplier(input  logic signed [3:0] a,
b,
                  output logic signed [7:0]
y);
  assign y = a *b;
endmodule
```

systemVerilog에서, 신호들은 부호화되지 않은 디폴트로 가정한다. 추가된 signed 수식어(예컨대 logic signed [3:0] a)는 신호 a를 부호화된 것으로 취급하게 한다.

VHDL

```
-- 4.33(a): unsigned multiplier
library IEEE; use IEEE.STD_LOGIC_1164.all;
use IEEE.NUMERIC_STD_UNSIGNED.all;

entity multiplier is
  port(a, b:in  STD_LOGIC_VECTOR(3 downto 0);
       y:   out STD_LOGIC_VECTOR(7 downto 0));
end;

architecture synth of multiplier is
begin
  y <= a * b;
end;
```

VHDL은 STD_LOGIC_VECTOR에서 연산과 비교 연산을 수행하기 위해 NUMERIC_STD_UNSIGNED 라이브러리를 사용한다. 그 벡터는 부호화되지 않은 것으로 취급한다.

```
use IEEE.NUMERIC_STD_UNSIGNED.all;
```

VHDL은 또한 IEEE.NUMERIC_STD 라이브러리에서 UNSIGNED과 SIGNED 데이터 형을 정의하지만, 이것들은 이 장의 범위를 넘어서는 형 변환을 포함한다.

4.8 파라미터화 모듈*

모든 모듈은 고정된 대역폭을 가진 입력과 출력으로 구성되어 있다. 예를 들어 4비트 2:1 멀티플렉서와 8비트 와이드 2:1 멀티플렉서의 모듈은 분리하여 정의하여야 한다. HDL에서는 파라미터화 모듈을 사용한 가변 비트 대역폭이 허용된다.

HDL 예제 4.34는 8비트의 디폴트 대역폭을 갖는 파라미터화 2:1 멀티플렉서를 선언하고 8비트 및 12비트 멀티플렉서를 만드는 데 이용한다.

HDL 예제 4.34 파라미터화 N-비트 멀티플렉서

SystemeVerilog

```
module mux2
  #(parameter width = 8)
   (input logic [width-1:0] d0, d1,
    input logic             s,
    output logic [width-1:0]y);
   assign y = s ? d1 : d0;
endmodule
```

SystemVerilog는 입력과 출력이 파라미터를 정의하기 전에 #(parameter...) 문장을 허용한다. 파라미터 문장은 이 경우에서는 width를 호출하는 파라미터의 디폴트 값(8)을 포함한다. 입력과 출력의 비트 수는 이 파라미터를 따른다.

```
module mux4_8(input logic [7:0] d0, d1, d2, d3,
              input logic [1:0] s,
              output logic [7:0] y);
  logic [7:0] low, hi;
  mux2 lowmux(d0, d1, s[0], low);
  mux2 himux(d2, d3, s[0], hi);
  mux2 outmux(low, hi, s[1], y);
endmodule
```

8비트 4:1 멀티플렉서는 디폴트 width를 사용하는 3개의 2:1 멀티플렉서와 같다. 이에 반하여 12비트 4:1 멀티플렉서인 mux4_12는 아래에 보인 것처럼 인스턴스 이름 앞에 #( )를 사용한 디폴트 폭(width)를 기각하기 위해 필요한 것이다.

```
module mux4_12(input logic  [11:0] d0, d1,
                                   d2, d3,
               input logic  [1:0]s,
               output logic [11:0] y);
  logic [11:0] low, hi;
  mux2 #(12) lowmux(d0, d1, s[0], low);
  mux2 #(12) himux(d2, d3, s[0], hi);
  mux2 #(12) outmux(low, hi, s[1], y);
endmodule
```

VHDL

```
library IEEE; use IEEE.STD_LOGIC_1164.all;

entity mux2 is
  generic(width: integer := 8);
  port(d0,
        d1: in STD_LOGIC_VECTOR
            (width-1 downto 0);
        s:  in STD_LOGIC;
        y:  out STD_LOGIC_VECTOR
            (width-1 downto 0));
end;

architecture synth of mux2 is
begin
  y <= d1 when s else d0;
end;
```

generic 문은 width의 디폴트 값(8)을 포함한다. 이 값은 정수이다.

```
library IEEE; use IEEE.STD_LOGIC_1164.all;

entity mux4_8 is
  port(d0, d1, d2,
       d3: in  STD_LOGIC_VECTOR(7 downto 0);
        s: in  STD_LOGIC_VECTOR(1 downto 0);
        y: out STD_LOGIC_VECTOR(7 downto 0));
end;

architecture struct of mux4_8 is
  component mux2
    generic(width: integer := 8);
    port(d0,
         d1: in STD_LOGIC_VECTOR
             (width-1 downto 0);
         s:  in STD_LOGIC;
         y:  out STD_LOGIC_VECTOR
             (width-1 downto 0));
  end component;
  signal low, hi: STD_LOGIC_VECTOR
                  (7 downto 0);
begin
```

파라미터를 정의하고 기각하는 데 사용하는 #(...)을 지연을 지시하는 # 부호와 혼돈하지 말아야 한다.

```
  lowmux: mux2 port map(d0, d1, s(0), low);
  himux: mux2 port map(d2, d3, s(0), hi);
  outmux: mux2 port map(low, hi, s(1), y);
end;
```

8비트 4:1 멀티플렉서인 mux4_8은 디폴트 width를 사용한 3개의 2:1 멀티플렉서와 같다.

이에 반하여 12비트 4:1 멀티플레서인 mux4_12는 아래에서 보인 것처럼 ganeric map을 사용한 디폴트 폭(width)을 기각하기 위해 필요한 것이다.

```
lowmux: mux2 generic map(12)
             port map(d0, d1, s(0), low);
himux:  mux2 generic map(12)
             port map(d2, d3, s(0), hi);
outmux: mux2 generic map(12)
             port map(low, hi, s(1), y);
```

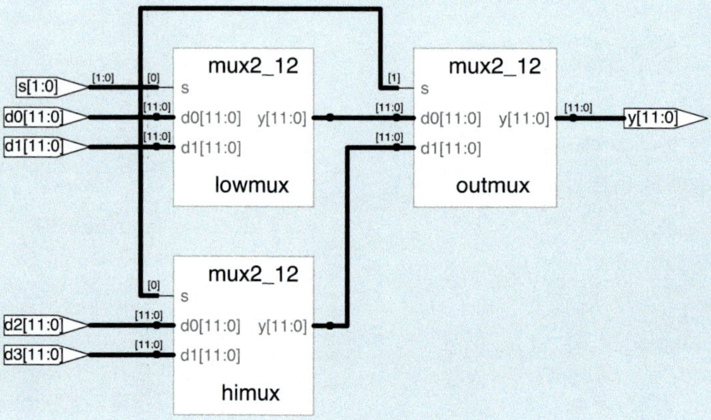

그림 4.29 mux4_12 합성 회로

HDL 예제 4.35 파라미터화 N:2^N 디코더

SystemVerilog

```
module decoder
  #(parameter N = 3)
  (input logic [N-1:0]     a,
   output logic [2**N-1:0] y);
  always_comb
    begin
      y = 0;
      y[a] = 1;
    end
endmodule
```

2**N은 2^N을 지시한다.

VHDL

```
library IEEE; use IEEE.STD_LOGIC_1164.all;
use IEEE. NUMERIC_STD_UNSIGNED.all;

entity decoder is
  generic(N: integer := 3);
  port(a: in STD_LOGIC_VECTOR(N-1 downto 0);
       y: out STD_LOGIC_VECTOR
          (2**N-1 downto 0));
end;

architecture synth of decoder is
begin
```

```
    process(all)
    begin
      y <= (OTHERS => '0');
      y(TO_INTEGER(a)) <= '1';
    end process;
end;
```

2**N은 2^N을 지시한다.

HDL 예제 4.35에 기술된 디코더는 파라미터화 모듈의 훨씬 더 나은 응용을 보여준다. N:2^N 디코더를 case 문으로 명시하는 것은 매우 복잡하고 까다로운 작업이지만, 적당한 출력 비트를 1로 간단하게 설정해주는 파라미터화 코드를 사용하면 쉽고 편리하다. 구체적으로 말하면, 디코더는 모든 비트를 0으로 설정하기 위해 블록 할당을 사용한 다음 적절한 비트를 1로 변경한다.

HDL은 파라미터 값에 따른 가변 용량의 하드웨어를 생성하기 위한 generate 문을 제공한다. generate 문은 생성되는 하드웨어의 종류와 수를 결정하는 for 루프와 if 문을 제공한다. HDL 예제 4.36은 2입력 AND 게이트의 캐스케이드로부터 N입력 AND 함수를 생성하는 generate 문의 사용법을 보여준다. 물론, 이 어플리케이션을 위해 사용된 감소 연산자는 간단명료하지만, 예제는 하드웨어 제너레이터의 일반적인 원리를 보여준다.

의도치 않은 대용량의 하드웨어가 만들어질 수도 있으므로 generate 문을 사용할 때 주의해야 한다.

HDL 예제 4.36 파라미터화 N입력 AND 게이트

SystemVerilog

```
module andN
  #(parameter width = 8)
   (input  logic [width-1:0] a,
    output logic             y);

  genvar i;
  logic [width-1:0] x;

  generate
    assign x[0] = a[0];
    for(i=1; i<width; i=i+1) begin: forloop
      assign x[i] = a[i] & x[i-1];
```

VHDL

```
library IEEE; use IEEE.STD_LOGIC_1164.all;

entity andN is
  generic(width: integer := 8);
  port(a: in  STD_LOGIC_VECTOR
              (width-1 downto 0);
       y: out STD_LOGIC);
end;

architecture synth of andN is
  signal x: STD_LOGIC_VECTOR
            (width-1 downto 0);
```

```
    end
  endgenerate

  assign y = x[width-1];
endmodule
```

for 문은 역속적인 AND 게이트를 생성하기 위해 i = 1, 2, … , width-1을 통한 루프를 생성한다. generate for 루프에서 begin은 반드시 뒤에 콜론(:)과 임의의 레이블(이 경우에는 forloop)이 이어진다.

```
begin
  x(0) <= a(0);
  gen: for i in 1 to width-1 generate
    x(i) <= a(i) and x(i-1);
  end generate;
  y <= x(width-1);
end;
```

generate 루프 변수 i는 선언될 필요가 없다.

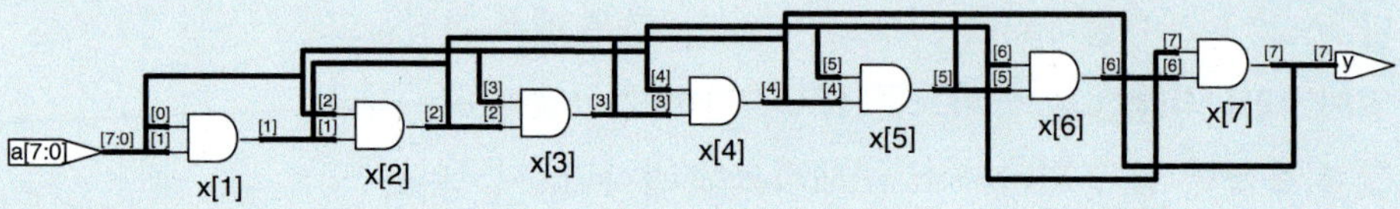

그림 4.30 andN 합성 회로

4.9 테스트벤치

어떤 툴은 UUT(unit under test)로 테스팅되는 모듈을 호출한다.

테스트벤치(testbench)는 다른 모듈을 테스트하기 위해 사용되는 HDL 모듈로, DUT(device under test)라고도 한다. 테스트벤치는 DUT에 입력을 적용하여 이상적으로 정확한 출력이 만들어지는지 확인하기 위한 다양한 구문을 포함한다. 입력과 기대되는 출력 패턴을 테스트 벡터(test vector)라 한다. 4.1.1절의 $y = \overline{a}\,\overline{b}\,\overline{c} + a\overline{b}\,\overline{c} + a\overline{b}c$ 연산의 sillyfunction 모듈의 테스팅을 고려해 보자. 이것은 간단한 모듈이므로 8개의 모든 가능한 테스트 벡터를 적용함으로써 완벽한 테스팅을 수행할 수 있다.

HDL 예제 4.37 테스트벤치

SystemVerilog

```
module testbench1();
  logic a, b, c, y;

  // instantiate device under test
  sillyfunction dut(a, b, c, y);

  // apply inputs one at a time
  initial begin
    a = 0; b = 0; c = 0; #10;
    c = 1;                #10;
    b = 1; c = 0;         #10;
    c = 1;                #10;
```

VHDL

```
library IEEE; use IEEE.STD_LOGIC_1164.all;

entity testbench1 is -- no inputs or outputs
end;

architecture sim of testbench1 is
  component sillyfunction
    port(a, b, c: in  STD_LOGIC;
            y:    out STD_LOGIC);
  end component;
  signal a, b, c, y: STD_LOGIC;
begin
```

```
    a = 1; b = 0; c = 0; #10;
    c = 1;               #10;
    b = 1; c = 0;        #10;
    c = 1;               #10;
  end
endmodule
```

initial 문은 시뮬레이션을 시작하는 본문에서 문장을 수행한다. 이 경우는 처음에 입력 패턴 000을 적용하고, 시간 단위(time unit) 10을 기다린다. 그러고 나서 001을 적용하고 10 이상을 기다린다. 그리고 8개의 가능한 입력이 적용될 때까지 한다. initial 문은 반드시 시뮬레이션을 위한 테스트벤치에서만 사용되고, 실제 하드웨어를 합성하는 모듈에서는 사용되지 않는다. 하드웨어는 처음 on되었을 때 일련의 특별한 단계를 마법처럼 수행하는 방법을 가지고 있지는 않다.

```
  -- instantiate device under test
  dut: sillyfunction port map(a, b, c, y);

  -- apply inputs one at a time
  process begin
    a <= '0'; b <= '0'; c <= '0';
                        wait for 10 ns;
    c <= '1';           wait for 10 ns;
    b <= '1'; c <= '0';
                        wait for 10 ns;
    c <= '1';           wait for 10 ns;
    a <= '1'; b <= '0'; c <= '0';
                        wait for 10 ns;
    c <= '1';           wait for 10 ns;
    b <= '1'; c <= '0';
                        wait for 10 ns;
    c <= '1';           wait for 10 ns;
    wait; -- wait forever
  end process;
end;
```

process 문은 처음 000 패턴의 입력을 적용하여 10ns 동안 대기한다. 그 후 001을 적용하여 10ns 이상을 기다리고, 이렇게 모두 8개의 가능한 입력이 적용될 때까지 계속된다.

마지막 부분에서, 이 과정은 무한정 기다리는데, 그렇지 않으면 테스트 벡터 패턴의 반복적인 적용을 다시 시작할 것이다.

HDL 예제 4.37은 간단한 테스트벤치를 보여주는데, DUT를 예시하고 나서 입력을 적용한다. 블로킹 할당과 지연은 적절한 입력의 순서를 정하기 위해 사용된다. 설계자는 시뮬레이션의 결과를 세심히 살피고 정확한 출력이 생성되는지 점검을 통해 확인해야 한다. 트렌치벤치는 다른 HDL 모듈과 같이 시뮬레이션되지만, 서로 합성되지는 않는다.

정확한 출력을 체크하는 작업은 지루한 작업으로 에러 유발 가능성이 동반된다. 게다가 그 설계가 설계자의 의도를 반영하는 전혀 새로운 것일 때는 정확한 출력의 결정은 그리 어려운 일이 아닐 것이다. 그러나 만일 몇 주가 흘러 약간의 변화를 가지고 다시 테스트할 필요가 생긴다면 정확한 출력을 결정하는 데 혼란이 따른다. HDL 예제 4.38은 자가 진단 테스트벤치를 작성하기 위한 더 나은 접근 방법을 보여준다.

HDL 예제 4.38 **자가 진단 테스트벤치**

SystemVerilog

```
module testbench2();
  logic a, b, c, y;

  // instantiate device under test
  sillyfunction dut(a, b, c, y);

  // apply inputs one at a time
  // checking results
  initial begin
    a = 0; b = 0; c = 0; #10;
    assert (y === 1) else $error
                     ("000 failed.");
    c = 1; #10;
    assert (y === 0) else $error
                     ("001 failed.");
    b = 1; c = 0; #10;
    assert (y === 0) else $error
                     ("010 failed.");
    c = 1; #10;
    assert (y === 0) else $error
                     ("011 failed.");
    a = 1; b = 0; c = 0; #10;
    assert (y === 1) else $error
                     ("100 failed.");
    c = 1; #10;
    assert (y === 1) else $error
                     ("101 failed.");
    b = 1; c = 0; #10;
    assert (y === 0) else $error
                     ("110 failed.");
    c = 1; #10;
    assert (y === 0) else $error
                     ("111 failed.");
  end
endmodule
```

SystemVerilog는 특정 조건이 TRUE라면 assert 문을 확인한다. 그렇지 않다면, else 문을 수행한다. else 문에서의 $error 시스템 태스크는 요구 실패를 기술하는 에러 메시지를 인쇄한다. assert는 합성하는 동안에는 무시된다.

SystemVerilog에서 == 또는 !=을 사용하는 연산은 x와 z 값을 취하지 않는 신호들의 비교에 효율적이다. 테스트벤치는 ===과 !== 연산자가 x나 z가 될 수 있는 피연산자를 정확히 연산하므로 각각 등가와 비등가 비교 연산에 이 연산자들을 사용한다.

VHDL

```
library IEEE; use IEEE.STD_LOGIC_1164.all;
entity testbench2 is -- no inputs or outputs
end;

architecture sim of testbench2 is
  component sillyfunction
    port(a, b, c: in  STD_LOGIC;
         y:       out STD_LOGIC);
  end component;
  signal a, b, c, y: STD_LOGIC;
begin
  -- instantiate device under test
  dut: sillyfunction port map(a, b, c, y);
  -- apply inputs one at a time
  -- checking results
  process begin
    a <= '0'; b <= '0'; c <= '0';
      wait for 10 ns;
    assert y = '1' report "000 failed.";
    c <= '1';
      wait for 10 ns;
    assert y = '0' report "001 failed.";
    b <= '1'; c <= '0';
      wait for 10 ns;
    assert y = '0' report "010 failed.";
    c <= '1';
      wait for 10 ns;
    assert y = '0' report "011 failed.";
    a <= '1'; b <= '0'; c <= '0';
      wait for 10 ns;
    assert y = '1' report "100 failed.";
    c <= '1';
      wait for 10 ns;
    assert y = '1' report "101 failed.";
    b <= '1'; c <= '0';
      wait for 10 ns;
    assert y = '0' report "110 failed.";
    c <= '1';
      wait for 10 ns;
    assert y = '0' report "111 failed.";
    wait; -- wait forever
  end process;
end;
```

만일, 그 조건을 만족하지 않는다면 assert 문은 조건을 검사하고, report 절에 주어진 메시지를 인쇄한다. assert는 오직 시뮬레이션에서만 의미를 가지며, 합성에는 해당되지 않는다.

특히 많은 수의 벡터를 요구하는 모듈에 대해 각각의 테스트 벡터 코드를 작성하는 일은 지루하고 따분한 일이다. 보다 나은 방식은 테스트 벡터를 분리된 파일로 대체하는 것이다. 그러면 각각의 파일에 저장되어 있는 테스트 벡터를 호출하고, 입력 테스트 벡터를 DUT에 적용하여 테스트 벡터 파일의 끝에 도달할 때까지 반복하는 작업이 단순화된다.

HDL 예제 4.39는 이러한 테스트벤치를 보여준다. 테스트벤치는 sensitivity list들을 갖지 않는 always/process 문을 사용한 클록을 생성한다. 따라서 연속적으로 재평가된다. 이것은 시뮬레이션의 시작 시점에서 두 사이클 동안 텍스트 파일과 펄스 reset으로부터 테스트 벡터들을 읽는다. 클록과 리셋은 비록 조합 논리의 테스팅에는 필요 없지만, 순차 DUT를 테스팅하는 데 중요하기 때문에 포함된다. example.tv는 입력과 기대되는 출력으로 구성되는 이진수로 작성된 다음의 텍스트 파일이다.

```
000_1
001_0
101_0
011_0
100_1
101_1
110_0
111_0
```

HDL 예제 4.39 테스트 벡터 파일을 갖는 테스트벤치

SystemVerilog

```
module testbench3();
  logic        clk, reset;
  logic        a, b, c, y, yexpected;
  logic [31:0] vectornum, errors;
  logic [3:0]  testvectors[10000:0];

  // instantiate device under test
  sillyfunction dut(a, b, c, y);

  // generate clock
  always
   begin
     clk = 1; #5; clk = 0; #5;
   end

  // at start of test, load vectors
  // and pulse reset
  initial
```

VHDL

```
library IEEE; use IEEE.STD_LOGIC_1164.all;
use IEEE.STD_LOGIC_TEXTIO.ALL; use STD.
TEXTIO.all;

entity testbench3 is -- no inputs or outputs
end;

architecture sim of testbench3 is
  component sillyfunction
    port(a, b, c: in  STD_LOGIC;
         y:       out STD_LOGIC);
  end component;
  signal a, b, c, y: STD_LOGIC;
  signal y_expected: STD_LOGIC;
  signal clk, reset: STD_LOGIC;
begin
  -- instantiate device under test
  dut: sillyfunction port map(a, b, c, y);
```

```
    begin
      $readmemb("example.tv", testvectors);
      vectornum = 0; errors = 0;
      reset = 1; #27; reset = 0;
    end

  // apply test vectors on rising edge of clk
  always @(posedge clk)
    begin
      #1; a, b, c, yexpected =
testvectors[vectornum];
    end

  // check results on falling edge of clk
  always @(negedge clk)
   if (~reset) begin // skip during reset
     if (y !== yexpected) begin //
                         check result
       $display("Error: inputs = %b", a,
                                b, c);
       $display(" outputs = %b
              (%b expected)", y, yexpected);
       errors = errors + 1;
     end
     vectornum = vectornum + 1;
     if (testvectors[vectornum] === 4'bx)
                                   begin
       $display("%d tests completed with %d
               errors", vectornum, errors);
       $finish;
     end
    end
endmodule
```

$readmemb는 testvectors의 배열에 들어 있는 이진수 파일을 읽어 들인다. $readmemh는 비슷해보이지만 16진수의 파일을 읽어 들인다.

코드의 다음 블록은 클록의 상승 에지에서 (클록과 데이터가 동시에 변화되는 경우의 혼란을 피하기 위해)시간 단위 한 타임을 기다리고 나서 세 개의 입력(a, b, c)과 현재의 테스트 벡터에서 4비트에 기반한 기대되는 출력(yexpected)을 세트한다.

테스트벤치는 생성된 출력 y와 기대 출력 yexpected를 비교하여 만일 일치하지 않는다면 에러를 인쇄한다. %b와 %d는 각각의 이진 값과 십진 값의 프린트를 지시한다. 예컨대 $display("%b %d", y, yexpected);은 두 개의 이진 값 y와 yexpected를 프린트하고, %h는 십진 값을 프린트한다.

이 과정은 testvector 배열에서 테스트벡터가 더 이

```
-- generate clock
process begin
  clk <= '1'; wait for 5 ns;
  clk <= '0'; wait for 5 ns;
end process;

-- at start of test, pulse reset
process begin
  reset <= '1'; wait for 27 ns; reset
       <= '0';
  wait;
end process;

-- run tests
process is
  file tv: text;
  variable L: line;
  variable vector_in: std_logic_vector
                     (2 downto 0);
  variable dummy: character;
  variable vector_out: std_logic;
  variable vectornum: integer := 0;
  variable errors: integer := 0;
begin
  FILE_OPEN(tv, "example.tv", READ_MODE);
  while not endfile(tv) loop

    -- change vectors on rising edge
    wait until rising_edge(clk);

    -- read the next line of testvectors
       and split into pieces
    readline(tv, L);
    read(L, vector_in);
    read(L, dummy); -- skip over underscore
    read(L, vector_out);
    (a, b, c) <= vector_in(2 downto 0)
              after 1 ns;
    y_expected <= vector_out after 1 ns;

    -- -- check results on falling edge
    wait until falling_edge(clk);
    if y /= y_expected then
       report "Error: y = " &
              std_logic'image(y);
       errors := errors + 1;
     end if;
     vectornum := vectornum + 1;
   end loop;

   -- summarize results at end of
      simulation
   if (errors = 0) then
    report "NO ERRORS -- " &
           integer'image(vectornum) &
```

상 유효하지 않을 때까지 반복된다. $finish는 시뮬레이션을 종료한다.

비록 SystemVerilog 모듈이 10,001개까지의 테스트벡터를 지원한다 하더라도, 파일에서 8개의 벡터를 수행한 후 시뮬레이션은 종료된다는 것을 주의하라.

```
                    " tests completed successfully."
                    severity failure;
        else
          report integer'image(vectornum) &
                    " tests completed, errors = " &
                    integer'image(errors)
                    severity failure;
        end if;
      end process;
    end;
```

이 VHDL 코드는 이 장의 범위를 넘어서는 명령 읽기 파일을 사용하지만 VHDL에서 자가 진단 테스트벤치가 어떻게 되는지에 대한 감각을 제공한다.

새로운 입력은 클록의 상승 에지에 적용되고 출력은 클록의 하강 에지에 체크된다. 에러는 발생되었을 때 보고된다. 시뮬레이션의 마지막에서 테스트벤치는 적용된 테스트 벡터의 총 개수와 검출된 에러의 개수를 프린트한다.

HDL예제 4.39의 테스트벤치는 이러한 단순 회로를 위해 사용하기에는 과도하다. 그럼에도 불구하고 이것은 example.tv 파일을 바꾸고, 새로운 DUT를 예시하고, 입력 설정과 출력 체크 코드의 몇 라인을 변경함으로써 보다 복잡한 회로를 테스트하기 위한 수정을 가능하게 한다.

4.10 요약

HDL(Hardware Description Language)은 현대 디지털 회로 설계자에게 중요한 툴이다. 일단 SystemVerilog나 VHDL에 대해 배운다면 완전한 개략도(schematic)를 그리는 것보다 더 빠르게 디지털 시스템을 명세할 수 있을 것이다. 개략도를 검토하는 것보다는 코드를 수정하는 것이 더 빠르기 때문에 디버깅 시간 또한 빠르다. 하지만 설계하고자 하는 하드웨어의 좋은 아이디어가 없다면 HDL을 사용한 디버깅 사이클은 더 길어질 수도 있다.

HDL은 시뮬레이션과 합성 모두에 사용된다. 로직 시뮬레이션은 하드웨어로 변경하기 전, 컴퓨터상에서 시스템을 테스트하기 위한 최상의 방법이다. 시뮬레이터는 불가능할 수도 있는 하드웨어의 물리적 부분에 대한 측정을 시스템 내의 신호 값으로 확인할 수 있게 한다. 또한 로직 합성은 HDL 코드를 디지털 로직 회로로 변환시켜 준다.

가장 중요한 점은 프로그래밍 언어를 작성하는 것이 아니라 실제 하드웨어를 기술한다는 것이다. 또한 대부분의 초보 설계자가 저지르는 일반적인 실수는 만들고자 하는 하드웨어에 대한 사고 없이 HDL 코드를 작성하는 것이다. 표시하고자 하는 하드웨어를 모른다면 틀림없이 얻고자 하는 것을 얻을 수 없을 것이다. 대신에, 시스템의 블록 다이어그램을 스케치하는 것으로 조합 논리, 순차 논리 또는 유한 상태 머신 등등의 부분을 식별하는 것에서 시작하라. 그러고 나서 요구되는 종류의 하드웨어를 표시하기 위한 정확한 이디엄을 사용하는 HDL 코드를 작성하라.

연습문제

아래의 연습문제는 여러분이 마음에 드는 HDL을 사용하여 수행할 수 있다. 여러분이 사용할 수 있는 시뮬레이터를 가지고 있다면 여러분의 설계를 테스트해 보라. 파형을 출력하고 그 작동을 어떻게 증명할 것인지 설명하라. 사용 가능한 합성기를 가지고 있다면, 여러분의 코드를 합성하라. 생성된 회로도를 출력하고 여러분의 의도와 일치되는 이유를 설명하라.

문제 4.1 다음의 HDL 코드로 기술된 회로의 개략도(schematic)를 스케치하라.

SystemVerilog

```
module exercise1(input logic a, b, c,
                 output logic y, z);

  assign y = a & b & c |a & b & ~c | a & ~b & c;
  assign z = a & b |~a & ~b;
endmodule
```

VHDL

```
library IEEE; use IEEE.STD_LOGIC_1164.all;

entity exercise1 is
  port(a, b, c: in  STD_LOGIC;
       y, z:    out STD_LOGIC);
end;

architecture synth of exercise1 is
begin
  y <= (a and b and c) or
       (a and b and not c) or
       (a and not b and c);
  z <= (a and b) or (not a and not b);
end;
```

문제 4.2 다음의 HDL 코드로 기술된 회로의 개략도를 스케치하라. 개략도를 단순화하여 최소의 게이트 수를 보여라.

SystemVerilog

```
module exercise2(input  logic[3:0] a,
                 output logic [1:0] y);
  always_comb
    if      (a[0]) y = 2'b11;
    else if (a[1]) y = 2'b10;
    else if (a[2]) y = 2'b01;
    else if (a[3]) y = 2'b00;
    else           y = a[1:0];
endmodule
```

VHDL

```
library IEEE; use IEEE.STD_LOGIC_1164.all;

entity exercise2 is
  port(a: in  STD_LOGIC_VECTOR(3 downto 0);
       y: out STD_LOGIC_VECTOR(1 downto 0));
end;

architecture synth of exercise2 is
begin
  process(all) begin
    if    a(0) then y <= "11";
    elsif a(1) then y <= "10";
    elsif a(2) then y <= "01";
    elsif a(3) then y <= "00";
    else            y <= a(1 downto 0);
    end if;
  end process;
end;
```

문제 4.3 4개의 입력을 가진 XOR 함수를 연산하는 HDL 모듈을 작성하라. 입력은 $a_{3:0}$이고, 출력은 y이다.

문제 4.4 문제 4.3을 위한 자가 진단 테스트벤치를 작성하라. 총 16개의 경우의 수를 갖는 테스트 벡터 파일을 생성하라. 회로를 시뮬레이션하고 그 동작을 보여라. 테스트 벡터 파일에서 발생한 에러를 소개하고 불일치를 기록한 테스트벤치를 보여라.

문제 4.5 minority를 호출하는 HDL 모듈을 작성하라. 이것은 세 개의 입력 a, b, c를 수신한다. 최소한 두 개의 입력이 FALSE라면 한 개의 TRUE 값을 갖는 출력 y를 생성한다.

문제 4.6 16진수 7세그먼트 디스플레이 디코더를 위한 HDL 모듈을 작성하라. 디코더는 0~9뿐만 아니라 A, B, C, D, E와 F 표시가 처리되어야 한다.

문제 4.7 문제 4.6에 대한 자가진단 테스트벤치를 작성하라. 총 16개의 경우의 수를 갖는 테스트 벡터를 생성하라. 회로를 시뮬레이션하고 그 동작을 보여라. 테스트 벡터 파일에서 발생한 에러를 소개하고 불일치를 기록한 테스트벤치를 보여라.

문제 4.8 입력 $s_{2:0}$, d0, d1, d2, d3, d4, d5, d6, d7과 출력 y를 갖는 mux8을 호출하는 8:1 멀티플렉서를 작성하라.

문제 4.9 멀티플렉서 논리를 사용하는 논리 함수 $y = a\overline{b} + \overline{b}\overline{c} + \overline{a}bc$의 연산을 위한 구조적 모듈을 작성하라. 문제 4.8의 8:1 멀티플렉서를 사용하라.

문제 4.10 4:1 멀티플렉서와 필요한 만큼의 여러 개의 NOT 게이트를 이용하여 문제 4.9를 반복하라.

문제 4.11 4.5.4절에서 싱크로나이저는 적절한 순서로 할당이 주어지는 경우, 블로킹 할당으로 정확히 기술될 수 있다고 설명하였다. 순서에 관계없이 블로킹 할당으로 정확히 기술될 수 없는 간단한 순차회로를 생각해 보라.

문제 4.12 8-입력 우선순위 회로를 위한 HDL 모듈을 작성하라.

문제 4.13 2:4 디코더를 위한 HDL 모듈을 작성하라.

문제 4.14 문제 4.13의 2:4 디코더의 세 개의 인스턴스와 3-입력 AND 게이트 한 묶음을 이용하여 6:64 디코더를 위한 HDL 모듈을 작성하라.

문제 4.15 연습문제 2.13의 부울 대수를 연산하는 HDL 모듈을 작성하라.

문제 4.16 연습문제 2.26의 회로를 구현하는 HDL 모듈을 작성하라.

문제 4.17 연습문제 2.27의 회로를 구현하는 HDL 모듈을 작성하라.

문제 4.18 연습문제 2.28의 논리 함수를 구현하는 HDL 모듈을 작성하라. 무정의 항(don't care)의 처리 방법에 주의하라.

문제 4.19 연습문제 2.35의 함수를 수행하는 HDL 모듈을 작성하라.

문제 4.20 연습문제 2.36의 우선순위 인코더를 구현하는 HDL 모듈을 작성하라.

문제 4.21 연습문제 2.37의 수정된 우선순위 인코더를 구현하는 HDL 모듈을 작성하라.

문제 4.22 연습문제 2.38의 2진 온도계 코드 변환기(binary-to-thermometer code converter)를 구현하는 HDL 모듈을 작성하라.

문제 4.23 인터뷰 질문 2.2의 days-in-month 함수를 구현하는 HDL 모듈을 작성하라.

문제 4.24 다음의 HDL 코드로 기술된 FSM의 상태 변이도를 스케치하라.

SystemVerilog

```
module fsm2(input  logicclk, reset,
            input  logica, b,
            output logicy);

  logic [1:0] state, nextstate;

  parameter S0=2'b00;
  parameter S1=2'b01;
  parameter S2=2'b10;
  parameter S3=2'b11;

  always_ff @(posedge clk, posedge reset)
    if (reset) state <= S0;
    else       state <= nextstate;

  always_comb
    case (state)
      S0: if (a ^ b) nextstate = S1;
          else       nextstate = SO;
      S1: if (a & b) nextstate = S2;
          else       nextstate = SO;
      S2: if (a | b) nextstate = S3;
          else       nextstate = SO;
```

VHDL

```
library IEEE; use IEEE.STD_LOGIC_1164.all;

entity fsm2 is
  port(clk, reset: in  STD_LOGIC;
       a, b:       in  STD_LOGIC;
       y:          out STD_LOGIC);
end;

architecture synth of fsm2 is
  type statetype is (S0, S1, S2, S3);
  signal state, nextstate: statetype;
begin
  process(clk, reset) begin
    if reset then state <= S0;
    elsif rising_edge(clk) then
      state <= nextstate;
    end if;
  end process;

  process(all) begin
    case state is
      when S0 =>if (a xor b) then
                  nextstate <= S1;
```

```
    S3: if (a | b) nextstate = S3;
        else       nextstate = S0;
  endcase

  assign y = (state = = S1) |(state = = S2);
endmodule
```

```
                 else nextstate <= S0;
                 end if;
       when S1 =>if (a and b) then
                      nextstate <= S2;
                 else nextstate <= S0;
                 end if;
       when S2 =>if (a or b) then
                      nextstate <= S3;
                 else nextstate <= S0;
                 end if;
       when S3 =>if (a or b) then
                      nextstate <= S3;
                 else nextstate <= S0;
                 end if;
     end case;
  end process;

  y <= '1' when ((state = S1) or (state =
S2))
       else '0';
end;
```

문제 4.25 다음의 HDL 코드로 기술된 FSM의 상태 변이도를 스케치하라. 이러한 성질의 FSM은 몇몇 마이크로프로세서상의 분기 예측기에 사용된다.

SystemVerilog

```
module fsm1(input logic clk, reset,
            input logic taken, back,
            output logic predicttaken);

  logic [4:0] state, nextstate;

  parameter S0=5'b00001;
  parameter SI=5'b00010;
  parameter S2=5'b00100;
  parameter S3=5'b01000;
  parameter S4=5'b10000;

  always_ff @(posedge clk, posedge reset)
   if (reset) state <= S2;
   else       state <= nextstate;

  always_comb
    case (state)
      S0: if (taken) nextstate = S1;
          else       nextstate = S0;
      S1: if (taken) nextstate = S2;
          else       nextstate = S0;
      S2: if (taken) nextstate = S3;
          else       nextstate = S1;
      S3: if (taken) nextstate = S4;
```

VHDL

```
library IEEE; use IEEE.STD_LOGIC_1164. all;

entity fsm1 is
  port(clk, reset:    in  STD_LOGIC;
       taken, back:   in  STD_LOGIC;
       predicttaken:  out STD_LOGIC);
end;

architecture synth of fsml is
  type statetype is (S0, S1, S2, S3, S4);
  signal state, nextstate: statetype;
begin
  process(clk, reset) begin
    if reset then state <= S2;
    elsif rising_edge(clk) then
      state <= nextstate;
    end if;
  end process;

process(all) begin
   case state is
    when S0 => if taken then
                    nextstate <= S1;
               else nextstate <= S0;
               end if;
```

```
        else        nextstate = S2;
      S4: if (taken) nextstate = S4;
        else        nextstate = S3;
      default:      nextstate = S2;
    endcase

  assign predicttaken = (state= = S4) |
                        (state= = S3) |
                        (state= = S2 &&
back);
endmodule
```

```
      when S1 => if taken then
                    nextstate => S2;
                 else nextstate <= S0;
                 end if;
      when S2 => if taken then
                    nextstate <= S3;
                 else nextstate <= S1;
                 end if;
      when S3 => if taken then
                    nextstate <= S4;
                 else nextstate <= S2;
                 end if;
      when S4 => if taken then
                    nextstate <= S4;
                 else nextstate <= S3;
                 end if;
      when others =>nextstate <= S2;
    end case;
  end process;

  – – output logic
  predicttaken <= '1' when
                  ((state = S4) or (state = S3) or
                  (state = S2 and back = '1'))
    else '0';
  end;
```

문제 4.26 SR 래치를 위한 HDL 모듈을 작성하라.

문제 4.27 JK 플립플롭을 위한 HDL 모듈을 작성하라. 플립플롭은 입력 *clk*, *J*, *K*와 출력 *Q*를 가진다. 클록의 상승 에지에서 $J=K=0$이면 *Q*는 이전 값을 유지한다. $J=1$이면 *Q*는 세트되고, $K=1$이면 *Q*는 0으로 리셋된다. $J=K=1$이면 *Q*는 인버트된다.

문제 4.28 그림 3.18의 래치를 위한 HDL 모듈을 작성하라. 각 게이트에 대해 하나의 할당문을 사용하고 각 게이트에 1 유닛 또는 1ns의 지연 값을 명시하라. 레치를 시뮬레이션하고 정확하게 동작하는지 보여라. 그런 다음 인버터 지연을 증가시켜라. 래치가 오작동을 일으키는 경합 조건 전까지의 최대 지연 시간은 얼마인가?

문제 4.29 3.4.1절의 교통 신호 제어기를 위한 HDL 모듈을 작성하라.

문제 4.30 예제 3.8의 행진 모드로 수정된 교통 신호 제어기를 위한 세 가지 HDL 모듈을 작성하라. 모듈은 `controller`, `mode`, `lights`로 선언하고, 그림 3.33(b)에 보인 입력과 출력을 갖는다.

문제 4.31 그림 3.42의 회로를 기술하는 HDL 모듈을 작성하라.

문제 4.32 연습문제 3.22로부터 그림 3.69에 주어진 상태 변이도를 갖는 FSM을 위한 HDL 모듈을 작성하라.

문제 4.33 연습문제 3.23으로부터 그림 3.70에 주어진 상태 변이도를 갖는 FSM을 위한 HDL 모듈을 작성하라.

문제 4.34 연습문제 3.24의 개선된 교통 신호 제어기를 위한 HDL 모듈을 작성하라.

문제 4.35 연습문제 3.25의 딸 달팽이를 위한 HDL 모듈을 작성하라.

문제 4.36 연습문제 3.26의 소다 자동판매기를 위한 HDL 모듈을 작성하라.

문제 4.37 연습문제 3.27의 그레이 코드 카운터를 위한 HDL 모듈을 작성하라.

문제 4.38 연습문제 3.28의 UP/DOWN 그레이 코드 카운터를 위한 HDL 모듈을 작성하라.

문제 4.39 연습문제 3.29의 FSM을 위한 HDL 모듈을 작성하라.

문제 4.40 연습문제 3.30의 FSM을 위한 HDL 모듈을 작성하라.

문제 4.41 인터뷰 질문 3.2의 순차적인 2의 보수를 위한 HDL 모듈을 작성하라.

문제 4.42 연습문제 3.31의 회로를 위한 HDL 모듈을 작성하라.

문제 4.43 연습문제 3.32의 회로를 위한 HDL 모듈을 작성하라.

문제 4.44 연습문제 3.33의 회로를 위한 HDL 모듈을 작성하라.

문제 4.45 연습문제 3.34의 회로를 위한 HDL 모듈을 작성하라. 4.2.5절의 전가산기를 이용할 수 있다.

SystemVerilog 연습문제

다음은 SystemVerilog를 특정한 연습문제이다.

문제 4.46 SystemVerilog에서 `tri`로 선언되는 신호는 무엇을 의미하는가?

문제 4.47 HDL 예제 4.29의 syncbad 모듈을 재작성하라. 논블로킹 할당을 사용하되 두 개의 플립플롭을 갖는 정확한 싱크로나이저를 생성하는 코드를 변경하라.

문제 4.48 다음 두 개의 SystemVerilog 모듈을 고려하라. 두 모듈은 같은 기능을 수행하는가? 각각이 의미하는 하드웨어를 스케치하라.

```
module code1(input  logic clk, a, b, c,
             output logic y);
  logic x;
  always_ff @(posedge clk) begin
    x <= a & b;
    y <= x | c;
  end
endmodule
module code2 (input logic a, b, c, clk,
              output logic y);
  logic x;
  always_ff @(posedge clk) begin
    y <= x | c;
    x <= a & b;
  end
endmodule
```

문제 4.49 모든 할당에서 <=이 =로 대체되는 경우 연습문제 4.48을 반복하라.

문제 4.50 다음은 저자의 수업에서 학생이 작성한 오류를 포함하고 있는 SystemVerilog 코드이다. 각 모듈에서의 에러를 설명하고 어떻게 수정할지 보여라.

(a)
```
module latch(input logic      clk,
             input logic[3:0] d,
             output reg [3:0] q);
  always @(clk)
    if (clk) q <= d;
endmodule
```

(b)
```
module gates(input  logic [3:0] a, b,
             output logic [3:0] y1, y2, y3, y4, y5);
  always @(a)
    begin
      y1 = a & b;
      y2 = a |b;
      y3 = a ^ b;
      y4 = ~(a & b);
      y5 = ~(a |b);
```

```
    end
endmodule
```

(c)
```
module mux2(input  logic [3:0] d0, d1,
            input  logic       s,
            output logic [3:0] y);
  always @(posedge s)
    if (s) y <= d1;
    else y <= d0;
endmodule
```

(d)
```
module twoflops(input  logic clk,
                input  logic d0, d1,
                output logic q0, q1);
  always @(posedge clk)
    q1 = d1;
    q0 = d0;
endmodule
```

(e)
```
module FSM(input  logic clk,
           input  logic a,
           output logic out1, out2);
  logic state;
  // next state logic and register (sequential)
  always_ff @(posedge clk)
    if (state == 0) begin
        if (a) state <= 1;
    end else begin
        if (~a) state <= 0;
    end
  always_comb // output logic (combinational)
    if (state == 0) out1 = 1;
    else            out2 = 1;
endmodule
```

(f)
```
module priority(input  logic [3:0] a,
                output logic [3:0] y);
  always_comb
    if      (a[3]) y = 4'b1000;
    else if (a[2]) y = 4'b0100;
    else if (a[1]) y = 4'b0010;
    else if (a[0]) y = 4'b0001;
endmodule
```

(g)
```
module divideby3FSM(input  logicclk,
                    input  logicreset,
                    output logicout);
  logic [1:0] state, nextstate;
  parameter S0=2'b00;
  parameter S1=2'b01;
  parameter S2=2'b10;
  // State Register
  always_ff @(posedge clk, posedge reset)
    if (reset) state <= S0;
    else       state <= nextstate;
  // Next State Logic
  always @(state)
    case (state)
      S0: nextstate=S1;
      S1: nextstate=S2;
      S2: nextstate=S0;
    endcase
  // Output Logic
  assign out = (state == S2);
endmodule
```

(h)
```
module mux2tri(input  logic [3:0] d0, d1,
               input  logic       s,
               output tri [3:0] y);
  tristate t0(d0, s, y);
  tristate t1(d1, s, y);
endmodule
```

(i)
```
module floprsen(input  logic       clk,
                input  logic       reset,
                input  logic       set,
                input  logic [3:0] d,
                output logic [3:0] q);
  always_ff @(posedge clk, posedge reset)
    if (reset) q <= 0;
    else       q <= d;
  always @(set)
    if (set)  q <= 1;
endmodule
```

(j)
```
module and3(input  logic a, b, c,
            output logic y);
  logic tmp;
  always @(a, b, c)
  begin
    tmp <= a & b;
    y <= tmp & c;
  end
endmodule
```

VHDL 연습문제

다음은 VHDL로 특정된 연습문제이다.

문제 4.51 VHDL에서 간단한 문장 `q <=(state = S0);` 대신에 `q <= "1" when state = S0 else "0";`으로 작성하는 이유를 설명하라.

문제 4.52 다음 각각의 VHDL 모듈은 에러를 포함한다. 간결하게 하기 위해서 오직 구조만 나타냈다. 절을 사용한 library와 entity 선언은 오류가 없다고 가정한다. 에러를 설명하고 수정하는 방법을 보여라.

(a)
```
architecture synth of latch is
begin
  process(clk) begin
    if clk = '1' then q <= d;
    end if;
  end process;
end;
```

(b)
```
architecture proc of gates is
begin
  process(a) begin
    Y1 <= a and b;
    y2 <= a or b;
    y3 <= a xor b;
    y4 <= a nand b;
    y5 <= a nor b;
  end process;
end;
```

(c)
```
architecture synth of flop is
begin
  process(clk)
    if rising_edge(clk) then
      q <= d;
end;
```

(d)
```
architecture synth of priority is
begin
  process(all) begin
    if    a(3) then y <= "1000";
    elsif a(2) then y <= "0100";
    elsif a(1) then y <= "0010";
    elsif a(0) then y <= "0001";
    end if;
  end process;
end;
```

(e)
```
architecture synth of divideby3FSM is
    type statetype is (S0, S1, S2);
    signal state, nextstate: statetype;
begin
  process(clk, reset) begin
    if reset then state <= S0;
    elsif rising_edge(clk) then
      state <= nextstate;
    end if;
  end process;

  process(state) begin
    case state is
      when S0 =>nextstate <= S1;
      when S1 =>nextstate <= S2;
      when S2 =>nextstate <= S0;
    end case;
  end process;

  q <= '1' when state = S0 else '0';
end;
```

(f)
```
architecture struct of mux2 is
  component tristate
    port(a:  in   STD_LOGIC_VECTOR(3 downto 0);
         en: in  STD_LOGIC;
         y:  out STD_LOGIC_VECTOR(3 downto 0));
  end component;
begin
  t0: tristate port map(d0, s, y);
  t1: tristate port map(d1, s, y);
end;
```

(g)
```
architecture asynchronous of floprs is
begin
  process(clk, reset) begin
    if reset then
      q <= '0';
    elsif rising_edge(clk) then
      q <= d;
    end if;
  end process;
  process(set) begin
    if set then
      q <= '1';
    end if;
  end process;
end;
```

인터뷰 질문

다음은 디지털 설계 직무 면접에서 출제되었던 문제들이다.

질문 4.1 32비트 `result` 생성을 위한 `sel`을 호출하는 또 다른 신호를 갖는 `data`를 호출하는 32비트 버스 게이트의 HDL 코드 라인을 작성하라. 만약 `sel`이 TRUE이면 `result = data`, 그렇지 않으면 `result`는 모두 0이 될 것이다.

질문 4.2 SystemVerilog에서 블로킹과 논블로킹 할당 사이의 차이를 예를 들어 설명하라.

질문 4.3 다음의 SystemVerilog 문은 무엇을 하기 위한 것인가?

```
result = | (data[15:0] & 16"hC820);
```

Cout
A
B
A

5 디지털 빌딩 블록

5.1 서론

지금까지 부울 방정식과 구조, HDL을 이용하여 조합회로와 순차회로의 설계를 다루었다. 이 장에서는 디지털 시스템에서 사용되는 더욱더 정교한 조합회로 블록과 순차회로 블록 구축에 대해 소개한다. 블록에는 산술회로, 카운터, 시프트 레지스터, 메모리 배열 그리고 논리 배열을 포함한다. 블록은 당연히 유용할 뿐만 아니라 계층 구조의 원리, 모듈성의 원리, 규칙성의 원리를 나타낸다. 블록은 또한 논리 게이트, 멀티플렉서 그리고 디코더와 같은 간단한 부품들로 계층적으로 구성된다. 각각의 블록은 정의가 명확한 인터페이스로 구성되고 기본적인 구현이 중요하지 않을 때 블랙박스로 취급된다. 7장에서는 마이크로프로세서를 구축하기 위해 이러한 블록을 많이 사용한다.

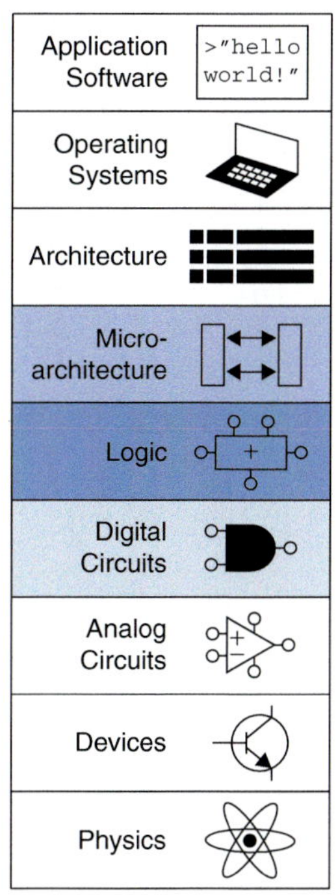

5.2 산술회로

산술회로는 컴퓨터의 중심적인 빌딩 블록이다. 컴퓨터와 디지털 논리는 덧셈, 뺄셈, 비교, 이동, 곱셈, 나눗셈 등 많은 산술 기능을 실행한다. 이 절에서는 이러한 모든 동작들에 대한 하드웨어 구현을 나타낸다.

5.2.1 덧셈

덧셈은 디지털 시스템에서 가장 공통적인 동작 중 하나이다. 먼저 두 개의 1비트 이진수를 어떻게 더할 것인가 고려해 보자, 그런 다음 N비트 이진수로 확장한다. 가산기는 속도와 복잡성 사이에서 적절하게 트레이드오프한다.

반가산기

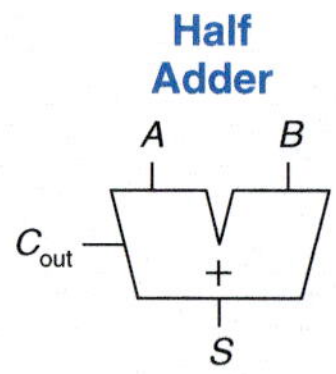

A	B	C_{out}	S
0	0	0	0
0	1	0	1
1	0	0	1
1	1	1	0

$S = A \oplus B$

$C_{out} = AB$

그림 5.1 1-비트 반가산기

먼저 1비트 반가산기(half adder)를 구축한다. 그림 5.1에서처럼 반가산기는 두 개의 입력 A, B와 두 개의 출력 S와 C_{out}이 있다. S는 A와 B의 합이다. 만약 A, B 둘 다 1이면 S는 2인데 한 개의 2진수로는 나타낼 수 없다. 그 대신에 다음 열에 올림 수 C_{out}으로 나타낸다. 반가산기는 XOR와 AND 게이트로 구현할 수 있다.

다중 비트 덧셈을 위해서는 C_{out}을 다음 상위 비트에 더하거나 옮김으로써 가능하다. 예를 들어 그림 5.2에서 푸른색 캐리 비트는 첫 열의 1비트 덧셈의 출력 C_{out}이고 두 번째 열의 덧셈에 C_{in}으로 입력된다. 그러나 반가산기는 이전 열의 C_{out}을 받아들이는 C_{in}이 없다. 다음 절에서 설명하는 전가산기(full adder)는 이 문제를 해결한다.

```
  1
 0001
+0101
 0110
```

그림 5.2 캐리 비트

전가산기

2.1절에서 소개된 전가산기는 그림 5.3에 나타낸 것처럼 C_{in}을 받아들인다. 이 그림에서 출력 함수는 S와 C_{out}으로 나타낸다.

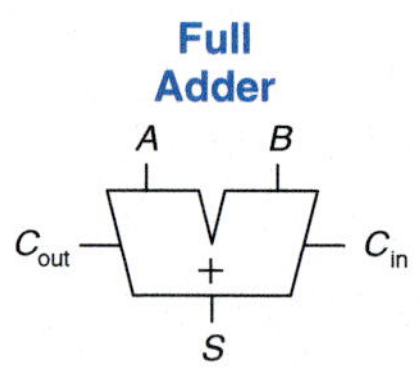

C_{in}	A	B	C_{out}	S
0	0	0	0	0
0	0	1	0	1
0	1	0	0	1
0	1	1	1	0
1	0	0	0	1
1	0	1	1	0
1	1	0	1	0
1	1	1	1	1

$S = A \oplus B \oplus C_{in}$

$C_{out} = AB + AC_{in} + BC_{in}$

그림 5.3 1-비트 전가산기

캐리 전파 가산기

N비트 가산기는 두 개의 N비트 입력 A, B와 C_{in}을 더한 결과를 N비트 결과 값 S와 캐리 출력 C_{out}을 생성한다. 1비트 캐리 출력은 다음 상위 비트에 전파되므로 이것을 일반적으로 **캐리 전파 가산기**(Carry Propagate Adder, CPA)라고 부른다. CPA의 기호는 그림 5.4와 같고, A, B, S가 한 개의 비트가 아닌 버스로 연결된다는 것을 제외하면 전가산기와 똑같다. 세 가지 일반적인 CPA 구현 방법을 리플 캐리 가산기, 캐리 미리 찾기 가산기, 전치 가산기라 한다.

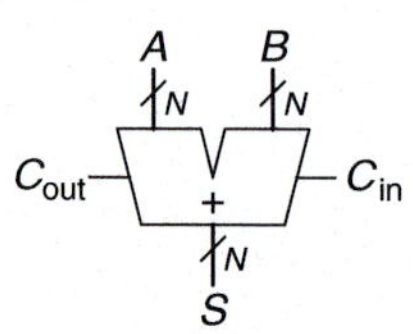

그림 5.4 캐리 전파 가산기

리플 캐리 가산기

N비트 캐리 전파 가산기를 구현하는 가장 간단한 방법은 N개의 전가산기를 직렬로 연결하는 것이다. 그림 5.5에서 32비트에 대해 한 단의 C_{out}은 다음 단의 C_{in}으로 행동한다. 모듈성과 규칙성의 훌륭한 응용으로서 전가산기 모듈은 좀 더 큰 시스템을 구성하는 데 여러 번 재사용된다. **리플 캐리 가산기**는 N이 커지면 늦어진다는 단점이 있다. 그림 5,5에서 파란색과 같이 결과 S_{31}은 C_{30}에 종속되고, 이것은 다시 C_{29}, C_{28}에 종

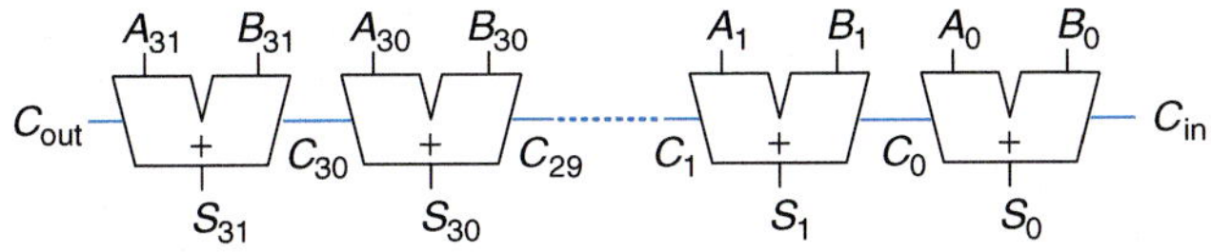

그림 5.5 32-비트 리플 캐리 가산기

개략도는 전형적으로 신호가 왼쪽에서 오른쪽으로 흐르는 것을 나타낸다. 산술회로는 이러한 룰을 깨뜨린다. 왜냐하면 캐리는 오른쪽에서 왼쪽으로 흐르기 때문이다(중요하지 않은 열에서 가장 중요한 열까지). 오랜 세월에 걸쳐 인류는 산술을 실행하기 위해 많은 기구를 사용해 왔다. 아기들은 그들의 손으로 수를 헤아린다(어떤 성인들도 은밀히 손으로 헤아린다). 중국인과 바빌로니아인은 BC 2400년에 주판을 고안했다. 1630년에 개발된 계산자는 1970년대 공학용 계산기가 널리 유행할 때까지 사용되었다. 컴퓨터와 디지털 계산기는 유비쿼터스 시대인 현대에 사용되고 있다. 다음 시대에는 무엇이 사용될까?

속되며 이와 같이 계속하여 C_{in}에 도달한다. 캐리 **리플**은 캐리 체인으로 연결된다고 한다. 가산기의 지연 t_{ripple}은 비트 수에 따라 직접적으로 증가한다. 수식 5.1에서 주어진 것처럼, 여기서 t_{FA}는 전가산기의 지연이다.

$$t_{ripple} = Nt_{FA} \tag{5.1}$$

캐리 미리 찾기 가산기

큰 리플 캐리 가산기가 속도가 늦은 기본적 이유는 캐리 신호는 가산기 각 비트를 통과해야 되기 때문이다. **캐리 미리 찾기 가산기**(Carry Lookahead Adder, CLA)는 캐리 전파 가산기의 또 다른 형태로서 가산기를 블록으로 나누고, 블록의 캐리가 계산되면 블록의 캐리 출력을 재빠르게 결정하는 회로를 제공함으로써 속도 문제를 해결한다. 블록 내의 모든 전가산기의 리플을 기다리지 않고 전체 블록에 대해 캐리를 계산하므로 **미리 찾기**라고 한다. 예를 들면 32비트 가산기는 8개의 4비트 블록으로 분리될 수 있다. CLA는 열이나 블록의 캐리 출력을 표현하는 데 **생성**(G)과 **전파**(P) 신호를 사용한다. 가산기의 i번째 열이 캐리 입력에 독립적으로 캐리 출력을 발생시키면 캐리를 **생성시킨다**고 한다. 어떤 가산기의 i번째 열에서 A_i와 B_i 둘 다 1이면 캐리 C_i의 발생을 보장한다. 그러므로 i열에 대한 신호 발생은 $G_i = A_iB_i$로 계산된다. 이 열이 입력 캐리가 있을 때마다 캐리 출력을 발생시킨다면 한 개의 캐리를 **전파한다**고 한다. i번째 열은 A_i와 B_i 둘 중 1이 한 개라도 있으면 C_{i-1}에 캐리를 전파하게 된다. 따라서 $P_i = A_i + B_i$가 된다. 이러한 정의를 사용하여 가산기의 특정 열에 대해 캐리 논리를 재작성할 수 있다. 어떤 가산기의 i번째 열은 캐리 G_i를 발생하거나 P_iC_{i-1}의 한 개의 캐리를 전파하면 C_i 캐리 출력을 생성할 것이다. 수식으로 표현하면 다음과 같다.

$$C_i = A_iB_i + (A_i + B_i)C_{i-1} = G_i + P_iC_{i-1} \tag{5.2}$$

캐리 생성과 전파의 정의는 다중 비트 블록으로 확장한다. 캐리 입력에 상관없이 캐리 출력을 생성하면 이 블록은 캐리를 생성한다고 말한다. 블록에서 캐리 입력이 있을 때마다 캐리 출력이 발생되면 이 블록은 하나의 캐리를 전파한다고 말한다. 블록에서 i열에서 j열까지 구간에서 생성은 $G_{i:j}$, 전파는 $P_{i:j}$로 정의한다.

최상위 열에서 캐리를 생성하거나 또는 최상위 열에서 캐리를 전파하고 직전의 열에서 캐리가 생성되었다면 이 블록은 캐리를 생성한다. 예를 들면 어떤 블록에서 0에서 3열 구간에 대한 생성 논리는 다음 식과 같다.

$$G_{3:0} = G_3 + P_3(G_2 + P_2(G_1 + P_1 G_0)) \tag{5.3}$$

블록에서 모든 열이 캐리를 전파하면 이 블록은 한 개의 캐리를 전파한다. 예를 들면 어떤 블록에서 0에서 3열 구간에 대한 전파 논리는 다음과 같다.

$$P_{3:0} = P_3 P_2 P_1 P_0 \tag{5.4}$$

이 블록에서 생성과 전파 신호를 이용하여 식(5.5)의 캐리 입력 C_i를 이용하면 캐리 출력 C_j를 빠르게 계산할 수 있다.

$$C_i = G_{i:j} + P_{i:j} C_j \tag{5.5}$$

그림 5.6(a)는 8개의 4비트 블록으로 구성된 32비트 캐리 미리 찾기 가산기를 나타낸다. 각 블록은 4비트 리플 캐리 가산기로 구성되어 있고, 그림 5.6(b)에 보인 것처럼 주어진 캐리 입력에서 블록의 캐리 출력을 계산하는 캐리 미리 찾기 논리로 구성되어 있다. 여기서 A_i와 B_i로부터 1비트 생성과 전파 G_i와 P_i를 계산하는 데 필요한 AND와 OR 게이트는 단순화를 위해 제외하였다. 한 번 더 강조하자면 캐리 미리 찾기 가산기는 모듈성과 규칙성을 나타낸다.

모든 CLA 블록은 1비트의 생성과 전파 신호를 동시에 계산한다. 최상 경로(critical path)는 첫 번째 CLA 블록에서 G_0과 $G_{3:0}$을 계산하면서 시작한다. C_{in}은 각 블록의 AND/OR 게이트들을 통과하면서 마지막 C_{out}까지 바로 진행해간다. 큰 가산기에서 각 연속되는 비트들의 리플을 전달하는 데 기다리는 것보다 훨씬 빠르다. 마지막으로 마지막 블록까지 최상 경로는 짧은 리플 캐리 가산기를 포함한다. 이렇게 해서 k비트 블록으로 나누어지는 N비트 가산기는 다음과 같은 지연을 가진다.

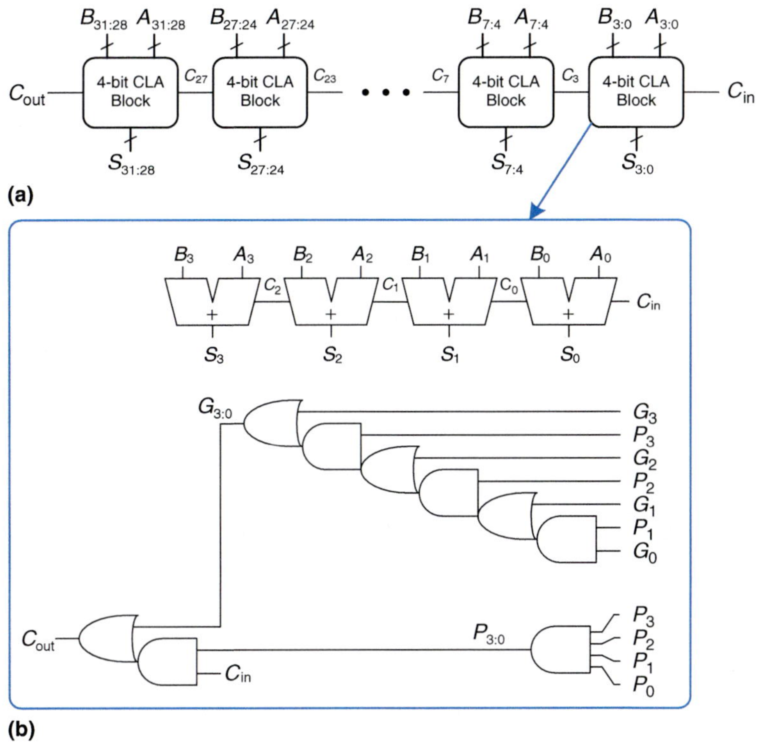

그림 5.6 (a) 32비트 캐리 미리 찾기 가산기(CLA), (b) 4비트 CLA 블록

$$t_{CLA} = t_{pg} + t_{pg\_block} + \left(\frac{N}{k} - 1\right) = t_{\text{AND\_OR}} + kt_{FA} \qquad (5.6)$$

여기서 t_{pg}는 P_i와 G_i를 만들기 위해 각 생성/전파 게이트(한 개의 AND, OR 게이트)의 지연이고 t_{pg_block}은 k비트 블록에 대해 생성/전파 신호 $P_{i:j}$와 $G_{i:j}$를 구하는 데 걸리는 지연 시간이다. 그리고 $t_{\text{AND_OR}}$는 k비트 CLA 블록에서 마지막 AND/OR 논리인 C_{in}에서 C_{out}까지 지연이다. 일반적으로 $N>16$일 때 캐리 미리 찾기 가산기가 리플 캐리 가산기보다 훨씬 빠르다. 그러나 가산기의 지연은 N에 따라 선형적으로 증가한다.

예제 5.1 **리플 캐리 가산기와 캐리 미리 찾기 가산기의 지연**

4비트 블록으로 구성된 32비트 리플 캐리 가산기와 32비트 캐리 미리 찾기 가산기의 지연을 비교하자. 2단자 입력 게이트의 지연은 100ps이고 한 개의 전가산기의 지연은 300ps라 가정한다.

풀이 식 5.1에서 32바트 리플 캐리 가산기의 전파 지연은 32×300ps=9.6ns이다. CLA는 t_{pg}=100ps, t_{pg_block}=6×100ps=600ps, 그리고 $t_{\text{\_AND\_OR}}$=2×100ps=200ps

이다. 식 5.6에서 4비트 블록으로 구성된 32비트 캐리 미리 찾기 가산기의 전파지연은 100ps+600ps+(32/4 − 1)×200ps+(4×300ps)=3.3ns으로서 리플 캐리 가산기보다 거의 3배 빠르다.

전치 가산기*

전치 가산기(prefix Adder)는 캐리 미리 찾기 가산기의 생성과 전파 논리를 실행하는 데 더 빠르게 가산하도록 확장한다. 여기서는 모든 열의 생성 신호가 알려질 때까지 열의 쌍에 대한 G와 P를 먼저 계산한 후, 네 개의 블록을 계산하고, 다음에 8블록, 그리고 16블록 이렇게 계속 계산해 나간다. 합은 이러한 생성 신호로부터 계산된다.

다시 이야기하면 전치 가산기의 전략은 각 i열에 대해 가능한 한 빠르게 C_{i-1} 캐리 입력을 계산하고 그 다음에 식(5.7)을 이용하여 합을 계산하는 것이다.

$$S_i = (A_i \oplus B_i) \oplus C_{i-1} \tag{5.7}$$

초기 컴퓨터에서는 부품들이 비싸서 최소 비용을 위해 리플 캐리 가산기를 사용하였다. 사실상 모든 현대 PC는 **최상 경로**를 위해 전치 가산기를 사용한다. 왜냐하면 현재는 속도가 가장 중요하기 때문이다.

C_{in}을 가지는 열을 i=−1로 정의하자. 그래서 $G_{-1} = C_{in}$, 그리고 $P_{-1} = 0$이다. 그때 i−1열에서 −1열까지 한 개의 캐리를 출력하면 i−1열의 캐리 출력이 있기 때문에 $C_{i-1} = G_{i-1:-1}$이 된다. 생성된 캐리는 i−1열에서 생성되었거나 과거의 열에서 생성되어 전파된 것이다. 그래서 식(5.7)을 재작성한다.

$$S_i = (A_i \oplus B_i) \oplus G_{i-1:-1} \tag{5.8}$$

그러므로 중요한 문제는 모든 블록의 생성 신호 $G_{-1:-1}$, $G_{0:-1}$, $G_{1:-1}$, $G_{2:-1}$, …, $G_{N-2:-1}$을 바르게 계산하는 것이다. $P_{-1:-1}$, $P_{0:-1}$, $P_{1:-1}$, $P_{2:-1}$, …, $P_{N-2:-1}$에 따른 이러한 신호들을 **전치**(prefix)라고 한다.

그림 5.7은 N=16비트 전치 가산기를 나타낸다. 이 가산기는 각 열의 A_i와 B_i에서 AND와 OR 게이트를 이용하여 각 열에 대한 P_i와 G_i의 형성을 위해 미리 계산(precomputation)하는 것으로부터 시작한다. $G_{i:j}$와 $P_{i:j}$의 전치 구성을 위해 검정 셀의 $\log_2 N$=4단계를 이용한다. 한 개의 검정 셀은 한 블록 구간 비트 $i{:}k$의 위쪽 부분과 아래쪽 부분 구간 비트 $k-1{:}j$로부터 입력을 취한다. 식(5.9)를 이용하여 완전한 블록 구간 $i{:}j$에 대해 생성과 전파 신호를 구성하기 위해 이러한 부분을 결합한다.

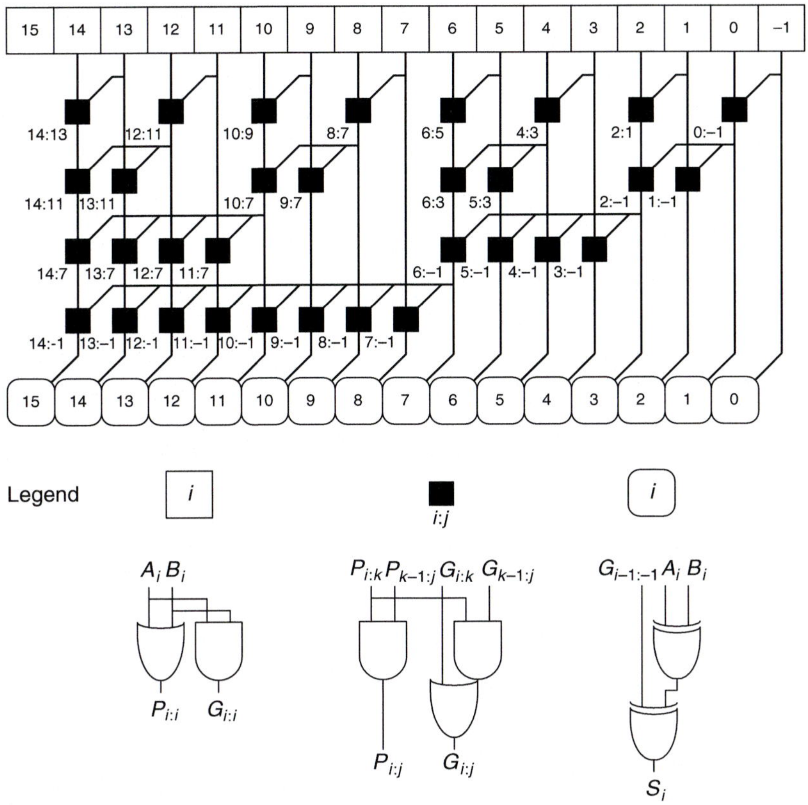

그림 5.7 16-비트 전치 가산기

$$G_{i:j} = G_{i:k} + P_{i:k}\, G_{k-1:j} \tag{5.9}$$

$$P_{i:j} = P_{i:k}\, P_{k-1:j} \tag{5.10}$$

달리 표현하면 한 개의 블록 구간 비트 *i:j*는 위쪽 부분이 캐리를 생성하거나 혹은 아래쪽 부분에서 캐리가 생성되면 한 개의 캐리를 생성한다. 이 블록은 만약 위쪽 혹은 아래쪽 부분에서 캐리를 전파하면 한 개의 캐리를 전파한다. 마지막으로 전치 가산기는 식(5.8)을 이용하여 합을 계산한다.

요약하면 전치 가산기는 가산기에서 열의 수에 따라 선형이 아닌 대수적으로 지연이 감소된다. 이렇게 속도 증가는 중요하며 32비트 이상의 가산기에서는 더욱 그러하다. 그러나 이것은 캐리 미리 찾기 가산기보다 훨씬 많은 하드웨어의 비용을 발생시킨다. 검정 셀의 네트워크를 **전치 트리**(prefix tree)라고 한다.

입력 수에 따라 대수적으로 속도가 증가하는 계산을 빠르게 처리하기 위해 전치 트리를 사용하는 일반적인 원리는 강력한 기술이다. 많은 다른 형태의 회로에도 적용될 수 있다(연습문제 5.7을 보라).

N비트 전치 가산기의 **최상 경로**는 모든 전치 계산을 얻기 위해 검정 셀의 $\log_2 N$ 단계의 P_i와 G_i의 전치 계산으로 구성되어 있다. $G_{i-1:-1}$은 그때 S_i를 계산하기 위해 밑바닥의 마지막 XOR 게이트까지 진행한다. N비트 전치 가산기의 지연의 계산은 다음과 같다.

$$t_{PA} = t_{pg} + \log_2 N(t_{pg\_\text{prefix}}) + t_{\text{XOR}} \quad (5.11)$$

여기서 t_{pg_prefix}는 검정 셀의 지연이다.

예제 5.2 전치 가산기의 지연

32비트 전치 가산기의 32비트 지연을 계산하라. 각 2-입력 게이트 지연은 100ps 라 가정한다.

풀이 각 검정 전치 셀의 전파 지연 t_{pg_prefix}는 200ps이다(즉, 2게이트 지연). 따라서 식(5.11)을 이용한 32비트 전치 가산기의 지연은 100ps+$\log_2$(32)×200ps+100 ps=1.2ns로 캐리 미리 찾기 가산기보다 약 3배 빠르고, 예제 5.1의 리플 캐리 가산기보다 8배 빠르다. 실제로 이러한 이점은 매우 크지는 않지만 다른 회로보다는 아직까지 충분히 빠르다.

정리

이 절에서는 반가산기, 전가산기, 세 가지 형태의 캐리 전파 가산기인 리플 캐리 가산기, 캐리 미리 찾기 가산기, 전치 가산기를 소개하였다. 속도가 빠른 가산기는 더 많은 하드웨어가 요구되므로 가격이 좀 더 비싸고 전력 소모가 많아진다. 설계에 있어서 적당한 가산기를 선택하는 경우 이러한 트레이드오프를 고려해야만 한다.

하드웨어 표현 언어(hardware description language, HDL)에서 + 동작은 CPA를 나타낸다. 현재 사용되고 있는 설계 툴은 요구되는 속도에 맞추어 가장 비용이 덜 들면서 작은 설계를 선택할 수 있도록 해 줌으로써 설계자의 작업을 굉장히 간단하게 할 수 있도록 해준다. 예제 5.1의 HDL은 캐리 인과 아웃을 가진 CPA를 나타낸다.

HDL 예제 5.1 **가산기**

SystemVerilog

```
module adder #(parameter N = 8)
              (input  logic [N-1:0] a, b,
               input  logic         cin,
               output logic [N-1:0] s,
               output logic         cout);

  assign {cout, s} = a + b + cin;
endmodule
```

VHDL

```
library IEEE; use IEEE.STD_LOGIC_1164.ALL;
use IEEE.NUMERIC_STD_UNSIGNED.ALL;

entity adder is
   generic(N: integer := 8);
   port(a, b: in  STD_LOGIC_VECTOR
                  (N-1 downto 0);
        cin:  in  STD_LOGIC;
        s:    out STD_LOGIC_VECTOR
                  (N-1 downto 0);
        cout: out STD_LOGIC);
end;

architecture synth of adder is
  signal result: STD_LOGIC_VECTOR(N downto 0);
begin
  result <= ("0" & a) + ("0" & b) + cin;
  s <= result(N-1 downto 0);
  cout <= result(N);
end;
```

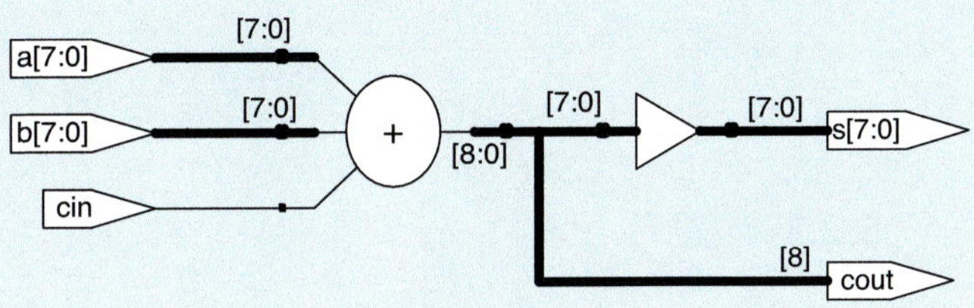

그림 5.8 합성된 가산기

5.2.2 뺄셈

1.4.6절에서 배운 바대로 가산기는 2의 보수(2's complement)를 이용하여 양수와 음수를 더할 수 있다는 것을 상기하라. 뺄셈은 아주 쉽다. 두 번째 수의 부호를 바꾸고 더해주면 된다. 2의 보수의 부호를 바꾸는 것은 부호 비트를 인버터하고 1을 더한다.

$Y=A-B$를 계산하기 위해서는 먼저 B의 2의 보수를 생성한다. $\overline{B}$를 얻기 위해 B를 반전시키고 1을 더하여 $-B=\overline{B}+1$을 얻는다. 여기에 A를 더하여 $Y=A+\overline{B}+1=A-B$를 얻는다. 이 합산은 한 개의 CPA를 가지고 $C_{in}=1$을 가진 $A+\overline{B}$를 더함으로써 실행될 수 있다. 그림 5.9는 $Y=A-B$를 실행하는 감산기와 기본 하드웨어의 심벌을 나타낸다. HDL 예제 5.2는 하나의 감산기를 나타낸다.

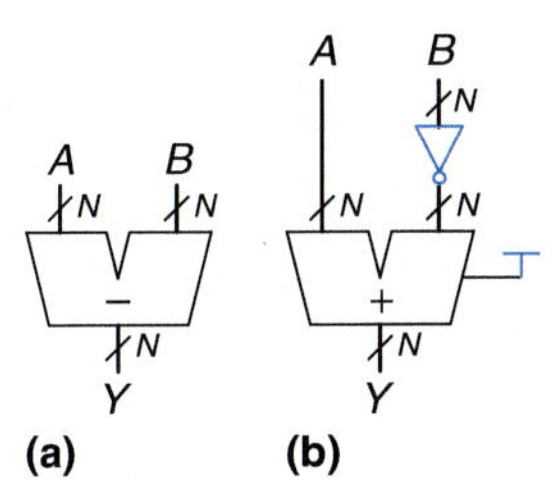

그림 5.9 감산기: (a) 심벌, (b) 구현

HDL 예제 5.2 **감산기**

SystemVerilog

```
module subtractor #(parameter N = 8)
                  (input logic [N-1:0] a, b,
                   output logic [N-1:0] y);

  assign y = a - b;
endmodule
```

VHDL

```
library IEEE; use IEEE.STD_LOGIC_1164.ALL;
use IEEE.NUMERIC_STD_UNSIGNED.ALL;

entity subtractor is
  generic(N: integer := 8);
  port(a, b: in STD_LOGIC_VECTOR
                (N-1 downto 0);
       y:    out STD_LOGIC_VECTOR
                (N-1 downto 0));
end;

architecture synth of subtractor is
begin
  y <= a - b;
end;
```

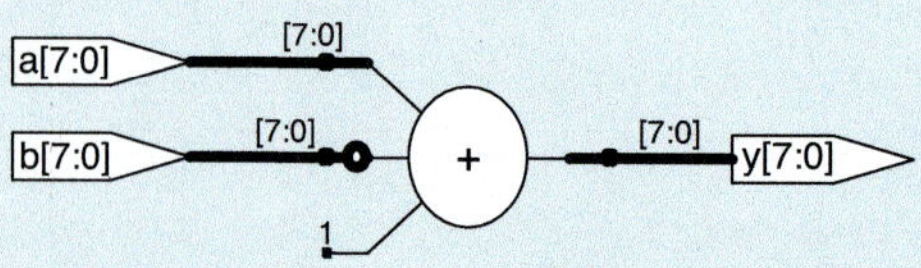

그림 5.10 합성된 감산기

5.2.3 비교기

비교기(comparator)란 두 2진수가 같은지 또는 하나가 다른 것에 비해서 크거나 작은지 결정하는 것이다. 한 개의 비교기는 두 *N*비트 이진수 *A*와 *B*를 입력 받는다. 비교기에는 두 개의 일반적인 형태가 있다. **동등 비교기**(equality comparator)는 *A*와 *B*가 같은지(*A*==*B*)를 나타내는 한 개의 출력을 낸다. **크기 비교기**(magnitude comparator)는 *A*와 *B*의 상대적인 값을 나타내는 한 개 이상의 출력을 낸다.

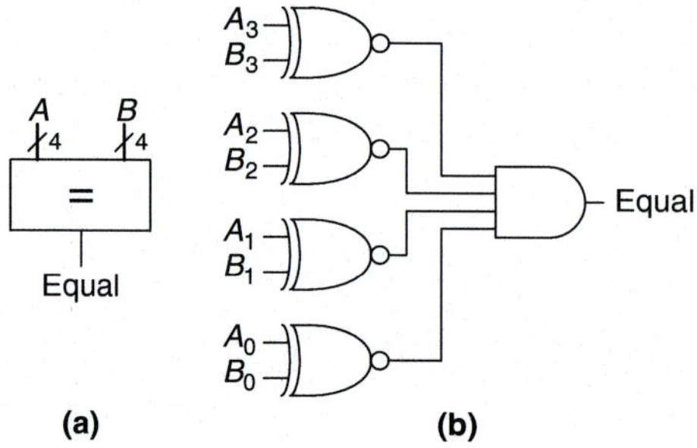

그림 5.11 4비트 동등 비교기: (a) 심벌, (b) 구현

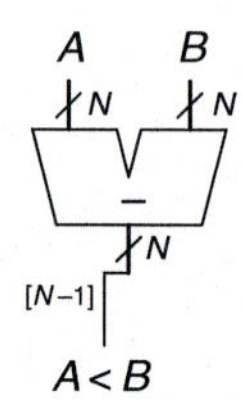

그림 5.12 N비트 크기 비교기

동등 비교기는 하드웨어적으로 간단하다. 그림 5.11은 4비트 동등 비교기의 심벌과 구현을 나타낸다. 이 비교기는 *A*와 *B*비트 각 열에서 XNOR 게이트를 이용하여 각 열에서 *A*와 *B*가 같은지 조사한다. 모든 열이 같으면 두 숫자는 같다. 크기 비교기는 그림 5.12에 나타낸 것처럼 $A-B$를 먼저 계산하고 결과의 부호(최상위 비트)를 조사한다. 만약 그 결과가 음수(즉, 부호 비트가 1)이면 *A*는 *B*보다 작다. 그렇지 않으면 *A*가 *B*보다 크거나 같다.

HDL 예제 5.3은 여러 가지 비교 동작을 어떻게 사용하는지 보여준다.

HDL 예제 5.3 **비교기**

SystemVerilog

```
module comparator #(parameter N = 8)
                   (input logic [N-1:0] a, b,
                    output logic eq, neq, lt,
                    lte, gt, gte);

  assign eq = (a == b);
  assign neq = (a != b);
  assign lt = (a < b);
  assign lte = (a <= b);
  assign gt = (a > b);
  assign gte = (a >= b);
endmodule
```

VHDL

```
library IEEE; use IEEE.STD_LOGIC_1164.ALL;
entity comparators is
  generic(N: integer : = 8);
  port(a, b: in STD_LOGIC_VECTOR
             (N-1 downto 0);
       eq, neq, lt, lte, gt, gte:
       out STD_LOGIC);
end;

architecture synth of comparator is
begin
  eq  <= '1' when (a = b)  else '0';
  neq <= '1' when (a /= b) else '0';
  lt  <= '1' when (a < b)  else '0';
  lte <= '1' when (a <= b) else '0';
  gt  <= '1' when (a > b)  else '0';
  gte <= '1' when (a >= b) else '0';
end;
```

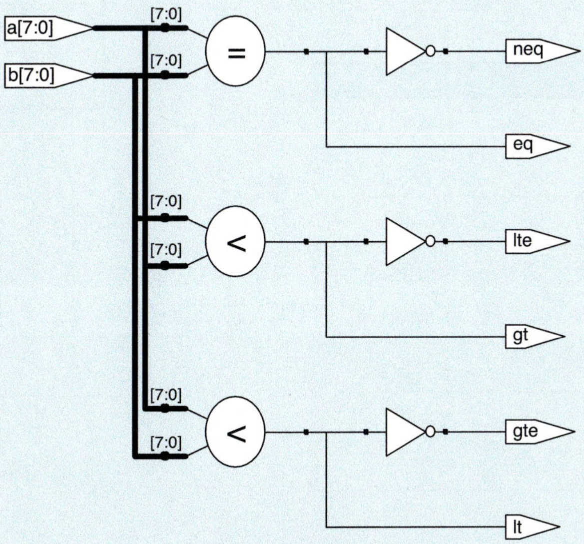

그림 5.13 합성된 비교기

5.2.4 산술논리 장치

산술논리 장치(ALU)는 다양한 산술과 논리 동작을 하나의 장치로 결합한다. 예를 들어 전형적인 ALU는 덧셈, 뺄셈, 비교기, AND, OR를 실행한다. ALU는 대부분의 컴퓨터 시스템의 심장이다.

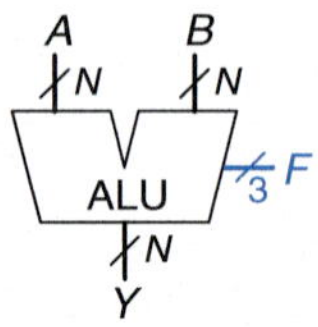

그림 5.14 ALU 심벌

그림 5.14는 N비트 입력과 출력으로 구성된 N비트 ALU의 심벌을 나타낸다. 여기서 ALU는 실행할 어떤 기능을 나타내는 제어 신호 F를 받는다. 제어 신호들은 데이터와 분간하기 위해 일반적으로 파란색으로 나타낸다. 표 5.1은 ALU가 실행할 수 있는 일반적인 기능들을 나열한다. SLT 기능은 크기 비교를 위해 사용되는데 이 절의 마지막에 논의될 것이다.

그림 5.15는 ALU의 구현을 나타낸다. 이 ALU는 N비트 가산기와 N개의 2입력 AND와 OR 게이트를 포함한다. 또한 인버터와 F_2 제어 신호가 확정될 때 입력 B를 인버터하기 위한 멀티플렉서도 포함한다. 4:1 멀티플렉서는 $F_{1:0}$ 제어 신호에 기반한 요구 기능을 선택한다.

보다 특별하게 ALU에서 산술과 논리 블록은 A와 BB상에서 동작한다. BB는 F_2에 따라 B이거나 $\overline{B}$이다. $F_{1:0}=00$이면 출력 멀티플렉서는 A와 BB의 AND를 선택한다. $F_{1:0}=01$이면 ALU는 A와 BB의 OR를 연산한다. $F_{1:0}=10$이면 ALU는 덧셈이나 뺄셈 연산을 실행한다. F_2는 가산기의

표 5.1 ALU 동작

$F_{2:0}$	Function
000	A AND B
001	A OR B
010	A + B
011	not used
100	A AND $\overline{\text{B}}$
101	A OR $\overline{\text{B}}$
110	A – B
111	SLT

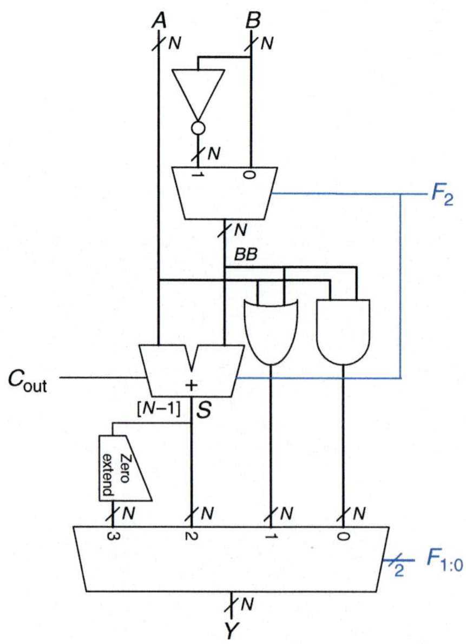

그림 5.15 N–비트 ALU

캐리 입력이라는 것을 주의하라. 또한 2의 보수 산술에 따라 $\overline{B}+1=-B$라는 것을 기억하라. $F_2=0$이면 ALU는 $A+B$를 연산한다. $F_2=1$이면 ALU는 $A+\overline{B}+1=A-B$를 연산한다.

$F_{2:0}=111$일 때 ALU는 SLT(set if less than) 동작을 실행한다. $A<B$일 때 $Y=1$이고 그렇지 않으면 $Y=0$이다. 달리 말하면 A가 B보다 작으면 $Y=1$로 세트된다.

SLT는 $S=A-B$를 연산함으로써 실행된다. S가 음수(즉, 부호가 1)이면, A는 B보다 작다. zero extend unit은 최상위 비트 0을 가진 1비트 입력을 연결하여 N비트 출력을 만든다. S의 부호 비트($N-1$번째 비트)는 zero extend unit의 입력이다.

예제 5.3 Set Less Than

SLT 동작을 위해 32비트 ALU를 배열하라. $A=25$, $B=32$이다. 제어 신호와 출력 Y를 구하라.

풀이 $A<B$이므로 $Y=1$임을 예상한다. SLT에서는 $F_{2:0}=111$이다. $F_2=1$이면 가산기는 뺄셈기로 출력 S는 $25_{10}-32_{10}=-7_{10}=1111\ldots1001_2$이다. $F_{1:0}=11$이면 마지막 멀티플렉서는 $Y=S_{31}=1$로 세트된다.

어떤 ALU는 플래그라 부르는 여분의 출력을 만드는데 이것은 ALU 출력에 대한 정보를 지시한다. 예를 들면 오버플로 플래그(overflow flag)는 가산기의 넘친 결과를 나타낸다. 제로 플래그는 ALU 출력이 0이라는 것을 지시한다. N비트 ALU에 대한 HDL은 연습문제 5.9에 남겨둔다. XOR, 혹은 등가 비교 같은 보조 기능으로 기본적인 ALU의 다양한 방법이 있다.

5.2.5 이동기와 회전기

이동기(shifter)와 회전기(rotator)는 비트를 이동하여 2의 멱수로 곱하거나 나눈다. 명칭이 의미하듯이 시프트는 정해진 위치 수만큼 왼쪽 또는 오른쪽으로 이진수를 이동한다. 시프트에는 공통적으로 사용되는 몇 가지 종류가 있다.

- 논리 시프트(Logical Shifter): 왼쪽으로 이동(LSL)하거나 오른쪽으로 이동(LSR)하고 빈 공간에 0을 채운다.

예: 11001 LSR 2 = 00110; 11001 LSL 2 = 00100

- **산술 시프트**(Arithmetic Shifter): 논리 시프트와 같지만 오른쪽으로 이동할 때 최상위 비트는 이전 비트로 복사된다. 이것은 부호를 가진 수를 곱하거나 나눌 때 유용하다(5.2.6절, 5.2.7절을 보라). 산술 왼쪽 이동(ASL)은 논리 왼쪽 시프트와 같다.

  예: 11001 ASR 2 = 11110; 11001 ASL 2 = 00100

- **회전기**(Rotator): 원에서 수를 회전시킨다. 비어 있는 곳에는 다른 한쪽 끝의 값이 이동된다.

  예: 11001 ROR 2 = 01110; 11001 ROL 2 = 00111

N비트 시프트는 N개의 N:1 멀티플렉서로부터 구성될 수 있다. 입력은 $\log_2 N$ 비트 선택 라인에 따라 0에서 $N-1$까지 이동된다. 그림 5.16은 4비트 시프트의 심벌과 하드웨어를 보여준다. 연산자 <<, >>, >>>는 순서대로 왼쪽 시프트, 논리 오른쪽 시프트, 산술 오른쪽 시프트를 나타낸다. 2비트 이동량 $shamt_{1:0}$에 따라 출력 Y는 입력 A가 0에서 3비트 이동된 것을 받는다. 모든 이동기에 대해 $shamt_{1:0}=00$일 때 $Y=A$이다. 예제

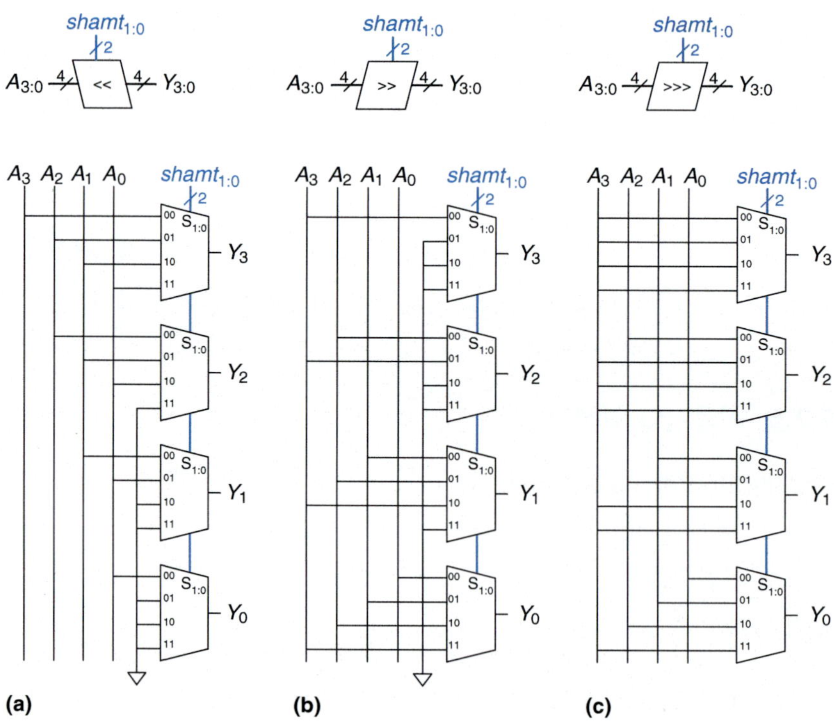

그림 5.16 4-비트 이동기: (a) 왼쪽 이동, (b) 논리 오른쪽 이동, (c) 산술 오른쪽 이동

5.14는 회전기 설계에 관한 것이다.

왼쪽 이동은 곱셈의 특별한 경우이다. N비트만큼 왼쪽 이동은 수에 2^N을 곱하는 것이다. 예를 들면 $000011_2 << 4 = 110000_2$는 $3_{10} \times 2^4 = 48_{10}$이다.

산술 오른쪽 이동은 나눗셈의 특별한 경우이다. N비트 산술 오른쪽 이동은 수에 2^N을 나누는 것과 같다. 예를 들면 $11100_2 >>> 2 = 11111_2$은 $-4_{10}/2^2 = -1_{10}$과 같다.

5.2.6 곱셈*

부호 없는 이진수의 곱셈은 1과 0만으로 곱셈하는 것을 제외하고 십진수의 곱셈과 같다. 그림 5.17은 십진수와 이진수의 곱셈을 비교한다. 두 경우 모두 다 부분 곱셈은 한 자리 수 승수에 완전한 피승수의 곱셈으로 이루어진다. 이동된 부분 곱셈은 결과를 계산하기 위해 더해진다.

일반적으로 $N \times N$ 곱셈기는 두 수 N비트를 곱하여 $2N$비트 결과가 생성된다. 2진 곱셈에서 부분 곱셈은 피승수이거나 모두 0이다. 1비트 이진수의 곱셈은 AND 동작과 같아서 부분 곱셈을 구성하는 데 AND 게이트를 사용한다.

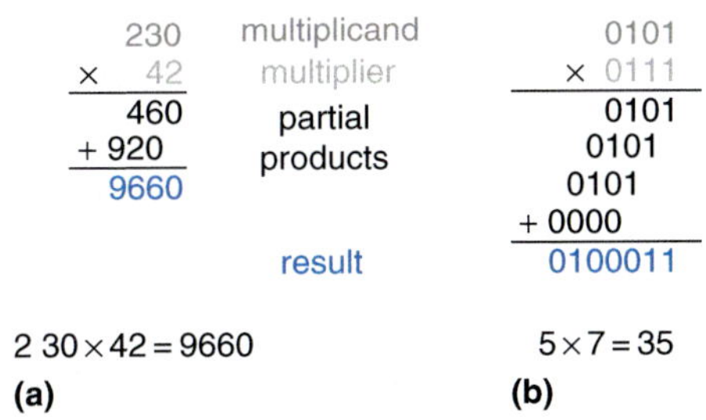

그림 5.17 곱셈: (a) 십진수, (b) 이진수

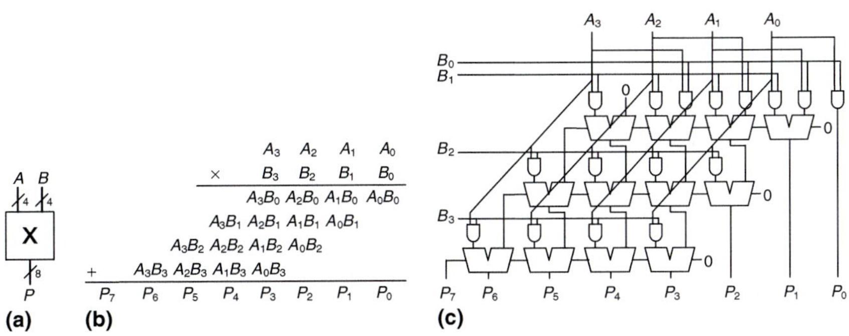

그림 5.18 4×4 곱셈기: (a) 심벌, (b) 함수, (c) 구현

그림 5.18은 4×4 곱셈기의 심벌, 함수, 구현을 보여준다. 곱셈기는 피승수와 승수 A, B를 받고 곱셈 결과 P를 산출한다. 그림 5.18(b)는 어떻게 부분 곱셈이 이루어지는가에 대해 나타낸다. 각 부분 곱셈은 한 개의 승수 비트(B_3, B_2, B_1, or B_0)와 피승수 비트(A_3, A_2, A_1, A_0)의 AND이다. N비트 피연산자일 때 N개 부분 곱셈과 1비트 가산기가 $N-1$단계 구성되어야 한다. 예를 들면 4×4 곱셈기에서 첫 번째 열의 부분 곱셈은 B_0와 (A_3, A_2, A_1, A_0)의 AND이다. 이 부분 곱셈은 두 번째 부분 곱셈인 B_1과 (A_3, A_2, A_1, A_0)의 AND를 하고 이동한 후 더해진다.

곱셈기에 대한 HDL 예제는 5.4에 있다. 가산기와 같이 곱셈기도 속도와 가격의 트레이드오프를 통해 적당한 설계를 하여야 한다. 설계 툴은 주어진 시간 제약에 맞추어 가장 적합한 설계를 선택할 것이다.

HDL 예제 5.4 곱셈기

SystemVerilog

```
module multiplier #(parameter N = 8)
                   (input logic [N-1:0] a, b,
                    output logic [2*N-1:0] y);

  assign y = a * b;
endmodule
```

VHDL

```
library IEEE; use IEEE.STD_LOGIC_1164.ALL;
use IEEE.NUMERIC_STD_UNSIGNED.ALL;

entity multiplier is
  generic(N: integer := 8);
  port(a, b: in  STD_LOGIC_VECTOR
                 (N-1 downto 0);
       y:    out STD_LOGIC_VECTOR
                 (2*N-1 downto 0));
end;

architecture synth of multiplier is
begin
  y <= a * b;
end;
```

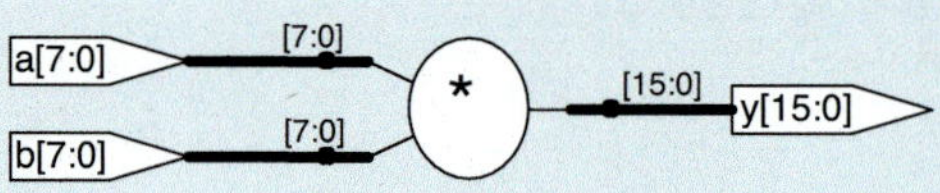

그림 5.19 합성된 곱셈기

5.2.7 나눗셈*

이진수 나눗셈은 부호 없는 $[0, 2^{N-1}]$ 범위의 N비트 수에 대해 다음 알고리즘으로 실행될 수 있다.

```
R' = 0
for i = N - 1 to 0
R = {R' << 1, Ai}
D = R - B
if D < 0 then Qi = 0, R' = R // R < B
else Qi = 1, R' = D // R ≥ B
R = R'
```

부분 나머지 R은 0으로 초기화된다. 피제수 A의 최상위 비트(MSB)는 R의 최하위 비트(LSB)가 된다. 제수 B는 적합할 때까지 부분 나머지에서 반복적으로 감산된다. 만약 차이 값 D가 음수(즉, D의 부호 비트가 1)이면 몫 비트 Q_i는 0이 되고 차이 값은 버린다. 그렇지 않은 경우 Q_i는 1이고, 부분 나머지는 그 차이 값으로 업데이트된다. 이 경우, 부분 나머지는 2배(1열 만큼 왼쪽 이동)가 되고 다음 A의 MSB는 R의 LSB가 되며 이러한 과정이 반복된다. 그 결과는 $\frac{A}{B} = Q + \frac{R}{B}$ 을 만족한다.

그림 5.20은 4비트 배열 나눗셈기의 구조를 보여준다. 나눗셈기는 A/B를 계산하고 몫 Q와 나머지 R을 만들어 낸다. 그림에서의 범례는 배열 나눗셈기 각 블록에 대한 심벌과 구조를 나타낸다. 신호 N은 $R-B$가 음수인지 지시한다. 부호가 다른 것은 D 출력으로 알 수 있다.

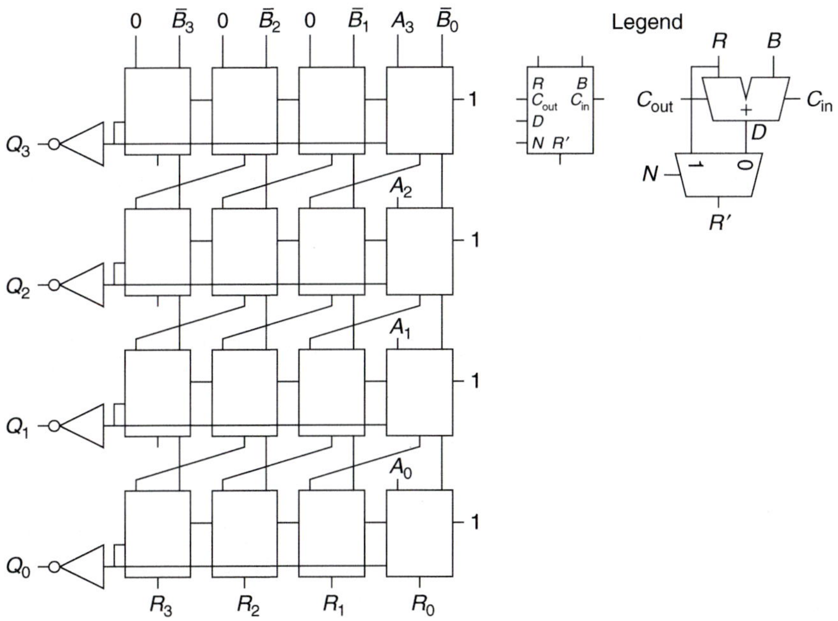

그림 5.20 배열 나눗셈기

N비트 배열 나눗셈기의 지연은 N^2에 비례하여 증가한다. 왜냐하면 부호가 결정되고 멀티플렉서가 R과 D를 선택하기 전에 캐리는 행의 모든 N 단계에 전달되어야 하기 때문이다. 이러한 것이 모든 N행에 대해 반복된다. 나눗셈은 속도가 느리고 하드웨어적인 비용이 많이 소요되므로 가능한 한 자주 사용하지 않는 것이 좋다.

5.2.8 보충 문헌

컴퓨터 산술에 관한 주제로 Ercegovac와 Lang의 『*Digital Arithmetic*』이 훌륭한 교재이다. 산술 동작을 위한 고성능 회로 설계에 관한 교재로 Weste와 Harris가 지은 『*CMOS VLSI Design*』이 뛰어나다.

5.3 수 체계

컴퓨터는 정수와 실수를 가지고 동작한다. 지금까지 1.4절에서 소개된 것처럼 부호가 있을 때와 부호가 없을 때의 정수만 고려하였다. 이 절에서는 유리수를 표현할 수 있는 고정 소수점과 부동 소수점 수 체계에 대해 소개한다. 고정 소수점은 어떤 비트는 정수를 나타내고, 나머지는 소수점 부분을 나타내는 십진수와 유사하다. 부동 소수점은 가수와 지수 부분을 가진 과학적 표시와 유사하다.

5.3.1 고정 소수점 수 체계

(a) 01101100

(b) 0110.1100

(c) $2^2 + 2^1 + 2^{-1} + 2^{-2} = 6.75$

그림 5.21 4 정수 비트와 4 소수점 비트로 6.75의 고정 소수점 표시

고정 소수점(fixed-point) 표시는 일반적인 십진수의 정수와 소수점 자리수 사이의 십진 소수점과 유사한 정수와 소수점 비트 사이의 함축된 **이진 소수점**이다. 예를 들면 그림 5.21(a)는 4정수 비트와 4소수점 비트를 가진 고정 소수점 수를 나타낸다. 그림 5.21(b)는 파란색으로 함축된 이진 소수점을 나타내고, 그림 5.21(c)는 등가 십진 값을 나타낸다.

(a) 0010.0110

(b) 1010.0110

(c) 1101.1010

그림 5.22 −2.375의 고정 소수점 표현: (a) 절댓값, (b) 부호와 크기, c) 2의 보수

부호를 가진 고정 소수점 수는 2의 보수(2's complement)와 부호/크기 표시 두 가지 방법으로 나타낼 수 있다. 그림 5.22는 −2.375를 4비트 정수와 4비트 소수부의 두 가지 방법을 사용하여 고정 소수점으로 나타낸다. 묵시적인 이진 소수점을 분명히 표시하기 위해 파란색으로 나타낸다. 부호를 가진 크기 표시에서 최상위 비트는 부호를 지시하는 데 사용된다.

2의 보수(2's complement)는 절댓값 비트를 인버터하고 최하위 비트(가장 오른쪽 비트)에 1을 더하여 만들어진다. 이 경우 최하위 비트 위치는 2^{-4} 열이다.

모든 이진수 표현과 같이 고정 소수점 수는 단지 비트들을 모아 놓은 것이다. 이진 소수점 존재를 아는 방법은 이진수를 이해하는 사람들의 협정에 의할 뿐이다.

예제 5.4 **고정 소수점 수의 산술**

고정 소수점 수를 이용하여 0.75+−0.625를 계산하라.

풀이 먼저 0.625를 고정 소수점 이진 표시로 변환한다. $0.625 \geq 2^{-1}$이므로 2^{-1} 열에 1이 되고, 0.625−0.5=0.125가 남는다. $0.125 < 2^{-2}$이므로 2^{-2}열에서 0이다. $0.125 \geq 2^{-3}$이므로 2^{-3}열에 1이고 0.125−0.125=0이 남는다. 그러므로 2^{-4}열에는 0이다. 정리하면 0.625=0000.1010이다.

부호를 가진 수에는 2의 보수 표현을 사용해야 정확한 덧셈 결과가 된다. 그림 5.23은 −0.625에 대한 고정 소수점 2의 보수 표시의 변환을 보여준다. 그림 5.24는 고정 소수점 이진 덧셈과 십진 덧셈의 비교를 나타낸다. 그림 5.24(a)에서 8비트 2진 고정 소수점 덧셈 결과에서 올림수 1은 버리는 것에 주의하라.

고정 소수점 수 체계는 큰 범위가 아닌 정확도를 요구하는 은행과 금융 분야에서 널리 사용된다.

5.3.2 부동 소수점 수 체계*

부동 소수점(floating-point) 수는 과학적 표기와 유사하다. 이것은 매우 큰 수와 매우 작은 수를 정수와 소수부 비트로 표시할 수 있는 한계까지 나타낸다. 부동 소수점 수는 그림 5.25에서 보는 바와 같이 과학적 표기로써 **부호**, **가수**(M), **밑수**(B), **지수**(E)로 나타낸다. 예를 들면 4.1×10^3은 4,100에 대한 십진 과학적 표기이다. 여기서 가수는 4.1이고, 밑수는 10, 지수는 3이다. 십진 소수점은 최상위 자리 수에서 한 칸 오른쪽으로 움직인다(float). 부동 소수점 수는 2진 가수와 밑수 2로 나타낸다. 32비트에서 부호 1비트, 지수 8비트 가수 23비트로 나타낸다.

	0000.1010	Binary Magnitude
	1111.0101	One's Complement
+	1	Add 1
	1111.0110	Two's Complement

그림 5.23 고정 소수점 2의 보수 변환

(a)	(b)
0000.1100	0.75
+ 1111.0110	+ (−0.625)
10000.0010	0.125

그림 5.24 덧셈: (a) 이진 고정 소수점, (b) 십진 등가 표현

$$\pm M \times B^E$$

그림 5.25 부동 소수점 수

1 bit	8 bits	23 bits
0	00000111	111 0010 0000 0000 0000 0000
Sign	Exponent	Mantissa

그림 5.26 32비트 부동 소수점 버전 1

예제 5.5 **32비트 부동 소수점 수**

10진수 228을 부동 소수점으로 나타내라.

풀이 먼저 십진수를 이진수로 변환한다. $228_{10}=11100100_2=1.11001_2\times2^7$이다. 그림 5.26은 32비트 인코딩을 나타내고 뒤에는 효율을 위해 수정된다. 부호 비트는 양수이므로 0, 8비트 지수 값은 7, 가수부는 23비트이다.

이진 부동 소수점에서 가수부의 첫 번째 비트(이진수 소수점의 왼쪽)는 항상 1이므로 저장될 필요가 없다. 이것을 **묵시적 1**(implicit leading one)이라고 부른다. 그림 5.27은 $228_{10}=11100100_2\times2^0=1.11001_2\times2^7$의 수정된 부동 소수점 표현을 보여준다. 묵시적 1은 효율성을 위해 23비트 가수부에는 포함되지 않았다. 소수점 이하 부분만 저장함으로써 1비트 여분의 데이터를 사용할 수 있도록 해준다.

부동 소수점을 표현하는 방식은 다양하다. 오랜 시간 동안 컴퓨터 제조사들은 서로 호환되지 않는 부동 소수점을 사용하여 다른 컴퓨터에서 바로 직접 해석하지 못하였다. 이 문제를 해결하기 위해 IEEE에서 1985년 부동 소수점 수를 정의하는 부동 소수점 표준 IEEE 754 안을 채택하였다. 이 부동 소수점 형식이 현재까지 널리 사용되고 있고 이 절에서 논의된 것 중 하나이다.

이제 지수부에 대한 수정을 한다. 지수는 양의 지수 또는 음의 지수를 나타낼 수 있어야 한다. 그래서 부동 소수점에서는 **편향**(biased)된 지수를 사용한다. 편향 지수는 원래의 지수에 상수 바이어스를 더해주면 된다. 32비트 부동 소수점에서는 127바이어스를 사용한다. 예를 들어 지수 7에 대해 바이어스 지수는 $7+127=134=10000110_2$이다. 지수 -4에 대해 바이어스 지수는 $-4+127=123=01111011_2$이다. 그림 5.28은 $1.11001_2\times2^7$을 소수부의 묵시적 1과 바이어스 지수 134(7+127)를 부동 소수점 표시로 나타낸 것이다. 이것은 IEEE 754에 따른 표준 부동 소수점 표시 방식이다.

1 bit	8 bits	23 bits
0	00000111	110 0100 0000 0000 0000 0000
Sign	Exponent	Fraction

그림 5.27 32비트 부동 소수점 버전 2

1 bit	8 bits	23 bits
0	10000110	110 0100 0000 0000 0000 0000
Sign	Biased Exponent	Fraction

그림 5.28 부동 소수점 표시 IEEE754

표 5.2 0, ±∞, NaN에 대한 IEEE 754 부동 소수점 표시

Number	Sign	Exponent	Fraction
0	X	00000000	00000000000000000000000
∞	0	11111111	00000000000000000000000
−∞	1	11111111	00000000000000000000000
NaN	X	11111111	Non-zero

특별한 경우: 0, ±∞, NaN

IEEE 부동 소수점 표시 표준은 특별한 경우의 수인 0과 무한대, NaN을 표시하는 방법을 포함하고 있다. 예를 들어 0을 표시하는 것은 묵시적 1 때문에 부동 소수점 표시 방식에서 문제가 발생한다. 지수 부분이 모두 0 이거나 모두 1인 특별한 코드는 특별한 경우를 위해 남겨둔다. 표 5.2는 0, ±∞, NaN에 대한 부동 소수점 표현을 보여준다. 부호를 가진 크기 표시에서 부동 소수점은 양의 0과 음의 0을 가진다. NaN은 $\sqrt{-1}$과 $\log_2(-5)$와 같은 존재하지 않는 숫자에 대해 사용된다.

단-배정도 형식

지금까지 조사해왔던 32비트 부동 소수점 형식을 **단정도**(single-precision), **싱글**(single), **플롯**(float)이라고 한다. IEEE 754 표준은 정확도와 범위를 확장한 것에 대해 64비트 **배정도**(double-precision) 수라고 정의하며, 또한 **더블**(double)이라고 한다. 표 5.3은 각 형식에서 사용되는 비트 수를 보여준다.

앞에서 언급한 특별한 경우를 제외하고 일반적인 단정도 수는 $\pm 1.175494 \times 10^{-38}$에서 $\pm 3.402824 \times 10^{38}$의 범위를 나타낸다. 이것은 십진수 7자리의 정확도를 가진다(왜냐하면 $2^{-24} \approx 10^{-7}$). 유사하게 일반적인 배정도 수는 십진에서 15자리 정확도를 가지며 $\pm 2.22507385850720 \times 10^{-308}$에서 $\pm 1.79769313486232 \times 10^{308}$ 범위를 나타낸다.

표 5.3 단-배정도 부동 소수점 형식

Format	Total Bits	Sign Bits	Exponent Bits	Fraction Bits
single	32	1	8	23
double	64	1	11	52

1.7과 같은 숫자는 부동 소수점에서 정확하게 나타낼 수 없다. 계산기에 1.7을 치면 1.69999...가 아닌 1.7을 정확하게 볼 수 있다. 이것을 처리하기 위해 계산기와 금융 소프트웨어에서는 BCD(Binary Coded Decimal) 수나 밑수 10을 가진 지수 형식을 사용한다. BCD 숫자는 십진수 0에서 9 범위 수를 2진수 4비트로 인코딩한 것이다. 예를 들면 1.7의 BCD 고정 소수점 표현은 4비트 정수 비트와 4비트 소수부로서 0001.0111이다. 물론 공짜는 없다. 산술적 하드웨어에서 복잡도가 증가할수록, 또 낭비되는 인코딩으로 비용은 증가하며 성능은 떨어진다. 그래서 집중 계산을 요하는 응용 분야에서는 부동 소수점이 더 빠르다.

절사

표현 가능한 범위를 벗어나는 산술 결과는 이웃 자리 수에 절사(rounding)된다. 절사 모드에는 round down, round up, round toward zero, round to nearest가 있다. 기본적인 절사 모드는 round to nearest이다. 이 모드에서 두 수가 거의 같으면 소수부 최하위 위치에 0을 가진 것이 선택된다.

어떤 수가 표현할 수 없을 정도로 크면 '오버플로'라고 하고 어떤 수가 표현할 수 없을 정도로 작으면 '언더플로'라고 한다. round to nearest 모드에서 오버플로는 $\pm\infty$로 라운드 업하고 언더플로는 0으로 라운드 다운된다.

부동 소수점 덧셈

부동 소수점 수에서 덧셈은 2의 보수 덧셈과 같이 간단하지 않다. 같은 부호를 가진 부동 소수점 수에 대한 덧셈은 다음의 단계를 따른다.

1. 지수와 소수부 비트를 추출한다.
2. 가수부를 만들기 위해 묵시적 1을 더한다.
3. 지수부를 비교한다.
4. 필요하다면 작은 가수를 이동한다.
5. 가수를 더한다.
6. 가수를 정규화하고, 지수부를 조정한다.
7. 결과를 절사한다.
8. 지수와 소수부를 부동 소수점 수로 재배열한다.

부동 소수점 산술을 빠르게 하기 위해 일반적으로 하드웨어에서 사용된다. 이러한 하드웨어를 FPU(Floating Point Unit)라 하는데, CPU(Central Processing Unit)와는 구분된다. 펜티엄 FPU는 불명예스러운 FDIV 버그로 리콜과 결점 칩을 교환하는데 4억7천5백만 달러가 소요되었다. 이 버그는 단순히 룩업 테이블이 정확하게 로드되지 않음으로써 발생했다.

그림 5.29는 $7.875(1.11111 \times 2^2)$와 $0.1875(1.1 \times 2^{-3})$의 부동 소수점 덧셈을 보여준다. 그 결과는 $8.0625(1.0000001 \times 2^3)$이다. 1단계와 2단계에서 소수부와 지수부 비트가 추출되고 묵시적 1이 더해진 후, 큰 지수에서 작은 지수를 뺌으로써 지수부의 차이를 알 수 있다. 4단계에서 지수부를 같게 하면 이진수의 소수점을 정렬하기 위해 그 차이 값만큼 작은 쪽 수가 오른쪽으로 이동한다. 이렇게 정렬된 수들은 더해진다. 더한 결과에서 가수부는 2.0보다 같거나 크므로 1비트 오른쪽으로 이동하고 지수를 증가시킴으로써 결과는 정규화된다. 이 예에서 결과는 정확하므로 절사가 필요없다. 이 결과는 가수부의 묵시적 1은 제거되고 먼저 결정된 부호 비트로써 부동 소수점 표기로 저장된다.

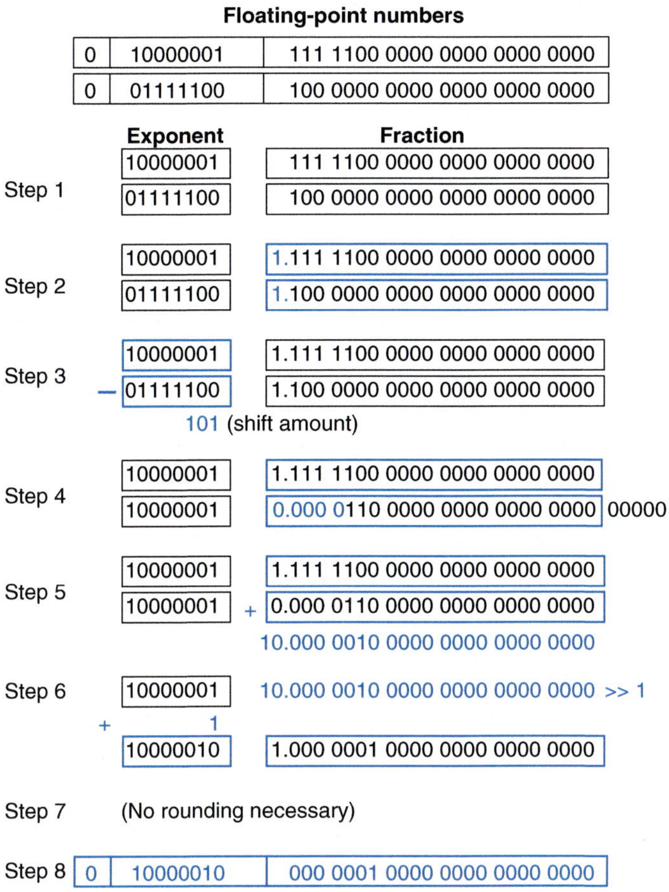

그림 5.29 부동 소수점 가산

5.4 순차 빌딩 블록

이 절에서는 카운터와 시프터 레지스터와 같은 순차 빌딩 블록을 다룬다.

5.4.1 카운터

그림 5.30에서 N비트 이진 카운터는 클록, 리셋 입력과 N비트 출력 Q를 가진다. 리셋은 출력을 0으로 초기화시킨다. 이 카운터는 클록 신호가 상승 모서리에서 증가하며 2진 순서로 모든 가능한 2^N 출력으로 진행한다.

그림 5.31은 한 개의 가산기와 리셋 가능한 레지스터로 구성된 N비트 카운터를 보여준다. 각 클록 사이클에서 카운터는 저장되어 있는 레지스터에 1을 더한다. HDL 예제 5.5는 비동기 리셋을 가진 2진 카운터를 나타낸다.

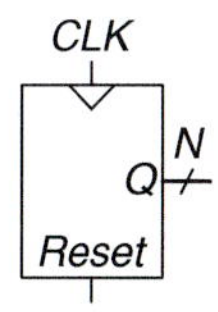

그림 5.30 카운터 기호

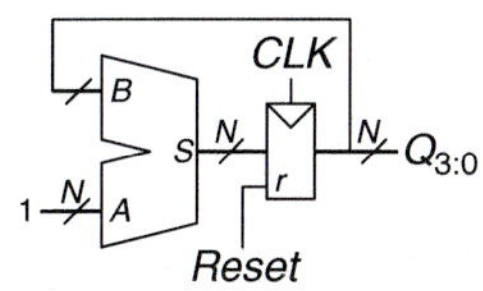

그림 5.31 N비트 카운터

업/다운 카운터와 같은 카운터의 다른 형태는 예제 5.43~예제 5.46에서 다룬다.

HDL 예제 5.5 COUNTER

SystemVerilog

```
module counter #(parameter N = 8)
               (input logic clk,
                input logic reset,
                output logic [N-1:0] q);

  always_ff @(posedge clk, posedge reset)
    if (reset) q <= 0;
    else       q <= q + 1;
endmodule
```

VHDL

```
library IEEE; use IEEE.STD_LOGIC_1164.ALL;
use IEEE.NUMERIC_STD_UNSIGNED.ALL;

entity counter is
  generic(N: integer := 8);
  port(clk, reset: in  STD_LOGIC;
       q:          out STD_LOGIC_VECTOR
                        (N-1 downto 0));
end;

architecture synth of counter is
begin
  process(clk, reset) begin
    if reset then          q <= (OTHERS => '0');
    elsif rising_edge(clk) then q <= q + '1';
    end if;
  end process;
end;
```

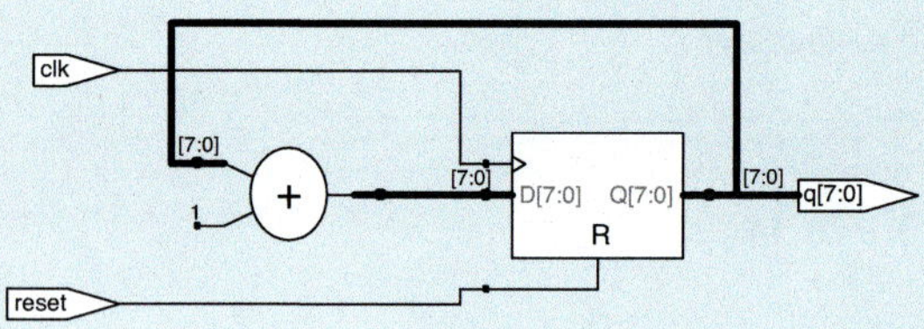

그림 5.32 합성된 카운터

5.4.2 시프트 레지스터

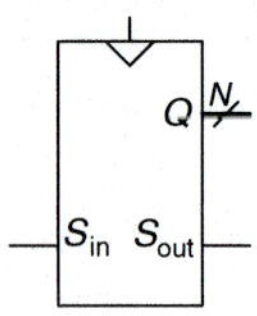

그림 5.33 시프트 레지스터 기호

시프트 레지스터는 그림 5.33에서 보는 것과 같이 한 개의 클록과 직렬 입력 S_{in}, 직렬 출력 S_{out}, N개의 병렬 출력 $Q_{N-1:0}$으로 구성된다. 각 클록의 상승 에지에서 한 개의 새로운 비트가 S_{in}으로 입력되고, 그 뒤를 이어서 계속하여 이동된다. 시프트 레지스터에서 마지막 비트는 S_{out}에서 이용 가능하다. 시프트 레지스터는 **직–병렬 변환기**로 간주될 수 있다. 입력은 S_{in}에 한 번에 하나씩 직렬로 공급된다. N 사이클 후 과거에 입력된 N개 입력은 Q에서 사용 가능하다.

시프트 레지스터는 그림 5.34처럼 직렬로 연결된 N개의 플립플롭으로

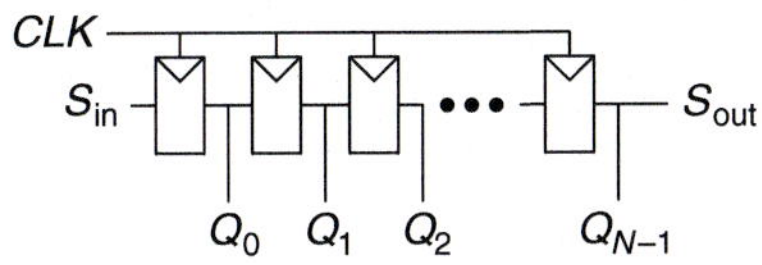

그림 5.34 시프트 레지스터 구조

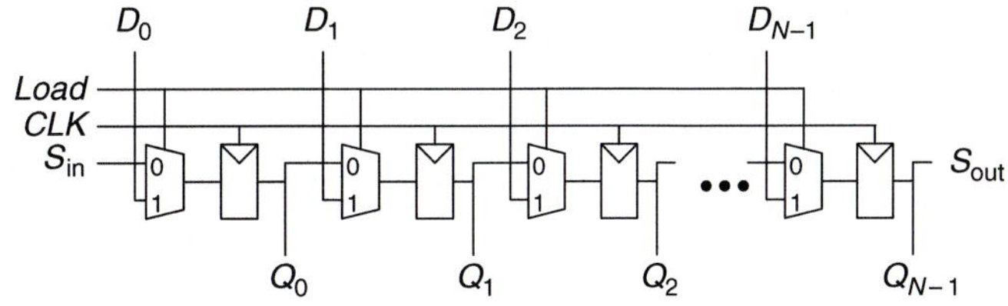

그림 5.35 병렬 로드를 가진 시프트 레지스터

구성될 수 있다. 어떤 시프트 레지스터는 모든 플립플롭의 값을 초기화하는 리셋 신호를 가지고 있다.

관련된 회로는 **병–직렬 변환기**(Parallel-to-serial converter)로서 병렬로 N 비트 로드하고 한 번에 하나씩 이동하는 것이다. 어떤 시프트 레지스터는 직–병렬과 병–직렬 모두 동작할 수 있도록 수정될 수 있다. 이것은 그림 5.35와 같이 병렬 입력 $Q_{N-1:0}$과 제어 신호 **로드**(load)를 부가함으로써 구현될 수 있다. 로드 신호가 확정될 때 D 입력으로부터 이 플립플롭은 병렬로 로드된다. 그렇지 않으면 이 시프트 레지스터는 일반적인 시프트 레지스터로 동작한다. HDL 예제 5.6은 시프트 레지스터에 대한 것을 나타내고 있다.

> 시프트 레지스터를 5.2.5절의 시프트와 혼동해서는 안 된다. 시프트 레지스터는 새로운 입력 비트를 각 클록 에지에 동기되어 이동하는 순차 논리 블록이다. 시프트는 규정된 양만큼 입력을 이동하는 비동기 조합 논리 블록이다.

HDL 예제 5.6 시프트 레지스터

SystemVerilog

```
module shiftreg #(parameter N = 8)
                (input  logic       clk,
                 input  logic       reset, load,
                 input  logic       sin,
                 input  logic [N-1:0] d,
                 output logic [N-1:0] q,
                 output logic sout);

always_ff @(posedge clk, posedge reset)
  if (reset)       q <= 0;
  else if (load)   q <= d;
  else             q <= {q[N-2:0], sin};

  assign sout = q[N-1];
endmodule
```

VHDL

```
library IEEE; use IEEE.STD_LOGIC_1164.ALL;

entity shiftreg is
  generic(N: integer := 8);
  port(clk, reset: in  STD_LOGIC;
       load, sin:  in  STD_LOGIC;
       d:          in  STD_LOGIC_VECTOR
                        (N-1 downto 0);
       q:          out STD_LOGIC_VECTOR
                        (N-1 downto 0);
       sout:       out STD_LOGIC);
end;

architecture synth of shiftreg is
begin
  process(clk, reset) begin
    if reset = '1' then q <= (OTHERS => '0');
    elsif rising_edge(clk) then
      if load then       q <= d;
      else               q <= q(N-2 downto 0)
```

```
& sin;
    end if;
  end if;
end process;

sout <= q(N-1);
end;
```

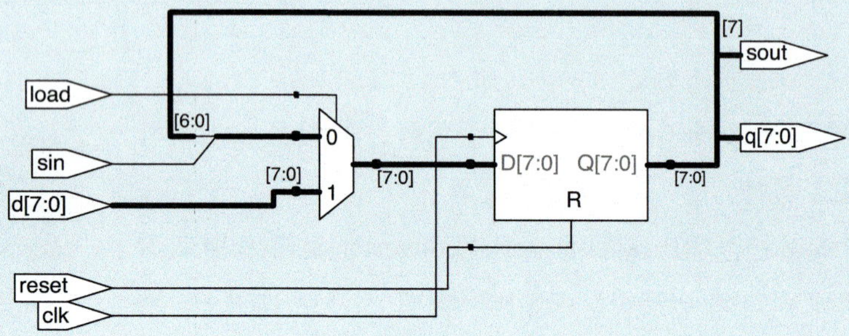

그림 5.36 합성된 시프트 레지스터

스캔 체인*

시프트 레지스터는 '스캔 체인(scan chain)'이라 불리는 기술을 이용하여 순차회로를 테스트하는 데 사용된다. 조합회로의 테스트는 상대적으로 쉽다. **테스트 벡터**라 부르는 알려진 입력을 인가하고 예상되는 결과에 대해 출력이 체크된다. 순차회로는 상태를 가지고 있기 때문에 순차회로의 테스트는 보다 어렵다. 알려진 초기 상태에서 출발하여 이 회로의 요구 상태를 만드는 데 테스트 벡터의 수많은 사이클이 필요하다. 예를 들어 32비트 카운터 최상위 비트가 0에서 1로의 진행을 테스트하는 데 카운터 리셋팅과 2^{31}개의(20억 개) 클록 펄스가 적용된다.

이러한 문제의 해결을 위해 설계자들은 장치의 모든 상태에 대한 직접적인 관찰과 제어 가능한 것을 선호한다. 이것은 모든 플립플롭의 내용을 읽어 들이거나 원하는 값을 로드하는 테스트 모드를 첨가함으로써 이루어진다. 대부분의 시스템들은 각각의 플립플롭을 읽고 쓰기 위한 너무 많은 전용 핀 플립플롭을 가지고 있다. 대신에 시스템의 모든 플립플롭은 스캔 체인이라는 하나의 시프트 레지스터로 연결된다. 일반적인 동작에서 플립플롭은 D 입력으로부터 데이터를 로드하고 스캔체인은 무시한다. 테스트 모드에서 플립플롭들은 내용이 직렬로 이동되어 나오고(S_{out}) 새로운 데이터가 이동되어 입력(S_{in})된다. 로드 멀티플렉서는 스캔할 수 있는 플

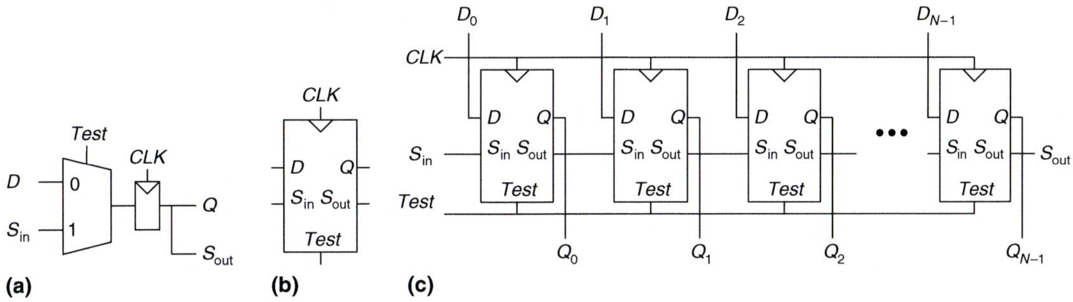

그림 5.37 스캔 가능한 플립플롭: (a) 구조, (b) 심벌, (c) N-비트 스캔 가능한 레지스터

립플롭을 만들기 위해 항상 플립플롭으로 집적된다. 그림 5.37은 스캔할 수 있는 플립플롭에 대한 구성도와 심벌을 보여주고, N비트 스캔 가능한 레지스터를 구축하기 위해 플립플롭이 어떻게 직렬로 연결되는지를 예시한다.

예를 들어 32비트 카운터는 테스트 모드에서 011111…111 패턴을 이동시킴으로써 테스트될 수 있는데, 일반 모드에서는 1사이클을 계산하고 그 결과를 이동 출력하면 100000…000이 된다. 여기에는 32+1+32=65사이클이 필요하다.

5.5 메모리 배열

지금까지 데이터를 다루기 위해 산술회로와 순차회로를 소개하였다. 디지털 시스템은 그런 회로에 의해 사용되고 생산되는 데이터를 저장하는 메모리가 필요하다. 플립플롭으로 만들어진 레지스터는 적은 양의 데이터를 저장할 수 있는 일종의 메모리이다. 이 절에서는 많은 양의 데이터를 효율적으로 저장할 수 있는 메모리 배열에 대해 기술한다.

이 절에서는 모든 메모리 배열이 가지고 있는 특성을 나타내는 개요로 시작한다. 세 가지 형태의 메모리 배열인 동적 램(DRAM), 정적 램(SRAM), ROM에 대해 소개한다. 각 메모리는 저장되는 방식이 다르다. 이 절에서는 면적과 지연의 절충을 간단히 논하고 데이터를 저장하는 방법뿐만 아니라 논리 기능의 사용 방법까지 보여준다.

5.5.1 개요

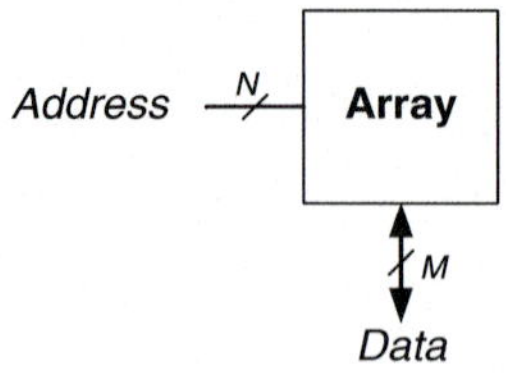

그림 5.38 포괄적 메모리 배열 기호

그림 5.38은 메모리 배열에 대한 포괄적인 기호이다. 이 메모리는 메모리 셀의 2차원적 배열로 구성되어 있다. 메모리는 배열의 1행에 데이터를 읽거나 쓴다. 이 행은 **주소(address)**로 명시된다. 읽거나 쓰인 값을 **데이터**라고 한다. N비트 주소와 M비트 데이터 배열은 2^N행과 M열로 구성된다. 데이터의 각 행을 워드라 한다. 따라서 이 배열은 2^N개 M비트 워드를 가진다.

그림 5.39는 2주소 비트와 3데이터 비트로 구성된 메모리 배열을 보여준다. 2주소 비트는 배열에서 4행 중 하나를 지시한다. 각 데이터 워드는 3비트 폭이다. 그림 5.39(b)는 메모리 배열의 가능한 내용을 보여준다.

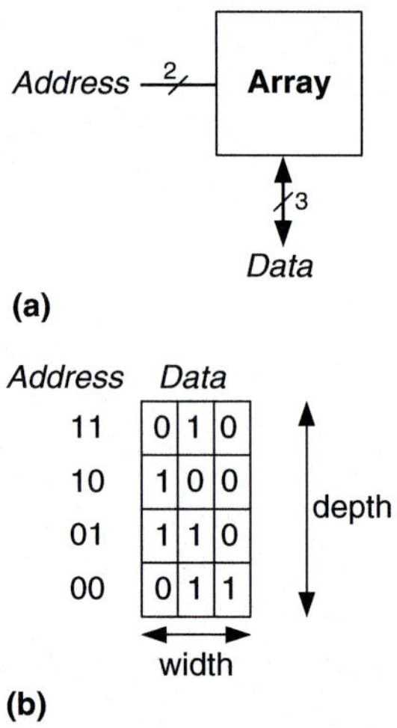

그림 5.39 4×3 메모리 배열: (a) 기호, (b) 기능

배열의 **깊이**는 행의 수이고 **폭**은 열의 수로서 워드 크기라고 한다. 배열의 크기는 깊이×폭으로 주어진다. 그림 5.39는 4워드×3비트 배열 또는 간단히 4×3배열이다. 그림 5.40은 1,024워드×32비트 배열에 대한 심벌이다. 이 배열의 전체 크기는 32Kb이다.

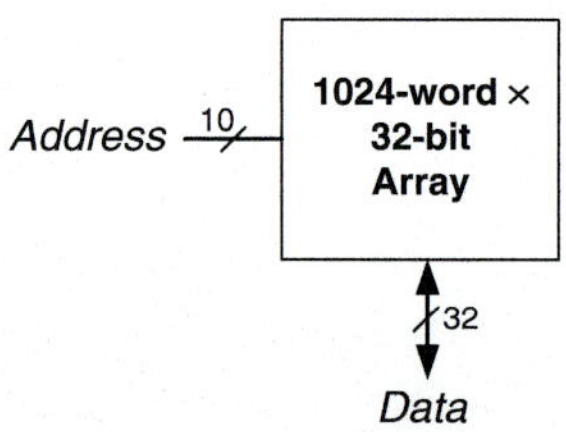

그림 5.40 32Kb 배열: 깊이 $=2^{10}=1024$, 폭=32비트

비트 셀

메모리 배열은 1비트 데이터를 저장할 수 있는 **비트 셀(bit cell)**의 배열로 만들어진다. 그림 5.41은 각 비트 셀은 **워드라인**과 **비트라인**에 연결되어 있음을 보여준다. 주소 비트 각각의 결합을 위해 비트 셀의 행으로 활성화시키는 한 개의 워드라인을 사용한다. 워드라인이 HIGH일 때 저장된 비트는 비트라인으로 또는 비트라인으로부터 전송된다. 그렇지 않으면 비트라인은 셀에서 끊어진다. 비트를 저장하는 회로는 메모리 형태에 따라 변한다.

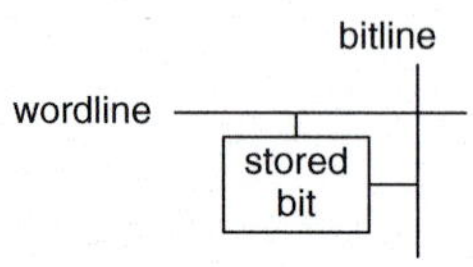

그림 5.41 비트 셀

비트 셀을 읽기 위해 비트라인은 초기에 플로팅(Z)으로 남는다. 이때 워드라인은 ON 되고 저장된 값이 비트라인을 0 혹은 1로 구동하도록 한다. 비트 셀에 쓰기 위해 비트라인은 요구 값이 되도록 강하게 구동한다. 이때 비트라인을 저장된 비트에 연결함으로써 워드라인은 ON 된다. 강하게 구동된 비트라인은 비트 셀의 내용을 제압함으로써 요구 값을 기억된 비트에 쓴다.

구성

그림 5.42는 4×3 메모리 배열의 내부 구성을 보여준다. 물론 실제 메모리는 이것보다 훨씬 크지만 작은 배열을 기초로 하여 큰 배열의 거동을 추

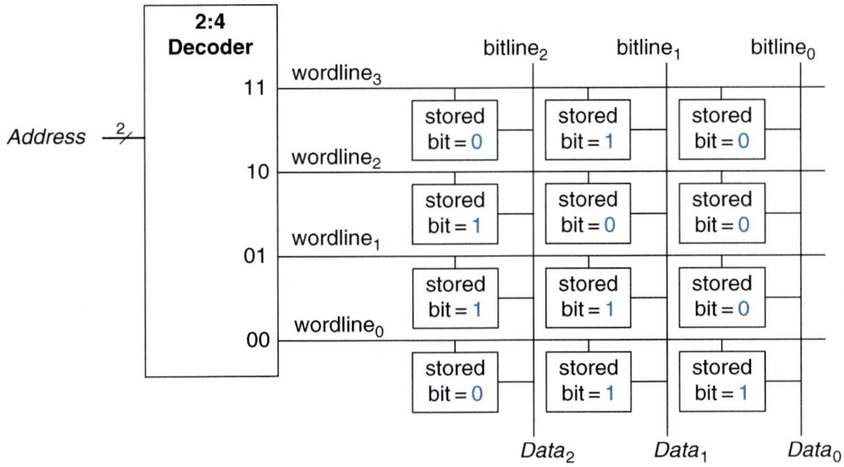

그림 5.42 4×3 메모리 배열

정할 수 있다. 이 예에서는 그림 5.39(b) 데이터를 배열로 저장한다.

메모리를 읽는 동안에 워드라인이 활성화되고 대응되는 비트 셀의 행이 비트라인이 HIGH나 LOW가 되도록 한다. 메모리에 쓰는 동안에 먼저 비트라인이 HIGH나 LOW로 구동되고 나서 워드라인이 활성화된다. 그러면 비트라인 값이 비트 셀의 행에 저장된다. 예를 들면 주소 10을 읽기 위해 비트라인은 플로팅으로 남고 디코더는 워드라인_2를 활성화한다. 그리고 비트 셀에 저장된 데이터(100)는 데이터 비트라인상에 읽혀 나온다. 주소 11에 001을 쓰기 위해 비트라인은 001값으로 구동되고 이때 워드라인_3이 활성화되고 새로운 값 001이 그 비트 셀에 저장된다.

메모리 포트

모든 메모리는 한 개 이상의 **포트**(port)를 가진다. 각 포트는 한 개의 메모리 주소에 접근하여 읽거나 혹은 쓴다. 지금까지의 예제들은 한 개의 포트만 가진 메모리에 대한 것이었다.

다중 포트 메모리는 동시에 몇 개의 주소에 접근할 수 있다. 그림 5.43은 두 개의 읽기 포트와 1개의 쓰기 포트를 가진 3포트 메모리를 보여준다. 포트 1은 주소 *A*1에서 데이터를 읽어 *RD*1로 보낸다. 포트 2는 주소 *A*2에서 데이터를 읽어 *RD*2로 보낸다. 포트 3은 쓰기 가능 *WE*3가 활성화되고 상승 클록 펄스 신호 시에 주소 *A*3에 *WD*3으로 입력된 데이터를 쓴다.

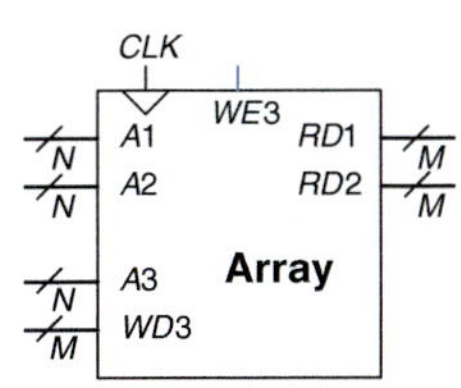

그림 5.43 3포트 메모리

메모리 형태

메모리 배열은 메모리 크기(깊이×폭)와 포트의 수와 형태에 따라 정의된다. 모든 메모리 배열은 비트 셀의 배열로 데이터를 저장하지만 저장하는 방법은 서로 다르다.

메모리는 비트 셀에서 비트가 어떻게 저장되는지의 기준에 따라 분류된다. 가장 넓은 분류는 RAM(random access memory)과 ROM(read only memory)이다. RAM은 휘발성으로 전원이 꺼지면 데이터가 사라진다. ROM은 비휘발성으로 전원이 없어도 데이터를 그대로 유지한다.

RAM과 ROM은 이제 더 이상 의미 있지는 않지만 역사적인 이유로 명명되었다. RAM은 어떤 데이터 워드라도 똑같은 지연으로 접근하기 때문에 임의 접근 메모리라고 한다. 반대로 녹음테이프와 같이 순차 접근 메모리는 멀리 있는 데이터보다 가까운 데이터에 더 빨리 접근할 수 있다(예를 들어 테이프의 다른 쪽 끝 부분). ROM은 쓸 수 없고 오직 읽을 수만 있다는 의미에서 Read Only Memory라고 명명되었다. ROM은 또한 임의 접근 방식이기도 하므로 이러한 명명이 혼란스러울 수 있다. 설상가상으로 현대의 대부분의 ROM들은 읽기뿐만 아니라 쓸 수도 있다. 기억해야 할 중요한 차이점은 RAM은 휘발성이고 ROM은 비휘발성이라는 것이다.

RAM의 주요한 종류로 **동적 램**(Dynamic RAM)과 **정적 램**(Static RAM)이 있다. 동적 램은 커패시터상의 전하로 데이터를 저장하고, 정적 램은 교차 결합된 인버터 쌍을 이용하여 데이터를 저장한다. 다양한 쓰고 지우는 방법에 따라 ROM은 많은 종류가 있다. 이러한 메모리의 여러 가지 형태에 대해 연속되는 절에서 논한다.

Robert Dennard, 1932~,
1966년 IBM에서 DRAM을 개발하였다. 많은 사람들이 이것에 대해 회의적이었지만 1970년대 중반부터 DRAM은 모든 컴퓨터에 사용되었다. IBM에서 일하기 전까지 별다른 업적이 없었지만 1965년 이후로 반도체와 전자공학 분야의 35개의 특허를 출원하였다.
Photo courtesy of IBM.

5.5.2 동적 RAM

동적 램(DRAM)은 커패시터상의 전하의 유무에 따라 한 비트를 저장한다. 그림 5.44는 DRAM 비트 셀을 보여준다. 비트 값이 커패시터상에 저장된다. nMOS 트랜지스터는 비트라인에서 커패시터를 연결할지 끊을지 스위치 역할을 한다. 워드라인이 활성화되면 nMOS 트랜지스터는 ON 되고 기억된 비트 값은 비트라인으로 전송하거나 비트라인으로부터 전송된다.

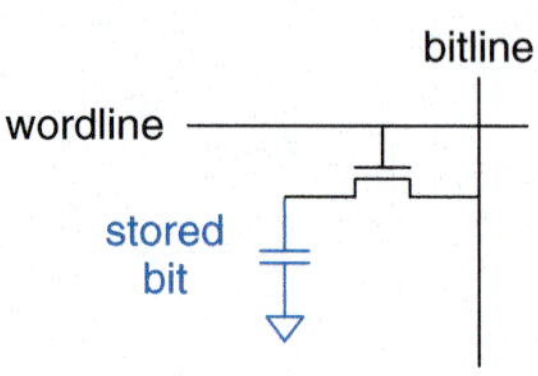

그림 5.44 DRAM 비트 셀

그림 5.45(a)에서 보인 것처럼 커패시터가 V_{DD}로 충전되면 저장된 비트 값은 1이 되고, 커패시터가 GND로 방전되면(그림 5.45(b)) 저장된 값은 0이다. 커패시터의 접점은 동적이다. 왜냐하면 트랜지스터에 결합된 V_{DD}나

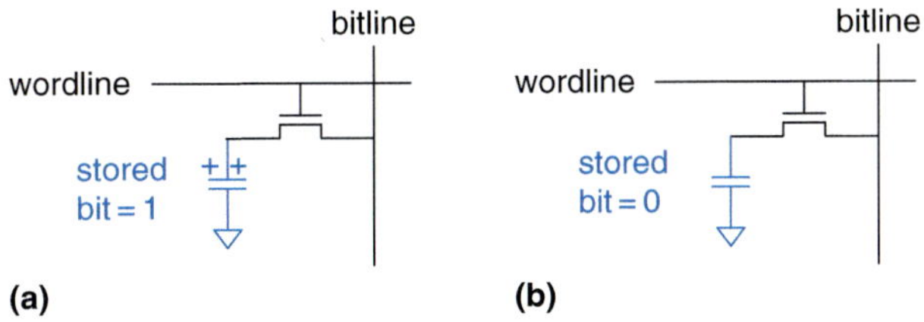

그림 5.45 DRAM의 저장된 값

GND에 의해 능동적으로 HIGH나 LOW가 되는 것이 아니기 때문이다.

읽을 때는 데이터 값이 커패시터에서 비트라인으로 전송되고 쓸 때는 데이터 값이 비트라인에서 커패시터로 전송된다. 읽기는 커패시터에 저장된 비트 값의 파괴를 야기하므로 읽기 후 비트워드는 다시 저장되어야 한다. 읽지 않아도 커패시터의 전하는 시간이 지남에 따라 소멸되므로 수 밀리세컨드마다 재충전되어야 한다.

5.5.3 SRAM

정적 램(SRAM)은 저장된 값을 재충전할 필요가 없으므로 정적이다. 그림 5.46은 SRAM 비트 셀을 나타낸다. 3.2절에서 논의된 것과 같은 교차 결합된 인버터에 데이터를 저장한다. 각 셀은 두 개의 출력, 비트라인과 비트라인의 부정으로 구성된다. 워드라인이 활성화되면 두 개의 nMOS 트랜지스터는 ON 되고 데이터 값은 비트라인으로 전송되거나, 비트라인에서 전송된다. DRAM과는 다르게 노이즈가 저장된 비트 값의 품질을 떨어뜨리면 교차 결합된 인버터가 그 값을 재저장한다.

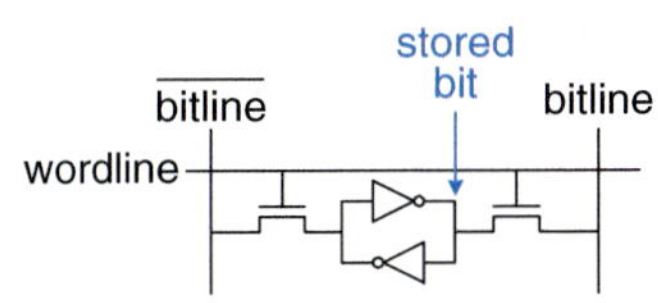

그림 5.46 SRAM 비트 셀

5.5.4 면적과 지연

플립플롭, SRAM, DRAM은 모두 휘발성 메모리이지만 각각은 다른 면적과 지연 특성을 가지고 있다. 표 5.4는 이러한 세 가지 형태 휘발성 메모리의 비교를 나타낸다. 플립플롭에 저장된 데이터 비트는 출력으로 즉시 이용 가능하다. 그러나 플립플롭의 구축에는 적어도 20개의 트랜지스터가 필요하다. 일반적으로 어떤 장치에 트랜지스터가 많이 사용되면 더 많은 면적과 전력, 비용이 소요된다. DRAM은 비트라인이 트랜지스터에 의해 능동적으로 구동되지 않으므로 SRAM보다 지연 시간이 더 길다.

표 5.4 메모리 비교

Memory Type	Transistors per Bit Cell	Latency
flip-flop	~20	fast
SRAM	6	medium
DRAM	1	slow

DRAM은 커패시터에서 비트라인으로의 전하의 이동이 상대적으로 더디므로 기다려야 한다. DRAM은 읽기 후 뿐만 아니라 주기적으로 데이터를 재충전해야 하므로 기본적으로 SRAM보다 처리량이 낮다. 이런 문제를 극복하기 위해 DRAM은 **동기 DRAM**(Synchronous DRAM)과 **DDR**(Double data rate) SDRAM이 개발되었다. SDRAM은 파이프라인으로 메모리 접근을 위해 클록을 사용한다. DDR이라고 하는 DDR SDRAM은 데이터 접근 시 클록 상승과 하강 에지 모두를 사용함으로써 주어진 클록 속도에서 처리량을 2배로 증가시킬 수 있다. DDR은 2000년에 처음으로 표준화되어 100~200MHz의 속도로 동작하였다. 뒤에 표준화된 DDR2, DDR3, DDR4는 클록 속도가 빨라져 2012년에는 1GHz 이상이 되었다.

메모리 지연과 처리량은 메모리의 크기에 따라 좌우된다. 다른 조건이 똑같은 상태라면 큰 메모리는 작은 메모리보다 늦다. 특별한 설계를 위한 최고의 메모리 형태는 속도, 가격, 전력의 제약에 의존한다.

5.5.5 레지스터 파일

디지털 시스템은 일시적인 변수를 저장하기 위해 몇 개의 레지스터를 사용한다. 이런 레지스터의 그룹을 **레지스터 파일**(Register Files)이라고 한다. 플립플롭의 배열보다 더 소형이기 때문에 작고 다중 포트를 가진 SRAM 배열로 만들어진다.

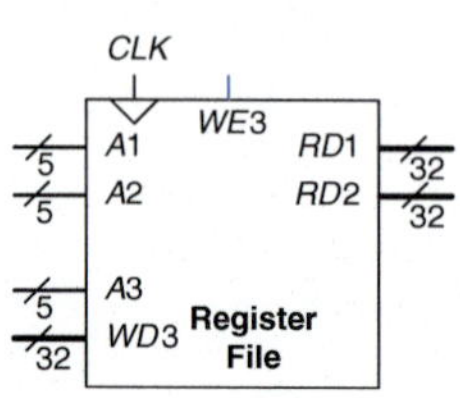

그림 5.47 두 개의 read 포터와 1개의 write 포터로 구성된 32×32 레지스터 파일

그림 5.47은 그림 5.43과 유사하게 세 개의 포터를 가진 메모리로서 32-레지스터×32-비트 레지스터 파일을 나타낸다. 이 레지스터 파일은 두 개의 읽기 포터($A1/RD1$, $A2/RD2$)와 1개의 쓰기 포터($A3/WD3$)를 가진다. $A1$, $A2$, $A3$ 각각은 5비트 주소를 가지므로 2^5=32개의 주소에 접근할 수 있다. 그래서 동시에 두 개의 레지스터는 읽을 수 있고 1개의 레지스터는 쓸 수 있다.

5.5.6 ROM

ROM(read only memory)은 트랜지스터의 존재 유무에 따라 1비트를 저장한다. 그림 5.48은 간단한 ROM 비트 셀을 보여준다. 셀을 읽기 위해 비트 라인은 HIGH를 약하게 당긴다. 이때 워드 라인은 ON 된다. 트랜지스터가 있으면 비트라인을 LOW로 당긴다. 만약 트랜지스터가 없으면 비트라인은 HIGH로 유지한다. ROM 비트 셀은 조합회로이고 전원이 꺼져도 잃어버릴 상태가 없다는 것에 주의하라.

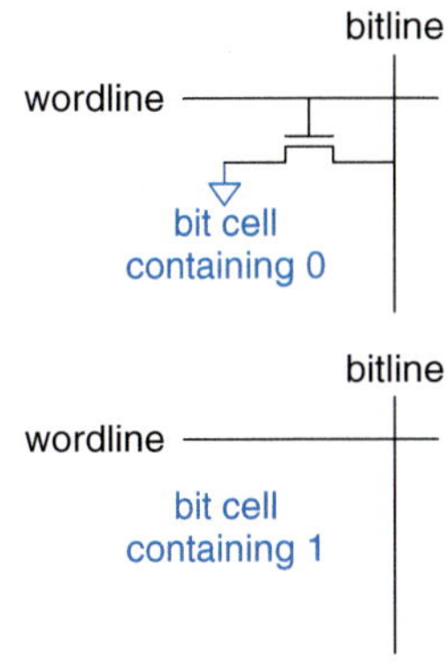

그림 5.48 0과 1을 가진 ROM 비트 셀

ROM은 점 표시(dot notation)로 나타낸다. 그림 5.49는 그림 5.39의 데이터를 가지는 4-워드×3-비트 ROM의 점 표시를 나타낸다. 행(워드라인)과 열(비트라인)의 교차점에서의 점은 데이터 비트 1을 지시한다. 예를 들어 제일 위 워드라인은 $Data_1$에서 점을 가지므로 주소 11에 저장된 데이터 워드는 010이다.

개념적으로 ROM은 AND 게이트 그룹에 따르는 OR 게이트 그룹으로 구성된 2단계 논리를 사용하여 구현될 수 있다. 이 AND 게이트는 모든 가능한 최소항을 만들어 한 개의 디코더를 형성한다. 그림 5.50은 디코더와 OR 게이트를 이용해 구성된 그림 5.49의 ROM을 보여준다. 그림 5.49에서 각 행의 점은 그림 5.50에서 OR 게이트에 대한 입력이다. 한 점의 데이트 비트(이 경우는 $Data_0$)는 OR 게이트가 필요 없다. 2단계 논리 함수로 ROM이 실현될 수 있다는 것이 흥미롭다. 실제로 ROM은 크기와 비용 때문에 논리 게이트 대신에 트랜지스터로 만들어진다. 5.6.3절에서 트

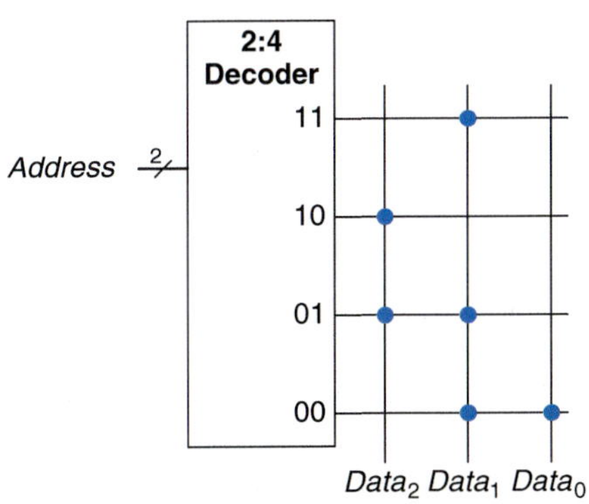

그림 5.49 4×3 ROM: 점 표시

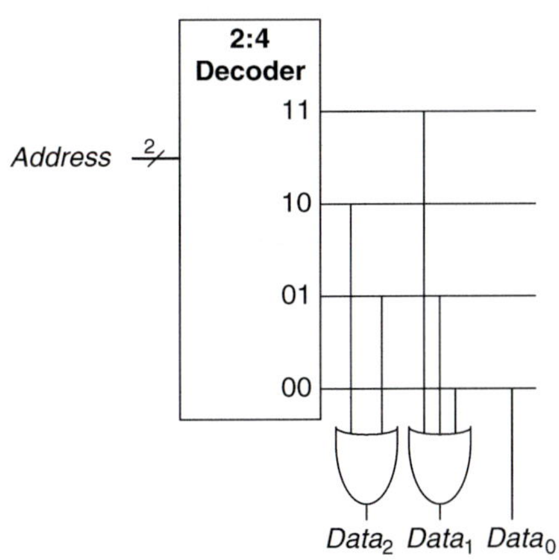

그림 5.50 논리 게이트를 이용한 4×3 ROM 구현

랜지스터 단계 구현에 대해 좀 더 살펴본다.

그림 5.48의 ROM 비트 셀의 구성은 각 비트 셀에서의 트랜지스터 존재 유무에 따라 제작하는 동안에 정해진다. PROM(Programmable ROM)은 각 비트 셀마다 트랜지스터로 구성되지만 트랜지스터를 접지에 연결하거나 끊을 수 있는 방법을 제공한다.

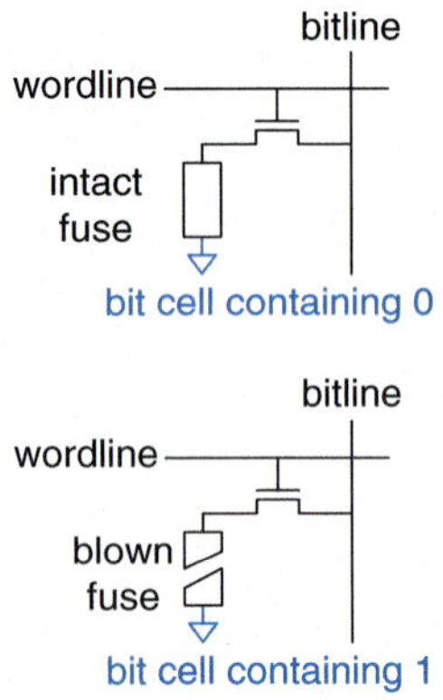

그림 5.51 Fuse-programmable ROM 비트 셀

그림 5.51은 **퓨즈-프로그램 가능** ROM(fuse-programmable ROM)의 비트 셀을 보여준다. 사용자는 고전압으로 퓨즈에 충격을 가하여 ROM을 선택적으로 프로그램한다. 퓨즈가 있으면 트랜지스터는 GND에 연결되고 이 셀은 0을 가진다. 퓨즈가 파괴되면 이 트랜지스터는 GND에 연결되지 않고 셀은 1을 가진다. 이 퓨즈는 한 번 끊어지면 수리할 수 없기 때문에 1회용 프로그램 가능 ROM이라고 한다.

Fujio Masuoka, 1944~
일본 토후쿠(東北)대학에서 전기공학 박사 학위를 받았다. 1971년~1994년 동안 도시바에서 메모리와 고속회로에 대해 개발을 하였으며, 허가되지 않은 프로젝트를 주말과 밤에 연구하여 1970년 말에 플래시 메모리를 발명하였다. 플래시란 단어는 메모리가 지워지는 과정이 카메라의 플래시를 상기시키는 데서 나온 이름이다. 도시바는 이 플래시 아이디어를 상업화하는 데 미온적이었다. 인텔사는 1988년에 플래시 메모리를 출시하였다. 플래시 메모리는 연간 250억 불의 시장으로 커졌다. 이후에 Masuoka 박사는 토후쿠대학의 교수로 3차원 트랜지스터 개발에 참여하고 있다.

재프로그램 가능한 ROM은 트랜지스터를 GND에 연결하거나 끊을 수 있는 이중 메커니즘을 제공한다. EPROM(Erasable PROM)은 nMOS 트랜지스터와 퓨즈가 **플로팅 게이트**(floating-gate) **트랜지스터**로 대체된다. 플로팅 게이트는 물리적으로 다른 선에 결합된 것이 아니다. 적당한 고전압이 인가되면 전자는 플로팅 게이트로 절연체를 터널링하여 트랜지스터를 ON시키고 비트라인을 워드라인(디코더 출력)으로 연결한다. EPROM이 강한 자외선에 30분간 노출되면 전자는 플로팅 게이트를 중지하고 트랜지스터는 OFF 된다. 이러한 동작을 **프로그래밍** 및 **이레이징**(erasing)한다고 한다. EEPROM(Electrically Erasable PROM)과 **플래시 메모리**는 유사한 원리를 이용하지만 IC 칩에 지우기 위한 회로를 가진다. EEPROM 비트 셀은 각각을 지울 수 있지만 플래시 메모리는 큰 블록 비트를 지울 수 있으므로 회로가 많이 필요치 않아 상대적으로 싸다. 2012년에 플래시 메모리 가격은 GB당 약 1달러였는데 매년 30~40% 정도 떨어지고 있다. 플래시 메모리는 카메라나 녹음기와 같이 휴대용 배터리 시스템으로 많은 양의 데이터를 지장하는 최강의 방법이 되고 있다.

요약하면 현대의 ROM은 단지 읽기만 하는 게 아니라 프로그램할 수도 있다. RAM과 ROM의 차이점에서 ROM은 쓰는 데 시간이 더 많이 걸리지만 비휘발성이다.

5.5.7 메모리 배열을 사용한 논리

메모리 배열은 주로 데이터를 저장하는 데 사용되었지만 조합 논리 함수도 실행할 수 있다. 예를 들면 그림 5.49에서 ROM의 출력 $Data_2$는 두 개의 주소 입력의 XOR이다. 같은 방법으로 $Data_0$은 두 입력의 NAND이다. 2^N워드×M비트 메모리는 N입력과 M출력의 조합 함수를 실행할 수 있다. 예를 들어 그림 5.49에서 ROM은 2입력 3함수를 실행한다.

논리를 실현하기 위한 메모리 배열을 룩업 테이블(lookup table)이라 한다. 그림 5.52는 $Y=AB$ 함수를 실행하기 위한 룩업 테이블로서 4워드×1비트 메모리 배열의 사용을 보여준다. 논리를 실행하기 위해 메모리를 사용하려면 사용자는 주어진 입력 조합(주소)에 대해 출력 값을 참조할 수 있다. 각각의 주소는 진리표의 행에 대응하고 각각의 데이터 비트는 출력 값에 대응한다.

USB(Universal Serial Bus) 연결로 구성된 플래시 메모리는 파일 공유를 위해 플로피 디스크나 CD의 대체품으로 되었는데, 이것은 플래시 메모리의 급격한 가격 저하 때문에 가능했다.

프로그램 가능 ROM(PROM)은 아래 그림과 같은 디바이스 프로그래머와 함께 구성될 수 있다. 이 디바이스 프로그래머는 컴퓨터에 부착되어 있고 ROM의 형태와 프로그램하기 위한 데이터 값을 지시한다. 디바이스 프로그래머는 퓨즈에 타격을 주거나 ROM 위의 플로팅 게이트에 전하를 주사한다. 이렇게 프로그래밍하는 과정을 때때로 ROM을 **굽는다**(burning)라고 말한다.

5.5.8 메모리 HDL

HDL 예제 5.7은 2^N워드×M비트 RAM을 나타낸다. 이 RAM은 동기 허용 쓰기(synchronous enabled writ)를 가진다. 달리 설명하면 쓰기 허용(write enabled) *we*가 활성화되면 클록의 상승 에지에서 쓰기가 발생한다. 읽기는 직후 발생한다. 처음에 전원이 인가되면 RAM의 내용은 예측할 수 없다.

HDL 예제 5.8은 4워드×3비트 ROM을 나타낸다. ROM의 내용은 case 선언으로 지정된다. 이런 작은 ROM은 논리 게이트로 합성될 만큼 작다.

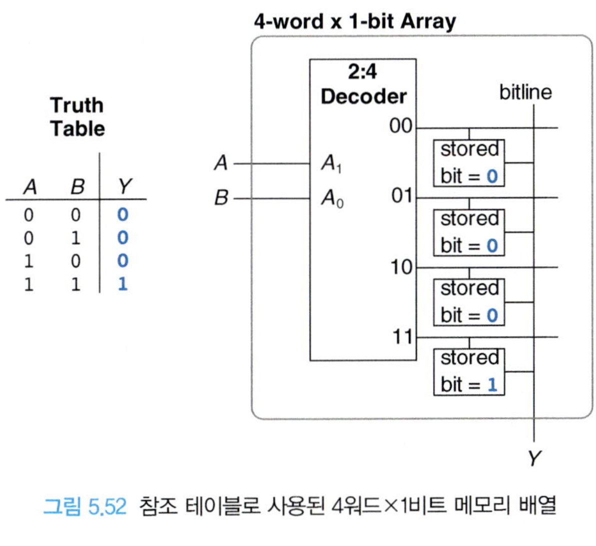

그림 5.52 참조 테이블로 사용된 4워드×1비트 메모리 배열

HDL 예제 5.7 RAM

SystemVerilog

```
module ram #(parameter N = 6, M = 32)
           (input  logic        clk,
            input  logic        we,
            input  logic [N-1:0] adr,
            input  logic [M-1:0] din,
            output logic [M-1:0] dout);

  logic [M-1:0] mem [2**N-1:0];

  always_ff @(posedge clk)
    if (we) mem [adr] <= din;

  assign dout = mem[adr];
endmodule
```

VHDL

```
library IEEE; use IEEE.STD_LOGIC_1164.ALL;
use IEEE.NUMERIC_STD_UNSIGNED.ALL;

entity ram_array is
  generic(N: integer := 6; M: integer := 32);
  port(clk,
       we:   in  STD_LOGIC;
       adr:  in  STD_LOGIC_VECTOR
                 (N-1 downto 0);
       din:  in  STD_LOGIC_VECTOR
                 (M-1 downto 0);
       dout: out STD_LOGIC_VECTOR
                 (M-1 downto 0));
end;

architecture synth of ram_array is
  type mem_array is array ((2**N-1) downto 0)
    of STD_LOGIC_VECTOR (M-1 downto 0);
  signal mem: mem_array;
begin
  process(clk) begin
    if rising_edge(clk) then
      if we then mem(TO_INTEGER(adr)) <= din;
      end if;
    end if;
  end process;

  dout <= mem(TO_INTEGER(adr));
end;
```

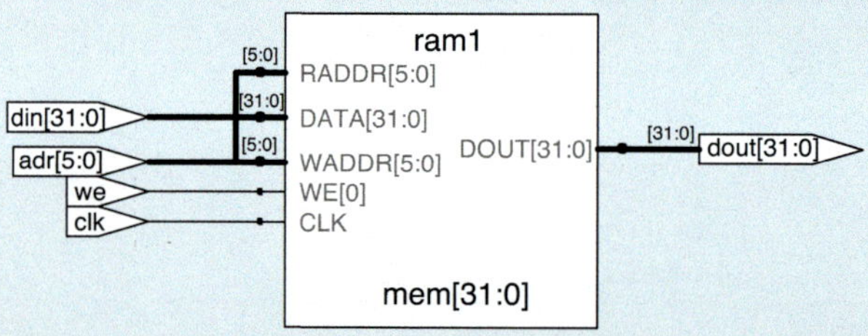

그림 5.53 합성 RAM

HDL 예제 4.24에서 7-세그먼트 디코더는 그림 4.20의 한 개의 ROM으로 합성된다는 것을 주목하라.

5.6 논리 배열

메모리와 같이 논리 게이트는 규칙적인 배열로 구성할 수 있다. 만약 연결을 프로그램으로 할 수 있다면 특정 방법의 배선 연결 없이도 이러한 논

HDL 예제 5.8 ROM

SystemVerilog

```
module rom(input logic [1:0] adr,
           output logic [2:0] dout):

  always_comb
    case(adr)
      2'b00: dout <= 3'b011;
      2'b01: dout <= 3'b110;
      2'b10: dout <= 3'b100;
      2'b11: dout <= 3'b010;
    endcase
endmodule
```

VHDL

```
library IEEE; use IEEE.STD_LOGIC_1164.all;
entity rom is
  port(adr:  in  STD_LOGIC_VECTOR(1 downto 0);
       dout: out STD_LOGIC_VECTOR
                   (2 downto 0));
end;

architecture synth of rom is
begin
  process(all) begin
    case adr is
      when "00" => dout <= "011";
      when "01" => dout <= "110";
      when "10" => dout <= "100";
      when "11" => dout <= "010";
    end case;
  end process;
end;
```

리 배열(logic array)로 어떠한 함수가 실행되도록 설계할 수 있다. 규칙적인 구조는 설계를 단순화한다. 논리 배열은 대량생산이 가능하므로 가격이 싸다. 소프트웨어 툴은 사용자가 이러한 배열에 논리 설계를 매핑할 수 있게 해준다. 대부분의 논리 배열은 하드웨어의 교체 없이 설계를 수정하여 재구성할 수 있다. 새로운 구성을 간단히 다운로드함으로써 시스템을 업그레이드할 수 있다면 재구성 능력은 개발 과정에 매우 가치 있으며 또한 실전에서 유용하다.

이 절에서는 PLA(Programmable Logic Arrays)와 FPGA(Field Programmable Gate Arrays) 두 가지 형태의 논리 배열에 대해 소개한다. PLA는 단지 조합논리 함수를 실행하는 오래된 기술이고, FPGA는 조합논리와 순차논리 함수 둘 다 실행할 수 있다.

5.6.1 PLA

PLA(Programmable Logic Arrays)는 sum-of-product(SOP, 부울 함수에서 곱들의 합 표현) 형태에서 2단계 조합 논리를 구현한다. 그림 5.54와 같이 PLA는 AND 배열 다음에 OR 배열을 구성함으로써 만들어진다. 입력(참, 거짓의 형태)은 AND 배열을 구동하고 임플리컨트(implicant)를 만들며

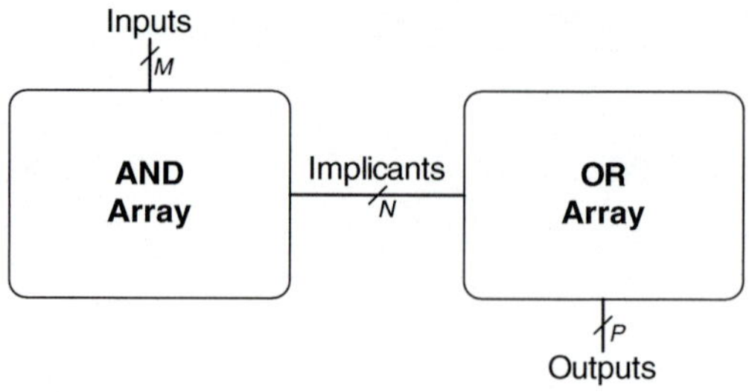

그림 5.54 $M \times N \times P$ bit PLA

차례로 서로 OR되어 출력을 만든다. $M \times N \times P$-비트 PLA는 M개의 입력, N개의 임플리컨트, P개의 출력으로 구성된다.

그림 5.5는 $X = \overline{A}\,\overline{B}C + AB\overline{C}$와 $X = A\overline{B}$ 함수를 실행하는 3×3×2-비트 PLA 점 표시를 나타낸다. AND 배열에서 각 행은 임플리컨트를 형성한다. AND 배열의 각 행의 점들은 어떤 문자가 임플리컨트를 구성하는지 지시한다. 그림 5.55에서 AND 배열은 $\overline{A}\,\overline{B}C$, $AB\overline{C}$, $A\overline{B}$ 세 개의 임플리컨트를 형성한다. OR 배열에서의 점들은 어떤 임플리컨트가 출력 함수의 부분인가를 지시한다.

그림 5.56은 어떻게 2단계 논리를 이용하여 PLA로 만들어질 수 있는가를 나타낸다. 다른 방법의 구현은 5.6.3절에 주어진다.

ROM은 PLA의 특별한 경우라고 생각할 수 있다. 2^M워드×N비트 ROM은 간단히 M×2^M×N-비트 PLA이다. 이 디코더는 전부 2^M개의 최소항을 만들어내는 AND 차원으로 동작한다. ROM 배열은 출력을 만들어내

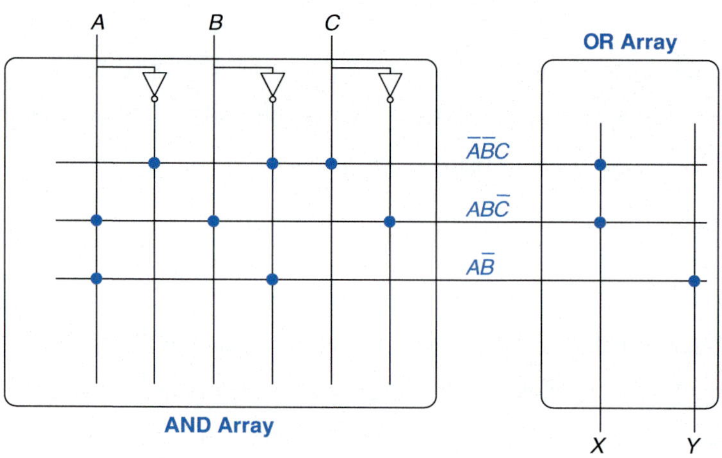

그림 5.55 3×3×2 bit PLA: 점 표시

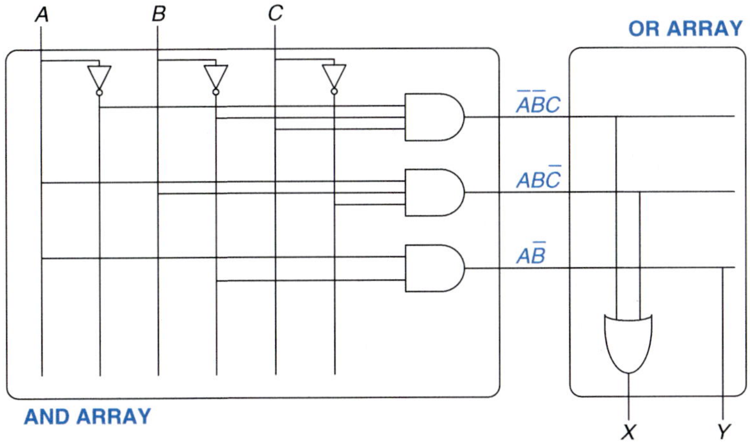

그림 5.56 2단계 논리를 사용한 3×3×2 bit PLA

는 OR 차원으로 동작한다. 이 함수가 전부 2^M개의 최소항에 의존하지 않으면 PLA는 ROM보다 작을 것이다. 예를 들어 그림 5.55와 그림 5.56에서 보이는 것처럼 3×3×2bit PLA로 구성된 같은 함수를 실행하는 데 8워드×2비트 ROM이 필요하다.

SPLD(Simple Programmable Logic Devices)는 PLA에 레지스터와 기본 AND/OR 차원에 여러 가지 다른 특성을 추가함으로써 성능을 높인다. 그러나 FPGA가 대용량 시스템을 구축하는 데 좀 더 유연하고 효율적이기 때문에 SPLD와 PLA는 거의 대부분 FPGA로 대체되고 있다.

5.6.2 FPGA

FPGA(Field Programmable Gate Array)는 재구성 가능한 게이트의 배열이다. 사용자는 소프트웨어 프로그램 툴을 이용하면 HDL이나 설계도를 사용하여 FPGA상에서 설계를 구현할 수 있다. 몇 가지 이유로 FPGA는 PLA보다 강력하며 유연하다. FPGA는 조합 논리, 순차 논리회로 모두 구현 가능하며, 또한 다중 레벨 논리 함수도 구현할 수 있다. 그러나 PLA는 2단계 조합 논리회로만 가능하다. 현대의 FPGA는 내장된 곱셈기, 고속 I/O, A/D 변환기를 포함하는 데이터 변환기, 대용량 RAM 어레이, 프로세서 등의 유용한 장치를 집적한다.

FPGA는 구성 가능한 논리 소자(Logic Elements, LE)의 배열로 만들어질 수 있으며 CLB(Configurable Logic Blocks)라고도 한다. 각 LE는 조합 함

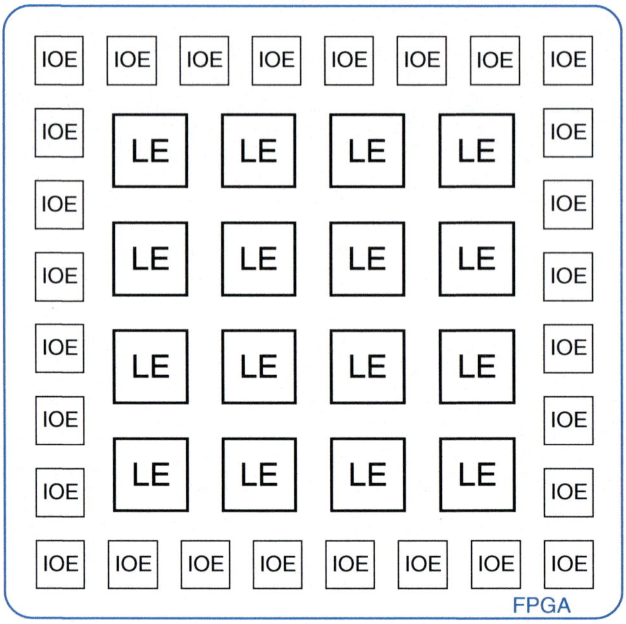

그림 5.57 일반적 FPGA 배치도

FPGA는 자동차, 의료장비, MP3 플레이어 같은 많은 소비 제품에서 뇌의 역할을 한다. 예를 들면 메르세데스 벤츠 S-Class 시리즈는 즐거움과 주행을 위한 속도 유지 시스템을 위해 12개 이상의 Xilinx FPGA나 PLD를 사용한다. FPGA는 빠른 시간에 제품화와 디버깅과 설계 처리 프로세스에 최신 기능을 쉽게 넣을 수 있도록 한다.

수나 순차 함수를 실행하도록 구성할 수 있다. 그림 5.57은 FPGA의 일반적인 블록 다이어그램을 보여준다. LE는 외부와 인터페이스하기 위한 입출력 소자(Input/Output Elements, IOE)로 둘러싸여 있다. IOE는 칩의 핀에 LE 입출력을 연결한다. 프로그램 가능한 루트 채널을 통해 LE는 다른 LE와 IOE에 연결할 수 있다.

FPGA 제조의 선두 기업에 Altera와 Xilinx가 있다. 그림 5.58은 2009년에 소개된 Altera의 Cyclone IV FPGA 한 개의 LE를 보여준다. LE의 주요 소자는 4입력 룩업 테이블(LUT)과 1비트 레지스터이다. 또한 LE는 LE를 통과하는 신호를 전송하기 위한 멀티플렉서를 포함한다. 이 FPGA는 룩업 테이블의 내용과 멀티플렉서를 위한 신호의 선택을 지정하는 것으로 구성된다.

Cyclone IV LE는 한 개의 4입력 LUT와 한 개의 플립플롭으로 구성된다. 룩업 테이블에 적당한 값을 로딩함으로써 LUT는 최대 4변수 함수의 실행을 재구성할 수 있다. FPGA를 구성하는 것은 멀티플렉서가 데이터를 LE와 인접 LE, 그리고 IOE로 보내는 방법을 결정하는 선택 신호의 채택과 관련되어 있다. 예를 들어 멀티플렉서 구성에 따라 LUT는 *data* 3, 또는 LE 자신의 레지스터 출력 중 한 개를 입력으로 받을 것이다. 남아 있는

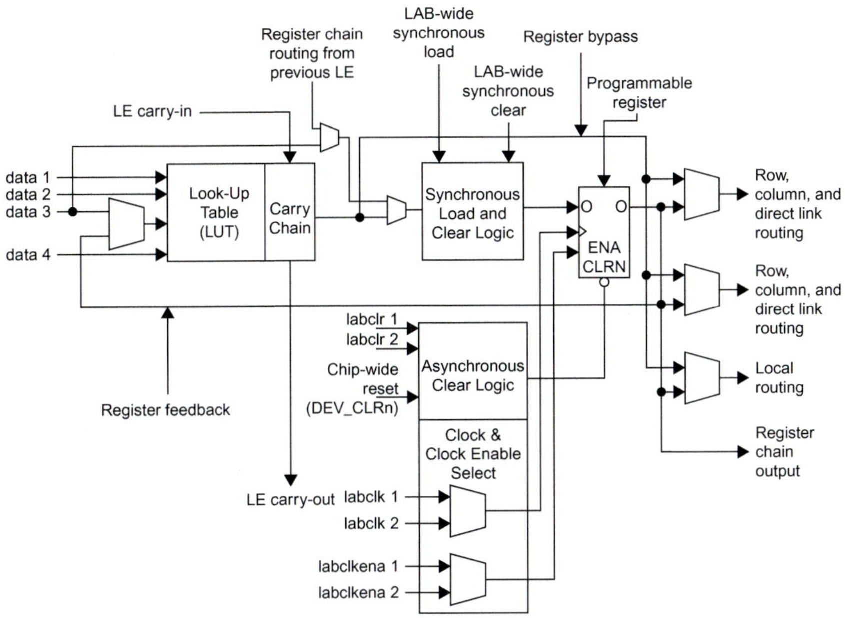

그림 5.58 Cyclone IV Logic Element(LE)

세 가지 입력은 항상 *data* 1, *data* 2, *data* 4에서 온다. 외부에서 LE로 오는 통로에 따라 *data* 1~4는 IOE로부터 오거나 다른 LE의 출력에서 온다. LUT 출력은 조합논리 함수를 위해 LE 출력으로 직접 가거나, 혹은 등록된 함수를 위해 플립플롭에 채워질 수 있다. 플립플롭 입력은 그 자신의 LUT 출력에서 오거나, *data* 3 입력, 과거 LE의 레지스터 출력에서 온다. 부가적인 하드웨어로는 캐리 체인 하드웨어를 이용한 덧셈 보조, 다른 선택을 위한 멀티플렉서, 플립플롭 인에이블과 리셋이다. Altera는 **논리 배열 블록**(Logic Array Block, LAB)을 만들기 위해 16개의 LE를 그룹으로 만들며 이것은 LAB 내의 LE 들 사이의 지역 연결을 제공한다.

요약하면 Cyclone IV LE는 한 개의 조합논리와 최대 네 개의 연관된 변수까지 등록된 함수를 실행할 수 있다. 서로 다른 FPGA는 제조사별로 다소 다르게 구성되지만 적용되는 원리는 일반적으로 같다. 예를 들면 Xilinx 7시리즈 FPGA는 4입력 LUT 대신에 6입력 LUT를 사용한다.

설계자는 먼저 설계도를 만들거나 설계의 HDL 표현을 가지고 FPGA를 구성한다. 설계는 FPGA에서 합성된다. 합성 툴은 지정된 함수를 실행하는 데 어떻게 LUT, 멀티플렉서, 연결 채널이 구성되어야 하는지 결정한다. 이러한 구성 정보는 FPGA에 다운로드된다. Cyclone IV FPGA

는 구성 정보를 SRAM에 저장하기 때문에 쉽게 재프로그램된다. FPGA는 시스템이 ON 되었을 때 작업실에서 컴퓨터로부터 다운로드하거나 또는 EEPROM 칩으로부터 SRAM의 컨텐츠를 다운로드한다. 몇몇 제조사는 FPGA에 직접 EEPROM을 포함하거나 FPGA를 구성하기 위해 일회용 프로그램 가능한 퓨즈를 사용한다.

예제 5.6 **LE 사용으로 만들어진 함수**

다음 함수를 실행하는 데 한 개 이상의 Cyclone IV LE를 어떻게 구성할 것인가 설명하라. (a) $X=\bar{A}\bar{B}C+AB\bar{C}$와 $Y=A\bar{B}$, (b) $Y=JKLMPQR$, (c) 2진 상태 인코딩을 가진 3 나누기 카운터(그림 3.29(a)를 보라). 필요하다면 LE들 사이의 내부 연결을 보여라.

풀이 (a) 두 개의 LE를 구성하라. 그림 5.59에 보인 것처럼 1개의 LUT는 X를 계산하고, 다른 LUT는 Y를 계산한다. 첫 번째 LE에서 입력 *data* 1, *data* 2, *data* 3은 A, B, C이다(이러한 연결은 통로 채널에서 정해진다). *data* 4는 무정의(d'ont care) 상태이지만 어떤 것에 연결되어야 하므로 0으로 묶는다. 두 번째 LE에서 입력 *data* 1, *data* 2는 A, B이다. 다른 LUT 입력은 무정의 상태이므로 0으로 묶는다. X와 Y를 만들기 위해 LUT에서 조합회로 출력을 선택하기 위한 마지막 멀티플렉서를 구성한다. 일반적으로 한 개의 LE는 이런 형태에서 최대 네 개 입력 변수의 함수를 계산할 수 있다.

(b) $X=JKLM$을 계산하기 위해 첫 번째 LE의 LUT를 구성하고 $Y=XPQR$을 계산하기 위해 두 번째 LE의 LUT를 구성한다. 각각의 LE에서 X, Y 조합회로 출력을 선택하기 위한 마지막 멀티플렉서를 구성한다. 이러한 연결이 그림 5.60에 보인다. 파란색 점선으로 표시된 LE들 사이의 통로 채널은 LE 1의 출력에서 LE 2의 입력으로 연결한다. 일반적으로 LE의 한 그룹은 이런 방법으로 N개 입력 변수 함수를 계산할 수 있다.

(C) FSM(Finite State Machine)은 2비트 상태($S_{1:0}$)와 하나의 출력 (Y)를 가진다. 다음 상태는 현 상태의 2비트에 따라 변화한다. 그림 5.61과 같이 현 상태에서 다음 상태를 계산하는 데 두 개의 LE를 이용한다. 이러한 상태를 가지고 있기 위해 각 LE에서 하나씩 두 개의 플립플롭을 이용한다. 이러한 플립플롭은 외부 리셋 신호에 연결될 수 있는 리셋 입력을 가진다. 등록된 출력은 파란색 점선으로 표시된 것처럼 *data* 3의 멀티플렉서를 이용하거나 LE들 사이의 통로 채널을 통해 LUT 입력으로 피드백된다. 일반적으로 출력 Y를 계산하기 위해 또 다른 LE가 필요할 수도 있다. 그러나 $Y=S_0$인 경우, Y는 LE1에서 올 수 있다. 그러므로 완전한 FSM은 두 개의 LE에 적합하다. 일반적으로 FSM은 상태의 각 비트에 대해 적어도 한 개의 LE로 만족되지만, 출력이나 다음 상태의 논리가 한 개의 LUT에 맞추기에 너무 복잡한 경우 더 많은 LE를 필요로 한다.

(A) data 1	(B) data 2	(C) data 3	data 4	(X) LUT output
0	0	0	X	0
0	0	1	X	1
0	1	0	X	0
0	1	1	X	0
1	0	0	X	0
1	0	1	X	0
1	1	0	X	1
1	1	1	X	0

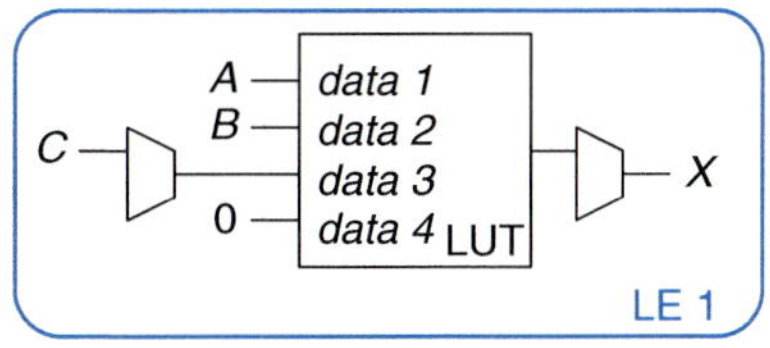

(A) data 1	(B) data 2	data 3	data 4	(Y) LUT output
0	0	X	X	0
0	1	X	X	0
1	0	X	X	1
1	1	X	X	0

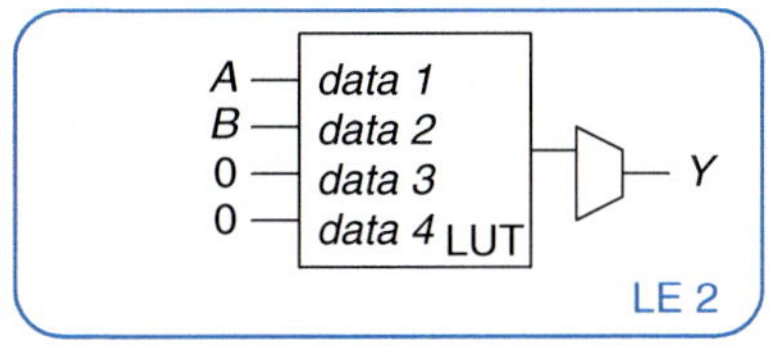

그림 5.59 최대 4입력 2함수에 대한 LE 구성

(J) data 1	(K) data 2	(L) data 3	(M) data 4	(X) LUT output
0	0	0	0	0
0	0	0	1	0
0	0	1	0	0
0	0	1	1	0
0	1	0	0	0
0	1	0	1	0
0	1	1	0	0
0	1	1	1	0
1	0	0	0	0
1	0	0	1	0
1	0	1	0	0
1	0	1	1	0
1	1	0	0	0
1	1	0	1	0
1	1	1	0	0
1	1	1	1	1

(P) data 1	(Q) data 2	(R) data 3	(X) data 4	(Y) LUT output
0	0	0	0	0
0	0	0	1	0
0	0	1	0	0
0	0	1	1	0
0	1	0	0	0
0	1	0	1	0
0	1	1	0	0
0	1	1	1	0
1	0	0	0	0
1	0	0	1	0
1	0	1	0	0
1	0	1	1	0
1	1	0	0	0
1	1	0	1	0
1	1	1	0	0
1	1	1	1	1

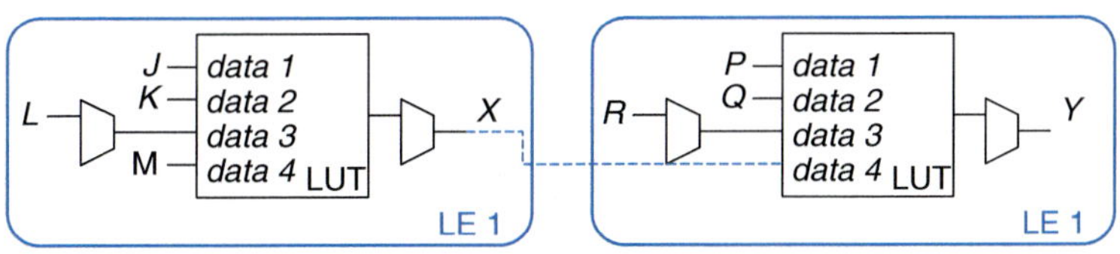

그림 5.60 4입력 이상 1함수에 대한 LE 구성

data 1	data 2	(S_0) data 3	(S_1) data 4	(S_0') LUT output
X	X	0	0	1
X	X	0	1	0
X	X	1	0	0
X	X	1	1	0

data 1	data 2	(S_1) data 3	(S_0) data 4	(S_1') LUT output
X	X	0	0	0
X	X	0	1	1
X	X	1	0	0
X	X	1	1	0

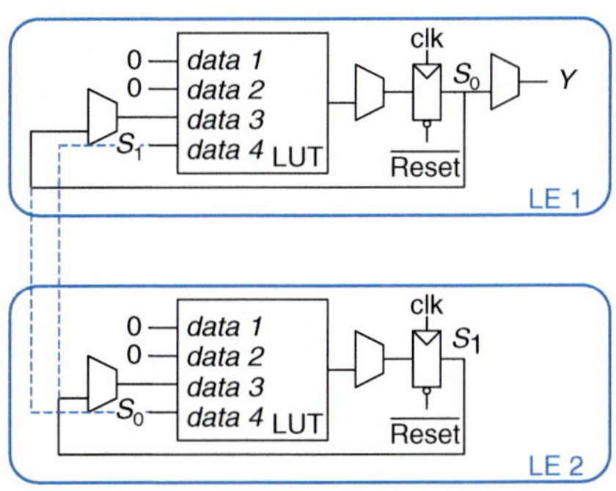

그림 5.61 상태가 2비트인 FSM에 대한 LE 구성

예제 5.7 LE 지연

앨리사 해커는 200MHz에서 동작하는 FSM을 만든다. 그녀는 Cyclone IV GX FPGA를 이용하며 다음 규격을 사용한다.

LE마다 $t_{LE}=381\text{ps}$, 모든 플립플롭에 대해 $t_{\text{setup}}=76\text{ps}$, $t_{\text{pcq}}=199\text{ps}$이다. LE들 사이의 연결선 지연은 246ps이다. 플립플롭의 홀더 시간은 0이라 간주한다. 그녀의 설계에서 사용할 수 있는 LE의 최고 개수는 무엇인가?

풀이 앨리사는 논리의 최대 전파 지연 $t_{pd} \le T_c-(t_{pcq}+t_{\text{setup}})$을 해결하기 위해 식 (3.13)을 이용한다. 따라서 $t_{pd}=5\text{ns}-(0.199\text{ns}+0.076\text{ns})$이므로 $t_{pd} \le 4.725\text{ns}$이다. 각 LE 지연과 LE와 $t_{LE+wire}$ 사이의 연결선 지연을 더하면 381ps+246ps=627ps가 된다. LE의 최대 수 N은 $Nt_{LE+wire} \le 4.725\text{ns}$이므로 N=7이 된다.

5.6.3 배열의 구현*

많은 ROM과 PLA들은 pseudo-nMOS 회로 대신 다이내믹 회로를 사용한다. 동적 게이트는 pMOS가 OFF 되고 그 결과 값이 요구되지 않아서 전력이 저장되는 시간 동안만 pMOS 트랜지스터를 ON시킨다. 이외에는 다이내믹 회로와 pseudo-nMOS 메모리 배열은 설계와 동작에서 비슷하다.

크기와 가격을 최소로 줄이기 위해 ROM과 PLA는 고전적인 논리 게이트 방식을 사용하지 않고 pseudo-nMOS나 다이내믹 회로(1.7.8절 참조)를 공통적으로 사용한다.

그림 5.62(a)는 다음 함수를 실행하는 4×3비트 ROM에 대한 점 표시를 나타낸다.

$$X=A\oplus B,\ Y=\bar{A}+B,\ Z=\bar{A}\bar{B}$$

이것은 그림 5.49의 함수와 같은 함수로서 주소 입력은 A, B로 데이터 출력은 X, Y, Z로 이름이 변경되었다. pseudo-nMOS 구현이 그림 5.62(b)에 주어졌다. 각 디코더 출력은 nMOS 트랜지스터의 게이트에 행으로 연결된다. pseudo-nMOS 회로에서 풀다운 회로를 통해 GND로 가는 통로가 없는 한, 약한 pMOS 트랜지스터는 출력을 HIGH로 끌어당긴다는 것을 기억하라.

풀다운(pull-down) 트랜지스터는 점이 없는 매 접점에 놓인다. 그림 5.62(a)의 점 표시 그림에서 점은 쉬운 비교를 위해 그림 5.62(b)에 보이게 남겨 두었다. 약한 풀업(pull-up) 트랜지스터는 풀다운 트랜지스터 없이 각 워드라인에서 출력을 HIGH로 끌어당긴다. 예를 들어 AB=11일 때, 11 워드라인은 HIGH이고 X와 Z상의 트랜지스터는 ON 되고 출력을 LOW로 당긴다. 출력 Y는 11워드라인에 연결된 트랜지스터가 없으므로 약한 풀업에 의해 Y는 HIGH로 끌린다.

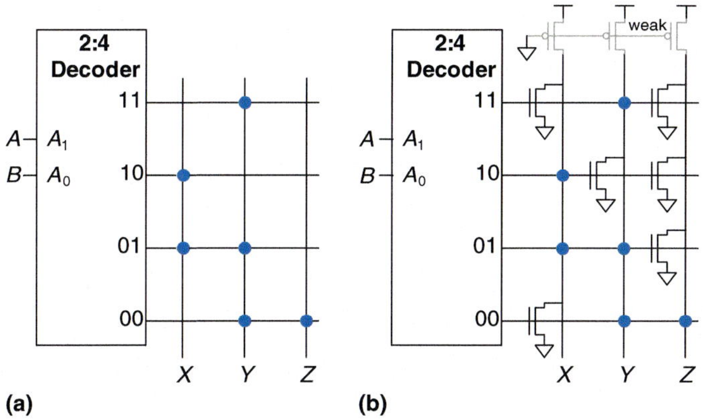

그림 5.62 ROM 구현: (a) 점 표시, (b) pseudo-nMOS 회로

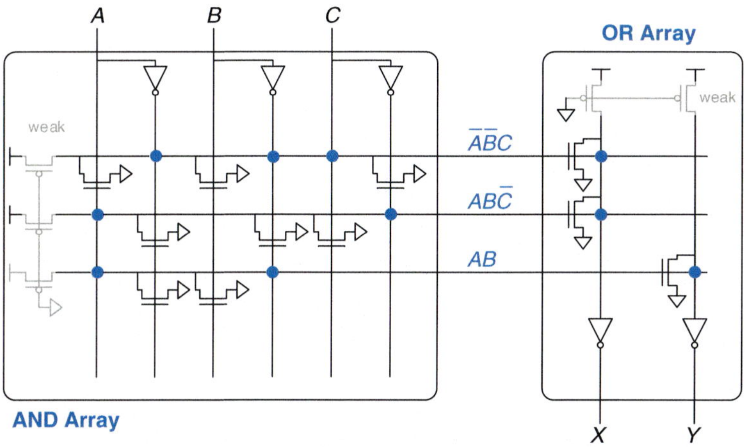

그림 5.63 pseudo-nMOS 회로를 사용한 3×3×2비트 PLA

그림 5.63처럼 PLA는 pseudo-nMOS 회로를 사용하여 구축될 수 있다. 풀다운 트랜지스터(nMOS)는 AND 배열에서 점으로 된 문자의 컴플리먼트 위에 OR 배열에서 점선의 행(row) 위에 놓인다. OR 배열에서 출력 비트로 공급되기 전에 열(columns)은 인버터를 통해 보내진다. 한 번 더 그림 5.55의 점 표시 그림으로부터 파란 점들은 그림 5.63에서 쉽게 비교하기 위해 가시적으로 남겨둔다.

5.7 요약

이 장에서는 많은 디지털 시스템에서 사용되는 디지털 빌딩 블록을 소개하였다. 이러한 블록은 산술회로로 가산기, 감산기, 비교기, 이동기, 곱셈기, 나눗셈기를 포함한다. 순차회로는 카운터, 시프터 레지스터로 구성되며, 메모리와 논리에는 배열을 포함한다. 또한 이 장에서는 분수에서 고정 소수점과 부동 소수점 표현에 대해 살펴보았다. 7장에서는 이러한 빌딩 블록을 마이크로프로세서를 만드는 데 사용한다.

가산기는 대부분 산술회로의 기본으로 구성한다. 반가산기는 두 개의 1비트 입력 *A*, *B*를 더하고 합과 캐리 출력을 만들어 낸다. 전가산기는 반가산기에 캐리 입력을 받도록 확장한다. *N*개의 전가산기는 두 개의 *N*비트 수를 더하는 CPA(Carry Propagate Adder)를 형성하기 위해 직렬로 연결될 수 있다. 캐리가 전가산기 각각을 통해 전달되므로 CPA의 이러한 형태를 리플 캐리 가산기라 부른다. 속도가 빠른 CPA는 캐리 미리 찾기와 전치 기술을 이용하여 구축될 수 있다.

감산기는 두 번째 입력 숫자를 부정하고 첫 번째 입력과 더한다. 크기 비교기는 한 숫자에서 다른 수를 뺀 결과의 부호를 기초로 상대적인 값을 결정한다. 곱셈기는 AND 게이트를 이용하여 부분 곱을 구성하고 전가산기를 이용하여 이 비트를 더한다. 나눗셈기는 반복하여 부분 나머지에서 제수를 빼고, 몫 비트를 결정하기 위해 차이 값의 부호를 체크한다. 카운터는 가산기와 진행하는 카운터를 증가시키기 위해 레지스터를 사용한다.

분수는 고정 소수점과 부동 소수점 형태를 이용하여 나타낸다. 고정 소수점 수는 십진수와 유사하고, 부동 소수점 수는 과학적 표기와 유사하다. 고정 소수점 수는 일반적인 산술회로를 사용하고 부동 소수점 수는 부호, 지수, 가수부를 처리하고 추출하기 위해 보다 더 정교한 하드웨어를 필요로 한다.

용량이 큰 메모리는 워드의 배열로 구성된다. 메모리는 워드를 읽거나 또는 쓰기 위해 한 개 이상의 포터를 가진다. SRAM, DRAM 같은 휘발성 메모리는 전원이 꺼지면 자신의 상태를 잃는다. SRAM은 DRAM보다 속도가 빠르지만 더 많은 트랜지스터를 필요로 한다. 레지스터 파일은 작은 다중 포터를 가진 SRAM 배열이다. ROM이라 부르는 비휘발성 메모리들은 그들의 상태를 무한정 유지한다. 그렇지만 대부분의 현대의 ROM은 쓰기가 가능하다.

배열은 논리를 구성하는 통상적인 방법이다. 메모리 배열은 조합논리 함수를 실행하기 위해 룩업 테이블로 사용된다. PLA는 재구성할 수 있는 AND와 OR 배열 사이의 특정 목적의 연결로 구성된다. 이것은 조합논리 구현에만 사용된다. FPGA는 작은 룩업 테이블과 레지스터로 구성된다. 이것은 조합논리와 순차논리를 구현한다. 룩업 테이블 콘텐츠와 내부 연결은 어떤 논리 함수를 구현하는 데 재구성될 수 있다. 현대의 FPGA는 재프로그램이 쉽고 크며, 매우 복잡한 디지털 시스템을 구축하더라도 가격이 싸다. 그래서 FPGA는 교육용으로 뿐만 아니라 중소규모 상업적 제품을 만드는 데 널리 사용된다.

연습문제

문제 5.1 64비트 가산기가 다음과 같을 때 지연은 얼마인가? 각 2입력 게이트의 지연은 150ps이고 한 개의 전가산기의 지연은 450ps이다.

(a) 리플 캐리 가산기

(b) 4비트 블록을 가진 캐리 미리 찾기 가산기

(c) 전치 가산기

문제 5.2 64비트 캐리 리플 가산기와 4비트 블록을 가진 64비트 캐리 미리 찾기 가산기를 설계하라. 2입력 게이트만 사용하라. 각 2입력 게이트는 면적이 $1.5\mu m^2$이고 50ps 지연과 전체 게이트 전하량은 20fF이다. 정적 파워는 무시할 수 있다고 가정한다.

(a) 면적, 지연, 가산기의 전력을 비교하라(100MHz, 1.2V에서 동작).

(b) 전력, 면적, 지연의 절충안(trade-off)을 논하라.

문제 5.3 설계자가 캐리 미리 찾기 가산기를 선택하지 않고 리플 캐리 가산기 사용을 선택했다면 그 이유를 설명하라.

문제 5.4 HDL에서 그림 5.7의 16비트 전치 가산기를 설계하라. 설계된 모듈의 함수가 정확한지 시뮬레이션하고 테스트하라.

문제 5.5 그림 5.7에 보인 전치 네트워크는 전치 가산기의 모든 것을 계산하기 위해 검정 셀을 이용한다. 몇 가지 블록 전파 신호는 실제는 필요하지 않다. $P_{i:j}$가 아닌 $G_{i:j}$만 만들어 내는 $i{:}k$와 $k-1{:}j$ 비트에 대한 G와 P신호를 받는 그레이 셀(gray cell)을 설계하라. 가능한 한 검정 셀을 그레이 셀로 대치하여 전치 네트워크를 다시 그려라.

문제 5.6 그림 5.7에 보인 전치 네트워크는 시간 대수에서 전치 가산기의 모든 것을 계산하는 유일한 방법은 아니다. Kogge−Stone 네트워크는 검정 셀의 다른 연결을 이용하여 같은 함수를 실행하는 또 다른 일반적인 전치 네트워크이다. Kogge−Stone 가산기를 연구하고, Kogge−Stone 가산기에서 검정 셀의 연결을 보이는 그림 5.7과 유사하게 구조를 그려라.

문제 5.7 N개 입력 우선순위 인코더는 우선순위를 갖는 N입력을 인코딩하는 $\log_2 N$ 출력을 가진다는 것을 상기하라(연습문제 2.36을 보라).

(a) N에 따라 지연이 대수적으로 증가하는 N입력 우선순위 인코더를 설계하라. 설계를 스케치하고, 회로 소자의 지연에 따른 회로의 지연을 나타내라.

(b) HDL로 설계를 코딩하라. 이 함수가 올바른지 증명하기 위해 모듈을 시뮬레이션하고 테스트하라.

문제 5.8 32비트 숫자에 대한 다음 비교기를 설계하고 구조를 그려라.

(a) 같지 않다

(b) 크다

(c) 같거나 작다

문제 5.9 본인이 좋아하는 HDL을 사용하여 그림 5.15에 보인 32비트 ALU를 설계하라. 거동과 구조에서 최고 수준 모듈을 사용할 수 있다.

문제 5.10 문제 5.9에서 32비트 ALU의 출력에 오버플로를 더해 넣어라. 가산기 결과가 오버플로면 출력은 TRUE이고, 그렇지 않으면 FALSE이다.

(a) 오버플로 출력에 대한 부울 방정식을 작성하라.

(b) 오버플로 회로를 그려라.

(c) HDL에서 수정된 ALU를 설계하라.

문제 5.11 문제 5.9에서 32비트 ALU에 Zero 출력을 더해 넣어라. Y==0일 때 출력은 TRUE이다.

문제 5.12 연습문제 5.9, 5.10, 5.11에서 32비트 ALU를 테스트하기 위한 테스트 벤치를 작성하라. 그리고 ALU를 테스트하기 위해 이것을 사용하라. 필요하면 테스트 벡터 파일을 포함하라.

문제 5.13 항상 왼쪽으로 2비트 이동하는 32비트 입력 이동기를 설계하라. 입력과 출력은 둘 다 32비트이다. 설계를 설명하고 구조를 그려보라. 본인이 좋아하는 HDL에서 설계를 구현하라.

문제 5.14 4비트 왼쪽과 오른쪽으로 회전하는 회전기를 설계하라. 본인이 설계한 구조를 그려라. 본인이 좋아하는 HDL에서 설계를 구현하라.

문제 5.15 24개의 2:1 멀티플렉서만 이용하여 8비트 왼쪽 이동기를 설계하라. 이 이동기는 8비트 입력 A와 3비트 이동의 총합계 $shamt_{2:0}$를 받아들이며, 8비트 출력 Y를 만들어낸다. 개략도를 스케치하라.

문제 5.16 $N\log_2 N$ 2:1 멀티플렉서만 이용하여 어떻게 N비트 이동기나 회전기를 만들 것인지 설명하라.

문제 5.17 그림 5.64의 깔때기 이동기(funnel shifter)는 N비트 이동이나 회전 동작을 실행할 수 있다. 이것은 $2N$비트 입력에 k비트 오른쪽으로 이동한다. 출력 Y는 결과의 N개 LSB이다. 입력의 MSB N비트를 B라 하고 LSB N비트를 C라 한다. B, C, k를 적당히 선택하면 깔때기 이동기는 어떤 형태의 이동이나 회전을 실행할 수 있다. 다음의 문항에 대해 이러한 값은 어떻게 A, *shamt*, N의 용어로 나타낼 수 있는지 설명하라.

(a) *shamt*에 의한 A 오른쪽 논리 이동

(b) *shamt*에 의한 A 오른쪽 산술 이동

(c) *shamt*에 의한 A 왼쪽 이동

(d) *shamt*에 의한 A 오른쪽 회전

(e) *shamt*에 의한 A 왼쪽 회전

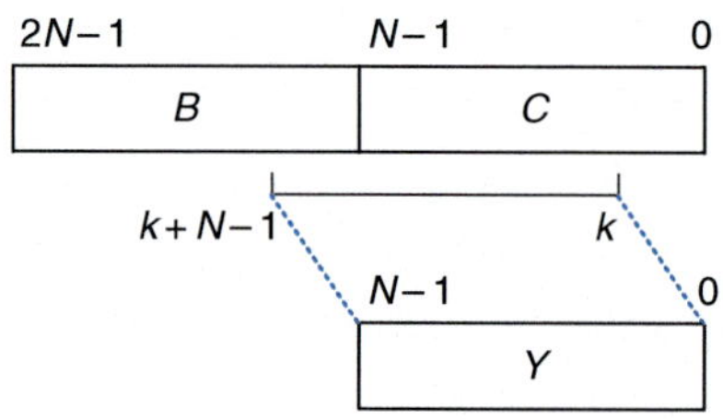

그림 5.64 깔때기 이동기

문제 5.18 그림 5.18에서 4×4 곱셈기에 대한 최적 통로를 AND 게이트 지연(t_{AND})과 가산기 지연(t_{FA}) 항으로 구하라. 같은 방법으로 만들어진 $N \times N$ 곱셈기의 지연은 무엇인가?

문제 5.19 그림 5.20에서 4×4 나눗셈기에 대한 최적 통로를 2:1 멀티플렉서 지연(t_{MUX}), 가산기 지연(t_{FA}), 인버터 지연(t_{INV}) 항으로 구하라. 같은 방법으로 만들어진 $N \times N$ 나눗셈기의 지연은 무엇인가?

문제 5.20 2의 보수(2's complement)를 다루는 곱셈기를 설계하라.

문제 5.21 부호 확장 유닛(sign extension unit)은 2의 보수의 수를 M비트에서 N비트까지 확장한다($N>M$). 이것은 입력의 MSB를 출력의 위쪽 비트로 복사함으로써 이루어진다(1.4.6절을 보라). 이것은 M비트 입력 A를 받고, N비트 출력을 생산한다.

4비트 입력과 8비트 출력을 가진 부호 확장 유닛에 대한 회로를 그려라. 본인 설계에 대한 HDL을 작성하라.

문제 5.22 제로 확장 유닛(zero extension unit)은 부호를 갖지 않은 수를 M비트에서 N비트로 확장한다($N>M$). 이것은 출력의 위쪽 부분에 제로를 놓음으로써 가능하다. 4비트 입력과 8비트 출력을 가진 제로 확장 유닛에 대한 회로를 그려라. 본인 설계에 대한 HDL을 작성하라.

문제 5.23 $111001.000_2/001100.000_2$을 초등학교에서 배운 표준 나누기 알고리즘을 이용하여 계산하라. 작업한 것을 보여라.

문제 5.24 다음의 수 체계에서 나타낼 수 있는 수의 범위는 얼마인가?

(a) 24비트 부호 없는 고정 소수점 수로 12비트의 정수부와 12비트의 소수부

(b) 24비트 부호와 크기를 가진 고정 소수점 수로 12비트의 정수부와 12비트의 소수부

(c) 24비트 2의 보수 고정 소수점 수로 12비트의 정수부와 12비트의 소수부

문제 5.25 다음 10진수를 8비트 정수부와 8비트의 소수부 형태인 16비트 고정 소수점의 부호와 크기를 가진 형태로 표현하라. 답을 16진수로 나타내라.

(a) −13.5625

(b) 42.3125

(c) −17.15625

문제 5.26 다음 10진수를 6비트 정수부와 6비트의 소수부 형태인 12비트 고정 소수점의 부호와 크기를 가진 형태로 표현하라. 답을 16진수로 나타내라.

(a) −30.5

(b) 16.25

(c) −8.078125

문제 5.27 문제 5.25의 10진수를 8비트 정수부와 8비트의 소수부 형태인 16비트 고정 소수점 2의 보수 형태로 표현하라. 답을 16진수로 나타내라.

문제 5.28 문제 5.26의 10진수를 6비트 정수부와 6비트의 소수부 형태인 12비트 고정 소수점 2의 보수 형태로 표현하라. 답을 16진수로 나타내라.

문제 5.29 문제 5.25의 10진수를 IEEE 754 단정도(single-precision) 부동 소수점 형태로 표현하라. 답을 16진수로 나타내라.

문제 5.30 문제 5.26의 10진수를 IEEE 754 단정도 부동 소수점 형태로 표현하라. 답을 16진수로 나타내라.

문제 5.31 다음 2의 보수 2진 고정 소수점 수를 십진수로 바꿔라. 암시적인 2진 소수점은 이해를 돕기 위해 명시적으로 나타낸다.

(a) 0101.1000

(b) 1111.1111

(c) 1000.0000

문제 5.32 다음 2의 보수 2진 고정 소수점 수에 대해 문제 5.31을 반복하라.

(a) 011101.10101

(b) 100110.11010

(c) 101000.00100

문제 5.33 두 개의 부동 소수점 수를 더할 때 작은 지수를 가진 수가 이동된다. 왜 이렇게 하는가? 말로 설명하고 설명에 대한 근거의 예를 들어라.

문제 5.34 다음 IEEE 754 단정도 부동 소수점 수를 더하라.

(a) C0123456+81C564B7

(b) D0B10301+D1B43203

(c) 5EF10324+5E039020

문제 5.35 다음 IEEE 754 단정도 부동 소수점 수를 더하라.

(a) C0D20004+72407020

(b) C0D20004+40DC0004

(c) (5FBE4000+3FF80000)+DFDE4000
(직관에 어긋나는 결과가 왜 나오는가? 설명하라)

문제 5.36 양수 부동 소수점뿐만 아니라 음수에 대해서도 부동 소수점 덧셈을 실행하도록 5.3.2절 단계를 확장하라.

문제 5.37 IEEE 754 단정도 부동 소수점 수를 고려하자.

(a) IEEE 754 단정도 부동 소수점 형식은 얼마나 많은 수를 표시할 수 있는가? $\pm\infty$, NaN으로 표시할 필요는 없다.

(b) $\pm\infty$, NaN이 표현되지 않는다면 얼마나 많은 추가 수를 나타낼 수 있는가?

(c) $\pm\infty$, NaN는 왜 정해진 특별한 표현인가 설명하라.

문제 5.38 다음 십진수를 고려하자.

245, 0.0625.

(a) 두 수를 단정도 부동 소수점 표시로 적어라. 16진수로도 나타내라.

(b) (a)에서 두 개의 32비트 수로 크기 비교를 하라. 다시 말하면 두 개의 32비트 수를 2의 보수로 바꾸고 비교하라. 정수 비교의 결과 올바른가?

(c) 새로운 단정도 부동 소수점 표시를 계획하자. 바이어스 대신에 2의 보수를 사용하여 지수를 나타내는 것을 제외하고는 모든 것이 IEEE 754 단정도 부동 소수점과 같다. 두 수를 새로운 표준에 맞춰 적어라. 16진수로도 나타내라.

(d) (c)에서 새로운 부동 소수점 표시가 정수에 대해서도 잘 동작하는가?

(e) 왜 정수 비교를 부동 소수점 수로 하는 것이 편리한가?

문제 5.39 본인이 좋아하는 HDL을 이용하여 단정도 부동 소수점 가산기를 설계하라. HDL에서 설계를 코딩하기 전에 설계의 개략도를 그려라. 이 가산기 함수가 올바른지 증명하기 위해 시뮬레이션하고 테스트하라. 양수만을 고려하거나 0으로 절사를 사용할 수 있다. 표 5.2에 주어진 특별한 경우는 무시해도 된다.

문제 5.40 이 문제에서는 32비트 부동 소수점 곱셈기의 설계에 대한 연구를 할 것이다. 이 곱셈기는 32비트 부동 소수점 입력에 32비트 부동 소수점 출력을 가진다. 양수만을 고려하거나 0으로 절사를 사용할 수 있다. 표 5.2에 주어진 특별한 경우는 무시해도 된다.

(a) 32비트 부동 소수점 곱셈을 실행하기 위한 필요한 단계를 적어라.

(b) 32비트 부동 소수점 곱셈기의 개략도를 스케치하라.

(c) HDL에서 32비트 부동 소수점 곱셈기를 설계하라. 이 곱셈기 함수가 올바른지 증명하기 위해 시뮬레이션하고 테스트하라.

문제 5.41 이 문제에서는 32비트 전치 가산기의 설계에 대한 연구를 할 것이다.

(a) 당신의 설계에 대한 개략도를 스케치하라.

(b) 32비트 전치 가산기를 HDL로 설계하라. 이 가산기 함수가 올바른지 증명하기 위해 시뮬레이션하고 테스트하라.

(c) (a)에서 32비트 전치 가산기의 지연은 얼마인가? 한 개의 2입력 게이트 지연은 100ps라 가정한다.

(d) 32비트 전치 가산기의 파이프라인 버전을 설계하라. 설계의 개략도를 스케치하라. 설계한 파이프라인 전치 가산기의 속도는 얼마인가? 연속적인 동작 시간($t_{pcq}+t_{setup}$)은 80ps라 가정한다. 가능한 한 빠르게 동작하는 설계를 하라.

(e) HDL에서 파이프라인된 32비트 전치 가산기를 설계하라.

문제 5.42 어떤 증가기는 N비트 수에 1을 더한다. 반가산기를 이용하여 8비트 증가기를 구축하라.

문제 5.43 32비트 동기 업/다운 카운터를 구축하라. 입력은 리셋과 업이다. 리셋이 1일 때 출력은 모두 0이다. 그렇지 않은 경우 업이 1일 때 이 회로는 상승 카운트를 하고, 업이 0일 때 감소 카운트를 한다.

문제 5.44 클록 에지에서 4를 더하는 32비트 카운터를 설계하라. 이 카운터는 리셋과 클록 입력을 가진다. 리셋일 때 카운터의 모든 출력은 0이다.

문제 5.45 각각의 클록 에지에서 로드 제어 신호 시에 4를 증가시키거나 혹은 새로운 32비트 값 D를 로드하는 카운터로 문제 5.44의 카운터를 수정하라. *Load*=1일 때 이 카운터는 새로운 값 D를 로드한다.

문제 5.46 N비트 존슨 카운터(Johnson counter)는 리셋 신호를 가진 N비트 시프터 레지스터로 구성된다. 시프트 레지스터의 출력(S_{out})은 인버터되고 입력(S_{in})으로 들어간다. 카운터가 리셋될 때 모든 비트는 0으로 클리어된다.

(a) 카운터가 리셋한 후 4비트 존슨 카운터의 출력 $Q_{3:0}$의 순서를 보여라.

(b) N비트 존슨 카운터 순서가 반복되려면 얼마나 많은 주기가 지나야 하는가? 설명하라.

(c) 5비트 존슨 카운터와 10개의 AND 게이트, 인버터를 이용하여 십진 카운터를 설계하라. 십진 카운터는 한 개의 클록, 리셋, 10개의 출력 $Y_{9:0}$으로 구성된다. 카운터가 리셋되면 Y_0은 활성화된다. 각 연속적인 주기에서 다음 출력

이 활성화되어야 한다. 10주기 후에 카운터는 반복되어야 한다. 십진 카운터의 구조를 그려라.

(d) 존슨 카운터는 일반적인 카운터에 비해 어떤 이점을 가지고 있는가?

문제 5.47 그림 5.37에서 나타낸 것과 같은 4비트 스캔 가능한 플립플롭(scannable flip-flop)에 대한 HDL을 적어라. 함수가 올바르게 동작하는지 증명하기 위해 HDL 모듈을 시뮬레이션하고 테스트하라.

문제 5.48 영어는 왜곡된 전송을 재구성하는 데 충분한 **중복성**(redundancy)을 가지고 있다. 이진 데이터도 **중복**(redundant) 형태로 전송하여 에러를 수정할 수 있다. 예를 들면 숫자 0은 00000으로 숫자 1은 11111로 코드화할 수 있다. 이 값들은 노이즈가 많은 채널로 보내어지면서 최대 2비트까지 바뀔 수 있다. 0으로 받은 5비트 중에 3비트는 0이므로(마찬가지로 1로 받은 5비트 중에 3비트는 1이므로) 수신기는 원래의 데이터로 재생할 수 있다.

(a) 00, 01, 10, 11을 5비트로 인코딩하는 데 1비트의 에러는 수정 가능한 인코딩을 제안하라. 힌트−00과 11을 00000, 11111로 하는 인코딩은 동작하지 않는다.

(b) 5비트로 인코딩된 데이터를 수신하여 1비트 전송 오류가 있어도 00, 01, 10, 11로 디코딩하는 회로를 설계하라.

(c) 대안으로 5비트 인코딩을 변경하는 것으로 가정하자. 어떻게 다른 하드웨어를 사용하지 않고 쉽게 인코딩을 변경하는 설계를 구현할 수 있을 것인가?

문제 5.49 플래시 메모리라고 하는 플래시 EPROM은 최근에 전자제품 소비자에게 혁명을 일으킨 발명품이다. 어떻게 플래시 메모리가 동작하는지 연구하고 설명하라. 플로팅 게이트를 나타내는 도표를 사용하라. 메모리 1비트가 어떻게 프로그램되는지 나타내라. 적당한 소스로 인용하라.

문제 5.50 우주 탐험 프로젝트 팀이 Mono Lake의 바닥에서 외계 생명체를 발견했다. NASA 탐사로부터 측정된 녹색, 갈색, 끈적끈적함, 추하게 생겼는지의 유용한 특징을 기초로 외계인이 어떤 행성에서 기원했는지 분류하기 위한 회로 구축이 필요하다. 우주생물학자들 간의 세심한 협의로 다음과 같은 결론으로 도달한다.

- 외계 생명체가 녹색이고 끈적끈적하거나, 추하면서 갈색이고 끈적끈적하면 화성에서 왔을 것이다.

- 이 생물이 추하면서 갈색이고 끈적끈적하거나, 녹색이면서 추하지 않고 끈적끈적하지 않으면 금성에서 왔을 것이다.
- 이 친구가 갈색이면서 추하지 않고 끈적끈적하지 않거나, 녹색이면서 끈적끈적하면 목성에서 왔을 것이다.

이것은 정확하지 않은 과학이란 점을 주의하라. 예를 들어 얼룩덜룩한 녹색이고 얼룩덜룩한 갈색이며 끈적끈적하지만 추하지 않은 생물체는 화성이나 목성에서 온 것일 수 있다.

(a) 외계 생명체라는 것을 증명하기 위해 4×4×3 PLA를 프로그램하라. 점표시를 사용해도 된다.

(b) 외계 생명체라는 것을 증명하기 위해 16×3 ROM을 프로그램하라. 점표시를 사용해도 된다.

(c) HDL로 설계를 구현하라.

문제 5.51 한 개의 16×3 ROM을 이용하여 다음 함수를 구현하라. ROM 내용을 지시하기 위해 점 표시를 사용하라.

(a) $X=AB+B\bar{C}D+\bar{A}\bar{B}$

(b) $Y=AB+BD$

(c) $Z=A+B+C+D$

문제 5.52 4×8×3 PLA를 이용하여 문제 5.51의 함수를 구현하라. 점 표시를 사용해도 된다.

문제 5.53 다음의 조합회로 각각을 프로그램하는 데 사용할 수 있는 ROM의 크기를 정하라. 이러한 함수를 구현하는 데 ROM을 사용하는 것이 설계의 좋은 선택인가? 왜 그런지 혹은 왜 그렇지 않은지 설명하라.

(a) C_{in}과 C_{out}을 가진 16비트 가산기/감산기

(b) 8×8 곱셈기

(c) 16비트 상위 인코더(문제 2.36을 보라)

문제 5.54 그림 5.65의 ROM 회로를 고려하자. 각 행에 대해 후자의 ROM에 적당한 프로그래밍으로 I열의 회로는 II열의 등가회로로 대체될 수 있는가?

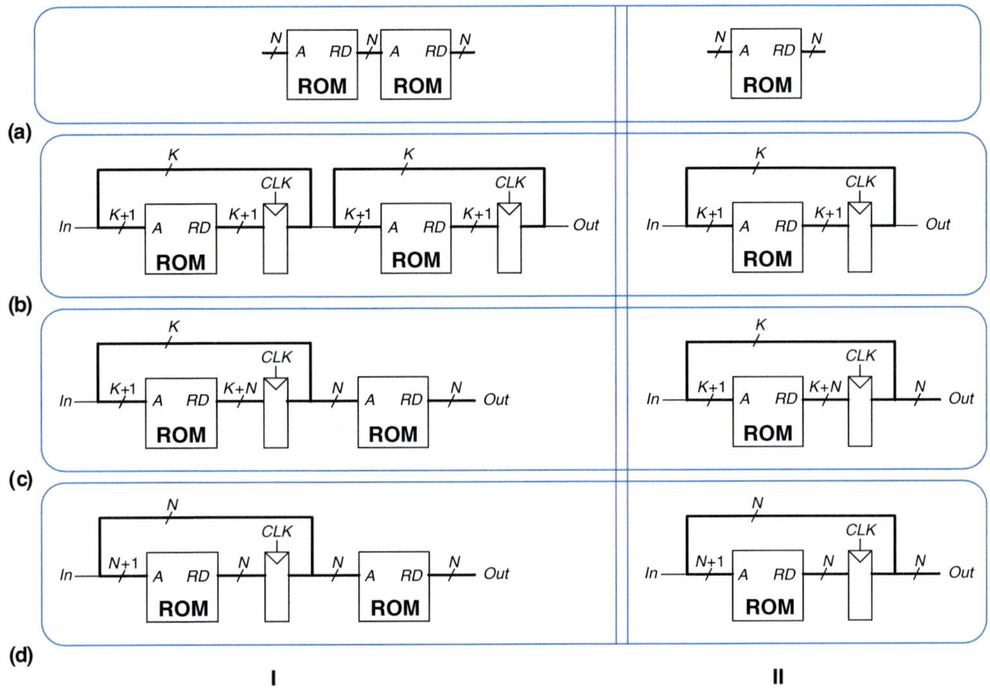

그림 5.65 ROM 회로

문제 5.55 다음 함수를 실행하는 데 얼마나 많은 Cyclone IV FPGA LE가 필요한가? 이 함수를 실행하는 데 한 개 이상의 LE를 어떻게 배열할 것인지 보여라. 논리 합성의 구현 없이 검토에 의해 가능하다.

(a) 문제 2.12(c)의 조합 함수

(b) 문제 2.17(c)의 조합 함수

(c) 문제 2.24의 두 개의 출력 함수

(d) 문제 2.35의 함수

(e) 4입력 상위 인코더(문제 2.36을 보라)

문제 5.56 다음 함수에 대해 문제 5.55를 반복하라.

(a) 8개 입력 상위 인코더(문제 2.36을 보라)

(b) 3:8 디코더

(c) 4비트 캐리 전파 가산기(캐리 인 아웃이 없다)

(d) 문제 3.22의 FSM

(e) 문제 3.27의 그레이 코드 카운터

문제 5.57 그림 5.58에 나타낸 Cyclone IV LE를 고려하자. 이것은 데이터 시트에서 표 5.5에 주어진 시간 명세를 가진다.

(a) 그림 3.26의 FSM을 구현하는 데 Cyclone IV LE의 최소 개수는 몇 개인가?

(b) 왜곡된 클록이 없으며 신뢰할 수 있는 FSM 동작 시, 가장 빠른 클록 주파수는 얼마인가?

(c) 3ns 빗나간 클록이 있으며 신뢰할 수 있는 FSM 동작 시, 가장 빠른 클록 주파수는 얼마인가?

표 5.5 Cyclone IV timing

Name	Value (ps)
t_{pcq}, t_{ccq}	199
t_{setup}	76
t_{hold}	0
t_{pd} (per LE)	381
t_{wire} (between LEs)	246
t_{skew}	0

문제 5.58 그림 3.31(b)의 FSM에 대해 문제 5.57을 반복하라.

문제 5.59 한 개의 항아리에는 빨간 캔디를 넣고 다른 항아리에는 녹색 캔디를 넣는 컬러 센서와 모터를 가진 M&M(초코 캔디) 분류기를 구현하는 데 FPGA를 사용하고자 한다. 한 개의 Cyclone IV FPGA를 사용하여 FSM으로 설계가 구현된다. 데이터 시트에 따르면 FPGA는 표 5.5에 나타낸 것처럼 시간 특성을 가진다. FSM을 100MHz에서 동작시키도록 원한다. 최적 경로상의 LE의 최대 수는 몇 개인가? FSM이 동작할 수 있는 가장 빠른 속도는 얼마인가?

인터뷰 질문

다음 문제들은 디지털 설계 분야의 취업 면접에 나오는 질문들이다.

질문 5.1 부호를 갖지 않는 N비트 두 개의 수를 곱한 결과 가능한 가장 큰 수는 무엇인가?

질문 5.2 BCD(Binary Coded Decimal)는 십진수 한자리를 이진수 4비트로 나타낸다. 예를 들면 42_{10}는 01000010_{BCD}로 표현된다. 왜 프로세서가 BCD를 사용할 수밖에 없는지 설명하라.

질문 5.3 부호를 갖지 않는 8비트 BCD 두 수를 더하는 하드웨어를 설계하라(질문 5.2를 보라). 설계에 대한 구조를 그리고, BCD 가산기에 대한 HDL 모듈을 작성하라. 입력은 A, B, C_{in}이고 출력은 S와 C_{out}이다. C_{in}과 C_{out}은 1비트 캐리이고 A, B, S는 8비트 BCD 수이다.

JUMP
FETCH
ADD

6 구조

6.1 소개

5장에서 디지털 설계 원리와 빌딩 블록에 대해 소개했다. 이 장에서는 컴퓨터의 **구조**를 정의하기 위해 개념을 몇 단계 뛰어넘는다. 구조는 컴퓨터 프로그래머의 관점이다. 구조는 명령어 집합(언어)과 피연산자(operand)의 위치(레지스터, 메모리)에 의해 정의되는데, x86, MIPS, SPARC, PowerPC 등 많은 다른 구조들이 존재한다.

어떤 컴퓨터 구조를 이해하기 위한 첫 번째 단계는 그것의 언어를 배우는 것이다. 컴퓨터 언어에서 단어란 **명령어**(instruction)를 가리킨다. 컴퓨터의 어휘를 **명령어 집합**(instruction set)이라고 부른다. 어떤 컴퓨터에서 동작하는 모든 프로그램은 같은 명령 집합을 사용한다. 복잡한 소프트웨어 응용 프로그램인 워드프로세싱과 스프레드시트 응용들도 결국에는 가산, 감산, 점프 같은 일련의 간단한 명령어로 컴파일된다. 컴퓨터 명령은 실행해야 할 동작과 사용할 피연산자를 지시한다. 피연산자는 메모리 또는 레지스터, 또는 명령어 자체 내에서 올 수 있다.

컴퓨터 하드웨어는 단지 1과 0만 이해하므로 명령어들은 **기계 언어**(machine language)라고 하는 형식에서 2진수로 인코딩된다. 인간 언어를 인코딩하기 위해 문자를 사용하듯이 컴퓨터는 기계어를 인코딩하기 위해 2진수를 사용한다. 마이크로프로세서는 기계어 명령어를 읽고 실행하는 디지털 시스템이다. 그러나 사람이 기계어를 읽는다는 것은 지루하고 싫증나는 일이므로 명령어를 **어셈블리 언어**(assembly language)라고 하는 기호 형식의 명령어로 나타내는 것을 선호한다.

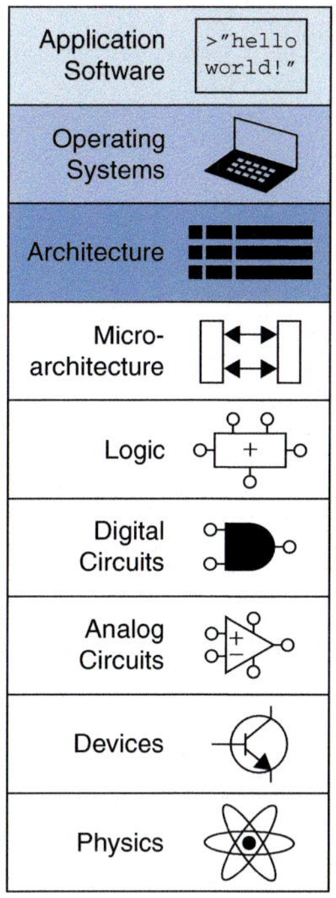

다른 구조의 명령 집합은 다른 언어라기보다는 조금 다른 방언이라고 볼 수 있다. 거의 모든 구조는 메모리나 레지스터에서 동작하는 가산, 감

구조라는 주제에 대해 처음으로 접할 때 배워야 할 최고의 구조는 무엇인가? x86 등의 상업적으로 성공한 구조들은 실제 컴퓨터에서 프로그램을 작성할 수 있도록 해놓았기 때문에 학습하기에 충분하다. 불행히도 이러한 구조의 대부분은 각기 다른 기술팀들에 의해 무계획적인 개발을 거치는 동안 누적된 많은 결점과 특징들로 인해 구조의 이해와 구현을 어렵게 만들었다. 많은 교재들이 주요 개념을 묘사하기 위해 단순화된 가상의 구조를 다룬다. 우리는 David Patterson과 John Hennessy가 MIPS 구조에 초점을 맞춘 교재 『*Computer Organization and Design*』을 따른다. 수백만 개의 MIPS 마이크로프로세서가 출하되면서 이 구조는 상업적으로 매우 중요하다. 그럼에도 불구하고 오작동이 없는 깔끔한 구조이다. 이 장의 마지막 부분에서 MIPS와 비교하고 대조하기 위해 x86 구조를 잠시 다룬다.

산, 점프 등의 기본적인 명령을 정의한다. 이런 명령 집합을 한 번 배우고 나면 다른 언어를 이해하는 것은 아주 쉽다.

컴퓨터 구조는 기초를 이루는 하드웨어 구현을 정의하지 않는다. 한 개 구조에는 많은 다른 하드웨어 구현이 종종 존재한다. 예를 들면 인텔과 AMD(Advanced Micro Devices) 두 회사는 같은 x86 구조에 속하는 여러 가지 마이크로프로세서를 판매한다. 이것들은 모두 같은 프로그램으로 동작되지만 각기 다른 기본 하드웨어로 구성되므로 성능, 가격, 파워에 대한 트레이드오프를 결정해야 한다. 어떤 마이크로프로세서는 고성능 서버로 최적화된 반면 다른 것들은 랩탑 컴퓨터를 위한 수명이 긴 배터리로 최적화된다. 마이크로아키텍처(Microarchitecture)라고 하는 어떤 마이크로프로세서를 구성하기 위해 레지스터, 메모리, ALU, 그리고 빌딩 블록이 특정한 배열로 이루어지는데, 이것은 7장의 주제이다. 하나의 구조에 다른 많은 마이크로아키텍처가 존재한다.

이 책에서는 1980년에 스탠포드대학에서 John Hennessy와 그의 동료에 의해서 처음으로 개발된 MIPS 구조를 소개한다. MIPS 프로세서는 실리콘 그래픽스, 닌텐도, 시스코 등에서 사용되고 있다. 기본적인 명령어, 피연산자 위치, 기계어 형태들을 먼저 소개하며 시작한다. 그리고 분기, 루프, 배열 조작, 함수 호출과 같은 공통 프로그램 구성으로 사용되는 많은 명령어를 소개한다.

이 장에서는 Patterson과 Hennessy가 발표한 다음의 네 가지 원리를 이용하여 MIPS 구조의 설계에 대해 설명한다. (1) 단순성은 규칙성을 선호한다, (2) 공통적인 경우를 빠르게 하라, (3) 보다 작은 것이 보다 빠르다, (4)좋은 설계는 좋은 절충을 요구한다.

6.2 어셈블리어

어셈블리어는 사람이 읽을 수 있게 표현된 컴퓨터 언어이다. 어셈블리어 명령어는 실행할 동작과 동작하는 피연산자를 지시한다. 여기서는 간단한 산술 명령을 소개하고, 어떻게 이러한 동작이 어셈블리어로 작성되는지 보인다. 그리고 MIPS 명령 피연산자인 레지스터, 메모리, 상수를 정의한다.

이 장은 C, C++, 또는 Java 같은 **고급 프로그래밍** 언어에 익숙하다고 가정한다(이들 언어들은 실제 이 장 대부분의 예제에 동일하지만, 다른 경우는 C언어를 사용할 것이다).

6.2.1 명령

컴퓨터가 수행하는 가장 일반적인 동작은 덧셈이다. 코드 예제 6.1은 더하는 변수 b, c와 그 결과를 a에 적는 코드를 보여준다. 이 코드는 고급 언어(C, C++, 또는 Java 구문을 사용하는)를 왼편에 보이고, 오른편에 MIPS 어셈블리어로 재작성되었다. C 프로그램의 끝의 세미콜론 선언을 유의하라.

코드 예제 6.1 덧셈

High-Level Code

```
a = b + c;
```

MIPS Assembly Code

```
add a, b, c
```

어셈블리 명령 첫 번째 부분 add는 기억을 돕는 단어로서 **니모닉**(mnemonic)이라고 하는데, 어떤 동작을 실행할 것인지 지시한다. 동작은 **소스 피연산자** b, c 상에서 실행되고, 결과는 **목적 피연산자**인 a에 쓰인다.

니모닉(mnemonic)은 '기억을 돕는' 이라는 뜻의 그리스어에서 유래한다. 기억을 돕는 어셈블리어는 동일한 동작을 나타내는 0과 1의 패턴으로만 구성된 기계어보다 기억하기 쉽다.

코드 예제 6.2는 덧셈과 유사한 뺄셈을 나타낸다. 명령어 형식은 동작 내역 sub를 제외하면 add 명령과 같다. 일관된 명령어 형식은 첫 번째 설계 원리의 예이다.

코드 예제 6.2 뺄셈

High-Level Code

```
a = b - c;
```

MIPS Assembly Code

```
sub a, b, c
```

설계 원리 1: 단순함을 위해서는 규칙적이어야 한다.

일정한 피연산자 수를 가진 명령어(여기서는 두 개의 소스와 1개의 목적지)는 인코딩과 하드웨어로 다루기가 쉽다. 더욱 더 복잡한 고급 코드를 다중 MIPS 명령어로 번역하는 것을 코드 예제 6.3에 나타내었다.

코드 예제 6.3 복잡한 코드

High-Level Code

```
a = b + c - d; // single-line comment
               /* multiple-line
                  comment */
```

MIPS Assembly Code

```
sub t, c, d          # t = c - d
add a, b, t          # a = b + t
```

고급 언어 예제에서 한 줄 설명문은 //에서 시작하여 라인의 끝까지 계속된다. 다중 라인 설명문은 /*로 시작하여 */로 끝난다. 어셈블리어에서는 오직 한 줄 설명문만 사용된다. #으로 시작하여 그 라인 끝까지 계속된다. 코드 예제 6.3에서 어셈블리어 프로그램은 중간 결과를 저장할 일시적인 변수 t를 필요로 한다. 더욱 더 복잡한 동작을 실행하기 위한 다중 어셈블리어 명령의 사용은 컴퓨터 구조의 두 번째 설계 원리의 예이다.

설계 원리 2: 공통인 경우 빠르게 한다.

MIPS 명령어 집합은 공통으로 사용되는 명령어들을 간단하고 빠르게 한다. 명령을 디코딩하는 데 필요한 하드웨어와 피연산자를 간단하고, 작고, 빠르게 할 수 있도록 명령어의 수를 적게 유지한다. 공통성이 적으면서, 좀 더 정교한 동작은 다중 간단 명령에 의해 실행된다. 그래서 MIPS는 RISC(Reduced Instruction Set Computer) 구조이다. 인텔사의 x86과 같은 많은 복잡한 명령을 가진 구조는 CISC(Complex Instrution Set Computers) 구조이다. 예를 들어 x86에서 'string move' 명령은 메모리의 한 부분에서 다른 부분으로 문자열(a series of character)을 복사하는 명령이다. 이러한 동작은 RISC 시스템에서는 수백 개의 간단한 명령이 요구된다. 그러나 CISC 구조에서의 복잡한 명령의 구현은 추가적인 하드웨어 비용과 단순 명령을 감속시키는 오버헤드를 동반한다.

RISC 구조는 구별되는 명령어 집합을 적게 유지함으로써 하드웨어 복잡성과 필요한 명령어 인코딩을 최소화시킨다. 예를 들어, 64개의 간단한 명령으로 구성된 명령어 집합은 동작을 인코딩하는 데 $\log_2 64 = 6$비트가 필요하다. 256개의 복잡한 명령으로 구성된 명령어 집합은 명령을 인코딩하는 데 $\log_2 256 = 8$비트가 필요하다. CISC 기계에서는 복잡한 명령이 드물게 사용되는 데 반해, 아주 간단한 명령조차 모든 명령어에 오버헤드가 따른다.

6.2.2 피연산자: 레지스터, 메모리, 상수

명령은 피연산자를 가지고 동작한다. 코드 예제 6.1에서 변수 a, b, c는 모두 피연산자이다. 하지만 컴퓨터는 변수 이름으로 동작하는 게 아니라 1과 0으로 동작한다. 명령은 2진 데이터를 검색하기 위해 어떤 곳으로부터 물리적인 위치를 필요로 한다. 피연산자는 레지스터나 메모리에 저장되거나 또는 명령 그 자체 내에 저장된 상수일 수 있다. 컴퓨터는 속도와 데이터 용량을 최적화하기 위해 피연산자를 가지는 다양한 위치를 사용한다. 상수나 레지스터에 저장된 피연산자는 빠르게 접근되지만 아주 적은 양의 데이터만 가지고 있다. 추가적인 데이터는 메모리로부터 접근되어야 하는데 양은 많지만 속도는 느리다. MIPS는 32비트 데이터에서 동작하기 때문에 32비트 구조라고 부른다(MIPS 구조는 상용 제품을 위해 64비트로 확장해 왔지만 이 책에서는 32비트만 고려한다).

레지스터

명령의 고속 수행을 위해 피연산자가 빠르게 접근되어야 한다. 그러나 메모리에 저장된 피연산자는 검색하는 데 상당한 시간이 소요된다. 그러므로 대부분의 구조는 공통으로 사용되는 피연산자를 가지고 있는 적은 수의 레지스터를 지정한다. MIPS 구조는 **레지스터 집합**(Register set) 또는 **레지스터 파일**(Register file)이라고 하는 32개의 레지스터를 사용한다. 레지스터가 적으면 적을수록 접근 속도는 빠르다. 이것이 세 번째 설계 원리를 이끌어낸다.

설계 원리 3: 작을수록 빠르다.

책상 위의 몇 권의 관련 책 속에서 정보를 찾아내는 것은 도서관에 있는 수많은 책들 중에서 정보를 찾아내는 것보다 훨씬 빠르다. 똑같이 적은 수의 레지스터(예를 들면 32개)에서 데이터를 읽는 것이 1,000개의 레지스터나 아주 큰 메모리에서 데이터를 읽어 들이는 것보다 훨씬 빠르다. 작은 레지스터 파일은 일반적으로 작은 SRAM 배열에서 만들어진다(5.5.3절을 보라). SRAM 배열은 작은 디코더와 상대적으로 적은 메모리 셀에 연결된 비트라인을 사용하므로 큰 메모리보다 짧은 임계 경로를 가진다.

코드 예제 6.4는 레지스터 피연산자를 가진 add 명령을 보여준다. MIPS

레지스터 이름 앞에는 $ 표시가 앞선다. 변수들 a, b, c는 임의로 $s0, $s1, $s2에 위치한다. $s1을 '레지스터 s1' 또는 '달러 s1'이라고 읽는다. 이 명령은 32비트 $s1(b)와 $s1(c)에 들어 있는 값을 더하여 $s0(a)에 32비트 결과를 적는다.

코드 예제 6.4 레지스터 피연산자

High-Level Code

```
a = b + c;
```

MIPS Assembly Code

```
# $s0 = a, $s1 = b, $s2 = c
  add $s0, $s1, $s2        # a = b + c
```

MIPS는 일반적으로 32개의 레지스터 중에 $s0~$s7과 $t0~$t9의 18개 레지스터에 변수를 저장한다. $s로 시작하는 레지스터 이름을 **저장된 레지스터**(saved registers)라 한다. MIPS에서는 이런 레지스터들이 a, b, c 등과 같은 변수를 저장한다. 저장된 레지스터는 함수 호출에서 사용될 때 특별한 의미를 지닌다(6.4.6절을 보라). $t로 시작하는 레지스터 이름을 **일시 레지스터**(temporary registers)라고 하는데, 일시적으로 변수를 저장할 때 사용한다. 코드 예제 6.5는 c-d의 중간 계산을 저장하기 위해 일시 레지스터 $t0을 이용하는 MIPS 어셈블리 코드를 나타낸다.

코드 예제 6.5 일시 레지스터

High-Level Code

```
a = b + c - d;
```

MIPS Assembly Code

```
# $s0 = a, $s1 = b, $s2 = c, $s3 = d

  sub $t0, $s2, $s3       # t = c - d
  add $s0, $s1, $t0       # a = b + t
```

예제 6.1 고급 코드를 어셈블리어로 번역하기

다음 고급 코드를 어셈블리어로 번역하라. a~c 변수들은 $s0~$s2 레지스터가 가지고, f~j 변수들은 $s3~$s7 레지스터가 가진다.

```
a = b - c;
f = (g + h) - (i + j);
```

풀이 이 프로그램은 네 개의 어셈블리어 명령을 사용한다.

```
# MIPS assembly code
```

```
# $s0 = a, $s1 = b, $s2 = c, $s3 = f, $s4 = g, $s5 = h
# $s6 = i, $s7 = j
  sub $s0, $s1, $s2   # a = b - c
  add $t0, $s4, $s5   # $t0 = g + h
  add $t1, $s6, $s7   # $t1 = i + j
  sub $s3, $t0, $t1   # f = (g + h) - (i + j)
```

레지스터 집합

MIPS 구조는 32개의 레지스터를 정의한다. 각각의 레지스터는 이름을 가지며 0에서 31까지 범위 내의 번호를 가진다. 표 6.1은 각 레지스터에 대한 이름, 번호, 사용을 나열한다. $0은 상수로서 컴퓨터 프로그램에 자주 사용되므로 항상 0값을 가진다. $s와 $t는 앞서 논의되었다. 나머지 레지스터는 이 장을 통해 알게 될 것이다.

메모리

만약 레지스터가 단지 피연산자를 저장하는 공간으로만 사용된다면 불과 32개의 변수를 가진 간단한 프로그램으로만 사용이 제한될 것이다. 그러나 데이터는 메모리에도 저장된다. 레지스터 파일과 비교할 때 메모리

표 6.1 MIPS 레지스터 집합

Name	Number	Use
$0	0	the constant value 0
$at	1	assembler temporary
$v0–$v1	2–3	function return value
$a0–$a3	4–7	function arguments
$t0–$t7	8–15	temporary variables
$s0–$s7	16–23	saved variables
$t8–$t9	24–25	temporary variables
$k0–$k1	26–27	operating system (OS) temporaries
$gp	28	global pointer
$sp	29	stack pointer
$fp	30	frame pointer
$ra	31	function return address

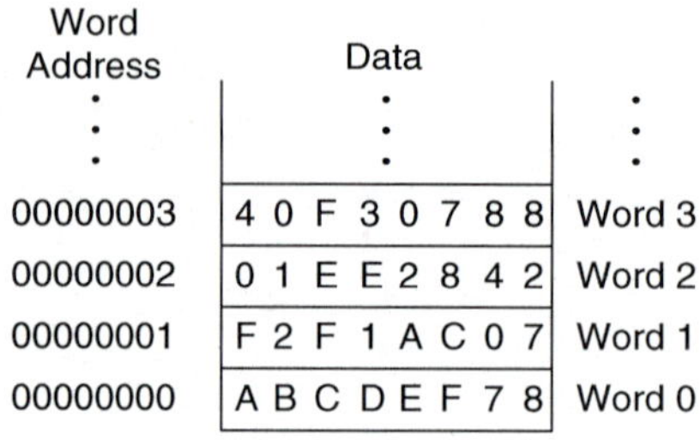

그림 6.1 워드 어드레스 가능 메모리

는 많은 데이터 공간을 가지지만 접근하는 데 시간이 많이 걸린다. 반면 레지스터 파일은 작고 빠르며, 메모리는 크고 늦다. 이러한 이유로 공통으로 사용되는 변수들은 레지스터에서 사용된다. 메모리와 레지스터의 조합을 이용하여 프로그램은 많은 양의 데이터에 대해 꽤 빠른 접근이 가능하다. 5.5절에서 논의되었던 것처럼 메모리들은 데이터 워드의 배열로 조직된다. MIPS 구조는 32비트 메모리 주소와 32비트 데이터 워드를 사용한다.

MIPS는 바이트를 주소로 접근할 수 있는 메모리를 사용한다. 즉, 메모리에서 각 바이트는 유일한 주소를 갖는다. 그럼에도 불구하고 이해를 위해 우선 워드 어드레스 가능 메모리(word-addressable memory)를 소개한 후, MIPS 바이트 어드레스 가능 메모리(byte-addressable memory)를 소개한다.

그림 6.1은 워드 어드레스 가능 메모리 배열을 보여준다. 즉, 각 32비트 데이터 워드는 고유한 한 개의 32비트 어드레스를 가진다. 그림 6.1은 32비트 워드 주소와 32비트 데이트 값을 16진수로 나타낸다. 예를 들어 데이터 0xF2F1AC07은 메모리 주소 1에 저장된다. 16진수는 접두어 0x로 시작한다. 관례적으로 낮은 메모리 주소는 밑으로 가고 높은 메모리 주소는 위로 간다.

MIPS는 워드를 로드하는 명령어 `lw`를 사용하는데, 이것은 메모리에서 레지스터로 데이터 워드를 읽는 명령이다. 코드 예제 6.6은 메모리 워드 1을 `$s3`으로 로드한다.

코드 예제 6.6 워드를 어드레스할 수 있는 메모리 읽기

Assembly Code

```
# This assembly code (unlike MIPS) assumes word-addressable memory
  lw $s3, 1($0)     # read memory word 1 into $s3
```

lw 명령은 베이스 주소와 오프셋 주소를 더하여 메모리에서 유효 주소를 지정한다. 베이스 주소(명령에서 괄호 안에 쓰인 것)는 레지스터이다. 오프셋은 상수(괄호 앞에 쓰인 것)이다. 코드 예제 6.6에서 베이스 주소는 $0이다. 이것은 0값을 가지며, 오프셋은 1이므로 lw 명령은 ($0+1)=1메모리 주소에서 읽는다. 로드 워드 명령(lw)이 실행된 후, $s3은 0xF2F1AC07을 가지며, 이것은 그림 6.1의 메모리 주소 1에서 저장된 데이터 값이다.

유사하게 MIPS에서 워드를 저장하는 명령 sw는 어떤 레지스터 데이터 워드를 메모리에 쓰는 명령이다. 코드 예제 6.7은 레지스터 $s7의 내용을 메모리 워드 주소 5에 쓴다. 이러한 예들에서는 간단히 하기 위해 베이스 주소를 $0으로 사용하지만, 어떤 레지스터라도 베이스 주소를 제공할 수 있다는 것을 기억하라.

앞선 두 개의 코드 예제에서 워드 어드레스 가능 메모리를 가진 컴퓨터 구조를 보였다. 그러나 MIPS 메모리 모델은 워드 어드레스 가능 모델이 아니라, 바이트 어드레스 가능 모델이다. 각각의 데이터 바이트는 유일한 주소를 가진다. 32비트 워드는 네 개의 8비트 바이트로 구성된다. 그래서 그림 6.2에 보인 것처럼 각각의 워드 주소는 4의 배수이다. 다시 한 번 더 32비트 워드 주소와 데이터 값은 16진수로 주어진다.

코드 예제 6.7 워드를 어드레스할 수 있는 메모리 쓰기

Assembly Code

```
# This assembly code (unlike MIPS) assumes word-addressable memory
  sw   $s7, 5($0)      # write $s7 to memory word 5
```

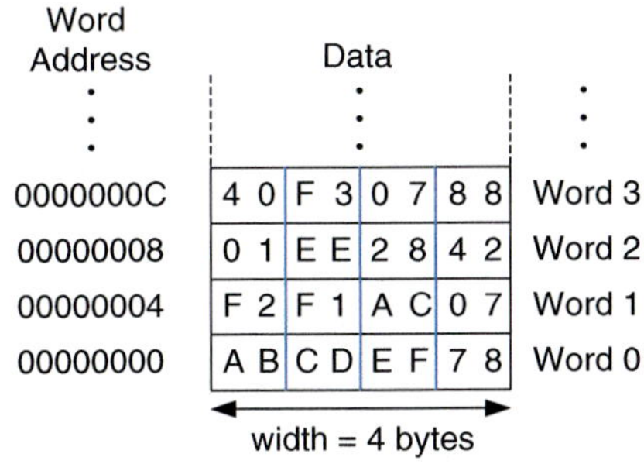

그림 6.2 바이트를 어드레스할 수 있는 메모리

코드 예제 6.8은 바이트 어드레스 가능한 MIPS 메모리에서 워드를 어떻게 읽고 쓰는지를 보여준다. 워드 주소는 워드 수의 4배이다. MIPS 어셈블리 코드는 0, 2, 3워드를 읽고, 1, 8, 100에 워드를 쓴다. 오프셋은 10진수나 16진수로 쓸 수 있다.

코드 예제 6.8 바이트 어드레스 가능 메모리 접근하기

MIPS Assembly Code

```
lw $s0, 0($0)     # read data word 0 (0xABCDEF78) into $s0
lw $s1, 8($0)     # read data word 2 (0x01EE2842) into $s1
lw $s2, OxC($0)   # read data word 3 (0x40F30788) into $s2
sw $s3, 4($0)     # write $s3 to data word 1
sw $s4, 0x20($0)  # write $s4 to data word 8
sw $s5, 400($0)   # write $s5 to data word 100
```

MIPS 구조는 lb와 sb 명령을 사용하여 메모리에 워드가 아닌 한 개의 바이트로 로드하거나 저장할 수 있다. 이것은 lw와 sw와 유사하며, 6.4.5절에서 논의될 것이다.

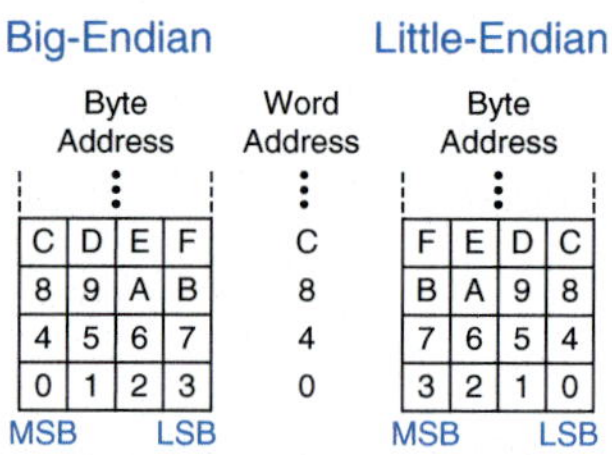

그림 6.3 빅 엔디언, 리틀 엔디언 메모리

그림 6.3에서 바이트 어드레스 가능한 메모리는 빅 엔디언(Big-endian)과 리틀 엔디언(Little-endian)으로 구성된다. 두 가지 형태에서 최상위 바이트(MSB)는 왼쪽이고 최하위 바이트(LSB)는 오른쪽이다. 빅 엔디언 머신에서 바이트는 큰 쪽(MSB) 끝에서 시작하여 0부터 번호 순서가 매겨진다. 리틀 엔디언 머신에서 바이트는 작은 쪽 끝에서 시작하여 0부터 번호가 시작한다. 워드 주소는 두 가지 형태에서 같으며 같은 네 개의 바이트로 표현한다. 단지 워드 내의 바이트 주소만 다르다.

예제 6.2 빅 엔디언, 리틀 엔디언 메모리

$s0의 초기 값이 0x23456789로 가정한다. 다음 프로그램이 빅엔디언 시스템에서 실행 후 $s0의 값은? 리틀엔디언 시스템에서는 어떠한가? lb $s0, 1($0)는 바이트 주소 (1+$s0)=1에서 데이터를 읽어 $s0의 LSB에 저장한다. lb는 6.4.5절에서 자세히 설명한다.

```
sw $s0, 0($0)
lb $s0, 1($0)
```

풀이 그림 6.4는 빅 엔디언과 리틀 엔디언 기기에서 0x23456789 값을 메모리 워드 0에 저장하는 방법을 나타낸다. 로더 바이트 명령어 lb $s0, 1($0) 실행 후

그림 6.4 빅 엔디언, 리틀 엔디언 데이터 저장

$s0은 빅 엔디언의 경우 0x00000045를 갖고 리틀 엔디언의 경우 0x00000067을 갖게 된다.

IBM의 PowerPC(이전에는 매킨토시 컴퓨터에서)는 빅 엔디언 주소를 사용한다. 인텔의 x86 구조(개인용 컴퓨터들에서)는 리틀 엔디언 주소를 사용한다. 몇몇 MIPS 프로세서는 리틀 엔디언이고 어떤 것은 빅 엔디언이다.[1] 엔디언의 선택은 완전히 임의적이지만 빅 엔디언과 리틀 엔디언 컴퓨터 사이에 데이터를 공유할 때 혼란이 야기된다. 이 책의 예제에서는 바이트 순서 문제가 야기될 때마다 리틀 엔디언 형식을 사용할 것이다.

MIPS 구조에서 lw와 sw의 워드 주소는 **워드 정렬**되어야 한다. 즉, 주소를 4로 나눌 수 있어야 한다는 것이다. 따라서 명령 lw $s0, 7($0)은 잘못된 명령이다. x86과 같은 어떤 구조에서는 워드 정렬이 안 된 데이터의 읽고 쓰기를 허용하지만 MIPS에서는 단순함을 위해 엄격한 정렬을 필요로 한다. 물론 lb와 sb 명령인 바이트 로드와 바이트 저장에 대한 바이트 주소는 워드 정렬될 필요가 없다.

빅 엔디언과 리틀 엔디언이라는 용어는 1726년에 아이작 비커스태프(Isaac Bickerstaff)라는 필명으로 초판 출간된 조나단 스위프트의 〈걸리버 여행기〉로부터 유래하였다. 이 이야기에서 소인국(Lilliputian) 왕은 그의 국민(리틀 엔디언)들에게 계란의 리틀 엔드(뽀족한 부분) 부분을 깨뜨릴 것을 명령했다. 빅 엔디언들은 계란의 빅 엔드(뭉툭한 부분) 부분을 깨뜨린 반역자였다. 이 용어는 대니 코헨(D. Cohen)에 의해 1980년 만우절에 발간된 그의 논문 〈신성한 전쟁과 평화의 청원〉에서 처음으로 컴퓨터 구조에 적용되었다.

Photo courtesy of The Brotherton Collection, IEEDS University Library.

상수/즉시 값

MIPS 명령에서 로드 워드와 스토어 워드인 lw와 sw는 **상수**의 사용을 보여준다. 이러한 상수는 명령에서 즉시 사용할 수 있고, 레지스터나 메모리 접근을 필요로 하지 않으므로 **즉시 값**(immediates)이라 부른다. 즉시 값 더하기 addi는 즉시 값 피연산자를 사용하는 공통 MIPS 명령이다. addi는 코드 예제 6.9에서 보인 것처럼 명령에서 지정된 즉시 값에 레지스터 내의 값을 더하는 것이다.

---

1 예를 들면 인텔 x86머신에서 SPIM을 사용할 때 메모리는 리틀 엔디언이다. 과거의 매킨토시나 Sun SPARC 머신에서 메모리는 빅 엔디언이다.

코드 예제 6.9 **즉시 값 피연산자**

High-Level Code

```
a = a + 4;
b = a - 12;
```

MIPS Assembly Code

```
# $s0 = a, $s1 = b
  addi $s0, $s0, 4       # a = a + 4
  addi $s1, $s0, -12     # b = a - 12
```

명령에서 지정되는 즉시 값은 16비트 2의 보수인 수로 범위는[−32,768, 32,767]이다. 뺄셈은 음수에 같은 값을 더하는 것으로 간결함을 위해 MIPS 구조에서 subi 명령은 없다.

add와 sub 명령은 세 개의 레지스터 피연산자를 사용한다는 것을 상기하라. 그러나 lw, sw, addi 명령은 두 개의 레지스터 피연산자와 1개의 상수를 사용한다. 명령 형식이 다르기 때문에 lw, sw 명령은 설계 원리 1 "간단함을 위해서는 규칙적이어야 한다"를 위반한다. 그러므로 이러한 문제점은 마지막 설계 원칙을 도출하도록 한다.

설계 원칙 4: 좋은 설계는 좋은 절충안을 요구한다.

한 개의 명령어 형식은 간결하지만 융통성이 적다. MIPS 명령어 집합은 세 가지 명령 형식을 지원하는 절충안을 제시한다. 첫 번째 형식은 add나 sub와 같은 명령을 사용하는 것으로 세 가지 레지스터 피연산자를 가진다. 두 번째 형식은 lw나 addi와 같은 명령을 사용하는 것으로 두 개의 레지스터 피연산자와 1개의 16비트 즉시 값을 가진다. 세 번째는 나중에 논의하게 되는데, 레지스터는 없고 한 개의 26비트 즉시 값뿐이다. 다음 절에서는 세 가지 MIPS 명령 형식과 이것들이 어떻게 2진수로 인코딩되는지를 보여준다.

6.3 기계어

어셈블리어는 사람이 읽기에 편리하다. 그러나 디지털 회로는 단지 1과 0만 이해한다. 그러므로 어셈블리어로 작성된 프로그램은 니모닉에서 기계어라고 불리는 1과 0만을 사용한 표현으로 번역된다.

MIPS는 32비트 명령어를 사용한다. 다시 한 번 더 단순함을 위해서는 규칙적이어야 한다는 원리로부터 가장 규칙적인 선택은 메모리에 저장될 수 있는 워드로 모든 명령을 인코딩하는 것이다. 어떤 명령은 모두 다 32

비트 인코딩이 필요치 않을 수도 있지만, 가변 길이 명령은 더 많은 복잡함을 유발할 수 있다. 단순함을 위해서는 한 개의 명령 형식이 좋지만 앞에서 언급하였듯이 너무 제한적이다. MIPS는 세 가지 명령 형식 R, I, J 타입을 정의하여 절충한다. 이런 세 가지 형태는 명령에서 큰 상수의 인코딩 요구와 같은 다른 명령의 필요성에도 또한 부응하면서, 모든 형태들 사이에 규칙성을 주고 하드웨어를 더 간단하게 한다. R 타입 명령은 세 가지 레지스터에서 동작한다. I 타입 명령은 두 개의 레지스터와 한 개의 16비트 즉시 값으로 동작한다. J 타입(점프) 명령은 26비트 즉시 값에서 동작한다. 이 절에서 세 가지 형식을 소개하고 J 타입 명령에 대해서는 6.4.2절에서 다시 설명한다.

6.3.1 R 타입 명령

R 타입은 레지스터 타입(resister type)의 약자이다. R 타입 명령은 세 개의 레지스터를 피연산자로 사용한다. 두 개는 소스로 1개는 목적지로 사용한다. 그림 6.5에 R 타입 기계 명령 형식이 나타나 있다. 32비트 명령은 op, rs, rt, shamt, funct의 6개의 필드를 가진다. 각 필드는 표시된 것처럼 5~6비트로 구성된다.

명령이 수행하는 동작은 파란색으로 강조한 두 개의 필드, 즉 op(opcode 또는 operation code라 한다)와 funct(function이라 한다)로 인코딩된다. 모든 R 타입 명령은 opcode 값이 0이다. 특정한 R 타입 명령은 funct 필드에 의해 결정된다. 예를 들어 add 명령에 대한 opcode와 funct 필드 값은 각각 0(000000_2)과 32(100000_2)이다. 마찬가지로 sub 명령은 opcode와 funct 필드가 0과 34이다.

피연산자는 rs, rt, rd의 세 가지 필드에서 인코딩된다. rs와 rt는 소스 레지스터이고 rd는 목적지 레지스터이다. 각 필드는 표 6.1의 레지스터 번호를 가진다. 예를 들어 $s0는 레지스터 16이다.

5번째 필드 shamt는 이동 동작에서만 사용된다. 5비트 shamt 필드

R-type

op	rs	rt	rd	shamt	funct
6 bits	5 bits	5 bits	5 bits	5 bits	6 bits

그림 6.5 R 타입 기계 명령 형식

Assembly Code	Field Values						Machine Code						
	op	rs	rt	rd	shamt	funct	op	rs	rt	rd	shamt	funct	
`add $s0, $s1, $s2`	0	17	18	16	0	32	000000	10001	10010	10000	00000	100000	(0x02328020)
`sub $t0, $t3, $t5`	0	11	13	8	0	34	000000	01011	01101	01000	00000	100010	(0x016D4022)
	6 bits	5 bits	5 bits	5 bits	5 bits	6 bits	6 bits	5 bits	5 bits	5 bits	5 bits	6 bits	

그림 6.6 R 타입 명령의 기계 코드

> rs는 register source의 약어이다. rt는 알파벳순으로 rs 다음에 나오며 보통 두 번째 소스 레지스터를 나타낸다.

에 저장된 이진수 값은 이동의 양을 나타낸다. 다른 R 타입 명령의 경우 shamt는 0이다.

R 타입 명령 add와 sub에 대한 기계 코드가 그림 6.6에 나타나 있다. 어셈블리어 명령에서 목적지는 첫 번째 레지스터이지만 기계어 명령에서는 세 번째 레지스터 필드(rd)임을 주목하라. 예를 들어 어셈블리 명령 `add $s0, $s1, $s2`에서 `rs=$s1(17)`, `rt=$s2(18)`, `rd=$s0(16)`이다.

부록 B의 표 B.1과 표 B.2에 모든 MIPS 명령에 대한 opcode 값과 R 타입 명령의 `funct` 필드 값이 정의되어 있다.

예제 6.3 **어셈블리어를 기계어로 번역하기**

다음 어셈블리어 문을 기계어로 번역하라.

```
add $t0, $s4, $s5
```

풀이 표 6.1에 따라 `$t0`, `$s4`, `$s5`는 레지스터 8, 20, 21이다. 표 B.1과 표 B.2에 따라 add는 opcode 값이 0이고 `funct`는 32이다. 그러므로 필드 값과 기계 코드는 그림 6.7과 같다. 기계어를 16진수로 표현할 때 쉬운 방법은 우선 2진수로 적은 후에 4비트씩 그룹으로 나누어 16진수로 만들면 된다. 따라서 기계어 명령은 0x02954020이다

6.3.2 I 타입 명령

I 타입이라는 이름은 immedate 타입의 약자이다. I 타입 명령은 두 개의 레지스터 피연산자와 한 개의 즉시 값을 이용하며 op, `rs`, `rt`, `imm`의 네 개

Assembly Code	Field Values						Machine Code						
	op	rs	rt	rd	shamt	funct	op	rs	rt	rd	shamt	funct	
`add $t0, $s4, $s5`	0	20	21	8	0	32	000000	10100	10101	01000	00000	100000	(0x02954020)
	6 bits	5 bits	5 bits	5 bits	5 bits	6 bits	0 2	9	5	4	0	2 0	

그림 6.7 예제 6.3의 R 타입 명령에 대한 기계 코드

I-type

op	rs	rt	imm
6 bits	5 bits	5 bits	16 bits

그림 6.8 타입 명령 형식

Assembly Code	op	rs	rt	imm	Machine Code op	rs	rt	imm	
addi $s0, $s1, 5	8	17	16	5	001000	10001	10000	0000 0000 0000 0101	(0x22300005)
addi $t0, $s3, -12	8	19	8	–12	001000	10011	01000	1111 1111 1111 0100	(0x2268FFF4)
lw $t2, 32($0)	35	0	10	32	100011	00000	01010	0000 0000 0010 0000	(0x8C0A0020)
sw $s1, 4($t1)	43	9	17	4	101011	01001	10001	0000 0000 0000 0100	(0xAD310004)
	6 bits	5 bits	5 bits	16 bits	6 bits	5 bits	5 bits	16 bits	

그림 6.9 타입 명령에 대한 기계 코드

의 필드를 가진다. 처음 세 개의 필드 op, rs, rt는 R 타입 명령과 동일하고 imm 필드는 16비트 즉시 값이다.

동작은 파랗게 표시된 opcode가 결정한다. 피연산자는 rs, rt, imm의 세 필드이다. rs와 imm은 소스 피연산자이고 rt는 addi, lw 등의 명령에서 목적지 피연산자로, sw 등의 명령에서는 두 번째 소스 피연산자로 사용된다.

I 타입 명령을 인코딩하는 몇 가지 예가 그림 6.9에 있다. 음수의 즉시 값은 16비트 2의 보수 표시로 나타낸다는 것을 상기하라. 어셈블리어에서 rt가 목적지 레지스터로 사용 시 첫 번째에 리스트되어 있으나 기계어 명령에서는 두 번째 레지스터 필드에 있다.

예제 6.4 타입 어셈블리 명령을 기계 코드로 번역하기

다음 I 타입 명령을 기계 코드로 번역하라.

```
lw $s3, -24($s4)
```

풀이 표 6.1에 따라 $s3, $s4는 레지스터 19, 20이다. 표 B.1에 따라 lw는 opcode가 35이다. rs는 베이스 주소 $s4에 해당하고 rt는 목적 레지스터 $s3이다. 즉시 값 imm은 16비트 오프셋 -24를 인코딩한다. 따라서 필드 및 기계어 코드는 그림 6.10과 같다.

Assembly Code	op	rs	rt	imm	Machine Code op	rs	rt	imm	
lw $s3, -24($s4)	35	20	19	–24	100011	10100	10011	1111 1111 1110 1000	(0x8E93FFE8)
	6 bits	5 bits	5 bits	16 bits	8 E	9 3		F F E 8	

그림 6.10 타입 명령의 기계 코드

I 타입 명령어는 16비트 즉시 값 필드를 가지고 있으나 이 즉시 값은 32비트 동작에 사용된다. 예를 들면 `lw`는 32비트 베이스 레지스터에 16비트 오프셋을 합한다. 32비트의 상위 절반은 어떻게 되는가? 즉시 값이 양수일 경우 상위 절반의 비트들은 0으로 채워지고 즉시 값이 음수일 경우 상위 절반의 비트들은 1로 채워져야 한다. 이것을 1.4.6절과 같이 **부호 확장**이라 한다. *N*비트 2의 보수의 숫자를 *M*비트로 부호 확장하면(여기서 $M > N$), *N*비트의 부호 비트(Most Significant Bit, MSB)를 복사하여 *M*비트 숫자의 상위 비트들에 확장된다. 2의 보수의 수를 부호 확장할 때 값의 변화는 없다.

대부분의 MIPS 명령은 즉시 값을 부호 확장한다. 예를 들면, `addi`, `lw`, `sw`는 양과 음의 즉시 값을 지원하기 위해 부호 확장을 한다. 이 규칙의 예외가 논리 동작(and, `ori`, `xori`)으로 상위 16비트를 0으로 채운다. 이 경우를 부호 확장이 아닌 **제로 확장**이라 한다. 논리 동작에 대한 더 많은 논의는 6.4.1절에서 다룬다.

6.3.3 J 타입 명령

J 타입은 **점프 타입**(jump type)의 약자로서 점프 명령에서만 사용된다(6.4.2절을 보라). 그림 6.11에서 보는 바와 같이 명령어 형식은 하나의 26비트 주소 피연산자 `addr`을 사용한다. 다른 타입과 마찬가지로 J 타입 명령에서도 6비트 opcode로 시작한다. 나머지 비트열은 주소 `addr`을 지정하기 위해 사용된다. J 타입 명령에 대한 더 많은 논의 및 기계 코드 예제는 6.4.2절과 6.5절에 있다.

6.3.4 기계어 코드의 해석

기계어를 해석하려면 각 32비트 명령 워드의 필드를 해독해야 한다. 보통 다른 명령은 다른 형식을 사용하는 것이 일반적이나, 모든 형식은 6비트 `opcode` 필드로 시작한다. 따라서 출발하는 최적의 장소는 `opcode`를 조

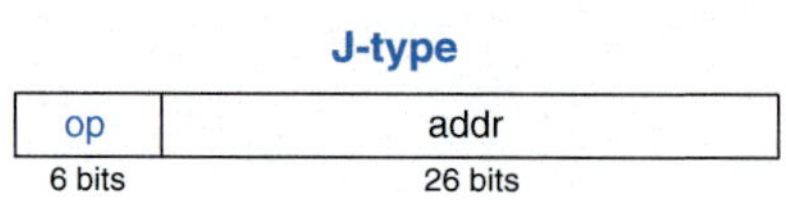

그림 6.11 J 타입 명령어 형식

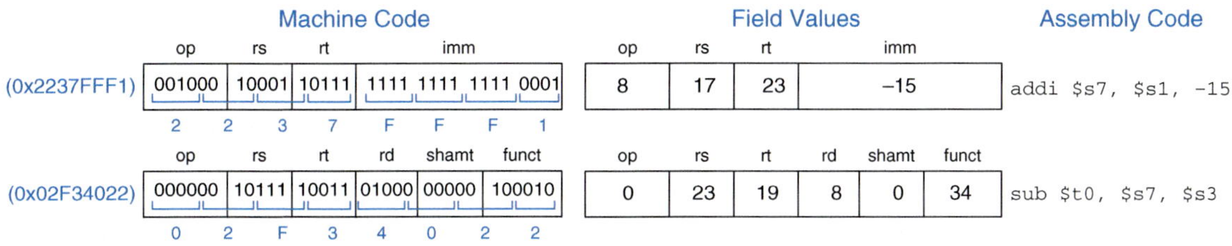

그림 6.12 기계어의 어셈블리어 번역

사하는 것이다. 만약 opcode가 0이면 명령은 R 타입이고 그렇지 않을 경우 I 타입이거나 J 타입이다.

예제 6.5 기계어를 어셈블리어로 번역하기

다음 기계어를 어셈블리어로 번역하라.

풀이 그림 6.12에 나타낸 바와 같이 먼저 각 명령어를 이진수로 나타내고 각 명령에 대한 opcode를 구하기 위해 최상위 6비트를 조사한다. 이 opcode가 나머지 비트를 어떻게 해석하는지 결정한다. opcode는 $001000_2(8_{10})$와 $000000_2(0_{10})$이므로 addi와 R 타입 명령어임을 알 수 있다. R 타입 명령의 funct 필드는 100010_2 (34_{10})이므로 sub 명령을 지시한다. 그림 6.12는 두 기계어 명령의 등가 어셈블리 코드를 나타낸다.

6.3.5 기억된 프로그램의 힘

기계어로 쓰인 프로그램은 명령어를 나타내는 32비트 숫자들의 나열이다. 다른 이진수처럼 이 명령은 메모리에 저장될 수 있다. 이것을 **기억된 프로그램** 개념이라고 하며, 컴퓨터가 왜 강력한지를 보여주는 핵심 이유이다. 다른 프로그램을 실행한다는 것은 많은 양의 시간이 필요한 것도 아니고 하드웨어를 재구성하거나 다시 배선하는 노력이 필요 없다. 단지 필요한 것은 새로운 프로그램을 메모리에 쓰면 된다. 전용 하드웨어 대신 기억된 프로그램은 **범용 계산**을 할 수 있다. 이런 방법으로 한 대의 컴퓨터에 기억된 프로그램의 변경만으로 계산기에서부터 문서 편집기 또는 비디오 플레이어 등의 응용 프로그램을 실행할 수 있다.

기억된 프로그램 내의 명령은 메모리에서 검색되거나 **페치**되어 프로세서에서 실행된다. 크고 복잡한 프로그램도 메모리 읽기와 명령어 실행의 연속으로 단순화된다.

Assembly Code	Machine Code
`lw   $t2, 32($0)`	0x8C0A0020
`add  $s0, $s1, $s2`	0x02328020
`addi $t0, $s3, -12`	0x2268FFF4
`sub  $t0, $t3, $t5`	0x016D4022

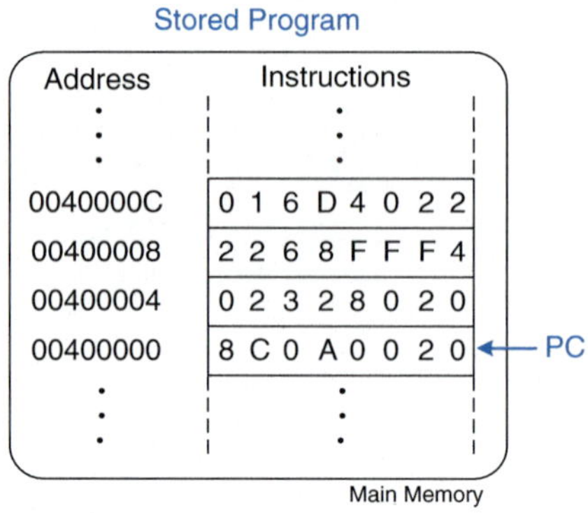

그림 6.13 기억된 프로그램

그림 6.13은 기계 명령이 메모리에 어떻게 저장되는지를 보여준다. MIPS 프로그램의 경우 명령어는 일반적으로 주소 0x00400000번지를 시작으로 저장된다. MIPS 메모리는 바이트 주소를 사용하므로 32비트(4바이트) 명령의 주소는 1이 아니라 4씩 증가한다는 것을 기억하라.

기억된 프로그램을 실행하려면 프로세서가 명령어를 메모리로부터 연속적으로 가져와야 한다. 가져온 명령어는 디코딩되어 디지털 하드웨어에 의해 실행된다. 현재 실행되고 있는 명령어의 주소는 <u>프로그램 카운터</u>(Program Counter, PC)라고 하는 32비트 레지스터에 보관된다. 이 PC는 표 6.1의 32비트 레지스터들과는 별개이다.

그림 6.13의 코드를 실행하려면 운영체제가 PC를 주소 0x00400000으로 설정한다. 프로세서는 그 주소에서 명령어 0x8C0A0020을 읽고 실행한다. 프로세서는 PC를 4만큼 증가시켜 0x04000004로 만들고 그 주소에서 명령어 페치와 실행이라는 반복 작업을 수행한다.

마이크로프로세서의 구조적 상태는 프로그램의 상태를 담고 있다. MIPS에서 구조적 상태는 레지스터 파일과 PC로 구성된다. 만일 운영체제가 프로그램의 특정 위치의 구조적 상태를 저장하려면 프로그램을 인터럽트하여 어떤 일을 한 후, 인터럽트가 발생한 것을 프로그램이 모르도록 구조적 상태를 복원하고 프로그램을 계속 실행한다. 구조적 상태는 7장에서 마이크로프로세서를 만드는 데 중요하다.

6.4 프로그래밍

C, Java와 같은 소프트웨어 언어는 어셈블리어보다 추상적인 수준으로 쓰

이므로 고급 프로그래밍 언어라 한다. 많은 고급 언어는 산술과 논리 동작, if/else 문, for와 while 루프, 배열 인덱싱, 함수문 호출과 같은 공통의 프로그램 구문을 사용한다. C 언어에서 더 많은 구문 예는 부록 C에 있다. 이 절에서는 이러한 고급 수준의 구문을 MIPS 어셈블리 코드로 어떻게 변환하는가를 탐구한다.

Ada Lovelace(1815~1852)
그녀는 처음으로 컴퓨터 프로그램을 작성했다. 찰스 배비지의 해석 엔진을 이용하여 베르누이 숫자를 계산하는 프로그램이었다. 그녀는 시인 로드 바이런의 유일한 적자이다.

6.4.1 산술/논리 명령

MIPS 구조는 다양한 산술, 논리 명령을 정의하는데, 고급 구문을 구현하는 데 필요하므로 여기서는 간단히 이런 명령을 소개한다.

논리 명령

MIPS의 논리 동작에는 and, or, xor, nor가 있다. 이러한 R 타입 명령은 두 소스 레지스터에 대해 비트별 동작을 하고 결과를 목적 레지스터에 기록한다. 그림 6.14는 이러한 동작에 대한 예제를 보여주며 두 소스 값은 0xFFFF0000과 0x46A10000이다. 이 그림에서 명령 실행 후 목적 레지스터 rd에 저장된 값을 보여준다.

비트를 마스킹(원치 않는 비트를 0으로 만듦)하는 데 and 명령이 유용하다. 예를 들어, 그림 6.14의 0xFFFF0000 AND 0x46A10000=0x46A10000와 같다. and 명령은 하위 두 개의 바이트를 마스크하고 $s2(0x46A1)의 마스크되지 않은 상위 두 개의 바이트를 $s3에 위치시킨다. 레지스터 비트의 어떤 임의의 부분이라도 마스크할 수 있다.

or 명령은 두 레지스터의 비트를 결합시키는 데 유용하다. 예를 들어, 0x347A0000 또는 0x000072FC=0x347A72FC와 같이 두 값을 결합한 것

Source Registers

$s1	1111	1111	1111	1111	0000	0000	0000	0000
$s2	0100	0110	1010	0001	1111	0000	1011	0111

Assembly Code	Result								
and $s3, $s1, $s2	$s3	0100	0110	1010	0001	0000	0000	0000	0000
or $s4, $s1, $s2	$s4	1111	1111	1111	1111	1111	0000	1011	0111
xor $s5, $s1, $s2	$s5	1011	1001	0101	1110	1111	0000	1011	0111
nor $s6, $s1, $s2	$s6	0000	0000	0000	0000	0000	1111	0100	1000

그림 6.14 논리 동작

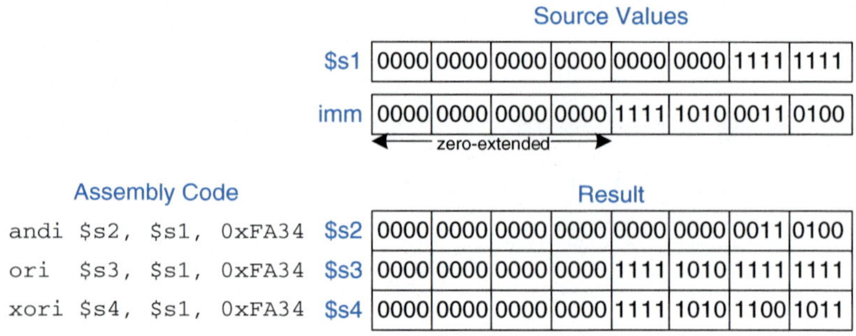

그림 6.15 즉시 값에 대한 논리 동작

이다.

MIPS는 NOT 명령을 제공하지 않고 A NOR $0=NOT A의 NOR 명령으로 대체된다.

논리 동작은 즉시 값에 대해서도 동작 가능하다. 이러한 I 타입 명령은 andi, ori이고 xori와 nori는 제공되지 않는데, 그 이유는 연습문제 6.16에서 탐구하게 될 다른 명령에 의해 쉽게 구현될 수 있는 같은 기능성 때문이다. 그림 6.15는 andi, ori, xori 명령들의 예제를 보여준다. 이 그림은 명령이 실행된 후의 소스 레지스터와 즉시 값, 그리고 목적 레지스터 rt 값을 준다. 이 명령은 레지스터와 16비트 즉시 값으로부터 32비트로 동작하기 때문에 즉시 값을 32비트로 우선 제로 확장한다.

이동 명령

이동 명령은 레지스터 내의 값을 왼쪽 또는 오른쪽으로 31비트까지 이동한다. 이동 동작은 2의 멱승만큼 곱하거나 나누기를 한다. MIPS 이동 동작에는 sll(shift left logical), srl(shift right logical)과 sra(shift right arithmetic)가 있다.

5.2.5절에서 논의하였듯이 좌측 이동 시 최하위 비트에는 항상 0이 채워진다. 그러나 우측 이동 시에는 논리적 우측 이동(srl) 시 최상위 비트에 0을 채우고 산술 우측 이동(sra) 시 최상위 비트에 부호 비트를 이동시킨다. R 타입 명령인 sll, srl, sra에 대한 기계 코드를 그림 6.16에 나타내었다. rt($s1)는 이동되어지는 32비트 값을 가지며, shamt는 이동 값이 4이다. 이동 후의 결과 값은 rd에 놓인다.

그림 6.17은 이동 명령 sll, srl, sra에 대한 레지스터 값을 보인다. N만큼 왼쪽 이동은 2^N만큼 곱한 것과 같고, 마찬가지로 N만큼 우측으로 산술 이동하면 5.2.2절에서 논의하였듯이 2^N으로 나눈 것과 같다.

Assembly Code	op	rs	rt	rd	shamt	funct	op	rs	rt	rd	shamt	funct	
	Field Values						**Machine Code**						
`sll $t0, $s1, 4`	0	0	17	8	4	0	000000	00000	10001	01000	00100	000000	(0x00114100)
`srl $s2, $s1, 4`	0	0	17	18	4	2	000000	00000	10001	10010	00100	000010	(0x00119102)
`sra $s3, $s1, 4`	0	0	17	19	4	3	000000	00000	10001	10011	00100	000011	(0x00119903)
	6 bits	5 bits	5 bits	5 bits	5 bits	6 bits	6 bits	5 bits	5 bits	5 bits	5 bits	6 bits	

그림 6.16 이동 명령의 기계어 코드

Source Values

	$s1	1111	0011	0000	0000	0000	0010	1010	1000
	shamt								00100

Assembly Code	Result								
`sll $t0, $s1, 4`	$t0	0011	0000	0000	0000	0010	1010	1000	0000
`srl $s2, $s1, 4`	$s2	0000	1111	0011	0000	0000	0000	0010	1010
`sra $s3, $s1, 4`	$s3	1111	1111	0011	0000	0000	0000	0010	1010

그림 6.17 이동 동작

MIPS에는 `sllv`(shift left logical variable), `srlv`(shift right logical variable), `srav`(shift right arithmetic variable) 등의 가변 이동 명령이 있다. 그림 6.18은 이러한 명령에 대한 기계 코드를 나타낸다. 가변 이동 어셈블리 명령은 `sllv rd, rt, rs`의 형태이다. `rt`와 `rs`의 순서는 대부분의 R 타입 명령에서와 반대다. `rt`(`$s1`)는 이동될 값을 가지고 `rs`(`$s2`)의 최하위 5비트는 이동할 양이다. 이동 후의 결과는 이전처럼 `rd`에 놓인다.

Assembly Code	op	rs	rt	rd	shamt	funct	op	rs	rt	rd	shamt	funct	
	Field Values						**Machine Code**						
`sllv $s3, $s1, $s2`	0	18	17	19	0	4	000000	10010	10001	10011	00000	000100	(0x02519804)
`srlv $s4, $s1, $s2`	0	18	17	20	0	6	000000	10010	10001	10100	00000	000110	(0x0251A006)
`srav $s5, $s1, $s2`	0	18	17	21	0	7	000000	10010	10001	10101	00000	000111	(0x0251A807)
	6 bits	5 bits	5 bits	5 bits	5 bits	6 bits	6 bits	5 bits	5 bits	5 bits	5 bits	6 bits	

그림 6.18 가변 이동 명령의 기계어 코드

Source Values

	$s1	1111	0011	0000	0100	0000	0010	1010	1000
	$s2	0000	0000	0000	0000	0000	0000	0000	**1000**

Assembly Code	Result								
`sllv $s3, $s1, $s2`	$s3	0000	0100	0000	0010	1010	1000	0000	0000
`srlv $s4, $s1, $s2`	$s4	0000	0000	1111	0011	0000	0100	0000	0010
`srav $s5, $s1, $s2`	$s5	1111	1111	1111	0011	0000	0100	0000	0010

그림 6.19 가변 이동 동작

shamt 필드는 무시되고 모두 0이어야 한다. 그림 6.19는 가변 이동 명령의 각 타입에 대한 레지스터 값을 나타낸다.

상수 생성

코드 예제 6.10은 addi 명령이 16비트 상수를 할당하는 좋은 예이다.

코드 예제 6.10 16비트 상수

High-Level Code

```
int a = 0x4f3c;
```

MIPS Assembly Code

```
# $s0 = a
  addi $s0, $0, 0x4f3c    # a = 0x4f3c
```

C 언어에서 int 데이터는 2의 보수의 정수를 표현하는 데이터 워드로 나타낸다. MIPS는 32비트 워드를 사용하므로 int는 $[-2^{31}, 2^{31}-1]$ 범위의 숫자를 나타낸다.

32비트 상수를 할당하려면 lui(load upper immediate) 명령과 ori(or immediate) 명령을 연속으로 사용한다. lui는 16비트 즉시 값을 레지스터의 위쪽 반에 로드하고 나머지 하위 부분 반쪽에 0을 넣는다. 앞서 언급하였듯이 ori는 16비트 즉시 값을 하위 반쪽 부분과 통합한다.

코드 예제 6.11 32비트 상수

High-Level Code

```
int a = 0x6d5e4f3c;
```

MIPS Assembly Code

```
# $s0 = a
  lui $s0, 0x6d5e           # a = 0x6d5e0000
  ori $s0, $s0, 0x4f3c      # a = 0x6d5e4f3c
```

곱하기와 나누기 명령*

곱하기와 나누기는 다른 산술 동작과 다소 다르다. 두 개의 32비트 레지스터를 곱하면 64비트 결과가 나온다. 두 개의 32비트 레지스터를 나누면 32비트 몫과 32비트 나머지가 생긴다.

MIPS 구조에는 두 개의 특별 목적 레지스터 hi, lo가 있어서 곱하기와 나누기의 결과를 갖는 데 사용된다. mult $s0, $s1은 $s0과 $s1의 값을 곱한다. 64비트 결과 값 중 32개의 최상위 비트는 hi에, 32개의 하위 비트는 lo에 놓인다. 마찬가지로 div $s0, $s1은 $s0/$s1을 계산한 후 몫은 lo에 나머지는 hi에 놓인다.

MIPS는 일반 목적 레지스터에서 32비트 결과를 만드는 또 다른 곱셈 명령을 제공한다. mul $s1, $s2, $s3는 $s2와 $s3의 값을 곱하여 $s1에 32비트 결과를 놓는다.

> hi와 lo는 일반적인 32비트 MIPS 레지스터가 아니므로 이들의 접근을 위해서는 특별한 명령이 필요하다. mfhi $s2(move from hi)는 hi의 값을 $s2로 복사한다. mflo $s3(move from lo)은 lo의 값을 $s3으로 복사한다. hi와 lo는 구조적 상태의 기술적 부분이지만 이 책에서는 일반적으로 이런 레지스터를 무시한다.

6.4.2 분기 명령

계산기에 비한 컴퓨터의 장점은 결정하는 능력이다. 컴퓨터는 입력에 따라 다른 일을 수행한다. 예를 들면, if/else 문, case 문, while 루프, for 루프는 어떤 테스트에 따르는 조건에 따라 코드를 실행한다.

명령을 연속적으로 수행하려면 각 명령 후, PC를 4씩 증가시키면 된다. 분기 명령은 PC 값을 수정하여 코드의 어느 부분을 건너뛰게 하거나 이전에 실행했던 코드로 돌아가서 반복 실행한다. 조건 분기 명령은 테스트를 실행하고 그 테스트가 TRUE이면 분기를 실행한다. 무조건 분기 명령을 점프라고 하는데 항상 분기한다.

조건 분기

MIPS 명령의 경우 beq(branch if equal)와 bne(branch if not equal)의 두 개의 조건 분기 명령이 있다. beq는 두 레지스터 값이 같을 때 분기하고 bne는 같지 않을 때 분기한다. 코드 예제 6.12는 beq의 사용을 나타낸다. 분기는 beq rs, rt, imm으로 쓰인다는 것에 주의하는데, 여기서 rs는 첫 번째 소스 레지스터이다. 이러한 순서는 대부분의 I 타입 명령에서는 뒤바뀐다.

코드 예제 6.12 beq를 사용한 조건 분기

MIPS Assembly Code

```
  addi $s0, $0, 4         # $s0 = 0 + 4 = 4
  addi $s1, $0, 1         # $s1 = 0 + 1 = 1
  sll  $s1, $s1, 2        # $s1 = 1 << 2 = 4
  beq  $s0, $s1, target   # $s0 == $s1, so branch is taken
  addi $s1, $s1, 1        # not executed
  sub  $s1, $s1, $s0      # not executed

target:
  add  $s1, $s1, $s0      # $s1 = 4 + 4 = 8
```

코드 예제 6.12에서 프로그램이 beq 명령에 도달할 때 $s0과 $s1의 값이 같으면 분기가 일어난다. 즉, 수행되는 다음 명령은 target이라고 하

는 레이블 바로 다음의 add 명령이다. 두 명령은 바로 분기하고 앞의 레이블은 실행되지 않는다.[2]

어셈블리 코드는 프로그램에서 명령의 위치를 나타내기 위해 레이블을 사용한다. 어셈블리 코드를 기계 코드로 번역할 때 이러한 레이블은 명령 주소로 번역된다(6.5절을 보라). MIPS 어셈블리 레이블은 맨 끝에 콜론(:)이 붙고, 명령 니모닉과 같은 예약어는 사용할 수 없다. 보통 프로그래머들은 명령은 들여쓰기하고 레이블은 눈에 띄게 하려고 한다.

코드 예제 6.13은 bne 명령을 사용한 예제를 보여준다. 이 경우 $s0과 $s1이 같으므로 분기가 발생하지 않고 bne 명령 바로 다음의 코드를 수행한다. 이 코드에서 모든 명령이 실행된다.

코드 예제 6.13 bne를 사용한 조건 분기

MIPS Assembly Code

```
  addi $s0, $0, 4          # $s0 = 0 + 4 = 4
  addi $s1, $0, 1          # $s1 = 0 + 1 = 1
  sll  $s1, $s1, 2         # $s1 = 1 << 2 = 4
  bne  $s0, $s1, target    # $s0 == $s1, so branch is not taken
  addi $s1, $s1, 1         # $s1 = 4 + 1 = 5
  sub  $s1, $s1, $s0       # $s1 = 5 − 4 = 1

target:
  add  $s1, $s1, $s0       # $s1 = 1 + 4 = 5
```

점프

j와 jal은 J 타입 명령이다. jr은 오로지 rs 피연산자만 사용하는 R 타입 명령이다.

무조건 분기하는 것이 **점프**로, j(jump), jal(jump and link), jr(jump register)의 세 가지 형태가 있다. j는 특정한 레이블로 직접 점프한다. jal은 j와 비슷하나 프로시저문에서 사용되며 되돌아오는 주소를 저장한 후 점프한다(6.4.6절 참조). jr은 레지스터가 가지고 있는 값이 주소가 되어 점프한다. 코드 예제 6.14는 j 명령의 사용 예이다.

코드 예제 6.14에서 j target 명령 이후, target 레이블의 add 명령을 무조건적으로 실행한다. 점프와 레이블 사이의 모든 명령어는 건너뛴다.

2 실제로는 파이프라인(7장에서 논의된다) 때문에 MIPS 프로세서는 분기 지연 슬롯을 가진다. 이것은 분기나 점프 후에 명령이 즉시 실행된다는 것을 의미한다. 이러한 특이성은 6장의 MIPS 어셈블리 코드에서는 무시된다.

코드 예제 6.14 j를 사용한 무조건 분기

MIPS Assembly Code

```
  addi $s0, $0, 4     # $s0 = 4
  addi $s1, $0, 1     # $s1 = 1
  j    target         # jump to target
  addi $s1, $s1, 1    # not executed
  sub  $s1, $s1, $s0  # not executed

target:
  add  $s1, $s1, $s0  # $s1 = 1 + 4 = 5
```

코드 예제 6.15는 jr 명령이다. 각 명령어의 주소가 맨 왼쪽에 나타나 있다. jr $s0은 $s0의 값인 0x00002010 번지로 점프하는 명령이다.

코드 예제 6.15 jr를 사용한 무조건 분기

MIPS Assembly Code

```
0x00002000 addi $s0, $0, 0x2010  # $s0 = 0x2010
0x00002004 jr   $s0              # jump to 0x00002010
0x00002008 addi $s1, $0, 1       # not executed
0x0000200c sra  $s1, $s1, 2      # not executed
0x00002010 lw   $s3, 44($s1)     # executed after jr instruction
```

6.4.3 조건문

고급 언어에서 자주 사용되는 것이 조건문으로 if문, if/else문, case문이 있다. 이들은 하나 이상의 명령으로 이루어진 코드 블록을 조건부로 수행한다. 이 절은 이러한 고급 구문이 MIPS 어셈블리어로 어떻게 번역되는지 알아본다.

if문

if문은 주어진 조건을 만족 시 코드 블록, 즉 **if 블록**을 수행한다. 코드 예제 6.16에 if문이 어떻게 MIPS 어셈블리 코드로 변환되는지 나온다.

코드 예제 6.16 if문

High-Level Code

```
if (i == j)
  f = g + h;

f = f - i;
```

MIPS Assembly Code

```
# $s0 = f, $s1 = g, $s2 = h, $s3 = i, $s4 = j
  bne $s3, $s4, L1     # if i != j, skip if block
  add $s0, $s1, $s2    # if block: f = g + h
L1:
  sub $s0, $s0, $s3    # f = f - i
```

if문에 대한 어셈블리 코드에서는 고급 코드와는 반대의 조건을 테스트한다. 코드 예제 6.16에서 고급 코드는 i==j를 테스트하고 어셈블리 코드는 i!=j를 테스트한다. i!=j이면 분기하고(if 블록을 건너 뜀), 반대로 i==j이면 분기가 일어나지 않고 if 블록이 수행된다.

if/else문

if/else문은 조건에 따라 두 개의 코드 블록 중 하나를 수행한다. if문의 조건이 TRUE일 때 if 블록이 수행되고 FALSE이면 else 블록이 수행된다. 코드 예제 6.17은 if/else문 예제이다.

if의 경우와 마찬가지로 if/else문의 어셈블리 코드는 고급 코드와는 반대의 조건을 테스트한다. 코드 예제 6.17에서 고급 코드는 i==j를 테스트하나 어셈블리 코드는 i!=j를 테스트한다. 반대의 조건이 TRUE이면 bne는 if 블록을 건너뛰고 else 블록을 수행한다. 그렇지 않으면 if 블록이 수행되고 점프 명령(j)에 의해 else 블록 다음으로 건너뛴다.

코드 예제 6.17 if/else문

High-Level Code	MIPS Assembly Code

<pre>if (i == j)
  f = g + h;
 	
else
  f = f - i;</pre>
	<pre># $s0 = f, $s1 = g, $s2 = h, $s3 = i, $s4 = j
	  bne $s3, $s4, else # if i != j, branch to else
	  add $s0, $s1, $s2 # if block: f = g + h
	  j L2 # skip past the else block
	else:
	  sub $s0, $s0, $s3 # else block: f = f - i
	L2:</pre>

switch/case문*

switch/case문은 조건문에 따라 여러 블록 중 하나를 수행한다. 해당 조건을 만족하지 못하면 default 블록이 수행된다. case문은 일련의 내포된(nested) if/else문과 동일하다. 코드 예제 6.18은 같은 기능을 하는 두 코드 조각으로 ATM(Automatic Teller Machine) 인출 시 amount의 값, $20, $50, $100에 대한 수수료를 계산한다. MIPS 어셈블리 변환은 두 고급 코드에 대해 동일하다.

코드 예제 6.18 Switch/Case문

High-Level Code

```
switch (amount) {
  case 20:  fee = 2; break;

  case 50:  fee = 3; break;

  case 100: fee = 5; break;

  default:  fee = 0;
}

// equivalent function using if/
   else statements
   if      (amount == 20)  fee = 2;
   else if (amount == 50)  fee = 3;
   else if (amount == 100) fee = 5;
   else                    fee = 0;
```

MIPS Assembly Code

```
# $s0 = amount, $s1 = fee

case20:
  addi $t0, $0, 20        # $t0 = 20
  bne  $s0, $t0, case50   # amount == 20? if not,
                          # skip to case50
  addi $s1, $0, 2         # if so, fee = 2
  j    done               # and break out of case

case50:
  addi $t0, $0, 50        # $t0 = 50
  bne  $s0, $t0, case100  # amount == 50? if not,
                          # skip to case100
  addi $s1, $0, 3         # if so, fee = 3
  j    done               # and break out of case

case100:
  addi $t0, $0, 100       # $t0 = 100
  bne  $s0, $t0, default  # amount == 100? if not,
                          # skip to default
  addi $s1, $0, 5         # if so, fee = 5
  j    done               # and break out of case
default:
  add  $s1, $0, $0        # fee = 0
done:
```

6.4.4 루프 명령

루프는 조건에 따라 코드 블록을 반복적으로 수행한다. for 루프와 while 루프는 고급 언어에서 자주 사용된다. 이 절에서는 이들이 어떻게 어셈블리어로 변환되는지 보여준다.

While 루프

while 루프는 조건이 만족되지 않을 때까지 코드 블록을 반복적으로 수행한다. 코드 예제 6.19의 while 루프는 $2^x=128$을 만족하는 x 값을 구한다. 루프는 pow=128이 될 때까지 7번 반복된다.

코드 예제 6.19 while 루프

High-Level Code

```
int pow = 1;
int x = 0;

while (pow != 128)
{
  pow = pow * 2;
  x = x + 1;
}
```

MIPS Assembly Code

```
# $s0 = pow, $s1 = x
  addi  $s0, $0, 1      # pow = 1
  addi  $s1, $0, 0      # x = 0

  addi  $t0, $0, 128    # t0 = 128 for
                          comparison
while:
  beq   $s0, $t0, done  # if pow == 128,
                          exit while loop
  sll   $s0, $s0, 1     # pow = pow * 2
  addi  $s1, $s1, 1     # x = x + 1
  j while
done:
```

> do/while 루프는 조건 체크를 하기 전에 루프를 한 번 실행하는 것을 제외하고 while 루프와 같다. do/while 루프는 다음의 형식이다.
>
> do
>   명령
> while (조건);

if/else문과 같이 while문의 어셈블리 코드는 고급 코드와는 반대의 조건을 테스트한다. 그 조건이 TRUE이면 while 루프는 종료된다.

코드 예제 6.19에서 while 루프는 pow와 128을 비교하여 같으면 루프를 빠져나간다. 같지 않을 경우 pow에 2를 곱하고(좌측으로 이동 동작 이용), x를 1 증가시킨 후 while 루프의 시작점으로 되돌아간다.

for 루프

for 루프도 while 루프처럼 조건이 만족되지 않을 때까지 코드 블록을 반복적으로 수행한다. 하지만 for 루프는 루프 실행 횟수를 보관하고 있는 루프 변수를 지원한다. for 루프의 일반적인 형식은 다음과 같다.

for(초기화; 조건; 루프 동작) 문장

초기화 코드는 for 루프 시작 전에 실행된다. 조건은 각 루프 시작 시 테스트된다. 조건이 만족되지 않으면 루프를 빠져나간다. 루프 동작은 각 루프의 마지막까지 실행한다. 코드 예제 6.20은 0부터 9까지 더하는 예제이다. 루프 변수 i는 0으로 초기화되고 반복되는 루프의 마지막에서 1 증가한다. 각 반복 연산의 시작점에서 i가 10이 아닐 경우에만 for 루프가 시작된다. i가 10이면 루프를 종료한다. for 루프는 while 루프로 구현할 수 있으나 보통 for 루프가 편리하다.

코드 예제 6.20 for 루프

High-Level Code

```
int sum = 0;

for (i = 0; i != 10; i = i + 1) {
   sum = sum + i ;
}
// equivalent to the following while loop
int sum = 0;
int i = 0;
while (i != 10) {
   sum = sum + i;
   i = i + 1;
}
```

MIPS Assembly Code

```
# $s0 = i, $s1 = sum
  add  $s1, $0, $0        # sum = 0
  addi $s0, $0, 0         # i = 0
  addi $t0, $0, 10        # $t0 = 10

for:
  beq  $s0, $t0, done     # if i == 10,
                            branch to done
  add  $s1, $s1, $s0      # sum = sum + i
  addi $s0, $s0, 1        # increment i
  j for
done:
```

크기 비교

지금까지 같거나 같지 않은지 비교 후 분기하는 데 beq와 bne를 이용하였다. MIPS는 크기 비교를 위해 `slt`(set less than) 명령을 제공한다. `slt`는 `rs`<`rt`인 조건을 만족 시 rd를 1로 설정하고 그렇지 않을 경우 0으로 만든다.

연습문제 6.17은 `slt`를 이용하여 앞의 예제와 다른 보다 큼, 크거나 같음, 작거나 같음 등의 크기 비교를 하는 문제이다.

예제 6.6 slt를 사용한 루프

다음의 고급 수준 코드는 1에서 100 사이의 2의 멱수를 더한다. 어셈블리어로 변환하라.

```
// high-level code

int sum = 0;
for (i = 1; i < 101; i = i * 2)
sum = sum + i;
```

풀이 어셈블리 코드는 `for` 루프에서 보다 작음을 비교하기 위해 `slt` 명령을 사용한다.

```
# MIPS assembly code

# $s0 = i, $s1 = sum
```

```
addi $s1, $0, 0 # sum = 0
addi $s0, $0, 1 # i = 1
addi $t0, $0, 101 # $t0 = 101

loop:
slt $t1, $s0, $t0 # if (i < 101) $t1 = 1, else $t1 = 0
beq $t1, $0, done # if $t1 == 0 (i >= 101), branch to done
add $s1, $s1, $s0 # sum = sum + i
sll $s0, $s0, 1 # i = i * 2
j loop

done:
```

6.4.5 배열

배열은 많은 양의 유사 데이터를 호출하는 데 유용하다. 배열은 메모리 공간상에 연속적인 데이터 주소로 구성되어 있다. 각 배열 인자는 **인덱스**라고 하는 번호로 식별된다. 배열 인자의 개수를 배열의 **크기**라 한다. 이 절에서는 메모리에서 배열 인자를 호출하는 방법을 나타낸다.

배열 인덱싱

그림 6.20은 메모리에서 저장된 5개의 정수 배열을 보여준다. **인덱스**는 0에서 4까지이다. 이 경우 배열은 프로세서 메인 메모리의 베이스 주소 0x10007000번지를 시작으로 저장되어 있다. 베이스 주소는 첫 번째 배열 인자 array[0]의 주소와 같다.

코드 예제 6.21은 array의 처음 두 인자에 8을 곱하여 다시 그 배열로 저장하는 예제이다. 배열 인자를 호출하는 첫 단계로 배열의 베이스 주소를 레지스터로 읽어 들인다. 코드 예제 6.21은 베이스 주소를 $s0에 로드한다. lui와 ori는 32 비트 상수를 레지스터에 로드하는 코드이다.

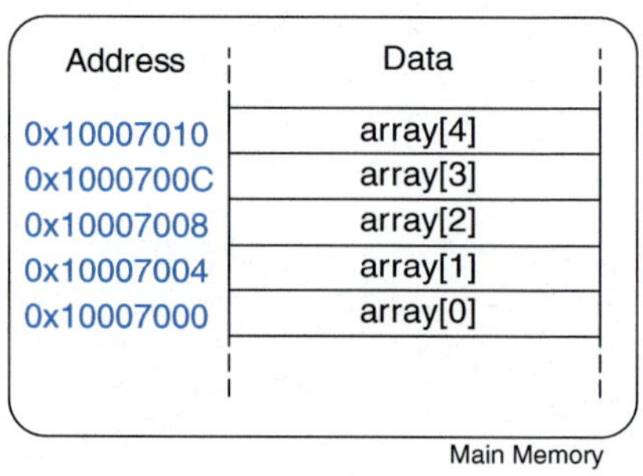

그림 6.20 베이스 주소가 0x10007000인 5개 항목의 배열

코드 예제 6.21 배열의 호출

High-Level Code

```
int array[5];

array[0] = array[0] * 8;

array[1] = array[1] * 8;
```

MIPS Assembly Code

```
# $s0 = base address of array
  lui $s0, 0x1000          # $s0 = 0x10000000
  ori $s0, $s0, 0x7000     # $s0 = 0x10007000

  lw $t1, 0($s0)           # $t1 = array[0]
  sll $t1, $t1, 3          # $t1 = $t1 << 3
                                 = $t1 * 8
  sw $t1, 0($s0)           # array[0] = $t1

  Iw $t1, 4($s0)           # $t1 = array[1]
  sll $t1, $t1, 3          # $t1 = $t1 << 3
                                 = $t1 * 8
  sw $t1, 4($s0)           # array[1] = $t1
```

코드 예제 6.21에서 lw에 의해 베이스 주소와 오프셋을 취하는 명령을 볼 수 있다. 베이스 주소는 배열의 시작을 가리킨다. 오프셋은 배열 내에 지속되는 인자를 호출하기 위해 사용된다. 예를 들어 array[1]은 메모리 주소 0x10007004(array[0]) 다음의 한 개의 워드 또는 네 개의 바이트)에 저장되어 있으므로 이것은 베이스 주소 다음의 오프셋 4의 위치에서 호출된다.

코드 예제 6.21에서 두 배열 인자를 다루는 코드는 인덱스를 제외하고 동일함을 알 수 있다. 두 배열을 호출하는 데 코드를 중복해서 사용하는 일은 문제되지 않으나 배열이 클 경우 모든 배열 인자를 이와 같이 호출하는 일은 굉장히 비효율적이다. 코드 예제 6.22는 for 루프를 이용하여 베이스 주소 0x23B8F000번지에 저장된 1,000개의 인자를 가지는 배열의 각 인자에 8을 곱하는 예제이다.

코드 예제 6.22 for 루프를 이용한 배열의 호출

High-Level Code

```
int i;
int array[1000];

for (i = 0; i < 1000; i = i + 1)
```

MIPS Assembly Code

```
# $s0 = array base address, $s1 = i
# initialization code
  lui  $s0, 0x23B8         # $s0 = 0x23B80000
  ori  $s0, $s0, 0xF000    # $s0 = 0x23B8F000
  addi $s1, $0, 0          # i = 0
  addi $t2, $0, 1000       # $t2 = 1000

loop:
  slt  $t0, $s1, $t2       # i < 1000?
  beq  $t0, $0, done       # if not, then done
```

```
array[i] = array[i] * 8;       sll  $t0, $s1, 2      # $t0 = i*4
                                                       (byte offset)
                               add  $t0, $t0, $s0    # address of
                                                       array[i]
                               lw   $t1, 0($t0)      # $t1 = array[i]
                               sll  $t1, $t1, 3      # $t1 = array[i] * 8
                               sw   $t1, 0($t0)      # array[i] =
                                                       array[i] * 8
                               addi $s1, $s1, 1      # i = i + 1
                               j    loop             # repeat
                             done:
```

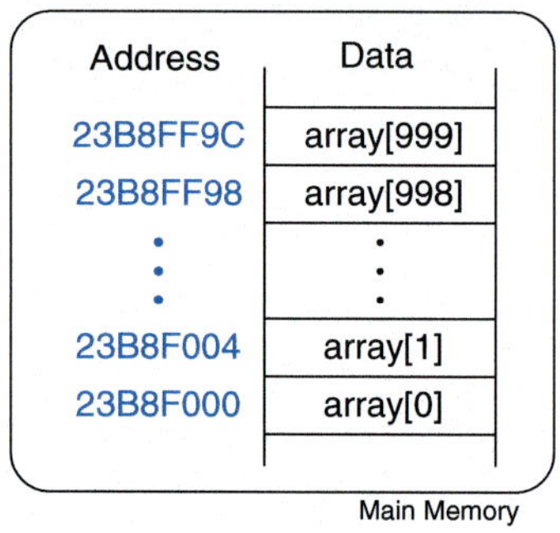

그림 6.21 베이스 주소 0x23B8F000을 시작으로 array[1000]을 가지는 메모리

그림 6.21은 1,000개 인자를 가지는 배열이 메모리에 저장된 모습이다. 배열의 인덱스는 상수가 아닌 변수(i)이므로 lw에서 즉시 값 오프셋을 이용할 수 없다. 대신에 i번째 인자의 주소를 계산하여 $t0에 저장한다. 배열 인자는 워드이고 메모리는 바이트 단위로 호출되므로 베이스 주소로부터 오프셋은 i*4로 계산된다. MIPS 어셈블리어에서 곱하기 4는 2만큼 왼쪽으로 이동하면 된다. 이 예는 임의의 크기를 가지는 배열에도 쉽게 확장된다.

바이트와 문자

Java 같은 언어는 유니코드라고 하는 다른 문자 인코딩을 이용한다. 유니코드는 문자를 표현하기 위해 16비트를 사용하므로 액센트(´), 변모음과 동양권 언어를 지원한다. 더 많은 정보를 원하면 www.unicode.org를 보라.

[−128, 127] 범위의 숫자는 워드가 아닌 하나의 바이트에 저장 가능하다. 영어 키보드의 개수는 256개의 문자보다 적기 때문에 영문자는 종종 바이트로 표현된다. C 언어는 바이트나 문자를 표현하기 위해 char 형을 이용한다.

초기 컴퓨터는 바이트와 영문자 간의 표준 매핑이 없어서 컴퓨터 간에 텍스트를 주고받는 일이 어려웠다. 1963년 미국 표준위원회는 ASCII (American Standard Code for Information Interchange) 코드를 발표했는

표 6.2 ASCII 인코딩

#	Char	#	Char	#	Char	#	Char	#	Char	#	Char
20	space	30	0	40	@	50	P	60	`	70	p
21	!	31	1	41	A	51	Q	61	a	71	q
22	"	32	2	42	B	52	R	62	b	72	r
23	#	33	3	43	C	53	S	63	c	73	s
24	$	34	4	44	D	54	T	64	d	74	t
25	%	35	5	45	E	55	U	65	e	75	u
26	&	36	6	46	F	56	V	66	f	76	v
27	'	37	7	47	G	57	W	67	g	77	w
28	(	38	8	48	H	58	X	68	h	78	x
29	)	39	9	49	I	59	Y	69	i	79	y
2A	*	3A	:	4A	J	5A	Z	6A	j	7A	z
2B	+	3B	;	4B	K	5B	[	6B	k	7B	{
2C	,	3C	<	4C	L	5C	\	6C	l	7C	|
2D	−	3D	=	4D	M	5D	]	6D	m	7D	}
2E	.	3E	>	4E	N	5E	^	6E	n	7E	~
2F	/	3F	?	4F	O	5F	_	6F	o		

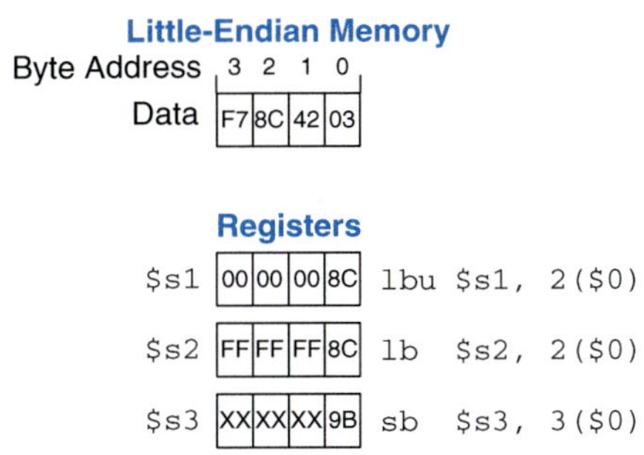

그림 6.22 바이트를 읽고 저장하는 명령어

데 각 문자에 고유 바이트를 할당하였다. 표 6.2는 프린트할 수 있는 문자에 대한 인코딩을 보여준다. ASCII 값은 16진수이고 소문자와 대문자는 0x20(32) 만큼 차이가 난다.

MIPS는 바이트나 문자 데이터를 다루기 위해 `lbu`(load byte unsigned), `lb`(load byte), `sb`(store byte)를 제공한다. 이 세 가지를 그림 6.22에 나타

ASCII 코드는 초기 형태의 문자 인코딩으로부터 발전되었다. 1838년 초에 전신기에서 문자를 나타내기 위해 점(.)과 대시(–)를 사용하였다. 예를 들면 A, B, C, D는 각각 – · , – · · · , – · – · , – · · 으로 나타내었다. 문자마다 점과 대시의 개수가 달랐다. 효율성을 위해 자주 쓰이는 문자는 짧은 코드를 사용했다. 1874년 Jean Maurice Emile Baudot는 보드 코드라고 하는 5비트 코드를 개발하였다. 예를 들면 A, B, C, D는 각각 00011, 11001, 01110, 01001로 나타냈다. 그러나 모든 영문자를 나타내는 데 5비트 코드의 32개의 가능한 인코딩만으로는 부족하였다. 그러나 8비트 인코딩은 가능하였다. 따라서 충분한 가지 수를 가지는 8비트 ASCII 인코딩이 전자통신 분야 표준이 되었다.

낸다.

32비트 레지스터를 채우기 위해 lbu는 바이트를 제로 확장하고 lb는 부호 확장한다. sb는 32비트 레지스터의 최하위 바이트를 메모리의 바이트 주소에 저장한다. 그림 6.22에서 lbu는 메모리 주소 2번지에서 하나의 바이트를 읽어서 $s1의 최하위 바이트에 저장하고 나머지 비트들은 0으로 채운다. lb는 메모리 주소 2번지에서 부호 확장된 한 바이트를 읽어 $s2에 로드한다. sb는 $s3의 최하위 바이트를 메모리 바이트 주소 3번지에 저장한다. 따라서 0xF7을 0x9B로 바꾼다. $s3의 최상위 바이트는 무시된다.

예제 6.7 문자 배열을 액세스하는 lb와 sb의 사용

다음 고급 수준 코드는 10개 엔트리의 배열을 각 엔트리로부터 32를 차감함으로써 소문자를 대문자로 바꾼다. MIPS 어셈블리어로 번역하라. 배열 인자들 간의 주소 차이는 4바이트가 아닌 1바이트이다. $s0은 chararray의 주소를 가지고 있는 것으로 가정한다.

```
// high-level code

char chararray[10];
int i;
for (i = 0; i != 10; i = i + 1)
  chararray[i] = chararray[i] - 32;
```

풀이

```
# MIPS assembly code
# $s0 = base address of chararray, $s1 = i

          addi $s1, $0, 0    # i = 0
          addi $t0, $0, 10   # $t0 = 10
loop:     beq $t0, $s1, done # if i == 10, exit loop
          add $t1, $s1, $s0  # $t1 = address of chararray[i]
          lb $t2, 0($t1)     # $t2 = array[i]
          addi $t2, $t2, -32 # convert to upper case: $t2 = $t2 - 32
          sb $t2, 0($t1)     # store new value in array:
                             # chararray[i] = $t2
          addi $s1, $s1, 1   # i = i+1
          j loop             # repeat
done:
```

연속된 형태의 문자를 **문자열**(string)이라 한다. 문자열은 길이가 변할 수 있으므로 문자열의 길이 또는 끝을 정하는 방법이 필요하다. C 언어에서는 널(null) 문자(0x00)를 문자열의 끝에 붙인다. 예를 들어 그림

6.23은 "Hello!"(0x48, 0x65, 0x6C, 0x6C, 0x6F, 0x21, 0x00)가 메모리에 저장되어 있는 모습이다. 문자열은 7바이트이고 주소 0x1522FFF0부터 0x1522FFF6번지에 위치한다. 첫 번째 문자(H=0x48)는 최하위 바이트 주소(ox1522FFF0)에 저장되어 있다.

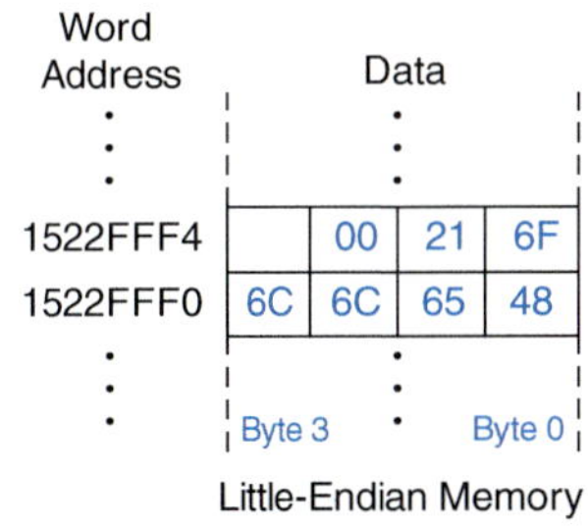

그림 6.23 메모리에 저장된 문자열 "Hello!"

6.4.6 함수 호출

고급 수준 언어는 **함수**(**프로시저**라고도 한다)를 사용하는데 자주 호출되는 코드를 재사용하고 프로그램을 읽기 편하게 만들기 위해서이다. 함수는 **인수**라고 하는 입력과 **리턴 값**이라고 하는 출력을 가진다. 함수는 리턴 값을 계산해야 하고 의도적이지 않은 부작용이 없어야 한다.

하나의 함수가 다른 함수를 호출 시 호출 함수, 즉 **호출자**(caller)와 호출되는 함수, 즉 **피호출자**(callee) 간에는 인수의 위치와 리턴 값 등이 일치해야 한다. MIPS에서는 관례적으로 호출자는 함수 호출 전 네 개의 인수를 레지스터 `$a0`~`$a3`에 위치시킨다. 피호출자는 종료 전 리턴 값을 레지스터 `$v0`~`$v1`에 위치시킨다. 이러한 관례를 따르면 호출자와 피호출자를 서로 다른 사람이 작성하더라도 양 함수는 각 인수와 리턴 값의 위치를 알 수 있게 된다.

피호출자는 호출자 함수를 방해해서는 안 된다. 간단히 말해서 이 말은 피호출자가 함수를 끝내고 어디로 리턴해야 할지 알아야 하고 호출자가 필요로 하는 레지스터나 메모리를 망가뜨려서는 안 된다는 의미이다. 호출자는 **리턴 주소**를 `$ra`에 보관하고 동시에 `jal`(jump and link) 명령을 이용하여 피호출자로 점프한다. 피호출자는 호출자와 관련 있는 구조적 상태나 메모리에 덮어쓰기해서는 안 된다. 특히 피호출자는 저장된 레지스터 `$s0`-`$s7`, `$ra`, 스택, 임시 변수가 할당된 메모리 영역 등을 건드리지 말아야 한다.

이 절에서는 함수를 호출하고 리턴하는 방법을 다룬다. 함수가 입력 인수와 리턴 값을 호출하는 방법과 임시 변수를 저장하기 위한 스택을 어떻게 사용하는지에 관해 다룬다.

함수 호출과 리턴

MIPS는 **점프와 링크** 명령어 `jal`을 이용하여 프로시저를 호출하고 **점프 레지스터** 명령어 `jr`을 사용하여 함수로부터 리턴(복귀)한다. 코드 예제 6.23

을 보면 main 함수가 simple 함수를 호출하고 있다. main이 호출자이고 simple이 피호출자이다. simple 함수는 입력 인수 없이 호출되고 있으며 리턴 값도 없이 단지 호출자로 복귀한다. 코드 예제 6.23에서 각각의 MIPS 명령어 주소는 16진수 형태로 맨 왼쪽에 적혀 있다.

코드 예제 6.23 simple 함수 호출

High-Level Code

```
int main() {
  simple();
  . . .
}
// void means the function returns no value
void simple() {
  return;
}
```

MIPS Assembly Code

```
0x00400200 main:    jal simple  # call function
0x00400204          . . .

0x00401020 simple:  jr $ra      # return
```

jal과 점프 레지스터(jr $ra)가 함수 호출을 위한 두 개의 필수적인 명령이다. jal은 두 가지 기능을 한다. 하나는 다음 명령(jal 다음 명령)의 주소를 리턴 주소 레지스터($ra)에 저장하고 최종 명령으로 점프한다.

코드 예제 6.23에서 main 함수는 jal 명령을 이용하여 simple 함수를 호출한다. jal은 simple 레이블로 점프하고 0x00400204를 $ra에 저장한다. simple 함수는 jr $ra 명령에 의해 바로 복귀하는데 $ra에 저장된 명령어 주소로 점프한다. main 함수는 이 복귀 주소 0x00400204번지에서 실행을 계속한다.

입력 인수와 리턴 값

코드 예제 6.23에서 simple 함수는 main에서 입력 인수도 없고 리턴 값도 없기 때문에 유용하지 않다. 관례에 따르면 MIPS는 $a0~$a3을 입력 인수로 사용하고 $v0~$v1을 리턴 값으로 사용한다. 코드 예제 6.24에서 함수 diffofsums는 네 개의 인수로 호출되고 하나의 결과를 리턴한다.

MIPS 관례에 따라, 호출 함수인 main은 함수 인수를 왼쪽부터 오른쪽으로 입력 레지스터 $a0~$a3으로 위치시킨다. 피호출 함수인 diffofsums는 리턴 값을 리턴 레지스터 $v0에 저장한다.

> 코드 예제 6.24에는 약간의 미세한 오류가 있다. 코드 예제 6.25와 코드 예제 6.26에서 보다 개선된 버전의 프로그램을 작성한다.

2배 정밀도의 부동 소수점 숫자와 같이 64비트를 리턴하는 함수에서는 리턴 레지스터 $v0과 $v1 둘 다 사용한다. 5개 이상의 인수를 가지는 함수 호출 시 추가되는 입력 인수는 바로 다음에 다루게 될 스택에 위치한다.

코드 예제 6.24 인수 및 리턴 값을 가지는 함수 호출

High-Level Code

```
int main()
{
  int y;

  ...

  y = diffofsums(2, 3, 4, 5);

  ...
}
int diffofsums(int f, int g, int h, int i)
{
  int result;

  result = (f + g) - (h + i);
  return result;
}
```

MIPS Assembly Code

```
# $s0 = y

main:
  ...
  addi $a0, $0, 2    # argument 0 = 2
  addi $a1, $0, 3    # argument 1 = 3
  addi $a2, $0, 4    # argument 2 = 4
  addi $a3, $0, 5    # argument 3 = 5
  jal  diffofsums    # call function
  add  $s0, $v0, $0  # y = returned value
  ...

# $s0 = result
diffofsums:
  add $t0, $a0, $a1 # $t0 = f + g
  add $t1, $a2, $a3 # $t1 = h + i
  sub $s0, $t0, $t1  # result = (f + g) - (h + i)
  add $v0, $s0, $0   # put return value in $v0
  jr  $ra            # return to caller
```

스택

스택은 일종의 메모리이며 함수 내의 지역 변수를 저장하기 위해 사용한다. 스택은 함수가 스크래치 공간을 많이 필요로 하면 늘어나기도 하고(메모리를 많이 소모), 함수가 저장된 변수를 필요로 하지 않게 되면 줄어들기도 한다(메모리를 덜 사용). 함수가 임시 변수를 저장하기 위해 스택을 어떻게 사용하는지 알아보기 전에 스택이 어떻게 동작하는지 설명하기로 한다.

스택은 LIFO(Last-In-First-Out) **큐**이다. 접시를 쌓는 일처럼 마지막 접시는 스택(맨 위 접시)으로 **푸시된** 이후 다시 꺼내면(popped) 이 접시는 다시 첫 번째 접시가 된다. 각 함수는 지역 변수를 저장하기 위해 스택 공간을 할당할 수 있으나 리턴하기 전에 할당 해제해야 한다. **스택의 꼭대기는** 가장 최근에 할당된 공간이다. 공간상에서는 접시를 스택하면 위로 늘어나지만, MIPS 스택의 경우는 메모리상에서 아래로 내려간다. 스택은 프로그램이 스크래치 공간을 더 필요로 하게 되면 낮은 메모리 주소 쪽으로

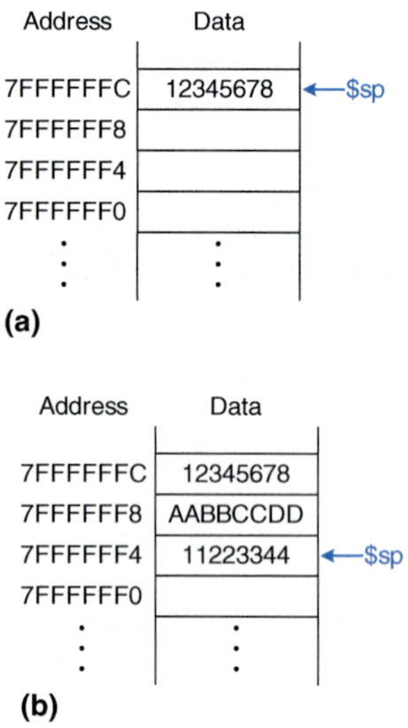

그림 6.24 스택

늘어난다.

그림 6.24에 스택의 모습을 나타내고 있다. **스택 포인터** $sp는 스택의 꼭대기를 가리키고 있는 특수한 MIPS 레지스터이다. **포인터**는 메모리를 가리키는 참신한 이름이다. 포인터는 데이터의 주소를 가리킨다. 예를 들어, 그림 6.24(a)에서 스택 포인터 $sp는 주소 값 0x7FFFFFFC 번지보다 낮은 메모리 워드를 호출할 수 없다.

스택 포인터($sp)는 상위 메모리 주소에서 시작하여 필요에 따라 감소하면서 스택이 확장된다. 그림 6.24(b)는 두 개 워드만큼의 임시 저장소를 위해 스택이 확장되는 모습이다. 이를 위해서 $sp가 8만큼 감소하여 0x7FFFFF4가 된다. 두 개의 추가 워드 데이터 0xAABBCCDD와 0x11223344가 스택에 일시적으로 저장된다.

스택의 가장 중요한 용도 중의 하나는 함수에서 사용하는 레지스터를 저장하고 복구하는 일이다. 함수는 리턴 값을 계산하고 부작용을 최소화해야 한다고 앞에서 언급했다. 특히 리턴 값을 지닌 레지스터 $v0을 제외하고 어떠한 레지스터도 변경해서는 안 된다. 코드 예제 6.24의 diffofsums 함수는 $t0, $t1, $s0을 변경하므로 이러한 규칙을 위반하고 있다. 만일 main 함수가 diffofsums를 호출하기 이전에 $t0, $t1, $s0을 사용하고 있다면 이러한 레지스터 값은 함수 호출에 의해 오류가 발생하게 된다.

이런 문제를 해결하려면 함수는 레지스터를 변경하기 전에 스택에 저장하고 복귀하기 전에 스택으로부터 레지스터를 복구한다. 구체적으로는 다음 과정을 수행한다.

1. 하나 이상의 레지스터 값 저장을 위해 스택 공간을 만든다.
2. 레지스터 값을 스택에 저장한다.
3. 레지스터를 사용하여 함수를 수행한다.
4. 스택으로부터 레지스터의 원래 값을 복구한다.
5. 스택상에 잡혔던 공간 할당을 해제한다.

코드 예제 6.25에서 diffofsums는 $t0, $t1, $s0을 스택에 저장 및 복구하는 개선된 프로그램이다. 그림 6.25는 코드 예제 6.25의 diffofsums 함수를 호출하기 전과 호출하는 동안, 그리고 호출 이후의 스택을 보이고 있다. diffofsums는 스택 포인터($sp)를 12만큼 감소시켜 스택상에 세

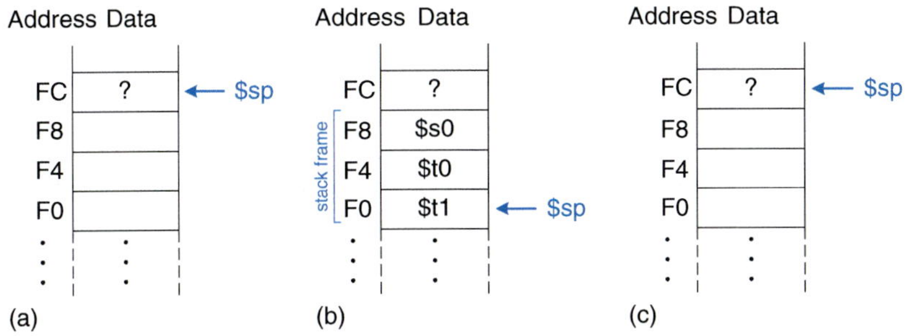

그림 6.25 diffofsums 함수: (a) 호출 이전, (b) 호출 동안, (c) 호출 이후의 스택의 모습

개의 워드 공간을 확보한다. 이후 $s0, $t0, $t1의 현재 값을 새로 할당된 공간에 넣는다. 또한 함수를 수행하면서 이 세 개의 레지스터 값을 변경한다. 함수의 마지막에 diffofsums는 $t1, $t0, $s0 값을 차례대로 스택으로부터 복구하고 스택 공간의 할당을 해제한 후 main으로 복귀한다. 함수 복귀 시 $v0은 결과 값을 가지고 있고 부작용은 없다. 왜냐하면 $s0, $t0, $t1, $sp의 값은 함수 호출 이전의 값과 동일하기 때문이다.

함수가 스스로 할당하는 스택 공간을 **스택 프레임**이라 한다. diffofsums의 스택 프레임은 세 개의 워드 깊이이다. 모듈화의 원칙에 따라 각 함수는 다른 함수에 속해 있는 스택 프레임을 호출하면 안 되고 자기 자신의 스택 프레임만을 호출해야 한다.

코드 예제 6.25 스택에 레지스터를 저장하는 함수

MIPS Assembly Code

```
# $s0 = result
diffofsums:
  addi $sp, $sp, -12 # make space on stack to store three registers
  sw   $s0, 8($sp)   # save $s0 on stack
  sw   $t0, 4($sp)   # save $t0 on stack
  sw   $t1, 0($sp)   # save $t1 on stack
  add  $t0, $a0, $a1 # $t0 = f + g
  add  $t1, $a2, $a3 # $t1 = h + i
  sub  $s0, $t0, $t1 # result = (f + g) - (h + i)
  add  $v0, $s0, $0  # put return value in $v0
  lw   $t1, 0($sp)   # restore $t1 from stack
  lw   $t0, 4($sp)   # restore $t0 from stack
  lw   $s0, 8($sp)   # restore $s0 from stack
  addi $sp, $sp, 12  # deallocate stack space
  jr   $ra           # return to caller
```

보관 레지스터

코드 예제 6.25에서 임시 레지스터 `$t0`, `$t1`은 저장되고 복구되어야 하는 것으로 간주하고 있다. 만일 호출하는 함수가 이 레지스터들을 사용하지 않는다면 저장하고 복구하는 일은 쓸모가 없게 된다. 이러한 낭비를 없애기 위해 MIPS에서는 레지스터를 **보관** 및 **비보관** 레지스터로 분류한다. 보관 레지스터는 `$s0`~`$s7`(이러한 이유로 이름이 saved임)이 있다. 비보관 레지스터는 `$t0`~`$t9`(같은 이유로 temporary)가 있다. 함수에서 보관 레지스터를 사용하려면 저장과 복구를 해야 하지만 비보관 레지스터는 자유롭게 바꿀 수 있다.

코드 예제 6.26에서 스택에 `$s0`만을 저장하는 보다 개선된 `diffofsums` 버전을 볼 수 있다. `$t0`과 `$t1`은 비보관 레지스터이므로 저장할 필요가 없다.

한 함수가 다른 함수를 호출할 때 전자가 **호출자**이고 후자가 **피호출자**임을 기억하자. 피호출자는 사용하고자 하는 보관 레지스터가 있으면 이들을 스택에 저장하고 복구해야 한다. 피호출자는 비보관 레지스터 값을 바꿀 수 있다. 따라서 만일 호출자가 비보관 레지스터에 유효 데이터를 가지고 있다면 호출자는 함수를 호출하기 전에 그 데이터를 저장하고 나중에 그것을 복구해야 한다. 이러한 이유로 보관 레지스터를 **피호출자 저장**(callee-save)이라 하고, 비보관 레지스터를 **호출자 저장**(caller-save)이라고도 한다.

코드 예제 6.26 스택에 보관 레지스터를 저장하는 개선된 함수

MIPS Assembly Code

```
# $s0 = result
diffofsums
  addi $sp, $sp, -4    # make space on stack to store one register
  sw   $s0, 0($sp)     # save $s0 on stack
  add  $t0, $a0, $a1   # $t0 = f + g
  add  $t1, $a2, $a3   # $t1 = h + i
  sub  $s0, $t0, $t1   # result = (f + g) - (h + i)
  add  $v0, $s0, $0    # put return value in $v0
  lw   $s0, 0($sp)     # restore $s0 from stack
  addi $sp, $sp, 4     # deallocate stack space
  jr   $ra             # return to caller
```

표 6.3에 보관 및 비보관 레지스터를 정리하였다. 일반적으로 `$s0`~`$s7`

표 6.3 보관 및 비보관 레지스터

Preserved	Nonpreserved
Saved registers: $s0–$s7	Temporary registers: $t0–$t9
Return address: $ra	Argument registers: $a0–$a3
Stack pointer: $sp	Return value registers: $v0–$v1
Stack above the stack pointer	Stack below the stack pointer

은 함수 내에서 지역 변수를 보유하기 위해 사용되므로 이들은 저장되어야 한다.

함수가 어디로 복귀해야 할지를 알 수 있도록 $ra도 저장되어야 한다. $t0~$t9는 지역 변수에 저장되기 이전에 일시적인 결과 값을 취하기 위하여 사용된다. 이런 계산은 보통 함수 호출이 일어나기 이전에 끝나기 때문에 저장되지 않으며, 호출자가 이들을 저장할 필요는 거의 없다. $a0~$a3은 함수를 호출하는 과정에서 덮어 쓴다. 따라서 호출자가 피호출 함수가 복귀한 이후 인수에 의존적이면 호출자는 이들을 저장한 후 피호출자를 호출해야 한다. $v0~$v1은 보관되어서는 안 된다. 왜냐하면 피호출자가 결과 값을 이 레지스터에 담아서 복귀하기 때문이다.

스택 포인터 위쪽의 스택은 피호출자가 $sp 윗부분의 메모리 주소에 쓰기를 하지 않는 한 자동으로 보관된다. 스택 포인터도 보관되는데, 이는 피호출자가 복귀하기 바로 전에 함수가 시작 시점에 $sp에서 빼주었던 양만큼 다시 더해줌으로써 스택 프레임을 할당 해제하기 때문이다.

재귀적 함수 호출

다른 것을 호출하지 않는 함수를 잎(leaf) 함수라고 하는데, diffofsums가 한 예이다. 다른 함수를 호출하는 함수는 잎 함수가 아니다(nonleaf function). 잎 함수가 아닌 경우는 복잡한데 왜냐하면 다른 함수를 호출 시 비보관 레지스터를 스택에 저장해야 하고 후에 그것들을 복구해야 하기 때문이다. 특히 호출자는 호출 후에 사용할 비보관 레지스터($t0~$t9, $a0~$a3)를 저장한다. 피호출자는 변경하고자 하는 보관 레지스터($s0~$s7, $ra)만을 저장하면 된다.

재귀적 함수는 자기 자신을 호출하는 함수로서 잎 함수가 아니다. factorial 함수는 재귀적 호출로 작성될 수 있다. *factorial*(n)=$n\times$

$(n-1) \times (n-2) \times \ldots \times 2 \times 1$이므로 $factorial(n) = n \times factorial(n-1)$이고 $factorial(1) = 1$이다. 코드 예제 6.27은 재귀적 호출을 이용한 팩토리얼 함수이다. 프로그램 주소를 편리하게 참조하기 위해 프로그램이 0x90번지에서 시작하는 것으로 가정한다.

factorial 함수는 $a0과 $ra를 변경하므로 그들을 스택에 저장한다. 이후 n<2인지 검사해서 맞을 경우 리턴 값 $v0에 1을 저장하고 스택 포인터를 복구해서 호출자로 리턴한다. 이 경우 $ra와 $a0은 변경되지 않으므로 다시 읽어 들일 필요가 없다. 만일 n>1일 경우 함수는 factorial(n-1)을 재귀적으로 호출한다. 이후 스택으로부터 n($a0) 값과 리턴 주소($ra)를 복구하고 곱한 후 이 결과를 리턴한다. 곱하기 명령(mul $v0, $a0, $v1)은 $a0과 $v0을 곱한 결과 값을 $v0에 위치시킨다. 6.7.1절에서 상세히 다룰 것이다.

코드 예제 6.27 factorial 재귀적 함수 호출

High-Level Code

```
int factorial(int n) {
  if (n <= 1)
    return 1;
  else
    return (n * factorial(n - 1));
}
```

MIPS Assembly Code

```
0x90  factorial: addi $sp, $sp, -8
                      # make room on stack
0x94             sw   $a0, 4($sp)   # store $a0
0x98             sw   $ra, 0($sp)   # store $ra
0x9C             addi $t0, $0, 2    # $t0 = 2
0xA0             slt  $t0, $a0, $t0 # n <= 1 ?
0xA4             beq  $t0, $0, else
                      # no: goto else
0xA8             addi $v0, $0, 1
                      # yes: return 1
0xAC             addi $sp, $sp, 8
                      # restore $sp
0xB0             jr   $ra           # return
0xB4       else: addi $a0, $a0, -1  # n= n - 1
0xB8             jal  factorial
                      # recursive call
0xBC             lw   $ra, 0($sp)
                        # restore $ra
0xC0             lw   $a0, 4($sp)
                        # restore $a0
0xC4             addi $sp, $sp, 8
                        # restore $sp
0xC8             mul  $v0, $a0, $v0
                        # n * factorial(n-1)
0xCC             jr   $ra           # return
```

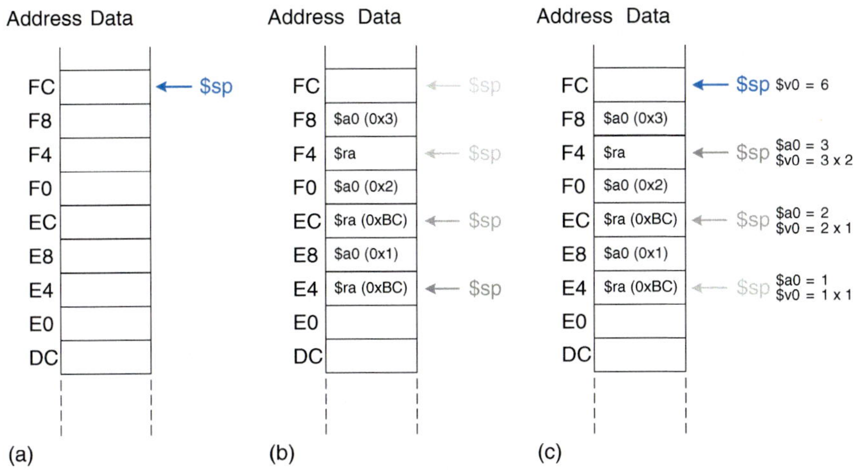

그림 6.26 n=3일 때 factorial 함수 호출 시의 스택 (a) 호출 전, (b) 마지막 재귀호출 후, (c) 리턴 후

그림 6.26은 factorial(3)을 실행할 때의 스택을 보여준다. 그림 6.26(a)에서 보듯이 $sp는 0xFC를 가리킨다. 함수는 $a0과 $ra를 저장하기 위해 두 개 워드 크기의 스택 프레임을 만든다. 그림 6.26(b)와 같이, 첫 번째 실행에서 factorial은 $a0(n=3을 갖고 있음)을 0xF8에 저장하고 $ra를 0xF4에 저장한다. 함수는 $a0을 n=2로 바꾸고 factorial(2)를 재귀적으로 호출하며 $ra는 0xBC를 갖게 된다. 두 번째 실행에서 $a0(n=2를 갖고 있음)을 스택의 0xF0에 $ra를 $EC에 저장한다. 이번에는 $ra가 0xBC를 갖고 있다. 함수는 $a0을 n=1로 바꾸고 factorial(1)을 재귀적으로 호출한다. 세 번째 실행에서 $a0(n=1을 갖고 있음)을 0xE8에 저장하고 2를 0xE4에 저장한다. 이번에도 $ra는 0xBC를 갖는다. factorial을 세 번째 호출 시 $v0 값이 1로 리턴되므로 두 번째 호출로 복귀하기 이전에 스택 프레임의 할당을 해제하게 된다. 두 번째 호출은 n을 2로, $ra를 0xBC(이미 이 값을 갖고 있다)로 복구하고 스택 프레임을 할당 해제하여 $v0=2×1=2를 첫 번째 호출로 리턴한다. 첫 번째 호출은 n을 3으로 복구하고 $ra를 호출자의 리턴 주소로 복구하여 스택 프레임 해제 후, $v0=3×2=6으로 리턴한다. 그림 6.26(c)는 재귀 호출된 함수의 리턴 시 스택의 모습을 보여준다. factorial이 호출자로 복귀하게 되면 스택 포인터는 원래 값 0xFC가 되고 스택 포인터 상위 주소의 스택의 내용은 변경되지 않고 모든 보관 레지스터는 원래 값을 가진다. $v0는 리턴 값 6을 갖게 된다.

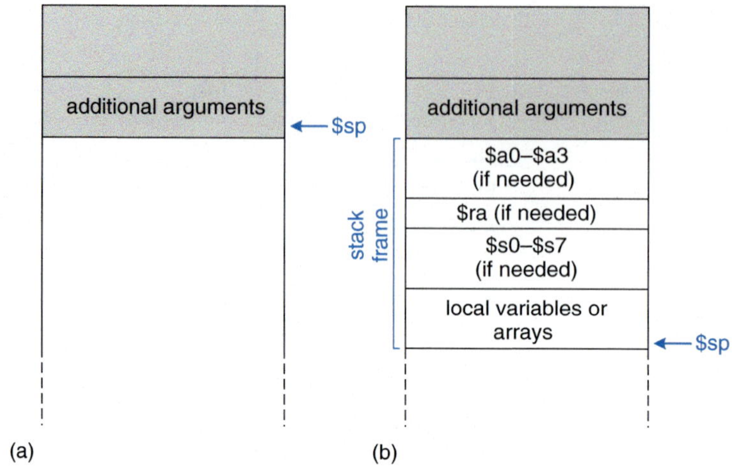

그림 6.27 스택 사용: (a) 호출 전, (b) 호출 후

추가 인수 및 지역 변수

함수는 입력 인수와 지역 변수를 5개 이상 가질 수 있다. 이러한 임시 변수를 저장하는 데 스택을 이용한다. MIPS 관례에 따라 함수가 5개 이상의 인수를 가지면 첫 번째 네 개는 인수 레지스터를 통해 인수를 전달한다. 추가되는 인수는 스택을 통해 전달되는데 $sp 바로 위에 인수들이 있다. **호출자**는 추가적인 인수를 위해 스택의 공간을 확장해야 한다. 그림 6.27(a)에 5개 이상의 인수를 가지는 호출 과정에 대한 호출자의 스택을 보여준다.

함수에서 지역 변수나 배열을 선언할 수 있다. **지역 변수**는 함수 내에서 선언되며 함수 내에서만 액세스가 가능하다. 지역 변수는 $s0~$s7에 저장된다. 지역 변수가 너무 많으면 함수의 스택 프레임에 저장된다. 특히 지역 배열은 스택에 저장된다.

그림 6.27(b)는 피호출자의 스택 프레임 구조를 보인다. 프레임에는 함수 자신의 인수(다른 함수를 호출할 경우)와 리턴 주소, 함수가 변경하고자 하는 보관 레지스터를 가지고 있다. 또한 지역 배열과 초과되는 지역 변수를 가지고 있다. 피호출자가 인수를 네 개보다 많이 가지게 되면 그것들을 호출자의 스택 프레임에서 찾는다. 추가되는 입력 인수를 액세스할 때 함수는 원래 자기 자신의 스택 프레임에서 찾지 않고 호출자의 스택 프레임에서 찾으므로 예외적인 경우이다.

6.5 어드레싱 모드

MIPS는 5가지 **주소 지정 모드**를 제공하는데, 레지스터, 즉시 값, 베이스, PC 상대 주소, 의사(pseudo) 직접 주소 지정이 그것이다. 앞의 세 가지 모드(레지스터, 즉시 값, 베이스)는 읽기와 쓰기 피연산자를 정의한다. 뒤의 두 가지(PC 상대 주소, 의사 직접 주소 지정)는 프로그램 카운터와 PC 읽기 모드를 정의한다.

레지스터 주소 지정

레지스터 주소 지정은 소스와 목적 피연산자를 위한 레지스터를 사용한다. 모든 R 타입 명령어는 레지스터 주소 지정을 사용한다.

즉시 값 주소 지정

즉시 값 주소 지정은 레지스터와 함께 16비트 즉시 값을 피연산자로 사용한다. `addi`와 `lui` 등의 약간의 i 타입 명령어는 즉시 값 주소 지정을 사용한다.

베이스 주소 지정

`lw`나 `sw` 같은 메모리 호출 명령은 **베이스 주소 지정 방식**을 사용한다. 메모리 피연산자의 유효 주소는 레지스터 `rs`에 있는 베이스 주소에 즉시 값 필드에 있는 16비트 부호 확장 오프셋을 더하여 구한다.

PC 상대 주소 지정

조건부 분기 명령은 만일 분기가 발생하면 **PC 상대 주소 지정 방식**을 사용하여 PC 값을 지정한다. 즉시 값 필드의 부호 있는 오프셋 값이 현재의 PC 값에 더해져 새로운 PC 값을 얻는다. 따라서 분기 종착 주소는 현재의 PC에 대해 상대적인 주소가 된다.

코드 예제 6.28은 코드 예제 6.27의 `factorial` 함수의 일부분을 나타낸다. 그림 6.28은 beq 명령에 대한 기계어 코드이다. **분기 목적 주소**(BTA)는 분기 발생 시 실행할 다음 명령의 주소이다. 그림 6.28의 beq 명령은 BTA 값이 `else` 레이블의 명령 주소인 0xB4이다.

16비트 즉시 값 필드는 BTA와 현재 분기 명령의 다음 명령(PC+4에 위치한 명령) 사이의 명령어 개수를 나타낸다. 이 경우 beq 필드의 즉시 값

Assembly Code	Field Values				Machine Code				
	op	rs	rt	imm	op	rs	rt	imm	
beq $t0, $0, else	4	8	0	3	000100	01000	00000	0000000000000011	(0x11000003)
	6 bits	5 bits	5 bits	16 bits	6 bits	5 bits	5 bits	16 bits	

그림 6.28 beq의 기계 코드

코드 예제 6.28 분기 목적 주소의 계산

MIPS Assembly Code

```
0xA4          beq $t0, $0, else
0xA8          addi $v0, $0, 1
0xAC          addi $sp, $sp, 8
0xBO          jr $ra
0xB4    else: addi $a0, $a0, -1
0xB8          jal factorial
```

은 3이다. 왜냐하면 PC+4(0xA8)와 BTA(0xB4) 사이의 명령어 개수가 세 개이기 때문이다.

프로세서에서 BTA의 계산은 부호 확장된 16비트 즉시 값에 4를 곱하고 (워드를 바이트로 바꿈) 이를 PC+4에 더하여 구한다.

예제 6.8 PC 상대 주소의 즉시 값 필드의 계산

즉시 값 필드를 계산하고 bne(branch not equal) 코드에 대한 기계 코드를 보여라.

```
# MIPS assembly code
0x40 loop: add  $t1, $a0, $s0
0x44       lb   $t1, 0($t1)
0x48       add  $t2, $a1, $s0
0x4C       sb   $t1, 0($t2)
0x50       addi $s0, $s0, 1
0x54       bne  $t1, $0, loop
0x58       lw   $s0, 0($sp)
```

풀이 그림 6.29는 bne 명령에 대한 기계 코드이다. BTA 값(0x40)은 PC+4(0x58)의 위치에서 6개 명령 전에 위치한다. 따라서 즉시 값 필드는 −6이다.

Assembly Code	Field Values				Machine Code				
	op	rs	rt	imm	op	rs	rt	imm	
bne $t1, $0, loop	5	9	0	-6	000101	01001	00000	1111 1111 1111 1010	(0x1520FFFA)
	6 bits	5 bits	5 bits	16 bits	6 bits	5 bits	5 bits	16 bits	

그림 6.29 bne 기계 코드

의사 직접 주소 지정

직접 주소 지정에서 주소는 명령어에 지정되어 있다. 점프 명령인 `j`와 `jal`은 다음 수행 명령 주소인 32비트 **점프 목적 주소(JTA)**를 정하기 위해 직접 주소 지정 방식을 사용했으면 이상적이었을 것이다.

불행히도 J 타입 명령 인코딩은 32비트 JTA를 지정할 만한 충분한 비트 수를 가지고 있지 못하다. opcode로 6비트가 사용되므로 JTA를 인코딩하는 데 26비트만이 남아 있게 된다. 다행히 두 개의 최하위 비트 $JTA_{1:0}$은 명령어가 워드 정렬되기 위해서 항상 0이어야 한다. 26비트의 $JTA_{27:2}$는 명령어의 `addr` 필드로부터 가져온다. 네 개의 최상위 비트 $JTA_{31:28}$은 PC+4 주소의 네 개의 최상위 비트로부터 가져온다. 이 주소 지정 모드를 **의사 직접(pseudo-direct) 주소 지정**이라 한다.

코드 예제 6.29는 의사 직접 주소 지정을 사용하는 `jal` 명령을 나타낸다. `jal` 명령의 JTA 주소는 0x004000A0이다. 그림 6.30은 `jal` 명령의 기계 코드이다. JTA의 상위 4비트와 하위 2비트는 버려졌다. 나머지 비트만이 26비트 주소 필드(addr)에 저장되어 있다.

코드 예제 6.29 점프 목적 주소의 계산

MIPS Assembly Code

```
0x0040005C        jal   sum
...
0x004000A0   sum: add   $v0, $a0, $a1
```

JTA의 최상위 4비트는 PC+4로부터 가져오므로 점프의 범위는 제한된다. 분기와 점프 명령에 대한 영역 제한은 연습문제 6.23과 연습문제 6.26에서 다룬다. 모든 J 타입 명령어 `j`, `jal` 명령어는 의사 직접 주소 지정

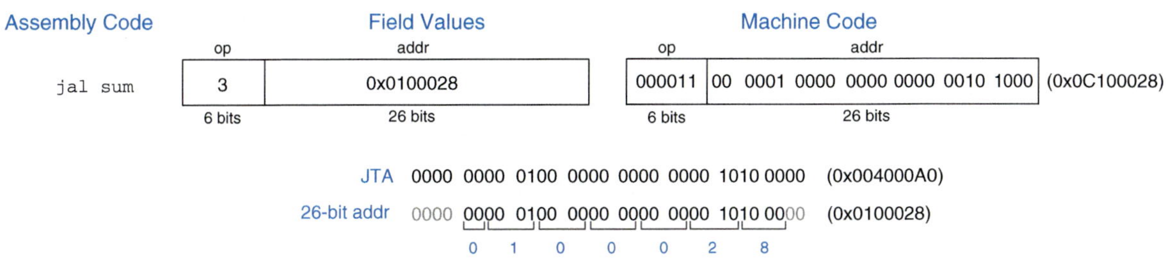

그림 6.30 jal 기계 코드

방식을 사용한다.

점프 레지스터 명령 jr은 J 타입 명령이 아님을 주의하라. jr은 R 타입 명령어로 점프 주소인 32비트 값을 레지스터 rs에 가지고 있다.

6.6 빛, 카메라, 실행: 컴파일하기, 어셈블하기, 로딩

지금까지 짧은 고급 수준 코드 조각을 어셈블리어와 기계어로 바꾸는 방법을 알아보았다. 이 절은 완전한 고급 프로그램을 컴파일하고 어셈블하는 방법과 실행을 위해 메모리에 프로그램을 로드하는 방법을 알아본다.

우선 코드, 데이터, 스택 메모리의 위치를 정의하는 MIPS **메모리 맵**을 소개한다. 그리고 예제 프로그램에 대해 코드 실행 단계를 보인다.

6.6.1 메모리 맵

MIPS는 32비트 주소를 가지므로 **주소 공간**은 2^{32} 바이트=4기가바이트(GB)이다. 워드 주소는 4로 나누어지는 주소 공간으로 0부터 0xFFFFFFFC까지이다. 그림 6.31은 MIPS 메모리 맵을 보인다. MIPS 구조는 주소 공간을 네 개의 영역 또는 **세그먼트**로 나누는데, 텍스트 세그먼트, 글로벌 데이터 세그먼트, 동적 데이터 세그먼트, 예약 세그먼트이다. 다음 절에서 이들 각 세그먼트를 설명한다.

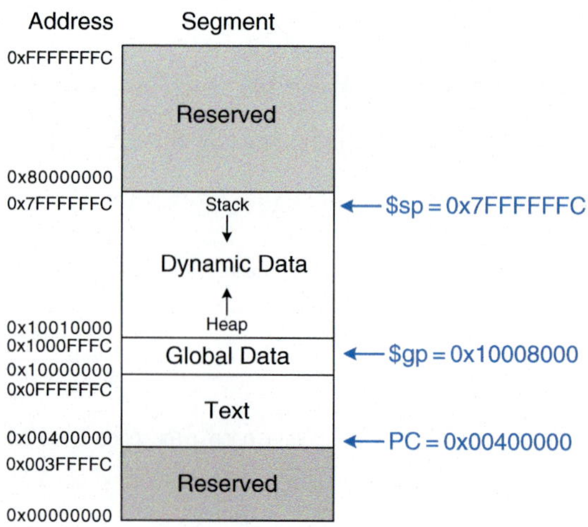

그림 6.31 MIPS 메모리 맵

텍스트 세그먼트

텍스트 세그먼트는 기계어 프로그램을 저장하는 공간이다. 그것은 매우 커서 약 256MB의 코드를 수용할 수 있다. 텍스트 세그먼트의 최상위 주소 네 개의 비트는 모두 0으로서 j 명령은 프로그램 내의 어느 주소로도 직접 점프가 가능하다.

글로벌 데이터 세그먼트

글로벌 데이터 세그먼트는 지역 변수와는 달리, 프로그램의 모든 함수가 찾을 수 있는 글로벌 변수를 저장한다. 글로벌 변수는 프로그램이 실행되기 직전인 **스타트업** 시점에서 정의된다. 이 변수는 C 프로그램의 메인 함수 밖에서 정의되며 모든 함수에 의해 호출이 가능하다. 글로벌 데이터 세그먼트는 64KB의 글로벌 변수를 저장할 수 있다.

글로벌 변수는 글로벌 포인터($gp)를 사용하여 호출되며 초기 값은 0x10008000이다. 스택 포인터($sp)와는 달리 $gp는 프로그램의 실행 중에 바뀌지 않는다. 모든 글로벌 변수는 $gp로부터 16비트 양수 또는 음수의 오프셋을 통하여 호출 가능하다. 오프셋은 어셈블리 시점에서 알 수 있으며 변수는 베이스 주소 지정 모드와 상수 오프셋을 이용하여 효과적으로 호출된다.

Grace Hopper(1906~1992)
예일대 수학박사 학위를 마치고 레밍톤 랜드 회사에서 근무하면서 처음으로 컴파일러를 개발했고 COBOL 프로그램 언어를 개발하는 데 도움을 주었다. 해군 장교로 2차 세계대전에 참전하여 승전 메달, 미 국방성 메달 등 많은 훈장을 받았다.

동적 데이터 세그먼트

동적 데이터 세그먼트는 스택과 힙을 가진다. 이 영역의 데이터는 스타트업 시점에는 알려지지 않고 프로그램의 실행 도중 동적으로 할당되고 할당 해제된다. 이 부분은 프로그램이 사용하는 가장 큰 메모리 세그먼트로 거의 2GB의 주소 공간을 가진다.

6.4.6절에서 언급하였듯이 스택은 함수에서 사용되는 레지스터를 저장하고 복구하는 데 사용되고 배열과 같은 지역 변수를 저장하기 위하여 사용된다. 스택은 동적 데이터 세그먼트(0x7FFFFFFC)의 꼭대기로부터 아래 방향으로 증가하며 LIFO 순서로 호출된다.

힙 영역은 실행 중 프로그램에 할당하는 데이터를 저장한다. C에서 메모리 할당은 `malloc` 함수로 실행하고 C++나 Java에서는 `new`를 사용한다. 기숙사 방에 쌓여있는 옷가지들처럼 힙은 순서 없이 사용되고 버려진다. 힙은 동적 데이터 세그먼트의 밑바닥에서부터 위쪽으로 증가한다.

만일 스택과 힙이 무한정 증가하면 서로 만나고 프로그램의 데이터는 깨질 것이다. 메모리 할당자는 동적 데이터를 할당할 공간이 부족하면 메모리 초과 오류를 리턴함으로써 이런 현상이 발생하지 않도록 해야 한다.

예약 세그먼트

예약 세그먼트는 운영체제가 사용하며 프로그램이 직접 사용할 수 없다. 인터럽트(7.7절을 보라)나 메모리 매핑된 I/O(8.5절을 보라)에 대해 세그먼트 메모리의 일부가 사용된다.

6.6.2 프로그램을 번역하고 출발하기

고급 언어로부터 기계어로 번역하고 프로그램을 시작하는 데 필요한 단계가 그림 6.32에 나와 있다. 이 절의 나머지 부분은 간단한 프로그램에 대한 이러한 단계를 설명한다.

먼저 고급 언어 코드는 어셈블리 코드로 컴파일된다. 이 어셈블리 코드는 목적 파일에서 기계코드로 어셈블된다. 링크는 완전한 실행 파일을 만들기 위해 기계 코드를 목적 코드와 결합한다. 실제로 대부분의 컴파일러는 컴파일, 어셈블, 링크의 3단계를 실행한다. 마지막으로 로드는 프로그램을 메모리에서 가져와서 실행한다.

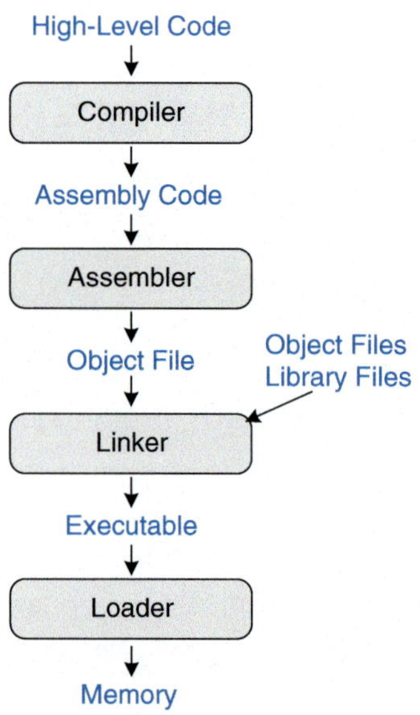

그림 6.32 프로그램을 컴파일하고 시작하는 단계

단계1: 컴파일하기

컴파일러는 고급 코드를 어셈블리어로 번역한다. 코드 예제 6.30은 세 개의 글로벌 변수와 두 개의 함수를 가지는 고급 프로그램을 보이며 일반적인 컴파일러에 의해 생성된 어셈블리 코드도 나타나 있다. .data와 .text 키워드는 **어셈블리 지시어**로서 텍스트와 데이터 세그먼트가 시작됨을 알리는 표시이다. 글로벌 변수 f, g, y를 표시하기 위해 레이블을 사용한다. 그들 변수의 저장 위치는 어셈블러가 정한다. 현재 상황은 단지 코드상의 심벌로만 남아있다.

코드 예제 6.30 고급 프로그램을 컴파일하기

High-Level Code

```
int f, g, y; // global variables

int main(void)
{
  f = 2;
  g = 3;
  y = sum(f, g);
  return y;
}

int sum(int a, int b) {
  return (a + b);
}
```

MIPS Assembly Code

```
.data
f:
g:
y:

.text
main:
  addi $sp, $sp, -4    # make stack frame
  sw   $ra, 0($sp)     # store $ra on stack
  addi $a0, $0, 2      # $a0 = 2
  sw   $a0, f          # f = 2
  addi $a1, $0, 3      # $a1 = 3
  sw   $a1, g          # g = 3
  jal  sum             # call sum function
  sw   $v0, y          # y = sum(f, g)
  Iw   $ra, 0($sp)     # restore $ra from
stack
  addi $sp, $sp, 4     # restore stack pointer
  jr   $ra             # return to operating
                         system

sum:
  add  $v0, $a0, $a1   # $v0 = a + b
  jr   $ra             # return to caller
```

단계 2: 어셈블하기

어셈블러는 어셈블리어를 기계어 코드를 포함하는 **오브젝트 파일**로 바꾼다. 어셈블러는 어셈블리 코드상에서 2번의 과정을 통하여 어셈블을 실시한다. 첫 번째 경로는 어셈블러가 명령어 주소를 할당하고 레이블과 글로벌 변수 등의 모든 **심벌**을 찾아낸다. 첫 번째 어셈블러 통과 후의 코드가 다음에 나와 있다.

표 6.4 심벌 테이블

Symbol	Address
f	0x10000000
g	0x10000004
y	0x10000008
main	0x00400000
sum	0x0040002C

```
0x00400000 main: addi $sp, $sp, -4
0x00400004       sw   $ra, 0($sp)
0x00400008       addi $a0, $0, 2
0x0040000C       sw   $a0, f
0x00400010       addi $a1, $0, 3
0x00400014       sw   $a1, g
0x00400018       jal  sum
0x0040001C       sw   $v0, y
0x00400020       lw   $ra, 0($sp)
0x00400024       addi $sp, $sp, 4
0x00400028       jr   $ra
0x0040002C sum:  add  $v0, $a0, $a1
0x00400030       jr   $ra
```

이상의 코드에 대한 심벌들의 이름과 주소가 표 6.4의 심벌 테이블에 보관된다. 첫 번째 통과 후 심벌 주소가 채워지며 레이블의 주소도 알 수 있다. 글로벌 변수는 메모리 주소 0x10000000번지에서 시작하는 글로벌 데이터 세그먼트에 할당된다.

두 번째 통과 시 어셈블러는 기계어 코드를 생성한다. 글로벌 변수와 테이블에 대한 주소를 심벌 테이블로부터 가져온다. 기계어 코드와 심벌 테이블은 오브젝트 파일에 저장되어 있다.

단계 3: 링크하기

대다수의 큰 프로그램은 하나 이상의 파일들로 이루어진다. 프로그래머가 하나의 파일만을 변경할 경우 다른 파일들까지 재컴파일 및 재어셈블하는 것은 쓸모없는 일이다. 특히 프로그램은 라이브러리 파일상의 함수를 호출하는 경우가 많은데, 이러한 라이브러리 파일은 거의 변경되지 않

Executable file header	Text Size	Data Size	
	0x34 (52 bytes)	0xC (12 bytes)	
Text segment	**Address**	**Instruction**	
	0x00400000	0x23BDFFFC	addi $sp, $sp, –4
	0x00400004	0xAFBF0000	sw $ra, 0($sp)
	0x00400008	0x20040002	addi $a0, $0, 2
	0x0040000C	0xAF848000	sw $a0, 0x8000($gp)
	0x00400010	0x20050003	addi $a1, $0, 3
	0x00400014	0xAF858004	sw $a1, 0x8004($gp)
	0x00400018	0x0C10000B	jal 0x0040002C
	0x0040001C	0xAF828008	sw $v0, 0x8008($gp)
	0x00400020	0x8FBF0000	lw $ra, 0($sp)
	0x00400024	0x23BD0004	addi $sp, $sp, –4
	0x00400028	0x03E00008	jr $ra
	0x0040002C	0x00851020	add $v0, $a0, $a1
	0x00400030	0x03E00008	jr $ra
Data segment	**Address**	**Data**	
	0x10000000	f	
	0x10000004	g	
	0x10000008	y	

그림 6.33 실행 가능한 파일

는다. 고급 코드를 가진 파일이 바뀌지 않으면 관련된 오브젝트 파일도 업데이트할 필요가 없다.

링커가 하는 일은 모든 오브젝트 파일을 **실행 가능 파일**이라고 하는 하나의 기계어 파일로 합하는 일이다. 링커는 각각의 위치가 모두 상부에 존재하지 않도록 오브젝트 파일상에 존재하는 데이터와 명령어를 재배치한다. 링커는 심벌 테이블상에 있는 정보를 이용하여 재배치할 글로벌 변수와 레이블의 주소를 조정한다.

이 예제에서는 오브젝트 파일이 하나이므로 재배치는 불필요하다. 그림 6.33에 실행 가능한 파일이 나타나 있다. 실행 가능한 파일 헤드, 텍스트 세그먼트, 데이터 세그먼트 등 세 개의 섹션으로 되어 있다. 실행 가능한 파일 헤드는 텍스트 크기(코드 길이)와 데이트 크기(전역적으로 선언된 데이터의 크기)를 기록하고 있다. 두 개 모두 바이트 단위로 기록한다. 텍스트 세그먼트는 명령과 그 명령어들이 저장되어 있는 주소를 제공한다.

그림에서 기계어 코드의 해석을 용이하게 하기 위하여 그 옆에 사람이 읽을 수 있는 형식으로 명령어가 보이지만 실행 가능한 파일에는 기계어 명령만 들어 있다. 데이트 세그먼트에는 각 글로벌 변수의 주소가 포함되어 있다. 글로벌 변수는 글로벌 포인터 $gp가 가지고 있는 베이스 주소와 관련해서 주소가 지정된다. 예를 들면, 첫 번째 저장 명령 `sw $a0, 0x8000($gp)`

은 $a0의 값 2를 메모리 주소 0x10000000번지에 있는 글로벌 변수 f에 저장한다. 명령어에서 0x8000은 부호 있는 16비트 숫자로 취급하므로 부호 확장 후에 베이스 주소 $gp에 더해져야 한다. 따라서 변수 f의 메모리 주소는 $gp+0x8000=0x10008000+0xFFFF8000=0x100000000이다.

단계 4: 로드하기

운영체제는 저장장치(보통 하드디스크)로부터 메모리의 텍스트 세그먼트로 실행 가능한 파일의 텍스트 세그먼트를 읽어서 프로그램을 로드한다. 운영체제는 $gp를 0x10008000(전역 데이터 세그먼트의 중간)으로 설정하고 $sp를 0x7FFFFFFC(동적 데이터 세그먼트의 맨 꼭대기)로 설정하며 `jal 0x00400000` 명령을 수행하여 프로그램의 시작 번지로 점프한다. 그림 6.34에 프로그램 실행 시의 메모리 맵이 나와 있다.

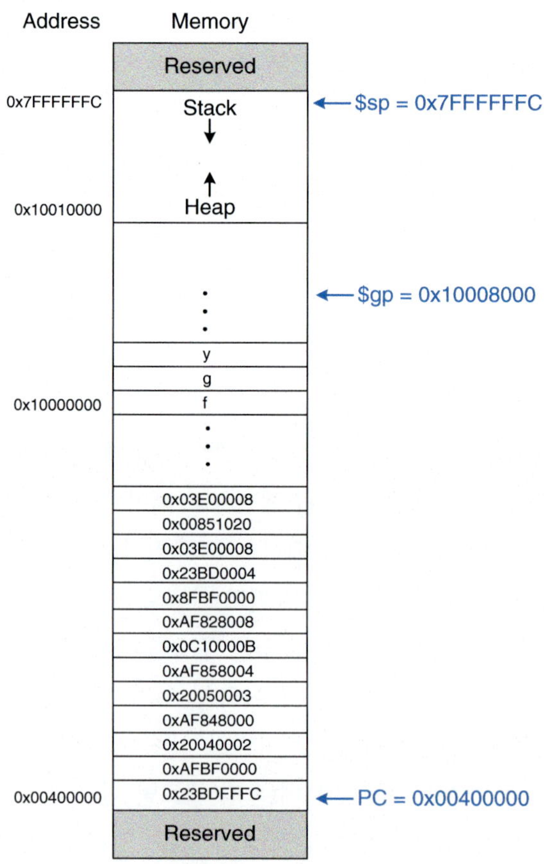

그림 6.34 메모리에 로드된 실행 가능한 코드

6.7 기타 주제들*

이 절은 이 장의 어느 부분과도 일치하지 않는 선택 가능한 주제이다. 다루는 주제는 의사 명령, 예외, 부호 있는 명령, 부호 없는 명령, 부동 소수점 명령이다.

6.7.1 의사 명령어

MIPS 명령어 집합에 없는 명령어의 경우 이는 존재하는 한 두 개의 MIPS 명령어로 동일한 연산을 할 수 있다. MIPS는 RISC이므로 명령어 개수를 적게 유지함으로써 명령어의 크기와 하드웨어 복잡도를 최소화하였다.

그러나 MIPS는 실질적인 명령어 집합에는 없지만 프로그래머와 컴파일러에 자주 사용되는 **의사 명령**을 정의하고 있다. 의사 명령은 기계어로 변환되면 여러 개의 MIPS 명령어로 번역된다.

표 6.5에 의사 명령의 보기가 있으며 그것들을 구현하기 위해 사용된 MIPS 명령어가 보인다. 예를 들어, `li`(load immediate) 의사 명령의 경우 32비트 상수 값을 `lui`와 `ori` 명령을 조합하여 로드한다. nop(no operation) 의사 명령은 아무런 동작도 하지 않는 명령이다. 실행 시 PC 값이 4 증가한다. 다른 레지스터나 메모리 값에 영향을 주지 않는다. nop 명령의 기계어 코드는 0x00000000이다.

어떤 의사 명령은 중간 값의 계산을 위해 임시 레지스터를 필요로 한다. 예를 들어, 의사 명령 'beq $t2, $imm_{15:0}$, Loop'는 $t2를 16비트 즉시 값 $imm_{15:0}$과 비교한다. 이러한 의사 명령은 16비트 즉시 값을 저장하기 위한 임시 레지스터를 필요로 한다. 표 6.6에 어셈블러가 $at를 사용하여 의사 명령을 MIPS 명령으로 바꾸는 예가 나와 있다. `rol`(rotate left)

표 6.5 의사 명령

Pseudoinstruction	Corresponding MIPS Instructions
`li $s0, 0x1234AA77`	`lui $s0, 0x1234` `ori $s0, 0xAA77`
`clear $t0`	`add $t0, $0, $0`
`move $s2, $s1`	`add $s2, $s1, $0`
`nop`	`sll $0, $0, 0`

표 6.6 $at를 사용한 의사 명령

Pseudoinstruction	Corresponding MIPS Instructions
`beq $t2, imm15:0, Loop`	`addi $at, $0, imm15:0` `beq  $t2, $at, Loop`

과 ror(rotate right) 같은 의사 명령의 구현은 연습문제 6.38과 6.39에 남긴다.

6.7.2 예외

예외(exception)는 일정에 잡혀 있지 않는 함수 호출로서 새로운 주소로 점프한다. 예를 들면, 프로세서는 사용자가 키보드 키를 눌렀을 경우 이에 대한 통보를 받을 수 있다. 이 경우 프로세서는 하던 일을 멈추고 어떤 키가 눌러졌는지 검사한 후 이후의 참조사항으로 삼기 위해 저장한다. 그러고 나서 실행되고 있던 프로그램을 복구한다. 키보드와 같은 I/O(입출력 장치) 장치에 의하여 발생되는 이러한 하드웨어 예외를 **인터럽트**라 한다. 또 다른 경우로, 정의되지 않은 명령어 등으로 인한 오류 상황을 만날 수 있다. 이럴 경우 프로그램은 운영체제상의 코드로 점프해서 문제 있는 프로그램을 종료시킬 수도 있다. 소프트웨어 예외를 때로는 **트랩**(trap)이라고 부른다. 또 다른 예외의 원인으로 0으로 나누기, 존재하지 않는 메모리로부터의 읽기 시도, 하드웨어 고장, 디버거 브레이크 포인트, 연산 오버플로 등이 있다(6.7.3절을 보라).

프로세서는 예외 발생 시 예외의 원인과 PC 값을 기록하고, 이후에 **예외 조치**(exception handler) 함수로 점프한다. 예외 조치는 예외의 원인을 검사해서 적절히 반응하는(예를 들어 하드웨어 인터럽트 시 키보드 읽기) 코드이다(보통 OS상에 존재). 이후에 예외가 발생하기 이전에 실행되고 있던 프로그램으로 되돌아간다. MIPS의 경우 예외 조치는 항상 0x80000180번지에 있다. 예외가 발생하면 이유 불문하고 이 명령어 주소로 점프한다.

MIPS 구조는 Cause 레지스터라고 하는 특수 목적 레지스터를 사용하여 예외의 원인을 기록한다. 표 6.7과 같이 서로 다른 예외의 원인을 기록하기 위하여 다른 코드를 사용한다. 예외 조치 코드는 Cause 레지스터

표 6.7 예외 원인 코드

Exception	Cause
hardware interrupt	0x00000000
system call	0x00000020
breakpoint/divide by 0	0x00000024
undefined instruction	0x00000028
arithmetic overflow	0x00000030

를 읽어서 예외를 어떻게 처리할 것인가를 결정한다. 다른 구조들의 경우 Cause 레지스터를 사용하지 않고 각각의 다른 원인에 대해 서로 다른 예외 조치로 점프한다.

MIPS는 EPC(Exception Program Counter)라고 하는 또 다른 특수 목적 레지스터를 사용하여 예외 발생 시 PC 값을 저장한다. 프로세서는 예외 처리 후에 EPC가 가지고 있는 주소로 복귀한다. 이는 jal 명령에서 리턴할 PC 값을 저장하기 위해 $ra를 사용하는 것과 동일하다.

EPC와 Cause 레지스터는 MIPS 레지스터 파일의 일부는 아니다. mfc0(move from coprocessor 0) 명령이 이러한 레지스터와 다른 특수 레지스터를 범용 레지스터로 복사하는 것이다. 코프로세서 0을 MIPS 프로세서 컨트롤이라고 한다. 이것은 인터럽트와 프로세서 진단을 다룬다. 예를 들어 mfc0, $t0, Cause는 Cause 레지스터를 $t0으로 복사한다.

syscall과 break 명령은 트랩을 발생시켜서 시스템 호출이나 디버거 브레이크 포인트를 수행한다. 예외 조치는 EPC를 사용하여 명령어를 관찰하고 명령 필드를 조사함으로써 시스템 호출의 종류나 브레이크 포인트를 결정한다.

요약하면, 프로세서는 예외가 발생하면 예외 조치로 점프한다. 예외 조치는 스택에 레지스터의 내용을 저장하고 원인을 조사하기 위해 mfc0을 사용하고 대응한다. 예외 조치가 끝나면 스택에 저장해 두었던 레지스터의 내용을 복구하고 mfc0을 이용하여 EPC에서 $k0으로 복귀 주소를 복사하고 jr $k0을 사용하여 리턴한다.

$k0과 $k1은 MIPS 명령어 집합에 포함되어 있다. 그들은 예외 처리를 위해 운영체제에 의해 예약되어 있다. 이들은 예외 발생 시 저장되거나 복구될 필요가 없다.

6.7.3 부호를 가진 명령어, 부호 없는 명령어

이진수는 부호를 갖거나 갖지 않을 수 있다. MIPS 구조는 부호를 가진 수를 2의 보수로 나타낸다. MIPS는 덧셈과 뺄셈, 곱셈과 나눗셈, 비교(set less than) 부분적인 워드 값의 로드 등을 포함하여 부호를 가지거나 없는 몇 가지 명령을 가지고 있다.

덧셈과 뺄셈

덧셈과 뺄셈은 숫자가 부호를 갖든지 갖지 않든지 간에 동일하게 실행된다. 그러나 결과 값의 해석은 다르다.

1.4.6절에서 언급한 바와 같이 만일 두 개의 부호를 가진 큰 수를 더한다면 결과 값은 반대 부호를 가진 틀린 결과를 얻을 수 있다. 예컨대 0x7FFFFFFF+0x7FFFFFFF=0xFFFFFFFE=−2처럼 두 개의 큰 양수를 더한 값으로 음수 결과가 나온다. 마찬가지로 두 개의 큰 음수를 더하면 0x80000001+0x80000001=0x00000002와 같이 양수의 결과를 얻는다. 이것이 **오버플로**이다.

C 언어는 연산 시의 오버플로를 무시하지만 Fortran 같은 언어는 경고를 요구한다. 6.7.2절에서와 같이 MIPS의 경우 연산 시 오버플로가 생기면 예외를 발생시킨다. 프로세서는 오버플로 발생 시 무엇을 할지(예를 들면, 오버플로를 방지하기 위해 보다 더 큰 정밀도로 계산을 다시 할 수도 있다)를 정할 수 있고 이후 복귀할 수 있다.

MIPS는 덧셈과 뺄셈에서 부호를 가진 버전과 부호 없는 버전을 제공한다. 부호를 가진 버전은 add, addi, sub이고 부호 없는 버전은 addu, addiu, subu이다. 두 가지 버전은 동일하나 부호 있는 버전은 오버플로 발생 시 예외를 발생시키지만 부호 없는 버전은 그렇지 않다. C프로그램에서는 예외가 무시되므로 부호 없는 버전을 사용한다.

곱셈과 나눗셈

곱셈과 나눗셈은 부호를 가진 수와 부호 없는 수에 대해 다르게 동작한다. 예를 들어, 부호 없는 수 0xFFFFFFFF는 부호 없는 수에서는 가장 큰 수이지만 부호를 가진 수에서는 −1을 나타낸다. 따라서 부호 없는 수의 곱셈에서는 0xFFFFFFFF×0xFFFFFFFF의 값은 0xFFFFFFFE00000001이고 부호를 가진 수의 곱셈에서는 0x0000000000000001이다. 그러므로 곱셈과 나눗셈은 부호를 가진 것과 없는 것을 지원한다. 부호를 가진 피연산자를 지원하는 명령은 mult와 div이고 부호 없는 피연산자의 경우는 multu와 divu이다.

비교

비교(set less than) 명령은 두 레지스터를 비교하거나(slt), 하나의 레지스터와 즉시 값을 비교한다(slti). set less than도 부호를 가진 버전(slt, slti)과 부호 없는 버전(sltu, sltiu)이 사용된다. 부호를 가진 버전에서는 0x800000000이 2의 보수 중 가장 작은 수이지만 부호 없는 버전의 경우 0x80000000은 양수이므로 0x7FFFFFFF보다는 크고 0x80000001보다는 작은 수이다.

sltiu은 부호 없는 수로 취급하기 전에 즉시 값을 부호 확장한다는 사실을 유의하라. 예를 들어, sltiu $s0, $s1, 0x8042는 $s1을 큰 양수로서의 즉시 값 0xFFFF8042와 비교한다.

로드

6.4.5절에서 언급된 바와 같이 바이트 로드는 부호를 가진 버전(lb)과 부호 없는 버전(lbu)이 있다. 바이트를 32비트 레지스터에 채우기 위해 lb는 부호 확장하고 lbu는 제로 확장한다. 유사하게 MIPS는 부호를 가지거나 가지지 않는 하프워드 로드(lh, lhu)를 제공하는데, 이는 두 바이트를 워드의 하위 절반에 로드하고 상위 절반은 부호 확장하거나 제로 확장하여 로드한다.

6.7.4 실수형 명령

MIPS 구조는 코프로세서 1이라고 알려진 부동 소수점 코프로세서 옵션을 정의한다. 초기 MIPS 구현에서의 부동 소수점 코프로세서는 사용자가 고속의 부동 소수점 수학을 필요로 할 경우 따로 구입할 수 있는 분리된 칩이었다. 최근의 MIPS 구현에서의 부동 소수점 코프로세서는 주 프로세서에 함께 장착되어 있다.

MIPS는 32개의 32비트 부동 소수점 레지스터 $f0~$f31을 정의하고 있다. 이는 지금까지 사용해 왔던 레지스터와는 별개이다. MIPS는 단일 정밀도 및 2배 정밀도 IEEE 부동 소수점 연산을 지원한다. 2배 정밀도(64비

표 6.8 MIPS 부동 소수점 레지스터 집합

Name	Number	Use
`$fv0–$fv1`	0, 2	function return value
`$ft0–$ft3`	4, 6, 8, 10	temporary variables
`$fa0–$fa1`	12, 14	function arguments
`$ft4–$ft5`	16, 18	temporary variables
`$fs0–$fs5`	20, 22, 24, 26, 28, 30	saved variables

트) 수는 두 개의 32비트 레지스터에 저장되므로 16개의 짝수 번호 레지스터(`$f0`, `$f2`, `$f4`, `...`, `$f30`)가 2배 정밀도 연산을 명시하기 위하여 사용된다. 표 6.8과 같이 관례상 어떤 레지스터는 특수 목적으로 예약되어 있다.

부동 소수점 명령의 opcode는 동일하게 17(10001_2)이다. 명령어의 종류는 `funct` 필드와 cop(coprocessor) 필드로 나타낸다. 그림 6.35에 부동 소수점 명령어와 관련된 MIPS의 F 타입 명령어 형식이 나와 있다. 부동 소수점 명령어는 단일 정밀도 및 2배 정밀도를 지원한다. cop=16(10000_2)일 때 단일 정밀도이고 cop=17(10001_2)일 때 2배 정밀도 명령이다. R 타입 명령과 마찬가지로, F 타입 명령은 두 개의 소스 피연산자(`fs`와 `ft`)와 하나의 목적 피연산자 `fd`를 가진다.

명령어의 정밀도는 니모닉에서 `.s`와 `.d`로 표시한다. 부동 소수점 연산 명령은 덧셈(`add.s`, `add.d`), 뺄셈(`sub.sz`, `sub.d`), 곱셈(`mul.s`, `mul.d`), 나눗셈(`div.s`, `div.d`), 부정(`neg.s`, `neg.d`), 절대값(`abs.s`, `abs.d`)이 있다.

부동 소수점 분기는 두 부분으로 구성된다. 첫 번째는 비교 명령을 사용하여 **부동 소수점 조건 플래그**(fpcond)를 세팅하거나 클리어한다. 그 다음에 조건 분기는 플래그의 값을 체크한다. 비교 명령은 등가(`c.seq.s`/`c.seq.d`), 보다 작음(`c.lt.s`/`c.lt.d`), 작거나 같음(`c.le.s`/`c.le.d`) 등이 있다. 조건부 분기 명령은 `fpcond`가 FALSE인지 TRUE인지에 따

F-type

op	cop	ft	fs	fd	funct
6 bits	5 bits	5 bits	5 bits	5 bits	6 bits

그림 6.35 F 타입 기계어 명령 형식

라 각각 분기하는 bc1f와 bc1t가 있다. 같지 않음, 보다 크거나 같음, 보다 큼 등의 비교는 seq, lt, le를 수행 후 bc1f 명령을 연속적으로 수행한다.

부동 소수점 레지스터는 lwc1과 swc1을 이용하여 메모리에서 읽거나 쓴다. 이 명령들은 32비트를 옮기므로 2배 정밀도 수를 다루기 위해서는 두 번 사용한다.

6.8 실제 관점: x86 구조*

오늘날 대부분의 개인용 컴퓨터는 x86 구조의 마이크로프로세서를 이용한다. x86(IA-32라고도 한다)은 인텔이 개발한 32비트 구조이다. AMD 또한 x86 호환 가능한 마이크로프로세서를 판매한다.

x86 구조는 인텔이 16비트 8086 마이크로프로세서를 발표한 1978년으로 거슬러 올라가는 길고 복잡한 역사를 가지고 있다. IBM은 8086과 그 사촌격인 8088을 IBM의 첫 PC에 선택했다. 1985년에 인텔은 32비트 80386 마이크로프로세서를 소개했는데, 이는 8086과 호환되었으므로 초기 PC에서 개발된 소프트웨어를 실행할 수 있었다. 80386과 호환되는 프로세서 구조를 x86 또는 IA-32 프로세서라 부른다. 펜티엄, 코어, 애슬론 프로세서는 잘 알려진 x86 프로세서이다. 7.9절에 x86 마이크로프로세서의 진화를 자세히 기술한다.

수년간 인텔과 AMD의 다양한 그룹이 더 많은 명령과 기능을 오래된 구조에 쑤셔 넣은 결과 MIPS에 비해 훨씬 세련미가 떨어지게 되었다. Patterson과 Hennessy가 말하듯이 "이 변화가 심한 계보는 설명이 어렵고 사랑하기에 불가능한 구조를 가져왔다." 그러나 프로그램의 호환성이 기술적인 세련도보다 중요하므로 x86은 사실상 20년 이상 PC 표준으로 자리했다. 1억 개 이상의 x86 프로세서가 매년 팔린다. 이러한 거대 시장으로 인해 프로세서를 지속적으로 향상시키기 위해 매년 50억 달러 이상의 연구 개발비가 투입되는 것은 당연하다.

x86은 CISC(Complex Instruction Set Computer) 구조의 한 예이다. MIPS와 같은 RISC 구조와는 달리 각 CISC 명령은 많은 일을 할 수 있다. CISC 구조의 프로그램들은 보통 더 적은 수의 명령어를 사용한다. 오늘날보다 RAM이 고가였으므로 명령어 인코딩은 메모리 절약을 위해 보다 간결하게 취해졌다. 즉, 명령어는 가변 길이이고 32비트보다 적다. 이러한

표 6.9 MIPS와 x86의 주요 차이점

Feature	MIPS	x86
# of registers	32 general purpose	8, some restrictions on purpose
# of operands	3 (2 source, 1 destination)	2 (1 source, 1 source/destination)
operand location	registers or immediates	registers, immediates, or memory
operand size	32 bits	8, 16, or 32 bits
condition codes	no	yes
instruction types	simple	simple and complicated
instruction encoding	fixed, 4 bytes	variable, 1–15 bytes

트레이드오프로 인해 복잡한 명령어는 디코딩이 어렵고 실행이 느리다.

이 절은 x86 구조를 설명한다. 목적은 여러분을 x86 어셈블리어 프로그래머로 만들려는 것이 아니라 x86과 MIPS 구조의 차이를 보이고자 한다. x86이 어떻게 동작하는지 궁금하겠지만 이 책의 나머지 부분을 이해하는 것과는 무관하다. x86과 MIPS 구조의 차이점이 표 6.9에 정리되었다.

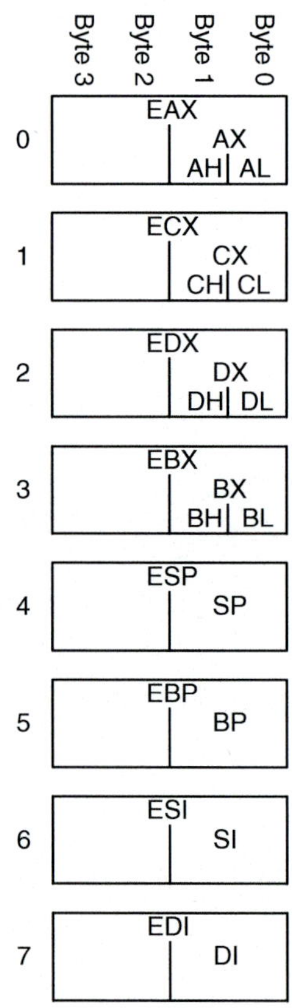

그림 6.36 x86 레지스터

6.8.1 x86 레지스터

8066 마이크로프로세서는 8개의 16비트 레지스터를 제공한다. 이들 레지스터 중 몇 개에 대해서는 상위와 하위 8비트씩 액세스가 가능하다. 32비트 80386은 32비트로 확장되었다. 이 레지스터들은 EAX, ECX, EDX, EBX, ESP, EBP, ESI, EDI이다. 역 호환성을 위하여 상위 16비트와 일부 8비트가 그림 6.36과 같이 사용 가능하다.

8개의 레지스터는 대부분 범용이다. 이런 명령들은 몇몇 레지스터를 사용하지 못한다. 다른 명령의 경우 항상 결과 값을 특정한 레지스터에 넣는다. MIPS의 $sp와 마찬가지로 ESP는 스택 포인터로 예약되어 있다.

x86 프로그램 카운터를 EIP(Extended Instruction Pointer)라고 한다. MIPS의 PC와 마찬가지로 한 명령에서 다음 명령으로 전진하기도 하고 분기, 점프나 서브루틴 호출로 바뀔 수 있다.

6.8.2 x86 피연산자

MIPS 명령은 항상 레지스터나 즉시 값에 작용을 한다. 메모리와 레지스터 간의 데이터 이동에는 명시적인 로드, 스토어 명령이 필요하다. 반면, x86 명령은 레지스터, 즉시 값 외에 메모리에 대해서도 동작할 수 있다. 이는 적은 개수의 레지스터 집합에 대한 부분적인 보상이라 할 수 있다.

MIPS 명령은 일반적으로 세 개의 피연산자(두 개의 소스와 하나의 목적지)를 명기한다. x86 명령은 두 개의 피연산자만을 명기한다. 첫 번째는 소스이고 두 번째는 소스도 되고 목적지도 된다. 그러므로 x86 명령은 두 개의 소스 중 하나를 결과 값으로 덮어쓰기한다. 표 6.10에 x86의 피연산자 위치의 조합이 나와 있다. 메모리에서 메모리를 제외한 모든 조합이 가능하다.

MIPS처럼 x86은 바이트 주소를 지정할 수 있는 32비트 메모리 공간을 가진다. 그러나 x86은 훨씬 다양한 메모리 **어드레싱 모드**를 지원한다. 메모리 위치는 **베이스 레지스터**, **변위**(displacement), **스케일된 인덱스 레지스터**의 조합으로 지정된다. 표 6.11은 이러한 조합을 나타낸다. 변위는 8, 16, 32 비트 값이 될 수 있다. 인덱스 레지스터에 곱하는 스케일은 1, 2, 4, 8이 될 수 있다. 베이스+ 변위 모드는 MIPS에서 로드, 스토어 명령의 베이스 어드레싱 모드에 해당한다. 스케일된 인덱스 값은 배열이나 2, 4, 8 바이

표 6.10 피연산자 위치

Source/ Destination	Source	Example	Meaning
register	register	`add EAX, EBX`	`EAX <- EAX + EBX`
register	immediate	`add EAX, 42`	`EAX <- EAX + 42`
register	memory	`add EAX, [20]`	`EAX <- EAX + Mem[20]`
memory	register	`add [20], EAX`	`Mem[20] <- Mem[20] + EAX`
memory	immediate	`add [20], 42`	`Mem[20] <- Mem[20] + 42`

표 6.11 메모리 어드레싱 모드

Example	Meaning	Comment
`add EAX, [20]`	`EAX <- EAX + Mem[20]`	displacement
`add EAX, [ESP]`	`EAX <- EAX + Mem[ESP]`	base addressing
`add EAX, [EDX+40]`	`EAX <- EAX + Mem[EDX+40]`	base + displacement
`add EAX, [60+EDI*4]`	`EAX <- EAX + Mem[60+EDI*4]`	displacement + scaled index
`add EAX, [EDX+80+EDI*2]`	`EAX <- EAX + Mem[EDX+80+EDI*2]`	base + displacement + scaled index

표 6.12 8, 16, 32비트 데이터로 동작하는 명령어

Example	Meaning	Data Size
`add AH, BL`	`AH <- AH + BL`	8-bit
`add AX, -1`	`AX <- AX + 0xFFFF`	16-bit
`add EAX, EDX`	`EAX <- EAX + EDX`	32-bit

표 6.13 EFLAGS의 일부

Name	Meaning
`CF` (Carry Flag)	Carry out generated by last arithmetic operation. Indicates overflow in unsigned arithmetic. Also used for propagating the carry between words in multiple-precision arithmetic.
`ZF` (Zero Flag)	Result of last operation was zero.
`SF` (Sign Flag)	Result of last operation was negative (msb = 1).
`OF` (Overflow Flag)	Overflow of two's complement arithmetic.

트의 인자를 가진 구조체를 호출하는데, 주소를 발생시키는 일련의 명령어를 사용하지 않아도 되므로 편리하다.

MIPS는 32비트 워드로 동작하지만 x86 명령은 8, 16, 32비트 데이터로 동작 가능하다. 표 6.12는 이러한 변화를 보여준다.

6.8.3 상태 플래그

많은 CISC 구조처럼 x86은 분기 여부를 결정하거나 캐리, 산술 시의 오버플로를 추적하기 위해 **상태 플래그**(조건 플래그라고도 함)를 사용한다. x86은 상태 플래그의 저장을 위해 EFLAGS라고 하는 32비트 레지스터를 사용한다. EFLAGS 레지스터의 일부 비트가 표 6.13에 나와 있다. 다른 비트는 운영체제가 사용한다.

x86 프로세서의 구조적 상태는 8개의 레지스터와 `EIP`뿐만 아니라 EFLAGS를 포함한다.

6.8.4 x86 명령어

x86 명령어 집합은 MIPS보다 크다. 표 6.14에 몇 가지 범용 명령을 기술

표 6.14 범용 x86 명령어의 일부

Instruction	Meaning	Function
ADD/SUB	add/subtract	D = D + S / D = D – S
ADDC	add with carry	D = D + S + CF
INC/DEC	increment/decrement	D = D + 1 / D = D – 1
CMP	compare	Set flags based on D – S
NEG	negate	D = –D
AND/OR/XOR	logical AND/OR/XOR	D = D op S
NOT	logical NOT	D = $\overline{D}$
IMUL/MUL	signed/unsigned multiply	EDX:EAX = EAX × D
IDIV/DIV	signed/unsigned divide	EDX:EAX/D EAX = Quotient; EDX = Remainder
SAR/SHR	arithmetic/logical shift right	D = D >>> S / D = D >> S
SAL/SHL	left shift	D = D << S
ROR/ROL	rotate right/left	Rotate D by S
RCR/RCL	rotate right/left with carry	Rotate CF and D by S
BT	bit test	CF = D[S] (the S*th* bit of D)
BTR/BTS	bit test and reset/set	CF = D[S]; D[S] = 0 / 1
TEST	set flags based on masked bits	Set flags based on D AND S
MOV	move	D = S
PUSH	push onto stack	ESP = ESP – 4; Mem[ESP] = S
POP	pop off stack	D = MEM[ESP]; ESP = ESP + 4
CLC, STC	clear/set carry flag	CF = 0 / 1
JMP	unconditional jump	relative jump: EIP = EIP + S absolute jump: EIP = S
Jcc	conditional jump	if (flag) EIP = EIP + S
LOOP	loop	ECX = ECX – 1 if (ECX ≠ 0) EIP = EIP + imm
CALL	function call	ESP = ESP - 4; MEM[ESP] = EIP; EIP = S
RET	function return	EIP = MEM[ESP]; ESP = ESP + 4

표 6.15 조건 분기의 일부

Instruction	Meaning	Function After CMP D, S
JZ/JE	jump if ZF = 1	jump if D = S
JNZ/JNE	jump if ZF = 0	jump if D ≠ S
JGE	jump if SF = OF	jump if D ≥ S
JG	jump if SF = OF and ZF = 0	jump if D > S
JLE	jump if SF ≠ OF or ZF = 1	jump if D ≤ S
JL	jump if SF ≠ OF	jump if D < S
JC/JB	jump if CF = 1	
JNC	jump if CF = 0	
JO	jump if OF = 1	
JNO	jump if OF = 0	
JS	jump if SF = 1	
JNS	jump if SF = 0	

한다. x86은 부동 소수점 연산 명령과 긴 워드에 쌓여 있는 다수의 짧은 데이터 인자에 대한 산술 연산 명령을 가지고 있다. D는 목적지(레지스터 또는 메모리 주소)이고 S는 소스(레지스터, 메모리 주소 또는 즉시 값)를 나타낸다.

몇 가지 명령어는 특정한 레지스터에 대해서만 동작할 수 있음을 주의하라. 예를 들면, 32×32비트 곱하기는 소스가 EAX여야 하고 64비트 결과 값을 항상 EDX와 EAX에 넣는다. LOOP는 루프 카운터를 항상 ECX에 저장한다. PUSH, POP, CALL, RET는 스택 포인터 ESP를 사용한다.

조건부 점프는 플래그를 검사한 후 적당한 조건을 만족시킬 경우 분기한다. 여기에는 여러 가지가 지원되는데, 예를 들면, JZ는 제로 플래그가 1이면 점프한다. JNZ는 제로 플래그가 0이면 점프한다. 보통 점프는 비교 명령(CMP) 이후에 등장한다. 표 6.15에 조건부 점프의 일부와 앞선 비교 연산의 플래그 세팅 결과에 어떻게 영향을 받는지 나열되어 있다.

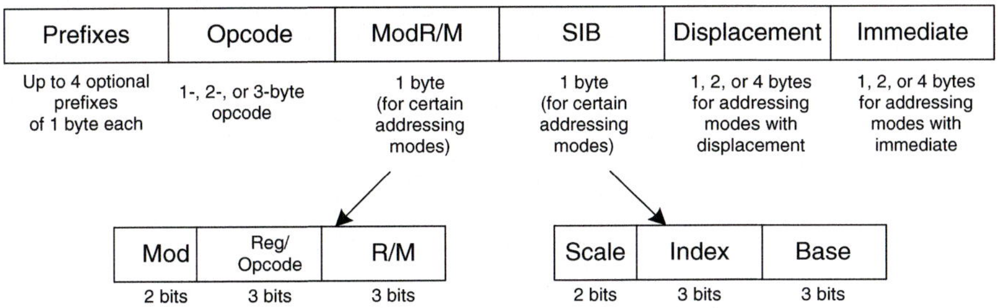

그림 6.37 x86 명령 인코딩

6.8.5 x86 인코딩

x86 명령 인코딩은 수십 년간의 단편적인 변화로 인해 어수선하다. 일정한 32비트 명령인 MIPS와 달리 x86 명령은 그림 6.37과 같이 1에서 15바이트까지 변화한다. opcode는 1, 2, 3바이트가 가능하다.[3] 이후 ModR/M, SIB, Displacement, Immediate의 네 개의 선택적인 필드가 나온다. ModR/M은 어드레싱 모드를 지정한다. Displacement는 특정한 어드레싱 모드에서 1, 2, 4바이트 변위를 나타내고, Immediate는 1, 2, 4바이트의 상수로 소스 피연산자의 즉시 값으로 사용된다. 또한 opcode 앞에는 동작에 변화를 주기 위해 네 개까지의 바이트 길이의 접두사가 옵션으로 올 수 있다.

ModR/M 바이트는 피연산자 중 하나의 어드레싱 모드를 지정하기 위해 2비트 Mod와 3비트 R/M 필드를 가진다. 피연산자로 8개 레지스터 중의 하나 혹은 24개의 메모리 어드레싱 모드 중의 하나로부터 올 수 있다. 인코딩상의 결함으로 ESP와 EBP 레지스터는 특정한 어드레싱 모드에서 베이스나 인덱스 레지스터로 이용이 불가하다. 두 번째 피연산자를 필요로 하지 않는 특정한 명령의 경우, Reg 필드는 opcode의 추가 비트(3비트)로 사용된다.

스케일된 인덱스 레지스터를 사용하는 어드레싱 모드에서는 SIB 바이트는 인덱스 레지스터와 스케일 값(1, 2, 4, 8)을 지정한다. 베이스와 인덱스 둘 다 사용될 경우 SIB 바이트는 역시 베이스 레지스터를 지정한다.

MIPS는 opcode와 funct 필드에 명령어를 전부 지정한다. x86은 서로 다른 명령어를 지정하기 위해 가변 길이 비트를 이용한다. 이는 자주 사

3 모든 선택 가능한 필드가 사용될 경우 17바이트 명령이 가능하다. 그러나 x86은 적법한 명령어 길이를 15바이트로 제한한다.

용되는 명령어를 지정하기 위해 적은 비트를 이용하여 명령어의 평균적인 비트 길이를 감소시킨다. 어떤 명령어의 경우 다수의 opcode를 가진다. 예를 들면, add AL, imm8 명령은 즉시 값을 AL에 더하는 8비트 더하기를 수행한다. 이는 1바이트 opcode 0x04와 다음에 1바이트 즉시 값이 나온다. A 레지스터(AL, AX, EAX)를 누산기(accumulator)라고 한다. 한편, add D, imm8 명령은 즉시 값에 임의의 목적지(메모리 또는 레지스터) D를 8비트 더한다. 이것은 1바이트 opcode 0x08, D를 지정하는 한 개 또는 다수의 바이트, 1바이트의 즉시 값을 순서대로 나타낸다. 목적지로 누산기가 사용되는 명령어의 경우 인코딩되는 길이가 짧아진다.

8086에서는 opcode가 명령어의 피연산자로 8 또는 16비트를 사용하는지 여부를 정하였다. 80386부터 32비트 피연산자가 도입되었을 때, 32비트 형식을 지정하기 위해 새로운 opcode를 만들어낼 수 없었다. 대신에 16비트와 32비트 형식 둘 다 동일한 opcode가 사용되었다. OS가 사용하는 코드 세그먼트 디스크립터에 추가적인 비트를 두어 프로세서가 선택하도록 하였다. 8086과의 역호환을 위해서는 이 비트를 0으로 설정해서 opcode를 16비트 피연산자로 디폴트한다. 1로 설정 시 32비트 피연산자로 초기화한다. 또한 프로그래머는 특별한 명령에 대해서는 접두어를 사용하여 형식을 변화시킬 수 있다. opcode 앞에 접두어 0x66이 나오면 다른 크기의 피연산자가 사용된다(32비트 모드에서는 16비트, 16비트 모드에서는 32비트).

6.8.6 x86의 다른 특성

80286은 세그멘테이션을 도입하여 메모리를 최고 64KB 길이의 세그먼트로 분할하였다. OS가 세그멘테이션을 인에이블시키면 주소는 세그먼트의 시작을 기점으로 다시 계산한다. 프로세서는 주소가 세그먼트의 끝을 넘어가는지 검사하고 오류를 표시하여 프로그램이 세그먼트 밖을 호출하는 것을 방지한다. 세그멘테이션은 프로그래머를 번거롭게 하므로 최근의 윈도 운영체제에서는 사용되지 않는다.

x86은 바이트 또는 워드 문자열에 작용하는 문자열 명령어를 가지고 있다. 이는 특별한 값에 대한 이동, 비교, 검색 등의 동작을 포함한다. 최신의 프로세서에서 이러한 명령은 보통 간단한 명령의 반복 사용을 통한 동일한 동작의 수행보다 느리기 때문에 최대한 피하고 있다.

앞에서 언급하였듯이 0x66 접두어는 16 또는 32비트 피연산자 크기를 선택하는 데 사용된다. 다른 접두어로는 버스를 잠거거나(다중 프로세서 시스템에서 공용 변수들에 대한 호출을 제어), 분기가 발생할 것인지 아닌지를 예측하거나, 문자열의 이동 중 명령어를 반복 수행한다든가 하는 것들이다.

인텔과 휴렛패커드는 1990년대 중반 IA-64라고 하는 새로운 구조를 공동 개발했다. 그것은 x86의 복잡한 역사를 건너뛴 백지 상태로부터 설계되어 컴퓨터 구조 분야 20년간의 새로운 연구를 바탕으로 64비트 주소 공간을 제공하였다. 그러나 IA-64는 시장에서 성공하지 못하였다. 큰 주소 공간을 필요로 하는 대부분의 컴퓨터는 현재 x86의 64비트 확장 버전을 사용한다.

모든 구조에서의 골칫거리가 메모리 용량을 바닥내는 것이다. x86은 32비트 주소로 4GB의 메모리를 호출할 수 있다. 이는 1985년 당시의 가장 큰 컴퓨터가 가졌던 것보다 훨씬 컸지만 2000년 초에 이미 한계가 노출되었다. 2003년에 AMD는 주소 공간과 레지스터 크기를 64비트로 확장하여 이 개선된 구조를 AMD64라고 불렀다. AMD64는 32비트 프로그램을 수정하지 않고 실행시키는 호환 모드를 가지면서도 OS가 더 큰 주소 공간을 사용한다. 2004년에 인텔은 시장에 굴복하여 64비트 확장을 채택하면서 확장 메모리 64 기술(EM64T)로 명명했다. 64비트 주소로 컴퓨터는 16엑사바이트(exabyte, 160억GB)의 메모리를 호출할 수 있다.

x86 구조의 자세한 부분이 궁금한 독자는 인텔 웹사이트에서 x86 인텔 구조 소프트웨어 개발자 매뉴얼을 무료로 확인할 수 있다.

6.8.7 정리

이 절에서는 MIPS RISC 구조와 x86 CISC 구조 간의 차이점을 맛보았다. x86은 더욱 짧은 프로그램으로 가고 있다. 이는 복잡한 명령은 여러 개의 간단한 명령과 같고 명령어가 메모리 사용을 최소화하도록 인코딩되기 때문이다. 그러나 x86 구조는 수년간 축적되어온 뒤범벅 상태로 어떤 점은 유용하지 않음에도 기존 프로그램과의 호환을 위해 필요할 뿐이다. 그 레지스터 수는 너무 적고 명령어를 디코딩하기 어렵다. 이러한 실패에고 불구하고 x86은 PC의 유력한 컴퓨터 구조로 강력히 자리 잡고 있다. 소프트웨어 호환성의 가치가 너무 크고 거대한 시장이 빠른 x86 마이크로프로세서를 만드는 노력을 정당화화기 때문이다.

6.9 요약

컴퓨터에게 명령하기 위해서는 컴퓨터 언어로 말해야 한다. 컴퓨터 구조는 어떻게 프로세서를 명령하는지 정의한다. 다양한 컴퓨터 구조들은 요즘 상업적으로 널리 보급되어 있다. 하지만 하나만 이해하면 다른 것을 이해하기가 훨씬 쉬워진다. 새로운 구조를 접근할 때 핵심 질문은 다음과 같다.

- 데이터 워드 길이가 얼마인가?
- 레지스터는 무엇인가?
- 어떻게 메모리가 구성되는가?
- 명령어가 무엇인가?

MIPS는 32비트 데이터로 작동되므로 32비트 구조이다. MIPS 구조에는 32개의 범용 레지스터가 있다. 원칙적으로 거의 모든 레지스터는 범용으로 사용될 수 있다. 그러나 관례상 특정 레지스터는 프로그램을 쉽게 하고 다른 프로그래머에 의해 쓰인 함수와 쉽게 커뮤니케이션할 수 있도록 특정한 목적을 위해 예약되어 있다. 예컨대, 레지스터 0, `$0`은 항상 상수 0을 보유하고, `$ra`는 `jal` 명령 다음의 복귀 주소를 가지며, `$a0~$a3`과 `$v0~$v1`은 함수의 인수와 리턴 값을 가진다. MIPS는 32비트 주소의 바이트 주소 지정이 가능한 메모리 시스템을 가지고 있다. 메모리 맵은 6.6.1절에 기술하였다. 명령은 32비트 길이이고 워드 정렬되어야 한다. 이 장은 가장 많이 사용되는 MIPS 명령어에 대해 논하였다.

컴퓨터 구조를 정의하는 힘은 주어진 어떠한 구조상에서 프로그램을 작성하더라도 그 구조를 사용하는 많은 다른 구현상에서도 실행이 가능한 점이다. 예를 들면, 1993년 인텔의 펜티엄 프로세서용 프로그램도 일반적으로 2006년의 인텔의 코어2 듀오나 AMD의 애슬론 프로세서에서도 수행된다는 점이다(훨씬 빠르게 실행된다).

이 책의 첫 부분에서 회로와 추상화된 로직 레벨을 배웠다. 이 장에서는 구조 레벨로 도약했다. 다음 장에서는 마이크로아키텍처를 공부한다. 이는 프로세서 구조를 구현하기 위한 디지털 기본 블록의 배열 방법을 말한다. 마이크로아키텍처는 하드웨어 및 소프트웨어 공학 간의 연결을 의미한다. 그리고 이것은 공학의 가장 재미있는 주제 중 하나일 것이다. 여러분은 자신의 마이크로프로세서를 만드는 법을 배우게 될 것이다.

연습문제

문제 6.1 MIPS 구조의 구조 설계 원칙 각각에 대해서 세 가지 예를 제시하라. 원칙: ① 간단하기 위해서는 규칙적인 것이 좋다. ② 자주 발생되는 사항을 빠르게 하라. ③ 작은 것이 빠르다. ④ 좋은 설계는 좋은 절충안을 요구한다. 설계 원칙을 보여주는 각각의 예를 설명하라.

문제 6.2 MIPS 구조는 32개의 32비트 레지스터 집합을 가지고 있다. 레지스터 없이 컴퓨터 구조를 설계할 수 있는가? 만일 그렇다면 명령어 집합을 포함한 구조를 간략히 서술하라. MIPS 구조에 비해 이 구조의 장점과 단점은 무엇인가?

문제 6.3 바이트 주소 지정 가능한 메모리 워드 42에 저장된 32비트 워드 메모리 저장소를 생각하자.

(a) 메모리 워드 42의 바이트 주소는 무엇인가?

(b) 메모리 워드 42가 펼치는 바이트 주소의 범위는?

(c) 숫자 0xFF223344를 워드 42에 빅 엔디언과 리틀 엔디언 머신상에 저장하는 그림을 그려라. 여러분의 그림은 그림 6.4와 비슷해야 한다. 각각의 데이터 바이트 값에 바이트 주소를 명확하게 레이블하라.

문제 6.4 바이트 주소 지정 가능한 메모리 워드 15에 저장된 32비트 메모리 저장소에 대하여 연습문제 6.3을 반복 수행하라.

문제 6.5 다음 프로그램이 컴퓨터가 빅 엔디언인지 리틀 엔디언인지를 정하는 데 어떻게 사용될 수 있는지 설명하라.

```
li $t0, 0xABCD9876
sw $t0, 100($0)
lb $s5, 101($0)
```

문제 6.6 다음 문자열을 ASCII 인코딩으로 작성하라. 최종 답은 16진수로 사용하라.

(a) SOS

(b) Cool!

(c) 당신의 이름

문제 6.7 다음 문자열에 대해 연습문제 6.6을 반복 수행하라.

(a) howdy

(b) lions

(c) To the rescue!

문제 6.8 연습문제 6.6의 문자열이 바이트 주소 가능한 메모리의 메모리 번지 0x1000100C에서 시작하여 (a) 빅 엔디언 머신과 (b) 리틀 엔디언 머신에 어떻게 저장되는지 보여라. 그림 6.4와 유사한 메모리 다이어그램을 이용하라. 각 머신에 대해 각 바이트의 메모리 주소를 명확히 표시하라.

문제 6.9 연습문제 6.7의 문자열에 대해 연습문제 6.8을 반복 수행하라.

문제 6.10 다음 MIPS 어셈블리코드를 기계어로 바꿔라. 명령을 16진수로 작성하라.

```
add  $t0, $s0, $s1
lw   $t0, 0x20($t7)
addi $s0, $0, -10
```

문제 6.11 다음의 MIPS 어셈블리 코드에 대해 연습문제 6.10을 반복하라.

```
addi $s0, $0, 73
sw   $t1, -7($t2)
sub  $t1, $s7, $s2
```

문제 6.12 I 타입 명령을 고려하자.

(a) 연습문제 6.10에서 어떤 명령이 I 타입인가?

(b) (a)에서 16비트 즉시 값을 32비트 수가 되도록 부호 확장하라.

문제 6.13 연습문제 6.11의 명령에 대해 연습문제 6.12를 반복 수행하라.

문제 6.14 다음 프로그램의 기계어를 MIPS 어셈블리 코드로 변환하라. 좌측의 번호는 메모리상의 명령어 주소이고 우측의 번호는 그 주소상의 명령어이다. 다음에 어셈블리어로 컴파일되는 고급 언어를 역으로 작성하라. 프로그램이 하는 일을 설명하라. `$a0`은 입력 값이고, 초기 값으로 양수 n을 가지고 있다. `$v0`은 출력이다.

```
0x00400000    0x20080000
0x00400004    0x20090001
0x00400008    0x0089502A
0x0040000C    0x15400003
```

```
0x00400010    0x01094020
0x00400014    0x21290002
0x00400018    0x08100002
0x0040001C    0x01001020
0x00400020    0x03E00008
```

문제 6.15 다음 기계 코드에 대해 연습문제 6.14를 반복 수행하라. $a0과 $a1은 입력이다. $a0은 32비트 수를 가지고 있고, $a1은 문자(char)의 32요소 배열의 주소이다.

```
0x00400000    0x2008001F
0x00400004    0x01044806
0x00400008    0x31290001
0x0040000C    0x0009482A
0x00400010    0xA0A90000
0x00400014    0x20A50001
0x00400018    0x2108FFFF
0x0040001C    0x0501FFF9
0x00400020    0x03E00008
```

문제 6.16 nori 명령은 MIPS 명령어 집합의 일부는 아니다. 왜냐하면 같은 기능을 기존에 있는 명령어들로 구현할 수 있기 때문이다. 다음 기능을 가지는 짧은 어셈블리 코드를 작성하라: `$t0 = $t1 NOR 0xF234`. 가능한 명령어를 적게 사용하라.

문제 6.17 다음 고급 코드를 slt 명령을 써서 구현하라. 정수 변수 g와 h는 레지스터 $s0과 $s1에 저장되어 있다고 가정한다.

(a)
```
if (g > h)
    g = g + h;
else
    g = g - h;
```

(b)
```
if (g >= h)
    g = g + 1;
else
    h = h - 1;
```

(c)
```
if (g <= h)
    g = 0;
else
    h = 0;
```

문제 6.18 다음 고급 언어 함수를 작성하라: `int find42(int array[], int size)`. size는 배열의 수를 지정한다. array는 배열의 베이스 주소를 지정한다. 함수는 42란 값을 가지는 첫 번째 항목의 인덱스 번호를 리턴해야 한다. 배열 항목이 42를 갖지 않으면 −1을 리턴하도록 한다.

문제 6.19 고급 함수 strcpy는 문자열 src를 문자열 dst로 복사한다.

```
// C code
void strcpy(char dst[], char src[]) {
  int i = 0;
  do {
    dst[i] = src[i];
  } while (src[i++]);
}
```

(a) strcpy 함수를 MIPS 어셈블리 코드로 구현하라. i 대신 $s0을 사용하라.

(b) strcpy 함수 호출 전, 호출 동안, 호출 후의 스택을 그려라. strcpy 호출 전 $sp=0x7FFFFF00으로 가정한다.

간단한 문자열 복사 프로그램은 심각한 결점을 갖고 있다. y가 x를 받을 수 있도록 충분한 공간을 가지고 있는지 알 수 없다. 악의를 가진 프로그래머가 긴 문자열 x를 가지고 strcpy 프로그램을 호출한다면, 프로그래머는 메모리 전체에 걸쳐 바이트를 적을 수 있게 되고 그 다음 메모리 주소에 저장되어 있는 코드조차도 바꾸게 될 것이다. 재주가 좋을 경우, 바뀐 코드는 기계를 훼손할 수도 있다. 이것을 버퍼 오버플로 공격이라 한다. 이것은 악명 높은 블래스터 웜을 포함한 몇몇 악성 프로그램에 사용되었고 2003년 추정 5억 2,500만 달러의 피해를 가져왔다.

문제 6.20 연습 문제 6.18의 고급 함수를 MIPS 어셈블리 코드로 바꿔라.

문제 6.21 아래의 MIPS 어셈블리 코드를 고려하자. func1, func2, func3은 non-leaf 함수문이다. func4는 leaf 함수문이다. 각 함수의 코드는 보이지 않고 각 함수에 어떤 레지스터가 사용되었는지 설명문에 나타나 있다.

```
0x00401000 func1 : ...      # func1 uses $s0-$s1
0x00401020         jal func2
...
0x00401100 func2 : ...      # func2 uses $s2-$s7
0x0040117C         jal func3
...
0x00401400 func3 : ...      # func3 uses $s1-$s3
0x00401704         jal func4
...
0x00403008 func4 : ...      # func4 uses no preserved
0x00403118         jr $ra   # registers
```

(a) 각 함수에 사용된 스택 프레임의 워드 수는?

(b) `func4`가 호출된 후 스택을 그려라. 레지스터가 스택에 어떻게 저장되어 있는지 나타내고, 가능한 장소의 값을 적어라.

문제 6.22 피보나치수열의 각 숫자는 이전 두 수의 합이다. 표 6.16에 수열 *fib*(*n*)의 처음 몇 개의 숫자를 나열하였다.

(a) n=0과 n=1일 때 *fib*(*n*) 값을 구하라.

(b) 음이 아닌 정수 n에 대해 피보나치 값을 리턴하는 `fib` 함수를 고급 언어로 작성하라. 힌트: 여러분은 아마도 loop를 사용하고자 할 것이다. 코드를 정확하게 설명하라.

(c) (b)의 고급 함수를 MIPS 어셈블리 코드로 바꿔라. 각 라인이 하는 일을 정확히 설명할 수 있도록 각 라인 뒤에 주석문을 덧붙여라.

표 6.16 피보나치 수열

n	1	2	3	4	5	6	7	8	9	10	11	...
fib(*n*)	1	1	2	3	5	8	13	21	34	55	89	...

문제 6.23 C 코드예제 6.27을 고려하자. 이 문제에서는 입력 인수 `n=5`를 가진 `factorial`이 호출되었다고 가정한다.

(a) `factorial` 함수가 호출한 함수에게 리턴되었을 때 `$v0`에는 어떤 값이 있는가?

(b) 주소 0x98과 0xBC번지에 `$ra`를 저장하고 재저장하는 명령이 지워졌다고 가정하자. 이 프로그램은 어떻게 작동할 것인가?

① 충돌하지 않고 무한 루프에 들어간다.

② 충돌한다(스택이 다이나믹 데이터 세그먼트를 넘어서 넘치거나 PC가 프로그램의 바깥 위치로 점프하는 것에 의한 원인).

③ 프로그램이 루프에서 리턴될 때 틀린 값을 `$v0`에 만든다(만약 그렇게 된다면 어떤 값이 될까?).

④ 명령 라인이 지워져도 올바르게 동작한다.

(c) 다음 명령 주소에서 명령어가 지워졌을 때 (b)를 반복하라.

(i) 0x94와 0xC0(`$a0`에 저장하고 재저장하는 명령)

(ii) 0x90과 oxC4(`$sp`에 저장하고 재저장하는 명령). 주의: `factorial` 레이블은 지워지지 않는다.

(iii) 0xAC(`$sp` 리스토어하는 명령)

문제 6.24 벤이 함수 $f(a, b)=2a+3b$(b는 음수가 아님)를 계산하고자 한다. 그는 함수 호출과 재귀용법을 변경하여 다음 함수 f와 f2에 대한 고급 코드를 만든다.

```
// high-level code for functions f and f2
int f(int a, int b) {
  int j;
  j = a;
  return j + a + f2(b);
}

int f2(int x)
{
  int k;
  k = 3;
  if (x == 0) return 0;
  else return k + f2(x - 1);
}
```

벤은 두 함수를 어셈블리어로 다음과 같이 번역한다. 그는 또한 test란 함수를 작성하여 함수 f(5, 3)을 호출한다.

```
# MIPS assembly code
# f: $a0 = a, $a1 = b, $s0 = j; f2: $a0 = x, $s0 = k

0x00400000 test: addi $a0, $0, 5 # $a0 = 5 (a = 5)
0x00400004 addi $a1, $0, 3 # $a1 = 3 (b = 3)
0x00400008 jal f # call f(5, 3)
0x0040000C loop: j loop # and loop forever
0x00400010 f: addi $sp, $sp, -16 # make room on the stack
# for $s0, $a0, $a1, and $ra
0x00400014 sw $a1, 12($sp) # save $a1 (b)
0x00400018 sw $a0, 8($sp) # save $a0 (a)
0x0040001C sw $ra, 4($sp) # save $ra
0x00400020 sw $s0, 0($sp) # save $s0
0x00400024 add $s0, $a0, $0 # $s0 = $a0 (j = a)
0x00400028 add $a0, $a1, $0 # place b as argument for f2
0x0040002C jal f2 # call f2(b)
0x00400030 lw $a0, 8($sp) # restore $a0 (a) after call
0x00400034 lw $a1, 12($sp) # restore $a1 (b) after call
0x00400038 add $v0, $v0, $s0 # $v0 = f2(b) + j
0x0040003C add $v0, $v0, $a0 # $v0 = (f2(b) + j) + a
0x00400040 lw $s0, 0($sp) # restore $s0
0x00400044 lw $ra, 4($sp) # restore $ra
0x00400048 addi $sp, $sp, 16 # restore $sp (stack pointer)
0x0040004C jr $ra # return to point of call
```

```
0x00400050 f2: addi $sp, $sp, -12 # make room on the stack for
# $s0, $a0, and $ra
0x00400054 sw $a0, 8($sp) # save $a0 (x)
0x00400058 sw $ra, 4($sp) # save return address
0x0040005C sw $s0, 0($sp) # save $s0
0x00400060 addi $s0, $0, 3 # k = 3
0x00400064 bne $a0, $0, else # x = 0?
0x00400068 addi $v0, $0, 0 # yes: return value should be 0
0x0040006C j done # and clean up
0x00400070 else: addi $a0, $a0, -1 # no: $a0 = $a0 - 1 (x = x - 1)
0x00400074 jal f2 # call f2(x - 1)
0x00400078 lw $a0, 8($sp) # restore $a0 (x)
0x0040007C add $v0, $v0, $s0 # $v0 = f2(x - 1) + k
0x00400080 done: lw $s0, 0($sp) # restore $s0
0x00400084 lw $ra, 4($sp) # restore $ra
0x00400088 addi $sp, $sp, 12 # restore $sp
0x0040008C jr $ra # return to point of call
```

다음 질문에 답하려면 그림 6.26과 같이 스택을 그려 보는 것이 유용할 수 있다.

(a) 만일 코드가 `test`에서 실행될 때 프로그램이 `loop`로 진입 시의 `$v0`의 값은 얼마인가? 이 프로그램은 $2a+3b$를 정확히 계산할 수 있는가?

(b) 벤이 `$ra`를 저장하고 복구하는 주소 0x0040001C와 0x00400040 번지의 명령을 삭제한다고 가정하자. 프로그램은 ① 무한 루프에 들어가지만 작동이 멈추지는 않을 것인가? ② 작동이 멈출 것인가(스택이 동적 데이터 세그먼트 영역 밖으로 늘어나게 됨, 혹은 PC가 프로그램 영역 밖으로 점프함) ③ 프로그램의 루프 복귀 시 `$v0` 값이 올바르지 않을 것인가(만약 그렇다면 무슨 값인가)? ④ 지워진 라인에도 불구하고 잘 동작할 것인가?

(c) 다음의 명령 주소가 삭제될 경우 (b)를 반복하라.

(i) 0x00400018 그리고 0x00400030 (`$a0`을 저장하고 복구하는 명령)

(ii) 0x00400014 그리고 0x00400034 (`$a1`을 저장하고 복구하는 명령)

(iii) 0x00400020 그리고 0x00400040 (`$s0`을 저장하고 복구하는 명령)

(iv) 0x00400050 그리고 0x00400088 (`$sp`을 저장하고 복구하는 명령)

(v) 0x0040005C 그리고 0x00400080 (`$s0`을 저장하고 복구하는 명령)

(vi) 0x00400058 그리고 0x00400084 (`$ra`를 저장하고 복구하는 명령)

(vii) 0x00400054 그리고 0x00400078 (`$a0`을 저장하고 복구하는 명령)

문제 6.25 다음 beq, j, jal 어셈블리 명령을 기계어 코드로 변환하라. 명령 주소는 각 명령의 좌측에 나와 있다.

(a)
```
0x00401000          beq $t0, $s1, Loop
0x00401004          ...
0x00401008          ...
0x0040100C   Loop:  ...
```

(b)
```
0x00401000          beq $t7, $s4, done
...                 ...
0x00402040   done:  ...
```

(c)
```
0x0040310C   back:  ...
...                 ...
0x00405000          beq $t9, $s7, back
```

(d)
```
0x00403000          jal func
...                 ...
0x0041147C   func:  ...
```

(e)
```
0x00403004   back:  ...
...                 ...
0x0040400C   j      back
```

문제 6.26 다음 MIPS 어셈블리어 일부를 고려하자. 각 명령 좌측의 번호는 명령어 주소이다.

```
0x00400028        add  $a0, $a1, $0
0x0040002C        jal  f2
0x00400030 f1:    jr   $ra
0x00400034 f2:    sw   $s0, 0($s2)
0x00400038        bne  $a0, $0, else
0x0040003C        j    f1
0x00400040 else:  addi $a0, $a0, -1
0x00400044        j    f2
```

(a) 명령어를 기계 코드로 번역하라. 기계어 코드 명령을 16진수로 작성하라.

(b) 코드의 각 라인에서 사용된 주소 모드를 열거하라.

문제 6.27 다음 C 코드 일부를 고려하자.

```
// C code
void setArray(int num) {
  int i;
  int array[10];

  for (i = 0; i < 10; i = i + 1) {
    array[i] = compare(num, i);
  }
```

```
}

int compare(int a, int b) {
  if (sub(a, b) >= 0)
    return 1;
  else
  return 0;
}

int sub(int a, int b) {
  return a - b;
}
```

(a) C 코드를 MIPS 어셈블리어로 구현하라. 변수 i를 보관하는 데 $s0을 사용하라. 스택 포인터를 적절히 이용하라. 배열은 set_Array 함수의 스택에 저장되어 있다(6.4.6절을 보라).

(b) set_Array는 첫 번째로 호출되는 함수라 가정하자. set_Array를 호출하기 전과 각 함수 호출 동안의 스택의 상태를 그려라. 스택에 저장된 레지스터와 변수의 이름과 $sp의 위치를 표시하고, 각 스택 프레임을 명확히 표시하라.

(c) $ra를 스택에 저장하는 데 실패했을 경우 코드는 어떻게 동작할 것인가?

문제 6.28 다음 고급 함수를 고려하자.

```
// C code
int f(int n, int k) {
  int b;

  b = k + 2;
  if (n == 0) b = 10;
  else b = b + (n * n) + f(n - 1, k + 1);
  return b * k;
}
```

(a) 고급 함수 f를 MIPS 어셈블리어로 번역하라. 함수 호출 간에 레지스터를 올바르게 저장하고 복귀하는지, MIPS 저장 레지스터 관례를 따르는지 유의하라. 코드를 명확히 설명하라. 함수는 명령 주소 0x00400100에서 시작한다. 지역 변수 b를 $s0에 보관한다.

(b) (a)의 프로그램을 f(2, 4)일 때 단계별로 수작업으로 수행하라. 그림 6.26(c)와 같이 스택의 모습을 그려라. 스택의 각 위치에 저장된 레지스터 이름과 데이터 값을 적고 스택 포인터($sp) 값을 추적하라. 실행 동안 $a0, $a1, $v0, $s0 값도 추적하라. f가 호출될 때 $s0=0xABCD, $ra=0x400004로 가정한다. $v0의 최종 값은 얼마인가?

문제 6.29 MIPS에서 조건부 분기 명령인 $beq와 $bne 명령이 분기할 수 있는 명령어 주소 범위는 얼마인가? 조건부 분기 명령의 상대적인 명령어 개수로 답하라.

문제 6.30 다음 문제는 점프 명령 j의 한계를 검사하는 것이다. 점프 명령의 상대적인 명령어 개수로 답하라.

(a) 최악의 경우, 점프 명령(j)이 앞 방향으로(높은 주소 방향으로) 얼마나 멀리 갈 수 있는지(최악의 경우란 점프 명령이 더 이상 멀리 갈 수 없을 때를 말한다)를 필요하다면 예제를 들어 말로써 설명하라.

(b) 최선의 경우, 점프 명령(j)이 앞 방향으로 얼마나 멀리 갈 수 있는지(최선의 경우란 점프 명령이 가장 멀리 갈 때를 말한다) 설명하라.

(c) 최악의 경우, 점프 명령(j)이 뒤쪽 방향으로(낮은 주소 방향으로) 얼마나 멀리 갈 수 있는지 설명하라.

(d) 최선의 경우, 점프 명령(j)이 뒤쪽 방향으로 얼마나 멀리 갈 수 있는지 설명하라.

문제 6.31 점프 명령 j와 jal에 대한 기계 형식에서 주소 필드 addr이 큰 값을 가지는 것이 왜 유리한지를 설명하라.

문제 6.32 첫 번째 명령어로부터 64M명령어만큼 점프하는 어셈블리 코드를 작성하라. 1M 명령=2^{20}명령=1,048,576명령이다. 여러분의 코드가 주소 0x00400000에서 시작한다고 가정하라. 최소한의 명령을 사용하라.

문제 6.33 리틀 엔디언으로 저장된 32비트 정수의 10개 인자를 가진 배열을 읽어 들이는 고급 코드 함수를 작성하고 빅 엔디언 형식으로 변환하라. 고급 코드를 작성한 후 MIPS 어셈블리 코드로 변환하라. 여러분의 코드를 설명하고 최소한의 명령만 사용하라.

문제 6.34 두 문자열 string1과 string2를 고려하자.

(a) 두 문자열을 결합하는 concat를 호출하는 고급 함수 코드를 작성하라.

```
void concat(char string1[], char string2[], char stringconcat[]).
```

함수의 리턴 값은 없다. string1과 string2를 결합한 결과 문자열을 stringconcat에 위치시킨다. 문자열 배열 stringconcat는 결합된 문자열을 수용할 수 있을 정도로 크다고 가정한다.

(b) (a)의 함수를 MIPS 어셈블리어로 변환하라.

문제 6.35 $s0과 $s1에 저장되어 있는 두 개의 양수 단일 정밀도 부동 소수를 더하는 MIPS 어셈블리 프로그램을 작성하라. MIPS 부동 소수 명령을 사용해서는 안 된다. 여러분은 특별한 목적으로 예약된(예를 들어 0, NAN, INF) 인코딩 또는 오버플로, 언더플로 숫자에 관해 걱정하지 않아도 된다. 코드를 테스트하기 위해 SPIM 시뮬레이터를 이용하라. 테스트 시 수동으로 $s0과 $s1 값의 설정이 필요할 것이다. 작성한 코드 함수가 믿을 수 있는지 보여라.

문제 6.36 다음 MIPS 프로그램이 메모리에 어떻게 로드되고 실행되는지 보여라.

```
# MIPS assembly code
main:
  addi $sp, $sp, -4
  sw $ra, 0($sp)
  lw $a0, x
  lw $a1, y
  jal diff
  lw $ra, 0($sp)
  addi $sp, $sp, 4
  jr $ra
diff:
  sub $v0, $a0, $a1
  jr $ra
```

(a) 우선, 각 어셈블리 명령어 옆에 명령어 주소를 나타내라.

(b) 레이블과 그 주소를 나타내는 심벌 테이블을 그려라.

(c) 모든 명령을 기계어 코드로 변환하라.

(d) 데이터 세그먼트와 텍스트 세그먼트의 바이트 수는 얼마인가?

(e) 데이터와 명령이 어디에 저장되는지를 나타내는 메모리 맵을 그려라.

문제 6.37 다음 MIPS 코드에 대해 연습문제 6.36을 반복 수행하라.

```
# MIPS assembly code
main:
  addi $sp, $sp, -4
  sw $ra, 0($sp)
  addi $t0, $0, 15
  sw $t0, a
  addi $a1, $0, 27
  sw $a1, b
```

```
  lw $a0, a
  jal greater
  lw $ra, 0($sp)
  addi $sp, $sp, 4
  jr $ra
greater:
  slt $v0, $a1, $a0
  jr $ra
```

문제 6.38 다음 의사 명령을 구현하는 MIPS 명령을 보여라. 어셈블리 레지스터 `$at`는 사용할 수 있으나 다른 레지스터는 덮어쓰기해서는 안 된다.

(a) `addi $t0, $s2,` $imm_{31:0}$

(b) `lw $t5,` $imm_{31:0}$`($s0)`

(c) `rol $t0, $t1, 5` (rotate `$t1` left by 5 and put the result in `$t0`)

(d) `ror $s4, $t6, 31` (rotate `$t6` right by 31 and put the result in `$s4`)

문제 6.39 다음 의사 명령에 대해 연습문제 6.38을 반복 수행하라.

(a) `beq $t1,` $imm_{31:0}$`, L`

(b) `ble $t3, $t5, L`

(c) `bgt $t3, $t5, L`

(d) `bge $t3, $t5, L`

인터뷰 질문

다음 문제는 디지털 설계 직무(어셈블리어 분야도 포함)를 위한 면접에 나오는 질문들이다.

질문 6.1 두 레지스터 `$t0`과 `$t1`의 내용을 서로 바꾸는 MIPS 어셈블리 코드를 작성하라. 다른 레지스터는 사용하지 않는다.

질문 6.2 양의 정수와 음의 정수로 이루어진 배열이 주어졌다고 가정한다. 가장 큰 값을 가지는 배열의 부분 집합을 찾는 MIPS 어셈블리 코드를 작성하라. 배열의 베이스 주소와 배열의 개수는 각각 `$a0`과 `$a1`에 있다고 가정한다. 결과 값으로 배열의 부분 집합의 시작되는 베이스 주소를 `$a2`에 넣는다. 가능한 고속 수행되는 코드를 작성하라.

질문 6.3 C 문자열을 가진 배열이 주어져 있다. 문자열은 문장을 형성한다. 문장의 단어 순서를 뒤집어서 새로운 문장을 원래 배열로 저장하는 알고리즘을 설계하라. 알고리즘을 MIPS 어셈블리 코드로 구현하라.

질문 6.4 32비트 숫자에서 1의 개수를 세는 알고리즘을 설계하라. 알고리즘을 MIPS 어셈블리 코드로 구현하라.

질문 6.5 레지스터의 비트를 거꾸로 하는 MIPS 어셈블리 코드를 작성하라. 가능한 적은 수의 명령을 사용하라. 레지스터는 `$t3`으로 가정한다.

질문 6.6 `$t2`와 `$t3`을 더한 후 오버플로가 발생하는지 테스트하는 MIPS 어셈블리 코드를 작성하라. 가능한 적은 명령을 사용하라.

질문 6.7 주어진 문자열을 앞 뒤 어느 쪽에서 읽어도 같은 말(palindrome)인지 테스트하는 알고리즘을 설계하라(예를 들면, “wow”, “racecar” 등). MIPS 어셈블리 코드로 알고리즘을 구현하라.

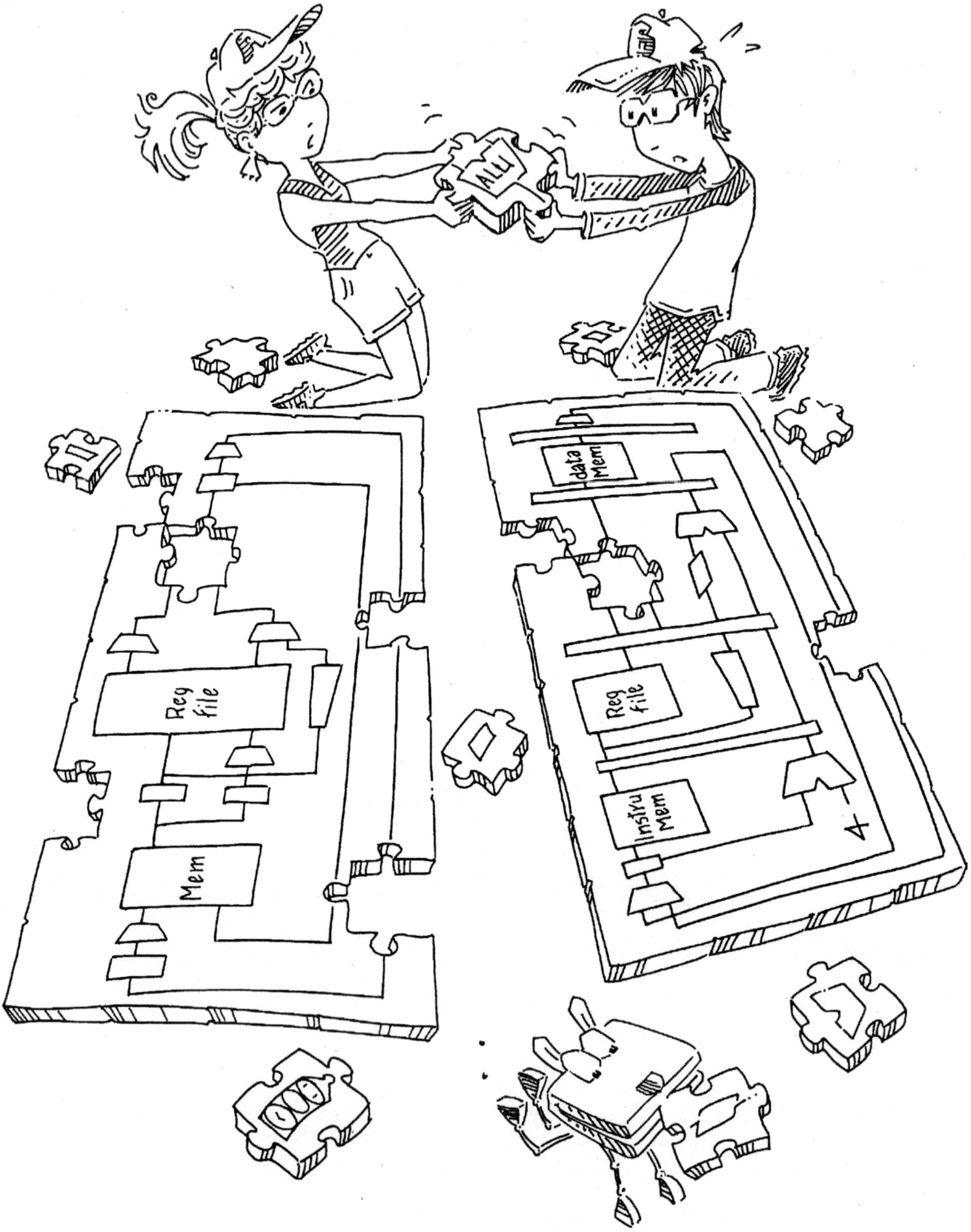
ALU
Reg file
Mem
data Mem
Reg file
Instru Mem
4

마이크로아키텍처

7

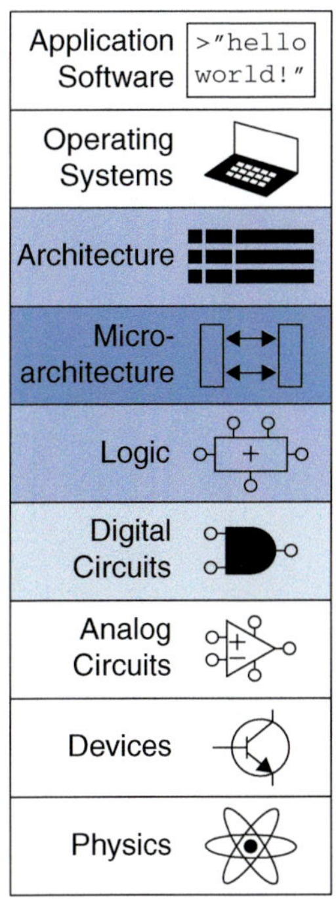

7.1 서론

이 장에서는 어떻게 부품들을 조합시켜 MIPS 마이크로프로세서를 만드는지를 공부하게 될 것이다. 사실 여러분은 성능, 비용, 복잡성 간의 각각 다른 트레이드오프(trade-off)를 갖고 세 가지 다른 버전들을 풀어 나갈 것이다.

초보자에게는 마이크로프로세서를 제작하는 것이 마치 흑마술처럼 보일 것이다. 그러나 실제로는 비교적 간단하므로 여러분이 알고자 하는 모든 것을 학습할 수 있을 것이다. 특히 여러분은 기능 및 타이밍 명세가 주어진 조합 및 순차논리 설계를 배운다. 연산 및 메모리를 위한 회로에 친숙하게 된다. 또한 레지스터, 명령 그리고 메모리에 관한 프로그래머의 MIPS 프로세서에 대한 관점을 명시한 MIPS 아키텍처에 관해 배운다.

이 장은 논리와 아키텍처 간의 연결인 **마이크로아키텍처**를 다룬다. 마이크로아키텍처는 레지스터, ALU, FSM(finite state machine), 메모리, 그리고 아키텍처를 구현하는 데 필요한 기타 빌딩 블록들의 배열이다. MIPS와 같은 특정 아키텍처는 성능, 비용, 복잡성의 여러 다른 트레이드오프를 갖는 많은 다양한 마이크로아키텍처를 갖는다. 이들은 모두 동일 프로그램을 실행하지만, 내부적인 설계는 폭넓게 변한다. 여기에서는 트레이드오프를 설명하기 위해 세 가지의 마이크로아키텍처를 설계할 것이다.

이 장은 *Computer Organization and Design* 책에서 패터슨과 헤네시(David Patterson and John Hennessy)의 전통적인 MIPS 설계를 주로 다룬다. 그들은 고상한 설계를 아낌없이 공유하는데, 이것들은 이해하기에 비교적 단순하고 쉬운 실제의 상용 아키텍처를 보여준다는 장점을 갖는다.

패터슨(David Patterson)은 그의 가족 중에서 최초의 대학 졸업자였다(UCLA, 1969). 그는 UC 버클리에서 1977년부터 컴퓨터과학 교수로 재직하고 있으며, 이 대학에서 RISC(Reduced Instruction by Sun Microsystem)를 공동 발명하였다. 또한 그는 RAID(Redundant Array of Inexpensive Disks)와 NOW (network of Workstation)의 아버지이다.

헤네시(John Hennessy)는 스탠포드대학교 총장이면서 이 대학에서 1977년부터 전기공학 · 컴퓨터과학 교수로 RISC를 공동 발명했다. 그는 1984년 스탠포드대학에서 MIPS 아키텍처를 개발했으며, MIPS 컴퓨터 시스템을 공동 설립하여 2004년까지 3억 개 이상의 MIPS 마이크로프로세서를 판매했다. 이 두 명의 탁월한 교수들은 여가 시간에 교과서를 집필하며 휴양과 휴식을 취하고 있다.

7.1.1 아키텍처 상태와 명령어 세트

컴퓨터 구조는 명령어 세트와 **아키텍처 상태**에 의해 정의된다는 점을 상기하라. MIPS 프로세서를 위한 아키텍처 상태는 프로그램 카운터와 32비트 레지스터로 구성된다. 어떠한 MIPS 마이크로 아키텍처도 이 모든 상태를 포함해야 한다. 현재의 아키텍처 상태에 기반한 프로세서는 새로운 아키텍처 상태를 만들기 위해 특정 세트의 데이터를 갖는 특정 명령어를 실행한다. 어떤 마이크로 아키텍처는 논리를 단순화하거나 성능을 개선하기 위해 부가적인 **비구조적**(nonarchitectural) 상태를 포함한다. 이 점은 나중에 지적하게 될 것이다.

마이크로 아키텍처를 쉽게 이해하기 위해서 MIPS 명령어 세트의 일부를 고려하는데, 특히 다음의 명령어를 처리한다.

- R 타입 산술/논리 명령어: `add`, `sub`, `and`, `or`, `slt`
- 메모리 명령어: `lw`, `sw`
- 브랜치: `beq`

이러한 명령어들을 갖고 마이크로아키텍처를 만든 후, `addi` 및 `j`를 처리하기 위해 이들 명령어들을 확장한다. 이러한 명령어들이 선택된 이유는 많은 일반 프로그램을 작성하기에 충분하기 때문이다. 일단 이러한 명령어들이 어떻게 수행되는지를 이해한다면, 다른 명령어들을 처리하는 하드웨어로 확장해갈 수 있다.

7.1.2 설계 과정

마이크로아키텍처는 **데이터 경로**(data path)와 **제어**(control)의 두 상호작용 부분으로 분리된다. 이 데이터 경로는 워드의 데이터에 대해 동작하며, 메모리, 레지스터, ALU, 멀티플렉서들과 같은 구조를 포함한다. MIPS는 32비트 아키텍처이므로 우리는 32비트 데이터 경로를 사용한다. 제어장치는 데이터 경로로부터 현재의 명령어를 받고 그 명령어가 어떻게 실행되는지를 데이터 경로에 알려준다. 특히 제어장치는 데이터 경로 동작 제어를 위해 멀티플렉서 선택(select), 레지스터 인에이블(enable), 메모리 쓰기(write) 신호를 만든다. 복잡한 시스템을 설계하는 좋은 방법은 상태 소자를 포함하는 하드웨어로 시작하는 것이다. 명령어는 메모리 일부로부터 읽어 들여 그 명령어들을 로드하고 저장한 후, 메모리의 다른 일부로

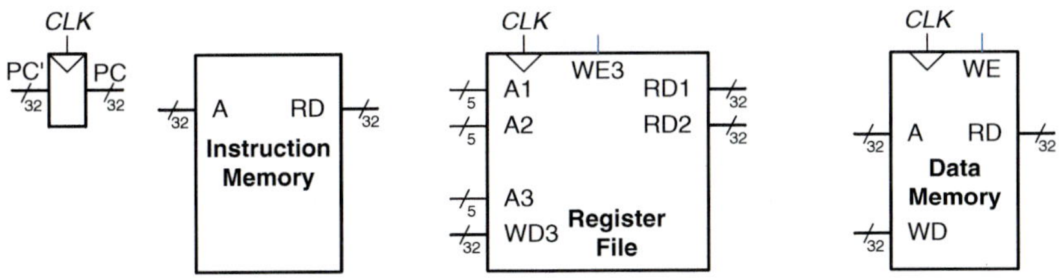

그림 7.1 MIPS 프로세서의 상태 요소

부터 읽거나 쓴다. 그러므로 전체 메모리에 대해 하나는 명령어들을, 다른 하나는 데이터들을 포함하는 두 개의 작은 메모리로 분할하는 것이 때론 편리하다. 그림 7.1은 프로그램 카운터, 레지스터 파일, 명령어 및 데이터 메모리 등 네 개의 상태 요소를 갖는 블록 다이어그램을 보인다.

그림 7.1에서 굵은 실선은 32비트 데이터 버스들을, 중간 굵기의 실선은 레지스터 파일상의 5비트 어드레스와 같은 더 좁은 버스들을, 가는 진회색 실선은 레지스터 파일 쓰기 인에이블과 같은 제어 신호를 표시한다. 이 장을 통하여 블록 다이어그램을 단순화하기 위해 위와 같이 버스들의 폭을 표기할 것이다. 또한 그림에는 표기가 안 되어 있으나, 상태 소자는 스타트-업 시 초기 상태로 만드는 리셋 입력을 가지고 있다.

프로그램 카운터는 통상 32비트 레지스터이다. 출력 *PC*는 현재 명령어를, *PC'*은 다음 명령어를 가리킨다.

명령어 메모리는 단일 읽기 포트를 가지며[1], 32비트 명령어 어드레스 입력 *A*를 택하여 32비트 데이터(즉, 명령어)를 읽기 데이터 출력 *RD*로 내보낸다.

32요소×32비트 **레지스터 파일**은 두 개의 읽기 포트와 하나의 쓰기 포트를 갖는다. 읽기 포트는 소스 **피연산자**(operand)로서 각각 2^5=32 레지스터의 하나로 규정하는 5비트 어드레스 입력 *A*1, *A*2를 택한다. 이들은 32비트 레지스터 값들을 각각 데이터 출력 *RD*1 및 *RD*2로부터 읽어 들인다. 쓰기 포트는 5비트 어드레스 입력 *A*3, 32비트 쓰기 데이터 입력 *WD*, 쓰기 인에이블 입력 *WE*3, 그리고 하나의 클록을 취한다. 만일 쓰기 인에이블이 1이면, 레지스터 파일은 클록의 상승 에지(edge)에서 특정 레지스터

PC 리세팅
최소한 프로그램 카운터는 프로세서가 실행될 때 그 값을 초기화하기 위한 리셋 시그널을 갖고 있어야 한다. MIPS 프로세서는 리셋에서 PC를 `0xBFC00000`으로 초기화하며 운영체제(OS)를 시작하기 위한 실행 코드를 개시한다. 이후 OS가 `0x00400000`에 응용 프로그램을 로딩하여 이를 실행한다. 이 장에서는 간단히 하기 위해 PC를 `0x0000000`로 리셋하고, 대신에 프로그램을 설치한다.

1 이것은 ROM으로 명령 메모리를 처리하는 데 사용된 지나친 단순화이다. 즉, 대부분의 실제 프로세서에서 명령 메모리는 OS가 새로운 프로그램을 메모리로 로드할 수 있도록 기록이 가능해야 한다. 7.4 절에 설명한 다중 사이클 마이크로아키텍처는 메모리와 읽기와 쓰기가 가능한 명령과 데이터를 위한 결합 메모리를 사용한다는 점에서 좀 더 현실적이다.

로 그 데이터를 기록한다.

데이터 메모리는 단일 읽기/쓰기 포트를 가지고 있으며, 만일 쓰기 인에이블 *WE*가 1이면 클록의 상승 에지에서 어드레스 *A*로 데이터 *WD*를 기록한다. 만일 쓰기 인에이블이 0이면, *RD*에서 어드레스 *A*를 읽어 들인다.

명령어 메모리, 레지스터 파일 및 데이터 메모리는 모두 **조합 논리적**으로 읽힌다. 다시 말해 만일 어드레스가 변하면 약간의 전파 지연 후, 새로운 데이터가 *RD*에 나타나며 클록이 포함되지 않는다. 이들은 오로지 클록의 상승 에지에서만 기록되며, 이러한 방식으로 시스템의 상태는 단지 클록의 에지에서만 변하게 된다. 어드레스, 데이터, 쓰기 인에이블은 때론 클록 에지 이전에 셋업(setup)되어야 하며, 클록 에지 발생 후에도 유지 시간 동안 안정적이어야 한다. 상태 요소들은 클록의 상승 에지에서만 그들의 상태를 바꾸기 때문에 동기 순차회로이다. 마이크로프로세서는 상태 소자 및 조합회로로 만들어지므로 역시 동기 순차회로이다. 사실 프로세서는 거대한 유한 상태 머신(FSM; finite state machine)이거나 간단한 상호작용 머신의 덩어리라 할 수 있다.

7.1.3 MIPS 마이크로아키텍처

이 장에서는 MIPS 아키텍처의 세 가지 마이크로아키텍처, 즉 단일 사이클, 다중 사이클, 파이프라인(pipelined)에 대해 전개하고자 한다. 이들의 차이점으로는 상태 소자의 연결이나 비구조적인 상태 개수 등에서의 차이를 들 수 있다.

단일 사이클 마이크로아키텍처는 전체 명령을 한 사이클 내에서 실행한다. 이는 설명도 쉽고 제어 장치도 간단하다. 한 사이클 내에서 그 수행을 끝내므로 어떠한 비구조적인 상태가 필요 없다. 그러나 사이클 타임은 가장 느린 명령어에 의해 제어된다.

다중 사이클 마이크로아키텍처는 일련의 짧은 사이클 내에서 명령어를 실행한다. 단순한 명령어는 복잡한 명령어보다 더 짧은 사이클 내에서 실행된다. 더구나, 다중 사이클 마이크로아키텍처는 가산기와 메모리 같은 고가의 하드웨어 블록들을 재사용함으로써 하드웨어 비용을 줄인다. 예를 들어, 가산기는 단일 명령어를 수행하는 동안 여러 목적을 위해 서로 다른 사이클에서 사용될 수 있다. 다중 사이클 마이크로아키텍처는 계산 중간의 값을 가지고 있는 몇 개의 비구조적인 레지스터들을 더함으로써 가산기가 위와 같이 여러 사이클에서 사용된다.

파이프라인 마이크로아키텍처는 단일 사이클 마이크로아키텍처에 파이프라인을 적용한다. 따라서 이는 처리량(throughput)을 상당히 개선시키면서 동시에 여러 명령어들을 실행시킬 수 있다. 파이프라인은 동시에 실행되는 명령어들 간에 종속성을 다루기 위해 로직이 추가된다. 또한 비구조적인 파이프라인 레지스터들을 필요로 한다. 추가된 로직과 레지스터들은 그만한 가치가 있기 때문에 오늘날 모든 상용 고성능 프로세서들은 파이프라인을 사용한다.

다음 절에서 이들 세 가지의 마이크로아키텍처에 대한 상세한 사항과 트레이드오프에 관해 설명한다. 이 장의 끝에서는 현대 고성능 프로세서에서 속도를 더욱 빠르게 하기 위한 추가적인 기술들을 언급한다.

7.2 성능 해석

언급했듯이 특정 프로세서 아키텍처는 다른 비용과 성능의 트레이드오프를 갖는 많은 마이크로아키텍처들을 갖는다. 그 비용은 필요한 하드웨어의 양과 구현 기술에 의존한다. 매년 CMOS 프로세서들이 동일 가격으로 하나의 칩에 더욱 많은 트랜지스터들을 집적시키고 있으며, 프로세서들은 더욱 성능을 높이기 위해 그러한 추가적인 트랜지스터들을 이용하고 있다. 정확한 비용 계산은 구현 기술의 상세한 지식을 필요로 하지만, 일반적으로 게이트 수 및 메모리의 수가 늘어날수록 비용이 더 든다. 이 절은 성능 해석을 위한 기본적인 내용을 다룬다. 컴퓨터 시스템의 성능을 측정하기 위한 많은 방법들이 있다. 마케팅 부서는 실제 성능을 얼마나 잘 나타내는지에 상관없이 그들의 컴퓨터가 최고 속도를 보이는 측정 방법을 고르는 경우가 많다. 예를 들어, 인텔과 AMD(Advanced Micro Devices)는 모두 x86 아키텍처를 구성하는 호환 마이크로프로세서들을 판매한다. 인텔 펜티엄 III와 펜티엄 4 마이크로프로세서들은 1990년대 말과 2000년대 초에 인텔 경쟁사들보다 높은 클록 주파수를 제공하였으므로 클록 주파수에 대해 대대적인 광고를 했다. 그러나 인텔의 주요 경쟁사인 AMD는 동일 클록 주파수에서 인텔의 칩보다 프로그램을 빠르게 수행하는 애슬론 마이크로프로세서를 판매하였다. 소비자는 어떻게 반응할 것인가?

성능을 측정하는 단 하나의 공정한 방법은 사용할 프로그램의 수행 시간을 측정하는 것이다. 여러분의 프로그램을 가장 빠르게 수행하는 컴퓨터가 가장 좋은 성능을 가진다. 다음의 최상의 선택은 여러분이 수행하고자 하는 것과 유사한 프로그램을 다 모아서 총 수행 시간을 측정하는 것이다. 이는 여러분이 아직 프로그램을 작성하지 않았거나 여러분의 프로그램을 갖고 있지 않은 누군가가 측정하고자 할 때 필요한 방법이다. 이와 같은 프로그램의 모음을 **벤치마크**(benchmark)라 하며, 이러한 프로그램의 수행 시간은 프로세서 성능을 어떻게 나타내는가의 지표를 나타낸다.

프로그램의 수행 시간(초 단위로 측정)은 식 7.1로 주어진다.

$$\text{수행시간} = (\text{명령어 개수})\left(\frac{\text{사이클}}{\text{명령어}}\right)\left(\frac{\text{초}}{\text{사이클}}\right) \tag{7.1}$$

프로그램 내의 명령어 수는 프로세서 아키텍처에 좌우된다. 어떤 아키텍처는 명령어당 많은 작업을 수행하는 복잡한 명령어를 가짐으로써 프로그램 내의 명령어 수를 줄여준다. 그러나 이러한 복잡한 명령어들은 때론 하드웨어 실행 시간을 느리게 한다. 명령이의 수는 또한 프로그래머가 얼마나 영리한가에 따라 크게 다를 수 있다. 이 장의 목적상 MIPS 프로세서에서 알려진 프로그램을 수행하는 것으로 가정하자. 그래서 각 프로그램의 명령어 수는 일정하며, 마이크로아키텍처에 무관하다.

*CPI*라 부르는 명령어당 사이클의 수는 평균 명령어를 수행하는 데 걸리는 클록 사이클의 수로 처리량(사이클당 명령어, 또는 *IPC*)의 역수이다. 다른 마이크로아키텍처는 다른 CPI를 갖는다. 이 장에서는 CPI에 영향을 주지 않는 이상적인 메모리 시스템을 가정한다. 8장에서는 프로세서가 때때로 어떻게 메모리 호출을 위해 대기시간이 필요하고 이에 따라 CPI가 증가하는지를 조사하게 된다.

사이클당 초의 시간을 클록 주기 T_c라 한다. 클록 주기는 프로세서상의 로직을 통한 **임계 경로**(critical path)에 의해 결정된다. 다른 마이크로아키텍처들은 다른 클록 주기들을 갖는다. 로직 및 회로 설계 또한 클록 주기에 중대한 영향을 미친다. 예를 들어, **캐리 예측**(carry-lookahead) 가산기는 리플 **캐리**(ripple-carry) 가산기보다 고속이다. 제조기술의 발전은 역사적으로 매 4~6년마다 2배의 트랜지스터 속도를 달성하여 현재의 마이크로프로세서는 비록 마이크로아키텍처 및 로직이 바뀌지 않았어도 지난 10년 전보다 무척 빠르게 되었다. 마이크로아키텍처의 기술적 도전은 수행 시간을 최소로 하면서 비용과 전력 소모 조건을 만족하는 설계를 선택하는 것이다. 마이크로아키텍처에 대한 결정은 CPI 및 T_c 모두에 영향을 주며, 논리 및 회로 설계에 의해 영향을 받으므로 최상의 선택을 결정하는 것은 주의 깊은 해석을 필요로 한다.

컴퓨터 전체 성능에 영향을 미치는 요인들은 많다. 예를 들어, 프로세서 성능과는 별도로 하드디스크, 메모리, 그래픽 시스템 및 네트워크 연결 등이 성능 제한 요소들이다. 세계에서 가장 빠른 마이크로프로세서는 인터넷 서핑(surfing)에 다이얼 업(dial-up) 접속을 사용하지는 않을 것이다. 그러나 다른 요인들은 이 책의 범위를 벗어난다.

7.3 단일 사이클 프로세서

처음으로 단일 사이클 내에서 명령어를 실행하는 MIPS 마이크로아키텍처를 설계해 보자. 시작은 조합 논리회로를 갖는 그림 7.1로부터 여러 가지 명령어를 실행할 수 있는 상태 요소들을 연결하여 데이터 경로를 구성한다. 제어 신호는 주어진 시간에 어느 특정 명령어가 수행되는지를 결정한다. 제어기는 현재의 명령어에 따라 적절한 제어 신호를 발생시키는 조합 논리회로를 포함한다. 단일 사이클 프로세서의 성능을 해석하고 결론을 맺는다.

7.3.1 단일 사이클 데이터 경로

이 절은 단일 사이클 데이터 경로를 점진적으로 개발하기 위해 그림 7.1의 상태 요소들에 한 번에 한 가지씩 추가한다. 새로운 연결은 검정색(또는 새로운 제어 신호를 위한 청색)으로 강조되는 반면, 이미 공부한 하드웨어들은 회색으로 나타낸다.

프로그램 카운터(PC) 레지스터는 수행하는 명령어의 어드레스를 포함한다. 첫 번째 단계는 명령어 메모리로부터 명령어를 읽어 들인다. 그림 7.2는 명령어 메모리의 어드레스 입력에 PC가 단순하게 연결됨을 보

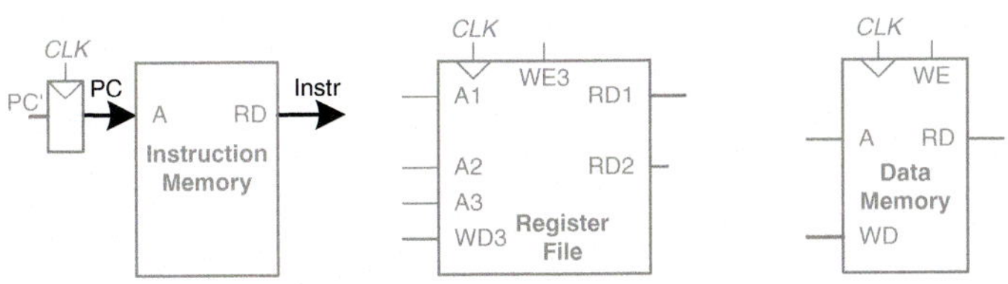

그림 7.2 메모리로부터의 페치 명령

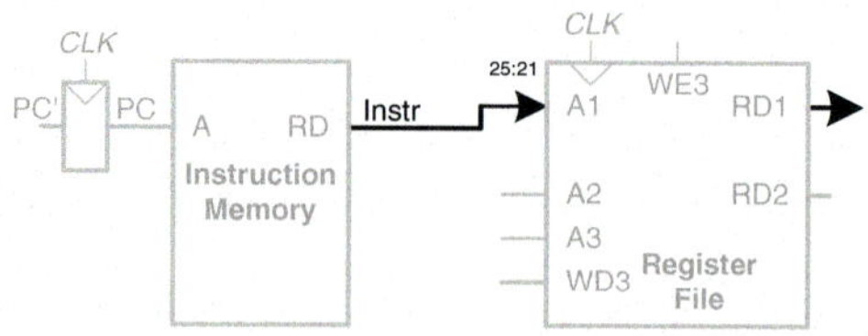

그림 7.3 레지스터 파일로부터 소스 피연산자 읽기

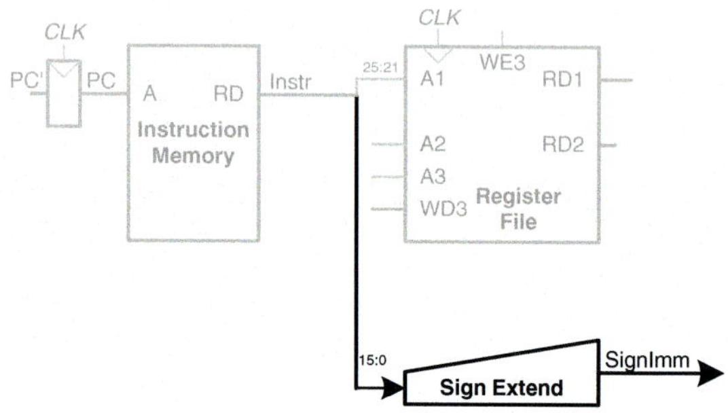

그림 7.4 부호 확장된 즉시 값

인다. 명령 메모리는 *Instr*란 이름의 32비트 명령어를 읽어 내거나 페치(fetch)한다.

프로세서의 동작은 페치된 특정 명령어에 따른다. 처음에 `lw` 명령을 위한 데이터 경로 연결을 작업한 다음 다른 명령어들을 처리하기 위해 데이터 경로를 어떻게 일반화시키는지를 고려하게 될 것이다.

`lw` 명령에서 다음 단계는 베이스(base) 어드레스를 포함하는 소스 레지스터를 읽어 들이는 것이다. 이 레지스터는 명령 $Instr_{25:21}$의 `rs` 필드에 규정되어 있다. 명령어의 이 비트들은 그림 7.3에 보이는 것처럼 레지스터 파일 읽기 포트 중 하나의 어드레스 입력 *A*1에 연결된다. 레지스터 파일은 레지스터 값들을 *RD*1상으로 읽어 들인다.

`lw` 명령은 또한 오프셋(offset)이 필요하다. 이 오프셋은 $Instr_{15:0}$ 명령의 즉시 값(immediate) 필드에 저장된다. 16비트 즉시 값은 양수 또는 음수 중의 하나이므로 그림 7.4에 보인 것처럼 32비트로 부호 확장한다. 32비트 부호 확장 값을 *SignImm*이라 부른다. 1.4.6절에 설명한 바와 같이 부호 확장은 짧은 길이를 가진 입력의 부호 비트(최상위 비트)를 긴 길이의 출력의 모든 상위 비트로 복사하면 된다. 특히 $SignImm_{15:0} = Instr_{15:0}$이고, $SignImm_{31:16} = Instr_{15}$이다.

프로세서가 메모리로부터 읽을 어드레스를 찾아내려면 오프셋에 베이

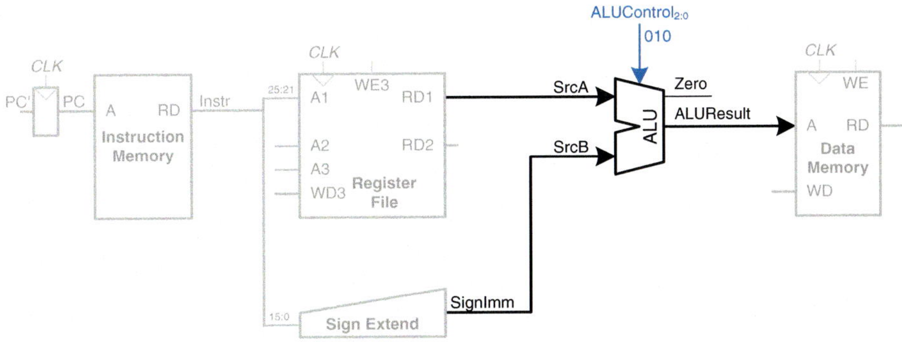

그림 7.5 메모리 어드레스 계산

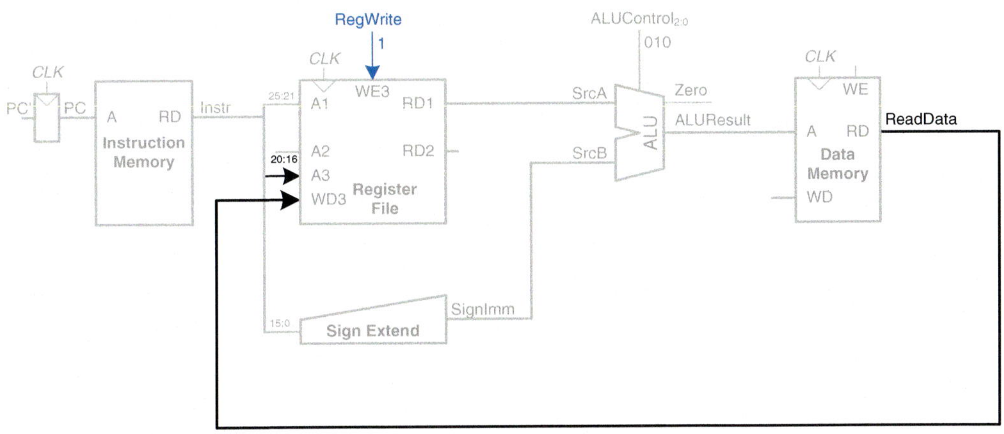

그림 7.6 레지스터 파일에 데이터 기록

스 어드레스를 추가해야 한다. 그림 7.5는 이러한 추가를 수행하는 ALU를 소개한다. ALU는 두 개의 피연산자 *SrcA*와 *SrcB*를 수신한다. *SrcA*는 레지스터 파일로부터, *SrcB*는 부호 확장 즉시 값으로부터 온다. 5.2.4절에 설명했듯이 ALU는 많은 연산을 수행할 수 있다. 3비트 *ALUControl* 신호는 그 연산을 규정한다. ALU는 32비트 *ALUResult*와 이 값이 *ALUResult*==0인지를 나타내는 Zero 플래그(flag)를 발생시킨다. `lw` 명령에서 *ALUControl* 신호는 베이스 어드레스와 오프셋을 추가하기 위해 010으로 설정되어야 한다. *ALUResult*는 그림 7.5에 보인 것처럼 로드(load) 명령에 대한 어드레스로서 데이터 메모리에 보내진다.

데이터는 데이터 메모리로부터 *ReadData* 버스로 읽어 들인 후 그림 7.6에 보인 것처럼 사이클 끝에서 레지스터 파일 내의 목적지 레지스터로 되돌려 기록된다. 레지스터 파일의 포트 3은 쓰기 포트이다. `lw` 명령에 대한

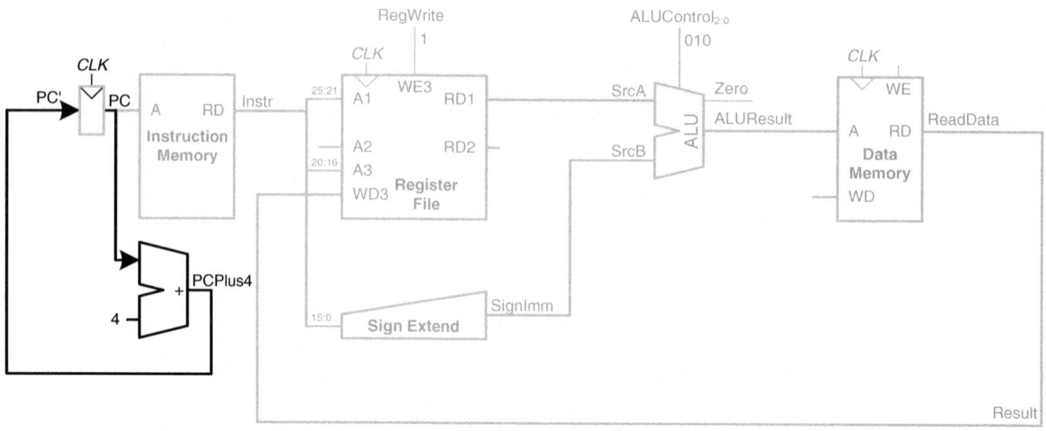

그림 7.7 PC에 대한 다음 명령의 어드레스 결정

목적지 레지스터는 rt 필드, $Instr_{20:16}$으로 규정되며, 이는 레지스터 파일의 포트 3 어드레스 입력 *A*3에 연결된다. *ReadData* 버스는 레지스터 파일의 포트 3 쓰기 데이터 입력 *WD*3에 연결된다. *RegWrite*를 호출하는 제어 신호는 포트 3 쓰기 인에이블 입력 *WE*3에 연결되며, 데이터 값이 레지스터 파일에 기록되도록 lw 명령 동안 발생된다. 쓰기는 사이클의 끝에서 클록의 상승 에지에 일어난다.

명령어가 실행되는 동안 프로세서는 다음 명령어 *PC'*의 어드레스를 계산해야 한다. 명령어들은 32비트 = 4바이트이므로 다음의 명령어는 *PC* + 4에 있다. 그림 7.7은 PC를 4만큼 증가시키기 위한 다른 가산기를 사용한다. 이 새로운 어드레스는 다음의 클록 상승 에지에 프로그램 카운터로 기록된다. 이로써 lw 명령에 대한 데이터 경로를 완성한다.

다음은 sw 명령을 처리하기 위한 데이터 경로를 확장해 보자. lw 명령과 같이 sw 명령은 레지스터 파일의 포트 1로부터 읽어 들이고 즉시 값을 부호 확장한다. ALU는 메모리 어드레스를 찾기 위해 즉시 값에 베이스 어드레스를 추가한다. 이러한 모든 기능들은 이미 데이터 경로에 의해 지원된다.

sw 명령은 또한 레지스터 파일로부터 두 번째 레지스터를 읽어 들여 이를 데이터 메모리에 기록한다. 그림 7.8은 이러한 기능의 새로운 연결을 보인다. 이 레지스터는 rt 필드, $Instr_{20:16}$으로 규정된다. 이러한 명령 비트들은 두 번째 레지스터 파일 읽기 포트 *A*2에 접속된다. 이 레지스터 값은 *RD*2 포트로 읽어 들인다. 이는 데이터 메모리의 쓰기 데이터 포트에 연결

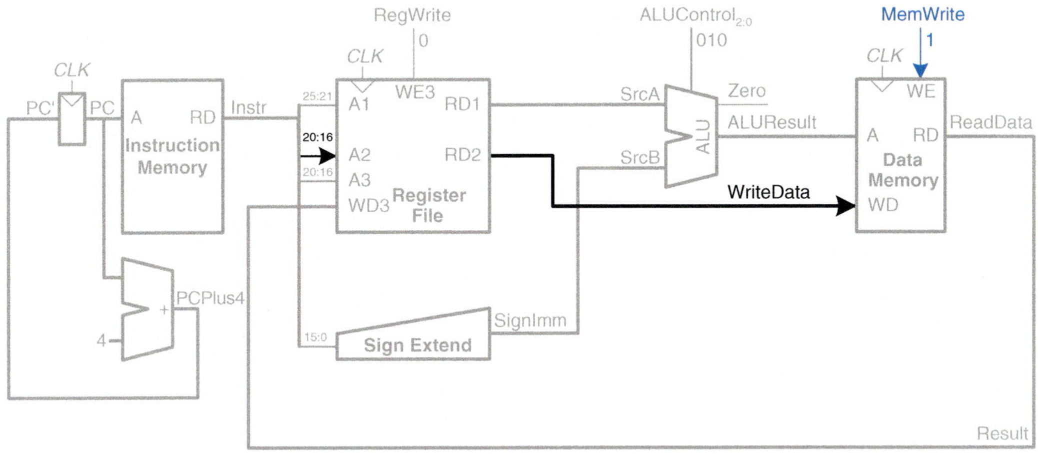

그림 7.8 sw 명령에서 메모리에 데이터 기록

된다. 데이터 메모리의 쓰기 인에이블 포트 *WE*는 *MemWrite*에 의해 제어된다. sw 명령에서 메모리에 데이터를 기록하기 위해서는 *MemWrite* = 1, 오프셋에 베이스 어드레스를 추가하기 위해서는 *ALUControl* = 010, 레지스터 파일에 아무것도 기록되지 않으므로 *RegWrite* = 0으로 설정한다. 이때 데이터는 어드레스로부터 계속 데이터 메모리로 읽어 들이지만 *ReadData*는 *RegWrite* = 0이므로 무시된다는 점을 유의하라.

다음은 R 타입 명령들인 add, sub, and, or, slt를 처리하기 위한 데이터 경로의 확장을 고려해 보자. 이러한 모든 명령어들은 레지스터 파일로부터 두 개의 레지스터를 읽어 들여 이 레지스터들에서 ALU 연산을 수행하고 그 결과를 세 번째 레지스터에 기록한다. 이들 레지스터들은 단지 특정 ALU 연산에서만 다를 뿐이다. 그러므로 이들 모두 다른 *ALUControl* 신호를 사용하는 동일 하드웨어를 사용하여 처리될 수 있다.

그림 7.9는 R 타입 명령어들을 처리하는 향상된 데이터 경로를 보인다. 레지스터 파일은 두 개의 레지스터를 읽어 들인다. ALU는 이러한 두 개의 레지스터에서 연산을 수행한다. 그림 7.9에서 ALU는 신호 확장 즉시값(*SignImm*)으로부터 그의 *SrcB* 피연산자를 항상 수신한다. 이제 레지스터 파일 *RD2* 포트나 *SignImm*으로부터 *SrcB*를 선택하기 위한 멀티플렉서를 추가하기로 한다.

멀티플렉서는 새로운 신호 *ALUSrc*에 의해 제어된다. *ALUSrc*는 레지스터 파일로부터 *SrcB*를 선택하기 위해서 R 타입 명령에서는 0이고, *SignImm*을 선택하기 위해서 lw 및 sw 명령에서는 1이다. 여러 가능성으

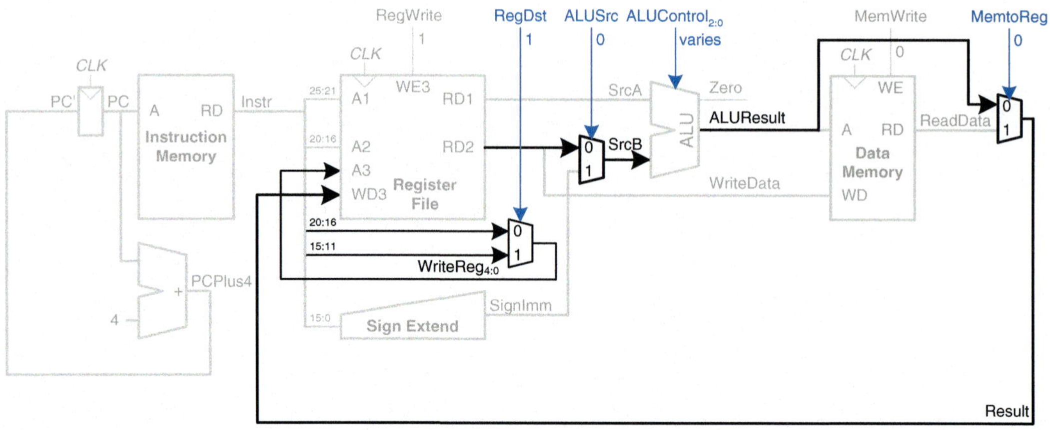

그림 7.9 R 타입 명령에서 데이터 경로 확장

로부터 입력들을 선택하기 위해 멀티플렉서를 추가하여 데이터 경로의 용량을 향상시키는 원리는 아주 유용하다. 사실 우리는 R 타입 명령어 처리를 완료하기 위해 두 번 이상 멀티플렉서를 적용하게 될 것이다.

그림 7.8에서 레지스터 파일은 데이터 메모리로부터 항상 그의 기록 데이터를 얻는다. 그러나 R 타입 명령어들은 *ALUResult*를 레지스터 파일에 기록한다. 그러므로 *ReadData*와 *ALUResult* 간에 선택을 위한 또 하나의 멀티플렉서를 추가한다. 이것의 출력을 *Result*라 부른다. 멀티플렉서는 다른 새로운 신호 *MemtoReg*에 의해 제어된다. *MemtoReg*는 *ALUResult*에서 *Result*를 선택하기 위해서 R 타입 명령에서는 0이고, *ReadData*를 선택하기 위해 `lw` 명령에서는 1이다. `sw`는 레지스터 파일에 기록하지 않으므로 `sw` 명령에서는 *MemtoReg*의 값을 정의하지 않는다.

마찬가지로 그림 7.8에서는 쓰기를 위한 레지스터는 $Instr_{20:16}$ 명령의 `rt` 필드로 규정된다. 그러나 R 타입의 명령에서 레지스터는 $Instr_{15:11}$의 `rd` 필드로 규정된다. 그래서 적당한 필드의 명령어로부터 *WriteReg*를 선택하기 위한 세 번째 멀티플렉서를 추가한다. 이 멀티플렉서는 *RegDst*에 의해 제어된다. *RegDst*는 $Instr_{15:11}$의 `rd` 필드로부터 *WriteReg*를 선택하기 위한 R 타입의 명령에서는 1이고, $Instr_{20:16}$의 `rt` 필드를 선택하기 위한 `lw` 명령에서는 0이다. `sw`는 레지스터 파일에 기록하지 않으므로 `sw` 명령에서는 *RegDst*의 값을 정의하지 않는다.

마지막으로 `beq`를 처리하기 위한 데이터 경로를 확장해 보자. `beq`는 두 개의 레지스터를 비교한다. 만일 그들이 동일하다면 분기(branch) 오

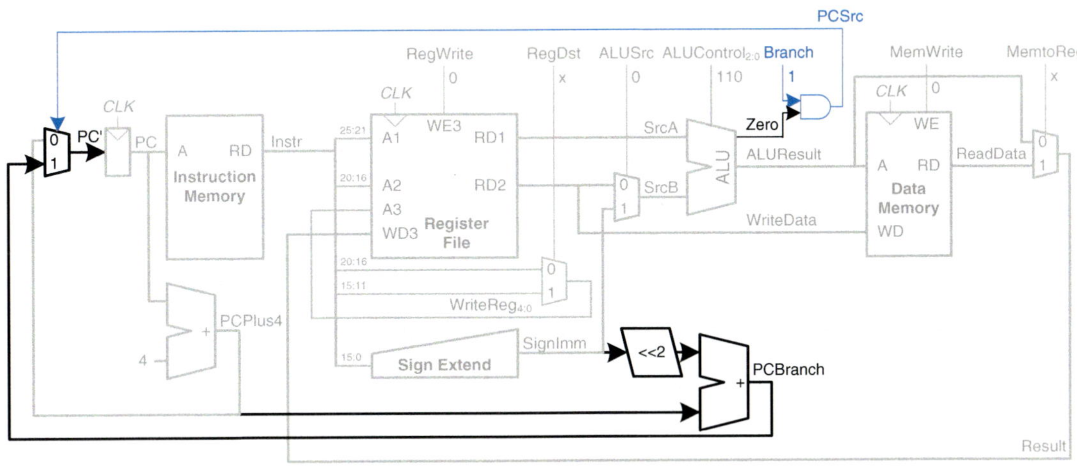

그림 7.10 beq 명령에 대한 데이터 경로의 확장

프셋을 프로그램 카운터에 추가하는 방법으로 분기를 택한다. 오프셋은 $Instr_{15:0}$ 명령의 imm 필드에 저장되는 음수 또는 양수임을 상기하라. 그 오프셋은 이전의 분기에 대한 명령어의 수를 나타낸다. 그러므로 즉시 값은 부호 확장되어 새로운 프로그램 카운터 값 $PC = PC + 4 + SignImm \times 4$를 얻기 위해 4를 곱한다.

그림 7.10은 수정된 데이터 경로를 보여 준다. 취해진 분기 *PCBranch*에 대한 다음의 *PC* 값은 *SignImm*을 왼쪽으로 2비트 이동하여 계산되는데, 이를 *PCPlus4*에 추가한다. 2비트 좌로 이동은 4를 곱하기 위한 쉬운 방법인데, 이와 같은 일정량의 이동은 회로 연결의 정도를 의미하기 때문이다. 두 개의 레지스터 비교는 ALU를 사용하여 $SrcA - SrcB$를 계산한다. 만일 *ALUResult*가 0이면 ALU로부터 Zero 플래그에 의해 나타낸 것처럼 두 레지스터는 동일하다. *PCPlus4*나 *PCBranch* 중에서 *PC'*을 선택하기 위해 멀티플렉서를 추가한다. *PCBranch*는 그 명령이 분기이고 Zero 플래그가 발생하면 선택된다. 따라서 *Branch*는 beq에서는 1이고, 다른 명령에서는 0이다. beq에서 $ALUControl = 110$이므로 ALU는 뺄셈을 수행한다. $ALUSrc = 0$은 레지스터 파일로부터 *SrcB*를 선택한다. *RegWrite* 및 *MemWrite*는 0인데, 이는 분기가 레지스터 파일이나 메모리에 기록하지 않기 때문이다. 이 레지스터 파일은 기록되지 않으므로 *RegDst* 및 *MemtoReg*의 값은 상관하지 않는다.

여기서 단일 사이클 MIPS 프로세서 데이터 경로의 설계를 완료한다.

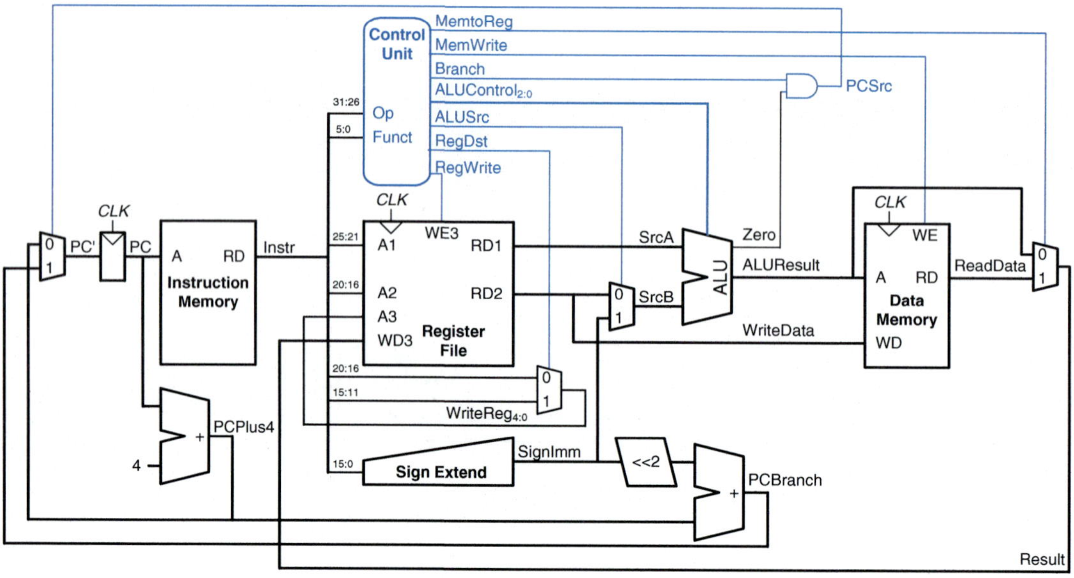

그림 7.11 완성된 단일 사이클 MIPS 프로세서

우리는 설계 그 자체뿐만 아니라 상태 소자를 확인하고 여기에 연결하는 조합회로를 시스템적으로 추가하는 등의 설계 과정을 보였다. 다음 절에서는 데이터 경로의 동작을 지시하는 제어 신호를 어떻게 계산하는지를 고려한다.

7.3.2 단일 사이클 제어

제어 장치는 $Instr_{31:26}$과 $Instr_{5:0}$ 명령의 opcode 및 funct 필드에 기반한 제어 신호를 계산한다. 그림 7.11은 데이터 경로에 부착된 제어 장치를 갖는 전체적인 단일 사이클 MIPS 프로세서를 보인다.

대부분의 제어 정보는 opcode로부터 오지만, R 타입 명령어들 또한 ALU 연산을 결정하기 위해 funt 필드를 사용한다. 따라서 그림 7.12에 보이는 것처럼 제어 장치를 두 개의 조합 논리 블록으로 분리해서 설계를 단순화시킬 것이다. 메인 디코더는 opcode로부터 대부분의 출력을 계산하며, 또한 2비트 *ALUOp* 신호를 결정한다. ALU 디코더는 *ALUControl*을 계산하기 위해 funt 필드와 결합된 *ALUOp* 신호를 사용한다. *ALUOp* 신호의 의미는 표 7.1에 주어졌다.

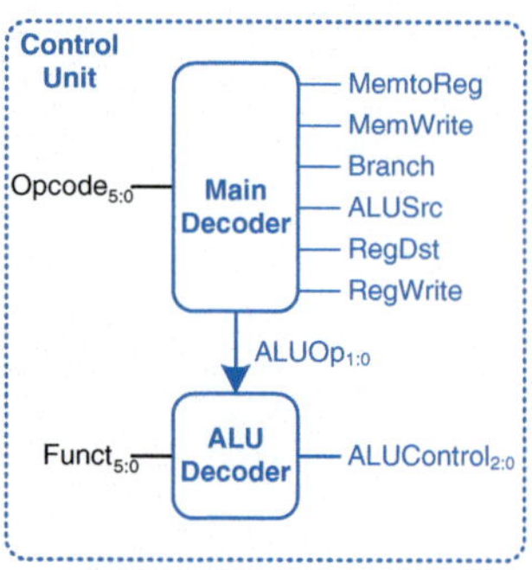

그림 7.12 제어 장치 내부 구조

표 7.2는 ALU 디코더의 진리표이다. 표 5.1에 주어진 세 가지 *ALUControl*

표 7.1 ALUOp 인코딩

ALUOp	Meaning
00	add
01	subtract
10	look at `funct` field
11	n/a

표 7.2 ALU 디코더 진리표

ALUOp	Funct	ALUControl
00	X	010 (add)
X1	X	110 (subtract)
1X	100000 (`add`)	010 (add)
1X	100010 (`sub`)	110 (subtract)

표 7.3 메인 디코더 진리표

Instruction	Opcode	RegWrite	RegDst	ALUSrc	Branch	MemWrite	MemtoReg	ALUOp
R-type	000000	1	1	0	0	0	0	10
`lw`	100011	1	0	1	0	0	1	00
`sw`	101011	0	X	1	0	1	X	00
`beq`	000100	0	X	0	1	0	X	01

신호들의 의미를 상기하라. *ALUOp*는 결코 11이 될 수 없으므로 진리표는 그 논리를 간단히 하기 위해 01과 10 대신에 X1 및 1X의 무정의(don't care) 항을 사용할 수 있다. *ALUOp*가 00 또는 01일 때 ALU는 각각 덧셈과 뺄셈을 수행한다. *ALUOp*가 10일 때, 디코더는 *ALUControl*을 결정하기 위한 `funct` 필드를 조사한다. 우리가 수행하는 R 타입의 명령어들에서 `funct` 필드의 첫 번째 2비트는 항상 10이어서 디코더를 간단히 하기 위해 이 비트들을 무시한다.

각 명령어에 대한 제어 신호들은 데이터 경로를 구성함으로써 이미 기술되었다. 표 7.3은 opcode의 함수로서 제어 신호를 요약한 메인 디코더용 진리표이다. 모든 R 타입 명령어들은 동일한 메인 디코더 값들을 사용하고, 단지 ALU 디코더 출력 면에서만 다르다. 레지스터 파일에 기록하지 않는 명령어(즉, sw 및 beq)의 경우 *RegDst* 및 *MemtoReg* 제어 신호들은 무정의 항(X)이며, *RegWrite*는 발생하지 않으므로 레지스터 쓰기 포트에 대한 어드레스 및 데이터는 중요하지 않다. 디코더용 논리는 조합 논리 설계 중 선호하는 기법을 사용하여 설계 가능하다.

예제 7.1 **단일 사이클 프로세서**

or 명령을 실행할 때 사용되는 제어 신호의 값과 데이터 경로의 부분을 결정하라.

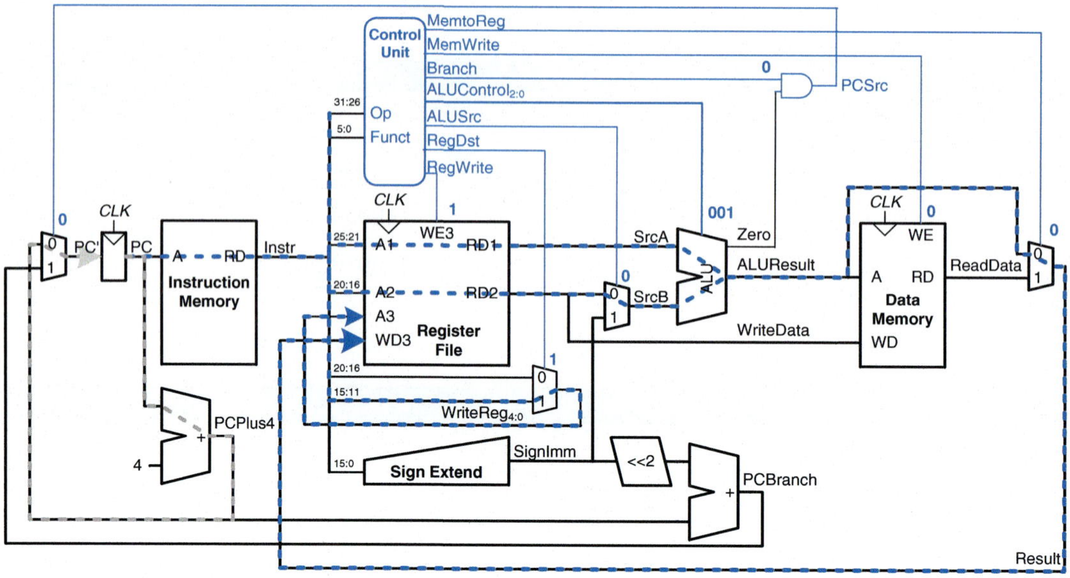

그림 7.13 or 명령을 수행하는 동안의 제어 신호 및 데이터 흐름

풀이 그림 7.13은 or 명령을 실행하는 동안의 제어 신호 및 데이터의 흐름을 보인다. PC는 명령어를 가지고 있는 메모리 위치를 표시하고 명령어 메모리는 그 명령을 패치한다.

레지스터 파일과 ALU를 통한 데이터의 주요 흐름은 청색 점선으로 나타낸다. 레지스터 파일은 $Instr_{25:21}$과 $Instr_{20:16}$에 의해 규정된 두 개의 소스 피연산자를 읽어 들인다. *SrcB*는 레지스터 파일의 두 번째 포트(*SignImm*이 아닌)로 나와야 하므로 *ALUSrc*는 0이어야 한다. or는 R 타입의 명령어이므로 *ALUOp*는 10이어야 하며, 이는 *ALUControl*이 funct 필드로부터 001이 되도록 정해져야 한다. *Result*는 ALU로부터 취해지므로 *MemtoReg*는 0이다. 그 결과는 레지스터 파일에 기록되어야 하므로 *RegWrite*는 1이다. 그 명령어는 메모리를 기록하지 않으므로 *MemWrite*=0이다.

목적지 레지스터의 선택은 또한 청색 점선으로 나타낸다. 그 목적지 레지스터는 rd 필드, $Instr_{15:11}$로 규정되므로 *RegDst*=1이다.

PC의 업데이트는 회색 점선으로 나타낸다. 명령어는 분기가 아니므로 *Branch*=0이며, 따라서 *PCSrc* 또한 0이다. PC는 *PCPlus4*로부터 그의 다음 값을 얻는다.

데이터는 강조되지 않은 경로를 통해서도 틀림없이 흐르지만, 그 데이터 값은 이 명령어에 대해서는 그리 중요하지 않다. 예를 들어, 즉시 값은 부호 확장되고 데이터는 메모리로부터 읽어 들여지지만, 이들 값은 시스템의 다음 상태에 영향을 주지 않는다.

7.3.3 추가 명령어

우리는 전체 MIPS 명령어 세트 중의 제한된 하위 세트를 고려하였다. addi 및 j 명령들의 추가 지원은 새로운 명령어들을 어떻게 처리하는지를 보여주며, 또한 흥미 있는 많은 프로그램을 작성하는 데 충분한 명령어 세트를 제공한다. 몇 가지 명령어들을 지원하는 것은 단순히 메인 디코더의 확장을 요구하는 반면, 다른 명령어들을 지원하는 것은 또한 데이터 경로에 더 많은 하드웨어를 요구한다.

예제 7.2 addi 명령어

덧셈 즉시 값 명령, addi는 레지스터 내의 값을 즉시 값에 더하며, 그 결과를 다른 레지스터에 기록한다. 데이터 경로는 이미 이러한 작업이 가능하다. addi를 지원하기 위한 컨트롤러에 필요한 변화를 결정하라.

풀이 우리가 해야 할 모든 일들은 표 7.4에 주어진 메인 디코더 진리표에 addi를 위한 제어 신호 값들을 나타내는 새로운 행을 추가하는 것이다. 그 결과는 레지스터 파일에 기록되어야 하므로 *RegWrite*=1이다. 목적지 레지스터는 명령어의 rt 필드에 규정되어 있으므로 *RegDst*=0이다. *SrcB*는 즉시 값으로부터 나오므로 *ALUSrc*=1이다. 그 명령은 분기가 아니며, 메모리에도 기록하지 않으므로 *Branch*=*MemWrite*=0이다. 그 결과는 메모리가 아닌 ALU로부터 나오므로 *MemReg*=0이다. 마지막으로 ALU가 덧셈을 행하므로 *ALUOp*=00이다.

예제 7.3 j 명령어

점프 명령 j는 새로운 값을 PC에 기록한다. PC는 정렬된 워드(즉, 항상 4의 배수)이므로 PC의 최하위 2비트는 항상 0이다. 다음의 26비트는 점프 어드레스 필드로부터 $Instr_{25:0}$으로 보내진다. 상위 4비트는 PC의 이전 값으로부터 가져온다.

기존 데이터 경로는 이와 같은 방법으로 *PC'*을 계산하기 위해서 하드웨어가 부

표 7.4 addi를 지원하기 위해 확장된 메인 디코더 진리표

Instruction	Opcode	RegWrite	RegDst	ALUSrc	Branch	MemWrite	MemtoReg	ALUOp
R-type	000000	1	1	0	0	0	0	10
lw	100011	1	0	1	0	0	1	00
sw	101011	0	X	1	0	1	X	00
beq	000100	0	X	0	1	0	X	01
addi	001000	1	0	1	0	0	0	00

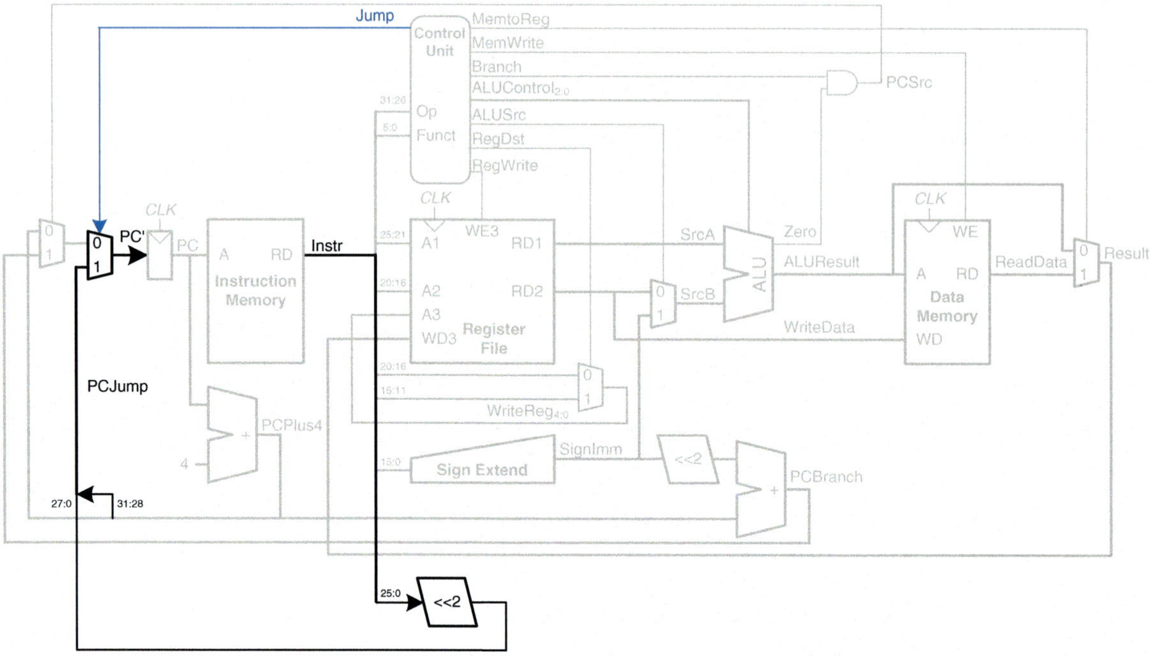

그림 7.14 j 명령을 처리하기 위한 단일 사이클 MIPS 데이터 경로 확장

표 7.5 j를 지원하기 위한 메인 디코더 진리표 확장

Instruction	Opcode	RegWrite	RegDst	ALUSrc	Branch	MemWrite	MemtoReg	ALUOp	Jump
R-type	000000	1	1	0	0	0	0	10	0
`lw`	100011	1	0	1	0	0	1	00	0
`sw`	101011	0	X	1	0	1	X	00	0
`beq`	000100	0	X	0	1	0	X	01	0
`addi`	001000	1	0	1	0	0	0	00	0
`j`	000010	0	X	X	X	0	X	XX	1

족하다. `j`를 처리하기 위한 데이터 경로와 컨트롤러의 변화를 결정하라.

풀이 우선 그림 7.14에 보이는 것처럼 `j` 명령의 경우 다음의 PC 값 *PC'*을 계산하기 위한 하드웨어와 다음의 PC를 선택하기 위한 멀티플렉서를 추가해야 한다. 새로운 멀티플렉서는 새로운 *Jump* 제어 신호를 사용한다.

다음으로 표 7.5에 보인 것처럼 메인 디코더 진리표에 `j` 명령을 위한 행과 *Jump* 신호를 위한 열을 추가한다. *Jump* 제어 신호는 `j` 명령에 대해서는 1이며, 모든 다른 명령들에 대해서는 0이다. `j` 명령은 레지스터 파일이나 메모리를 기록하지 않으므로 *RegWrite*=*MemWrite*=0이다. 그러므로 데이터 경로에서 수행된 계산은 상관하지 않으며, *RegDst*=*ALUSrc*=*Branch*=*MemtoReg*=*ALUOp*=*X*이다.

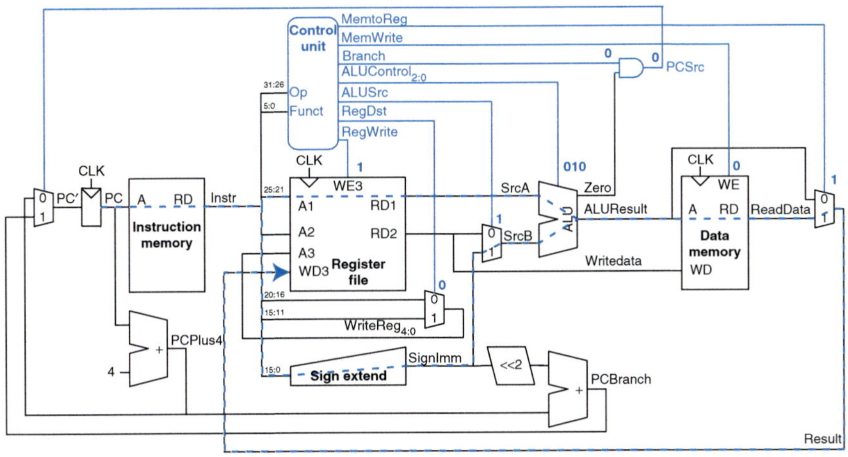

그림 7.15 lw 명령에 대한 임계 경로

7.3.4 성능 분석

단일 사이클 프로세서의 각 명령은 1클록 사이클이 걸리므로 CPI=1이다. lw를 위한 임계 경로는 그림 7.15에 진한 청색 점선으로 나타내었다. 이는 클록의 상승 에지에서 새로운 주소를 PC에 로딩함으로써 시작된다. 명령 메모리는 다음의 명령을 읽어 들인다. 레지스터 파일은 *SrcA*를 읽어 들인다. 레지스터 파일을 읽어 들이는 동안 즉시 값 필드는 부호 확장되고 *ALUSrc* 멀티플렉서에서 선택되어 *SrcB*를 결정한다. ALU는 *SrcA*와 SrcB를 합하여 유효 주소를 찾는다. 데이터 메모리는 이 주소로부터 읽어 들여진다. *MemtoReg* 멀티플렉서는 *ReadData*를 선택한다. 마지막으로 *Result*는 적당히 기록될 수 있도록 다음의 상승 클록 에지 전에 레지스터 파일에 셋업되어야 한다. 그러므로 사이클 타임은 다음과 같다.

$$T_c = t_{pcq\_PC} + t_{mem} + \max[t_{RFread},\ t_{sext} + t_{mux}] + t_{ALU} + t_{mem} + t_{mux} + t_{RFsetup} \tag{7.2}$$

대부분의 구현 기술에서 ALU, 메모리, 레지스터 파일 액세스들은 다른 연산들보다 더 느리다. 그러므로 사이클 타임은 다음과 같이 간단히 할 수 있다.

$$T_c = t_{pcq\_PC} + 2t_{mem} + t_{RFread} + t_{ALU} + t_{mux} + t_{RFsetup} \tag{7.3}$$

이러한 타임들의 수치 값은 특정 구현 기술에 따르게 된다.

표 7.6 회로 소자들의 지연

Element	Parameter	Delay (ps)
register clk-to-Q	t_{pcq}	30
register setup	t_{setup}	20
multiplexer	t_{mux}	25
ALU	t_{ALU}	200
memory read	t_{mem}	250
register file read	$t_{RF\text{read}}$	150
register file setup	$t_{RF\text{setup}}$	20

다른 명령들은 더 짧은 임계 경로들을 갖는다. 예를 들어, R 타입 명령들은 데이터 메모리를 액세스할 필요가 없지만, 우리들은 동기 순차 설계를 학습하고 있으므로 클록 주기는 일정하면서도 가장 느린 명령을 수용하기 위해 충분히 길어야 한다.

예제 7.4 단일 사이클 프로세서 성능

벤은 65nm CMOS 제조 과정으로 단일 사이클 MIPS 프로세서를 제작하려 한다. 그는 표 7.6의 지연을 갖는 논리 소자들을 정하였다. 1,000억 개의 명령을 가진 프로그램의 실행 시간을 계산하도록 도와주자.

풀이 식 7.3에 의하면 단일 사이클 프로세서의 사이클 타임은 $T_{c1} = 30 + 2(250) + 150 + 200 + 25 + 20 = 925$ps이다. 하첨자 '1'은 이후의 프로세서 설계와 구별하기 위해 사용한다. 식 7.1에 의해 총 실행시간 $T_1 = (100 \times 10^9$명령) (1사이클/명령) $(925 \times 10^{-12}$초/사이클$) = 92.5$초이다.

7.4 다중 사이클 프로세서

단일 사이클 프로세서는 세 가지의 단점을 가지고 있다. 첫째, 비록 대부분의 명령들이 빠르지만, 가장 느린 명령(lw)을 지원하는 데 충분한 클록 사이클이 필요하다는 점이다. 둘째, 세 가지 가산기(하나는 ALU 내에, 두 개는 PC 논리용)가 필요하다는 점인데, 가산기는 비교적 고가의 회로로 특히 고속용은 더욱 비싸다. 셋째, 명령과 데이터 메모리들이 분리되어 있는데, 이는 비현실적이라는 점이다. 대부분의 컴퓨터는 명령과 데이터를 모두 수용하여 읽기와 쓰기가 가능한 하나의 대형 메모리를 가지고 있다.

다중 사이클 프로세서는 명령을 다수의 짧은 단계로 쪼개어 이러한 약점들을 보완하고 있다. 각 짧은 단계에서 프로세서는 메모리 또는 레지스터 파일에 읽어 들이거나 쓰기를 하든지 ALU를 사용한다. 다른 명령들은 다른 수의 단계를 사용하므로 더욱 간단한 명령들은 복잡한 명령들보다 더욱 빠르게 완료할 수 있다. 프로세서는 단지 하나의 가산기를 필요로 하며, 이 가산기는 여러 단계에서 다른 목적들을 위해 재사용된다. 그리고 프로세서는 명령과 데이터용의 복합 메모리를 사용한다. 명령은 첫 번째 단계에서 메모리로부터 페치되며, 이후의 단계에서 데이터를 읽어 들이거나 기록한다.

단일 사이클 프로세서에서 사용한 다음의 동일 과정으로 다중 프로세서를 설계해 보자. 우선 아키텍처 상태 소자와 메모리를 조합 논리에 연결하여 데이터 경로를 구성한다. 하지만, 이때 스텝 간의 즉시 값 결과를 유지하도록 비구조적 상태 소자를 추가한다. 그 다음 제어기를 설계한다. 제어기는 단일 명령을 실행하는 동안 다른 단계에서 다른 신호를 발생시키므로 조합 논리라기보다는 유한 상태 머신이 된다. 우리는 어떻게 새로운 명령들을 프로세서에 추가하는지를 다시 설명한다. 마지막으로 다중 사이클 프로세서의 성능을 분석하고 이를 단일 사이클 프로세서와 비교 분석한다.

7.4.1 다중 사이클 데이터 경로

다시 그림 7.16에 보이는 MIPS 프로세서의 메모리와 아키텍처 상태를 가지고 설계를 시작해 보자. 단일 사이클 설계에서 명령과 데이터의 메모리를 분리해서 사용했는데 이는 명령 메모리를 읽거나 데이터 메모리를 읽

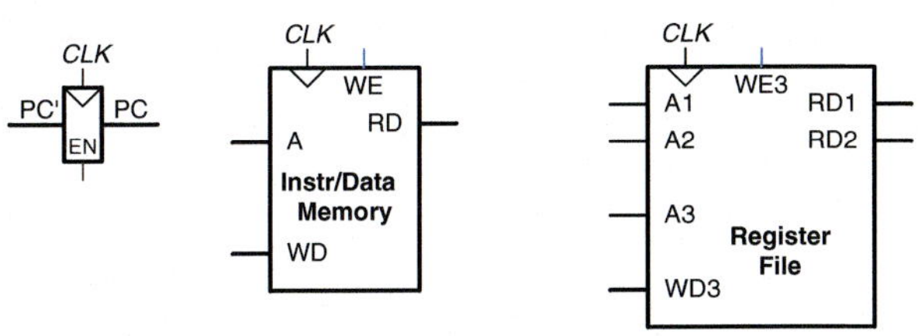

그림 7.16 통합 명령/데이터 메모리를 갖는 상태 소자

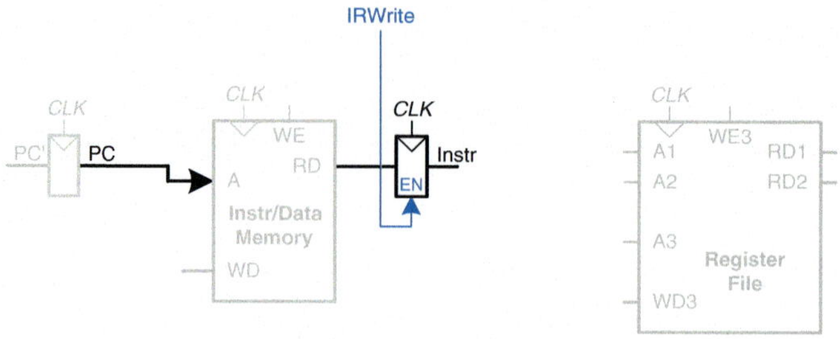

그림 7.17 메모리로부터 페치 명령

거나 쓰는 모든 일들이 한 사이클에서 이루어져야 하기 때문이다. 이제 명령 및 데이터 모두를 위한 결합 메모리를 사용해 보자. 이는 보다 실제적으로 한 사이클에 명령을 읽거나 별도의 사이클로 읽기 쓰기가 가능하므로 매우 유용하다. PC와 레지스터 파일은 변경하지 않는다. 각 명령의 각 단계를 처리하기 위해 소자들을 추가함으로써 점차적으로 데이터 경로를 구축해 나간다. 새로운 연결들은 검정(또는 새로운 제어 신호는 청색)으로 강조하는 반면, 이미 공부한 하드웨어는 회색으로 나타낸다.

PC는 수행할 명령들의 어드레스를 포함한다. 첫 번째 단계는 명령 메모리로부터 이러한 명령을 읽어 들이는 것이다. 그림 7.17은 PC가 단순히 명령 메모리 어드레스 입력에 연결된 것을 보인다. 그 명령을 읽어 들여 미래 사이클에 가능하도록 새로운 비구조적 명령 레지스터에 저장된다. 명령 레지스터는 새로운 명령이 갱신될 때 발생하는 *IRWrite*를 호출하는 인에이블 신호를 수신한다.

단일 사이클 프로세서에서 했던 것처럼 `lw` 명령을 위해 데이터 경로 연결 작업을 하게 될 것이다. 그 다음 다른 명령들을 처리하기 위해 데이터 경로를 추가하게 된다. `lw` 명령을 위해 다음의 단계는 기본 어드레스를 포함하는 소스 레지스터를 읽어 들이는 것이다. 레지스터는 $Instr_{25:21}$ 명령

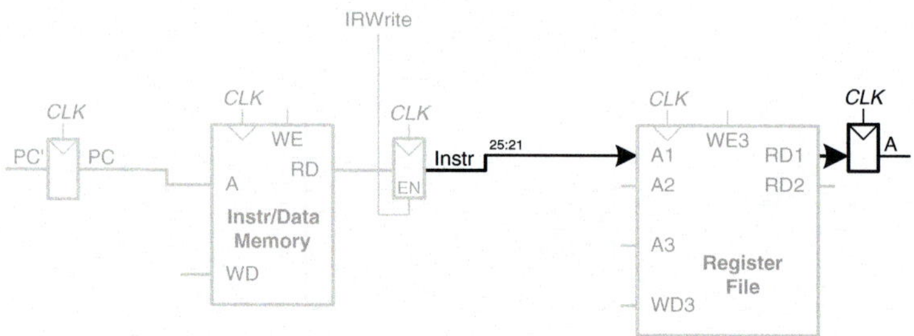

그림 7.18 레지스터 파일로부터 소스 오퍼랜드 읽기

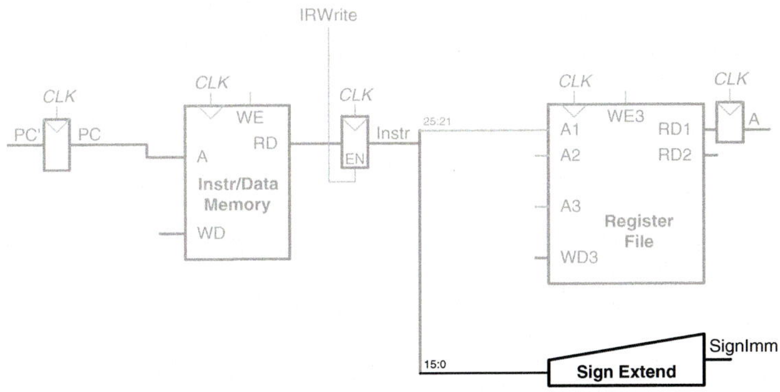

그림 7.19 즉시 값의 부호 확장

의 rs 필드로 규정된다. 이러한 명령의 비트들은 그림 7.18에 보이는 것처럼 레지스터 파일의 어드레스 입력 중 하나인 *A*1에 연결된다. 이러한 레지스터 파일은 레지스터를 *RD*1로 읽어 들인다. 이 값은 다른 비구조적 레지스터 *A*에 저장된다.

lw 명령은 오프셋을 필요로 한다. 그 오프셋은 $Instr_{15:0}$ 명령의 즉시 값 필드에 저장되며, 그림 7.19에 보인 것처럼 32비트로 부호 확장되어야 한다. 32비트 부호 확장된 값을 *SignImm*이라 한다. 일관성을 갖도록 *SignImm*은 다른 비구조적 레지스터에 저장해야 한다. 그러나 *SignImm*은 *Instr*의 조합 함수이고, 현재의 명령이 처리되는 동안 바뀌지 않아야 하므로 레지스터 하나를 상수 값 한 개를 저장하는 데 전적으로 사용할 필요는 없다.

로드 어드레스는 기본 어드레스와 오프셋과의 합이다. 이러한 합을 계산하기 위해 그림 7.20에 보인 것처럼 ALU를 사용한다. *ALUControl*은 합을 수행하기 위해 010으로 설정되어야 한다. *ALUResult*는 *ALUOut*을 호

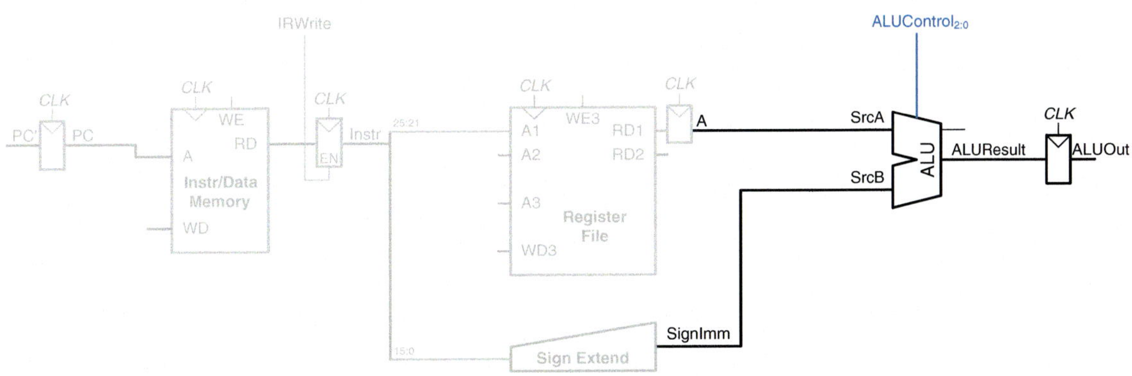

그림 7.20 기본 어드레스와 오프셋의 합산

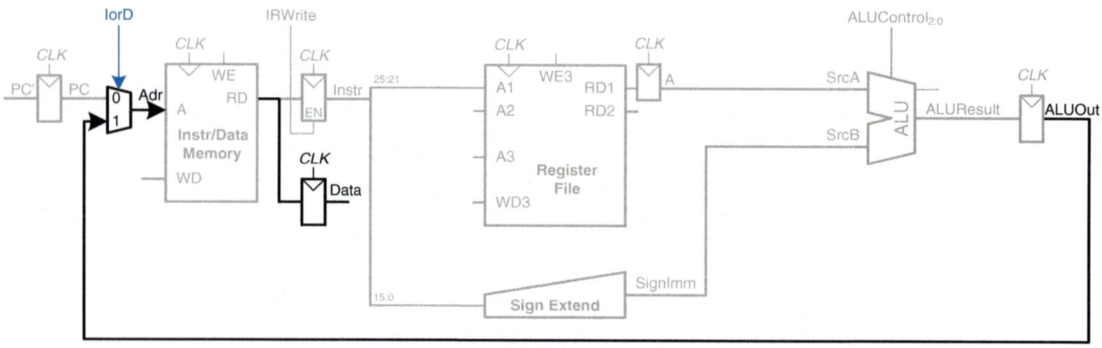

그림 7.21 메모리로부터 데이터 로드

출하는 비구조적 레지스터에 저장되어야 한다.

다음 단계는 메모리에서 계산된 어드레스로부터 데이터를 로드하는 것이다. 그림 7.21에 보이는 것처럼 메모리 앞에 멀티플렉서를 추가하여 PC 또는 *ALUOut*으로부터 메모리 어드레스 *Adr*을 선택한다. 멀티플렉서 선택 신호를 *IorD*라 하는데, 명령이나 데이터 어드레스를 나타낸다. 메모리로부터 읽어 들인 데이터는 *Data*를 호출하는 다른 비구조적 레지스터에 저장된다. 어드레스 멀티플렉서는 `lw` 명령 동안 메모리 재사용을 허용한다는 점을 유의하라. 첫 번째 단계는 명령을 페치하기 위해 PC로부터 어드레스를 가져온다. 나중 단계는 데이터를 로드하기 위해 *ALUOut*으로부터 어드레스를 가져온다. 그러므로 *IorD*는 다른 단계에서 다른 값을 가져야만 한다. 7.4.2절에서 이러한 연속적인 제어 신호를 발생시키는 FSM 제어기를 개발한다.

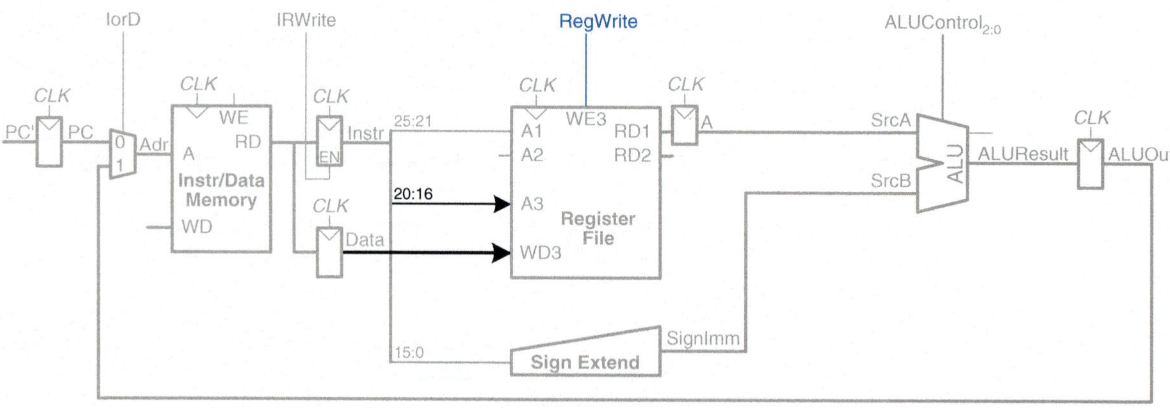

그림 7.22 레지스터 파일에 데이터 기록

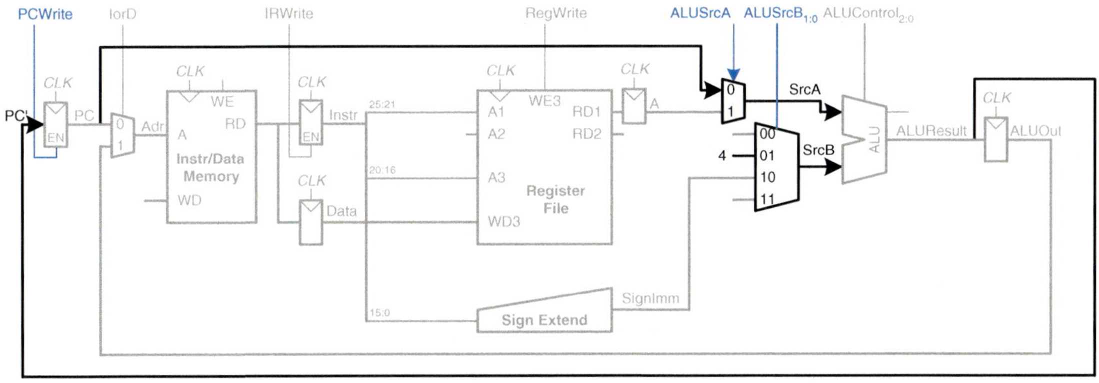

그림 7.23 PC를 4만큼 증가

마지막으로 그림 7.22와 같이 데이터는 레지스터 파일로 다시 기록된다. 목적지 레지스터는 $Instr_{20:16}$ 명령의 `rt` 필드에 의해 규정된다.

이러한 모든 작업이 진행되는 동안 프로세서는 이전 PC에 4를 더하여 프로그램 카운터를 갱신해야 한다. 단일 사이클 프로세서에서는 별도의 가산기들이 필요했다. 다중 사이클 프로세서에서는 기존의 ALU가 동작하지 않은 단계에서만 이를 사용할 수 있다. 이를 위해 그림 7.23과 같이 PC와 ALU 입력으로서 상수 4를 선택하기 위한 소스 멀티플렉서를 삽입해야 한다. *ALUSrcA*에 의해 제어되는 2입력 멀티플렉서는 *SrcA*로서 PC 또는 레지스터 *A*를 선택한다. *ALUSrcB*에 의해 제어되는 4입력 멀티플렉서는 *SrcB*로서 4 또는 *SignImm*을 선택한다. 다른 두 개의 멀티플렉서는 나중에 다른 명령을 처리하기 위한 데이터 경로를 확장할 때 사용한다(멀티플렉서에 대한 입력의 넘버링은 임의적이다). PC를 갱신하기 위해 ALU는 *SrcA*(PC)를 *SrcB*(4)에 더하고, 그 결과를 프로그램 카운터 레지스터에 기록한다. PCWrite 제어 신호는 특정 사이클에서만 PC 레지스터에 기록이 가능하도록 한다.

이것으로 `lw` 명령에 대한 데이터 경로를 완료한다. 다음으로 `sw` 명령을 처리하기 위한 데이터 경로를 확장해 보자. `lw` 명령처럼 `sw` 명령은 레지스터 파일의 포트 1로부터 기본 어드레스를 읽고 즉시 값을 부호 확장한다. ALU는 메모리 어드레스를 찾기 위해 즉시 값에 기본 어드레스를 추가한다. 이러한 모든 기능들은 이미 데이터 경로 내의 기존의 하드웨어에 의해 지원된다. `sw`의 오로지 새로운 특징은 그림 7.24에 보인 것처럼 레지스터 파일로부터 두 번째 레지스터를 읽어서 메모리에 기록한다는 것이

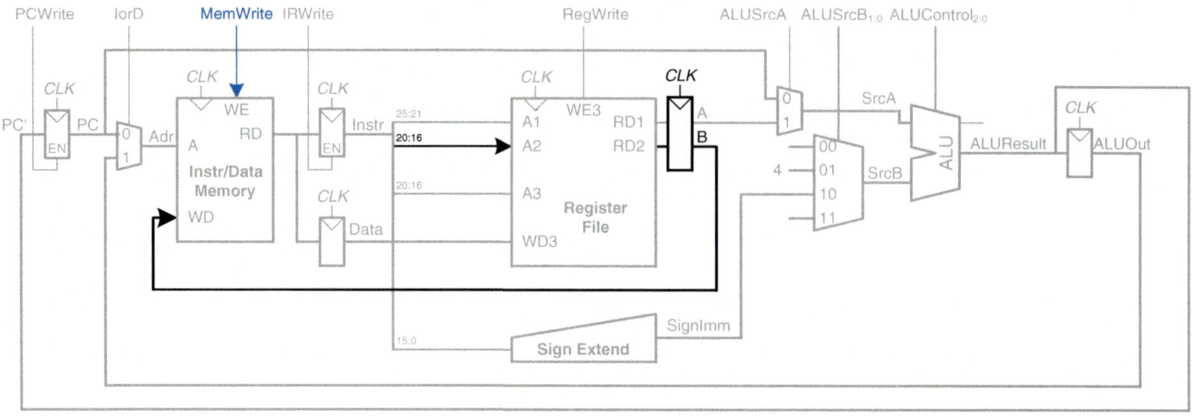

그림 7.24 sw 명령을 위한 확장된 데이터 경로

다. 레지스터는 레지스터 파일의 두 번째 포트에 연결되어 있는 $Instr_{20:16}$ 명령의 rt 필드로 규정된다. 레지스터가 읽히면 비구조적 레지스터 *B*에 저장된다. 다음 단계는 기록을 위해 데이터 메모리의 쓰기 데이터 포트(*WD*)로 보내진다. 메모리는 쓰기가 발생되는 것임을 지시하는 추가적인 *MemWrite* 제어 신호를 수신한다.

R 타입 명령에서 명령은 다시 페치되고 두 개의 소스 레지스터는 레지스터 파일로부터 읽어 들여진다. *SrcB* 멀티플렉서의 제어 입력 $ALUSrcB_{1:0}$은 그림 7.25에 보인 것처럼 ALU용 두 번째 소스 레지스터로서 레지스터 *B*를 선택하는 데 사용된다. ALU는 적절한 연산을 수행하여, 그 결과를 *ALUOut*에 저장한다. 다음 단계로 *ALUOut*은 $Instr_{15:11}$ 명령의 rd 필드로 규정된 레지스터에 다시 기록된다. 이는 두 개의 새로운 멀티플렉서를 필

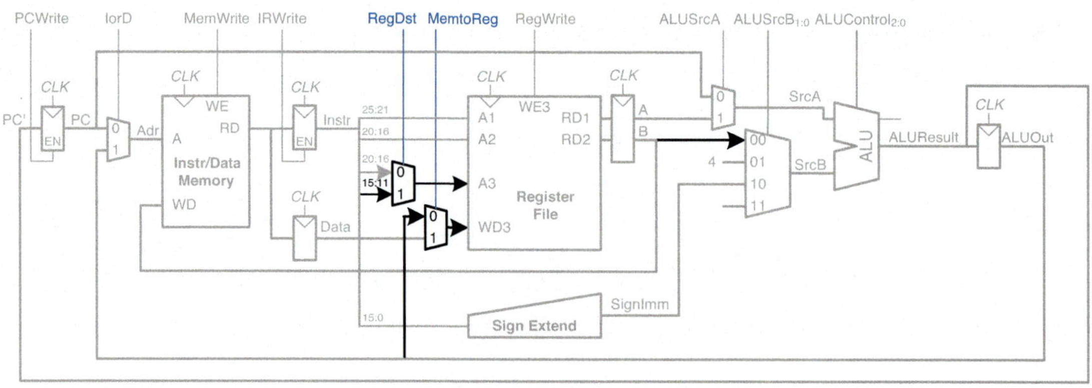

그림 7.25 R 타입 명령을 위한 확장된 데이터 경로

요로 한다. *MemtoReg* 멀티플렉서는 *WD3*이 *ALUOut*(R 타입 명령에서)에서 오는 것인지 또는 *Data*(`lw` 명령에서)로부터 나오는 것인지 선택한다. *RegDst* 명령은 목적지 레지스터가 명령의 `rt` 필드로 규정되는 것인지 또는 `rd` 필드로 규정되는 것인지를 선택한다.

`beq` 명령에서 명령은 다시 페치되고 두 개의 소스 레지스터는 레지스터 파일로부터 읽어 들인다. 레지스터들이 동일한지 결정하기 위해 ALU는 레지스터 뺄셈을 하여 0의 결과에서 Zero 플래그를 설정한다. 한편, 데이터 경로는 만일 분기를 취하게 되면 PC의 다음 값을 계산하는데, $PC' = PC + 4 + SignImm \times 4$이다. 단일 사이클 프로세서에서는 분기 어드레스 계산을 위한 또 다른 가산기가 필요했다. 다중 사이클 프로세서에서는 하드웨어를 절약하기 위해 ALU를 재사용할 수 있다. 한 단계에서 ALU는 $PC + 4$를 계산하고 이를 다른 명령에서 수행했듯이 프로그램 카운터에 다시 기록한다. 다른 단계에서 ALU는 갱신된 PC 값을 사용하여 $PC + SignImm \times 4$를 계산한다. *SignImm*은 그림 7.26과 같이 4를 곱하기 위해 좌로 2만큼 이동시킨다. *SrcB* 멀티플렉서는 이 값을 선택하고 이를 PC에 더한다. 이 합이 분기의 목적지를 나타내며, *ALUOut*에 저장된다. *PCSrc*로 제어되는 새로운 멀티플렉서는 어떤 신호가 *PC'*에 송신되어야 하는지를 선택한다. 프로그램 카운터는 *PCWrite*가 발생하거나 분기를 취할 때 써질 것이다. 새로운 제어 신호 *Branch*는 beq 명령이 실행되고 있음을 나타낸다. 분기는 또한 *Zero*가 발생해도 얻어진다. 따라서 데이터 경로는 *PCWrite*가 발생하거나 *Branch*와 *Zero*가 동시에 발생할 경우 TRUE가 되는 *PCEn*을 호출한 새로운 PC 쓰기 인에이블을 계산한다.

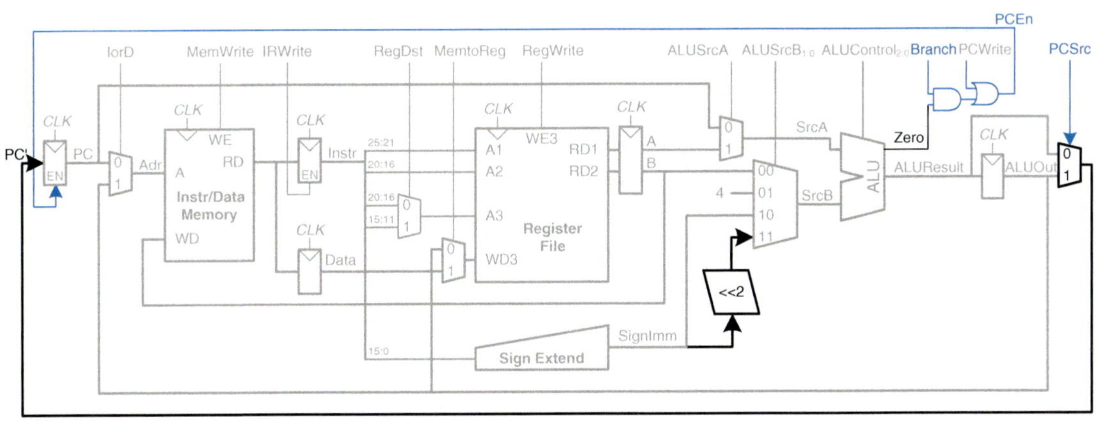

그림 7.26 beq 명령을 위한 데이터 경로 확장

이것으로 다중 사이클 MIPS 프로세서 데이터 경로 설계를 마친다. 설계 과정은 각 명령을 처리하기 위해 하드웨어가 상태 소자들 간에 체계적으로 연결된 점에 있어서 단일 사이클 프로세서의 경우와 유사하다. 주요 차이는 명령이 여러 단계로 실행된다는 점이다. 각 단계의 결과를 저장하기 위해 비구조적 레지스터들이 삽입되어 있다. 이런 방법으로 ALU는 여러 번 재사용할 수 있어 추가 가산기의 비용을 절감할 수 있다. 마찬가지로 명령과 데이터가 하나의 공유 메모리에 저장될 수 있다. 다음 절에서 각 명령의 각 단계에서 적절한 순서의 제어 신호를 데이터 경로에 전달하기 위한 FSM 제어기를 개발한다.

7.4.2 다중 사이클 제어

단일 사이클 프로세서에서처럼 제어 장치는 명령의 opcode와 $Instr_{31:26}$ 및 $Instr_{5:0}$ 명령의 funct 필드에 기초하여 제어 신호를 계산한다. 그림 7.27은 데이터 경로에 부착된 제어 장치를 갖는 전체의 다중 사이클 MIPS 프로세서를 보여준다. 데이터 경로는 검정색으로 제어 장치는 청색으로 나타내었다.

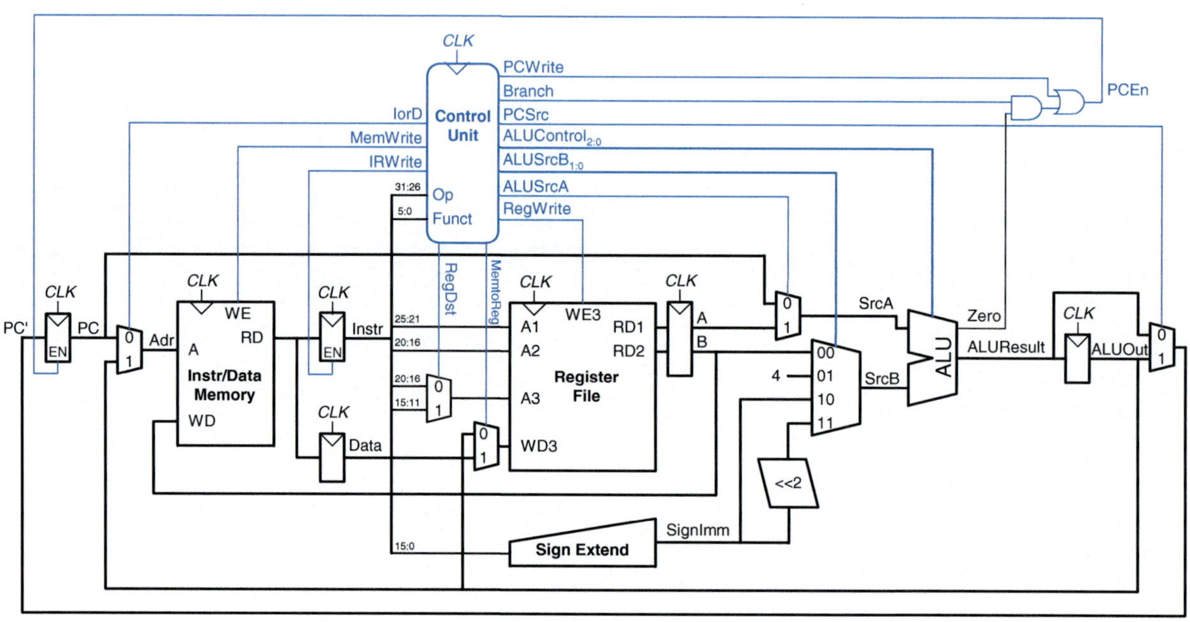

그림 7.27 완성된 다중 사이클 MIPS 프로세서

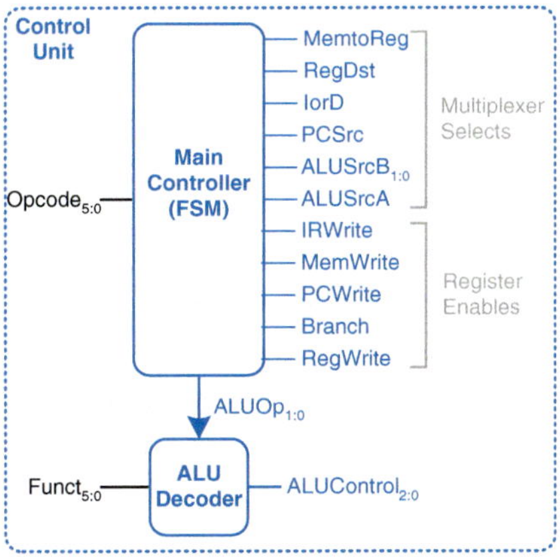

그림 7.28 제어 장치 내부 구조

단일 사이클 프로세서와 같이 제어 장치는 그림 7.28에 보인 주 제어기와 ALU 디코더로 구분된다. ALU 디코더는 변경 없이 표 7.2의 진리표를 따른다. 주 제어기는 적절한 사이클 또는 단계에서 적절한 제어 신호를 인가하기 위한 FSM이다. 제어 신호의 순서는 실행되는 명령에 따른다. 이 절의 나머지는 주 제어기를 위한 FSM 상태 변이도를 개발하게 될 것이다.

주 제어기는 데이터 경로를 위한 멀티플렉서 선택과 레지스터 인에이블 신호를 생성한다. 선택 신호는 *MemtoReg*, *RegDst*, *IorD*, *PCSrc*, *ALUSrcB*, *ALUSrcA*이고, 인에이블 신호는 *IRWrite*, *MemWrite*, *PCwrite*, *Branch*, *RegWrite*이다.

상태 변이도는 읽기 쉽게 하기 위해 관련된 제어 신호만을 열거한다. 선택 신호들은 그들의 값이 중요할 때만 열거되는 반면, 그렇지 않은 경우는 무시된다. 인에이블 신호는 발생할 때만 열거되고, 그렇지 않으면 0이다.

어떤 명령의 첫 단계는 PC가 보유하고 있는 어드레스에서 메모리로부터 명령을 페치하는 것이다. FSM은 리셋 시 이 상태로 들어간다. 메모리를 읽기 위해서 *IorD*=0이므로 PC로부터 어드레스를 가져온다. *IRWrite*는 명령 레지스터 IR에 명령을 쓰기 위해 생성된다. 한편, PC는 다음 명령을 지시하기 위해 4만큼 증가될 것이다. ALU는 어디에서도 사용되고 있지 않으므로 프로세서는 이를 이용하여 명령을 페치하는 동시에 *PC*+4를 계산한다. *ALUSrcA*=0이므로 *SrcA*는 PC로부터 온다. *ALUSrcB*=01이므로 *SrcB*는 상수 값 4이다. *ALUOp*=00이므로 ALU 디코더는 ALU 덧셈을 위해 *ALUControl*=010을 생성한다. 새로운 값으로 PC를 갱신하기 위

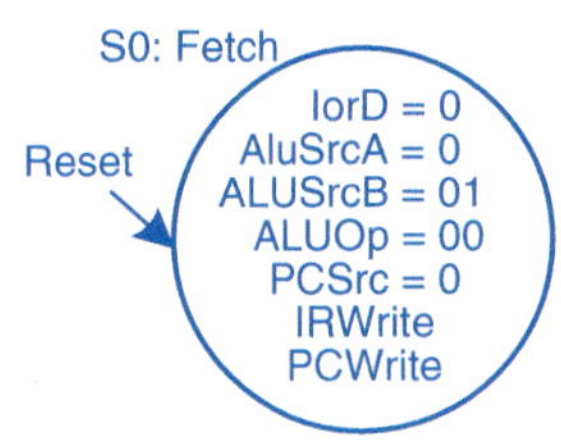

그림 7.29 페치

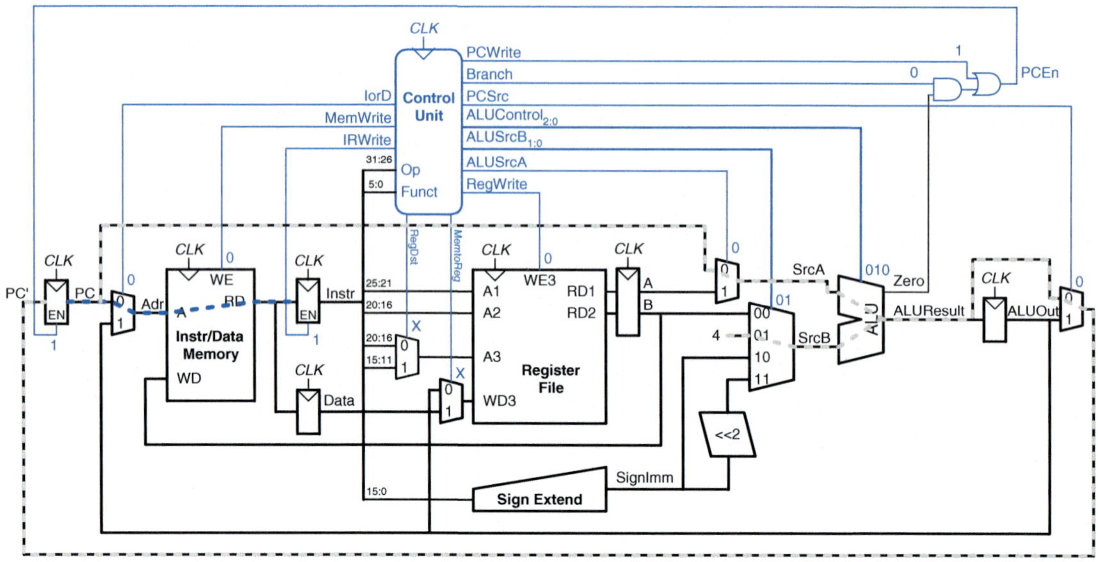

그림 7.30 페치 단계에서의 데이터 흐름

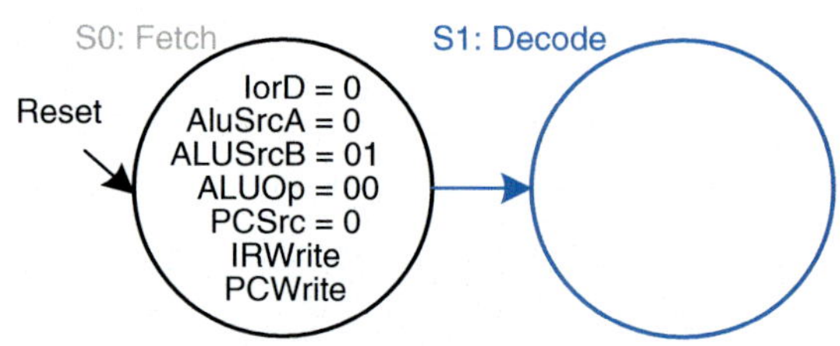

그림 7.31 디코드

해 *PCSrc*=0이며, *PCWrite*가 발생한다. 이러한 제어 신호들을 그림 7.29에 나타내었다. 그림 7.30에 이 단계에서의 데이터 흐름을 명령 페치는 청색 점선으로, PC 증가는 회색 점선으로 나타내었다.

다음 단계는 레지스터 파일을 읽고 명령을 디코딩한다. 레지스터 파일은 항상 명령의 `rs` 및 `rt`로 규정된 두 개의 소스를 읽어 들인다. 한편, 즉시 값은 부호 확장된다. 디코딩은 다음에 무엇을 할지 결정하기 위한 명령의 opcode 검사를 포함한다. 명령을 디코딩하는 데 필요한 제어 신호는 없지만, 그림 7.31에 보인 바와 같이 FSM은 읽고 디코딩하는 데 1사이클을 대기해야 한다. 새로운 상태는 청색으로 강조되었다. 데이터 흐름을 그림 7.32에 보였다.

이제 opcode에 따라 가능한 여러 상태의 하나로 FSM을 진행해 보자. 만일 명령이 메모리 로드 또는 저장(`lw` 또는 `sw`)이라면, 다중 사이클 프

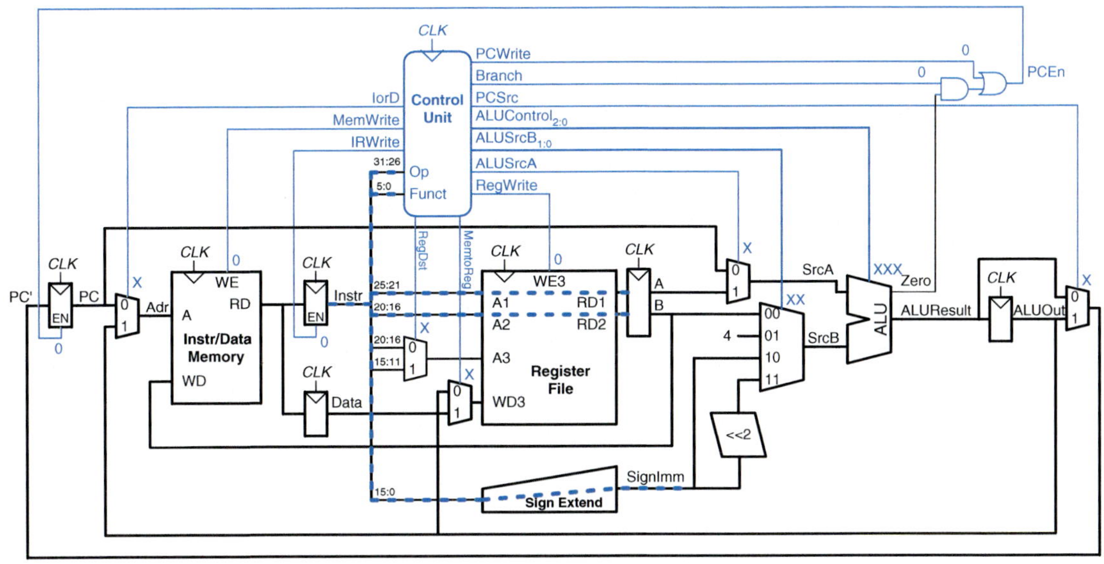

그림 7.32 디코드 단계에서의 데이터 흐름

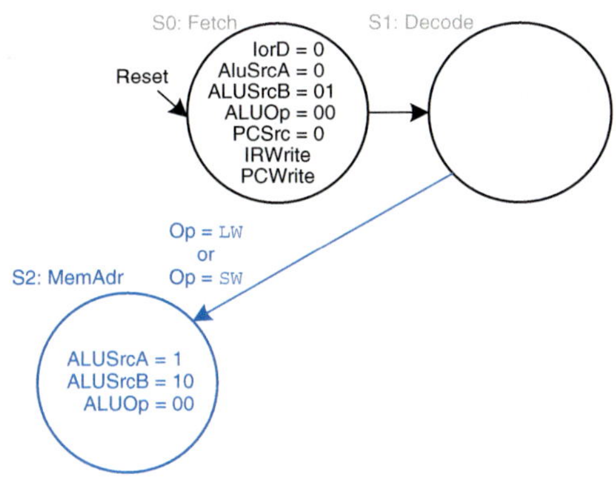

그림 7.33 메모리 어드레스 계산

로세서는 기본 어드레스를 부호 확장된 즉시 값에 더하여 어드레스를 계산한다. 이는 레지스터 *A*를 선택하기 위해 *ALUSrcA*=1, *SignImm*을 선택하기 위해 *ALUSrcB*=10을 필요로 한다. *ALUOp*=00이므로 ALU는 덧셈을 수행한다. 유효 어드레스는 다음 단계에 사용하기 위해 *ALUOut* 레지스터에 저장된다. 이 FSM 단계를 그림 7.33에, 데이터 흐름을 그림 7.34에 나타내 보였다.

만일 명령이 `lw`이면, 다중 사이클 프로세서는 메모리로부터 데이터를 읽어 이를 레지스터 파일에 기록한다. 이러한 두 단계를 그림 7.35에 보

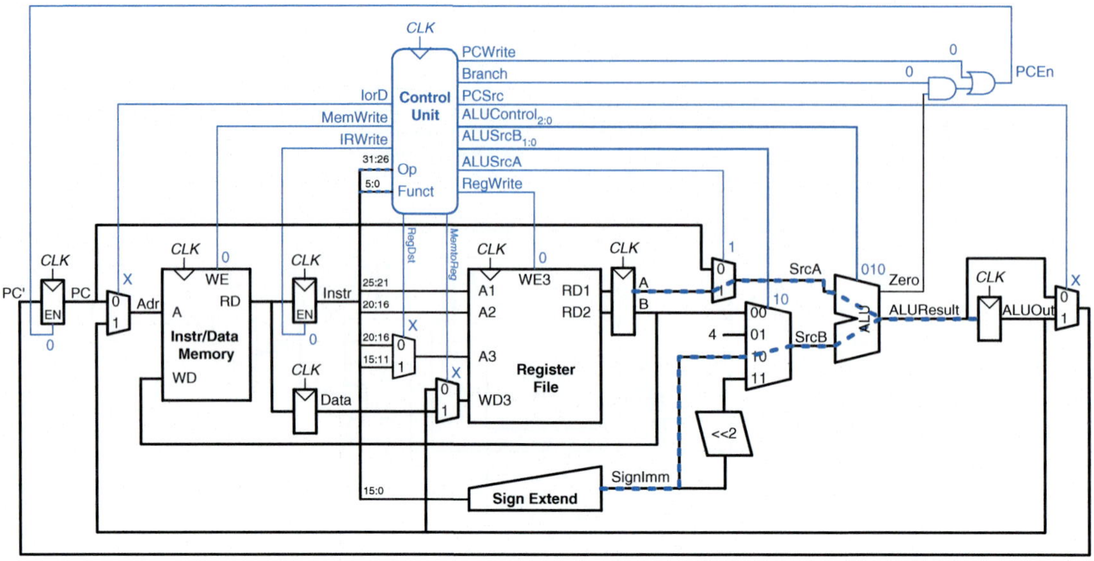

그림 7.34 메모리 어드레스 계산과정의 데이터 흐름

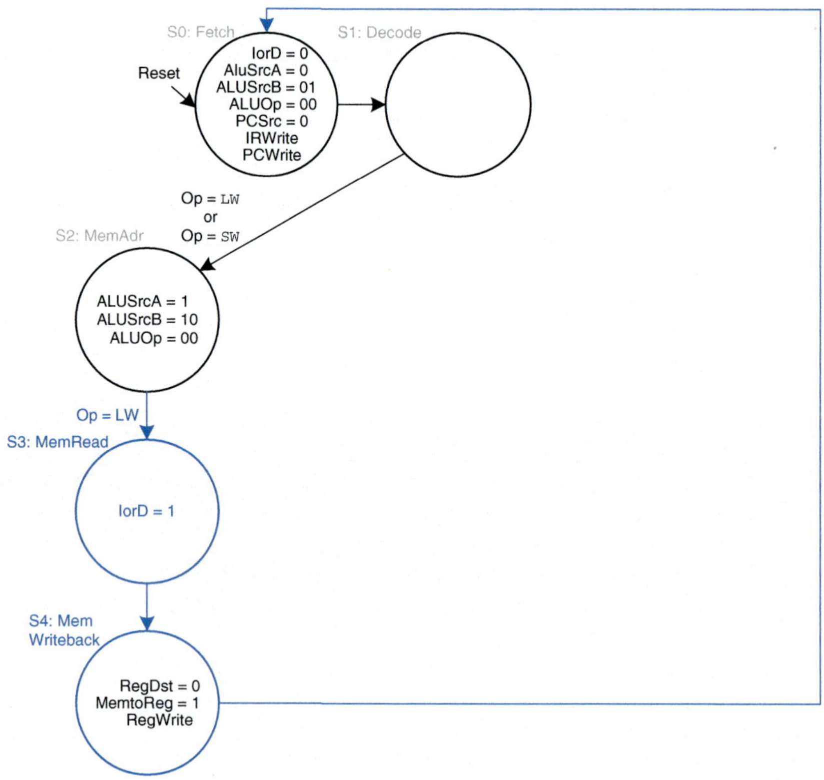

그림 7.35 메모리 읽기

인다. 메모리로부터 읽어 들이기 위해서 *IorD*=1로 방금 계산된 메모리 어드레스를 선택하여 *ALUOut*에 저장하는 것이다. 이러한 메모리 어드레스는 단계 S3에서 읽어 들이고 Data 레지스터에 저장된다. 다음 단계 S4에서 Data는 레지스터 파일에 써진다. *Data*를 선택하기 위해 *MemtoReg*=1, 명령의 `rt` 필드로부터 목적지 레지스터를 가져오기 위해 *RegDst*=0으로 한다. *RegWrite*가 발생되어 쓰기를 수행하고 `lw` 명령을 완료한다. 마지막으로 FSM은 초기 상태 S0으로 되돌아가 다음 명령을 페치한다. 이것들과 다음 단계들에서의 데이터 흐름을 여러분 스스로 상상하여 그려보도록 하라.

상태 S2로부터 만일 명령이 `sw`이면 레지스터 파일의 두 번째 포트로부터 읽혀진 데이터는 단순히 메모리에 써진다. 상태 S3에서는 S2에서 계산되어 *ALUOut*에 저장된 어드레스를 선택하기 위해 *IorD*=1로 한다. 메모리에 쓰기 위해 *MemWrite*가 발생한다. 다시 한 번 FSM은 다음 명령을 페치하기 위해 S0으로 돌아간다. 추가된 단계는 그림 7.36에 보인다.

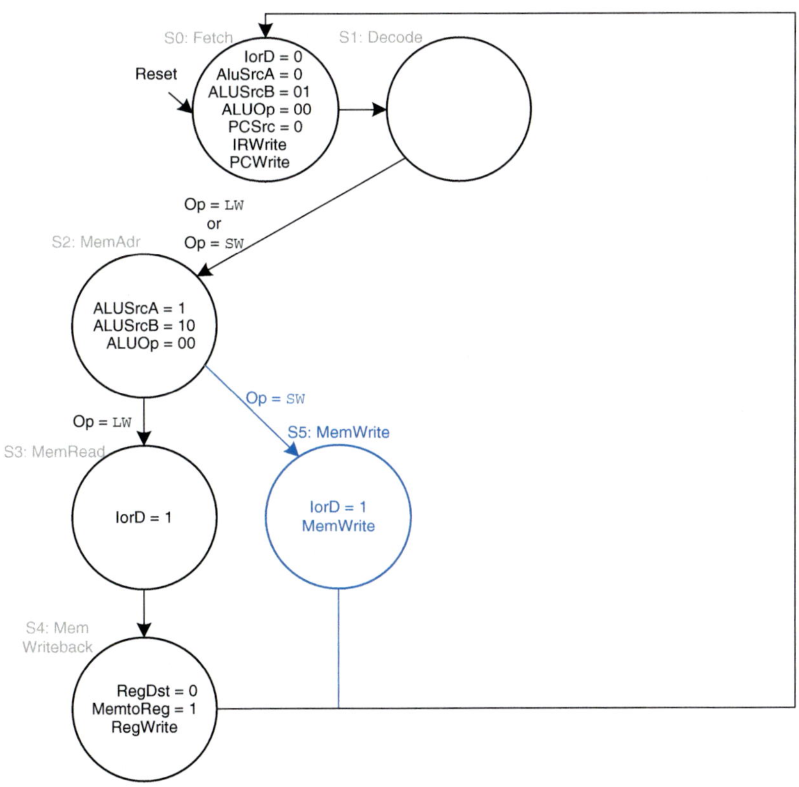

그림 7.36 메모리 기록

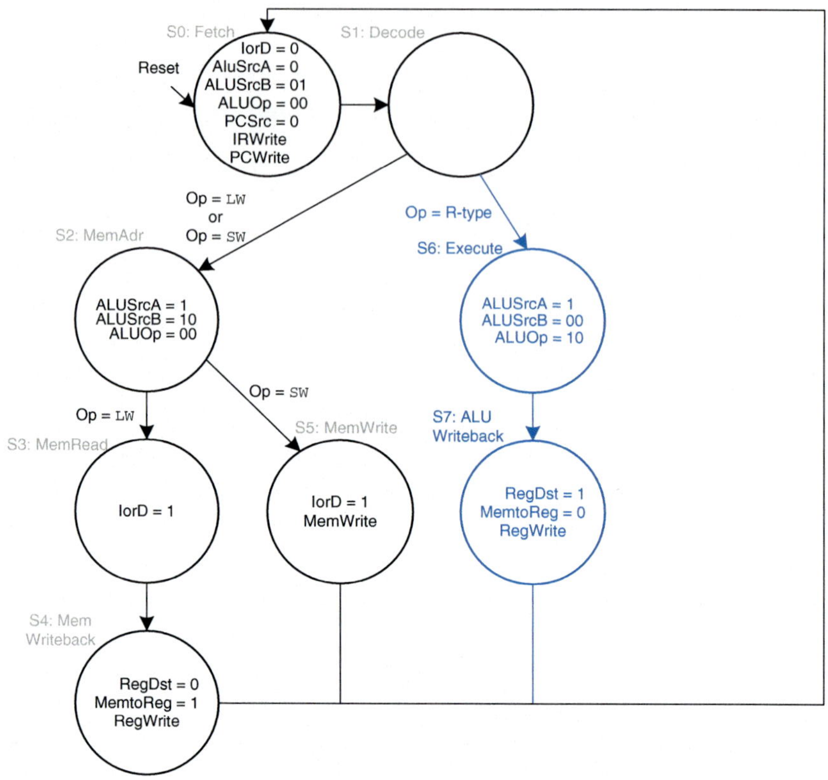

그림 7.37 R 타입 연산 실행

만일 opcode가 R 타입 명령을 나타낸다면, 다중 사이클 프로세서는 ALU를 이용한 결과를 계산하여 결과 값을 레지스터 파일에 기록해야 한다. 그림 7.37은 이러한 두 단계를 보인다. S6에서 *A*와 *B* 레지스터($ALUSRcA=1$, $ALUSrcB=00$)를 선택하여 명령의 funct 필드에 나타난 ALU 연산을 수행함으로써 명령이 실행된다. 모든 R 타입 명령에 대해서 $ALUOp=10$이다. *ALUResult*는 *ALUOut*에 저장된다. S7에서 *ALUOut*은 레지스터 파일에 기록되는데, 목적지 레지스터가 명령의 rd 필드에 규정되어 있으므로 $RegDst=1$이다. 기록 데이터 *WD3*이 *ALUOut*으로부터 나오므로 $MemtoReg=0$이다. *RegWrite*는 레지스터 파일을 기록하기 위해 발생된다.

beq 명령에 대해서는 프로세서가 목적지 어드레스를 계산하여 어느 분기가 발생될 것이지 결정하기 위해 두 개의 소스 레지스터를 비교해야 한다. 이는 ALU의 두 가지 용도를 필요하므로 두 개의 새로운 상태를 요구하는 것처럼 보인다. 그러나 레지스터가 읽히는 S1 동안 ALU는 사용되지

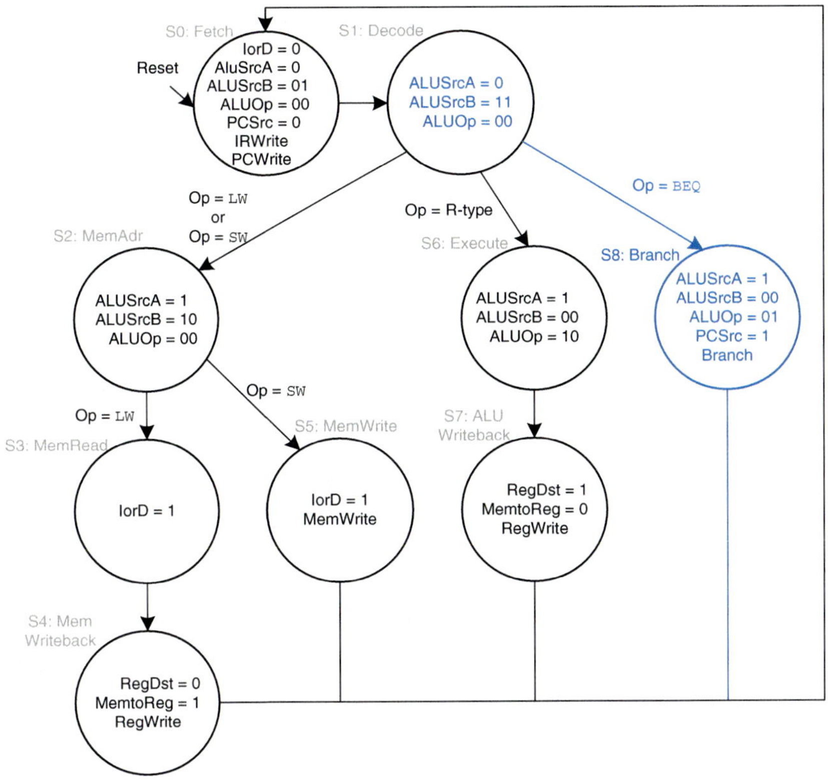

그림 7.38 브랜치

않음을 유의하라. 이때 프로세서는 ALU를 이용하여 그림 7.38과 같이 증가된 PC인 *PC*+4를 *SignImm*×4에 더함으로써 목적지 주소를 계산할 수도 있다. 증가된 PC를 선택하기 위해 *ALUSrcA*=0, *SignImm*×4를 선택하기 위해 *ALUSrcB*=11, 덧셈을 위해 *ALUOp*=00으로 한다. 목적지 어드레스는 *ALUOut*에 저장된다. 만일 명령어가 beq가 아니라면 계산된 어드레스는 연속되는 사이클에 사용되지 않지만, 그 계산이 해로울 것은 없다. S8에서 프로세서는 두 레지스터의 뺄셈을 하여 그 결과가 0인지를 검사함으로써 두 레지스터를 비교한다. 만일 0일 경우 프로세서는 방금 계산된 어드레스로 분기한다. 레지스터 *A*를 선택하기 위해 *ALUSrcA*=1, 레지스터 *B*를 선택하기 위해 *ALUSrcB*=00, 뺄셈을 위해 *ALUOp*=01, *ALUOut*으로부터 목적지 어드레스를 택하기 위해 *PCSrc*=1, 이 어드레스로 만일 ALU 결과가 0이면 PC를 갱신하기 위해 *Branch*=1로 한다.[2]

2 이제 왜 *PCSrc* 멀티플렉서가 *ALUResult*(S0에서) 또는 *ALUOut*(S8에서)으로부터 *PC'*을 선택하는데 필요한지 알 수 있다.

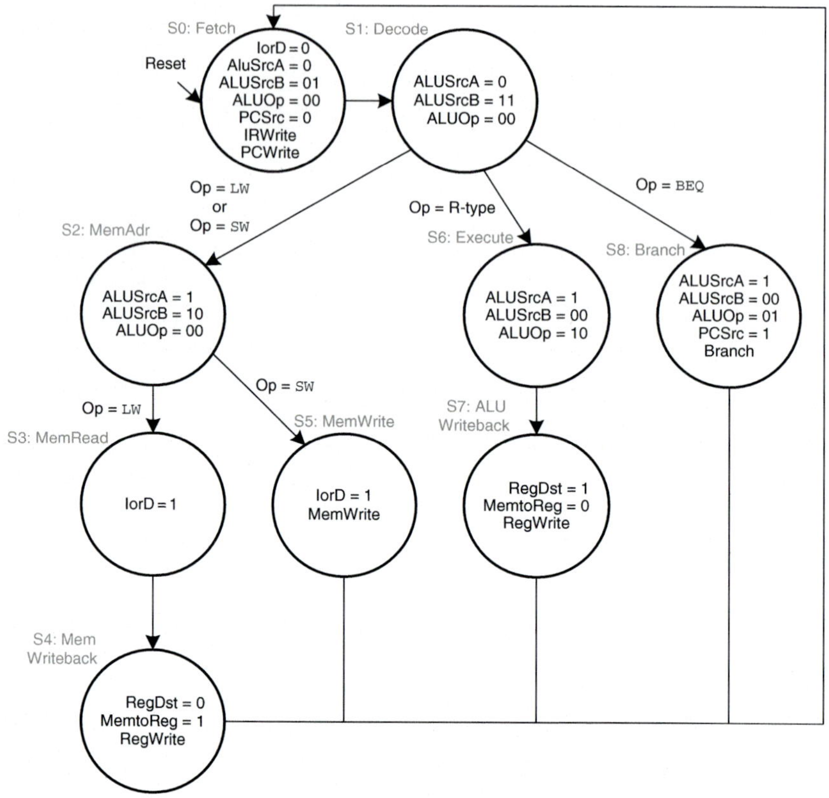

그림 7.39 완성한 다중 사이클 제어 FSM

이러한 단계들을 통합한 그림 7.39는 다중 사이클 프로세서를 위한 완성된 주 제어기 상태 변이도를 보인다. 이를 하드웨어로 변환하는 일은 단순하지만, 3장의 기법을 사용하면 지루한 작업이다. 더 좋은 방법은 FSM을 HDL로 코딩하고 4장의 기법을 이용하여 합성하는 것이다.

7.4.3 추가 명령어

7.3.3절의 단일 사이클 프로세서에서 행한 것처럼 addi 및 j 명령을 지원하는 다중 사이클 프로세서로 확장해 보자. 다음 두 예제는 새로운 명령을 지원하기 위한 일반적인 설계 과정을 보여준다.

예제 7.5 addi 명령어

addi 명령을 지원하기 위한 다중 사이클 프로세서를 수정하라.

풀이 데이터 경로는 이미 즉시 값에 레지스터를 더할 수 있는 능력을 가지므

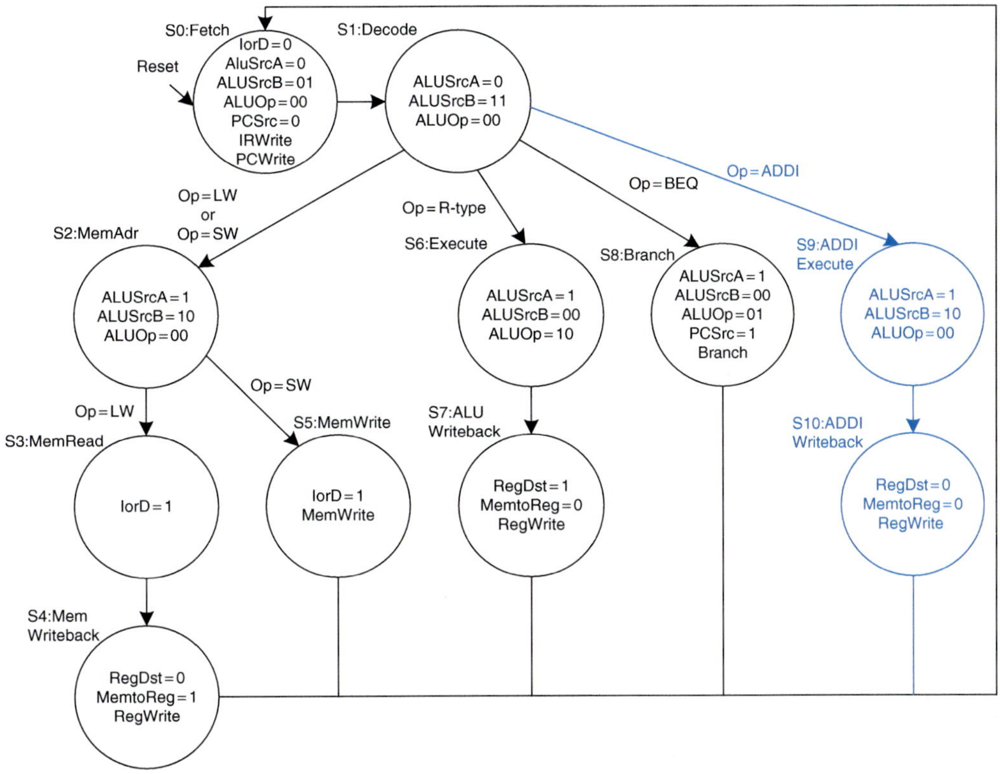

그림 7.40 addi 명령을 위한 주 제어기 상태

로 우리가 해야 할 일은 그림 7.40과 같이 addi 명령에 대해 주 제어기 FSM에 새로운 상태를 추가하는 것이다. S9에서 레지스터 *A*가 *SignImm*(*ALUSrcA* = 1, *ALUSrcB* = 10, *ALUOp* = 00)에 더해지며, 그 결과 *ALLResult*가 *ALUOut*에 저장된다. S10에서 *ALUOut*이 명령(*RegDst* = 0, *MemtoReg* = 0, *RegWrite* 발생)의 rt 필드로 규정된 레지스터에 기록된다. 현명한 독자라면 S2와 S9가 동일하므로 하나의 상태로 합칠 수 있음을 인지할 수 있을 것이다.

예제 7.6 **j 명령어**

j 명령을 지원하기 위한 다중 사이클 프로세서를 수정하라.

풀이 우선 j 명령의 경우에 다음의 PC 값을 계산하기 위한 데이터 경로를 수정한다. 그 다음 그 명령을 처리하기 위해 주 제어기에 한 상태를 추가한다.

그림 7.41은 확장된 데이터 경로를 보인다. 점프 목적지 어드레스는 명령의 26비트 addr 필드를 2비트만큼 좌로 이동시켜 구성하며, 이미 증가된 PC의 네 개의 최상위 비트와 결합하여 주소를 구한다. 세 번째 입력으로서 이 어드레스를 취하기 위해 *PCSrc* 멀티플렉서가 확장된다.

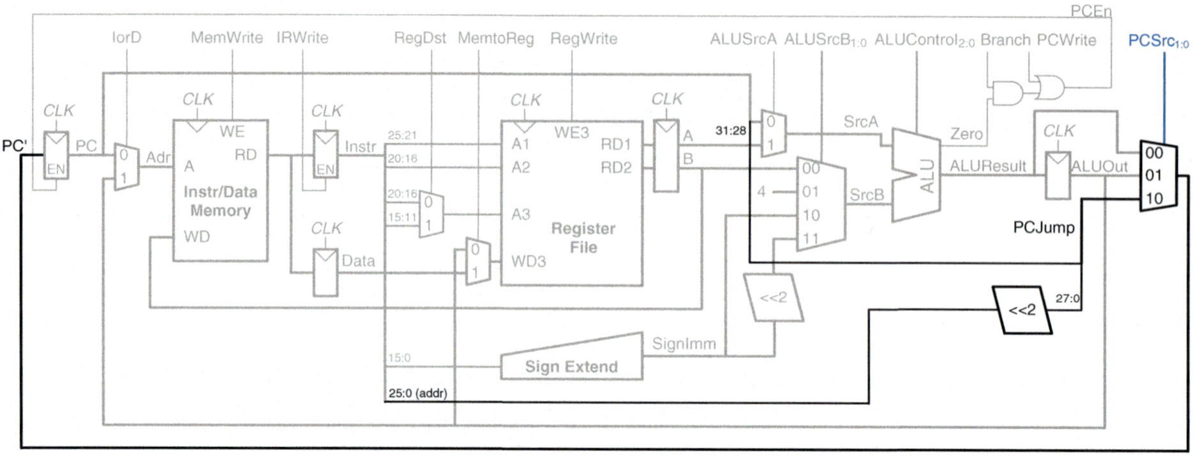

그림 7.41 j 명령을 지원하기 위해 확장된 MIPS 데이터 경로

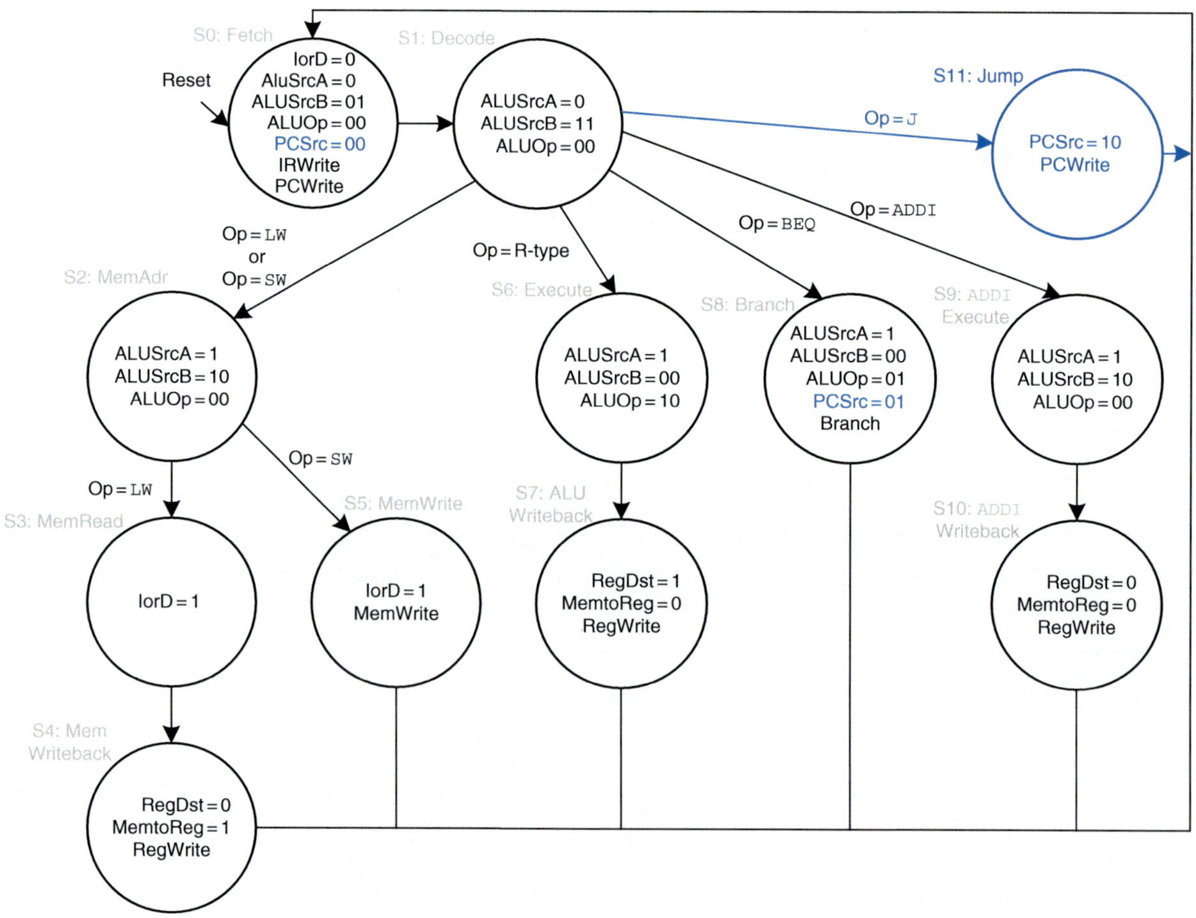

그림 7.42 j 명령에 대한 주 제어기 상태

그림 7.42는 확장된 주 제어기를 보인다. 새로운 상태 S11은 단순히 *PC′*을 *PCJump* 값(*PCSrc* = 10)으로 선택하고 PC에 기록한다. S0과 S8에서 *PCSRc* 선택 신호가 두 비트로 확장되었다.

7.4.4 성능 분석

명령의 실행 시간은 사용하는 사이클의 수와 사이클 타임에 의존한다. 반면 단일 사이클 프로세서는 한 사이클에서 모든 명령들을 수행하는 반면, 다중 사이클 프로세서는 여러 명령들에 대해 사용하는 사이클의 수가 가변적이다. 그러나 다중 사이클 프로세서는 단일 사이클에서보다 더 적은 작업을 수행하므로 더 짧은 사이클 타임을 갖는다.

다중 사이클 프로세서는 `beq` 및 `j` 명령에 대해 세 개의 사이클을, `sw`, `addi`, `R` 타입 명령에 대해 네 개의 사이클을, `lw` 명령에 대해 5개의 사이클을 필요로 한다. CPI는 각 명령이 사용되는 상대적 기회에 의존한다.

예제 7.7 **다중 사이클 프로세서 CPI**

SPECINT2000 벤치마크는 약 25%의 로드, 10%의 스토어, 11%의 분기, 2%의 점프, 52%의 R 타입 명령으로 구성된다.[3] 이 벤치마크에 대한 평균 CPI를 구하라.

풀이 평균 CPI는 각 명령의 CPI에 명령이 사용한 시간 비율을 곱한 값들의 합이다. 이 벤치마크에서 평균 CPI = (0.11 + 0.02)(3) + (0.52 + 0.10)(4) + (0.25)(5) = 4.12이다. 이는 최악의 CPI인 5보다 좋으며, 5는 모든 명령들이 같은 시간이 걸리는 경우에 요구되는 값이다.

각 사이클이 하나의 ALU 연산, 메모리 액세스, 또는 레지스터 파일 액세스를 포함하도록 다중 프로세서를 설계해 왔음을 상기하라. 레지스터 파일은 메모리보다 고속이고 쓰기 메모리는 읽기 메모리보다 고속임을 가정한다. 데이터 경로를 검사하면 사이클 타임에 제한을 가져 오는 두 개의 가능한 임계 경로를 알 수 있다.

$$T_c = t_{pcq} + t_{mux} + \max(t_{ALU} + t_{mux},\ t_{mem}) + t_{\text{setup}} \tag{7.4}$$

3 Patterson and Hennessy, *Computer Organization and Design*, 4th Edition, Morgan Kaufmann, 2011에서 인용.

이러한 시간의 수치 값은 특정 구현 기술에 의존한다.

예제 7.8 **프로세서 성능 비교**

벤은 단일 사이클 프로세서 대신에 다중 사이클 프로세서를 구성하는 일이 더 나은지를 의심하고 있다. 두 가지 설계에서 표 7.6의 지연을 갖는 65nm CMOS 제조 과정을 사용할 계획이다. SPECINT2000 벤치마크로부터 1,000억 개의 명령에 대한 각 프로세서의 실행 시간을 비교하도록 그를 도와줘라(예제 7.7 참조).

풀이 식 7.4에 따라 다중 사이클 프로세서의 사이클 타임은 $T_{c2} = 30 + 25 + 250 + 20 = 325\text{ps}$이다. 예제 7.7로부터 4.12의 CPI를 사용한 총 실행 시간은 $T_2 = (100 \times 10^9\text{ 명령})(4.12\text{사이클/명령})(325 \times 10^{-12}\text{초/사이클}) = 133.9\text{초}$이다. 예제 7.4에 따라 단일 사이클 프로세서는 $T_{c1} = 925\text{ps}$의 사이클 타임, 1의 CPI를 가지므로 총 실행 시간은 92.5초이다.

다중 사이클 프로세서를 구성하는 원천 동기 중의 하나는 모든 명령들이 가장 느린 명령만큼 오랜 시간이 걸리는 것을 피하고자 함이었다. 불행히도 이 예제는 CPI와 회로소자의 지연시간을 가정했을 때, 다중 사이클 프로세서가 단일 사이클 프로세서보다 더 느리다는 것을 보여준다. 기본적인 문제는 비록 가장 느린 명령 `lw`가 5개의 단계로 쪼개진다 하더라도 다중 사이클 프로세서 사이클 타임이 5배 정도로 개선되지 않는다는 점이다. 이는 모든 단계가 동일한 시간을 갖지 않으며 전체 명령에 대해서 한 번만이 아니라 매 단계마다 *CLK*로부터 *Q*까지 50ps의 순차적인 추가 시간과 셋업 시간이 더 들어가기 때문이다. 일반적으로 엔지니어는 그 차이가 크게 나지 않는 이상 어떤 계산이 다른 계산보다 빠르다고 하는 사실을 인용하기가 어렵다.

단일 사이클 프로세서에 비해 다중 사이클 프로세서는 두 개의 가산기를 제거하고 명령과 메모리를 합성시켜 더욱 저렴하게 할 수 있다. 그러나 5개의 비구조적인 레지스터와 추가 멀티플렉서를 필요로 한다.

7.5 파이프라인 프로세서

3.6절에서 소개한 파이프라이닝은 디지털 시스템의 처리량을 개선하는 강력한 방법이다. 여기서는 단일 사이클 프로세서를 5개의 파이프라인 단계로 나누는 파이프라인 프로세서를 설계한다. 따라서 5개의 명령들이 각 단계별로 하나씩 동시에 실행될 수 있다. 각 단계는 전체 로직의 1/5만 가지고 있으므로 클록 주파수는 거의 5배 빠르다. 그러므로 각 명령의 대기시간(latency)은 이상적으로 변하지 않으면서 처리량은 이상적으로 5배 좋아진다. 마이크로프로세서는 초당 100만 개 또는 10억 개의 명령을 실행

하므로 처리량은 대기시간보다 더욱 중요하다. 파이프라이닝은 약간의 비용을 동반하므로 처리량은 우리의 이상적 요구만큼 높지는 않으나, 비용이 저렴하여 현대의 고성능 마이크로프로세서는 모두 파이프라인을 도입하고 있다.

ALU를 이용하여 메모리나 레지스터 파일을 읽고 쓰는 일은 프로세서에서 가장 큰 지연시간을 만들어 낸다. 우리는 각 단계별로 이러한 느린 과정을 정확히 하나만 포함하도록 5개의 파이프라인을 선택한다. 특히 5단계를 **페치**(Fetch), **디코드**(Decode), **실행**(Execute), **메모리**(Memory), **라이트백**(Writeback)이라 부른다. 이들은 다중 사이클 프로세서에서 `lw` 명령을 실행하는 데 이용한 5단계와 유사하다. **페치** 단계에서 프로세서는 명령 메모리로부터 명령을 읽어 들인다. **디코드** 단계에서는 프로세서가 레지스터 파일로부터 소스 피연산자를 읽어 들여 제어 신호를 생성하도록 명령을 복호한다. **실행** 단계에서는 프로세서가 ALU로 계산을 수행한다. **메모리** 단계에서는 프로세서가 데이터 메모리를 읽거나 쓴다. 마지막으로 **라이트백** 단계에서 프로세서는 해당 명령일 경우 결과를 레지스터 파일에 기록한다.

그림 7.43은 단일 사이클과 파이프라인 프로세서를 비교하는 타이밍도를 보여준다. 수평축은 시간이고, 수직축은 명령들이다. 이 다이어그램은 표 7.6의 논리소자 지연을 가정하고 있지만, 멀티플렉서와 레지스터의 지연은 무시하고 있다. 그림 7.43(a)의 단일 사이클 프로세서에서 첫 번째 명령은 시간 0에서 메모리로부터 읽어 들여지며, 다음의 피연산자는 레지스터 파일로부터 읽어 들여지고, 그 다음 ALU는 필요한 계산을 수행한다. 마지막으로 데이터 메모리가 액세스될 수 있으며, 그 결과가 950ps로 레지스터에 다시 기록된다. 두 번째 명령은 첫 번째 명령이 완료될 때 시작된다. 그러므로 이 다이어그램에서 단일 사이클 프로세서는 250+150+200+250+250+100=950ps의 명령 대기시간과 950ps당 1명령의 처리량(초당 10억5천 명령)을 가진다.

그림 7.43(b)의 파이프라인 프로세서에서 파이프라인 단계의 길이는 가장 느린 단계인 메모리 액세스(페치 및 메모리 단계에서)에 의해 250ps로 설정된다. 시간 0에서 첫 번째 명령은 메모리로부터 페치된다. 250ps에서 첫 번째 명령은 디코드 단계로 들어가며, 두 번째 명령이 페치된다. 500ps에서 첫 번째 명령이 실행되고 두 번째 명령이 디코드 단계로 들어가며, 세 번째 명령이 페치된다. 이는 모든 명령이 완료될 때까지 계속된다. 명

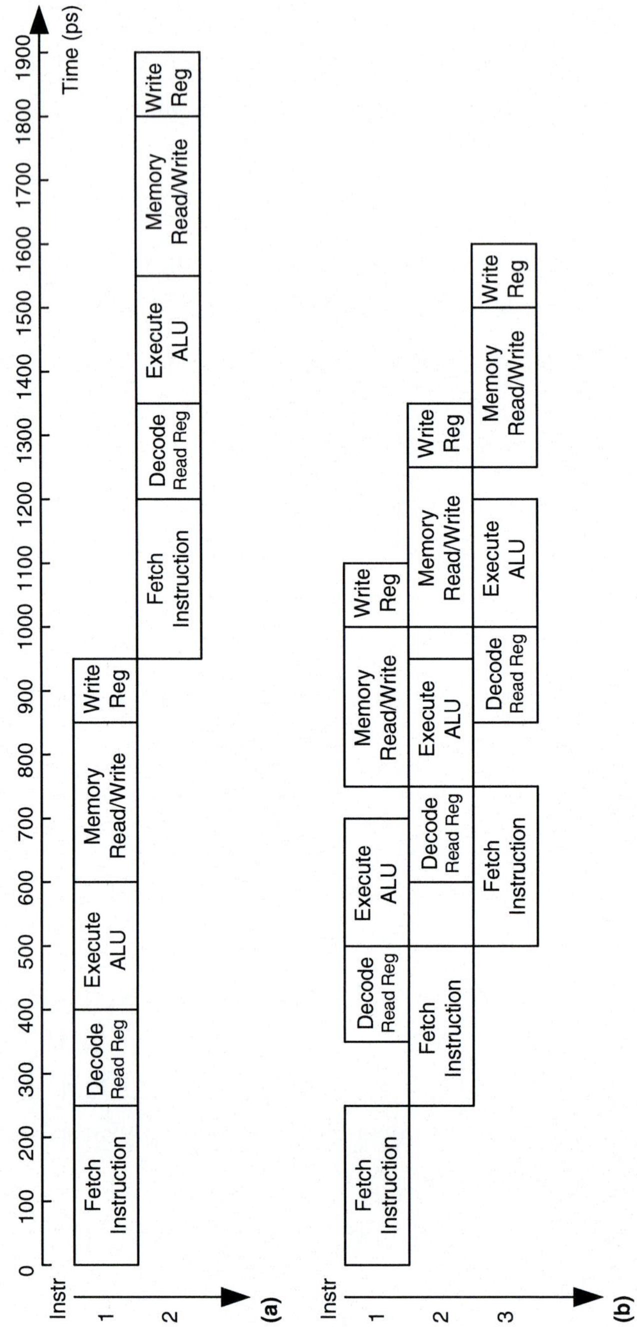

그림 7.43 타이밍도: (a) 단일 사이클 프로세서, (b) 파이프라인 프로세서

령의 대기시간은 $5 \times 250 = 1,250$ps이며, 처리량은 250ps당 1명령(초당 40억 명령)이다. 각 단계는 동일한 양의 로직으로 완벽한 균형을 이루지 못하므로 대기시간은 단일 사이클 프로세서에 비해 약간 길고, 마찬가지로

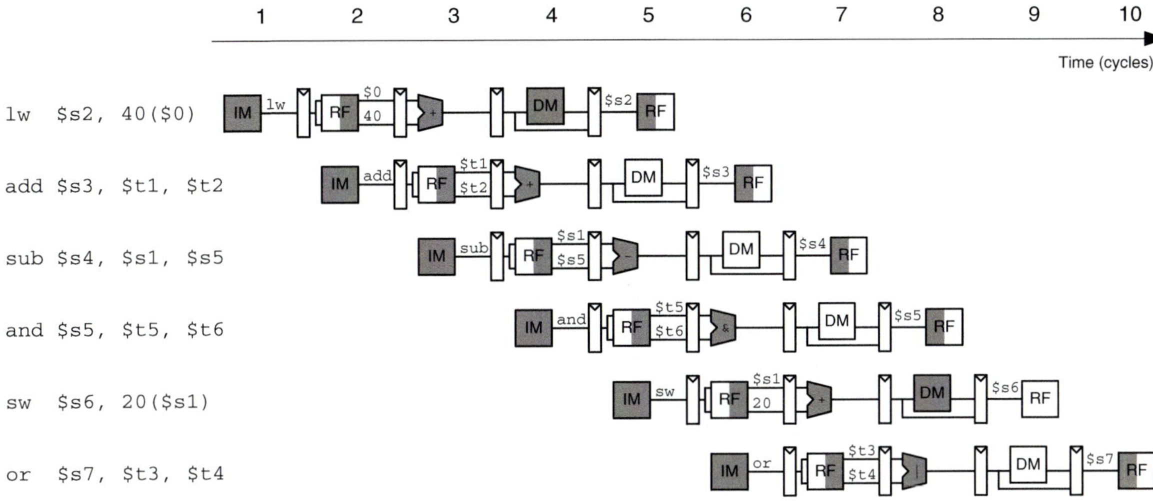

그림 7.44 동작 상태의 추상적인 파이프라인

처리량은 단일 사이클 프로세서에 비해 5단계 파이프라인에서 5배만큼 크지는 않다. 그럼에도 불구하고 처리량의 장점은 중요하다.

그림 7.44는 각 단계를 그림으로 나타내어 파이프라인 동작 상태를 요약하여 보여준다. 각 파이프라인의 단계는 파이프라인을 통한 명령의 흐름을 보여주기 위해 명령 메모리(IM), 레지스터 파일(RF) 읽기, ALU 실행, 데이터 메모리(DM), 레지스터 파일 다시 쓰기 등의 주요 소자로 나타내었다. 행을 보면 각 단계별로 특정 명령의 클록 사이클을 보여준다. 예를 들어 sub 명령은 사이클 3에서 패치되고, 사이클 5에서 실행된다. 열을 읽어보면 특정 사이클상에서 여러 파이프라인 단계가 동작하고 있음을 보여준다. 예를 들어, 사이클 6에서 or 명령은 명령 메모리로부터 패치되는 반면, $s1은 레지스터 파일로부터 읽어 들여지며, ALU는 $t5 AND $t6을 연산하고, 데이터 메모리는 대기(idle) 상태, 레지스터 파일은 합을 $s3에 기록한다. 사용되는 단계는 짙은 색으로 표시하여 나타내었다. 예를 들어, 데이터 메모리는 사이클 4에서 lw에 의해 사용되고 사이클 8에서 sw에 의해 사용되고 있다. 명령 메모리와 ALU는 매 사이클마다 사용된다. 레지스터 파일은 sw를 제외한 모든 명령에 의해 기록된다. 파이프라인 프로세서에서 레지스터 파일은 짙은 색으로 표시되어 있듯이 사이클의 첫 부분에서 기록되고 두 번째 부분에서 읽어 들여진다. 이러한 방법으로 한 사이클 동안에 데이터를 기록하고 읽어 들인다.

파이프라인 시스템의 주요 과제는 한 명령의 결과가 이전 명령이 완료되기 전에 다음의 명령에 의해 필요하게 될 때 발생하는 해저드(hazard)를 처리하는 것이다. 예를 들어, 만일 그림 7.44의 add가 $t2가 아닌 $s2를 사용한다면, $s2 레지스터를 add 명령이 읽는 시점에서는 이전의 lw 명령이 아직 $s2에 기록되지 않았기 때문에 해저드가 발생한다. 이 절에서는 해저드를 해결하는 방법으로 포워딩(forwarding), 스톨(stalls), 플러시(flushes)를 공부한다. 마지막으로 순차적인 비용과 해저드의 영향 등을 고려한 성능 분석을 다시 한다.

7.5.1 파이프라인 데이터 경로

파이프라인 데이터 경로는 단일 사이클 데이터 경로를 파이프라인 레지스터에 의해 분리된 5개의 단계로 쪼개진 형태이다. 그림 7.45(a)는 파이프라인 레지스터 공간을 마련하기 위해 좌우로 늘린 단일 사이클 데이터 경로를 나타낸다. 그림 7.45(b)는 데이터 경로를 5단계로 분리하기 위해 네 개의 파이프라인 레지스터를 삽입한 형태의 파이프라인 데이터 표시를 보여준다. 단계와 그 경계는 청색 점선으로 표시하였다. 각 신호의 이름에 신호들이 위치하는 단계를 나타내기 위해 접미사(F, D, E, M)를 붙였다.

레지스터 파일은 특별히 디코드 단계에서 읽어 들여지고 라이트백 단계에서 기록된다. 이는 디코드 단계에서 그려져 있지만, 라이트백 단계로부터 쓰기 어드레스와 데이터가 나온다. 이러한 피드백은 파이프라인 해저드를 가져오는데, 7.5.3절에서 다룬다. 파이프라인 프로세서의 레지스터 파일은 *WD3*이 안정할 때, *CLK*의 하강 에지에서 기록된다.

파이프라인에서의 미묘하지만 중요한 이슈는 특정 명령과 연관된 모든 신호는 한결같이 파이프라인을 통과하여 진행해야 한다는 점이다. 이 이슈와 연관해서 그림 7.45(b)에는 오류가 있다. 여러분이 그것을 찾을 수 있을까?

그 오류는 레지스터 파일 쓰기 로직인데, 이는 라이트백 단계에서 동작해야 한다. 데이터 값은 라이트백 단계 신호인 *ResultW*로부터 나온다. 그러나 어드레스는 실행 단계 신호인 *WriteRegE*로부터 나온다. 그림 7.44 파이프라인 다이어그램에서 사이클 5 동안 lw 명령의 결과는 $s2가 아닌 $s4에 잘못 기록되게 된다.

그림 7.46은 정정된 데이터 경로를 보인다. *WriteReg* 신호는 메모리와 라이트백 단계를 통하여 파이프라인되어 있으므로 명령의 다른 부분과도

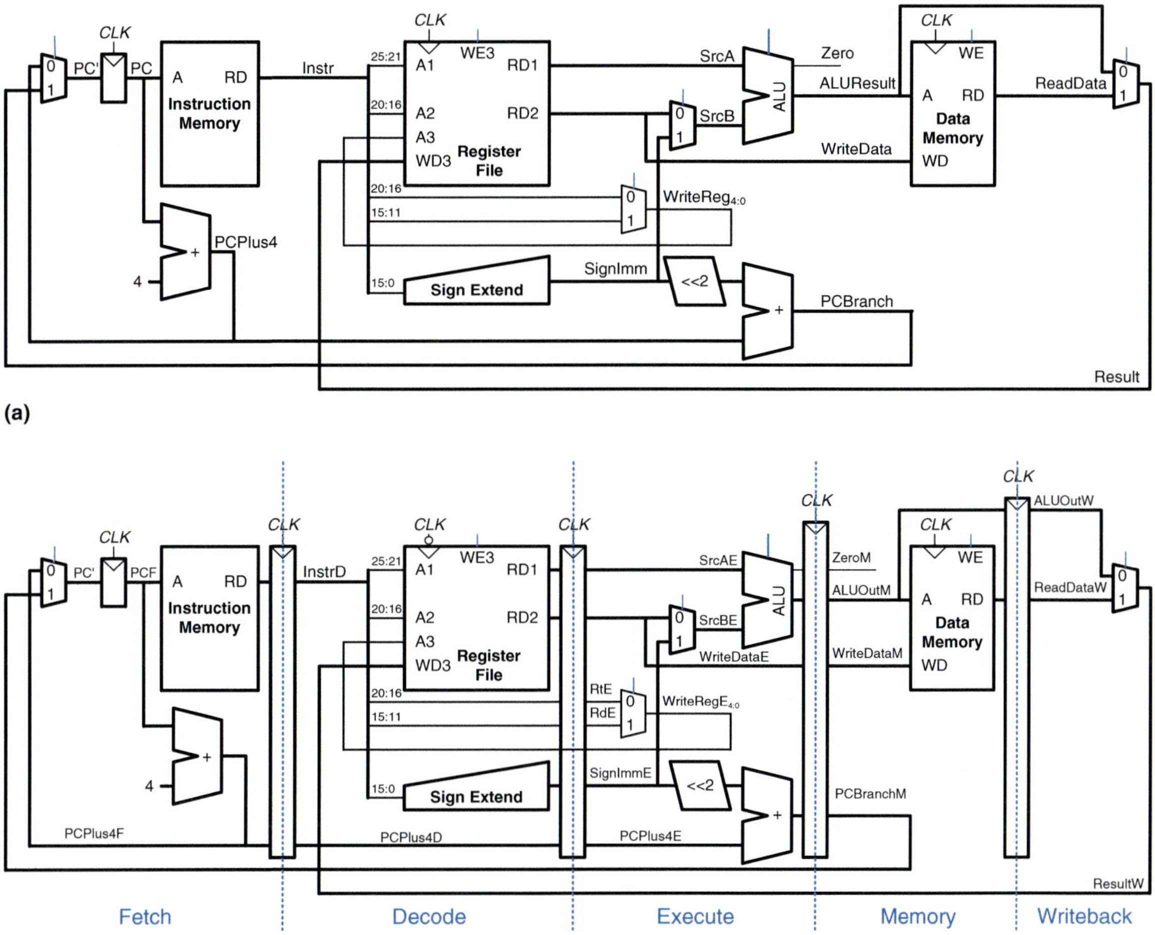

그림 7.45 단일 사이클 및 파이프라인 데이터 경로

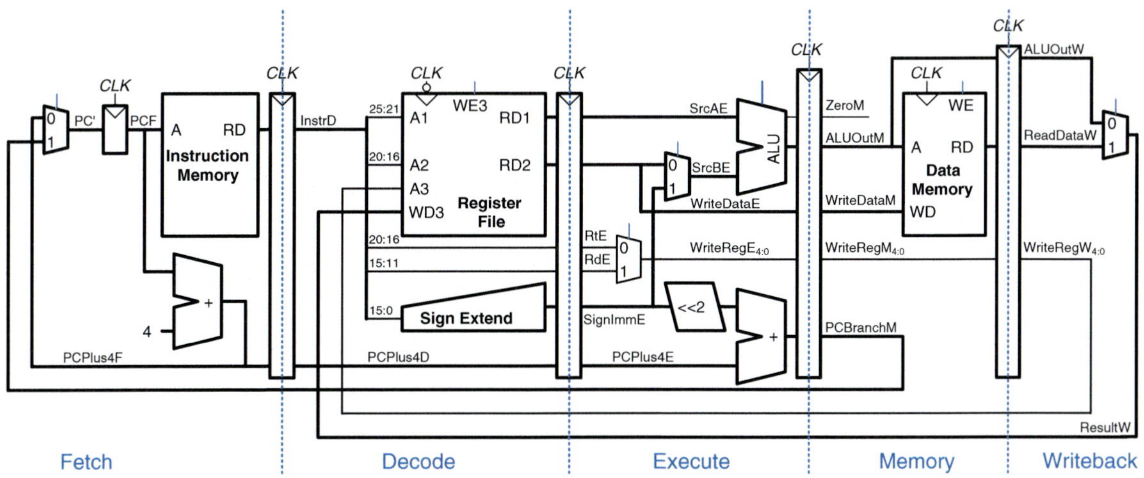

그림 7.46 수정된 파이프라인 데이터 경로

동기를 유지한다. *WriteRegW*와 *ResultW*는 라이트백 단계에서 레지스터 파일로 함께 피드백된다.

통찰력이 있는 독자들은 PC′ 로직이 또한 문제가 있음을 인지할 것이다. 왜냐하면, 이는 페치 또는 메모리 단계 신호(*PCPlus4F* 또는 *PCBBranchM*)로 갱신되어야 하기 때문이다. 이러한 제어 해저드는 7.5.3절에서 해결될 것이다.

7.5.2 파이프라인 제어

파이프라인 프로세서는 단일 사이클 프로세서와 동일한 제어 신호를 취하므로 동일 제어 장치를 사용한다. 제어 장치는 7.3.2절에 서술되었듯이 제어 신호를 생성하기 위해 디코드 단계에서 명령의 opcode 및 funct 필드를 조사한다. 제어 신호들은 명령과 동기를 유지하도록 데이터와 나란히 파이프라인되어야 한다.

제어를 갖는 전체 파이프라인 프로세서를 그림 7.47에 보인다. 그림 7.46에서 *WriteReg* 신호가 파이프라인되었듯이 *RegWrite*는 레지스터 파일로 피드백되기 전에 라이트백 단계에서 파이프라인되어야 한다.

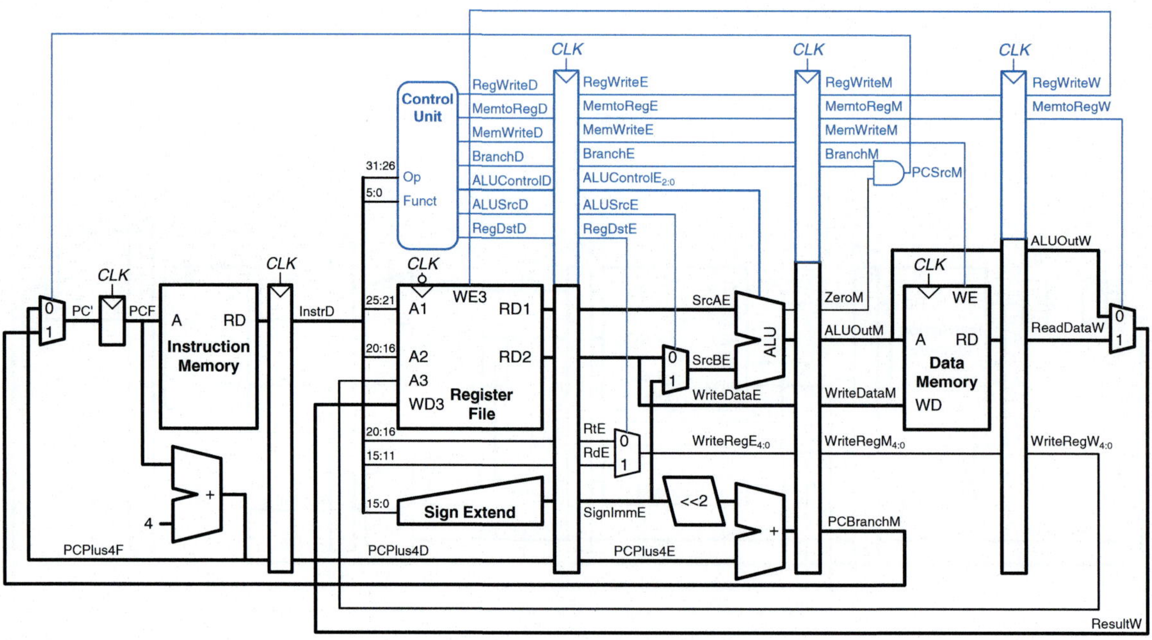

그림 7.47 제어를 갖는 파이프라인 프로세서

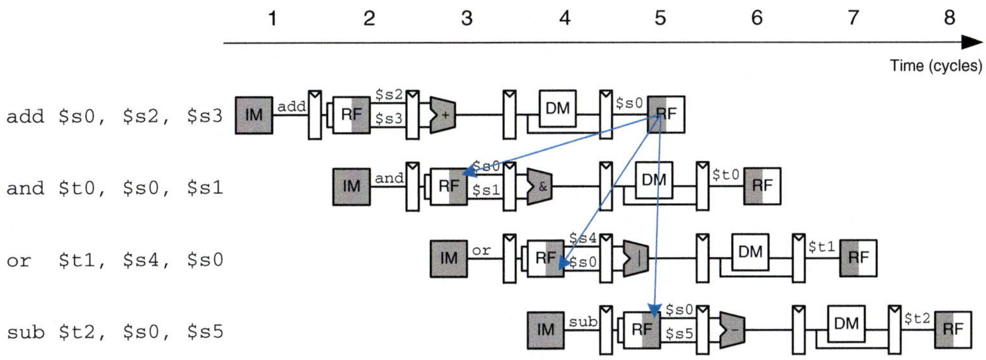

그림 7.48 해저드를 보여주는 추상적인 파이프라인 다이어그램

7.5.3 해저드

파이프라인 시스템에서는 다수의 명령들이 동시에 처리된다. 하나의 명령이 아직 완료되지 않은 다른 명령의 결과 값에 의존할 때 해저드가 발생한다.

레지스터 파일은 동일 사이클 내에서 읽고 쓰기가 가능하다. 쓰기 동작은 전반 1/2사이클에서, 읽기 동작은 후반 1/2사이클에서 일어나므로 레지스터는 해저드 없이 동일한 사이클 내에서 읽고 쓰기가 가능하다.

그림 7.48은 한 명령이 레지스터($s0)를 기록하고 다음 명령이 레지스터를 읽어 들일 때 발생하는 해저드를 보여주고 있다. 이를 *RAW*(read after write, 쓰기 후 읽기) 해저드라 부른다. add 명령은 사이클 5의 전반 1/2에서 $s0에 결과 값을 기록한다. 그러나 and 명령은 사이클 3에서 $s0을 읽어 잘못된 값을 얻게 된다. or 명령은 사이클 4에서 $s0을 읽어 잘못된 값을 얻게 된다. sub 명령은 사이클 5의 후반 1/2에서 $s0을 읽어 정확한 값을 얻게 되는데, 이 값은 사이클 5의 전반 1/2에서 기록된 것이었다. 그 다음 명령은 또한 $s0의 정확한 값을 읽어 들인다. 이 다이어그램은 파이프라인에서도 한 명령이 레지스터를 기록하고 두 개의 연속된 명령 중의 하나가 레지스터를 읽어 들일 때 해저드가 발생할 수 있음을 보여준다. 특별한 조치가 없으면 파이프라인은 잘못된 결과를 계산하게 될 것이다.

그러나 자세히 관찰해보면 add 명령의 합은 사이클 3에서 완전히 ALU에 의해 계산되며, ALU가 사이클 4를 사용할 때까지 and 명령에 의해 엄격히 필요하지는 않다. 원리적으로 한 명령의 결과를 다음의 명령으로 넘겨줄 수 있다면 파이프라인이 느려지지 않으면서 RAW 해저드 문제를 해결할 수 있다. 이 절의 후반부에서 관찰되는 다른 명령의 경우에서는 연속된 명령이 이전 명령의 값을 사용하기 전에 앞의 결과 값을 계산하는 데 필요한 시간을 충분히 주기 위하여 파이프라인을 스톨(stall)시켜야 할 수도 있다. 어떤 이벤트에서도 프로그램이 파이프라인에 상관없이 정확히 수행되도록 해저드를 해결하기 위한 뭔가를 해야 한다는 점이다.

해저드는 데이터 해저드와 제어 해저드로 분류된다. **데이터 해저드**는 한 명령이 이전의 명령에서 기록되지 않은 레지스터를 읽어 들이고자 할 때 발생한다. **제어 해저드**는 패치가 발생하는 시점에서 다음의 패치 명령을 결정하지 못할 때 발생한다. 이 절의 나머지에서는 프로세서가 프로그램을 정확히 수행하도록 해저드를 검출하여 이를 적절히 처리하는 해저드 장치를 갖는 파이프라인 프로세서를 확장하게 될 것이다.

포워딩에 의한 데이터 해저드의 해결

어떤 데이터 해저드는 메모리 또는 라이트백 단계의 결과를 실행 단계의 종속 명령에 **포워딩**(forwarding, bypassing이라고도 함)함으로써 해결할 수 있다. 이것은 ALU 앞에 멀티플렉서의 추가를 요구하는데, 레지스터 파일 또는 메모리 또는 라이트백 단계로부터 피연산자를 선택하기 위해서이다. 그림 7.49는 이 원리를 보여준다. 사이클 4에서 $s0은 add 명령의 메모리 단계에서 종속의 and 명령의 실행 단계로 포워딩된다. 사이클 5에서 $s0은 add 명령의 라이트백에서 종속의 or 명령의 실행 단계로 포워딩된다.

실행 단계의 한 명령이 필요로 하는 소스 레지스터가 메모리 또는 라이트백 단계의 한 명령의 목적지 레지스터와 일치할 때 포워딩이 필요하다. 그림 7.50은 포워딩을 지원하기 위해 파이프라인 프로세서를 수정한 것이다. 이는 하나의 **해저드 검출 장치** 및 두 개의 포워딩 멀티플렉서를 추가한

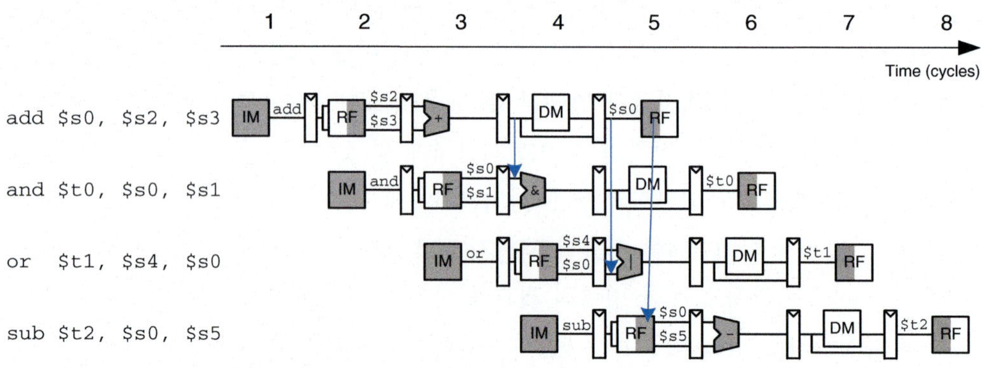

그림 7.49 포워딩을 나타내는 추상적인 파이프라인 다이어그램

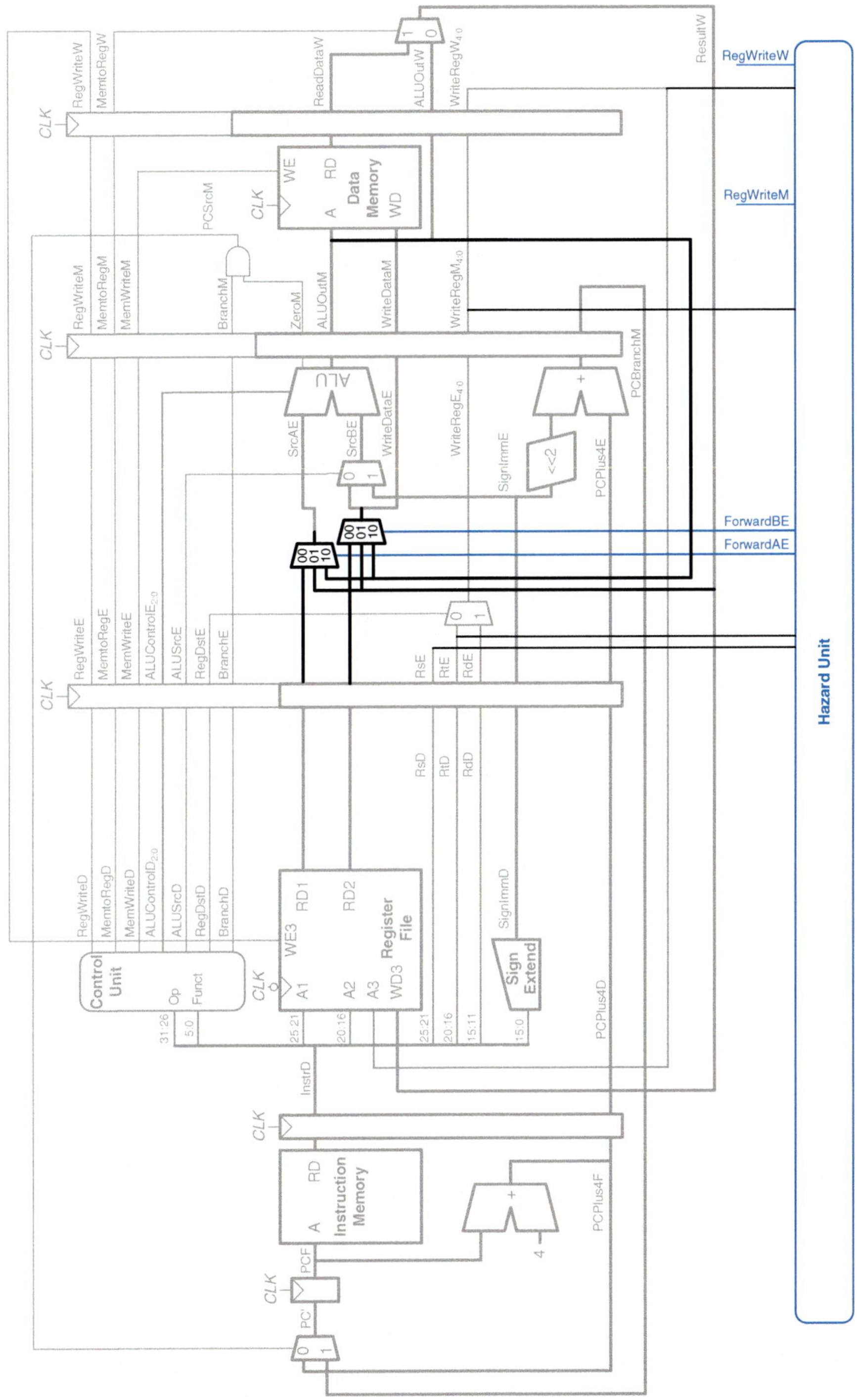

그림 7.50 해저드 해결을 위한 포워딩을 가지는 파이프라인 프로세서

것이다. 해저드 검출 장치는 실행 단계의 명령으로부터 두 개의 소스 레지스터와 메모리와 라이트백 단계의 명령으로부터 목적지 레지스터를 수신한다. 이는 또한 메모리와 라이트백 단계에서 목적지 레지스터에 실제로 기록될 것인지를 판단하기 위해 *RegWrite* 신호를 수신한다(예를 들어, sw와 beq 명령은 결과를 레지스터 파일에 기록하지 않으며 따라서 그 결과를 포워딩할 필요가 없다). *RegWrite* 신호는 이름으로 연결되었음을 유의하라. 다시 말해 최상위 제어 신호로부터 아래의 해저드 장치에 이르는 긴 선으로 다이어그램을 어수선하게 하는 대신에 연결 상태를 제어 신호 이름이 붙은 짧은 선으로 표시하였다.

해저드 검출 장치는 포워딩 멀티플렉서의 제어 신호를 계산하여 레지스터 파일 또는 메모리 또는 라이트백 단계의 결과로부터 피연산자를 선택한다. 만일 어떤 단계에서 목적지 레지스터에 값을 기록하고 이어서 그 목적지 레지스터가 일치하면 그 단계의 값으로부터 포워딩되어야 한다. 그러나 $0은 0으로 배선되어 있어 결코 포워딩되지 않는다. 만일 메모리와 라이트백 단계 모두 목적지 레지스터와 일치하는 값을 가지고 있다면, 메모리 단계가 우선순위를 가지는데, 메모리 단계가 좀 더 최근에 실행된 명령을 가지기 때문이다. 요약하면 *SrcA*에 대한 포워딩 논리 함수가 아래에 주어진다. *SrcB*(*ForwardBE*)에 대한 포워딩 논리 함수도 rs 대신에 rt을 체크하는 것을 제외하고는 동일하다.

```
if      ((rsE != 0) AND (rsE == WriteRegM) AND
                                   RegWriteM) then
                                   ForwardAE = 10
else if ((rsE != 0) AND (rsE == WriteRegW) AND
                                   RegWriteW) then
                                   ForwardAE = 01
else                               ForwardAE = 00
```

스톨에 의한 데이터 해저드 해결

결과 값이 명령의 실행 단계에서 계산될 때 포워딩으로 RAW 데이터 해저드를 충분히 해결할 수 있는데, 이는 그 결과가 다음 명령의 실행 단계로 포워딩되기 때문이다. 불행히도 lw 명령은 메모리 단계 종료까지 데이터 읽기를 끝내지 못하므로 그 결과는 다음 명령의 실행 단계로 포워딩될 수 없다. 우리는 lw 명령이 2-사이클 대기시간(2-cycle latency)을 갖는다고 하는데, 이는 종속 명령이 2사이클 후에도 그 결과를 사용할 수 없기 때문

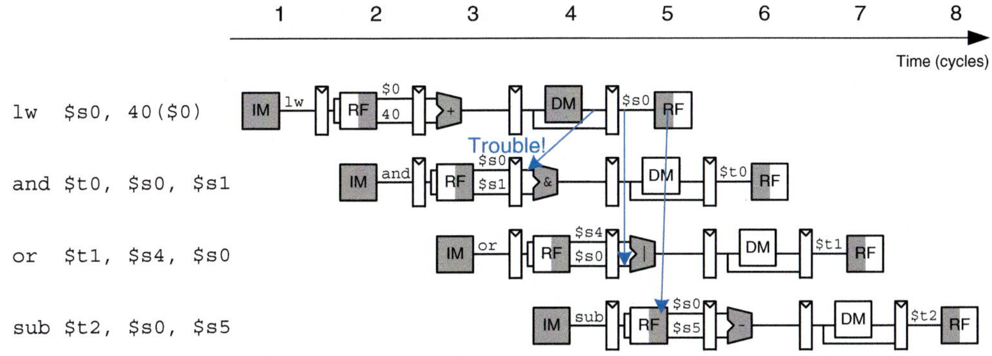

그림 7.51 lw로부터 트러블 포워딩을 보여주는 추상적인 파이프라인 다이어그램

이다. 그림 7.51은 이러한 문제를 보여준다. lw 명령은 사이클 4의 끝에서 메모리로부터 데이터를 수신하지만, and 명령은 사이클 4의 시작에서 소스 피연산자로 그 데이터를 필요로 한다. 이러한 해저드를 포워딩으로 해결할 수 있는 방법은 없다.

다른 해결책은 파이프라인을 **스톨(stall)**하여 데이터를 이용할 수 있을 때까지 연산을 정지하는 것이다. 그림 7.52는 디코드 단계에서 종속 명령(and)의 스톨링을 보여 준다. and 명령은 사이클 3에서 디코드 단계로 들어가고, 사이클 4를 통해 그곳에 스톨한다. 후속 명령(or)은 마찬가지로 사이클 3과 4동안 페치 단계에 머물러 있어야 하는데, 디코드 단계가 꽉 차 있기 때문이다.

사이클 5에서 결과 값은 lw의 라이트백 단계에서 and의 실행 단계로 포워딩될 수 있다. 사이클 5에서 레지스터 파일로부터 직접 or 명령의 소스 $s0이 읽어 들여지므로 포워딩이 필요 없다.

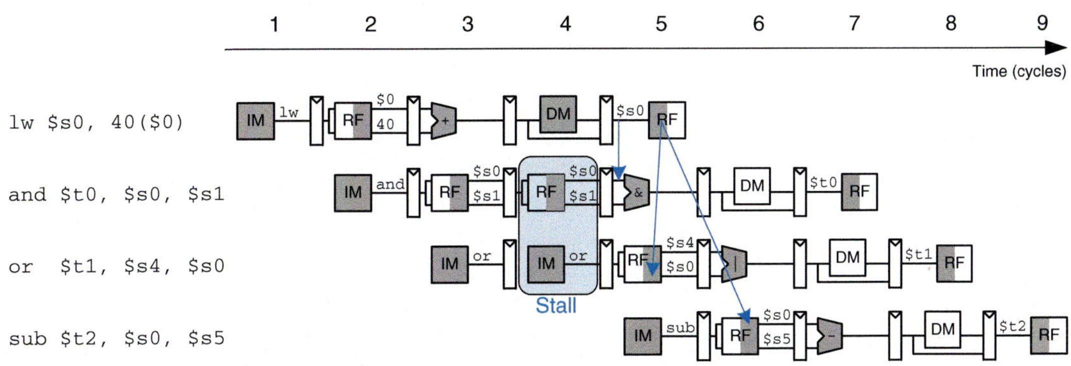

그림 7.52 해저드 해결을 위한 스톨을 보여주는 추상적인 파이프라인 다이어그램

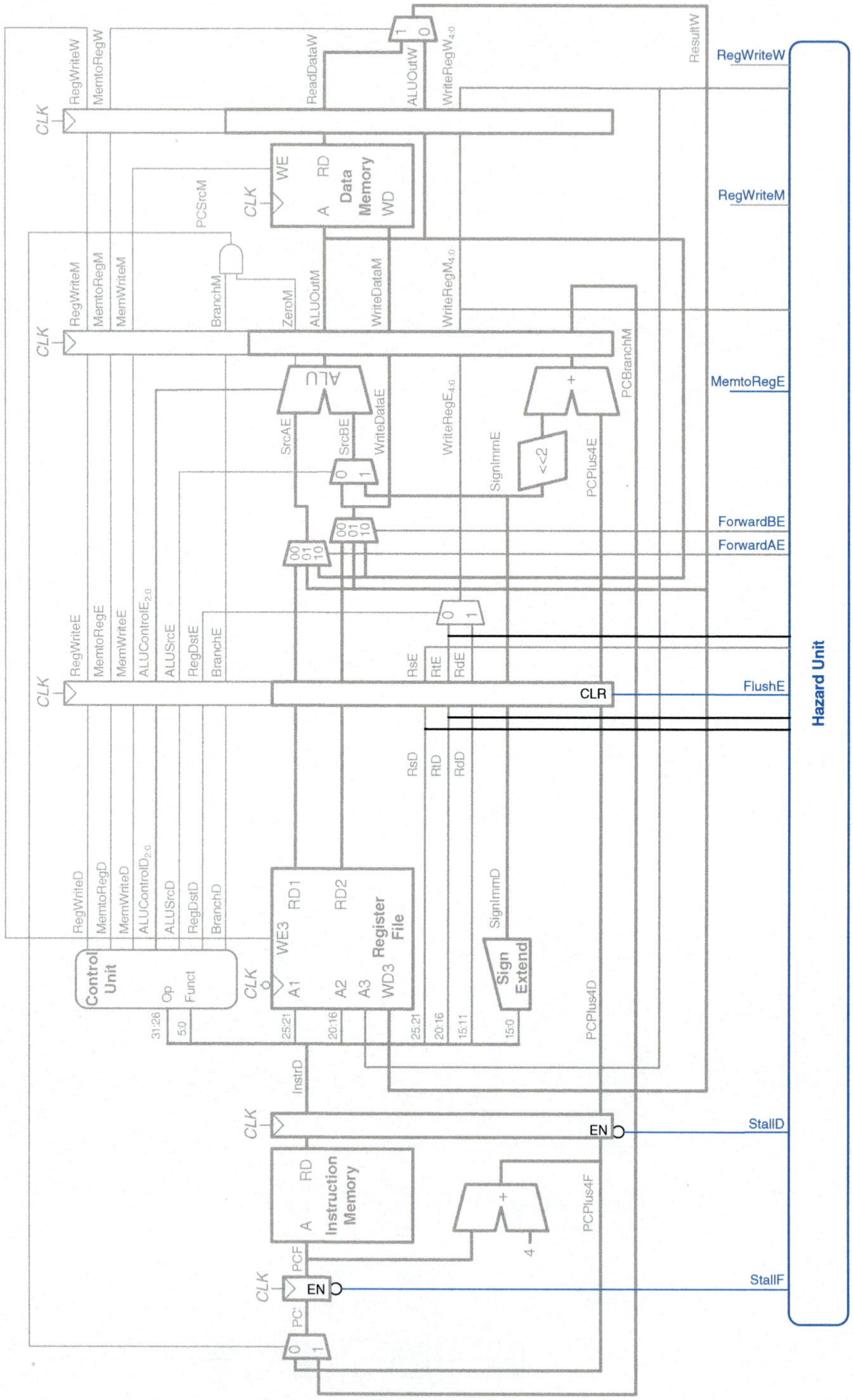

그림 7.53 lw 데이터 해저드를 해결하기 위한 파이프라인 프로세서

실행 단계는 사이클 4에서 사용되지 않음을 유의하라. 이와 같이 메모리 단계는 사이클 5에서, 라이트백 단계는 사이클 6에서 사용되지 않는다. 이렇게 파이프라인을 통해 전파되는 미사용 단계를 버블(bubble)이라 부르며, nop 명령처럼 동작한다. 버블이 어떠한 동작도 취하지 않고 어떤 구조적 상태를 변경시키지 않기 위해서 디코드 스톨 동안 실행 단계의 제어 신호를 0으로 만들어 버블 상태를 만든다.

요약하면, 단계의 스톨링은 그 내용이 바뀌지 않도록 파이프라인을 디스에이블시켜 수행한다. 한 단계가 스톨될 때, 이전의 모든 단계들이 스톨되도록 하여, 다음의 명령을 잃어버리지 않도록 해야 한다. 스톨된 단계 바로 이후의 파이프라인 레지스터는 가짜 정보를 앞으로 전파하지 않도록 클리어되어야 한다. 스톨은 성능을 열화시키므로 필요할 때만 사용하도록 해야 한다.

그림 7.53은 `lw` 데이터 종속에 대한 스톨을 추가하는 수정된 파이프라인 프로세서를 보인다. 해저드 장치는 실행 단계의 명령을 조사한다. 만일 그 명령이 `lw`이고 그의 목적지 레지스터(`rtE`)가 디코드 단계(`rsD` 또는 `rtD`) 명령의 소스 피연산자와 일치한다면, 그 명령은 소스 피연산자가 준비될 때까지 디코드 단계에서 스톨되어야만 한다.

인에이블 입력(*EN*)을 페치와 디코드 파이프라인 레지스터에 추가하고, 동기 리셋/클리어(*CLR*) 입력을 실행 파이프라인 레지스터에 추가하여 스톨을 지원한다. `lw` 스톨이 발생할 때, 디코드와 페치 단계 파이프라인 레지스터에 그들의 이전 값을 유지하도록 *StallD* 및 *StallF*를 발생시킨다. 실행 단계 파이프라인 레지스터의 내용을 클리어하기 위해 *FlashE*가 발생하여 버블을 가져온다.[4]

`lw` 명령의 경우 *MemtoReg* 신호가 발생한다. 그러므로 스톨과 플러시를 계산하기 위한 논리는 다음과 같다.

```
lwstall = ((rsD== rtE) OR (rtD== rtE)) AND MemtoRegE
StallF  = StallD = FlushE = lwstall
```

4 엄밀히 말하자면, 오직 레지스터 지정(*RsE, RtE, RdE*)과 메모리 또는 아키텍처 상태(*RegWrite, MemWrite, Branch*)를 업데이트하는 제어 신호는 클리어되어야 한다. 즉 이러한 신호들이 클리어되는 한 버블은 영향을 주지 않는 랜덤 데이터를 포함할 수 있다.

제어 해저드의 해결

beq 명령은 제어 해저드를 발생시키며 분기 결정이 다음 명령을 페치하는 시점까지 이루어지지 않으므로 파이프라인 프로세서는 페치 다음에 어떤 명령을 내려야 할지 모른다.

제어 해저드를 처리하는 한 방법은 분기 결정이 이루어질 때까지(즉 *PCSrc*가 계산될 때까지) 파이프라인을 스톨하는 것이다. 그 결정은 메모리 단계에서 이루어지므로 파이프라인은 모든 분기에서 3사이클 동안 스톨되어야 한다. 이는 성능을 심각하게 열화시킨다.

다른 방법은 분기가 언제 채택되는지를 예측하여 그 예측을 근거로 명령 수행을 시작하는 것이다. 일단 분기 결정이 가능하면 프로세서는 그 예측이 잘못된 겨우 그 명령을 버릴 수 있다. 특히, 분기를 채택하지 않고 단순히 프로그램을 연속해서 실행한다고 가정해 보자. 만일 분기가 채택되었다면 다음 세 개의 명령은 그 명령에 대한 파이프라인 레지스터를 클리어하여 플러시되어야 한다(버려져야 한다). 이러한 버려진 명령 사이클을 **분기 예측 오류 패널티**라고 한다.

그림 7.54는 어드레스 20에서 어드레스 64로 분기되는 스킴을 보여준다. 분기 결정은 사이클 4까지 이루어지지 않으므로 그 시점까지 어드레스 24, 28, 2C에 있는 and, or, sub 명령은 이미 페치되었다. 이 명령들은 플러시되어야 하며 slt 명령은 사이클 5에서 어드레스 64로부터 페치된다. 이는 어느 정도 개선이 이루어졌지만 분기가 채택될 때 많은 명령

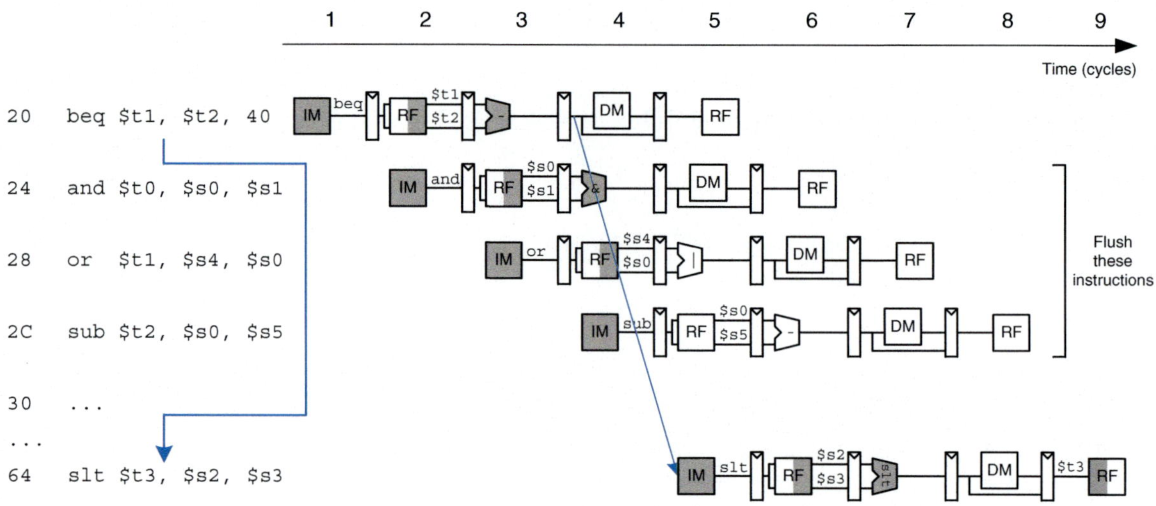

그림 7.54 분기 발생으로 플러싱되는 추상적인 파이프라인 다이어그램

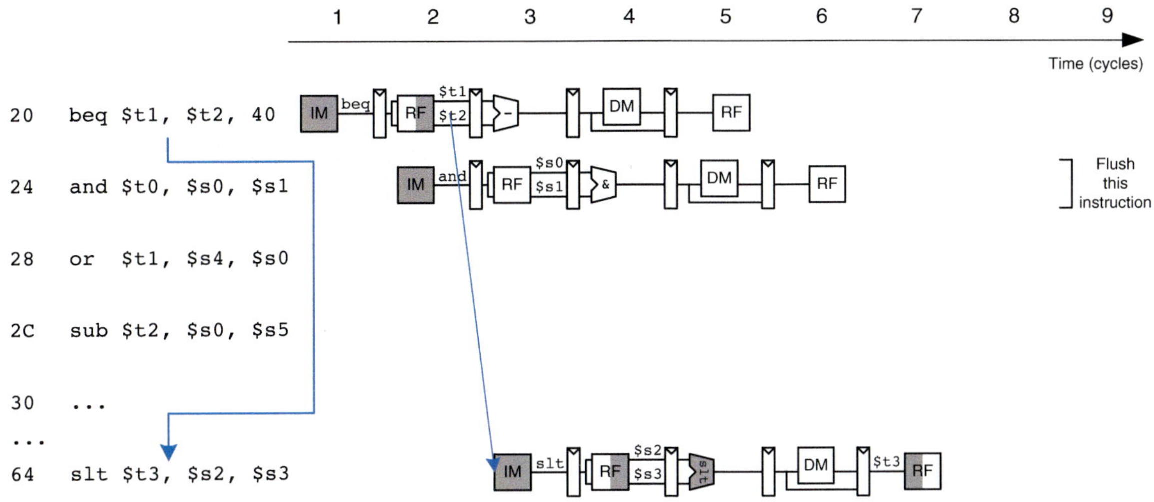

그림 7.55 사전 분기 결정을 보여주는 추상적인 파이프라인 다이어그램

들을 플러시하는 것은 여전히 성능을 저하시킨다.

만일 분기 결정이 일찍 이루어진다면 분기 예측 오류 페널티를 줄일 수 있다. 결정은 간단히 두 레지스터의 값을 비교하면 된다. 전용 등가 비교기를 사용하면 뺄셈 및 제로 검출을 하는 것보다 훨씬 빠르다. 만일 비교기가 충분히 빠르다면 디코드 단계로 다시 옮겨 갈 수 있으므로 레지스터 파일로부터 피연산자를 비교하여 디코드 단계 끝에서 다음 PC 값을 결정할 수 있다.

그림 7.55는 사이클 2에서 이루어지는 사전 분기 결정의 파이프라인 동작을 보여준다. 사이클 3에서 and 명령은 플러시되며 slt 명령은 페치된다. 이제 분기 예측 오류 페널티는 세 개가 아닌 하나의 명령으로 감소되었다.

그림 7.56은 사전에 분기 결정을 행하여 해저드를 처리하는 수정된 파이프라인 프로세서를 보인다. 디코드 단계에 등가 비교기가 추가되었으며, *PCSrc* AND 게이트는 앞으로 옮겨져 *PCSrc*가 메모리 단계보다는 디코드 단계에서 결정될 수 있도록 하였다. 또한 *PCBranch* 가산기가 디코드 단계로 옮겨져 목적지 어드레스가 제때에 계산될 수 있도록 하였다. *PCSrcD*에 연결된 동기 클리어 입력(*CRL*)은 디코드 단계 파이프라인 레지스터에 추가되어 분기가 채택될 때 부정확하게 페치된 명령이 플러시될 수 있도록 한다.

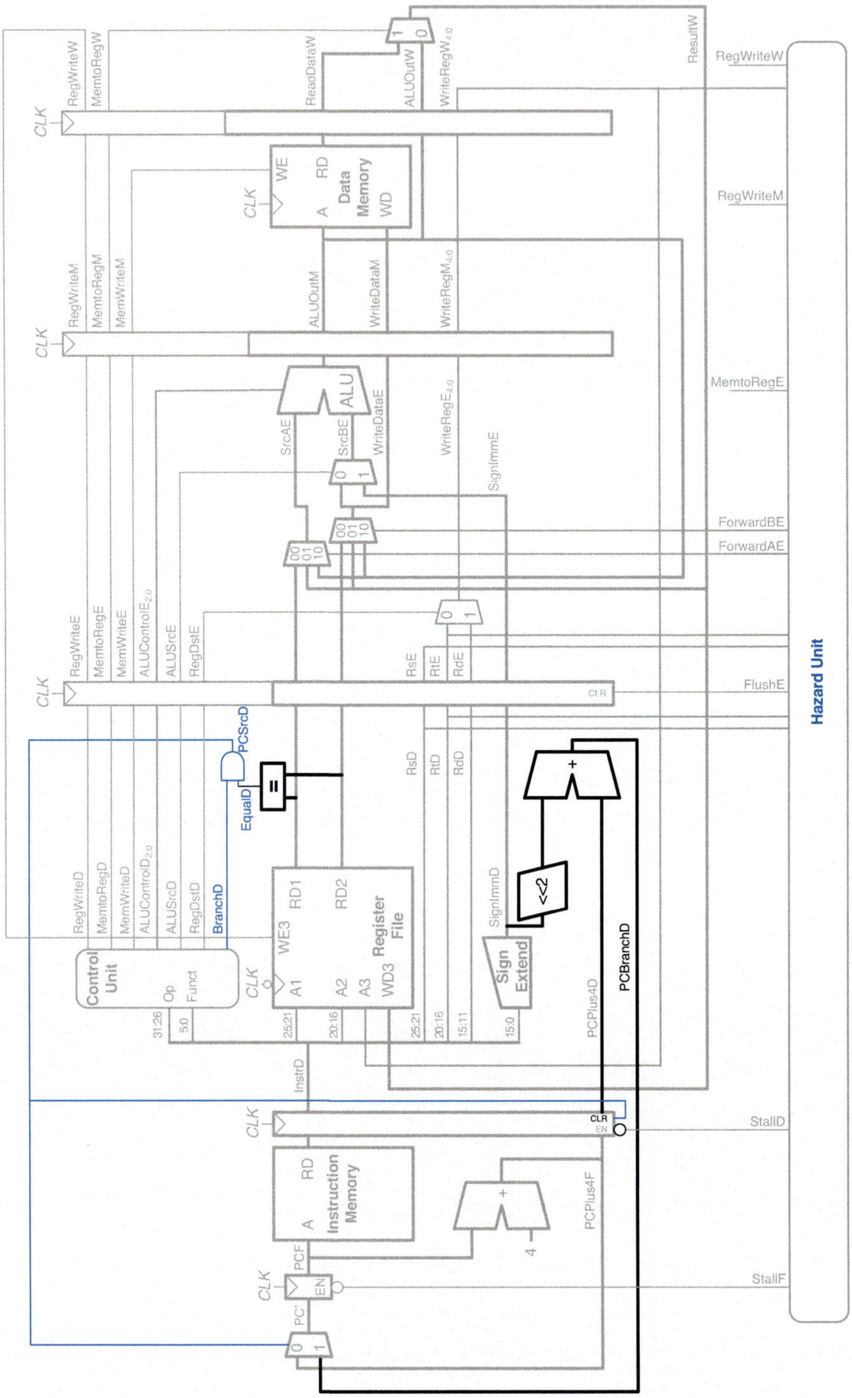

그림 7.56 분기 제어 해저드를 처리하는 파이프라인 프로세서

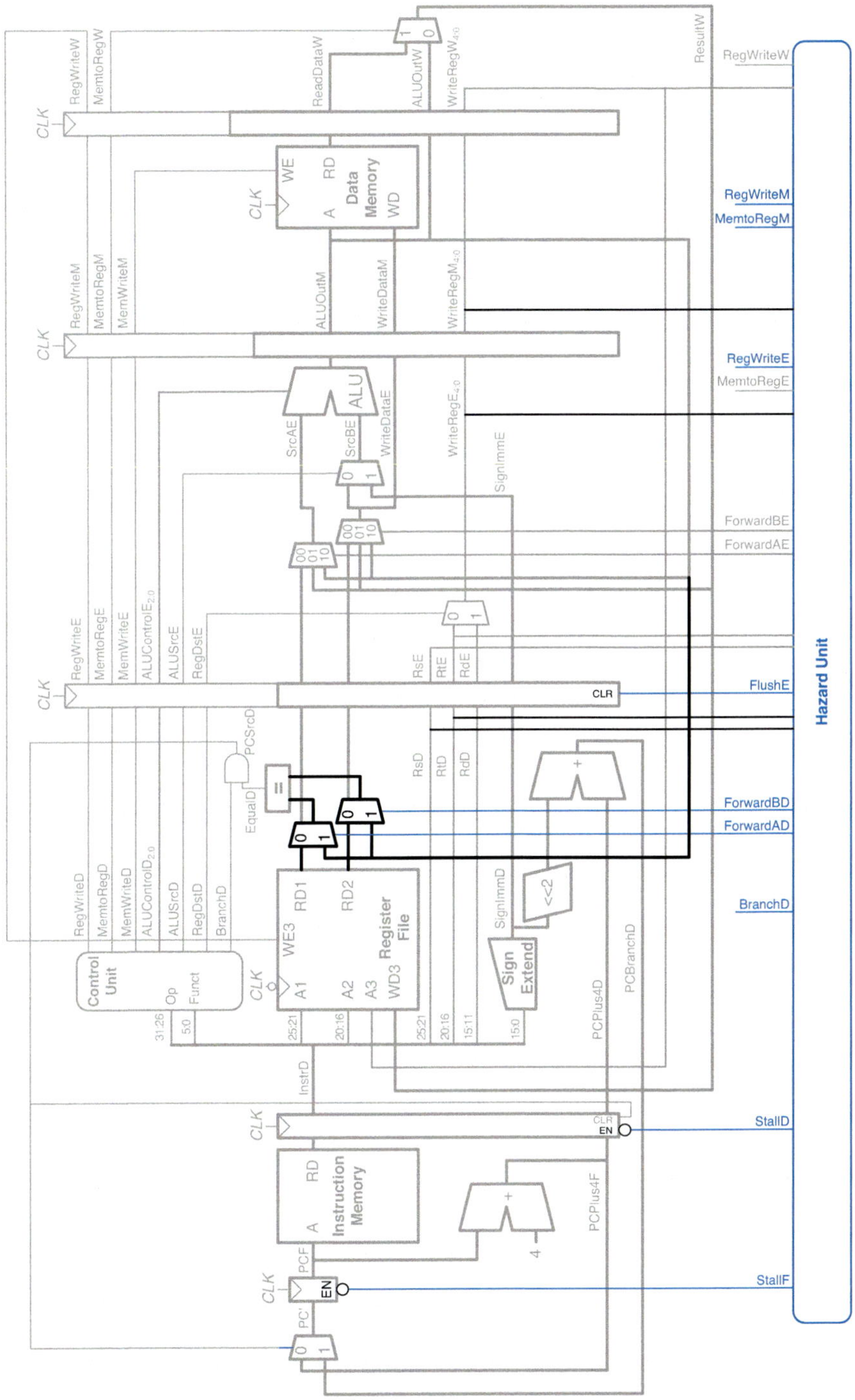

그림 7.57 브랜치 명령에 대한 데이터 대기시간을 처리하는 파이프라인 프로세서

불행히도 사전 분기 결정 하드웨어는 새로운 RAW 데이터 해저드를 만들어낸다. 특히 분기용 소스 피연산자의 하나가 이전 명령에 의해 계산되고 레지스터 파일에 아직 기록되지 않았다면 그 분기는 레지스터 파일로부터 잘못된 피연산자 값을 읽어 들이게 될 것이다. 이전처럼 이용 가능한 정확한 값을 포워딩하거나 데이터가 준비될 때까지 파이프라인을 스톨링함으로써 데이터 해저드를 해결할 수 있다.

그림 7.57은 디코드 단계의 데이터 대기시간을 처리하는 데 필요한 수정된 파이프라인 프로세서를 보여준다. 결과가 라이트백 단계에 있다면, 사이클의 전반부에서 기록되고 사이클의 후반부에서 읽어 들이므로 해저드가 존재하지 않는다. 만일 ALU 명령의 결과가 메모리 단계에 있다면, 두 개의 새로운 멀티플렉서를 통하여 등가 비교기로 포워딩된다. ALU 명령의 결과가 실행 단계에 있거나 lw 명령의 결과가 메모리 단계에 있다면, 파이프라인은 그 결과가 준비될 때까지 디코드 단계에서 스톨되어야 한다.

디코드 단계 포워딩 논리 함수는 다음과 같다.

```
ForwardAD = (rsD != 0) AND (rsD == WriteRegM) AND
            RegWriteM
ForwardBD = (rtD != 0) AND (rtD == WriteRegM) AND
            RegWriteM
```

분기에 대한 스톨 검출 논리 함수는 아래와 같이 주어진다. 프로세서는 디코드 단계에서 분기를 결정해야 한다. 사전의 분기 소스가 실행 단계의 ALU 명령이나 메모리 단계의 lw 명령에 의존할 때, 프로세서는 그 소스가 준비될 때까지 스톨되어야 한다.

```
branchstall =
  BranchD AND RegWriteE AND (WriteRegE == rsD OR
  WriteRegE == rtD)
                              OR
  BranchD AND MemtoRegM AND (WriteRegM == rsD OR
  WriteRegM == rtD)
```

이제 프로세서는 로드 또는 분기 해저드에 따라 스톨되어야 한다.

```
StallF = StallD = FlushE = lwstall OR branchstall
```

해저드 요약

요약하면 한 명령이 레지스터 파일에 아직 기록되지 않는 다른 명령의 결과에 의존할 때 RAW 데이터 해저드가 발생한다. 데이터 해저드는 결과 값이 충분히 일찍 계산된다면 포워딩으로 해결될 수 있지만, 그렇지 않으면 결과 값을 이용할 수 있을 때까지 파이프라인의 스톨링이 필요하다. 어떤 명령어를 페치할 것인가에 대한 결정이 다음 명령의 페치 시점까지 이루어지지 않을 때 제어 해저드가 발생한다.

페치되어야 하는 명령을 예측하고, 만일 그 예측이 차후에 잘못되었다고 결정되더라도 파이프라인을 플러싱함으로써 제어 해저드를 해결할 수 있다. 가능한 한 빠른 결정으로 옮겨가는 것이 예측 오류로 플러싱되는 명령어의 수를 최소화할 수 있다. 이제 여러분에게 주어진 파이프라인 프로세서 설계의 난제 중의 하나는 명령들 간의 모든 가능한 상호작용을 이해하고 발생 가능한 모든 해저드를 조사하는 것이다. 그림 7.58은 모든 해저드를 처리하는 완성된 파이프라인 프로세서를 보인다.

7.5.4 추가 명령

파이프라인 프로세서에서의 새로운 명령의 지원은 단일 사이클 프로세서에서와 매우 유사하다. 그러나 새로운 명령들은 찾아서 해결해야 할 해저드를 일으킬 수 있다.

특히 파이프라인 프로세서에서의 `addi` 및 `j` 명령을 지원하는 것은 7.3.3절에 설명한 대로 제어기를 향상시켜야 하며, 분기 멀티플렉서 이후의 데이터 경로에 점프 멀티플렉서를 추가해야 한다. 분기와 같이 점프는 디코드 단계에서 발생하므로 페치 단계에서의 그 다음 명령은 플러싱되어야 한다. 플러시 로직의 설계는 연습문제 7.35에 남겨 둔다.

7.5.5 성능 해석

파이프라인 프로세서는 새로운 명령이 매 사이클마다 발생하기 때문에 이상적으로 CPI는 1이다. 그러나 스톨 또는 플러시는 사이클을 낭비하므로 CPI를 약간 높게 하고, 실행되는 특정 프로그램에 종속된다.

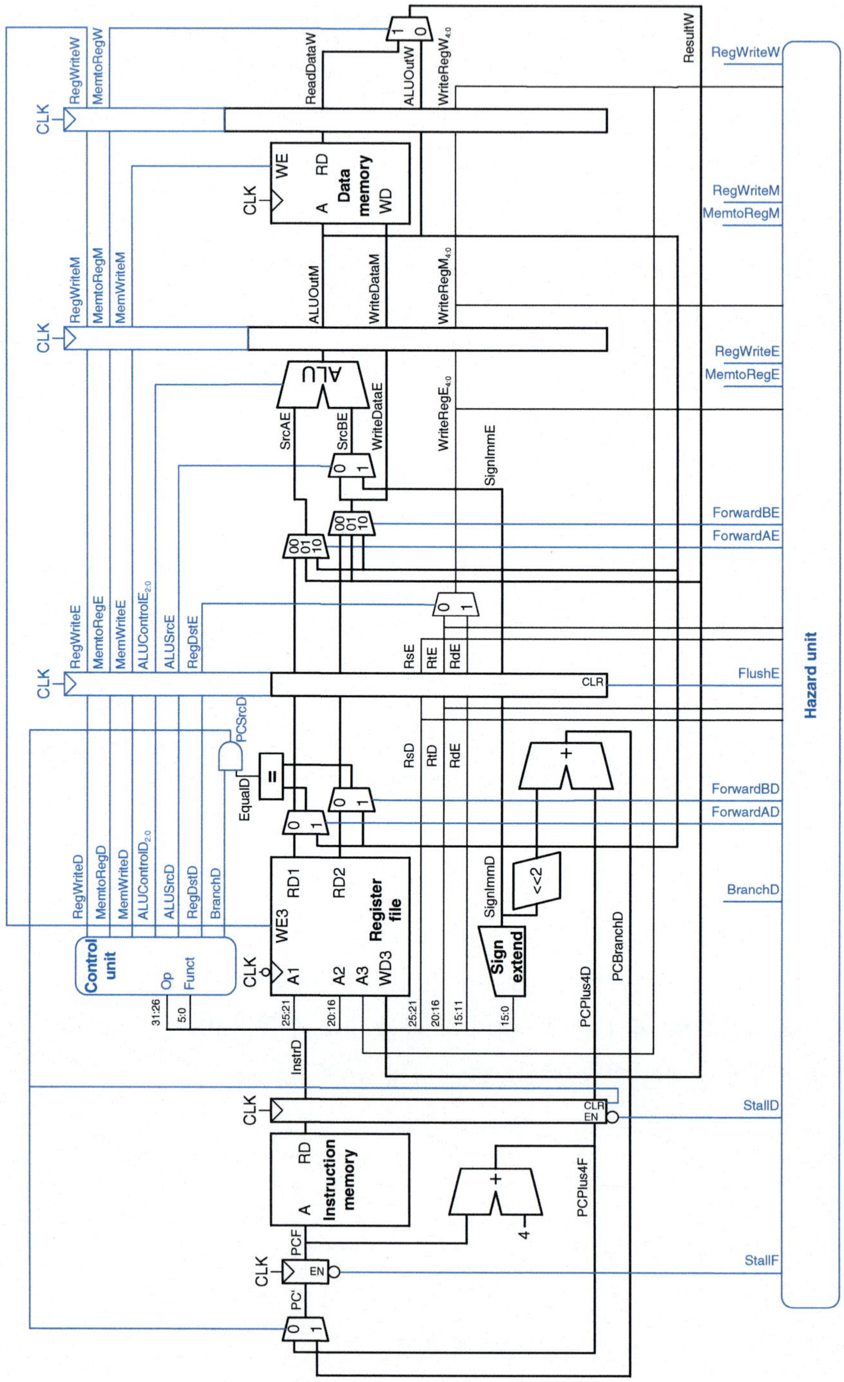

그림 7.58 완전히 해저드 해결된 파이프라인 프로세서

예제 7.9 파이프라인 프로세서 CPI

예제 7.7에서 고려한 SPECINT2000 벤치마크는 약 25%의 로드, 10%의 스토어, 11%의 분기, 2%의 점프와 52%의 R 타입 명령으로 구성되어 있다. 40%의 로드가 뒤에 스톨을 발생시키는 명령이 따르고, 25%의 분기가 예측 오류로 플러싱된다고 가정한다. 또한, 점프는 항상 이어지는 명령을 플러싱한다고 가정한다. 파이프라인 프로세서의 평균 CPI를 계산하라.

풀이 평균 CPI는 명령이 사용하는 시간 비율을 곱한 각 CPI 명령들을 더한다. 로드는 독립인 경우 한 사이클, 종속으로 인해 스톨링되면 두 사이클이 걸리므로 $(0.6)(1)+(0.4)(2)=1.4$의 CPI를 갖는다. 분기는 올바로 예측되면 한 클록 사이클, 그렇지 않으면 두 클록 사이클이 걸리므로 $(0.75)(1)+(0.25)(2)=1.25$의 CPI를 갖는다. 점프는 항상 CPI가 2이다. 따라서 평균 $\text{CPI}=(0.25)(1.4)+(0.1)(1)+(0.11)(1.25)+(0.02)(2)+(0.52)(1)=1.15$이다.

그림 7.58에 보이는 5개의 파이프라인 단계 각각에서 최상 경로를 고려하여 사이클 타임을 결정할 수 있다. 레지스터 파일은 라이트백 사이클의 전반부에서 기록되고, 디코드 사이클의 후반부에서 읽어 들인다는 점을 기억하라. 그러므로 디코드와 라이트백 단계의 사이클 타임은 작업의 1/2을 수행하는 데 걸리는 시간의 두 배이다.

$$
T_c = max \begin{array}{ll}
t_{pcq}+t_{\text{mem}}+t_{\text{setup}} & \text{Fetch} \\
2(t_{RFread}+t_{\text{mux}}+t_{\text{eq}}+t_{\text{AND}}+T_{\text{mux}}+t_{\text{setup}}) & \text{Decode} \\
t_{pcq}+t_{\text{mux}}+t_{\text{mux}}+t_{\text{ALU}}+t_{\text{setup}} & \text{Execute} \\
t_{pcq}+t_{\text{memwrite}}+t_{\text{setup}} & \text{Memory} \\
2(t_{\text{pcq}}+t_{\text{mux}}+t_{RF\text{write}}) & \text{Writeback}
\end{array} \tag{7.5}
$$

예제 7.10 프로세서 성능 비교

벤은 예제 7.8에서 고려한 단일 사이클 및 다중 사이클의 성능과 파이프라인 프로세서의 성능을 비교하려 한다. 대부분의 논리 지연은 표 7.6에 주어진다. 다른 요소의 지연으로 등가 비교기는 40ps, AND 게이트는 15ps, 레지스터 파일 쓰기에는 100ps, 메모리 쓰기에는 220ps이다. 벤이 각 프로세서에 대한 SPECINT2000으로부터 1,000억 개 명령의 수행 시간을 비교하도록 도와주자.

풀이 식 7.5에 의해 파이프라인 프로세서의 사이클 타임은 $T_{c3}=\max[30+250+20,\ 2(150+25+40+15+25+20),\ 30+25+25+200+20,\ 30+220+20,\ 2(30+25+100)]=550\text{ps}$이다. 식 7.1에 의해 총 실행 시간은 $T_3=(100\times10^9$ 명령)

(1.15사이클/명령) (550 × 10^{-12}초/사이클) = 63.3초이다. 이 값은 단일 사이클 프로세서의 95초와 다중 사이클 프로세서의 133.9초와 비교된다.

파이프라인 프로세서는 실제로 다른 것에 비해 매우 빠르다. 그러나 싱글 사이클 프로세서에 대한 그 장점은 5단계의 파이프라인을 통해 얻고자 했던 5배의 속도 향상과는 거리가 멀다. 파이프라인 해저드는 작은 CPI 페널티를 가져온다. 더구나 중요한 것은 레스터의 순차비용(*CLK*에서 Q까지의 셋업 시간)은 전체 경로의 한 번이 아니라 모든 파이프라인 단계에 적용되고 있는 점이다. 순차비용은 파이프라인으로부터 얻을 수 있는 이득을 제한하고 있다.

주의 깊은 독자는 디코드 단계가 다른 단계보다 상당히 느리다는 점을 관찰할 수 있는데, 이는 레지스터 파일 읽기와 분기 비교는 사이클의 1/2에서 일어나야 하기 때문이다. 아마 디코드 단계로 분기 비교를 옮겨 가는 것은 좋은 생각이 아니다. 만일 분기가 실행 단계에서 해결되었다면 CPI는 약간 증가하게 되는데, 이는 예측 오류가 두 개의 명령을 플러싱시키지만 사이클 타임은 상당히 감소하여 전체적으로는 속도 향상을 가져오기 때문이다.

파이프라인 프로세서는 하드웨어 필요조건이 단일 사이클과 유사하지만, 해저드를 해결하기 위한 멀티플렉서와 제어 로직과 함께 많은 수의 파이프라인 레지스터를 추가해야 한다.

7.6 HDL 표현*

이 절은 `addi` 및 `j`를 포함하여 이 장에서 서술한 모든 명령들을 지원하기 위한 단일 사이클 MIPS 프로세서의 HDL 코드를 제공한다. 이 코드는 웬만큼 복잡한 시스템에서 좋은 코딩 실습을 보여준다. 다중 사이클 프로세서와 파이프라인 프로세서에 대한 HDL 코드는 연습문제 7.25와 7.40으로 남겨둔다.

이 절에서 명령과 데이터 메모리는 메인 프로세서와 분리되어 있고, 어드레스와 데이터 버스로 연결되어 있다. 이는 대부분의 실제 프로세서가 외부 메모리를 가지고 있으므로 보다 실제적이라 할 수 있다. 또한, 그 프로세서가 어떻게 바깥 세계와 통신할 수 있는지를 보여준다.

프로세서는 데이터 경로와 제어기로 구성된다. 제어기는 다시 메인 디코더와 ALU 디코더로 구성된다. 그림 7.59는 외부 메모리에 인터페이스된 단일 사이클 MIPS 프로세서의 블록도를 보인다.

HDL 코드는 여러 부분으로 나누어진다. 7.6.1절은 단일 사이클 프로세

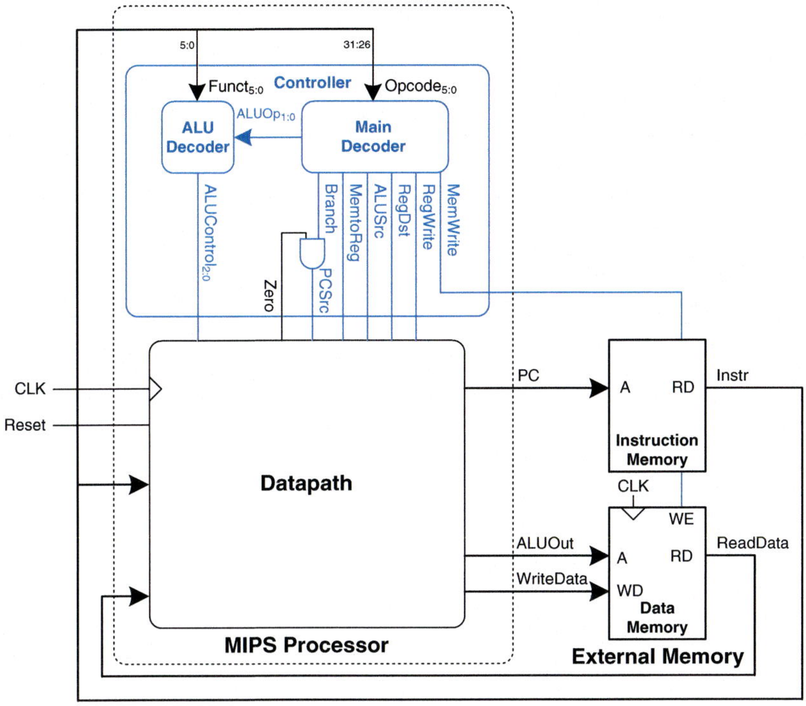

그림 7.59 외부 메모리에 인터페이스된 MIPS 단일 사이클 프로세서

서 데이터 경로와 제어기의 HDL 코드를 제공한다. 7.6.2절은 모든 마이크로아키텍처에서 사용되는 레지스터와 멀티플렉서와 같은 일반적인 빌딩 블록을 나타낸다. 7.6.3절은 테스트 벤치와 외부 메모리를 소개한다. HDL은 이 책의 웹사이트(서론 참조)에서 얻을 수 있다.

7.6.1 단일 사이클 프로세서

단일 사이클 MIPS 프로세서 모듈의 주 모듈은 다음의 HDL 예제에 주어진다.

HDL 예제 7.1 단일 사이클 MIPS 프로세서

SystemVerilog

```
module mips(input  logic        clk, reset,
            output logic [31:0] pc,
            input  logic [31:0] instr,
            output logic        memwrite,
            output logic [31:0] aluout, writedata,
            input  logic [31:0] readdata);
```

```
  logic       memtoreg, alusrc, regdst, regwrite, jump, pcsrc, zero;
  logic [2:0] alucontrol;

  controller c(instr[31:26], instr[5:0], zero, memtoreg, memwrite, pcsrc, alusrc, regdst,
               regwrite, jump, alucontrol);
  datapath  dp(clk, reset, memtoreg, pcsrc, alusrc, regdst, regwrite, jump, alucontrol, zero,
               pc, instr, aluout, writedata, readdata);
endmodule
```

VHDL

```
library IEEE; use IEEE.STD_LOGIC_1164.all;

entity mips is -- single cycle MIPS processor
  port(clk, reset:        in STD_LOGIC;
       pc:                out STD_LOGIC_VECTOR(31 downto 0);
       instr:             in STD_LOGIC_VECTOR(31 downto 0);
       memwrite:          out STD_LOGIC;
       aluout, writedata: out STD_LOGIC_VECTOR(31 downto 0);
       readdata:          in STD_LOGIC_VECTOR(31 downto 0));
end;

architecture struct of mips is
  component controller
    port(op, funct:          in STD_LOGIC_VECTOR(5 downto 0);
         zero:               in STD_LOGIC;
         memtoreg, memwrite: out STD_LOGIC;
         pcsrc, alusrc:      out STD_LOGIC;
         regdst, regwrite:   out STD_LOGIC;
         jump:               out STD_LOGIC;
         alucontrol:         out STD_LOGIC_VECTOR(2 downto 0));
  end component;
  component datapath
    port(clk, reset:        in STD_LOGIC;
         memtoreg, pcsrc:   in STD_LOGIC;
         alusrc, regdst:    in STD_LOGIC;
         regwrite, jump:    in STD_LOGIC;
         alucontrol:        in STD_LOGIC_VECTOR(2 downto 0);
         zero:              out STD_LOGIC;
         pc:                buffer STD_LOGIC_VECTOR(31 downto 0);
         instr:             in STD_LOGIC_VECTOR(31 downto 0);
         aluout, writedata: buffer STD_LOGIC_VECTOR(31 downto 0);
         readdata:          in STD_LOGIC_VECTOR(31 downto 0));
  end component;
  signal memtoreg, alusrc, regdst, regwrite, jump, pcsrc: STD_LOGIC;
  signal zero: STD_LOGIC;
  signal alucontrol: STD_LOGIC_VECTOR(2 downto 0);
begin
  cont: controller port map(instr(31 downto 26), instr(5 downto 0), zero, memtoreg, memwrite,
        pcsrc, alusrc, regdst, regwrite, jump, alucontrol);
  dp:   datapath port map(clk, reset, memtoreg, pcsrc, alusrc, regdst, regwrite, jump,
        alucontrol, zero, pc, instr, aluout, readdata);
end;
```

HDL 예제 7.2 제어기

SystemVerilog

```
module controller(input  logic [5:0] op, funct,
                  input  logic       zero,
                  output logic       memtoreg, memwrite,
                  output logic       pcsrc, alusrc,
                  output logic       regdst, regwrite,
                  output logic       jump,
                  output logic [2:0] alucontrol);

  logic [1:0] aluop;
  logic       branch;

  maindec md(op, memtoreg, memwrite, branch, alusrc, regdst, regwrite, jump, aluop);
  aludec ad(funct, aluop, alucontrol);

  assign pcsrc = branch & zero;
endmodule
```

VHDL

```
library IEEE; use IEEE.STD_LOGIC_1164.all;

entity controller is -- single cycle control decoder
  port(op, funct:          in STD_LOGIC_VECTOR(5 downto 0);
       zero:               in STD_LOGIC;
       memtoreg, memwrite: out STD_LOGIC;
       pcsrc, alusrc:      out STD_LOGIC;
       regdst, regwrite:   out STD_LOGIC;
       jump:               out STD_LOGIC;
       alucontrol:         out STD_LOGIC_VECTOR(2 downto 0));
end;

architecture struct of controller is
  component maindec
    port(op:                 in STD_LOGIC_VECTOR(5 downto 0);
         memtoreg, memwrite: out STD_LOGIC;
         branch, alusrc:     out STD_LOGIC;
         regdst, regwrite:   out STD_LOGIC;
         jump:               out STD_LOGIC;
         aluop:              out STD_LOGIC_VECTOR(1 downto 0));
  end component;
  component aludec
    port(funct:      in  STD_LOGIC_VECTOR(5 downto 0);
         aluop:      in  STD_LOGIC_VECTOR(1 downto 0);
         alucontrol: out STD_LOGIC_VECTOR(2 downto 0));
  end component;
  signal aluop:  STD_LOGIC_VECTOR(1 downto 0);
  signal branch: STD_LOGIC;
begin
  md: maindec port map(op, memtoreg, memwrite, branch, alusrc, regdst, regwrite, jump, aluop);
  ad: aludec port map(funct, aluop, alucontrol);

  pcsrc <= branch and zero;
end;
```

HDL 예제 7.3 **메인 디코더**

SystemVerilog

```
module maindec(input logic [5:0]  op,
               output logic       memtoreg, memwrite,
               output logic       branch, alusrc,
               output logic       regdst, regwrite,
               output logic       jump,
               output logic [1:0] aluop);

  logic [8:0] controls;

  assign {regwrite, regdst, alusrc, branch, memwrite, memtoreg, jump, aluop} = controls;

  always_comb
    case(op)
      6'b000000: controls <= 9'b110000010; // RTYPE
      6'b100011: controls <= 9'b101001000; // LW
      6'b101011: controls <= 9'b001010000; // SW
      6'b000100: controls <= 9'b000100001; // BEQ
      6'b001000: controls <= 9'b101000000; // ADDI
      6'b000010: controls <= 9'b000000100; // J
      default:   controls <= 9'bxxxxxxxxx; // illegal op
    endcase
endmodule
```

VHDL

```
library IEEE; use IEEE.STD_LOGIC_1164.all;

entity maindec is -- main control decoder
  port(op:                 in  STD_LOGIC_VECTOR(5 downto 0);
       memtoreg, memwrite: out STD_LOGIC;
       branch, alusrc:     out STD_LOGIC;
       regdst, regwrite:   out STD_LOGIC;
       jump:               out STD_LOGIC;
       aluop:              out STD_LOGIC_VECTOR(1 downto 0));
end;

architecture behave of maindec is
  signal controls: STD_LOGIC_VECTOR(8 downto 0);
begin
  process(all) begin
    case op is
      when "000000" => controls <= "110000010"; -- RTYPE
      when "100011" => controls <= "101001000"; -- LW
      when "101011" => controls <= "001010000"; -- SW
      when "000100" => controls <= "000100001"; -- BEQ
      when "001000" => controls <= "101000000"; -- ADDI
      when "000010" => controls <= "000000100"; -- J
      when others   => controls <= "---------"; -- illegal op
    end case;
  end process;
  (regwrite, regdst, alusrc, branch, memwrite, memtoreg, jump, aluop(1 downto 0)) <= controls;
end;
```

HDL 예제 7.4 ALU 디코더

SystemVerilog

```
module aludec(input  logic [5:0] funct,
              input  logic [1:0] aluop,
              output logic [2:0] alucontrol);

  always_comb
    case(aluop)
      2'b00: alucontrol <= 3'b010; // add (for lw/sw/addi)
      2'b01: alucontrol <= 3'b110; // sub (for beq)
      default: case(funct) // R-type instructions
        6'b100000: alucontrol <= 3'b010; // add
        6'b100010: alucontrol <= 3'b110; // sub
        6'b100100: alucontrol <= 3'b000; // and
        6'b100101: alucontrol <= 3'b001; // or
        6'b101010: alucontrol <= 3'b111; // slt
        default: alucontrol <= 3'bxxx; // ???
       endcase
      endcase
endmodule
```

VHDL

```
library IEEE; use IEEE.STD_LOGIC_1164.all;

entity aludec is -- ALU control decoder
  port(funct:       in STD_LOGIC_VECTOR(5 downto 0);
       aluop:       in STD_LOGIC_VECTOR(1 downto 0);
       alucontrol:  out STD_LOGIC_VECTOR(2 downto 0));
end;

architecture behave of aludec is
begin
  process(all) begin
    case aluop is
      when "00" => alucontrol <= "010"; -- add (for lw/sw/addi)
      when "01" => alucontrol <= "110"; -- sub (for beq)
      when others => case funct is -- R-type instructions
        when "100000" => alucontrol <= "010"; -- add
        when "100010" => alucontrol <= "110"; -- sub
        when "100100" => alucontrol <= "000"; -- and
        when "100101" => alucontrol <= "001"; -- or
        when "101010" => alucontrol <= "111"; -- slt
        when others   => alucontrol <= "---"; -- ???
      end case;
    end case;
  end process;
end;
```

HDL 예제 7.5 데이터 경로

SystemVerilog

```
module datapath(input  logic        clk, reset,
                input  logic        memtoreg, pcsrc,
                input  logic        alusrc, regdst,
                input  logic        regwrite, jump,
                input  logic [2:0]  alucontrol,
                output logic        zero,
                output logic [31:0] pc,
                input  logic [31:0] instr,
                output logic [31:0] aluout, writedata,
                input  logic [31:0] readdata);

logic [4:0]  writereg;
logic [31:0] pcnext, pcnextbr, pcplus4, pcbranch;
logic [31:0] signimm, signimmsh;
logic [31:0] srca, srcb;
logic [31:0] result;

// next PC   logic
flopr #(32) pcreg(clk, reset, pcnext, pc);
adder       pcadd1(pc, 32'b100, pcplus4);
sl2         immsh(signimm, signimmsh);
adder       pcadd2(pcplus4, signimmsh, pcbranch);
mux2 #(32)  pcbrmux(pcplus4, pcbranch, pcsrc, pcnextbr);
mux2 #(32)  pcmux(pcnextbr, {pcplus4[31:28], instr[25:0], 2'b00}, jump, pcnext);

// register file logic
regfile     rf(clk, regwrite, instr[25:21], instr[20:16], writereg, result, srca, writedata);
mux2 #(5)   wrmux(instr[20:16], instr[15:11], regdst, writereg);
mux2 #(32)  resmux(aluout, readdata, memtoreg, result);
signext     se(instr[15:0], signimm);

// ALU logic
mux2 #(32)  srcbmux(writedata, signimm, alusrc, srcb);
alu         alu(srca, srcb, alucontrol, aluout, zero);
endmodule
```

VHDL

```
library IEEE; use IEEE.STD_LOGIC_1164.all;
use IEEE.STD_LOGIC_ARITH.all;

entity datapath is -- MIPS datapath
  port(clk, reset:          in     STD_LOGIC;
       memtoreg, pcsrc:     in     STD_LOGIC;
       alusrc, regdst:      in     STD_LOGIC;
       regwrite, jump:      in     STD_LOGIC;
       alucontrol:          in     STD_LOGIC_VECTOR(2 downto 0);
       zero:                out    STD_LOGIC;
       pc:                  buffer STD_LOGIC_VECTOR(31 downto 0);
       instr:               in     STD_LOGIC_VECTOR(31 downto 0);
       aluout, writedata:   buffer STD_LOGIC_VECTOR(31 downto 0);
       readdata:            in     STD_LOGIC_VECTOR(31 downto 0));
```

```
end;

architecture struct of datapath is
  component alu
    port(a, b:       in     STD_LOGIC_VECTOR(31 downto 0);
         alucontrol: in     STD_LOGIC_VECTOR(2 downto 0);
         result:     buffer STD_LOGIC_VECTOR(31 downto 0);
         zero:       out    STD_LOGIC);
  end component;
  component regfile
    port(clk:           in  STD_LOGIC;
         we3:           in  STD_LOGIC;
         ra1, ra2, wa3: in  STD_LOGIC_VECTOR(4 downto 0);
         wd3:           in  STD_LOGIC_VECTOR(31 downto 0);
         rd1, rd2:      out STD_LOGIC_VECTOR(31 downto 0));
  end component;
  component adder
    port(a, b: in  STD_LOGIC_VECTOR(31 downto 0);
         y:    out STD_LOGIC_VECTOR(31 downto 0));
  end component;
  component sl2
    port(a: in  STD_LOGIC_VECTOR(31 downto 0);
         y: out STD_LOGIC_VECTOR(31 downto 0));
  end component;
  component signext
    port(a: in  STD_LOGIC_VECTOR(15 downto 0);
         y: out STD_LOGIC_VECTOR(31 downto 0));
  end component;
  component flopr generic(width: integer);
    port(clk, reset: in  STD_LOGIC;
         d:          in  STD_LOGIC_VECTOR(width-1 downto 0);
         q:          out STD_LOGIC_VECTOR(width-1 downto 0));
  end component;
  component mux2 generic(width: integer);
    port(d0, d1: in  STD_LOGIC_VECTOR(width-1 downto 0);
           s:    in  STD_LOGIC;
           y:    out STD_LOGIC_VECTOR(width-1 downto 0));
  end component;
  signal writereg:                                STD_LOGIC_VECTOR(4 downto 0);
  signal pcjump, pcnext, pcnextbr, pcplus4, pcbranch: STD_LOGIC_VECTOR(31 downto 0);
  signal signimm, signimmsh:                      STD_LOGIC_VECTOR(31 downto 0);
  signal srca, srcb, result:                      STD_LOGIC_VECTOR(31 downto 0);
begin
  -- next PC logic
  pcjump <= pcplus4(31 downto 28) & instr(25 downto 0) & "00";
  pcreg:   flopr generic map(32) port map(clk, reset, pcnext, pc);
  pcadd1:  adder port map(pc, X"00000004", pcplus4);
  immsh:   sl2 port map(signimm, signimmsh);
  pcadd2:  adder port map(pcplus4, signimmsh, pcbranch);
  pcbrmux: mux2 generic map(32) port map(pcplus4, pcbranch, pcsrc, pcnextbr);
  pcmux:   mux2 generic map(32) port map(pcnextbr, pcjump, jump, pcnext);
  -- register file logic
  rf: regfile port map(clk, regwrite, instr(25 downto 21), instr(20 downto 16), writereg,
```

```
    result, srca, writedata);
  wrmux:   mux2 generic map(5) port map(instr(20 downto 16), instr(15 downto 11),
           regdst, writereg);
  resmux: mux2 generic map(32) port map(aluout, readdata, memtoreg, result);
  se:      signext port map(instr(15 downto 0), signimm);

  -- ALU logic
  srcbmux: mux2 generic map(32) port map(writedata, signimm, alusrc, srcb);
  mainalu: alu port map(srca, srcb, alucontrol, aluout, zero);
end;
```

7.6.2 일반 빌딩 블록

이 절은 레지스터 파일, 가산기, 좌측 이동 장치, 부호 확장 장치, 리셋 가능 플립플롭, 멀티플렉서를 포함하여 모든 마이크로아키텍처에 유용한 일반적인 빌딩 블록을 포함하고 있다. ALU의 HDL 코드는 연습문제 5.9에 남겨둔다.

HDL 예제 7.6 레지스터 파일

SystemVerilog

```
module regfile(input  logic        clk,
               input  logic        we3,
               input  logic [4:0]  ra1, ra2, wa3,
               input  logic [31:0] wd3,
               output logic [31:0] rd1, rd2);
               logic        [31:0] rf[31:0];

// three ported register file

// read two ports combinationally
// write third port on rising edge of clk
// register 0 hardwired to 0
// note: for pipelined processor, write third port
// on falling edge of clk

always_ff @(posedge clk)
if (we3) rf[wa3] <= wd3;

assign rd1 = (ra1 ! = 0) ? rf[ra1] : 0;
assign rd2 = (ra2 ! = 0) ? rf[ra2] : 0;
endmodule
```

VHDL

```
library IEEE; use IEEE.STD_LOGIC_1164.all;
use IEEE.NUMERIC_STD_UNSIGNED.all;
```

```
entity regfile is -- three-port register file
  port(clk:           in  STD_LOGIC;
       we3:           in  STD_LOGIC;
       ra1, ra2, wa3: in  STD_LOGIC_VECTOR(4 downto 0);
       wd3:           in  STD_LOGIC_VECTOR(31 downto 0);
       rd1, rd2:      out STD_LOGIC_VECTOR(31 downto 0));
end;

architecture behave of regfile is
  type ramtype is array (31 downto 0) of STD_LOGIC_VECTOR(31 downto 0);
  signal mem: ramtype;
begin
  -- three-ported register file
  -- read two ports combinationally
  -- write third port on rising edge of clk
  -- register 0 hardwired to 0
  -- note: for pipelined processor, write third port
  -- on falling edge of clk
  process(clk) begin
    if rising_edge(clk) then
       if we3 = '1' then mem(to_integer(wa3)) <= wd3;
       end if;
    end if;
  end process;
  process(all) begin
    if (to_integer(ra1) = 0) then rd1 <= X"00000000"; -- register 0 holds 0
    else rd1 <= mem(to_integer(ra1));
    end if;
    if (to_integer(ra2) = 0) then rd2 <= X"00000000";
    else rd2 <= mem(to_integer(ra2));
    end if;
  end process;
end;
```

HDL 예제 7.7 가산기

SystemVerilog

```
module adder(input  logic [31:0] a, b,
             output logic [31:0] y);

  assign y = a + b;
endmodule
```

VHDL

```
library IEEE; use IEEE.STD_LOGIC_1164.all;
use IEEE.NUMERIC_STD_UNSIGNED.all;

entity adder is -- adder
  port(a, b: in  STD_LOGIC_VECTOR(31 downto 0);
       y:    out STD_LOGIC_VECTOR(31 downto 0));
end;

architecture behave of adder is
begin
  y <= a+ b;
end;
```

HDL 예제 7.8 좌측 이동 (곱하기 4)

SystemVerilog

```
module sl2(input  logic [31:0] a,
           output logic [31:0] y);
  // shift left by 2
  assign y = {a[29:0], 2'b00};
endmodule
```

VHDL

```
library IEEE; use IEEE.STD_LOGIC_1164.all;

entity sl2 is -- shift left by 2
  port(a: in  STD_LOGIC_VECTOR(31 downto 0);
       y: out STD_LOGIC_VECTOR(31 downto 0));
end;

architecture behave of sl2 is
begin
  y <= a(29 downto 0) & "00";
end;
```

HDL 예제 7.9 부호 확장

SystemVerilog

```
module signext(input logic [15:0] a,
output logic [31:0] y);
assign y = {{16{a[15]}}, a};
endmodule
```

VHDL

```
library IEEE; use IEEE.STD_LOGIC_1164.all;

entity signext is -- sign extender
  port(a: in  STD_LOGIC_VECTOR(15 downto 0);
       y: out STD_LOGIC_VECTOR(31 downto 0));
end;

architecture behave of signext is
begin
  y <= X"ffff" & a when a(15) else X"0000" & a;
end;
```

HDL 예제 7.10 리셋 가능 플립플롭

SystemVerilog

```
module flopr #(parameter WIDTH = 8)
              (input  logic             clk, reset,
               input  logic [WIDTH-1:0] d,
               output logic [WIDTH-1:0] q);
  always_ff @(posedge clk, posedge reset)
    if (reset) q <= 0;
    else q <= d;
endmodule
```

VHDL

```
library IEEE; use IEEE.STD_LOGIC_1164.all;
use IEEE.STD_LOGIC_ARITH.all;

entity flopr is -- flip-flop with synchronous
reset
  generic (width: integer);
  port(clk, reset: in STD_LOGIC;
       d:          in STD_LOGIC_VECTOR
                   (width-1 downto 0);
       q:          out STD_LOGIC_VECTOR
                   (width-1 downto 0));
end;

architecture asynchronous of flopr is
begin
  process(clk, reset) begin
    if reset then q <= (others => '0');
    elsif rising_edge(clk) then
      q <= d;
    end if;
  end process;
end;
```

HDL 예제 7.11 **2:1 멀티플렉서**

SystemVerilog

```
module mux2 #(parameter WIDTH = 8)
             (input  logic [WIDTH-1:0] d0, d1,
              input  logic             s,
              output logic [WIDTH-1:0] y);

  assign y = s ? d1 : d0;
endmodule
```

VHDL

```
library IEEE; use IEEE.STD_LOGIC_1164.all;

entity mux2 is -- two-input multiplexer
  generic(width: integer := 8);
  port(d0, d1: in  STD_LOGIC_VECTOR
                     (width-1 downto 0);
            s: in  STD_LOGIC;
            y: out STD_LOGIC_VECTOR
                     (width-1 downto 0));
end;

architecture behave of mux2 is
begin
  y <= d1 when s else d0;
end;
```

7.6.3 테스트 벤치

MIPS 테스트 벤치는 프로그램을 메모리로 로드한다. 그림 7.60의 프로그램은 모든 명령들이 기능적으로 적절할 때만 정확한 답을 내는 계산을 수

```
# mipstest.asm
# David_Harris@hmc.edu, Sarah_Harris@hmc.edu 31 March 2012
#
# Test the MIPS processor.
# add, sub, and, or, slt, addi, lw, sw, beq, j
# If successful, it should write the value 7 to address 84

#        Assembly             Description            Address  Machine
main:    addi $2, $0, 5       # initialize $2 = 5    0        20020005
         addi $3, $0, 12      # initialize $3 = 12   4        2003000c
         addi $7, $3, -9      # initialize $7 = 3    8        2067fff7
         or   $4, $7, $2      # $4 = (3 OR 5) = 7    c        00e22025
         and  $5, $3, $4      # $5 = (12 AND 7) = 4  10       00642824
         add  $5, $5, $4      # $5 = 4 + 7 = 11      14       00a42820
         beq  $5, $7, end     # shouldn't be taken   18       10a7000a
         slt  $4, $3, $4      # $4 = 12 < 7 = 0      1c       0064202a
         beq  $4, $0, around  # should be taken      20       10800001
         addi $5, $0, 0       # shouldn't happen     24       20050000
around:  slt  $4, $7, $2      # $4 = 3 < 5 = 1       28       00e2202a
         add  $7, $4, $5      # $7 = 1 + 11 = 12     2c       00853820
         sub  $7, $7, $2      # $7 = 12 - 5 = 7      30       00e23822
         sw   $7, 68($3)      # [80] = 7             34       ac670044
         lw   $2, 80($0)      # $2 = [80] = 7        38       8c020050
         j    end             # should be taken      3c       08000011
         addi $2, $0, 1       # shouldn't happen     40       20020001
end:     sw   $2, 84($0)      # write mem[84] = 7    44       ac020054
```

그림 7.60 MIPS 프로그램을 위한 어셈블리와 기계 코드

```
20020005
2003000c
2067fff7
00e22025
00642824
00a42820
10a7000a
0064202a
10800001
20050000
00e2202a
00853820
00e23822
ac670044
8c020050
08000011
20020001
ac020054
```

그림 7.61 memfile.dat의 구성

행함으로써 모든 명령들을 연습한다. 특히 프로그램이 정확히 실행되면 값 7을 어드레스 84에 기록하고 하드웨어에 버그가 있으면 틀린 값을 기록하게 된다. 이 그림은 *ad hoc* 테스팅의 예이다.

기계 코드는 시뮬레이션 동안 테스트 벤치에 의해 로드되는 memfile.dat를 호출하는 16진수 파일에 저장된다(그림 7.61 참조). 이 파일은 라인당 하나의 명령을 가지는 기계어로 구성된다. 이 예에서의 메모리는 각각 64 워드를 가진다.

HDL 예제 7.12 MIPS 테스트 벤치

SystemVerilog

```
module testbench();

  logic clk;
  logic reset;

  logic [31:0] writedata, dataadr;
  logic memwrite;

  // instantiate device to be tested
  top dut (clk, reset, writedata, dataadr, memwrite);

  // initialize test
  initial
    begin
      reset <= 1; # 22; reset <= 0;
    end

// generate clock to sequence tests
always
  begin
    clk <= 1; # 5; clk <= 0; # 5;
  end

// check results
always @(negedge clk)
  begin
    if (memwrite) begin
      if (dataadr===84 & writedata===7) begin
         $display("Simulation succeeded");
         $stop;
      end else if (dataadr !==80) begin
         $display("Simulation failed");
         $stop;
      end
    end
  end
endmodule
```

VHDL

```
library IEEE;
use IEEE.STD_LOGIC_1164.all; use IEEE.NUMERIC_STD_UNSIGNED.all;

entity testbench is
end;

architecture test of testbench is
  component top
    port(clk, reset: in STD_LOGIC;
         writedata, dataadr: out STD_LOGIC_VECTOR(31 downto 0);
         memwrite: out STD_LOGIC);
  end component;
  signal writedata, dataadr: STD_LOGIC_VECTOR(31 downto 0);
  signal clk, reset, memwrite: STD_LOGIC;
begin

  -- instantiate device to be tested
  dut: top port map(clk, reset, writedata, dataadr, memwrite);

  -- Generate clock with 10 ns period
  process begin
    clk <= '1';
    wait for 5 ns;
    clk <= '0';
    wait for 5 ns;
  end process;

  -- Generate reset for first two clock cycles
  process begin
    reset <= '1';
    wait for 22 ns;
    reset <= '0';
    wait;
  end process;

  -- check that 7 gets written to address 84 at end of program
  process(clk) begin
    if (clk'event and clk = '0' and memwrite = '1') then
      if (to_integer(dataadr) = 84 and to_integer
          (writedata) = 7) then
        report "NO ERRORS: Simulation succeeded" severity failure;
      elsif (dataadr /= 80) then
        report "Simulation failed" severity failure;
      end if;
    end if;
  end process;
end;
```

HDL 예제 7.13 MIPS 최상위 모듈

SystemVerilog

```
module top(input  logic        clk, reset,
           output logic [31:0] writedata, dataadr,
           output logic        memwrite);

  logic [31:0] pc, instr, readdata;

  // instantiate processor and memories
  mips mips(clk, reset, pc, instr, memwrite, dataadr, writedata, readdata);
  imem imem(pc[7:2], instr);
  dmem dmem(clk, memwrite, dataadr, writedata, readdata);
endmodule
```

VHDL

```
library IEEE;
use IEEE.STD_LOGIC_1164.all; use IEEE.NUMERIC_STD_UNSIGNED.all;

entity top is -- top-level design for testing
  port(clk, reset:          in     STD_LOGIC;
       writedata, dataadr: buffer STD_LOGIC_VECTOR(31 downto 0);
       memwrite:            buffer STD_LOGIC);
end;

architecture test of top is
  component mips
    port(clk, reset:          in  STD_LOGIC;
         pc:                  out STD_LOGIC_VECTOR(31 downto 0);
         instr:               in  STD_LOGIC_VECTOR(31 downto 0);
         memwrite:            out STD_LOGIC;
         aluout, writedata:  out STD_LOGIC_VECTOR(31 downto 0);
         readdata:            in  STD_LOGIC_VECTOR(31 downto 0));
  end component;
  component imem
    port(a:  in  STD_LOGIC_VECTOR(5 downto 0);
         rd: out STD_LOGIC_VECTOR(31 downto 0));
  end component;
  component dmem
    port(clk, we: in  STD_LOGIC;
         a, wd:   in  STD_LOGIC_VECTOR(31 downto 0);
         rd:      out STD_LOGIC_VECTOR(31 downto 0));
  end component;
  signal pc, instr,
         readdata: STD_LOGIC_VECTOR(31 downto 0);
begin
  -- instantiate processor and memories
  mips1: mips port map(clk, reset, pc, instr, memwrite, dataadr, writedata, readdata);
  imem1: imem port map(pc(7 downto 2), instr);
  dmem1: dmem port map(clk, memwrite, dataadr, writedata, readdata);
end;
```

HDL 예제 7.14 MIPS 데이터 메모리

SystemVerilog

```
module dmem(input  logic        clk, we,
            input  logic [31:0] a, wd,
            output logic [31:0] rd);

  logic [31:0] RAM[63:0];

  assign rd = RAM[a[31:2]]; // word aligned

  always_ff @(posedge clk)
    if (we) RAM[a[31:2]] <= wd;
endmodule
```

VHDL

```
library IEEE;
use IEEE.STD_LOGIC_1164.all; use STD.TEXTIO.all;
use IEEE.NUMERIC_STD_UNSIGNED.all;

entity dmem is -- data memory
  port(clk, we: in  STD_LOGIC;
       a, wd:   in  STD_LOGIC_VECTOR (31 downto 0);
       rd:      out STD_LOGIC_VECTOR (31 downto 0));
end;

architecture behave of dmem is
begin
  process is
    type ramtype is array (63 downto 0) of STD_LOGIC_VECTOR(31 downto 0);
    variable mem: ramtype;
  begin
    -- read or write memory
    loop
      if rising_edge(clk) then
        if (we='1') then mem (to_integer(a(7 downto 2))):= wd;
        end if;
      end if;
      rd <= mem (to_integer(a (7 downto 2)));
      wait on clk, a;
    end loop;

  end process;
end;
```

HDL 예제 7.15 MIPS 명령 메모리

SystemVerilog

```
module imem(input  logic [5:0]  a,
            output logic [31:0] rd);

  logic [31:0] RAM[63:0];
```

```
  initial
    $readmemh("memfile.dat", RAM);

  assign rd = RAM[a]; // word aligned
endmodule
```

VHDL

```
library IEEE;
use IEEE.STD_LOGIC_1164.all; use STD.TEXTIO.all;
use IEEE.NUMERIC_STD_UNSIGNED.all;

entity imem is -- instruction memory
  port(a:  in  STD_LOGIC_VECTOR(5 downto 0);
       rd: out STD_LOGIC_VECTOR(31 downto 0));
end;

architecture behave of imem is
begin
  process is
    file mem_file: TEXT;
    variable L: line;
    variable ch: character;
    variable i, index, result: integer;
    type ramtype is array (63 downto 0) of STD_LOGIC_VECTOR(31 downto 0);
    variable mem: ramtype;
  begin
    -- initialize memory from file
    for i in 0 to 63 loop -- set all contents low
      mem(i) := (others => '0');
    end loop;
    index := 0;
    FILE_OPEN (mem_file, "C:/docs/DDCA2e/hdl/memfile.dat", READ_MODE);
    while not endfile(mem_file) loop
      readline(mem_file, L);
      result := 0;
      for i in 1 to 8 loop
        read (L, ch);
        if '0' <= ch and ch <= '9' then
          result := character'pos(ch) - character'pos('0');
        elsif 'a' <= ch and ch <= 'f' then
          result := character'pos(ch) - character'pos('a')+10;
        else report "Format error on line" & integer'
             image(index) severity error;
        end if;
        mem(index)(35-i*4 downto 32-i*4) := to_std_logic_vector(result,4);
      end loop;
      index := index + 1;
    end loop;

    -- read memory
    loop
      rd <= mem(to_integer(a));
      wait on a;
    end loop;
  end process;
end;
```

7.7 예외*

6.7.2절에서 프로그램 흐름에 예상치 못한 변화를 가져오는 예외들을 소개하였다. 이 절에서는 두 가지 형태의 예외로 '정의되지 않은 명령'과 '산술 오버플로'를 지원하기 위해 다중 사이클 프로세서를 향상시킨다. 다른 마이크로아키텍처에서의 예외를 지원하는 일도 마찬가지의 원리를 따른다. 6.7.2절에서 서술했듯이 예외가 발생하면 프로세서는 PC를 EPC 레지스터에 복사하고 예외의 소스를 지시하는 Cause 레지스터에 저장한다. 예외 원인으로 정의되지 않은 명령에는 0x28, 오버플로에는 0x30을 포함한다(표 6.7 참조). 그 다음 프로세서는 메모리 어드레스 0x80000180에 있는 예외 처리기로 점프한다. 예외 처리기는 예외에 응답하는 코드로서 운영체제의 일부이다.

또한, 6.7.2절에서 다루어진 예외 레지스터는 시스템 함수에 사용되는 MIPS 프로세서의 부분으로서 코프로세서(Coprocessor) 0의 일부이다. 코프로세서 0은 Cause 및 EPC를 포함하는 32개까지의 특수 목적 레지스터를 정의한다. 예외 처리기는 이러한 특수 목적 레지스터를 레지스터 파일에 있는 일반 목적 레지스터로 복사하기 위한 명령 `mfc0`(코프로세서 0으로부터 이동)을 사용할 수도 있다. 이때 Cause 레지스터는 코프로세서 0 레지스터 13, EPC는 레지스터 14이다.

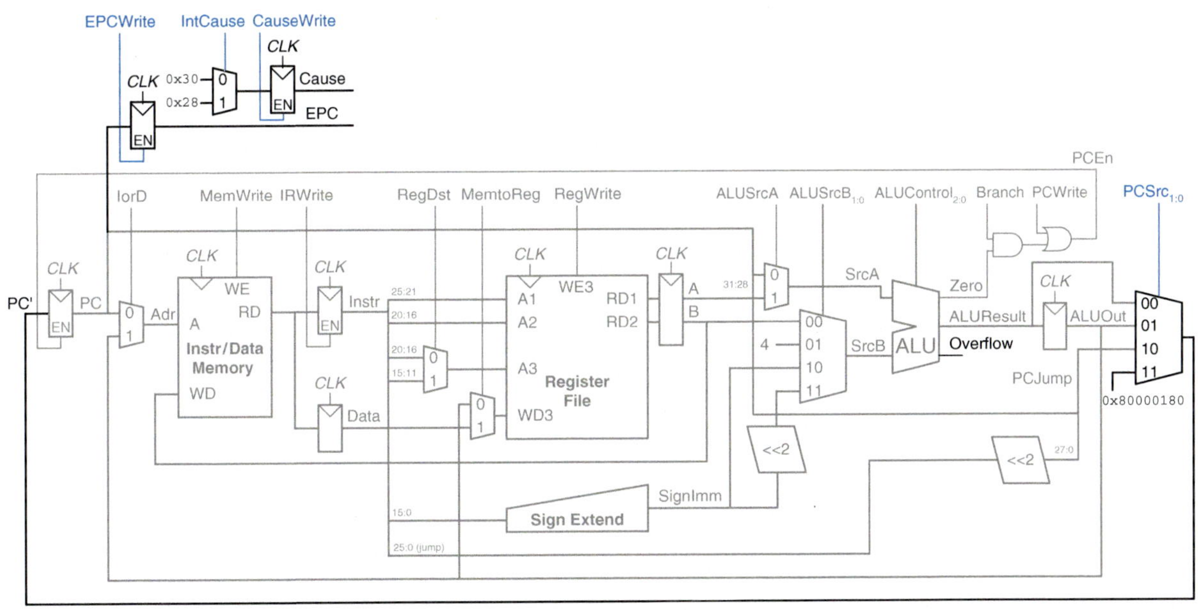

그림 7.62 오버플로와 정의되지 않은 명령 예외를 지원하는 데이터 경로

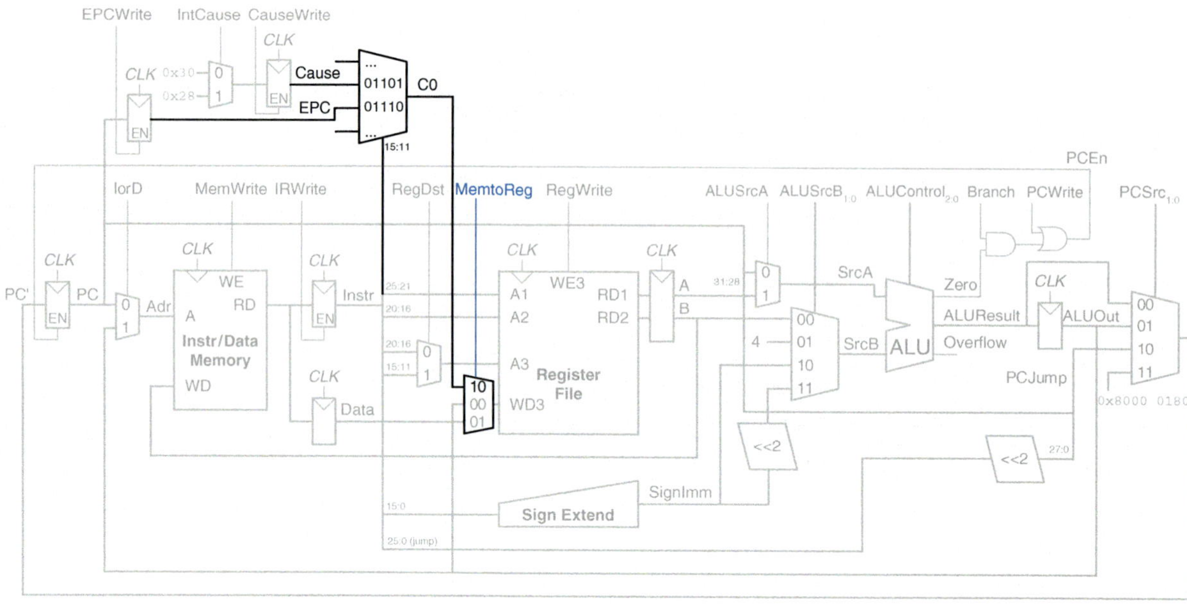

그림 7.63 데이터 경로 지원 mfc0

예외를 처리하기 위해서는 그림 7.62에 보이는 것처럼 EPC와 Cause 레지스터를 데이터 경로에 추가해야 하고, 예외 처리기 어드레스를 받아들이기 위한 *PCSrc* 멀티플렉서를 확장해야 한다. 두 개의 새로운 레지스터는 예외가 발생했을 때, PC와 예외 원인을 저장하기 위해 쓰기 인에이블인 *EPCWrite* 및 *CauseWrite*를 가져야 한다. 예외를 위한 적절한 코드를 선택하는 멀티플렉서에 의해 예외 원인이 발생한다. 또한, ALU는 5.2.4절에 서술한 오버플로 신호를 발생시켜야 한다.[5]

mfc0 명령을 지원하기 위해 그림 7.63에 나타낸 바와 같이 코프로세서 0을 선택하기 위한 방법을 추가해야 하고, 그 레지스터를 레지스터 파일에 기록해야 한다. mfc0 명령은 코프로세서 0레지스터를 $Instr_{15:11}$로 규정하는데, 이 다이어그램에서는 오로지 Cause와 EPC 레지스터만 지원된다. 코프로세서 0으로부터 그 값을 선택하기 위해 *MemtoReg* 멀티플렉서에 또 다른 입력을 추가한다.

수정된 제어기는 그림 7.64에 보인다. 그 제어기는 ALU로부터 오버플로 플래그를 수신하며 세 개의 새로운 제어 신호를 발생시키는데, 이 신

5 엄밀히 말하자면, ALU는 ALU 명령에 대해서가 아니라 오직 덧셈과 뺄셈에 대해서만 오버플로를 단정해야 한다.

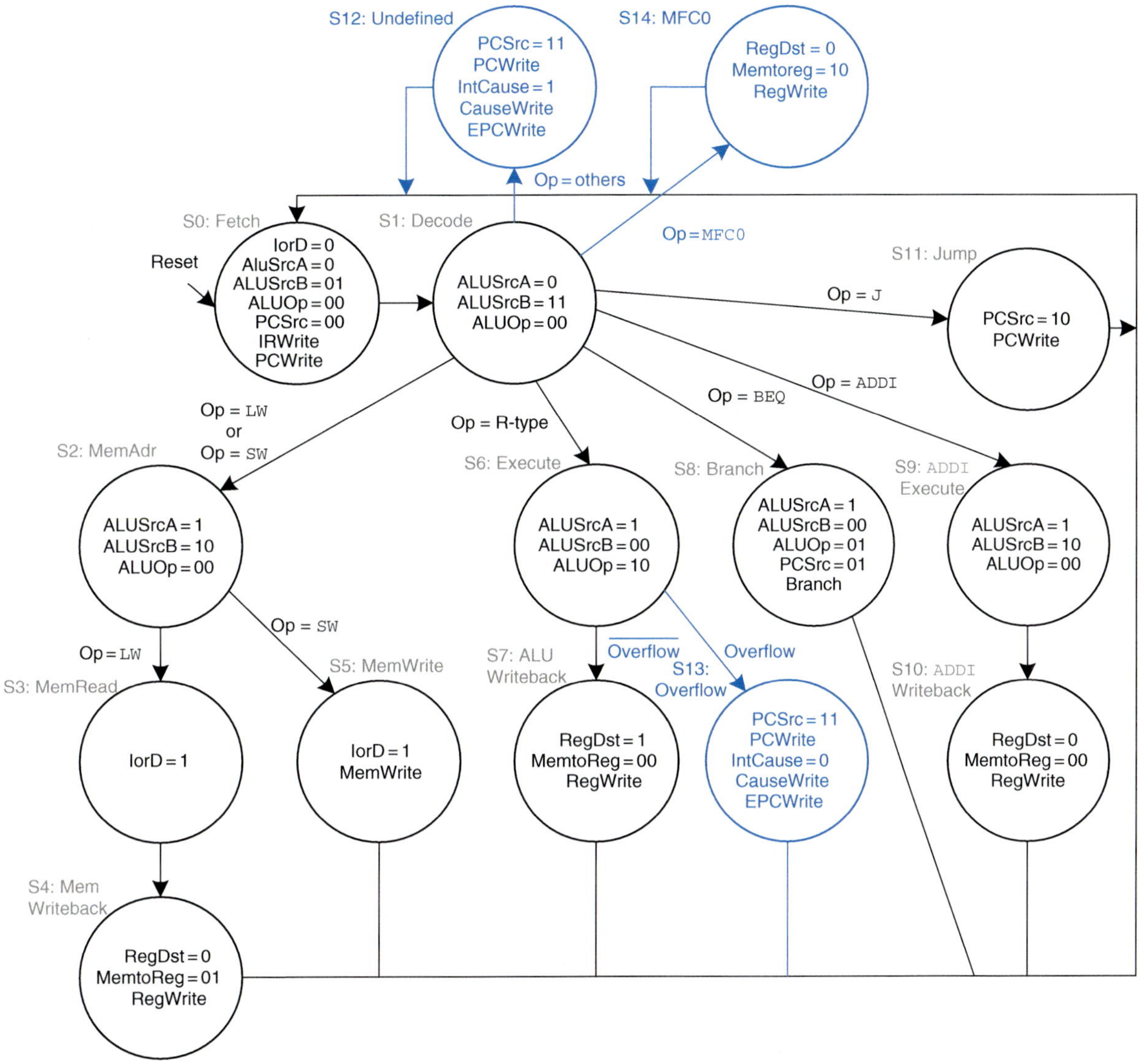

그림 7.64. 예외와 mfc0 지원하는 제어기

호들은 EPC 쓰기, Cause 레지스터 쓰기, Cause 선택용이다. 또한, 제어기는 두 개의 예외를 지원하기 위한 두 개의 새로운 상태와 mfc0을 처리하기 위한 또 하나의 상태를 포함하고 있다.

만일 제어기가 정의되지 않은 명령(어떻게 처리하는지 모르는 명령)을 수신한다면 S12로 진행하고 PC를 EPC에 저장하며, 0x28을 Cause 레지스터에 기록한 후 예외 처리기로 점프한다. 마찬가지로 제어기가 on 또는 sub 명령에서 산술 오버플로를 검출하면 S13으로 진행하여 EPC에 PC를 저장하고, Cause 레지스터에 0x30을 기록한 후 예외 처리기로 점프한다.

예외가 발생하면, 명령은 버려지고 레지스터 파일은 기록되지 않는다는 점을 유의하라. mfc0 명령이 디코딩되면 프로세서는 S14로 진행하고 주 레지스터 파일에 적절한 코프로세서 0을 기록한다.

7.8 향상된 마이크로아키텍처*

고성능 마이크로프로세서는 프로그램을 빠르게 실행하기 위해 광범위한 다양한 기술을 사용하고 있다. 프로그램 실행에 필요한 시간은 클록의 주기 및 명령당 클록 사이클의 수(CPI)에 비례한다. 그러므로 성능을 향상시키기 위해서는 클록의 속도를 높이면서 CPI를 줄여야 한다. 이 절에서는 기존의 몇 가지 속도 향상 기술을 다룬다. 그 구현의 상세한 내용은 비교적 복잡하므로 개념에 초점을 맞춘다. 상세한 내용을 이해하려면 헤네시(Hennessy), 패터슨(Patterson)의 『컴퓨터 구조』를 참고하라.

매 2~3년마다 CMOS 제조 기술의 발전으로 트랜지스터의 규모를 각 방향으로 30% 줄임으로써 한 칩 내에 두 배 이상의 트랜지스터 수를 늘리고 있다. 제조 공정은 최소 **배선 규모**(feature size), 즉 신뢰성 있게 구성 가능한 최소 크기의 트랜지스터로 나타낸다. 트랜지스터는 작을수록 더욱 빠르고 전력을 덜 소비한다. 그래서 비록 마이크로아키텍처가 변하지 않더라도 모든 게이트가 빨라지기 때문에 클록 주파수는 증가할 수 있다. 더구나 트랜지스터가 작을수록 칩에 더 많은 트랜지스터를 넣을 수 있다. 마이크로 설계자는 복잡한 프로세서를 만들거나 칩에 많은 프로세서를 넣기 위해 추가적인 트랜지스터를 사용한다. 불행히도 전력소모는 트랜지스터 수와 연산 속도에 따라 증가한다(1.8절 참조). 지금은 전력소모가 중요한 관심사이다. 인간이 구성해온 가장 복잡한 시스템에서 마이크로프로세서 설계자들은 수십억 개의 트랜지스터를 가지는 칩의 속도, 전력, 가격 등을 잘 따져서 선택해야 하는 과제에 직면하고 있다.

7.8.1 깊은 파이프라인

제조상의 기술 발전을 제외하면 클록을 높일 수 있는 가장 쉬운 방법은 파이프라인을 더 많은 단계로 쪼개는 것이다. 각 단계에서는 로직이 줄어들어 더욱 빠르게 실행시킬 수 있다. 이 장에서는 전통적인 5단계 파이프라인을 고려하고 있지만 10~20단계가 보편적으로 사용되고 있다.

파이프라인 단계의 최대 수는 파이프라인 해저드, 순차 오버헤드, 가격에 의해 제한된다. 더 긴 파이프라인은 더 많은 종속을 가져온다. 몇몇 종속은 포워딩으로 해결이 가능하지만, 다른 종속들은 스톨이 필요하므로 CPI를 증가시킨다. 각 단계들 간의 파이프라인 레지스터는 그들의 셋업 시간과 clk−to−Q 지연(또한, 클록 skew)으로부터의 순차 비용을 갖는다. 이 순차 오버헤드는 더 많은 단계를 추가함으로써 효과를 떨어뜨리는 결과를 가져온다. 마지막으로 더 많은 단계를 추가하는 것은 해저드를 처리하는 데 별도의 파이프라인 레지스터와 하드웨어가 필요하므로 비용을 증가시킨다.

예제 7.11 **깊은 파이프라인**

단일 사이클 프로세서를 N 단계 ($N \geq 5$)로 쪼개서 파이프라인 프로세서를 만드는 것을 고려하자. 단일 사이클 프로세서는 조합 논리를 통해 875ps의 전파지연을 갖는다. 레지스터의 순차 오버헤드는 50ps이다. 조합 논리 지연은 임의적으로 어떤 단계의 개수로 쪼갤 수 있고, 파이프라인 해저드 로직은 그 지연을 증가시키지 않는다고 가정한다. 예제 7.9의 5단계 파이프라인은 1.15의 CPI를 갖는다. 각 추가적인 단계에서는 분기 예측 오류와 기타 파이프라인 해저드에 의해 0.1만큼 CPI를 증가시킨다고 가정한다. 프로세서가 프로그램을 가능한 한 빠르게 실행시키기 위해 얼마나 많은 파이프라인 단계가 필요한가?

풀이 만일 875ps 조합 논리 지연이 N 단계로 나뉘고 각 단계는 파이프라인 레지스터에 대해 단계에서 50ps 순차 오버헤드를 가진다면, 사이클 타임 $T_c = (875/N + 50)$ps이다. CPI = 1.15 + 0.1(N−5). 명령당 시간 또는 명령 시간은 사이클 타임

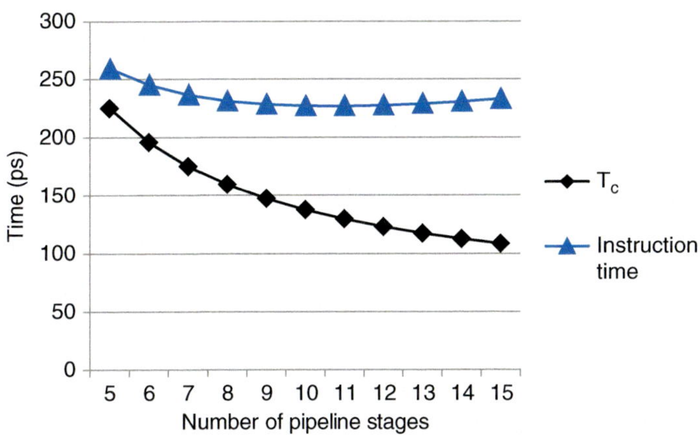

그림 7.65 파이프라인 수에 따른 사이클 타임과 명령시간

과 CPI의 곱이다. 그림 7.65는 단계 수에 따른 사이클 타임과 명령 시간의 그래프이다. 명령 시간은 N=11 단계에서 최소 227ps를 갖는다. 이 최솟값은 6단계 파이프라인에서 얻을 수 있는 명령당 245ps보다 약간 좋다.

1990년대 말에서 2000년대 초에 마이크로프로세서는 대부분 클록 주파수($1/T_c$)에 기반하여 마케팅이 이루어졌다. 이로 인해 전체 성능이 좋아졌는지는 모르나, 클록 속도를 최대화하기 위해 매우 깊은 파이프라인(펜티엄 4의 경우 20~31단계)을 사용하였다. 전력은 클록 주파수에 비례하며 파이프라인 레지스터 수에 따라 증가하므로 지금은 전력소모가 매우 중요하며 파이프라인 깊이는 감소하고 있다.

7.8.2 분기 예측

이상적인 파이프라인 프로세서는 CPI가 1이다. 분기 예측 오류 페널티는 CPI를 증가시키는 주요 원인이다. 파이프라인이 깊어질수록 분기가 늦게 해결된다. 따라서 잘못 예측된 분기 이후의 명령은 플러싱되어야 하므로 분기 예측 오류 페널티는 증가한다. 이러한 문제에 대처하기 위해 대부분의 파이프라인 프로세서는 분기의 채택을 추측하는 **분기 예측기**(branch predictor)를 사용한다. 7.5.3절에서의 파이프라인은 단순히 분기가 전혀 채택되지 않는 경우를 예측한다는 점을 기억하라.

어떤 분기는 프로그램의 루프 끝에 도달할 때(즉 `for` 또는 `while`문) 발생하여 루프를 반복 수행하기 위해 되돌아간다. 루프는 여러 번 실행되므로 이러한 백워드(backward) 분기가 채택된다. 분기 예측의 가장 간단한 형태는 분기 방향을 체크하여 백워드 분기가 채택되는지 예측하는 것이다. 이를 **정적 분기 예측**(static branch prediction)이라 하는데, 프로그램의 이전 실행에 의존하지 않기 때문이다.

포워드 분기는 특정 프로그램에 대한 더 많은 지식 없이는 예측이 어렵다. 그러므로 대부분의 프로세서는 분기 채택 여부를 추측하는 데 프로그램 수행 이력(history)을 이용하는 **동적 분기 예측기**(dynamic branch predictor)를 사용한다. 동적 분기 예측기는 최근 프로세서가 수행한 수백 개(또는 수천 개)의 분기 명령의 테이블을 보유한다. 이 테이블은 때때로 **분기 타깃 버퍼**(branch target buffer)라 불리며 분기의 목적지와 발생 내력을 포함하고 있다.

동적 분기 예측기의 동작을 보기 위해서 코드 예제 6.20으로부터 다음의 루프 코드를 고려해 보자. 루프는 10회 반복되고 루프를 빠져나가는

beq는 마지막에 채택된다.

```
add  $s1, $0, $0    # sum = 0
addi $s0, $0, 0     # i = 0
addi $t0, $0, 10    # $t0 = 10

for:
   beq  $s0, $t0, done   # if i== 10, branch to done
   add  $s1, $s1, $s0    # sum = sum + i
   addi $s0, $s0, 1      # increment i
   j    for
done:
```

1비트 동적 분기 예측기는 마지막에 분기가 채택되었는지 기억하고 다음번에도 채택될지 예측한다. 루프가 반복되는 동안 그 예측기는 beq가 마지막에 채택되지 않았음을 기억하고, 다음번에도 채택되지 않음을 예측한다. 이는 실제로 분기가 택해지는 루프의 마지막까지는 올바른 예측이다. 그러므로 예측기는 루프가 처음부터 다시 실행될 때 분기가 채택된다고 잘못 예측하게 된다. 요약하면 1비트 분기 예측기는 루프의 처음과 마지막 분기를 잘못 예측한다.

2비트 동적 분기 예측기는 이러한 문제를 그림 7.66에 보인 '강한 발생', '약한 발생', '약한 미발생', '강한 미발생'의 4단계로 해결한다. 루프가 반복되는 동안에는 '강한 미발생' 상태로 다음 분기가 발생하지 않는다고 예측한다. 이는 마지막 분기까지는 옳으며, 마지막에는 분기가 발생하고 예측기는 '약한 미발생' 상태로 이동한다. 루프가 처음부터 다시 시작되면 분기 예측기는 분기가 발생해서는 안 된다고 예측하고, '강한 미발생' 상태로 재진입한다. 요약하면 2비트 분기 예측기는 오직 루프의 마지막 분기를 잘못 예측한다.

상상할 수 있듯이 분기 예측기는 예측 정밀도를 높이기 위해 더 많은 프로그램의 이전 실행 내역을 추적할 수 있다. 좋은 예측기는 전형적인

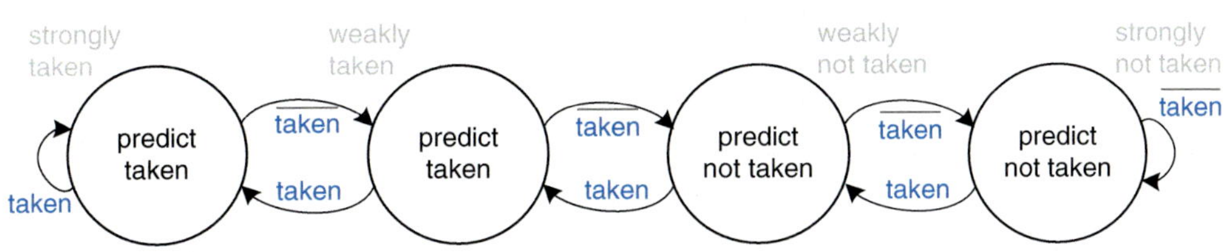

그림 7.66 2 비트 브랜치 예측기 상태 변이도

프로그램에서 90% 이상의 정확도를 얻을 수 있다.

분기 예측기는 파이프라인의 페치 단계에서 동작하여 다음 사이클에 어떤 명령이 실행되는지 결정할 수 있다. 분기가 발생할 것으로 예측할 때, 프로세서는 분기 타깃 버퍼에 저장되어 있는 분기 목적지로부터 다음 명령을 페치한다. 분기 타깃 버퍼 내의 분기와 점프 목적지를 계속 추적함으로써 프로세서는 점프 명령 동안 파이프라인의 플러싱을 피할 수 있다.

7.8.3 슈퍼 스칼라 프로세서

슈퍼 스칼라 프로세서(superscalar processor)는 다수의 명령을 동시에 수행하기 위해 데이터 경로 하드웨어를 다수 포함하고 있다. 그림 7.67은 사

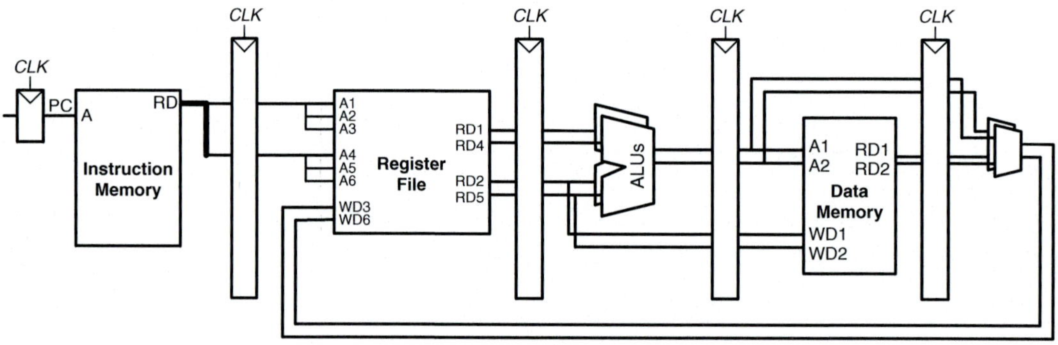

그림 7.67 슈퍼 스칼라 데이터 경로

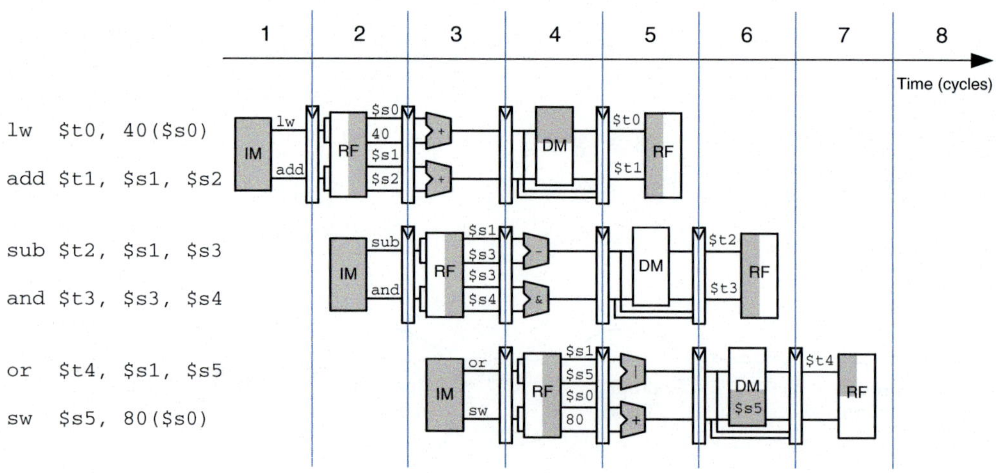

그림 7.68 동작 상태의 슈퍼 스칼라 파이프라인의 추상도

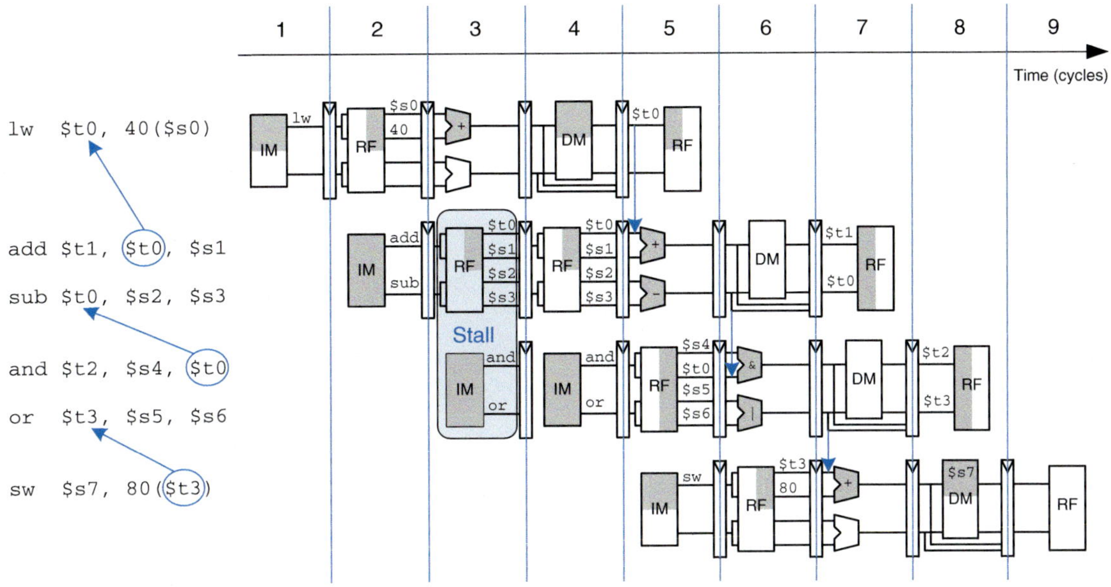

그림 7.69 데이터 종속성을 갖는 프로그램

이클당 두 개의 명령을 페치하고 실행하는 2방향 슈퍼 스칼라 프로세서의 블록도를 보인다. 데이터 경로는 명령 메모리로부터 한 번에 두 명령을 페치한다. 이는 각 사이클에서 네 개의 소스 피연산자를 읽고 두 개의 결과를 기록하기 위해 6포트의 레지스터 파일을 갖는다. 또한 두 명령을 동시에 실행하기 위해 두 개의 ALU와 2포트의 데이터 메모리를 포함한다.

그림 7.68은 한 사이클에서 두 개의 명령을 실행하는 2방향 슈퍼 스칼라 프로세서를 나타내는 파이프라인 다이어그램이다. 이 프로그램에서 프로세서는 0.5의 CPI를 갖는다. 설계자들은 일반적으로 **사이클당 명령, 또는 IPC**로서 CPI의 역수를 선호한다. 이 프로그램에서 프로세서는 2의 IPC를 갖는다.

동시에 많은 명령을 실행하는 것은 종속성 때문에 어려운 일이다. 그림 7.69는 데이터 종속성을 갖고 프로그램을 실행하는 파이프라인 다이어그램을 보여준다. 코드의 종속성은 파란색으로 나타내었다. add 명령은 `lw` 명령에 의해 생성된 `$t0`에 의존하므로 `lw` 명령과 동시에 처리되지는 않는다. 사실 add 명령은 사이클 5에서 `lw`가 `$t0`을 add에 포워딩하도록 추가 사이클 타임을 위해 스톨링된다. 다른 종속성(sub와 and 간의 `$t0`, or와 sw 간의 `$t3`)은 한 사이클에서 생성된 결과를 다음 명령으로 포워딩함으로써 해결된다. 아래에 주어지는 이 프로그램은 6개의 명령을 발생하는

스칼라 프로세서는 한 번에 하나의 데이터를 처리한다. 벡터 프로세서는 하나의 명령으로 여러 데이터를 처리한다. 슈퍼 스칼라 프로세서는 한 번에 여러 명령을 내릴 수 있으며, 각각의 명령은 하나의 데이터를 처리한다. MIPS와 연결된 프로세서는 스칼라 프로세서다. 벡터 프로세서는 과학 계산에 공통적인 긴 벡터의 데이터를 효율적으로 처리할 수 있기 때문에 1980년대와 1990년대 슈퍼컴퓨터에 인기가 많았다. 현대의 고성능 마이크로프로세서는 슈퍼 스칼라 프로세서인데, 왜냐하면 여러 개별적 명령을 내리는 과정이 프로세싱 벡터보다 유연하기 때문이다. 하지만 현대의 프로세서는 멀티미디어와 그래픽 응용에 공통적인 짧은 벡터의 데이터를 처리하기 위한 하드웨어도 포함하고 있다. 이 프로세서를 단일명령-다중 데이터(single instruction multiple data, SIMD)라 부른다.

데 5사이클을 필요로 하여 IPC는 1.17이다.

```
lw  $t0, 40($s0)
add $t1, $t0, $s1
sub $t0, $s2, $s3
and $t2, $s4, $t0
or  $t3, $s5, $s6
sw  $s7, 80($t3)
```

병렬성(parallelism)은 시간적 공간적 형태로 온다는 점을 기억하라. 파이프라인은 시간적인 병렬성이다. 다중 실행 장치는 공간적 병렬성의 경우이다. 슈퍼 스칼라 프로세서는 두 가지 형태 모두의 병렬성을 압축하므로 단일 및 다중 프로세서보다 성능이 훨씬 뛰어나다.

상용 프로세서는 3, 4 또는 심지어 6방향 슈퍼 스칼라 프로세서일 수 있다. 이들은 데이터 해저드뿐만 아니라 분기와 같은 제어 해저드를 처리해야 한다. 불행히도, 실제 프로그램은 많은 종속성을 갖고 있어 광범위한 슈퍼 스칼라 프로세서는 모든 실행 장치들을 충분히 이용하지는 못한다. 더구나 많은 수의 실행 장치와 복잡한 포워딩 네트워크는 회로와 전력을 엄청나게 소모한다.

7.8.4 비순차적 프로세서

종속성 문제를 처리하기 위해서는 **비순차적(out-od-order) 프로세서**는 많은 명령어들 중에서 가능한 한 빨리 발송하거나 실행을 시작할 독립적인 명령들을 찾는 것이다. 프로그램이 의도된 결과를 내도록 종속성이 지켜지기만 하면 명령은 프로그래머에 의해 짜인 것과는 다른 순서로 발송될 수 있다.

2방향 슈퍼 스칼라의 비순차적 프로세서에서 그림 7.69와 같은 프로그램의 실행을 고려해 보자. 종속성이 관찰되는 동안은 프로세서는 사이클당 두 개의 명령까지는 프로그램의 어느 곳으로부터도 발송할 수 있다. 그림 7.70은 데이터 종속성과 프로세서의 동작을 보여준다. RAW 및 WAR로서 종속성 분류를 간단히 다룬다. 명령을 발송하는 제약 조건을 아래와 같이 서술한다.

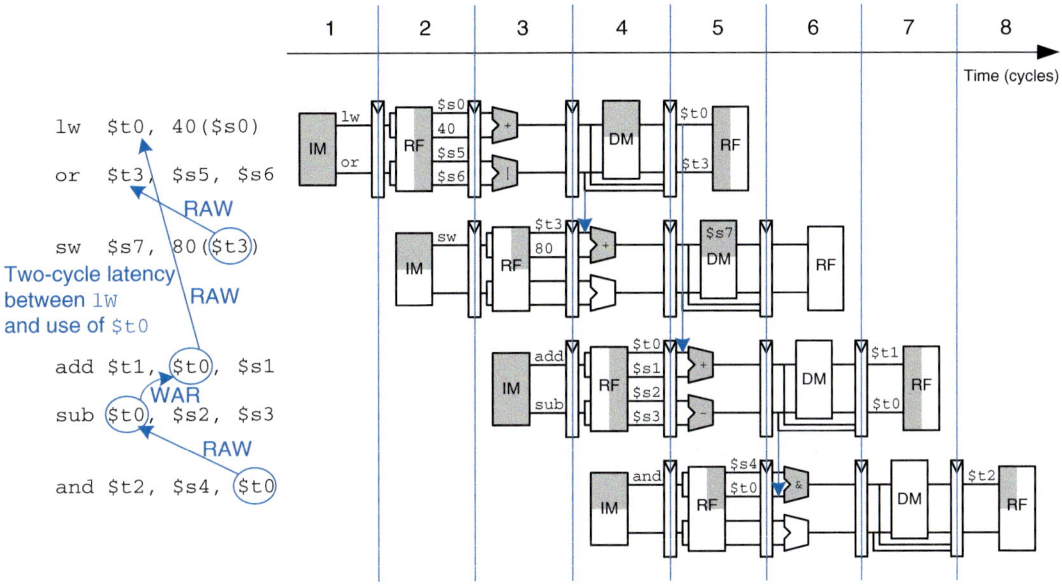

그림 7.70 종속성을 갖는 프로그램의 비순차적 실행

• 사이클 1

– lw 명령이 발송된다.

– add, sub, and 명령이 $t0로 인해 lw에 종속되므로 아직 발송할 수 없다. 그러나 or 명령은 독립적으로 발송 가능하다.

• 사이클 2

– lw 명령이 발송될 때와 종속적인 명령이 그 결과를 사용할 때 사이에는 2사이클 대기 시간이 있다는 점을 기억하라. 그러므로 $t0 종속성 때문에 아직 발송될 수 없다. sub는 $t0에 기록하므로 add가 틀린 $t0 값을 가지지 않기 위해서 add 전에 발송될 수 없다. and는 sub에 종속적이다.

– sw 명령만이 발송된다.

• 사이클 3

– 사이클 3에서 $t0이 사용 가능하므로 add가 발송된다. sub도 동시에 발송된다. 왜냐하면 add가 $t0을 사용한 이후까지 $t0에 기록하지 않기 때문이다.

• 사이클 4

– and 명령이 발송된다. $t0은 sub에서 add로 포워딩된다.

비순차적 프로세서는 4사이클에서 6개의 명령을 발송하므로 IPC가 1.5이다.

$t0으로 인한 add의 lw에 대한 종속성은 RAW 해저드이다. lw가 $t0에 기록하기 전에 add가 $t0을 읽어서는 안 된다. 이것은 우리가 파이프라인 프로세서에 익숙하게 다뤄온 종속의 형태이다. 아무리 많은 실행 장치가 가능하더라도 프로그램 실행 속도를 근본적으로 제한시킨다. 마찬가지로 $t3으로 인한 or에 대한 sw 의존성과 $t0으로 인한 sub에 대한 and의 종속성은 RAW 종속성이다.

$t0에 의한 sub와 add 간의 종속성을 WAR(write after read) 해저드 또는 **반종속**(antidependence)이라 한다. sub는 add가 프로그램의 순서에 따라 올바른 값을 수신할 수 있도록 add가 $t0을 읽기 전에 $t0에 기록해서는 안 된다. WAR 해저드는 간단한 MIPS 파이프라인에서는 발생하지 않으나 비순차 프로세서에서 종속적인 명령(이 경우 sub)이 너무 일찍 동작할 경우 발생할 수 있다.

WAR 해저드는 프로그램 동작에 중요하지는 않다. 이것은 단지 두 개의 무관한 명령이 동일한 레지스터를 사용하기 위한 프로그래머의 선택상의 결함이다. 만일 sub 명령이 $t0 대신에 $t4에 기록했다면 종속성은 사라질 것이고 sub가 add 이전에 발송될 수 있다. MIPS 구조는 32개의 레지스터를 가지므로 때때로 프로그래머는 레지스터를 재사용해야 하고, 모든 다른 레지스터들이 사용 중임으로 해저드를 가져온다.

프로그램에 보이지 않았던 세 번째 해저드를 WAW(write after write) 또는 **출력 종속성**이라 부른다. WAW 해저드는 연속한 명령이 이미 기록된 후에 명령을 레지스터에 기록하고자 시도하는 경우에 발생한다. 결국 해저드로 인해 틀린 값이 레지스터에 기록된다. 예를 들어, 다음의 프로그램에서 add와 sub는 둘 다 $t0에 기록한다. $t0의 최종 값은 프로그램의 순서상 sub로 와야 한다. 비순차 프로세서가 sub를 실행하고자 한다면 WAW 해저드가 발생한다.

```
add $t0, $s1, $s2
sub $t0, $s3, $s4
```

WAW 해저드는 본질적이지는 않다. 이 또한 프로그래머가 두 개의 무관한 명령에 대해 동일한 레지스터를 사용함으로써 발생하는 결함 정도이다. 만일 sub 명령이 첫 번째로 발생된다면 프로그램은 add 결과를 $t0

에 기록하는 대신에 그냥 버림으로써 WAW를 제거할 수 있다. 이를 add 억제(squashing)라 한다.[6]

비순차 프로세서는 발송을 대기하는 명령들을 추적하기 위한 테이블을 사용한다. 이 표를 스코어보드(scoreboard)라고도 하며, 종속성에 관한 정보를 담고 있다. 테이블의 크기에 따라 얼마나 많은 명령이 발송을 위해 고려될 수 있는지 결정한다. 각 사이클에 프로세서가 테이블을 검사하고 종속성 및 가능한 실행 장치(예를 들어, ALU, 메모리 포트)의 개수 제한 범위 내에서 가능한 한 많은 명령을 발송한다.

ILP(instruction level parallelism)는 특정 프로그램과 마이크로아키텍처에서 동시에 실행될 수 있는 명령어의 개수이다. 이론 연구에 따르면 완벽한 분기 예측기와 무수히 많은 실행 장치를 가지는 비순차 마이크로아키텍처에 대한 ILP는 매우 큰 것으로 알려졌다. 그러나 실제 프로세서는 6방향 비순차 슈퍼 스칼라 데이터 경로라 할지라도 2 또는 3 이상의 ILP를 달성하지 못한다.

7.8.5 레지스터 리네이밍

비순차 프로세서는 **레지스터 리네이밍**(register renaming)이라는 기술을 사용하여 WAR 해저드를 제거한다. 레지스터 리네이밍은 프로세서에 몇 개의 비구조적 **리네이밍 레지스터**를 추가한다. 예를 들어, MIPS 프로세서는 `$r0`~`$r19`의 20개의 리네이밍 레지스터를 추가한다. 프로그래머는 이러한 레지스터들이 아키텍처의 부분이 아니므로 이들을 직접 사용할 수는 없다.

예를 들어, 앞 절에서 WAR 해저드는 `$t0`의 재사용에 의해 sub와 add 명령 사이에서 발생한다. 비순차 프로세서는 sub 명령에 대해 `$t0`을 `$r0`으로 리네이밍할 수 있다. 그러면 sub는 더 일찍 실행될 수 있는데, 이는 `$r0`이 add 명령에 더 이상 종속되지 않기 때문이다. 프로세서는 연속되는 종속적인 명령어에서도 일관성 있게 레지스터를 리네이밍하기 위해 리네임된 레지스터를 테이블로 보관한다. 이 예의 and 명령에서 `$t0`은 sub

6 여러분은 도대체 왜 덧셈이 수행되어야 하는지 궁금해 할 것이다. 그 이유는 고장 난 프로세서가 만일 프로그램이 원래의 순서대로 실행되었다면 일어났을 예외들이 똑같이 일어나도록 보장되어야 하기 때문이다. 덧셈은 잠정적으로 오버플로 예외를 만들어 낼 가능성이 있기 때문에 결과가 버려지더라도 예외를 확인하기 위해 수행되어야 한다.

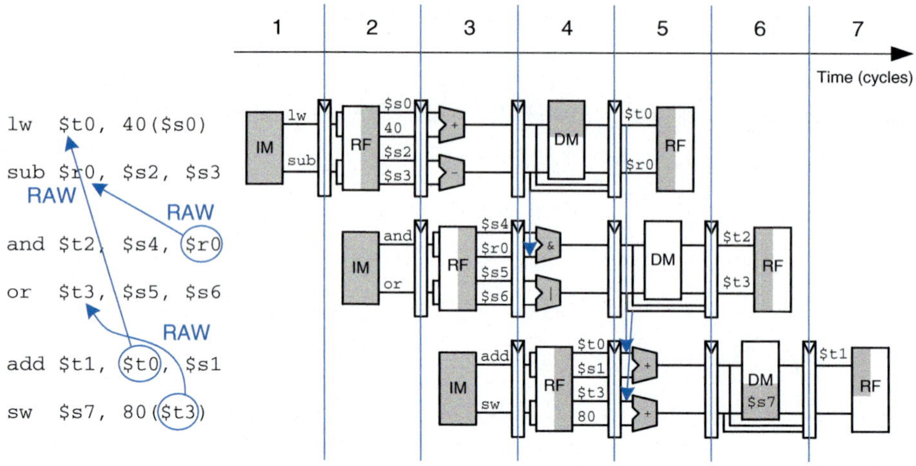

그림 7.71 레지스터 리네이밍을 사용하는 프로그램의 비순차적 실행

의 결과를 참조하기 때문에 $r0으로 리네임되어야 한다.

그림 7.71은 레지스터 리네이밍을 갖는 비순차적 프로세서에서 실행하는 그림 7.70과 동일한 프로그램을 보여준다. WAR 해저드를 제거하기 위해 sub 및 and에서 $t0은 $r0으로 리네임된다. 명령을 발송하는 제약 조건은 아래와 같다.

- 사이클 1
  - lw 명령이 발송된다.
  - add 명령이 $t0으로 인해 lw에 종속되므로 아직 발송할 수 없다. 그러나 sub 명령은 목적지 레지스터가 $r0으로 리네이밍되었으므로 독립적이고 따라서 sub도 발송된다.
- 사이클 2
  - lw 명령이 발송될 때와 종속적인 명령이 그 결과를 사용할 때 사이에는 2사이클 대기 시간이 있다는 점을 기억하라. 그러므로 add는 $t0 종속성 때문에 아직 발송될 수 없다.
  - and 명령은 sub에 종속적이므로 발송할 수 있다. $r0는 sub에서 and로 포워딩된다.
  - or 명령은 독립적으로 발송된다.
- 사이클 3
  - 사이클 3에서 $t0이 사용 가능하므로 add가 발송된다. $t3도 사용 가능하므로 sw도 발송된다.

레지스터 리네이밍을 갖는 비순차 프로세서는 3사이클 동안 6개의 명령을 발송하므로 IPC는 2이다.

7.8.6 단일 명령 다중 데이터

SIMD(발음은 "sim-dee")란 단일 명령 다중 데이터(single instruction multiple data)로, 단일 명령이 다수의 데이터 조각에서 병렬적으로 동작한다는 의미이다. SIMD의 일반적인 응용은 특히 그래픽 처리와 같이 한꺼번에 다수의 짧은 산술연산을 수행하는 것이다. 이를 패킷(packed) 연산이라 한다.

예를 들어, 32비트 마이크로프로세서는 네 개의 8비트 데이터 요소들을 묶어 하나의 32비트 워드로 처리한다. 패킷 덧셈 및 뺄셈 명령은 모든 네 개의 데이터 요소들을 워드 내에서 병렬로 연산한다. 그림 7.72는 쌍의 8비트 수들을 합산하여 네 개의 결과를 내는 패킷 8비트 덧셈을 보여준다. 워드는 또한 두 개의 16비트 요소로 나뉠 수 있다. 패킷 연산은 더 작은 데이터 요소들 간에 캐리어를 제거하기 위해 ALU 수정이 필요하다. 예를 들어, $a_0 + b_0$의 연산은 $a_1 + b_1$의 결과에 영향을 주어서는 안 된다.

짧은 데이터 요소들은 가끔 그래픽 처리에 나타난다. 예를 들어, 디지털 사진의 한 픽셀은 8비트를 사용하여 적색, 녹색, 청색 요소를 각각 저장한다. 이러한 요소들의 하나를 처리하기 위해 전체 32비트 워드를 사용하면 상위 24비트를 낭비하게 된다. 만일 네 개의 인접한 픽셀을 하나의 32비트 워드로 묶어 처리하면 4배의 빠른 속도로 수행 가능하다.

SIMD 명령은 64비트 아키텍처에도 더욱 효율적이다. 이는 8개의 8비트 네 개의 16비트 인수, 두 개의 32비트 인수를 64비트 워드로 묶어 처리할 수 있기 때문이다. 또한 SIMD 명령은 부동 소수점 연산에도 사용된다. 예를 들어 네 개의 32비트 단일 정밀도 부동 소수점 값은 하나의 128비트 워드로 묶을 수 있다.

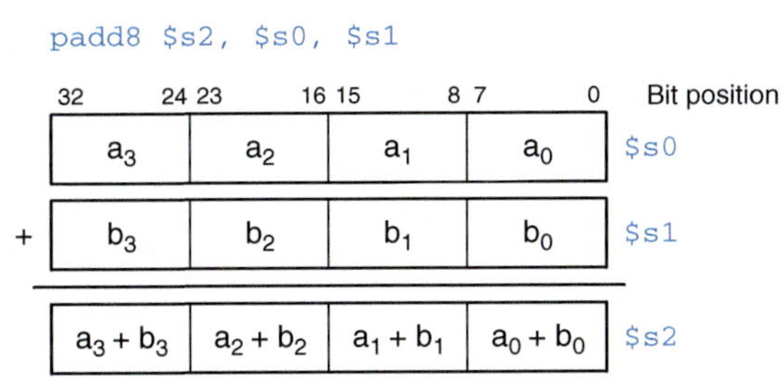

그림 7.72 패킷 연산: 네 개의 동시 8비트 연산

7.8.7 멀티스레딩

실제 프로그램의 ILP는 비교적 낮은 경향이 있어 슈퍼 스칼라 또는 비순차 프로세서에 더 많은 실행 장치를 추가하는 것은 저조한 성능을 가져온다. 8장에서 서술할 다른 문제는 메모리가 프로세서보다 아주 느리다는 점이다. 대부분의 로드와 스토어는 소형이면서 고속인 **캐시**(cache)를 액세스한다. 그러나 명령이나 데이터가 캐시에서 가능하지 않으면, 프로세서는 주 메모리로부터 정보를 가져오는 동안 100 이상의 사이클에서 스톨될 수 있다. 멀티스레딩(multithreading)은 프로그램의 ILP가 낮거나 프로그램이 메모리를 대기하는 동안 스톨되더라도 프로세서의 많은 실행 장치를 지속적으로 비지(busy) 상태로 만드는 기술이다. 멀티스레딩을 설명하기 위해서는 새로운 용어들을 정의할 필요가 있다. 컴퓨터에서 프로그램 실행을 **처리**(process)라 한다. 컴퓨터는 다수의 처리를 동시에 할 수 있는데, 예를 들어 PC에서 웹 서핑과 바이러스 검사를 하면서 음악을 즐길 수 있다. 각각의 처리는 동시에 실행되는 하나 이상의 **스레드**(thread)로 구성된다. 예를 들어, 워드 프로세서는 사용자의 타이핑을 처리하는 하나의 스레드와 사용자가 작업하는 동안 문서의 글자를 체크하는 두 번째 스레드, 문서를 프린트하는 세 번째 스레드를 가질 수 있다. 이러한 방법으로 사용자는 타이핑을 다시 계속하기 위해 문서의 프린팅이 끝날 때까지 기다릴 필요가 없다. 처리 과정을 동시에 수행할 수 있는 다수의 스레드로 분리할 수 있는 정도를 TLP(thread level parallelism) 레벨이라 한다.

기존의 프로세서에서 스레드는 오직 동시 실행의 환상을 보여줄 뿐이다. 스레드는 실제로는 프로세서에서 OS 제어하에 순서를 바꾸는 것이다. 하나의 스레드가 끝나면 OS는 그의 구조적 상태를 저장하고 다음 스레드의 구조적 상태를 로드한 후 수행을 시작한다. 이러한 과정을 **수행 교환**(context switching)이라 한다. 프로세서가 모든 스레드를 빠르게 교환하면 사용자는 모든 스레드가 동시에 수행되고 있다고 생각한다.

멀티스레드 프로세서는 한 개 이상의 구조적 상태를 포함하여 한 번에 하나 이상의 스레드가 활성화되도록 한다. 예를 들어, 네 개의 프로그램 카운터와 12개의 레지스터를 갖는 MIPS 프로세서로 확장하면 한 번에 네 개의 스레드가 가능하다. 만일 주 메모리로부터 데이터를 기다리는 동안 한 스레드가 스톨된다면 프로세서는 프로그램 카운터와 레지스터를 이미 사용할 수 있기 때문에 지연 없이 다른 스레드로 수행 교환을 할 수 있다.

더구나, 한 스레드가 모든 실행 장치들을 비지 상태로 유지시키는 데 병렬성이 충분히 모자란다면 다른 스레드가 쉬고 있는 장치에 명령을 발송할 수 있다.

멀티스레딩은 ILP를 증가시키는 것이 아니므로 개개의 스레드 성능을 향상시키는 것은 아니지만 프로세서의 전체적인 처리량을 개선하는데, 그 이유는 단일 스레드를 실행하는 동안 혹시 쉬게 될지 모르는 프로세서 자원을 활용하기 때문이다. 또한 멀티스레딩은 실행 장치와 메모리가 아닌 PC와 레지스터 파일만을 복제하므로 상대적으로 구현이 저렴하다.

7.8.8 동종 멀티프로세서

멀티프로세서 시스템은 다수의 프로세서와 이들 프로세서 간의 통신의 방법으로 구성한다. 컴퓨터 시스템에서 일반적인 멀티프로세싱 형태는 동종 간 멀티프로세싱(homogeneous multiprocessing)으로 대칭 프로세싱(SMP; symmetric multiprocessing)이라고도 하는데, 두 개 이상의 이상적인 프로세서들이 단일 메인 메모리를 공유한다.

다수의 프로세서들은 독립적인 칩들이나 동일 칩 내의 다수의 코어(core)가 될 수 있다. 현대의 프로세서들은 상당수의 가용 트랜지스터들을 보유하고 있다. 이들을 파이프라인의 깊이를 증가시키는 데 또는 슈퍼 스칼라 프로세서에 좀 더 많은 실행 유닛을 추가하는 데 사용하는 것은 적은 성능 이득을 주며 전력의 소모를 초래한다. 2005년경 컴퓨터 설계는 동일 칩 내에 다수의 프로세서 복제로 옮겨갔으며, 이러한 복제를 코어라 부른다.

지구 밖의 정보 신호를 찾아가는 과학자들은 다른 태양계의 생명체 신호 패턴에 대한 전파 망원경 데이터를 분석하기 위해 세계에서 가장 큰 클러스터 멀티프로세서를 사용하고 있다. 이 클러스터는 전 세계 곳곳의 380만 명 이상의 자원 봉사자가 소유한 개인 컴퓨터로 구성된다.

클러스터 내의 컴퓨터는 유휴 기간에 중앙 서버에서 데이터를 가져와 분석한 후 그 분석결과를 서버로 다시 보낸다. 여러분은 컴퓨터 유휴 시간에 setiathome.berkeley.edu 사이트에 접속하여 클러스터를 위해 자원할 수 있다.

멀티프로세서는 좀 더 많은 스레드를 동시에 실행하거나 특정 스레드를 좀 더 빠르게 실행하는 데 사용될 수 있다. 더 많은 스레드를 동시에 실행하는 것은 쉬우며, 그 스레드들은 프로세서들 간에 간단히 구분된다. 불행히도 전형적인 PC 유저들은 주어진 시간에 단지 소수의 스레드 실행을 필요로 한다. 특정 스레드를 빠르게 실행하는 것은 더욱 도전적이다. 프로그래머는 기존 스레드를 각 프로세서에서 실행하도록 다수의 스레드로 나누어야 한다. 이는 프로세서들이 서로 통신을 요구할 때 미묘하게 된다. 컴퓨터 디자이너와 프로그래머들에게 주요 도전 과제의 하나는 대량의 프로세서 코어들을 얼마나 효율적으로 사용하는가이다.

멀티프로세싱의 다른 형태는 이종 간 멀티프로세싱(heterogeneous

multiprocessing)과 클러스터(cluster)를 포함한다. 이종 멀티프로세서를 또한 비대칭 멀티프로세서라고도 하는데, 개별적 태스크(task)를 위해 개별의 특수 마이크로프로세서를 사용한다. 클러스터드 멀티프로세싱(clustered multiprocessing)에서 각 프로세서는 자신의 로컬 메모리 시스템을 갖는다. 클러스터링은 대형 문제를 풀기 위해 소프트웨어를 실행하는 네트워크상에 서로 연결된 PC 그룹을 이용할 수 있다.

7.8.9 이종 멀티프로세서

7.8.8절에 서술된 동종의 멀티프로세서는 일련의 장점들을 갖고 있다. 이들은 설계가 비교적 간단한데, 그 이유는 일단 프로세가 설계되면 이를 여러 번 복사하여 성능을 높일 수 있기 때문이다. 어떤 프로그램도 시스템의 어느 프로세서에서든 실행될 수 있으며, 거의 동일 성능을 얻을 수 있으므로 동종의 멀티프로세서상의 프로그래밍과 실행 코드는 비교적 수월하다.

불행히도 더욱 많은 코어들을 지속적으로 추가하는 것이 성능을 지속적으로 성능을 개선시키는 것만은 아니다. 2012년 기준의 소비자 적용에서는 주어진 시간에 평균 2~3개만의 스레드를 이용했고, 전형적인 소비자는 실제적으로 동시 컴퓨팅으로 한 쌍의 응용을 기대했다. 반면에 프로그램이 보다 강력한 일체형 병렬로 시작하지 않는 한 듀얼 및 쿼드 코어 시스템을 더욱 바쁘게 만들어 이 이상으로 더 많은 코어를 추가하는 것은 이득 감소를 초래할 것이다. 일반 목적의 프로세서들은 양호한 평균 성능을 제공하도록 설계되어 있으므로 추가 문제는 주어진 운용의 수행에 가장 강력하고 효율적인 옵션은 아니다. 이러한 에너지 비효율성은 전력 제한의 포터블 환경에서는 특히 중요하다.

이종 간 멀티프로세서 목적은 이러한 이슈를 동일 시스템 내의 다른 형태의 코어들 및 특수 하드웨어들 간의 협력으로 지향한다. 각 응용은 최상의 성능 또는 그 응용을 위한 전력-성능비를 제공하는 리소스를 사용한다. 트랜지스터들은 오늘날 넘쳐나므로 각각의 응용은 모든 하드웨어 부품으로 이루어지지 않는다는 사실 등이 최소의 관점이다. 동종의 시스템은 일련의 형태를 취한다. 동종의 시스템은 다른 전력, 성능 및 영역 트레이드오프를 갖는 다른 마이크로아키텍처들과 코어를 협력시킬 수 있다. 예를 들어, 시스템은 단순 단일-이슈(single issue) 정렬(in-order) 코어와 좀 더 복잡한 슈퍼 스칼라 비정렬(out-of-core)을 포함하기도 한다. 고성능의 효율적인 사용을 하는 응용들은 더 많은 전력을 필요로 하지만, 추가적인 계산을 하지 않는 다른 응용들은 좀 더 에너지 효율적인 비정렬 코어들을 사용할 수 있다.

이와 같은 시스템에서 코어들은 동일 ISA를 사용하여 어플리케이션이 어느 코어에서나 실행을 허용하기도 하며, 다른 ISA들을 사용하여 태스크에 적합하도록 코어를 재단하는 것을 허용하기도 한다. IBM의 Cell Broad Engine이 후자의 대표적인 예이다. Cell은 단일 듀얼 이슈 정렬 PPE(power processor element)를 8개의 SPE(synergistic processor element)와 협업한다. SPE는 새로운 ISA, 즉 계산적으로 집중적인 워크로드(workload)를 위해 전력 효율성으로 재단되어 있는 *SPUISA*를 사용한다. 비록 다수의 프로그래밍 다이어그램이 가능하지만, 일반적인 아이디어는 PPE가 SPE들 간의 워크로드를 분리하는 것과 같이 대부분의 제어 및 관리 결정을 다루는 반면 SPE는 대다수의 계산을 다룬다. Cell의 동종의 성질은 주어진 전력 및 영역에서 전통적인 파워 프로세서들에서 가능한 것보다 높은 계산적 성능을 제공한다.

다른 이종의 시스템은 전통적인 코어와 특수 하드웨어가 섞일 수 있다. 플로팅 포인트(floating-point) 프로세서는 이러한 형태의 초기 예이다. 초기 마이프로세서에서는 메인칩에 플로팅 포인트 하드웨어를 위한 공간이 없었다. 플로팅 포인트 성능에 관심있는 유저들은 전용의 플로팅 포인트 지원을 제공하는 개별적인 칩을 추가할 수 있었다. 오늘날의 마이크로프로세서는 칩에 하나 이상의 플로팅 포인트 장치를 포함하며, 이제 다른 형태의 특수 하드웨어를 포함하기 시작했다. AMD와 인텔 모두 동일 칩에 GPU(graphics processing unit, 그래픽 처리 장치) 또는 FPGA를 결합하는 프로세서들과 하나 이상의 x86 코어들을 갖는다. AMD의 Fusion line과 인텔의 Sandy Bridge는 동일 다이에 프로세서와 GPU를 결합한 최초의 디바이스 세트이다. 2011년에 출시된 인텔의 E600(Stellarton) 시리즈 칩은 동일 다이에 Altera FPGA와 Atom 프로세스로 쌍을 이루고 있다. 칩 레벨에서 셀룰러 폰은 사용자 인터랙션, 예를 들어 폰 북 관리, 웹사이트 프로세싱, 게임 수행 등을 처리하는 전형적인 프로세서와 실시간 무선 데이터를 파악하기 위한 특수 인터랙션을 갖는 DSP(digital signal processor)를 모두 포함하고 있다. 전력 제한 환경에서 이러한 합성 형태의 특수 하드웨어는 표준 코어에서의 동일 과업을 수행하는 것보다 좋은 전력 성능의 트레이드오프를 제공한다.

이종의 시스템들도 결점을 갖고 있다. 이들은 다른 이종의 구성 요소를 설계함에 있어서, 또한 다양한 리소스를 언제 어떻게 사용할 것인가를 결정하기 위한 추가적인 프로그래밍 노력에 의해서 복잡성을 보태고 있다. 결국 동종 및 이종의 시스템은 그들의 위치를 각자 확보할 듯하다. 동종의 멀티프로세서는 상당량의 스레드 레벨 병렬처리 가능한 대규모 데이터 센터와 같은 경우에 우수하다. 이종의 시스템은 좀 더 다양한 작업과 제한된 병렬처리를 갖는 경우에 우수하다.

SPU(Synergistic Processor Unit) ISA
SPU ISA는 일련의 작업을 수행하는 데 일반 목적의 프로세서에 비해 1/2 정도의 크기와 전력으로 같은 성능을 제공하도록 설계되었다. 특히 SPU ISA는 게임이나 기타 시스템 모델링과 같은 그래픽, 스트림 프로세싱, 기타 고도의 계산 작업을 목표로 하고 있다. 원하는 성능, 전력, 크기 목표를 달성하기 위해 ISA는 128비트 SIMD 실행, 소프트웨어 제어 메모리, 대형 레지스터 파일을 포함한 일련의 기능들을 가지고 있다. 자동으로 데이터를 가져오는 일반 프로세서의 캐시와 달리 소프트웨어 제어 메모리에서 프로그래머는 데이터를 로컬 메모리로 입출력시키는 데 책임을 갖고 있다. 이는 정확히 사용된다면 필요한 데이터를 보다 빠르게 필요할 때만 가져올 수 있어 전력을 줄이면서 성능을 개선시킬 수 있다. 대형 레지스터 파일은 고가의 레지스터 리네이밍(renaming) 필요 없이 레지스터 결핍을 피할 수 있도록 도와준다.

7.9 현실 전망: x86 마이크로아키텍처

6.8절에는 거의 모든 PC에 사용되는 x86 아키텍처를 소개하였다. 이 절에서는 점점 빨라지고 복잡해지고 있는 마이크로아키텍처를 통해 x86 프로세서의 진화를 추적해 본다. MIPS 마이크로아키텍처에 적용된 동일한 원리가 x86에도 사용되었다.

인텔은 계산기 계열의 유연한 제어기로서 1971년 최초 단일 칩 프로세서인 4비트 4004를 개발하였다. 이 프로세서는 10μm 배선 폭 공정으로 $12mm^2$ 실리콘 은에 2,300개의 트랜지스터를 집적하였으며, 750kHz로 동작하였다. 현미경으로 찍은 칩의 사진이 그림 7.73이다.

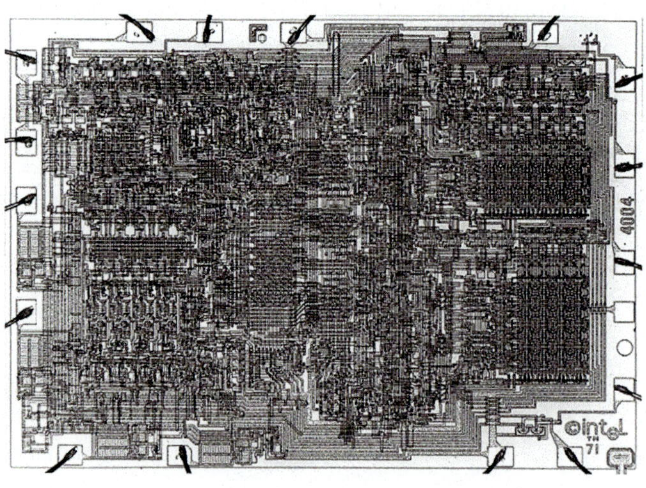

그림 7.73 4004 마이크로프로세서 칩

표 7.7 인텔 x86 마이크로프로세서의 진화

Processor	Year	Feature Size (μm)	Transistors	Frequency (MHz)	Microarchitecture
80386	1985	1.5–1.0	275k	16–25	multicycle
80486	1989	1.0–0.6	1.2M	25–100	pipelined
Pentium	1993	0.8–0.35	3.2–4.5M	60–300	superscalar
Pentium II	1997	0.35–0.25	7.5M	233–450	out of order
Pentium III	1999	0.25–0.18	9.5M–28M	450–1400	out of order
Pentium 4	2001	0.18–0.09	42–178M	1400–3730	out of order
Pentium M	2003	0.13–0.09	77–140M	900–2130	out of order
Core Duo	2005	0.065	152M	1500–2160	dual core
Core 2 Duo	2006	0.065–0.045	167–410M	1800–3300	dual core
Core i-series	2009	0.045–0.032	382–731⁺M	2530–3460	multi-core

4비트 마이크로프로세서에서 예상할 수 있듯이 네 개의 유사한 구조 열을 볼 수 있다. 칩 주위의 **본드 와이어**(bond wire)는 칩을 패키지와 회로보드에 연결하는 데 사용한다.

4004로부터 8비트 8008, 8080이 등장했고, 드디어 1978년에 16비트 8086과 1982년 80286으로 진화했다. 1985년 인텔은 80386을 소개하였는데, 이것은 8086 아키텍처를 32비트로 확장하여 x86 아키텍처로 정의하였다. 표 7.7에 주요 인텔 x86 마이크로프로세서를 요약하였다. 4004 이후 40년 동안 트랜지스터 배선 폭은 160배 줄었고 칩의 트랜지스터 개수는 규모가 5배 증가하였으며, 동작 주파수는 거의 4제곱의 크기로 증가하였다. 이렇게 짧은 기간에 놀라운 발전을 이룬 예를 다른 공학 분야에는 찾아보기 힘들다.

80386은 다중 사이클 프로세서이다. 주요 소자는 그림 7.74에 보이는 칩 사진에 레이블되어 있다. 32비트 경로 데이터를 좌측에 선명하게 볼 수 있다. 각 열은 1비트의 데이터를 처리한다. 몇몇 제어 신호는 제어 FSM의 여러 상태를 통해 단계화된 **마이크로코드** PLA를 사용하여 생성된다. 위 우측 제어 신호로 메모리 관리 장치는 외부 메모리에 액세스한다.

그림 7.75에 보이는 80486은 파이프라인을 사용하여 획기적으로 성능을 개선시켰다. 제어 로직과 마이크로코드 PLA와 함께 데이터 경로를 뚜렷이 볼 수 있다. 80486은 온칩 부동 소수점 장치를 추가하였는데, 이전의

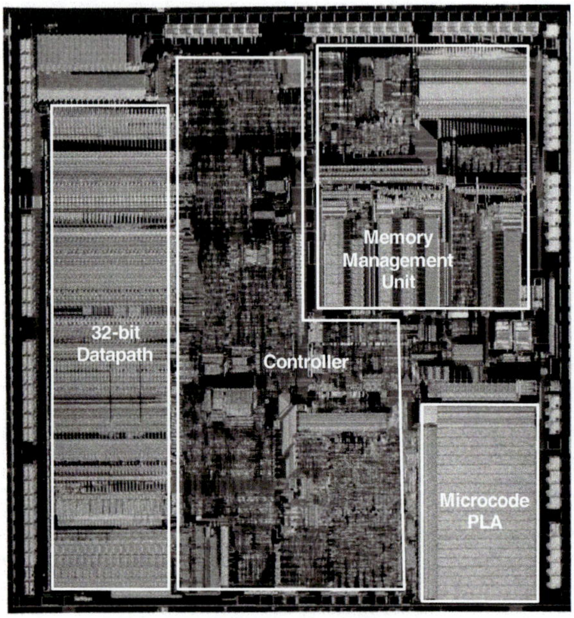

그림 7.74 80386 마이크로프로세서 칩

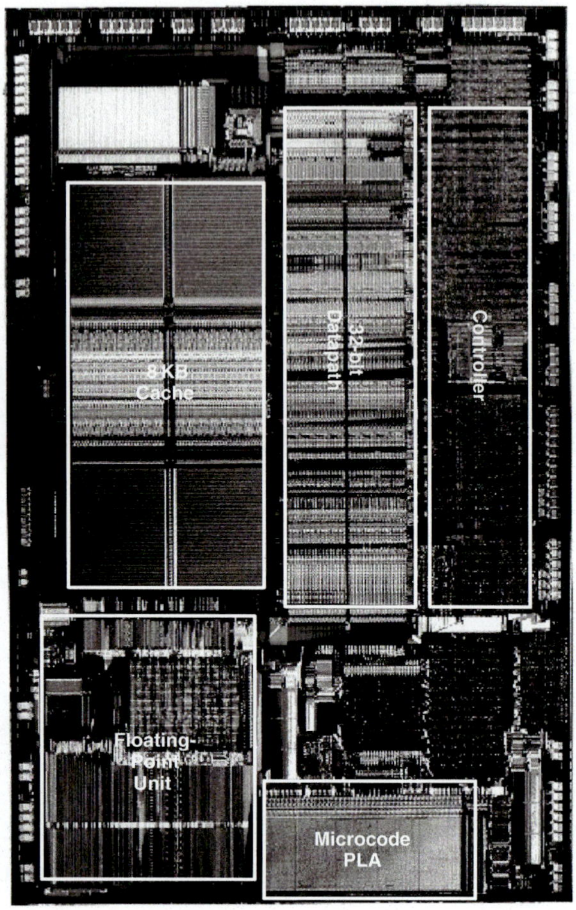

그림 7.75 80486 마이크로프로세서 칩

인텔 프로세서는 부동 소수점 명령을 별도의 코프로세서로 보내거나 소프트웨어로 에뮬레이션(emulation)하였다. 80486은 외부 메모리가 따라가기에는 너무 빨랐으므로 칩 내부에서 8KB 캐시를 합병하여 가장 자주 사용되는 명령과 테이블을 보유하도록 하였다. 8장에서 캐시에 대해 자세히 다루며 인텔 x86 프로세서의 캐시 시스템을 다시 언급한다.

그림 7.76에 보이는 펜티엄 프로세서는 두 가지 명령을 동시에 처리할 수 있는 슈퍼 스칼라 프로세서이다. 인텔은 80586 대신에 펜티엄이란 이름으로 변경했는데, 그 이유는 경쟁사인 AMD가 80486 호환 칩을 판매하면서 부품 번호를 상표 등록하지 못하도록 했기 때문이다. 펜티엄은 별도의 명령과 데이터 캐시를 사용하며, 또한 분기에 대한 성능 페널티를 줄이기 위해 분기 예측기를 사용한다.

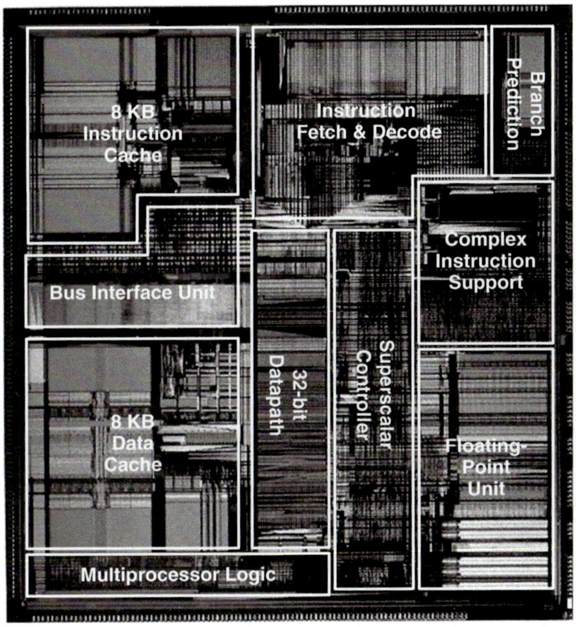

그림 7.76 펜티엄 마이크로프로세서 칩

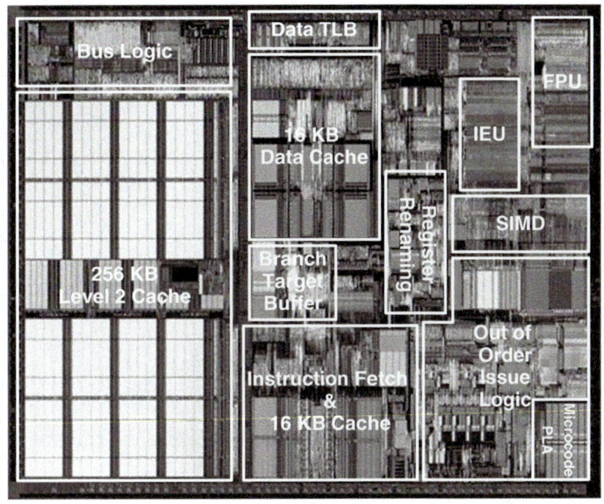

그림 7.77 펜티엄 III 마이크로프로세서 칩

펜티엄 프로, 펜티엄 II, 펜티엄 III 프로세서 모두 코드명 P6인 비순차 마이크로아키텍처를 공유한다. 복잡한 x86 명령어들은 MIPS와 마찬가지로 하나 또는 몇 개의 마이크로 명령(micro-op)으로 나뉜다. 마이크로 명령은 11단계 파이프라인을 갖는 고속의 비순차 실행 코어에서 실행된다. 그림 7.77은 펜티엄 III를 보여준다. 32비트 데이터 경로를 IEU(Integer Execution Unit)라 하고, 부동 소수점 데이터 경로를 FPU(Floating Point Unit)라고 한다. 프로세서는 SIMD 장치를 가지고 있어 짧은 정수와 부동 소수점 데이터로 패킷 연산을 수행할 수 있게 한다. 칩의 많은 부분은 실제 명령의 실행보다 비순차적으로 명령을 발송하는 데 공헌하고 있다. 명령 및 데이터 캐시는 각각 16KB로 성장하였다. 또한, 펜티엄 III는 동일 칩 내에 크고 속도가 느린 256KB 2차 레벨 캐시를 가지고 있다.

1990년대까지 프로세서들은 주로 클록 속도로 마케팅을 해왔다. 펜티엄 4는 매우 깊은 파이프라인을 갖는 또 다른 비순차 프로세서로 극히 높은 클록 주파수를 달성하고 있다. 처음에 20단계로 시작하여 나중의 버전은 3GHz 이상의 주파수를 달성하기 위해 31단계를 채택하였다. 그림 7.78에 보이는 칩은 4,200만에서 1억7,800만 개의 트랜지스터(캐시 크기에 따라)를 패킹한 것인데, 주요 실행 장치조차 사진에서 보기 어렵다. 사이클

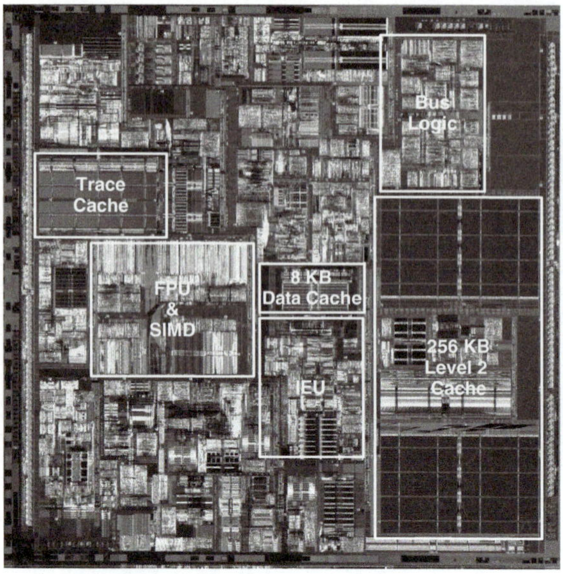

그림 7.78 펜티엄 4 마이크로프로세서 칩

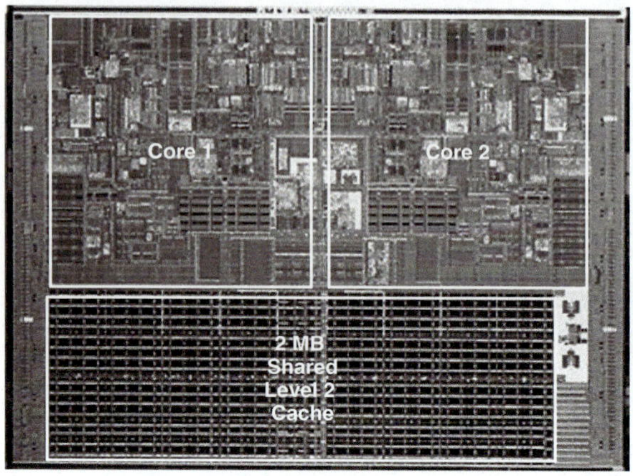

그림 7.79 Core Duo 마이크로프로세서 칩

당 세 개의 x86 명령은 인코딩이 너무 복잡하고 불규칙하므로 그 디코딩은 그와 같은 높은 클록 주파수에서는 불가능하다. 대신에 프로세서는 명령을 단순한 마이크로 명령으로 사전 디코딩한 후 마이크로 명령을 **트레이스 캐시**(trace cashe)라 불리는 메모리에 저장한다. 펜티엄 4 이후의 버전은 다수의 스레드의 처리량을 증가시키기 위해 멀티스레딩을 수행한다.

펜티엄 4는 깊은 파이프라인 및 높은 클록 속도에 대한 의존성이 매우 커서 종종 100W 이상의 극히 높은 전력을 소모한다. 이는 랩톱 컴퓨터에서 받아들일 수 없을 뿐만 아니라 데스크톱 컴퓨터에서도 냉각 장치에 비용이 크게 소요된다.

인텔은 이전의 P6 아키텍처가 더욱 낮은 클록 속도와 전력에서도 비교할 만한 성능을 얻을 수 있음을 알아냈다. 펜티엄 M은 32KB 명령과 데이터 캐시, 1~2MB 2차 레벨 캐시를 갖는 P6 비순차 마이크로아키텍처의 향상된 버전을 사용한다. Core Duo는 다중 코어 프로세서로 두 개의 펜티엄 M 코어가 공유하는 2MB 2차 레벨 캐시에 연결되어 있다. 그림 7.79에 보이는 개별적 기능 장치들은 보기 어렵지만 두 개의 코어 및 대형 캐시들은 뚜렷이 볼 수 있다.

2009년 인텔은 초기 코어 마이크로아키텍처 계열의 Nehalem이라는 새로운 마이크로아키텍처를 소개하였다. 이들 프로세서는 코어 i3, i5, i7 계

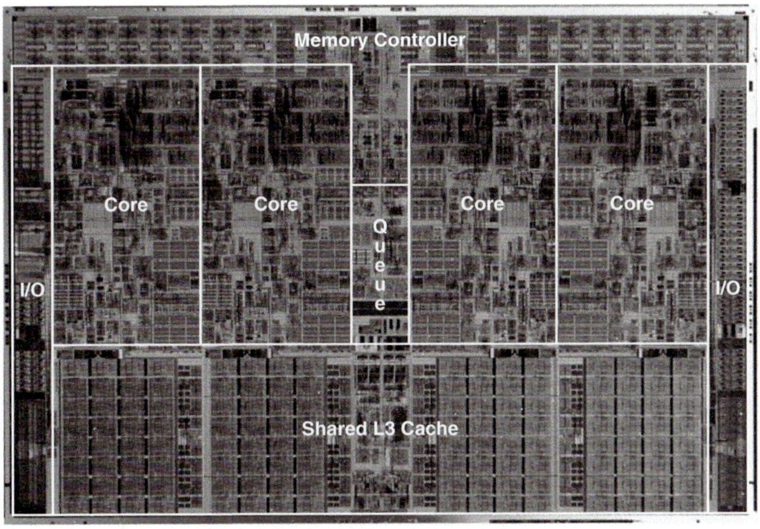

그림 7.80 코어 i7 마이크로프로세서 칩

열을 포함하며, 명령 세트를 64비트로 확장하였다. 이들은 2~6 코어들과 3~15MB의 3차 레벨 캐시, 하나의 빌트인(built-in) 메모리 제어기를 제공한다. 몇몇 모델들은 **그래픽 가속기**(graphics accelerator)라 부르는 빌트인 그래픽 프로세서들을 포함하고 있다. 단일 스레드 코드 성능을 개선하기 위한 '터보 부스트(Turbo-Boost)'는 미사용 코어들을 꺼서 부스트 코어의 전압과 클록 주파수를 높인다. 몇몇은 인텔에서 2방향 멀티스레딩이라 부르는 '하이퍼스레딩(hyperthreading)'을 제공하여 사용자 관점에서 코어의 수를 두 배로 하고 있다. 그림 7.80은 네 개의 코어와 8MB 공유 L3 캐시를 갖는 코어 i7 다이를 보여준다.

7.10 요약

이 장은 각각 다른 성능과 가격의 트레이드오프를 갖는 세 가지의 MIPS 프로세서 구성 방법을 설명하였다. 이 주제는 마치 마술과 같음을 알 수 있다. 즉 마이크로프로세서라는 매우 복잡해 보이는 디바이스가 어떻게 페이지 절반의 회로도에 들어갈 수 있을까? 더구나 초보자에게는 신비스러운 내부 작업도 실제로 간단하다.

MIPS 마이크로아키텍처는 지금까지 교재에서 다루어진 거의 모든 주제를 함께 이끌어 왔다. 마이크로아키텍처라는 퍼즐을 맞춤으로써 2, 3장의 조합 및 순차회로 설계, 5장의 설계 블록 응용, 6장의 MIPS 아키텍처의 구현 등 이전 장에서 소개된 원리들을 보여주었다. MIPS 아키텍처는 4장의 기술을 이용하여 몇 페이지의 HDL로 기술할 수 있다.

마이크로아키텍처의 구현에 복잡성을 다루는 기법들을 사용해 왔다. 마이크로아키텍처의 형태는 디지털 설계와 컴퓨터 아키텍처에서 이 책의 핵심을 이루면서 로직과 아키텍처의 추상을 연결하는 것이다. 또한 우리는 소자를 간결히 정돈하기 위해 추상적 블록도와 HDL을 이용하였다. 마이크로아키텍처는 정형화 및 모듈화를 이용하고 ALU, 메모리, 멀티플렉서, 레지스터와 같은 일반 빌딩 블록의 라이브러리를 재사용하였다. 계층구조(hierarchy)도 많이 사용되었다. 마이크로아키텍처는 데이터 경로와 제어 장치로 세분화되었다. 이러한 장치들의 각각은 첫 5개 장에서 개발된 기술을 트랜지스터를 포함한 게이트로 구성된 로직 블록을 가지고 만들 수 있다.

이 장에서는 MIPS 프로세서에 대한 단일 사이클, 다중 사이클, 파이프라인 마이크로아키텍처를 비교하였다. 이러한 모든 마이크로아키텍처들은 MIPS 명령 세트의 동일 서브세트를 구현하고 동일한 구조적 상태를 갖고 있다. 단일 사이클 프로세서가 가장 간단하고 1의 CPI를 갖는다.

다중 사이클 프로세서는 명령을 실행하는 데 다양한 수의 짧은 단계들을 사용한다. 따라서 몇 개의 가산기를 요구하기보다는 ALU를 재사용할 수 있다. 그러나 이것은 단계들 사이에 결과를 저장하기 위한 여러 마이크로아키텍처 레지스터를 필요로 한다. 원칙적으로 다중 사이클 설계는 모든 명령이 똑같이 길어져야 하는 것은 아니어서 좀 더 빨라져야 한다. 실제로 다중 사이클 프로세서는 가장 느린 단계 및 각 단계의 순차 오버헤드 제약으로 인해 일반적으로 느린 편이다.

파이프라인 프로세서는 단일 사이클 프로세서를 5개의 비교적 빠른 파이프라인 단계로 세분화한다. 이것은 동시에 실행되는 5개의 명령을 분리하기 위해 단계 사이에 파이프라인 레지스터를 추가한다. 명목상 CPI가 1이지만, 해저드로 인해 스톨이나 플러시가 일어나므로 CPI는 약간 증가한다. 또한 해저드를 해결하기 위해서는 몇 개의 별도의 하드웨어를 추가해야 하는 설계 복잡성으로 인해 비용이 많이 든다. 클록 주기는 이상적으로 단일 사이클 프로세서보다 5배 짧을 수 있다. 실제로 그렇게 짧지는 않은데 가장 느린 단계 및 각 단계에서의 순차 오버헤드에 의해 제약을 받기 때문이다. 그럼에도 불구하고 파이프라인은 상당한 성능 이득을 가져온다. 오늘날 모든 현대의 고성능 마이크로프로세서는 파이프라인 구조이다.

비록 이 장의 마이크로아키텍처가 MIPS 구조의 일부만을 구현하였지만, 더 많은 명령을 지원하는 일은 데이터 경로와 제어기의 단순 확장에 지나지 않는다. 예외 또한 간단한 수정을 통해 지원된다.

이 장의 주요 제약은 전체 프로그램과 데이터를 충분히 저장할 수 있는 고속이면서 대형의 이상적인 메모리 시스템을 가정하였다. 실제로 대형의 고속 메모리는 아주 고가이다. 다음 장에서는 대부분 일반적으로 사용하는 정보를 보유하는 소형의 고속 메모리와 나머지 정보를 보유하는 대형의 저속 메모리를 가지고 대형의 고속 메모리의 이점을 어떻게 얻을지에 대해 설명한다.

연습문제

문제 7.1 단일 사이클 MIPS 프로세서에서 다음의 제어 신호 중의 하나가 *stuck-at-0 fault*를 가진다고 가정한다. 즉 이 신호는 의도적인 값에 상관없이 항상 0을 의미한다. 어떤 명령이 오동작할 것인가? 그 이유는 무엇인가?

(a) *RegWrite*

(b) $ALUOp_1$

(c) *MemWrite*

문제 7.2 신호가 *stuck-at-1 fault*를 가진다고 가정하여 연습문제 7.1을 반복하라.

문제 7.3 다음 명령들 중의 하나를 구현하기 위한 단일 사이클 MIPS 프로세서를 수정하라. 명령의 목적지에 대해서는 부록 B를 참고하라. 데이터 경로의 변화를 나타내기 위래 그림 7.11에 마크하라. 모든 새로운 제어 신호에 이름을 달고, 메인 디코더의 변화를 나타내도록 표 7.8에 마크해라. 기타 필요한 모든 수정된 내용을 설명하라.

(a) `sll`

(b) `lui`

(c) `slti`

(d) `blez`

표 7.8 수정 사항을 체크하기 위한 메인 디코더 진리표

Instruction	Opcode	RegWrite	RegDst	ALUSrc	Branch	MemWrite	MemtoReg	ALUOp
R-type	000000	1	1	0	0	0	0	10
`lw`	100011	1	0	1	0	0	1	00
`sw`	101011	0	X	1	0	1	X	00
`beq`	000100	0	X	0	1	0	X	01

문제 7.4 다음의 MIPS 명령에 대해 연습문제 7.3을 반복하라.

(a) `jal`

(b) `lh`

(c) `jr`

(d) `srl`

문제 7.5 많은 프로세서 아키텍처들은 *load with postincrement* 명령을 갖는데, 이는 로드한 데이터에 보수를 취한 후, 인덱스 레지스터가 다음 메모리 워드를 지시하도록 갱신하는 명령이다. `lwinc $rt, imm($rs)`는 다음 두 명령과 동일하다.

```
lw $rt, imm($rs)
addi $rs, $rs, 4
```

`lwinc` 명령에 대해 연습문제 7.3을 반복하라. 레지스터 파일 수정 없이 명령을 추가하는 것이 가능한가?

문제 7.6 add.s, sub.s, `mul.s`를 처리하기 위해 단일 사이클 MIPS에 단일 정밀도 부동 소수점 장치를 추가하라. 단일 정밀도 부동 소수점 가산기 및 곱셈기 장치를 가지고 있다고 가정하자. 데이터 경로 및 제어기에 어떤 수정을 해야 하는지 설명하라.

문제 7.7 여러분 친구가 뛰어난 회로 설계자이다. 그는 단일 사이클 MIPS 프로세서의 지연시간을 반으로 줄이기 위해 장치 중 하나를 재설계하고자 한다. 표 7.6의 지연시간을 이용하고자 할 때, 전체 프로세서가 가장 큰 속도 향상을 얻기 위해 어떤 장치에 대해 작업을 해야 하는가? 그리고 개선된 사이클 타임은 얼마인가?

문제 7.8 표 7.6에 주어진 지연을 고려하자. 벤은 ALU 지연을 20ps 줄이는 프레픽스(prefix) 가산기를 설계하고자 한다. 다른 소자의 지연이 동일할 때 단일 사이클 MIPS 프로세서의 새로운 사이클 타임을 구하라. 1,000억 개의 명령에 대한 벤치마크 수행 시간은 얼마나 걸리는가?

문제 7.9 다중 사이클 MIPS 프로세서에서 다음 제어 신호 중의 하나가 stuck-at-0 fault를 갖는다고 가정하자. 즉 이 신호는 의도적인 값에 상관없이 항상 0을 의미한다. 어떤 명령이 오동작할 것인가? 그 이유는 무엇인가?

(a) *MemtoReg*

(b) $ALUOp_0$

(c) *PCSrc*

문제 7.10 신호가 stuck-at-1 fault를 가진다고 가정하여 연습문제 7.9를 반복하라.

문제 7.11 연습문제 7.3에서의 새로운 명령 중의 하나를 처리하기 위해 7.6.1절에 주어진 MIPS 프로세서의 HDL 코드를 수정하라. 새로운 명령을 테스트하기 위해 7.6.3절에 주어진 테스트벤치를 개선하여라.

문제 7.12 연습문제 7.4에서의 새로운 명령에 대해 연습문제 7.11을 반복하라.

문제 7.13 다음 명령들 중의 하나를 구현하기 위한 다중 사이클 MIPS 프로세서를 수정하라. 명령의 목적지에 대해서는 부록 B를 참고하라. 데이터 경로의 변화를 나타내기 위해 그림 7.27에 마크하라. 모든 새로운 제어 신호에 이름을 달고, 제어기 FSM에 변화를 나타내도록 그림 7.39에 마크해라. 기타 필요한 모든 수정된 내용을 설명하라.

(a) `srlv`

(b) `ori`

(c) `xori`

(d) `jr`

문제 7.14 다음의 MIPS 명령에 대해 연습문제 7.3을 반복하라.

(a) `bne`

(b) `lb`

(c) `lbu`

(d) `andi`

문제 7.15 다중 사이클 MIPS 프로세서에 대해 연습문제 7.5를 반복하라. 다중 사이클 데이터 경로와 제어기 FSM의 수정 사항을 보여라. 레지스터 파일 수정 없이 명령을 추가하는 것이 가능한가?

문제 7.16 다중 사이클 MIPS 프로세서에 대해 연습문제 7.6을 반복하라.

문제 7.17 연습문제 7.16에서의 부동 소수점 가산기 및 곱셈기 각각은 연산에 2사이클이 걸린다고 가정하자. 다시 말해, 입력은 한 사이클의 시작에 가해지고 출력은 두 번째 사이클에 이용할 수 있다. 연습문제 7.16에 대한 답이 어떻게 바뀌겠는가?

문제 7.18 여러분 친구가 뛰어난 회로 설계자이다. 그는 다중 사이클 MIPS 프로세서를 더욱 빠르게 하기 위해 장치 중 하나를 재설계하고자 한다. 표 7.6의 지연시간을 이용하고자 할 때 전체 프로세서가 가장 큰 속도 향상을 얻기 위해 어떤 장치에 대해 작업을 해야 하는가? 그 장치는 얼마나 빨라야 하는가(필요 이상의 빠른 속도는 친구의 노력을 낭비하게 한다)? 그리고 개선된 사이클 타임은 얼마인가?

문제 7.19 다중 사이클 프로세서에 대해 연습문제 7.8을 반복하라. 예제 7.7과 혼합된 명령을 가정하라.

문제 7.20 다중 사이클 MIPS 프로세서가 표 7.6에 주어진 요소 지연을 갖는다고 하자. 앨리사는 전력을 40% 줄이면서 지연을 두 배로 늘려 새로운 레지스터 파일을 설계하고자 한다. 다중 사이클 프로세서 설계를 위해 느리지만 저전력 레지스터 파일로 변경해야 하는가?

문제 7.21 골리앗(Goliath Corp)은 3포트 레지스터 파일에 관한 특허를 주장하고 있다. 법정에서 골리앗에 맞서 싸우느니 벤은 오직 하나의 읽기/쓰기 포트를 가지는 새로운 레지스터 파일을 설계하기로 한다(명령과 데이터 메모리를 조합하듯이). 벤의 새로운 레지스터 파일을 사용하기 위한 MIPD 다중 사이클 데이터 경로와 제어기를 재설계하라.

문제 7.22 연습문제 7.21로부터 재설계된 다중 사이클 MIPS 프로세서의 CPI는 얼마인가? 예제 7.7의 혼합된 명령을 사용하라.

문제 7.23 다중 사이클 프로세서에서 다음의 프로그램을 실행하는 데 얼마나 많은 사이클이 필요한가? 이 프로그램의 CPI 값은 얼마인가?

```
    addi $s0, $0, done  # result = 5

while:
    beq $s0, $0, done   # if result > 0, execute while block
    addi $s0, $s0, -1   # while block: result = result-1
    j while

done:
```

문제 7.24 다음의 프로그램에 대해 연습문제 7.23을 반복하라.

```
    add  $s0, $0, $0  # i = 0
    add  $s1, $0, $0  # sum = 0
    addi $t0, $0, 10  # $t0 = 10

loop:
    slt  $t1, $s0, $t0   # if (i < 10), $t1 = 1, else $t1 = 0
    beq  $t1, $0,  done  # if $t1 == 0 (i >= 10), branch to done
    add  $s1, $s1, $s0   # sum = sum + i
    addi $s0, $s0, 1     # increment i
    j loop
done:
```

문제 7.25 다중 사이클 MIPS 프로세서에 대한 HDL 코드를 작성하라. 그 프로세서는 다음의 최상위 모듈과 호환되어야 한다. 명령과 데이터 모두를 저장하기 위해 mem 모듈이 사용된다. 7.6.3절의 테스트벤치를 사용하여 프로세서를 테스트하라.

```
module top(input  logic        clk, reset,
           output logic [31:0] writedata, adr,
           output logic        memwrite);

  logic       [31:0] readdata;

  // instantiate processor and memories
  mips mips(clk, reset, adr, writedata, memwrite, readdata);
  mem mem(clk, memwrite, adr, writedata, readdata);

endmodule

module mem(input  logic        clk, we,
           input  logic [31:0] a, wd,
           output logic [31:0] rd);

  logic [31:0] RAM[63:0];

initial
  begin
    $readmemh("memfile.dat", RAM);
  end
  assign rd = RAM[a[31:2]]; // word aligned
  always @(posedge clk)
    if (we)
      RAM[a[31:2]] <= wd;
endmodule
```

문제 7.26 연습문제 7.13의 새로운 명령 중 하나를 처리하기 위해 연습문제 7.25로부터 다중 사이클 MIPS 프로세서에 대한 HDL 코드를 확장하라. 새로운 명령을 테스트하기 위한 테스트벤치를 개선하라.

문제 7.27 연습문제 7.14의 새로운 명령 중의 하나에 대해 연습문제 7.26을 반복하라.

문제 7.28 파이프라인 MIPS 프로세서는 다음의 프로그램을 실행하고 있다. 다섯 번째 사이클에서 어떤 레지스터가 기록되고 읽어 들여지는가?

```
addi $s1, $s2, 5
sub  $t0, $t1, $t2
lw   $t3, 15($s1)
sw   $t5, 72($t0)
or   $t2, $s4, $s5
```

문제 7.29 다음의 MIPS 프로그램에 대해 연습문제 7.28을 반복하라. 파이프라인 MIPS 프로세서는 해저드 장치를 가짐을 기억하라.

```
add $s0, $t0, $t1
sub $s1, $t2, $t3
and $s2, $s0, $s1
or  $s3, $t4, $t5
slt $s4, $s2, $s3
```

문제 7.30 그림 7.52와 유사한 다이어그램을 사용하여 파이프라인 MIPS 프로세서에서 다음의 명령을 실행하는 데 필요한 포워딩과 스톨을 보여라.

```
add $t0, $s0, $s1
sub $t0, $t0, $s2
Iw  $t1, 60($t0)
and $t2, $t1, $t0
```

문제 7.31 다음 명령에 대해 연습문제 7.30을 반복하라.

```
add $t0, $s0, $s1
Iw  $t1, 60($s2)
sub $t2, $t0, $s3
and $t3, $t1, $t0
```

문제 7.32 연습문제 7.23의 프로그램에서 파이프라인 MIPS 프로세서가 모든 명령을 발송하는 데 몇 사이클이 필요한가? 이 프로그램에서 프로세서의 CPI 값은 얼마인가?

문제 7.33 연습문제 7.24의 프로그램 명령에 대해 연습문제 7.32를 반복하라.

문제 7.34 `addi` 명령을 처리하기 위해 파이프라인 MIPS를 어떻게 확장해야 하는지 설명하라.

문제 7.35 `j` 명령을 처리하기 위해 파이프라인 프로세서를 어떻게 확장하는지 설명하라. 점프 명령 발생 시 파이프라인이 어떻게 플러시되는지에 대해 특히 유의하라.

문제 7.36 예제 7.9와 예제 7.10은 분기가 디코드 단계가 아닌 실행 단계에서 발생할 경우 파이프라인 프로세서 성능이 더 좋다고 지적하고 있다. 실행 단계에서 분기되도록 그림 7.58의 파이프라인 프로세서를 어떻게 수정하는지 보여라. 어떻게 스톨과 플러시 신호를 바꾸는가? 예제 7.9와 예제 7.10을 다시 계산하여 새로운 CPI, 사이클 타임, 프로그램의 전체 실행 시간을 구하라.

문제 7.37 여러분 친구가 뛰어난 회로 설계자이다. 그는 다중 사이클 MIPS 프로세서를 더욱 빠르게 하기 위해 장치 중 하나를 재설계하고자 한다. 표 7.6과 예제 7.10의 지연시간을 이용하고자 할 때, 전체 프로세서가 가장 큰 속도 향상을 얻기 위해 어떤 장치에 대해 작업을 해야 하는가? 그 장치는 얼마나 빨라야 하는가(필요 이상의 빠른 속도는 친구의 노력을 낭비하게 한다)? 그리고 개선된 사이클 타임은 얼마인가?

문제 7.38 표 7.6과 예제 7.10의 지연시간을 고려한다. 이제 ALU가 20% 빨라졌다고 가정하자. 파이프라인 MIPS 프로세서의 사이클 타임은 변하는가? 만일 ALU가 20% 느려졌다면 어떻게 되겠는가?

문제 7.39 MIPS 파이프라인 프로세서는 순차의 오버헤드를 포함하여 각각 400ps의 10단계로 나뉜다고 가정하자. 예제 7.7의 명령 혼합을 가정한다. 또한 50%의 로드는 그 결과를 사용하는 명령 후에 즉시 이루어지고, 6개의 스톨을 필요로 하며 30%의 분기가 잘못 예측된다고 가정한다. 분기 또는 점프 명령의 타깃 어드레스는 두 번째 단계 끝까지 계산되지 않는다. 10단계 파이프라인 프로세서에 대한 SPECINT2000 벤치마크로부터 평균 CPI와 1,000억 개의 명령을 계산하는 실행 시간을 구하라.

문제 7.40 파이프라인 MIPS 프로세서의 HDL 코드를 작성하라. 프로세서는 HDL 예제 7.13의 최상위 모듈과 호환되어야 한다. `addi` 및 `j`를 포함한 이 장에서 서술한 모든 명령을 지원해야 한다(연습문제 7.34 및 7.35를 참조). HDL 예제 7.12의 테스트벤치를 사용하여 여러분의 설계를 테스트하라.

문제 7.41 파이프라인 MIPS 프로세서에 대한 그림 7.58에 보인 해저드 장치를 설계하라. 여러분의 설계를 구현하기 위해 HDL을 사용하라. 합성 툴이 여러분의 HDL로부터 생성될 수 있도록 하드웨어를 스케치하라.

문제 7.42 NMI(nonmaskable Interrupt)는 프로세서의 입력 핀에 의해 트리거된다. 핀이 활성화되면 현재 명령은 플러시되어, 프로세서는 Cause 레지스터를 0으로 세트하여 예외를 처리한다. NMI 처리를 위해 다중 사이클 프로세서를 어떻게 수정하는지 보여라.

인터뷰 질문

다음은 디지털 설계 직무에 대한 인터뷰 질문들이다.

질문 7.1 파이프라인 마이크로프로세서의 장점을 설명하라.

질문 7.2 추가의 파이프라인 단계가 프로세서를 좀 더 빠르게 가져간다고 할 때, 100개의 파이프라인 단계를 두면 어떻게 되는가?

질문 7.3 마이크로프로세서에서의 해저드란 무엇인지 기술하고, 이를 해결할 수 있는 방법들을 설명하라. 각 방법의 장단점은 무엇인가?

질문 7.4 슈퍼 스칼라 프로세서의 개념과 그 장단점을 설명하라.

메모리와 입출력 시스템

8

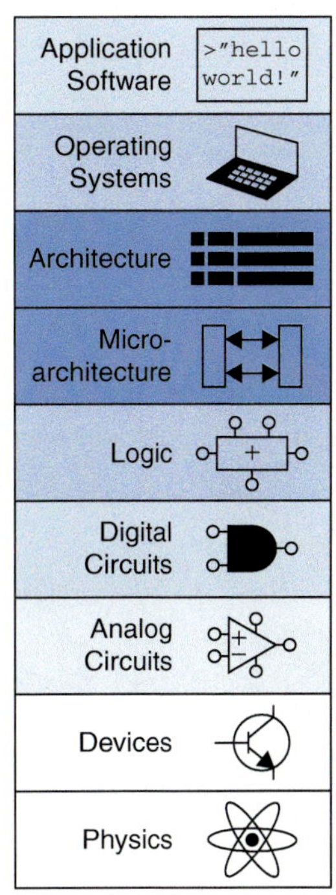

8.1 서론

문제를 해결하는 컴퓨터의 능력은 그의 계산 결과를 다루고 보여주는 메모리 시스템과 모니터, 키보드, 프린터와 같은 입출력(I/O) 기기들에 의해 영향을 받는다. 이 장에서는 이러한 실제적인 메모리 및 I/O 시스템을 조사한다.

컴퓨터 시스템 성능은 프로세서 마이크로아키텍처뿐만 아니라 메모리 시스템에 의해 좌우된다. 7장에서는 단일 클록 사이클로 액세스될 수 있는 이상적인 메모리 시스템을 가정하였다. 그러나 이 가정은 오로지 매우 작은 메모리 또는 매우 느린 프로세서에만 유효하다. 이전의 프로세서는 비교적 느려서 메모리가 유지될 수 있었지만, 프로세서 속도는 메모리 속도에 비해 빠른 속도로 증가하고 있다. 현재 DRAM 메모리들은 프로세서보다 10배~100배나 느리다. 프로세서와 DRAM 메모리 속도 간의 차이의 증가로 인해 프로세서 속도에 가까운 정교한 메모리 시스템이 요구되고 있다. 이 장의 전반부에서는 실제 메모리 시스템을 조사하고 속도, 용량, 가격 간의 트레이드오프(trade-off)를 고려한다.

프로세서는 메모리 시스템과 **메모리 인터페이스**를 통해 통신한다. 그림 8.1은 멀티 사이클 MIPS 프로세서에 사용되는 간단한 메모리 인터페이스

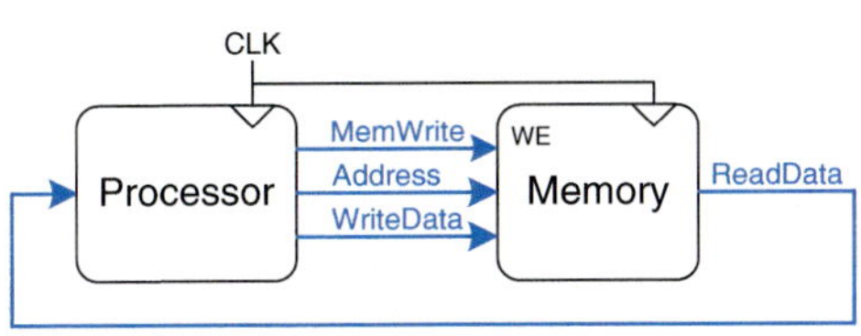

그림 8.1 메모리 인터페이스

를 보인다. 프로세서는 어드레스 버스(Address bus)를 통해 메모리 시스템에 어드레스를 송신한다. 읽기에서 *MemWrite*는 0이며 메모리는 그 데이터를 *ReadData* 버스로 되돌린다. 쓰기에서 *MemWrite*는 1이며 프로세서는 그 데이터를 *WriteData* 버스를 통해 메모리로 송신한다.

메모리 시스템 설계상의 주요 이슈들은 도서관 내의 책들에 비유하여 폭넓게 설명될 수 있다. 도서관은 서고에 많은 책들을 보유하고 있다. 만일 '꿈의 의미'에 관한 학기말 리포트를 작성하고자 한다면, 도서관[1]에 가서 프로이트의 『꿈의 해석』 책을 서고에서 꺼내 열람실로 가져간다. 대충 읽은 후 그 책을 제자리로 갖다 놓고 융의 『무의식의 심리학』을 꺼낸다. 『꿈의 해석』으로부터 다른 인용을 위해 다시 서고를 다녀온 후, 프로이트의 『자아와 원초아』 책을 찾기 위해 서고로 다시 간다. 열람실에서 서고를 왕래하느라 금방 지쳐버린다. 현명하다면 책을 나르느라 왔다 갔다 하지 않고 열람실에 쌓아 둠으로써 시간을 절약할 수 있다. 더구나, 처음에 프로이트의 책을 꺼낼 때 같은 서고에서 그의 다른 책들을 쉽게 꺼낼 수도 있다.

이 비유는 6.2.1절에 소개된 일반적 경우의 속도를 빠르게 가져가는 원리를 강조하는 것이다. 최근에 인용한 또는 앞으로 인용할 책들을 열람실에 놓아둠으로써 서고에 왕래하는 시간 소비를 줄인다. 특히, **순간적 공간적 집약성**(temporal and spatial locality) 원리를 사용한다. 순간적 집약성(temporal locality)은 최근에 인용된 책은 조만간 다시 인용될 가능성이 있다는 점을 의미한다. 공간적 집약성은 하나의 특정 책이 인용되면, 같은 서고의 다른 책들도 인용될 가능성이 있다는 것을 의미한다.

이러한 집약성 원리를 이용한다면 일반적인 경우의 도서관 이용 속도를 빠르게 할 수 있다. 도서관은 세계의 모든 책들을 수용할 수 있는 서고 공간도 예산도 없다. 대신에 덜 찾는 책들은 지하 깊숙이 보관한다. 또한 이웃 도서관과 상호 대출 협정을 맺어 실제 보유량보다 많은 책들의 제공이 가능하다.

요약하면, 계층적 구조의 저장을 통하여 대량의 장서 보유와 함께 가장 많이 찾는 책들에 대한 신속한 열람이라는 두 가지 이점 모두를 가능하게 한다. 가장 일반적으로 열람하는 책들은 열람실에 있다. 대량의 장서가

1 우리는 인터넷으로 인해 대학생들 사이에서 도서관 이용이 곤두박질치고 있다는 사실을 알고 있다. 하지만 우리는 도서관이 전자적으로 불가능한 인간이 애써 얻은 소중한 정보를 갖고 있다고 믿는다. 우리는 웹 검색이 도서관 연구의 미학을 완전히 대체하지 않길 바란다.

서고에 있으며, 사전 통지에 의해 지하실이나 다른 도서관으로부터의 보다 많은 열람이 가능하다. 마찬가지로 메모리 시스템은 가장 일반적으로 인용되는 데이터에 빠르게 접속하면서 아직도 대량의 데이터를 저장할 수 있는 공간을 갖는 계층적 저장 방법을 이용한다.

이러한 계층적 구조에 사용되는 메모리 서브시스템(subsystem)이 5.5절에 소개되었다. 컴퓨터 메모리는 주로 DRAM(dynamic RAM) 및 SRAM(static RAM)으로 구성된다. 이상적으로 컴퓨터 메모리 시스템은 빠르고 대용량이면서 저렴하다. 실제로 단일 메모리는 세 가지 특징 중 두 가지만을 갖거나, 느리고 소용량이면서 고가일 수 있다. 그러나 컴퓨터 시스템은 고속 소용량 칩 메모리와 저속 대용량 칩 메모리를 조합하여 이상에 근접하게 만들 수 있다. 고속 메모리는 가장 일반적으로 인용되는 데이터와 명령들을 저장하여 평균적으로 메모리 시스템이 고속으로 보이도록 한다. 대용량 메모리는 나머지 데이터 및 명령들을 저장함으로써 전체 용량이 많다. 두 가지 저렴한 메모리의 조합은 단일 대용량 고속 메모리보다 훨씬 저렴하다. 이러한 원리는 용량을 증가시키면서 속도를 줄이는 완전한 계층적 구조의 메모리 사용으로 확산된다.

컴퓨터 메모리는 일반적으로 DRAM 칩으로 만들어진다. 2012년 전형적인 PC는 4~8GB DRAM의 주 메모리로 구성되었으며, DRAM의 가격은 GB당 약 $10이었다. DRAM 가격은 지난 3년 동안 연간 약 25%의 비율로 내렸지만, 메모리 용량은 같은 비율로 증가해서 PC 내의 총 메모리 가격은 거의 일정하다. 불행히도 그림 8.2에 보이듯이 DRAM의 속도는 매년

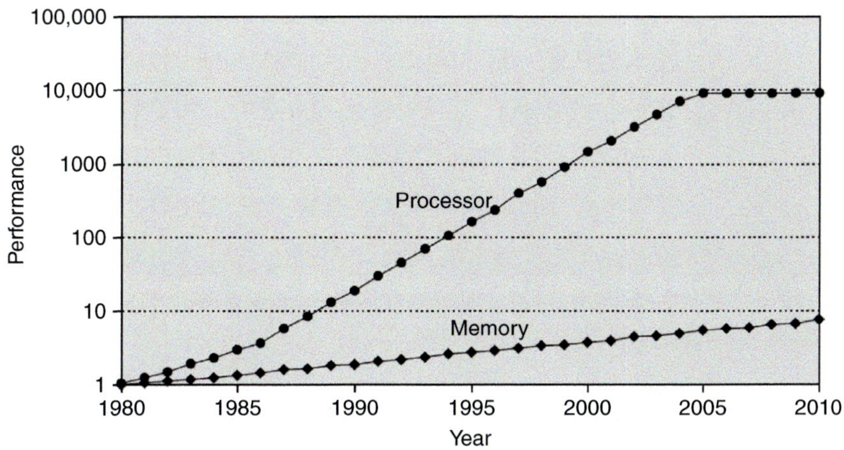

그림 8.2 프로세서와 메모리 성능 간의 차이 현상. 헤네시와 패터슨의 〈컴퓨터 아키텍처 5판, Morgan Kaffman, 2012〉에서 인용

약 7% 정도 증가한 반면 프로세서 성능은 매년 25~50%의 비율로 개선되었다. 그림 8.2는 1980년을 시작으로 메모리(DRAM)와 프로세서 속도를 보이는데, 1980년에는 프로세서와 메모리 속도가 거의 동일하였으나 그 이후 성능 차이가 나기 시작하면서 메모리는 매우 느린 진전을 보이고 있다.[2]

1970년대와 80년대 초반 DRAM은 프로세스와 비슷한 수준이었지만 지금은 너무 느리다. DRAM 액세스 시간은 프로세서 사이클 시간보다 10~100배 정도 느리다(1ns에 비해 수십 ns).

이러한 현상을 해결하기 위해 컴퓨터는 가장 일반적으로 인용되는 명령 및 데이터를 **캐시**(cache)라고 하는 고속의 소형 메모리에 저장한다. 캐시는 보통 프로세서 동일 칩상에 SRAM으로 이루어진다. SRAM이 DRAM보다 기본적으로 고속이라는 점, 온칩(on-chip) 메모리는 분리된 칩들 간의 지연 현상을 제거할 수 있다는 점에서 캐시 속도는 프로세서 속도와 비교될 수 있다. 2012년 온칩 SRAM 가격은 $10,000/GB 차원이었지만, 캐시는 비교적 소형(kB~MB)이어서 가격이 저렴하다. 캐시는 명령과 데이터 모두 저장할 수 있지만 우리는 이 둘을 '데이터'로 통칭하기로 한다.

만일 프로세서가 캐시에 가능한 데이터를 요구하면 신속하게 되돌린다. 이를 캐시 **적중**(hit)이라 한다. 그렇지 않으면 프로세서는 주 메모리(DRAM)로부터 데이터를 검색한다. 이를 캐시 **실패**(miss)라 한다. 만일 캐시의 대부분의 시간이 적중 상태에 있다면, 프로세서는 저속의 주 메모리를 기다리지 않으므로 평균 액세스 시간은 낮다.

메모리 계층적 구조의 3번째 레벨은 하드 드라이브이다. 도서관이 서고에 어울리지 않는 책들을 저장하기 위해 지하실을 이용하는 것과 동일한 방법으로, 컴퓨터시스템은 주 메모리에 적합하지 않은 데이터들을 저장하기 위해 하드 드라이브를 사용한다. 2012년 자기 스토리지(magnetic storage)를 사용하는 하드디스크 드라이브(HDD) 가격은 $0.1/GB 이하였으며 약 10ms의 액세스 시간을 갖고 있었다. 하드디스크 가격은 연간 60% 감소하고 있으며 액세스 시간은 거의 개선되지 않고 있다. 플래시 메모리 기술을 사용하는 SSD(solid state drive)가 HDD를 대체하는 현상이

2 비록 최근의 단일 프로세서 성능이 거의 일정한 수준에 머물렀다 해도, 그림 8.2에서 보인 바와 같이 2005~2010년도 사이의 다중코어 시스템 증가는(그래프에 표시되어 있지 않음) 프로세서와 메모리 성능과의 격차를 악화시킬 뿐이다.

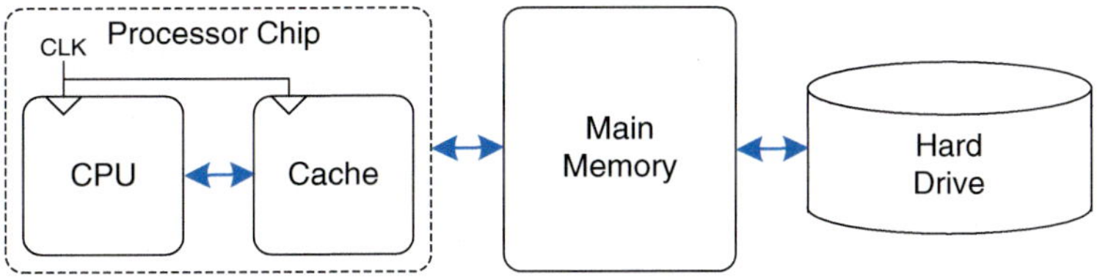

그림 8.3 전형적인 메모리 계층적 구조

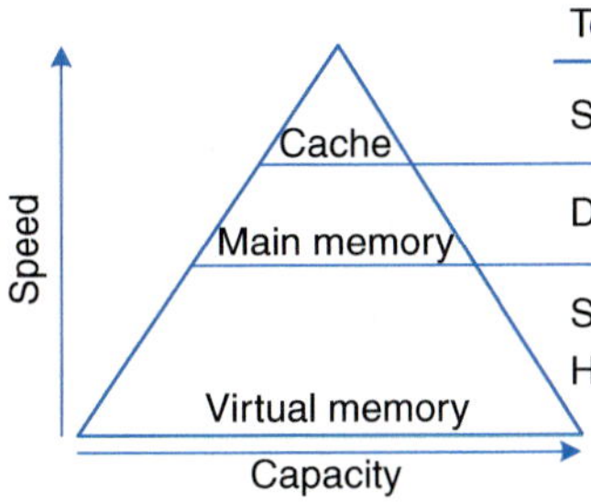

Technology	Price / GB	Access Time (ns)	Bandwidth (GB/s)
SRAM	$10,000	1	25+
DRAM	$10	10–50	10
SSD	$1	100,000	0.5
HDD	$0.1	10,000,000	0.1

그림 8.4 2006년 전형적 특성을 갖는 메모리 계층적 구조 요소

지속적으로 증가하고 있다. SSD는 지난 20년 동안 틈새시장에서 사용되어 오다 2007년에야 주력시장에 출시되었다. SSD는 HDD의 기계적 결함을 어느 정도 극복할 수 있으나 가격은 HDD의 10배로 $1/GB이다.

하드 드라이브는 주 메모리의 실제보다 많은 용량을 제공하는데, 이를 **가상 메모리(virtual memory)**라 한다. 지하실 내의 책과 같이 가상 메모리 내의 데이터는 액세스에 오랜 시간이 걸린다. 주 메모리를 **물리 메모리(physical memory)**라고도 하는데, 가상 메모리의 서브셋(subset)을 보유하고 있다. 그래서 주 메모리는 하드 드라이브로부터 가장 일반적으로 인용된 데이터를 위한 캐시로 간주될 수 있다.

그림 8.3은 이 장의 나머지에서 다루고자 하는 컴퓨터시스템의 메모리 계층적 구조를 보인다. 프로세서는 우선 동일 칩 내에 위치하는 소형 고속 캐시 내의 데이터를 탐색한다. 만일 데이터가 캐시에 가능하지 않으면 프로세서는 주 메모리에서 탐색한다. 만일 데이터가 그곳에도 존재하지 않으면, 대형 저속 하드디스크상의 가상 메모리로부터 데이터를 불러온다. 그림 8.4는 2012년 기술의 관점에서 메모리 계층적 구조상의 용량과 속도 간의 트레이드오프와 전형적인 가격, 액세스 시간 및 대역폭을 보인다. 액세스 시간은 감소하고 속도는 증가하고 있다.

8.2절에 메모리시스템 성능 해석을 소개하며, 8.3절에는 여러 캐시 구

조를 설명하고, 8.4절에는 가상 메모리 시스템을 깊이 있게 다룬다. 결론적으로 이 장은 어떻게 프로세서가 메모리에 액세스하는 동일한 방법으로 키보드와 모니터 같은 입출력 장치에 액세스할 수 있는지를 설명한다. 8.5절에서는 메모리 맵핑(memory-mapped) I/O를 살펴본다. 8.6절에서는 임베디드 시스템을 위한 I/O, 8.7절에서는 개인용 컴퓨터를 위한 주요 I/O 표준을 서술한다.

8.2 메모리시스템 성능 해석

설계자(와 컴퓨터 구매자)들은 여러 대체 방법으로 비용 대 이익(cost-benefit)에 대한 트레이드오프를 계산하기 위해 메모리시스템의 성능을 측정하는 정량적 방법을 필요로 한다. 메모리시스템 성능 메트릭스(metrics)는 **실패율**(miss rate) 또는 **적중률**(hit rate), **평균 메모리 액세스 시간**(average access time)이다. 실패율과 적중률은 다음과 같이 계산된다.

$$\text{실패율} = \frac{\text{실패 수}}{\text{총 메모리 액세스 수}} = 1 - \text{적중률}$$
$$\text{적중률} = \frac{\text{적중 수}}{\text{총 메모리 액세스 수}} = 1 - \text{실패율} \quad (8.1)$$

예제 8.1 **캐시 성능 계산**

프로그램이 2,000개의 데이터 액세스 명령(로드 또는 저장)을 갖고 있고, 이들 요구된 데이터의 값의 1,250개가 캐시에서 얻어진다고 가정한다. 나머지 750개의 데이터 값이 주 메모리 또는 디스크 메모리에 의해 프로세서에 공급될 때 캐시의 실패율과 적중률은 얼마인가?

풀이 실패율은 750/2,000 = 0.375 = 37.5%. 적중률은 1,250/2,000 = 0.625 = 1 − 0.375 = 62.5%

AMAT(평균 메모리 액세스 시간)는 프로세서가 로드 또는 저장 명령당 메모리를 기다려야 하는 평균 시간이다. 그림 8.3의 전형적인 컴퓨터시스템에서 프로세서는 우선 캐시에서 데이터를 탐색한다. 만일 캐시가 실패하면 프로세서는 주 메모리를 탐색한다. 만일 주 메모리가 실패하면 프로세서는 하드디스크상의 가상 메모리를 액세스한다. 그래서 *AMAT*는 다음과 같이 계산된다.

표 8.1 액세스 시간 및 실패율

Memory Level	Access Time (Cycles)	Miss Rate
Cache	1	10%
Main Memory	100	0%

$$AMAT = t_{\text{cache}} + MR_{\text{cache}}(t_{MM} + MR_{MM}t_{VM}) \quad (8.2)$$

여기서, t_{cache}, t_{MM}, t_{VM}은 각각 캐시, 주 메모리 및 가상 메모리의 액세스 시간, MR_{cache}, MR_{MM}은 각각 캐시와 주 메모리의 실패율이다.

예제 8.2 평균 메모리 액세스 시간 계산

컴퓨터시스템이 단지 캐시 및 주 메모리의 2레벨 계층적 구조를 갖는다고 가정하자. 액세스 시간 및 실패율이 표 8.1에 주어진다면 평균 메모리 액세스 시간은 얼마인가?

풀이 평균 메모리 액세스 시간은 1+0.1(100)=11사이클

예제 8.3 액세스 시간 개선

11사이클의 평균 메모리 액세스 시간은 프로세서가 실제 데이터를 사용하는 매 1사이클 동안 그 데이터를 기다리는 데 10사이클을 소비한다는 의미이다. 표 8.1의 액세스 시간이 주어진다면 평균 메모리 액세스 시간을 줄이는 데 필요한 캐시율은 얼마인가?

풀이 만일 실패율이 m이면 평균 액세스 시간이 $1+100m$이다. 이 시간을 1.5로 놓고 m에 대해 풀면 0.5%의 캐시 실패율을 필요로 한다.

주의하자면 성능 개선이 항상 좋은 얘기는 아니다. 예를 들어, 메모리 시스템을 10배 빠르게 가져가도 컴퓨터 프로그램이 10배 빠르게 실행되는 것은 아니다. 만일 프로그램 명령들의 50%가 로드(load)와 저장이라면 10배의 메모리 시스템 개선은 프로그램 성능에 있어 단지 1.82배의 개선을 의미한다. 이러한 일반적 원리를 **암달의 법칙**(Amdahl's Law)이라 하며, 서브시스템의 성능을 증가시키는 노력은 단지 서브시스템이 전체 성능의 대부분에 영향을 미칠 때 그 가치가 있다.

진 암달(Gene Amdahl), 1992~
가장 유명한 암달의 법칙은 그가 1965년에 수행한 관측으로부터 만들어졌다. 그는 대학원 재학 중 여가 시간에 컴퓨터를 디자인하기 시작했으며, 이러한 부업은 그가 1952년에 이론 물리학 박사를 취득할 수 있도록 도왔다. 졸업 직후 IBM에서 일하였으며, 이후 세 기업을 설립하였다. 그중 한 기업은 1970년에 설립한 Amdahl Corporation 이다.

8.3 캐시

캐시: 규정 또는 도구들을 특별히 감추고 보호하기 위한 은닉처
– 메리암 웹스터 온라인 사전, 2012, www.merriam-webster.com

캐시는 일반적으로 사용된 메모리 데이터를 보유한다. 보유 가능한 데이터 워드(word)의 양을 **용량**(capacity) C라 한다. 캐시의 용량이 주 메모리의 용량보다 작으므로 컴퓨터시스템 설계자는 주 메모리의 어떤 서브세트(subset)를 캐시에 유지할지 선택한다.

프로세서가 데이터 액세스를 시도할 때 먼저 그 데이터를 위한 캐시를 조사한다. 만일 캐시가 적중하면 그 데이터는 즉시 사용 가능하다. 만일 캐시가 실패하면 프로세서는 주 메모리로부터 데이터를 불러오고, 미래의 사용을 위해 캐시 내에 그 데이터를 위치시킨다. 새로운 데이터를 수용하기 위해 캐시는 이전 데이터를 **대체**하여야 한다. 이 절에서는 다음의 질문들에 대한 대답을 통해 캐시 설계에서의 문제점들을 조사한다. (1) 캐시 내에 어떤 데이터가 들어 있는가? (2) 어떻게 그 데이터를 찾을 것인가? (3) 캐시가 가득 찼을 때 새로운 데이터를 위한 장소를 확보하기 위해 어떤 데이터가 대체되는가?

다음 절을 읽을 때, 이러한 질문들에 대한 해답의 원동력은 대부분의 어플리케이션에서 데이터 액세스에 대한 고유의 공간적(spatial) 순간적(temporal) 집약성에 있다는 사실을 명심해야 한다. 캐시는 다음의 필요한 데이터를 예측할 때 공간적 순간적 집약성을 이용한다. 만일 프로그램이 랜덤 순서로 데이터에 액세스할 때 캐시로부터의 이득은 없다.

다음 절에서 설명하듯이 캐시는 그의 용량(C), 세트 수(S), 블록 크기(b), 블록 수(B) 및 결합성(degree of associativity, N)에 의해 규정된다.

비록 데이터 캐시 로드에 초점을 맞추고 있지만, 명령 캐시로부터의 페치(fetch)에 동일한 원리가 적용될 수 있다. 데이터 캐시 저장 동작은 유사하며 8.3.4절에서 다룬다.

8.3.1 어떤 데이터가 캐시에 들어 있는가?

이상적인 캐시는 프로세서에 필요한 모든 데이터를 예상하여 캐시가 0의 실패율을 갖도록 미리 주 메모리로부터 그 데이터를 불러온다. 아주 정확하게 미래를 예측하는 것은 불가능하므로 캐시는 과거의 메모리 액세스 패턴에 근거하여 필요한 데이터를 추측해야 한다. 특히, 캐시는 낮은 실패율을 얻기 위해 순간적 공간적 집약성을 활용한다.

순간적 집약성은 만일 프로세서가 최근에 데이터를 액세스하였다면, 곧 다시 그 데이터의 일부에 액세스할 가능성이 있다는 것을 의미한다는 점을 상기하라. 그러므로 프로세서가 캐시 내에 없는 데이터를 로드하거나 저장할 때 그 데이터는 주 메모리에서 캐시로 복사되고, 이어서 그 데이터에 대한 요청은 캐시 내에서 데이터 적중한다.

공간적 집약성은 프로세서가 일부의 데이터를 액세스할 때 주위의 메모리 위치 내의 데이터를 액세스할 수 있다는 것을 의미한다는 점을 상기하라. 그러므로 캐시가 메모리에서 한 워드를 불러올 때 주위의 몇몇 워드들을 불러올 수 있다. 이 워드 그룹을 **캐시 블록**(cache block) 또는 **캐시 라인**(line)이라 부른다. 캐시 블록 내의 워드 수 b를 **블록 크기**(block size)라 한다. 캐시 용량 C는 $B=C/b$ 블록을 포함한다.

순간적 공간적 집약성은 실제 프로그램에서 실험적으로 증명되었다. 만일 한 변수가 한 프로그램에 사용된다면, 동일 변수는 재사용되기 쉬우므로 순간적 집약성을 만든다. 만일 어레이(array) 내의 한 요소가 사용된다면, 동일 어레이 내의 다른 요소들이 사용되기 쉬우므로 공간적 집약성을 만든다.

8.3.2 어떻게 데이터를 찾을 것인가?

캐시는 S 세트로 구성되며 세트의 각각은 데이터의 하나 이상의 블록을 보유한다. 주 메모리 내의 데이터 어드레스와 캐시 내의 데이터 위치 간의 관계를 **맵핑**(mapping)이라 한다. 각 메모리 어드레스는 캐시 내의 정확히 한 세트에 맵핑한다. 몇 어드레스 비트들은 어떤 캐시 세트가 데이터를 포함하는지 결정하는 데 사용된다. 만일 그 세트가 한 블록 이상을 포함하고 있다면 그 데이터는 세트 내의 한 블록 내에 유지될 것이다.

캐시는 세트 내의 블록의 수로 분류된다. **다이렉트 맵핑된**(Direct mapped) 캐시에서는 각 세트가 정확히 한 블록을 포함하므로 캐시는 $S=B$ 세트를 갖는다. 그래서 특정 주 메모리 어드레스는 캐시 내의 일정 블록으로 맵핑한다. N **웨이**(way) **세트 결합**(associative) 캐시에서는 각 세트는 N 블록을 포함한다. 어드레스는 여전히 $S=B/N$ 세트를 갖는 일정 세트로 맵핑한다. 그러나 그 어드레스로부터의 데이터는 세트 내의 N 블록 중 하나에 들어갈 수 있다. **완전결합**(fully associative) 캐시는 단지 $S=1$ 세트를 갖는다. 데이터는 세트 내의 B 블록 중 하나에 갈 수 있다. 그러므로 완전결합 캐시는

B 웨이 세트결합 캐시에 대한 다른 이름이다.

이러한 캐시 구조를 증명하는 데 32비트 어드레스와 32비트 워드를 갖는 MIPS 메모리 시스템을 고려한다. 메모리는 바이트 어드레스 가능하며, 각 워드는 4바이트, 메모리는 워드 경계에 정렬된 2^{30}워드로 구성된다. 간단한 설명을 위해 8워드 용량(*C*)을 갖는 캐시를 분석한다. 1워드 블록 크기(*b*)로 시작하여 나중에 대단위 블록으로 일반화한다.

다이렉트 맵핑된 캐시

다이렉트 맵핑된(direct-mapped) 캐시는 각 세트에 한 블록을 가지므로 $S=B$ 세트로 구성된다. 캐시 블록에 메모리 어드레스의 맵핑을 이해하기 위해서 캐시와 마찬가지로 *b* 워드 블록으로 맵핑되는 주 메모리를 상상해 보자. 주 메모리의 블록 0 내의 어드레스가 캐시의 세트 0에 맵핑된다. 주 메모리의 블록 1 내의 어드레스는 캐시의 세트 1에 맵핑되고, 주 메모리의 블록 $B-1$ 내의 어드레스가 캐시의 블록 $B-1$에 맵핑될 때까지 계속된다. 캐시에 더 이상 블록이 없으면, 맵핑이 주위를 감싸 주 메모리의 블록 *B*가 캐시의 블록 0에 맵핑된다.

8워드 용량 및 1워드 블록 크기를 갖는 다이렉트 맵핑된 캐시에 대한 맵핑을 그림 8.5에 보인다. 캐시는 8세트를 가지며, 세트의 각각은 1워드 블록을 포함한다. 어드레스 끝의 2비트는 항상 00이다. 왜냐하면 이들은 정

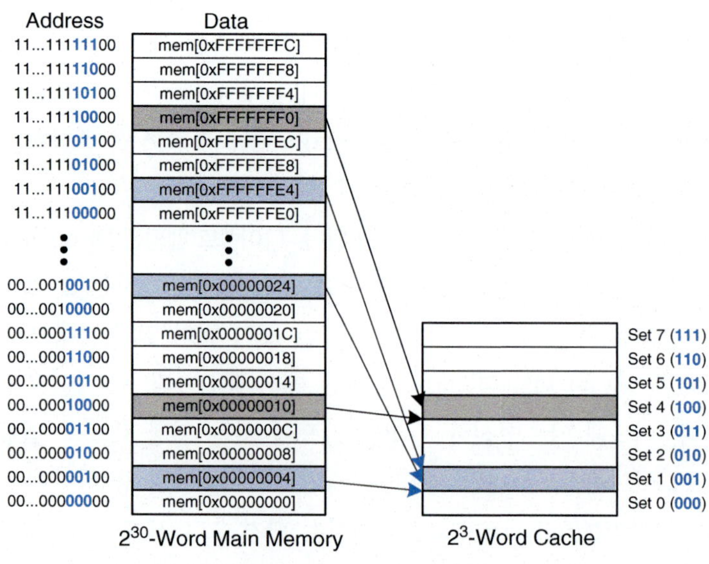

그림 8.5 다이렉트 맵핑된 캐시에 대한 주 메모리의 맵핑

렬된 워드이다. 다음의 $\log_2 8$=3비트는 메모리 어드레스가 맵핑되는 세트를 표시한다. 그래서 어드레스 0x00000004, 0x00000024, …, 0xFFFFFFF4 데이터는 모두 파란색으로 나타낸 세트 1에 맵핑된다. 마찬가지로 어드레스 0x00000010,…, 0xFFFFFFF0 모두 세트 4에 맵핑된다. 각 주 메모리 어드레스는 정확히 캐시 내의 한 세트에 맵핑된다.

예제 8.4 **캐시 필드**

그림 8.5에서 어드레스 0x00000014 워드가 맵핑되는 캐시 세트는 무엇인가? 동일 세트에 맵핑되는 다른 어드레스 이름.

풀이 어드레스의 최하위 2비트는 00이다. 왜냐하면 어드레스는 정렬된 워드이기 때문이다. 다음의 3비트는 101로 이 워드는 세트 5에 맵핑된다. 동일 세트에 어드레스 0x34, 0x54, 0x74,…,0xFFFFFF4 워드들이 모두 맵핑된다.

한 세트에 많은 어드레스가 맵핑되기 때문에 캐시는 또한 각 세트에 실제로 포함된 데이터의 어드레스를 추적해야 한다. 어드레스의 최하위 한 비트들은 어느 세트가 데이터를 보유하는지를 규정한다. 나머지 최상위 비트들을 **태그(tag)**라 하는데, 그 세트에 얼마나 많이 가능한 어드레스가 보유되는지를 나타낸다.

이전의 예제에서 32비트 어드레스 중 최하위 2비트는 워드 내의 바이트를 나타내므로 **바이트 옵셋(byte offset)**이라고 한다. 다음의 3비트는 어드레스가 매핑하는 세트를 나타내므로 **세트 비트(set bits)**라고 한다(일반적으로 세트 비트의 수는 $\log_2 S$이다). 나머지 27개의 태그 비트들은 주어진 캐시 세트 내에 저장된 데이터의 메모리 어드레스를 나타낸다. 그림 8.6은 어드레스 0xFFFFFFE4를 위한 캐시 필드(fields)를 나타낸다. 세트 1에 맵핑하고 그 태그는 모두 1이다.

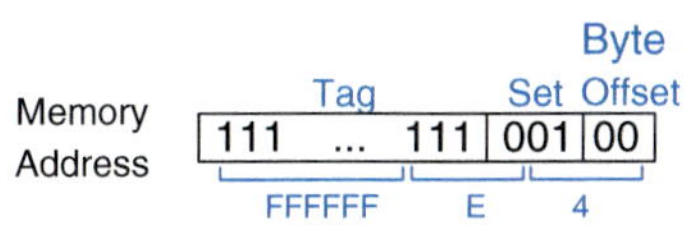

그림 8.6 그림 8.5에 맵핑하는 경우 어드레스 0xFFFFFFE4에 대한 캐시 필드

예제 8.5 **캐시 필드**

1024(2^{10}) 세트와 1워드 블록 크기를 갖는 다이렉트 맵핑된 캐시에 대한 세트와 태그의 수를 구하라. 어드레스 크기는 32비트이다.

풀이 2^{10}세트를 갖는 캐시는 $\log_2(2^{10})$=10세트 비트를 요구한다. 어드레스의 최하위 2비트는 바이트 옵셋이며, 나머지 32−10−2=20비트는 태그를 형성한다.

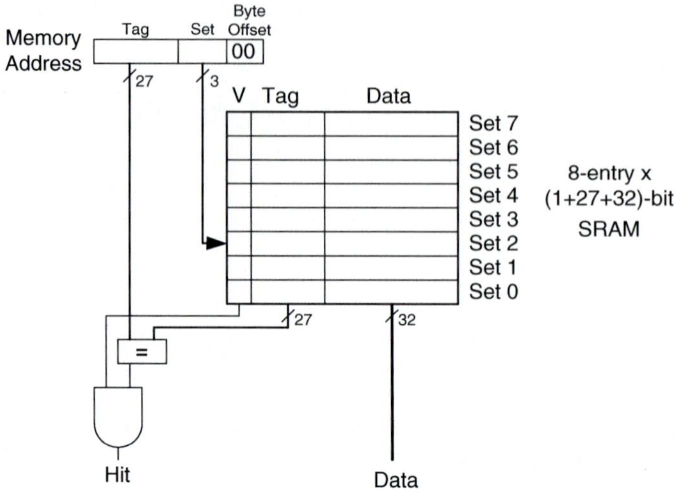

그림 8.7 8세트를 갖는 다이렉트 맵핑된 캐시

때때로 컴퓨터가 처음 시작할 때처럼 캐시 세트는 데이터를 전혀 포함하지 않는다. 캐시는 세트가 의미 있는 데이터를 보유하는지를 나타내기 위해 각 세트에 **유효 비트**(valid bit)를 사용한다. 만일 유효 데이터가 0이면 그 내용은 의미가 없다.

그림 8.7은 그림 8.5의 다이렉트 맵핑된 캐시에 대한 하드웨어를 보인다. 캐시는 8엔트리(entry) SRAM으로 구성된다. 각 엔트리 또는 세트는 32비트 데이터, 27태그, 1유효 비트로 구성된 1라인을 포함한다. 캐시는 32비트 어드레스를 이용하여 액세스된다. 최하위 2비트, 즉 바이트 옵셋 비트는 워드 액세스를 위해 무시된다. 다음 3비트 세트 비트는 캐시 내의 엔트리 또는 세트를 규정한다. 로드 명령은 캐시로부터 규정된 엔트리를 읽고 태그 및 유효 비트를 조사한다. 만일 태그가 어드레스의 최상위 27비트와 매치되고 유효 비트가 1이면, 캐시는 적중하고 데이터는 프로세서로 리턴된다. 그렇지 않으면 캐시는 실패하고 메모리 시스템은 주 메모리로부터 데이터를 불러 온다.

예제 8.6 **다이렉트 맵핑된 캐시를 갖는 순간적 집약성**

루프(loop)는 어플리케이션에 있어 순간적 공간적 집약성의 일반적 소스이다. 그림 8.7의 8엔트리 캐시를 사용하여 다음의 MIPS 어셈블리 코드 내의 silly 루프를 실행한 후 캐시의 내용을 보여라. 캐시는 최초에 비어 있다고 가정한다. 실패율은 얼마인가?

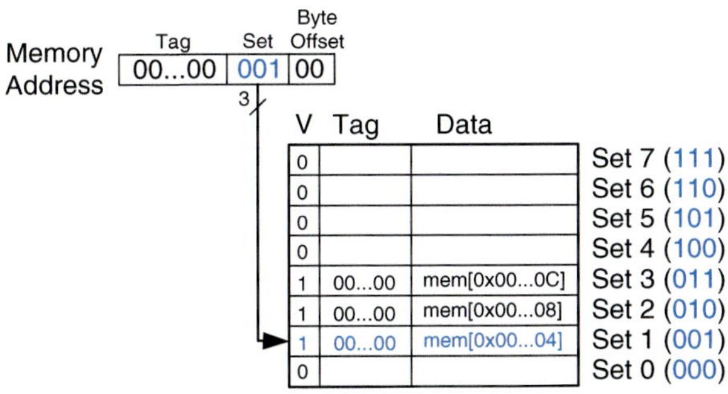

그림 8.8 다이렉트 맵핑된 캐시 내용

```
      addi $t0, $0, 5
loop: beq  $t0, $0, done
      lw   $t1, 0x4($0)
      lw   $t2, 0xC($0)
      lw   $t3, 0x8($0)
      addi $t0, $t0, -1
      j    loop
done:
```

풀이 프로그램은 5번 반복하는 루프를 포함하고 있다. 각 반복은 3번의 메모리 액세스(로드) 결과 총 15번의 메모리 액세스를 포함한다. 최초 루프 실행에서 캐시는 빈 상태이고, 데이터는 주 메모리 위치 0x4, 0xC, 0x8에서 캐시 세트 1, 3, 2로 불러들인다. 그러나 다음의 4번 루프 실행으로 데이터가 캐시 내에서 발견된다. 그림 8.8은 메모리 어드레스 0x4에 최종으로 요청되는 동안 캐시 내용을 보인다. 어드레스의 상위 27비트는 0이므로 태그는 모두 0이다. 실패율은 3/15 = 20%이다.

최근에 액세스된 두 어드레스가 동일 캐시 블록에 맵핑될 때 **충돌**(conflict)이 일어나며, 가장 최근에 액세스된 어드레스는 블록으로부터 이전의 어드레스를 **몰아낸다**(evicts). 다이렉트 맵핑된 캐시는 각 세트에 오로지 한 블록만을 가지므로 동일 세트에 맵을 이루는 두 어드레스는 항상 충돌을 일으킨다. 다음의 예제 8.7에서 충돌의 한 예를 보인다.

예제 8.7 **캐시 블록 충돌**

다음의 루프가 그림 8.7에 나타낸 8워드 다이렉트 맵핑된 캐시상에서 실행될 때 실패율은 얼마인가? 캐시는 초기에 비어 있다고 가정한다.

```
      addi $t0, $0, 5
loop: beq  $t0, $0, done
      lw   $t1, 0x4($0)
```

```
        lw   $t2, 0x24($0)
        addi $t0, $t0, -1
        j    loop
done:
```

풀이 메모리 어드레스 x4와 0x24가 모두 세트 1에 맵핑된다. 최초 루프 실행 동안 어드레스 0x4 데이터는 캐시의 세트 1에 로드된다. 그 다음 어드레스 0x24 데이터가 세트 1에 로드되어 어드레스 0x4 데이터를 몰아낸다. 두 번째 루프 실행에서 패턴이 반복되고, 캐시는 어드레스 0x24로부터 쫓겨난 어드레스 0x4의 데이터를 불러 온다. 두 어드레스는 충돌하며 실패율은 100%이다.

멀티웨이 세트결합 캐시

N 웨이 세트결합 캐시는 세트에 데이터 맵핑이 발견되는 각 세트에 N 블록을 제공하여 충돌을 줄인다. 각 메모리 어드레스는 특정 세트에 아직 맵핑 상태이지만 세트 내 N 블록 중의 하나에 맵핑될 수 있다. 그러므로 다이렉트 맵핑된 캐시는 1웨이 세트결합 캐시에 대한 다른 이름이다. N을 또한 캐시의 **결합성**(degree of associativity)이라 한다.

그림 8.9는 $C=8$워드, $N=2$웨이 세트결합 캐시에 대한 하드웨어를 나타낸다. 캐시는 8보다는 오로지 $S=4$ 세트를 갖는다. 그래서 3보다는 오로지 $\log_2 4=2$ 세트 비트만이 세트를 선택하는 데 사용된다. 태그는 27비트에서 28비트로 증가한다. 각 세트는 2웨이 또는 결합성을 갖는다. 각 웨이는 한 데이터 블록과 유효 비트 및 태그 비트들로 구성된다. 캐시는 선택된 세트에서 양쪽 웨이로 블록을 읽어 들여 적중하기 위한 태그 및 유효 비트들을 조사한다. 만일 어떤 캐시 적중이 웨이의 한쪽에서 발생하면 멀티플렉서는 그 웨이로부터 데이터를 선택한다.

세트결합 캐시는 거의 충돌이 없으므로 다이렉트 맵핑된 캐시에 비해

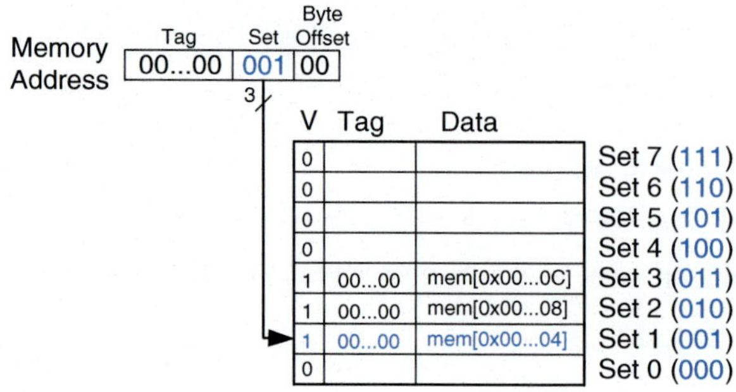

그림 8.9 2웨이 세트결합 캐시

	Way 1			Way 0		
V	Tag	Data	V	Tag	Data	
0			0			Set 3
0			0			Set 2
1	00...00	mem[0x00...24]	1	00...10	mem[0x00...04]	Set 1
0			0			Set 0

그림 8.10 2웨이 세트결합 캐시 내용

일반적으로 낮은 실패율을 갖는다. 그러나 세트결합 캐시는 보통 느리며, 출력 멀티플렉서 및 부가적인 비교기들로 인해 구성에 다소 비싸다. 이들은 또한 양쪽 웨이가 가득 찼을 때 대체해야 할 웨이가 어느 것인지에 대한 문제를 일으키는데, 이는 8.3.3절에서 다루어진다. 대부분 상업용 시스템은 세트 결합 캐시를 사용한다.

예제 8.8 **세트결합 캐시 실패율**

그림 8.9로부터 8워드 2웨이 세트결합 캐시를 사용하여 예제 8.7을 반복하라.

풀이 양쪽 메모리가 세트 1에 맵핑된 어드레스 0x4와 0x24에 액세스한다. 그러나 캐시는 2웨이를 가지므로 양쪽 어드레스로부터 데이터를 수용할 수 있다. 최초 루프 반복하는 동안 비어 있는 캐시는 양쪽 어드레스에 실패하고 그림 8.10에 보인 바와 같이 세트 1의 2웨이로 데이터의 양쪽 워드를 로드한다. 다음 4번의 반복으로 캐시는 적중한다. 그러므로 실패율은 2/10=20%이다. 예제 8.7로부터 같은 크기의 다이렉트 맵핑된 캐시는 100%의 실패율을 갖는다는 점을 상기하라.

완전결합 캐시

완전결합(fully associative) 캐시는 B 웨이를 갖는 단일 세트를 포함하는데, 여기서 B는 블록 수이다. 메모리 어드레스는 이 웨이들 중 한 웨이 내의 한 블록에 맵핑한다. 완전결합 캐시는 한 세트를 갖는 B웨이 세트결합 캐시에 대한 다른 이름이다.

그림 8.11은 8블록을 갖는 완전결합 캐시의 SRAM 어레이를 보인다. 데이터 요구에 따라 8태그 비교(보이지 않음)가 이루어져야 하는데, 왜냐하

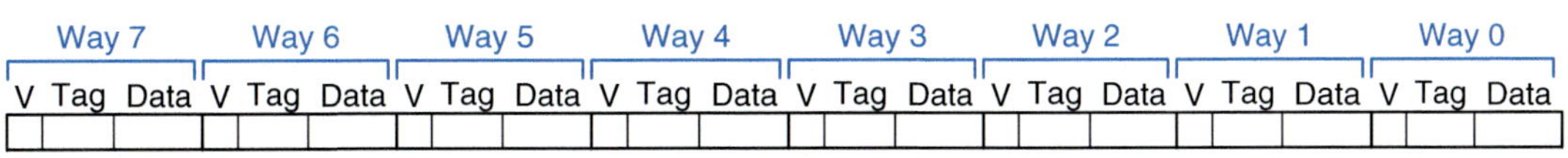

그림 8.11 8 블록 완전결합 캐시

면 데이터는 블록의 어디에도 있을 수 있기 때문이다. 마찬가지로 8:1 멀티플렉서가 만일 적중하면 적절한 데이터를 선택한다. 완전결합 캐시는 주어진 캐시 용량에서 가장 적은 충돌 실패를 갖는 경향이 있지만, 추가적인 태그 비교를 위해 좀 더 많은 하드웨어가 필요하고, 다수의 비교기로 인해 비교적 소형 캐시에 가장 적합하다.

블록 크기

이전의 예는 블록 크기가 1워드여서 단지 순간적 집약성만을 이용할 수 있었다. 공간적 집약성을 이용하기 위해서 캐시는 여러 연속적인 워드를 보유하도록 좀 더 큰 블록을 사용한다. 1보다 큰 블록 크기의 장점은 실패가 발생하여 워드를 캐시로 불러들일 때 블록 내의 인접 워드도 불러들인다는 점이다. 그러므로 그 다음의 액세스는 공간적 집약성에 의해 더욱 적중하기 쉽다. 그러나 블록 크기가 크다는 것은 고정 크기의 캐시가 보다 작은 블록을 가질 것이라는 것을 의미한다. 따라서 더 많은 충돌을 야기하고 실패율을 증가시킨다. 더구나 2데이터 워드 이상이 주 메모리로부터 불러들여짐으로써 실패 후의 실패 캐시 블록을 불러오는 데 시간이 더 소요된다. 실패 블록을 캐시로 로드하는 데 걸리는 시간을 **미스 패널티**(miss penalty)라 한다. 만일 블록 내의 인접 워드들이 나중에 액세스되지 않는다면 그 워드들을 불러오려는 시간이 소모된다. 그럼에도 불구하고 대부분의 실제 프로그램들은 보다 큰 블록 크기로부터 이득을 얻는다.

그림 8.12는 $b=4$워드 블록 크기를 갖는 $C=8$워드 다이렉트 맵핑된 캐시에 대한 하드웨어를 보인다. 캐시는 오로지 $B=C/b=2$블록만을 갖는다.

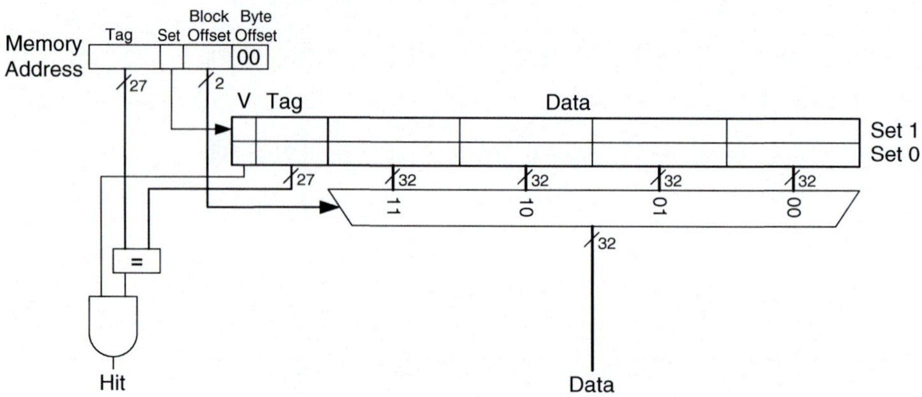

그림 8.12 2세트와 4워드 블록 크기를 갖는 다이렉트 맵핑된 캐시

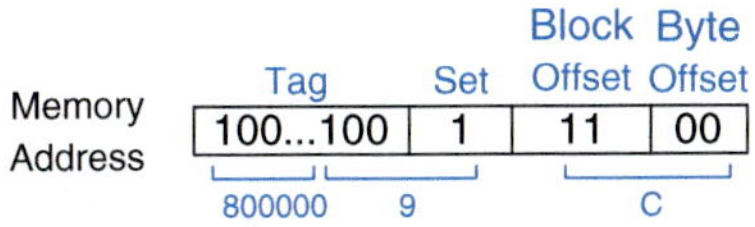

그림 8.13 그림 8.12의 캐시에 맵핑할 때 어드레스 0x8000009C에 대한 캐시 필드

다이렉트 맵핑된 캐시는 각 세트 내에 한 블록을 가지므로 이 캐시는 두 세트로 구성된다. 그래서 오로지 $\log_2 2 = 1$비트만이 세트를 선택하는 데 사용된다. 멀티플렉서는 블록 내의 워드를 선택하는 데 필요하다. 멀티플렉서는 어드레스의 $\log_2 4 = 2$**블록 옵셋 비트**에 의해 제어된다. 최상위 27개 어드레스 비트는 태그를 형성한다. 전체 블록에 오로지 한 태그만이 필요하게 되는데, 그 이유는 블록 내의 워드가 연속적인 어드레스이기 때문이다.

그림 8.13은 그림 8.12의 다이렉트 맵핑된 캐시에 맵핑할 때 어드레스 0x8000009C에 대한 캐시필드를 보인다. 바이트 옵셋 비트는 워드 액세스를 위해 항상 0이다. 다음의 $\log_2 b = 2$블록 옵셋 비트는 블록 내의 워드를 나타낸다. 그리고 그 다음의 비트는 세트를 나타낸다. 나머지 27비트는 태그이다. 그러므로 워드 0x8000009C는 캐시 내의 세트 1, 워드 3에 맵핑한다. 공간적 집약성을 활용하기 위한 좀 더 큰 블록 크기의 사용 원리는 또한 결합 캐시에도 적용된다.

예제 8.9 **다이렉트 맵핑된 캐시를 갖는 공간적 집약성**

4워드 블록 크기를 갖는 8워드 다이렉트 맵핑된 캐시에 대해 예제 8.6을 반복하라.

풀이 그림 8.14는 최초 메모리 액세스 후의 캐시 내용을 보인다. 첫 번째 루프 반복에서 캐시는 메모리 어드레스 0x4의 액세스에 실패한다. 이 액세스는 어드레스 0x0의 데이터를 0xC를 통해 캐시 블록으로 로드한다. 다음의 모든 액세스는 (어드레스 0xC를 위해 보인 바와 같이)캐시 내에서 적중한다. 그러므로 실패율은 1/15 = 6.67%이다.

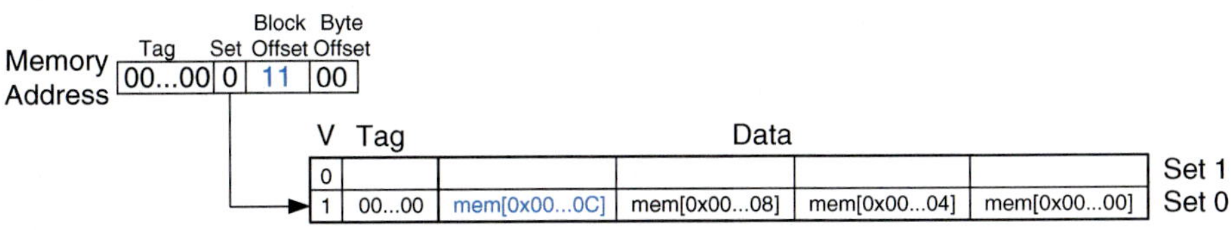

그림 8.14 4워드의 블록 크기(b)를 갖는 캐시 내용

표 8.2 캐시 구성

Organization	Number of Ways (N)	Number of Sets (S)
Direct Mapped	1	B
Set Associative	$1 < N < B$	B/N
Fully Associative	B	1

요약 정리

캐시는 2차원 어레이로 구성된다. 행은 세트이고, 열은 웨이(way)이다. 어레이의 각 엔트리는 한 데이터 블록과 그의 결합된 유효 비트 및 태그 비트들로 구성된다. 캐시는 다음 변수들에 의해 특징지어진다.

- 용량 C
- 블록 크기 b(그리고 블록 수 $B=C/b$)
- 세트 내의 블록 수 N

표 8.2는 여러 캐시 구성을 요약한 것이다. 메모리 내의 각 어드레스는 오로지 한 세트에만 맵핑되지만 어느 웨이에나 저장될 수 있다.

캐시 용량, 결합성, 세트 크기 및 블록 크기는 전형적으로 2의 거듭제곱이다. 이는 어드레스 비트의 캐시 필드(태그, 세트 및 블록 옵셋 비트) 서브세트를 만든다.

결합성 N을 증가시키는 것은 일반적으로 충돌에 의해 발생되는 실패율을 감소시킨다. 그러나 더 높은 결합성은 보다 많은 태그 비교기를 필요로 한다. 블록 크기 b를 증가시키면 실패율을 감소시키기 위한 공간적 집약성을 이용할 수 있다. 그러나 이는 고정 크기 캐시 내의 세트 수를 감소시키므로 더 많은 충돌을 야기하고 또한 미스 패널티를 증가시킨다.

8.3.3 어떤 데이터가 대체되는가?

다이렉트 맵핑된 캐시에서 각 어드레스는 특정 블록 및 세트에 맵핑된다. 만일 새로운 데이터가 로드되어야 하는데 세트가 가득 차 있으면, 그 세트 내의 블록이 새로운 데이터로 대체된다. 세트결합 및 완전결합 캐시에서 캐시 세트가 풀일 때 캐시는 어느 블록을 제거할지 선택해야 한다. 순간적 집약성의 원리에 따르면 최상의 선택은 최근에 가장 최소로 사용된 블록을 제거하는 것으로, 그 블록은 다음에도 최소로 사용될 수 있기 때문이다. 그러므로 최상의 결합 캐시는 LRU(least recently used, 최근 최소 사용) 대체 정책을 취한다.

2웨이 세트결합 캐시에서 **사용 비트** U는 세트 내의 어느 웨이가 최근에 가장 최소로 사용되었는지를 나타낸다. 매번 웨이 중 하나가 사용될 때마다 U는 다른 웨이를 나타내도록 조정된다. 3웨이 이상을 갖는 세트결합 캐시에서는 가장 최근에 사용된 웨이의 추적이 복잡하다. 이 문제를 간단히 하기 위해 웨이들을 때론 두 그룹으로 나누는데, U는 어느 웨이 그룹이 최근에 사용되었는지를 나타낸다. 대체할 때 새로운 블록은 최근에 가장 최소로 사용된 그룹 내의 랜덤 블록을 대체한다. 이와 같은 정책을 *pseudo-LRU*라고 하는데, 실습으로 익히는 것이 가장 좋다.

예제 8.10 **LRU 대체**

다음의 코드를 실행한 후 8워드 2웨이 결합 캐시의 내용을 보여라. LRU 대체와 1워드의 블록 크기 및 비어 있는 캐시를 가정한다.

```
lw  $t0,  0x04($0)
lw  $t1,  0x24($0)
lw  $t2,  0x54($0)
```

풀이 그림 8.15(a)에 보인 것처럼, 첫 번째 두 명령은 메모리 어드레스 0x4 및 0x24로부터 데이터를 캐시의 세트 1로 로드한다. $U=0$은 웨이 0 내의 데이터가 최근에 가장 적게 사용되었음을 나타낸다. 어드레스 0x54에 액세스하는 다음의 메모

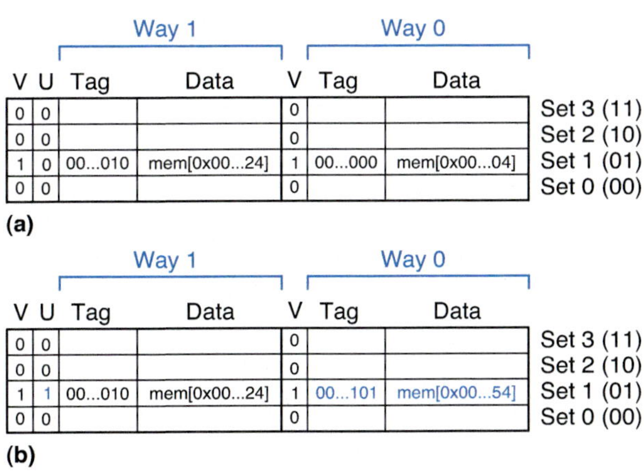

그림 8.15 LRU 대체를 갖는 2웨이 결합 캐시

리는 또한 세트 1에 맵핑하며, 그림 8.15(b)에 보인 것처럼 웨이 0 내의 최근에 가장 최소로 사용된 데이터를 대체한다. 사용 비트 *U*는 웨이 1 내의 데이터가 최근에 가장 적게 사용되었음을 나타내기 위해 1로 설정한다.

8.3.4 첨단 캐시 설계*

현대 시스템은 메모리 액세스 시간을 줄이기 위해 캐시의 다중 레벨을 사용한다. 이 절에서는 2레벨 캐싱 시스템의 성능을 설명하고 블록 크기, 결합성 및 캐시 용량이 어떻게 실패율에 영향을 주는지에 대해 살펴본다. 또한, 어떻게 캐시가 연속쓰기(write-through) 또는 나중쓰기(write-back) 정책을 사용하여 저장 또는 쓰기를 처리하는지 설명한다.

다중 레벨 캐시

대용량 캐시는 관심 있는 데이터를 보유할 가능성을 더 높여서 낮은 실패율을 가지게 하기 때문에 장점이 있다. 그러나 대형 캐시는 소형 캐시보다 느린 경향이 있다. 현대 시스템은 그림 8.16에 보이는 최소한 2레벨의 캐시를 자주 사용한다. 첫 번째 레벨(L1)의 캐시는 1 또는 2사이클의 액세스 시간을 제공할 만한 작은 캐시이다. 두 번째 레벨(L2)의 캐시는 SRAM으로 이루어져 L1 캐시보다 좀 더 크지만 느리다. 프로세서는 처음에 L1 캐시 내의 데이터를 찾는다. 만일 L1 캐시가 실패하면 프로세서는 L2에서 찾는다. 만일 L2 캐시가 실패하면 프로세서는 주 메모리로부터 데이터를 불러 온다. 현대의 대부분의 시스템은 액세스하는 주 메모리가 너무 느려 메모리 계층에 더 많은 레벨의 캐시를 추가한다.

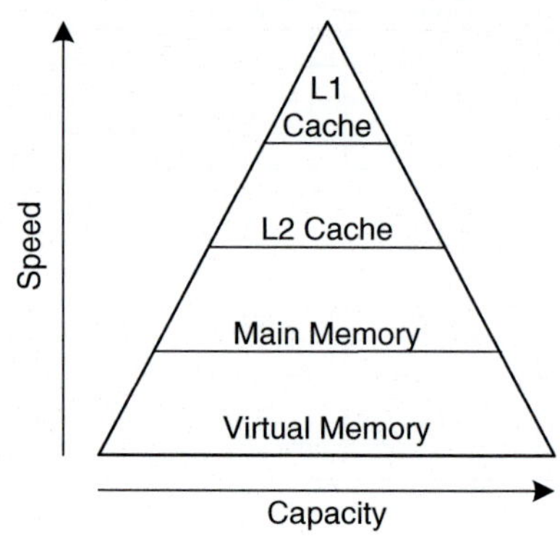

그림 8.16 2 레벨의 캐시를 갖는 메모리 계층 구조

예제 8.11 L2 캐시를 갖는 시스템

L1, L2 캐시와 주 메모리에 대해 각각 1, 10, 100사이클의 액세스 시간을 갖는 그림 8.16의 시스템을 사용하라. L1 및 L2 캐시의 실패율이 각각 5% 및 20%로 가정한다. 특히, 액세스의 5%가 L1 캐시를 실패하고 액세스의 20%가 L2 캐시를 실패한다. 평균 메모리 액세스 시간(AMAT)은 얼마인가?

풀이 각 메모리 액세스는 L1 캐시를 조사한다. L1 캐시가 실패할 때(시간의 20%), 프로세서는 주 메모리로부터 데이터를 불러온다. 식 8.2를 사용하여 다음과 같이 평균 메모리 액세스 시간을 계산한다.

$$1\text{cycles} + 0.05[10\text{cycles} + 0.2(100\text{cycles})] = 2.5 \text{ cycles}$$

L2는 L1 캐시에서 실패한 '하드' 메모리 액세스를 받기 때문에 실패율이 높다. 만일 모든 액세스가 직접 L2 캐시에 갔다면, L2 실패율은 약 1%가 될 것이다.

실패율 줄이기

캐시 실패율은 용량, 블록 크기 및 결합성(associativity)에 의해 감소될 수 있다. 실패율을 줄이는 첫 번째 단계는 실패율의 원인을 이해하는 것이다. 실패는 강제(cumpulsory) 상태와 용량 및 충돌 상태에 의해 분류된다. 캐시 블록에 대한 최초의 요청을 **강제 실패**(compulsory miss)라 하는데, 그 이유는 블록이 캐시 설계에 관계없이 메모리로부터 읽어 들여야 하기 때문이다. **용량 실패**(capacity miss)는 캐시의 용량이 현재 사용된 모든 데이터를 보유하기에 너무 적을 때 일어난다. **충돌 실패**(conflict miss)는 여러 어드레스들이 동일 세트에 맵핑됨으로써 여전히 필요한 블록을 제거할 때 발생한다.

캐시 파라미터 변경은 캐시 실패의 하나 이상의 형태에 영향을 줄 수 있지만 강제 실패에는 영향을 주지 않는다. 반대로 블록 크기의 증가는 강제 실패를 줄일 수 있지만(공간 집약성에 기인하여) 실제로 충돌 실패를 증가시킨다(왜냐하면 많은 어드레스들이 동일 세트에 맵핑되어 충돌이 일어날 수 있기 때문이다).

메모리 시스템은 매우 복합적이므로 그 성능을 평가하는 최상의 방법은 캐시 파라미터를 바꾸면서 벤치마크를 수행하는 것이다. 그림 8.17은 SPEC2000 벤치마크에 대한 캐시 크기 및 결합성 대 실패율을 나타낸 것이다. 이 벤치마크는 x축 근방의 짙은 영역으로 표시된 적은 수의 강제 실패를 갖는다. 예상하다시피 캐시 크기가 증가할 때 용량 실패는 감소한

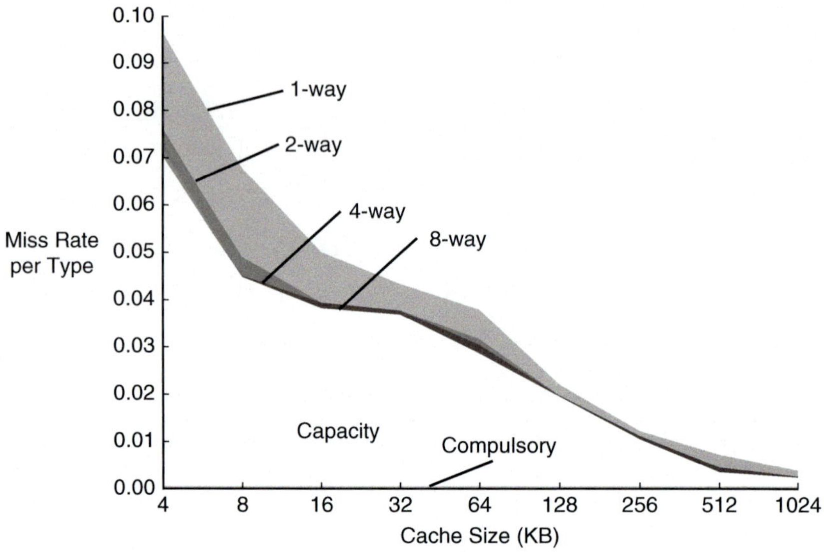

그림 8.17 SPEC2000 벤치마크상의 캐시 크기 및 결합성에 대한 실패율. (헤네시와 패터슨의 〈컴퓨터 아키텍처 5판, Morgan Kaffman, 2012〉에서 인용)

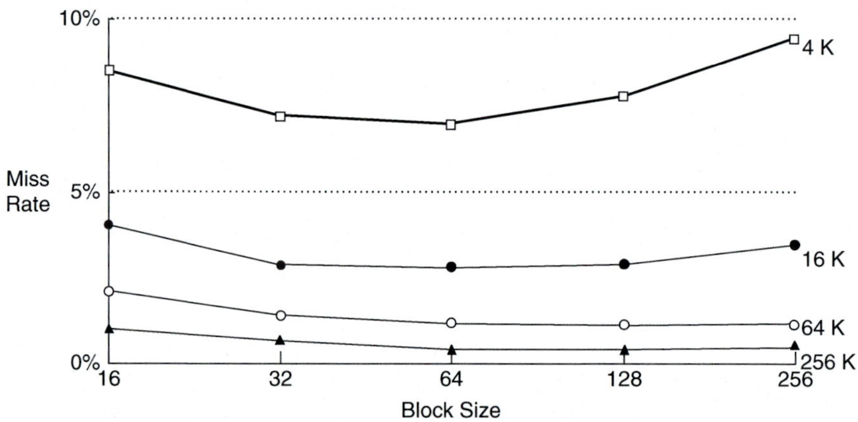

그림 8.18 SPEC92 벤치마크상의 블록 크기와 캐시 크기 대 실패율. (헤네시와 패터슨의 〈컴퓨터 아키텍처 5판, Morgan Kaffman, 2012〉에서 인용)

다. 특히 소형 캐시에 있어서의 결합성 증가는 곡선의 정점을 따라서 보듯이 충돌 실패의 수를 감소시킨다. 4 또는 8웨이 이상의 결합성 증가는 실패율의 감소에 큰 영향을 미치지는 않는다.

앞서 언급했듯이 공간 집약성의 장점을 취하는 보다 큰 블록 크기를 사용하면 실패율을 감소시킬 수 있다. 그러나 블록 크기를 확장하면 고정 크기 캐시 내의 세트 수가 감소하고 충돌확률이 증가된다. 그림 8.18은 가변 용량의 캐시에 대해 블록 크기(바이트 수) 대 실패율을 나타낸 것이다.

4KB 캐시와 같은 소형 캐시에서 64바이트 이상의 블록 크기의 확장은 충돌에 의한 실패율을 증대시킨다. 대형 캐시에서의 블록 크기의 확장은 실패율에 변화를 주지 않는다. 그러나 대용량 블록은 주 메모리로부터 미싱 캐시 블록을 불러오는 데 요구되는 시간, 즉 미스 패널티가 더 많이 증가하기 때문에 실행 시간이 증가된다.

쓰기 정책

이전의 절들은 메모리 로드에 초점이 맞추어져 있다. 메모리 저장 또는 쓰기는 로드와 유사한 절차를 따른다. 메모리 저장에 있어 프로세서는 캐시를 조사한다. 만일 캐시가 실패하면 캐시 블록은 주 메모리로부터 캐시로 불러들이고, 그런 다음 캐시 블록의 적절한 워드가 기록된다. 만일 캐시가 적중하면 워드는 간단히 캐시 블록으로 기록된다.

캐시는 연속쓰기 또는 나중쓰기 중의 하나로 분류된다. **연속쓰기** 캐시에서 캐시 블록에 기록된 데이터는 동시에 주 메모리에도 기록된다. **나중쓰기** 캐시에서는 **더티 비트**(dirty bit) *D*가 각 캐시 블록과 결합된다. 캐시 블록이 기록될 때 *D*는 1, 그렇지 않으면 0이다. 더티 캐시 블록들은 캐시로부터 제거될 때 주 메모리로 나중쓰기 된다. 연속쓰기 캐시는 더티 비트를 필요로 하지 않지만, 보통 나중쓰기 캐시보다는 많은 주 메모리 기록을 요구한다. 현대의 캐시는 일반적으로 연속쓰기 캐시인데, 주 메모리 액세스 시간이 매우 길기 때문이다.

예제 8.12 연속쓰기 대 나중쓰기

4워드의 블록 크기를 갖는 캐시를 상상해보자. 연속쓰기 또는 나중쓰기의 각 기록 정책을 사용할 때 얼마나 많은 주 메모리 액세스가 다음의 코드에 필요한가?

```
sw $t0, 0x0($0)
sw $t0, OxC($0)
sw $t0, 0x8($0)
sw $t0, 0x4($0)
```

풀이 네 개의 모든 저장 명령들이 동일 캐시 블록에 기록한다. 연속쓰기 캐시에서 각 저장 명령은 한 단어를 주 메모리에 쓰므로 네 개의 주 메모리 기록을 요구한다. 나중쓰기 정책은 더티 캐시 블록이 제거될 때 단지 하나의 주 메모리 액세스만을 요구한다.

표 8.3 MIPS 캐시의 진화

Year	CPU	MHz	L1 Cache	L2 Cache
1985	R2000	16.7	none	none
1990	R3000	33	32 KB direct mapped	none
1991	R4000	100	8 KB direct mapped	1 MB direct mapped
1995	R10000	250	32 KB two-way	4 MB two-way
2001	R14000	600	32 KB two-way	16 MB two-way
2004	R16000A	800	64 KB two-way	16 MB two-way
2010	MIPS32 1074K	1500	32 KB	variable size

Adapted from D. Sweetman, *See MIPS Run*, Morgan Kaufmann, 1999.

8.3.5 MIPS 캐시의 진화

표 8.3은 1985~2010년 동안 MIPS 프로세서에 의해 사용된 캐시 구성의 진화를 추적한 것이다. 주요 경향은 다중 레벨 캐시의 도입과 확장된 캐시 용량 및 증가된 결합성이다. 이러한 경향은 CPU 주파수와 주 메모리 속도 간 격차의 증가, 트랜지스터의 가격 감소에 의해 두드러지고 있다. CPU와 메모리 속도 간 격차의 증가는 주 메모리 병목현상을 피하기 위한 낮은 실패율을 필요로 하게 만들었고, 트랜지스터 가격의 감소는 대용량의 캐시 크기를 가능하게 하였다.

8.4 가상 메모리

대부분의 현대 컴퓨터시스템은 메모리 계층의 최하위 레벨로서 마그네틱 또는 고체 상태 저장장치(SSD)로 구성되는 **하드 드라이브**를 사용한다(그림 8.4 참조). 이상적인 대용량, 고속, 저가 메모리와 비교하면 하드 드라이브는 대용량이면서 저가이지만 상당히 느리다. 이는 경제성 면에서 주 메모리(DRAM)에서 가능한 것보다 매우 큰 용량을 제공한다. 그러나 만일 메모리 액세스의 상당 부분이 하드 드라이브를 포함한다면 그 성능은 암담하다. 동시에 너무 많은 프로그램을 PC에서 실행할 때 여러분이 경험할 수 있을 것이다.

그림 8.19는 마그네틱 스토리지로 구성된 하드 드라이브, 또는 **하드디스크**의 케이스 없는 상태를 보인다. 그 이름이 의미하는 바와 같이 하드디스

그림 8.19 하드디스크

크는 긴 삼각팔 끝에 **읽기/쓰기 헤드**(read/write head)를 갖는 강체 디스크(rigid disk), 또는 **금속 원판**(platter)을 하나 이상 포함하고 있다. 헤드가 디스크 상의 정확한 위치로 이동하고, 디스크가 헤드 밑에서 회전함에 따라 자기적으로 데이터를 판독하고 기록한다. 헤드가 디스크 상의 정확한 위치를 찾는 데 수 밀리초(millisecond)가 걸리는데, 이는 인간 투시보다는 빠르지만 프로세서에 비하면 백만 배나 느리다.

메모리 계층에 하드 드라이브를 추가하는 목적은 최상의 액세스를 위한 초고속의 메모리를 제공하면서 메모리 용량이 매우 크다는 환상을 값싸게 제공하기 위한 것이다. 예를 들어 128MB의 DRAM을 갖는 컴퓨터는 하드 드라이브를 사용하여 2GB의 메모리를 효율적으로 제공할 수 있다. 이러한 대용량 2GB 메모리를 **가상 메모리**(virtual memory)라고 하며, 소형의 128MB 주 메모리를 **물리 메모리**(physical memory)라고 한다. 이 절 전체를 통해 주 메모리를 표현하는 데 물리 메모리의 개념을 사용한다.

32비트 어드레스를 갖는 컴퓨터는 최대 2^{32}바이트 =4GB의 메모리를 엑세스할 수 있다. 이는 더 많은 메모리를 엑세스할 수 있는 64비트 컴퓨터로 옮겨가는 동기 중의 하나이다.

프로그램은 가상 메모리의 어디든 데이터를 액세스할 수 있으므로 가상

표 8.4 유사한 캐시 및 가상 메모리 용어

Cache	Virtual Memory
Block	Page
Block size	Page size
Block offset	Page offset
Miss	Page fault
Tag	Virtual page number

메모리 내의 위치를 규정하는 **가상 어드레스**(virtual address)를 사용해야 한다. 물리 메모리는 가장 최근에 액세스된 가상 메모리의 서브세트를 갖는다. 이러한 방법으로 물리 메모리는 가상 메모리에 대한 캐시로서 동작한다. 따라서 DRAM의 속도로 물리 메모리에서 대부분의 액세스가 적중하며 프로그램은 아직도 대형의 가상 메모리 용량을 만끽한다.

가상 메모리 시스템은 8.3절에서 다룬 동일 캐싱 원리를 위해 다른 용어를 사용한다. 표 8.4는 유사한 용어들을 요약한 것이다. 가상 메모리는 전형적으로 4KB 크기의 **가상 페이지**(virtual page)로 나뉜다. 마찬가지로 물리 메모리는 동일 크기의 **물리 페이지**(physical page)로 나뉜다. 가상 페이지는 물리 메모리(DRAM)나 하드 드라이브상에 위치할 수 있다. 예를 들어 그림 8.20은 물리 메모리보다 큰 가상 메모리를 보인다. 사각형은 페이지를 나타낸다. 어떤 가상 페이지는 물리 메모리 내에 놓이며 어떤 것은 하드 드라이브상에 위치한다. 가상 어드레스로부터 물리 어드레스를 결정하는 과정을 **어드레스 변환**(address translation)이라 한다. 만일 프로세

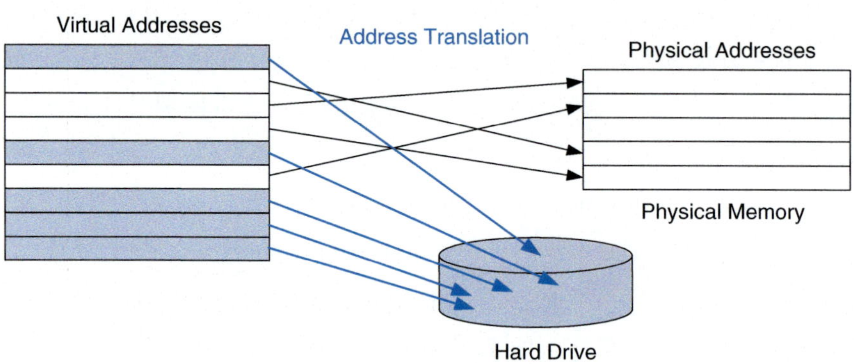

그림 8.20 가상 및 물리 페이지

서가 물리 메모리 내에 없는 가상 어드레스에 액세스를 시도한다면, **페이지 폴트**(page fault)가 발생하고, 운영체제는 하드 드라이브로부터의 페이지를 물리 메모리에 로드한다.

충돌에 의해 발생되는 페이지폴트 현상을 피하기 위해 어떤 가상 페이지도 어느 물리 페이지에나 맵핑할 수 있다. 바꾸어 말하면, 물리 메모리는 가상 메모리를 위한 완전결합 캐시로 동작한다. 기존의 완전결합 캐시에서 모든 캐시 블록은 어떤 요구가 블록 내에서 적중하는지를 결정하기 위해 태그에 대한 최상위 어드레스 비트를 조사하는 비교기를 갖는다. 마찬가지로 가상 메모리 시스템에서도 각 물리 페이지는 비교기를 필요로 하는데, 이는 그 물리 페이지에 어느 가상 페이지가 맵핑되는지를 결정하기 위해 태그에 대한 최상위 가상 어드레스 비트를 조사하기 위한 것이다.

실제 가상 메모리 시스템은 너무 많은 물리 페이지를 갖게 되어 각 페이지를 위한 비교기 제공에 지나친 비용이 추가될 수 있다. 대신에 가상 메모리 시스템은 어드레스 변환을 수행하는 페이지 테이블을 사용한다. 페이지 테이블은 물리 메모리 내에 위치하는지 또는 디스크상에 위치하는지 표시하는 각각의 가상 페이지에 대한 엔트리를 포함한다. 각각의 로드 또는 저장 명령은 페이지 테이블 액세스 다음의 물리 메모리 액세스를 필요로 한다. 페이지 테이블 액세스는 프로그램에 의해 사용된 가상 어드레스를 물리 어드레스로 변환한다. 그 후 물리 어드레스는 데이터를 실제로 판독하거나 기록하는 데 사용된다.

페이지 테이블은 일반적으로 너무 커서 물리 메모리에 위치한다. 그래서 각각의 로드 또는 저장은 두 가지 물리 메모리 액세스, 즉 페이지 테이블 액세스 및 데이터 액세스를 포함한다. 어드레스 변환 속도를 올리기 위해서 TLB(translation lookaside buffer) 버퍼가 가장 일반적으로 사용된 페이지 테이블 엔트리를 캐시한다.

이 절의 나머지는 어드레스 변환, 페이지 테이블, TLB에 대해 설명한다.

8.4.1 어드레스 변환

가상 메모리를 갖는 시스템에서 프로그램은 가상 메모리에 액세스할 수 있도록 가상 어드레스를 사용한다. 컴퓨터는 이러한 가상 어드레스를 해석하여 물리 메모리 내의 어드레스를 찾거나 페이지 폴트를 취하며, 하드 드라이브로부터 데이터를 불러 온다.

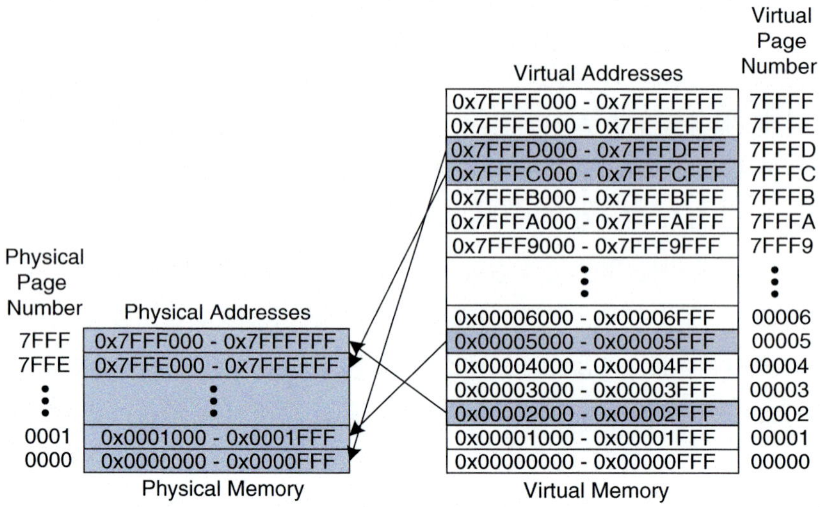

그림 8.21 물리 및 가상 페이지

가상 메모리 및 물리 메모리는 페이지로 나누어짐을 상기하라. 가상 어드레스 또는 물리 어드레스의 최상위 비트는 가상 또는 물리 **페이지 번호**(page number)를 규정한다. 최하위 비트는 페이지 내의 워드를 규정하는데, **페이지 옵셋**(page offset)이라고 한다.

그림 8.21은 2GB 가상 메모리 및 4KB 페이지로 나뉜 128MB 물리 메모리를 갖는 가상 메모리 시스템의 페이지 구성을 보인다. MIPS는 32비트 어드레스를 수용한다. 2−GB = 2^{31} 바이트 가상 메모리에서 오로지 최하위 31개 가상 어드레스 비트들만 사용되고, 32번째 비트는 항상 0이다. 마찬가지로 128−MB=2^{27} 바이트 물리 메모리에서 단지 27개의 물리 어드레스 비트들이 사용되고 상위 5비트는 항상 0이다.

페이지 크기는 4KB = 2^{12}바이트이므로 $2^{31}/2^{12} = 2^{19}$가상 페이지 및 $2^{27}/2^{12} = 2^{15}$물리 페이지가 있다. 그래서 가상 및 물리 페이지 번호는 각각 19비트 및 15비트이다. 물리 메모리는 주어진 시간에 가상 페이지의 1/16번째까지 보유할 수 있다. 나머지 가상 페이지는 하드 드라이브상에 유지된다.

그림 8.21은 물리 페이지 1에 맵핑된 가상 페이지 5, 물리 페이지 0x7FFE에 맵핑된 가상 페이지 0x7FFFC 등을 보인다. 예를 들어, 가상 어드레스 0x53F8(가상 페이지 5 내의 0x3F8의 한 옵셋)은 물리 어드레스 0x13F8(물리 페이지 1 내의 0x3F8의 한 옵셋)에 맵핑된다. 가상 및 물리 어드레스의 최하위 12비트들은 동일하며(0x3F8) 가상 및 물리 어드레스 내의 페이지 옵셋을 규정한다. 오로지 페이지 번호는 가상 어드레스로부터 물리 어드레스

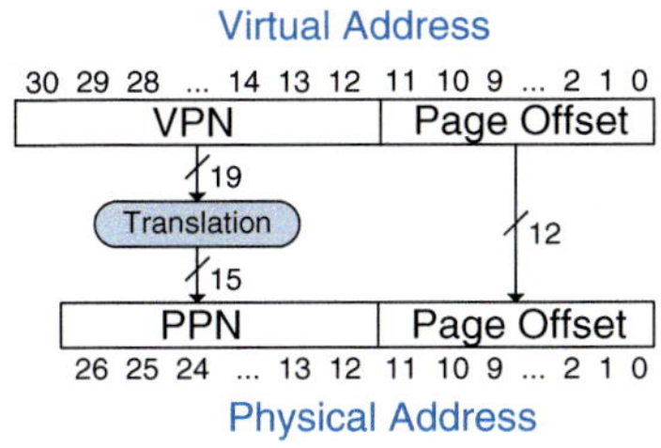

그림 8.22 가상 어드레스로부터 물리 어드레스로의 변환

레스를 얻기 위해 번역될 필요가 있다.

그림 8.22는 가상 어드레스의 물리 어드레스로의 변환을 보인다. 최하위 12비트는 페이지 옵셋을 나타내며 변환이 필요 없다. 가상 어드레스의 상위 19비트는 VPN(virtual page number, 가상 페이지 번호)을 규정하며, 15비트 PPN(physical page number, 물리 페이지 번호)으로 변환된다. 다음의 두 절에서 이러한 어드레스 변환을 수행하는 데 페이지 테이블과 TLB가 어떻게 사용되는지를 설명한다.

예제 8.13 가상 어드레스에서 물리 어드레스로의 변환

그림 8.21에 보인 가상 메모리 시스템을 사용하여 가상 어드레스 0x247C의 물리 어드레스를 구하라.

풀이 12-비트 페이지 옵셋(0x47C)은 변환이 필요 없다. 가상 어드레스의 나머지 19비트는 가상 페이지 번호를 부여하므로 가상 어드레스 0x247C는 가상 페이지 0x2에서 발견된다. 그림 8.21에서 가상 페이지 0x2는 물리 페이지 0x7FFF에 맵핑된다. 따라서 가상 어드레스 0x247C는 물리 어드레스 0x7FFF47C에 맵핑된다.

8.4.2 페이지 테이블

프로세서는 가상 어드레스를 물리 어드레스로 변환하기 위해 페이지 테이블(page table)을 사용한다. 페이지 테이블은 각 가상 페이지에 대한 엔트리를 포함한다. 이 엔트리는 물리 페이지 번호와 유효 비트를 포함한다. 만일 유효 비트가 1이면 가상 페이지는 엔트리에 규정된 물리 페이지에 맵핑한다. 그렇지 않으면 가상 페이지는 하드 드라이브상에서 발견된다.

페이지 테이블은 너무 크므로 물리 메모리 내에 저장된다. 그림 8.23에

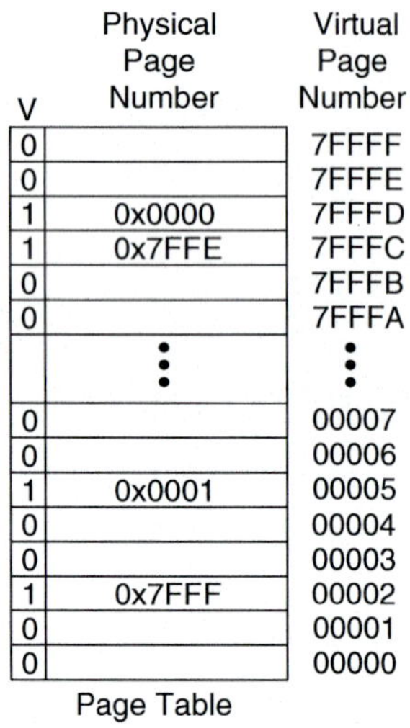

그림 8.23 그림 8.21에 대한 페이지 테이블

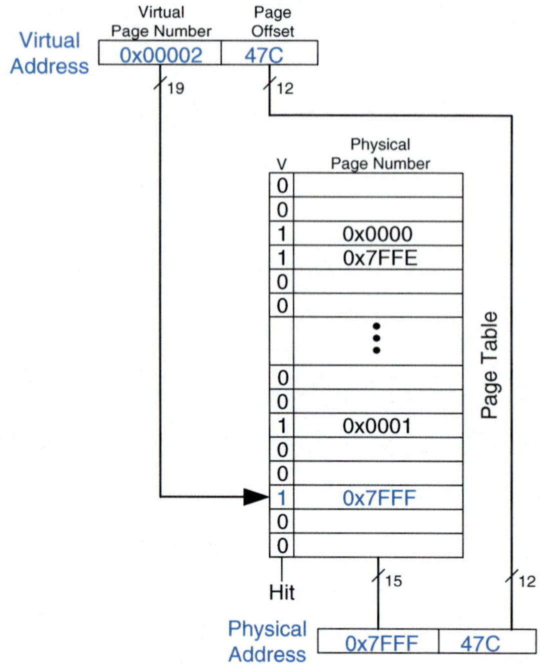

그림 8.24 페이지 테이블을 이용한 어드레스 변환

보인 연속 어레이로 저장된다고 가정하자. 이 페이지 테이블은 그림 8.21의 메모리 시스템의 맵핑을 포함한다. 페이지 테이블은 가상 페이지 번호(VPN)로 색인(index)된다. 예를 들어, 엔트리 5는 가상 페이지 5가 물리 페이지 1에 맵핑되는 것을 규정한다. 엔트리 6은 무효(V=0)상태라서 가상 페이지 6이 하드 드라이브상에 위치한다.

예제 8.14 어드레스 변환을 수행하기 위한 페이지 테이블 사용

그림 8.23에 보인 페이지 테이블을 사용하여 가상 어드레스 0x247C의 물리 어드레스를 구하라.

풀이 그림 8.24는 가상 어드레스 0x247C에 대한 물리 어드레스로의 변환을 보인다. 12-비트 페이지 옵셋은 변환이 필요 없다. 가상 어드레스의 나머지 19비트는 가상 페이지 번호, 0x2이며, 페이지 테이블에 색인을 준다. 페이지 테이블은 가상 페이지 0x2를 물리 페이지 0x7FFF로 맵핑한다. 따라서 가상 어드레스 0x247C는 물리 어드레스 0x7FFF47C에 맵핑된다. 최하위 12비트는 물리 및 가상 어드레스에 있어 동일하다.

페이지 테이블은 운영체제 재량으로 물리 메모리의 어느 곳에든 저장될 수 있다. 프로세서는 물리 메모리 내에 페이지 테이블의 기본 어드레스를 저장하기 위해 일반적으로 **페이지 테이블 레지스터(page table register)**라 불리는 전용 레지스터를 사용한다.

로드 또는 저장 수행을 위해 프로세서는 우선 가상 어드레스를 물리 어드레스로 변환한 다음 물리 어드레스에 있는 데이터에 액세스한다. 프로세서는 가상 어드레스로부터 가상 페이지 번호를 추출하고, 페이지 테이블 엔트리의 물리 어드레스를 구하기 위해 가상 페이지 번호를 페이지 테이블 레지스터에 추가한다. 그 다음, 프로세서는 물리 페이지 번호를 얻기 위해 물리 메모리로부터 페이지 테이블 엔트리를 읽는다. 만일 엔트리가 유효하면 물리 어드레스를 만들기 위해 페이지 옵셋과 물리 페이지 번호를 합성한다. 마지막으로 이 물리 어드레스에 데이터를 읽고 쓴다. 페이지 테이블이 물리 메모리 내에 저장되므로 각 로드 또는 저장은 두 가지의 물리 메모리 액세스를 포함한다.

8.4.3 변환 색인 버퍼

가상 메모리가 만일 모든 로드 또는 저장에 있어 페이지 테이블 리드를 필요로 한다면, 로드 및 저장의 2배 지연이라는 심각한 성능 손실을 안게 된다. 다행히도 페이지 테이블 액세스는 상당한 순간적 집약성(temporal locality)을 갖는다. 데이터 액세스의 순간적 공간적 집약성(temporal & spatial locality)과 대용량 페이지 크기는 일련의 많은 로드 또는 저장이 동일 페이지를 참조할 가능성이 있다는 것을 의미한다. 그러므로 만일 프로세서가 읽어 들이는 최종 페이지 테이블 엔트리를 기억한다면, 아마도 페이지 테이블을 다시 읽기(rereading)하지 않고도 이러한 변환을 재사용할 수 있다. 일반적으로 TLB(translation lookaside buffer, 변환색인 버퍼)를 호출하는 소형 캐시 내의 최종 여러 페이지 테이블 엔트리를 유지할 수 있다. 프로세서는 물리 메모리 내의 페이지 테이블에 액세스하기 전에 TLB에서 그 변환을 찾기 위해 "옆을 본다(look aside)". 실제 프로그램에서는 물리 메모리로부터의 페이지 테이블 읽기 시간의 소비를 피하여 TLB에서 대부분의 액세스가 적중한다.

TLB는 완전결합 캐시로 구성되며 전형적으로 16~512엔트리를 보유한다. 각 TLB 엔트리는 한 가상 페이지 번호 및 해당 물리 페이지 번호를 보유한다. TLB는 가상 페이지 번호를 사용하여 액세스된다. 만일 TLB가 적중하면 해당 물리 페이지 번호로 되돌린다. TLB는 1사이클 미만의 짧은 시간에 액세스될 수 있을 정도로 작게 설계된다. 비록 그렇다 하더라도 TLB는 전형적으로 99% 이상의 적중률을 갖는다. TLB는 대부분의 로드 또는 저장 명령에 필요한 메모리 액세스 수를 2에서 1로 감소시킨다.

예제 8.15 어드레스 변환 수행을 위한 TLB 사용

그림 8.21의 가상 메모리 시스템을 가정하자. 2-엔트리 TLB를 사용하라. 그렇지 않으면, 가상 어드레스 0x247C 및 0x5FB0을 물리 어드레스로 변환하는 데 페이지 테이블 액세스가 왜 필요한지를 설명하라. TLB는 지금 가상 페이지 0x2 및 0x7FFFD의 유효 변환을 갖고 있다고 가정하라.

풀이 그림 8.25는 가상 어드레스 0x247C 요구를 갖는 2-엔트리 TLB를 보인다. TLB는 인입 어드레스(incoming address) 0x2의 가상 페이지 번호를 수신하여 각 엔트리의 가상 페이지 번호와 비교한다. 번역된 물리 어드레스는 가상 어드레스의 페이지 옵셋과 연결된 매칭 엔트리(matching entry)의 물리 페이지 번호 0x7FFF이다. 언제든지 페이지 옵셋은 변환이 필요 없다.

가상 어드레스 0x5FB0에 대한 요구가 TLB에서 실패된다. 그래서 그 요구는 변환을 위해 페이지 테이블로 보내진다.

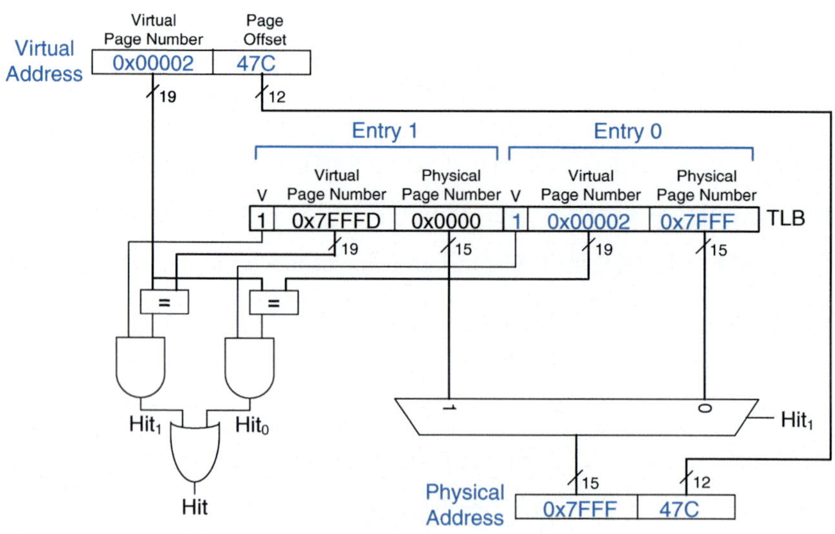

그림 8.25 2-엔트리 TLB를 사용하는 어드레스 변환

8.4.4 메모리 보호

지금까지 고속 저가 대형 메모리를 제공하기 위한 가상 메모리 사용에 대해 초점을 맞추었다. 가상 메모리 사용의 또 한 가지 중요한 이유는 동시에 실행되는 프로그램 간의 보호를 제공하는 것이다.

이미 알고 있듯이 현대 컴퓨터는 전형적으로 동시에 여러 프로그램 또는 **프로세스**(process)들을 수행한다. 모든 프로그램은 물리 메모리에 동시에 존재한다. 잘 설계된 컴퓨터시스템에서는 프로그램이 다른 프로그램과 충돌하거나 공격하지 않도록 서로 보호되어야 한다. 특히, 프로그램이 허락 없이 다른 프로그램의 메모리에 액세스하는 것은 불가능해야 한다. 이것을 **메모리 보호**(memory protection)라 한다.

가상 메모리 시스템은 각 프로그램에 **가상 어드레스 공간**(virtual address space)을 부여함으로써 메모리 보호를 제공한다. 각 프로그램은 가상 어드레스 공간 내에 원하는 만큼의 메모리를 사용할 수 있지만, 가상 어드레스 공간의 일부는 주어진 시간에 물리 메모리 내에 있다. 각 프로그램은 다른 프로그램이 물리적으로 어디에 위치하는지에 대한 걱정 없이 전체 가상 어드레스 공간을 사용할 수 있다. 그러나 한 프로그램은 페이지 테이블에 맵핑된 물리 페이지에만 액세스할 수 있다. 이러한 방법으로 프로그램은 다른 프로그램의 물리 페이지에 우연히 또는 의도적으로 액세스할 수 없는데, 물리 페이지들이 페이지 테이블에 맵핑되지 않기 때문이다. 어떤 경우에 다중 프로그램은 공통 명령이나 데이터에 액세스한다. 혹시라도 어떤 프로그램이 공유 물리 페이지에 기록될 수 있는지 결정하기 위해 운영체제는 각 페이지 테이블에 제어 비트를 추가한다.

8.4.5 대체 정책

가상 메모리는 나중쓰기 및 근사치의 LRU 대체 정책을 사용한다. 물리 메모리에 대한 각각의 기록을 하드디스크에 대한 기록으로 초기화하는 연속쓰기 정책은 비현실적이다. 저장 명령은 프로세서 속도 대신에 하드 드라이브 속도(ns 대신에 ms)로 동작한다. 나중쓰기 정책하에서 물리 페이지는 물리 메모리로부터 제거되었을 때만 하드드라이브에 나중에 기록된다. 물리 페이지를 하드 드라이브로 뒤돌려 기록하는 것과 다른 가상 페이지로 재로딩(reloading)하는 것을 **교환**(swapping)이라고 하며, 가상 메모리 시스템 내의 디스크를 **교환 공간**(swap space)이라고 한다. 프로세서는 페이지 폴트가 발생할 때 최근에 가장 덜 사용된 물리 페이지 중의 하나를 교환하여 그 페이지를 미싱(missing) 가상 페이지로 대체한다. 이러한 대체 정책을 보완하기 위해 각 페이지 테이블 엔트리는 두 개의 추가적인 상태 비트인 더티 비트 D와 사용 비트 U를 포함한다.

만일 어느 저장 명령이 물리 페이지로 변경되었다면 하드 드라이브로부터 읽어 들였으므로 더티 비트는 1이다. 물리 페이지가 페이지 아웃되었을 때, 더티 비트가 1이라면 하드 드라이브로 나중쓰기가 필요하고, 그렇지 않다면 하드드라이브는 이미 페이지의 정확한 사본(copy)을 보유한다.

만일 물리 페이지가 최근에 액세스되었다면 사용 비트는 1이다. 캐시 시스템에서처럼 정확한 LRU 대체는 비현실적으로 복잡하게 될 것이다. 대신에 운영체제는 페이지 테이블 내의 모든 사용 비트들을 주기적으로 재설정(resetting)하여 대략적으로 LRU를 대체한다. 페이지가 액세스되었을 때 그 사용 비트는 1로 설정된다. 페이지 폴트에 있어서 운영체제는 물리 메모리 교환을 위해 $U=0$의 페이지를 찾는다. 그래서 최근에 가장 덜 사용된 페이지 중 바로 하나를 대체할 필요가 없다.

8.4.6 다중 레벨 페이지 테이블

페이지 테이블은 물리 메모리의 많은 양을 점유할 수 있다. 예를 들어, 앞 절에서 4KB 페이지를 갖는 2GB 가상 메모리에 대한 페이지 테이블은 2^{19} 엔트리를 필요로 한다. 만일 캐시 엔트리가 4바이트이면 페이지 테이블은 $2^{19}\times 2^{2}$바이트$=2^{21}$바이트$=$2MB이다.

물리 메모리를 절약하기 위해서 페이지 테이블은 다중 레벨(보통 2레벨)로 분리된다. 첫 번째 레벨 페이지 테이블은 항상 물리 메모리 내에 유지된다. 이는 가상 메모리 내에 소용량의 두 번째 레벨 페이지 테이블이 저장되는 곳을 나타낸다. 두 번째 레벨 페이지 테이블은 각각 가상 페이지 범위에서 실제 변환을 포함한다. 만일 특정 범위의 변환이 능동적으로 사용되지 않으면, 해당 두 번째 레벨 페이지 테이블은 하드 드라이브로 교환될 수 있기에 물리 메모리를 소모하지 않는다.

그림 8.26에 보이는 바와 같이 2-레벨 페이지 테이블에서는 가상 페이지 번호가 두 개의 파트, 즉 **페이지 테이블 번호**(page table number)와 **페이지 테이블 옵셋**(page table offset)으로 나뉜다. 페이지 테이블 번호는 물리 메모리에 상주해야 하는 첫 번째 레벨 페이지 테이블을 색인한다. 첫 번

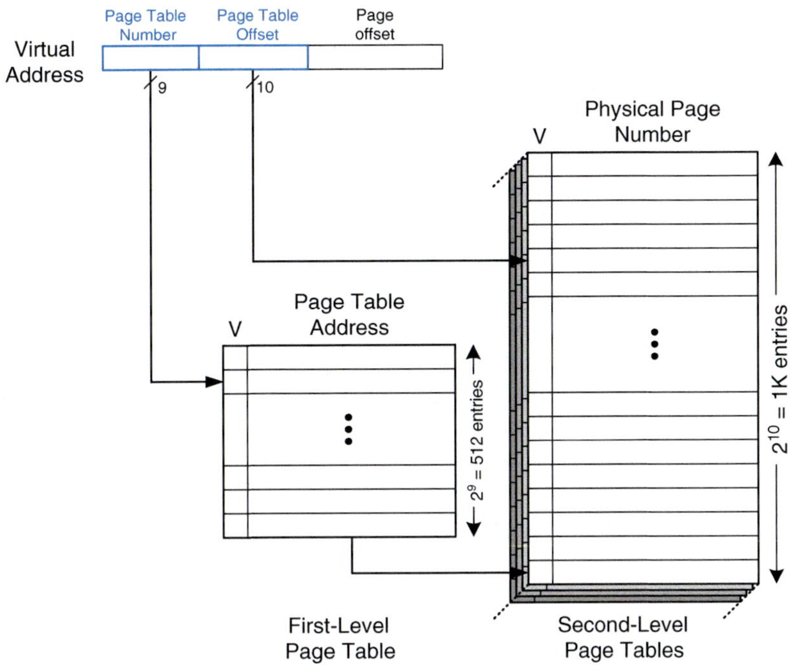

그림 8.26 계층적 페이지 테이블

째 레벨 페이지 테이블 엔트리는 두 번째 레벨 페이지 테이블의 기본 어드레스를 주거나 *V*가 0일 때 하드 드라이브로부터 불러들여야 한다는 것을 나타낸다. 페이지 테이블 옵셋은 두 번째 레벨 페이지 테이블을 색인한다. 가상 어드레스의 나머지 12비트는 전과 같이 2^{12}=4KB의 페이지 크기에 대한 페이지 옵셋이다.

그림 8.26에서 19-비트 가상 페이지 번호는 페이지 테이블 번호와 페이지 테이블 옵셋을 각각 나타내기 위해 9와 10비트로 나뉜다. 따라서 첫 번째 레벨 페이지 테이블은 2^9=512엔트리를 갖는다. 이 512의 두 번째 레벨 페이지 테이블의 각각은 2^{10}=1K 엔트리를 갖는다. 만일 첫 번째 및 두 번째 레벨 페이지 테이블 엔트리의 각각이 32비트(4바이트)이고 단지 두 개의 두 번째 레벨 페이지 테이블이 한꺼번에 물리 메모리 내에 존재한다면, 계층적 페이지 테이블은 오로지 물리 메모리의 (512×4 바이트)+2×(1K×4바이트)=10KB만 사용한다. 2-레벨 페이지 테이블은 전체 페이지 테이블(2MB)을 저장하는 데 필요한 물리 메모리의 일부를 요구한다. 2-레벨 페이지 테이블의 단점은 TLB가 실패하는 경우 변환을 위해 다른 메모리 액세스를 추가해야 한다는 점이다.

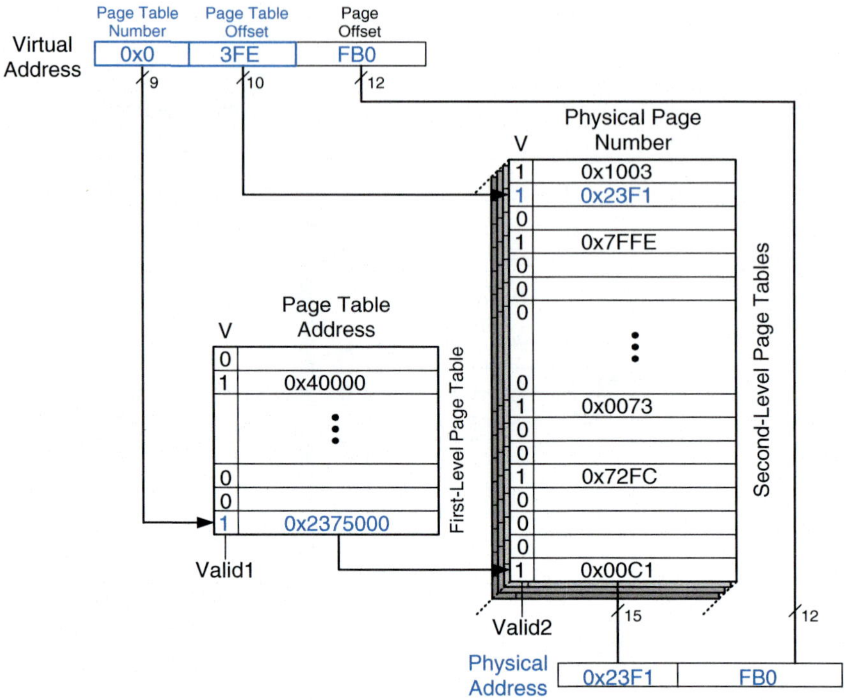

그림 8.27 2-레벨 페이지 테이블을 사용하는 어드레스변환

예제 8.16 어드레스 변환을 위한 다중 레벨 페이지 테이블의 사용

그림 8.27은 그림 8.26으로부터 가능한 2-레벨 페이지 테이블의 내용을 보인다. 두 번째 레벨 페이지 테이블의 오직 하나의 내용을 보여주고 있다. 이러한 2-레벨 페이지 테이블을 사용하여 가상 어드레스 0x003FFFB0에 액세스 중에 무슨 일이 일어나는가를 서술하라.

풀이 평소처럼 가상 페이지 번호는 오로지 변환을 요구할 뿐이다. 가상 어드레스 0x0의 최상위 9비트는 페이지 테이블 번호, 즉 첫 번째 레벨 페이지 테이블로 색인한다. 엔트리 0x0에서 첫 번째 레벨 페이지 테이블은 두 번째 레벨 페이지 테이블이 메모리 내에 상주한다는 것($V=1$)을 나타내는데, 그 물리 어드레스는 0x2375000이다.

가상 어드레스 0x3FE 다음의 10비트는 페이지 테이블 옵셋으로 두 번째 레벨 페이지 테이블로 색인한다. 엔트리 0은 두 번째 레벨 페이지 테이블 하단에, 엔트리 0x3FF는 상단에 있다. 두 번째 레벨 페이지 테이블 내의 엔트리 0x3FE는 가상 페이지가 물리 메모리 내에 상주하는 것($V=1$)을 나타내며, 물리 페이지 번호는 0x23F1이다. 물리 페이지 번호는 물리 어드레스 0x23F1FB0을 형성하기 위해 페이지 옵셋과 연결된다.

8.5 입출력 소개

임베디드 시스템은 어떤 물리적 디바이스를 제어하는 특수 목적의 컴퓨터이다. 이는 전형적으로 마이크로컨트롤러 또는 하나 이상의 하드웨어 I/O 디바이스들에 연결된 디지털 신호처리기로 구성된다. 예를 들어, 전자레인지는 버튼을 읽고, 클록과 타이머를 작동시키고, 마그네트론을 적절한 시간에 끄고 켜는 단순한 마이크로컨트롤러를 갖고 있다. 임베디드 시스템과는 달리 PC와 같은 일반 목적의 컴퓨터는 다수의 프로그램을 실행하고 전형적으로 물리적 디바이스보다는 사용자와 더 많이 상호작용한다.

입출력(I/O) 시스템은 컴퓨터와 **주변 장치**라 불리는 외부 기기들을 연결하는 데 사용된다. 개인용 컴퓨터에서 이 기기들은 전형적인 키보드, 모니터, 프린터 및 무선망을 포함한다. 임베디드 시스템에서 이 기기들은 토스터의 발열 소자, 인형의 음성 합성기, 엔진의 연료 주입기, 위성의 솔라 패널(solar panel) 위치 제어 모터 등을 포함한다. 프로세서는 어드레스와 데이터 버스를 사용하여 메모리 액세스와 동일한 방법으로 I/O 장치에 액세스한다.

어드레스 공간의 한 부분은 메모리보다는 I/O 장치에 전용된다. 예를 들어, 0xFFFF0000~0xFFFFFFFF 범위의 어드레스가 I/O 장치를 위해 사용된다고 가정한다. 6.6.1절을 상기하면 이러한 어드레스들은 메모리 맵의 예약된 부분에 있다. 각각의 I/O 디바이스는 이 범위의 하나 이상의 어드레스에 할당된다. 특정 어드레스에 대한 저장은 데이터를 그 기기에 보낸다. 로드는 기기로부터 데이터를 받는다. 이러한 I/O 장치와의 통신 방법을 **메모리 맵핑된**(memory-mapped) I/O라 한다.

메모리 맵핑된 I/O를 갖는 시스템에서 로드 또는 저장은 메모리 또는 I/O 장치 중의 하나에 액세스할 수 있다. 그림 8.28은 두 개의 메모리 맵핑된 I/O 장치를 지원하기 위해 필요한 하드웨어를 보인다. **어드레스 디코더**는 어느 기기가 프로세서와 통신을 하는지 결정한다. 나머지 하드웨어를 위한 제어 신호를 생성하는 데 *Address*와 *MemWrite* 신호를 사용한다.

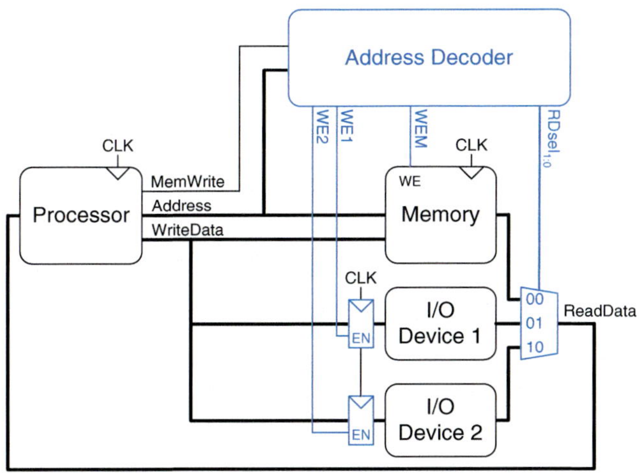

그림 8.28 메모리 맵핑된 I/O를 위한 지원 하드웨어

몇몇 아키텍처, 특히 x86은 I/O 장치와 통신하기 위해 메모리 매핑된 I/O 대신에 특수 명령들을 사용한다. 이 명령은 device 1 및 device 2는 주변 장치의 고유 ID로 다음과 같은 형태를 갖는다.

```
lwio $t0, device1
swio $t0, device2
```

이러한 형태의 I/O 기기와의 통신을 프로그램된(programmed) I/O라고 한다.

ReadData 멀티플렉서는 메모리와 다양한 I/O 기기 사이를 선택한다. 쓰기 인에이블 레지스터는 I/O 기기에 기록된 값들을 갖는다.

예제 8.17 I/O 기기와의 통신

그림 8.28에 I/O 기기 1이 메모리 어드레스 0xFFFFFFF4에 할당되어 있다고 가정한다. 값 7을 I/O 장치 1에 기록하고 I/O 장치 1로부터 출력 값을 판독하기 위한 MIPS 어셈블리 코드를 보여라.

풀이 다음의 MIPS 어셈블리 코드는 값 7을 I/O 장치 1에 기록한다.

```
addi $t0, $0, 7
sw   $t0, 0xFFF4($0) # FFF4 is sign-extended to 0xFFFFFFF4
```

어드레스는 0xFFFFFFF4이고, *MemWrite*는 TRUE이므로 어드레스 디코더는 당연히 *WE*1을 나타낸다. *WriteData* 버스상의 값 7은 I/O 장치 1의 입력 핀에 연결된 레지스터에 기록된다.

I/O 장치 1로부터 읽어들이기 위해 프로세서는 다음의 MIPS 어셈블리 코드를 수행한다.

```
lw $t1, 0xFFF4($0)
```

어드레스 디코더는 $RDsel_{1:0}$을 01로 설정하는데, 그 이유는 어드레스 0xFFFFFFF4를 검출하고 *MemWrite*는 FALSE이기 때문이다. I/O 장치 1의 출력은 멀티플렉서를 통해 *ReadData* 버스로 전달되며 프로세스에 $t1로 로드된다.

I/O 장치와 통신하는 소프트웨어를 **장치 드라이버**라 한다. 여러분은 프린터 또는 기타 I/O 장치를 위해 장치 드라이버를 다운로드하거나 설치할 것이다. 장치 드라이버를 기록하는 것은 I/O 장치 하드웨어에 대한 상세한 지식을 요한다. 기타 프로그램은 저레벨 장치 하드웨어에 대한 이해 없이도 장치에 액세스하기 위해 장치 드라이버 내의 함수들을 호출한다.

I/O 장치들과 관련된 어드레스를 **I/O 레지스터**라 부르는데, 이들은 그림 8.28에 보인 것처럼 물리적 레지스터에 해당하기 때문이다.

다음 절은 I/O의 자세한 예제를 제공한다. 8.6절에서는 많은 물리적 장치들을 제어하기 위해 MIPS 기반 마이크로컨트롤러를 어떻게 사용하는지를 보이면서 임베디드 시스템에서 I/O의 예를 들고자 한다. 8.7절에서는 PC에서 사용되는 주요 I/O 시스템을 살펴본다.

8.6 임베디드 입출력 시스템

임베디드 시스템은 물리적 환경과의 상호작용을 제어하기 위해 프로세서를 사용한다. 이들 시스템은 전형적으로 **마이크로컨트롤러 유닛**(microcontroller unit)들 주위에 조립된다. 이 유닛은 일반 목적의 디지털 및 아날로그 I/O 핀, 직렬 포트, 타이머 등과 같은 쉽게 사용하는 주변 장치 세트와 마이크로프로세서를 결합시킨다. 마이크로컨트롤러는 일반적으로 저렴하며 대부분의 필요 부품들을 하나의 칩으로 집적시켜 시스템 비용과 크기를 최소화하도록 설계된다. 마이크로컨트롤러는 운용하는 데이터의 크기로 분류된다. 8비트 마이크로컨트롤러는 가장 작고 저렴하지만, 32비트 마이크로컨트롤러는 더욱 큰 용량 메모리 및 우수한 성능을 제공한다.

구체적 설명을 위해 이 절에서는 상용 마이크로컨트롤러에서의 임베디드 I/O를 예로 든다. 특히 32비트 MIPS 마이크로프로세서에 기반한 마이크로칩사의 마이크로컨트롤러 PIC32-시리즈 중 하나인 PIC32MX675F512H에 중점을 둔다. 완전한 시스템이 수개의 외부 부품으로 조립될 수 있도록 PIC 계열은 온칩(on-chip) 및 메모리의 일반적인 분류를 갖고 있다. 이는 저렴하면서 사용하기 쉬운 개발 환경을 갖고 있으며 이 책에서 공부한 MIPS 구조에 기반하고 있다. 마이크로칩사는 1년에 10억 개 이상의 칩을 판매하는 선도적인 마이크로컨트롤러 판매자이므로 PIC 계열을 선택한다. 마이크로컨트롤러 I/O 시스템은 다른 제조사들과도 매우 유사하므로 PIC에서 예시한 원리들은 다른 마이크로컨트롤러에 쉽게 적용 가능하다.

이 절의 나머지는 마이크로컨트롤러가 일반 목적의 디지털, 아날로그, 직렬 I/O를 어떻게 구현하는지 설명하게 될 것이다. 타이머는 또한 정확한 시간 인터벌(interval)을 생성하거나 측정하는 데 사용된다. 이 절은 모니터, 모터 및 무선 링크와 같은 기타 주변 장치에 대한 설명으로 끝내고자 한다.

> 2011년에 약 160억 달러의 마이크로컨트롤러가 판매되었으며, 그 시장은 대략 연 10%씩 지속적으로 성장하고 있다. 마이크로컨트롤러는 2010년에 각 가정에서 150개, 자동차에서 50개 정도로 사용되는 등 어디에나 산재하고 있으며 거의 눈에 띄지 않게 동작하고 있다. 8051이 1980년에 인텔에 의해 개발된 전통적인 8비트 마이크로컨트롤러이며, 현재 많은 제조사들에 의해 판매되고 있다. 마이크로칩사의 PIC16과 PIC18 시리즈는 8비트 시장의 선도 주자이다. Atmel AVR 시리즈의 마이크로컨트롤러는 취미 생활자들 사이에서 Arduino 플랫폼의 브레인으로 인기를 얻고 있다. 32비트 마이크로컨트롤러들 중 Renesas가 전반적으로 시장을 선도하고 있는 반면, ARM 아이폰을 포함한 모바일 시스템에서는 주요 역할을 맡고 있다. Freescale, 삼성, Texas Instruments, 그리고 Infineon이 또 다른 주요 마이크로컨트롤러 제조사들이다.

8.6.1 PIC32MX675F512H 마이크로컨트롤러

그림 8.29는 PIC32-시리즈 마이크로컨트롤러의 블록 다이어그램을 보인다. 시스템의 심장부는 32비트 MIPS 프로세서이다. 이 프로세서는 32비

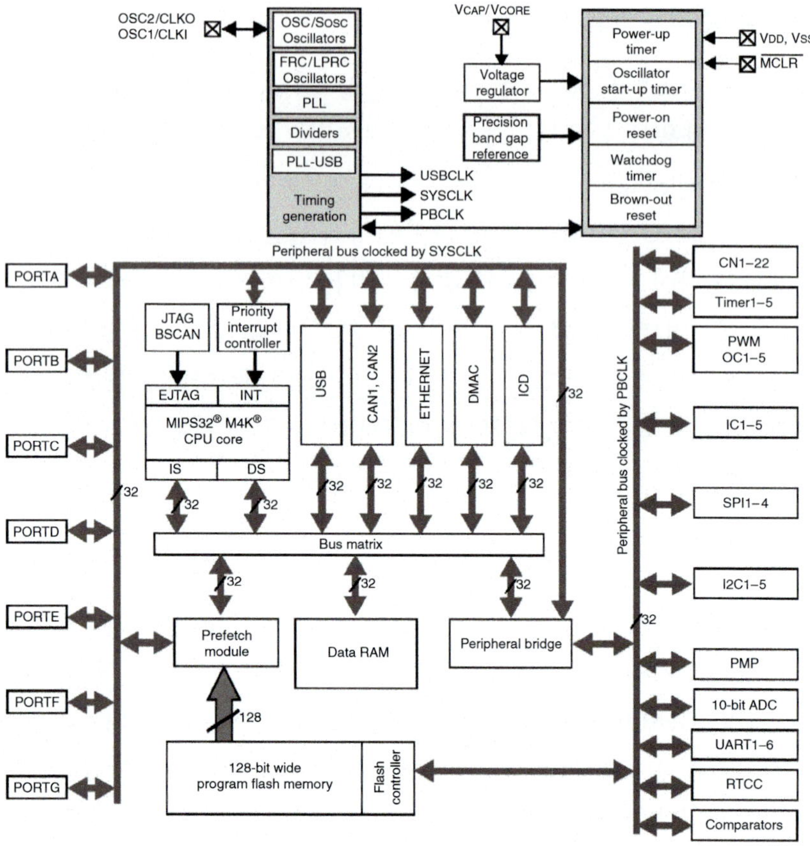

그림 8.29 PIC32MX675F512H 블록도

트 버스들을 통해 프로그램을 포함하는 플래시 메모리와 데이터를 포함하는 SRAM에 연결된다. PIC32MX675F512H는 512KB 플래시 및 64KB RAM을 갖는데, 가격적인 측면에서 16~512KB 플래시 및 4~128KB RAM도 가능하다. USB 및 Ethernet과 같은 고성능의 주변 장치들도 버스 매트릭스(bus matrix)를 통해 RAM과 직접 통신한다. 직렬 포트, 타이머, A/D 컨버터와 같은 낮은 성능의 주변 장치들은 분리된 주변 장치 버스들을 공유한다. 이 칩은 또한 클록을 생성하는 타이밍 발생 회로 및 칩이 전력 상승 또는 바로 전력 손실일 때를 검출하기 위한 전압 센싱 회로를 포함한다.

그림 8.30은 마이크로컨트롤러의 가상 메모리 맵을 보인다. 프로그래머에 의해 사용된 모든 어드레스들은 가상이다. MIPS 아키텍처는 메모리의 2^{32}바이트=4GB까지 액세스할 수 있는 32비트 어드레스 공간을 제공하지

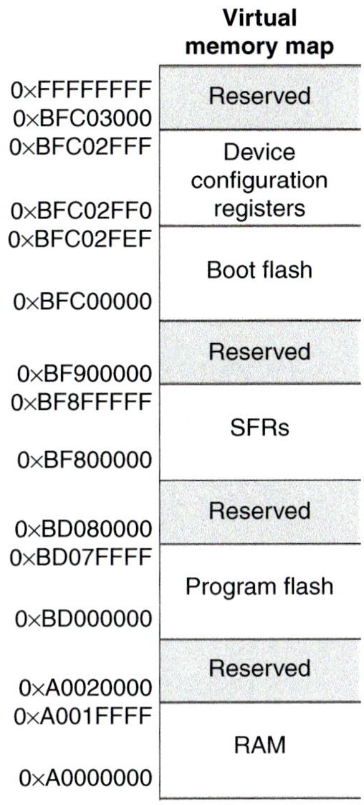

그림 8.30 PIC32 메모리 맵

만, 오직 그 메모리의 적은 부분만이 칩상에서 실제로 수행된다. 어드레스 0xA0000000~0xBFC02FFF로부터의 관련 섹션(section)들은 주변 장치와 통신하는 데 사용된 RAM, 플래시 및 특수 함수 레지스터(SFR)를 포함한다. 전형적으로 초기화를 수행하여 플래시 메모리 내의 메인 프로그램으로 점프하는 추가적인 12KB의 부트 플래시(Boot Flash)를 주목하라. 리셋에서는 프로그램 카운터가 0xBFC00000에서 부트 플래시의 스타트로 초기화된다.

그림 8.31은 마이크로컨트롤러의 핀 아웃(pinout)을 보인다. 핀들은 파워 및 그라운드, 클록, 리셋, 그리고 일반 목적의 I/O 및 특수 목적의 주변 장치에 사용될 수 있는 많은 I/O 핀들을 포함한다. 그림 8.32는 4면에 20mm(0.02인치) 간격을 갖는 64핀 TQFP(Thin Quad Flat Pack) 내의 컨트롤러 사진을 보인다. 마이크로컨트롤러는 또한 더 많은 I/O 핀들을 갖는 100핀 패키지도 가능하며, 이 버전은 H 대신 L로 끝나는 파트(part) 번호를 갖는다.

그림 8.33은 파워 서플라이, 외부 클록, 리셋 스위치 및 프로그래밍 케

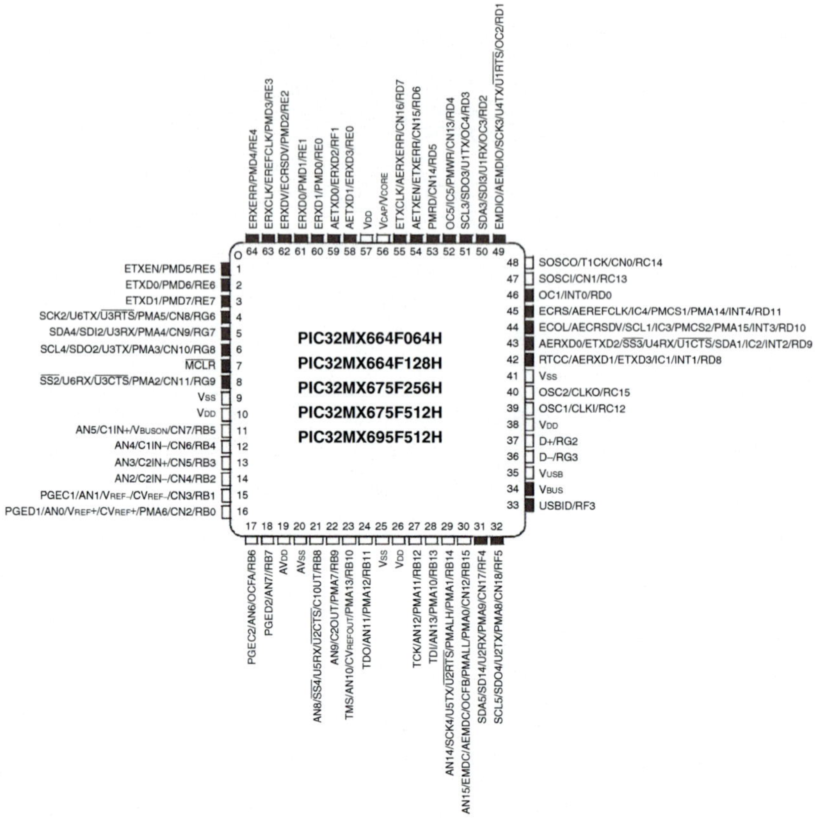

그림 8.32 64-핀 TQFP 패키지 내의 PIC32

그림 8.31 PIC32MX6xxFxxH 핀 아웃. 검정 핀들은 5V 허용

이블을 위한 잭을 갖는 최소 동작 구성으로 연결된 마이크로컨트롤러를 보인다. PIC32와 외부 회로가 인쇄된 회로보드에 마운트되고, 이 보드는 실제 제품(예, 토스터 컨트롤러) 또는 쉽게 테스팅 과정 중의 칩에 액세스 가능한 개발 보드로 사용될 수 있다.

LTC1117-3.3 레귤레이터는 4.5~12V의 입력(예, 소형 아답터, 배터리 및 외부 파워 서플라이로부터)을 허용하며, 이를 파워 서플라이 핀에 필요한 정전압 3.3V로 낮춘다. PIC32는 낮은 임피던스 경로를 제공하여 파워 서플라이 노이즈를 줄이기 위한 다수의 VDD 및 GND 핀들을 갖고 있다. 바이패스 커패시터들은 전류 수요의 갑작스런 변화에도 파워 서플라이를 안정적으로 유지하기 위한 충전소를 제공한다. 또한 한 바이패스 커패시터는 내부 1.8V 레귤레이터에 기여하는 VCORE 핀에 연결된다. PIC32는 전형적으로 파워 서플라이로부터 1~2mA/MHz의 전류를 끌어낸다. 예를 들어, 80MHz에서 최대 전력 소모는 $P = VI = (3.3\ \text{V})$

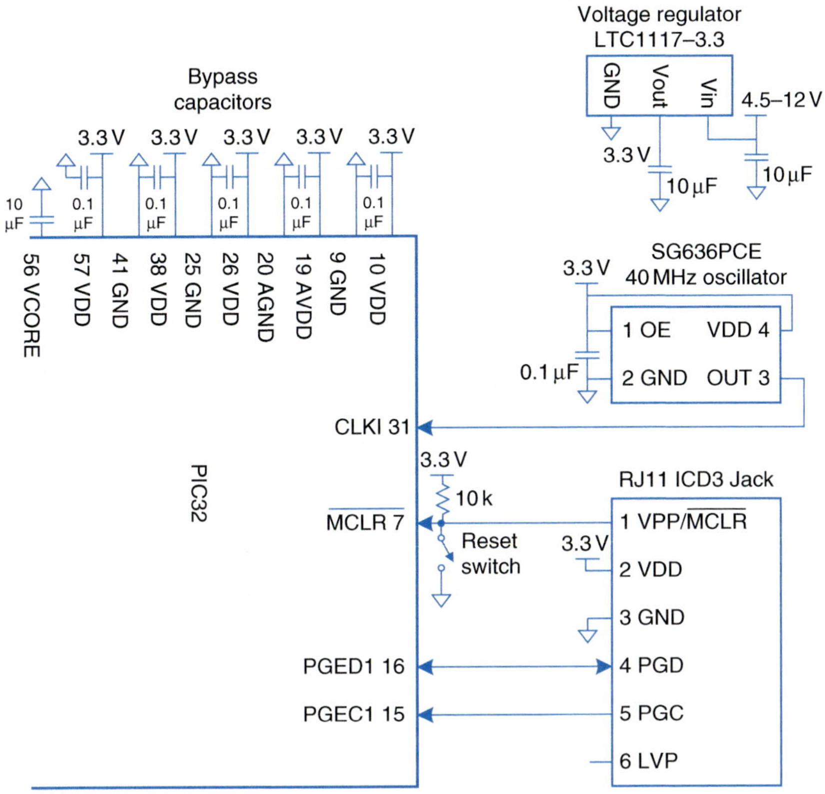

그림 8.33 PIC 기본 동작 구조

(120mA)=0.396W이다. 64핀 TQFP는 47°C/W의 열 저항을 갖고 있어 칩은 열 전원 또는 냉각팬 없이 동작하더라도 약 19°C까지 열을 낼 수 있다.

50MHz까지 작동하는 외부 오실레이터는 클록 핀에 연결될 수 있다. 이 예시 회로에서 오실레이터는 40.000MHz에서 동작한다. 다른 형태로 마이크로컨트롤러는 8.00MHz±2%에서 작동하는 내부 오실레이터를 사용하기 위해 프로그래밍될 수 있다. 이것은 주파수의 정확도가 훨씬 떨어짐에도 불구하고 충분히 양호하다. I/O 디바이스(예를 들어 직렬 포트, A/D 컨버터, 타이머)를 위한 주변 장치 버스 클록 PBCLK는 주 시스템 클록 SYSCLK의 부분 속도(즉, 1/2)로 동작한다. 이러한 클로킹 기법은 MPLAB 개발 소프트웨어 내의 구성 비트나 C 프로그램 시작에서 다음과 같이 몇 줄의 코드를 기입하여 설정할 수 있다.

```
#pragma config FPBDIV = DIV_2 // peripherals operate
                              // at half sysckfreq (20 MHz)
```

주변 장치 버스 클록 PBCLK는 메인 시스템 클록과 같은 속도, 또는 2분의 1, 4분의 1, 8분의 1 속도로 운영되도록 구성될 수 있다. 이전의 PIC32 마이크로컨트롤러는 일부 주변 장치들이 너무 느리기 때문에 최대 절반의 속도로 운영되도록 제한되어 있었지만, 대부분의 현재 제품들은 최대 속도로 실행된다. 만약 PBCLK 속도를 바꾼다면, 어떤 양의 시간을 측정하기 위한 PBCLK 틱(ticks)의 개수와 같은 이 절에서의 샘플 코드의 일부분을 변경해야 한다.

```
#pragma config POSCMOD = EC    // configure primary oscillator in
                               // external clock mode
#pragma config FNOSC = PRI     // select the primary oscillator
```

칩을 규정된 초기 상태로 동작시키기 위해 리셋 버튼을 제공하는 게 항상 유용하다. 리셋 회로는 푸시버튼 스위치와 리셋 핀, $\overline{MCLR}$에 연결된 저항으로 구성된다. 리셋 핀은 핀이 0에 있을 때 프로세서가 리셋을 의미하는 액티브-로우(active-low)이다. 버튼을 누르지 않으면 스위치는 열리고, 저항은 리셋 핀을 1로 끌어당겨 정상 동작을 허용한다. 버튼을 누르면 스위치는 닫히고 리셋 핀을 0으로 잡아당겨 프로세서를 리셋한다. PCI32는 또한 전원이 꺼지면 자동으로 자체 리셋된다.

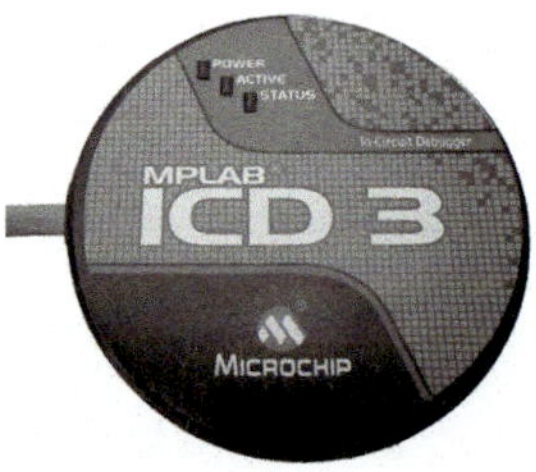

그림 8.34 마이크로칩의 ICD3

마이크로컨트롤러를 프로그램하기 위한 가장 쉬운 방법은 퍽(puck)으로 알려진 Microchip의 ICD(In Circuit Debugger)3을 이용한다. 그림 8.34에 보이는 ICD3은 프로그래머에게 PIC32와 통신을 허용하여 PC로부터 코드를 다운로드하고 프로그램을 디버깅할 수 있다. IDC3은 PC 상의 USB 포트와 PIC32 개발 보드상의 6핀 RJ-11 모듈러 커넥터에 연결된다. RJ-11 커넥터는 미국 전화 잭에 사용되는 유명한 커넥터이다. IDC3은 클록과 양방향 데이터 핀을 갖는 2배선 In-Circuit Serial Programming을 통해 PIC32와 통신한다. ICD를 사용하여 개발 보드상에서 어셈블리 언어나 C로 프로그램을 작성하고 시뮬레이션에서 이를 디버그하며, 프로그램을 다운로드하고 시험할 수 있는 Microchip의 무료 MPLAB 통합개발환경(IDE)을 사용할 수 있다.

PIC32 마이크로컨트롤러 대부분의 칩들은 일반 목적의 I/O 핀들처럼 디폴트 기능들을 갖고 있다. 칩은 제한된 수의 핀을 가지므로 이러한 동일 핀들은 직렬 포트, 아날로그-디지털 컨버터 입력 등과 같이 특수 목적의 I/O 기능을 공유하여 해당 주변 장치가 인에이블(enable) 상태일 때 액티브(active) 상태가 된다. 각각의 핀을 주어진 시간에 오로지 한 가지 목적을 위해 사용하는 것은 프로그래머의 책임이다. 8.6절의 나머지는 마이크로컨트롤러 I/O 기능들을 상세히 탐구한다.

마이크로컨트롤러 능력은 이 장의 제한된 공간에서 다룰 수 있는 범위를 벗어난다. 좀 더 자세한 명세는 제조사의 데이터 시트를 참고하라. 특히 Microchip의 *PIC32MX5XX/6XX/7XX Family Data Sheet*와 *PIC32 Family Reference Manual*은 완벽하며 어지간하면 읽을 수 있다.

8.6.2 일반 목적의 디지털 I/O

일반 목적의 I/O(General-purpose I/O, GPIO) 핀들은 디지털 신호들을 읽고 쓰는 데 사용된다. 예를 들어, 그림 8.35는 12비트 GPIO 포트에 연결된 8개의 발광 다이오드(LED)와 네 개의 스위치를 보인다. 구조는 포트의 12 핀 각각의 명칭과 핀 번호를 나타내는데, 이는 프로그래머에게는 각 핀의 기능을, 하드웨어 설계자에는 물리적으로 어떤 연결인지를 알려준다. LED는 1로 구동될 때 불이 들어오며, 0으로 구동될 때 불이 꺼진다. 마이크로컨트롤러는 LED를 구동하고 스위치의 상태를 읽어 들이는 데 포트를 사용할 수 있다.

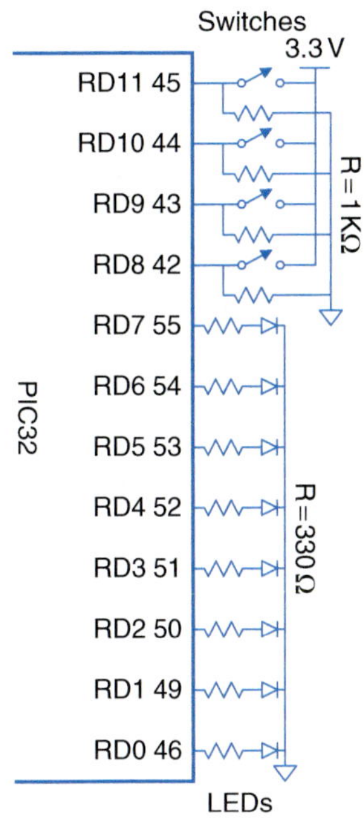

그림 8.35 12-비트 GPIO 포트 D에 연결된 LED와 스위치

PIC32는 GPIO를 동시에 읽고 쓰는 포트로 그룹화할 수 있다. PIC32에서는 이러한 포트들을 RA, RB, RC, RD, RE, RF, RG라고 하는데, 간단히 포트 A, 포트 B 등으로 부른다. 비록 PIC32가 모든 포트에 많은 신호를 제공할 만큼 핀들이 충분치는 않지만 각 포트는 16개까지 GPIO 핀들을 가질 수 있다.

각 포트는 두 개의 레지스터 TRISx 및 PORTx에 의해 제어되는데, 여기서 x는 해당 포트를 나타내는 문자(A~G)이다. TRIXx 레지스터는 포트의 핀이 입력인지 출력인지 결정하는 반면, PORTx 레지스터는 입력의 읽기(read) 값이나 출력 구동 값을 나타낸다. 각 레지스터의 16개의 최하위 비트는 GPIO 포트의 16개 핀에 해당한다. TRISx 레지스터의 주어진 비트가 0이면 그 핀은 출력이며 1이면 입력이다. 미사용 GPIO 핀들을 입력(그들의 디폴트 상태)으로 남겨 놓아 본의 아니게 문제의 값으로 구동되지 않도록 신중해야 한다.

각 레지스터는 가상 메모리(0xBF80000-BF8FFFF)의 특수 함수 레지스터(Special Function Register)에 한 워드로 메모리 맵핑된다. 예를 들어, TRISD는 어드레스 0xBF8860C0, PORTD는 어드레스 0xBF8860D0에 있다. p32xxx.h 헤더 파일은 이러한 레지스터를 32비트 부호화되지 않은 정수로 선언한다. 따라서 프로그래머는 어드레스를 참조하기보다는 명칭으로써 그들을 액세스할 수 있다.

예제 8.18 스위치와 LED를 위한 GPIO

그림 8.35의 하드웨어를 사용하여 네 개의 스위치를 읽고 이에 해당하는 아래 네 개의 LED를 켜기 위한 C 프로그램을 작성하라.

풀이 핀 RD[7:0]은 출력, RD[11:8]은 입력이 되도록 TRISD를 구성하라. 그 다음 핀 RD[11:8]을 조사하여 스위치들을 읽고 해당 LED가 켜지도록 이 값을 RD[3:0]에 기입한다.

```
#include <p32xxxx.h>

int main(void) {
  int switches;

  TRISD = 0xFF00; // set RD[7:0] to output,

                  // RD[11:8] to input
  while (1) {
    switches = (PORTD >> 8) & 0xF; // Read and mask switches from
                 // RD[11:8]
    PORTD = switches; // display on the LEDs
  }
}
```

예제 8.18은 전체 레지스터를 한 번에 기입한다. 이 또한 개별적인 비트들에 액세스가 가능하다. 예를 들어, 다음의 코드는 최초 스위치의 값을 최초 LED에 복사한다.

```
PORTDbits.RD0=PORTbits.RD8;
```

각 포트는 비트들이 세트(set) 또는 클리어(clear)인지 나타내는 마스크(mask)로 쓰기 가능한 해당 SET 및 CLT 레지스터를 갖는다. 예를 들어,

```
PORTDSET = 0b0101;
PORTDCLR = 0b1000;
```

비트 조작에서, "세팅"은 1로, "클리어링"은 0으로 쓰는 것을 뜻한다.

는 PORTD의 첫 번째 및 세 번째 비트들을 설정하고 네 번째 비트는 클리어한다. 만일 PORTD의 아래 4비트가 1110이었다면 0111로 바뀐다.

가능한 GPIO 핀의 수는 패키지 크기에 의존한다. 표 8.5는 여러 패키지 내의 가능한 핀들을 요약한 것이다. 예를 들어, 100핀 TQFP는 포트 A의 핀 RA[15:14], RA[10:9], RA[7:0]을 제공한다. RG[3:2]는 단지 입력임을 명심하라. 또한 RB[15:0]은 입력 핀들을 따라 공유되며 기타 핀들은 다수의 기능을 갖는다.

논리 레벨은 LVCMOS 호환 가능하다. 입력 핀은 V_{IL}=0.15V_{DD}와 V_{IH}=0.8V_{DD}의 논리 레벨 또는 V_{DD}를 3.3V로 가정한다면, 각각 0.5V 및 2.6V가 기대된다. 출력 핀은 출력 전류가 얼마 안 되는 7mA를 초과하지 않는

표 8.5 PIC32MX5xx/6xx/7xx GPIO 핀

Port	64-pin QFN/TQFP	100-pin TQFP, 121-pin XBGA
RA	None	15:14, 10:9, 7:0
RB	15:0	15:0
RC	15:12	15:12, 4:0
RD	11:0	15:0
RE	7:0	9:0
RF	5:3, 1:0	13:12, 8, 5:0
RG	9:6, 3:2	15:12, 9:6, 3:0

한 0.4V의 V_{OL}과 2.4V의 V_{OH}를 만든다.

8.6.3 직렬 I/O

만일 마이크로컨트롤러가 자유(free) GPIO 핀 수 이상의 비트 송신이 필요하다면 메시지를 다수의 작은 송신으로 쪼개야 한다. 각 단계에서 한 비트 또는 여러 비트를 송신할 수 있다. 한 비트씩 보내는 것을 **직렬 I/O**, 여러 비트씩 보내는 것을 **병렬 I/O**라 부른다. 직렬 I/O는 흔하다. 왜냐하면 이는 여러 개의 선을 사용하며 많은 어플리케이션에서 충분히 빠르기 때문이다. 사실 직렬 I/O를 위한 다수의 표준이 제정되어 있으며, PIC32는 이러한 표준을 통해 데이터를 쉽게 송신하는 전용 하드웨어이다. 이 절에서는 SPI(Serial Peripheral Interface) 및 UART(Universal Asynchronous Receiver/Transmitter) 표준 프로토콜을 다룬다.

다른 일반 직렬 표준은 I^2C(Inter-Integrated Circuit), USB(Universal Serial Bus)와 이더넷을 포함한다. I^2C는 클록과 양방향 데이터 핀을 갖는 2-배선 인터페이스로 SPI와 유사한 형태로 사용된다. USB와 이더넷은 좀 더 복잡한 고성능 표준으로 각각 8.7.1절과 8.7.4절에서 설명한다.

Serial Peripheral Interface

SPI(Serial Peripheral Interface)는 간단한 동기 직렬 프로토콜로 사용이 쉽고 비교적 빠르다. 물리적 인터페이스는 세 가지 핀, SCK(Serial Clock), SDO(Serial Data Out), SDI(Serial Data In)로 구성되어 있다. SPI는 그림

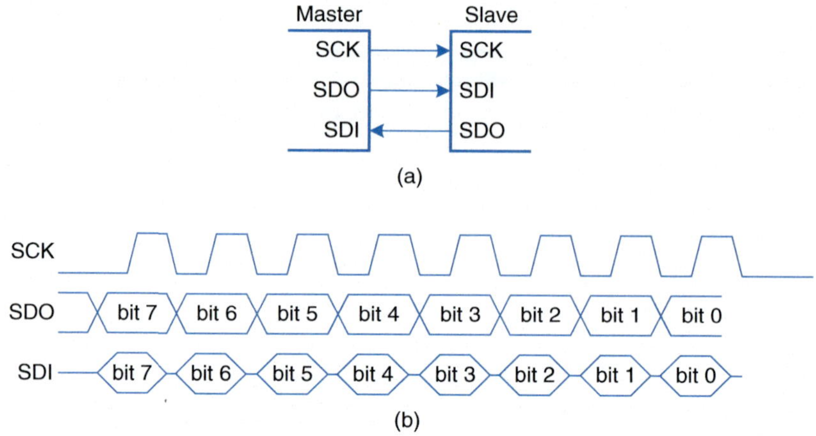

그림 8.36 SPI 연결 및 마스터 파형

8.36(a)에 보이는 바와 같이 마스터 디바이스를 슬레이브 디바이스에 연결한다. 마스터는 클록을 만들고 SCK상에 일련의 클록 펄스를 보내 통신을 시작한다. 만일 슬레이브에 데이터를 송신하고자 한다면, SDO상에 데이터를 넣고 최상위 비트와 시작한다. 슬레이브는 마스터의 SDI상에 데이터를 넣어 동시에 응답할 수 있다. 그림 8.36(b)는 8-비트 데이터 전송을 위한 SPI 파형을 보인다.

PIC32는 네 개까지 SPI 포트, SPI1-SPI4를 갖는다. 각각은 마스터 또는 슬레이브로 동작한다. 이 절은 마스터 모드 동작을 설명하지만 슬레이브 모드도 유사하다. SPI 포트를 사용하기 위해 우선 PIC® 프로그램은 포트를 구성해야 한다. 그 다음 데이터를 레지스터에 기입할 수 있는데, 데이터는 슬레이브에 직렬로 전송된다. 슬레이브에서 수신된 데이터는 다른 레지스터에서 수집된다. 전송이 완료되면 PIC32는 수신 데이터를 읽을 수 있다.

각 SPI 포트는 네 개의 32비트 레지스터, SPIxCON, SPIxSTAT, SPIxBRG, SPIxBUF와 관련 있다. 예를 들어, SPI1CON은 SPI 포트 1을 위한 제어 레지스터이다. 이는 SPI를 ON으로 하고 전달하는 다수의 비트와 클록의 극성과 같은 특성을 설정한다. 표 8.6은 CON 레지스터의 모든 비트에 대한 명칭 및 기능들을 나타낸다. 모두 리셋에서 0의 디폴트 값을 갖는다. 프레이밍(framing), 강화된 버퍼링(buffering), 슬레이브 선택 신호 및 인터럽트와 같은 대부분의 기능들은 이 절에서 사용되지 않지만 데이터 시트에서 찾아볼 수 있다. STAT는 예컨대 수신 레지스터가 풀(full)인지를 나타내는 상태 레지스터이다. 이 레지스터의 상세한 내용은 또한

표 8.6 SPIxCON 레지스터 필드

Bits	Name	Function
31	FRMEN	1: Enable framing
30	FRMSYNC	Frame sync pulse direction control
29	FRMPOL	Frame sync polarity (1 = active high)
28	MSSEN	1: Enable slave select generation in master mode
27	FRMSYPW	Frame sync pulse width bit (1 = 1 word wide, 0 = 1 clock wide)
26:24	FRMCNT[2:0]	Frame sync pulse counter (frequency of sync pulses)
23	MCLKSEL	Master clock select (1 = master clock, 0 = peripheral clock)
22:18	unused	
17	SPIFE	Frame sync pulse edge select
16	ENHBUF	1: Enable enhanced buffering
15	ON	1: SPI ON
14	unused	
13	SIDL	1: Stop SPI when CPU is in idle mode
12	DISSDO	1: disable SDO pin
11	MODE32	1: 32-bit transfers
10	MODE16	1: 16-bit transfers
9	SMP	Sample phase (see Figure 8.39)
8	CKE	Clock edge (see Figure 8.39)
7	SSEN	1: Enable slave select
6	CKP	Clock polarity (see Figure 8.39)
5	MSTEN	1: Enable master mode
4	DISSDI	1: disable SDI pin
3:2	STXISEL[1:0]	Transmit buffer interrupt mode
1:0	SRXISEL[1:0]	Receive buffer interrupt mode

PIC32 데이터 시트에 충분히 설명되어 있다.

직렬 클록은 1/2 이하의 주변 클록 레이트(rate)에서 토글되도록 구성될 수 있다. SPI는 데이터 레이트에 이론적인 제한이 없으며, 비록 브레드보보 레이트(baud rate)는 초당 심벌로 측정되는 시그널링 레이트를 주는 반면, 비트 레이트는 초당 비트로 측정된 데이터 레이트를 준다. 우리가 이 교과서에서 논의한 시그널링은 2-레벨 시그널링이며, 각 심벌은 비트를 나타낸다. 하지만 다중레벨 시그널링은 심벌당 다수의 비트를 전송할 수 있다. 예를 들어, 4-레벨 시그널링은 심벌당 두 비트를 전송한다. 이 경우, 비트 레이트는 보 레이트의 두 배이다. 각 심벌이 비트이고 각 심벌이 데이터를 나타내는 단순한 시스템에서는, 보 레이트는 비트 레이트와 동일하다. 일부 시그널링 협약은 데이터에 추가하는 오버헤드 비트를 필요로 한다(UART에 대한 8.6.3.2절 참고). 예를 들어, 9600 보 레이트의 각 8비트 데이터를 위해 두 오버헤드 비트를 사용하는 2-레벨 시그널링 시스템은 (9600심벌/초)×(8비트/10심벌)=7680 비트/초의 비트 레이트를 갖고 있다.

SPI는 항상 각 전송의 양방향으로 데이터를 송신한다. 만약 시스템이 단지 단방향의 통신을 필요로 한다면 원치 않는 데이터를 무시할 수 있다. 예를 들어, 만약 마스터(master)가 오로지 슬레이브(slave)에게만 데이터를 전송해야 한다면, 슬레이브로부터 수신된 바이트는 무시해도 된다. 만약 마스터가 오로지 슬레이브로부터 데이터를 수신해야 한다면, 슬레이브가 무시하는 임의의 바이트를 전송함으로써 SPI 통신을 계속 트리거해야 한다. 그래야 마스터는 슬레이브로부터 수신된 데이터를 판독할 수 있다.

드 상에 선들을 사용하여 1MHz 이상에서 동작하는 경우 노이즈의 문제가 있지만, 인쇄된 회로 보드상에서 수십 MHz의 동작도 가능하다. BRG는 다음의 공식에 따라 주변 클록에 상대적 속도를 설정하는 보 레이트(baud rate) 레지스터이다.

$$f_{SPI} = \frac{f_{peripheral\_clock}}{2\times(\text{BRG}+1)} \tag{8.3}$$

BUF는 데이터 버퍼이다. BUF에 기입된 데이터는 SPI 포트를 통해 SDO 핀상에 전달되며, SDI 핀으로부터 수신된 데이터는 전달 완료 후 BUF 읽기로 확인 가능하다.

마스터 모드에서 SPI를 준비하기 위해서는 우선 CON 레지스터의 비트 15(ON 비트)를 0으로 클리어하여 이를 OFF로 돌린다. BUF 레지스터를 읽어 수신 버퍼에 있는 모든 것을 클리어하라. BRG 레지스터를 쓰기하여 원하는 보 레이트를 설정하라. 예를 들어, 만일 주변 클록이 20MHz이고, 원하는 보 레이트가 1.25MHz이면 BRG를 $[20/(2\times1.25)]-1=7$로 설정하라. CON 레지스터의 비트 5(MSTEN)를 1로 설정하여 SPI를 마스터 모드로 넣어라. SDO가 클록의 상승 에지 중심에 놓이도록 CON 레지스터 비트 8(CKE)을 설정하라. 마지막으로 CON 레지스터의 ON 비트를 설정하여 SPI를 ON으로 되돌려라.

슬레이브에 데이터를 송신하기 위해서는 BUF 레지스터에 데이터를 기입하라. 데이터는 직렬로 송신되고, 슬레이브는 데이터를 마스터로 동시에 송신하게 된다. STAT 레지스터의 비트 11(SPIBUSY)은 SPI가 그의 동작을 끝냈음을 나타내는 0이 될 때까지 기다린다. 그 다음 슬레이브로부터 수신된 데이터는 BUF에서 읽을 수 있다.

PIC32상의 SPI 포트는 다양한 범위의 직렬 기기로 구성 가능하다. 불행히도 이는 포트의 부정확한 구성이나 잘못된 데이터 전송을 가져올 수도 있다. 클록과 데이터 신호의 상대 타이밍은 CKP, CKE, SMP라 불리는 세 가지 레지스터 비트로 구성된다. 디폴트에 의해 이러한 비트들은 0이지만 그림 8.36(b)에서의 타이밍은 CKE=1을 사용한다. 마스터는 SCK의 하강 에지에서 SDO를 바꾸므로 슬레이브는 양의 에지 트리거된 플립플롭을 사용하여 상승 에지에서 그 값을 추출해야 한다. 마스터는 SCK의 상승 에지에서 SDI가 안정화되리라 기대하므로 슬레이브는 타이밍도에서 보이는 것처럼 하강 에지에서 SDI를 바꿔야 한다. CON 레지스터의 MODE32와

MODE16 비트는 32비트 또는 16비트 워드가 송신되어야 하는지 규정하며, 둘 다 8비트 트랜스퍼(transfer)를 나타내는 0으로 디폴트된다.

예제 8.19 **SPI를 통한 송신과 수신 바이트**

SPI를 통해 PIC® 마스터와 FPGA 슬레이브 간에 통신할 수 있는 시스템을 설계하라. 인터페이스 구조를 스케치하라. 문자 'A'를 송신하고 수신하는 마이크로컨트롤러에 대한 C 코드를 작성하라. FPGA상에 SPI 슬레이브를 위한 HDL 코드를 작성하라. 슬레이브가 데이터 수신만을 요구한다면 어떻게 간단히 할 수 있나?

풀이 그림 8.37은 SPI 포트 2를 사용하는 기기 간의 연결을 보인다. 핀 번호는 컴포넌트 데이터 시트(그림 8.31)에서 얻어진다. 핀 번호와 신호 명칭들은 물리적 논리적 연결을 표시하기 위해 다이어그램상에 나타낸다. 이러한 핀들은 GPIO 포트 RG[8:6]에 의해 사용된다. SPI가 인에이블이라면 포트 G의 이러한 비트들은 GPIO를 위해 사용될 수 없다.

아래 C 코드는 SPI를 초기화하여 문자를 보내고 수신한다.

```
#include <p32xxxx.h>

void initspi(void) {
  char junk;

  SPI2CONbits.ON = 0; // disable SPI to reset any previous state
  junk = SPI2BUF; // read SPI buffer to clear the receive buffer
  SPI2BRG = 7;
  SPI2CONbits.MSTEN = 1; // enable master mode
  SPI2CONbits.CKE = 1; // set clock-to-data timing
  SPI2CONbits.ON = 1; // turn SPI on
}

char spi_send_receive(char send) {
  SPI2BUF = send; // send data to slave
  while (SPI2STATbits.SPIBUSY); // wait until SPI transmission
```

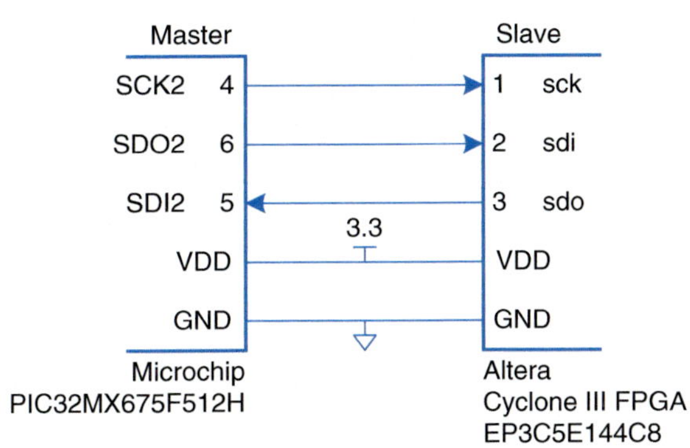

그림 8.37 PIC32와 FPGA 간의 SPI 연결

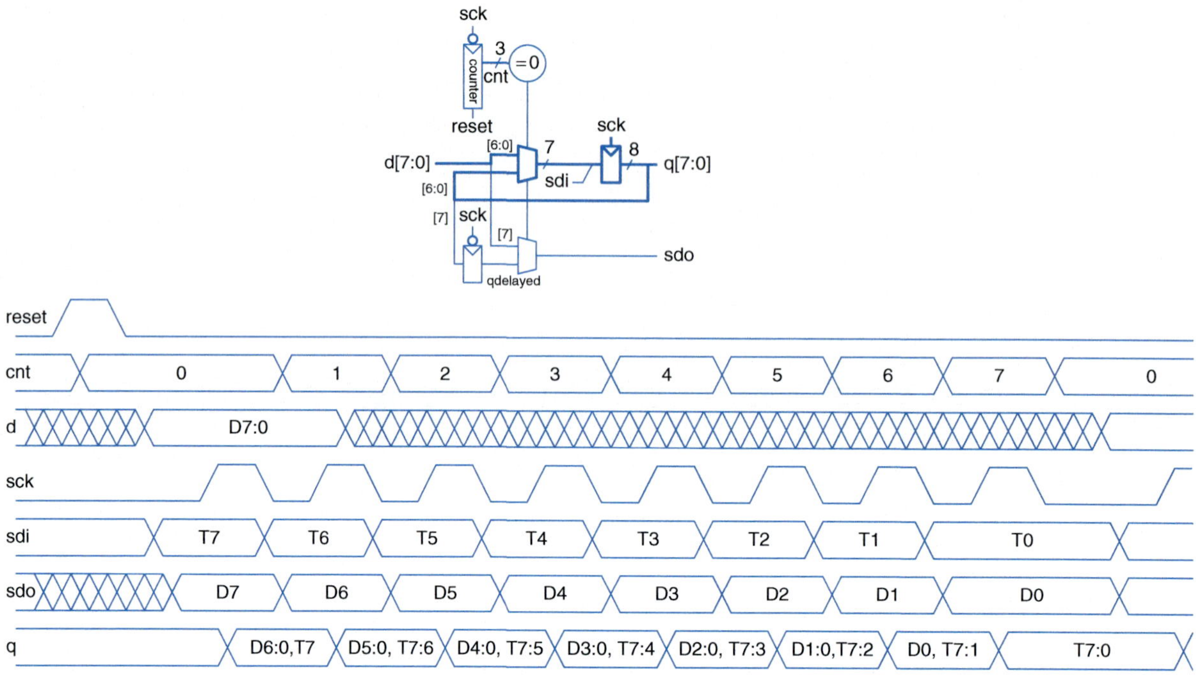

그림 8.38 SPI 슬레이브 회로 및 타이밍

```
complete
  return SPI2BUF; // return received data
}
int main(void) {
  char received;

  initspi(); // initialize the SPI port
  received = spi_send_receive('A'); // send letter A and receive byte
// back from slave
}
```

FPGA를 위한 HDL 코드는 아래와 같이 작성되었으며, 타이밍 블록도는 그림 8.38에 보인다. FPGA는 마스터로부터 수신된 비트와 마스터에 송신되기 위해 남겨진 비트를 잠시 보유하기 위해 시프트 레지스터를 사용한다. 리셋 후에 최초 상승 sck 에지와 그 후 각 8사이클마다 d로부터 새로운 바이트가 시프트 레지스터에 로드된다. 각 연속 사이클마다 한 비트가 FPGA sdi로 시프트인(shift in), 한 비트가 FPGA sdo 시프트 아웃(shift out)된다. 다음 상승 에지에서 마스터에 의해 추출될 수 있도록 sck 하강 에지까지 sdo는 지연된다. 8사이클 후 수신된 바이트는 q에서 찾을 수 있다.

```
module spi_slave(input  logic       sck,  // from master
                 input  logic       sdi,  // from master
                 output logic       sdo,  // to master
```

```
                input  logic       reset, // system reset
                input  logic [7:0] d,     // data to send
                output logic [7:0] q);    // data received
logic [2:0] cnt;
logic qdelayed;
// 3-bit counter tracks when full byte is transmitted
always_ff @(negedge sck, posedge reset)
if (reset) cnt = 0;
else cnt = cnt + 3' b1;
// loadable shift register
// loads d at the start, shifts sdi into bottom on each step
always_ff @(posedge sck)
q <= (cnt == 0) ? {d[6:0], sdi} : {q[6:0], sdi};
// align sdo to falling edge of sck
// load d at the start
always_ff @(negedge sck)
qdelayed = q[7];
assign sdo = (cnt == 0) ? d[7] : qdelayed;
endmodule
```

만일 슬레이브가 단지 마스터로부터 데이터 수신만을 필요로 한다면, 다음의 HDL 코드로 주어지는 시프트 레지스터로 간략화시킬 수 있다.

```
module spi_slave_receive_only(input logic sck, // from master
input logic sdi, // from master
output logic [7:0] q); // data received
always_ff @(posedge sck)
q <= {q[6:0], sdi}; // shift register
endmodule
```

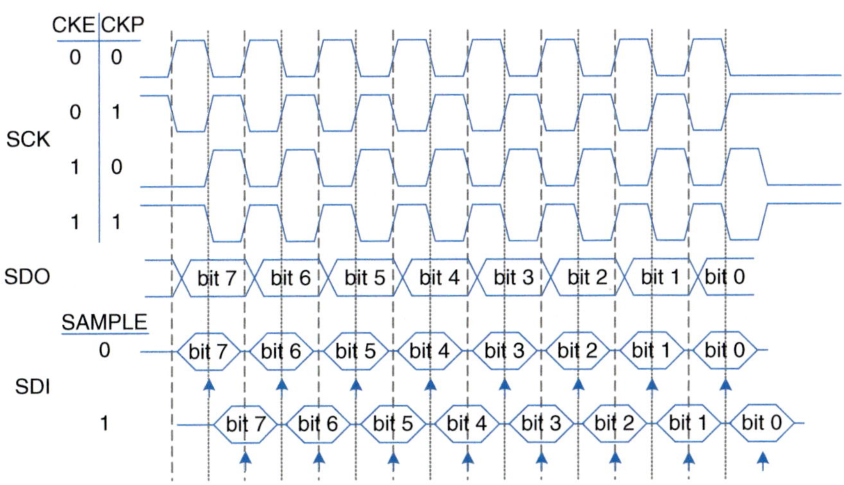

그림 8.39 CKE, CKP, SAMPLE에 의해 제어되는 클록 및 데이터 타이밍

때론 다른 타이밍을 기대하는 기기와의 통신을 위해 구성 비트를 변경할 필요가 있다. CKP = 1이면 SCK는 반전된다. CKE = 0일 때 클록은 데이터보다 1/2 사이클이 빠르게 토글(toggle)된다. SAMPLE = 1이면 마스터는 1/2 사이클 후에 SDI를 추출한다(슬레이브는 이때 안정화 상태여야 한다). 이러한 모드를 그림 8.39에 보인다. 다른 SPI 제품들은 이러한 동작에 있어 다른 명칭과 극성을 사용함을 명심하여 기기에서 파형을 주의깊게 체크하라. 또한 통신에 문제가 있다면 오실로스코프로 SCK, SDO, SDI를 관찰하는 게 도움될 수 있다.

Universal Asynchronous Receiver Transmitter

UART('유아트'라 발음)는 클록을 송신하지 않고 두 시스템 간 통신을 하는 직렬 I/O 주변 장치이다. 대신에 두 시스템은 사용하는 데이터 레이트가 얼마인지 미리 합의해야 하고, 각각 자신의 클록을 국부적으로 발생시켜야 한다. 비록 이러한 시스템 클록은 작은 주파수 에러와 미지의 위상관계를 갖지만 UART는 믿을 만한 비동기 통신을 취급한다. UART는 RS−232와 RS−485와 같은 프로토콜에 사용된다. 예를 들어, 컴퓨터 직렬포트는 전자산업협회(Electronic Industries Association)에서 1969년에 소개한 RS−232C 표준을 사용한다. 이 표준은 원래 메인프레임 컴퓨터와 같은 DTE(Data Terminal Equipment)를 모뎀과 같은 DCE(Data Communication Equipment)에 연결하는 데 계획되었다. 비록 UART가 SPI에 비해 비교적 느리지만, 그 표준은 오늘날 중요성을 가지고 오랫동안 유지되어 왔다.

그림 8.40(a)는 비동기 직렬 링크를 보인다. DTE는 TX 라인을 통해 DCE에 데이터를 송신하고 RX 라인을 통해 데이터를 수신한다. 그림 8.40(b)는 데이터 레이트 9,600보(baud)로 한 캐릭터를 송신하는 라인들 중의 하나를 보인다. 이 라인은 사용하지 않을 때 논리 '1'에서 대기(idle)

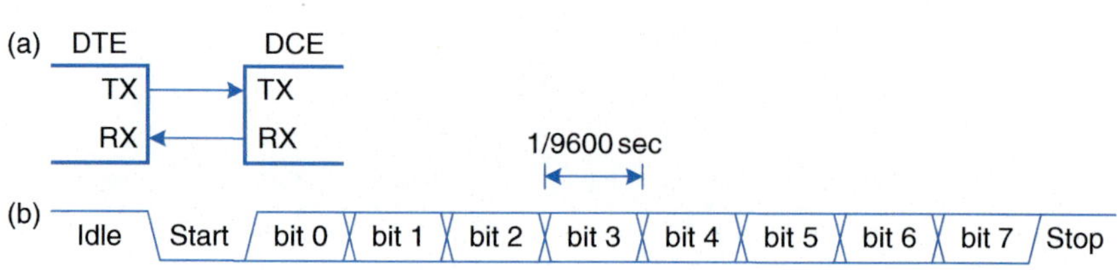

그림 8.40 비동기 직렬링크

상태에 들어간다. 각 캐릭터는 시작 비트(0), 7~8 데이터 비트, 옵션의 패리티 비트, 그리고 하나 이상의 중지 비트(1)로서 송신된다. UART는 적절한 시간에 전송 잠금을 위해 대기 상태에서 시작으로의 천이를 검출한다. 비록 7데이터 비트가 ASCII 캐릭터를 송신하는 데 충분하지만, 통상적으로 임의 바이트의 데이터를 전송하기 위해 8비트가 사용된다.

데이터 비트가 전송되는 동안 오염되는 것을 시스템이 검출할 수 있도록 추가 비트인 **패리티** 비트가 송신될 수 있다. 패리티 비트는 **홀수** 또는 **짝수**로 구성될 수 있다. 짝수 패리티 방법은 데이터와 패리티 전체 짝수 개의 '1'을 가져야 한다. 달리 말하면 패리티 비트는 데이터 비트의 XOR이다. 수신기는 짝수 개의 '1'이 수신되었는지를 체크하고 그렇지 않으면 에러를 나타낸다. 홀수 패리티는 이와 반대로 데이터의 XNOR이다. 보통 선택은 8데이터 비트, 패리티 없음, 1중지 비트로서 8비트 캐릭터 정보를 전송하기 위한 총 10심볼을 만든다. 그러므로 신호 전송 속도는 bits/sec보다 보(baud) 단위를 선호한다. 예를 들어 9,600보는 9,600symbols/sec 또는 960characters/sec로서 960×8=7,690데이터 bits/sec를 제공한다. 두 시스템은 적절한 보 레이트로 구성되어야 하며 데이터, 패리티 및 중지 비트의 수는 왜곡될 수 있다. 이는 특히 비전문가인 사용자에게 혼동을 일으킬 수 있는데, 이것이 개인용 컴퓨터에서 USB(universal Serial Bus)가 UART를 대체하는 이유 중의 하나이다.

전형적인 보 레이트는 300, 1,200, 2,400, 9,600, 14,400, 19,200, 38,400, 57,600, 115,200을 포함한다. 낮은 속도는 1970년과 1980년대에 연속 톤(tone)으로 전화선상에 데이터를 송신하는 모뎀에서 사용되었다. 잠정적인 시스템에서 9,600 및 115,200 두 가지가 가장 일반적인 보 레이트였으며, 9,600은 속도에 상관없이 마주치며, 115,200은 비록 현대의 직렬 I/O 표준과 비교되지만 가장 빠른 표준 속도이다.

1950년대부터 1970년대까지, 폰 프릭(phone phreak)이라 자칭한 초기 해커들은 적절한 톤을 휘슬링(whistling)하여 전화 회사 스위치를 제어하는 방법을 배웠다. Cap'n Cruch 시리얼 상자(그림 8.41)로 만들어진 장난감 호루라기로 만들어 낸 2,600Hz 톤이 무료 장거리 국제전화에 이용될 수 있었다.

그림 8.41 그림 8.41 Cap'n Cruch Bosun 호루라기.

RS-232 표준은 여러 추가적인 신호를 정의하고 있다. RTS(Request to Send)와 CTS(Clear to Send) 신호는 **하드웨어 핸드 세이킹**(handshaking)을 위해 사용된다. 이들은 두 가지 모드 중의 하나로 동작한다. flow control 모드에서 DCE로부터 데이터를 수신할 준비가 되었을 때, DTE는 RTS를 0으로 클리어한다. 유사하게 DTE로부터 데이터를 수신할 준비가 되었을 때 DCE는 CTS를 0으로 클리어한다. 어떤 데이터 시트는 액티브-로우를 나타내기 위해 오버바(overbar)를 사용한다. 더 오래된 simplex 모드에서

핸드세이킹(handshaking)은 두 시스템 간의 협상을 일컫는 용어로, 전형적으로 하나의 시스템이 데이터 송신 또는 수신이 준비되었다고 신호를 보내면 다른 시스템은 그 요청을 승인한다.

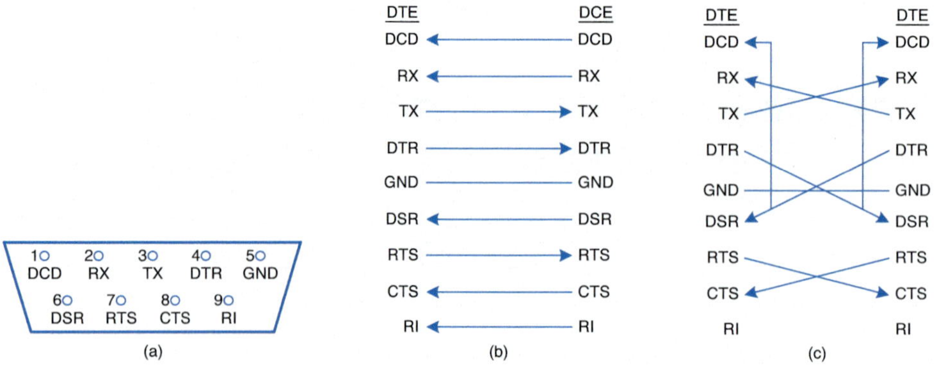

그림 8.42 DE-9 메일 케이블: (a) 핀아웃, (b) 표준 와이어링, (c) 널 모뎀 와이어링

는 송신할 준비가 되면 DTE는 RTS를 0으로 클리어한다. DCE는 그 송신을 수신할 준비가 되면 CTS를 클리어시켜 응답한다.

특히 전화선에 접속된 어떤 시스템들은 장비가 전화선에 접속되면 DTR(Data Terminal ready), DCD(Data Carrier Detect), DSR(Data Set Ready) 및 RI(Ring Indicator)를 사용한다.

원래 표준은 대규모 25-핀 DB-25 커넥터를 권고하였지만, PC들은 그림 8.42(a)에 보인 핀아웃을 갖는 메일(male) 9-핀 DE-9 커넥터를 합리화했다. 케이블 배선은 통상 그림 8.42(b)에 보인 것처럼 일직선으로 연결된다. 그러나 두 개의 DTE에 직접 접속될 때, 그림 8.42(c)에 보이는 널 모뎀(null modem) 케이블이 RX와 TX를 교환하여 핸드 세이킹을 완성하도록 필요할지 모른다. 어떤 커넥터는 메일(male), 어떤 커넥터는 휘메일(female)이다. 요약하면, 임베디드 시스템은 전형적으로 GND, TX, RX, 그리고 가능하다면 RTS 및 CTS를 구성하는 단순화된 3- 또는 5-배선 셋업을 사용한다.

RS-232는 전기적으로 3~15V를 0으로, -3~-15V를 1로 나타낸다. 이를 바이폴라 시그널링이라 부른다. 트랜시버는 UART의 디지털 논리 레벨을 RS-232에서 기대되는 양과 음의 레벨로 변환하며, 또한 사용자가 케이블에 플러그인할 때 손상으로부터 직렬포트를 보호하기 위해 정전기적 방전 보호를 제공한다. MAX3232E는 3.3V 및 5V와 호환하는 트랜시버이다. 이는 외부 커패시터와 결합하여 단일 저전력 파워 서플라이로부터 ±5V를 발생시키는 충전 펌프를 포함한다.

PIC32는 U1~U6으로 명명된 6개의 UART를 갖는다. SPI 처럼 PIC® 프

로그램은 포트를 우선 구성해야 한다. SPI와는 시스템 수신 없이 송신하거나 반대일 수 있으므로 읽기와 쓰기가 독립적으로 발생한다. 각 UART는 5개의 32-비트 레지스터 UxMODE, UxSTA, UxBRG, UxTXREG, UxRXREG와 관련이 있다. 예를 들어, U1MODE는 UART1을 위한 모드 레지스터이다. 모드 레지스터는 UART를 구성할 때 사용되며, STA 레지스터는 데이터가 가능한지 체크할 때 사용된다. BRG 레지스터는 보 레이트를 설정하는 데 사용된다. TXREG를 쓰거나 RXREG를 읽어 들임으로써 데이터를 송신하거나 수신한다.

MODE 레지스터는 8데이터 비트, 1중지 비트, 패리티 없음, RTS/CTS 플로 컨트롤 없음으로 디폴트되므로 대부분 어플리케이션에서 프로그래머는 UART를 동작시키는 비트 15, 즉 ON 비트에 관심이 있다. STA 레지스터는 송신 및 수신 핀들을 동작시키기 위해 송수신 버퍼가 풀(full)인지 확인하기 위한 비트들을 포함한다. UART의 ON 비트를 설정한 후에 프로그래머는 STA 레지스터의 UTXEN 및 URXEN 비트(비트 10과 12)를 설정하여 이 두 핀을 동작시킨다. UTXBF(비트 9)는 송신 버퍼가 풀(full)이라는 것을 나타낸다. URXDA(비트 0)은 수신 버퍼가 가용 데이터를 가짐을 나타낸다. STA 레지스터는 또한 패리티와 프레밍(framing) 에러를 나타내기 위한 비트를 포함하는데, 프레밍 에러는 시작 비트와 중지 비트가 예상 시간에서 발견되지 않을 때 발생한다.

16-비트 BRG 레지스터는 주변 장치 버스 클록의 분수로 보 레이트를 설정하는 데 사용된다.

$$f_{SPI} = \frac{f_{peripheral\_clock}}{16 \times (\mathrm{BRG} + 1)} \tag{8.3}$$

표 8.7은 일반 목표 보 레이트를 20MHz 주변 장치 클록으로 가정할 때의 BRG 설정을 리스트한 것이다. 때때로 목표 보 레이트에 정확히 도달하는 것은 불가능하다. 그러나 주파수 에러가 5%보다 아주 작으면 송수신 간의 위상 에러가 10비트 프레임 동안 적게 유지되어 데이터는 정확히 수신된다. 그 시스템은 다음 시작 비트에서 다시 동기화된다.

데이터를 송신하기 위해 송신 버퍼가 가용 공간을 가지는 것을 나타내는 STAUTXBF가 클리어까지 기다린 후 그 바이트를 TXREG에 쓴다. 데이터를 수신하기 위해서는 데이터가 수신되었는지 확인하는 STAURXDA를 체크한 후 그 바이트를 RXREG로부터 읽는다.

표 8.7 20MHz 주변 장치 클록을 위한 BRG 설정

Target Baud Rate	BRG	Actual Baud Rate	Error
300	4166	300	0.0%
1200	1041	1200	0.0%
2400	520	2399	0.0%
9600	129	9615	0.2%
19200	64	19231	0.2%
38400	32	37879	−1.4%
57600	21	56818	−1.4%
115200	10	113636	−1.4%

예제 8.20 **PC와의 직렬 통신**

8데이터 비트, 1중지 비트, 패리티 없는 115,200보의 직렬포트를 통해 PC와의 통신을 행하는 PIC32에 대한 회로 및 C 프로그램을 구현하라. PC는 직렬포트를 통해 읽기 및 쓰기 위한 PuTTY[3]와 같은 콘솔 프로그램을 실행해야 한다. 이 프로그램은 사용자에게 스트링을 타이핑할 것인지 묻는다. 그 다음 사용자에게 무엇을 타이핑할 것인지 말한다.

풀이 그림 8.43은 직렬 링크의 구조를 보인다. 소수의 PC들은 아직도 물리적 직렬포트를 갖고 있으므로 PC에 직렬 접속을 지원하기 위하여 그림 8.44에 보이

3 PuTTY는 www.putty.org에서 무료 다운로드가 가능하다

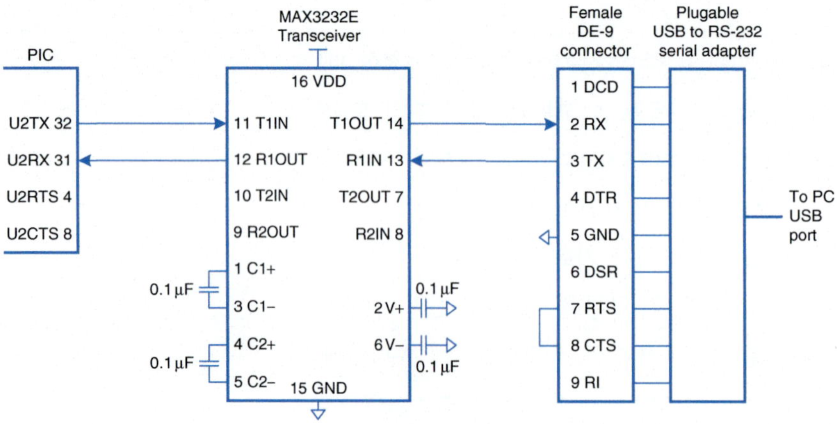

그림 8.43 PC 직렬 링크에 대한 PIC32

그림 8.44 RS-232 D89 직렬 어댑터에 대한 Plugable USB

는 plugable.com으로부터 RS-232 DB9 직렬 어댑터에 플러그 가능한 USB를 사용한다. 이 어댑터는 트랜시버를 급전하는 와이어에 납땜된 휘메일(female) DE-9에 접속되는데, 여기서 트랜시버는 바이폴라 RS-232 레벨 전압을 PIC32 마이크로컨트롤러의 3.3V로 변환한다. 예를 들어, PIC32상의 UART2를 선택한다. 마이크로컨트롤러 및 PC는 모두 데이터 단말 장치(DTE)이므로, TX와 RX 핀들은 회로에서 교차되어 연결되어야 한다. PIC32로부터의 RTS/CTS 핸드 세이킹은 사용되지 않으며, DE9 커넥터상의 RTS와 CTS는 함께 묶여 PC가 스스로 핸드 세이크할 수 있게 한다.

직렬 링크로 작업하기 위한 PuTTY 구성을 위해서는 **연결 유형**을 직렬로, **속도**를 115,200으로 설정한다. 운영체제에 의해 USB 어댑터에 직렬로 할당된 COM 포트에 **직렬 라인**을 설정하라. 이는 윈도우상의 Device Manager에서 찾을 수 있는데, 예컨대 COM3이 될 것이다. *Connection* → *Serial* 탭에서 플로 컨트롤을 NONE 또는 RTS/CTS로 설정하라. *Terminal* 탭에서 문자를 타이핑할 때 터미널에 나타나도록 Local Echo를 Force On으로 설정한다.

이 코드는 아래에 리스트되어 있다. 터미널 프로그램에서 Enter 키는 0x0D ASCII 코드를 갖는 C에서 '\r'이라는 캐리지 리턴(carriage return) 문자에 해당한다. 프린트할 때 다음 라인의 시작에 앞서 '\n' 및 '\r' (새로운 라인 및 캐리지 리턴) 문자를 송신하라.[4]

초기화, 읽기, 쓰기를 위한 기능들의 직렬포트는 간단한 디바이스 드라이버를 구성한다. 그 디바이스 드라이버는 프로그래머와 하드웨어 간에 추상성(abstraction) 및 모듈성(modularity)의 레벨을 제공하므로 프로그래머는 UART의 레지스터를 이해하지 않아도 디바이스 드라이버를 사용할 수 있다. 또한 이 코드를 다른 마이크로컨트롤러에 옮기는 작업이 간단하다. 즉 디바이스 드라이버는 다시 써져야(rewritten) 하지만 그 드라이버를 호출하는 코드는 동일하게 유지된다.

main 함수는 putstrserial 및 getstrserial 기능들을 사용하여 콘솔로부터 읽기하거나 프린팅하는 것을 표시한다. 또한 UART2를 통해 자동으로 프린트하는 stdio.h로부터 printf를 사용하여 나타낸다. 불행히도 PIC32 라이브러리들은 현재 괜찮은 방법으로 UART 상에서 scanf를 지원하지는 않지만 getstrserial로 충분하다.

```
#include <P32xxxx.h>
#include <stdio.h>

void inituart(void) {
  U2STAbits.UTXEN = 1;      // enable transmit pin
  U2STAbits.URXEN = 1;      // enable receive pin
  U2BRG = 10;               // set baud rate to 115.2k
```

4 PuTTY는 \r이 누락되더라도 정확하게 프린트한다.

```
  U2MODEbits.ON = 1;          // enable UART
}
char getcharserial(void) {
  while (!U2STAbits.URXDA); // wait until data available
  return U2RXREG;           // return character received from
                            // serial port
}

void getstrserial(char *str) {
  int i = 0;
  do {                        // read an entire string until detecting
    str[i] = getcharserial(); // carriage return
  } while (str[i++] != '\r'); // look for carriage return
  str[i-1] = 0; // null-terminate the string
}

void putcharserial(char c) {
  while (U2STAbits.UTXBF);    // wait until transmit buffer empty
  U2TXREG = c;                // transmit character over serial port
}

void putstrserial(char *str) {
  int i = 0;

  while (str[i] != 0) {       // iterate over string
    putcharserial(str[i++]);  // send each character
  }
}

int main(void) {
  char str[80];

  inituart();
  while(1) {
    putstrserial("Please type something: ");
    getstrserial(str);
    printf("\n\rYou typed: %s\n\r", str);
  }
}
```

PC상에서 C 프로그램으로부터 직렬포트와의 통신은 약간의 혼란을 가져온다. 왜냐하면 직렬포트 라이브러리들은 운영체제에서 표준화되어 있지 않기 때문이다. Python, Matlab 또는 Labview와 같은 다른 프로그램 환경들은 문제 없이 직렬통신을 구성한다.

8.6.4 타이머

임베디드 시스템은 일반적으로 시간을 측정하는 데 필요하다. 예를 들어, 전자레인지(Microwave oven)는 시간을 추적하여 기록하는 하나의 타이머와 요리 시간을 얼마로 할 것인지 측정하는 다른 타이머를 필요로 한다. 전자레인지는 접시를 회전시키는 모터에 펄스를 발생시키기 위한 또 다른 타이머, 각 초마다 전자파 에너지의 구동에 따라 전력 설정을 조절하는 4번째의 타이머를 사용한다.

PIC32는 5개의 보드상에 16-비트 타이머를 갖는다. 타이머 1은 32kHz 크리스탈 시계와 같은 비동기 외부 클록 소스를 허용하는 A형 타이머라 부른다. 타이머 2/3 및 4/5는 B형 타이머이다. 이들은 주변 장치 클록을 동기적으로 구동하며, 긴 시간을 측정하기 위한 32-비트 타이머를 형성하는 쌍(즉, 2와 3)으로 구성된다.

각 타이머는 세 개의 16-비트 레지스터 TxCON, TMRx, PRx와 관련이 있다. T1CON은 타이머 1을 위한 제어 레지스터이다. CON은 제어 레지스터이다. TMR은 현재 시간 계산을 포함한다. PR은 주기 레지스터이다. 타이머가 특정 주기에 도달하면 0으로 되돌리며, IFS0 인터럽트 플래그 레지스터에 TXIF 비트를 설정한다. 프로그램은 오버플로 검출을 위해 이 비트를 이용할 수 있으며 다른 방법으로 인터럽트를 발생시킬 수 있다.

디폴트에 의해 각 타이머는 내부 주변 장치 클록(예, 20MHz)의 틱(tick)을 수집하는 16-비트 카운터로 동작한다. ON 비트를 호출하는 CON 레지스터의 비트 15는 타이머 카운팅을 시작한다. CON 레지스터의 TCKPS 비트들은 A형 및 B형 카운터를 위한 표 8.8 및 표 8.9에 주어진 프리스케일러(prescalar)를 규정한다. *k*:1의 프리스케일링은 타이머가 매 *k*틱(tick)에서만 카운트를 하도록 하는데, 특히 주변 장치 클록이 매우 빠르게 동작할 때 더 긴 시간의 인터벌 생성을 매우 유용하게 한다. 다른 CON 레지스터 비트들은 A형과 B형 카운터에서 약간 다르므로 이에 대해서는 상세한 데이터 시트를 참조하라.

표 8.8 A형 타이머를 위한 프리스케일러

TCKPS[1:0]	Prescale
00	1:1
01	8:1
10	64:1
11	256:1

표 8.9 B형 타이머를 위한 프리스케일러

TCKPS[2:0]	Prescale
000	1:1
001	2:1
010	4:1
011	8:1
100	16:1
101	32:1
110	64:1
111	256:1

예제 8.21 지연 발생

Timer 1을 사용하여 규정된 수의 마이크로초 및 밀리초의 지연을 발생시키는 두 가지 함수를 작성하라. 주변 장치 클록은 20MHz에서 작동한다고 가정한다.

풀이 각 마이크로초는 주변 장치 클록 사이클 20이다. 경험적으로 오실로스코프에서 delaymicros 함수가 함수 호출 및 초기화에 약 6μs의 오버헤드를 갖는다는 점을 발견할 수 있다. 그러므로 PR을 20×(micros−6)으로 설정한다. 따라서 그 함수는 6μs 이하의 기간에서는 부정확하게 된다. 시작에서의 체크는 16−비트 PR의 오버플로를 방지한다.

함수 delaymillis는 적당한 수의 1ms 지연을 발생시키기 위해 주기적으로 delaymicros(1000)을 불러들인다.

```
#include <P32xxxx.h>

void delaymicros(int micros) {
  if (micros > 1000) {        // avoid timer overflow
    delaymicros(1000);
    delaymicros(micros-1000);
  }
  else if (micros > 6){
    TMR1 = 0;                 // reset timer to 0
    T1CONbits.ON = 1;         // turn timer on
    PR1 = (micros-6)*20;      // 20 clocks per microsecond.
                              // Function has overhead of ~6 us
    IFS0bits.T1IF = 0;        // clear overflow flag
    while (!IFS0bits.T1IF); // wait until overflow flag is set
  }
}
void delaymillis(int millis) {
  while(millis--)delaymicros(1000); // repeatedly delay 1 ms until
done
}
```

또 다른 핸디 타이머 특성은 게이트된 시간 누적으로 타이머는 오로지 외부 핀이 high인 동안만 카운트한다. 이는 타이머가 외부 펄스의 지속 시간을 측정할 수 있게 해주는데, CON 레지스터를 사용하여 인에블된다.

8.6.5 인터럽트

타이머는 때로는 인터럽트와 결합하여 사용되는데, 프로그램이 통상의 업무로 이동하여 타이머가 인터럽트를 생성하는 경우 과업을 주기적으로 처리할 수 있도록 한다. 6.7.2절에 구조적 관점에서 MIPS 인터럽트를 설명하였다. 이 절에서는 PIC32에서 인터럽트들을 어떻게 사용하는지를 설명한다.

타이머 오버플로잉이나 UART를 통한 문자 수신 또는 어떤 GPIO 핀들의 토글링(toggling)과 같은 하드웨어 이벤트가 발생할 때 인터럽트 요구가 발생한다. 인터럽트 요구의 형식은 IFS(Interrupt Flag Status) 레지스터 내에 특정 비트로 설정한다. 그 다음 프로세서는 IEC(Interrupt Enable Control) 레지스터 내의 해당 비트를 체크한다. 만일 그 비트가 설정되면 마이크로컨트롤러는 ISR(Interrupt Service Routine)을 불러들여 인터럽트 요구에 응하게 된다. ISR은 인터럽트를 처리하고 리턴하기 전에 IFS 비트를 클리어하는 void 인수를 갖는 함수이다. PIC32 인터럽트 시스템은 단일 및 다중 벡터 모드를 지원한다. 단일 벡터 모드에서 모든 인터럽트는 동일 ISR을 불러들이는데, ISR은 그 인터럽트(복수의 인터럽트가 발생할 수 있지만)에 대한 이유를 결정하여 인터럽트를 처리하기 위한 CAUSE 레지스터를 조사해야 한다. 다중 벡터 모드에서 인터럽트의 각각의 형태는 다른 ISR을 호출한다. INTCON 레지스터에서 MVEC 비트는 그 모드를 결정한다. 어떠한 경우에도 MIPS 인터럽트 시스템은 어떠한 인터럽트를 허용하기 전에 ei 명령으로 인에블된다.

PIC32는 또한 구성 가능한 우선순위(priority) 및 준우선순위(subpriority)를 갖기 위해 각 인터럽트 소스를 허용한다. 우선순위는 7이 가장 높은 0~7의 범위를 갖는다. 더 높은 우선순위의 인터럽트는 곧 처리될 인터럽트를 우선 점유하게 된다. 예를 들어, UART 인터럽트가 우선순위 5로 설정되고 타이머 인터럽트는 우선순위 7로 설정된다고 가정하자. 만일 프로그램이 정상 플로(flow)로 실행되고 한 문자가 UART에 나타난다면, 인터럽트가 발생하여 마이크로컨트롤러는 UART로부터 데이터를 읽어 처리할 수 있다. 만일 UART ISR 활성화 동안 타이머가 오버플로이면, ISR 자체가 인터럽트되어 마이크로컨트롤러는 즉시 타이머 오버플로를 처리하게 된다. 처리가 완료되면 마이크로컨트롤러는 메인 프로그램이 리턴되기 전에 UART 인터럽트를 종료시키기 위해 리턴하게 된다. 이와 달리 만일 타이머 인터럽트가 우선순위 2를 갖는다면 UART ISR이 우선 완료된 후 타이머 ISR을 불러들이고, 마지막으로 마이크로컨트롤러는 메인 프로그램으로 리턴한다.

준우선순위(subpriority)는 0~3의 범위에 있다. 만일 두 이벤트가 동일 우선순위를 갖는다면 좀 더 높은 준우선순위를 갖는 이벤트가 우선 처리된다. 그러나 준우선순위는 동일 우선순위가 현재 서비스되는 인터럽트를 선점하기 위한 인터럽트를 발생시키지는 않는다. 각 우선순위 및 준우선순위는 PIC 레지스터로 구성된다.

각 인터럽트 소스는 0~63 범위의 벡터 번호를 갖는다. 예를 들어, 타이머 1 오버플로 인터럽트는 벡터 4, UART2 RX 인터럽트는 벡터 32, 핀 RD0상의 변화에 의해 트리거되는 INT0 외부 인터럽트는 벡터 3이다. IFS, IEC, IPC 필드는 PIC32 데이터 시트에 규정된 벡터 번호에 따라 등록한다.

ISR 함수 선언은 우선순위 레벨과 벡터 번호를 표시하는 두 가지 특수 지시 `__attribute__`에 의해 태그된다. 컴파일러는 ISR을 적당한 인터럽트 요구와 결합하도록 이러한 속성들을 사용한다. *Microchip MPLAB® C Compiler For PIC32 MCUs User's Guide*는 인터럽트 서비스 루틴 쓰기에 대한 더 많은 정보를 갖고 있다.

예제 8.22 **주기적 인터럽트**

인터럽트를 사용하여 LED가 1Hz로 깜박거리도록 프로그램을 작성하라.

풀이 타이머 1을 매 0.5초마다 오버플로하고 LED를 인터럽트 처리기에서 ON과 OFF 간 토글하도록 설정한다.

아래의 코드는 비록 타이머 1 인터럽트만이 실제로 인에블되어도 다중 벡터 모드를 검증한다. 함수 `blinkISR`은 우선순위 레벨 7(IPL7)을 취하며, 벡터 4(타이머 1 오버플로 벡터)를 위한 것임을 지시하는 속성을 갖는다. ISR은 LED를 토글하며, 리턴하기 전에 IFS0의 T1IF(Timer Interrupt Flag) 비트를 클리어한다.

함수 `initTimer1Interrupt`는 256:1 프리스칼라(prescalar) 및 39,063틱(tick))의 카운트를 사용하여 주기 1/2초로 타이머를 셋업한다. 이것은 멀티 벡터 모드를 가능하게 한다. 우선순위와 준우선순위는 각각 IPC1 레지스터의 비트 4:2 및 1:0에 규정된다. 타이머 1 인터럽트 플래그(T1IF, IFS0의 비트 4)는 클리어되고, 타이머 1 인터럽트 인에블(T1IE, IEC0의 비트 4)은 타이머 1로부터 인터럽트를 받아들이도록 설정된다. 마지막으로 `asm` 명령은 인터럽트 시스템을 인에블하기 위한 `ei` 명령을 생성하는 데 사용된다.

`main` 함수는 타이머 인터럽트를 초기화한 후 `while` 루프(loop) 내에서 대기한다. 그렇지만 마치 사용자와 게임을 하는 것마냥 재미있는 무언가를 수행하며, 여전히 정확한 속도로 LED가 깜박이게 할 것이다.

```
#include <p32xxxx.h>

// The Timer 1 interrupt is Vector 4, using enable bit IEC0<4>
// and flag bit IFS0<4>, priority IPC1<4:2>, subpriority IPC1<1:0>
void _ _attribute_ _((interrupt(IPL7))) _ _attribute_ _((vector(4)))
blinkISR(void) {
  PORTDbits.RD0 = !PORTDbits.RD0; // toggle the LED
  IFS0bits.T1IF = 0; // clear the interrupt flag
```

```
  return;
}

void initTimer1Interrupt(void) {
  T1CONbits.ON = 0; // turn timer off
  TMR1 = 0; // reset timer to 0

  T1CONbits.TCKPS = 3; // 1:256 prescale: 20 MHz / 256 = 78.125 KHz
  PR1 = 39063; // toggle every half-second (one second period)

  INTCONbits.MVEC = 1; // enable multi-vector mode - we're using
vector 4
  IPC1 = 0x7 << 2 | 0x3; // priority 7, subpriority 3
  IFS0bits.T1IF = 0; // clear the Timer 1 interrupt flag
  IEC0bits.T1IE = 1; // enable the Timer 1 interrupt
  asm volatile("ei"); // enable interrupts on the micro-controller
  T1CONbits.ON = 1; // turn timer on
}

int main(void) {
  TRISD = 0; // set up PORTD to drive LEDs
  PORTD = 0;

  initTimer1Interrupt();

  while(1); // just wait, or do something useful here
}
```

8.6.6 아날로그 I/O

실제의 세계는 아날로그 환경이다. 많은 임베디드 시스템은 현실과의 인터페이스를 위해 아날로그 입출력을 필요로 한다. 시스템은 아날로그 신호를 디지털 값으로 양자화하기 위해 ADC(analog-to-digital converter)를 사용하며, 반대의 경우를 위해 DAC(digital-to-analog converter)를 사용한다. 그림 8.45는 이러한 컴포넌트들의 심벌을 보여준다. 이러한 변환기들은 그들의 분해능(resolution), 동작 범위(dynamic range), 샘플링 속도(sampling rate), 그리고 정확도에 의해 특징지어진다. 예를 들어, ADC는

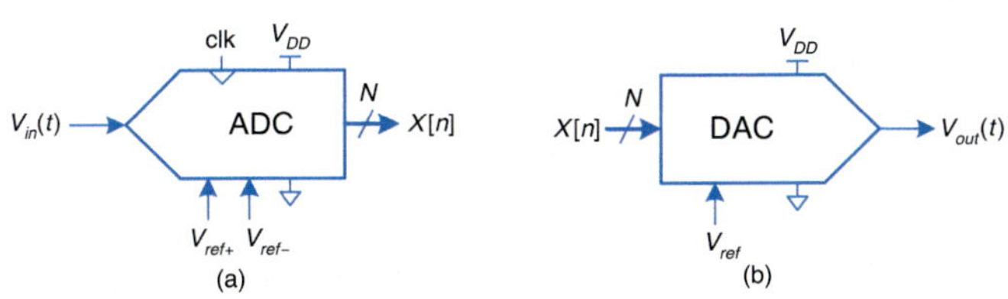

그림 8.45 ADC 및 DAC 심벌

0~5V의 $V_{ref}-$에서 $V_{ref}+$ 범위, $f_s=44$kHz의 샘플링 속도, 최하위 비트(lsb) ±3의 정확도, N=12비트 분해능을 가질 수 있다. 샘플링 속도는 또한 초당 샘플(samples per second, sps)로 나타낼 수 있는데 여기서 1sps=1Hz이다. 아날로그 입력전압 $V_{in}(t)$와 디지털 샘플 $X[n]$의 관계식은 다음과 같다.

$$X[n] = 2N\,\frac{V_{in}(t) - V_{ref^-}}{V_{ref^+} - V_{ref^-}} \qquad n = \frac{t}{f_s} \tag{8.5}$$

예를 들어, 2.5V(풀 스케일의 반)의 입력전압은 3lsb까지 부정확성을 가지면서 $100000000000_2 = 800_{16}$의 출력에 해당된다.

마찬가지로 DAC는 V_{ref}=2.56V의 풀 스케일(full-scale) 출력 범위에서 N=16비트 분해능을 가질 수 있다. 이것은 다음의 출력을 생성한다.

$$V_{out}(t) = \frac{X[n]}{2^N} V_{ref} \tag{8.5}$$

많은 마이크로컨트롤러는 적절한 성능의 내장 ADC들을 갖는다. 보다 고성능(즉, 16비트 분해능 또는 1MHz를 초과하는 샘플링 속도)을 위해서는 때론 마이크로컨트롤러에 접속된 독립 ADC를 사용하는 게 필요하다. 소수의 마이크로컨트롤러들은 내장 DAC들을 갖고 있어 별개의 칩들이 사용되기도 한다. 그럼에도 불구하고 마이크로컨트롤러들은 때로는 PWM(pulse-width modulation)을 호출하는 기술을 사용하여 아날로그 출력을 시뮬레이션한다. 이 절에서는 PIC32 마이크로컨트롤러 상황에서 아날로그 I/O를 설명한다.

A/D 변환

PIC32는 초당 백만 샘플링(Msps)의 최대 속도를 갖는 10비트 ADC를 갖는다. ADC는 아날로그 멀티플렉서를 통해 16개의 아날로그 입력 핀들 중 어느 핀에나 연결될 수 있다. 아날로그 입력들을 AN0−15라고 하며 디지털 I/O 포트 RB와 핀들을 공유한다. 디폴트로 $V_{ref}+$는 아날로그 V_{DD} 핀이며, $V_{ref}-$는 아날로그 GND 핀이다. 여기서의 시스템에서 이들은 각각 3.3V 및 0V이다. 프로그래머는 ADC를 초기화해야 하고 어느 핀이 샘플인지 규정해야 하며, 전압을 샘플링하기 위한 충분한 시간을 대기해야 하고 변환의 시작에서 끝까지 대기하여 그 결과를 읽어 들여야 한다.

ADC는 프로그램 가능한 시간 간격에 다중 아날로그 입력들을 통해 자동적으로 스캔하고 완료 시에 인터럽트를 생성할 수 있는 능력을 갖는 매우 구성 가능성이 높은 변환기이다. 이 절에서는 단일 아날로그 입력 핀을 어떻게 읽어 들이는지 설명한다. 다른 형태의 상세한 내용은 *PIC32 Family Reference Manual*을 참조하라.

ADC는 레지스터의 호스트인 ADCON1–3, AD1CHS, AD1PCFG, AD1CSSL, ADC1BUF0–F에 의해 제어된다. ADCON1은 주요한 제어 레지스터로서 ADC를 인에블하기 위한 ON 비트, 샘플링과 변환이 일어나는 시간을 제어하기 위한 SAMP 비트, 변환 완료를 나타내는 DONE 비트를 취한다. AD1CON3은 A/D 변환의 속도를 제어하는 ADCS[7:0]을 갖는다. AD1CHS는 샘플링을 위한 아날로그 입력을 규정하는 채널 선택 레지스터이다. AD1PCFG는 핀 구성 레지스터이다. 비트가 0이면 해당 핀은 아날로그 입력으로 동작한다. 비트가 1이면 디지털 입력으로 동작한다. ADC1BUF0은 10비트 변환 결과를 유지한다. 다른 레지스터들은 우리의 단순 예제에서는 필요하지 않다.

ADC는 샘플링 레이트와 샘플링 타임 용어의 사용을 혼동하고 있음에 유의하라. 샘플링 타임은 획득 타임이라고도 부르며, 변환이 시작되기 전에 입력이 정착하는 데 필요한 시간을 일컫는다. 샘플링 레이트는 초당 취해지는 샘플의 수를 뜻한다. 이는 적어도 1/(샘플링 시간 +12T_{AD})이다.

ADC는 각 ADC 클록 사이클 동안 1비트의 결과를 내는 연속의 근사 레지스터를 사용한다. 총 12ADC 클록/변환 동안 두 개의 추가 사이클이 필요하다. ADC 클록 주기 T_{AD}는 정확한 운영을 위해서 적어도 65ns가 되어야 한다. ADCS 비트를 사용하는 다수의 주변 장치 클록 주기 T_{PB}는 다음의 관계식에 따라 설정된다.

$$T_{AD} = 2T_{PB}(\text{ADCS} + 1) \tag{8.7}$$

그러므로 30MHz까지의 주변 장치 클록을 위해 ADCS 비트는 디폴트 값 0을 남겨둘 수 있다.

샘플링 시간은 새로운 입력의 변환이 시작되기 전에 안정화시키기 위해 필요한 시간이다. 샘플링되는 소스의 저항이 5kΩ 이하이면 샘플링 시간은 적은 수의 클록 사이클인 132ns 만큼 적게 될 수 있다.

예제 8.23 **아날로그 입력**

AN11 핀상에 아날로그 입력을 읽어 들이는 프로그램을 작성하라.

풀이 함수 initadc는 ADC를 초기화하고 특정 채널을 선택한다. 이는 ADC를 샘플링 모드로 남겨 놓는다. 함수 readadc는 샘플링을 끝내고 변환을 시작한다. 변환이 완료될 때까지 대기한 후 샘플링을 재개하고 그 변환 결과를 리턴한다.

```
#include <P32xxxx.h>

void initadc(int channel) {
  AD1CHSbits.CH0SA = channel; // select which channel to sample
  AD1PCFGCLR = 1 << channel;  // configure pin for this channel to
                              // analog input
  AD1CON1bits.ON = 1;         // turn ADC on
  AD1CON1bits.SAMP = 1;       // begin sampling
  AD1CON1bits.DONE = 0;       // clear DONE flag
}

int readadc(void) {
  AD1CON1bits.SAMP = 0;       // end sampling, start conversion
  while (!AD1CON1bits.DONE);  // wait until done converting
  AD1CON1bits.SAMP = 1;       // resume sampling to prepare for next
                              // conversion
  AD1CON1bits.DONE = 0;       // clear DONE flag
  return ADC1BUF0;            // return conversion result
}

int main(void) {
  int sample;

  initadc(11);
  sample = readadc();
}
```

D/A 변환

PIC32는 내장 DAC를 갖고 있지 않으므로 이 절에서는 외부 DAC들을 사용하는 D/A 변환을 설명한다. 또한 PIC32를 병렬 및 직렬 포트를 통해 다른 칩들에 인터페이스시키는 예를 든다. 동일 접근법이 PIC32를 보다 높은 분해능 또는 빠른 외부 ADC에 인터페이스시키는 데 사용될 수 있다.

어떤 DAC들은 N 배선을 갖는 병렬 인터페이스를 통해 N 비트 디지털 입력을 받아들이는 반면, 다른 DAC들은 SPI와 같은 직렬 인터페이스를 통해 디지털 입력을 받아들인다. 어떤 DAC들은 양(positive)과 음(negative)의 두 가지 파워 서플라이 전압을 필요로 하는 반면 다른 DAC들은 특정 전압을 요구한다. 입력 논리 레벨은 디지털 소스와 호환되어야 한다. 어떤 DAC들은 디지털 입력에 비례하는 전압 출력을 발생시키는 반면 다른 DAC들은 전류 출력을 발생시킨다. 이러한 전류를 원하는 범위의 전압으로 변환하는 데 연산증폭기가 필요할 수도 있다.

이 절에서는 Analog Devices사의 AD558 8비트 병렬 DAC와 Linear Technology사의 LTC1257 12비트 직렬 DAC를 사용한다. 둘 다 전력 출력을 생성하며 단일 5~15V 파워 서플라이를 구동하고, PIC32로부터의 3.3V와 호환되도록 $V_{IH}=2.4V$를 사용하며 쉽게 브레드보드로 제작할 수 있게 DIP 패키지로 되어 있어 그 사용이 쉽다. AD558은 0~2.56V 스케일의 출력을 내며 75mW를 소비하고, 16핀 패키지로 되어 있으며 1Msample/sec의 출력 속도를 허용하는 1μs 세틀링(settling) 시간을 갖는다. 이 데이터 시트는 analog.com에 있다. LTC1257은 0~2.048V 스케일의 출력을 내며 2mW 이하를 소비하고, 8핀 패키지로 되어 있으며, 6μs 세틀링 시간을 갖는다. SPI는 최대 1.4MHz로 동작한다. 데이터 시트는 linear.com에 있다. 텍사스 인스트루먼트사는 또 다른 ADC 및 DAC 선두 제조업체이다.

예제 8.24 외부 DAC들을 갖는 아날로그 출력

PIC32, AD558, LTC1257을 사용하여 사인 및 삼각파를 발생시키는 간단한 신호 발생기를 위한 회로를 스케치하고 소프트웨어를 작성하라.

풀이 회로는 그림 8.46에 보인다. AD558은 RD 8비트 병렬포트를 통해 PIC32에 연결된다. 2.56V 풀 스케일(full-scale) 출력 범위를 세트하기 위해 *Vout*에 *Vout*

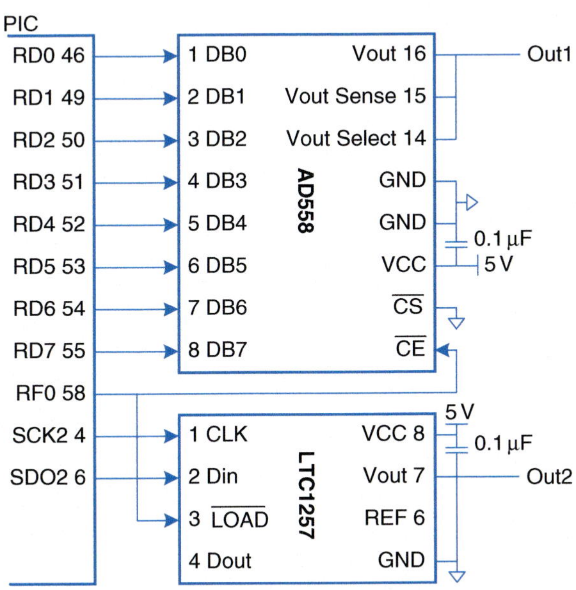

그림 8.46 PIC32에 대한 DAC 병렬 및 직렬 인터페이스

Sense 및 *Vout Select*를 연결한다. LTC1257은 SPI2를 통해 PIC32에 연결된다. 두 가지 ADC들은 5V 파워 서플라이를 사용하며, 파워 서플라이 노이즈를 줄이기 위해 0.1μF 감결합(decoupling) 커패시터를 갖는다. DAC상의 액티브-로우 칩 인에이블 및 로드 신호는 다음의 디지털 입력으로 전환될 때를 나타낸다. 이들은 새로운 입력이 로드되는 동안 high를 유지해야 한다.

프로그램은 아래와 같다. initio는 병렬 및 직렬포트를 초기화하고 원하는 출력 주파수를 발생시키기 위해 주기적으로 타이머를 셋업한다. SPI는 1MHz에서 16비트 모드로 세트되지만, LTC1257은 오로지 최종 12비트 전송에만 관심을 갖는다. initwavetables는 사인 및 삼각파를 위한 샘플 값 어레이를 미리 계산한다. 사인파는 12비트 스케일로 설정되며, 삼각파는 8비트 스케일로 설정된다. 각 파형의 주기당 64포인트가 있다. 이 값은 주파수에 대한 정확도와 관련된다. genwaves는 샘플을 통해 순환한다. 각 샘플에 대해 DAC에 CE 및 LOAD 신호를 불허하고, 병렬 및 직렬포트를 통해 새로운 샘플을 송신하며, DAC를 다시 인에블한 후 타이머가 다음 샘플에 대한 시간을 나타낼 때까지 대기한다. 5Hz의 최소 사인 삼각파 주파수가 16비트 타이머 1주기 레지스터에 의해 세트되며, 605Hz(38.7Ksample/sec)의 최대 주파수가 SPI 전송이 주요 성분 중의 하나인 genwaves 함수에서 각 포인트를 송신하기 위한 시간으로 설정된다.

```
#include <P32xxxx.h>
#include <math.h> // required to use the sine function

#define NUMPTS 64

int sine[NUMPTS], triangle[NUMPTS];

void initio(int freq) { // freq can be 5-605 Hz
  TRISD = 0xFF00; // make the bottom 8 bits of PORT D outputs

  SPI2CONbits.ON = 0; // disable SPI to reset any previous state
  SPI2BRG = 9; // 1 MHz SPI clock
  SPI2CONbits.MSTEN = 1; // enable master mode
  SPI2CONbits.CKE = 1; // set clock-to-data timing
  SPI2CONbits.MODE16 = 1; // activate 16-bit mode
  SPI2CONbits.ON = 1; // turn SPI on

  TRISF = 0xFFFE; // make RF0 an output to control load and ce
  PORTFbits.RF0 = 1; // set RF0 = 1

  PR1 = (20e6/NUMPTS)/freq - 1; // set period register for desired
wave
// frequency
  T1CONbits.ON = 1; // turn Timer1 on
}

void initwavetables(void) {
  int i;

  for (i=0; i<NUMPTS; i++) {
```

```
    sine[i] = 2047*(sin(2*3.14159*i/NUMPTS) + 1); // 12-bit scale
    if (i<NUMPTS/2) triangle[i] = i*511/NUMPTS; // 8-bit scale
    else triangle[i] = 510-i*511/NUMPTS;
  }
}

void genwaves(void) {
  int i;

  while (1) {
    for (i=0; i<NUMPTS; i++) {
      IFS0bits.T1IF = 0; // clear timer overflow flag
      PORTFbits.RF0 = 1; // disableloadwhileinputsarechanging
      SPI2BUF = sine[i]; // send current points to the DACs
      PORTD = triangle[i];
      while (SPI2STATbits.SPIBUSY); // wait until transfer completes
      PORTFbits.RF0 = 0; // load new points into DACs
      while (!IFS0bits.T1IF); // wait until time to send next point
    }
  }
}

int main(void) {
  initio(500);
  initwavetables();
  genwaves();
}
```

펄스폭 변조

아날로그 출력을 생성하기 위한 디지털 시스템의 또 다른 방법은 주기의 일부는 high로 그 외는 low로 펄스되는 주기 출력 PWM(pulse-width modulation)을 이용한다. 듀티 사이클(duty cycle)은 그림 8.47에 보인 바와 같이 주기 펄스가 high인 구간이다. 출력의 평균값은 듀티 사이클에 비례한다. 예를 들어, 만일 출력이 0~3.3V 범위이며 25%의 듀티 사이클을 가지면, 그 평균값은 $0.25 \times 3.3 = 0.825$V이다. 저역 통과 필터링 PWM 신호는 오실레이션을 제거하며, 기대하는 평균값의 신호를 남긴다.

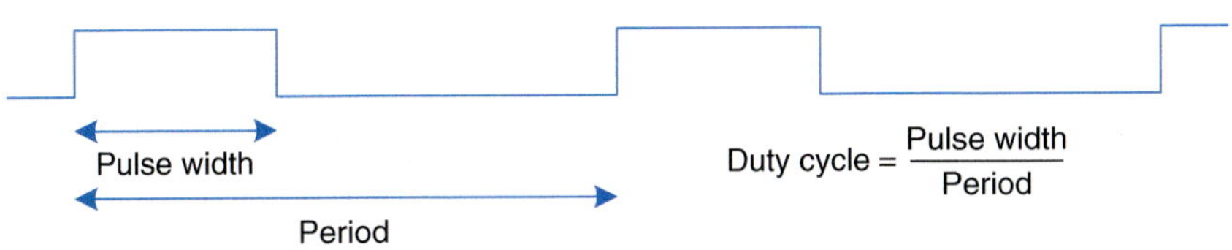

그림 8.47 펄스폭 변조(PWM) 신호

PIC32는 5개의 **출력 비교 모듈** OC1~OC5를 포함하며, 각각은 타이머 2 또는 3과 연결되어 PWM을 발생시킨다.[5] 각 출력 비교 모듈은 32비트 레지스터, OCxCON, OCxR 및 OCxRS와 연관된다. CON 레지스터의 OCM 비트는 PWM 모드로 구동하기 위해 110_2로 설정되어야 하며 ON 비트는 인에블되어야 한다. 디폴트로 출력 비교는 16비트 모드로 타이머 2를 사용하지만, OCTSEL 및 OC32 비트는 타이머 3이나 32비트 모드를 선택하는 데 사용될 수 있다. PWM 모드에서 RS는 듀티 사이클을 설정하고, 타이머의 주기 레지스터 PR은 주기를 설정하며 OCxR은 무시될 수 있다.

예제 8.25 PWM의 아날로그 출력

PWM 및 외부 RC 필터를 사용하여 아날로그 출력 전압을 발생시키는 함수를 작성하라. 그 함수는 0(0V 출력)과 256(풀 3.3V 출력) 사이의 입력을 허용해야 한다.

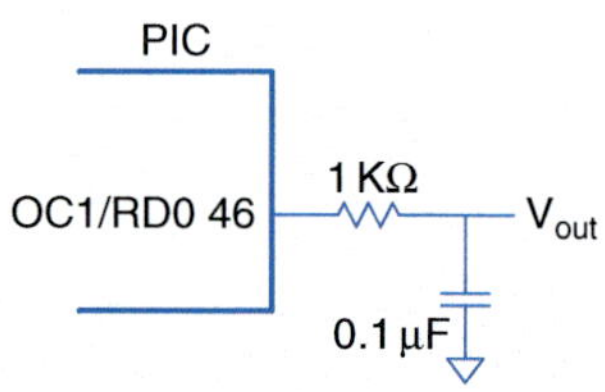

그림 8.48 PWM 및 저역통과 필터를 사용하는 아날로그 출력

풀이 OC1 핀에서 78.125KHz 신호를 생성하기 위한 OC1 모듈을 사용하라. 그림 8.48의 저역 통과 필터는 고속 오실레이션을 제거하고 평균값을 패스하기 위해 다음의 코너 주파수를 갖는다.

$$f_c = \frac{1}{2\pi RC} = 1.6\text{KHz}$$

타이머는 256틱(tick)의 주기를 갖는 20MHz로 동작해야 하는데, 20MHz/256으로 기대하는 78.125KHz의 PWM 주파수를 주기 때문이다. 듀티 사이클 입력은 어떤 출력이 high여야 하는지에 대한 틱(tick)의 수이다. 만일 듀티 사이클이 0이면 출력은 low로 유지하게 될 것이다. 만일 256 이상이면 출력은 high를 유지하게 될 것이다.

PWM 코드는 OC1 및 타이머 2를 사용한다. 주기 레지스터는 256틱(tick)의 주기를 위해 255로 설정된다. OC1RS는 원하는 듀티 사이클로 설정된다. OC1은 PWM 모드로 구성되며 타이머와 출력 비교 모듈은 ON으로 전환된다. 출력 비교 모듈이 계속 동작하고 있는 동안 프로그램은 다른 작업으로 옮겨갈 수도 있다. OC1 핀은 정지될 때까지 지속적으로 PWM 신호를 생성하게 될 것이다.

```
#include <P32xxxx.h>

void genpwm(int dutycycle) {
  PR2 = 255;                // set period to 255+1 ticks = 78.125 KHz
```

5 출력 비교 모듈은 타이머에 근거하여 단일 펄스를 발생시키도록 설정될 수 있다.

```
  OC1RS = dutycycle;        // set duty cycle
  OC1CONbits.OCM = 0b110; // set output compare 1 module to PWM mode
  T2CONbits.ON = 1;         // turn on timer 2 in default mode (20 MHz,
                            // 16-bit)
  OC1CONits.ON = 1;         // turn on output compare 1 module
}
```

8.6.7 기타 마이크로컨트롤러 주변장치

마이크로컨트롤러는 자주 기타 외부 주변장치들과 인터페이스된다. 이 절에서는 문자 모드 LCD(liquid crystal display), VGA 모니터, 블루투스 무선 링크 및 모터 제어를 포함한 여러 일반 예들을 설명한다. USB 및 이더넷을 포함한 표준 통신 인터페이스는 8.7.1 및 8.7.4 절에서 설명한다.

문자 LCD

문자 LCD들은 한 줄 또는 몇 줄의 텍스트를 보여줄 수 있는 소형의 액정 디스플레이로 일반적으로 제한된 정보의 양을 표시하는 데 필요한 캐시 레지스터, 레이저 프린터 및 팩스와 같은 장치의 전면 패널에 사용된다. 이들은 RS-232 또는 SPI 인터페이스와 병렬로 마이크로컨트롤러와 쉽게 인터페이스된다. Crystalfrontz America사는 컬러 선택, 백라이트, 3.3/5V의 동작, 주간 가시성을 갖는 8열×1행에서부터 40열×4행의 매우 다양한 문자 모드 LCD를 판매하고 있다. 이 LCD들은 소량 주문 시 $20 이상이지만 대량 주문 시 $5 이하의 가격으로 낮출 수가 있다.

이 절에서는 8비트 병렬 인터페이스를 통해 문자 모드 LCD에 PIC32 마이크로컨트롤러를 인터페이스시키는 예를 보인다. 인터페이스는 히타치에서 개발한 산업표준 HD44780 LCD 컨트롤러와 호환성을 갖는다. 그

그림 8.49 Crystalfrontz사의 CFAH2002A-TMI 20×2 문자 LCD

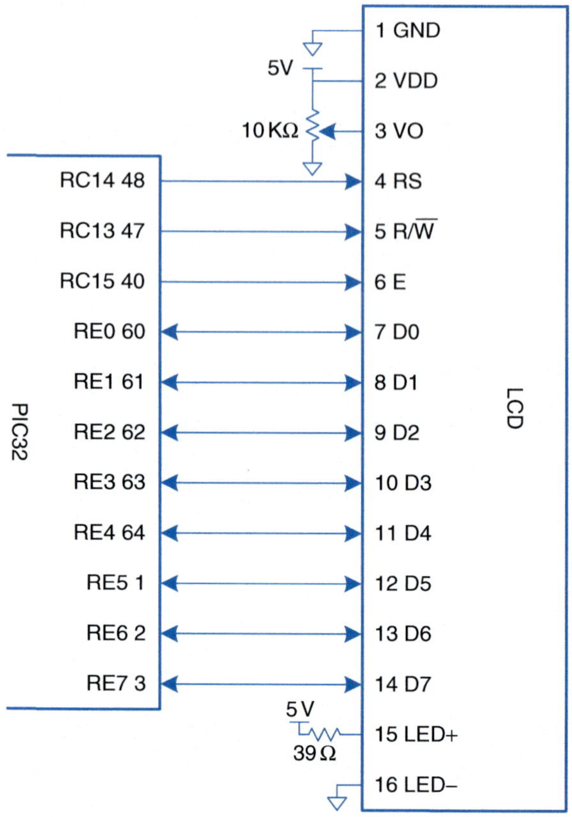

그림 8.50 병렬 LCD 인터페이스

림 8.49는 Crystalfrontz사의 CFAH2002A–TMI–JT 20×2 병렬 LCD를 보인다.

그림 8.50은 8비트 병렬 인터페이스를 통해 PIC32에 연결되는 LCD를 보인다. 논리는 5V에서 동작하지만 PIC32로부터 3.3V 입력과 호환성을 갖는다. LCD 대비(contrast)는 전위차계(potentiometer)로 발생되는 두 번째 전압, 즉 4.2~4.8V의 세팅에서 가장 읽기 쉬운 전압에 의해 설정된다. LCD는 RS(문자에 대해 1, 명령에 대해 0), R/$\overline{W}$(디스플레이로부터 읽기에는 1, 쓰기에는 0), E(다음 바이트가 준비되었을 때 LCD를 인에블하기 위해 적어도 250ns 동안 high 펄스화) 등 세 가지 제어를 수신한다. 명령을 읽어 들일 때 비트 7은 LCD가 다른 명령을 허용할 준비가 되면 0, 비지(busy)이면 1을 나타내는 비지 플래그(busy flag)를 리턴한다. 그러나 확실한 초기화 단계와 클리어 명령은 비지 플래그를 체크하는 대신에 특정 지연을 요구한다.

LCD를 초기화하기 위해 PIC32는 아래와 같이 일련의 명령을 써야 한다.

- V_{DD} 인가 후 15,000μs 이상 대기
- 8비트 모드를 세트하기 위해 0x30 쓰기
- 4100μs 이상 대기
- 8비트 모드를 다시 세트하기 위해 0x30 쓰기
- 100μs 이상 대기
- 8비트 모드를 다시 세트하기 위해 0x30 쓰기
- 비지 플래그가 클리어될 때까지 대기
- 2라인과 5×8 도트 폰트(dot font)를 세트하기 위해 0x3C 쓰기
- 비지 플래그가 클리어될 때까지 대기
- 디스플레이 OFF를 위해 0x08 쓰기
- 비지 플래그가 클리어될 때까지 대기
- 디스플레이 클리어를 위한 0x01 쓰기
- 1,530μs 이상 대기
- 각 캐릭터 다음에 커서 증분(increment)에 엔트리 모드를 세트하기 위해 0x06 쓰기
- 비지 플래그가 클리어될 때까지 대기
- 커서 없이 디스플레이 ON을 위한 0x0C 쓰기

그러고 난 후 LCD에 텍스트를 작성하기 위해서 마이크로컨트롤러는 일련의 ASCII 문자를 송신할 수 있다. 또한 디스플레이를 클리어하기 위한 명령 0x01, 상단 좌측 홈 위치로 리턴하기 위한 명령 0x02를 송신할 것이다.

예제 8.26 LCD 제어

문자 디스플레이에 "I love LCDs"를 쓰기 위한 프로그램을 작성하라.

풀이 다음의 프로그램은 디스플레이에 "I love LCDs"를 쓰기 위한 것이다. 예제 8.21에서의 delaymicros 함수를 필요로 한다.

```
#include <P32xxxx.h>

typedef enum {INSTR, DATA} mode;

char lcdread(mode md) {
  char c;

  TRISE = 0xFFFF;                // make PORTE[7:0] input
```

```
  PORTCbits.RC14 = (md == DATA); // set instruction or data mode
  PORTCbits.RC13 = 1;            // read mode
  PORTCbits.RC15 = 1;            // pulse enable
  delaymicros(10);               // wait for LCD to respond
  c = PORTE & 0x00FF;            // read a byte from port E
  PORTCbits.RC15 = 0;            // turn off enable
  delaymicros(10);               // wait for LCD to respond
}

void lcdbusywait(void)
{
  char state;
  do {
    state = lcdread(INSTR);    // read instruction
  } while (state & 0x80);      // repeat until busy flag is clear
}

char lcdwrite(char val, mode md) {
  TRISE = 0xFF00;                // make PORTE[7:0] output
  PORTCbits.RC14 = (md == DATA); // set instruction or data mode
  PORTCbits.RC13 = 0;            // write mode
  PORTE = val;                   // value to write
  PORTCbits.RC15 = 1;            // pulse enable
  delaymicros(10);               // wait for LCD to respond
  PORTCbits.RC15 = 0;            // turn off enable
  delaymicros(10);               // wait for LCD to respond
}
char lcdprintstring(char *str)
{
  while(*str != 0) {       // loop until null terminator
    lcdwrite(*str, DATA); // print this character
    lcdbusywait();
    str++;               // advance pointer to next character in string
  }
}

void lcdclear(void)
{
  lcdwrite(0x01, INSTR); // clear display
  delaymicros(1530);     // wait for execution
}

void initlcd(void) {
  // set LCD control pins
  TRISC = 0x1FFF; // PORTC[15:13] are outputs, others are inputs
  PORTC = 0x0000; // turn off all controls
  // send instructions to initialize the display
  delaymicros(15000);
  lcdwrite(0x30, INSTR); // 8-bit mode
  delaymicros(4100);
  lcdwrite(0x30, INSTR); // 8-bit mode
```

```
  delaymicros(100);
  lcdwrite(0x30, INSTR); // 8-bit mode yet again!
  lcdbusywait();
  lcdwrite(0x3C, INSTR); // set 2 lines, 5x8 font
  lcdbusywait();
  lcdwrite(0x08, INSTR); // turn display off
  lcdbusywait();
  lcdclear();
  lcdwrite(0x06, INSTR); // set entry mode to increment cursor
  lcdbusywait();
  lcdwrite(0x0C, INSTR); // turn display on with no cursor
  lcdbusywait();
}

int main(void) {
  initlcd();
  lcdprintstring("I love LCDs");
}
```

VGA 모니터

보다 유연한 디스플레이 옵션은 컴퓨터 모니터를 구동하는 것이다. VGA(Video Graphics Array) 모니터 표준은 CRT(cathode ray tube)상의 640×480픽셀 해상도와 아날로그 전압으로 컬러 정보를 전달하는 15핀 커넥터를 갖는 IBM PS/2 컴퓨터를 위해 1987년 도입되었다. 현대의 LCD 모니터들은 보다 높은 해상도를 갖지만 VGA 표준과 호환성을 유지하고 있다.

CRT에서 전자총은 영상을 표시하기 위해 형광 물질을 왼쪽에서 오른쪽으로 스크린을 가로질러 스캔한다. 컬러 CRT는 적색, 녹색, 청색에 대해 세 가지 다른 형광 물질과 세 가지 전자빔을 사용한다. 각 빔의 강도는 픽셀 내 각 컬러의 선명도를 결정한다. 각 스캔 라인의 끝에서 전자총은 다음 줄의 시작점으로 돌아가기 위해 수평 블랭킹 간격(horizontal blanking interval) 동안 정지되어야 하며, 모든 스캔 라인이 완료된 후 전자총은 제일 위 왼쪽 구석으로 돌아가기 위해 수직 블랭킹 간격 동안 다시 정지되어야 한다. 이 과정은 정지 이미지의 시각적 환상을 제공하기 위해 초당 약 60~75회 반복된다.

640×480픽셀 VGA 모니터는 59.94Hz로 리프레시되며, 픽셀 클록은 25.175MHz로 동작하여 각 픽셀은 59.94ns의 폭을 갖는다. 풀 스크린은 각 800픽셀의 525수평 스캔 라인으로 구성되지만, 단지 480스캔 라인

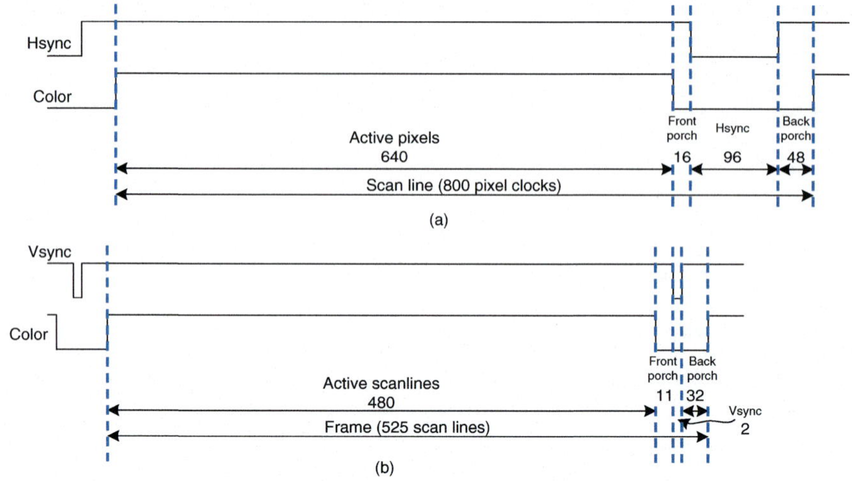

그림 8.51 VGA 타이밍: (a) 수평, (b) 수직

과 스캔 라인당 640픽셀만이 실제로 이미지를 전달하며 나머지는 블랙이다. 스캔 라인은 스크린의 왼쪽 가장자리에 블랭크 섹션인 **백 포치**(back porch)로 시작한다. 그 후 640픽셀을 포함한 다음 스크린의 오른쪽 가장자리에서의 블랭크 **프론트 포치**(front porch)와 전자총을 스캔 라인으로 신속히 되돌리기 위한 수평 싱크(hsync) 펄스가 뒤따른다. 그림 8.51(a)는 액티브 픽셀로 시작하는 스캔 라인의 이러한 각각의 부분 타이밍을 나타낸다. 전체 스캔 라인은 31.778μs 길이다. 수직 방향에서 스크린은 밑바닥의 백 포치로 시작한 다음 480액티브 스캔 라인이 뒤따르며, 그 다음은 밑바닥의 프론트 포치와 다음 프레임을 시작하기 위해 맨 위로 되돌리기 위한 수직 싱크(vsync) 펄스가 뒤따른다. 새로운 프레임은 초당 60회 형성된다. 그림 8.51(b)는 수직 타이밍을 보이는데, 시간 단위는 픽셀 클록이라기보다는 스캔 라인이다. 고해상도는 2048×1536 @ 85Hz에서 388MHz까지의 더욱 빠른 픽셀 클록을 사용한다. 예를 들어, 1074×768 @ 60Hz는 65MHz 픽셀 클록으로 수행될 수 있다. 수평 타이밍은 24클록의 프론트 포치, 136클록의 수평 싱크 펄스, 160클록의 백 포치를 포함한다. 수직 타이밍은 세 개의 스캔 라인의 프론트 포치, 6라인의 수직 싱크 펄스, 29라인의 백 포치를 포함한다.

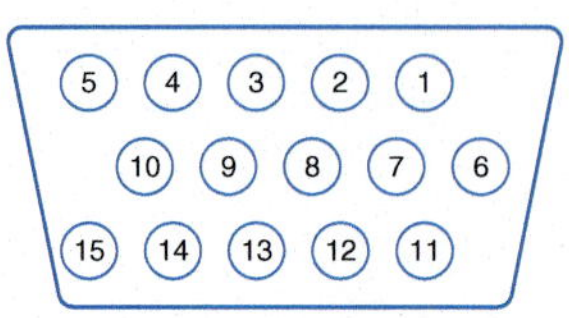

1: Red
2: Green
3: Blue
4: Reserved
5: GND
6: GND
7: GND
8: GND
9: 5 V (optional)
10: GND
11: Reserved
12: I^{2}C data
13: HSync
14: Vsync
15: I^{2}C clock

그림 8.52 VGA 커넥터 핀 아웃

그림 8.52는 비디오 소스로부터 오는 휘메일(female) 커넥터에 대한 핀 아웃을 보인다. 픽셀 정보는 적색, 녹색, 청색에 대해 세 가지 아날로그 전압으로 전달된다. 각 전압의 보다 큰 값은 더욱 밝음을 나타내는

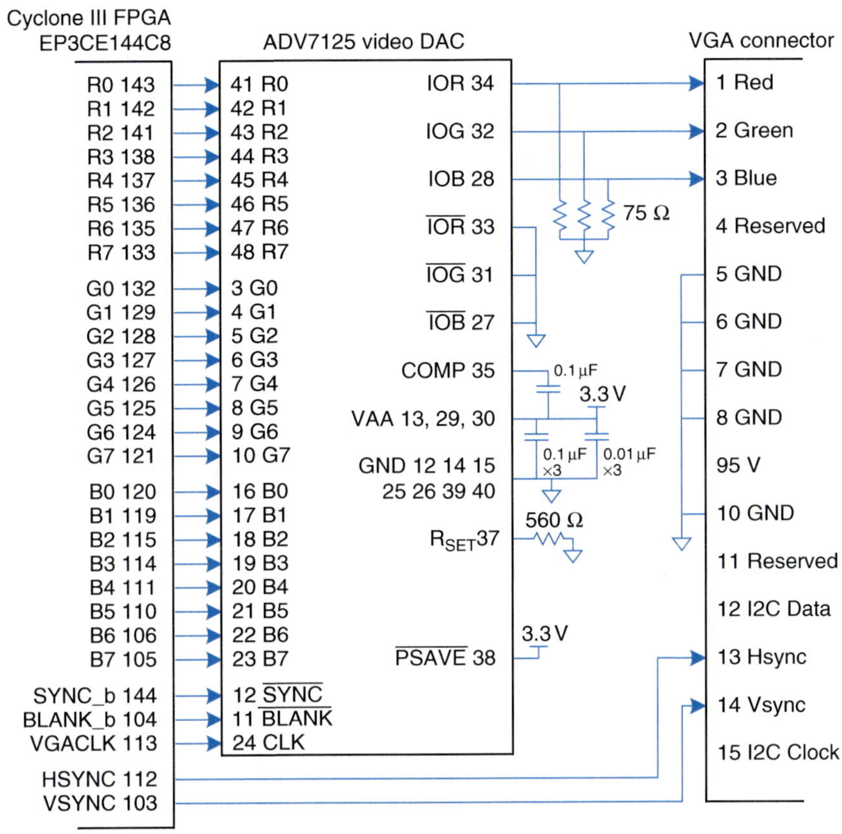

그림 8.53 비디오 DAC를 통해 VGA 케이블을 구동하는 FPGA

0~0.7V의 범위이다. 전압은 프론트와 백 포치 동안 0이어야 한다. 케이블은 모니터를 형성하기 위해 I2C 직렬 링크를 제공한다.

비디오 신호는 고속에서 실시간으로 발생되어야 하는데, 이는 FPGA에서는 쉽지만 마이크로컨트롤러에서는 어렵다. 간단한 흑백 디스플레이는 디지털 출력 핀에 연결된 전압 분배기를 사용하여 0 또는 0.7V의 하나로 모든 세 가지 컬러 핀을 구동하여 만들 수 있다. 이와는 달리 컬러 모니터는 독립적으로 세 가지 컬러 핀을 구동하기 위한 세 가지 독립 D/A 컨버터를 갖는 비디오 DAC를 사용한다. 그림 8.53은 ADV7125 트리플 8비트 비디오 DAC를 통해 VGA 모니터를 구동하는 FPGA를 보인다. DAC는 이 FPGA로부터 R, G, B의 8비트를 수신한다. 또한 HSYNC 또는 VSYNC가 나타날 때마다 액티브 로우로 구동되는 SYNC_b 신호를 수신한다. 비디오 DAC는 적색, 녹색, 청색 아날로그 선로들을 구동하기 위해 세 가지 출력 전류를 생성하는데, 이들 선로들은 통상 비디오 DAC와 모니터 간에 병렬로 종단된 75Ω 전송 선로이다. R_{SET} 저항은 풀 레인지의 컬러를 얻기 위해 출력 전류의 스케일을 설정한다. 클록 속도는 해상도와 리프레시 속도에 의존하는데, 이는 고속급 ADV7125JSTZ330 모델 DAC로 330MHz 만큼 높을 수도 있다.

예제 8.27 **VGA 모니터 디스플레이**

그림 8.53의 회로도를 사용하여 VGA 모니터상에 텍스트와 녹색 박스를 디스플레이하기 위한 HDL 코드를 작성하라.

풀이 코드는 40MHz의 시스템 클록 주파수를 가정하고 25.175MHz VGA 클록을 발생시키기 위해 FPGA상에 PLL(phase locked loop)을 사용한다. PLL 구성은 FPGA에서 다양한데, Cyclone III에서 주파수들은 Altera의 megafunction wizard로 규정된다. 다른 VGA 클록은 신호 발생기로부터 직접 제공될 수 있다.

VGA 컨트롤러는 적당한 시간에 수평 싱크와 수직 싱크 신호를 생성하여 스크린의 열과 행을 통해 카운트한다. 또한 이 컨트롤러는 좌표가 640×480액티브 영역을 벗어날 때 블랙으로 표시하기 위해 low로 변하는 blank_b 신호를 발생한다.

비디오 발생기는 현재의 (x, y) 픽셀 위치에 근거하여 적색, 녹색, 청색 컬러 값을 발생한다. (0, 0)은 최상단 좌측 코너를 나타낸다. 발생기는 녹색 사각형과 함께 스크린상에 문자 세트를 그린다. 문자 발생기는 80×60문자의 스크린 크기를 주면서 8×8픽셀 문자를 그린다. 이는 ROM으로부터 문자표를 참조하는데, 여기서 6열×8행으로 2진 부호화된다. 다른 2열은 블랭크이다. 비트 순서는 SystemVerilog 코드에 의해 반전되는데, 이는 ROM 파일에서의 가장 왼쪽 열이 최상위 비트인 반면 최하위 x 포지션에서 그려지기 때문이다.

그림 8.54는 이 프로그램이 실행되는 동안의 VGA 모니터의 사진이다. 문자의 행들은 적색과 청색을 교대한다. 녹색 박스는 영상의 일부를 중첩한다.

vga.sv

```
module vga(input logic clk,
           output logic vgaclk, // 25.175 MHz VGA clock
           output logic hsync, vsync,
           output logic sync_b, blank_b, // to monitor & DAC
           output logic [7:0] r, g, b); // to video DAC
  logic [9:0] x, y;
  // Use a PLL to create the 25.175 MHz VGA pixel clock
  // 25.175 MHz clk period = 39.772 ns
  // Screen is 800 clocks wide by 525 tall, but only 640 x 480
     used for display
  // HSync = 1/(39.772 ns * 800) = 31.470 KHz
  // Vsync = 31.474 KHz / 525 = 59.94 Hz (~60 Hz refresh rate)
  pll vgapll(.inclk0(clk), .c0(vgaclk));

  // generate monitor timing signals
```

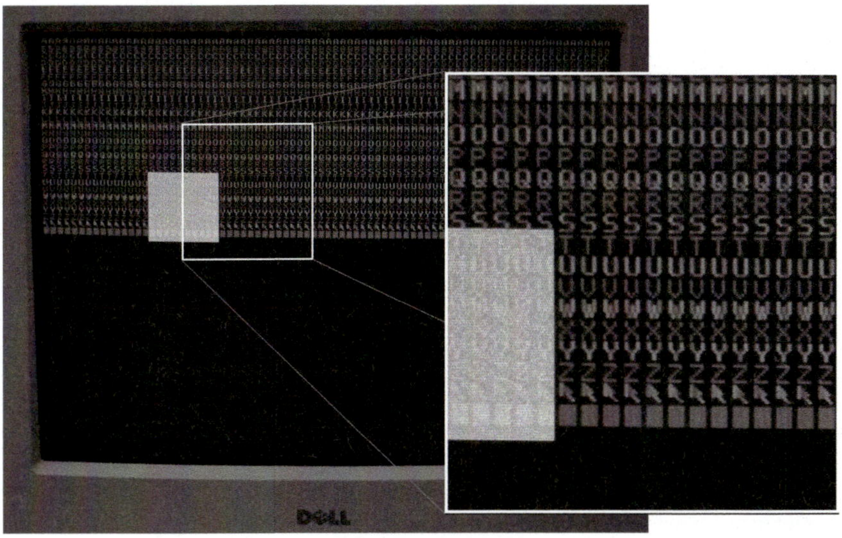

그림 8.54 VGA 출력

```
  vgaController vgaCont(vgaclk, hsync, vsync, sync_b, blank_b, x, y);

  // user-defined module to determine pixel color
  videoGen videoGen(x, y, r, g, b);
endmodule

module vgaController #(parameter HACTIVE = 10'd640,
                                 HFP     = 10'd16,
                                 HSYN    = 10'd96,
                                 HBP     = 10'd48,
                                 HMAX    = HACTIVE + HFP + HSYN + HBP,
                                 VBP     = 10'd32,
                                 VACTIVE = 10'd480,
                                 VFP  = 10'd11,
                                 VSYN = 10'd2,
                                 VMAX = VACTIVE + VFP + VSYN + VBP)
                       (input logic vgaclk,
                        output logic hsync, vsync, sync_b, blank_b,
                        output logic [9:0] x, y);
  // counters for horizontal and vertical positions
  always @(posedge vgaclk) begin
    x++;
    if (x == HMAX) begin
      x = 0;
      y++;
      if (y == VMAX) y = 0;
    end
  end

  // compute sync signals (active low)
```

```
  assign hsync = ~(hcnt >= HACTIVE + HFP & hcnt < HACTIVE + HFP +
                HSYN);
  assign vsync = ~(vcnt >= VACTIVE + VFP & vcnt < VACTIVE + VFP +
                VSYN);
  assign sync_b = hsync & vsync;

  // force outputs to black when outside the legal display area
  assign blank_b = (hcnt < HACTIVE) & (vcnt < VACTIVE);
endmodule

module videoGen(input logic [9:0] x, y, output logic [7:0] r, g, b);

  logic        pixel, inrect;

  // given y position, choose a character to display
  // then look up the pixel value from the character ROM
  // and display it in red or blue. Also draw a green rectangle.
  chargenrom chargenromb(y[8:3]+8'd65, x[2:0], y[2:0], pixel);
  rectgen   rectgen(x, y, 10'd120, 10'd150, 10'd200, 10'd230, inrect);
  assign {r, b} = (y[3]==0) ? {{8{pixel}},8'h00} : {8'h00,{8{pixel}}};
  assign g =       inrect   ? 8'hFF              : 8'h00;
endmodule

module chargenrom(input logic [7:0] ch,
                  input logic [2:0] xoff, yoff,
                  output logic pixel);

  logic [5:0] charrom[2047:0]; // character generator ROM
  logic [7:0] line;            // a line read from the ROM

  // initialize ROM with characters from text file
  initial
    $readmemb("charrom.txt", charrom);

  // index into ROM to find line of character
  assign line = charrom[yoff+{ch-65, 3'b000}];// subtract 65 because
A
                                              // is entry 0

  // reverse order of bits
  assign pixel = line[3'd7-xoff];
endmodule

module rectgen(input logic [9:0] x, y, left, top, right, bot,
               output logic      inrect);

  assign inrect = (x >= left & x < right & y >= top & y < bot);
endmodule
```

charrom.txt

```
// A ASCII 65
011100
100010
100010
111110
```

```
100010
100010
100010
000000
//B ASCII 66
111100
100010
100010
111100
100010
100010
111100
000000
//C ASCII 67
011100
100010
100000
100000
100000
100010
011100
000000
...
```

블루투스 무선 통신

Wi-Fi, ZigBee, 블루투스를 포함하여 무선 통신이 가능한 많은 표준들이 있다. 표준들은 정성들여 만들어졌으며 정교한 집적회로를 필요로 하지만, 각종 모듈의 증가는 복잡성을 탈피하고 사용자에게 무선 통신을 위한 단순한 인터페이스를 제공한다. 이러한 모듈들의 하나가 BLUESMiRF로 직렬 케이블을 대신해 사용할 수 있는 손쉬운 블루투스 인터페이스이다. 블루투스는 저전력, 적당한 속도, 송신 전력 레벨에 따라 5~100m 거리의 통신을 위해 Ericsson이 1994년에 개발한 무선 표준이다. 주로 셀룰러폰의 이어폰이나 컴퓨터의 키보드로 사용된다. 적외선 통신 링크와는 달리 디바이스 간에 LOS(line of sight)를 필요로 하지 않는다.

블루투스는 분쟁 중인 덴마크 부족을 통일한 10세기 덴마크 왕 헤럴드 블루투스에 비유해 명명되었다. 이 무선 통신 표준은 무선 프로토콜의 통합 경쟁에서 부분적으로만 성공했다.

블루투스는 2.4GHz의 라이센스 없는 ISM(industrial-scientific-medical) 대역에서 운영된다. 2,402MHz에서 시작되어 1MHz 간격으로 79개의 무선 채널을 정의한다. 동일 대역에서 운영되는 무선 폰과 같은 다른 디바이스들과의 간섭을 피하기 위해 의사 난수(pseudo-random) 패턴으로 이들 채널 간을 이동(hop)한다. 표 8.10에 주어진 바와 같이 블루투스 송신기는 통신 범위 및 전력 소비를 나타내는 세 가지 전력 레벨 중 하나로 분

표 8.10 블루투스 분류

Class	Transmitter Power (mW)	Range (m)
1	100	100
2	2.5	10
3	1	5

류된다. 기본 속도 모드에서는 가우시안(Gaussian) 주파수 편이변조방식(frequency shift keying, FSK)을 사용하여 1Mbit/sec로 동작한다. 보통 FSK에서 각 비트는 $f_c \pm f_d$의 주파수 전송에 의해 전달되는데, 여기서 f_c는 채널의 중심 주파수이며 f_d는 적어도 115kHz의 옵셋이다. 비트들 간의 주파수에서 급격한 천이는 여분의 대역폭을 소비하게 된다. 가우시안 FSK에서의 주파수의 변화는 스펙트럼을 보다 잘 사용할 수 있도록 매끄럽게 펴준다. 그림 8.55는 FSK와 GFSK를 사용하여 2,402MHz 채널에서 0과 1의 시퀀스 동안 전이되는 주파수를 보여준다.

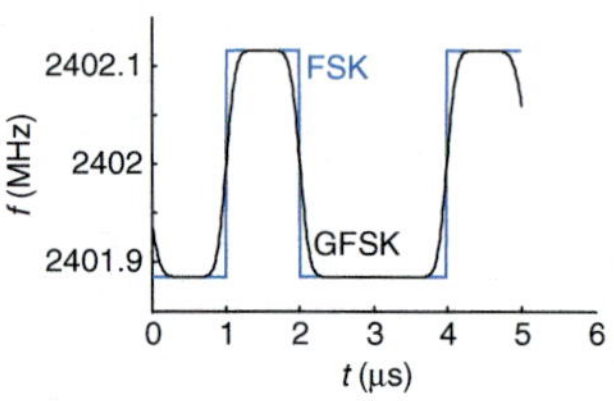

그림 8.55 FSK 및 GFSK 파형

그림 8.56에 보이는 BlueSMiRF 실버 모듈은 직렬 인터페이스를 갖는 소형 카드상에 Class 2 블루투스, 모뎀, 인터페이스 회로도를 포함한다. PC에 접속된 블루투스 동글(dongle)과 같은 다른 블루투스 디바이스와 통신한다. 그리고 그림 8.43의 링크와 유사하지만 케이블 없이 PIC32와 PC 간의 무선 직렬 링크를 제공한다. 그림 8.57은 그와 같은 링크의 구조를 보인다. BlueSMiRF의 TX 핀은 PIC32의 RX 핀에 연결되며, 이와 반대의 경우도 마찬가지다. RTS와 CTS 핀들은 연결되어 있어 BlueSMiRF는 스스로 핸드 셰이크(hand shake)한다.

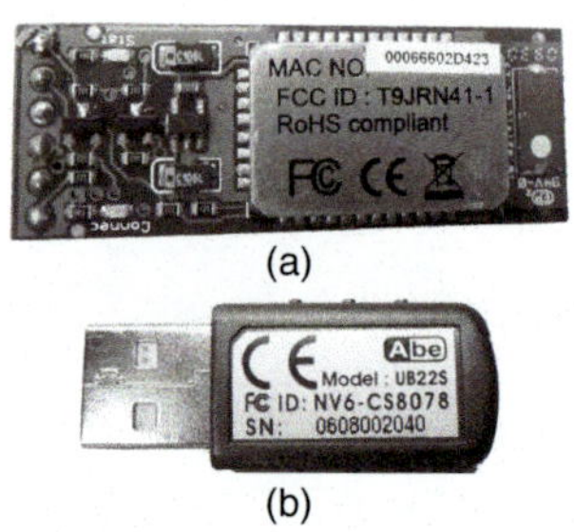

그림 8.56 BlueSMiRF 모듈 및 USB 동글

BlueSMiRF는 8데이터 비트, 1중지 비트를 갖고, 패리티 또는 흐름 제어 없는 115.2k보(baud)로 디폴트되어 있다. 이는 3.3V 디지털 논리 레벨에서 동작하므로 RS-232 트랜시버는 다른 3.3V 디바이스와 연결할 필요가 없다.

인터페이스를 사용하기 위해서 USB 블루투스 동글을 PC에 꽂고 PIC와 BlueSMiRF에 전원을 넣어 보자. BlueSMiRF에 접속 대기를 나타내는 적색 STAT 빛이 발광할 것이다. PC 시스템 상자에서 블루투스 아이콘을 열고 동글과 BlueSMiRF를 쌍으로 만들기 위해 Add Bluetooth Device

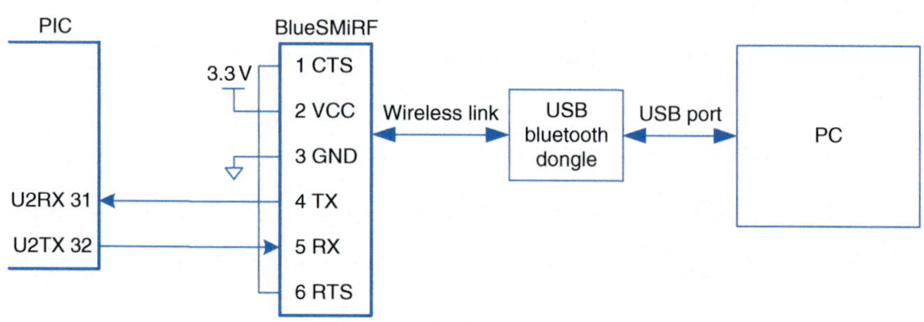

그림 8.57 PC 링크에 대한 블루투스 PIC32

Wizard를 사용한다. BlueSMiRF에 대한 초기 비밀번호는 1234이다. 어떤 COM 포트가 동글에 할당되는지를 주의하라. 그 후 직렬 케이블을 통해 통신이 진행된다. 동글은 전형적으로 9,600보(baud)로 동작하며 그에 따른 PuTTY가 형성되어야 함을 주의하라.

모터 제어

마이크로컨트롤러의 다른 주요 기능은 모터와 같은 기계 장치(actuator)를 구동하는 것이다. 이 절에서는 DC 모터, 서보 모터, 스테퍼 모터 등 세 가지 형태의 모터를 설명한다. **DC 모터**는 높은 구동 전류를 요하므로 *H-bridge*와 같은 강력한 드라이버가 마이크로컨트롤러와 모터 간에 연결되어야 한다. 또한 만일 사용자가 현재의 모터 위치를 알고자 한다면 독립적인 **샤프트 부호기**(shaft encoder)를 필요로 한다. **서보 모터**는 제한된 범위의 각도를 통해 그의 위치를 규정하기 위해 펄스폭 변조 신호를 수용한다. 이 모터는 쉽게 인터페이스되지만 강력하지도 않으며 연속 회전에 적합하지도 않다. **스테퍼 모터**는 일련의 펄스들을 수용하여 한 스텝을 호출하는 고정각에 의해 모터를 각각 회전시킨다. 이 모터는 비교적 비싸며 여전히 높은 전류를 구동하는 데 H-bridge를 필요로 하지만, 그 위치는 정확하게 제어될 수 있다.

모터들은 충분한 양의 전류를 끌어낼 수 있으며 파워 서플라이에 디지털 논리를 방해하는 글리치(glitch)를 유도할 수도 있다. 이러한 문제를 줄이는 한 가지 방법은 디지털 논리보다는 모터를 위한 다른 파워 서플라이 또는 배터리를 사용하는 것이다.

DC 모터

그림 8.58은 브러시드(brushed) DC 모터의 동작을 보인다. 모터는 두 개의 터미널 장치로서, **스테이터**(stator)라 부르는 영구 고정 자석과 샤프트에 연결된 **로터**(rotor) 또는 **전기자**(armature)라 부르는 회전 전자계를 포함한다. 로터의 전면 끝은 **커뮤테이터**(commutator)라고 하는 분리 금속 링에 접속된다. 전력 러그(입력 단자)에 부착된 금속 브러시들은 로터의 전자계에 전류를 공급하는 커뮤테이터를 스치게 된다. 이는 로터가 회전하여 스테이터 필드와 나란히 되도록 로터 내의 자계장을 유도한다. 일단 로터가 회전하여 스테이터와의 정렬이 가까워지면 그 브러시는 커뮤테이터의

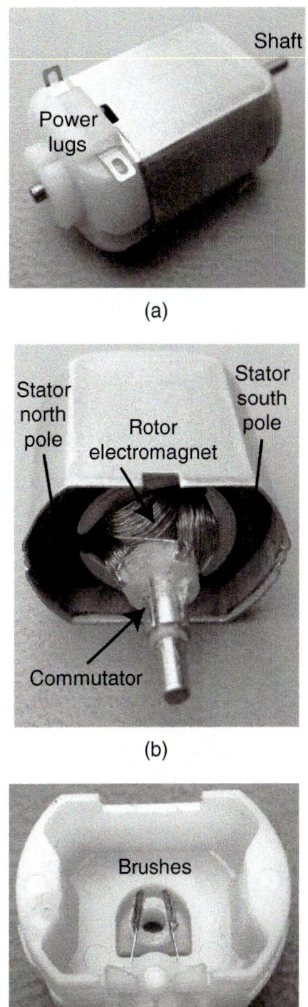

그림 8.58 DC 모터

반대편을 터치하여 전류의 흐름을 반전시키면서 계속적으로 회전을 유지시킨다.

DC 모터는 매우 낮은 토크에서 수천 RPM으로 회전하는 경향이 있다. 대부분의 시스템은 기어 트레인을 추가하여 좀 더 합리적인 레벨로 속도를 줄이면서 토크를 증가시킨다. 여러분의 모터와 짝을 이뤄 설계된 기어 트레인을 참조하라. Pittman사는 매우 다양한 고품질 DC 모터와 액세서리를 제조하지만 값싼 장난감 모터들은 매니아들에게 인기 있다.

DC 모터는 부하(load)에 중요한 전력을 전달하기 위해 충분한 전류 및 전압을 필요로 한다. 만일 모터가 양방향으로 회전할 수 있으면 전류는 가역적(reversible)이어야 한다. 대부분의 마이크로컨트롤러는 DC 모터를 직접 구동하기에 충분한 전류를 생성하지 못한다. 대신에 그림 8.59(a)에 보이는 바와 같이 개념적으로 네 개의 전기적 제어 스위치를 포함한 H–bridge를 포함한다. 만일 스위치 A 및 D가 닫혔다면 모터의 오른쪽으로 흘러 한 방향으로 회전한다. 만일 스위치 B 및 C가 닫혔다면 전류는 모터의 오른쪽에서 왼쪽으로 흘러 다른 방향으로 회전한다. 만일 A 및 C 또는 B 및 D가 닫히면, 모터에 걸리는 전압은 0으로 떨어져 모터가 능동적으로 브레이크가 걸리도록 한다. 만일 스위치의 하나라도 닫히지 않았다면 모터는 정지 상태로 접어든다. H–bridge에 있는 스위치들은 파워 트랜지스터이다. 또한 H–bridge는 스위치를 편리하게 제어하기 위한 몇 가지 디지털 논리를 포함하고 있다. 모터 전류가 갑자기 변하면 모터 전자계의 인덕턴스(inductance)가 파워 서플라이를 초과할 수 있는 큰 전압을 유도하여 파워 트랜지스터를 손상시킨다. 그러므로 많은 H–bridge들은 그림 8.59(b)에 보이는 스위치들과 병렬인 보호 다이오드들을 갖는다. 만일 유도 킥(kick)이 모터 터미널을 V_{motor} 이상이나 그라운드(ground) 이하로 구동한다면, 다이오드는 ON으로 켜져 그 전압을 안전 레벨로 클램프(clamp)시킨다. H–bridge는 많은 양의 전력을 소모할 수 있으므로 브리지를 냉각시키기 위해 히트 싱크(heat sink)를 필요로 할 수도 있다.

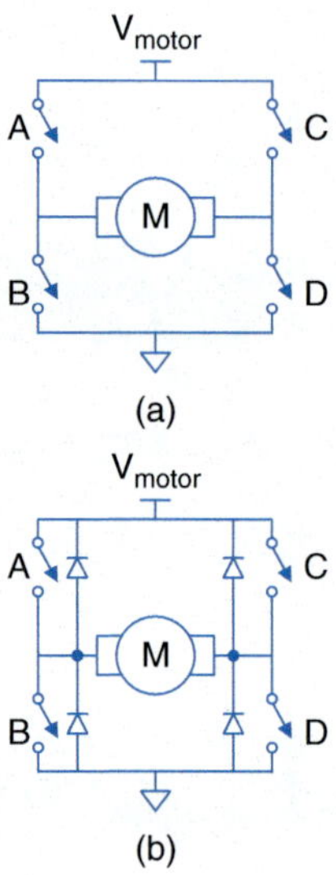

그림 8.59 H–bridge

예제 8.28 무인 자동차

로봇카를 위해 두 개의 구동모터를 제어하는 PIC32를 포함한 시스템을 설계하라. 모터 드라이버를 초기화하고 카를 전진 후진, 좌우 회전시키고 정지시키기 위한 함수 라이브러리를 작성하라. 모터의 속도를 제어하기 위한 PWM을 사용하라.

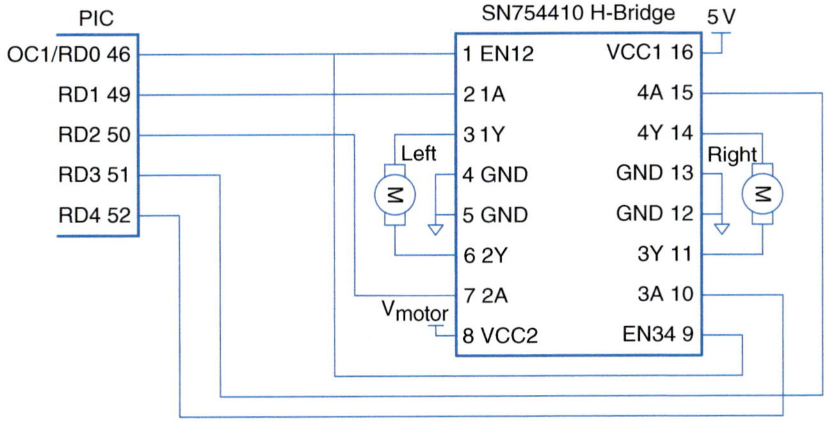

그림 8.60 Dual H-bridge를 이용한 모터 제어

표 8.11 H-bridge 제어

EN12	1A	2A	Motor
0	X	X	Coast
1	0	0	Brake
1	0	1	Reverse
1	1	0	Forward
1	1	1	Brake

풀이 그림 8.60은 Texas Instruments사의 SN754410 dual H-bridge를 사용하여 PIC32에 의해 제어되는 DC 모터 쌍을 보인다. H-bridge는 5V 논리 전원 VCC1과 4.5~36V 모터 전원 VCC2를 요구하는데, 이는 VIH=2V를 가져 PIC32의 3.3V I/O와 호환성이 있다. 두 개의 모터 각각에 1A 전류를 구동시킬 수 있다. 표 8.11은 각 H-bridge의 입력들이 어떻게 모터를 제어하는지 보여준다. 마이크로컨트롤러는 모터의 속도를 제어하기 위해 PWM 신호로 인에이블 신호를 구동하며, 각 모터의 방향을 제어하기 위해 네 개의 다른 핀들을 구동한다.

PWM은 0~100% 범위의 듀티(duty) 사이클로 약 781Hz에서 작업하도록 구성된다.

```
#include <P32xxxx.h>

void setspeed(int dutycycle) {
  OC1RS = dutycycle;              // set duty cycle between 0 and 100
}

void setmotorleft(int dir) {      // dir of 1 = forward, 0 = backward
  PORTDbits.RD1 = dir; PORTDbits.RD2 = !dir;
```

```
}

void setmotorright(int dir) {      // dir of 1 = forward, 0 = backward
  PORTDbits.RD3 = dir; PORTDbits.RD4 = !dir;
}

void forward(void) {
  setmotorleft(1); setmotorright(1); // both motors drive forward
}

void backward(void) {
  setmotorleft(0); setmotorright(0); // both motors drive backward
}

void left(void) {
  setmotorleft(0); setmotorright(1); // left back, right forward
}

void right(void) {
  setmotorleft(1); setmotorright(0); // right back, left forward
}

void halt(void) {
  PORTDCLR = 0x001E;                 // turn both motors off by
                                     // clearing RD[4:1] to 0
}

void initmotors(void) {
  TRISD = 0xFFE0; // RD[4:0] are outputs
  halt();                   // ensure motors aren't spinning
                            // configure PWM on OC1 (RD0)
  T2CONbits.TCKPS = 0b111; // prescale by 256 to 78.125 KHz
  PR2 = 99;                 // set period to 99+1 ticks = 781.25 Hz
  OC1RS = 0;                // start with low H-bridge enable signal
  OC1CONbits.OCM = 0b110;  // set output compare 1 module to PWM mode
  T2CONbits.ON = 1;         // turn on timer 2
  OC1CONbits.ON = 1;        // turn on PWM
}
```

앞의 예제는 각 모터의 위치를 측정할 방법이 없다. 두 개의 모터가 정확하게 매칭이 되지 않아 하나는 다른 것보다 약간 빠르게 회전하여 로봇이 코스를 벗어나게 된다. 이러한 문제를 해결하기 위해 어떤 시스템은 샤프트 부호기를 추가한다. 그림 8.61(a)는 모터 샤프트에 부착된 슬롯(slot)을 갖는 디스크로 구성된 간단한 샤프트 부호기를 보인다. 한 쪽은 LED가 놓이며 다른 쪽은 가벼운 센서가 놓인다. 샤프트 부호기는 갭(gap)이 LED를 지나 회전할 때마다 펄스를 발생시킨다. 마이크로컨트롤러는 샤프트가 회전하는 전체 각도를 측정하기 위해 이 펄스들을 카운트한다.

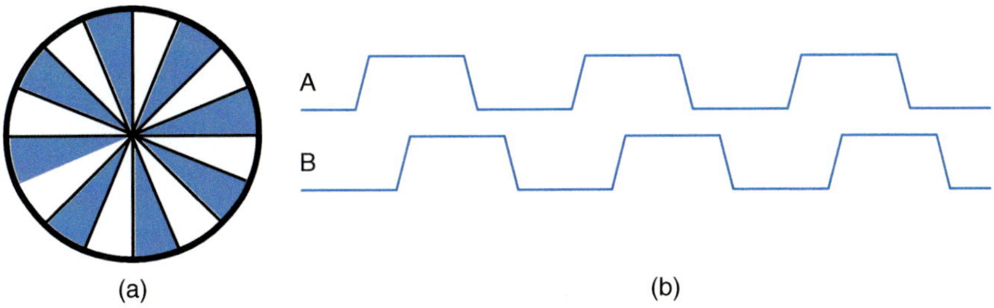

그림 8.61 샤프트 부호기: (a) 디스크, (b) 직교출력

1/2슬롯 폭만큼 떨어져 있는 두 개의 LED/센서 쌍을 사용하는 개선된 샤프트 부호기는 그림 8.61(b)에 보이는 바와 같이 직교 출력을 발생시키는데, 이 출력은 샤프트 회전각뿐만 아니라 회전 방향을 나타낸다. 때때로 샤프트 부호기는 샤프트가 인덱스 위치일 때를 나타내기 위해 다른 홀을 추가하기도 한다.

서보 모터

서보 모터는 기어 트레인, 샤프트 부호기 및 사용하기 편리하도록 몇 가지 제어 논리로 집적화된 DC 모터이다. 이는 제한된 회전, 즉 전형적으로 180°를 갖는다. 그림 8.62는 기어를 보여주기 위해 뚜껑을 제거한 서보 모터를 보인다. 서보 모터는 전원(전형적으로 5V), 그라운드, 제어 입력을 갖는 3핀 인터페이스를 갖는다. 제어 입력은 전형적으로 50Hz 펄스폭 변조 신호이다. 서보의 제어 논리는 제어 입력의 듀티 사이클로 결정된 위치로 샤프트를 구동시킨다. 서보의 샤프트 부호기는 샤프트 위치에 의존하는 전압을 발생시키는 전형적인 회전 분압계이다.

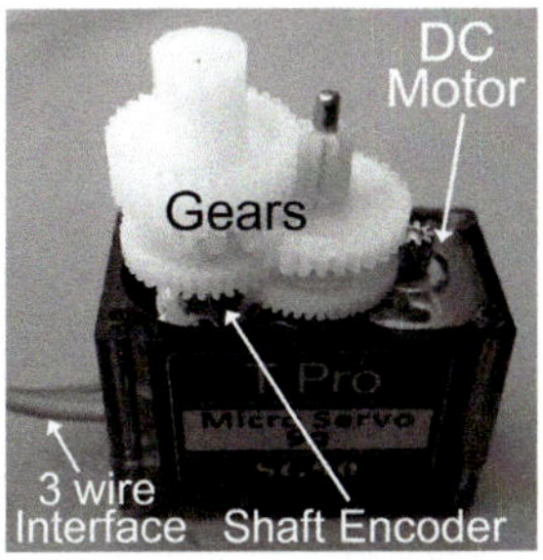

그림 8.62 SG90 서보 모터

180도 회전을 갖는 전형적인 서보 모터에서 0.5ms의 펄스폭은 샤프트를 0°로, 1.5ms는 90°로, 2.5ms는 180°로 구동시킨다. 예를 들어, 그림 8.63은 1.5ms 펄스폭을 갖는 제어 신호를 보인다. 서보가 그의 범위를 벗어나면 기계적으로 정지하여 손상을 입게 된다. 서보의 전력은 제어 핀보다는 전력 핀으로부터 오며, 제어는 H-bridge 없이 직접 마이크로컨트롤러에

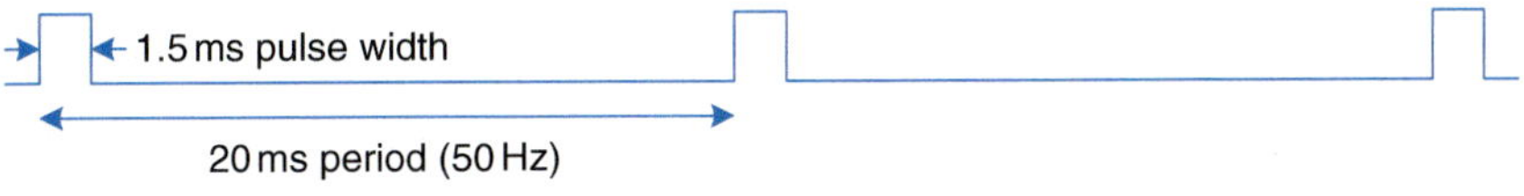

그림 8.63 서보 제어 파형

접속할 수 있다. 서보 모터는 소형이면서 가볍고 편리하므로 보통 리모트 컨트롤 모형 비행기와 소형 로봇에 사용된다. 적당한 데이터 시트를 갖는 모터를 찾는 것은 어렵다. 빨간색 배선의 센터 핀은 통상 전원이며, 검정색 또는 갈색 배선은 통상 그라운드이다.

예제 8.29 **서보 모터**

서보 모터를 원하는 각으로 구동시키는 PIC32 마이크로컨트롤러를 포함하는 시스템을 설계하라.

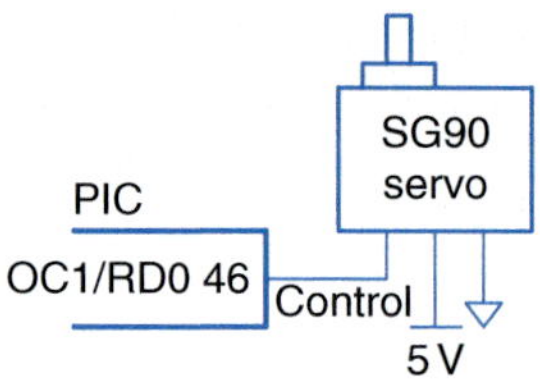

그림 8.64 서보 모터 제어

풀이 그림 8.64는 SG90 서보 모터로의 접속 다이어그램을 보인다. 서보는 4.0~7.2V 전원에서 동작한다. 단지 하나의 와이어가 5 또는 3.3V 논리 레벨로 제공될 수 있는 PAM 신호를 전송하는 데 필요하다. 아래 코드는 Output Compare 1 모듈을 사용하여 PWM 발생을 구성하며 원하는 각을 위해 적절한 듀티 사이클을 설정한다.

```
#include <P32xxxx.h>

void initservo(void) {      // configure PWM on OC1 (RD0)
  T2CONbits.TCKPS = 0b111; // prescale by 256 to 78.125 KHz
  PR2 = 1561;              // set period to 1562 ticks = 50.016 Hz
                              (20 ms)
  OC1RS = 117;            // set pulse width to 1.5 ms to center servo
  OC1CONbits.OCM = 0b110; // set output compare 1 module to PWM mode
  T2CONbits.ON = 1;       // turn on timer 2
  OC1CONbits.ON = 1;      // turn on PWM
}

void setservo(int angle) {
  if (angle < 0) angle = 0;          // angle must be in the range of
                                     // 0-180 degrees
  else if (angle > 180) angle = 180;
  OC1RS = 39+angle*156.1/180;        // set pulsewidth of 39-195 ticks
                                     // (0.5-2.5 ms) based on angle
}
```

서보 모터를 주의 깊게 분해하여 기계적 정지를 제거하고, 분압계를 고정 전압 분배기로 대체하면 통상의 서보를 **연속 회전 서보**로 변환도 가능하다. 많은 웹사이트들이 특정 서보를 위한 상세 방향을 보여준다. 그러면 PWM은 위치보다는 속도를 제어하게 되어 1.5ms는 정지를, 2.5ms는 최대 속도 전진, 0.5ms는 최대 속도 후진을 나타낸다. 연속 회전 서보는 H-bridge와 기어 트레인으로 결합된 단순 DC 모터보다는 좀 더 편리하고 저렴하다.

스테퍼 모터

스테퍼 모터는 펄스들이 입력 변환을 위해 인가될 때 이산적 스텝으로 전진해 나간다. 그 스텝 크기는 보통 수 도(degree)이며 정확한 위치 및 연속 회전을 허용한다. 소형 스테퍼 모터들은 일반적으로 바이폴라(bipolar) 및 유니폴라(unipolar) 형태로 배선된 위상이라 부르는 두 세트의 코일과 함께 온다. 바이폴라 모터는 더욱 강력하며 주어진 크기에서 저렴하지만 H−bridge를 필요로 하는 반면, 유니폴라 모터는 스위치로 동작하는 트랜지스터로 구동될 수 있다. 이 절에서는 좀 더 효율적인 바이폴라 스테퍼 모터에 초점을 맞춘다.

그림 8.65(a)는 90° 스텝 크기를 갖는 단순화된 2위상 바이폴라 모터를 보인다. 로터는 한쪽은 북극, 다른 쪽은 남극을 나타내는 영구자석이다. 스테이터는 두 위상을 최적화하는 두 쌍의 코일을 갖는 전자계이다. 그래서 2위상 바이폴라 모터는 네 개의 터미널을 갖는다. 그림 8.65(b)는 두 코일을 인덕터로 모델링하는 스테퍼 모터에 대한 심벌을 나타낸다.

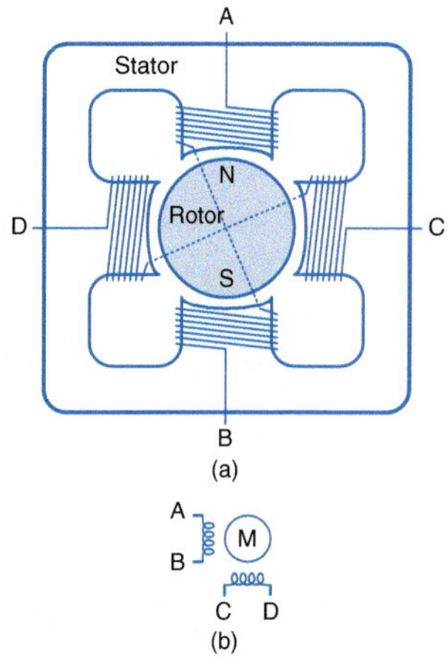

그림 8.65 (a) 단순화된 스테퍼 모터, (b) 스테퍼 모터 심볼

그림 8.66은 2위상 바이폴라 모터를 위한 세 가지 일반 구동 시퀀스를 보인다. 그림 8.66(a)는 웨이브 드라이브(wave drive)를 보이며, 여기서 코일은 AB−CD−BA−DC 열로 에너지를 받는다. BA는 자장 유도선 AB가 반대 방향으로 흐르는 전류로 에너지를 받는다는 의미로서, 이것이 바이폴라(bipolar)라는 이름의 기원이다. 로터는 각 스텝에서 90도씩 회전한다. 그림 8.66(b)는 다음의 패턴, (AB, CD)−(BA, CD)−(BA, DC)−(AB, DC)의 *two-phase-on drive*를 보인다. 여기서 (AB, CD)는 코일 AB와 CD 모두 동시에 에너지를 받는다는 것을 나타낸다. 로터는 다시 각 스텝에서 90도 만큼 회전하지만 두 극 간의 중간에서 정렬한다. 이는 두 코일이 한꺼번에 전력을 전달하므로 최고의 토크 동작을 지원한다. 그림 8.66(c)는 다음의 패턴, (AB, CD)−CD−(BA, CD)−BA−(BA, DC)−DC−(AB, DC)−AB의 *half-step drive*를 나타낸다. 패턴 전진 속도가 모터의 속도를 결정한다. 모터의 방향을 반대로 하기 위해서는 동일한 드라이브 열을 반대 순서로 적용하면 된다.

실제 모터에서 스텝 간의 각을 더욱 작게 하기 위해 모터는 많은 극(pole)을 갖는다. 예를 들어, 그림 8.67은 7.5도 스텝 크기를 갖는 AIRPAX

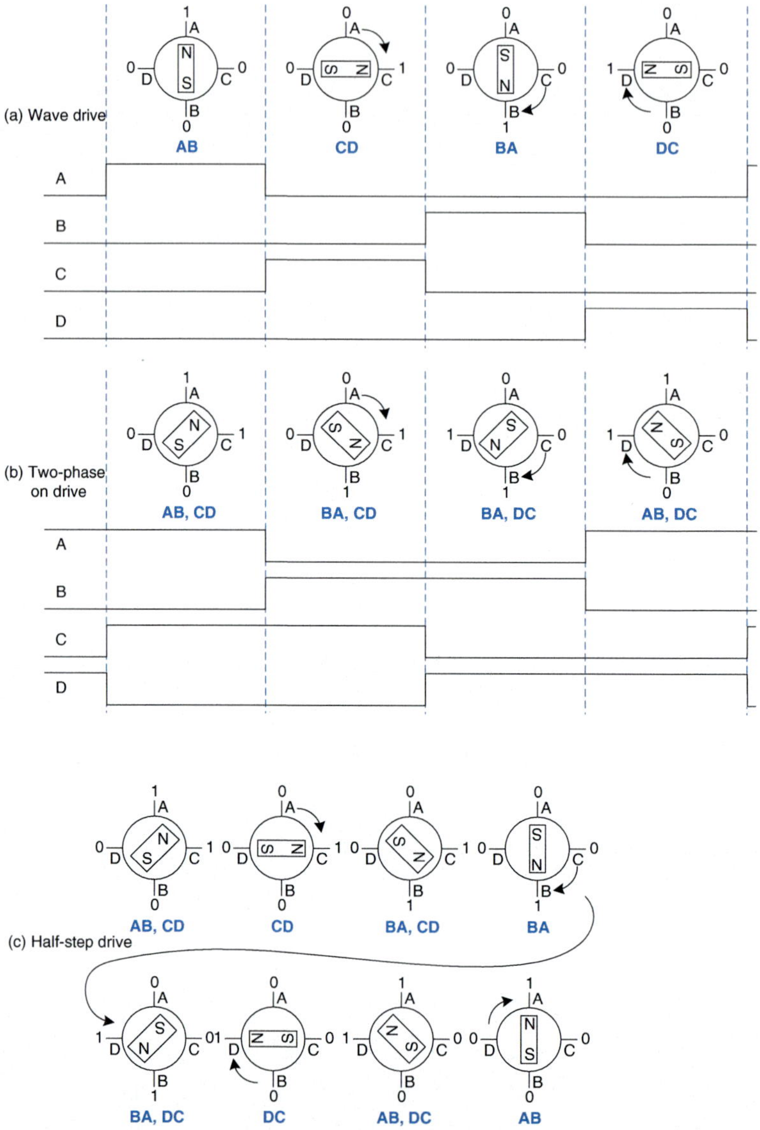

그림 8.66 바이폴라 모터 드라이브

그림 8.67 AIRPAX LB82773-MZ1 바이폴라 스테퍼 모터

LB82773-M1 바이폴라 스테퍼 모터를 보인다. 이 모터는 5V 근방에서 동작하며 각 코일을 통해 0.8A를 끌어낸다.

모터에서의 토크는 코일 전류에 비례한다. 이 전류는 인가된 전압 및 코일의 인덕턴스 L, 저항 R에 의해 결정된다. 동작의 가장 단순한 모드는 **직접 전압 구동** 또는 **L/R 구동**이라 부르는데, 여기서 전압 V는 코일에 직접 인가된다. 전류는 그림 8.68(a)에 보이는 바와 같이 L/R로 설정된 일정 시간을 갖고 I=V/R까지 톱니 모양을 갖게 된다. 이 작업은 느린 속도 운영

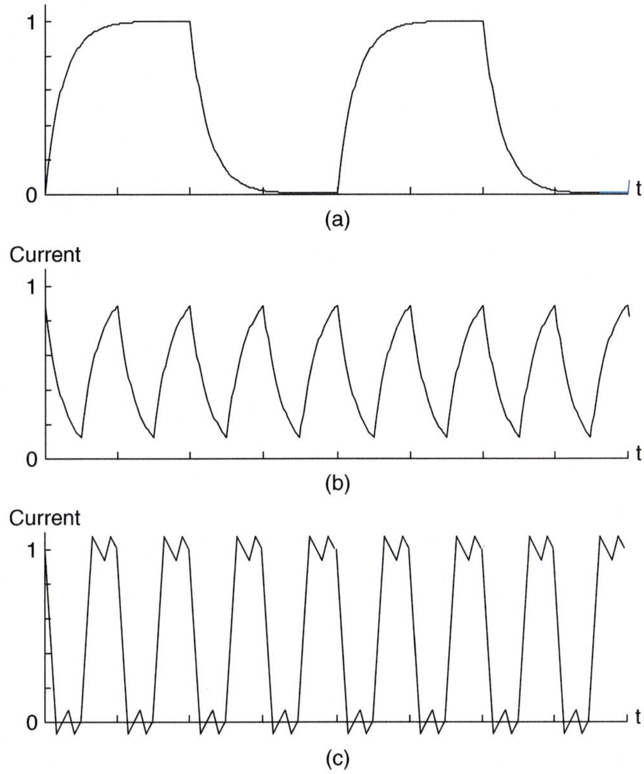

그림 8.68 바이폴라 스테퍼 모터 직류 구동전류: (a) 저속 회전, (b) 고속 회전, (c) 초퍼 구동의 고속 회전

에 적합하다. 그러나 고속에서 전류는 그림 8.68(b)에 보이는 바와 같이 최대 레벨에 이르는 데 충분한 시간을 갖지 못하여 토크가 떨어진다.

스테퍼 모터를 구동하는 좀 더 효율적인 방법은 고전압으로 펄스폭을 변조하는 것이다. 고전압은 전류를 신속하게 최대 전류로 상승시키도록 전류를 유도한 후, 모터에 과부하가 걸리는 것을 피하기 위해 PWM을 끈다. 그 후 전압은 원하는 레벨 정도의 전류를 유지하기 위해 변조되거나 촙(chop) 된다. 이를 **촙퍼 정전류 구동**이라고 하며 그림 8.68(c)에 보인다. 컨트롤러는 모터와 직렬의 작은 저항을 사용하여 전압 강하를 측정하는 데 인가되는 전류의 감지와 그 전류가 원하는 레벨에 이르면 H-bridge 구동을 정지하기 위해 인에이블 신호를 인가한다. 원칙적으로 마이크로컨트롤러는 정확한 파형을 발생할 수 있지만 스테퍼 모터 컨트롤러를 사용하는 게 더 쉽다. ST Microelectronics사의 L297 컨트롤러는 전류 센싱 핀과 2-A 피크 전력 능력을 갖는 L298 듀얼 H-Bridge과 결합될 때 특히 편리한 선택이다. 불행히도 L298은 DIP 패키지로 불가능하므로 브레드보드

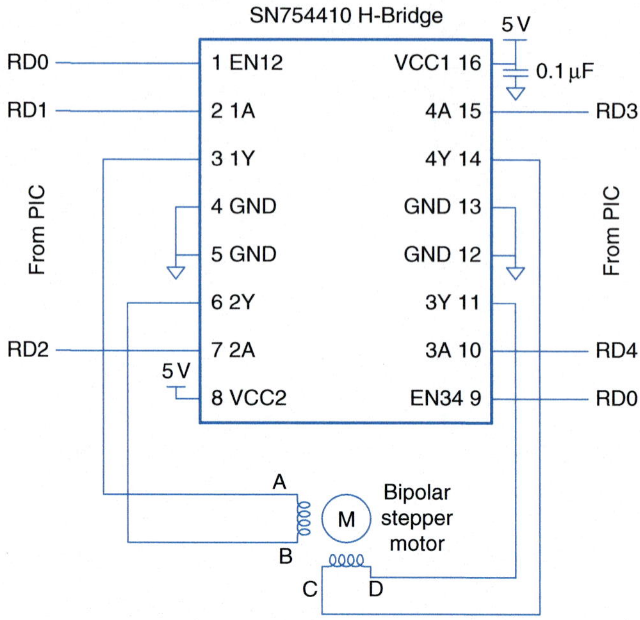

그림 8.69 H-bridge 직류 구동의 바이폴라 스테퍼 모터

로는 더욱 힘들다. ST의 응용은 AN460 및 AN470이 스테퍼 모터 설계자에 가치 있는 참고가 됨을 보여준다.

예제 8.30 **바이폴라 스테퍼 모터 직류파 구동**

PIC32 마이크로컨트롤러가 직류 구동을 사용하여 특정 속도 및 방향에서 AIRPAX 바이폴라 스테퍼 모터를 구동하는 시스템을 설계하라.

풀이 그림 8.69는 PIC32 제어의 H-bridge에 의해 직류 구동되는 바이폴라 스테퍼 모터를 보인다.

함수 spinstepper는 직류 구동 시퀀스에 따라 RD[4:0]에 인가하는 패턴으로 시퀀스 어레이를 초기화한다. 그 시퀀스에 다음의 패턴을 인가한 후 시간당 원하는 속도(RPM)로 회전하기 위한 충분한 시간을 대기한다. 16비트 타이머로 20MHz 클록 및 7.5° 스텝 크기, 256:1 프리스칼라(pre-scalar)를 사용하여 속도의 가용 범위는 타이머 분해능(resolution)으로 제한되는 최솟값 및 LB82773-M1 모터의 전력에 의해 제한되는 최댓값을 갖는 2~230rpm이다.

```
#include <P32xxxx.h>

#define STEPSIZE 7.5 // size of step, in degrees

int curstepstate; // keep track of current state of stepper motor in sequence

void initstepper(void) {
```

```
    TRISD = 0xFFE0; // RD[4:0] are outputs
    curstepstate = 0;
    T1CONbits.ON = 0; // turn Timer1 off
    T1CONbits.TCKPS = 3; // prescale by 256 to run slower
}
void spinstepper(int dir, int steps, float rpm) { // dir = 0 for forward, 1 = reverse
{
  int sequence[4] = {0b00011, 0b01001, 0b00101, 0b10001}; // wave drive sequence
  int step;

  PR1 = (int)(20.0e6/(256*(360.0/STEPSIZE)*(rpm/60.0))); // time/step w/ 20 MHz peripheral clock
  TMR1 = 0;
  T1CONbits.ON = 1; // turn Timer1 on
  for (step = 0; step < steps; step++) { // take specified number of steps
    PORTD = sequence[curstepstate]; // apply current step control
    if (dir == 0) curstepstate = (curstepstate + 1) % 4; // determine next state forward
    else curstepstate = (curstepstate + 3) % 4; // determine next state backward
    while (!IFS0bits.T1IF); // wait for timer to overflow
    IFS0bits.T1IF = 0; // clear overflow flag
  }
  T1CONbits.ON = 0; // Timer1 off to save power when done
}
```

8.7 PC I/O 시스템

개인용 컴퓨터(PC)는 메모리, 디스크, 네트워킹, 내부 확장 카드, 외부 디바이스를 포함하는 다양한 I/O 프로토콜을 사용한다. 이러한 I/O 표준들은 매우 고성능을 제공하면서 사용자에게 쉽게 기기들을 추가할 수 있도록 개발되어 왔는데, 이러한 경향은 I/O 프로토콜의 복잡성을 동반했다. 이 절에서는 PC에 사용되는 주요 I/O 표준들을 조사하고 PC를 주문형 디지털 논리나 다른 외부 하드웨어에 연결하기 위한 몇 가지 옵션을 설명한다.

그림 8.70은 Core i5 또는 i7 프로세서를 위한 PC 마더보드를 보인다. 이 프로세서는 1156 도금된 패드로 랜드 그리드 어레이(land grid array)에 패키징되어 있어 프로세서에 전원 및 그라운드를 제공하고 프로세서와 메모리 및 I/O 디바이스를 연결한다. 마더보드는 DRAM 메모리 모듈 슬롯, 다양한 I/O 디바이스 커넥터, 전원 커넥터, 전압 레귤레이터, 커패시터를 포함하고 있다. 한 쌍의 DRAM 모듈은 DDR3 인터페이스를 통해 연결된다. 키보드 또는 웹캠과 같은 외부 주변 장치들은 USB를 통해 접속

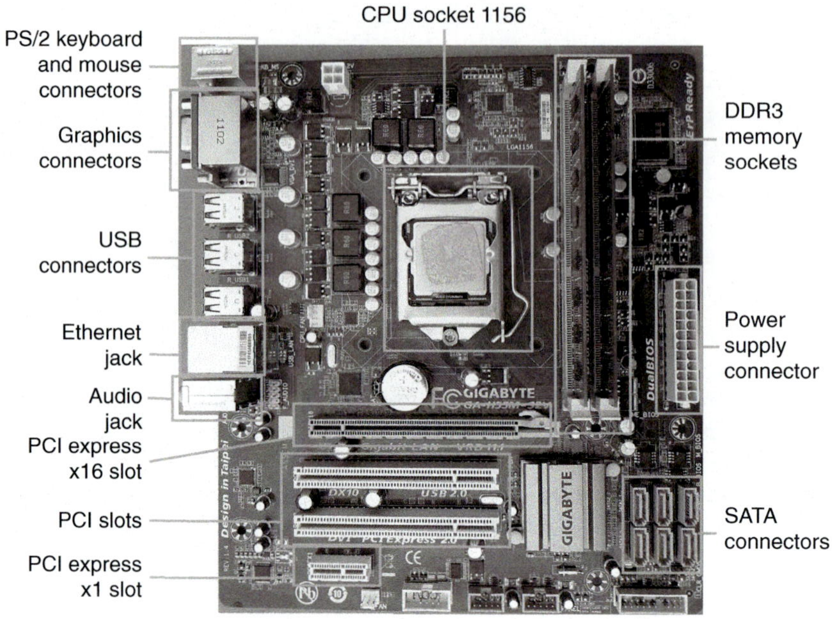

그림 8.70 기가바이트 GA-H55M-S2V 마더보드

된다. 그래픽 카드와 같은 고성능 확장 카드는 PCI Express x16 슬롯을 통해 접속되지만, 저성능 카드는 PCI Express x1 또는 기타 PCI 슬롯을 사용할 수 있다. PC는 이더넷 잭을 통해 네트워크에 접속된다. 하드 디스크는 SATA 포트에 접속된다. 이 절의 나머지는 이러한 I/O 표준들의 각각에 대해 설명한다.

PC I/O 표준들에서 한 가지 주요 발전은 고속 직렬 링크의 개발이다. 최근까지 대부분의 I/O들은 광대역 데이터 버스와 클록 신호를 구성하는 병렬 링크 주변에 설치된다. 데이터 속도가 증가함에 따라 버스 내의 와이어 간 지연의 차가 버스의 동작 속도를 제한한다. 더구나 다중 디바이스들에 연결된 버스들은 반사 및 로드(load)에 따른 비과 시간(flight time)의 차이와 같은 전송선로 문제들을 갖게 된다. 노이즈 또한 데이터를 오염시킬 수 있다. 점 대 점(point-to-point) 직렬 링크는 이러한 많은 문제들을 제거한다. 데이터는 보통 다른 쌍의 와이어를 통해 전송된다. 한 쌍의 양쪽 와이어에 동등하게 영향을 주는 외부 노이즈는 그리 중요하지 않다. 전송선로를 적절히 종단하는 것은 쉬운 일이므로 반사의 영향은 매우 작다(전송선로에 대해서는 A.8을 참조). 정확한 클록을 전송하는 대신에 클록은 데이터 천이 시간을 관찰하여 수신기에서 복원된다. 고속 직렬 링크 설계는 특별한 주제이지만, 양호한 인터페이스는 구리선을 통해 10Gb/s 이상이나 광섬유 정도의 고속으로 동작할 수 있다.

8.7.1 USB

1990년대 중반까지 PC에 주변 장치를 추가하는 것은 기술적인 이해도를 필요로 했다. 확장 카드를 추가하는 데 케이스를 열고, 정확한 위치에 점퍼를 세팅하고, 수동으로 디바이스 드라이버를 인스톨하는 작업이 필요했다. RS−232 기기를 추가하는 데 정확한 케이블을 선택하고, 보 속도(baud rate), 데이터, 패리티, 중지 비트의 적절한 구성이 요구되었다. USB(Universal Serial Bus)는 인텔, IBM, 마이크로소프트 및 기타 회사들에 의해 개발되었으며, 케이블 및 소프트 구성 프로세스를 표준화하여 주변 장치를 쉽게 추가하도록 하였다. 10억 개의 USB 주변 장치가 매년 판매되고 있다.

USB 1.0 버전이 1996년 출시되었다. 이는 4 와이어, 5V, GND, 한 쌍의 데이터 전송용 와이어의 간단한 케이블을 사용한다. 이 케이블은 후방 또는 배면으로의 플러그인이 불가능하며 12Mb/s의 속도로 운용된다. 이 디바이스는 USB 포트로부터 500mA를 끌어내므로 키보드, 마우스, 다른 주변 장치들은 배터리나 독립 전원 케이블보다는 그 포트로부터 전원을 얻을 수 있다.

USB 2.0 버전은 2000년에 출시되어 보다 빠른 차동 와이어의 구동으로 480Mb/s까지 업그레이드되었다. 보다 빠른 링크로 인해 USB는 웹캠 및 외장 하드 디스크를 접속하는 실용적인 수단으로 되었다. USB 인터페이스를 갖는 플래시 메모리 스틱이 컴퓨터 간의 파일 전달 수단으로 플로피 디스크를 대체하였다.

USB 3.0 버전은 2008에 출시되어 5Gb/s까지 속도를 확장시켰다. USB 2.0과 같은 형태의 커넥터를 사용하지만 케이블이 매우 고속으로 동작하는 많은 와이어로 구성되었다. 따라서 고성능 하드디스크를 접속하는 데 더욱 적합하다. 거의 같은 시기에 이동 장치를 고속 충전하기 위한 배터리 충전 사양을 추가하였다.

사용자를 위한 단순화는 더욱 복잡한 하드웨어와 소프트웨어의 구현을 초래했다. 근본적으로 철저히 USB 인터페이스를 구축하는 것이 주요 과업이다. 심지어 간단한 디바이스 드라이버의 작성조차 다소 복잡하다.

PIC32는 내장 USB 컨트롤러가 딸려오지만 마우스를 PIC32에 접속시키기 위한 마이크로칩사의 디바이스 드라이버(microchip.com에서 사용 가능함)는 500라인을 넘는 코드로 이 장의 범위를 벗어난다.

8.7.2 PCI 및 PCI Express

PCI(Peripheral Component Interconnect) 버스는 인텔사에 의해 개발된 확장 버스 표준으로 1994년쯤에 확산되었다. 이는 여분의 직렬 또는 USB 포트, 네트워크 인터페이스, 사운드 카드, 모뎀, 디스크 컨트롤러 또는 비디오 카드와 같은 확장 카드를 추가하는 데 사용되었다. 32비트 병렬 버스는 133MB/s 대역폭을 제공하는 33MHz에서 동작한다.

PCI 확장 카드에 대한 요구는 점차 감소하고 있다. 현재 이더넷과 SATA와 같은 표준 포트들은 마더보드로 집적화되고 있다. 현재 확장 카드를 필요로 하는 많은 디바이스들은 고속 USB 2.0이나 3.0 링크를 통해 접속된다. 현재 비디오 카드들은 PCI가 제공할 수 있는 것보다 훨씬 큰 대역폭을 필요로 한다.

가끔 유통되는 마더보드들이 아직도 소량의 PCI 슬롯을 갖고 있지만, 현재 비디오 카드와 같은 고속 디바이스들은 PCI Express(PCIe)를 통해 접속된다. PCI Express 슬롯은 고속 직렬링크의 하나 이상의 레인(lane)을 제공한다. PCIe 3.0 버전에서 각 레인은 8Gb/s이상으로 동작한다. 대부분의 마더보드들은 비디오 카드와 같은 데이터-결핍(data-hungry) 디바이스에 총 16GB/s를 제공하는 16레인을 갖는 x16 슬롯을 제공한다.

8.7.3 DDR3 메모리

DRAM은 병렬 버스를 통해 마이크로프로세서에 접속된다. 2012년 현재 표준은 DDR3, 즉 1.5V에서 작동하는 3세대의 2배속 데이터 메모리 버스이다. 전형적인 마더보드는 두 개의 DDR3 채널이 딸려오며 2뱅크 메모리 모듈에 동시에 접속할 수 있다.

그림 8.71은 4GB DDR3 DIMM(Dual Inline Memory Module)을 보인다. 모듈은 64비트 데이터 버스, 16비트 타임 멀티플렉스 어드레스 버스, 제어 신호, 다량의 전원 및 그라운드 핀 등을 포함하여 각 사이드에 120씩 총 240개의 연결을 갖는다. 2012년에 DIMM은 전형적으로 1~16GB의

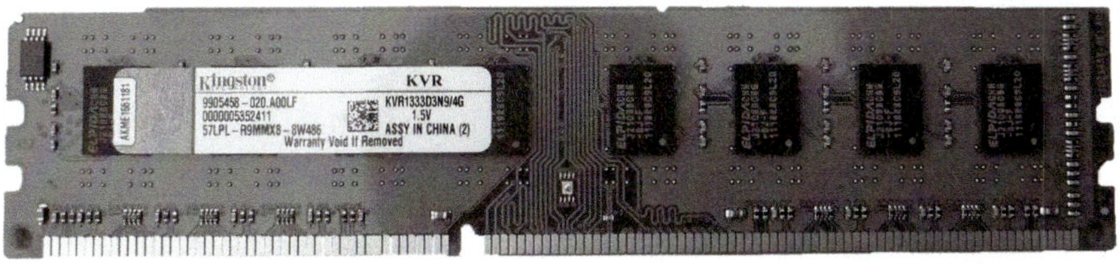

그림 8.71 DDR3 메모리 모듈

DRAM을 전송한다. 메모리 용량은 2~3년마다 약 2배가 되고 있다.

DRAM은 현재 100~266MHz의 클록 속도로 동작한다. DDR3은 DRAM 클록 속도의 4배로 메모리 버스를 동작시킨다. 더구나 이는 클록의 상승 및 하강 에지에서 데이터를 전달한다. 그러므로 각 메모리 클록에 대해 8워드의 데이터를 송신한다. 64bits/words에서 이는 6.4~17GB/s 대역폭에 해당한다. 예를 들어, DDR3-1600은 1억6천words/sec 또는 12,800MB/s를 송신하기 위해 200MHz 메모리 클록과 800MHz I/O 클록을 사용한다. 그러므로 이 모듈을 PC3-12800이라 부른다. 불행히도 DRAM 대기(latency)가 크므로 첫 번째 워드의 데이터 도착까지 읽기 요청으로부터 거의 50ns의 지연을 갖는다.

8.7.4 네트워킹

컴퓨터는 TCP/IP를 수행하는 네트워크 인터페이스를 통해 인터넷에 접속한다. 그 물리적 접속이 케이블 또는 무선 Wi-Fi 링크이다.

이더넷은 IEEE 802.3 표준으로 정의된다. 이는 1974년 Xerox의 PARC(Palo Alto Research Center)에서 개발되었다. 원래 10MB/s(10Mbit 이더넷)으로 운영되었지만, 현재 네 개의 트위스티드 페어(twisted pair) 와이어를 포함하는 카테고리 5 케이블에서 동작하는 100Mbit(Mb/s)와 1Gbit(Gb/s)를 일반적으로 확인할 수 있다. 광케이블에서 운용하는 10Gbit 이더넷이 서버를 위해 빠르게 보편화되고 있으며, 다른 고성능 컴퓨팅 및 100Gbit 이더넷이 나타나고 있다.

Wi-Fi는 IEEE 802.11 무선네트워크 표준에 대한 보편적인 이름이다. 이는 2.4 및 5GHz의 라이센스 없는 무선대역에서 운용되는데, 저전력의 이 대역 내에서의 송신에 사용자의 무선 사용 라이센스를 요구하지 않는다는 의미이다. 표 8.12는 3세대의 Wi-Fi 성능을 요약한 것으로 최근의

표 8.12 802.11 Wi-Fi 프로토콜

Protocol	Release	Frequency Band (GHz)	Data Rate (Mb/s)	Range (m)
802.11b	1999	2.4	5.5–11	35
802.11g	2003	2.4	6–54	38
802.11n	2009	2.4/5	7.2–150	70

802.11ac 표준은 1Gb/s 이상의 무선 데이터 속도를 보장하고 있다. 성능의 향상은 첨단 변조 및 신호처리, 다중 안테나, 보다 넓은 신호 대역폭으로부터 실현되고 있다.

8.7.5 SATA

내부 하드 디스크는 PC에 대해 고속 인터페이스를 요구한다. 1986년 Western Digital사에서 IDE(Integrated Drive Electronics) 인터페이스를 도입한 후에 ATA(AT Attachment) 표준으로 발전하였다. 이 표준은 16~133MB/s 데이터를 송신하기 위해 최대 길이 18″의 규모 있는 40 또는 80와이어 리본 케이블을 사용한다.

그림 8.72 SATA 케이블

ATA는 그림 8.72에 보이는 바와 같이 좀 더 편리한 7컨덕터 케이블을 통해 1.5, 3 또는 6Gb/s로 수행하기 위한 고속 직렬 링크를 사용하는 SATA(Serial ATA)로 대체되었다. 2012년 기준 가장 빠른 반도체 드라이브는 SATA의 모든 장점을 취해 500MB/s 대역폭에 근접하고 있다.

관련 표준은 병렬 SCSI(Small Computer System Interface) 인터페이스에서 발전한 SAS(Serial Attached SCSI)이다. SAS는 SATA와 비교할 만한 성능을 제공하며 좀 더 긴 케이블을 지원하는데, 서버 컴퓨터에서 일반적으로 쓰인다.

8.7.6 PC에 대한 인터페이싱

앞으로 설명하는 모든 PC I/O 표준들은 고성능 및 용이한 접속을 위해 최적화되었지만 하드웨어로 구현하기는 어렵다. 기술자와 과학자들은 가끔 PC를 센서, 액추에이터, 마이크로컨트롤러 또는 FPGA와 같은 외부 회로에 접속하기 위한 방법을 필요로 한다. 8.6.3.2절에서 설명한 직렬 접속은

UART를 갖는 마이크로컨트롤러에 대한 저속 접속으로는 충분하다. 이 절에서는 데이터 획득 시스템 및 USB 링크의 두 가지 방법에 대해 설명한다.

데이터 획득 시스템

DAQs(Data Acquisition Systems)는 아날로그 및 디지털 I/O의 다중 채널을 사용하여 실제 세계에 컴퓨터를 접속한다. DAQs는 지금은 일반적으로 인스톨을 쉽게 할 수 있도록 만들어진 USB 디바이스로 가능하다. National Instruments(NI)사는 선도적인 DAQ 제조사이다.

고성능 DAQ 가격은 수천 달러에 형성되고 있는데, 이는 시장이 작고 경쟁이 제한적이기 때문이다. 다행히 2012년부터 NI사는 LabVIEW 소프트웨어를 포함하여 $200의 학생 할인가로 휴대용 myDAQ 시스템을 판매하고 있다. 그림 8.73은 myDAQ를 보인다. 이는 16비트 분해능과 ±10V의 동적 범위를 갖는 200ksamples/sec로 입출력이 가능한 두 개의 아날로그 채널을 갖는다. 이러한 채널들은 오실로스코프와 신호 발생기로 동작하도록 구성될 수 있다. 또한 3.3 및 5V 시스템과 비교할 만한 8개의 디지털 입출력 라인들을 갖는다. 더구나 이는 +5, +15, −15V의 출력 전원을 발생시키며 전압, 전류, 저항을 측정할 수 있는 디지털 미터를 포함한다. myDAQ는 자동 데이터 로깅을 동시에 제공하면서 통합된 테스트 벤치 및 측정 장치를 대신할 수 있다.

대부분의 NI DAQs는 NI사의 설계 측정 및 제어 시스템을 위한 그래픽 언어인 LabVIEW에 의해 제어된다. 어떤 DAQs는 LabWindows 환경을

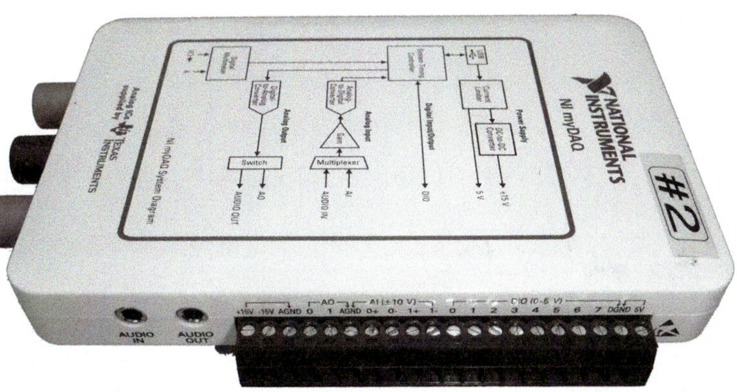

그림 8.73 NI myDAQ

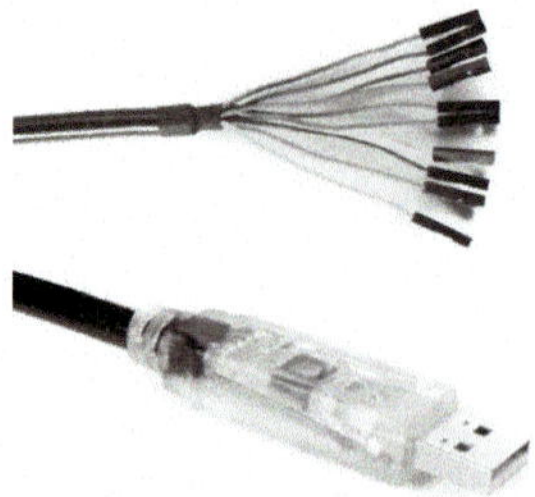

그림 8.74 MPSSE 케이블에 대한 FTDI USB

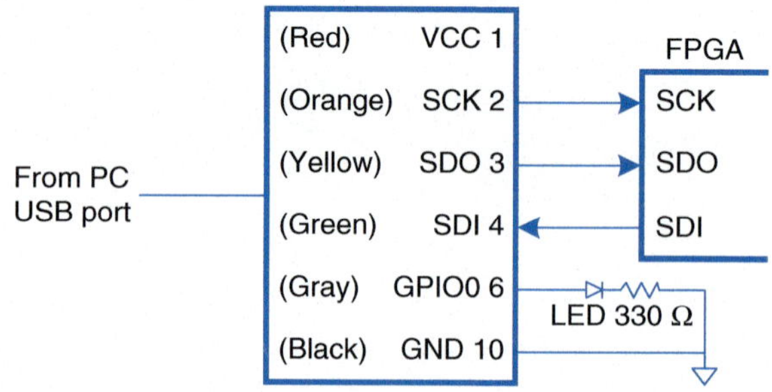

그림 8.75 PC와 FPGA 간 MPSESE 인터페이스에 대한 C232HM-DDHSL USB

사용하는 C 프로그램, Measurement Studio 환경을 사용하는 Microsoft. NET 어플리케이션 또는 Data Acquisition Toolbox를 사용하는 Matlab으로 제어될 수 있다.

USB 링크

현재 다양한 제품들이 USB를 통해 PC와 외부 하드웨어 간에 간단하면서 저렴한 디지털 링크를 제공한다. 이러한 제품들은 이미 개발된 드라이버와 라이브러리를 포함하고 있어 사용자로 하여금 FPGA 또는 마이크로컨트롤러와 데이터를 주고받는 PC에 쉽게 프로그램을 작성할 수 있도록 허용한다.

FTDI사는 이와 같은 시스템의 선도적인 판매자이다. 예를 들어, 그림 8.74에 보이는 MPSSE(Multi-Protocol Synchronous Serial Engine) 케이블에 대한 FTDI C232HM-DDHSL USB는 한쪽은 USB 잭을 따른 쪽은 3.3V 전원과 네 개의 일반용 I/O 핀을 갖고 30Mb/s로 동작하는 SPI 인터페이스를 제공한다. 그림 8.75는 이 케이블을 사용하여 PC와 FPGA를 연결하는 예를 보인다. 이 케이블은 FPGA에 3.3V 전원을 옵션으로 공급한다. 세 개의 SPI 핀은 예제 8.19와 유사한 FPGA 슬레이브에 접속된다. 또한 이 그림에서 GPIO 핀 중의 하나가 LED를 구동하기 위해 사용됨을 보여준다.

PC는 인스톨을 위해 라이브러리 드라이버에 동적으로 링크되는 D2XX를 필요로 한다. 인스톨 후 이 라이브러리를 사용한 C 프로그램을 작성하여 케이블을 통해 데이터를 송신할 수 있다.

그림 8.76 FTDI UM232H 모듈

만일 고속의 접속이 필요해도 그림 8.76에 보이는 FTDI UM232H 모듈이 PC의 USB 포트를 40MB/s로 동작하는 8비트 동기 병렬 인터페이스에 링크한다.

8.8 전망: x86 메모리 및 I/O 시스템*

프로세서가 고속일수록 일정한 데이터 및 명령 흐름을 제공하기 위해 좀 더 정교한 메모리 구조를 필요로 한다. 이 절에서는 발전의 예시를 위해 x86 프로세서의 메모리 시스템을 설명한다. 7.9절은 온칩 캐시를 강조한 이 프로세서의 사진을 포함하고 있다. 또한 x86은 좀 더 일반적인 메모리 맵핑된 I/O과는 다른 특별히 프로그램된 I/O을 갖는다.

8.8.1 x86 캐시 시스템

1985년도 최초 생산된 80386은 16MHz로 동작한다. 캐시가 부족하여 모든 명령과 데이터는 주 메모리에 직접 액세스되었다. 메모리 속도에 따라 프로세스는 즉각적인 응답을 갖거나 메모리 재동작을 위해 하나 이상의 사이클을 중지하기도 한다. 이러한 사이클을 대기상태(wait state)라 부르며 프로세서의 CPI를 증가시킨다. 이후로 마이크로프로세서 클록 주파수는

표 8.13 인텔 x86 프로세서 메모리 시스템의 발전

Processor	Year	Frequency (MHz)	Level 1 Data Cache	Level 1 Instruction Cache	Level 2 Cache
80386	1985	16–25	none	none	none
80486	1989	25–100	8 KB unified		none on chip
Pentium	1993	60–300	8 KB	8 KB	none on chip
Pentium Pro	1995	150–200	8 KB	8 KB	256 KB–1 MB on MCM
Pentium II	1997	233–450	16 KB	16 KB	256–512 KB on cartridge
Pentium III	1999	450–1400	16 KB	16 KB	256–512 KB on chip
Pentium 4	2001	1400–3730	8–16 KB	12 Kop trace cache	256 KB–2 MB on chip
Pentium M	2003	900–2130	32 KB	32 KB	1–2 MB on chip
Core Duo	2005	1500–2160	32 KB/core	32 KB/core	2 MB shared on chip
Core i7	2009	1600–3600	32 KB/core	32 KB/core	256 KB/core + 4-15 MB L3

매년 적어도 25% 증가하였으나 메모리 대기(latency)는 약간 감소하는 데 그쳤다. 메모리가 데이터를 리턴할 때까지 프로세서가 주 메모리에 어드레스를 송신할 때부터의 지연은 현재 100프로세서 클록 사이클을 초과할 수 있다. 그러므로 낮은 실패율을 갖는 캐시는 양호한 성능의 구현에 필수적이다. 표 8.13에 인텔 x86 프로세서의 캐시 시스템의 발전을 요약하였다.

80486은 명령과 데이터 모두를 취할 수 있는 단일화된 연속쓰기 캐시를 도입하였다. 대부분의 고성능 컴퓨터 시스템은 주 메모리보다 기본적으로 고속인 상용 SRAM 칩을 사용하여 마더보드에 대형 2차 레벨 캐시를 제공한다.

펜티엄 프로세서는 데이터와 명령이 동시에 요청되는 동안의 충돌을 피하기 위해 분리된 명령과 데이터 캐시를 도입하였다. 캐시는 주 메모리와의 통신을 줄이는 나중쓰기 정책에 사용된다. 또한 보다 큰 용량의 2차 레벨 캐시(전형적으로 256~512KB)는 일반적으로 마더보드에서 제공된다.

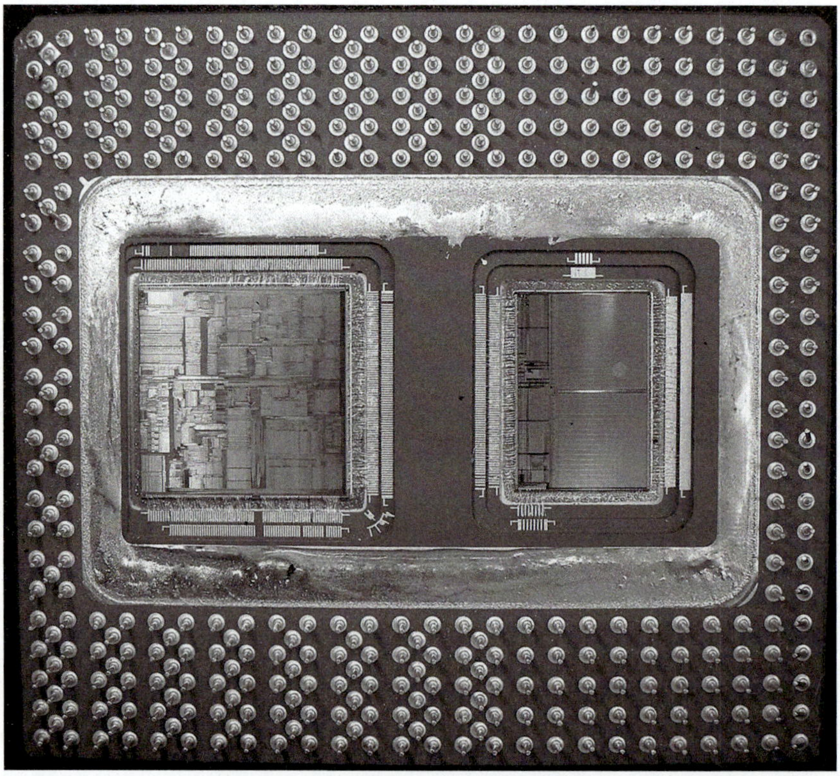

그림 8.77 핀 그리드 패키지(PGA) 내의 프로세서(왼쪽)와 256-KB 캐시(오른쪽)를 갖는 펜티엄프로 멀티칩 모듈

P6 계열 프로세서(펜티엄프로, 펜티엄 II, 펜티엄 III)는 아주 높은 클록 주파수를 위해 설계되었다. 마더보드의 2차 레벨 캐시는 그의 대기시간과 처리량을 개선하기 위해 프로세서 가까이로 옮겼다. 펜티엄프로는 그림 8.77에 보이는 바와 같이 프로세서 칩과 2차 레벨 캐시 칩을 포함하는 멀티칩 모듈(MCM)로 패키지되어 있다. 펜티엄처럼 프로세서는 분리된 8KB 레벨 1 명령과 데이터 캐시를 갖는다. 그러나 이러한 캐시들은 논블로킹(nonblocking)되어 있어, 비순차적(out-of-order) 프로세서는 비록 캐시가 특정 액세스를 실패하고 주 메모리로부터 데이터를 페치해야만 할지라도 계속하여 다음의 캐시 액세스를 수행할 수 있었다. 제2레벨 캐시는 256KB, 512KB 또는 1MB 크기였고 프로세서와 같은 속도로 동작할 수 있었다. 불행히도 MCM 패키징은 고용적(high volume) 제조에 드는 비용이 너무 크다는 것이 입증되었다. 그러므로 펜티엄 II는 프로세서와 제2레벨 캐시를 포함한 저렴한 카트리지로 판매되었다. 레벨 1 캐시는 제2레벨 캐시가 1/2 프로세서 속도로 동작한다는 사실을 보상하기 위해 크기를 2배로 하였다. 펜티엄 III는 최대 속도 제2레벨 캐시를 프로세서와 같은 칩에 직접 집적하였다. 동일 칩의 캐시는 대기시간 및 처리량에서 좀 더 양호한 성능으로 동작하여, 같은 크기의 오프칩 캐시보다 기본적으로 더욱 효율적이다.

펜티엄 M 디자인은 펜티엄 III을 기본으로 하고 있다. 레벨 1 캐시를 32KB로 증가시켰으며, 1에서 2MB 레벨 2 캐시로 특화되었다. 코어 듀오는 두 개의 수정된 펜티엄 M 프로세서와 한 칩에 공유된 2MB 캐시를 포함한다. 공유된 캐시는 프로세서 간의 통신에 사용되는데, 하나는 캐시에 데이터를 쓰고, 다른 하나는 데이터를 읽을 수 있다.

Nehalem(Core i3~i7) 디자인은 코어 간의 정보 공유를 용이하게 하기 위해 모든 코어 간에 공유된 제3레벨 캐시를 추가하였다. 각 코어는 자신의 64KB L1 캐시와 256KB L2 캐시를 갖는 반면 공유된 L3 캐시는 4~8^{+}MB를 포함한다.

> 비록 메모리 보호는 1980년대 초 하드웨어에서 가능해졌지만, 마이크로소프트 윈도우는 메모리 보호 기능을 이용하기까지, 그리고 바이러스성 프로그램이 컴퓨터를 파괴시키는 것을 방지하기까지 거의 15년이 걸렸다. 윈도우 2000이 출시되기 전까지 소비자 버전 윈도우는 극히 불안정했다. 하드웨어 기능과 소프트웨어 지원 간의 시간차는 매우 길어질 수 있다.

8.8.2 x86 가상 메모리

x86 프로세서는 리얼 모드나 보호 모드 중의 하나로 동작한다. 리얼 모드는 최초의 8086으로 되돌아가는 것이다. 이는 오로지 20비트의 어드레스를 사용하고 1MB로 메모리를 제한하며 가상 메모리를 허용하지 않는다.

보호 모드는 80286에 도입되어 80386에서는 32비트 어드레스로 확장되었다. 4KB 페이지의 가상 메모리를 지원한다. 또한 하나의 프로그램이 다른 프로그램에 속하는 페이지에 액세스할 수 없도록 메모리 보호를 제공한다. 그러므로 오류 또는 악성 프로그램이 다른 프로그램을 파괴하거나 오염시키지 않는다. 모든 현대의 운영체제는 보호 모드를 사용한다.

32비트 어드레스는 4GB의 메모리를 허용한다. 펜티엄프로 이후의 프로세스들은 물리적 어드레스 확장(physical address extension)이라 부르는 기술을 사용하여 64GB 메모리 용량으로 확장하였다. 각 프로세스는 32비트 어드레스를 사용한다. 가상 메모리 시스템은 이러한 어드레스를 대규모 36비트 가상 메모리 공간에 위치시킨다. 각 프로세스에 대해 다른 페이지 테이블을 사용함으로써 각 프로세스는 4GB까지의 자신의 어드레스 공간을 갖는다.

메모리 병목현상을 쉽게 피하기 위해서는 x86을 64비트 가상 어드레스 및 일반용 레지스터를 제공하는 x86-64로 업그레이드하는 것이다. 현재 256테라바이트(TB) 가상 어드레스 공간이 제공되나, 오로지 48비트의 가상 어드레스만 사용되고 있다. 이 제한은 메모리가 확장함에 따라 최대 64비트로 확장되어 16엑사바이트(EB) 용량을 제공한다.

8.8.3 x86 프로그램 I/O

대부분의 아키텍처는 8.5절에 설명한 메모리 맵핑된 I/O를 사용하며, 여기서 프로그램이 메모리 위치를 읽고 쓰기하여 I/O 디바이스에 액세스한다. x86은 프로그램된 I/O를 사용하며, 여기서 특수 IN 및 OUT 명령이 I/O를 읽고 쓰는 데 사용된다. x86은 2^{16} I/O 포트를 정의한다. IN 명령은 DX에 의해 규정된 포트로부터 1, 2 또는 4바이트를 AL, AX 또는 EAX로 읽어 들인다. OUT 명령도 비슷하지만 포트를 쓰기한다.

프로그램 I/O 시스템에 주변 장치를 연결하는 것은 그것을 메모리 맵핑된 시스템에 연결하는 것과 유사하다. I/O 포트에 액세스할 때 프로세서는 어드레스 버스의 16 최하위 비트상의 메모리 어드레스보다는 포트 번호를 송신한다. 그 장치는 데이터 버스로부터 데이터를 읽거나 쓴다. 주요 차이점은 프로세서가 $M/\overline{IO}$ 신호를 발생시킨다는 점이다. $M/\overline{IO}=1$일 때 프로세서가 메모리에 액세스한다. 만일 0이면 프로세서는 I/O 디바이스 중의 하나에 액세스한다. 어드레스 디코더는 주 메모리와 I/O 디바이스에 대해 적절한 인에블을 생성하기 위해 $M/\overline{IO}$를 참조해야 한다. I/O 디바이스는 통신할 준비가 되었음을 나타내기 위해 프로세서에 인터럽트를 송신한다.

8.9 요약

메모리시스템 체계는 컴퓨터 성능을 결정하는 중요 요소이다. DRAM, SRAM 및 하드 드라이브와 같은 다른 메모리 기술들은 용량, 속도, 비용면에서 트레이드오프를 제공한다. 이 장에서는 캐시와 대형, 고속, 저가의 메모리에 접근하기 위한 계층적 메모리를 사용하는 가상 메모리 체계를 소개하였다. 주 메모리는 프로세서보다 매우 느린 DRAM으로부터 형성된다. 캐시는 일반적으로 고속 SRAM에서 사용된 데이터를 유지시켜 액세스 시간을 줄인다. 가상 메모리는 주 메모리에 적합하지 않은 데이터를 저장하기 위해 하드 드라이브를 사용하여 메모리 용량을 증가시킨다. 캐시와 가상 메모리는 컴퓨터 시스템에 복잡성과 하드웨어를 추가하지만 그 장점은 비용을 뛰어 넘는다. 모든 현대의 개인용 컴퓨터들은 캐시와 가상 메모리를 사용한다. 대부분의 프로세서는 또한 I/O 디바이스와 통신하기 위해 메모리 인터페이스를 사용한다. 이를 메모리 맵핑된 I/O라 부른다. 프로그램은 I/O 디바이스에 액세스하기 위해 로드 및 저장, 운영을 사용한다.

에필로그

이 장은 우리에게 디지털시스템의 세계로의 마지막 여정을 인도해주었다. 이 장이 기술적 지식뿐만 아니라 예술적 미와 스릴을 전달할 수 있기를 희망한다. 여러분들은 구조 및 하드웨어 표현 언어를 사용하여 조합 및 순차논리를 설계하는 방법을 배웠다. 멀티플렉서, ALU 및 메모리와 같은 대형 빌딩 블록에 익숙하게 되었다. 컴퓨터는 디지털시스템의 가장 매력적인 응용의 하나이다. 여러분들은 어떻게 고유의 어셈블리 언어로 MIPS 프로세서를 프로그램하고 어떻게 디지털 빌딩 블록을 사용하여 프로세서와 메모리 시스템을 구축하는지를 배웠다. 이를 통하여 개념(abstraction), 훈련(discipline), 계층 구조(hierarchy), 모듈성(modularity), 규칙성(regularity)의 응용을 보아 왔다. 이러한 기술에 의해 마이크로프로세서 내부의 퍼즐을 완성해 왔다. 셀룰러폰에서 디지털 TV, 화상 탐사선, 의료 영상 시스템에 이르기까지 우리의 세계는 온통 디지털 세상이다.

찰스 베비지(Charles Babbage)가 파우스트의 거래와 비슷한 여행을 한 세기 반 전에 떠났다고 상상해보라. 그는 단지 기계적인 정확도를 가지는 수학 테이블의 계산을 열망했을 뿐이었다. 오늘날의 디지털시스템은 어제의 공상 과학 소설이다. 딕 트레이시(Dick Tracy)는 iTunes를 그의 스마트폰으로 들었었을까? 쥘 베른(Jules Verne)은 GPS 위성을 우주로 발사했었을까? 히포크라테스(Hippocrates)는 뇌의 고해상 디지털 영상을 이용하여 질병을 치료했었을까? 그러나 동시에 조지 오웰(George Orwell)의 유비쿼터스적 국가 감시의 악몽은 매일 현실로 다가오게 되었다. 해커들과 정부는 산업 인프라와 금융망을 공격하는 선전포고 없는 사이버 전쟁을 벌이고 있다. 사악한 국가들은 냉전시대의 폭탄을 시뮬레이션했던 방 하나 크기의 슈퍼컴퓨터보다 강력한 랩탑 컴퓨터를 이용하여 핵폭탄을 개발하고 있다. 마이크로프로세서의 발전은 지속적으로 가속화되고 있다. 향후 10년의 변화는 과거 10년의 변화에 비할 바 없이 가속화될 것이다. 여러분들은 지금 우리의 미래를 형성하는 새로운 시스템을 설계하고 구축하는 툴을 갖고 있다. 여러분의 최근에 습득한 힘은 완전한 책임과 동반한다. 그 힘을 재미와 부를 위해서가 아니라 인류의 이익을 위해 사용하기를 희망한다.

연습 문제

문제 8.1 시간적 공간적 집약성을 나타내는 네 가지 일상 활동을 1페이지 이하로 서술하라. 각 집약성 유형에 따른 두 가지 행동을 리스트하고 구체적으로 명시하라.

문제 8.2 시간적 또는 공간적 집약성을 나타내는 두 가지 짧은 컴퓨터 어플리케이션을 한 절 이내로 서술하라. 방법을 구체적으로 명시하라.

문제 8.3 16워드의 크기(용량)와 6워드 블록 크기의 다이렉트 맵핑된 캐시가 같은 용량과 블록 크기의 LRU 대체에 따른 완전결합 캐시를 능가하는 어드레스의 시퀀스를 제시하라.

문제 8.4 완전결합 캐시가 다이렉트 맵핑된 캐시를 능가하는 경우에 대해 연습문제 8.3을 반복하라.

문제 8.5 다른 캐시 파라미터를 유지하는 동안 다음의 캐시 파라미터 각각을 증가시키는 것에 대한 트레이드오프를 설명하라.

(a) 블록 크기

(b) 결합성

(c) 캐시 크기

문제 8.6 2웨이 세트결합 캐시의 실패율은 동일 용량과 블록 크기의 다이렉트 맵핑된 캐시의 실패율보다 항상 나은가? 일반적으로 나은가? 경우에 따라서 나은가? 아니면 결코 낫지 않은가? 설명하라

문제 8.7 다음 문장들의 각각은 캐시의 실패율과 관련된다. 각 문장을 TRUE 또는 FALSE로 답하라. 그 이유를 간단히 설명하고, 만일 문장이 FALSE이면 반대의 예를 제시하라.

(a) 2웨이 세트결합 캐시는 동일 블록 크기와 전체 용량을 갖는 다이렉트 맵핑된 캐시보다 항상 낮은 실패율을 갖는다.

(b) 16KB 다이렉트 맵핑된 캐시는 동일 블록 크기를 갖는 8KB 다이렉트 맵핑된 캐시보다 항상 낮은 실패율을 갖는다.

(c) 동일한 결합성과 전체 용량이 주어질 때 32바이트 블록 크기를 갖는 명령 캐시는 8바이트 블록 크기를 갖는 명령 캐시보다 보통 낮은 실패율을 갖는다.

문제 8.8 한 캐시가 다음의 파라미터를 갖는다. 워드 수로 주어진 블록 크기 b, 세트 수 S, 웨이 수 N, 그리고 어드레스 비트 수 A.

(a) 제시된 파라미터 개념에 따른 캐시 용량 C는 얼마인가?

(b) 제시된 파라미터 개념에 따른 태그를 저장하는 데 필요한 비트의 총수는 얼마인가?

(c) 블록 크기 b를 갖는 용량 C 워드의 완전결합 캐시에 대한 S와 N은 얼마인가?

(d) C 워드 크기와 블록 크기 b의 다이렉트 맵핑된 캐시에 대한 S는 얼마인가?

문제 8.9 어떤 16-워드 캐시는 연습문제 8.8에 주어진 파라미터를 갖는다. 16진수로 주어진 다음의 `lw` 어드레스 반복 시퀀스를 고려하라.

40 44 48 4C 70 74 78 7C 80 84 88 8C 90 94 98 9C 0 4 8 C 10 14 18 1C 20

결합캐시를 위한 LRU 대체를 가정하여, 만일 이 시퀀스가 스타트업(startup) 효과(즉, 강제 실패)를 무시한, 다음 캐시에 대한 입력일 때 효율적 실패율을 결정하라.

(a) 다이렉트 맵핑된 캐시, $b = 1$ 워드

(b) 완전 결합캐시, $b = 1$ 워드

(c) 2웨이 세트 결합캐시, $b = 1$ 워드

(d) 다이렉트 맵핑된 캐시, $b = 2$ 워드

문제 8.10 16진수로 주어진 다음의 `lw` 어드레스 반복 시퀀스와 캐시 구성에 대해 연습문제 8.9를 반복하라. 캐시 용량은 여전히 16워드이다.

74 A0 78 38C AC 84 88 8C 7C 34 13C 388 18C

(a) 다이렉트 맵핑된 캐시, b=1 워드

(b) 완전 결합캐시, b=1 워드

(c) 2웨이 세트결합 캐시, b=1 워드

(d) 다이렉트 맵핑된 캐시, b=2 워드

문제 8.11 다음의 데이터 액세스 패턴을 갖고 프로그램을 실행한다고 가정하자. 그 패턴은 오직 한 번만 실행된다.

0x0 0x8 0x10 0x18 0x20 0x28

(a) 1KB 캐시 크기와 8바이트(2워드) 블록 크기를 갖는 다이렉트 맵핑된 캐시를 사용하면 캐시 내에 얼마나 많은 세트가 있는가?

(b) (a)와 동일한 캐시와 블록 크기를 가질 때 주어진 메모리 액세스 패턴에 대해 다이렉트 맵핑된 캐시의 실패율은 얼마인가?

(c) 주어진 메모리 액세스 패턴에 대해 다음 중 어느 것이 가장 실패율을 감소시키는가? (캐시 용량은 일정하게 유지된다) ○표 하여라.

(i) 적합성을 2로 증가

(ii) 블록 크기를 16바이트로 증가

(iii) (i) 또는 (ii) 중의 하나

(iv) (i) 와 (ii)도 아님

문제 8.12 MIPS 프로세서를 위한 명령 캐시를 만들어라. $4C=2^{c+2}$바이트의 총 용량을 갖는다. 블록 크기 $b=2^b$바이트($b \geq 8$)를 갖는 $N=2^n$웨이 세트결합($N \geq 8$)이다. 이 파라미터 개념에 따라 다음의 질문에 답하라.

(a) 어드레스의 어느 비트가 블록 내의 한 워드를 선택하는 데 사용되는가?

(b) 어드레스의 어느 비트가 캐시 내의 세트를 선택하는 데 사용되는가?

(c) 각 태그 내에 얼마나 많은 비트가 있는가?

(d) 전체 캐시 내에 얼마나 많은 태그 비트가 있는가?

문제 8.13 다음의 파라미터를 갖는 캐시를 고려하라. N(결합도)=2, b(블록 크기)=2워드, W(워드 크기)=32비트, C(캐시 크기)=32K 워드, A(어드레스 크기)=32비트. 오로지 워드 어드레스만을 고려하라.

(a) 태그, 세트, 블록 옵셋, 그리고 어드레스의 바이트 옵셋 비트를 보여라. 각 필드에 얼마나 많은 비트가 필요한지 설명하라.

(b) 모든 캐시 태그의 크기는 비트로 얼마인가?

(c) 각 캐시 블록은 유효 비트(V) 및 더티 비트(D)를 갖는다고 가정하라. 데이터, 태그 및 상태 비트를 포함하여 각 캐시 세트의 크기는 얼마인가?

(d) 그림 8.78의 빌딩 블록과 소형의 2입력 논리 게이트들을 사용하여 캐시를 설계하라. 캐시 설계는 태그 스토리지, 데이터 스토리지, 어드레스 비교, 데이터 출력 선택 등 관련된다고 생각하는 모든 부분을 포함해야 한다. 멀티플렉서와 비교기 블록은 어떤 크기(각각 n 또는 p 비트 폭)일 수 있지만, SRAM 블록은 16K×4비트여야 함을 주의하라. 깔끔하게 레이블된 블록 다이어그램을 포함하라. 오직지 읽기를 위한 캐시의 설계만 필요하다.

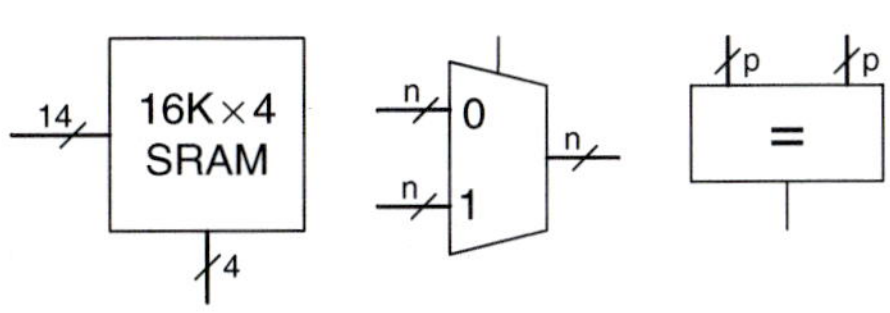

그림 8.78 빌딩 블록

문제 8.14 당신은 내장된 페이저와 웹브라우저를 갖는 손목시계를 만들기 위한 새로운 인터넷 스타트업에 접속했다. 그것은 그림 8.79에 도식된 멀티레벨 캐시를 갖는 임베디드 프로세서를 사용한다. 프로세서는 대형 오프칩 제2레벨 캐시에 추가된 소형 온칩 캐시를 포함한다(시계의 무게는 3파운드이지만 얼마든지 달라질 수 있다).

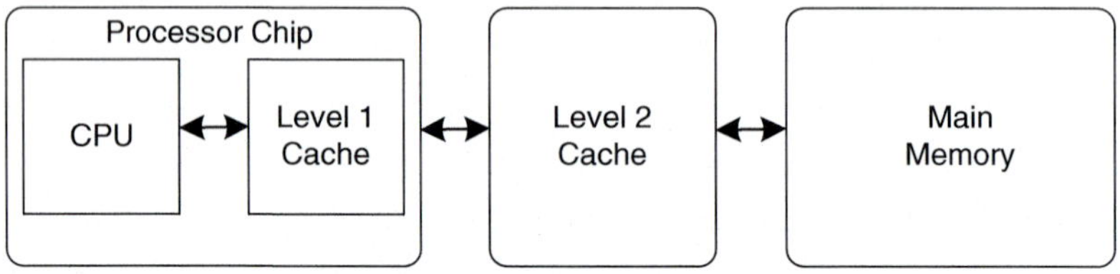

그림 8.79 컴퓨터시스템

프로세서는 32비트 물리 어드레스를 사용하지만 오로지 워드 경계에서 데이터를 액세스한다고 가정한다. 캐시는 표 8.14에 주어진 특성을 갖는다. DRAM은 t_m의 액세스 시간 및 512MB의 크기를 갖는다.

표 8.14 메모리 특성

Characteristic	On-chip Cache	Off-chip Cache
Organization	Four-way set associative	Direct mapped
Hit rate	A	B
Access time	t_a	t_b
Block size	16 bytes	16 bytes
Number of blocks	512	256K

(a) 메모리 내에 주어진 워드에 대해 온칩 캐시 및 제2레벨 캐시에서 찾을 수 있는 전체 위치 수는 얼마인가?

(b) 온칩 캐시와 제2레벨 캐시를 위한 각 태그의 크기는 얼마의 비트인가?

(c) 평균 메모리 읽기 액세스 시간에 대해 표현하라. 캐시는 시퀀스에 액세스된다.

(d) 관심 있는 특정 문제에 대해 온칩 캐시 적중률은 85%이고 제2레벨 캐시 적중률은 90%라고 측정되었다. 그러나 온칩 캐시가 불능 상태이면 제2레벨 캐시 적중률은 98.5%까지 급등한다. 이러한 동작에 대해 간단히 설명하라.

문제 8.15 이 장은 멀티웨이 결합 캐시를 위한 LRU 대체 정책을 서술하였다. 또 다른 덜 일반적인 대체 정책들로 FIFO(first-in-first-out, 선입선출)와 랜덤 정책이 있다. FIFO 대체는 최근에 액세스된 것에 상관없이 가장 오래된 블록을 제거한다. 랜덤 대체는 무작위로 블록을 선택하여 버린다.

(a) 이러한 대체 정책들의 장단점을 논하라.

(b) FIFO가 LRU보다 우수한 성능을 보이기 위한 데이터 액세스 패턴을 서술하라.

문제 8.16 명령과 데이터 캐시가 분리된 주 메모리로 구성되는 계층 구조 메모리시스템을 갖는 컴퓨터를 만들고자 한다. 1GHz로 동작하는 그림 7.41의 MIPS 멀티 사이클 프로세서를 사용한다.

(a) 명령 캐시는 완전하지만(항상 적중) 데이터 캐시는 5% 실패율을 갖는다. 캐시 실패 상태에서 프로세서는 주 메모리에 액세스하기 위해 60ns 동안 지연 후에 정상적인 동작을 재개한다. 캐시 실패를 고려하면 평균 메모리 액세스 시간은 얼마인가?

(b) 비이상적 메모리 시스템을 참조하여 워드 명령을 로드하고 저장하는 데 평균적으로 명령당 얼마나 많은 클록 사이클(CPI)이 필요한가?

(c) 25% 로드, 10% 저장, 11% 분기, 2% 점프, 그리고 52% R 타입 명령을 갖는 예제 7.7의 벤치마크 응용을 고려하라. 비이상적 메모리 시스템을 참조하면 이 벤치마크의 평균 CPI는 얼마인가?

(d) 명령 캐시는 또한 비이상적이며 7%의 실패율을 갖는다고 가정하자. (c)에서 벤치마크를 위한 평균 CPI는 얼마인가? 명령과 데이터 캐시 실패를 모두 참조하라.

문제 8.17 다음의 파라미터로 연습문제 8.16을 반복하라.

(a) 명령 캐시는 완전하지만(항상 적중) 데이터 캐시는 15% 실패율을 갖는다. 캐시 실패 상태에서 프로세서는 주 메모리에 액세스하기 위해 200ns 동안 지연 후 정상적인 동작을 재개한다. 캐시 실패를 고려하면 평균 메모리 액세스 시간은 얼마인가?

(b) 비이상적 메모리 시스템을 참조하여 워드 명령을 로드하고 저장하는 데 평균적으로 명령당 얼마나 많은 클록 사이클(CPI)이 필요한가?

(c) 25% 로드, 10% 저장, 11% 분기, 2% 점프, 그리고 52% R 타입 명령을 갖는 예제 7.7의 벤치마크 응용을 고려하라. 비이상적 메모리 시스템을 참조하면 이 벤치마크의 평균 CPI는 얼마인가?

(d) 명령 캐시는 또한 비이상적이며 10%의 실패율을 갖는다고 가정하자. (c)에서 벤치마크를 위한 평균 CPI는 얼마인가? 명령과 데이터 캐시 실패를 모두 참조하라.

문제 8.18 컴퓨터가 64비트 가상 어드레스를 사용한다면 얼마나 많은 가상 메모리가 액세스 가능한가? 2^{40}바이트 = 1*terabyte*, 2^{50}바이트 = 1*petabyte*, 2^{60}바이트 = 1*exabyte*임을 명심하라.

문제 8.19 슈퍼컴퓨터 설계자는 가상 메모리를 위해 DRAM에 1백만 달러와 하드디스크에 1백만 달러 소비를 택한다. 그림 8.4의 가격을 사용하여 컴퓨터가 얼마나 많은 물리 및 가상 메모리를 가질 수 있는가? 얼마나 많은 물리 및 가상 어드레스의 비트가 이 메모리에 액세스하는 데 필요한가?

문제 8.20 총 2^{32}바이트를 어드레스할 수 있는 가상 메모리 시스템을 고려하라. 하드디스크 공간에는 한정이 없지만, 반도체(물리) 메모리에는 단지 8MB로 제한되어 있다고 하자. 가상 및 물리 페이지는 크기가 각각 4KB라 가정한다.

(a) 물리 어드레스는 얼마나 많은 비트인가?

(b) 시스템에서 가상 페이지의 최대 수는 얼마인가?

(c) 시스템 내에 얼마나 많은 물리 페이지가 있는가?

(d) 가상 및 물리 페이지 번호는 얼마나 많은 비트인가?

(e) 가상 페이지를 물리 페이지로 맵핑하는 다이렉트 맵핑 기술을 따라간다고 가정하자. 그 맵핑은 물리 페이지 번호를 결정하기 위해 가상 페이지 번호의 최하위 비트를 사용한다. 각 물리 페이지에 얼마나 많은 가상 페이지가 맵핑되는가? 왜 이 '다이렉트 맵핑'이 나쁜 계획인가?

(f) 명백히 가상 어드레스를 물리 어드레스로 변환하기 위해 (e)에 서술된 것보다 더 유연하고 다이나믹한 기법이 요구된다. 맵핑(가상 페이지 번호를 물리 페이지 번호로 변환)을 저장하는 데 페이지 테이블을 사용한다고 가정하자. 페이지 테이블에 얼마나 많은 페이지 테이블 엔트리가 포함되는가?

(g) 물리 페이지 번호에 추가하여 각 페이지 테이블 엔트리는 유효 비트(V) 및 더티 비트(D)의 형태로 어떤 상태 정보를 포함하고 있다고 가정하자. 각 페이지 테이블 엔트리는 얼마나 긴 바이트인가(정수 바이트로 반올림하라)?

(h) 페이지 테이블의 레이아웃을 스케치하라. 페이지 테이블의 총 크기는 바이트로 얼마인가?

문제 8.21 총 2^{50}바이트를 어드레스할 수 있는 가상 메모리 시스템을 고려하라. 하드디스크 공간에는 한정이 없지만, 반도체(물리) 메모리에는 오직 2GB로 제한되어 있다고 하자. 가상 및 물리 페이지의 크기는 각각 4KB라 가정하자.

(a) 물리 어드레스는 얼마나 많은 비트인가?
(b) 시스템에서 가상 페이지의 최대 수는 얼마인가?
(c) 시스템 내에 얼마나 많은 물리 페이지가 있는가?
(d) 가상 및 물리 페이지 번호는 얼마나 많은 비트인가?
(e) 페이지 테이블에 얼마나 많은 페이지 테이블 엔트리가 포함되는가?
(g) 물리 페이지 번호에 추가하여 각 페이지 테이블 엔트리는 유효 비트(*V*) 및 더티 비트(*D*)의 형태로 어떤 상태 정보를 포함하고 있다고 가정하자. 각 페이지 테이블 엔트리는 얼마나 긴 바이트인가(정수 바이트로 반올림하라)?
(h) 페이지 테이블의 레이아웃을 스케치하라. 페이지 테이블의 총 크기는 바이트로 얼마인가?

문제 8.22 변환 색인 버퍼(TLB)를 사용하여 연습문제 8.20의 가상 메모리 시스템을 가속화하기 위해 결정한다. 메모리 시스템은 표 8.15에 보인 특성을 갖는다고 가정한다. TLB와 실패율은 요구되는 엔트리가 얼마나 자주 발견되지 않는지를 나타낸다. 주 메모리 실패율은 얼마나 자주 페이지 틀림이 발생하는지를 나타낸다.

표 8.15 메모리 특성

Memory Unit	Access Time (Cycles)	Miss Rate
TLB	1	0.05%
Cache	1	2%
Main memory	100	0.0003%
Hard drive	1,000,000	0%

(a) TLB 추가 전과 추가 후에 가상 메모리 시스템의 평균 메모리 액세스 시간은 얼마인가? 페이지 테이블은 항상 물리 메모리에 상주하고 데이터 캐시 내에는 전혀 점유되지 않는다고 가정하라.
(b) 만일 TLB가 64엔트리를 갖는다면 TLB는 얼마나 큰가(비트로 표현하라)? 각 엔트리의 데이터(물리 페이지 번호), 태그(가상 페이지 번호) 및 유효 비트에 대한 번호를 부여하라. 작업 과정을 상세히 설명하라.
(c) TLB를 스케치하라. 모든 필드와 차원에 레이블링하라.
(d) (c)에 서술된 TLB를 만드는 데 필요한 SRAM 크기는 얼마인가? 깊이×폭의 항으로 대답하라.

문제 8.23 128엔트리를 갖는 변환 색인 버퍼를 사용하여 연습문제 8.21의 가상 메모리 시스템의 가속화를 결정한다.

(a) TLB는 얼마나 큰가(비트로 표현하라)? 각 엔트리의 데이터(물리 페이지 번호), 태그(가상 페이지 번호) 및 유효 비트에 대한 번호를 부여하라. 작업 과정을 상세히 설명하라.

(c) TLB를 스케치하라. 모든 필드와 차원에 레이블을 붙여라.

(d) (c)에 서술된 TLB를 만드는 데 필요한 SRAM 크기는 얼마인가? 깊이×폭의 항으로 대답하라.

문제 8.24 7.4절에 서술된 MIPS 멀티 사이클 프로세서가 가상 메모리 시스템을 사용한다고 가정하라.

(a) 멀티 사이클 프로세서 구조에 TLB의 위치를 스케치하라.

(b) 프로세서 성능에 영향을 주는 TLB의 추가를 어떻게 하는지 설명하라.

문제 8.25 설계하는 가상 메모리 시스템은 전용 하드웨어(SRAM 및 관련 로직)로 제작된 단일 레벨 페이지 테이블을 사용한다. 25비트 가상 어드레스, 22비트 물리 어드레스, 그리고 2^{16}바이트(64KB) 페이지를 지원한다. 각 페이지 테이블 엔트리는 물리 페이지 번호, 유효 비트(V)와 더티 비트(D)를 포함한다.

(a) 페이지 테이블의 총 크기는 비트로 얼마인가?

(b) 운영체제 팀이 페이지 크기를 64KB에서 16KB로 줄이는 제안을 했지만, 팀의 하드웨어 기술자들은 하드웨어 비용이 추가된다는 이유로 반대한다. 그들의 반대 이유를 설명하라.

(c) 페이지 테이블은 온칩 캐시를 따라 프로세서 칩에 집적된다. 온칩 캐시는 오로지 물리 어드레스(가상 어드레스가 아니라)만을 처리한다. 주어진 메모리 액세스를 위한 페이지 테이블 액세스에 온칩 캐시의 적절한 세트를 동시에 액세스하는 것이 가능한가? 캐시 세트와 페이지 테이블 엔트리에의 동시 액세스에 필요한 관계를 간단히 설명하라.

(d) 주어진 메모리 액세스를 위한 페이지 테이블 액세스에 온칩 캐시에서의 태그 비교가 동시에 수행 가능한가? 간단히 설명하라.

문제 8.26 가상 메모리 시스템이 어플리케이션이 기록되는 방식에 영향을 미치는 시나리오를 설명하라. 페이지 크기와 물리 메모리 크기가 어플리케이션 성능에 영향을 주는 방식에 대한 논의를 포함하고 있는지 확인하라.

문제 8.27 여러분이 소유한 32비트 가상 어드레스를 사용하는 개인용 컴퓨터(PC)를 상상하라.

(a) 각 프로그램이 사용할 수 있는 가상 메모리 최대 공간은 얼마인가?

(b) 여러분 PC의 하드디스크 크기는 성능에 어떠한 영향을 미치는가?

(c) 여러분 PC의 물리 메모리 크기는 성능에 어떠한 영향을 미치는가?

문제 8.28 사용자와 상호 동작하는 MIPS 메모리 맵핑된 I/O를 사용하라. 사용자가 버튼을 누를 때마다 선택한 패턴은 5개의 LED상에 디스플레이된다. 입력 버튼은 어드레스 0xFFFFFF10에 맵핑되며 LED는 어드레스 0xFFFFFF14에 맵핑된다. 버튼을 눌렀을 때 출력은 1이고, 그렇지 않으면 0이다.

(a) 이러한 기능을 구현하는 MIPS 코드를 기록하라.

(b) 이러한 메모리 맵핑된 I/O를 위한 구조를 그려라.

(c) 여러분의 메모리 맵핑된 I/O 시스템을 위한 어드레스 디코더를 구현하는 HDL 코드를 작성하라.

문제 8.29 3장에서 제작한 것과 유사한 유한 상태 머신(FSM)은 또한 소프트웨어로 구현할 수도 있다.

(a) MIPS 어셈블리 코드를 사용하여 그림 3.25의 신호등 FSM을 구현하라. 입력(T_A 및 T_B)은 각각 어드레스 0xFFFFF000의 비트 1 및 비트 0에 메모리 맵핑된다. 두 개의 3비트 출력(L_A 및 L_B)은 각각 어드레스 0xFFFFF004의 비트 0~2 및 비트 3~5에 맵핑된다. 각 전구 L_A 및 L_B에 대한 one-hot 출력 인코딩은 적색은 100, 노란색은 010, 녹색은 001으로 가정한다.

(b) 이 메모리 맵핑된 I/O를 위한 구조를 그려라.

(c) 여러분의 메모리 맵핑된 I/O 시스템을 위한 어드레스 디코더를 구현하는 HDL 코드를 기록하라.

문제 8.30 그림 3.30(a)의 FSM에 대한 연습문제 8.29를 반복하라. 입력 A와 출력 Y는 어드레스 0xFFFFF040의 각각 비트 0과 1에 대한 메모리 맵핑되었다.

인터뷰 질문

다음의 문제는 인터뷰에서 물어오는 질문들이다.

질문 8.1 다이렉트 맵핑, 세트결합, 그리고 완전결합 캐시 간의 차이점을 설명하라. 각 캐시 형태에 대해 한 캐시 형태가 다른 두 형태에 비해 우수하게 수행될 어플리케이션을 설명하라.

질문 8.2 가상 메모리 시스템이 작업하는 방식을 설명하라.

질문 8.3 가상 메모리 시스템을 사용하는 장단점을 설명하라.

질문 8.4 캐시 성능은 메모리 시스템의 가상 페이지에 어떠한 영향을 받는지 설명하라.

질문 8.5 메모리 맵핑된 I/O를 위해 사용되는 어드레스는 캐시될 수 있는가? 그 이유 또는 그렇지 않은 이유를 설명하라.

부록

디지털시스템 구현

A

A.1 서론

이 부록은 디지털시스템의 설계에 있어 실제 이슈들을 소개한다. 이 부록의 자료는 책의 나머지를 이해하는 데 필요하지 않다. 그러나 실제 디지털시스템을 만드는 과정을 분명히 이해하기 위한 것이다. 디지털시스템을 이해하는 최상의 방법은 실험실에서 만들고 디버깅해보는 것이라고 믿는다.

디지털시스템은 보통 하나 이상의 칩을 사용하여 만든다. 그 하나의 방법은 연산/논리장치(ALU) 또는 메모리와 같은 개개의 논리 게이트 또는 대형 소자를 포함하는 칩들을 함께 연결하는 것이다. 또 다른 방법은 프로그래머블 로직을 사용하는 것인데, 이는 특정 논리 함수의 수행을 위해 프로그램 가능한 일반 어레이 회로를 포함한다. 세 번째 방법은 시스템에 필요한 특정 로직을 포함하는 주문형 IC를 설계하는 것이다. 이러한 3가지 방법은 비용, 속도, 전력 소비, 그리고 다음의 절에서 설명하는 설계 시간의 트레이드오프를 제공한다. 이 부록은 또한 회로의 물리적 패키징 및 어셈블리, 칩에 연결된 전송선, 디지털시스템의 경제성 등에 대해서 살펴본다.

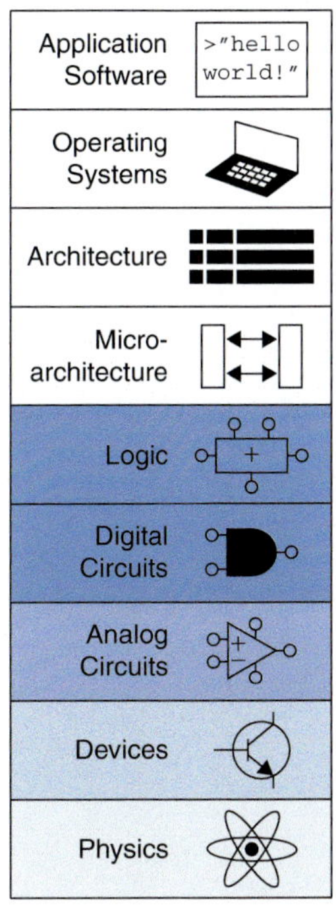

A.2 74xx 로직

1970년대와 1980년대는 많은 디지털시스템이 소수의 논리 게이트를 포함한 간단한 칩으로 제작되었다. 예를 들어, 7404 칩은 6개의 NOT 게이트, 7408은 4개의 AND 게이트, 그리고 7474는 2개의 플립플롭을 포함한다. 이러한 칩들은 통틀어 74xx 시리즈 로직이라 부른다. 이들은 제조업자에

14핀 듀얼 인라인 패키지형 74LS04 인버터 칩. 파트번호는 첫 번째 줄에 표시되어 있다. LS는 로직 계통(A.6절 참조)을 나타내고, 끝자리의 N은 DIP 패키지임을 나타낸다. 대문자 S는 제조사 Signetics의 로고이다. 밑의 두 줄의 문자 및 숫자들은 칩이 제조된 배치(batch)를 지시한다.

의해 일반적으로 칩당 10~25센트에 팔리고 있다. 이들 칩들은 거의 폐기 처분되었지만 저렴하고 사용이 쉬우므로 아직도 간단한 디지털시스템이나 프로젝트 수업에서 취급되고 있다. 74xx 시리즈 칩들은 일반적으로 14핀 DIP(dual inline package)로 팔리고 있다.

A.2.1 논리 게이트

그림 A.1은 기본 논리 게이트를 포함한 여러 가지 보편화된 74xx 시리즈 칩에 대한 핀 아웃(pinout) 다이어그램을 보인다. 이들은 수개의 트랜지스터로 만들어지므로 종종 SSI(small-scale integration) 칩이라 불린다. 14핀 패키지는 일반적으로 정향성(orientation)을 나타내기 위해 상단에 노치(notch)나 상단 왼쪽에 점(dot)을 갖는다. 핀은 상단 왼쪽을 1로 하여 패키지 주위를 반시계 방향으로 돌아가며 번호를 매긴다. 칩은 핀 14와 7에 각각 전력(V_{DD}=5V)과 접지(GND=0V)를 가져야 한다. 칩상의 논리 게이트 번호는 핀 번호에 의해 결정된다. 7421의 핀 3과 11은 어느 것에도 연결이 안 되는 상태이다(NC). 7474 플립플롭은 보통 D, CLK 및 Q 터미널을 갖는다. 또한 보수의 출력 $\overline{Q}$를 갖는다. 더구나 비동기 세트(프리 세트 또는 PRE라고 함)와 리세트(클리어 또는 CLR이라고 함) 신호를 수신한다. 이들은 active low, 즉 플롭은 $\overline{PRE}$=0에서 셋, $\overline{CLR}$=0에서 리셋, 그리고 통상 $\overline{PRE}=\overline{CLR}$=1에서 동작한다.

A.2.2 기타 기능

74xx 시리즈는 또한 그림 A.2 및 A.3에 보인 기능을 포함한 보다 복잡한 논리 기능을 포함하고 있다. 이들을 MSI(medium-scale integration) 칩이라고 하는데, 대부분 많은 입출력을 수용하기 위해 대형의 패키지를 사용한다. 전력과 접지는 각각 칩의 상단 오른쪽과 하단 왼쪽에서 제공되고 있다. 일반적인 기능 명세는 각 칩에서 주어지고 있다. 완전한 명세는 제조업자의 데이터 시트를 참조하라.

A.3 프로그래머블 로직

프로그래머블 로직(programmable logic)은 특정 논리 기능을 수행하도록 구성된 어레이 회로로 구성된다. 이미 3가지의 프로그래머블 로직

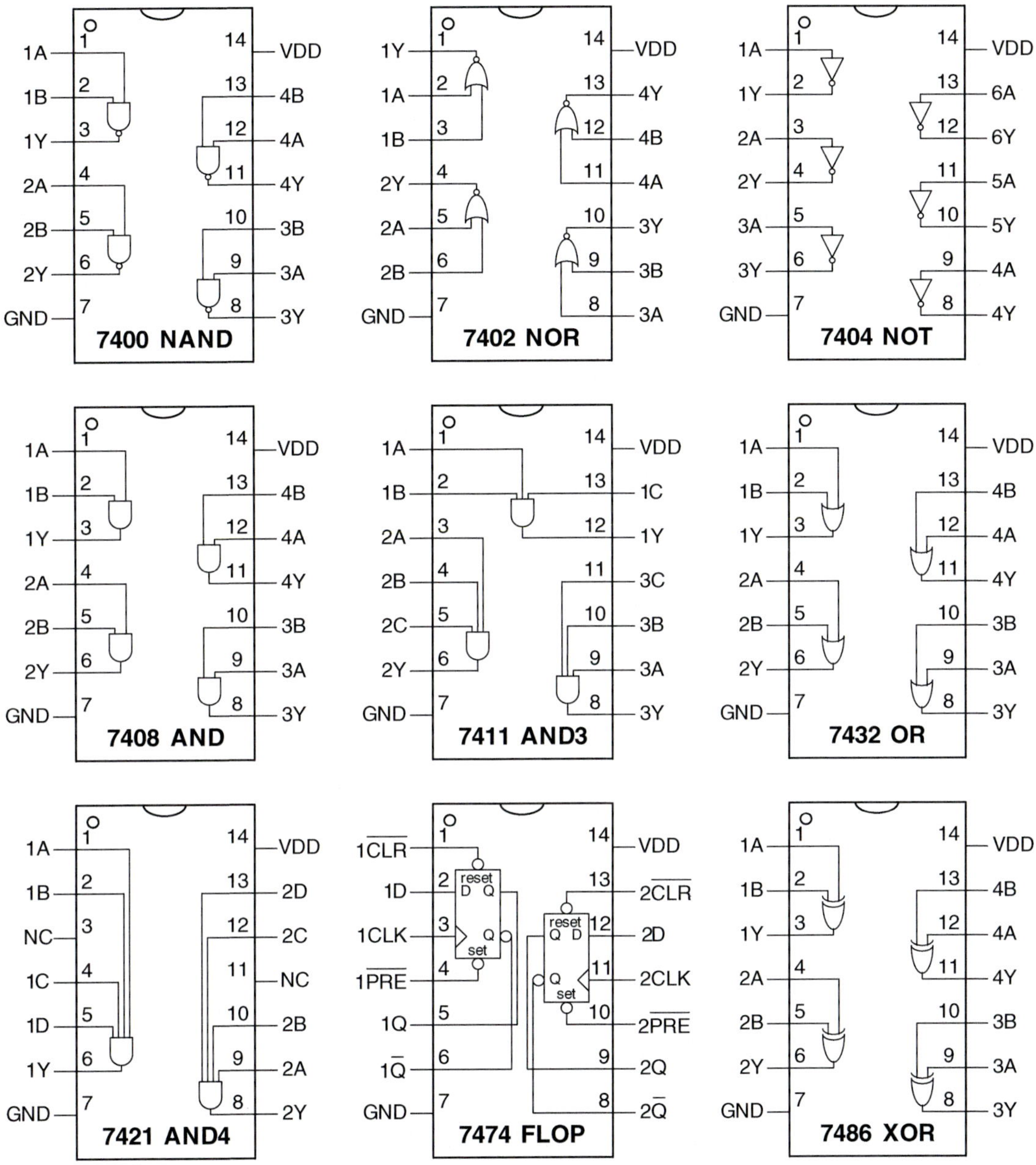

그림 A.1 일반 74xx 시리즈 논리게이트

인 PROM(programmable read only memory), PLA(programmable logic array), FPGA(field programmable gate array)를 소개하였다. 이 절에서는 이들 각각에 대한 칩 구현을 보인다. 이들 칩의 구성은 회로 소자에 연결 또는 분리하기 위해 온칩 휴즈(on-chip fuse)를 블로윙(blowing)하여 수행되기도 한다. 이를 OTP(on-time programmable) 로직이라고 하는데, 일단

74153 4 :1 Mux

Two 4:1 Multiplexers

$D_{3:0}$:	data
$S_{1:0}$:	select
Y:	output
Gb:	enable

```
always_comb
  if (1Gb) 1Y = 0;
  else     1Y = 1D[S];
always_comb
  if (2Gb) 2Y = 0;
  else     2Y = 2D[S];
```

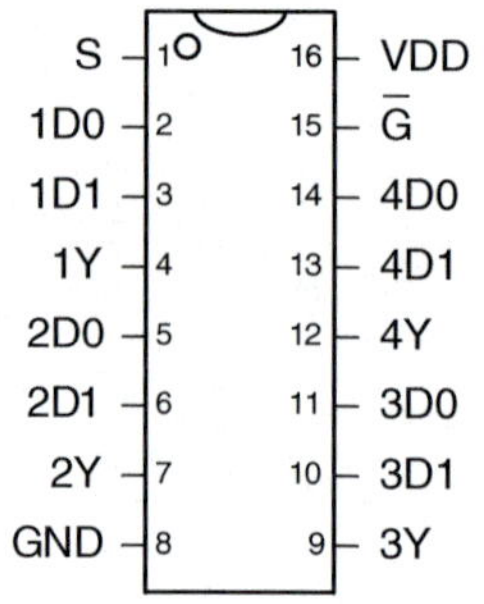

74157 2 :1 Mux

Four 2:1 Multiplexers

$D_{1:0}$:	data
S:	select
Y:	output
Gb:	enable

```
always_comb
  if  (Gb) 1Y = 0;
  else     1Y = S ? 1D[1] : 1D[0];
  if  (Gb) 2Y = 0;
  else     2Y = S ? 2D[1] : 2D[0];
  if  (Gb) 3Y = 0;
  else     3Y = S ? 3D[1] : 3D[0];
  if  (Gb) 4Y = 0;
  else     4Y = S ? 4D[1] : 4D[0];
```

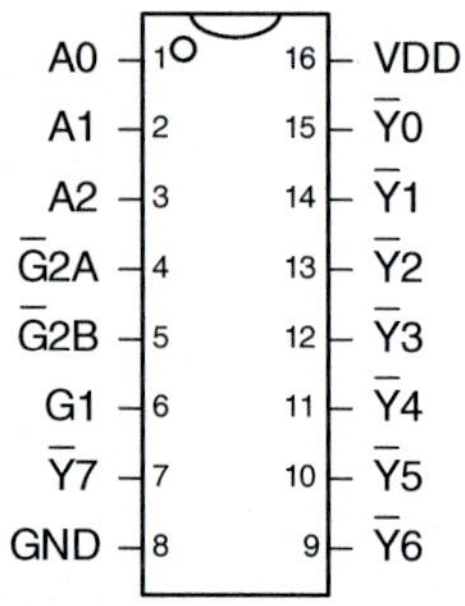

74138 3 :8 Decoder

3:8 Decoder

$A_{2:0}$:	address
$Yb_{7:0}$:	output
G1:	active high enable
G2:	active low enables

G1	G̅2̅A̅	G̅2̅B̅	A2:0	Y7:0
0	x	x	xxx	11111111
1	1	x	xxx	11111111
1	0	1	xxx	11111111
1	0	0	000	11111110
1	0	0	001	11111101
1	0	0	010	11111011
1	0	0	011	11110111
1	0	0	100	11101111
1	0	0	101	11011111
1	0	0	110	10111111
1	0	0	111	01111111

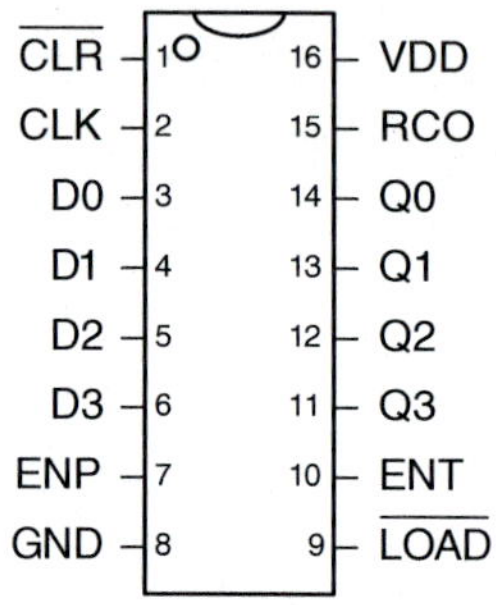

74161 /163 Counter

4-bit Counter

CLK:	clock
$Q_{3:0}$:	counter output
$D_{3:0}$:	parallel input
CLRb:	async reset (161)
	sync reset (163)
LOADb:	load Q from D
ENP, ENT:	enables
RCO:	ripple carry out

```
always @(posedge CLK) // 74163
  if (~CLRb) Q <= 4'b0000;
  else if (~LOADb) Q <= D;
  else if (ENP & ENT) Q <= Q+1;

assign RCO = (Q == 4'b1111) & ENT;
```

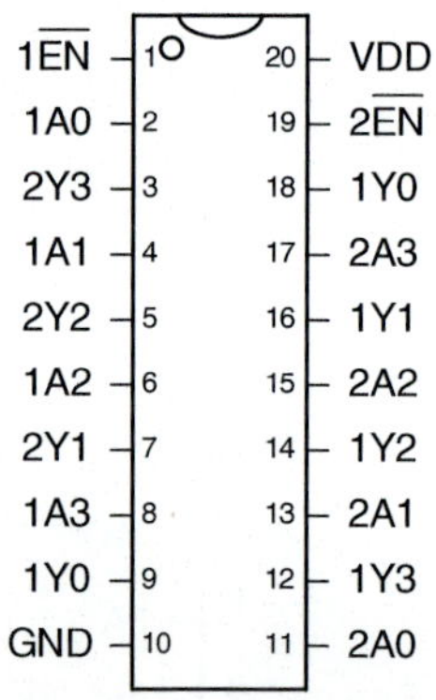

74244 Tristate Buffer

8-bit Tristate Buffer

$A_{3:0}$:	input
$Y_{3:0}$:	output
ENb:	enable

```
assign 1Y =
  1ENb ? 4'bzzzz : 1A;
assign 2Y =
  2ENb ? 4'bzzzz : 2A;
```

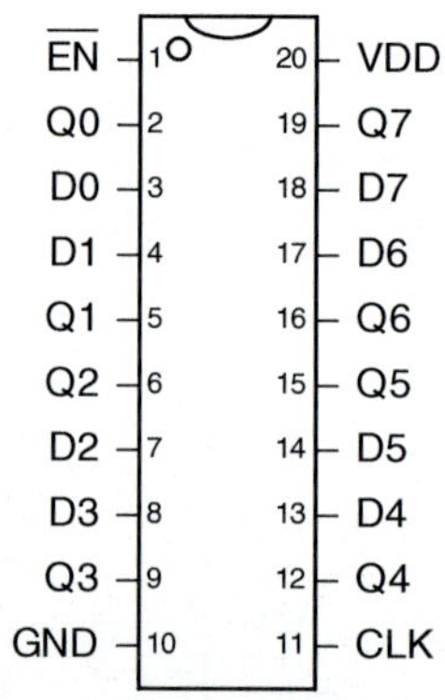

74377 Register

8-bit Enableable Register

CLK:	clock
$D_{7:0}$:	data
$Q_{7:0}$:	output
ENb:	enable

```
always_ff @(posedge CLK)
  if (~ENb) Q <= D;
```

Note: SystemVerilog variable names cannot start with numbers, but the names in the example code in Figure A.2 are chosen to match the manufacturer's data sheet.

그림 A.2 중규모 집적회로 칩

휴즈가 블로우되면 복구할 수 없기 때문이다. 대신에 그 구성은 의도적으로 재프로그램 가능한 메모리 내에 저장될 수도 있다. 재프로그램 가능한 로직은 동일 칩이 개발하는 동안 재사용될 수 있기 때문에 실험실에서의 사용이 편리하다.

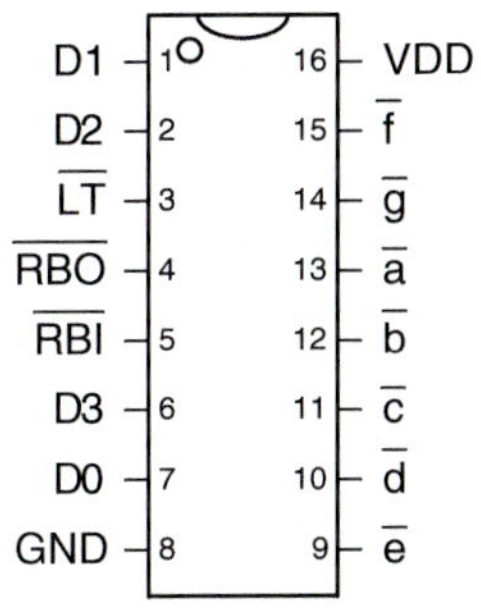

7447 7-Segment Decoder

<u>7-segment Display Decoder</u>

$D_{3:0}$:	data
a...f :	segments (low = ON)
LTb:	light test
RBIb:	ripple blanking in
RBOb:	ripple blanking out

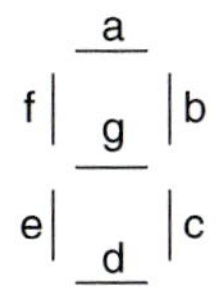

$\overline{RBO}$	$\overline{LT}$	$\overline{RBI}$	D3:0	$\overline{a}$	$\overline{b}$	$\overline{c}$	$\overline{d}$	$\overline{e}$	$\overline{f}$	$\overline{g}$
0	x	x	x	1	1	1	1	1	1	1
1	0	x	x	0	0	0	0	0	0	0
x	1	0	0000	1	1	1	1	1	1	1
1	1	1	0000	0	0	0	0	0	0	1
1	1	1	0001	1	0	0	1	1	1	1
1	1	1	0010	0	0	1	0	0	1	0
1	1	1	0011	0	0	0	0	1	1	0
1	1	1	0100	1	0	0	1	1	0	0
1	1	1	0101	0	1	0	0	1	0	0
1	1	1	0110	1	1	0	0	0	0	0
1	1	1	0111	0	0	0	1	1	1	1
1	1	1	1000	0	0	0	0	0	0	0
1	1	1	1001	0	0	0	1	1	0	0
1	1	1	1010	1	1	1	0	0	1	0
1	1	1	1011	1	1	0	0	1	1	0
1	1	1	1100	1	0	1	1	1	0	0
1	1	1	1101	0	1	1	0	1	0	0
1	1	1	1110	0	0	0	1	1	1	1
1	1	1	1111	0	0	0	0	0	0	0

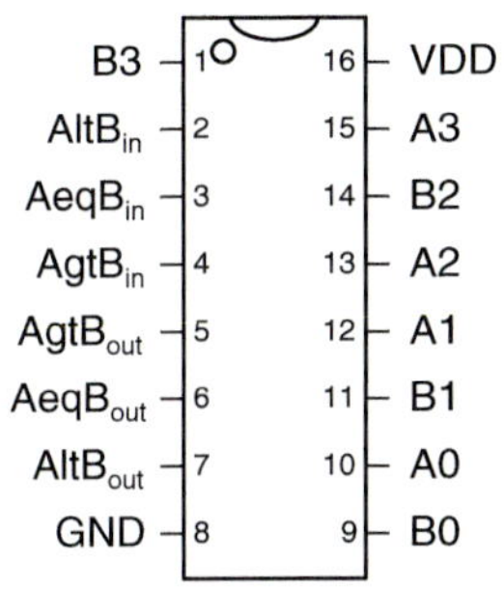

7485 Comparator

<u>4-bit Comparator</u>

$A_{3:0}$, $B_{3:0}$:	data
rel_{in} :	input relation
rel_{out} :	output relation

```
always_comb
   if (A > B | (A == B & AgtBin)) begin
     AgtBout = 1; AeqBout = 0; AltBout = 0;
   end
   else if (A < B | (A == B & AltBin) begin
     AgtBout = 0; AeqBout = 0; AltBout = 1;
   end else begin
     AgtBout = 0; AeqBout = 1; AltBout = 0;
   end
```

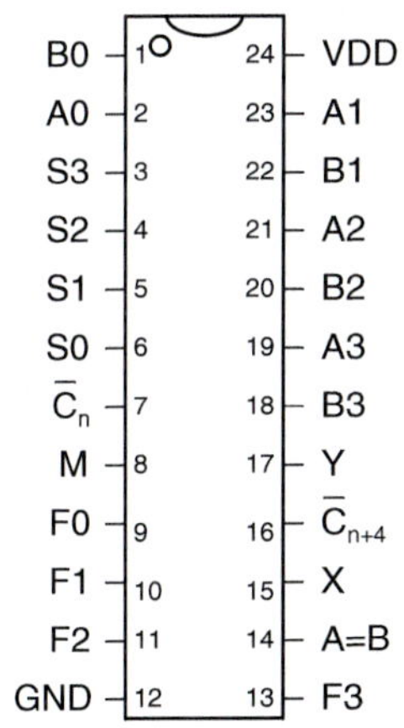

74181 ALU

<u>4-bit ALU</u>

$A_{3:0}$, $B_{3:0}$:	inputs
$Y_{3:0}$:	output
$F_{3:0}$:	function select
M :	mode select
Cb_n :	carry in
Cb_{nplus4} :	carry out
AeqB :	equality (in some modes)
X,Y :	carry lookahead adder outputs

```
always_comb
  case (F)
    0000: Y = M ? ~A          :  A                        + ~Cbn;
    0001: Y = M ? ~(A | B)    :  A         +  B           + ~Cbn;
    0010: Y = M ? (~A) & B    :  A         + ~B           + ~Cbn;
    0011: Y = M ? 4'b0000     :  4'b1111                  + ~Cbn;
    0100: Y = M ? ~(A & B)    :  A         + (A & ~B)     + ~Cbn;
    0101: Y = M ? ~B          : (A | B)    + (A & ~B)     + ~Cbn;
    0110: Y = M ? A ^ B       :  A         - B            -  Cbn;
    0111: Y = M ? A & ~B      : (A & ~B)                  -  Cbn;
    1000: Y = M ? ~A + B      :  A         + (A & B)      + ~Cbn;
    1001: Y = M ? ~(A ^ B)    :  A         +  B           + ~Cbn;
    1010: Y = M ? B           : (A | ~B)   + (A & B)      + ~Cbn;
    1011: Y = M ? A & B       : (A & B)                   + ~Cbn;
    1100: Y = M ? 1           :  A         +  A           + ~Cbn;
    1101: Y = M ? A | ~B      : (A | B)    +  A           + ~Cbn;
    1110: Y = M ? A | B       : (A | ~B)   +  A           + ~Cbn;
    1111: Y = M ? A           :  A                        -  Cbn;
  endcase
```

그림 A.3 다른 중규모 집적회로 칩

A.3.1 PROM

5.5.7절에서 서술했듯이, PROM은 룩업 테이블(lookup table)로 사용될 수 있다. 2^N 워드× M비트 PROM은 N 입력과 M 출력의 조합 기능을 수행하도록 프로그램될 수 있다. 설계 변경은 칩 간의 리와이어링(rewiring)

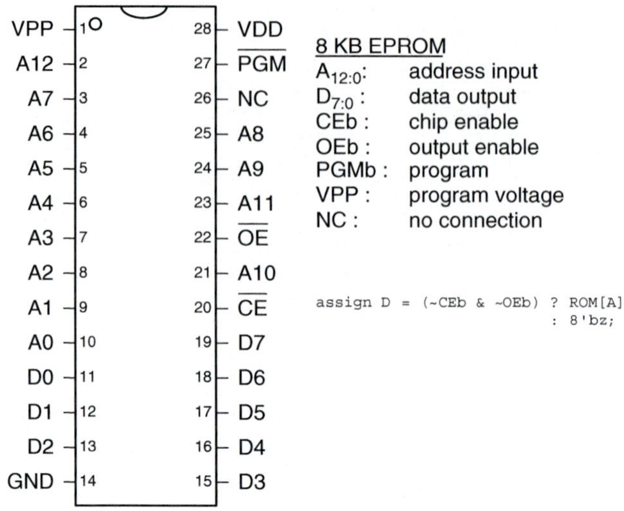

그림 A.4 2764 8 KB EPROM

이라기보다는 PROM의 내용을 대체하는 것을 포함한다. 룩업 테이블은 작은 기능을 위해 유용하지만 입력 수가 증가함에 따라 한없이 비싸진다.

예를 들어, 전통적인 2764 8KB(64Kb) EPROM을 그림 A.4에 보인다. EPROM은 8K 워드 중의 하나를 규정하기 위한 13어드레스 라인과 그 워드에서 데이터의 바이트를 판독하기 위한 8데이터 라인을 갖는다. 칩 인에이블과 출력 인에이블은 판독하는 데이터를 위해 선언되어야 한다. 최대 전파지연은 200ps이다. 보통 동작에서 $\overline{PGM}$=1이고 *VPP*는 사용되지 않는다. EPROM은 보통 $\overline{PGM}$=0으로 설정하고, *VPP*에 13V를 인가하여 메모리를 형성하기 위해 특정 입력 시퀀스를 사용하는 특별한 프로그래머를 위해 프로그래밍된다.

현대의 PROM은 개념적으로는 유사하지만 보다 큰 용량과 더 많은 핀을 갖는다. 플래시 메모리는 PROM의 가장 싼 형태로 2012년 기준 기가바이트당 약 $1에 팔리고 있다. 가격은 연 30~40%씩 내리고 있다.

A.3.2 PLAs

5.6.1 절에 서술했듯이 PLA는 AND 및 OR 곱의 합(sum-of-products) 형태로 기록된 조합 함수를 계산하기 위해 AND 및 OR 플랜(plane)을 포함한다. AND와 OR 플랜은 PROM을 위한 동일 기술을 사용하여 프로그래밍될 수 있다. PLA는 각 입력을 위한 두개의 열, 각 출력을 위한 하나의

열을 갖는다. 각 최소 항(minterm)을 위한 하나의 행을 갖는다. 이 구성은 많은 기능을 위한 PROM보다 더 효율적이지만 어레이는 다수의 I/O과 최소 항들을 갖는 기능 때문에 지나치게 커진다.

다른 많은 제조사들은 레지스터를 포함하는 PLD(Programmable Logic Device)를 만들기 위해 PLA 개념을 확장해 왔다. 22V10이 가장 보편적인 전통의 PLD 중의 하나이다. 12개의 정교한 입력 핀과 10개의 출력 핀을 갖는다. 출력은 PLA 또는 칩상의 클록 동작(clocked) 레지스터로부터 나온다. 출력은 또한 PLA로 피드백된다. 그래서 22V10은 12입력, 10출력 및 10상태 비트까지 FSM을 구현할 수 있다. 22V10 가격은 100개에 약 $2이다. PLD는 용량 및 가격 면에서 급속히 개선된 FPGA에 의해 폐기되고 있는 실정이다.

A.3.3 FPGA

5.6.2절에 서술했듯이 FPGA는 프로그래머블 와이어로 연결되고 CLB (Configurable Logic Block)를 호출하는 LE(Logic Element)의 어레이로 구성된다. LE는 소형 룩업테이블과 플립플롭을 포함하고 있다. FPGA 규모는 수천의 룩업테이블을 갖는 매우 대용량이다. Xilinx와 Altera는 FPGA 대표적인 선두 제조사이다.

룩업테이블과 프로그래머블 와이어는 논리 함수를 구현하는 데 충분한 유연성을 갖는다. 그러나 이들은 동일 기능의 하드 와이어드(hard-wired) 버전보다 속도 및 가격 면에서 덜 효율적이다. 그래서 FPGA는 종종 메모리, 곱셈기, 그리고 완전한 마이크로프로세서와 같은 특화된 블록을 포함한다.

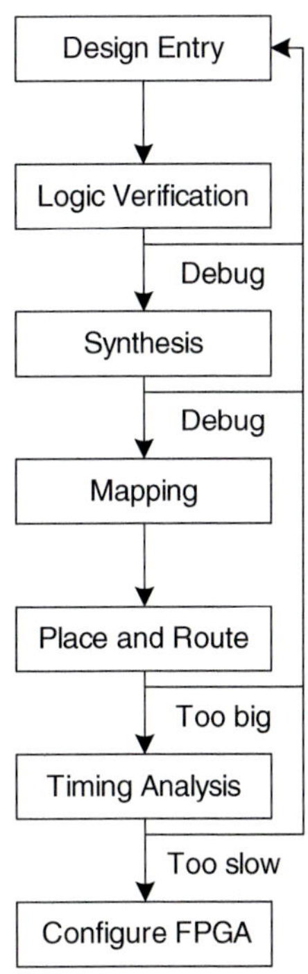

그림 A.5 FPGA 설계 흐름도

그림 A.5는 FPGA에서의 디지털시스템에 대한 설계 과정을 보인다. 비록 몇몇 FPGA 툴이 스키매틱을 지원하기도 하지만 설계는 일반적으로 하드웨어 표현 언어(HDL)로 명시되고 시뮬레이션된다. 입력이 인가되고 논리의 정확성을 입증하기 위해 기대 출력과 비교된다. 일반적으로 몇몇 디버깅이 요구된다. 이제 로직 **합성(synthesis)**은 HDL을 부울 함수로 변환된다. 우수한 합성 툴은 기능의 스키메틱을 생성한다. 이 스키메틱을 통해 신중한 설계자는 로직 합성 과정에서 나타나는 모든 경고를 검토할 뿐만 아니라 기대하는 결과가 나타나도록 시험한다. 조잡한 코딩은 종종 의도치 않게 비대하거나 비동기 로직을 포함하는 회로를 생성하게 한다. 합성 결과가 좋다면 FPGA 툴은 기능들을 특정 칩의 LE에 맵핑한다. 플레이스 및 라우트(place and route) 툴은 어느 기능이 룩업테이블에 포함되는지, 어떻게 그들이 서로 연결되는지를 결정한다. 와이어는 길이에 따라 지연이 증가하므로 중요 회로들은 서로 인접하게 배선해야 한다. 만일 설계가 너무 커서 칩에 적합하지 않다면 재설계해야 한다. 타이밍 해석은 실제 회로 지연에 대한 타이밍 제한(즉, 100MHz의 의도된 클록 속도)을 비교하여 에러를 보고한다. 만일 로직이 너무 느리면 재설계하거나 파이프라인을 다르게 해야 한다. 설계가 정확하다면 모든 LE의 구성과 FPGA에서의 모든 배선 프로그래밍의 명세가 생성된다. 많은 FPGA는 그것이 시작될 때마다 다시 로드하는 SRAM(static RAM)의 configuration에 정보를 저장한다. FPGA는 전력이 인가되는 초기에 이러한 정보를 실험실의 컴퓨터로부터 다운로드하거나 비휘발성의 ROM으로부터 읽어 들일 수 있다.

예제 A.1 FPGA 타이밍 해석

앨리사는 한 단지에 빨간 캔디를, 다른 단지에 녹색 캔디를 넣기 위해 센서와 모터를 갖는 M&M(초코 캔디) 분류기의 구현을 위해 FPGA를 사용한다. 그녀의 설계는 FSM으로 구현되며, Cyclone Ⅳ GX를 사용한다. 데이터 시트에 따르면 FPGA는 표 A.1에 나타낸 타이밍 특성을 가진다. 설계는 와이어 지연을 무시해도 될 만큼 충분히 작다.

표 A.1 Cyclone Ⅳ GX 타이밍

name	value (ps)
t_{pcq}	199
t_{setup}	76
t_{hold}	0
t_{pd} (per LE)	381
t_{wire} (between LEs)	246
t_{skew}	0

앨리사는 FSM이 100MHz로 동작하길 원한다. 임계 경로상의 최대 LE는 얼마인가? FSM이 동작 가능한 최대 속도는 얼마인가?

풀이 100MHz에서 사이클 타임 T_c는 10ns이다. 앨리사는 식 3.13을 이용하여 이 사이클에서 최소 조합 전파지연 t_{pd}를 찾아낸다.

$$t_{pd} \le 10 - (0{:}199\text{ns} + 0{:}076\text{ns}) = 9{:}725\text{ns} \tag{A.1}$$

앨리사의 FSM은 다음 상태의 논리를 실행하기 위해 적어도 15 연속 LE(9.725/0.627)를 사용한다.

FSM이 Cyclone Ⅳ FPGA상에서 실행되는 가장 빠른 속도는 다음 상태의 논리를 위해 단일 LE를 사용할 때이다. 최소 사이클 타임은 다음과 같다.

$$T_c \geq 381\text{ps} + 199\text{ps} + 76\text{ps} = 656\text{ps} \tag{A.2}$$

그러므로 최대 주파수는 1.5GHz이다.

Altera는 2012년 $25에 14,400LE를 갖는 Cyclone Ⅳ FPGA를 광고하고 있다. 대량생산으로 중형의 FPGA는 일반적으로 수 달러의 가격이다. 대형 FPGA 가격은 수백 또는 수천 달러에 이른다. 가격이 연간 약 30%씩 하락하고 있으므로 FPGA가 급속히 보편화되고 있다.

A.4 특정 응용 집적회로

특정 응용 집적회로(application-specific integrated circuit, ASIC)는 특정 목적을 위해 설계된 칩이다. 그래픽 가속기, 네트워크 인터페이스 칩, 그리고 셀 폰 칩들은 ASIC의 일반적인 예이다. ASIC 설계자는 논리 게이트 형성을 위해 트랜지스터를 배치하고 게이트를 함께 배선한다. ASIC은 특정 기능을 위해 배선되어 있어서 일반적으로 FPGA보다 수 배 빠르고, 동일 기능의 FPGA보다 칩 면적에 있어 더 적은 배열을 점유한다(그래서 가격이 저렴하다). 그러나 칩상에 트랜지스터 및 와이어의 위치를 규정하는 **마스크**(mask)는 생산에 수십만 달러의 비용이 든다. ASIC 제조, 패키지 및 테스트를 위한 웨이퍼 가공 공정은 통산 6~12주가 걸린다. 만일 에러가 ASIC 제조 후에 발견된다면 설계자는 그 문제를 정정해서 새로운 마스크를 생성하고, 웨이퍼 가공될 다른 배치(batch)의 칩을 기다려야 한다. 그러므로 ASIC은 대량생산 제품에 적합하며, 그 기능은 사전에 잘 정의되어야 한다.

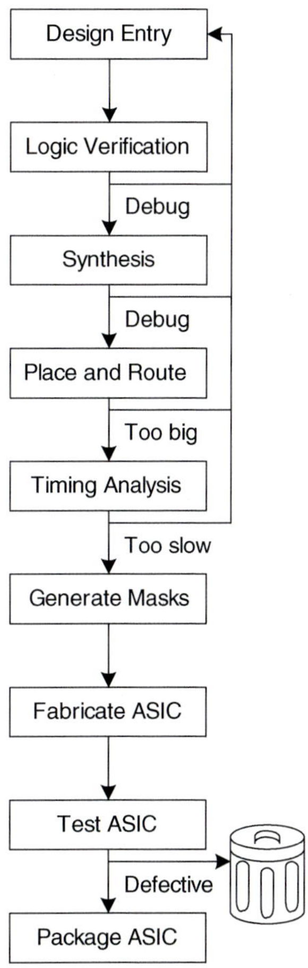

그림 A.6 ASIC 설계 흐름도

그림 A.6은 그림 A.5의 FPGA 설계 과정과 유사한 ASIC 설계 과정을 보인다. 논리 증명은 특히 중요한데, 마스크 제조 후의 에러 정정에는 매우 많은 비용이 들기 때문이다. 합성(synthesis)은 논리 게이트로 구성된 **넷 리스트**(netlist)를 생성하여 게이트들을 연결한다. 넷 리스트로 게이트들이 배치되고 배선은 게이트들을 연결한다. 설계가 만족스럽다면 마스크가 생성되어 ASIC 공정에 사용된다. 미세한 먼지조차 ASIC에 치명적이므로 와이퍼 공정 후에 칩을 테스트해야만 한다. 제조된 칩의 완성된 비율을 수율(yield)이라고 하는데, 칩의 크기 및 제조 공정의 성숙도(maturity)에 따라 일반적으로 수율은 50~90%이다. 최종적으로 작업 칩(working chip)들은 A. 7절에서 다루는 것처럼 패키지에 배치된다.

A.5 데이터 시트

집적회로 제조사들은 그들 칩의 기능과 성능을 설명하는 데이터 시트를 발행한다. 데이터 시트의 판독과 이해는 필수적이다. 디지털시스템에서 근본 오류 중의 하나는 칩 동작에 대한 몰이해에서 비롯된다.

데이터 시트는 보통 제조사의 웹사이트에서 확인 가능하다. 만일 어떤 부품의 데이터 시트를 찾지 못하고 어떤 소스로부터도 완전한 문서를 얻을 수 없다면 그 부품을 사용하지 않아야 한다. 데이터 시트의 일부 엔트리는 난해할 수도 있다. 제조사들은 때로는 많은 관련 부품의 데이터 시트를 포함하는 데이터 북을 발간한다. 데이터 북의 시작은 추가 설명을 위한 정보를 포함한다. 이 정보는 일반적으로 상세 검색을 통해 웹상에서 찾을 수 있게 한다.

이 절에서는 74HC04 인버터 칩에 대한 Texas Instrument(TI) 데이터 시트를 상세히 분석한다. 데이터 시트는 비교적 간단하지만 많은 주요 소자들을 예시하고 있다. TI는 아직도 다양한 74xx 시리즈 칩들을 제조하고 있다. 과거에는 많은 회사들 또한 이 칩들을 제조하였지만, 판매 급감으로 시장에서의 통합이 이루어지고 있다.

그림 A.7은 데이터 시트의 첫 번째 페이지를 보인다. 주요 섹션은 파란색으로 강조되었다. 제목은 SN54HC04, SN74HC04 HEX INVERTER이다. HEX INVERTER는 칩이 6개의 인버터로 이루어져 있음을 의미하고, SN은 TI가 제조사임을 표시한다. 기타 제조사 코드는 Motorolar의 MC, National Semiconductor의 DM이 있다. 일반적으로 이러한 코드들은 모든 제조사들이 호환성 있는 74xx 시리즈 로직을 제조하고 있으므로 무시할 수 있다. HC는 로직 계통(고속 CMOS)이다. 로직 계통은 칩의 속도 및 전력 소비를 결정하지만 기능을 결정하는 것은 아니다. 예를 들어 7404, 74HC04 및 74LS04 칩은 모두 6개의 인버터로 구성되지만 성능 및 비용 면에서는 다르다. 기타 로직 계통은 A.6절에서 다룬다. 74xx 칩은 상업용

SN54HC04, SN74HC04
HEX INVERTERS

SCLS078D – DECEMBER 1982 – REVISED JULY 2003

- **Wide Operating Voltage Range of 2 V to 6 V**
- **Outputs Can Drive Up To 10 LSTTL Loads**
- **Low Power Consumption, 20-μA Max I_{CC}**
- **Typical tpd = 8 ns**
- **±4-mA Output Drive at 5 V**
- **Low Input Current of 1 μA Max**

SN54HC04 . . . J OR W PACKAGE
SN74HC04 . . . D, N, NS, OR PW PACKAGE
(TOPVIEW)

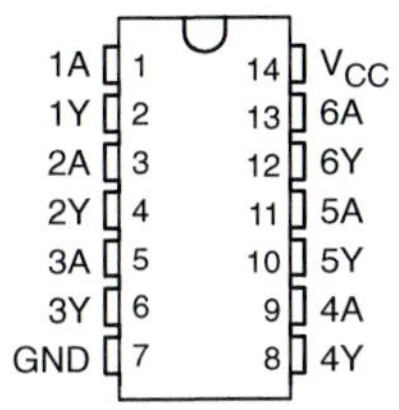

SN54HC04 . . . FK PACKAGE
(TOPVIEW)

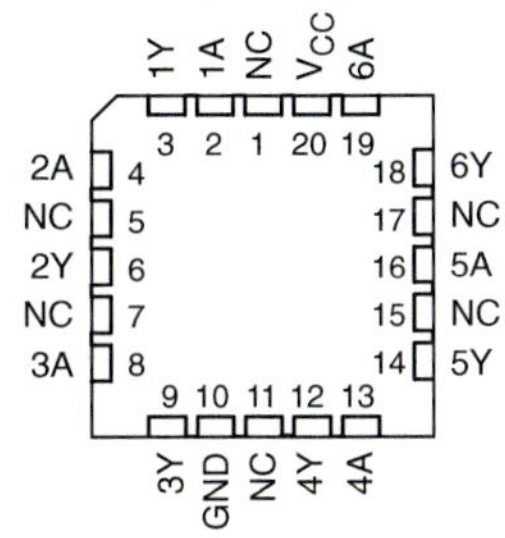

NC – No internal connection

description/ordering information

The 'HC04 devices contain six independent inverters. They perform the Boolean function Y = $\overline{A}$ in positive logic.

ORDERING INFORMATION

T_A	PACKAGE†		ORDERABLE PARTNUMBER	TOP-SIDE MARKING
–40°C to 85°C	PDIP – N	Tube of 25	SN74HC04N	SN74HC04N
	SOIC – D	Tube of 50	SN74HC04D	HC04
		Reel of 2500	SN74HC04DR	
		Reel of 250	SN74HC04DT	
	SOP – NS	Reel of 2000	SN74HC04NSR	HC04
	TSSOP – PW	Tube of 90	SN74HC04PW	HC04
		Reel of 2000	SN74HC04PWR	
		Reel of 250	SN74HC04PWT	
–55°C to 125°C	CDIP – J	Tube of 25	SNJ54HC04J	SNJ54HC04J
	CFP – W	Tube of 150	SNJ54HC04W	SNJ54HC04W
	LCCC – FK	Tube of 55	SNJ54HC04FK	SNJ54HC04FK

† Package drawings, standard packing quantities, thermal data, symbolization, and PCB design guidelines are available at www.ti.com/sc/package.

FUNCTION TABLE
(each inverter)

INPUT A	OUTPUT Y
H	L
L	H

Please be aware that an important notice concerning availability, standard warranty, and use in critical applications of Texas Instruments semiconductor products and disclaimers there to appears at the end of this data sheet.

TEXAS INSTRUMENTS
POST OFFICE BOX 655303 • DALLAS, TEXAS 75265

그림 A.7 7404 데이터 시트 페이지 1

logic diagram (positive logic)

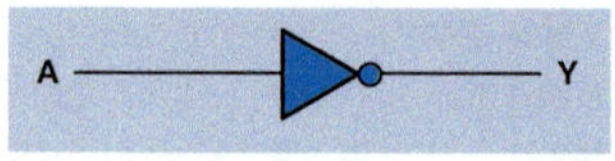

absolute maximum ratings over operating free-air temperature range (unless otherwise noted)†

Supply voltage range, V_{CC} . . . . –0.5 V to 7 V
Input clamp current, I_{IK} ($V_I < 0$ or $V_I > V_{CC}$) (see Note 1) . . . . ±20 mA
Output clamp current, I_{OK} ($V_O < 0$ or $V_O > V_{CC}$) (see Note 1) . . . . ±20 mA
Continuous output current, I_O ($V_O = 0$ to V_{CC}) . . . . ±25 mA
Continuous current through V_{CC} or GND . . . . ±50 mA
Package thermal impedance, θ_{JA} (see Note 2): D package . . . . 86° C/W
N package . . . . 80° C/W
NS package . . . . 76° C/W
PW package . . . . 131° C/W
Storage temperature range, T_{stg} . . . . –65° C to 150° C

† Stresses beyond those listed under "absolute maximum ratings" may cause permanent damage to the device. These are stress ratings only, and functional operation of the device at these or any other conditions beyond those indicated under "recommended operating conditions" is not implied. Exposure to absolute-maximum-rated conditions for extended periods may affect device reliability.

NOTES: 1. The input and output voltage ratings may be exceeded if the input and output current ratings are observed.
2. The package thermal impedance is calculated in accordance with JESD 51-7.

recommended operating conditions (see Note 3)

			SN54HC04			SN74HC04			UNIT
			MIN	NOM	MAX	MIN	NOM	MAX	
V_{CC}	Supply voltage		2	5	6	2	5	6	V
V_{IH}	High-level input voltage	V_{CC} = 2 V	1.5			1.5			V
		V_{CC} = 4.5 V	3.15			3.15			
		V_{CC} = 6 V	4.2			4.2			
V_{IL}	Low-level input voltage	V_{CC} = 2 V			0.5			0.5	V
		V_{CC} = 4.5 V			1.35			1.35	
		V_{CC} = 6 V			1.8			1.8	
V_I	Input voltage		0		V_{CC}	0		V_{CC}	V
V_O	Output voltage		0		V_{CC}	0		V_{CC}	V
$\Delta t/\Delta v$	Input transition rise/fall time	V_{CC} = 2 V			1000			1000	ns
		V_{CC} = 4.5 V			500			500	
		V_{CC} = 6 V			400			400	
T_A	Operating free-air temperature		–55		125	–40		85	°C

NOTE 3: All unused inputs of the device must be held at V_{CC} or GND to ensure proper device operation. Refer to the TI application report, *Implications of Slow or Floating CMOS Inputs*, literature number SCBA004.

그림A.8 7404 데이터 시트 페이지 2

또는 산업용 온도 범위(각각, 0~70℃ 또는 −40~85℃)에서 동작하는 반면, 54xx 칩은 군사용 온도 범위(−55~125℃)에서 동작하고 고가로 팔리지만 대신에 호환성도 있다.

7404는 여러 가지 다른 패키지가 가능하므로 구입 시 사용자가 의도하는 것을 주문하는 것이 중요하다. 패키지는 부품 번호상의 접미사로 구분된다. N은 **플라스틱 듀얼 인라인 패키지**(plastic dual inline package, PDIP)를 나타내는데, 이것은 브레드보드에 적합하거나 프린트된 회로보드의 through-hole에 납땜된다. 다른 패키지는 A.7에서 다룬다.

기능표(function table)는 각 게이트가 입력을 인버트하는 것을 보인다. 만일 *A*가 HIGH(H)이면, *Y*는 LOW(L)이고, 그 역 또한 같다. 이 경우에는 사소해 보이지만, 좀 더 복잡한 칩에 대해서는 매우 중요하다.

그림 A.8은 데이터 시트의 두 번째 페이지를 보인다. 논리 다이어그램은 칩이 인버터를 포함하고 있는 것을 나타내고 있다. **절대 최댓값**(absolute maximum) 섹션은 칩이 파손될 수 있는 조건을 나타낸다. 특히 전원 전압(이 책에서는 V_{DD}라고도 언급한 V_{CC})은 7V를 초과해서는 안 된다. 연속 출력 전류는 25mA를 초과해서는 안 된다. **열저항** 또는 임피던스 θ_{JA}는 칩의 발산 전력에 의해 야기되는 온도의 계산에 사용된다. 만일 칩 주변의 **외기 온도**가 T_A, 그 칩의 발산 전력이 P_{chip}이면 패키징된 **결합**(junction)에서의 칩 자체의 온도는 다음과 같다.

$$T_J = T_A + P_{chip}\,\theta_{JA} \tag{A.3}$$

예를 들어, 만일 플라스틱 DIP 패키지 내의 7404 칩이 50℃의 뜨거운 박스에서 동작하고 20mW를 소비하고 있다면 결합 온도는 50℃+0.02W×80℃/W=51.6℃까지 올라간다. 내부 전력 발산은 74xx 시리즈 칩에 있어서는 거의 중요하지 않지만 수십 와트 이상 발산하는 현대의 칩에 있어서는 중요하다.

권고 사양은 그 칩이 사용될 수 있는 환경을 정의한다. 이러한 조건하에서 칩은 규정을 만족해야 한다. 이러한 조건은 절대 최대치보다 더욱 엄격하다. 예를 들어, 전원 전압은 2V와 6V 사이어야 한다. HC 로직 계통에 대한 입력 로직레벨은 V_{DD}에 의존한다. 시스템 내의 잡음에 의해 야기되는 전원의 10% 감소를 허용하도록 V_{DD}=5V일 때 4.5V 엔트리를 사용하라.

그림 A.9는 데이터 시트의 세 번째 페이지를 보인다. 전기적 특성은 입력이 일정하고 권고 사양하에서 사용될 때 어떻게 디바이스가 수행되는지

electrical characteristics over recommended operating free-air temperature range (unless otherwise noted)

PARAMETER	TEST CONDITIONS		V_{CC}	$T_A = 25\,°C$			SN54HC04		SN74HC04		UNIT
				MIN	TYP	MAX	MIN	MAX	MIN	MAX	
V_{OH}	$V_I = V_{IH}$ or V_{IL}	$I_{OH} = -20\ \mu A$	2 V	1.9	1.998		1.9		1.9		V
			4.5 V	4.4	4.499		4.4		4.4		
			6 V	5.9	5.999		5.9		5.9		
		$I_{OH} = -4\ mA$	4.5 V	3.98	4.3		3.7		3.84		
		$I_{OH} = -5.2\ mA$	6 V	5.48	5.8		5.2		5.34		
V_{OL}	$V_I = V_{IH}$ or V_{IL}	$I_{OL} = 20\ \mu A$	2 V		0.002	0.1		0.1		0.1	V
			4.5 V		0.001	0.1		0.1		0.1	
			6 V		0.001	0.1		0.1		0.1	
		$I_{OL} = 4\ mA$	4.5 V		0.17	0.26		0.4		0.33	
		$I_{OL} = 5.2\ mA$	6 V		0.15	0.26		0.4		0.33	
I_I	$V_I = V_{CC}$ or 0		6 V		±0.1	±100		±1000		±1000	nA
I_{CC}	$V_I = V_{CC}$ or 0, $I_O = 0$		6 V			2		40		20	µA
C_i			2 V to 6 V		3	10		10		10	pF

switching characteristics over recommended operating free-air temperature range, CL = 50 pF (unless otherwise noted) (see Figure 1)

PARAMETER	FROM (INPUT)	TO (OUTPUT)	V_{CC}	$T_A = 25\,°C$			SN54HC04		SN74HC04		UNIT
				MIN	TYP	MAX	MIN	MAX	MIN	MAX	
t_{pd}	A	Y	2 V		45	95		145		120	ns
			4.5 V		9	19		29		24	
			6 V		8	16		25		20	
t_t		Y	2 V		38	75		110		95	ns
			4.5 V		8	15		22		19	
			6 V		6	13		19		16	

operating characteristics, $T_A = 25\,°C$

PARAMETER		TEST CONDITIONS	TYP	UNIT
C_{pd}	Power dissipation capacitance per inverter	No load	20	pF

그림 A.9 7404 데이터 시트 페이지 3

를 설명한다. 예를 들어, 만일 V_{CC}=5V(4.5V로 처짐)이고 출력 전류 I_{OH}/I_{OL}가 20μA를 초과하지 않으면 최악의 경우 V_{OH}=4.4V 및 V_{OL}=0.1V이다. 만일 출력 전류가 증가하면 출력 전압의 적합성이 감소하게 되는데, 그 이유는 칩상의 트랜지스터가 전류를 공급하기 위해 경쟁하기 때문이다. HC 로직 계통은 매우 적은 전류를 흘리는 CMOS 트랜지스터를 사용한다. 각 입력에 들어가는 전류는 1,000nA 이하를 보장하는데 실내 온도에서는 일반적으로 0.1nA이다. 칩이 유휴(idle) 상태일 때 대기(quiescent) 전원 전류(I_{DD})는 20μA 이하로 흐른다. 각 입력은 10pF 이하의 용량을 갖는다.

스위칭 특성은 디바이스가 입력이 변하는 경우 권고 사양 내에서 어떤 성능을 나타내는지 정의한다. 전파 지연 t_{pd}는 입력이 $0.5V_{CC}$를 통과할 때부터 출력이 $0.5V_{CC}$를 통과할 때까지 측정된다. 만일 V_{CC}가 통상 5V이고 칩이 50pF 이하의 용량을 구동한다면 전파 지연은 24ns를 초과하지 않는다(그리고 일반적으로 매우 빠르게 될 것이다). 각 입력은 10pF으로 나타낼 것임을 기억하라. 그러므로 그 칩은 최대 속도로 5개보다 많은 동일한 칩을 구동할 수 없다. 칩에 연결된 배선으로부터의 표류 정전용량(stray capacitance)은 좀 더 유용한 부하(load)를 감소시킨다. 또한 상승/하강 시간을 부르는 **천이시간**(transition time)은 $0.1V_{CC}$와 $0.9V_{CC}$ 사이의 출력 천이로 측정된다.

1.8절로부터 칩은 **정적**(static) 및 **동적**(dynamic) **전력**을 모두 소비한다는 점을 회상하라. 정적 전력은 HC 회로에 대해 낮다. 85°C에서 최대 대기(quiescent) 공급 전류는 20μA이다. 이는 5V에서 0.1mW의 정적 전력을 소비한다. 동적 전력은 구동되는 용량 및 스위칭 주파수에 의존한다. 7404는 인버터당 20pF의 내부 전력 손실 용량을 갖는다. 만일 7404 상의 6개의 모든 인버터가 10MHz로 스위칭하고 25pF의 외부 로드를 구동하면, 식 1.4에 의해 주어지는 동적 전력은 $\frac{1}{2}(6)(20\text{pF}+25\text{pF})(5^2)(10\text{MHz})=33.75\text{mW}$이고 최대 총전력은 33.85mW이다.

A.6 로직 계통

74xx 시리즈 로직 칩들은 다른 속도, 전력 및 로직 레벨 트레이드 오프를 제공하는 **로직 계통**(logic family)이라는 여러 가지 다른 기술을 사용하

여 제조된다. 다른 칩들은 보통 이러한 로직 계통의 몇몇과 호환될 수 있게 설계된다. 7404와 같은 오리지널 칩은 TTL(Transistor-Transistor Logic)이라 부르는 기술로 바이폴라 트랜지스터를 사용하여 제조된다. 더 새로운 기술은 74 다음에 하나 이상의 문자를 추가하여 74LS04, 74HC04 또는 74AHCT04와 같은 로직 계통을 나타낸다. 표 A.2는 가장 보편적인 5V 로직 계통을 요약한 것이다.

바이폴라 회로와 공정 기술에서의 발전은 Schottky(S)와 Low-Power Schottky(LS) 계통을 가져 왔다. 두 가지 다 TTL보다 빠르다. Schottky는 많은 전력을 갖지만 Low-Power Schottky는 저전력을 갖는다. Advanced Schottky(AS)와 Advanced Low-Power Schottky(ALS)는 S와 LS에 비해 개선된 속도 및 전력을 갖는다. Fast(F) 로직은 AS보다 빠르며 전력을 덜 갖는다. 이러한 모든 계통은 HIGH 출력보다 LOW 출력에 대해 좀 더 많은 전류를 공급함으로써 비대칭 로직 레벨을 갖는다. 그들은 TTL 로직 레벨, 즉 V_{IH}=2V, V_{IL}=0.8V, $V_{OH} > 2.4$V 그리고 $V_{OL} < 0.5$V를 따른다.

표 A.2 5V 로직 계통에 대한 전형적인 규정

	Bipolar / TTL						CMOS		CMOS / TTL Compatible	
Characteristic	TTL	S	LS	AS	ALS	F	HC	AHC	HCT	AHCT
t_{pd} (ns)	22	9	12	7.5	10	6	21	7.5	30	7.7
V_{IH} (V)	2	2	2	2	2	2	3.15	3.15	2	2
V_{IL} (V)	0.8	0.8	0.8	0.8	0.8	0.8	1.35	1.35	0.8	0.8
V_{OH} (V)	2.4	2.7	2.7	2.5	2.5	2.5	3.84	3.8	3.84	3.8
V_{OL} (V)	0.4	0.5	0.5	0.5	0.5	0.5	0.33	0.44	0.33	0.44
I_{OH} (mA)	0.4	1	0.4	2	0.4	1	4	8	4	8
I_{OL} (mA)	16	20	8	20	8	20	4	8	4	8
I_{IL} (mA)	1.6	2	0.4	0.5	0.1	0.6	0.001	0.001	0.001	0.001
I_{IH} (mA)	0.04	0.05	0.02	0.02	0.02	0.02	0.001	0.001	0.001	0.001
I_{DD} (mA)	33	54	6.6	26	4.2	15	0.02	0.02	0.02	0.02
C_{Pd} (pF)	n/a						20	12	20	14
cost* (US $)	obsolete	0.63	0.25	0.53	0.32	0.22	0.12	0.12	0.12	0.12

* Per unit in quantities of 1000 for the 7408 from Texas Instruments in 2012

1980년대와 1990년대에 성숙된 CMOS 회로들은 매우 적은 전력 공급 또는 입력 전류를 가지므로 보편화되었다. High Speed CMOS(HC)와 Advanced High Speed CMOS(AHC) 계통은 거의 정적 전력을 갖지 않는다. 그들은 또한 HIGH와 LOW 출력에 대해 동일 전류를 전달한다. 그들은 'CMOS' 로직 레벨, 즉 V_{IH}=3.15V, V_{IL}=1.35V, V_{OH} 〉 3.8V 그리고 V_{OL} 〈 0.44V를 따른다. 불행히도 이러한 레벨은 TTL 회로들과 양립할 수 없는데, 그 이유는 2.4V의 TTL HIGH 출력이 정격 CMOS HIGH 입력으로 인정되지 않기 때문이다. 이는 TTL 입력 로직 레벨을 허용하고 유효한 CMOS 출력 로직 레벨을 발생하는 High Speed TTL-compatible CMOS(HCT)와 Advanced High Speed TTL-compatible CMOS(AHCT)의 이용을 촉진시켰다. 이러한 계통은 기본 CMOS에 비해 더 느리다. 모든 CMOS 칩은 정전기에 의해 야기되는 **정전 방전**(electrostatic discharge, ESD)에 민감하다. CMOS 칩을 처리하기 전에 미리 다른 금속체를 터치함으로써 스스로 정전기를 방지하여 파손하지 않도록 조치해야 한다.

74xx 시리즈 로직은 저렴하다. 보다 새로운 로직 계통은 기존의 것보다 때론 저렴하기도 하다. LS 계통은 폭넓게 이용 가능하고 강건(robust)하여 특정 성능에 대한 요구가 없는 실험실이나 취미 활동에 널리 선택되고 있다.

5V 표준은 트랜지스터가 전압을 견디기에는 너무 소형이어서 1990년대 중반에 소멸되었다. 더구나 더 낮은 전압은 더 낮은 전력 소비를 제공한다. 현재 3.3, 2.5, 1.8, 1.2 그리고 더 낮은 전압조차도 일반적으로 사용되고 있다. 전압의 과잉은 다른 전력 공급원과 칩 간의 통신에 도전을 불러일으킨다. 표 A.3은 몇 가지 저전압 로직 계통을 나열한 것이다. 이러한 모든 로직 계통에 모든 74xx 부품이 가능한 것은 아니다.

모든 저전압 로직 계통은 현대 집적회로의 워크호스(workhorse)인 CMOS 트랜지스터를 사용한다. 이들은 광범위한 V_{DD}에 걸쳐 동작하지만 속도는 저전압에서 감소한다. Low-Voltage CMOS(LVC) 로직과 Advanced Low-Voltage CMOS(ALVC) 로직은 일반적으로 3.3, 2.5 또는 1.8V를 사용한다. LVC는 5.5V에 이르는 입력을 견디므로 5V CMOS 또는 TTL 회로로부터 입력을 받을 수 있다. Advanced Ultra-Low-Voltage CMOS(AUC)는 보통 2.5, 1.8 또는 1.2V에서 사용되며 예외적으로 빠르다. ALVC와 AUC 모두 3.6V까지의 입력을 견디므로 3.3V 회로로부터의 입력을 받을 수

표 A.3 저전압 로직 계통에 대한 규정

	LVC			ALVC			AUC		
V_{dd} (V)	3.3	2.5	1.8	3.3	2.5	1.8	2.5	1.8	1.2
t_{pd} (ns)	4.1	6.9	9.8	2.8	3	?[1]	1.8	2.3	3.4
V_{IH} (V)	2	1.7	1.17	2	1.7	1.17	1.7	1.17	0.78
V_{IL} (V)	0.8	0.7	0.63	0.8	0.7	0.63	0.7	0.63	0.42
V_{OH} (V)	2.2	1.7	1.2	2	1.7	1.2	1.8	1.2	0.8
V_{OL} (V)	0.55	0.7	0.45	0.55	0.7	0.45	0.6	0.45	0.3
I_O (mA)	24	8	4	24	12	12	9	8	3
I_I (mA)		0.02			0.005			0.005	
I_{DD} (mA)		0.01			0.01			0.01	
C_{pd} (pF)	10	9.8	7	27.5	23	?*	17	14	14
cost (US $)		0.17			0.20			not available	

* Delay and capacitance not available at the time of writing

있다.

FPGA는 종종 코어(core)라는 내부 로직과 입출력(I/O) 핀에 대한 분리된 전압 공급을 제공한다. FPGA의 발전에 따라 코어 전압은 전력을 절약하고 모든 소형 트랜지스터의 손상을 피하기 위해 5V에서 3.3, 2.5, 1.8 및 1.2V로 떨어지고 있다. FPGA는 많은 다른 전압에서 동작할 수 있는 변경 가능한(configurable) I/O를 가지고 있어 나머지 시스템과 견줄만하다.

A.7 패키징과 어셈블리

집적회로는 일반적으로 플라스틱이나 세라믹으로 만들어진 패키지로 이루어진다. 패키지는 연결의 편이성을 위해 패키지 내의 대형 핀에 칩의 소형 금속 I/O 패드를 연결하고, 물리적 손상으로부터 칩을 보호하며, 칩에서 발생하는 열의 냉각을 돕기 위해 넓은 면적으로 확장하는 것을 포함하는 일련의 기능을 제공한다. 패키지는 브레드보드 또는 인쇄 회로보드 상에 배치되어 시스템 조립을 위해 서로 배선된다.

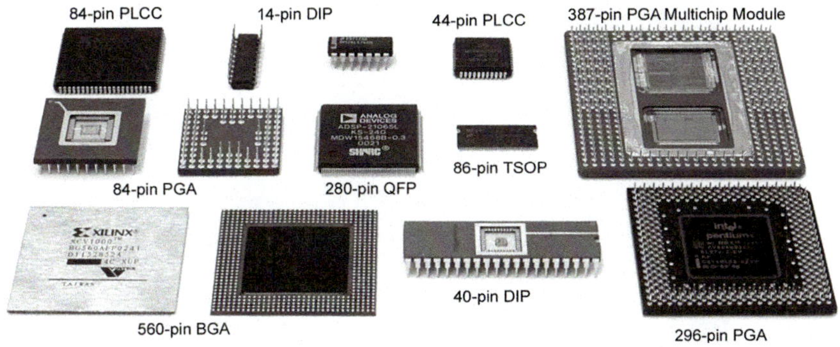

그림 A.10 집적회로 패키지

패키지

그림 A.10은 다양한 집적회로 패키지를 보인다. 패키지는 일반적으로 through-hole 또는 surface mount(SMT)로 분류된다. Through-hole 패키지는 그 이름의 의미처럼 인쇄 회로보드나 소켓으로 through-hole을 삽입할 수 있는 핀들을 갖는다. DIP(Dual Inline Package)는 핀 간 0.1인치 간격으로 2행의 핀들을 갖는다. PGA(Pin Grid Arrays)는 패키지 밑에 핀을 위치시켜 보다 소형의 패키지 내에 더 많은 핀들을 지원한다. SMT 패키지는 홀을 사용하지 않고 인쇄 회로보드 표면에 직접 납땜된다. SMT 부품의 핀들을 리드(leads)라 부른다. TSOP(Thin Small Outline Package)는 2행의 미소한 간격의 리드(전형적으로 0.02인치 간격)를 갖는다. PLCC(Plastic Leaded Chip Carriers)는 4개의 모든 사이드에 0.05인치 간격을 갖는 J형태의 리드를 갖는다. 그들은 보드에 직접 납땜되거나 특정 소켓에 놓일 수 있다. QFD(Quad Flat Packs)는 4개의 모든 사이드에 미소 간격의 다리를 사용하여 다수의 핀을 수용한다. BGA(Ball Grid Arrays)는 그 다리들을 모두 제거한다. 대신에 그들은 패키지의 하부에 수백 개의 작은 납땜 볼(solder ball)들을 갖는다. 그들은 인쇄 회로보드상의 패드에 미세하게 배치된 후 가열된 납이 패키지를 보드에 결합되도록 한다.

브레드보드

DIP는 브레드보드에 배치할 수 있으므로 프로토타이핑(prototyping)을 위해 사용이 용이하다. 브레드보드는 그림 A.11에 보이는 것처럼 소켓이 나열되어 있는 플라스틱 보드이다. 한 행에 모두 5개의 홀(hole)이 서로 연결되어 있다. 패키지의 각 핀은 분리된 행의 홀 내에 놓이게 된다. 핀의

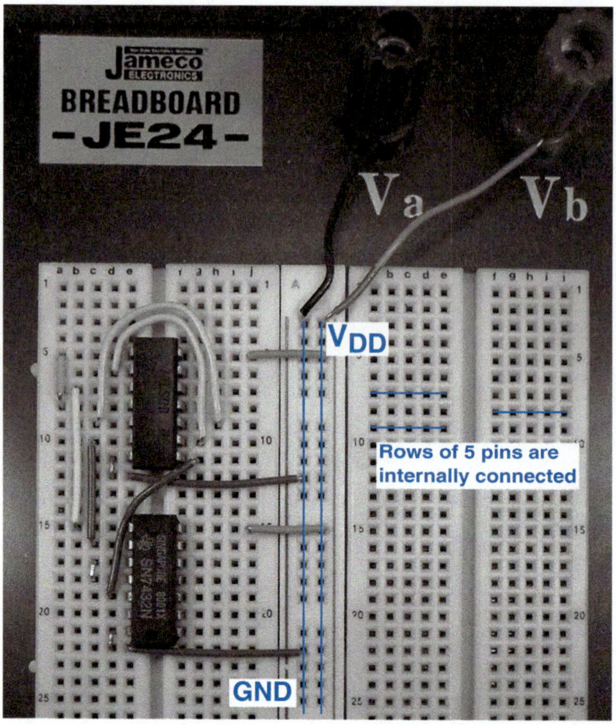

그림 A.11 브레드보드상의 다수결 회로(majority circuit)

연결을 위해 동일 행 내의 인접 홀에 배선 가능하다. 브레드보드는 가끔 전력과 접지를 분산시키기 위해 보드 끝을 통과하는 연결 홀의 분리 열을 제공한다.

그림 A.11은 74LS08 AND 칩과 74LS32 OR 칩으로 제작된 다수결(majority) 게이트를 포함하는 브레드보드를 보인다. 회로의 구조를 그림 A.12에 보인다. 구조상의 각 게이트는 칩(08 또는 32)과 입출력의 핀 번호(그림 A.1을 참조)로 레이블되어 있다. 브레드보드상에 동일연결이 이루어졌음을 확인하라. 입력은 08 칩의 1, 2, 5에 연결되며 출력은 32칩의 핀 6에서 측정된다. 전력과 접지는 바나나 플러그 소켓 Vb와 Va에 접촉되어 있는 수직 전력과 접지 열로부터 각 칩의 핀 14와 7에 연결된다. 이러한 방법으로 그 구조를 레이블링하고 만들어진 연결을 체크하는 것이 브레드보드에 회로를 연결하는 동안에 실수를 줄일 수 있는 좋은 방법이다.

불행히도 무심결에 와이어를 잘못된 홀에 플러그한다든지, 와이어를 빠뜨리기 쉬워 브레드보드에서의 회로 연결은 상당한 주의(그리고 실험실

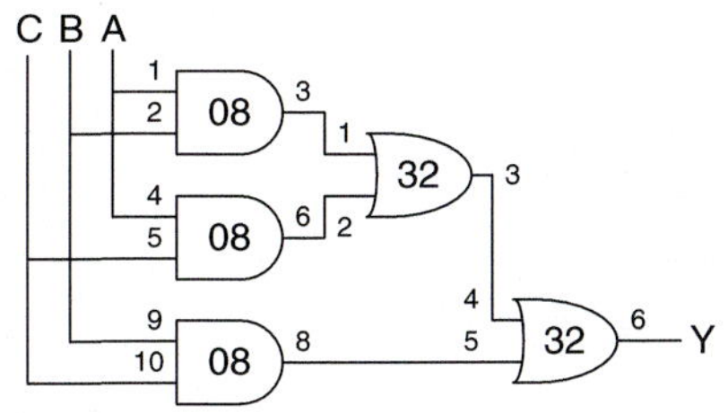

그림 A.12 인식된 칩과 핀을 갖는 다수결 게이트 구조

에서의 일반적인 몇 가지 디버깅)을 요한다. 브레드보드는 프로토타이핑에는 적합하지만 양산에는 그렇지 않다.

PCB

브레드보드 대신에 칩 패키지는 **인쇄 회로보드**(printed circuit board, PCB)에 납땜이 되기도 한다. PCB는 전도성 구리(conducting copper)와 절연수지(insulating epoxy)의 교대 층으로 형성된다. 구리는 **트레이스**(trace)라 부르는 배선을 형성하기 위해 에칭된다. **바이어스**(vias)라고 하는 홀들은 보드에 구멍을 뚫어 만들어지며 층간 연결에 금속으로 도금된다. PCB는 보통 CAD 툴로 설계된다. 여러분은 실험실에서 간단한 보드에 에칭과 구멍을 뚫거나 저렴한 가격의 대량생산을 위한 특수 공장에 설계를 보낼 수도 있다. 제작은 프로그램 수행에 수일(또는 저가의 대량생산 가동을 위한 수주일)이 걸리며, 일반적으로 셋업 비용 수백 달러와 대량생산으로 제작되는 다소 복잡한 보드는 보드당 수 달러의 비용이 든다.

PCB 트레이스는 낮은 저항 때문에 일반적으로 구리로 만든다. 트레이스는 FR4라고 하는 녹색의 내화성 플라스틱인 절연금속으로 내장된다. PCB는 또한 일반적으로 구리 전력과 **플레인**(plane)이라고 하는 신호층 사이의 접지층이 있다. 그림 A.13은 PCB의 횡단면을 보인다. 신호층은 상단부와 하단부상에 있으며 전력과 접지 플레인은 보드 중앙에 내장된다. 전력과 접지 플레인들은 낮은 저항을 가져 보드상의 구성요소에 안정된 전력을 분산시킨다. 또한 트레이스의 용량과 인덕턴스를 일정하고 예측 가능하게 만든다.

그림 A.14는 1970년대의 희귀한 APPL II+ 컴퓨터를 위한 PCB를 보인다. 맨 위는 모토롤라 6502 마이크로프로세서이다. 그 밑에 운영체제를 포함하는 12KB의 ROM을 형성하는 6개의 16Kb ROM 칩들이다. 3행의

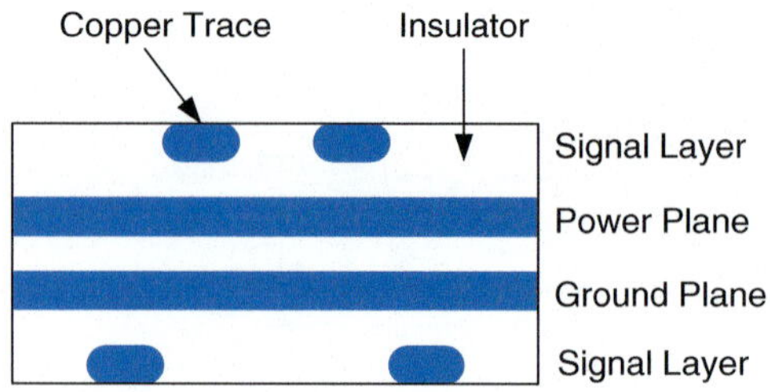

그림 A.13 인쇄 회로보드의 횡단면

그림 A.14 Apple II+ 회로보드

8개의 16Kb DRAM 칩들은 48KB RAM을 제공한다. 오른편에 메모리 어드레스 디코딩과 기타 기능을 위한 여러 행의 74xx 시리즈 로직이다. 칩들 간의 라인은 칩들을 함께 와이어하는 트레이스들이다. 몇몇 트레이스들 끝의 점들은 금속으로 채워진 바이어스들이다.

패키징하기

다수의 입출력을 갖는 최근의 현대 칩들은 SMT 패키지, 특히 QFP와 BGA를 사용한다. 이러한 패키지들은 브레드보드보다는 인쇄 회로보드를 요구한다. BGA와의 작업은 특히 특수한 어셈블리 장비를 필요로 하므로 매력적이다. 더구나 볼들은 패키지 밑에 숨어 있기 때문에 실험실에서 디버깅하는 동안 전압계나 오실로스코프로 프로브(probe) 될 수 없다.

요약하면, 설계자들은 프로토타이핑 동안 브레드보드를 사용할 것인지 BGA 부품이 필요하게 될 것인지 결정하기 전에 패키징을 우선 고려해야 한다. 숙련된 설계자들은 실험 없이 정확하게 칩들을 연결할 수 있는 경우에는 브레드보드를 거의 사용하지 않는다.

A.8 전송선로

배선은 전체 길이를 따라 단일 전압을 갖는 **등전위**(equipotential) 연결이라는 점을 가정한다. 만일 배선이 충분히 짧다든지 또는 신호가 천천히 변한다면 등전위 가정은 만족하게 된다. 배선 길이가 길거나 또는 신호가 매우 빠르면 배선을 따르는 **전송 시간**은 정확한 회로지연을 결정하는 데 있어 중요하게 작용한다. 이와 같은 배선을 전송선로로서 모델화해야 하며 선로 내의 전압 및 전류파는 빛의 속도로 전파한다. 그 파가 선로 끝에 도달하면 선로를 따라 뒤로 반사되기도 한다. 이 반사는 제한을 위한 단계가 마련되지 않는 한 노이즈와 이상 동작을 유발하게 된다. 그러므로 디지털 설계자는 장거리 배선에서 지연과 노이즈의 영향을 정확히 대처하기 위한 전송선로 동작을 고려해야 한다.

전자기파는 주어진 매질에서 빛의 속도로 빠르지만 순간적이지는 않다. 빛의 속도는 매질의 유전율 ε과 도전율 μ에 따른다. 즉 $v=\frac{1}{\sqrt{\mu\varepsilon}}=\frac{1}{\sqrt{LC}}$이다.

자유 공간에서 빛의 속도 $v=c=3\times10^8$m/s이다. PCB 내의 신호는 이 속도의 1/2로 진행하는데, 그 이유는 FR4 절연체가 공기의 4배의 유전율을 가지기 때문이다. 그래서 PCB 신호는 약 1.5×10^8m/s 또는 15cm/ns로 진행한다. 길이 l의 전송라인을 따라 진행하는 신호에 대한 시간지연은 다음과 같다.

$$t_d=\frac{l}{v} \tag{A.4}$$

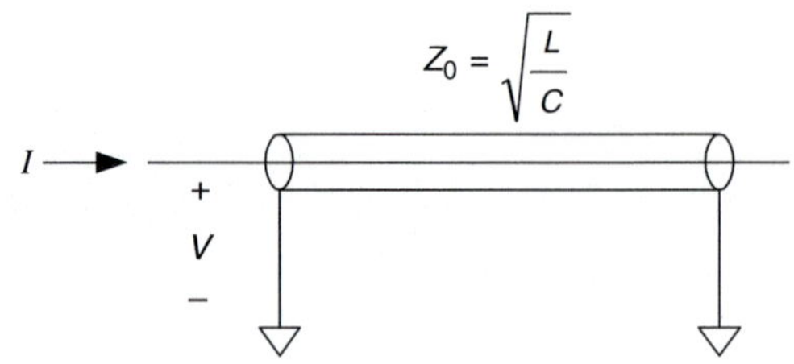

그림 A.15 전송라인 심벌

전송선로의 **특성임피던스** Z_0('Z-naught'로 발음)는 선로를 따라 진행하는 파에서 전압 대 전류의 비, 즉 Z_0=V/I이다. 와이어의 저항은 **없다**(디지털 시스템에서 우수한 전송선로는 일반적으로 무시할 만한 저항을 갖는다). Z_0는 선로의 인덕턴스와 용량에 의존하며(A.8.7절의 유도 참조) 일반적으로 50~70Ω의 값을 갖는다.

$$Z_0 = \sqrt{\frac{L}{C}} \tag{A.5}$$

그림 A.15는 전송라인의 심벌을 보인다. 심벌은 TV 케이블 배선에 사용된 것처럼 내부의 신호 도체와 외부의 접지 도체로 이루어진 **동축 케이블**(coaxial cable)과 유사하다.

그림 A.16은 부하임피던스 Z_L과 특성임피던스 Z_0가 같은 **정합종단**(matched termination)을 갖는 길이 l의 전송선로를 보인다. 전송라인은 50Ω의 특성임피던스를 갖는다. 선로의 종단은 시간 t=0에서 닫히는 스위치를 통해 전압원에 연결된다. 다른 종단은 50Ω 정합로드에 연결된다. 이 절에서는 A, B, C 점, 즉 선로의 시작점, 선로를 따라 1/3 길이 되는 점, 그리고 선로의 종단에서 각각 전압과 전류를 분석한다.

그림 A.17은 시간에 대한 A, B, C 점에서의 전압을 보인다. 최초에 스위치가 개방되어 있어 전송선로에 흐르는 전류와 전압이 없다. 시간 t=0에서 스위치가 단락되고 전압원이 선로를 따라 전압 $V=V_S$의 파를 내보

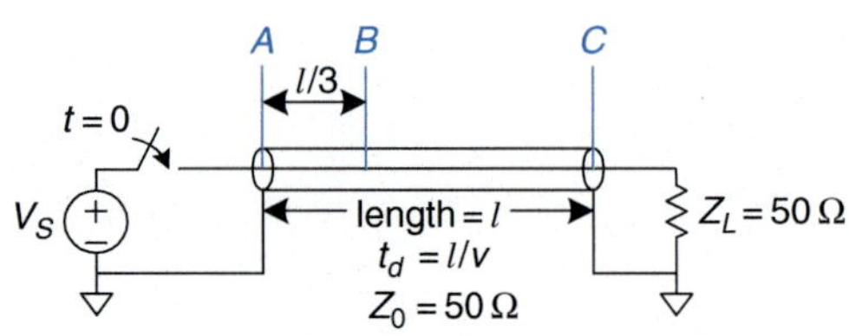

그림 A.16 정합종단을 갖는 전송선로

낸다. 이것을 입사파(incident wave)라고 한다. 특성임피던스는 Z_0이므로 입사파는 전류 $I=V_S/Z_0$를 갖는다. 전압은 그림 A.17(a)에 보이는 바와 같이 선로의 시작점(A 점)에 즉시 도달한다. 입사파는 빛의 속도로 선로를 따라 전파한다. 시간 $t_d/3$에서 입사파는 B점에 도달한다. 이 점에서의 전압은 그림 A.17(b)에 보듯이 0에서 V_S로 급격히 상승한다. 시간 t_d에서 입사파는 선로의 종단인 C점에 도달하여 전압은 거기서 역시 상승한다. 모든 전류 I는 저항 Z_L로 흐르고 $Z_L=Z_0$이므로 저항에 걸리는 전압은 $Z_LI=Z_L(V_S/Z_0)=V_S$이다. 이 전압은 전송라인을 따라 흐르는 파와 일치한다. 그러므로 입사파는 부하임피던스로 **흡수되어** 전송선로는 **정상 상태**(steady state)에 도달하게 된다.

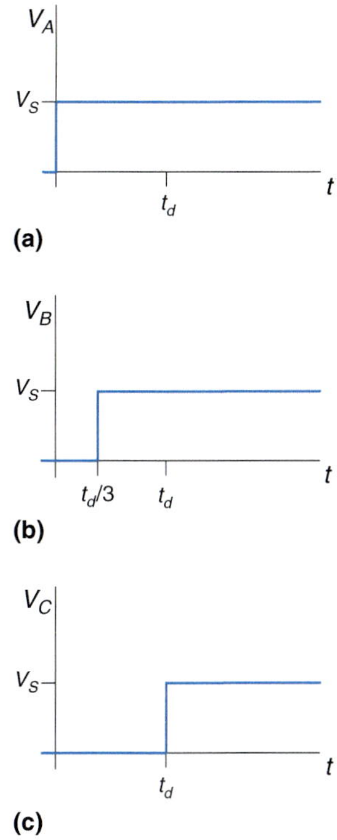

그림 A.17 그림 A.16의 A, B, C 점에서의 전압 파형

정상 상태에서 전송선로는 결국 배선이기 때문에 이상적인 등전위 배선처럼 거동한다. 선로를 따라 모든 점에서의 전압은 동일하다. 그림 A.18은 그림 A.16에서의 정상 상태 등가 모델을 보인다. 전압은 배선을 따라 모든 곳에서 V_S이다.

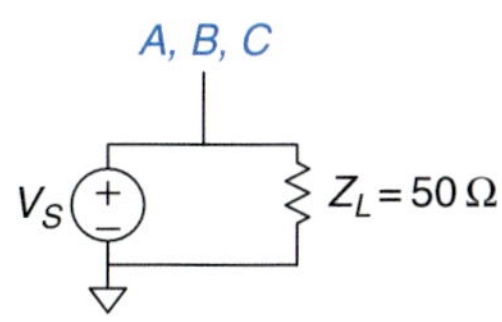

그림 A.18 정상상태에서의 그림 A.16의 등가회로

예제 A.2 **정합원과 부하종단을 갖는 전송라인**

그림 A.19는 정합원(matched source)과 부하임피던스 Z_S와 Z_L을 갖는 전송라인을 보인다. 시간에 대해 노드 A, B, C에서 전압을 그려라. 시스템이 정상 상태에 도달할 때 정상 상태에서의 등가회로는 무엇인가?

풀이 전압원이 전송라인과 직렬로 소스 임피던스 Z_S를 가질 때, Z_S에서 전압의 일부가 하강하고 그 나머지가 전송선로로 전파된다. 먼저 선로 종단에서의 부하는 빛의 속도 지연이 붕괴되기까지 선로 거동에 영향을 주지 않으므로 임피던스 Z_0로 작용한다. 그러므로 **전압 분배 방정식**에 의해 선로상에 흐르는 순간 전압은 다음과 같다.

$$V = V_S\left(\frac{Z_0}{Z_0+Z_S}\right) = \frac{V_S}{2} \tag{A.6}$$

따라서 그림 A.20에 보이는 바와 같이 $t=0$에서 전압파 $V=\dfrac{V_S}{2}$는 A점으로부터 선

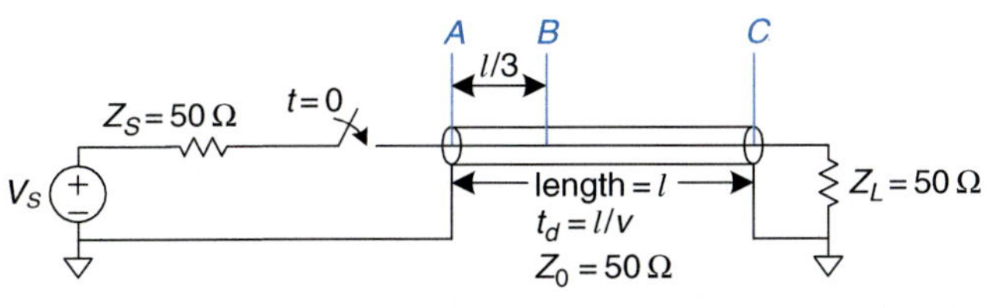

그림 A.19 정합원과 부하임피던스를 갖는 전송선로

로로 전송된다. 다시 신호는 시간 $t_d/3$에서 B점에 도달한 후 시간 t_d에서 C점에 도달한다. 모든 전류는 부하임피던스 Z_L에 의해 흡수되어 회로는 $t=t_d$에서 정상 상태로 들어간다. 정상 상태에서 전체 선로는 그림 A.21의 정상 상태 등가회로가 예측되는 것처럼 $V_S/2$에 놓인다.

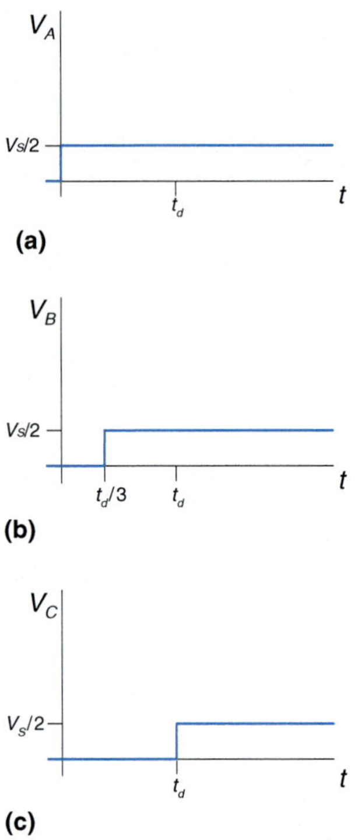

그림 A.20 그림 A.19의 A, B, C 점에서의 전압 파형

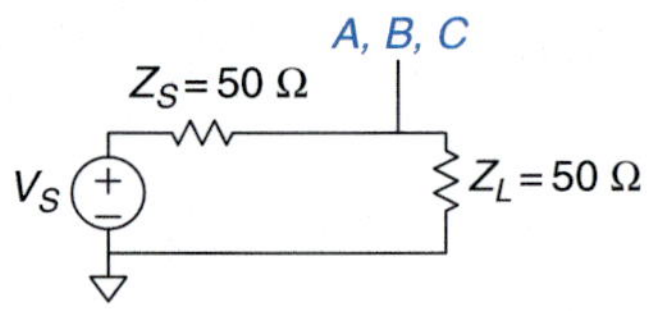

그림 A.21 그림 A.19의 정상상태에서의 등가회로

A.8.2 개방 종단

부하임피던스가 Z_0와 등가가 아닐 때 종단은 모든 전류를 흡수할 수 없으며 파의 몇 개는 반사되어야 한다. 그림 A.22는 개방 부하종단을 갖는 전송선로를 보인다. 개방 종단을 통해 흐르는 전류는 없어서 C점에서의 전류는 항상 0이다.

선로상의 전압은 초기에 0이다. $t=0$에서 스위치는 단락되고 전압파 $V=V_S\frac{Z_0}{Z_0+Z_S}=\frac{V_S}{2}$는 선로를 따라 전파되기 시작한다. 이 초기파는 예제 A.2와 동일하며, 종단에 독립이라는 점을 명심하라. 왜냐하면, 선로 종단에서의 부하는 적어도 t_d가 붕괴될 때까지 시작점에서 그 동작에 영향을 미칠 수 없기 때문이다. 이 파는 그림 A.23에 보이듯이 $t_d/3$에서 B점에 도달한 후 t_d에서 C점에 도달한다.

입사파가 C점에 도달하면 배선이 개방되어 있어 계속 앞으로 나아갈 수 없다. 대신에 소스를 향해 반사되어 되돌아가야 한다. 반사된 파는 또한 개방종단이 전체 파를 반사시키므로 전압 $V=\frac{V_S}{2}$를 가진다.

어느 점에서의 전압은 입사파와 반사파의 합이다. 시간 $t=t_d$에서 C점에서의 전압은 $V=\frac{V_S}{2}+\frac{V_S}{2}=V_S$이다. 반사파는 $5t_d/3$에서 B점에 도달하며 $2t_d$에서 A점에 도달한다. 이 파가 A점에 도달할 때 선로의 특성임피던스와 정합되는 소스 종단 임피던스에 의해 흡수된다. 그래서 시스템은 시간

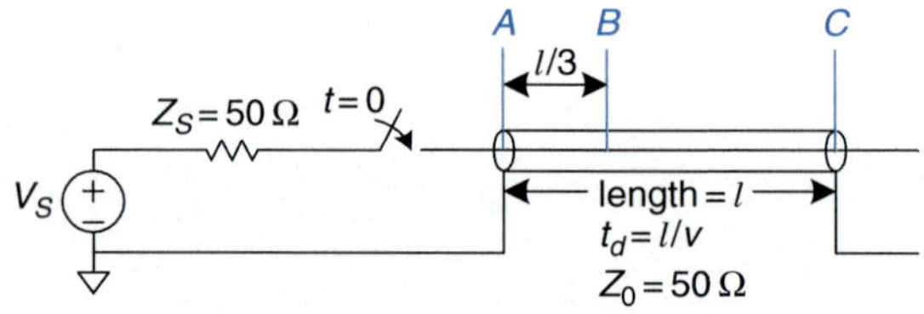

그림 A.22 개방 부하종단을 갖는 전송선로

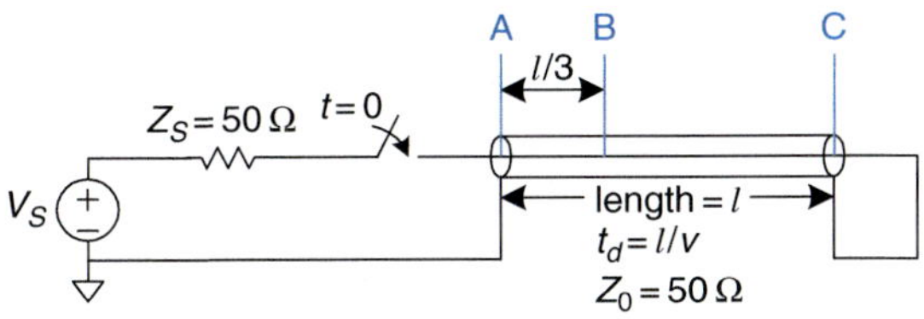

그림 A.24 단락종단을 갖는 전송선로

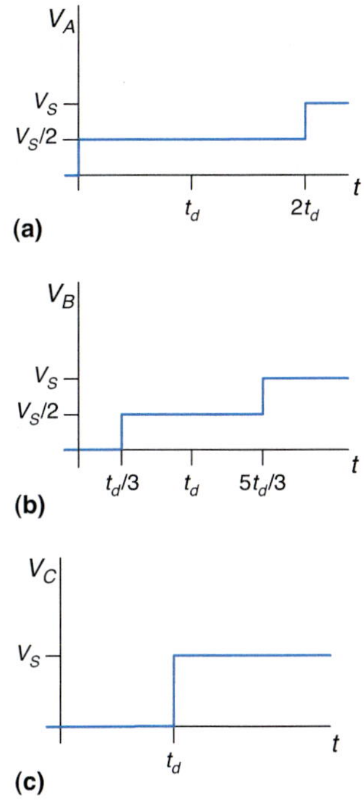

그림 A.23 그림 A.22의 A, B, C 점에서의 전압 파형

$t=2t_d$에서 정상상태에 도달하며, 전송선로는 전압 V_S와 전류 $I=0$을 갖는 등전위 배선과 등가가 된다.

A.8.3 단락 종단

그림 A.24는 단락 회로에 의해 접지로 종단되어 있는 전송선로를 보인다. 그래서 C점에서의 전압은 항상 0이다.

앞의 예로부터 선로상의 전압은 초기에 0이다. 스위치가 단락될 때 전압파 $V=\frac{V_S}{2}$는 선로로 전파하기 시작한다(그림 A.25). 이 파가 선로 종단에 도달하면 반대 극성을 갖고 반사된다. 전압 $V=\frac{-V_S}{2}$를 갖는 반사파는 입사파에 더해져서 C점에서의 전압이 0으로 유지되도록 한다. 반사된 파는 시간 $t=2t_d$에서 소스에 도달하며 소스 임피던스에 의해 흡수된다. 이 점에서 시스템은 정상 상태에 도달하고 전송선로는 전압 $V=0$을 갖는 등전위 배선에 등가이다.

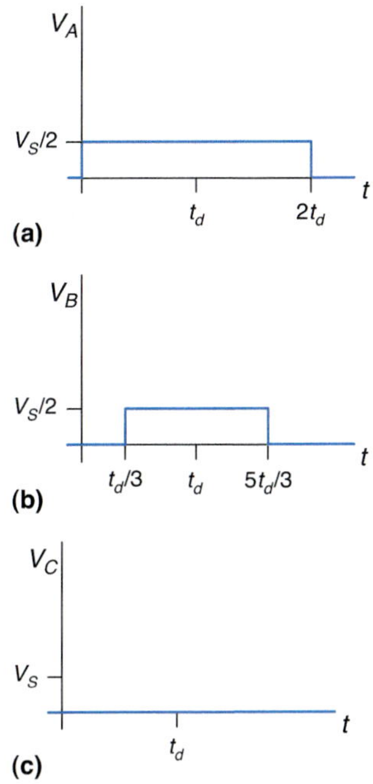

그림 A.25 그림 A.24의 A, B, C 점에서의 전압 파형

A.8.4 부정합 종단

종단 임피던스는 전송선로의 특성임피던스와 등가가 아닐 때 **부정합**(mismatched)되어 있다고 한다. 일반적으로 입사파가 비정합 종단에 도달하면 파의 일부가 흡수되고 일부는 반사된다. 반사계수 k_r은 반사된 입사파 V_i의 비를 나타내며 $V_r=k_rV_i$이다.

A.8.8절의 전류의 보존을 이용하여 반사계수를 유도한다. 이는 입사파가 특성임피던스 Z_0의 전송선로를 따라 흐르다 선로 끝단에서 종단 임피던스 Z_T에 도달할 때 반사계수가 다음과 같음을 보인다.

$$k_r = \frac{Z_T - Z_0}{Z_T + Z_0} \tag{A.7}$$

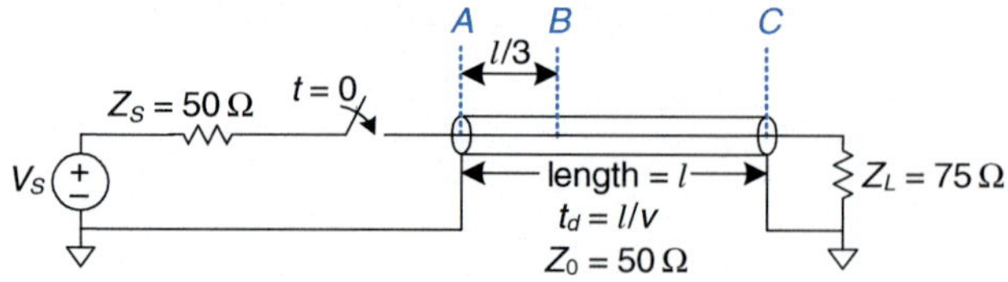

그림 A.26 부정합 종단을 갖는 전송선로

몇 가지 특수한 경우를 보자. 만일 종단이 개방 회로($Z_T=\infty$)이면, 입사파가 완전 반사(그래서 선로 끝단에서의 전류 출력이 0을 유지)되므로 $k_r=1$이다. 만일 종단이 단락 회로($Z_T=0$)라면 입사파는 반대 극성으로(그래서 선로 끝단에서의 전압이 0으로 유지) 반사되어 $k_r=-1$이다. 만일 종단이 정합 부하($Z_T=Z_0$)라면 입사파가 흡수되어 $k_r=0$이다.

그림 A.26은 75Ω의 **부정합 부하종단**(mismatched load termination)을 갖는 전송선로에서의 반사를 예시한다. $Z_T=Z_L=75\Omega$ 그리고 $Z_0=50\Omega$, 그래서 $k_r=1/5$이다. 앞의 예에서와 같이 선로상의 전압은 초기에 0이다. 스위치가 단락되면 전압파 $V=\frac{V_S}{2}$는 선로를 따라 전파되어 나가고 $t=t_d$에어 끝단에 도달한다. 입사파가 선로 끝단의 종단에 도달하면 파의 1/5이 반사되고, 나머지 4/5가 부하임피던스로 흘러들어 간다. 그래서 반사된 파는 전압 $V=\frac{V_S}{2}\times\frac{1}{5}=\frac{V_S}{10}$를 갖는다. C 점에서의 총 전압은 유입과 반사 전압의 합 $V_C=\frac{V_S}{2}+\frac{V_S}{10}=\frac{5V_S}{5}$이다. $t=2t_d$에서 반사파는 A 점에 도달하여 정합 50Ω 종단 Z_S에 의해 흡수된다. 그림 A.27은 선로에 따른 전압과 전류를 그린 것이다. 다시 정상 상태(시간 $t>2t_d$인 경우)에서 전송선로는 그림 A.28에 보이는 바와 같이 등전위 배선에 등가임을 주의하라. 정상 상태에서 시스템은 전압분배기와 같이 동작하여 다음과 같다.

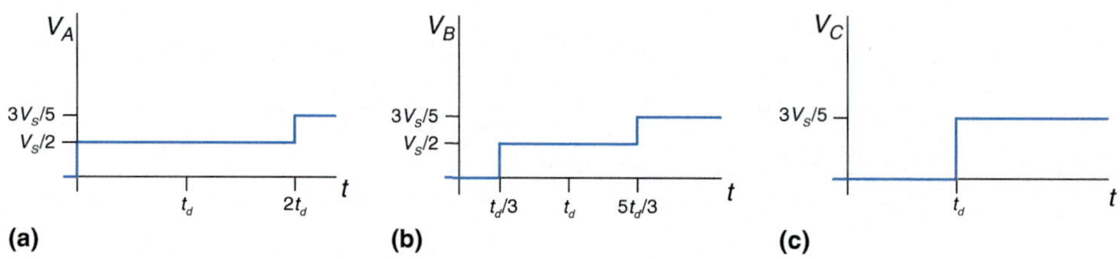

그림 A.27 그림 A.26의 A, B, C 점에서의 전압 파형

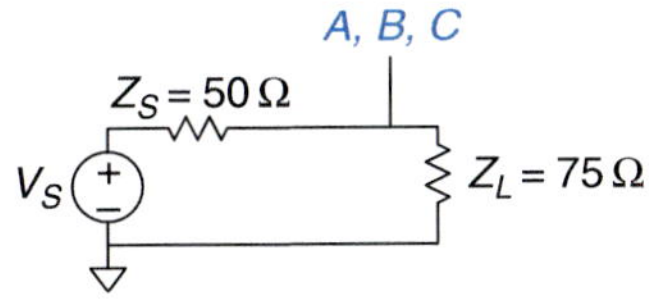

그림 A.28 정상 상태에서의 그림 A.26과 등가회로

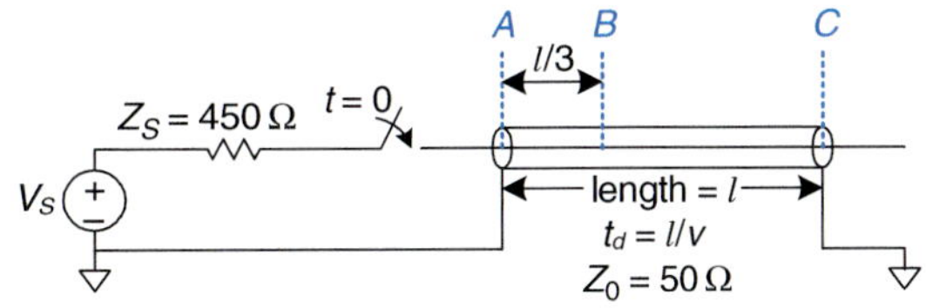

그림 A.29 부정합 소스 및 부하종단을 갖는 전송선로

$$V_A = V_B = V_C = V_S\left(\frac{Z_L}{Z_L + Z_S}\right) = V_S\left(\frac{75\Omega}{75\Omega + 50\Omega}\right) = \frac{3V_S}{5}$$

반사는 전송선로의 양 끝단에서 발생한다. 그림 A.29는 450Ω의 소스 임피던스 Z_S와 부하에서 개방 종단을 갖는 전송선로를 보인다. 부하 및 소스에서의 반사계수 k_{rL}과 k_{rS}는 각각 4/5와 1이다. 이 경우 파들은 전송선로의 양 끝단에서 정상 상태에 이를 때까지 반사된다.

그림 A.30에 보이는 바운스 다이어그램은 전송선로의 양 끝단에서의 반사현상을 가시화하는 데 도움을 준다. 수평축은 전송선로에 따른 거리, 수직축은 시간을 나타내며 밑으로 갈수록 증가한다. 바운스 다어그램의 양 사이드는 전송선로의 소스 및 부하단, 즉 A와 C 점을 나타낸다. 유입 및 반사 신호파는 A와 C 점 간의 대각선으로 내려간다. 시간 t=0에서 소스 임피던스와 전송선로는 전압분배기로 동작하고 A 점에서 C 점을 향하여 $\frac{V_S}{10}$의 전압파를 내보낸다. 시간 t=t_d에서 신호는 C 점에 도달하고 완전히 반사한다($k_{rL} = 1$). 시간 t=2t_d에서 $\frac{V_S}{10}$의 반사파는 A 점에 도달하고 반사계수 k_{rS}=4/5로 반사되어 $\frac{2V_S}{25}$의 파를 발생해 C 점으로 이동한다. 이러한 거동이 계속된다.

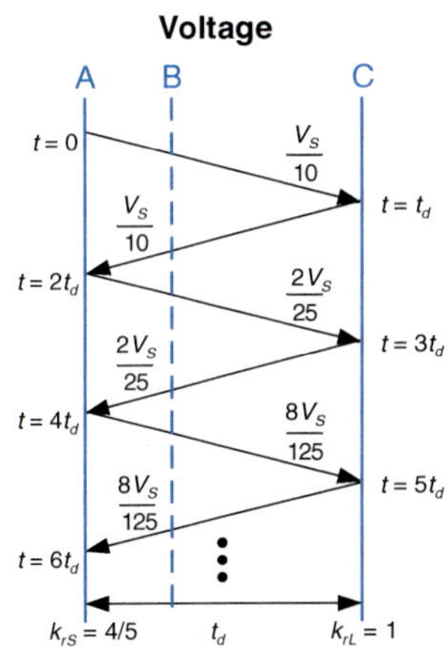

그림 A.30 그림 A.29에 대한 바운스 다이어그램

전송선로상의 어느 점에서 주어진 시간에서의 전압은 모든 입사와 반사파의 합이다. 따라서 시간 t=1.1t_d에서 C 점에서의 전압은 $\frac{V_S}{10} + \frac{V_S}{10} = \frac{V_S}{5}$이다. 시간 t=3.1t_d에서 C 점에서의 전압은 $\frac{V_S}{10} + \frac{V_S}{10} + \frac{2V_S}{25} + \frac{2V_S}{25} = \frac{9V_S}{25}$이며 이러한 거동은 지속된다. 그림 A.31은 시간에 대한 전압을 그렸다. t가 무한대로 갈수록 전압은 $V_A = V_B = V_C = V_S$로 정상 상태에 접근한다.

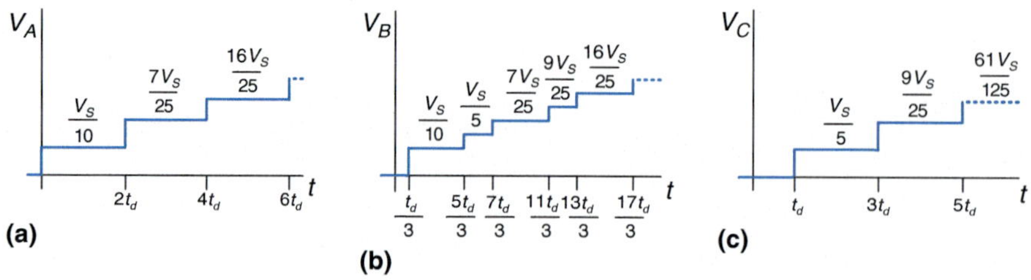

그림 A.31 그림 A.29에 대한 전압 및 전류 파형

A.8.5 전송선로 모델을 사용하는 경우

배선에 대한 전송선로 모델은 배선 지연 시간 t_d가 신호의 에지율(상승 또는 하강시간)의 비(즉, 20%)보다 길 때마다 필요하다. 만일 배선 지연이 짧아지면 신호의 전파 지연에 대한 영향은 중요하지 않으며, 신호가 전이하는 동안 반사는 소멸된다. 만일 배선 지연이 길어지면 신호의 전파 지연과 파형을 정확히 예측하기 위해 고려해야 한다. 특히, 반사는 파형의 디지털 특성을 왜곡시켜 부정확한 논리 동작을 일으킬 수 있다.

PCB상의 신호는 15cm/ns 속도로 진행한다는 점을 상기하라. 10ns의 에지율(edge rate)을 갖는 TTL 로직에서는 배선이 만일 30cm(10ns×15cm/ns×20%)보다 길면 전송선로로서 모델링되어야 한다. PCB 트레이스는 30cm 이하이므로 대부분의 트레이스는 이상적인 등전위 배선으로 모델링될 수 있다. 반대로 많은 현대 칩들은 2ns의 에지율을 가지므로 약 6cm(약 2.5인치)보다 긴 트레이스는 전송선로로 모델링되어야 한다. 명백히 필요 이상의 에지율 사용은 설계자에게 어려움을 야기한다.

브레드보드는 접지 평면이 부족하여 각 신호의 전자기장이 균일하지 않고 모델링에 어려움이 따른다. 이는 신호들 간의 이상 반사와 누화(crosstalk)를 야기한다. 그래서 브레드보드는 수MHz 이상에서는 비실현적이다.

반대로 PCB들은 전체 선로를 따라 고정된 특성임피던스와 속도를 갖는 우수한 전송선로를 갖는다. 그들이 선로의 임피던스와 정합하는 소스 또는 부하임피던스로 종단되는 한 PCB 트레이스는 반사로부터 영향을 받지 않는다.

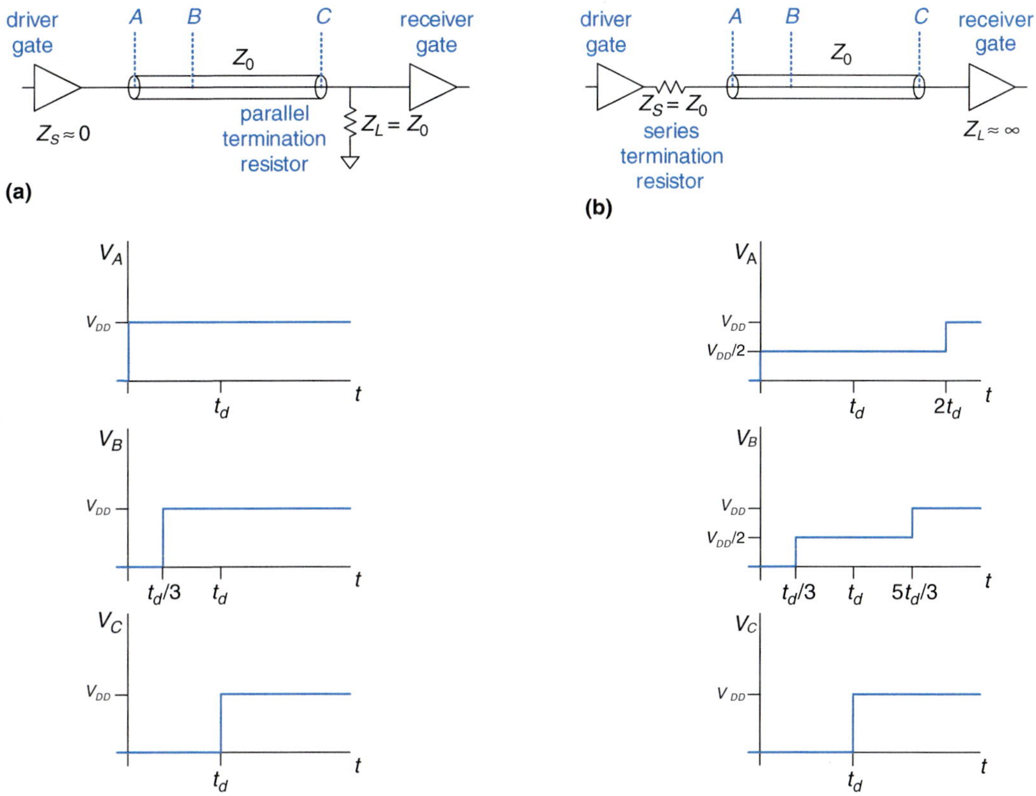

그림 A.32 종단 구조: (a) 병렬, (b) 직렬

A.8.6 적절한 전송선로 종단

그림 A.32에 보이듯이 전송선로를 적절히 종단하기 위한 일반적인 두 가지 방법이 있다. **병렬 종단**(그림 A.32(a))에서 드라이버는 낮은 임피던스($Z_S \approx 0$)를 갖는다. 임피던스 Z_0를 갖는 부하저항 Z_L은 부하(수신기 게이트 입력과 접지 간)와 병렬로 놓인다. 드라이버가 0에서 V_{DD}로 스위치할 때 전압 V_{DD} 파를 선로로 보낸다. 이 파는 정합 부하 종단에 의해 흡수되며 반사는 발생하지 않는다. **직렬 종단**(그림 A.32(b))에서 소스 저항 Z_S은 소스 임피던스를 Z_0로 올리기 위해 드라이버와 직렬로 놓인다. 부하는 큰 임피던스($Z_L \approx 0$)를 갖는다. 드라이버가 스위치할 때 전압 $V_{DD}/2$의 파를 선로상에 보낸다. 파는 개방 회로 부하에서 반사되어 되돌아오고, 선로상에 V_{DD}까지의 전압을 가져온다. 파는 소스 종단에서 흡수된다. 수신기에서 전압은 $t=t_d$에서 0에서 V_{DD}로 전이한다는 점에서 두 구조는 유사하다. 그들은 전력 소비와 선로를 따라 어떤 곳에서 나타나는 파형 면에서 다르다. 병렬 종단은 선로가 높은 전압에 있을 때 부하저항을 통하여 연속적으로 전력을 소비한다. 직렬 저항은 부하가 개방 회로이므로 DC 전력을 소비하지 않는다. 그러나 직렬 종단된 선로에서는 전송선로의 중앙 근처의 점에서 초기에 $V_{DD}/2$ 전압을 보게 된다. 만일 다른 게이트가 선로의 중앙에 접속되어 있으면 순간적으로 불규칙적 논리 레벨을 보게 될 것이다. 그러므로 직렬 종단은 단일 드라이버와 단일 수신기를 갖는 **점 대 점**(point-to-point) 통신에 최상으로 작용한다. 병렬 종단은 선로 중앙에서 수신기가 불규칙적 논리 레벨을 전혀 보지 못하므로 다중 수신기를 갖는 **버스**에 더 적합하다.

A.8.7 Z_0 유도

Z_0는 전송선로를 따라 전파하는 파에서 전류에 대한 전압의 비이다. 이 절에서는 Z_0를 유도한다. 이는 RLC 회로 해석의 몇 가지 사전 지식을 이용한다. 준무한대(semi-infinite) 전송선로(반사가 없도록)의 입력에 스텝 전압을 인가한다고 상상해 보자. 그림 A.33은 준무한대 선로 및 길이 dx의 선로 세그먼트 모델을 보인다. R, L, C는 각각 단위 길이당 저항, 인덕턴스 및 커패시턴스이다. 그림 A.33(b)는 저항 성분 R을 갖는 전송선로 모델을 보인다. 이를 배선의 저항에서 에너지가 소비되거나 잃어버리므로 **손실 전송선로** 모델이라 부른다. 그러나 이 손실은 가끔 무시될 수 있으며, 그림 A.33(c)에 보이는 것처럼 저항 성분을 무시하고 **이상적인 전송선로**로 취급함으로써 해석을 간단히 할 수 있다.

전압과 전류는 식 A.8 및 A.9에 주어지듯이 전송선로 동안의 시간과 공간의 함수이다.

$$\frac{\partial}{\partial t}V(x,t) = L\frac{\partial}{\partial t}I(x,t) \tag{A.8}$$

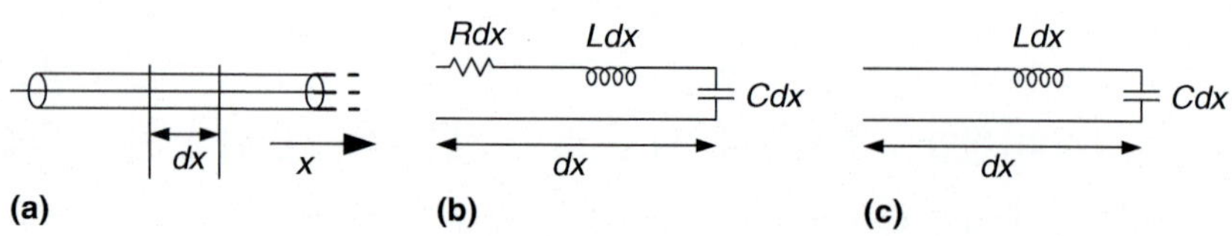

그림 A.33 전송선로 모델: (a) 준무한대 케이블, (b) 손실, (c) 이상적인

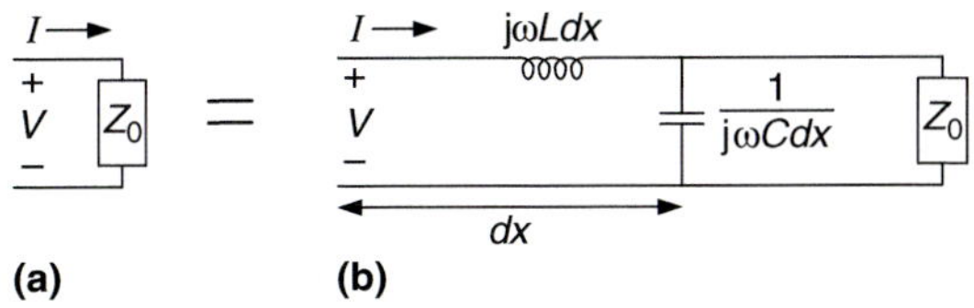

그림 A.34 전송선로 모델: (a) 전체 길이, (b) 추가 길이 dx

$$\frac{\partial}{\partial t} I(x, t) = C \frac{\partial}{\partial t} V(x, t) \tag{A.9}$$

식 A.8의 공간의 미분과 식 A.9의 시간의 미분을 취하여 치환하면 식 A.10 파동 방정식(wave equation)으로 주어진다.

$$\frac{\partial^2}{\partial t^2} V(x, t) = LC \frac{\partial^2}{\partial t^2} V(x, t) \tag{A.10}$$

Z_0는 그림 A.34(a)에 예시하였듯이 전송선로상에서의 전류에 대한 전압의 비이다. Z_0는 전송선로의 길이에 독립이어야 하는데, 파의 거동은 먼 거리의 것에 의존할 수 없기 때문이다. 길이에 독립이므로 임피던스는 그림 A.34(b)에 보인 것처럼 소량의 전송선로 dx의 추가 후에도 여전히 Z_0와 등가이다.

인덕터 및 커패시터의 임피던스를 사용하면 그림 A.34의 관계를 방정식의 형태로 다시 쓸 수 있다.

$$Z_0 = j\omega Ldx + [Z_0||(1/(j\omega Cdx) \tag{A.11}$$

다시 정리하면 다음을 얻는다.

$$Z_0^2(j\omega C) - j\omega L + \omega^2 Z_0 LCdx = 0 \tag{A.12}$$

dx를 0에 접근하도록 리미트(limit)를 취하면 마지막 항은 사라지고 다음을 얻는다.

$$Z_0 = \sqrt{\frac{L}{C}} \tag{A.13}$$

A.8.8 반사계수의 유도*

반사계수 k_r은 전류의 보존을 사용하여 유도된다. 그림 A.35는 특성임피

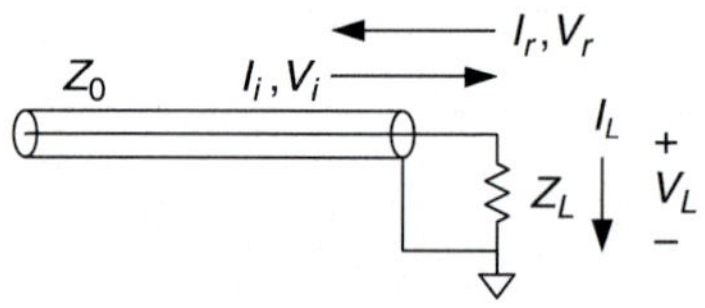

그림 A.35 도래 및 반사되는 부하전압 및 전류를 보이는 전송선로

던스 Z_0와 부하임피던스 Z_L을 갖는 전송선로를 보인다. 전압 V_i와 전류 I_i의 입사파를 가정해 보자. 파가 종단에 도달하면 어떤 전류 I_L이 부하임피던스를 통해 흐르고 전압강하 V_L을 야기한다. 나머지 전류는 전압 V_r과 전류 I_r의 파로 선로로 반사되어 되돌아간다. Z_0는 선로를 따라 전파되는 파에서 전류 대 전압의 비로 $\frac{V_i}{I_i} + \frac{V_r}{I_r} = Z_0$이다.

선로상의 전압은 입사파와 반사파의 전압의 합이다. 선로상에서 양(positive)의 방향으로 흐르는 전류는 입사파와 반사파의 전류의 차이다.

$$V_L = V_i + V_r \tag{A.14}$$

$$I_L = I_i - Ir \tag{A.15}$$

오옴의 법칙을 사용하여 식 A.15에서 I_L, I_i 및 I_r에 대해 치환하면 다음을 얻는다.

$$k_r = \frac{V_i + V_r}{Z_L} = \frac{V_i}{Z_0} - \frac{V_i}{Z_0} \tag{A.16}$$

다시 정리하면 반사계수 k_r에 대해 풀 수 있다.

$$\frac{V_r}{V_i} = \frac{Z_L - Z_0}{Z_L + Z_0} = k_r \tag{A.17}$$

A.8.9 정리

전송선로는 빛의 속도가 유한하므로 신호가 배선을 따라 전파되는 데 시간이 걸린다는 사실을 모델링한다. 이상적인 전송선로는 단위 길이당 일정 분포의 인덕턴스 L과 커패시턴스 C 그리고 제로 저항을 갖는다. 전송선로는 특성임피던스 Z_0와 지연 t_d에 의해 특징지어지는데, 이는 인덕턴스, 커패시턴스 그리고 배선 길이로부터 유도될 수 있다. 전송선로는 상승/하강 시간이 약 $5t_d$ 이하인 신호에 중요한 지연과 노이즈 영향을 갖는

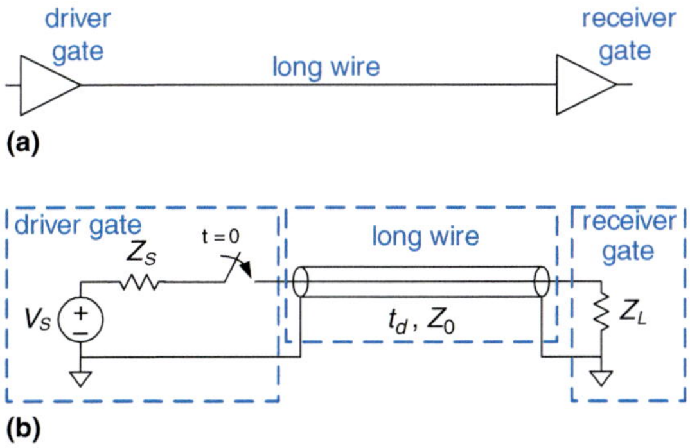

그림 A.36 전송선로로 모델화된 디지털시스템

다. 이는 2ns 상승/하강 시간을 갖는 시스템에서 약 6cm보다 긴 PCB 트레이스는 그 동작을 정확히 이해하기 위해 전송선로로서 해석되어야 함을 의미한다.

두 번째 게이트 입력에 접속된 긴 배선을 구동하는 게이트로 구성되는 디지털시스템은 그림 A.36에 보이는 전송선로로 모델링할 수 있다. 전압원, 소스임피던스 Z_S 및 스위치는 시간 0에서 0에서 1로 스위칭하는 첫 번째 게이트를 모델링한다. 드라이버 게이트는 무한대 전류를 공급할 수 없는데 이는 Z_S로 모델링한다. Z_S는 일반적으로 논리 게이트에서는 작지만, 설계자는 Z_S를 올리기 위해 게이트와 직렬로 저항을 추가하여 선로의 임피던스를 정합시키는 선택을 할 수도 있다. 두 번째 게이트에의 입력은 Z_L을 모델링한다. CMOS 회로는 보통 작은 입력 전류를 가짐으로써 Z_L은 무한대에 가깝게 된다. 설계자는 또한 Z_L이 선로의 임피던스와 정합되도록 게이트 입력과 접지 간에 두 번째 게이트와 병렬로 저항을 추가하는 선택을 할 수도 있다.

첫 번째 게이트가 스위치할 때 전압파는 전송선로로 구동된다. 소스 임피던스와 전송선로는 전압분배기를 형성하므로 입사파의 전압은 다음과 같다.

$$V_i = V_S \frac{Z_0}{Z_0 + Z_S} \tag{A.18}$$

시간 t_d에서 파는 선로의 끝단에 도달한다. 일부는 부하임피던스에 의해 흡수되고 일부는 반사된다. 반사계수 k_r은 반사된 부분을 나타내며 $k_r = V_r / V_i$이다. 여기서 V_r은 반사파의 전압 V_i는 입사파의 전압이다.

$$k_r = \frac{Z_L - Z_0}{Z_L + Z_0} \tag{A.19}$$

반사파는 이미 선로상에 전압을 추가한다. 시간 $2t_d$에서 소스에 도달하여 일부는 흡수되고, 일부는 다시 반사된다. 반사는 앞 뒤로 계속되고, 선로상의 전압은 만일 선로가 간단한 등가 배선이면 결국 기댓값에 도달하게 된다.

A.9 경제성

비록 디지털 설계가 우리들 중 몇몇은 무료로 즐길 만큼 재미를 따를지 모르지만 대부분의 설계자와 회사들은 돈벌이를 목적으로 한다. 그러므로 경제성 고려는 설계 결정에 있어 주요 인자이다.

디지털시스템의 비용은 **비순환 기술비용**(nonrecurring engineering costs, NRE)과 **순환비용**(recurring cost)으로 나눌 수 있다. NRE는 시스템을 설계하는 비용에 대한 계정이다. 설계팀의 임금, 컴퓨터와 소프트웨어 비용, 최초 작업 유닛(working unit)을 생산하는 비용을 포함한다. 2006년 미국에서 전액 부과된 설계자의 비용(임금, 건강보험, 퇴직연금 및 설계 툴을 갖춘 컴퓨터를 포함)은 대략 연간 $200,000이므로 설계 비용은 중요할 수 있다. 순환 비용은 각 추가적인 유닛의 비용이다. 이는 컴포넌트, 제조, 마케팅, 기술 지원 및 선적(shipping)을 포함한다.

판매가는 시스템의 비용뿐만 아니라 사무실 임대료, 세금 그리고 설계에 직접 관여하지 않는 스태프(관리인 및 CEO와 같은)의 임금을 포함한다. 회사는 이러한 모든 비용을 지불한 후에 이익을 만들어야 한다.

예제 A.3 **돈을 벌기 위한 벤의 노력**

벤은 빗방울을 카운트하기 위한 크래프티(crafty) 회로를 설계하고 있다. 그는 이 장치를 판매하여 돈을 벌기로 결정하지만 구현 방법을 결정하는 데 도움을 필요로 한다. 그는 FPGA나 ASIC 중의 하나를 사용하기로 결정한다. 설계를 위한 개발 키트와 FPGA 테스트 비용은 $1,500이다. 각 FPGA 비용은 $17이다. 마스크 세트를 위한 ASIC 비용은 $600,000이고, 칩당 $4이다.

그가 선택하는 칩 구현에 상관없이 벤은 인쇄 회로보드(PCB)상에 패키징된 칩의 마운트(mount) 작업이 필요하다. 여기에는 보드당 $1.50의 비용이 든다. 그는 한 달 1,000개의 장비를 판매할 수 있다고 생각한다. 벤은 칩 설계를 졸업 작품으

표 A.4 ASIC 대 FPGA 비용

Cost	ASIC	FPGA
NRE	\$600,000	\$1500
chip	\$4	\$17
PCB	\$1.50	\$1.50
TOTAL	\$600,000 + (24,000 × \$5.50) = \$732,000	\$1500 + (24,000 × \$18.50) = \$445,500
per unit	\$30.50	\$18.56

로 하려는 재능 있는 대학생 프로젝트 팀을 투입함으로써 설계에는 아무런 비용도 지불하지 않는다.

만일 판매가격이 비용의 두 배(100% 순이익)이고 제품 수명이 2년이라면 어떤 구현 방법이 더 나은 선택인가?

풀이 벤은 표 A.4에 보인 것처럼 2년에 걸친 각 구현의 전체 비용을 계산한다. 벤은 24,000개의 디바이스 판매를 계획하고, 전체 비용은 각 옵션에 대해 표 A.4에 주어진다. 만일 제품 수명이 단지 2년이라면 FPGA 옵션이 명백히 우수하다. 유닛당 비용이 \$445,500/24,000=\$18.56이고, 판매가는 100% 순이익 마진을 내기 위해 유닛당 \$37.13이다. ASIC 옵션은 비용 \$732,000/24,000=\$30.50을 가지며 유닛당 \$61에 판매된다.

예제 A.4 벤이 욕심을 내다

벤은 그의 제품에 대한 마케팅 광고를 본 후 처음 기대보다 매달 더 많은 칩을 판매할 수 있다고 생각했다. 만일 그가 ASIC 옵션을 선택한다면, FPGA 옵션보다 순익을 더 내는 ASIC 옵션을 만들기 위해 매달 얼마나 많은 디바이스를 판매해야 하는가?

풀이 벤은 2년 내에 팔아야 할 유닛의 최소 수 N에 대해 푼다.

$$\$600,000 + (N \times \$5.50) = \$1500 + (N \times \$18.50)$$

식을 풀면 N=46,039 유닛 또는 매월 1,919 유닛이다. 그가 ASIC 솔루션으로 이익을 내기 위해서는 매달 거의 두 배로 판매해야 한다.

예제 A.5 벤이 욕심을 줄이다

벤은 그의 욕심이 지나치다는 것을 깨닫고 디바이스를 매달 1,000개 이상 팔 수 없다고 생각했다. 그러나 그는 제품의 주기가 2년보다 길 수도 있다고 생각했다. 매달 1,000개의 디바이스 판매 규모로 ASIC 옵션을 가치 있도록 만들려면 제품 주기를 얼마나 길게 가져가야 하나?

풀이 만일 벤이 총 46,039 유닛 이상 판매한다면 ASIC 옵션이 최상의 선택이다. 그래서 벤은 적어도 47개월(반올림하여), 즉 거의 4년 동안 매달 1,000 유닛 규모로 판매해야 할 필요가 있다. 그러지 못하다면 그의 제품은 폐기 처분될지 모른다.

칩들은 제조업자(수만 유닛을 주문하지 않는 한)보다는 일반적으로 대리점에서 구입한다. Digikey(www.digikey.com)는 매우 다양한 전자부품을 판매하는 대리점 중 선두주자이다. Jameco(www.jameco.com)와 All Electronics(www.allelectronics.com)는 취미 생활자에게 저렴한 가격에 잘 맞춰진 e카탈로그를 갖추고 있다.

B

MIPS 명령어

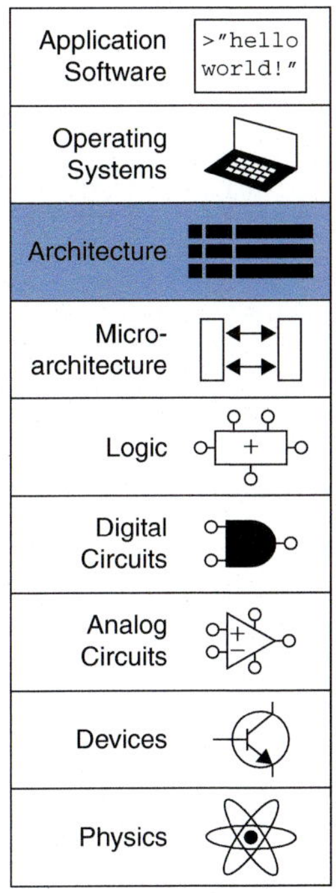

이 책에서 사용된 MIP 명령어를 요약한다. 표 B.1~표 B.3은 명령어의 기능에 대한 간단한 설명과 함께 opcode와 funct 필드를 정의한다.

- `[reg]:` 레지스터
- `imm:` I 타입 명령의 16비트 immediate 필드
- `addr:` J 타입 명령의 26비트 어드레스 필드
- `SignImm:` 32비트 부호 확장 immediate
  `= 16imm[15], imm`
- `ZeroImm:` 32비트 제로 확장 immediate
  `= 16'b0, imm`
- `Address:` `[rs] + SignImm`
- `[Address]:` 메모리 위치 어드레스
- `BTA:` 분기 타깃 어드레스[1]
  `= PC + 4 + (SignImm << 2)`
- `JTA:` 점프 타깃 어드레스
  `= (PC + 4)[31:28], addr, 2'b0`
- `label:` 명령어 위치를 지시하는 텍스트

1 SPIM 시뮬레이터에서의 BTA는 분기 지연 슬롯을 갖지 않으므로 PC+(SignImn<<2)이다. 따라서 실제 MIPS 프로세서에 대한 기계 코드를 생성하기 위해 SPIM 어셈블러를 사용한다면 보정을 위해 1만큼 감소시켜야 한다.

표 B.1 opcode로 분류된 명령어

Opcode	Name	Description	Operation
000000 (0)	R-type	all R-type instructions	see Table B.2
000001 (1) (rt = 0/1)	bltz rs, label / bgez rs, label	branch less than zero/branch greater than or equal to zero	if ([rs] < 0) PC = BTA/ if ([rs] ≥ 0) PC = BTA
000010 (2)	j label	jump	PC = JTA
000011 (3)	jal label	jump and link	$ra = PC + 4, PC = JTA
000100 (4)	beq rs, rt, label	branch if equal	if ([rs] == [rt]) PC = BTA
000101 (5)	bne rs, rt, label	branch if not equal	if ([rs] != [rt]) PC = BTA
000110 (6)	blez rs, label	branch if less than or equal to zero	if ([rs] ≤ 0) PC = BTA
000111 (7)	bgtz rs, label	branch if greater than zero	if ([rs] > 0) PC = BTA
001000 (8)	addi rt, rs, imm	add immediate	[rt] = [rs] + SignImm
001001 (9)	addiu rt, rs, imm	add immediate unsigned	[rt] = [rs] + SignImm
001010 (10)	slti rt, rs, imm	set less than immediate	[rs]<SignImm ? [rt] = 1 : [rt] = 0
001011 (11)	sltiu rt, rs, imm	set less than immediate unsigned	[rs]<SignImm ? [rt] = 1 : [rt] = 0
001100 (12)	andi rt, rs, imm	and immediate	[rt] = [rs] & ZeroImm
001101 (13)	ori rt, rs, imm	or immediate	[rt] = [rs] | ZeroImm
001110 (14)	xori rt, rs, imm	xor immediate	[rt] = [rs] ^ ZeroImm
001111 (15)	lui rt, imm	load upper immediate	[rt] = {imm, 16'b0}
010000 (16) (rs = 0/4)	mfc0 rt, rd / mtc0 rt, rd	move from/to coprocessor 0	[rt] = [rd]/[rd] = [rt] (rd is in coprocessor 0)
010001 (17)	F-type	fop = 16/17: F-type instructions	see Table B.3
010001 (17) (rt = 0/1)	bc1f label/ bc1t label	fop = 8: branch if fpcond is FALSE/TRUE	if (fpcond == 0) PC = BTA/ if (fpcond == 1) PC = BTA
011100 (28) (func = 2)	mul rd, rs, rt	multiply (32-bit result)	[rd] = [rs] x [rt]
100000 (32)	lb rt, imm(rs)	load byte	[rt] = SignExt ([Address]$_{7:0}$)
100001 (33)	lh rt, imm(rs)	load halfword	[rt] = SignExt ([Address]$_{15:0}$)
100011 (35)	lw rt, imm(rs)	load word	[rt] = [Address]
100100 (36)	lbu rt, imm(rs)	load byte unsigned	[rt] = ZeroExt ([Address]$_{7:0}$)
100101 (37)	lhu rt, imm(rs)	load halfword unsigned	[rt] = ZeroExt ([Address]$_{15:0}$)

(계속)

표 B.1 opcode로 분류된 명령어

Opcode	Name	Description	Operation
101000 (40)	sb rt, imm(rs)	store byte	[Address]$_{7:0}$ = [rt]$_{7:0}$
101001 (41)	sh rt, imm(rs)	store halfword	[Address]$_{15:0}$ = [rt]$_{15:0}$
101011 (43)	sw rt, imm(rs)	store word	[Address] = [rt]
110001 (49)	lwc1 ft, imm(rs)	load word to FP coprocessor 1	[ft] = [Address]
111001 (56)	swc1 ft, imm(rs)	store word to FP coprocessor 1	[Address] = [ft]

표 B.2 funct 필드로 분류된 R-타입 명령어

Funct	Name	Description	Operation
000000 (0)	sll rd, rt, shamt	shift left logical	[rd] = [rt] << shamt
000010 (2)	srl rd, rt, shamt	shift right logical	[rd] = [rt] >> shamt
000011 (3)	sra rd, rt, shamt	shift right arithmetic	[rd] = [rt] >>> shamt
000100 (4)	sllv rd, rt, rs	shift left logical variable	[rd] = [rt] << [rs]$_{4:0}$
000110 (6)	srlv rd, rt, rs	shift right logical variable	[rd] = [rt] >> [rs]$_{4:0}$
000111 (7)	srav rd, rt, rs	shift right arithmetic variable	[rd] = [rt] >>> [rs]$_{4:0}$
001000 (8)	jr rs	jump register	PC = [rs]
001001 (9)	jalr rs	jump and link register	$ra = PC + 4, PC = [rs]
001100 (12)	syscall	system call	system call exception
001101 (13)	break	break	break exception
010000 (16)	mfhi rd	move from hi	[rd] = [hi]
010001 (17)	mthi rs	move to hi	[hi] = [rs]
010010 (18)	mflo rd	move from lo	[rd] = [lo]
010011 (19)	mtlo rs	move to lo	[lo] = [rs]
011000 (24)	mult rs, rt	multiply	{[hi], [lo]} = [rs] × [rt]
011001 (25)	multu rs, rt	multiply unsigned	{[hi], [lo]} = [rs] × [rt]
011010 (26)	div rs, rt	divide	[lo] = [rs]/[rt], [hi] = [rs]%[rt]
011011 (27)	divu rs, rt	divide unsigned	[lo] = [rs]/[rt], [hi] = [rs]%[rt]

(계속)

표 B.2 funct 필드로 분류된 R-타입 명령어

Funct	Name	Description	Operation
100000 (32)	`add rd, rs, rt`	add	`[rd] = [rs] + [rt]`
100001 (33)	`addu rd, rs, rt`	add unsigned	`[rd] = [rs] + [rt]`
100010 (34)	`sub rd, rs, rt`	subtract	`[rd] = [rs] - [rt]`
100011 (35)	`subu rd, rs, rt`	subtract unsigned	`[rd] = [rs] - [rt]`
100100 (36)	`and rd, rs, rt`	and	`[rd] = [rs] & [rt]`
100101 (37)	`or rd, rs, rt`	or	`[rd] = [rs] | [rt]`
100110 (38)	`xor rd, rs, rt`	xor	`[rd] = [rs] ^ [rt]`
100111 (39)	`nor rd, rs, rt`	nor	`[rd] = ~([rs] | [rt])`
101010 (42)	`slt rd, rs, rt`	set less than	`[rs] < [rt] ? [rd] = 1 : [rd] = 0`
101011 (43)	`sltu rd, rs, rt`	set less than unsigned	`[rs] < [rt] ? [rd] = 1 : [rd] = 0`

표 B.3 F-타입 명령어(fop=16/17)

Funct	Name	Description	Operation
000000 (0)	`add.s fd, fs, ft /` `add.d fd, fs, ft`	FP add	`[fd] = [fs] + [ft]`
000001 (1)	`sub.s fd, fs, ft /` `sub.d fd, fs, ft`	FP subtract	`[fd] = [fs] - [ft]`
000010 (2)	`mul.s fd, fs, ft /` `mul.d fd, fs, ft`	FP multiply	`[fd] = [fs] × [ft]`
000011 (3)	`div.s fd, fs, ft /` `div.d fd, fs, ft`	FP divide	`[fd] = [fs]/[ft]`
000101 (5)	`abs.s fd, fs /` `abs.d fd, fs`	FP absolute value	`[fd] = ([fs] < 0) ? [-fs]` `: [fs]`
000111 (7)	`neg.s fd, fs /` `neg.d fd, fs`	FP negation	`[fd] = [-fs]`
111010 (58)	`c.seq.s fs, ft /` `c.seq.d fs, ft`	FP equality comparison	`fpcond = ([fs] == [ft])`
111100 (60)	`c.lt.s fs, ft /` `c.lt.d fs, ft`	FP less than comparison	`fpcond = ([fs] < [ft])`
111110 (62)	`c.le.s fs, ft /` `c.le.d fs, ft`	FP less than or equal comparison	`fpcond = ([fs] ≤ [ft])`

찾아보기

가

나

다

라

마

바

사

아

자

차

카

타

파

하

R

S

T

U

V

W

X

숫자